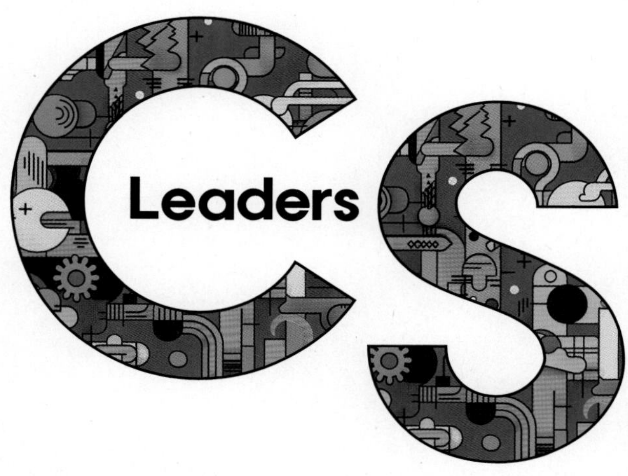

리더스관리사

한권으로 끝내기

시대에듀

2025 시대에듀 CS리더스관리사 한권으로 끝내기

Always **with you**

사람의 인연은 길에서 우연하게 만나거나 함께 살아가는 것만을 의미하지는 않습니다.
책을 펴내는 출판사와 그 책을 읽는 독자의 만남도 소중한 인연입니다.
시대에듀는 항상 독자의 마음을 헤아리기 위해 노력하고 있습니다. 늘 독자와 함께하겠습니다.

머리말 PREFACE

정보산업의 발달과 함께 국제화시대를 맞은 오늘날, 급변하는 기업 경영 환경과 더불어 고객들의 요구와 니즈가 다양해졌습니다. 이러한 고객의 요구를 만족시키기 위해 고객만족 교육과 운영의 중요성이 더욱 부각되고 있습니다. 고객만족을 위한 기업 경영은 해외 직접투자가 성장함에 따라 국내 경쟁에서 글로벌 경쟁으로까지 그 범위가 확대되어, 결국 초일류 기업만이 살아남는 상황에 직면하게 된 것입니다.

이와 같이 중요한 고객만족경영은 고객이 고령화, 편협화됨에 따라 더 많은 수요를 갖게 되었습니다. 고객만족이 재무, 마케팅, 인사 등과 같은 기업 경영의 기능으로 자리 잡는 현 추세에 비추어 볼 때, 고객만족에 대한 전문성을 가진 경영인과 체계적인 교육이 절대적으로 필요할 것입니다.

CS Leaders(CS리더스관리사)는 다양한 고객의 입장에서 고품질 서비스의 필요성과 역할에 부합되도록 직무를 정의하고, 비즈니스 경쟁력 향상을 위한 서비스체계 구축기반 마련에 기여함으로써 고객중심의 산업화 시대에 부응하는 고객만족 서비스의 기반이 될 것입니다.

이에 CS리더스관리연구소는 보다 효율적이고 확실한 효과가 있는 학습을 위하여 본서를 출간하게 되었습니다. 이 책의 특징은 다음과 같습니다.

도서의 특징

❶ 시험에 필요한 이론만 뽑은 '핵심이론'에 심화학습이 가능하도록 'The 알아보기'를 덧붙이고, 학습이 잘 이루어졌는지 확인할 수 있는 '문제해결력 기르기'를 수록하였습니다.

❷ 실전처럼 시험에 대비할 수 있도록 2024년 실제기출 복원문제 2회분과 정답 및 해설을 별도로 담았습니다.

❸ 자투리시간을 활용하여 배운 내용을 되짚어볼 수 있는 '시험 전에 보는 핵심요약집'을 부록으로 제공합니다.

시대에듀는 독자 여러분의 합격을 진심으로 기원합니다.

편저자 씀

STRUCTURES

이 책의 구성과 특징

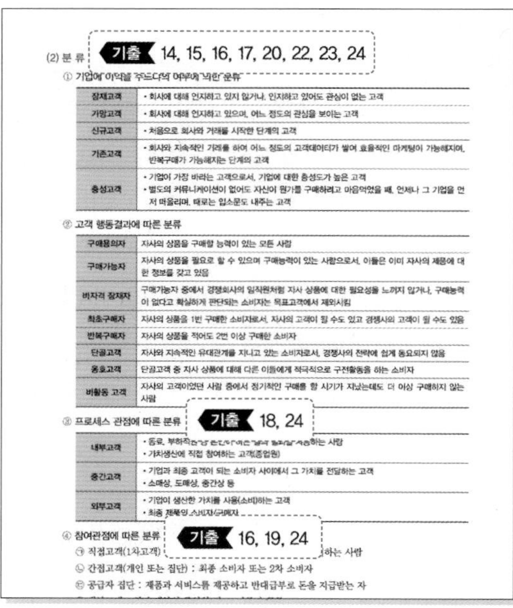

(2) 분 류 기출 14, 15, 16, 17, 20, 22, 23, 24

① 기업에 이익을 주는지의 여부에 의한 분류

잠재고객	• 회사에 대해 인지하고 있지 않거나, 인지하고 있어도 관심이 없는 고객
가망고객	• 회사에 대해 인지하고 있으며, 어느 정도의 관심을 보이는 고객
신규고객	• 처음으로 회사와 거래를 시작한 단계의 고객
기존고객	• 회사와 지속적인 거래를 하여 어느 정도의 고객데이터가 쌓여 효율적인 마케팅이 가능해지며, 반복구매가 가능해지는 단계의 고객
충성고객	• 기업이 가장 바라는 고객으로서, 기업에 대한 충성도가 높은 고객 • 별도의 커뮤니케이션이 없어도 자신이 뭔가를 구매하려고 마음먹었을 때, 언제나 그 기업을 먼저 떠올리며, 때로는 입소문도 내주는 고객

② 고객 행동결과에 따른 분류

구매용의자	자사의 상품을 구매할 능력이 있는 모든 사람
구매가능자	자사의 상품을 필요로 할 수 있으며 구매능력이 있는 사람으로서, 이들은 이미 자사의 제품에 대한 정보를 갖고 있음
비자격 잠재자	구매가능자 중에서 경쟁회사의 임직원처럼 자사 상품에 대한 필요성을 느끼지 않거나, 구매능력이 없다고 확실하게 판단되는 소비자는 목표고객에서 제외시킴
최초구매자	자사의 상품을 1번 구매한 소비자로서, 자사의 고객이 될 수도 있고 경쟁사의 고객이 될 수도 있음
반복구매자	자사의 상품을 적어도 2번 이상 구매한 소비자
단골고객	자사와 지속적인 유대관계를 지니고 있는 소비자로서, 경쟁사의 전략에 쉽게 동요되지 않음
옹호고객	단골고객 중 자사 상품에 대해 다른 이들에게 적극적으로 구전활동을 하는 소비자
비활동 고객	자사의 고객이었던 사람 중에서 정기적인 구매를 할 시기가 지났는데도 더 이상 구매하지 않는 사람

③ 프로세스 관점에 따른 분류 기출 18, 24

내부고객	• 동료, 부하직원 …하는 사람 • 가치생산에 직접 참여하는 고객(종업원)
중간고객	• 기업과 최종 고객이 되는 소비자 사이에서 그 가치를 전달하는 고객 • 소매상, 도매상, 중간상 등
외부고객	• 기업이 생산한 가치를 사용(소비)하는 고객 • 최종 제품의 소비자/구매자

④ 참여관점에 따른 분류 기출 16, 19, 24

㉠ 직접고객(1차고객) …하는 사람

㉡ 간접고객(개인 또는 집단) : 최종 소비자 또는 2차 소비자

㉢ 공급자 집단 : 제품과 서비스를 제공하고 반대급부로 돈을 지급받는 자

▸ 시험에 출제된 개념에 기출 표시를 해두었습니다. 자주 출제되는 개념들을 정리해두면 효율적으로 공부할 수 있습니다.

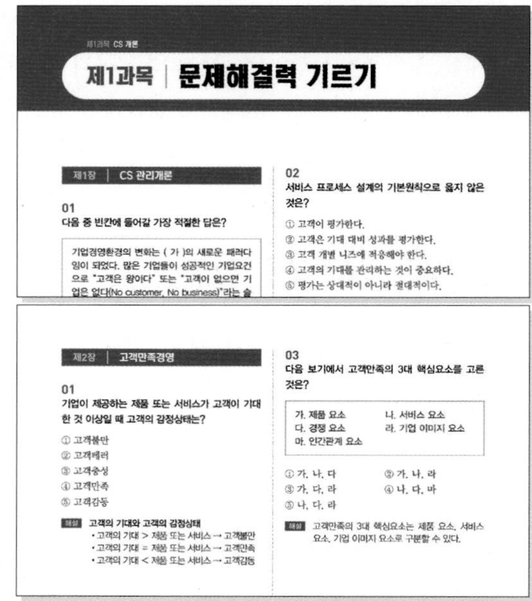

제1과목 CS 개론

제1과목 | 문제해결력 기르기

제1장 | CS 관리개론

01
다음 중 빈칸에 들어갈 가장 적절한 답은?

기업경영환경의 변화는 (가)의 새로운 패러다임이 되었다. 많은 기업들이 성공적인 기업요건으로 "고객은 왕이다" 또는 "고객이 없으면 기업은 없다(No customer, No business)"라는 슬

02
서비스 프로세스 설계의 기본원칙으로 옳지 않은 것은?

① 고객이 평가한다.
② 고객은 기대 대비 성과를 평가한다.
③ 고객 개별 니즈에 적응해야 한다.
④ 고객의 기대를 관리하는 것이 중요하다.
⑤ 평가는 상대적이 아니라 절대적이다.

제2장 | 고객만족경영

01
기업이 제공하는 제품 또는 서비스가 고객이 기대한 것 이상일 때 고객의 감정상태는?

① 고객불만
② 고객테러
③ 고객충성
④ 고객만족
⑤ 고객감동

해설 고객의 기대와 고객의 감정상태
• 고객의 기대 > 제품 또는 서비스 → 고객불만
• 고객의 기대 = 제품 또는 서비스 → 고객만족
• 고객의 기대 < 제품 또는 서비스 → 고객감동

03
다음 보기에서 고객만족의 3대 핵심요소를 고른 것은?

가. 제품 요소　나. 서비스 요소
다. 경쟁 요소　라. 기업 이미지 요소
마. 인간관계 요소

① 가, 나, 다　② 가, 나, 라
③ 가, 다, 라　④ 나, 다, 마
⑤ 나, 다, 라

해설 고객만족의 3대 핵심요소는 제품 요소, 서비스 요소, 기업 이미지 요소로 구분할 수 있다.

▸ 이론학습 후 빠르게 복습할 수 있도록 챕터별 문제를 수록하였습니다.

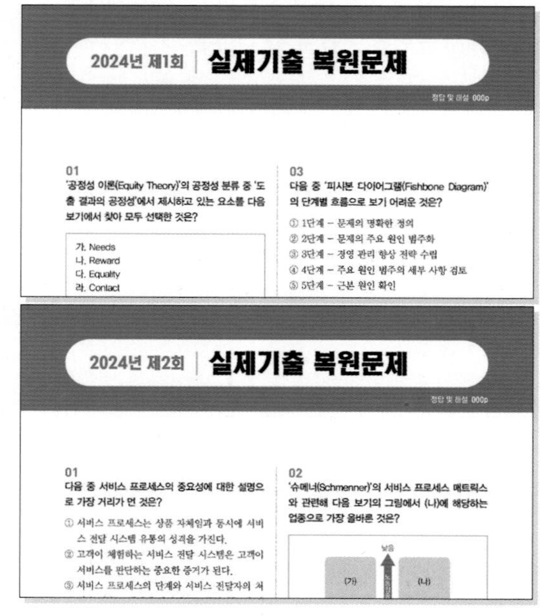

2024년 제1회 | 실제기출 복원문제

정답 및 해설 000p

01
'공정성 이론(Equity Theory)'의 공정성 분류 중 '도출 결과의 공정성'에서 제시하고 있는 요소를 다음 보기에서 찾아 모두 선택한 것은?

가. Needs
나. Reward
다. Equality
라. Contact

03
다음 중 '피시본 다이어그램(Fishbone Diagram)'의 단계별 흐름으로 보기 어려운 것은?

① 1단계 – 문제의 명확한 정의
② 2단계 – 문제의 주요 원인 범주화
③ 3단계 – 경영 관리 향상 전략 수립
④ 4단계 – 주요 원인 범주의 세부 사항 검토
⑤ 5단계 – 근본 원인 확인

2024년 제2회 | 실제기출 복원문제

정답 및 해설 000p

01
다음 중 서비스 프로세스의 중요성에 대한 설명으로 가장 거리가 먼 것은?

① 서비스 프로세스는 상품 자체임과 동시에 서비스 전달 시스템 유통의 성격을 가진다.
② 고객이 체험하는 서비스 전달 시스템은 고객이 서비스를 판단하는 중요한 증거가 된다.
③ 서비스 프로세스의 단계와 서비스 전달자의 처

02
'슈메너(Schmenner)'의 서비스 프로세스 매트릭스와 관련해 다음 보기의 그림에서 (나)에 해당하는 업종으로 가장 올바른 것은?

▸ 2024년 기출문제 2회분을 부록으로 수록하였습니다. 실제 기출을 풀어보며 시험에 대비할 수 있습니다.

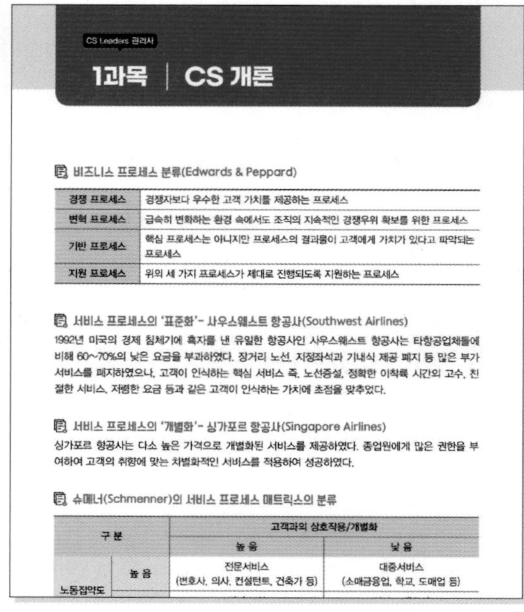

CS Leaders 관리사

1과목 | CS 개론

비즈니스 프로세스 분류(Edwards & Peppard)

경쟁 프로세스	경쟁자보다 우수한 고객 가치를 제공하는 프로세스
변혁 프로세스	급속히 변화하는 환경 속에서도 조직의 지속적인 경쟁우위 확보를 위한 프로세스
기반 프로세스	핵심 프로세스는 아니지만 프로세스의 결과물이 고객에게 가치가 있다고 파악되는 프로세스
지원 프로세스	위의 세 가지 프로세스가 제대로 진행되도록 지원하는 프로세스

서비스 프로세스의 '표준화' – 사우스웨스트 항공사(Southwest Airlines)

1992년 미국의 경제 침체기에 흑자를 낸 유일한 항공사인 사우스웨스트 항공사는 타항공업체들에 비해 60~70%의 낮은 요금을 부과하였다. 장거리 노선, 지정좌석과 기내식 제공 폐지 등 많은 부가서비스를 폐지하였으나, 고객이 인식하는 핵심 서비스 즉, 노선증설, 정확한 이착륙 시간의 고수, 친절한 서비스, 저렴한 요금 등과 같은 고객이 인식하는 가치에 초점을 맞추었다.

서비스 프로세스의 '개별화' – 싱가포르 항공사(Singapore Airlines)

싱가포르 항공사는 다소 높은 가격으로 개별화된 서비스를 제공하였다. 종업원에게 많은 권한을 부여하여 고객의 취향에 맞는 차별화적인 서비스를 적용하여 성공하였다.

슈메너(Schmenner)의 서비스 프로세스 매트릭스의 분류

구 분		고객과의 상호작용/개별화	
		높 음	낮 음
노동집약도	높 음	전문서비스 (변호사, 의사, 컨설턴트, 건축가 등)	대중서비스 (소매금융업, 학교, 도매업 등)

▸ 중요 개념들을 담아낸 소책자를 수록하였습니다. 시험 전 마지막으로 읽어보며 철저하게 준비 가능합니다.

INFORMATION

시험안내

◇ CS리더스관리사(CS Leaders)란?

고객의 입장에서 고품질 서비스의 필요성과 역할에 부합되도록 직무를 정의하고, 비즈니스 경쟁력 향상을 위한 서비스 체계 기반 마련에 기여할 수 있는 인재를 위한 자격증이다. 고객만족 서비스의 전문지식을 바탕으로 실제 생활과 비즈니스(Business)의 효율성과 실용성을 달성하기 위해 CS 기획, 고객응대, 고객감동을 극대화시킬 수 있는 실무적 지식능력을 평가하며, 고객 컴플레인 발생 시 상황 분석능력 및 해결책 제시능력에 관한 업무를 얼마나 신속하고 정확하게 수행할 수 있는가에 대한 능력을 평가한다.

◇ 검정방법

필기시험(객관식 90문항/90분/5지선다형)

◇ 합격결정기준

❶ 합격 : 전 과목 평균 100점 만점에 60점 이상
❷ 불합격 : 전 과목 평균 100점 만점에 60점 미만
❸ 과락으로 인한 불합격 : 3과목 중 단일 과목 획득 점수 40점 미만

◇ 2024～2025년 시험일정

회 차	접수기간	시험일	합격자 발표일
1회	23.12.18～23.12.22	24.01.14(일)	23.01.19(금)
2회	24.01.22～24.01.26	24.02.18(일)	24.02.23(금)
3회	24.02.26～24.03.04	24.03.17(일)	24.03.22(금)
4회	24.03.25～24.04.01	24.04.04(일)	24.04.19(금)
5회	24.04.22～24.04.29	24.05.19(일)	24.05.24(금)
6회	24.05.27～24.06.03	24.06.16(일)	24.06.21(금)
7회	24.06.24～24.07.01	24.07.13(토)	24.07.19(금)
8회	24.07.22～24.07.26	24.08.11(일)	24.08.16(금)
9회	24.08.19～24.08.23	24.09.08(일)	24.09.13(금)
10회	24.09.23～24.09.27	24.10.13(일)	24.10.18(금)
11회	24.10.21～24.10.25	24.11.10(일)	24.11.15(금)
12회	24.11.18～24.11.22	24.12.08(일)	24.12.13(금)
25～1회	24.12.16～24.12.20	25.01.12(일)	25.01.17(금)

※ 2025년 시험일정이 모두 공개되지 않은 관계로, 현재 공개되어 있는 시험일정을 수록하였습니다. 시험 전 반드시 시행처 홈페이지(www.kie.or.kr)를 방문하여 확인하시기 바랍니다.
※ 시험일정 및 장소는 협회의 사정에 따라 변경될 수 있습니다.

ANALYSIS

출제기준

1과목 CS 개론(30문항)

주요과목(배점비율)	세부항목	내 용
고객만족 (60%)	CS 관리개론	• CS 관리의 개념 • CS 관리의 역사 • CS 관리의 프로세스 구조
	CS 경영	• CS 경영 기본 개념 • CS 경영 사례 연구 • CS 경영 발전 가능성
	CS 의식	• 고객의 정의 • 고객의 범주 • 고객의 특성 • 고객의 성격유형(MBTI) • 고객관점 • 고객지향성
	고객관계관리	• 고객관계관리 개념 • 인간관계 개선 기술 • CRM 성공 분석 • CRM 실패 분석 • 교류분석
서비스 이론 (40%)	서비스 정의	• 서비스의 어원과 정의 • 서비스의 3단계 • 서비스의 특징 • 관광(여행 · 항공 · 호텔 · 외식) 서비스
	서비스 리더십	• 서비스 리더십의 핵심 요소 • 서비스 리더십의 유형 • 서비스 리더의 역할 • 서비스 경영 패러다임에 따른 경쟁전략

2과목 CS 전략론(30문항)

주요과목(배점비율)	세부항목	내 용
서비스 분야 (50%)	서비스 기법	• 서비스 청사진 • 서비스 모니터링 • MOT 사이클 차트
	서비스 차별화	• 서비스 마케팅 전략 • 서비스 패러독스 • 서비스 회복 • After-Sales Service의 중요성
	서비스 차별화 사례연구	• 고객인지 프로그램 • 서비스 수익 체인 • 토털 서비스 • 고객위주의 제품 차별화 • 미래 지향적 서비스 • 항공여객운송서비스 • 병원 안내 서비스 관리
	서비스 품질	• 서비스 품질의 개념 • 서비스 품질 결정요인 • 서비스 품질 향상방안 • 서비스 품질과 종사원
CS 활용 (50%)	CS 평가 조사	• 고객만족도 측정 방법 • CS 평가 시스템 구축 • CS 평가 결과의 활용 • 고객 충성도 향상 전략
	CS 컨설팅	• 서비스 품질관리 컨설팅 • CS 트렌드 • CS 플래닝 • CS 우수사례 벤치마킹
	CS 혁신전략	• 고객 분석 및 기획 • 고객 경험 이해 및 관리 • 고객 가치 체인 전략 • 서비스 유통관리 • 서비스 세일즈의 개념과 전략 분석 • CS 성과관리

ANALYSIS

출제기준

3과목 고객관리 실무론(30문항)

주요과목(배점비율)	세부항목	내 용
CS 실무 (50%)	전화서비스	• 상황별 전화응대 • 바람직한 경어 사용법 • 콜센터 조직 및 운영 사이클 • 매뉴얼 작성 체계 • TMR 성과 관리
	고객 상담	• 상황별 응대기법 • 접객 · 안내 · 환송 • 클레임과 컴플레인 분석 및 응대 • Power Coaching
	예절과 에티켓	• 이미지 컨설팅 • 표정 연출법 • 인사 매너 • 패션이미지 연출법 • 전통예절
	비즈니스 응대	• 비즈니스 매너 • 다른 문화 이해 • 국제 비즈니스 매너 • 비즈니스 응대 모범 사례 • 컨벤션 기획
고객관리 (30%)	고객 감동	• 소비자기본법에 따른 고객지원 • 소비자기본법에 따른 고객필요 정보 제공 • 소비자 피해 구제 사례
	고객만족	• 개인정보보호법에 따른 고객데이터 수집 • 개인정보보호법에 따른 고객데이터 관리
	고품위 서비스	• 보고업무 · 회의 · 의전 실무 • 사무행정 실무
컴퓨터 활용 (20%)	프레젠테이션	• 강의 기법 • 스피치와 호흡기법 • 기초 파워포인트 사용법
	인터넷 활용	• e-비즈니스 • 통신판매

KEYWORD

최신 빈출키워드

1과목 CS 개론

관광 서비스의 정의 # 코틀러 고객만족(CS) 개념 # 피시본 다이어그램 # 웹시족
고객가치 정보 # CRM 도입 실패 요인 # e-CRM 도입 효과 # 넬슨 존스의 인간관계 심화요인
CRM 전략수립 # 최신효과 발생 원인 # 에릭 번 시간의 구조화 # 알더퍼 ERG 이론
감성 리더십 # 고객만족결정 # 러브록 다차원적 서비스 분류 # MBTI # 고객충성도 사다리모델
노드스트롬 기본 경영원칙 # 생산성 향상 운동(3S) # QFD의 발전 과정
서비스 프로세스 매트릭스 # 공정성 이론 # 품질의 집 # 고객만족을 위한 실천 과제
기업 및 제품 선택에서 위험을 줄이기 위한 소비자의 행동 # 협업 CRM # 대인지각 왜곡유형
거래 시 서비스 # 거래 후 서비스 # 해리스의 인간관계 유형 # 리더의 특성

2과목 CS 전략론

MOT 사이클 차트 분석 # 고객인지 가치 # 서비스 수익 체인 # 서비스 전달 시스템
서비스 품질 측정의 어려움 # 기대된 서비스 # 내부 마케팅 # 직접 측정 # 충성도 전략
고객만족을 위한 계획 수립 # 케렌시아 # 상충흡수 가격정책 # 마이클 포터 가치 체인
서비스 품질 개선 방안 # 고객경험관리(CEM)의 특징 # 바넘 효과 # 문헌연구법 # 역할 모호성 발생 원인
기능화 위주의 서비스 전달 시스템 # 핵심 서비스 실패 # 서비스 청사진 구성도 # SERVQUAL의 5가지 품질
고객가치의 특성 # 품질 구성요소 # SERVQUAL GAP # 고객가치의 특성 # RFM 기법
고객 충성도의 유형 # 의료기관의 특징 # 서비스 패러독스 # 내구성과 유형성 및 용도에 따른 소비재 분류
애프터 서비스(A/S)의 품질 차원 # 리츠칼튼 호텔의 서비스 활용 사례 # 서비스 표준안 작성 시 고려사항
미스터리 쇼핑 # 서비스 실패 # 서비스 품질의 문제 발생 원인 # 트렌드(Trend) 개념과 특징

3과목 고객관리 실무론

첫인상 # 전화응대 자세 # iCAN 전략 모형 # 콜센터 전략적 정의 # 악수 예절 # 홉스테드 문화차원 이론
전자우편 네티켓 # 소비자중심경영의 인증 # 개인정보의 열람 # 토의법 # 브레인스토밍 # 비즈니스 화법
불만고객 # 맥락효과 # 클레임(Claim)과 컴플레인(Complain) # 엘리베이터 이용예절
인바운드 콜센터 특징 # 정보적 프레젠테이션 # 안드라고지 학습 # OJT의 장점
가명정보 처리에 대한 과징금 부과 등 # 이마무라 세이와 소비자의 정의 # 소비자의 능력 향상
소비자단체소송 대상 # 와이블 개인정보 유형 # 정부주체의 권리 # 개인정보에 관한 OECD 8원칙
한국소비자원의 피해구제 # 광고의 기준 # 가토 이치로 소비자 정의 # 텔레마케팅 전개 과정
수명과 보고 # 코칭의 단점 # 메라비언 언어적인 요소 # 인사하는 방법 # 절하는 방법
스크립트 작성 원칙 # 직무 스트레스 대처법 # 콜센터 모니터링 방법 # 의전의 5R(원칙) # MICE 산업의 분류

STRATEGY

학습전략

모든 서비스 분야의 자격증이 그렇듯 CS Leaders(CS리더스관리사) 역시, 보기에는 쉬워 보이나 막상 공부에 돌입하면 난감하고 어려운 문제가 꽤 있습니다. 특히 이 시험의 경우, 반복하여 출제되는 문제와 함께 매번 새로운 유형의 문제가 추가됩니다. 때문에 문제를 통째로 외우기보다는 이론을 이해하고 기출문제를 통해 응용하는 방법을 터득하여야 합니다.

그러나 마냥 두려워 할 필요는 없습니다. 여러분들이 준비하는 자격증 시험은 반드시 100점을 받아야 합격하는 시험이 아닙니다. 과목별 40점 이상, 전 과목 평균 60점 이상이면 자격을 취득할 수 있습니다. 자만하지 않되, 자신감을 가지고 시대에듀의 전략적이고 효율적인 학습법을 성실하게 따라한다면, 좋은 결과 또한 뒤따를 것이라고 생각합니다.

아래의 보기처럼 지엽적으로 단어를 교체하여 출제하는 경우가 종종 있으므로, 정답만 확인하지 마시고 오답인 이유까지 꼼꼼하게 확인해보는 것이 좋습니다.

보 기

더 알아보기

1. 전통적 마케팅 믹스 4P요인
   제품(Product), 가격(Price), 유통(Place), 촉진(Promotion)
2. 포 터
   마케팅 전략이란 경쟁에 있어서 유일한 가치 있는 지위를 창조하고 교환하는 활동이다.

(2) 서비스 마케팅 삼각형 중요 기출 19, 20

서비스마케팅은 제조업 마케팅을 의미하는 '외부 마케팅' 이외에도 고객과 직접 접촉
제공하는 직원과 고객 간의 '상호작용 마케팅'과 직원이 고객에게 최상의 서비스를 제
지원하고 교육하는 '내부 마케팅'을 필요로 한다.

기 업
내부 마케팅
외부 마케팅
종업원
고 객
상호작용 마케팅

① 내부 마케팅 기출 14, 15, 16, 17, 24

고객에게 잘 봉사하기를 원하는 종업원을 고용하여 훈련시키고 동기유발시키는 과제
이 중요해져가고 있다. 내부 마케팅에서는 여러 가지 마케팅 기능들, 즉 판매원, 광고
제품관리, 마케팅 조사 등이 결합되어야 한다. 또한, 마케팅은 다른 부서들에 의해서
다. 마케팅은 어느 한 부서의 업무가 아니라 모든 부서의 업무로서 그 업무가 고객에
을 미칠 수 있는가를 고려하는 접근을 택한다.

㉠ 기업－종업원 간에 이루어지는 마케팅
㉡ 서비스의 품질관리를 위해 직원을 교육 · 훈련하고, 이들에게 동기를 부여하는 내
으로 하는 마케팅 활동이다.
㉢ 내부 마케팅은 외부 마케팅보다 우선적으로 수행된다.
㉣ 기업의 CEO는 직원에게 적절한 수준의 재량권을 부여함으로써 직원이 고객의 욕구를 확인하고 고객이 불만족할 때 신속하게 대응할 수 있게 하고, 직원이 주인의식과 책임감을 가지고 고객과 상호작용할 수 있게 해야 한다.

46
다음 중 '내부 마케팅(Internal Marketing)'에 대한 설명으로 가장 올바르지 않은 것은?

① 기업과 직원 간에 이루어지는 마케팅을 말한다.
② 외부 마케팅을 최우선으로 시행하고 이후 순차적으로 내부 마케팅을 시행하여야 한다.
③ 직원이 고객에게 최상의 서비스를 제공할 수 있도록 지원하고 교육하는 활동을 의미한다.
④ 기업의 CEO는 직원에게 적절한 수준의 재량권을 부여하여 고객에게 최상의 서비스가 제공될 수 있는 환경을 조성해야 한다.
⑤ 서비스 품질 관리를 위하여 직원에 대한 교육 및 훈련을 실시하고 동기부여를 높일 수 있도록 내부 직원을 대상으로 하는 마케팅 활동을 말한다.

◇ 과목별 학습전략

1과목 | CS 개론

난이도 : ★★★☆☆

1과목 CS 개론은 주로 개념, 정의, 특성, 시기 · 단계별 흐름과 같은 이론 부분이 많이 출제됩니다. 같은 개념에서 출제하더라도 정의, 종류, 유의사항, 장 · 단점 등으로 변형하여 출제가 가능한 과목이므로 문제를 맞혔더라도 빠르게 넘어가지 마시고, 관련된 내용이 어떤 것이 있는지 다시 한번 생각해본다면 효율적으로 학습할 수 있습니다. 1회독을 한 후, 기출문제로 실력을 점검하고 자주 틀리는 이론을 마인드맵처럼 요약 · 정리하여 학습하시는 것을 추천합니다.

2과목 | CS 전략론

난이도 : ★★★★☆

2과목 CS 전략론은 수험생들이 가장 부담을 느끼는 과목으로, 다른 과목보다 집중하여 공부하는 것이 필요합니다. 본인의 스타일에 따라 맨 앞 혹은 뒤로 순서를 변경하여 문제를 풀어나가는 전략을 짜는 것도 좋습니다. 단순하게 외우는 것만으로는 한계가 있기 때문에 개념을 여러 번 읽어 과락을 면하여야 합니다. 새로운 트렌드, 소비자 심리의 용어를 묻는 문제가 1문제씩 출제되니, 출제된 용어를 검색하여 이와 유사하거나 반대되는 단어를 한 번씩 읽어보는 것을 추천합니다.

3과목 | 고객관리 실무론

난이도 : ★★☆☆☆

3과목 고객관리 실무론은 앞의 1 · 2과목에 비해 우리에게 익숙한 내용이 등장하며, 평이한 수준으로 전체적인 평균을 올려 합격에 한발 다가갈 수 있는 좋은 기회가 되는 과목입니다. 소비자기본법이나 개인정보보호법과 같은 법령은 출제된 조항을 위주로 살펴보되, 법제처(www.moleg.go.kr)에서 전체적으로 어떠한 조항이 있는지 확인해보는 것이 좋습니다. 특별하게 주의해야 할 사항은 시험 시행일 당일 시행되고 있는 법령을 기준으로 문제를 출제하기 때문에, 본인이 선택한 시험 일자를 잘 확인하여 개정된 법령을 정리해보는 것을 추천합니다.

[소비자기본법] [시행 2025. 1. 1.] [법률 제20301호, 2024. 2. 13., 일부개정]
[소비자기본법 시행령] [시행 2023. 12. 21.] [대통령령 제33960호, 2023. 12. 12., 일부개정]
[개인정보보호법] [시행 2024. 3. 15.] [법률 제19234호, 2023. 3. 14., 일부개정]
[개인정보보호법 시행령] [시행 2024. 9. 15] [대통령령 제34309호, 2024. 3. 12., 일부개정]

※ 법령은 계속 개정됩니다. 시험을 준비하는 수험생은 반드시 시험 시행일에 시행되고 있는 개정된 법령을 확인하시고 준비하시기 바랍니다.

CONTENTS

이 책의 차례

제1과목 CS 개론

제2과목 CS 전략론

제3과목 고객관리 실무론

부 록 실제기출 복원문제

소 책 자 시험 전에 보는 핵심요약집

제1과목
CS 개론

CS 관리개론

01 | CS 관리의 개념

CS(Customer Satisfaction) 관리란 공급자가 고객에게 제품이나 서비스를 제공하고 고객의 기대를 충족시켜 그 제품(서비스)에 대한 선호도가 지속되도록 하는 것을 말한다. 공급이 수요를 초과하는 현대의 대량생산시대에서 고객만족관리의 중요성은 더욱 커져가고 있으며, 실제로도 신고객을 창출하는 비용이 기존고객을 유지하는 비용보다 4~5배에 이르는 것을 감안할 때 고객만족관리는 기업의 생존과 직결되는 문제이다.

02 | CS 관리의 역사 기출 13, 19

(1) 무관심단계(1990년대 이전)

① 기업중심의 경영 단계로 아직까지 고객만족 개념이 도입되기 전의 단계이다.
② 1970년대 미국의 소비자주의가 성숙기에 접어들면서 고객만족경영이 대두되었다.
③ 1977년 미국 리서치 회사인 JD파워(J. D. POWER)가 고객만족을 평가기준으로 자동차 부분 기업 순위를 발표한 것이 시초가 되었다.
④ 1981년 세계적인 스칸디나비아 항공의 젊은 사장 얀 칼슨이 진실의 순간(MOT ; Moment of Truth) 개념을 도입하면서 전 세계로 널리 확산되었다.
⑤ 1980년대 후반 엔고가치의 급등으로 신음하던 일본경제계에서 도요타가 경제위기의 타개책으로 '고객만족경영'을 도입하였다.

(2) CS 도입기 및 침체기(1990~2000년대 이전)

① 고객중심경영 단계로 고객만족경영이 도입된 후 부침을 겪던 시기이다.
② 우리나라에서는 1992년 LG에서 처음 도입한 이래 1993년 삼성, 1990년대 중반 KT, 철도청 등에서 잇따라 도입하였다.
③ 1997년 후반 IMF로 고객만족경영은 다시 침체되었다.

(3) 2000년대 CS 전면 도입기(2000년 이후)

① 고객감동경영의 단계이다.
② 2000년대 이후 업종을 불문하고 대부분의 기업에 CS 경영이 도입되었다.

03 | 서비스 프로세스 구조

(1) 의 의

① 기업의 측면에서 보면, 기업 내의 원재료, 정보, 사람 등을 투입(In-put)하여 행하는 기업의 활동과 이로 인한 서비스 등의 산출물(Out-put)로의 변환과정을 표시한 것이다.

② 고객의 측면에서 보면, 고객을 위한 결과물 또는 고객을 위해 가치를 창출하는 모든 관련 활동들의 집합을 말한다.

③ 프로세스는 궁극적으로 과업성과를 제고할 수 있어야 한다.

④ 프로세스에서의 규율은 통제하기 위한 규율이 아니라, 창의성과 효율성 제고를 위한 규율이어야 한다.

⑤ 결국 프로세스는 목적론적, 전체론적 입장에서 모든 기업활동이 고객만족을 위하여 진행될 때 기업이 추구하는 목적을 성취할 수 있다.

(2) 비즈니스 프로세스 기출 14, 15, 16, 17, 18, 19, 20, 22

① 마이클 해머(Michael Hammer) 교수는 비즈니스 프로세스를 "고객을 위한 결과물 또는 고객을 위해 가치를 창출하는 모든 관련 활동들의 집합"이라고 하였다.

② 비즈니스 프로세스의 유형

㉠ 핵심 프로세스는 조직의 기능의 경계를 넘어 외부 고객에게 전달되는 최종제품과 서비스를 창출하는 프로세스이다.

㉡ 지원 프로세스는 조직 내부에서 이루어지지만 핵심 프로세스의 성과에 영향을 주는 프로세스이다.

③ 비즈니스 프로세스 분류(Edwards & Peppard) 중요

조직 내의 모든 프로세스들이 기업의 사업 전략을 수행하는 데 동일하게 공헌하는 것은 아니다. 결국 조직은 조직의 성과 창출에 효과성이 높은 프로세스를 선택하고 이에 집중하며, 프로세스의 재구축 또한 여기에 초점이 맞추어져야 한다.

구분	내용
경쟁 프로세스	• 경쟁 프로세스는 경쟁자보다 우수한 고객 가치를 제공하는 프로세스이다. • 고객의 니즈를 만족시키는 데 초점을 맞추므로, 고객의 기대 수준과 대비하여 판단 가능하다. 예 고객이 요구하는 가치가 고객 각각의 취향에 맞도록 하는 제품의 다양화(Diversity)라면 기업의 경쟁 프로세스는 개별화(Customization) 프로세스이다. 반면에, 경쟁자와 가격에 의한 경쟁이라면 조직의 경쟁 프로세스는 경쟁자보다 낮은 가격으로 생산하는 프로세스가 된다.
변혁 프로세스	• 급속히 변화하는 환경 속에서도 조직의 지속적인 경쟁우위 확보를 위한 프로세스를 의미하며 사람, 기술 그리고 프로세스를 결합해 조직의 미래의 경쟁력을 구축해 나가는 과정이다. 예 신제품 개발, 새로운 지식의 습득을 위한 학습조직 구축 프로세스 등이 있다.
기반 프로세스	• 핵심 프로세스는 아니지만 프로세스의 결과물이 고객에게 가치가 있다고 파악되는 프로세스이다. • 경쟁자와 경쟁여부를 떠나 고객에게 필요한 최소한의 가치만 제공하면 되는 프로세스이다. 예 초기에는 제품의 품질이 주요 경쟁요소였지만, 품질이 평준화되어 품질은 기본적인 요소가 되고 디자인, 가격 등이 주요 경쟁요소가 된다면 이때 품질은 기반 프로세스로 분류된다.

지원 프로세스	• 위의 세 가지 프로세스가 제대로 진행되도록 지원하는 프로세스를 의미한다. • 고객에게 직접적으로 가치를 전달하는 프로세스는 아니며, 프로세스라기보다는 오히려 과거의 기능적 활동으로 파악되는 경우가 많다. 예 인적자원관리, 재무회계, 교육훈련 등이 있다.

④ 프로세스 분류의 유용성

㉠ 기업 내의 프로세스를 분류함으로써 비즈니스 프로세스의 중요도에 따른 자원 배분을 통한 운영의 효율성을 제고할 수 있다.

㉡ 비즈니스 프로세스 분류는 리엔지니어링 노력의 집중을 가져온다. 현재의 경쟁 우위를 가져오는 경쟁 프로세스에 우선적으로 초점을 맞추고, 더 나아가 미래의 경쟁력의 원천을 확보하는 변혁 프로세스에 눈을 돌리게 하는 식으로 조직의 역량 집중이 이루어지게 되는 것이다.

㉢ 비즈니스 프로세스 분류는 지속적인 프로세스 혁신의 출발점이 된다. 경쟁 프로세스와 변혁 프로세스를 제외한 나머지 프로세스의 아웃소싱과 같은 성과 개선 노력을 진행하게끔 유도하는 것이다.

더 알아보기

린 쇼스택(Lynn Shostack)의 서비스 설계 시의 위험

- 지나친 간소화(Oversimplification)
- 미완성(Incompleteness)
- 개인적인 체험에 의해 왜곡될 수 있는 주관성(Subjectivity)
- 편향된 해석(Biased Interpretation)

⑤ 서비스 프로세스의 표준화 및 개별화 중요 기출 14, 15, 16, 17

㉠ 서비스 표준화 : 미국 사우스웨스트 항공사는 타 항공사와의 연계운영, 중심기지 시스템보다는 공항기점 간 시스템, 소규모 공항, 저렴한 요금으로 단거리운행, 음료 · 식사제공 프로세스 생략, 지정좌석제 폐지 등으로 프로세스의 표준화 전략에 성공하였다.

㉡ 서비스 개별화 : 싱가포르 항공사는 고객의 취향에 맞는 서비스, 직원에게 권한부여, 다소 높은 가격으로 고품위 서비스 제공 등의 개별화 전략을 적용하여 성공하였다.

(3) 서비스 프로세스의 분류 기출 14, 15, 16, 17, 18, 19, 20

① 의 의

서비스 프로세스는 노동집약도, 고객과의 상호작용, 개별화를 기준으로 4가지로 구분할 수 있는데, 이를 서비스 프로세스 매트릭스라고 한다.

㉠ 노동집약도 : 서비스 전달에 필요한 장치나 설비 등 '자본에 대한 의존도'와 사람에 의존하는 정도인 '노동에 대한 의존도'의 상대적인 비율을 말한다.

㉡ 고객과의 상호작용 : 고객이 서비스 프로세스와 상호작용하는 정도를 말한다.

㉢ 개별화 : 서비스가 고객에 의해 개별화되는 정도를 말한다.

② 슈메너(Schmenner)의 서비스 프로세스 매트릭스 분류 중요 기출 20, 21, 22, 24

구 분		고객과의 상호작용/개별화	
		높 음	낮 음
노동 집약도	높 음	전문 서비스 (변호사, 의사, 컨설턴트, 건축가 등)	대중 서비스 (금융업, 학교, 도 · 소매업 등)
	낮 음	서비스 샵 (병원, 수리센터, 기타 정비회사 등)	서비스 팩토리 (항공사, 운송업, 호텔, 리조트 등)

(4) 서비스 프로세스의 진행

① 프로세스의 흐름

프로세스는 "하나 이상의 입력(In-put)을 이용하여 고객에게 가치 있는 출력(Out-put)을 만들어 내는 부가가치 있는 행동의 총합"으로 정리할 수 있다. 이에 따라 흐름을 표시하면 다음과 같다.

입력(In-put)	사람, 설비, 재료, 방법, 환경 등
프로세스(Process)	부가가치가 있는 행동
풀력(Out-put)	고객에 가치 있는 출력(제품 또는 서비스)

② 서비스 프로세스 설계의 기본원칙 기출 14, 15, 16, 20

㉠ 평가의 주체는 고객이다.

㉡ 평가는 상대적이며, 절대적이 아니다.

㉢ 평가내용은 기대대비 성과이다.

㉣ 고객의 기대를 관리하여야 한다.

㉤ 고객의 개별 니즈(Needs)에 적응하는 것이 중요하다.

㉥ 고객의 개별 니즈에 적응하는 효율적인 방법은 일선직원이나 지원시스템이다.

㉦ 모든 의사결정 시 고객을 고려하여야 한다.

더 알아보기

서비스 프로세스 설계 시 고려해야 할 사항 기출 18, 19, 20

- 고객에게 초점을 맞추고 고객의 입장에서 계획되어야 한다.
- 서비스 프로세스는 목적론이며, 실제적인 과업 성과를 중시하여야 한다.
- 서비스 프로세스는 전체론이며, 개별 활동들은 하나의 시각에서 인식되어야 하고, 성과의 효율을 제고하는 자율적인 성격이어야 한다.
- 서비스는 무형성을 고려한 사실, 객관성, 정확성에 근거한 구체적인 방법론을 제시한다.
- 종업원과 고객을 모두 고려한 설계를 한다.

제1과목

③ 서비스 프로세스에서 고객의 역할

㉠ 임시직원 : 고객이 서비스의 생산과 전달과정에서 참여할 경우에 임시직원과 같은 역할을 하지만, 정식직원처럼 관리하는 것이 불가능하므로 불확실성의 문제에 직면하게 된다.

㉡ 인적자원 : 서비스 프로세스 과정에서 고객에게 역할을 부여하면 고객은 더욱 적극적으로 자신의 생산역할을 담당하게 된다. 이에 따라 생산성의 원천, 품질, 가치, 만족에의 공헌자로 부상하게 된다.

㉢ 능력의 원천 : 정보기술의 발전과 함께 고객이 습득하는 정보가 기업과 거의 차이가 없게 됨에 따라 기업들도 이에 맞추어 서비스 프로세스를 재구성해야 할 필요가 있다.

㉣ 혁신자(Innovator) : 고객이 신상품과 서비스 개발의 전면에 등장함에 따라 서비스기업자에게 혁신자로서의 역할도 하고 있다.

④ 불만고객의 발생과 대처 기출 14, 15, 16

㉠ 의의 : 모든 고객에게 100% 만족을 주는 서비스는 존재할 수 없기 때문에, 서비스 제공과정에서 발생하는 불만고객에 적절히 대처하여 불만고객을 충성고객으로 만드는 것이 중요하다.

㉡ 불만고객의 발생원인 : 서비스 자체가 훌륭함에도 불구하고 고객 개인의 독특한 취향에 맞지 않은 경우에도 발생하지만, 주로 잘못된 투입, 잘못된 진행, 잘못된 명령, 부정확한 시행, 조직원의 실수 등이 원인이 된다.

㉢ 불만고객에 대한 대처방법 : 기업은 항상 고객모니터링을 통해 불만고객의 발생원인, 제거방법에 대한 올바른 매뉴얼을 정립하여야 하고, 사전에 고객의 니즈를 파악하여 고객의 니즈와 서비스 제공 사이의 갭을 정확하게 파악하여 최적의 프로세스를 설계하고 실천하는 것이 중요하다.

(5) 서비스 구매과정에 따른 관리

① 구매 전 과정–대기관리 중요

㉠ 의의 : 고객이 구매하기 위해 대기하는 시간은 대부분 부정적인 경험이 되기 쉬우며, 대기시간을 효과적으로 관리하는 것은 고객만족과 함께 재구매로 이어지므로 매우 중요하다. 영국의 경영학자 데이비드 마이스터(David Maister)는 고객의 이러한 대기를 효과적으로 관리하여 만족을 주기 위해 다음과 같은 원칙을 제시하였다.

ⓛ 대기관리의 기본원칙 8가지 기출 15, 16, 17, 18, 19, 20, 22, 23

- 아무 일도 안 할 때 대기가 더 길게 느껴진다.
- 구매 전 대기가 더 길게 느껴진다.
- 근심은 대기를 더 길게 느껴지게 한다.
- 언제 서비스를 받을지 모른 채 무턱대고 기다리면 대기는 더 길게 느껴진다.
- 원인을 모르는 대기는 더 길게 느껴진다.
- 불공정한 대기는 더 길게 느껴진다.
- 대기는 가치가 적을수록 더 길게 느껴진다.
- 대기는 혼자 하면 더 길게 느껴진다.

ⓒ 대기시간에 영향을 주는 통제요인

기업의 완전 통제요인	• 대기시간의 공정함 • 편안한 대기시간 • 확실하게 인지된 대기시간 • 대기시간이 서비스의 자연스런 발생순서
기업의 부분 통제요인	• 점유 혹은 무점유의 대기시간 • 불안 혹은 편안함의 대기시간
고객의 통제요인	• 대기시간에 혼자 혹은 단체인지의 유무 • 대기시간을 기다릴 서비스의 가치 목적 유무 • 대기시간에 대한 현재 고객의 태도 유무

ⓔ 대기관리방법 : 대기관리는 크게 기업의 서비스방법을 변화시켜 고객의 대기시간을 감소시키는 '생산 관리방법'과 서비스방법의 변화는 없지만 고객이 느끼는 체감 대기시간을 줄여주는 '고객인식 관리방법'으로 구분할 수 있다. 기출 16

생산 관리방법	• 예약의 활용 : 병원, 패밀리 레스토랑, 항공사 등 • 커뮤니케이션의 활용 : 혼잡한 시간/한가한 시간의 안내, 업무 프로세스의 e-mail 안내 • 공정한 대기시스템의 구축 : 공평한 대기선의 활용, 번호표 활용, Express Line 활용 • 대안의 제시 : 내방고객에게 인터넷 등록 및 사용안내, ARS, ATM, 자동이체, 전화, 인터넷 등의 활용
고객인식 관리방법	• 서비스가 시작되었다는 느낌을 제시 : 도우미를 활용한 안내, 접수대행 및 상담 • 예상 대기시간의 안내 : 무작정 기다리기보다는 예상 대기시간을 알려주는 것이 체감 대기시간을 단축시킴 • 고객의 유형에 따른 대응 : 고객 창구 업무별로 처리, 단순지급업무는 ATM기로, 상담이 필요한 고객은 창구로, VIP 고객은 직접 VIP 룸으로 안내하여 처리하는 방법 • 이용되지 않는 자원 숨기기 : 고객과 상호작용하지 않는 활동은 고객이 볼 수 없는 곳에서 수행하고, 일하지 않는 직원과 사용되지 않는 시설은 보이지 않게 하기

② 구매과정–MOT(Moments of Truth)

㉠ MOT : '진실의 순간'은 고객이 기업의 종업원 또는 특정 자원과 접촉하는 순간으로 그 서비스의 품질에 대한 인식에 영향을 미치는 상황으로 정의할 수 있다.

㉡ 스칸디나비아 항공사(SAS 항공)의 얀 칼슨(Jan Carlson) 사장 : 진실의 순간에 고객을 만족시키는지의 여부가 SAS 항공사의 성패를 좌우한다고 하였다.

㉢ MOT사이클 전체를 관리하여야 한다. 진실의 순간은 서비스 전체에서 비즈니스 프로세스 리엔지니어링(BPR ; Business Process Reengineering) 기법의 한 순간만은 아니며, 고객과 만나는 직 · 간접의 순간순간들이 진실의 순간이 될 수 있다. 이 진실의 순간순간들이 합해져서 서비스 전체에 대한 평가가 내려짐을 명심하여야 한다.

㉣ 곱셈의 법칙($97\times95\times93\times91\times0=0$) : 각 서비스 항목에 있어서 처음부터 점수를 우수하게 받았어도, 마지막 단계의 마무리에서 0이면 결과는 0으로서 형편없는 서비스가 된다. 즉, 처음부터 끝까지 각 단계마다 잘해야 한다는 뜻이다.

㉤ 서비스 제공자는 자신이 고객에 대해 잘 알고 있다고 예단하지 말고, 오히려 서비스 제공자와 고객의 요구가 서로 다른 경우가 매우 많으므로, 항상 고객의 입장에서 고객의 요구에 귀를 기울이는 자세가 필요하다.

더 알아보기

솔로몬과 구트만의 서비스 접점 특징 기출 18, 19, 20, 23

- 양자관계 : 서비스 제공자와 고객이 모두 참여할 때 성립한다.
- 상호작용 : 서비스 제공자와 고객 간의 커뮤니케이션은 상호작용적이다.
- 목표 지향적 : 서비스 제공자는 특정 상황에 맞는 직무 훈련을 통해 목표를 성취할 수 있도록 역할을 수행해야 한다.
- 정보교환 : 서비스 제공자와 고객은 서로 정보를 교환하는 커뮤니케이션을 한다.
- 제한성 : 서비스의 특성과 내용에 따라 접점의 범위가 제한된다.

③ 구매 후 과정–피시본 다이어그램(Fishbone Diagram) 기출 14, 15, 16, 17, 18, 19, 20, 22, 23

㉠ 개요 : 피시본 다이어그램(특성요인분석기법)은 일본의 이시카와 카오루에 의해서 개발된 것으로서 '인과관계도표'라고도 한다. 어떤 결과가 나오기 위하여 원인이 어떻게 작용하고 어떤 영향을 미치고 있는가를 볼 수 있도록, 생선뼈와 같은 그림을 이용하여 이러한 원인이나 결과들을 체계적으로 종합한 것을 말한다.

㉡ 목적 : 문제점의 근본 원인을 파악함으로써 보다 바람직한 방향으로 업무를 개선할 수 있으며, 해당 내용이 문제인지, 문제가 일어나게 된 원인인지, 아니면 그것의 결과인지 등을 파악해낼 수도 있다.

㉢ 피시본 다이어그램(Fishbone Diagram)의 5단계별 흐름 기출 15, 16, 19, 20, 22, 24

- 1단계 : 문제의 명확한 정의
- 2단계 : 문제의 주요원인 범주화
- 3단계 : 잠재 원인 브레인스토밍 실시
- 4단계 : 주요 원인 범주의 세부사항 검토
- 5단계 : 근본원인 확인

㉣ 예 시

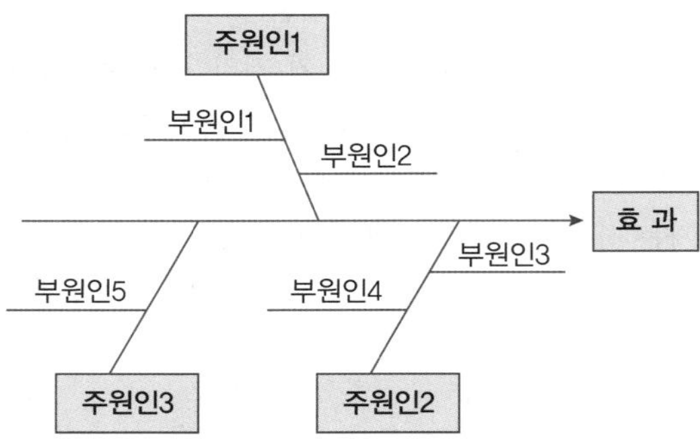

㉤ 구성 요소 : 문제점과 원인으로 구성되며, 드러난 문제 원인에 대해서는 다시 계속적으로 왜 그렇게 되었는지를 질문해 봄으로써, 근본 원인과 그에 관계되는 부수적인 요소들을 파악해 낼 수 있다.

문제점 (효과, 특성)	근본 원인을 도출하기 위해 분석대상이 되는 문제점을 물고기의 머리에 해당하는 부분에 기술한다.
원인 (주원인 및 부원인)	• 문제점에 대한 원인들을 식별하기 위하여 브레인스토밍을 사용하며, 증상과 원인 간의 구별에 주의를 기울인다. • 원인은 문제를 야기시키는 근본 원인을 나타내며, 피시본 다이어그램에서 생선뼈 모양의 사선으로 표시하고, 근처에 원인명을 요약하여 기술한다.

㉥ 특징 : 피시본 다이어그램은 생각을 방사형으로 정리하는 '마인드 매핑'과 자유로운 아이디어를 핵심만 기록하는 '브레인라이팅'의 장점을 혼합한 것으로도 볼 수 있다.

(6) 서비스 프로세스 개선을 위한 기법 중요

서비스 프로세스 개선을 위한 기법에는 서비스 청사진, 피시본 다이어그램, QFD, 6시그마, 파레토차트 기법, 의사결정 매트릭스 기법, 흐름도 기법 등 수많은 방법이 있지만, 여기에서는 품질기능전개(QFD ; Quality Function Deployment)에 대해서 설명한다.

① 품질기능전개(QFD)의 철학

처음부터 끝까지 소비자의 만족과 가치를 보장하는 제품을 디자인하는 것을 추구한다.

② 품질기능전개의 기본개념 기출 16

㉠ 고객의 요구사항을 제품의 기술특성으로 변환하고, 이를 다시 부품특성과 공정특성, 그리고 생산에서의 구체적인 사양과 활동으로까지 변환하는 것이다.

㉡ 품질기능전개가 가능하기 위해서는 시장조사 결과는 정확하여야 하고, 모호한 고객의 니즈가 구체적이고 실행가능하도록 문서화될 수 있어야 한다.

③ 품질기능전개의 목적

㉠ 신제품의 개발기간을 단축하고 동시에 제품의 품질을 향상시키는 것이며, 이런 목적을 달성하기 위하여 신상품 개발의 초기단계부터 마케팅부서, 기술부서 및 생산부서가 서로 밀접하게 협력하는 것을 말한다.

㉡ 품질기능전개는 고객이 요구하는 서비스 품질을 서비스 제공자가 이행할 수 있게 도와준다. 서비스의 개발 초기단계부터 고객을 참여시켜 고객 니즈에 맞게 설계를 하는 것이다. 즉, 고객의 요구를 기업의 생산물에 반영시켜 고객만족을 극대화하는 품질경영의 방법론 중 하나이다.

④ 품질기능전개의 장점 기출 14, 15, 16, 17, 18, 19, 20, 23

㉠ 고객의 요구에 맞는 설계로서, 고객의 요구사항에 대해 파악할 수 있다.

㉡ 설계 변경의 감소, 제품 개발기간의 단축, 판매 후 하자발생 감소 등을 가져올 수 있다.

㉢ 부서 간의 밀접한 협력을 통해 팀워크 향상을 가져온다.

㉣ 품질의 집(HOQ)을 이용하여 모든 과정을 문서화할 수 있다.

㉤ 개발단계 중간에 새로운 특성이나 문제점이 발생하면, 품질의 집에 적용시켜 초기에 고려해야 하는 여러 방안을 수정하고 반복 적용해 볼 수 있다.

⑤ 품질기능전개의 단계

품질기능전개는 크게 '기획 · 설계, 부품전개, 공정전개'의 단계로 나눌 수 있다.

기획 · 설계	설문조사 등의 방법으로 요구 항목과 중요도를 산출해서 전개표에 기입하고, 기획품질과 요구품질의 중요도를 산출한다.
부품전개	부품전개의 목적은 전 단계에서 도출한 중요 품질 특성과 관련된 서브 시스템 또는 부품을 전개하여 품질 특성 전개표와 부품 전개표 간의 매트릭스를 통하여 각 부품이 해당시스템에 미치는 영향을 평가함으로써 중요 품질 특성의 목표 달성을 위하여 어느 부품을 중점적으로 관리해 나갈 것인가를 명확히 하는 단계이다.
공정전개	전 단계에서 얻는 주요 부품을 주요 공정 중 중점적으로 관리하여야 할 공정을 도출하는 데 사용한다. 품질특성과 관련된 공정을 도출하는 것이 목적이다.

⑥ 품질의 집(HOQ ; House Of Quality) 중요

㉠ 의의 : 품질의 집은 QFD를 분석할 때의 핵심도구로서, 시장조사에서 밝혀진 고객의 요구를 기술의 세계에 있는 생산기술자들에게 효율적으로 전달하기 위하여 매트릭스 형태로 배치한 것이다.

㉡ 구성요소 : 품질의 집(HOQ) 구성요소에는 설계특성 간 상관관계(상호작용), 설계 특성(품질 특성), 고객의 요구품질, 상관관계, 계획품질(경쟁사 비교), 설계품질 등이 있다. 기출 19, 24

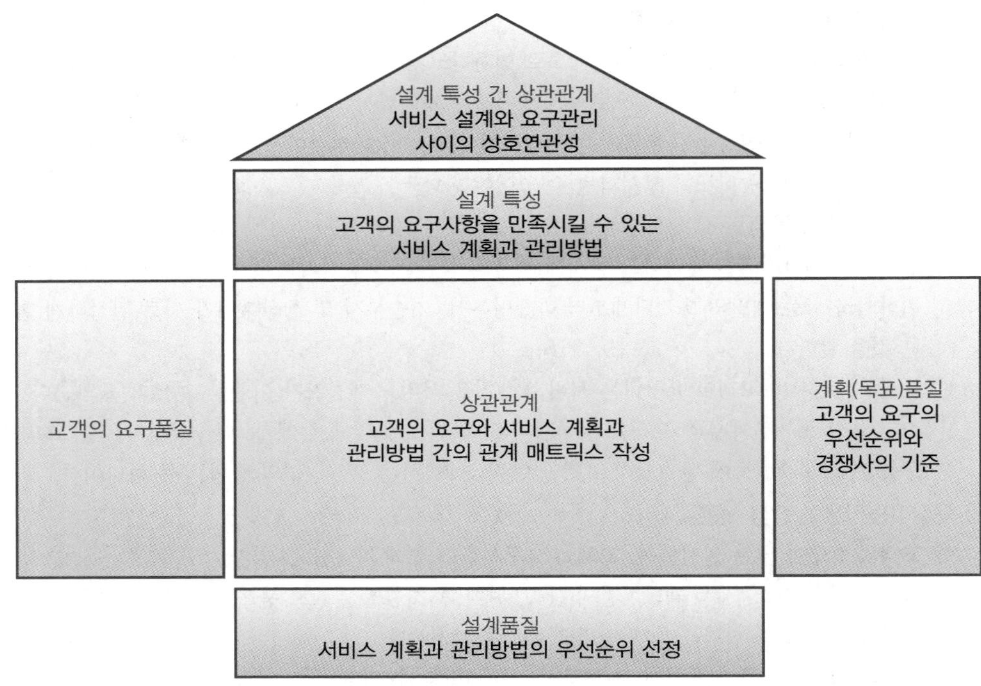

[품질의 집(HOQ) 구조도]

(7) 서비스 프로세스 재설계의 5가지 노력 방안

① 가치 창출에 기여하지 않는 단계의 제거

② 셀프 서비스로의 전환

③ 서비스를 고객에게 직접 전달

④ 일괄 서비스

⑤ 서비스 프로세스의 물리적 측면의 재설계

02 고객만족경영

01 | 고객만족경영의 기본개념

(1) 고객만족의 개요

① 고객만족의 의의 중요 기출 16

㉠ 고객이 제품 또는 서비스에 대해 원하는 것을 기대이상으로 충족 · 감동시킴으로써 고객의 재구매율을 높이고 고객의 선호가 지속되도록 하는 것이다. 즉, 기대에 대한 실제 서비스가 만족을 느낄 만큼의 수준에 이르렀을 때 고객이 받는 감정상태를 말한다.

- 고객의 기대 > 제품 또는 서비스 → 고객불만
- 고객의 기대 = 제품 또는 서비스 → 고객만족
- 고객의 기대 < 제품 또는 서비스 → 고객감동

㉡ 고객만족에 관한 학자들의 정의 기출 14, 15, 16, 17, 19, 22, 23, 24

학자	정의
웨스트브룩(Westbrook)과 뉴먼(Newman)	고객만족을 결과에 초점을 두고 개념화하여(결과지향적 접근), 고객의 포괄적인 감정에 대하여 고객이 상품 및 서비스를 구매 · 비교 · 평가 · 선택하는 과정에서 고객이 경험하는 호의적인 감정을 고객만족, 비호의적인 감정을 불만이라고 하였다.
앤더슨(Anderson)	고객만족을 과정에 초점을 두고 개념화하여(과정지향적 접근), 고객의 만족과 불만족을 하나의 과정으로 이해하여 고객의 사용 전 기대와 사용 후 성과를 평가한 결과로 고객만족을 이해하였다.
햄펠(Hempel)	소비자가 만족을 기대했던 제품의 효익이 실현되는 정도라고 정의하고, 실제 성과와 기대했던 결과 사이의 일치의 정도를 나타낸다고 하였다.
밀러(Miller)	소비자의 만족, 불만족은 제품에 대한 기대수준과 지각된 성과수준과의 상호작용으로부터 생긴다고 정의하였다.
굿맨(Goodman)	고객만족이란 '고객의 요구와 기대에 대응하는 일종의 기업활동의 결과로서, 상품과 서비스의 재구매가 이루어지고 고객의 신뢰가 계속되는 상태'이다.
올리버(Oliver)	'만족이라는 것은 소비자 자신의 성취반응이며, 이는 제품 · 서비스의 특성과 그것의 자체 제공이 소비자의 욕구 충족과 이행되는 수준에 대한 소비자의 판단'이라고 해석했다.
코틀러(Kotler)	만족이란 사람들의 기대치와 그 제품에 대해 자각하고 있는 성능과 비교하여 나타나는 즐거움이나 실망감을 의미한다.
카르도조(Cardozo)	기업이 제공한 서비스에 대한 고객의 인식과 기대치 간의 차이를 평가하는 것이다.

② 고객만족의 특징 기출 14, 15, 16, 17

㉠ 태도로서의 만족

올슨(Olson)과 도버(Dover)	기대를 속성 발생에 대한 확률이라고 가정할 때, 신념은 태도 형성의 기초를 형성시키는 것일 뿐만 아니라 만족의 결정에 대한 적용 수준의 역할도 있다.
올리버(Oliver)	만족은 구매 후 태도에 선행하고 있고 거기에 영향을 준다. 또한 불확인을 중심으로 하는 뜻밖의 일과 생각지 못한 변수를 포함하지만, 태도에는 불확인의 개념은 포함되지 않는다.

㉡ 품질평가로서의 만족

올스하브스키(Olshavsky)	지각 품질은 몇 가지 점에 대한 제품의 전체적인 태도와 유사한 개념이며, 일시적이 아닌 보다 종합적이고 영속적인 의미를 가진다.
파라수라만(Parasuraman), 자이다믈(Zeithaml), 베리(Berry)	서비스의 지각 품질은 기업의 전체적인 우수함 혹은 탁월함에 대한 소비자의 판단으로 만족은 구매 또는 소비 후 지각 품질에 선행하고 서비스 지각 품질에 영향을 준다.

㉢ 감정적 반응으로서의 만족

웨스트브룩(Westbrook)	감정적 처리 과정은 인간 행동에 동기를 주는 원천이며, 정보처리와 선택에 영향을 주는 요인이다.
테스트(Test)와 윌턴(Wilton)	소비자의 사전 기대와 소비 후 지각된 제품과의 실제 성과 간의 차이에서 생기는 반응이 만족이다.
웨스트브룩(Westbrook)과 라일리(Reilly)	고객만족은 구매한 제품이나 서비스, 구매행동, 소매점, 쇼핑 및 시장에서 발생하는 전반적인 행동과 관련된 경험에 의한 정서적 반응이다.

③ 고객만족의 3대 핵심 요소 중요

고객만족의 3대 핵심 요소는 제품 요소, 서비스 요소, 기업 이미지 요소로 구분할 수 있다.

제품 (직접 요소)	• 시대적으로 보면 이전에는 상품의 하드적인 가치로서의 품질, 기능, 가격 등의 비중이 컸고, 상품의 품질이 좋고 가격이 저렴하면 고객은 그것으로 만족하였다. • 그러나 풍요의 시대가 되고, 고객은 그것만으로는 만족하지 못하게 되었으며, 상품의 소프트적 가치로서의 디자인, 사용용도, 사용의 용이성, 배려 등을 중시하게 되었다.
서비스 (직접 요소)	• 감성의 시대로 진전됨에 따라 상품만이 아니고 구매시점에 점포의 분위기, 판매원의 접객이 영향을 미치게 되었고, 점차 서비스가 차지하는 비중이 높아지게 되었다. 따라서 기업으로서는 판매방법에도 세심한 주의를 기울여 쾌적한 판매방법을 택하지 않으면 고객이 만족하지 않게 되었다. • 이제 상품의 측면에서는 그다지 차이가 없게 되었기 때문에 판매시점의 서비스의 차이가 기업의 우열을 결정하게 되었다. 고객만족의 비중이 상품에서 서비스로 이행하고 있는 것이다.
기업 이미지 (간접 요소)	• 고객만족의 구성 요소는 직접적으로는 상품과 서비스 등이 있지만, 앞으로 중요시될 것은 기업 이미지이다. • 기업 이미지의 내용으로는 사회공헌 활동 및 환경보호 활동 등이 있고, 이 활동을 적극적으로 펼치는 것에 의해 사회 및 환경문제에 진정으로 관계하는 기업으로서의 이미지가 향상되어 고객에게 좋은 인상을 주게 된다. • 바꿔 말하면, 아무리 상품 및 서비스가 우수하다 하더라도 사회 및 환경문제에 진심으로 관계하지 않는 기업은 평가가 하락하고, 고객의 만족도는 낮아지게 되는 것이다.

④ 고객만족을 결정짓는 요소 기출 15, 16

㉠ 고객만족은 일반적으로 제품이나 서비스의 품질, 특징이나 가격, 고객감정과 같은 '개인적 요인'과 가족구성원이나 지인의 의견과 같은 '상황적 요인'에 의해 영향을 받는다.

㉡ 또한, 제품의 기능 · 성능 · 가격 등과 같은 '직접적인 요소'와 기업의 사회 공헌도나 환경보호, 지역 주민들을 위한 복지시설, 소비자 권익보호 등과 같은 '간접적인 요소'가 있다.

[고객만족을 결정짓는 요소] 중요 기출 20, 23, 24

제품/서비스의 특징	• 제품이나 서비스의 특징에 대한 고객의 평가를 받는다. • 가격수준, 품질, 개인적 친분, 고객화 수준 간의 상관관계가 있다.
고객감정	서비스 이전의 감정과 서비스 이후 체험을 통한 긍정적 · 부정적 감정은 서비스의 지각에 영향을 미친다.
서비스의 성공과 실패의 원인 분석	서비스에 대한 만족이나 불만족이 발생하였을 때 고객은 그 원인에 대해 분석하고 평가한다.
공평성의 지각	다른고객과 비교하여 공평하게 서비스를 받았는가는 고객만족에 영향을 미친다.
가족, 동료, 친구, 다른고객	고객만족은 구전에 의한 영향을 받는다.

⑤ 질적인 만족과 심적인 만족

고객이 기대하는 상품 가치구성의 중요요소로는 '질적인 만족'과 '심적인 만족'이 있다.

㉠ 질적인 만족은 제품의 특질에 관한 만족이다.

㉡ 심적인 만족은 제품의 실현에 관계하여 부가적으로 제공되는 서비스에 대한 만족이다.

㉢ 정보화사회로 진입하면서 제품의 실현에 관계하는 부가적 요소인 서비스에 대한 고객의 기대를 기업이 어떤 식으로 파악하여 이를 경영에 반영하는가에 따라 고객만족의 크기를 다르게 할 수 있다.

(2) 고객만족 효과 중요

① 고객의 충성도를 높여 재구매고객 확보

구매과정이나 구매를 통하여 만족한 고객들은 기업 및 제품에 대한 좋은 이미지를 가지게 되어, 같은 종류의 제품을 다시 구매해야 할 경우 전에 구매할 때 만족했던 제품을 다시 구매할 수 있게 한다.

② 비용 절감

신규고객보다 기존고객의 재구매가 매출에 더 큰 영향을 미치는 반면에, 신규고객을 갖는 것보다 기존고객을 관리하는 비용이 훨씬 적게 들어 비용을 절감할 수 있다.

③ 구전을 통한 최대의 광고효과

만족한 고객은 구전을 통하여 여러 명의 신규고객을 창출함으로써, 기업은 광고비를 들이지 않고도 최대의 광고효과를 얻을 수 있다.

④ 시장우위를 가져와 타 기업의 진입 방지

고객이 만족하는 경우 그 기업은 가격우위 효과를 지니고, 다른 경쟁사의 진입을 어렵게 하는 효과도 가져온다.

⑤ 브랜드 애호도 증가

제품구매에 만족한 기존고객은 재구매 시에 그 상표를 지속적으로 구입하는 브랜드 애호 성향을 보이며, 이는 기업에 더 많은 이익을 가져다준다.

⑥ 불만족한 고객을 활용한 기업의 성장

㉠ 구매에 대하여 불만족한 고객이 있더라도, 고객의 불평불만을 취사선택하여 기업경영에 반영하면 기업의 성장에 많은 도움이 된다. 반면에, 불평불만을 가지고 아무 말 없이 다른 기업제품을 소비하는 경우에는 기업은 점차 몰락할 수밖에 없게 된다.

㉡ 고객이 불평불만을 늘어놓을 때 기업이 어떻게 대처하느냐에 따라 충성고객이 될 수도 있고, 영원히 그 고객을 상실할 수도 있다.

더 알아보기

구전(입소문 마케팅, 바이럴 마케팅, Word of Mouth) 중요 기출 18, 19, 20, 22, 24

- 신뢰감 형성 : 상품이나 서비스에 대해 기업의 의도로 형성되지 않고, 개인의 경험에 기인한 정보이므로, 고객들이 더 신뢰할 수 있다.
- 급속한 전파 : 상품에 대한 불만은 구매자들에 한정되지만, 구전은 많은 사람들에 의해 빠르게 전파되어 기업의 매출에 큰 손실을 줄 수 있다.
- 큰 파급효과 : 구전은 개인 간의 상호작용이므로 문서, 자료, 기타 매체보다 더 효과가 좋다.
- 정확한 정보제공 : 제품과 서비스에 대한 개인의 경험에 기인하므로, 확실한 정보를 제공한다.
- 제품추천 : 고객의 준거집단에서 서로의 구전에 의한 추천으로 재방문, 재구매 등이 이루어져 기업의 인지도와 브랜드 선호도가 증가한다.

구전과 구매행동과의 관계 기출 20, 22

- 소비자 간의 구전은 일반적으로 매우 신뢰성이 높은 정보의 원천이다.
- 소비자는 구매와 관련된 위험을 줄이고 제품 구매, 가격 등에 대한 정보를 얻기 위해 구전을 활용한다.
- 일방적인 것이 아니라 쌍방적 의사소통이 이루어지는 특징이 있다.
- 소비자는 기업이 자사 제품에 대해 제공하는 긍정적 정보를 제품 판매를 위한 것으로 간주하고 신뢰하지 않는 경향도 있다.
- 소비자는 실제 제품 구매를 결정할 경우 상업적 정보보다 자신의 주변 사람들로부터 듣는 비상업적인 정보를 신뢰하는 경향이 있다.

⑦ 차별화된 서비스의 필요성

㉠ 의의 : 한 기업의 서비스가 다른 기업의 서비스에 비해서 구매자에게 독특하다고 인식될 수 있는 그 무엇을 창조하는 것을 말한다.

㉡ 필요성 중요

고객의 다양한 기호와 고객 간의 이질성	• 고객의 기호가 다양해지고 고객 간의 이질성이 커지면서 각각의 고객에 맞는 서비스의 제공이 필요하게 되었다. • 과거 소형차, 중형차, 대형차로 나뉘던 시장도 지금은 경차, 소형차, 준중형차, 중형차, 중대형차, 대형차 시장으로 세분화하고, 냉장고도 김치냉장고, 와인냉장고, 화장품냉장고, 생선냉장고 등으로 세분화한 것을 예로 들 수 있다.
기업 간의 기술수준의 평준화	기업 간의 기술수준이 평준화되고 모방이 용이해지면서, 제품 간 차별성은 떨어지고 유사성은 증가하는 제품의 범용화 현상이 나타나면서, 차별화된 서비스의 필요성이 커지게 되었다.
다양한 고객의 니즈	• 기업이 제공하는 서비스 안에서도 고객의 니즈는 다양하므로, 각각의 고객에 맞는 서비스의 제공이 필요하다. • 대표적인 서비스 업종인 은행을 보자. 은행을 찾는 고객들의 목적은 단순한 입출금, 거액 대출상담, 투자상담 등으로 다양하고, 이들이 원하는 서비스도 짧은 대기시간부터 낮은 이자율, 보다 전문적인 자산상담 등으로 다양하다. 또한, 지점에 따라 고객들의 니즈도 서로 다르다. 단순 입출금 고객이 많은 지점이 있는가 하면, 거액 자산투자 상담을 원하는 고객이 많은 지점이 있다. • 결국, '고객 니즈의 드라이버'는 지점이 위치하고 있는 지역의 성격, 지리적 위치, 주변 환경 등이라고 할 수 있다. 이런 변수들을 정확히 파악하고 실제 고객의 니즈와 연계시킬 수 있을 때 '맞춤 서비스'를 제공할 수 있다.
접점별 다양한 고객의 니즈만족	고객접점별 다양한 고객의 요구에 대한 고객의 니즈에 맞는 실제 서비스를 제공하여, 고객의 서로 다른 니즈를 충족시켜 편안하고 신속한 서비스를 통해 고객에게 차별화된 서비스를 제공할 수 있다.

더 알아보기

세계적인 유명 호텔 체인인 메리어트

전 세계 60여 개국에 2,000여 개의 호텔을 10여 개의 상이한 브랜드로 구분하고, 다음의 방법에 따라 고객군을 분류한 후, 이들 고객이 즐겨 찾는 서비스에 따라 호텔 브랜드를 차별화한 것이다.

- 최상의 서비스를 제공하는 메리어트 스위트
- 비즈니스맨을 위한 리츠칼튼, 르네상스
- 장기투숙 고객을 위한 페어필드 인, 레지던스 등
- 이용목적(비즈니스 또는 여행), 이용빈도(수시 방문 또는 연간 1~2회, 최초 방문), 체류기간 등

(3) 고객만족경영(CSM) 시대의 도래 중요

① 고객만족경영(CSM ; Customer Satisfaction Management)의 의의

㉠ 고객만족경영의 실체는 기업이 실현하고자 하는 제품의 가치에 대하여 고객이 만족하는 상태를 만들어 충성고객의 확보를 추구하는 경영방식 및 전략이다.

㉡ 고객이 필요한 재화와 용역을 사용하고 원래 기대했던 것과 비교해 만족하도록 한다는 것이 한 기업의 목표이자 경영기준이 된 상태를 의미한다.

㉢ 고객만족경영의 목표는 회사의 이익창출의 극대화에 있다. 즉, 고객만족경영을 통하여 신규고객 및 충성고객을 늘림으로써 기업의 경쟁력을 강화하고, 원가 구조를 개선함으로써 이익을 극대화할 수 있는 것이다.

② 공급자 우위시장에서 소비자 우위시장으로 변환

㉠ 산업혁명 이전의 소량생산시대에서는 공급부족으로 공급자 우위의 시장이 형성되어 고객만족이라는 개념은 존재조차 하지 않았다. 그러나 산업혁명 이후 대량생산시대를 거치면서 공급이 수요를 초과하게 되자, 각 기업들은 생존을 위해서 고객만족에 눈을 돌리게 되었다.

㉡ 고객을 사로잡지 못하는 기업은 바로 도태되어 사회에서 퇴출되기 시작하면서 고객만족이 경영의 최고 화두가 되었다. 아울러 종전의 생산지향적 · 판매지향적 경영도 고객지향적 · 사회지향적 경영으로 변환되었다.

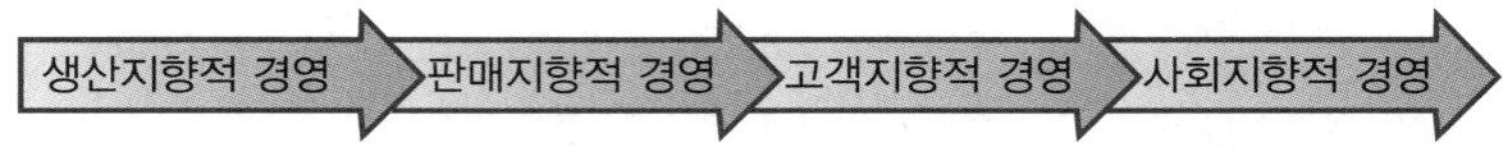

③ 4P에 4C를 동시에 고려 중요 기출 20, 23

마케팅의 4P(Product, Price, Place, Promotion)는 생산자 혹은 기업의 입장에서 마케팅의 접근방법을 일컫는다. 정보사회가 되기 이전에는 수요가 공급을 초과하는 '만들기만 하면 팔리는' 상황이었기 때문에 기업은 주로 기술개발이나 제품생산 효율성에 치중했다.

하지만 시대가 변하면서 교육수준이 높아지고 정보기술이 발달하게 됨에 따라, 제품을 구매하거나 소비하는 이들은 자신의 지식이나 정보력을 바탕으로 보다 효율적인 소비를 하려는 행태를 보이게 된다. 기업들 또한 기술의 평준화 혹은 격차감소로 인해 심화된 경쟁에 직면하게 되며, '잉여자본'이 생기게 된 것이다. 즉, 결과적으로 생산과 소비의 관계에서 현재의 소비자들이 헤게모니를 쥐게 된다. 이러한 점에서 기인하여 기업중심의 근시적인 4P에서 벗어나, 소비자중심으로 마케팅을 바라봐야 한다는 4C가 태동하게 되었다. 이제 고객만족경영은 마케팅믹스의 핵심요소인 4P에 4C를 동시에 고려하여 활용하기 시작했다.

4P 관점		4C 관점
• Product(제품) • Price(가격) • Place(유통) • Promotion(판매촉진)	➡	• Customer Needs(소비자 욕구 충족) • Cost(비용 → 가치) • Convenience(소비자 편리) • Communication(쌍방향의 커뮤니케이션)

㉠ 종전의 마케팅 개념 : 마케팅은 개인과 조직의 목적을 충족시키는 교환을 창조하기 위해서 상품, 서비스, 아이디어 등을 개념화하여 제품(Product)을 생산하고, 가격(Price)을 결정하며, 판매촉진(Promotion) 및 유통(Place)을 계획하여 수행하는 전 과정이다.

[전통적 마케팅 믹스 4P] 중요 기출 18, 22

Product (제품)	• 물리적 특성 • 브랜드 • 품 질	• 서비스 • 보 증
Price (가격)	• 표준가격 • 가격수준 • 할 인	• 거래조건(할부, 신용) • 차별화
Place (유통)	• 경로, 배송 • 중간상 • 채널관리	• 매장위치 • 재고, 보관
Promotion (판매촉진)	• 인적판매 • 광 고 • 판 촉	• 홍 보 • 마케팅 • DM

㉡ 최근의 마케팅 개념 : 소비자의 욕구를 충족(Customer Needs)시키기 위해 소비자의 비용(Cost)을 줄여주면서 소비자가 원하는 편리한 곳에서(Convenience) 구매할 수 있도록 함과 아울러 고객과 지속적인 관계를 유지하기 위해 소통(Communication)하는 활동이다.

④ 전통적 마케팅 믹스 4P + 확장된 마케팅 믹스 3P 중요

[확장된 마케팅 믹스 3P]

People (사람)	• 직원선발, 교육, 훈련, 동기부여 • 고객 관계 관리	• 고객 행동
Physical Evidence (물리적 증거)	• 시 설 • 장비 · 설비 • 건 물 • 직원복장	• 명함, 팜플렛 • 계산서 • 보 증
Process (생산과정)	• 서비스활동의 흐름(표준화, 개별화) • 서비스 제공단계	• 고객의 참여수준 • 정책, 제도

⑤ 총체적 · 전사적 품질관리(TQM)기법으로의 변환과 고객만족

전통적 관리기법이 단순 재고 파악, 품질개선, 유통구조에 관련한 기법이라면, TQM(Total Quality Management)은 고객만족을 이루기 위해 최고위관리층에서부터 하위계층에 걸치는 조직의 모든 계층에서, 특히 모든 종업원들이 계속적으로 조직의 작업과정을 개선시키는 데 관여하게 하면서 관리하는 방법으로, 고객만족을 달성하기 위한 전략적 · 통합적 관리체제라고 할 수 있다.

⑥ 고객범위의 확대를 통한 고객만족경영

종전 외부고객 이외에도 내부고객(종업원), 주주, 경영자까지도 고객범위를 확대하여 바라보는 인식의 전환이 필요하며, 내부고객과 외부고객이 동시에 만족할 때에만 기업의 지속적인 성장이 가능하다고 할 수 있다.

⑦ 고객만족경영(CSM)의 유의점

㉠ 고객은 자기가 받은 최고의 품질, 서비스 등을 기준으로 서비스를 판단하며, 한번 높아진 고객의 기준은 낮아지지 않는다.

㉡ 고객의 기준에 미치지 못한 서비스의 제공은 고객을 불만고객으로 만들고, 다시는 서비스를 제공할 기회를 주지 않는다.

㉢ 고객의 기준과 경쟁기업의 서비스 수준은 항상 변화하고 있는데, 시설투자, 인건비 등의 문제로 요구수준을 맞추기는 어려운 것이 현실이다.

⑧ 고객만족경영(CSM)의 중요성 기출 14, 15, 16, 17, 19, 20

㉠ 고객만족경영은 만족한 고객을 반복적 · 지속적으로 창출해 나가는 것이다. 기업 경영의 중요한 요소는 더 새롭고 가치 있는 상품과 서비스를 제공함으로써, 고객만족을 극대화시키는 것이다.

㉡ 고객이 그 기업의 상품과 서비스에 만족하면 그 기업의 고정고객이 된다. 한 연구조사에 따르면, 신규고객을 창출하는 비용이 기존고객을 유지하는 비용의 4배에 이른다고 한다. 기업 경쟁력에서 가장 중요한 부분은 기존고객을 잃지 않는 것이다.

㉢ 만족한 고객들은 반복적 구매뿐만 아니라 긍정적인 구전을 통해 신규고객을 창출하는 효과를 가져와 광고효과를 기대할 수 있으며, 고객의 기호 변화를 예측하여 기업의 불필요한 투자를 미리 방지할 수 있고, 마케팅 효율성을 제고해 준다.

㉣ 고객만족은 가격우위 효과를 가져오므로, 장기적으로 기업의 궁극적 목적인 높은 이윤을 창출하고, 기업 경쟁력을 한층 강화시켜 준다.

더 알아보기

마이네트의 고객만족경영 도입배경의 중요성 기출 19, 22, 23

- 글로벌 경쟁의 시대
- 공급과잉으로 인해 소비자가 주요 요소로 부각됨
- 시장의 성숙화로 더 우수한 제품과 서비스 개발 필요
- 소비자 욕구의 다양화와 빠른 변화
- 소프트웨어적 요소의 중요성 증가
- 정보사회도래로 인한 소비자 주권의식 확산

(4) 고객만족경영의 변천 기출 14, 15, 16, 20, 23, 24

① 도입기(1980년대)

㉠ 도입업체 : 인적설비를 주로 이용하는 식당, 호텔, 백화점 등과 국내의 일부 대기업 등에서 도입하기 시작하였다.

㉡ 주요내용 : 판매증진을 위한 제품사용안내 등의 초보적인 친절 서비스에 국한되었다.

㉢ 활용도 : 소극적, 타율적, 보조적으로 사용되었다.

㉣ CS 무관심 시대(1980년대) : 기업중심경영

- 1981년 스칸디나비아 항공사(SAS 항공)-얀칼슨 사장의 MOT 도입으로 CS 경영 성공
- 1980년대 후반 : 일본의 고객만족경영 도입

② 성장기(1990년대) 중요

㉠ 도입업체 : 공공기관을 비롯한 국내의 대부분의 기업에서 도입하기 시작하였다.

㉡ 특징 : 경쟁이 치열해지면서 각 기업은 전사적 고객만족경영 프로그램을 개발하고, 적극 활용하기 시작하였다.

㉢ 주요내용

- 미약하지만 처음으로 내부고객의 중요성도 인식하기 시작하였다.
- 고객만족경영팀을 신설하고, 고정고객의 이탈을 방지하기 위한 DB를 구축하여 관리하였으며, 인터넷의 발달과 함께 사이버고객에 대한 관심도 갖기 시작하였다.
- 전사적 고객만족경영체제 개념과 A/S 제도가 도입되었다.

㉣ 활용도 : 자율적, 적극적으로 사용되었다.

㉤ CS 도입 및 침체기(1990년대) : 고객중심경영

- 1992년 : 한국 도입, LG에서 고객가치창조 도입
- 1993년 : 삼성의 신 경영
- 1990년대 중반 : 공기업(KT, 철도청 등), 민간기업 CS 도입 본격화
- 1997년대 후반 : IMF로 CS침체기

③ 완성기(2000년대)

㉠ 도입 : TQM체제를 통하여 고객관리시스템 경영기법이 활성화되었다.

㉡ 특징 : 리콜제도의 강화, 제조물책임법과 집단소송제 도입 등으로 기업의 책임과 고객만족을 동시에 강화하였다.

㉢ 주요내용

- 글로벌 시대를 맞아 내부고객, 외부고객 이외에 글로벌고객에까지 고객만족경영을 확대하고 있다.
- 기존의 고정고객관리도 고객생애가치(CLV)까지 고려한 고객만족경영을 시행하고 있다.

㉣ 활용도 : 고객만족경영의 생활화 및 선도역할을 수행하고 있다.

㉤ CS 시대(2000년대) : 고객감동경영

- 2000년대 이후 : 업종 불문하고 CS 경영 도입

더 알아보기

고객생애가치(CLV ; Customer Lifetime Value) 기출 15, 16

- '고객의 거래건수 × 고객의 거래단가(매출액/거래건수) × 고객의 거래기간'을 통해 산정된다.
- 고객 1인당 고객생애가치를 높이기 위해서는 교차판매(Cross-selling), 추가판매(Up-selling), 고객유지의 3가지 핵심활동이 필요하다.

(5) 고객만족경영의 패러다임의 변화 기출 20, 22

① Push 마케팅에서 Pull 마케팅으로 변화

㉠ 과거의 마케팅은 고압적인 마케팅으로 표준화와 규격화에 의해서 대량으로 생산된 상품을 소비자에게 강매하는 것이 기본 방침으로 소비자의 욕구는 무시한 채, 기업의 내부적인 관점에서 생산 가능한 제품을 생산하여 마케팅하는 Push 마케팅이었다. 즉, 내부에서 외부로 행해지는 경영전략이라고 할 수 있다.

㉡ 과학기술과 정보기술의 눈부신 발전으로 세계가 하나의 네트워크 속에서 글로벌화 · 디지털화 · 무한경쟁화되면서, 고객들이 스스로 정보공유를 할 수 있는 힘이 생기게 되었다. 이에 따라 마케팅의 중심이 고객으로 넘어가면서 고객이 기업의 마케팅에 참여하는 Pull 마케팅이 새롭게 각광받고 있다. 즉, 외부에서 내부로 행해지는 경영전략이라고 할 수 있다.

② 생산자 위주에서 소비자 위주로의 변화

㉠ 세계경제가 단일화 · 정보화 · 무한경쟁화되면서 고객만족경영이 경영의 중심이 되었고, 고객만족경영에 실패한 기업은 기업자체가 살아남을 수 없게 되었다.

㉡ 과거에는 생산자중심이었다면, 새로운 소비패턴과 신세대 소비층의 증가로 소비자의 파워를 기업과 대등한 위치에까지 격상시켰다.

③ 패러다임의 변화

과거(기업중심적)	패러다임	현재(고객중심적)
기업이 왕	힘의 우위	고객이 왕
일방적	커뮤니케이션	쌍방향적
시장점유율, 매출액	마케팅 목표	고객점유율
제 품	관리 및 지식기반	고 객
기업의 현재가치	중시되는 가치	고객의 평생가치
표준화 마케팅	마케팅 방법	개별화 마케팅
비차별적 마케팅		데이터 베이스 마케팅
집단(매스) 마케팅		일대일 마케팅
제 품	판매대상	서비스
100% 마켓, 10% 고객	BSC(Balanced Score Card, 균형성과표) 내지 조직의 목표	100% 고객, 10% 마켓
획득하는(A ; Acquisition) 전략	고객 경영의 주요 목표	개발하고(D ; Development), 유지하고(R ; Retention), 공유하는(S ; Sharing) 전략

(6) 고객만족 관련 이론 기출 14, 15, 16, 17, 18, 19, 20, 23

① 기대-불일치 이론 기출 22

㉠ 올리버(1981)가 제시한 '기대-불일치 이론'은 '성과가 기대보다 높아 긍정적인 불일치가 발생하면 만족하고, 반대로 성과가 기대보다 낮아 부정적 불일치가 발생하면 불만족을 가져 온다'는 이론이다.

㉡ 기대-불일치 이론에 근거한 연구로는 인지적 불협화 이론, 대조 이론, 동화-대조 이론, 비교수준 이론, 일반화된 부정성 이론 등이 있다.

② 공정성 이론(Equity Theory) 중요 기출 21, 22

㉠ 1960년대 초 애덤스(1965)에 의해 이론화되었다. 개인은 도출결과, 절차, 상호작용 상에서 본인이 투입한 만큼 공정한 결과를 받기를 기대하며, 자신들의 성과를 최대로 할 수 있다고 지각하고 있다는 것이다.

㉡ 고객만족의 성과는 물리적인 제품의 성과뿐만 아니라 비물리적(심리적) 요인도 있기 때문에, 공정성이라는 것이 성과 판단에 중요한 기준이 된다.

㉢ 애덤스의 공정성 이론은 미국의 페스팅거(Festinger)의 인지 부조화 이론과 호만스(Homans)의 교환 이론을 기초로 한다.

㉣ 공정성은 크게 '도출결과의 공정성', '절차상의 공정성', '상호작용의 공정성'으로 분류한다.

- 도출결과의 공정성 : 최종적으로 지급되는 임금, 승진, 조직 내 인정 등
- 절차상의 공정성 : 절차나 규칙에 관한 것, 일관성, 편견배제, 정확성, 윤리성 등
- 상호작용의 공정성 : 관리자와 수용자 간의 예의, 정직, 존경, 흥미, 편견, 우호성, 의사소통의 방법 등

③ 귀인 이론(Attribution Theory) 중요

㉠ 귀인 이론은 하이더(1958)가 처음 제기하였으며, 켈리(1967)가 분석 후 실질적으로 시작되었다.

㉡ 사람들이 왜 특정한 행동을 했는가에 대해 이해하고 설명하는 데 적절한 이론이다. 사람은 어떠한 행동 뒤에 원인을 규명하고, 자신의 신념에 따라 행동하게 된다. 자신들이 경험한 현상에 대해 원인을 규명하려고 하며, 부가적인 정보를 찾기도 한다.

㉢ 귀인 이론은 제품이나 서비스의 성공과 실패에 대한 원인과 불평행동을 설명하는 데 이용해왔다.

㉣ 귀인 이론의 범주화 체계 기출 16, 18, 20

- 인과성의 위치 : 서비스 실패의 원인이 행위자 자신에게 있는지, 상대방이나 상황에 있는지를 추론하는 것
- 안정성 : 어떤 원인이 일시적인지 또는 영원한 것인지, 실수에 의한 것인지 또는 반복적인 것인지를 추론하는 것
- 통제성 : 어떤 원인이 의도적인 것인지, 비의도적인 것인지를 추론하는 것

㉢ 귀인의 유형 기출 20, 22

- 외적 귀인 : 타인이나 대상의 행위를 상황요인과 같은 외부적 요소에 의한 것으로 원인을 이해하는 것
- 내적 귀인 : 타인이나 대상의 행위를 능력, 성격, 가치관 등 행위자의 내부적인 요소로 원인을 이해하는 것

더 알아보기

1. 페스팅거(Festinger)의 인지 부조화 이론 기출 16

사람이 두 가지 모순되는 인지 요소를 가질 때 나타나는 인지적 불균형 상태를 말한다. 인지적 불균형 상태는 심리적 긴장을 유발하므로, 사람들은 이를 해소하여 심리적 안정을 찾고자 한다.

2. 호만스(Homans)의 교환 이론

사람들의 행동은 자신에게 주어진 상황에서 지불하는 투자액과 보상액의 가치를 따져서 이윤을 얻기를 바라며, 이러한 상호작용을 통해서 사회 질서가 형성된다는 이론이다.

3. 켈리(Kelly)의 공변 이론 요소 기출 16

- 일관성 : 시간 및 상황의 변화에 관계없이 특정 자극에 대해 항상 동일한 결과를 보이는지의 여부
- 합일성 : 특정 원인과 결과와의 관계를 다른 관찰자들도 동일하게 지각하는지에 대한 여부
- 특이성 : 어떤 결과가 특정 원인이 있을 때 발생하는지의 여부

02 | CS 경영 사례연구

(1) 고객만족경영 실천 10단계와 일본능률협회의 5가지 고객만족경영의 원리

① 고객만족경영 실천 10단계 중요

단계	내용
1단계	• 고객만족의 이념 확립을 전사적으로 확립하기 위해서 우선 최고경영자의 뜨거운 열정과 이들 경영진의 이념을 성문화하여야 한다. • 고객만족이 "사업의 목적"이 되어야 하고, 반드시 명시되어야 한다.
2단계	• 고객만족 책임자를 선정하고, 컨설팅 기관과 협력하여 고객만족 추진팀을 발족시켜야 한다. • 고객만족팀은 몇 개의 기본업무와 관계된 라인을 거쳐 주요 기능으로 모으고, 각 부문의 관리자들을 새롭게 통합한다. • 책임자는 가장 먼저 고객의 욕구를 파악하고, 이를 만족시키기 위해 고객이 어떻게 하고 있는가, 당사 및 타사의 고객만족 점수는 얼마인가를 알아야 한다.
3단계	• 객관적, 정기적인 고객만족도 조사를 실시하고, 조사결과를 분석하여야 한다. • 고객만족도 조사는 일반적인 시장조사와는 달리 고객만족도만을 집중적으로 조사하며, 경쟁사와 대비하여 만족 여부를 지수로 표시한다.

4단계	• 최고경영진의 의지, 경영이념, 고객만족도 조사의 결과를 감안하여 새로운 경영목표를 수립한다. • 특히, 고객만족도 향상목표와 부문별 중점사항을 검토하고, 실천방안을 모색한다. • 목표는 고객의, 고객에 의한, 고객을 위한 것이 되어야 하며, 전략도 고객과 함께 만들어지고 관리되어야 한다.
5단계	고객만족에 대한 교육 및 홍보활동을 전개하며 필요에 따라 비디오에 의한 특성을 반영한 고객만족 매뉴얼을 제작하는 방법, 고객만족 추진 결성대회 등으로 전 사원이 고객만족 마인드를 갖도록 노력해야 한다.
6단계	실천프로그램을 작성하여 부문별 실천프로그램, 개인별 실천계획을 수립하여야 한다.
7단계	상품 및 서비스를 개선하여 고객만족은 나로부터 실천한다는 의지를 다진다.
8단계	결과에 대한 점검을 하고, 개선활동을 평가한다.
9단계	성과에 대한 인식과 보상을 강조하여 우수 개선사례를 발굴하고, 개선결과에 대한 조직 내 홍보에 주력한다.
10단계	고객지향적 문화형성에 힘써 대내적으로는 고객지향적인 문화를 형성하고, 대외적으로는 고객지향적인 이미지를 창출한다.

② 일본능률협회의 5가지 고객만족경영의 원리 기출 16

㉠ 기업의 최종상품은 고객만족이라고 정의하는 것

㉡ 고객만족을 조직적으로 창조할 수 있는 경영의 실현이 필요하다는 것을 인식하는 것

㉢ 고객만족도를 정기적, 정량적으로 측정해서 경영의 지표로 삼는 시스템을 구축하는 것

㉣ 이 만족의 측정 결과를 경영자가 직접 선두에 서서 검토하고 제품과 서비스, 그리고 사내풍토와 기업활동 전체를 조직적 · 계속적으로 쇄신하고 개혁하는 것

㉤ 고객만족의 향상을 새로운 시대에 어울리는 경영구심점으로 삼는 것

(2) 미국 노드스트롬 백화점 사례연구 기출 14, 15, 16, 17, 18, 19, 20, 23, 24

사실 우리에게 노드스트롬(Nordstrom)이라는 이름은 낯설기만 하다. 그러나 노드스트롬의 고객만족을 위한 최고의 서비스는 이미 세계적으로 많은 기업들의 표본이 되어왔으며, 우리나라의 삼성, LG 등의 대기업도 노드스트롬을 벤치마킹한 것으로 알려져 있다. 노드스트롬은 창업에서부터 고객만족이라는 기업문화로 다른 기업과의 차별화를 통해 크게 성공을 이루었고, 이러한 노드스트롬의 성공요인은 '역피라미드 조직구조'와 '가족경영'과 같은 기업문화이다.

① 경영철학 중요 기출 20, 22

노드스트롬의 경영철학은 최고의 서비스(Exceptional Service), 구색(Selection), 품질(Quality) 및 가치(Value)였다. 철저한 고객 봉사주의를 기초로 한 것이다.

② 가족경영 기업문화

경쟁업체에 비해 노드스트롬의 최고의 강점은 회사가 노드스트롬 일가에 의해 지금까지 관리 · 운영되어 왔다는 점이다. 노드스트롬은 이미 4대에 이르고 있는데, 가족경영은 회사 연혁에 대한 이해와 변함없는 메시지, 장기 계획의 안정성을 가져온다. 노드스트롬을 떠받치는 문화와 철학인 "고객에게 최상의 서비스를 제공하라"는 다음 세대에도 꾸준히 이어질 것이다.

③ 역피라미드 조직 중요

㉠ 노드스트롬의 조직구조는 역피라미드 형식이다. 고객이 맨 상단에 있으며, 그 다음에는 판매사원 및 판매지원사원이 있다. 그 밑에 매장 지배인, 상점 지배인이 있다. 그리고 그 밑에는 구매 담당자, 머천다이징 매니저, 지역 지배인, 총 지배인이 있다. 그리고 맨 아래에 이사회가 있다. 이는 현장에서 고객 서비스 제일주의를 달성할 수 있는 모든 조치를 강구하는 것이다.

㉡ 1997년 포춘 지는 고객만족도 조사 결과 백화점과 대형 할인점 부문에서 노드스트롬이 최고의 표를 얻었다고 발표했다. 그 비결은 서비스에 대한 리더들의 탁월한 식견과 종업원들의 능력에 대한 깊은 신뢰에 있다. 윗사람과 상의해 봐야 한다는 말은 노드스트롬 매장에서는 들을 수 없다.

㉢ 모든 유통업체들이 귀찮아하고 꺼리기 마련인 무조건적인 반품도 노드스트롬은 골치로 여기기는 커녕 매장 홍보쯤으로 생각한다. 노드스트롬 매장 현장에 있는 직원이 이토록 소상하게 경영정책을 자기 나름대로 소화하여 실천하고 있다는 것은 매우 인상적이며, 이것이 노드스트롬만의 특별한 점이다.

④ 현장배회경영(MBWA ; Management By Wandering Around) 중요

㉠ 개념 : 경영자가 돌아다니며 종업원들이나 고객, 그리고 기타 조직과 관련된 사람들과 이야기를 나눔으로써 필요한 정보나 의사를 주고받는 것을 말하며, 노드스트롬도 종업원에게 대폭 권한을 주면서도 현장에서 그 권한에 따른 역할 등이 제대로 사용되고 있는지 확인하기 위하여 비공식적으로 현장배회경영을 실시하고 있다.

㉡ 효 과

- 종업원들이나 고객, 그리고 기타 조직과 관련된 사람들과 얘기를 나눔으로써 필요한 정보를 얻고 경영에 반영할 수 있다.
- 의사소통이 일어나는 장소가 종업원들에게 익숙한 곳이라 현장감 있고 솔직한 의견수렴이 가능하며, 경영자에 의해 회사의 방침이나 관심내용이 직접 전달되므로 정보의 왜곡이 생기지 않는다.
- 현장에서 종업원이나 고객에게 발생한 문제에 대하여 지원하고 해결해 줄 수 있다.

더 알아보기

현장배회경영(MBWA) 기출 18

- 1980년대 미국의 경영이론가 '톰 피터슨'이 주장하였다.
- 의사결정을 하는 경영층이 직접 현장을 방문하여 3현주의에 의해 업무수행의 진척을 빠르게 처리하는 방법이다.
- 3현주의 : 현장(現場), 현물(現物), 현실(現實)

⑤ 노드스트롬의 인재 정책 중요 기출 18

노드스트롬은 외부고객보다 내부고객을 먼저 섬긴다. 내부고객인 직원들에게 충분한 보상을 제공함으로써 직원들은 자신의 가게를 운영하는 마음으로 매장을 운영하고, 고객에게 최상의 서비스를 제공할 수 있기 때문이다.

㉠ 종업원의 채용 및 인사관리 : 노드스트롬은 인적자원의 고용, 교육, 보상 시스템을 서비스 관리의 주요한 도구로 인식하고 인적자원이 백화점 서비스 품질을 이룩하는 데 크게 기여하게 만들고 있다. 고객과 접촉하는 종업원은 고객과의 거래성공에 중요한 인적자원이므로, 종업원의 선발방식이 무척 까다롭다. 학력이나 경력 대신에 자신의 일에 자부심을 갖고 진정으로 남에게 즐거움을 줄 수 있는 사람을 뽑으려 하고 있으며, 또한 선발된 종업원들에게 고객 서비스 의식을 철저하게 교육하고 있고, 이들의 사기향상을 위하여 내부승진을 원칙으로 하고 있는데, 이는 하나의 문화와 전통이 되고 있다. 판매사원뿐만 아니라 매니저, 상품구매자에게도 커미션을 지급하므로, 관련된 종업원들이 시간이 있을 때마다 매장에 나타나서 어떻게 하면 고객에게 더 좋은 서비스를 통해 매출을 계속적으로 증가시킬 수 있는지를 연구하게 된다.

㉡ 권한위임

외부고객보다 내부고객을 먼저 섬겨라.

노드스트롬은 고객을 대하고 있는 최일선에 있는 직원들이나 판매사원들이 진심으로 고객에게 만족스러운 서비스를 제공할 수 있도록 특별한 대우를 하고 관리한다. 경영진과 매장 간부들은 직원들이 고객과 불편한 관계로 문제가 발생하지는 않는지를 항상 주의 깊게 살피고 있다.

인재를 찾습니다.

당사에서는 새로운 매장에서 우리와 함께 일할 사람들을 찾고 있습니다.

판매사원, 그리고 그들을 돌볼 사람, 이끌어 갈 인재와 따라 갈 인재

자신의 일에 자부심을 가지고 열심히 일하는 사람

자신을 소중히 여기고, 남을 기쁘게 해 주는 사람

정직하고 근면하며, 배려심이 있는 헌신적인 사람

자신의 성공뿐만 아니라 상대방의 성공도 바라는 사람

비전을 가지고 그것을 성취하는 삶을 살아 갈 사람

첫째, 노드스트롬 경영진이나 간부들은 직원들의 기분이 상하지 않도록 하고, 업무적인 대화나 일상적 대화에도 항상 주의를 기울임으로써, 직원이 최고의 서비스를 실행할 수 있는 마음 상태를 유지하도록 노력한다. 노드스트롬 임직원과 간부들은 직원들의 마음 상태부터 최고로 유지할 수 있도록 하며, 이는 고객 서비스를 최고로 할 수 있는 원동력이다.

둘째, 직원은 고객 서비스에 관한 모든 일을 독립적으로 결정할 수 있는 권한이 있다. 노드스트롬의 가게에서는 상사에게 물어보겠다는 말을 들을 수 없다.

모든 규칙과 규정을 없애라.

노드스트롬에는 사규가 오직 하나뿐이다. "모든 상황에서 결정은 오직 스스로의 판단에 따라 내리시오. 그 외에 다른 규칙은 없다!" 이것이 뜻하는 바는 고객 서비스를 일선 직원 및 창구 직원에게 일임하고, 업무에 필요한 모든 것들을 제공하라는 의미이다. 이 규정에는 고객 서비스에 대한 리더의 탁월한 식견과 종업원들의 능력에 대한 깊은 신뢰가 들어 있다. 이것이 바로 노드스트롬 기업문화의 핵심이다.

개인사업가 같은 종업원

노드스트롬은 현장 직원에게 개인의 주도권을 인정하고 아이디어를 기대하고 장려하며, 설득하고 요구한다. 노드스트롬이 현장에 모든 결정 권한을 위임하고 판매에 따른 커미션을 제공함에 따라 판매사원 각자가 자기 소유의 가게 사장처럼 열성적으로 일하는 독특한 기업문화가 형성되었다. 직원들은 자율성이 더 많이 부여됨에 따라 만족감은 커진다. 고객 서비스에 대한 자율성을 갖고 있는 노드스트롬의 종업원들은 고객과 거래를 할 때 자신의 판단으로 고객을 만족시키기 위한 노력을 할 수 있어 더욱 만족한다. 그렇게 되면 종업원의 만족은 고객의 만족으로까지 이어지는 것이다.

㉢ 충분한 보상을 통한 동기부여 및 인센티브의 제공 : 노드스트롬은 소매업계 최초로 판매수수료 제도를 도입하고, 각종 포상제도를 신설하여 능력에 따라 종업원이 자신의 수익을 높일 수 있도록 함으로써 자발적으로 일에 충실하도록 하였다.

㉣ 팀플레이의 장려 : 노드스트롬의 장점 가운데 하나는 현장에서 팀플레이를 장려하며, 스타 판매원(친절우수사원)이 되도록 직원들을 격려하는 것이다. 뛰어난 성과를 낸 직원들에게 개인적으로 포상하는 것뿐만 아니라 매장 전체에 대한 포상도 실시하고 있다. 그 이유는 자기 커미션에만 열중하는 직원들에게 팀워크의 중요성을 인식시키기 위해서이다. 또한, 팀워크는 유연하고 신속한 의사결정과 업무의 효율성을 통한 스피드를 증가시킨다.

㉤ 종업원 지주제도 : 종업원 지주제도를 일찍부터 도입하여 장기근속하고 퇴직한 자는 매우 큰 금액의 연금을 받을 수 있다.

⑥ 외부고객에 대한 감동정책 기출 16

㉠ 어떤 경우에도 고객에게 NO라고 하지 않음 : 노드스트롬은 어떠한 경우에도 고객에게 NO라고 하지 않는 기업으로 유명하다. 판매사원들은 "고객은 항상 옳다"라는 명제 아래 고객에게 최선의 서비스를 펼치고 있다. 노드스트롬에서는 고객이 찾는 물품이 없을 때에는 경쟁업체에 가서라도 물건을 구입해 와서 고객에게 제공한다. 판매하지도 않는 타이어에 대한 반품요구에도 NO라고 하지 않고 반품해 준 사례도 있다.

㉡ 100% 반품의 100% 고객만족 : 노드스트롬은 100% 반품 정책으로 고객에게 신뢰를 준다. 고객의 실수로 물건에 하자가 생겼을 때에도 주저 없이 반품을 해 준다. 물건을 구입해간 후 몇 년을 신다가 신발을 가져오는 경우에도 아무 조건 없이 반품해 준다. 2% 비양심적 고객 때문에 98%의 선량한 고객을 희생시켜서는 안 된다는 것이 노드스트롬의 방침이다. 또한 반품 정책은 하나의 광고이다. 노드스트롬의 이와 같은 서비스를 경험한 고객들이 주변의 고객들에게 알리기 때문에 광고가 필요없는 최고의 서비스 정책이다.

ⓒ 개인별 고객수첩 : 노드스트롬의 종업원들은 회사에서 제공한 개인별 고객수첩을 잘 활용하고 있다. 일별, 주별, 월별 행사표와 일일계획표, 일과표, 전국 노드스트롬 매장의 전화번호 등이 수록되어 있다. 매장 전화번호는 고객이 찾는 특정한 상품이나 치수가 빠졌을 때 다른 매장에서 구할 수 있는지 알아보기 위한 것이다. 최고의 종업원들은 이 고객수첩을 잘 활용하며, 고객의 이름과 주소 및 전화번호, 사이즈와 체형, 메이커 선호도, 좋아하는 색상과 스타일, 이전에 구입한 상품, 고객과 가족의 기념일 등을 적어 두고 고객관리에 활용한다. 종업원은 이 정보를 이용하여 고객이 좋아할 만한 상품이 들어오면 미리 알려주기도 하고 감사의 편지를 보내거나 안부편지를 보냄으로써 고객과의 유대를 유지하고 있다. 이 개인별 고객수첩제도는 오늘날 고객관계마케팅(CRM)의 일환으로 매우 중요시되고 있다.

ⓓ 다양한 제품구색 : 노드스트롬은 타 백화점들에 비해 다양한 제품의 구색을 갖추어 고객이 노드스트롬을 방문해서 찾을 수 없는 제품은 다른 백화점에도 없도록 노력하고 있다. 즉, 한 번의 방문으로 서비스를 쉽게 획득할 수 있도록 하였고, 아울러 다양한 가격대의 제품을 진열하여 고객들이 원하는 가격에 원하는 제품을 구입할 수 있도록 함으로써 타 백화점에 비하여 단위면적당 매출액이 월등히 높다.

⑦ **노드스트롬의 특별한 가격 정책** 중요

ⓐ 고객이 신뢰할 수 있는 가격 책정 : 노드스트롬은 고객을 속이지 않고 합리적인 가격에 적정한 품질의 상품을 제공하는 것을 모토로 한다. 바이어가 시장조사를 충분히 실시해 언제나 적정한 가격으로 책정하기 때문에, 경쟁사들보다 가격이 비싸지 않다는 데 있다. 특히, 고급브랜드 상품도 애초부터 터무니없는 가격을 붙이는 것이 아니기 때문에 할인이나 세일도 일체 하지 않으며, 세일을 하는 것은 그 외의 상품이다. 고객들이 노드스트롬에서 쇼핑을 하는 주요 이유의 하나는 바로 신뢰할 수 있는 가격정책때문이다.

ⓑ 가격경쟁보다는 서비스경쟁 우선 : 노드스트롬은 항상 정상이윤 또는 그보다 약간 낮은 이윤을 추구한다. 그러나 전 세계적으로 불어닥친 불황 속에서 경쟁사들이 앞 다투어 출혈경쟁에 뛰어들고, 소비자들도 조금이라도 싼 곳을 찾고 있다. 그러나 노드스트롬은 가격경쟁 대신 이들과 차별화하여 서비스 강화에 주력하고, 고급 브랜드나 고도의 패션 브랜드를 개발하여 최적의 가격으로 판매하는 전략을 취하고 있다.

ⓒ 노드스트롬만의 독특한 할인매장 : 노드스트롬은 백화점과는 별도로 할인매장 형태인 노드스트롬 랙을 운영한다. 노드스트롬 백화점의 재고품은 물론, 디자인이나 품질은 좋으나 아직 알려지지 않은 브랜드를 발굴하여 판매하고 있다. 서비스는 물론 제품 또한 노드스트롬 백화점에 뒤지지 않고 합리적인 가격을 제시하고 있어 고객들로부터 좋은 호응을 얻고 있다. 또한, 셀프 서비스 판매방식, 하이테크 점포운영과 저비용 점포로 이 분야에서도 개척자가 되고 있다. 랙은 당시 재고품으로 남은 신발들을 랙(선반)에 놓고 판매하였기 때문에 붙여진 이름이며, 할인매장이지만 절대 값싼 제품이나 철지난 재고품만을 취급하지는 않는다. 가격을 합리적으로 조정하여 보다 많은 고객을 끌어들이기 위한 고객과의 접점을 넓혔을 뿐 서비스와 매장이 주는 분위기, 제품의 질은 노드스트롬 백화점과 비교하여 결코 손색이 없다.

㉣ 노드스트롬만의 고객을 위한 매력적인 휴식공간 : 노드스트롬이 특별한 점은 고객이 매장에서 쉬거나 앉아서 휴식하는 것도 고객 서비스로 생각하는 데 있다. 노드스트롬에서는 물건을 사지 않더라도 어떤 매장이든 배회하면서 구경할 수 있고 이에 대해 전혀 개의치 않는다. 고객은 매장에 들어와서 아무런 거리낌없이 돌아볼 수 있고, 충분히 상품을 만져 보고 감상할 수 있다. 노드스트롬은 어느 지점을 가든 입구에 커피 전문점을 두고 있으며, 고객들은 쾌적한 안락의자에 앉아서 편안하게 피아노 연주를 감상할 수 있고, 기억에 남는 이벤트 등을 마련해 고객들에게 제공하고 있다. 내부장식은 화려하고 고급스럽게 장식하고, 로비에는 조각상이 있고 전통적 나무가구, 현대적 직물 등으로 장식한 고풍스러운 유럽 양식과 현대 양식이 혼합되어 있다. 외장은 매장 안을 밝은 느낌이 나게 하는 개방식 윈도우를 설치하였으며, 외관은 주변환경과 어울릴 수 있도록 점포의 정면은 지역 입지에 맞도록 설계한다. 실내에는 항상 대중에게 친근감을 줄 수 있도록 전문가보다는 지역 미술가의 작품을 특별히 설치한다. 노드스트롬 점포 분위기는 지역 아마추어 미술가들의 작품에 의해 결정된다.

⑧ 고객 서비스가 미래 경쟁력

㉠ 실패한 서비스를 기업발전의 기회로 삼아라 : 항상 완벽한 서비스가 제공되는 것은 아니며, 서비스도 종종 실패할 경우가 있다. 이때 중요한 것은 실패를 기회로 삼을 줄 알아야 한다는 것이다. 즉, 실패한 서비스에 대하여 최선을 다하여 서비스를 회복시켜 준다면 기업의 경영성과를 획기적으로 상승시킬 수 있다. 완벽한 서비스를 제공한 고객보다 문제가 있더라도 서비스 회복 시스템을 통해 문제를 해결한 고객이 오히려 만족도가 더 높아지고 매출과 이익에도 영향을 미친다는 연구결과도 있다.

㉡ 기업의 성공은 고객의 평가에 달려 있다 : 노드스트롬은 설립 초기부터 미국 사회에 대하여 확실하게 파악하고, '고객 제일주의'를 경영의 핵심목표로 명확하게 설정하였다. 그리고 모든 경영관리 체제에서 '고객 서비스'를 핵심 과제로 삼고, 이를 현장에서 실천할 수 있도록 오랜 시간에 걸쳐 기업의 일선에서 모든 구성원들이 실행할 수 있는 기업문화로 만들었다. 이런 서비스 전략은 오늘날 고객들로부터 좋은 평가를 받아 기업성장의 든든한 발판이 되고 있다.

㉢ 현재보다 미래를 바라보는 고객 서비스를 하여야 한다 : 노드스트롬은 현장에서 모든 직원과 간부들이 성심성의껏 고객 서비스를 실천한다. 100% 반품, 신뢰할 수 있는 합리적 가격 제공, 결코 고객에게 NO라고 하지 않는 업무처리방침 등은 당장 매출에는 마이너스가 될 지라도 결국 고객들이 노드스트롬을 신뢰하고 다시 방문하도록 할 수 있었다. 또한, 다른 지역으로 이사하더라도 그 지역의 노드스트롬을 찾게 만들어 결국에는 노드스트롬이 오늘날 성장을 지속하는 원천이 되고 있다.

㉣ 한 사람의 불만으로 99명의 고객을 잃을 수 있다 : 대부분의 산업에서 시장이 성숙단계로 들어갈수록, 신규고객을 창출하고 기존고객을 유지하는 데 고객만족 서비스는 갈수록 중요해지고 기업의 성패를 좌우하게 된다. 불만을 갖고 있는 고객 1명은 평균 9~10명에게 그 불만을 전파하는 것으로 조사됐다. 반면, 불만이나 고충에 대해 신속하게 응답을 받은 고객의 90% 이상은 고정고객이 되는 것으로 나타났다. 따라서 불만을 가진 고객이 생기지 않도록 하고, 불만고객이 있을 경우 신속히 불만을 처리해 불만이 확대되어 전파되지 않도록 하여야 한다. 노드스트롬은 그때그

때의 고객 서비스를 통하여 불만을 처리하고, 고객들이 항상 그들의 매장을 찾아오도록 유도하고 있다.

ⓜ 고객 서비스로 미래를 준비한다 : 급속히 변화하는 현대사회에서 모든 기업들은 미래에도 살아남기 위해 효과적인 경영정책을 수립하는 데 골몰하고 있다. 노드스트롬이 미래를 위해 가장 우선시하는 것은 변함없이 고객 서비스 제일우선주의이다. 아울러 초창기부터 일선에 있는 판매사원에게 고객 서비스의 권한을 전부 위임하여 그들이 자유스럽게 현장에서 고객 앞에서 의사 결정을 하도록 하는 경영방식을 선택했다. 그래야만 빠른 환경에 민첩하게 대응할 수 있기 때문이다. 현장에서 직면하는 다양한 문제들에 대하여 일일이 상급자에게 결정을 구하고 결정된 내용이 다시 최일선의 직원에 하달될 때에는 이미 모든 것이 종료되어 결정 자체가 무의미하게 되고, 고객은 이미 불만을 갖고 떠나버린 후가 될 것이다.

더 알아보기

노드스트롬과 SWOT

S(강점)	• 외부고객만족 : 조건 없는 반품, 다양한 제품, 다양한 가격, 쾌적한 휴식공간 • 내부고객만족 : 권한위임, 판매수수료제, 내부승진 원칙
W(약점)	고비용구조, 내부승진에 따른 치열한 경쟁과 스트레스, 커미션체제, 공통적 업무기능에 집중하지 못함, 전국적 마케팅 노력의 부족
O(기회)	할인점 노드스트롬 랙의 성장, 인터넷상거래제도의 성장, 중산층이 명품을 소비하는 트레이딩업 현상
T(위협)	대형할인마트의 시장진입, 치열한 가격경쟁

(3) 월마트 성공사례

① 개 요

1962년 아칸소주 작은 마을에서 소매점으로 출발한 월마트가 오늘날 세계 최대의 소매업체로 성장한 배경에는 "더 저렴한 가격, 효율적인 물류관리 시스템, 철저한 고객만족주의"라는 3대 기조를 바탕으로 한 혁신적인 경영이 있었다.

② 고객만족주의를 실현한 월마트

㉠ 월마트의 경영이념의 바탕은 "기업경영활동은 궁극적으로 최종 고객을 지향하는 하나의 프로세서로 인식되어야 한다"는 것이었으며, 창업자 샘 월튼은 이 이념에 엄격하게 충실한 사람이었다.

㉡ 월마트는 고객편의를 위해 매장 폭을 대폭 늘리고, 디스플레이 시설을 정비하였으며, 매장에서 각종 이벤트도 자주 실시하였다.

㉢ 종업원들이 미소를 짓지 않는 경우 고객이 1달러를 가져갈 수 있도록 함으로써 항상 미소로 고객을 대하였으며, 고객이 카드결제를 하는 경우에도 3초 이상 걸리지 않도록 하였다.

㉣ 노드스트롬처럼 무제한 반품제도 등 많은 애프터 서비스 제도를 도입하였다.

㉤ 내부고객인 종업원을 위해서 수평적 리더십을 구현하여 직원들의 만족을 이끌어 내고, 회사의 이익을 골고루 분배하여 회사를 가족처럼 생각하는 월마트 문화를 만들었다.

03 | 고객만족경영 발전가능성

(1) 경영혁명과 3C 시대의 등장

① 경영혁명

㉠ 피터 드러커는 자본주의 시대의 거대한 변혁을 3단계로 구분한 후, 제1단계인 19세기의 '산업혁명', 제2단계인 20세기의 '생산성 혁명'에 이어 현재의 제3단계를 '경영혁명'이라 부르고, 21세기에 기업에는 고객중심전략 이외에 경영혁명이 요구되고 있다고 하였다.

㉡ 경영혁명은 품질, 지식경영, 창조경영 등을 말한다.

② 21세기 새로운 경쟁패러다임 3C 기출 18, 19, 20

㉠ 유명한 미래학자 마이클 해머는 21세기를 3C의 시대로 표현했는데, 여기서 3C란 Customer(고객), Change(변화), Competition(경쟁)을 말한다. 중요

㉡ 고객을 얼마나 존중하는가에 따라, 변화를 읽고 대처하는 능력에 따라, 선점과 핵심역량을 길러 경쟁력을 어떻게 강화하는가에 따라, 조직이나 개인의 성공여부가 결정된다는 말이다.

Customer (고객)	21세기는 고객의 시대, 즉 고객을 만족시키고 감동을 주지 못하면 기업경영이 제대로 생존하고 성장하기 어렵다.
Change (변화)	기존의 기업 마인드를 바꾸고, 글로벌 시장에 맞는 합리적인 조직으로 변화해야 한다. 고객, 인간, 고객가치창조 중심으로 변화해야 하며, 변화에 효과적으로 대응하기 위해서는 내부의 의견을 들을 수 있어야 하고, 기업 문화로 정착돼야 한다. 결국, 유연한 조직문화가 기업을 변화시킬 수 있는 것이다.
Competition (경쟁)	21세기는 무한경쟁시대이다. 종전의 기업가중심에서 소비자중심으로 헤게모니가 넘어가면서 기업이 무한경쟁에서 살아남기 위해서는 고객중심경영 전략을 구사하여야 한다.

(2) 과거 패러다임의 폐기

① 아날로그형 경영에서 디지털형 경영으로 변화

잭 웰치 회장은 인터넷의 중요성을 강조하여 "기존사업을 폐기하라(Destroy Your business)"라고 주장하였다.

② 5대 경쟁세력 기출 14, 15, 16, 18, 19, 20, 22, 23

마이클 포터(M. Porter) 교수는 산업경쟁을 촉진하는 5대 경쟁세력으로 다음의 5가지를 들고, 이 중 적어도 하나 이상에서 우위를 차지하여야 경쟁에서 살아남을 수 있다고 하였다.

- 기존기업 간 경쟁(시장 점유율을 높이기 위해 경쟁해야 한다)
- 공급자(원자재를 공급하는 공급자로부터 끌려다녀서는 안 되고 교섭력이 요구된다)
- 신규 진출기업(진입장벽을 쳐야 한다)
- 구매자(구매자의 세력에 끌려가서는 안 된다)
- 대체자(가장 신경써야 할 경쟁세력이다)

③ 마켓 센싱(Market Sensing) 중요

마켓 센싱은 기술 흐름과 시장 흐름, 세계 경기 변화를 실시간으로 파악한다는 마케팅 용어이며, 마켓 리서치나 고객서베이를 통한 마케팅분석 등이 모두 마켓 센싱에 포함된다.

(3) 신경제혁명–웨버노믹스(Webonomics)

① 의 의

돈 탭스콧은 경제특징을 Web + Economics인 웨버노믹스로 보고, 21세기 경제의 기본틀로 12가지 테마를 제시하고 있다. 웨버노믹스 체제하에서는 자원인 지적 재산을 무한대로 공급할 수 있기 때문에, 희소성의 원칙이 배제되고 공급초과 현상이 나타나 '적자생존의 원칙'과 '수확체증의 법칙'이 적용된다고 주장하기도 한다.

② 12가지 테마

테마	내용
지식 (Knowledge)	오로지 지식만이 자산이다.
디지털화 (Digitalization)	방대한 양의 정보가 광속으로 배달되고 전자우편, 재택근무가 가능하다.
가상화 (Virtualization)	기업과 사업장이 가상화된다. 인터넷상에서 노동성립, 주식시장, 국민투표도 가능하게 된다.
분자화 (Molecularization)	개인이라는 분자에 의해 경제가 움직인다.
통합 인터넷 (Integrated Internet)	기업과 고객 사이의 벽이 허물어진다. 정보공간이 자연스럽게 통폐합된다.
중간기능의 축소 (Reduction of Middle Function)	중간상, 도매자, 유통업자가 감축된다. 브로커 개념은 사라지고, 주체와 객체가 직접 만나는 시대가 된다.
집중 (Concentration)	부(富)가 집중되는 핵심산업 개념이 변화한다. 자동차, 철강산업에서 컴퓨터, 통신, 콘텐츠 산업에 모든 역량이 집중된다.
혁신 (Innovation)	디지털경제의 핵심은 혁신이다. 상상력을 갖춘 혁신적 사고를 가진 사람들의 세상이 되고 있다.
소비자 대전제 (Prosumption)	소비자가 모든 과정의 전제요건이다. 사이버공간을 통해 주문형 생산이 일반화되며, 뉴스, 영화 등에서도 나타나고 있다.
동시성 (Immediacy)	실시간(Real Time) 기업이 주축이 된 경제가 형성된다. 제품수명 단축, 모든 현상이 그때그때 반영되지 않으면 무의미하다.
글로벌화 (Globalization)	지식에는 경계가 없으며, 세계가 하나의 지구촌으로서 세계에서 벌어지는 일이 곧바로 우리에게 영향을 준다.
불일치 (Discordance)	새로운 패러다임은 갈등을 야기한다. 권력, 사회구조, 경제구조, 노동, 교육, 가정 등의 모든 분야에서 과거와 미래의 불일치도 많은 문제를 발생시킨다.

(4) 디지털 시대의 성공경영

① 고객만족경영의 발전

초기 (1990년대 초)	고객과 직원이 만나는 고객접점 중심의 친절 서비스가 주가 되었으며, 기업은 경쟁적으로 고객만족팀을 구축하고, 이 팀을 중심으로 서비스 개선을 전개하였다.
1990년대 초 ~2000년대	고객니즈를 파악하고, 고객만족 업무 프로세스나 제도시스템을 개선하는 고객만족경영으로 발전하였다.
2000년대 이후	총체적 고객만족경영(TCS ; Total Customer Satisfaction) 혁신이 강조되고 있다.

② 모든 테크로드(Tec Road)는 WWW로 통한다.

㉠ 의의 : 현재 전 세계 비즈니스의 대부분이 온라인으로 이루어지고 있다. e-Business의 규모는 매년 급상승하고 있으며, 인터넷을 통한 테크로드는 전 세계 기업들을 네트워크로 연결시켜 세계의 전자상거래가 세상을 크게 변화시키고 있다. 사람, 기업, 조직이 변화하고, 변화의 속도는 점점 빨라져 디지털과 네트워크시대로 진입되었으며, 이 변화에 적절하게 대응할 수 있는 기업만이 살아남을 수 있게 되었다.

㉡ 디지털 시대에 요구되는 경영능력 : 디지털 시대에는 속도성, 다변화의 응용능력, 시기적절한 대응능력 등을 갖추어야 인터넷 비즈니스를 추진할 수 있다.

㉢ 3D 체험경제의 시대 : 21세기는 디지털(Digital), 디자인(Design), 유전자(DNA)의 '3D 체험경제의 시대'라고 한다. 다시 말해, 고객의 오감을 자극하고 만족시켜야 가치가 창조되는 시대이다. 또한, 3D를 바탕으로 디지털적인 사고와 행동, DNA처럼 유전자로 생명력을 자유자재로 변화시키며, 거의 모든 분야에서 디자인으로 승부하는 첨단 승부시대이다. 중요

㉣ 파괴적 기술혁신을 통한 고객만족경영 기법의 대표적인 형태

- 진공관의 수요를 대체한 트랜지스터
- 기존 백화점의 입지를 위협하는 대형 할인점 및 TV홈쇼핑의 출현
- 북미 모터사이클 시장을 잠식한 혼다
- 메모리반도체 사업에서의 부진을 마이크로 프로세서 사업의 성공으로 이어간 인텔
- 고객참여를 통한 생산과 소비를 직거래하는 프로슈머 마케팅 기법
- 브라운관의 수요를 대체한 LCD 및 PDP

③ 총체적 고객만족경영(TCS ; Total Customer Satisfaction) 혁신 기출 14, 15, 16, 20, 23

㉠ 의의 : 고객만족경영이 일반화된 시점에서 한 차원 높은 고객만족경영 추진을 통한 경영효율성 제고와 차별화된 경쟁우위를 창출하자는 총체적 혁신방법이 제시됐다. 이것이 바로 KMAC(한국능률협회)에서 제안한 '총체적 고객만족경영(TCS ; Total Customer Satisfaction) 혁신'이다.

㉡ 총체적 고객만족경영 혁신의 요소 : 서비스 기업의 경우 경쟁력의 요소는 지식 · 인사조직 · 정보기술 · 프로세스와 같은 '내부 핵심역량 강화요소'와 상품력 · 가격경쟁력 · 브랜드 · 이미지 · 고객관리와 같은 '시장경쟁력 강화요소'로 나눌 수 있다. 이들 모든 경쟁력의 요소를 전사 차원에서 고객지향적으로 혁신해야 한다는 것이 주요 골자이다. 이 모든 요소들이 총체적으로 앞서지 않고서는 경쟁이 치열한 상황에서 고객만족을 이뤄낸다고 해도 차별화된 성과를 낼 수 없기 때문이다.
중요 기출 19, 20

구 분	내부 핵심역량 강화	시장경쟁력 강화
방 법	• 비전 전략 공유 • 임직원(HR) 역량 극대화 • 프로세스 혁신 • 전략적 성과관리 • 변화관리 • 시설환경관리 등의 혁신활동	• 브랜드 관리 • 영업력 향상 • 신상품 개발 • 서비스품질 혁신 • 고객관계관리(CRM ; Customer Relation Management)
성 과	• 비용 절감 • 경영효율 제고	• 고객만족 • 시장성과 창출
결 론	• 고객의 기대수준에 부합하는 상품과 서비스를 제공할 수 있다. • 잠재된 고객의 니즈까지 발굴해 고객에게 새로운 가치를 제공한다. • 고객에게 직접 영향을 주는 자원과 업무를 혁신할 수 있다. • 기업의 브랜드파워를 높이고 영업력을 강화함으로써, 시장에서의 차별화를 확보하고 매출을 극대화할 수 있다.	

ⓒ 총체적 고객만족경영혁신 추진단계

• 제1단계 : 내부 핵심역량과 시장경쟁 요인을 객관적으로 진단하는 것이 필요하다.

• 제2단계 : 혁신의 전략방향을 설계한다. 즉, 내부역량 및 시장경쟁력 강화 방안을 마련하는 단계이다.

• 제3단계 : 전사 공유 혁신교육을 실시한다. 과제 풀을 개발하고, CS 클리닉 · 워크아웃 퀵윈 · 액션러닝 · 6시그마 등을 적절하게 활용한다.

④ 컨버전스 이노베이션의 필요성

전문가들은 총체적 고객만족경영 혁신의 방법도 과거 시스템 프로세스에 대한 개선 · 혁신(CS)뿐만 아니라, 각 경쟁력 요소에 맞게 6시그마, 변화관리기법, 도요타생산방식(TPS) 등을 다양하게 통합하여 활용하는 것이 필요하다고 말한다.

㉠ 기업 내 업무 프로세스를 중심으로 한 전사 고객만족경영 혁신활동을 전개하고자 할 때는 6시그마 경영혁신과 CS 활동의 통합이 필요하다.

㉡ 사업장에서의 업무효율과 서비스품질 제고를 위한 현장중심의 고객만족경영 혁신활동에는 서비스 개선, 워크아웃(Work Out), 퀵윈(Quick Win) 등을 활용할 수 있다.

㉢ 고객만족 전략체제에 의해 고객만족도에 직접 영향을 미치는 요소를 고객지향적으로 개선하는 활동에는 CS 활동과 CRM(Customer Relation Management)을 통합하는 것이 좋다.

㉣ 상품 서비스 마케팅 역량강화를 통해 현장영업점의 영업과 판매역량을 향상시키는 프로그램으로는 서비스 개선과 영업경쟁력 강화 프로그램 활용이 요구된다.

㉤ 시장의 차별화된 포지셔닝을 위한 기업 브랜드 전략수립에는 BI(Brand Identity)전략, 서비스 개선, 마케팅을 통합하여 혁신할 수 있다.

더 알아보기

6시그마란?

기업에서 생산하는 모든 제품이나 서비스, 거래 및 공정과정 등의 전 분야에서 품질을 측정하여 분석하고 향상시키도록 하여 궁극적으로는 모든 불량을 제거하는 품질향상 운동을 뜻한다. 최고의 제품을 만들 뿐 아니라 완벽한 품질을 유지하는 것을 의미한다. 1980년대 말 미국의 모토로라(Motorola)에서 품질혁신 운동으로 시작된 이후 GE(General Electric) · TI(Texas Instruments) · 소니(Sony) 등 세계적인 초우량 기업들이 채택함으로써 널리 알려지게 되었다. 국내의 삼성그룹 · LG그룹 · 한국중공업 등에서 도입하여 품질혁신에 성공함으로써 많은 기업들이 도입에 적극적인 관심을 보이고 있다.

(5) 감성 경영(Emotional Management) 기출 14, 15, 16, 17, 22

미래학자인 롤프 옌센은 1인당 GNP가 1만 5,000달러가 넘으면 기능보다는 꿈과 감성을 추구하는 꿈의 사회(Dream Society)가 된다고 주장하였으며, 이 기준으로 본다면 우리나라는 이미 감성형 사회로 전환됐다. 감성형 사회에서는 이성적인 두뇌보다 감성적인 마음이 사람을 움직이며, 이처럼 큰 변화가 생기면 경제의 패턴이 바뀌고 경영방식도 바뀌어야 하는 것이 당연하다. 실제로 농경사회에서는 육체 노동력이 중요했고, 산업사회에서는 기계의 힘이 중요했던 반면, 정보화 사회에서는 지식과 정보가 중요했다. 후기 정보화 사회인 21세기에는 창의력과 감성력이 더 중요하다.

① 의 의

㉠ 감성 경영이란 고객이나 직원의 감성에 그들이 좋아하는 자극이나 정보를 전달함으로써, 기업 및 제품에 대한 호의적인 반응을 일으키는 경영방식을 말한다. 즉, 리더십, 조직 운영 및 인재 관리 등 모든 경영활동에 감성을 반영하는 것이다.

㉡ “21세기에는 지식 못지않게 감성도 중시될 것이다” 미래학자 앨빈 토플러의 말이다. 그의 말처럼, 이제 더 이상 기업들은 직원들에게 ‘더 열심히, 더 빨리’ 식의 슬로건을 내걸지 않는다. 대신 현대의 리더는 직원들이 맡은 바 최선을 다하도록 용기를 북돋아 주며, 설득하기 위해 권위를 벗어 던지고 현장으로 파고든다. 이 같은 변화는 오랜 시간 많은 성공 사례들을 통해 검증 받은 감성 경영을 배우고자 하는 리더들의 투자인 셈이다. 최근엔 최고경영자들이 앞장서 격식을 벗어던진 채 감성을 자극하고, 감성에 호소하며, 감성을 관리하는 모습을 자주 볼 수 있다.

② 감성 경영의 도입효과 중요

㉠ 감성 경영은 대내적으로는 ‘감성 리더십’으로 나타난다. 감성 리더십이란 직원들에 대하여 끊임없는 관심과 격려로 피그말리온 효과(타인의 기대나 관심으로 인하여 능률이 오르거나 결과가 좋아지는 현상)를 가져오고, 이를 통하여 업무능률을 향상시키는 것을 말한다.

㉡ 감성 경영은 대외적으로 ‘감성 마케팅’으로 나타난다. 감성 마케팅을 통한 고객감동으로 기업의 매출액과 브랜드 가치의 상승이라는 효과를 도출할 수 있다. 감성 마케팅은 눈에 보이지 않는 감성이나 취향을 눈에 보이는 색채나 형태, 소재로 형상화하거나 인간의 감각이나 감성을 자극할 수 있는 큐(Cue)를 창출하는 마케팅을 말한다.

㉢ 큐(Cue)란 고객과 판매자 간의 커뮤니케이션 과정에서 생기는 고객의 반응으로서, 잠재고객 또는 기존고객으로부터의 애용가능성, 구매행동의 변화에 대한 신호나 암시, 실마리를 말한다.

③ 감성 마케팅의 사례 중요

㉠ 맛있는 과일이나 과자의 '사각사각' 소리(청각정보), 아기 기저귀의 '뽀송뽀송'함(촉각정보) 등은 시각적 정보에 못지않게 소비자의 구매를 유혹한다.

㉡ 구운 빵 냄새를 미국의 슈퍼마켓에 뿌렸더니 슈퍼마켓 내 빵 가게의 매출액이 3배나 증가했다.

㉢ 와인을 판매하는 매장의 경우 클래식 음악을 사용하였을 때 가격이 비싼 고급 와인이 더 많이 팔리고, 식당의 경우에도 느린 템포의 음악을 배경음악으로 할 때 식사시간이 길어지고 음료수의 주문이 늘었다.

㉣ 스타벅스를 이용하는 많은 사람들은 커피 맛보다는 다른 곳에서는 느낄 수 없는 '스타벅스만의 문화'가 존재하기 때문에 그곳을 이용한다.

④ 감성 경영의 중요성

㉠ 인간은 이성 이전에 감성의 동물로서, 희노애락의 감성이 행동유발의 강력한 기본이 된다.

㉡ 미유윤창(美遊潤創)의 시대로 진입 : 히라시마 야쓰히마(平島康久)의 저서 「마음을 사로잡는 감성 마케팅」에 의하면, 상품시대에서 감각시대로, 중후장대(重厚長大)의 시대에서 경박단소(輕薄短小)의 시대를 지나, 이제 바야흐로 미유윤창(美遊潤創)의 시대로 가고 있다고 한다. 경박단소란 편리함의 시대를 말하며, 미유윤창이란 즐거움의 시대라 할 수 있다. 즉, 상품을 얼마나 가볍게, 얇게, 작게 하느냐가 관건인 시대에서, 얼마나 보기 좋게, 놀이적 속성을 가미하여, 풍부하고 창의적으로 만드느냐가 중요한 시대가 되었음을 말하는 것이다.

㉢ 전통적으로 우리민족은 한(恨)과 정(情)의 민족이며, 동방예의지국으로 충효예(忠孝禮) 사상에 기반을 둔 감성이 타 민족에 비하여 훨씬 발달하여, 감성 마케팅의 성공가능성이 그 어느 국가보다 높다.

㉣ 기술수준의 평준화와 시장의 포화상태로 인하여 제품 간의 차별화가 거의 없어진 현재에는 감성 마케팅의 중요성이 어느 때보다 커졌다.

더 알아보기

한국인의 특성에 맞는 감성 경영 전략 시 고려사항 기출 22

- 깊이 있는 사고와 토론의식이 필요하다.
- 개인주의와 공동체 의식을 조화시키려는 노력이 필요하다.
- 리더 개인적 측면에서는 권위와 화합의 조화가 필요하다.
- 가족주의를 바탕으로 한 경영가족주의 시도, 조직의 간소화, 건전한 자본주의 정신의 함양이 필요하다.
- 시대변화에 따른 세대별 이성과 감성의 구성 비율이 다를 수 있으므로 유연성 있는 리더십의 발휘가 요구된다.

⑤ 감성 경영의 효율적인 운영방법 중요

㉠ 대내적으로 조직 내에서 수직적인 커뮤니케이션 및 수평적 커뮤니케이션이 원활하여야 한다. 이를 통하여 기업문화가 긍정적으로 변화하고 업무의 능률이 향상될 수 있다.

㉡ 지속적이고 꾸준한 감성 경영 전략으로 고객의 마음을 사로잡아야 한다.

㉢ 대내적인 감성 리더십과 대외적인 감성 마케팅은 각각 별개가 아니므로, 하나로 통합되어 운영될 때에만 전체적인 감성 경영이 성공할 수 있다.

⑥ 감성 리더십 중요 기출 24

㉠ 심리학자 다니엘 골먼에 의해 대중화된 감성 리더십은 리더의 성공여부는 지능지수(IQ)보다 감성지수(EQ)에 의해 크게 좌우된다는 것이다. 그의 연구결과에 따르면, 80%의 감성지능과 20%의 지적 능력이 적절하게 조화를 이뤘을 때 효과적으로 리더십을 발휘할 수 있다는 것이다. 냉철한 자아관찰 및 이해, 자신의 감정통제, 도전 정신과 열정, 타인에 대한 배려와 애정을 통해 감성 리더십의 역량이 발휘될 수 있다.

㉡ 업무상 요구되는 감성지능의 요소로는 자아인식(Self Awareness), 자기조절(Self Regulation), 동기부여(Motivation), 감정이입(Empathy), 대인관계기술(사회적응기술, Social Skill)의 5가지 요소가 있다.

자아인식력	자신의 감정인식, 자기 평가력, 자신감 등
자기조절력	자기통제, 신뢰성, 성실성, 적응성, 혁신성 등
동기부여능력	추진력, 헌신, 주도성, 낙천성 등
감정이입능력	타인이해, 부하에 대한 공감력, 전략적 인식력 등
대인관계기술	타인에 대한 영향력 행사, 커뮤니케이션, 이해조정력, 리더십, 변혁추진력, 관계구축력, 협조력, 팀 구축능력 등

⑦ 감성 경영 심리학자 패런과 케이

캐일라 패런(Caela Farren)과 베벌리 케이(Beverly Kaye)는 조언자(Advisor), 격려자(Encourager), 지원자(Facilitator), 평가자(Evaluator), 예측자(Predictor)의 5가지로 현대 조직에서의 필요한 리더 역할을 제시하였다.

조언자	• 직원들이 잠재의식 속에 가지고 있는 커리어 목표를 찾도록 도와준다. • 그중에서 현실적인 목표를 택할 수 있도록 도움을 준다. • 잠재되어 있는 커리어 목표를 비즈니스의 요구와 기업의 전략적 요구에 연결시켜 준다. • 커리어 목표를 성취하는 데 도움이 될 만한 것들과 장애가 될 만한 것들을 지적해 준다.
격려자	• 직원들이 경력개발을 위한 행동계획을 이행하는 데 필요한 자원을 연계시켜 준다. • 직원들을 키워줄 수 있는 지위와 능력이 있는 사람들에게 직원들의 재능과 '경력개발' 목표를 알려준다.
지원자	• 직원들이 직업의 가치와 일에 대한 관심, 그리고 경쟁력 있는 기술을 개발할 수 있도록 도와준다. • 직원들이 장기적인 경력개발 계획의 중요성을 깨달을 수 있도록 도와준다. • 직원들이 자신의 경력개발과 관련된 문제를 상의하러 올 수 있는 개방적이고, 수용적인 분위기를 만든다. • 직원들이 각자의 직무에서 원하는 것이 무엇인지 이해하고, 이를 명확히 표현할 수 있도록 도와준다.

평가자	• 직원들에게 그들의 작업수행과 평판에 관한 솔직한 피드백을 제공한다. • 직원들의 작업수행 평가기준과 기대치를 명확히 한다. • 현재 작업에서 중요하게 생각하는 점과 개선점 및 방법을 찾아내기 위해 직원들의 말을 경청한다. • 작업수행과 평가, 그리고 커리어상의 최종목표 사이의 관계를 지적해 준다. • 직원들이 그들의 작업수행과 그에 대한 평가를 개선하기 위해 할 수 있는 구체적인 행동을 제시해 준다.
예측자	• 기업, 직업, 그리고 해당 산업에 대한 정보를 제공한다. • 직원들이 부가적인 정보의 원천을 찾아서 이용할 수 있도록 도와준다. • 직원들의 경력개발, 전망을 위한 새로운 추세와 발전 내용을 지적해 준다. • 직원들이 기업의 문화적 · 정치적 현실을 이해할 수 있도록 도와준다. • 기업의 전략적 방향을 충분히 설명해 준다.

(6) 고객감동

① 의 의

21세기는 기업 간의 치열한 경쟁 속에서 고객지상주의가 본격적으로 인식되는 시기이다. 그야말로 고객에게 “고객이 OK할 때까지” 고객감동을 주는 기업만이 살아남고, 그렇지 않은 기업은 바로 도태되는 시대인 것이다.

② 고객만족과 고객감동 중요

고객만족	• 고객만족은 정적이고 일시적인 개념이다. • 제품의 이성적 측면, 예를 들어 가격이나 품질 등에 대한 고객의 불만을 해소시켜 고객만족을 유도한다.
고객감동	• '고객만족'의 개념보다 더 강도가 높은 개념으로서, 감성적으로 고객의 충성도를 제고시켜 궁극적으로는 고객이 제품 또는 서비스의 후원자가 되도록 하는 과정이다. • 제품의 이성적 측면뿐만 아니라 감성적 측면, 즉 서비스, 고객관계 및 제품이미지에 이르기까지 모든 측면에서 고객을 열광시켜, 장기적이고 지속적인 감동을 유도하는 것을 의미한다.

③ 고객테러와 테러고객 중요

고객테러	기업이 불량제품이나 불량서비스로 고객에게 피해를 주는 것을 말한다.
테러고객	고객테러를 받은 고객이 이에 대한 반발로, 해당기업에 대하여 비방을 퍼트리거나 직접 유형적 · 무형적인 공격을 하는 것을 말한다.

03 서비스 고객

01 고객의 정의

(1) 고객의 개념 중요

좁은 의미의 고객은 단순히 우리의 상품과 서비스를 구매하거나 이용하는 손님을 지칭하지만, 넓은 의미의 고객은 상품을 생산하고 이용하며 서비스를 제공하는 일련의 과정에 관계된 자기 이외의 모든 사람을 지칭한다. 즉, 현대사회에서는 나 말고는 모두가 고객인 셈이다.

(2) 고객에 대한 다양한 정의

① 고객은 우리에게 급여를 주는 사람이다.
② 고객이 우리에게 의지하는 게 아니라 우리가 고객에게 의존하는 것이다.
③ 고객은 우리에게 기회를 주는 사람으로 고객은 항상 옳으며, 고객은 우리의 논쟁 상대가 아니다.
④ 고객은 우리의 일을 중단시키는 귀찮은 존재가 아니라, 그들을 위해서 우리가 존재하는 것이다.
⑤ 우리가 고객에게 서비스로써 호의를 베푸는 것이 아니라, 고객이 우리에게 서비스할 기회를 제공해 줌으로써 호의를 베푸는 것이다.
⑥ 고객은 우리에게 자신이 원하는 것을 해 주기를 바라는 사람이다.
⑦ 고객과 우리 모두에게 이익이 되도록 고객이 원하는 것을 수행하는 것이 바로 우리의 할 일이다.

02 고객의 범주

(1) 개 요

기업입장에서는 이익창출이 궁극적인 목적이며, 이익창출은 결국 고객으로부터 나오므로 무엇보다도 고객관리가 중요하다. 그러나 천태만상인 고객을 일률적으로 통일하여 대할 수는 없으므로, 각 고객의 범주를 명확히 하여 고객별로 고객 특성에 맞는 특화된 서비스를 제공하는 것이 기업의 경영 중에서 가장 큰 몫을 차지한다.

(2) 분 류 기출 14, 15, 16, 17, 20, 22, 23, 24

① 기업에 이익을 주느냐의 여부에 의한 분류

구분	내용
잠재고객	회사에 대해 인지하고 있지 않거나, 인지하고 있어도 관심이 없는 고객
가망고객	회사에 대해 인지하고 있으며, 어느 정도의 관심을 보이는 고객
신규고객	처음으로 회사와 거래를 시작한 단계의 고객
기존고객	회사와 지속적인 거래를 하여 어느 정도의 고객데이터가 쌓여 효율적인 마케팅이 가능해지며, 반복구매가 가능해지는 단계의 고객
충성고객	• 기업이 가장 바라는 고객으로서, 기업에 대한 충성도가 높은 고객 • 별도의 커뮤니케이션이 없어도 자신이 뭔가를 구매하려고 마음먹었을 때, 언제나 그 기업을 먼저 떠올리며, 때로는 입소문도 내주는 고객

② 고객 행동결과에 따른 분류

구분	내용
구매용의자	자사의 상품을 구매할 능력이 있는 모든 사람
구매가능자	자사의 상품을 필요로 할 수 있으며 구매능력이 있는 사람으로서, 이들은 이미 자사의 제품에 대한 정보를 갖고 있음
비자격 잠재자	구매가능자 중에서 경쟁회사의 임직원처럼 자사 상품에 대한 필요성을 느끼지 않거나, 구매능력이 없다고 확실하게 판단되는 소비자는 목표고객에서 제외시킴
최초구매자	자사의 상품을 1번 구매한 소비자로서, 자사의 고객이 될 수도 있고 경쟁사의 고객이 될 수도 있음
반복구매자	자사의 상품을 적어도 2번 이상 구매한 소비자
단골고객	자사와 지속적인 유대관계를 지니고 있는 소비자로서, 경쟁사의 전략에 쉽게 동요되지 않음
옹호고객	단골고객 중 자사 상품에 대해 다른 이들에게 적극적으로 구전활동을 하는 소비자
비활동 고객	자사의 고객이었던 사람 중에서 정기적인 구매를 할 시기가 지났는데도 더 이상 구매하지 않는 사람

③ 프로세스 관점에 따른 분류 기출 18, 24

구분	내용
내부고객	• 동료, 부하직원 등 본인이 하는 일의 결과를 사용하는 사람 • 가치생산에 직접 참여하는 고객(종업원)
중간고객	• 기업과 최종 고객이 되는 소비자 사이에서 그 가치를 전달하는 고객 • 소매상, 도매상, 중간상 등
외부고객	• 기업이 생산한 가치를 사용(소비)하는 고객 • 최종 제품의 소비자/구매자

④ 참여관점에 따른 분류 기출 16, 19, 24

㉠ 직접고객(1차고객) : 제공자로부터 제품 또는 서비스를 구입하는 사람

㉡ 간접고객(개인 또는 집단) : 최종 소비자 또는 2차 소비자

㉢ 공급자 집단 : 제품과 서비스를 제공하고 반대급부로 돈을 지급받는 자

㉣ 내부고객 : 회사 내부의 종업원 및 그 가족과 주주

㉤ 의사결정고객 : 직접고객(1차고객)의 선택에 커다란 영향을 미치는 개인 또는 집단으로서, 직접적으로 구입을 하거나 돈을 지불하지 않는 고객

ⓑ 의견선도고객 : 제품이나 서비스의 구매보다는 제품의 평판, 심사, 모니터링 등에 영향을 미치는 집단(소비자보호단체, 기자, 평론가, 전문가 등)
ⓢ 법률규제자 : 소비자보호나 관련 조직의 운영에 적용되는 법률을 만드는 의회나 정부
ⓞ 경쟁자 : 전략이나 고객관리 등에 중요한 인식을 심어주는 고객
ⓙ 단골고객 : 기업의 제품이나 서비스를 반복적 · 지속적으로 애용하지만, 고객을 추천할 정도의 로열티는 없는 고객
ⓒ 옹호고객 : 단골고객이면서 고객을 추천할 정도의 로열티가 있는 고객
ⓚ 한계고객 : 기업의 이익실현에 해가 되므로 디마케팅의 대상이 되는 고객으로, 고객명단에서 제외하거나 해약유도 등을 통해 고객의 활동이나 가치를 중지시킨다.
ⓣ 체리 피커(Cherry Picker) : '신포도 대신 체리만 골라 먹는다'고 해서 붙여진 명칭으로 특별이벤트 기간에 가입해 혜택은 다 누리고, 그 이후부터는 찾지 않는 고객을 말한다. 즉, 실제 상품구매, 서비스 이용실적은 좋지 않으면서 기업의 서비스 체계, 유통 구조 등에 있는 허점을 찾아내어 자신의 실속을 챙기는 소비자를 말한다. 중요
ⓟ 얼리 어답터(Early Adopter) : 제품이 출시될 때 가장 먼저 구입을 하여 평가를 내린 뒤, 주위에 제품의 정보를 알려주는 성향을 가진 고객 유형이다. 중요
ⓗ 블랙 컨슈머(Black Consumer) : 구매한 상품의 하자를 문제 삼아 기업을 상대로 과도한 피해보상금을 요구하거나, 거짓으로 피해를 본 것처럼 꾸며 보상을 요구하는 소비자를 말한다. 중요

⑤ 현대 마케팅 관점에서의 고객의 범주
㉠ 소비자 : 물건, 서비스를 최종적으로 사용하는 사람
㉡ 구매자 : 물건을 사는 사람
㉢ 구매승인자 : 구매를 허락하고 승인하는 사람
㉣ 구매영향자 : 구매의 의사결정에 직 · 간접적으로 영향을 미치는 사람

⑥ 그레고리 스톤의 고객분류 중요 기출 16, 20, 22, 23
1954년 그레고리 스톤은 의료기관조직 또는 동일조직이라 하더라도 수행하는 관점에 따라서 다양한 성격의 고객으로 분류할 수 있는데, 이는 고객의 속성을 파악하고 적절한 마케팅 대책을 수립한다면 고객만족을 극대화할 수 있다는 것을 의미한다.

구분	내용
경제적 고객 (절약형 고객)	• 고객가치를 극대화하려는 고객을 말한다. • 투자한 시간, 돈, 노력에 대하여 최대한의 효용을 얻으려는 고객이다. • 여러 서비스기업의 경제적 강점을 검증하고 가치를 면밀히 조사하는 요구가 많고 때로는 변덕스러운 고객이다. • 이러한 고객의 상실은 잠재적 경쟁위험에 대한 초기 경보신호라고 할 수 있다.
윤리적 고객 (도덕적 고객)	• 윤리적인 기업의 고객이 되는 것을 고객의 책무라고 생각한다. • 기업의 사회적 이미지가 깨끗하고 윤리적이어야 고객을 유지할 수 있다.
개인적 고객 (개별화 추구고객)	• 개인 간의 교류를 선호하는 고객을 말한다. • 형식적인 서비스보다 자기를 인정하는 서비스를 원하는 고객이다. • 최근 개인화되어가는 경향으로 인해 고객정보를 잘 활용할 경우에 가능한 마케팅이다.
편의적 고객	• 자신이 서비스를 받을 때 편의성을 중요시하는 고객이다. • 편의를 위해서라면 추가비용을 지불할 수 있는 고객이다.

더 알아보기

1. 고객행동의 요인 기출 16, 19, 23, 24

- 문화적 요인 : 개인의 생각, 가치관, 기호성, 선호도 등
- 사회적 요인 : 준거집단, 가족, 친구, 이웃, 직장동료, 종교단체, 전문가 단체 등
- 개인적 요인 : 연령, 직업, 경제적 상황, 개성, 가치관, 생활방식(Life Style) 등

2. 구매행위의 의사결정 단계에서 가족구성원의 역할 기출 22

- 제안자 : 가족구성원 중 처음으로 어떤 제품이나 서비스에 대한 필요성을 제시함
- 정보수집자 : 전문성이 있는 가족구성원이 의사결정에 필요한 정보들을 수집함
- 영향력 행사자 : 평가기준, 구매제품 선택 및 비교 분석 시 영향을 미침
- 의사결정자 : 최종적인 의사결정을 내리는 역할
- 구매담당자 : 실제 제품이나 서비스를 구매하는 구성원
- 사용자 : 구매한 제품이나 서비스를 실제 사용하는 구성원

03 | 고객의 특성

(1) 고객욕구에 대한 이해

① 매슬로우(Maslow)의 인간욕구 5단계 기출 14, 15, 16, 19, 20

매슬로우의 인간욕구 5단계를 서비스 욕구에 대비하면 다음과 같다.

생리적 욕구	의식주 등 생존하기 위한 기본적인 욕구	충분한 양을 적당한 가격에 제공하는가?
안전의 욕구	근본적으로 신체적 및 감정적인 위험으로부터 보호되고 안전해지기를 바라는 욕구	• 유기농야채인가? • 국내산 돼지고기인가? • 주차장은 편리한가?
소속감과 사랑의 욕구	인간은 사회적인 존재이므로, 조직에 소속되거나 동료와 친교를 나누고 싶어 하고, 또 이성 간의 교제나 결혼을 갈구하게 되는 욕구	• 종업원이 친절한가? • 요구를 잘 들어주는가?
존경의 욕구	내적으로 자존 · 자율을 성취하려는 욕구(내적 존경 욕구) 및 외적으로 타인으로부터 인정을 받으며, 집단 내에서 어떤 지위를 확보하려는 욕구(외적 존경 욕구)	나에게 관심을 가져주는가?
자아실현의 욕구	계속적인 자기발전을 통하여 성장하고, 자신의 잠재력을 극대화하여 자아를 완성시키려는 욕구	나를 알아봐 주고 남보다 질 좋은 서비스를 제공하는가?

더 알아보기

알더퍼의 ERG 이론 기출 16, 18, 20, 24

- 존재 욕구(Existence Needs) : 생리적 욕구, 물리적 욕구, 굶주림, 갈증, 임금
- 관계 욕구(Related Needs) : 타인과 관련된 사회생활 욕구, 가족, 친구, 동료
- 성장 욕구(Growth Needs) : 자아실현에 관련된 욕구, 잠재된 능력

② 고객의 기본 욕구

㉠ 고객은 기억되기를 바란다.
㉡ 환영받고 싶어 하며 관심을 바란다.
㉢ 중요한 사람으로 인식되기를 바란다.
㉣ 편안해지고 싶어 한다.
㉤ 칭찬받고 싶어 한다.
㉥ 기대와 요구를 수용해 주기를 바란다.

③ 주요 특징

㉠ 고객은 왕이고 언제나 정당하다.
㉡ 고객은 요구사항이 많고 권리주장이 강하다.
㉢ 직원 1,000명 중 1명의 실수일지라도 고객의 입장에서는 100%의 실수를 받는 것이다.
㉣ 고객은 철새일 수도 있고, 언제든지 구입처를 바꿀 수도 있다.
㉤ 고객의 말을 전적으로 믿지 마라. 고객은 앞에서는 당신을 칭찬하지만, 돌아가서는 당신을 비판할 수도 있다.
㉥ 고객은 천태만상, 각양각색이다.
㉦ 고객은 불평을 들어주면 단골이 된다.
㉧ 고객이 당신에게 불만을 말하지 않을 때가 더 무섭다.
㉨ 고객은 지불한 금액에 해당하는 서비스를 제공받았는지 저울질한다.
㉩ 고객은 신속하고 정확한 서비스를 좋아한다.
㉪ 고객은 자신만을 은근히 알아주기를 바란다.
㉫ 고객은 매사에 즉흥적이다.
㉬ 고객은 첫인상에 매우 민감하다.
㉭ 미워도 안 오고 싫어도 안 온다. 한번 등 돌린 고객은 돌이키는 데 3년 걸린다.
㉮ 고객은 집단이 아니라 개인이다.
㉯ 장사의 기반이 잡혔다는 것은 고정고객이 많다는 말이다.
㉰ 관리된 고객만이 구매를 한다.

④ **고객 특성의 이해**

고객 특성을 이해하는 데 가장 필요한 것은 '통찰력'과 '분석력'이다. 통찰력은 본질을 꿰뚫는 능력을 말하고, 분석력은 새로운 아이템을 창출하는 데 기본이 된다.

㉠ 고객의 변화에 민감하라 : 고객은 항상 변화하므로 변화하는 고객에 대응하는 맞춤 전략이 필요하다. 홈디포의 경우 주 고객층들이 나이가 들어가면서 주택개보수 DIY코너에 별다른 관심을 보이지 않자, DIY와 정반대의 설치서비스사업을 개발하여 대성공을 거두었다.

㉡ 고객과 직접 접촉하여 관찰하고 확인하라 : 고객이 요구하는 욕구를 관찰하여 이에 맞는 제품을 생산한다. 예컨대, 소니의 게임기가 부모들이 작동하기에는 너무 어렵고, 아이들은 게임하면서 부모의 눈총을 받기 때문에 게임기의 수요가 급감함을 깨닫고, 닌텐도는 부모와 아이가 함께 할 수 있는 쉬운 게임기를 개발하여 소니의 아성을 무너뜨리고 게임기 산업의 1인자로 등극하였다.

㉢ 고객접점을 중시하라 : 고객과 만나는 최일선에서 고객에게 최상의 서비스를 제공받을 수 있도록 하는 것이 필요하다. 노드스트롬의 제1규칙 "모든 상황에서 스스로 판단하여 고객에게 가장 좋다고 생각하는 것을 실행하라"가 고객접점을 중시하는 대표적인 사례라 할 수 있다.

(2) 고객 DNA(특성 정보) 중요 기출 15, 16, 20

① **의 의** 기출 22, 24

고객 DNA란 넓은 범위의 고객정보를 말한다. 고객 DNA는 크게 세 가지로 구분할 수 있는데, 여기서 가장 중요한 DNA는 고객 니즈, 성향 정보이다.

구분	내용
인구 통계적 정보	• 고객 프로필 정보 : 이름, 주소(우편, 이메일), 전화번호(집, 사무실, 휴대전화), 직장명, 부서명, 직위(최종 승진일), 출신학교, 기념일(생일, 결혼기념일, 창립기념일) 등 • 관계 정보 : 가족관계(배우자/자녀 프로필 정보 : 고객 프로필 정보와 동일), 친한 친구, 가입 커뮤니티(커뮤니티 멤버와 주요 프로필), 고객 소개 정보(소개해 준 고객 수 및 주요 프로필) 등
고객 가치 정보	• 고객 분류 등급 : 자신의 고객 분류 기준(5등급으로 분류 시 : S, A, B, C, D) • 계약 정보 : 구(가)입 상품명/시기, 구(가)입 빈도 및 횟수, 금액, 고객평생가치(CLV ; Customer Lifetime Value), 고객 지갑 점유율, 매출 채권 관련 • 구매력 정보 : 소득 수준, 소득의 원천, 소득 변화 추이, 재산 상태, 기타
고객 니즈, 성향 정보	• 고객 니즈 정보 : 상품에 대한 니즈(선호하는 브랜드나 상품, 디자인, 색상 등) • 고객 선호, 성향 정보 : 취미 · 특기(수준, 취미 생활을 즐기는 방법, 가입 동호회), 기호(술, 담배, 음식, 의상), 성격, 커뮤니케이션 스타일, 의사결정 스타일, 문화 · 예술적 소양 등 • 가장 중요한 정보

② **고객 DNA의 파악 및 관리**

㉠ 고객을 자신의 고객으로 만들기 위해서는 여러 차례 만나고, 만날 때마다 고객 DNA 정보를 수집해야 한다. 이를 실행하기 위해서는 먼저, 고객 DNA 정보 파일을 만들어야 하는데, 대표적인 것이 노드스트롬의 '개인별 고객수첩'이다.

㉡ 또한, 고객을 만날 때마다 파악해야 할 DNA 정보 리스트를 작성하고, 매일 하루도 빠지지 않고 지속적으로 업데이트해야 한다. 이 같은 노력은 기존고객들에 대해서도 똑같이 적용해야 한다.

04 | 고객의 성격유형(MBTI)

(1) 의 의

마이어스-브릭스 유형 지표(MBTI ; Myers-Briggs Type Indicator)는 캐서린 쿡 브릭스(Katharine C. Briggs)와 그의 딸 이사벨 브릭스 마이어스(Isabel B. Myers)가 칼 융(Carl Jung)의 성격유형 이론을 근거로 개발한 자기보고식 성격유형 선호지표이다. 융의 심리유형론은 인간행동이 그 다양성으로 인해 종잡을 수 없는 것 같이 보여도, 사실은 아주 질서정연하고 일관된 경향이 있다는 데서 출발하였다. 그리고 인간행동의 다양성은 개인이 인식하고 판단하는 특징이 다르기 때문이라고 보았다. MBTI는 인식과 판단에 대한 융의 심리적 기능이론, 그리고 인식과 판단의 향방을 결정짓는 융의 태도이론을 바탕으로 하여 제작되었다. 또한, 개인이 쉽게 응답할 수 있는 자기 보고문항을 통하여 인식하고 판단할 때의 각자 선호하는 경향을 찾고, 이러한 선호경향들이 하나 하나 또는 여러 개가 합해져서 인간의 행동에 어떠한 영향을 미치는가를 파악하여 실생활에 응용할 수 있도록 제작된 심리검사이다. 우리나라의 경우 (주)한국MBTI연구소(www.mbti.co.kr)에서 전문자격교육 등을 담당하고 있다. 다음에서 설명하는 내용들은 (주)한국MBTI연구소에서 발췌하여 인용한 내용들이다.

(2) MBTI 테스트 목적 중요

MBTI 성격테스트 결과는 자신이 어떤 사람임을 단정짓는 것이 아니라, 자신의 성격 특성을 이해하고, 자신이 선호하는 성격 특성을 알아봄으로써 인간관계, 일 처리 방식에 대한 이해를 더해서 도움을 주고자 하는 것이다.

(3) 성향과 특징 중요

① MBTI의 4가지 선호경향 기출 16, 22

MBTI는 네 가지의 분리된 선호경향으로 구성되어 있다. 칼 융(Carl Jung)의 심리유형론에 따르면, 선호경향이란 교육이나 환경의 영향을 받기 이전에 이미 인간에게 잠재되어 있는 선천적 심리경향을 말하며, 각 개인은 자신의 기질과 성향에 따라 아래의 4가지 이분척도에 따라 둘 중 하나의 범주에 속하게 된다.

유 형	구 분	유 형
외향형(Extraversion)	**에너지 방향 (주의초점)**	**내향형(Introversion)**
외부세계의 사람이나 사물에 에너지를 사용		내부세계의 개념이나 아이디어에 에너지를 사용
감각형(Sensing)	**인식기능 (정보수집)**	**직관형(iNtuition)**
오감을 통한 사실이나 사건을 더 잘 인식함		사실, 사건 이면의 관계, 가능성을 더 잘 인식함
사고형(Thinking)	**판단기능 (판단 · 결정)**	**감정형(Feeling)**
사고를 통한 논리적 근거를 바탕으로 판단		개인적 · 사회적 가치를 바탕으로 한 감정을 근거로 판단

판단형(Judging)	생활양식 (이행양식)	인식형(Perceiving)
외부세계에 대하여 빨리 판단하고 결정하려 함		정보 자체에 관심이 많고, 새로운 변화에 적응적

② MBTI 4가지 선호지표의 특징 기출 14, 15, 16, 17, 18, 19, 20, 23, 24

㉠ 외향형과 내향형 중요

선호지표	외향형	내향형
설 명	폭넓은 대인관계를 유지하고 사교적이며, 정열적이고 활동적이다.	깊이 있는 대인관계를 유지하고, 조용하고 신중하며, 이해한 다음에 경험한다.
대표적 표현	• 자기외부에 주의집중 • 외부활동과 적극성 • 정열적, 활동적 • 말로 표현 • 경험한 다음에 이해 • 쉽게 알려짐	• 자기내부에 주의집중 • 내부활동과 집중력 • 조용하고 신중 • 글로 표현 • 이해한 다음에 경험 • 서서히 알려짐

㉡ 감각형과 직관형 중요

선호지표	감각형	직관형
설 명	오감에 의존하여 실제의 경험을 중시하며, 지금, 현재에 초점을 맞추고, 정확하고 철저히 일 처리한다.	육감 내지 영감에 의존하며, 미래지향적이고 가능성과 의미를 추구하며, 신속하고 비약적으로 일 처리한다.
대표적 표현	• 지금, 현재에 초점 • 실제의 경험 • 정확, 철저한 일 처리 • 사실적 사건묘사 • 나무를 보려는 경향 • 가꾸고 추수함	• 미래 가능성에 초점 • 아이디어 • 신속, 비약적인 일 처리 • 비유적 · 암시적 묘사 • 숲을 보려는 경향 • 씨뿌림

㉢ 사고형과 감정형 중요

선호지표	사고형	감정형
설 명	진실과 사실에 큰 관심을 갖고, 논리적이고 분석적이며, 객관적으로 판단한다.	사람과 관계에 큰 관심을 갖고, 상황적이며, 정상을 참작한 설명을 한다.
대표적 표현	• 진실, 사실에 큰 관심 • 원리와 원칙 • 논리적, 분석적 • 맞다, 틀리다 • 규범, 기준중시 • 지적 논평	• 사람, 관계에 큰 관심 • 의미와 영향 • 상황적, 포괄적 • 좋다, 나쁘다 • 나에게 주는 의미 중시 • 우호적 협조

㉣ 판단형과 인식형 중요

선호지표	판단형	인식형
설 명	분명한 목적과 방향이 있으며, 기한을 엄수하고 철저히 사전계획하며 체계적이다.	목적과 방향은 변화 가능하고, 상황에 따라 일정이 달라지며, 자율적이고 융통성이 있다.
대표적 표현	• 정리정돈과 계획 • 의지적 추진 • 신속한 결론 • 통제와 조정 • 분명한 목적의식과 방향감각 • 뚜렷한 기준과 자기의사	• 상황에 맞추는 개방성 • 이해로 수용 • 유유자적한 과정 • 융통과 적응 • 목적과 방향은 변화할 수 있다는 개방성 • 재량에 따라 처리될 수 있는 포용성

③ MBTI의 16가지 유형

MBTI는 생각이 많은 내향성은 도표의 위쪽 두 줄에, 적극적이고 활동적인 외향성은 도표의 아래쪽 두 줄에, 감각형은 도표의 왼쪽 두 줄에, 직관형은 도표의 오른쪽 두 줄에 배치하였고, 분석적이고 논리적인 사고형은 도표의 왼편과 오른편에 배치하고, 관계지향적인 감정형은 도표의 중앙에 배치시켰다. 정리정돈을 잘하는 판단형은 도표의 아래위로 배치하고, 개방적이며 때로는 즉흥적인 인식형은 도표의 가운데로 모아놓았다. 이 유형 도표는 사람들 간의 상호작용을 쉽게 이해할 수 있도록 해줌으로써 서로가 서로를 더 잘 알 수 있는 세상을 만드는 데 도움을 주고 있다.

ISTJ **(세상의 소금형)** 한번 시작한 일은 끝까지 해내는 사람들	ISFJ **(임금뒷편의 권력형)** 성실하고 온화하며 협조를 잘 하는 사람들	INFJ **(예언자형)** 사람과 관련된 뛰어난 통찰력을 가지고 있는 사람들	INTJ **(과학자형)** 전체적인 부분을 조합하여 비전을 제시하는 사람들
ISTP **(백과사전형)** 논리적이고 뛰어난 상황적응력을 가지고 있는 사람들	ISFP **(성인 군자형)** 따뜻한 감정을 가지고 있는 겸손한 사람들	INFP **(잔다르크형)** 이상적인 세상을 만들어가는 사람들	INTP **(아이디어 뱅크형)** 비전적인 관점을 가지고 있는 뛰어난 전략가들
ESTP **(수완 좋은 활동가형)** 친구, 운동, 음식 등 다양한 활동을 선호하는 사람들	ESFP **(사교적인 유형)** 분위기를 고조시키는 우호적인 사람들	ENFP **(스파크형)** 열정적으로 새로운 관계를 만드는 사람들	ENTP **(발명가형)** 풍부한 상상력을 가지고 새로운 것에 도전하는 사람들
ESTJ **(사업가형)** 사무적, 실용적, 현실적으로 일을 많이 하는 사람들	ESFJ **(친선 도모형)** 친절과 현실감을 바탕으로 타인에게 봉사하는 사람들	ENFJ **(언변 능숙형)** 타인의 성장을 도모하고 협동하는 사람들	ENTJ **(지도자형)** 비전을 가지고 사람들을 활력적으로 이끌어가는 사람들

(4) 유형별 특징

① 전통주의자 : SJ기질

㉠ 감각(S)적으로 판단(J)하는 사람

- 유용해지기를 바라며, 다른 사람에게 봉사하고 소속하기를 원한다.
- 의무를 잘 이행하고 충실하며, 양심적이다. 그들은 가족과 전통에 가치를 둔다.
- 현실적이고 실질적이다. 그들은 구조적인 것과 분명히 규정된 절차를 좋아한다.
- 가끔 미래에 대해 걱정한다.
- 의무감과 과도한 부담을 느끼며, 그것을 당연시한다.

㉡ 직업 : 기존에 있는 기관에서 일하거나 교사, 관리자, 간호사, 설교자, 은행원, 판매인, 공무원, 가정주부로서 다른 사람에게 봉사하는 일

유형	특징
ESTJ (외향형/감각형/사고형/판단형)	• 논리적이고 단호하고 효율적이며 자신의 생각을 외부로 표현한다. • 일을 맡기를 원하며 능률을 중히 여긴다.
ESFJ (외향형/감각형/감정형/판단형)	• 열정적이고 따뜻하며, 말이 많고 동정적이다. • 다른 사람에게 봉사하고 싶어한다.
ISTJ (내향형/감각형/사고형/판단형)	• 조용하고, 진지하고 정확하며, 근면하다. • 세부사실을 중시하며 끝까지 일을 잘 처리해 낸다.
ISFJ (내향형/감각형/감정형/판단형)	• 조용하면서도 다정다감하고, 겸손하며 헌신적이고, 대개는 신뢰할 만하다. • 가끔 사람들 모르게 뒤에서 돕는 일을 한다.

㉢ 특성 : 자기희생적 / 부모 같음 / 완결 지향적 / 사리가 밝음 / 성실함 / 보수적 / 요구적 책임감이 강함

㉣ 중요시하는 것 : 현실적이며 실리적인 사고 / 안정적 관계 구축 / 일하는 것 / 유용한 것이 되는 것 / 모든 것을 계획하기 / 저축과 투자 / 양질의 상품 선별 / 퇴직 후 계획 / 가족과 함께 전통축제를 기념

㉤ 기대하는 것 : 생활규칙 / 비관적이며 심각함 / 건설적인 비판 / 관리가 잘되는 가정 / 여가획득 / 계획적인 성관계 / 명확한 가족 간의 역할 / 변화나 놀라운 일이 거의 일어나지 않는 것

② 활동지향형 : SP기질

㉠ 감각(S)적으로 지각(P)하는 사람

- 자유와 활동하는 것을 좋아하지만, 실질적이고 현실적이며, 융통성이 있다.
- 낙천적이고 관대하며, 열정적이고 자발적이다.
- '자유로운 영혼'을 지니고 있고 또 그렇게 보이기를 원하는데, 제약이나 의무, 항상 똑같이 반복되는 일을 싫어한다.
- 현재에 살고 현재를 즐긴다. 그들은 장기적인 계획을 완수하는 것에는 별 흥미가 없다.

㉡ 직업 : 비행기 조종사나 소방관, 낙하산 부대원, 기업가, 분쟁 조정자나 운동선수 같은 다양성이 있고, 도전적인 직업 또는 계약자, 장인, 교사, 연기자, 간호사, 보육교사와 같은 직업

유형	특징
ESTP (외향형/감각형/사고형/지각형)	• 실용적이고 정력적이며, 모험이나 도전에 끌린다. • 때때로 그들은 무딘 편이며 제멋대로 하려고 하기도 한다.
ESFP (외향형/감각형/감정형/지각형)	• 다정하고 편한 성격이며, 사람들과 잘 어울리고, 말이 많은 편이다. • 그들은 즐겨 다른 사람을 돕는다.
ISTP (내향형/감각형/사고형/지각형)	• 조용하고 말이 없으며, 독립적이고 초연하다. • 가끔은 호기심을 가진 방관자이다.
ISFP (내향형/감각형/감정형/지각형)	• 자연스럽고 상냥하고, 겸손하고 충실하다. • 연민이 있고 개방적이며, 타협적이다.

㉢ 특성 : 수긍적이며 낙천적 / 자율적 / 획기적인 추구 / 실제적 / 관대함 / 자연스럽고 꾸미지 않음 / 놀기 좋아하며 경쟁적 / 형제같이 우애 있음

㉣ 중요시하는 것 : 재미와 오락활동 / 생활에서의 영위 / 자연스러움 / 독립성 / 경쟁자의 삶을 존중하는 철학 / 융통성

㉤ 기대하는 것 : 삶에 대한 낙천적 태도 / 활동적인 오락을 즐김 / 휴가와 계획에 없는 여행 / 단기계획 / 가사책임에 대한 최소한의 부담 / 자극적이며 드라마틱한 성관계 / 저축보다는 소비 / 갈등의 회피 또는 탈출

③ 지식 추구자 : NT기질

㉠ 지식(N)적으로 사고(T)하는 사람

- 알고자 하는 욕구와 능력 있는 사람이 되고자 하는 욕구를 갖고 있다.
- 혁신적이고 분석적이며 이론적이다.
- 될 수 있는 한 상황을 전체적으로 크게 보려고 한다.
- 자신에 대한 요구 수준이 높다.
- 종종 권위에 도전하거나 체제를 시험해 본다.

㉡ 직업 : 아이디어의 탐색가, 모델 개발가, 과학자로서 체계구축자, 철학자, 건축가, 발명가, 엔지니어, 재정안정분석가

유형	특징
ENTJ (외향형/직관형/사고형/판단형)	• 혁신적이고 논리적이다. • 능률적이고 솔직하며, 단호하고 요구가 많다. • 종종 지도자가 된다.
ENTP (외향형/직관형/사고형/지각형)	• 열정적이고 솔직하며, 동조적이지 않고 혁신적이며, 재능이 많다. • 일을 끝까지 마치기가 어렵다.
INTJ (내향형/직관형/사고형/판단형)	• 매우 독립적이고 단호하며 개인주의적이다. • 목표를 달성하기 위해 자신뿐만 아니라 다른 사람도 몰아댄다.
INTP (내향형/직관형/사고형/지각형)	• 이론적 · 분석적이고, 호기심이 많으며 말이 없고, 통찰력이 있다. • 사고나 언어의 정교성에 가치를 두고 있고, 문제를 해결하는 것을 좋아한다.

㉢ 특성 : 지적이며 사고중심 / 창의적이며 상상적 / 논리적 · 비판적 · 회의적 / 상대방의 개인적 욕구에 대한 무관심 / 사회적 관계에서 객관적 / 거만하고 권위에 대해 반발하고 고집이 셈 / 세부적인 것, 사실, 숫자, 이름에 대해 소홀 / 때때로 반사회적이고 무례하게 보여짐

㉣ 중요시하는 것 : 지적 · 창조적 목표추구에 대해 구속받지 않고 자유를 누리는 것 / 자신에 대한 지적 역량 / 상대방의 지적 수준 / 사고와 생활의 독립 / 상호작용에서 객관적이고 논리적 형태 / 아이디어들, 개념들, 이론들에 대한 집착 / 냉철한 도전과 논쟁(시종 몰인정) / 변화, 개발, 그리고 지적 성장에 몰두

㉤ 기대하는 것 : 가정생활과 직장생활의 혼용 / 세상의 우둔함에 대한 지속적인 비판 / 신체적인 것과 마찬가지로 지적인 성관계 추구 / 지식 및 사고 개발에 시간 소비 / 가족이나 개개인의 안전에 대한 욕구들을 무시하거나 뒷전으로 둠 / 물질적 소비에 인색 / 냉정하거나 몰인정한 태도 / 사랑과 친절을 표현하는 데 인식 결핍

④ **정체감 추구자 : NF기질**

㉠ 직관(N)적으로 느끼는(F) 사람

- 자신의 독특한 정체감을 추구하고 표현한다.
- 상상력이 풍부하고 통찰력이 있으며, 다른 사람들에게 가장 이해받지 못하는 타입이다.
- 따뜻하고 남을 잘 돌봐준다.
- 인간관계에 자신의 많은 것을 투자한다.
- 비판에 쉽게 상처 받는다.
- 더 나은 세계를 만들고, 사람들 안에 있는 최상의 자질을 이끌어 내는 것을 가치 있게 여긴다.
- 다른 사람들이 그들의 잠재력을 최대한 실현하도록 돕는 새로운 가능성을 찾는다.

㉡ 직업 : 연설이나 글쓰기 등을 통해 다른 사람에게 영감을 주고 설득하는 일이나 소설가로서의 창작, 판매원, 예술가, 배우, 상담자 등의 일

유형	특징
ENFJ (외향형/직관형/감정형/판단형)	• 열의가 있고 호기심이 많으며 다정하다. • 동정적이고 남을 도와주며 양심적이다. 주로 재능 있는 연사나 지도자가 된다.
ENFP (외향형/직관형/감정형/지각형)	• 열정적이고 상상력이 풍부하며 자유분방하다. 의사소통과 가능성을 생각해 내는 데 능하다. • 열정적으로 한 가지 일을 시작하지만, 그것을 다 끝내기도 전에 다른 계획으로 넘어가는 경향이 있다.
INFJ (내향형/직관형/감정형/판단형)	• 부드럽고 조용하고 양심적이며, 끈기가 있고 다른 사람과의 조화를 추구한다. • 원칙과 이상에 대해 조용하게 밀어붙인다.
INFP (내향형/직관형/감정형/지각형)	• 말이 없고 부드러우며, 호기심이 많고 창의적 · 개방적 · 이상적이다. • 독립적으로 일하기를 선호한다.

㉢ 특성 : 창의적, 표현적, 이상적, 낭만적 / 논리적이고 객관적인 문제에서조차 주관적으로 봄 / 한 개인으로서 성장지향적 / 신비스러운 결합체 추구 / 일상에서 돈독한 관계를 만들어 가는 데 최선을 다함 / 공감을 잘하고 이해를 잘하나, 때로는 과민하고 의심을 가짐 / 비언어적 표현에 민감 / 애정, 지지, 격려, 인정에 대해 갈망

㉣ 중요시하는 것 : 세상에 둘도 없는 인간이라고 인정하는 것 / 상대방에 대한 무조건적 수용 / 일상생활 속에서 표현되는 낭만적인 사랑 / 두 사람만이 갖고 있는 친밀함과 질적인 시간 / 영적인 관계 / 관계 속에서 자신의 완전함을 추구 / 상호간의 개방적인 의사소통과 평생 성장 / 일상생활 속에서의 평화와 조화

㉤ 기대하는 것 : 애칭사용 / 서로의 관계에 많은 시간 할애 / 메모를 주고, 카드를 보내고 선물을 주는 것 / 정신적 '합일'로서의 의미 있는 성관계 / 서로간의 관계에 대한 지칠 줄 모르는 토의 / 생활을 위해 소요되는 업무의 분담 / 환상이 깨지는 것에 대한 불안 / 마음이 흥분하면 '뜨고' 우울하면 '가라앉기'

(5) MBTI 특징과 유의점 중요 기출 20, 22, 24

① MBTI 특징

㉠ 좋고 나쁨이 아니라 서로 다름을 인정한다.

㉡ 변명이나 합리화를 위한 것이 아니라 성장하기 위함이다.

㉢ 누구에게나 장점과 단점이 있음을 인정한다(창조의 공평성).

㉣ 비판과 편 가름이 아니라 이해하고 받아들인다.

㉤ 자신의 성격 특성을 이해하고 자신이 선호하는 특성을 통해 인간관계, 일 처리방식에 대한 이해를 갖고자 하는 것이다.

② MBTI 해석에 관한 유의점

㉠ MBTI는 사람을 협소하게 범주화하거나 명명하기 위해 사용해서는 안 된다.

㉡ MBTI 검사의 대중성과 결과해석의 단순성 때문에 종종 MBTI를 과신하는 사람들이 있다.

㉢ 심리검사에 대한 전문적 지식이 부족한 사람들에 의해 MBTI가 실시되거나 해석되는 경우가 종종 있다.

㉣ MBTI는 해석을 통해 내담자가 다양한 상황에서 융통성 있게 행동할 수 있도록 가르칠 필요가 있다.

㉤ 일반적으로 성격검사를 사용하는 검사자는 검사의 장점뿐만 아니라 제한점을 확실히 알고 있어야 한다.

04 CRM(고객관계관리)

01 | 고객관계관리 개요

(1) 개 념 기출 14, 15, 16, 18, 24

① 의 의

고객관계관리로 해석되는 CRM(Customer Relationship Management)은 고객상담 애플리케이션, 고객 데이터베이스, 콘택트관리시스템 등의 고객지원시스템을 기반으로 신규 고객을 획득하고 기존고객을 유지하기 위해 고객요구와 행동을 분석하여 개별고객의 특성에 맞춘 마케팅을 기획하고 실행하는 경영관리기법으로 정의된다.

② 특 징 기출 19

㉠ 고객이 원하는 것이 무엇인지를 발견하고, 원하는 것을 원하는 시간에 원하는 방법으로 제공하는 경영툴이다.

㉡ 고객획득보다는 고객유지에 더 비중을 둔다.

㉢ 고객과 친밀해질 수 있는 관계 향상을 강조한다.

㉣ 고객의 생활패턴을 관리한다.

③ CRM 목적

CRM의 목적은 고객가치를 최적화함으로써 기업의 수익증대 및 비용절감을 획득하는 것으로서, 구체적으로 설명하면 다음과 같다.

㉠ 시장점유율보다 고객점유율에 우선하여, 신규고객 확보 및 기존고객 유지를 통한 고객 수의 증대를 목적으로 한다.

㉡ 고객가치 증진을 통한 매출 및 고객충성도 향상을 목적으로 한다.

㉢ 고객 운영비용 효율화를 통한 비용절감을 목적으로 한다.

㉣ 고객 유지비용의 최적화를 통한 마케팅비용 효율화 등을 통하여 기업의 수익을 증대하고, 비용을 절감하는 것이다.

더 알아보기

고객관계관리(CRM)의 순환과정 기출 23

신규고객 획득 → 우수고객 유지 → 고객가치 증진 → 잠재고객 활성 → 평생고객

④ CRM의 중요성을 강조하는 연구결과

㉠ 회사수익의 65%는 만족을 얻는 고객을 통해서 이루어진다.

㉡ 신규고객 획득 소요비용은 기존고객에게 베푸는 서비스 비용의 약 5배가 든다.

㉢ 상위 20%에 해당되는 고객 1인의 매출이 나머지 80%에 해당되는 고객 16명의 매출과 비슷하다.

㉣ 대개의 회사들은 매년 약 15~20%의 고객을 잃는다.

㉤ 고객유지율이 몇 %만 증가해도 25~100%까지의 이윤을 증가시킬 수 있다.

㉥ 불만족한 고객의 10% 미만만이 자신이 느낀 불만을 호소하기 위하여 해당 회사에게 연락을 취한다.

㉦ 만족을 얻지 못한 고객의 91%는 절대로 그 회사의 물건을 다시 구매하지 않을 것이며, 최소한 9명에게 자신이 겪은 불쾌감을 이야기한다.

⑤ CRM의 중요성

㉠ 시장점유율보다는 고객점유율에 비중을 둔다.

㉡ 고객획득보다는 고객유지에 중점을 둔다.

㉢ 제품판매보다는 고객관계(Customer Relationship)에 중점을 둔다.

㉣ 목표 시장과 목표고객에 대한 고객관계의 집중화에 노력한다.

㉤ 고객과 장기적이고 깊은 신뢰관계를 구축하여 기존고객의 이탈을 방지한다.

(2) CRM 용어 정의

① 고객(Customer)

㉠ 과거, 현재에 기업과 상호작용했거나 미래에 기업과 상호작용할 개인, 세대, 조직, 기업을 의미한다.

㉡ 고객은 기업 내부고객(직원)과 기업 외부고객(소비자)으로 구분할 수 있으며, 신규고객과 기존고객으로 구분할 수도 있고, 중간 구매고객(중간 유통, 도매상)과 최종 구매고객(최종 소비자)으로 구분할 수도 있다. 또한 고객의 수익성 기준에 따라 일반인, 잠재고객, 일반고객, 애호고객(충성고객)으로 구분할 수도 있다.

② 관계(Relationship)

고객과 기업의 관계란 고객과 기업 간의 장기간 콘택트(커뮤니케이션)로 형성되는 상호작용을 의미한다. 상호작용은 고객과 기업의 개인적인 커뮤니케이션을 통하여 형성되며, 고객의 기업에 대한 충성도, 몰입도, 친밀감 등으로 나타난다.

③ 관리(Management)

고객과 기업 간의 커뮤니케이션 관리를 의미하는 것으로서, 기업은 고객과의 모든 콘택트 및 커뮤니케이션을 효과적으로 관리하고자 한다.

④ 콘택트관리시스템(Contact Management Systems)

고객과의 커뮤니케이션을 지원하고 관리하는 비즈니스 애플리케이션을 의미하며, 기업은 콘택트관리시스템을 통하여 체계적인 고객커뮤니케이션 관리가 가능하다.

(3) CRM의 영역

① 고객유지

초기 관계 마케팅의 주된 관심 영역으로 고객의 불만을 예방하고, 불만이 발생했을 때 효과적으로 대처해야 한다는 수동적 노력과 고객이 요구하기 전에 부가적 혜택을 제공해야 한다는 능동적 노력이 요구된다.

② 고객확보

외부의 데이터베이스(DB)를 활용하여 새로운 고객을 확보하려는 영역이다. 즉, 고객유지활동을 통해 유지대상이 되는 우량고객의 특성을 파악하고, 그 결과를 바탕으로 우량고객이 될 만한 잠재력을 가지고 있는 사람들을 우선적으로 자사의 고객으로 확보하려는 노력이 요구된다.

㉠ MGM(Member Get Member) : 기존고객을 통해 신규고객을 확보하는 방식으로 자사의 파트너 입장에서 신규고객을 유치하겠다는 취지에서 시작되었다. 즉, 신규고객이 될 가능성이 있는 사람의 정보를 기존고객으로부터 받아서 마케팅활동을 수행하게 된다.

㉡ 제휴를 통한 방법 : 기업 간의 공식적인 제휴를 통해 정보를 공유하는 방법으로 정보공유를 목적으로 제휴를 맺기도 하고, 정보를 가진 회사의 마케팅을 대행해 주기 위해 제휴를 맺기도 한다.

③ 고객개발

일단 확보한 고객의 가치를 계속적으로 높여가려는 노력이다.

㉠ 교차판매(Cross-selling) : 기존 구매 품목 외의 새로운 상품을 구매하도록 유도하는 활동

㉡ 추가판매(Up-selling) : 특정 카테고리 내에서 상품의 구매액을 늘리도록 유도하는 활동

[CRM의 영역]

(4) CRM의 등장배경 중요

① 고객의 변화

1990년대 후반의 치열한 시장경쟁과 인터넷의 등장은 고객이 마음만 먹으면 언제든지 경쟁사로의 이동을 가능하게 만들었고, 다양하고 개성화된 고객의 기대와 요구를 양산시켰다. 이에 따라 기업은 변화하는 고객의 기대와 요구에 부응하여 고객을 안정적으로 유지하면서, 기업의 경쟁우위를 고수하기 위해 고객중심적(Customer Centric) 경영방식인 CRM을 도입하게 되었다.

② 시장의 변화

1990년대 후반 이후 시장규제의 완화, 경쟁사의 증가, 시장의 성숙, 경기 침체, 판매채널의 다양화 등으로 시장 수요보다 공급이 증가하면서, 시장은 생산자 중심이 아닌, 구매자 중심의 시장으로 변화하였다. 구매자 중심의 시장에서 고객은 각자의 선호와 욕구에 맞는 상품과 서비스를 찾기 때문에 기업은 고객을 동질적 집단으로 간주하는 매스 마케팅에 더 이상 의존할 수 없게 되었다. 이에 따라 기업은 고객정보를 바탕으로 전략적인 고객세분화를 통해 목표고객을 설정하고, 적절한 마케팅 믹스를 실행하는 고객 마케팅 접근전략인 CRM을 도입하게 되었다.

③ IT의 발전

컴퓨터 하드웨어의 저장용량이나 데이터 처리성능이 빠르게 발전하면서 기업은 방대한 양의 고객 관련 데이터를 데이터 웨어하우스에 저장하고, 데이터마이닝과 같은 통계프로그램을 활용하여 과학적인 고객 분석이 가능하게 되었다. 이와 같은 IT의 발전은 고객 및 시장에 관한 중요한 정보와 지식을 기업에 제공하였을 뿐만 아니라 본격적인 CRM 도입을 가능하게 하는 기술적 환경을 형성하였다.

④ 매출중심에서 수익중심으로 기업패러다임의 변화

기업의 경영방식이 매출중심으로부터 수익중심으로 변하면서, 평생고객 확보를 위한 고객관계 경영방식으로 변화되고 있다.

⑤ 마케팅 커뮤니케이션의 변화

고객의 다양성이 심하고 이로 인해 시장이 점점 세분화되어 가고 있을 때, 획일화된 매스미디어사의 브로드캐스팅광고는 더 이상 효과적이지 못하다. 따라서 광고의 효율을 높이기 위해서는 우선 구체적인 광고의 목표를 세우고, 이를 달성하기 위한 목표고객을 찾아낸 후에 그들의 필요나 욕구를 채워줄 수 있는 상품이나 서비스에 대한 차별화된 타깃 마케팅이 필요하다. 아울러 단순히 상품이나 서비스를 고객에게 알리는 것이 목적이었던 기존 광고에서 벗어나, 고객과의 장기적인 관계유지라는 관점에서 활동을 전개하는 것이 광고의 효율성을 높이기 위한 방안이다.

(5) CRM의 기대효과 기출 14, 15, 16

① 마케팅 측면

㉠ 신규고객을 유치하고 기존고객을 활성화하여 평생고객화를 통한 가치를 창출함으로써 수익 및 고객생애가치(고객평생가치, CLV ; Customer Lifetime Value)를 증대시킨다.

㉡ 고객 라이프사이클상의 결정적 시점에 효과적 마케팅활동을 가져올 수 있다.

㉢ 고객과의 신뢰관계를 통해 정보를 교류함으로써 새로운 시장기회를 포착하는 데 유용하다.

② 영업적 측면

㉠ 기업은 고객니즈 변화에 대해 신속히 파악하고 대응함으로써, 시장 및 고객 니즈의 변화에 맞는 상품을 개발할 수 있다.

㉡ 수익성 높은 고객을 분류해 표적 마케팅을 가능하게 한다.

㉢ 틈새시장의 기회를 포착하여 신속히 대응하게 한다.

③ 고객 서비스 측면

㉠ 고객의 행위에 대한 이해를 바탕으로 고객만족을 증대시켜, 결과적으로 고객 충성도 및 고객유지율을 향상시킨다.

㉡ 반복구매, 교차판매 및 격상판매(추가판매)의 기회를 가져오기 때문에 구매금액이 높아진다.

④ 채널관리 측면

고객니즈에 맞는 최적의 채널을 제공하고, 비용을 최소화할 수 있는 채널로 고객을 유도하게 한다.

(6) 성공적인 CRM의 구축 및 실행

① CRM의 구축의 의의

CRM의 토대를 구축하고 이를 바탕으로 CRM을 실행하는 전체 CRM 프로세스는 크게 전략수립, 시스템 구축, 실행으로 나눌 수 있다. 이 중 전략수립 단계 및 시스템 구축단계를 CRM 구축단계로 볼 수 있다. 이러한 CRM 구축 단계에서 가장 중요한 것은 CRM이라는 기법을 어떻게 활용해서 고객에게 경쟁사에 비해 더 많은 가치를 줄 것인가에 대한 해답을 찾는 일이다. 이것이 바로 CRM 전략이다. CRM 전략은 CRM 전체의 뼈대와 같다. 따라서 전략이 부실하면, 아무리 시스템이 좋아도 성과를 내기 어렵다.

② CRM의 구축을 위한 전제조건

㉠ 고객 통합 데이터베이스의 구축 : 기업이 보유하고 있는 고객, 상품, 거래 등에 관련된 데이터를 데이터 웨어하우스 관점에 기초하여 통합한다. 즉, CRM을 위해서는 고객과 관련된 전사적인 정보의 공유체제가 확립되어야 한다.

㉡ 고객 특성을 분석하기 위한 마이닝 도구 : 구축된 고객 통합 데이터베이스를 대상으로 마이닝 작업을 통해 고객의 특성을 분석한다.

㉢ 마케팅 활동을 대비하기 위한 캠페인 관리용 도구 : 분류된 고객 개개인에 대한 특성을 바탕으로 해당 고객에 대한 적절한 캠페인 전략을 지원, 관리하는 도구가 애플리케이션, OLAP, Web 등의 다양한 형식으로 관련 부서 및 사용자의 목적에 따라 이용될 수 있다.

③ CRM의 구축과정 기출 18, 22, 23

㉠ 데이터의 수집 : 기업의 내부와 외부자료를 수집하는 과정이다.

- 데이터 : 거래개설 시 입수되는 고객속성 관련정보, 거래 관련자료, 회계정보자료, POS 관련자료, 고객 직접반응 자료, 고객 불만처리 관련자료 등
- 외부데이터 : 고객정보, 제공업자로서 입수되는 고객속성 자료, 라이프스타일 관련자료, 신용평가자료, 제휴 활용자료, 전문 고객정보 공급업체로부터 구입한 데이터 등

㉡ 데이터의 정제과정 : 데이터에 존재하는 이상치나 중복성을 제거한다. 특히 누락데이터(Missing Data)와 블랭크 데이터(Blank Data)의 문제 등이 중요하다.

㉢ 데이터 웨어하우스 구축 : 지속적인 고객관리를 위해서 필요하다. 이때 자주 분석될 데이터에 대해서는 데이터마트로 관리하며, 데이터 웨어하우스에 대한 비용지출이 어려울 때에는 데이터마트만 운영할 수 있다.

㉣ 고객분석 · 데이터마이닝 : 고객의 선호도나 요구에 대한 분석을 바탕으로 고객 행동을 예측하고 고객별 수익성, 가치성을 측정한다.

㉤ 마케팅 채널과의 연계 : 분석된 결과를 가지고 영업부서나 고객 서비스 부서 등에서 활용하여 마케팅 활동의 자료로 활용할 수 있다.

㉥ Feedback 정보 활용 : 마케팅 활동의 결과를 판단하여 의미 있는 정보를 마케팅 자료로 활용하기 위해 Feedback된다.

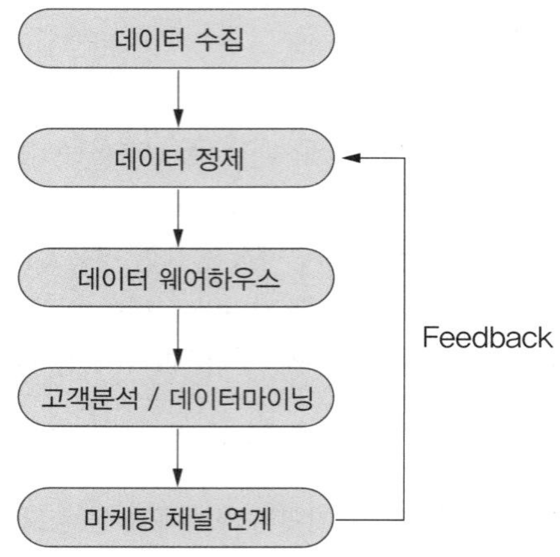

④ CRM 전략수립

㉠ CRM 개념 정립 : CRM 전략 수립에서 가장 중요한 것은 CRM이 무엇인가에 대해 회사 내부의 컨센서스를 확보하는 것이다. 마케팅팀이 생각하는 CRM과 영업팀, IT팀이 생각하는 CRM이 각각 다르다면 이는 심각한 문제인데 실제로는 다른 경우가 많다. CRM에 대해 워낙 다양한 견해들이 있기 때문이다. CRM에 대한 다양한 견해를 정리해서 자사만의 CRM 개념을 정립하는 노력이 반드시 필요하다.

㉡ CRM 전략수립 6단계 중요 기출 14, 15, 16, 17, 19, 20

• 1단계 : 환경분석

> • CRM의 환경분석은 CRM을 구축하기 전에 CRM을 통해 얻고자 하는 정확한 목표설계이다.
> • 시장의 환경에 따른 적절한 고객대응을 위한 시장분석과 기업이 목표로 하는 대상고객의 파악 및 고객확보를 통한 고객수익전환을 유도할 수 있는 다양한 전략구현을 위한 분석작업이다.
> • CRM 환경분석은 기업중심의 환경분석이 되어서는 안 된다. CRM의 궁극적인 목적이 고객과의 장기적인 관계를 통한 충성고객 확보와 수익성 전환이므로 고객중심이어야 한다.
> • 현재 자사의 내부조직의 업무프로세서, 외부 시장환경의 변화추이에 따른 고객반응, 자사 상품의 고객만족도 및 경쟁사의 고객전략 등을 다각적으로 분석해야 한다.

• 2단계 : 고객분석

• 환경분석은 현재의 시장환경에 따른 시장분석을 통한 불특정 다수의 고객에 관한 흐름을 파악하는 것이다.
• 고객분석은 상품개발과 마케팅 전개 및 기업이 목표로 하는 다양한 자사의 현재고객을 다각적으로 분석하는 것이다.
• 고객 분석은 자사가 보유한 고객들이 어떻게 구성되었는지를 파악하는 작업으로서, 수익성 전환을 위한 차별화된 고객 서비스 전개를 위한 고객평가와 고객과의 장기적인 관계구축을 위한 충성고객 확보를 위한 고객 세분화로 나누어진다.

• 3단계 : CRM 전략방향 설정

• CRM 전략 방향설정은 기업이 CRM전개를 통해 궁극적으로 목적하는 것을 얻기 위하여 방향성을 설정하는 것이다.
• CRM의 전략 방향설정은 경쟁기업과의 차별화된 고객 서비스 구현을 통한 사업성과 향상의 방안을 모색하는 것이며, 이러한 방향성은 궁극적으로 기업의 마케팅 비용절감과 기업의 매출을 극대화할 수 있는 필요한 활동들을 결정할 수 있다.
• 기업의 매출을 증대시키기 위해서는 고객확보와 기존고객과의 끊임없는 관계구축을 통한 평생가치를 기업이 확보하는 전략을 전개해야 한다.
• 기업은 이러한 목표달성과 고객확보를 위해 이벤트, 캠페인, 제휴, 홍보 등의 다양한 마케팅 활동을 통하여 고객을 확보해야 한다.
• 확보된 고객과의 끊임없는 관계개선을 위해서는 고객의 다양한 데이터를 기반으로 고객 서비스 대응 및 상품구매를 위한 구매금액을 늘리는 추가판매(Up-selling)나 다른 유형의 제품을 구매하도록 유도하는 교차판매(Cross-selling) 등을 활용해야 한다.
• 기업의 마케팅 비용절감은 고객통합을 통한 불필요한 자원의 절감이나 고객확보를 위한 마케팅 의사결정을 위한 데이터를 효율적으로 활용할 수 있으며, 고객과의 지속적인 관계유지와 충성고객 전환을 위한 마케팅캠페인 활동을 저렴한 비용으로 전개할 수 있는 방안을 구현하는 것이다.

• 4단계 : 고객에 대한 오퍼(Offer) 결정

고객의 회원정보, 고객과 회사의 다양한 접촉, 거래이력을 바탕으로 상품이나 관심분야, 소득수준, 거래빈도, 평균구매단가 등의 고객 특성의 변수에 따른 마케팅 오퍼를 결정하는 것이다.

• 5단계 : 개인화 설계

• 개인화를 설계하기 위해 기본적으로 고객 개인에 대한 성별, 연령, 직업, 소득 등에 따른 개인정보와 구매에 따른 구매상품 유형, 구매가격, 구매주기와 웹페이지 특성에 따른 콘텐츠 관심정보 등을 총체적으로 분석하여 개인화 규칙을 설계해야 한다.
• 단순히 데이터를 결합하여 형식적인 상품이나 정보를 제공하는 것이 아닌, 기업과 고객과의 지속적인 관계개선을 위하여 쌍방향적인 커뮤니케이션을 유지할 수 있는 개인화 설계가 구현되어야 한다.

• 6단계 : 커뮤니케이션 설계

고객에게 제공될 것이 결정된 경우, 어떻게 제공할 것인지에 대한 전달방법을 설계하는 것으로 설계 방법에 따라 인터넷을 이용하는 방법(e-mail, 문자 메시지, 웹 콘텐츠)과 전통적인 방법(우편이나 전화, 인적 접촉, 매스미디어) 등이 있다. 아울러 효과적인 커뮤니케이션을 위해 고려해야 할 측면으로는 표현과 포장이 있다.

표 현	• 고객의 개인적인 특성에 따라 메시지의 표현을 차별화하는 노력이 필요하다. • 내용은 고객의 눈높이에 맞춰 난이도를 조정해야 한다. • 전달하는 핵심이 명확하게 강조되어야 한다. • 고객과 최대한 공감대가 형성될 수 있도록 메시지를 전달하여야 한다.
포 장	• 내용을 한 번에 열어 볼 수 있는 특별한 포장이 필요하다. • 우편 : 특별한 내용이 담겨 있다는 느낌을 포장으로 전달해야 한다. • e-mail : 강조된 구성, 아름다운 그래픽, 특이한 배경으로 주의를 끌어야 한다.

더 알아보기

1. 전략수립과 관련해 시장매력도에 영향을 미치는 요인 기출 21, 22, 24

• 외형적 요인 : 현재 시장 규모, 시장 잠재력, 성장률, 판매(매출)의 주기성(순환성) 또는 계절성, 현재의 수익성

• 구조적 요인(산업 요인) : 잠재적 진입자로부터의 위협(신규 진입자의 위협), 구매자와 교섭력으로부터의 위협(공급업자의 협상력), 대체품으로부터의 위협, 현재 시장 내에서의 경쟁(경쟁자의 수준)

• 환경적 요인 : 인구통계적 환경, 정치 · 경제적 환경, 사회적 환경, 기술적 환경, 법률적 환경

2. CRM(고객관계관리) 구축을 위한 고객데이터 수집내용 기출 22

• 고객데이터 : 가입신청서, 제품보증서 카드, 고객 리스트 등

• 거래데이터 : 상품 주문이력, 신용카드 또는 인터넷 구매 사이트 등을 통한 거래자료 등

• 상품데이터 : 상품정보(가격, 구매횟수, 브랜드 등)

• 접촉데이터 : 웹 로그(Web Log), 콜센터 또는 A/S센터 등을 통한 접촉자료 등

02 | CRM 성공분석

(1) CRM 성공 전략

① 고객유형별 대응 전략

㉠ 예상고객(또는 잠재고객) : 신규고객화 전략

㉡ 신규고객, 일반고객 : 관계강화 전략

㉢ 이탈가능고객 : 이탈방지 및 관계강화 전략

㉣ 우량고객 : 우량화 유지 전략

㉤ 보통고객, 불량고객 : 우량화 전략

㉥ 이탈고객 : 재유치 전략

② 신규고객 확보(Customer Acquisition) 전략

자사의 상품을 전혀 구매해 본 경험이 없는 잠재고객을 자사 상품의 구매자로 유도하는 전략으로서 설문조사, 직접 반응 광고, 프로모션, 타사의 고객 데이터베이스 등을 이용해 신규고객 리스트를 확보할 수 있다.

㉠ 잠재고객 분석기준

㉡ 잠재고객을 발굴하기 위한 전략

- 고객데이터를 활용하여 고객에게 접촉을 시도한다.
- 하우스 홀딩 분석 : 현재의 고객과 유사한 특성을 가진 대상을 찾아낸다.

㉢ 신규고객화 전략방안

- 잠재고객들에게 제품의 샘플 및 광고자료, 할인쿠폰 등을 제공한다.
- 기존고객에게 사은품 또는 할인혜택 등을 조건으로 내세운다

③ 고객유지(Customer Retention) 전략

가전제품이나 자동차와 같은 내구재는 가격이 비교적 비싸고, 그것이 갖는 사회적 이미지 등으로 인해 지각된 위험성이나 관여도 등이 높은 제품으로, 고객은 구매 후에 자신의 결정이 잘한 것인지에 대한 불안감을 느끼게 된다. 고객유지 전략은 고객의 이러한 불안감을 제거해 주는 것으로, 구매한 제품에 대한 여러 가지 정보(A/S, 상품 사용방법, 주변기기, 긍정적인 상품 평가기사 등)를 제공해 줌으로써 구매한 제품에 대해 호의적인 태도를 갖게 함과 동시에, 구매한 고객에 대해 개인적인 관심을 표현함으로써 가치 있는 고객으로 대접받고 있다는 점을 인지시켜 준다.

㉠ 거래고객 분석기준

㉡ 고객유지 전략방안

- 고객 불평관리 체계를 구축하고 해결방안을 마련한다.
- 이탈가능고객 예측 : 고객의 인구통계학적 데이터 및 거래 형태에 관한 데이터를 데이터 마이닝기법을 통해 분석하면 고객의 이탈가능성을 예측할 수 있다.
- 불량고객 분석 모형을 개발한다.
- 고객에 대한 보상 전략이 필요하다.
- 고객에 대한 수익성 향상 전략이 필요하다.

④ 고객활성화(Customer Activation) 전략

고객과의 거래를 지속적으로 기록하고 구매량에 따라 인센티브나 샘플링, 쿠폰, 경품 등의 판매촉진 전략을 제공함으로써 자사 상품의 구매 빈도를 높이는 전략이다. 구매빈도가 상대적으로 높은 소비재의 경우에는 상표충성도의 제고, 사용빈도의 증가 등의 고객활성화 전략이 필요하다.

⑤ 고객충성도 제고(Loyalty Enhancement) 전략

고객이 다른 기업의 상품으로 전환하는 것을 막기 위해 고정 고객에 대한 서비스를 강화하는 것으로 고객과의 관계 유지를 강화시켜 자사 상품에 대한 고객충성도를 높이는 것이 핵심이다.

⑥ 교차판매(Cross-selling) 전략 중요

㉠ 기업이 여러 가지 상품을 취급하고 있는 경우 한 상품의 고객으로 하여금 다른 상품을 구매하도록 하는 전략으로서, 신제품의 판매를 위해 기존 제품의 데이터베이스를 이용하는 것이다.

㉡ 예를 들면, 백화점에서 냄비 등 주방용기를 구입한 30대 여성에 대한 정보는 기타 주방용품이나 가전용품의 교차판매 전략에 사용하거나, 은행 등의 금융기관에서 자사의 금융 상품을 보유하고 있는 특성을 분석한 다음, 가장 가능성이 큰 고객을 대상으로 다른 금융 상품을 구매하도록 유도하는 프로그램으로 활용할 수 있다.

더 알아보기

고객평생가치(CLV) 제고를 위한 핵심활동

- 교차판매(Cross-selling) : 기존의 상품계열에 고객이 관심을 가질 만한 다른 상품을 접목시켜 판매하는 것
- 추가판매(Up-selling) : 설비의 마모 혹은 재공급 필요 시에 업그레이드를 권유하여 판매하는 것

예 인터넷 회사에서 기존 모뎀에서 약간의 비용을 추가하면 더 업그레이드 된 모뎀으로 교체를 권유하는 형식의 프로그램

⑦ 과거 고객 재활성화(Customer Reactivation) 전략

예전에 물품 · 서비스를 구입한 경험이 있는 고객은 거래 실적이 전혀 없는 고객에 비해 가치 있는 고객으로 전환될 가능성이 더 크다고 할 수 있다. 이처럼 과거 고객을 재활성화하기 위해서는 과거 고객에 대한 데이터베이스가 유지 · 관리되고 있어야 하며, 과거 실적에 대한 면밀한 분석과 함께 거래를 중단하게 된 이유에 대해서도 적절한 근거를 찾아낼 수 있어야 한다.

⑧ CRM의 실질적인 역량강화를 위한 구체적인 방법

㉠ 고객과 신뢰구축

㉡ 단기성과보다는 장기적인 관계유지

㉢ 경영진의 강력한 의지

㉣ 관련 사업부서 간 협력체제

㉤ 공정한 차별대우

㉥ 열린 대화 창구

(2) 고객관계관리 활동 모델 중요

① 가망고객 발굴활동 기출 16

㉠ 고객관계관리의 시작은 가망고객 발굴로부터 시작된다. 여기서, 가망고객은 영업기회가 발생한 고객을 말한다.

㉡ 가망고객 발굴활동은 기업의 제품과 서비스를 이용가능성이 있는 고객을 끊임없이 발굴하는 과정이다.

㉢ 가망고객을 발굴하기 위해서는 타깃고객을 명확히 정하는 것이 중요하다.

㉣ 구매동기가 있는 고객을 발굴하여 가망고객등록센터에 등록하고, DM, TM, e-mail 등 직접적인 마케팅을 통해 고객의 반응도와 거래능력을 파악하는 영업활동이다.

㉤ 매장 방문 고객정보를 등록하거나, 고객이 고객을 소개하도록 하거나, 직원이 고객을 소개하거나 외부 관련업체와 제휴하거나 웹을 통해 가망고객을 발굴하는 등 고객 1:1 커뮤니케이션 체제를 구축하고, 모든 접점 채널에서 고객정보를 수집하고 활용하는 표준 프로세스를 만들어야 한다.

② 신규고객 창출활동

㉠ 신규고객 창출활동은 영업기회가 발생한 가망고객을 대상으로 구매 시까지 밀착영업활동을 하는 과정이다. → 기업의 '영업' 활동

㉡ 영업은 제품을 판매하는 활동이 아니라 기업의 가치를 전달하는 활동이다.

㉢ 신규고객 창출을 위한 프로세스는 주로 DM, TM, 이메일, 방문 활동으로 이루어지며, 고객의 요청에 의한 영업활동과 스스로 찾아서 하는 영업활동 등 다양하다.

㉣ 영업사원이 영업확률을 높이기 위해서는 많은 고객 중에서 어느 고객이 더 전략적으로 가치 있는지를 파악해야 한다. 그 고객이 원하는 제품과 서비스는 무엇인지, 핵심 구매요인은 무엇인지 파악하여 고객의 문제를 해결할 수 있는 솔루션을 가지고 접근해야 한다.

㉤ 고객과 지속적으로 좋은 관계를 가지고 커뮤니케이션을 유지하기 위해서는 상담과정에서 획득한 고객정보를 잘 관리해야 한다.

③ 신규고객 관리활동

㉠ 신규고객의 핵심 구매사유 파악이 중요하다.

㉡ 공식적인 'Welcome 프로그램'을 전개한다.

㉢ 최초 3개월은 신규고객의 행동과 태도 관찰이 필요하며, 3개월 이내 2회 이상 관계경험을 쌓는 것이 좋다.

④ 고객정보 수집 및 이해활동

고객의 태도 정보가 필요하며, 전략적으로 미래 우수고객을 식별할 수 있어야 한다.

⑤ 고객가치 증대활동

㉠ 고객에게 지속적으로 가치를 제공하는 과정이다.

㉡ 고객가치 증대를 위해 Cross-selling, Up-selling, Re-selling 캠페인을 전개하며, 성장가능 고객군에게 집중적으로 마케팅 자원을 재설계해야 한다.

㉢ 타깃고객에 대한 1:1 밀착관계 유지, 성장가능 고객군에 대한 집중적인 X-sell, Up-sell 전략을 전개한다.

㉣ 교차 · 상승 판매프로그램

정 의	고객이 기존에 경험하지 못한 효용(상품, 서비스)을 제안하여 고객가치를 증진시키고 기업의 수익성을 증대시키는 일련의 활동
목 적	고객가치 상승으로 인한 매출상승, 기존고객 유지로 안정적 수익 기반 확보
프로그램 사례	홈쇼핑업체의 경우 고객이 구입하는 상품의 연관성 분석을 통해 관련상품 근거리 진열, 덤상품 개발 등에 활용

⑥ 우수고객 관리활동

㉠ 우수고객은 차별화된 서비스를 원하므로 우수고객이란 사실을 인지시키고, 차별화된 관리방안을 제공한다.

㉡ 우수고객 관리프로그램

정 의	가치가 높은 우량고객을 대상으로 차별적 서비스를 제공하여 기업에 대한 충성도를 제고하고자 하는 것
목 적	고객심화로 수익성 증대와 고객에게 형성된 로얄티는 자발적인 기업 옹호자가 되도록 하는 것이다. 즉, 우수고객 관리를 통한 만족도 상승에도 효과가 있지만 한편으로는 우수고객 이외의 고객으로 하여금 우수고객이 되고자 하는 마음이 들도록 하는 것이 중요하다.
프로그램 사례	주말 · 휴일 무료 주차, 우수고객 전담 상담요원, 무료 법률 및 세무 상담, 우수고객 전용창구 등

⑦ 고객불만 관리활동

㉠ 고객불만의 핵심원인 분석이 필요하다.

㉡ 불만표출고객은 로얄고객, 고객감동의 기회로 여기고 적극적 대응이 필요하다.

⑧ 고객이탈 방지활동

㉠ 한동안 거래활동이 없는 휴면고객이나 이탈가능성이 높은 고객을 사전에 찾아내어 이탈을 방지하는 활동이다.

㉡ 고객이탈 방지를 위해서는 고객과의 정기적인 접촉관리가 매우 중요하며, 불만고객뿐만 아니라 무관심고객도 특별히 관리해야 한다.

㉢ 고객이 이탈했을 때에는 이탈사유를 확인하고 이탈 우수고객에게는 Win-back 캠페인을 전개해야 한다.

㉣ 고객이탈 방지프로그램

정 의	기존 이탈자 정보를 이용하여 고객 이탈을 이해하여 가치 있는 고객의 이탈을 방지하는 일련의 활동
목 적	수익감소 예방, 고객 획득 · 관리비용 최소화, 불만족 고객의 불만 전파로 인한 기업 이미지 훼손 예방
프로그램 사례	대부분 이벤트 제공, 할인혜택 등 제공

⑨ 이탈고객 재유치활동

이탈고객 재유치 핵심은 '수익성 높았던 고객에 타깃팅'하는 것이며, 재유치 고객에 대한 'Welcome 프로그램'이 필요하다.

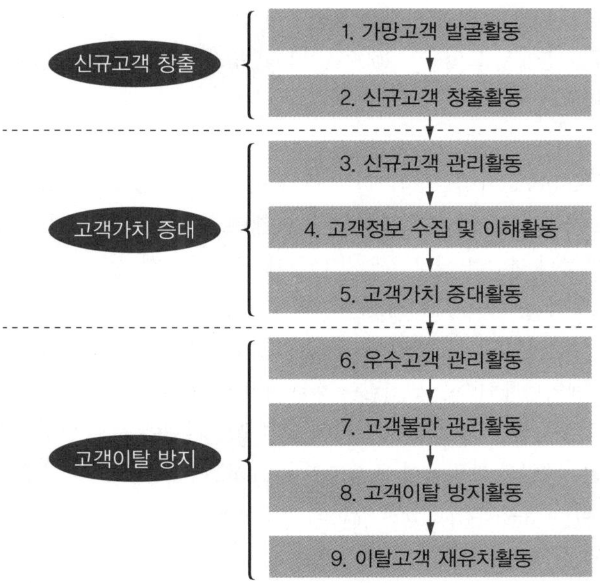

(3) 업종별 국내외 기업들의 CRM 사례

① 제일모직(화학)

㉠ 제일모직은 고객 데이터 분석 결과, 고정고객의 경우 상위 20%의 고객이 전체 고객 매출의 63%를 차지하고 있으며, 상위 40% 고객이 전체 매출의 80% 수준을 차지하는 등 매출 상위 고객의 기여도가 비교적 높게 나타나고 있다. 이러한 결과에 따라 지난 2000년부터 고객을 크게 4분류하여 타깃 마케팅을 시행하고 있다.

일반고객	제일모직 구입 경험 고객 중 데이터화 된 고객
우수고객	3회 이상 제일모직 제품 구매 고객 / 총 17만명 / 분기 1회 발행하는 제일모직 패션정보지 제공
VIP고객	5회 이상 구입 고객 / 약 5만여 명 / 제일모직 제품 무료수선 및 VIP전용 불편사항 해결 080 전화 개설 / 3만원 이상 금액권 제공
로열고객	5회 이상 총 500만원 이상 구매 고객 / 약 2만 1,000여 명 / 구매금액의 7%가 적립되는 (일반 5%) 별도의 보너스카드 발급 / 생일 꽃배달 서비스 및 연 2회 로열 서비스데이 실시

㉡ 2002년 1월부터 고객과의 1 : 1 커뮤니케이션 시스템으로 패션(Fashion)과 메신저(Massenger)의 합성어 패신저(Fassenger)를 시행하여, 문자메시지 및 이메일을 통해 생일이나 결혼기념일 등을 알려준다.

㉢ 우수고객이 대상인 만큼 고정고객의 기본적인 데이터 자료에 근거하여 고객별 타깃 마케팅 활동을 통해 우수고객을 계속 유지하고, 2차 구매 활성화를 유도하고 있다.

㉣ 각 매장에서 메시지를 제공, 판매현장에서 고객의 사이즈 및 구매특성 등 데이터베이스를 관리하면서 고객에게 직접 마케팅을 수행한다는 것이 특징이다.

ⓜ 제일모직은 총 140만 건의 메시지를 고객에게 전송하였고, 이 제도를 도입하기 전 2001년 고정 고객 수가 87만 명에서 도입 후, 2002년 226만 명으로 193% 증가하는 등 고객관리 차원에서 좋은 반응을 얻었다.

② HP(가전제품)

㉠ HP사는 e-Relationship을 구축하기 위해 기반을 닦고, 웹과 e-mail을 통한 고객 정보의 확보가 필요했다. 하지만 HP사는 회사가 직접 마케팅 방식을 도입한 것이 아니라, 대부분 도매상을 통한 간접판매로써 물건을 팔고 있었기 때문에 고객에 대한 정보를 직접 알 수가 없었다.

㉡ HP사는 처음부터 e-mail 데이터베이스를 구축해야 할 뿐만 아니라, e-mail 시스템까지 다시 만들어야 할 상황이었고, HP사의 e-mail 마케팅 팀은 각 고객 담당 채널 매니저들로부터 엄청난 양의 고객 데이터베이스를 넘겨받아 정리해야 하는 실정이었다.

㉢ 게다가 HP 고객은 일반 소비자와 IT 기업 고객으로 나뉘어 서로 완전히 다른 관심분야와 성향을 보이고 있었고, 개인화와 맞춤화가 생명인 e-mail 마케팅에서 이렇게 고객들이 두 가지로 나뉘는 것은 바람직한 상황이 아니었기 때문에, HP사에서는 다양한 전략적 목표로서 CRM 시스템의 성공을 이끌어 갔다.

㉣ 전략으로는 먼저, 전체적 마케팅을 e-mail 마케팅으로 목적을 정의하여 목적을 달성하기 위한 모든 준비단계를 고안했다.

㉤ 이를 위해 내 · 외부적으로 설문조사를 실시해 메시지를 보낼 시기, 고객마다의 정보를 원하는 시간이 다르다는 것, 웹 사이트 방문객의 이용 방식 파악으로 고객 프로파일을 더 풍족하게 한다는 것, 고객은 기업과 관계에서 주도권을 쥐고 싶어 한다는 사실들을 알아내어, 위의 내용들을 바탕으로 e-mail 시스템을 디자인하기 시작했다.

㉥ 이들은 외부업체인 디지털 임팩트(Digital Impact)를 고용해 e-mail 시스템을 구축했다.

㉦ 마지막으로, HP사는 e-mail 데이터베이스를 만들어야 했는데, 되도록 많은 수의 고객 e-mail 주소를 수집하기 위해 체계적인 자료 수집으로 기업의 e-mail 시스템을 구축하였다.

㉧ 이 기업의 특별한 CRM 시스템은 HP사의 e-mail 마케팅으로만 한 해 3억 달러의 매출을 유도하고 있으면서, 웹 사이트의 회원 탈퇴율을 제로에 가깝게 만들었다. 그리고 e-mail 마케팅에 의한 고객들의 스팸 메일 항의도 전무한 결과를 낳게 되었다.

03 | CRM 실패분석

(1) 개 요

고객은 기업에 수익을 가져다 주는 "왕"이기 때문에 이들을 어떻게 관리하느냐에 따라 기업의 경쟁력이 좌우된다. 그래서 많은 기업들은 CRM을 적극적으로 도입하고 실행하기 위하여 관심을 가지고 연구, 실행하였지만 소기의 성과를 얻지 못하고 있다. CRM에 대하여 들어 보면 이익을 창출할 수 있을 것 같지만 실시장에서는 실패하는 사례가 많다. 다음의 실패 사례를 통하여 문제점을 살펴보도록 한다.

(2) 사 례

① 금융기관

㉠ 어느 금융기관에서 대학교 새 학기를 맞이하여 농가를 대상으로 학자금 대출상품의 추가 판매를 위해 다이렉트 메일(DM ; Direct Mail) 캠페인을 시도한 적이 있다.

㉡ 그 당시 농촌에서는 자녀들을 도시에 있는 대학으로 유학을 보낸 농가들이 많이 있어서, 이들을 타깃으로 학자금대출 캠페인을 실행했었다.

㉢ 그런데 고객에 대한 충분한 정보 없이 캠페인을 기획하고, 파일럿(Pilot) 프로그램을 통해 테스트 없이 진행하여 예기치 못한 결과가 나타났고, 마케팅 캠페인의 실패사례로 분류되었다.

㉣ 캠페인의 내용을 보면, 그 지역에 있는 1만 가구 정도의 농가를 대상으로 학자금대출 신청을 위해 요구되는 증빙서류를 지참하여 지점으로 내방하도록 하는 다이렉트 메일을 보낸 것이다.

㉤ 물론, 내방하는 고객에게는 특별금리와 차별화된 서비스로 모시겠다는 오퍼를 제안하여 고객의 반응을 유도하였다.

㉥ 오퍼를 받은 농가들은 요구한 서류를 가지고 그 금융기관의 지점을 방문하여 학자금대출을 신청했는데, 대부분이 대출승인을 받지 못했다.

㉦ 그 이유는 그 지역의 대부분의 농가는 정부로부터 장기 영농자금을 저금리로 대출받아 이미 적지 않은 부채를 가지고 있었으므로, 추가적인 학자금대출은 부채의 증가를 초래해 승인해 줄 수 없다는 것이 대출 심사팀의 설명이었다.

㉧ 그 결과, 이 학자금대출 캠페인은 완전한 실패로 끝난 것은 물론이고, 학자금대출을 받지 못한 고객들의 직접적인 불만, 불평뿐만 아니라 부정적인 구전 파급 등으로 하지 않은 것만도 못한 영업활동이 되고 말았다.

② 통신회사

㉠ A라는 텔레콤회사는 최근 자신들의 시장점유율이 전략적으로 중요한 지역에서 경쟁사에 비해 급격히 떨어지자, 이 문제를 해결하려는 데 총력을 기울이게 되었다.

㉡ 특단의 대책으로 자신들이 제공하는 장거리 또는 국제전화요금이 경쟁사보다 15% 이상 더 싸다는 판매메시지로 그 경쟁지역의 고객들을 겨냥하여 적극적인 텔레마케팅을 전개하기로 하였다.

㉢ 처음에는 그 경쟁지역의 특정대상고객을 설정하여 텔레마케팅을 시도하였으나 예상과는 달리 고객들의 반응은 차가웠고, 따라서 목표달성도 불가능해졌다.

㉣ 계속되는 경영층의 시장점유율 급락문제 해결에 대한 요구가 거듭 되자, 마케팅 실무자들은 이 텔레마케팅의 대상고객을 넓혀 이탈고객 또는 잠재고객들에게까지 텔레마케팅을 확대하였다.

㉤ 그런데 이 계획도 기대에 미치지 못하자 또 한 차례 대상고객의 대폭적인 확대가 이루어져서, 그 지역의 과반수 이상의 고객들이 텔레마케팅의 대상이 되는 결과가 되어버렸다.

㉥ 그래서 실상은 정교하게 선정된 타 고객을 대상으로 한 효율적인 타깃 마케팅이라기보다 그 지역의 과반수 이상의 고객이 대상이 되어 버린 매스 마케팅이 되어버렸고, 시장점유율 회복 노력이 실패로 끝난 것은 물론, 전통적인 매스 마케팅에서 겪었던 것과 같이 엄청난 비용과 시간의 낭비를 초래하게 되었다.

(3) 결론 및 향후 방향 중요

① CRM 도입실패 이유와 문제점

㉠ 지금까지 국내에서 많은 수의 CRM 프로젝트가 수행되었지만, 실제적인 성과를 내고 있는 경우는 별로 없으며, 이런 현상은 국내뿐만 아니라 국외에서도 마찬가지이다.

㉡ CRM의 개념 자체는 매우 합리적인 것이므로 CRM이 잘못되었다고는 할 수 없지만, 문제는 CRM의 성과가 드러나는 데 오랜 시간이 걸리거나, CRM의 구축과 실행이 잘못된 것이다.

㉢ 먼저, CRM에 대한 기업의 지나친 기대가 문제이다. CRM은 분명히 필요한 활동이기는 하나, 그 효과에 대해 환상을 가져서는 안 된다. CRM을 통한 경영성과를 향상시키기 위해서는 먼저 CRM에 대해 가능한 수준의 성과를 기대해야 한다.

㉣ 또한, CRM을 통해 자사가 얻을 수 있는 것이 무엇인지를 명확히 하지 않으면 실패하기 쉽다. 아무리 좋은 방법이라고 하여도 자사의 상황에 적합하게 실행되지 않으면 의미가 없으며, CRM이 모든 산업과 기업에 필요한 것은 아니기 때문이다.

㉤ 반드시 CRM이 필요한 기업이라고 하더라도 CRM의 특성과 기능에 대한 명확한 이해가 전제된 후에 적합한 CRM을 도입해야 효과가 있을 것이다.

㉥ CRM이 원하는 결과를 얻지 못하는 데는 고객데이터의 빈약성도 큰 역할을 한다. 필요한 데이터가 아예 없거나 혹은 오도된 데이터를 이용한 CRM의 실행으로는 성공을 기대할 수 없다.

㉦ 데이터 문제 외에도 시스템상의 문제를 원인으로 생각해 볼 수 있다. CRM은 IT 기술요소들을 기반으로 하므로 시스템이 제대로 갖춰지지 않았다면 CRM의 실패로 이어질 수밖에 없다.

㉧ 성공적인 CRM을 위해서는 고려해야 할 요소가 적지 않으며, 위와 같은 일반적인 문제 이외에도 업무팀 간의 협업 부족, 데이터관리의 부주의 등이 성공하는 CRM의 걸림돌로 언급된다. 결국 문제는 CRM과 그 구현 툴 자체보다는 CRM을 채택하고 이를 실행하는 각 기업 내부에 있는 경우가 많다.

더 알아보기

고객관계관리(CRM)의 실패요인 기출 23, 24

- 고객이 아닌 기업 중심의 고객관계관리
- 고객데이터 관리의 소홀과 정보 무시
- 문제 소지가 있는 업무과정의 자동화
- 정보 시스템 조직과 업무부서 간의 협조 부족
- 기술 숙련도에 대한 고려 부족

② CRM을 성공하기 위한 방법

㉠ 자사의 상황에 적합한 분명한 전략을 수립하여야 한다. CRM의 기술이 얼마나 고도로 발전되었는지의 문제가 아니라, 바로 어느 기술이 자사와 적합한지가 중요한 것이다.

ⓛ 조급하게 CRM 성과의 실현을 기대하기보다는 장기적인 관점에서 CRM을 체계적으로 수행해나가야 한다. CRM을 한 번 사용하고 성과가 드러나는 활동으로 보게 된다면 성과측정도 단기적으로 이루어질 수밖에 없고, 이러한 성과측정으로는 CRM은 별 볼 일 없는 경영방법으로 대우받을 수밖에 없는 것이다. CRM의 성과는 장기적 관점에서 고객유지율, 고객성장률, 브랜드 선호도와 같은 지표를 통해 측정되어야 한다.

ⓒ 각 고객에 대해 상품을 어떻게 줄 것인가와 아울러 정작 중요한 문제인 무엇을 줄 것인가를 엄밀하게 결정하여야 한다. 즉, 고객의 특성에 맞게 정보를 제공하는 것이 CRM에서는 중요한 성공요소이다. 이것을 위해서는 심층적인 고객정보 분석이 필요하고, 이를 위한 양질의 데이터 수집이 필수이다.

ⓔ CRM의 핵심인 고객과의 원활한 상호작용을 위해 원활한 커뮤니케이션의 향상이 필요하며, 이를 위해 고객대응 담당자의 역량 교육은 매우 중요하다.

ⓜ 성공적인 CRM 구현단계(Stanley Brown) 기출 20, 21, 22

- 목표를 분명하게 설정한다.
- 지나치게 전문화된 솔루션을 피한다.
- 비판적인 자세로 방론을 선택한다.
- 기업에서 가장 유능한 직원을 참여시킨다.
- 프로젝트의 진척 현황을 주의 깊게 살핀다.
- 이해관계가 상충되는 부서와 끊임없이 소통한다.

04 관계 마케팅

(1) 관계 마케팅의 정의

① 미시적 관점의 정의

기업과 고객의 상호관계 차원에서 정의(협의의 관계 마케팅 개념)한다.

㉠ Berry(1983) : 관계 마케팅이란 소비자와의 관계를 창출하고 유지, 강화하는 마케팅 활동

ⓛ Rapp & Collians(1990) : 관계 마케팅은 기업과 고객 쌍방 간에 호혜적으로 지속적인 관계를 창출하고 유지하려는 마케팅

② 거시적 관점의 정의

고객을 비롯하여 종업원, 공급자, 경쟁자, 정부 등 다양한 기업 파트너들과의 관계 차원에서 정의하거나 기업 파트너와의 안전적인 관계구조에 초점을 두고 정의한다.

㉠ Grönroos(1990) : 관계 마케팅은 기업의 이익을 확보하는 수준에서 관련당사자의 목표가 충족될 수 있도록 고객 및 다른 파트너들과의 관계를 유지, 강화하는 것

ⓛ Christopher(1991) 등 : 관계 마케팅은 고객뿐만 아니라 공급업자, 종업원, 소개자, 영향자 및 내부시장과의 관계를 창출하고 강화하는 것

㉢ 결론 : 관계 마케팅은 고객, 구매자, 공급자, 경쟁자 등의 기업 파트너들과 장기적인 유대관계를 창출하고 유지, 강화함으로써 기업의 수익증대를 도모하는 마케팅 활동이라고 할 수 있다.

(2) 관계 마케팅의 목적 중요

① 신규고객의 창출(Attraction)

기업은 신규고객을 유치할 때 고객의 기대나 욕구 선호를 기준으로 하여 시장을 세분화하고, 이를 통해 지속적인 고객관계를 구축할 수 있는 최적의 표적 시장을 파악할 수 있다. 이렇게 파악된 표적 시장을 목표로 기업은 기존고객들의 구전효과를 통해 신규고객을 유치하는 방법을 사용한다. 신규 고객을 추천하는 고객들에게 일정한 인센티브를 제공하는 MGM(Members Get Members) 기법을 통해 신규고객을 유치하게 된다.

② 기존고객의 유지(Retention)

신규고객의 창출도 사업의 확장을 위해 필요하지만, 기존의 고객을 잘 관리하는 것 또한 소홀히 해서는 안 된다. 기업이 변화하는 고객의 욕구를 잘 이해하고 이를 자사의 서비스에 반영해 나간다면 고객만족에 의한 반복구매를 통해 지속적인 고객관계가 유지될 수 있다.

③ 고객관계의 강화(Enhancement)

고객이 시간이 지남에 따라 특정 기업의 제품이나 서비스에 만족하여 계속 구입하게 되면 고객관계가 더욱 강화되고 충성고객이 될 수 있다. 충성고객을 어느 정도 확보하고 있느냐는 기업의 기반이 되고, 기업의 성장잠재력을 나타내 주기도 하는 중요한 요소이다. 고객과의 관계가 강화될수록 기업의 고객점유율과 시장점유율 및 이익기반이 향상되기 때문이다.

(3) 관계 마케팅의 특성 기출 14, 15, 16, 17

① 신규고객의 창출보다 기존고객의 유지관리에 마케팅 전략의 초점을 둔다.

② 고객과의 단기적 교환보다 장기적 관계를 통한 수익창출을 지향하며, 단기적인 거래실적보다 장기적인 고객생애가치(CLV ; Customer Lifetime Value)에 중점을 둔다.

③ 마케팅의 초점을 교환주체인 고객에 두고, 고객을 기업의 동반자로 인식한다. 마케팅 전략의 초점이 제품 차별화의 방향으로 전환된다.

④ 마케팅의 목표를 거래의 성과보다는 고객과의 관계형성 및 유지, 강화에 둔다.

⑤ 고객접점에서의 내부 마케팅과 상호작용을 중요시하며, 품질차원에서는 기술적 질보다 기능적 질 또는 과정의 질을 중요시한다.

⑥ 규모의 경제에서 범위의 경제(Economy of Scope)로 전환된다. 즉, 한 고객에게 다양한 제품을 판매하거나 고객당 거래 기간을 장기간 유지하는 범위의 경제를 도모한다.

⑦ 마케팅 성과의 지표가 시장점유율(Share of Market)에서 고객점유율(Share of Customer)로 전환된다.

⑧ 장기적 고객관계에 따른 고객충성도를 추구함으로써 소비자의 가격 민감도가 낮다.

⑨ 경쟁자는 경쟁과 협력을 동시에 도모하는 협쟁(Competition)관계의 파트너가 된다.

⑩ 내부 마케팅은 외부 마케팅의 선행요건이 된다.

⑪ 기업과 고객 간의 쌍방향 커뮤니케이션을 강조하고, 고객 서비스와 고객관여를 매우 중요시한다.

[매스 마케팅과 관계 마케팅의 비교]

구 분	매스 마케팅	관계 마케팅
수익의 원천	• 상 품 • 우수한 상품을 개발하여 판매하면 기업 성장	• 고 객 • 고객에 대한 응대력이 기업의 사활을 결정
고객접근방법	융단폭격식	미사일식
매출증대의 관점	시장점유율 중심	고객점유율 중심
성과평가의 관점	단기적 성과중심	장기적 관계중심

(4) 관계 마케팅의 효과 중요

관계 마케팅을 성공적으로 수행하게 되면 고객 충성도 구축과 이에 따른 구전효과, 학습효과에 따른 운영비 절감 등으로 기업의 수익을 증대시키는 효과를 가져오게 된다.

① 기업 측면의 효과

㉠ 장기적인 고객관계를 통해 고객유지의 경제성을 확보할 수 있다.

㉡ 개별화된 제공물과 고객참여를 통한 생산과정이 고객에게 가치를 증대시킨다.

㉢ 고객관계를 기초로 새로운 시장 세분화 전략을 구사할 수 있다.

㉣ 고객 데이터베이스에 의한 일대일 마케팅을 통해 차별적 경쟁 우위를 확보할 수 있다.

㉤ 장기적 고객관계를 활용하여 교차판매나 교차촉진을 할 수 있고, 대중매체를 이용한 낭비적 촉진 비용을 절약할 수 있다.

㉥ 고객관계상의 신뢰와 고객충성도, 관계몰입이 증가함에 따라 장기적 관계의 강화와 경쟁기업에 대한 교체장벽을 구축할 수 있다.

② 시장 측면의 효과

㉠ 고객에 대한 정보와 지식을 축적하여 개별화된 제공물을 제공할 수 있다.

㉡ 고객관계의 개별화를 통해 고객의 지각가치와 관계가치를 극대화할 수 있다.

㉢ 고객의 의사결정의 효율성을 높이고, 지각된 위험을 감소시킬 수 있다.

㉣ 고객충성도와 안정된 수익기반을 확보하고 긍정적 구전효과를 얻을 수 있다.

㉤ 관계 파트너들과의 좋은 유대관계가 경쟁우위의 원천이 된다.

③ 경쟁 측면의 효과

㉠ 전략적 제휴 등의 수평적 협력관계를 통해 위험과 비용을 줄일 수 있다.

㉡ 기업 간의 협력관계를 통해 규모의 경제성, 생산합리화, 기업 간 비교우위를 활용한 원가절감, 공동연구개발, 기술적 시너지 효과를 얻을 수 있다.

㉢ 속도의 경제성을 향상시킬 수 있다. 즉, 신제품 도입 기간의 단축, 신속한 신기술과 신시장 확보, 초기진입자 우위 확보, 시장 반응속도 향상 등의 효과를 얻을 수 있다.

㉣ 산업 내 다른 기업들과 경쟁적 · 공생적 상호의존성과 불확실성을 효과적으로 관리할 수 있다.

㉤ 수평적 협력관계 구조가 경쟁우위의 원천이 될 수 있다.

05 | e-CRM 기출 18, 19, 20

(1) 정 의

e-CRM은 온라인에서 수집한 고객데이터를 저장 · 분석하여 가치 있는 고객을 선별하고, 회사가 보유하고 있는 한정된 역량을 가치 있는 고객을 획득 · 유지하는 일에 우선적으로 투자하는 프로세스를 말한다.

(2) e-CRM 구성요인 기출 15, 16, 18, 20, 21, 22, 23

구분	내용
e-Marketing	• 인터넷을 이용하여 마케팅 기능 및 개념을 구현하는 전략 • 인터넷을 활용한 광고, 판매촉진, PR Marketing • 고객정보 확보 목적으로 인터넷상에서 시장조사 • 서비스 개발 과정에 인터넷을 통한 고객참여 유도 • 인터넷을 통한 서비스 가격결정 정보 입수
e-Sales	• 인터넷상에서 검색단계부터 상품 및 서비스의 전 구매과정 • 웹을 통한 전 구매과정을 고객 스스로의 셀프 서비스 • 인터넷상에서 고객의 과거 구매이력과 관심목록, 가격비교 등 파악 • 인터넷상에서 주문 서비스 생성 및 이벤트, 할인정보, 포인트 등의 정보제공
e-Service	• 인터넷에서 고객 서비스 및 지원 서비스 관리를 위한 활동 • 인터넷으로 고객이 접속한 정보를 데이터베이스에 저장 • 고객의 서비스 주문 및 불평사항 접수 및 처리 • 고객의 A/S 및 배송, 환불 절차, 쇼핑몰 이용방법, 장바구니 기능 등 고객이 처리할 수 있도록 문제해결 매뉴얼 제공
e-Community	• 인터넷상의 가상소통 공간으로서, 개인이나 기업 사이의 신뢰형성의 결과로 공유목적, 가치, 경험의 개발 등을 나눔 • 기업의 웹 사이트, 쇼핑몰, 인터넷 카페 등 다양한 정보를 지원 • 타 사이트보다 독창적이고 전문적인 콘텐츠 및 프로세서를 적극 활용
e-Security	• 컴퓨터나 인터넷의 전자보안 서비스 • 개인정보 수집 시 정보이용 동의 미고지 혹은 명시의무 불이행, ID도용 • 상품이나 서비스 구입 시 거래인증 장치 마련 등

(3) e-CRM의 목적 기출 24

① 인터넷을 통한 고객의 요구에 신속히 대응

② 고객행동에 대한 예측성 제고, 고객만족도(충성도) 상승

③ 궁극적으로 기업의 수익 증대

(4) e-CRM의 구성

① **운영적 CRM(Operational CRM)**

㉠ 운영적 CRM은 구체적인 실행을 지원하는 시스템으로서 주로 프런트오피스 부분의 기능에 초점이 맞춰져 있다.

㉡ 운영적 CRM은 조직과 고객 간의 관계향상, 즉 조직의 전방위 업무를 지원하는 시스템이다.

㉢ 구체적인 예로서 콘택트매니지먼트(Contact Management) 기능이나 세일즈포스오토메이션(SFA ; Sales Force Automation) 기능을 들 수 있다.

② **분석적 CRM(Analytical CRM)**

㉠ 분석적 CRM은 백오피스를 지향하고 있고 데이터 웨어하우스를 기반으로 고객정보를 분석해서 마케팅 활동을 지원하는 데 초점이 맞춰져 있다.

㉡ 영업, 마케팅, 서비스 측면에서 고객정보를 활용하기 위해 고객 데이터를 추출, 분석하는 시스템이다.

㉢ 이를 통해 사업에 필요한 고객, 시장 세분화, 고객 프로파일링, 제품컨셉의 발견, 캠페인 관리, 이벤트 계획, 프로모션 계획 등의 기회 및 방법에 대한 아이디어가 도출될 수 있다.

③ **협업적 CRM(Collaborative CRM)** 기출 22

㉠ 협업적 CRM은 분석과 운영 시스템의 통합을 의미하는 것으로 고객과 기업 간의 상호작용을 촉진시키기 위해 고안된 여러 가지 고객접점 도구들을 포함하는 서비스 애플리케이션이다.

㉡ 우편, 이메일, 콜센터, 인터넷 등 다양한 창구를 통하여 고객접점 및 접촉을 관리하고 영업이나 마케팅의 자료로 활용한다.

(5) e-CRM의 활용 기술

① **데이터 웨어하우스** : 기업이 축적한 고객과 제품, 서비스에 대한 각종 데이터를 통합적으로 관리하는 정보상자 역할을 한다.

② **데이터마이닝 툴** : 축적된 데이터를 고객 지원 활동을 위해 분석하거나, 직접적으로 마케팅에서 고객 지원 활동에 사용할 수 있도록 지원한다.

③ **FAQ** : 웹사이트에서 고객들이 공통적으로 가진 궁금증을 해결할 수 있도록 제시한다.

④ **콜센터** : 전화와 팩스를 통해 고객 요구에 대응하는 솔루션이다. 웹이나 전화를 통한 주문과 서비스를 지원하기도 한다.

⑤ **채팅** : 인터넷 채팅과 유사한 형식을 고객 서비스에 구현하여 이를 분석함으로써 고객의 요구에 효과적으로 대응하도록 지원한다.

⑥ **온라인 마케팅** : 데이터에 근거해 메일이나 온라인과 오프라인 전체에서 마케팅 활동을 계획, 수립하도록 지원한다.

⑦ **캠페인 관리** : 해당 고객에 대한 적절한 각종 캠페인을 계획하고 지원하며, OLAP(On Line Analysis Processing) 등의 형식을 통한 캠페인 효과 분석까지 지원한다.

(6) CRM와 e-CRM의 비교 기출 15, 16

구 분	CRM	e-CRM
이용대상	오프라인 중심기업	e-Business 기업
중점관리	영업 자동화	차별화, 개인별 맞춤서비스
고객접점	직접방문, DM, 콜센터	인터넷을 통한 단일 통합 채널
시공간	제한, 지역적 한계	하루 24시간, 전 세계 대상
구성요소	Sales + Marketing + Service	e-Sales + e-Marketing + e-Service
서비스	주로 TM을 이용한 단순한 질의응답	음성, 동영상, 멀티미디어, 고객의 관심분야

(7) e-CRM의 기대효과 기출 24

① 시스템 자원의 활용도 · 예측의 적시화 및 자동화
② 무형 · 유형의 이익 창출
③ 고객 서비스 향상
④ 개별화를 통한 개인별 맞춤 서비스(일대일 마케팅 수행)

(8) e-CRM의 문제점 및 해결책

문제점		해결책
고객 자료의 문제	자료의 부재, 부정확성	• 통합 채널을 이용한 자료수집 • 오프라인과 온라인 데이터의 접목
e-CRM 전략의 문제	기업 전략의 부재 및 전략과의 미연계	ISP, BPR, PI를 통한 기업전략의 명시화
e-CRM 시스템의 문제	부적절한 시스템 구축	구현 시스템의 목적성 명시
	분석시스템의 부적절함	기업의 데이터 성향을 사전에 분석함으로써 분석 시스템 구축 시 데이터 특성을 반영

더 알아보기

e-CRM의 전략 기출 16, 20, 22, 23

- 고객접근 전략 : 기업이 고객의 자발적 허락을 요구하는 마케팅을 지향한다. 고객의 허락(Permission)은 장기적으로 기업의 이윤을 창출하기 때문이다. 이 전략으로 퍼미션마케팅, 옵트 인 메일 서비스 등이 있다.
- 고객유지 전략 : 기업은 일대일 마케팅을 통해 고객정보를 데이터베이스화하고, 고객맞춤 서비스와 제품을 제공함으로써, 상호신뢰감을 형성하고 기업경쟁력을 높일 수 있다.
- 고객만족 전략 : 기업은 고객이 제품 및 서비스 구입 시 만족감을 주고, 브랜드 신뢰도를 쌓아 제품의 재구매율을 높이려는 목적으로 모든 조직관리를 고객의 입장에서 전개하는 전략이다. 고객구매상담 서비스, FAQ, 고객로열티 마케팅, 서스펜션 서비스, 고객맞춤 서비스, 리마인드 서비스 등이 있다.
- 고객창출 전략 : 기업은 구전이나 이벤트 등의 서비스 제공으로 고객에게 기업의 이미지와 제품 등을 알리고, 이를 통해 새로운 고객을 확보하여 수익을 창출해야 하는 전략이다. 이용자들이 상호간 정보교환을 위해 게시판 기능, 인비테이션 서비스 등을 활용한다.

06 | 인간관계개선 기술

(1) 인간관계의 개념

① 의 의

인간이 조직을 형성할 때 그들 사이에는 여러 가지 관계가 이루어지는데, 이러한 조직 내 사람과 사람 사이의 관계를 인간관계라고 한다. 좀 더 구체적으로는 인간과 인간의 만남에서 조직의 목적을 달성하기 위해 서로 협력하는 관계라고 할 수 있다. 좋은 인간관계는 조직구성원들의 조직에서의 성공 및 조직의 효율성을 통한 조직의 생산성을 향상시키는 원동력이 된다.

② 인간관계를 통한 이점

정서적 지지(애착의 중요성)를 받을 수 있고 다양한 정보를 얻을 수 있다는 이점이 있다. 또한 현실적으로 우리가 삶을 영위함에 있어서, 주변의 다양한 사람들이 실제적인 도움을 주기도 한다.

③ 부적합한 인간관계에 따른 문제점

부적합한 인간관계는 우울증, 자폐증, 약물 의존 등과 같은 정신적 질병뿐만 아니라 심장질환, 위장질환과 같은 신체적 질병을 일으키기도 한다.

(2) 인간관계의 성립과 종료

① 인간관계의 성립단계 기출 20, 23

㉠ 휴스턴과 레빙거(Huston & Levinger)의 인간관계 : Huston & Levinger는 인간관계의 친밀성이 두 사람 사이의 상호의존성 정도에 따라 결정된다고 주장한다. 그들은 이러한 주장에 따라 인간관계가 발전하는 세 가지 단계를 구분하고 있다.

단계	내용
면식의 단계	직접적인 교류가 일어나기 전의 단계로서 타인의 표정, 복장, 언어, 동작 등으로부터 인상이 형성되고, 상대방에 대한 관심과 호기심을 지니고 있는 상태이다.
형식적 · 피상적 접촉의 단계	• 두 사람 사이에 직접적인 교류가 일어나는 단계이다. • 접촉이 피상적인 수준에 머무르거나 업무와 관련된 역할수행을 위해서 접촉이 일어나는 형식적인 관계에 머무른다. • 상대방을 독특한 인격적 존재로 대하기보다는 상황이나 제도가 부여한 역할을 수행하는 역할수행자로서 상호작용을 하게 된다. • 역할을 수행하는 인간보다는 역할자체가 중요시되므로, 이러한 단계에서는 상호의존성이나 친밀감이 증진되기 힘들다. • 상호작용하는 두 사람 사이에는 교류의 공정성과 호혜성이 관계를 유지하는 주요한 요인이 된다.
상호의존의 단계	• 두 사람 사이에 크고 작은 상호의존이 나타나는 단계이다. • 두 사람 사이의 교류가 증진되고 심화되어 공유된 경험의 영역이 확대된다. • 상호교류가 개인적인 측면의 수준까지 발전하는 사적인 관계로 진전된다. • 서로의 깊은 내면의 세계(상대방의 성격, 가치관, 고민 등)를 공유함으로써 상호의존의 깊이가 서로 깊어지고 영역이 넓어진다. • 두 사람 사이에 나타나는 상호작용에서 호혜성의 원칙이 초월된다.

㉡ 알트만과 테일러(Altman & Talyor)의 사회적 침투 : Altman & Talyor는 이성관계의 발전과정을 정밀하게 분석하여 사회적 침투과정을 5단계로 나누었다.

1단계	첫인상의 단계
2단계	지향단계(피상적인 정보를 교환하고 상대방을 탐색하는 단계)
3단계	탐색적 애정교환단계(가장 예민하고 불안정한 단계)
4단계	애정 교환단계(마음 놓고 상대방을 칭찬하고 비판하는 단계)
5단계	안정적 교환단계(속마음을 터놓고 이야기하며, 서로의 소유물에도 마음 놓고 접근하는 단계)

② 인간관계의 발전

㉠ 인간관계의 촉진요인

- 정서적 지지와 공감 : 자신의 고통, 갈등, 고민 등을 공개할 수 있고, 타인으로부터 이해받고 위로받을 때 인간관계는 더욱 촉진된다.
- 즐거운 체험의 공유 : 취미나 관심사, 가치관, 인생관, 종교관 등이 같은 사람들은 대화를 통해서 서로의 생각에 대한 공감과 지지를 받을 수 있으며, 그들과 나누는 재미와 즐거움은 관계를 유지하는 주요한 원천이 된다.
- 현실적 도움의 교환 : 인간관계는 서로 무엇인가를 주고받는 교환관계의 속성을 지닌다. 따라서 서로 주고받는 현실적 도움이 인간관계를 촉진시킨다.
- 자기공개 : 두 사람이 친해지는 과정에서 자신을 드러내는 것을 말한다. 상대방에게 자신에 대해 털어놓고, 상대방에 대하여 알게 되는 것은 관계를 깊이 있게 해 주는 강력한 방법이다.

㉡ 인간관계를 심화시키는 세 가지 필수요소인 3R(넬슨 존스, R. Nelson Jones) 중요

기출 19, 20, 22, 23, 24

보상성 (Rewardingness)	• 인간은 누구나 행복과 만족을 추구하기 때문에 만족감과 행복감을 제공하는 보상에 의해서 인간관계가 심화된다는 것이다. • 인간관계에서 추구하는 보상에는 정서적 지지와 공감, 즐거운 체험, 현실적 도움을 포함한 따뜻한 보살핌, 친밀감, 신체적 접촉, 물리적 선물 등 다양한 요인이 있다.
상호성 (Reciprocity)	• 인간관계에서 보상적 효과가 서로 균형 있게 교류됨을 의미한다. • 인간관계에 소속된 사람들 모두가 보상을 서로 균형 있고 공정하게 주고받을 때 그런 인간관계는 깊어진다.
규칙 (Rules)	• 인간관계에서 서로의 역할과 행동에 대해 명료하게 설정된 기대나 지침을 규칙이라 말한다. • 인간관계는 서로 다른 성장 배경을 지니고 서로 다른 사고방식과 행동 양식을 지닌 사람들 간의 교류이기 때문에 상대방에 대한 애정과 보상을 표현하는 방식에 차이가 있을 수 있는데, 이 경우 분명한 교류규칙을 설정하면 인간관계는 심화된다.

더 알아보기

호손 실험(Hawthorne Experiment) 기출 22

- 1920년대 후반 엘튼 메이요(Elton Mayo)에 의해 실시된 실험으로, 노동자들의 작업환경과 생산성에 미치는 효과를 연구목적으로 한다.
- 조직의 생산성은 노동자들의 태도나 감정과 같은 정서적 요소에 크게 의존하며, 조직 내의 인간관계에서 영향을 받는다.
- 공식적 조직 내에 존재하는 비공식적 조직이 만들어낸 규범에 의해 노동자들의 행동이 통제된다고 밝혔다.

③ 인간관계의 해체 및 붕괴

㉠ 접촉과 관심의 감소 : 거리적으로 멀어지고 시간적 여유를 갖지 못해 서로에 대한 관심과 만남의 횟수가 적어질 때 관계가 멀어진다. 친밀한 관계를 유지하기 위해서는 시간적 · 물질적 · 심리적 투자가 필요하다.

㉡ 갈등해소의 실패 : 특정한 계기로 인해 두 사람 사이에 갈등이 일어나고 이러한 갈등을 효율적으로 해소하지 못했을 때 관계가 멀어지거나 깨어진다. 친밀한 인간관계는 빈번한 교류가 일어나기 때문에 그만큼 갈등의 가능성도 많다.

㉢ 투자와 보상의 불균형 : 인간관계에서 상대방에게 기대한 성과와 만족을 얻지 못할 때 그 관계는 멀어진다.

㉣ 사회보상이론 : 자신이 투자한 시간, 금전, 정신적 노력에 대한 보상이 크게 이뤄지는 인간관계는 만족을 느끼고 장기간에 걸쳐 유지된다. 반대로 보상이 이뤄지지 않거나 적게 일어나는 경우는 인간관계가 약화되거나 해체될 가능성이 높아진다.

㉤ 인간관계의 만족도 결정요인

- 비교수준 > 현재의 인간관계에서 얻고자 하는 성과기준 : 인간관계 불만족
- 비교수준 < 현재의 인간관계에서 얻고자 하는 성과기준 : 인간관계 만족
- 비교수준은 주로 과거의 인간관계에서 받아온 성과의 평가수준을 말한다.

㉥ 현재 인간관계의 청산여부 결정요인

- 대안적 비교수준 > 현재의 인간관계에서 얻고자 하는 성과기준 : 인간관계 청산
- 대안적 비교수준 < 현재의 인간관계에서 얻고자 하는 성과기준 : 인간관계 유지
- 대안적 비교수준은 다른 대안적 관계를 통해서 얻을 수 있을 것으로 고려된 본인의 기대치를 말한다.

(3) 인간관계의 유형 기출 14, 15, 16, 17, 20

① 일차적 인간관계와 이차적 인간관계

일차적 인간관계	부모, 형제자매, 친척, 고향친구, 동문 등 혈연, 지연, 학연 등에 의해 형성되는 인간관계
이차적 인간관계	개인적인 매력, 직업적 이해관계, 가치의 공유에 의해 형성되는 인간관계

② 수직적 의사소통과 수평적 의사소통 중요 기출 20, 23

의사소통의 유형에는 수평적 의사소통과 수직적 의사소통이 있다. 수직적 의사소통에는 상향적 의사소통(하의상달)과 하향적 의사소통(상의하달)이 있다.

수직적 의사소통 (종적 의사소통)	상향적 의사소통	계층의 하부에서 상부로 의사와 정보가 전달되는 것 예 제안제도, 의견조사, 면접	• 종적관계, 불평등관계 • 부모자녀관계, 사제관계, 선 · 후배관계, 직장상사와 부하의 관계 등 • 상급자의 통솔력, 지도력, 책임감, 보살핌이 필요하며, 동시에 하급자의 순종, 존경이 필요함 • 지휘나 위치가 다른 사람끼리의 상호작용이며, 형식적 · 수단적 성격이 강함
	하향적 의사소통	명령계통에 따라 상급자가 하급자에게 전달하는 것 예 편람, 게시, 기관지, 구내방송, 강연, 뉴스레터	
수평적 의사소통 (횡적 의사소통)		동일한 계층 간의 의사소통 예 사전심사제도, 회의, 위원회, 회람, 통보	• 횡적관계, 평등관계 • 사회적 지휘나 위치가 서로 비슷한 사람끼리의 상호작용이며, 자발적인 속성을 가짐

더 알아보기

이상적인 의사소통 상태를 특징짓는 준거(하버마스) 기출 15, 16, 22

- 이해가능성(Comprehensibility) : 전문용어 사용으로 대중을 소외시키지 말아야 한다.
- 진지성(Sincerity) : 발언의 속임수가 있어서는 안 된다.
- 타당성(Rightness or Legitimacy) : 발언의 맥락이 맞아야 한다.
- 진리성(Truth) : 교환되는 메시지가 진실이어야 한다.

③ 애정중심적 인간관계와 업무중심적 인간관계

애정중심적 인간관계	• 상대인물에 대한 매력이나 인격 때문에 관계를 형성하고 상대로부터 긍정적인 감정, 즉 사랑, 우정, 인정을 주고받는 것이 중요한 요인이 되는 관계 • 상대방이 어떤 사람이며 서로간의 애정교환의 만족도에 의해 관계가 유지되는 사람중심적 관계
업무중심적 인간관계	• 어떤 사람이든 상관없이 그와 함께 하는 작업이나 업무의 내용과 속성 때문에 관계가 형성되고 유지되는 일 중심적 인간관계 • 상호작용을 통해 얻게 되는 이득과 성과가 주요 목적임

④ 공유적 인간관계와 교환적 인간관계 기출 20

공유적 인간관계	• 가족과 연인, 아주 친밀한 친구사이에서 나타나는 인간관계의 유형 • 타인의 행복이 나의 행복이고, 타인에게 주는 것이 나에게 주는 것이 되는 관계로서 호혜성이 무시되는 관계
교환적 인간관계	• 거래와 교환의 공정성, 즉 이득과 손실의 균형이 무엇보다 중요한 관계 • 주는 만큼 받고, 받는 만큼 주어야 한다는 호혜성의 원칙이 요구되는 관계

⑤ 조하리(Johari)의 마음의 창 기출 14, 15, 16, 17, 18, 19, 20

인간관계에서 나 자신을 다른 사람에게 내보이는 일은 매우 중요하다. 이를 자기공개(Self-Disclosure)라고 하며 인간관계를 심화시키는 중요한 요인으로 알려져 있다. 이렇게 자신을 다른 사람에게 나타내 보이는 것은 사람마다 차이가 있다. 또 인간관계에서 다른 사람들이 나에 대해 어떻게 느끼고 있는지를 잘 아는 일 역시 중요하다. 타인은 나를 비추는 사회적 거울(Social Mirror)이라는 말이 있듯이, 다른 사람의 반응 속에서 나의 모습을 비춰 보는 일이 중요하다. 이렇게 다른 사람을 통해 자신에 대한 피드백(Feedback)을 얻음으로써 자기이해가 깊어지고 자신의 행동에 대한 조절능력이 커진다.

자기공개와 피드백의 측면에서 우리의 인간관계를 진단해 볼 수 있는 방법이 '조하리의 마음의 창(Johari's Window of Mind)'이다. 조하리의 창은 심리학자인 Joseph Luft와 Harry Ingham에 의해서 개발되었으며, 두 사람의 이름을 합성하여 조하리(Joe + Harry = Johari)의 창이라고 명명되었다. 조하리의 창을 이용하여 자신의 인간관계를 살펴보도록 하자.

구 분		피드백을 얻는 정도	
		내가 알고 있는 정보	내가 모르고 있는 정보
자기공개의 정도	타인이 알고 있는 정보	공개된 영역(개방형)	맹목의 영역(자기주장형)
	타인이 모르고 있는 정보	숨겨진 영역(신중형)	미지의 영역(고립형)

㉠ 개방형은 공개적 영역이 가장 넓으며 대체로 인간관계가 원만한 사람들이다. 이들은 적절하게 자기표현을 잘 할 뿐만 아니라 다른 사람의 말도 잘 경청할 줄 아는 사람들로서, 다른 사람에게 호감과 친밀감을 주게 되어 인기가 있다. 그러나 지나치게 공개적 영역이 넓은 사람은 말이 많고 주책스런 경박한 사람으로 비춰질 수도 있다.

㉡ 자기주장형은 맹목의 영역이 가장 넓은 사람이다. 이들은 자신의 기분이나 의견을 잘 표현하며 나름대로의 자신감을 지닌, 솔직하고 시원시원한 사람일 수 있다. 그러나 이들은 다른 사람의 반응에 무관심하거나 둔감하여, 때로는 독단적이며 독선적인 모습으로 비칠 수 있다. 자기주장형은 다른 사람의 말에 좀 더 진지하게 귀를 기울이는 노력이 필요하다.

㉢ 신중형은 숨겨진 영역이 가장 넓은 사람이다. 이들은 다른 사람에 대해서 수용적이며 속이 깊고 신중한 사람들이다. 다른 사람의 이야기는 잘 경청하지만, 자신의 이야기는 잘 하지 않는 사람들이다. 이들 중에는 자신의 속마음을 잘 드러내지 않는 크렘린형의 사람이 많으며, 계산적이고 실리적인 경향이 있다. 이러한 신중형은 잘 적응하지만 내면적으로 고독감을 느끼는 경우가 많으며, 현대인에게 가장 많은 유형으로 알려져 있다. 신중형은 자기개방을 통해 다른 사람과 좀 더 넓고 깊이 있는 교류가 필요하다.

㉣ 고립형은 미지의 영역이 가장 넓은 사람이다. 이들은 인간관계에 소극적이며 혼자 있는 것을 좋아하는 사람들이다. 다른 사람과 접촉하는 것을 불편해 하거나 무관심하여 고립된 생활을 하는 경우가 많다. 이런 유형 중에는 고집이 세고 주관이 지나치게 강한 사람도 있으나, 대체로 심리적인 고민이 많으며 부적응적인 삶을 살아가는 사람들도 많다. 고립형은 인간관계에 좀 더 적극적이고 긍정적인 태도를 가질 필요가 있다. 인간관계의 개선을 위해서는 일반적으로 미지의 영역을 줄이고 공개적 영역을 넓히는 것이 바람직하다.

㉤ 조하리의 창에서는 활발하고 원활한 인간관계가 이루어지는 개방형이 가장 바람직한 것으로 본다. 중요

(4) 인간관계 속의 문제

① 부적응적 인간관계

㉠ 인간관계의 부적응을 판단하는 기준

- 인간관계에서 주관적인 불편함을 과도하게 느끼는지 여부
- 사회문화적 규범으로부터의 일탈 여부
- 사회 적응에 역기능적인 결과를 낳게 되는 관계인지 여부

  예 조직에서 팀워크를 깨는 행동
- 사회에서 인정하는 문화적 목표와 제도적 수단에 따르지 않는 행동방식인지의 여부
- 머튼(Merton)의 아노미 이론 중요 기출 16, 18, 19, 20, 23

유형	내용
동조형	문화적 목표와 제도적 수단을 모두 수용하는 유형(부적응자에서 제외)
혁신형	문화적 목표는 수용하지만 제도적 수단은 거부하는 유형(횡령, 탈세, 사기범)
의례형	문화적 목표는 거부하지만 제도적 수단은 수용하는 유형(공무원의 복지부동)
패배형	문화적 목표와 제도적 수단을 모두 거부하는 유형(약물중독, 은둔자, 부랑자)
반역형	문화적 목표와 제도적 수단을 모두 거부하고 기존의 것을 변혁시키려는 유형(혁명가, 히피, 해방운동가)

더 알아보기

머튼(Merton)이 주장한 아노미 이론(Anomie Theory)의 한계 기출 20, 21, 22

- 하류층의 비행, 범죄와 같은 일탈 행동을 잘 설명하는 반면, 상류층의 일탈 행동은 잘 설명하지 못한다.
- 문화의 다양성과 더불어 추구하는 목표의 다양성을 무시하고 있다.
- 아노미 조건에 대한 개인적 반응의 차이를 충분히 설명하지 못하고 있다.
- 문화적인 목표와 상관없이 일시적으로 발생하는 범죄에 대하여 설득력이 떨어진다.
- 재산범죄에 대해서는 타당한 논리이지만 폭력범죄(격정범죄)에 대한 설득력이 낮다.

㉡ 부적응적 인간관계의 유형

- 인간관계 회피형(고립형) : 인간관계 폭이 극히 제한

유형	내용
경시형	인간관계를 무시하고 고독을 즐기는 유형
불안형	인간관계를 무시하지는 않으나, 낮은 자존감으로 사람들과 관계맺기를 두려워하는 유형

- 인간관계 피상형 : 인간관계 폭은 넓으나 깊이는 낮은 형

유형	내용
실리형	오로지 현실적인 이득이 있을 때만 관계를 맺는 업무중심적 관계형
유희형	그저 재미있게 즐기면 그만이라 생각하고 진지한 주제는 꺼리는 형

• 인간관계 미숙형 : 대인관계에 관심은 많으나 대인관계기술이 부족한 형

소외형	대인관계에 능동적이고 적극적이지만, 부적절한 행동이나 외모로 인해 사람들로부터 따돌림 당하고 소외당하는 유형
반목형	대인관계에서 사람들과 자주 다투고 갈등을 빚는 유형

• 인간관계 탐닉형 : 다른 사람과의 관계를 강박적으로 추구하는 유형

의존형	대인관계에서 누군가에게 전폭적으로 의지하려는 유형
지배형	주변에 누군가를 추종세력으로 거느리고, 주도적인 역할을 하지 않으면 만족하지 못하는 유형

제1과목

② 인간관계에서의 갈등 중요

㉠ 개요 : 조직을 구성하는 거의 모든 요소는 갈등요인이 될 수 있으며, 이들 요인은 갈등이 일어날 수 있는 갈등상황이 갖추어졌을 때 나타난다. 갈등상황이란 갈등이 야기될 수 있는 상황 또는 조건이기 때문에 갈등의 매개변수라 할 수 있다.

㉡ 갈등의 요소

• 상호의존성 : 갈등은 상호의존관계에 있을 때 발생한다.
• 상반되는 목표 : 서로 일하는 방법의 선택에서 이견을 가지고 있다든지, 추구하는 방향에 대한 의견을 가지고 있을 때 갈등이 발생한다.
• 한정된 자원 : 자원이 한정된 경우 서로 차지하기 위해 갈등이 발생한다.
• 개입에 의한 좌절 : 갈등은 유한한 자원을 바탕으로 서로 다른 목표를 추구하는 과정에서 상대가 개입하여 방해하고 자신의 이익만을 고집할 때 발생한다.
• 표출된 대립관계 : 서로에 대한 반감이 행동으로 표출될 경우 갈등이 발생한다.

㉢ 갈등의 순기능과 역기능

순기능	역기능
• 갈등은 조직이나 개인의 문제점에 대해서 관계자들의 관심을 갖게 하는 계기가 되어 변화를 초래하게 할 수 있다. • 갈등이 합리적으로 해결되면 쇄신이나 변동 및 발전과 재통합의 계기가 될 수 있다. • 갈등은 조직이나 개인에게 창의성, 진취성, 적응성, 융통성을 향상시킬 수 있다. • 갈등은 침체된 조직을 거기에서 벗어나 더욱 생동하게 하는 계기가 될 수 있다. • 갈등은 구성원들의 다양한 심리적 요구를 충족시키는 계기가 될 수 있다. • 갈등은 조직 내의 갈등을 관리하고 방지할 수 있는 방법을 학습할 수 있는 기회를 제공한다.	• 갈등해결에 노력하는 동안은 성과나 목표달성에 매진할 수 없으므로, 개인이나 조직에 부정적 결과를 준다. • 갈등은 조직의 안정성, 조화성, 통일성을 깨뜨릴 수 있다. • 갈등은 조직이나 개인의 창의성이나 진취성을 질식시킬 수 있다. • 갈등은 조직 내의 작은 문제에만 집착하여 환경을 무시할 수 있다.

㉣ 갈등의 진행

- 갈등은 '잠정적인 갈등'이 '행동적인 갈등'으로 진행되어 분출되다가 다시 '소강상태'로 접어든 후 다시 '새로운 갈등의 발생'이라는 사이클을 거치게 된다.
- 갈등은 인간 내적 요인이나 환경적 요인에 의해 저지되기도 하고, 특정요인에 의해 표면화되거나 악화되기도 하며, 다른 문제와 얽혀서 복잡해지기도 한다.
- 갈등의 진행과정에 대한 정확한 분석과 이해가 필요하다.

㉤ 갈등의 해결

문제해결	당사자 간에 직접 접촉하고, 공동의 노력에 의해서 정보를 수집하는 탐색활동을 통하여 새로운 대안을 제시하고, 평가를 통해서 당사자 모두를 만족시킬 수 있는 문제 해결안을 찾는 것이다.
설 득	비록 개별목표의 차이가 있기는 하지만, 어느 수준(상위수준)에의 공동목표의 차이에서는 공동목표에 대한 합의가 이루어질 수 있으며, 이를 위해 설득이 필요하다.
협 상	• 토론을 통한 타협으로서, 협상에 의해서 얻어지는 결정은 어느 당사자에게도 최적의 결정이 될 수 없다. • 협상은 갈등의 원인을 제거하지 못하고 갈등을 일시적으로 모면하는 것이므로, 잠정적인 갈등 해소법이라 할 수 있다.
정치적 타결	• 갈등 당사자가 정부나 이론, 대중 등과 같은 제3자의 지지를 얻어 협상하려는 것이다. • 협상과 마찬가지로 갈등의 원인을 제거하지 못하고, 표출된 갈등만을 해소시키는 방법이 된다.

(5) 대인지각과 인간관계 중요 기출 20

① 대인지각의 개념

대인지각은 본인이 다른 사람에 관한 정보로부터 그 사람의 성격, 감정, 의도, 욕구, 능력 등 내면에 있는 특성과 심리과정을 추론하는 것이다. 타인에 관한 정보는 첫인상이나 타인이 자신에게 행동과 외모나 복장과 같은 외형적인 것과 연령, 직업, 취미, 출신지 등 다양한 정보들이 대인지각에 영향을 준다.

② 대인지각의 형성단계

㉠ 자극의 선택단계 : 감각기관은 다 보고 들을 수 없고, 다 듣더라도 다 처리할 수 없으므로 관심이나 욕구에 맞게 선택하는 단계이다.

㉡ 자극의 단순화단계 : 선택된 자극을 조직화하기 쉽게 단순화하는 단계이다.

㉢ 자극의 조직화단계 : 자극을 단순화한 후에 그것을 알아가는 과정으로서, 참조의 틀을 이용하여 정보를 분류하는 단계이다. 마케팅에서 많이 응용되는 지각적 조직화(Gestalt 심리학)의 주요 원칙들은 다음과 같다.

- 유사성 : 개개의 부분이 비슷한 것끼리 연결되어 하나의 형태나 색깔의 성질로 지각하는 경향
- 폐쇄성 : 자극의 불완전한 부분을 메워서 완전한 전체로 지각하려는 경향
- 집단화 : 근접한 것 · 유사한 것 · 연속적인 것끼리 묶어서 지각하려는 경향
- 형상과 배경 : 한 대상을 볼 때, 주요 요소와 부수적(배경적) 요소로 조직화하려는 경향

㉣ 자극의 의미해석단계 : 자신의 기존성향, 지식체계 등에 의거하여 해석하고 이해한다.

③ 대인지각의 기본경향

㉠ 단순화의 경향 : 자신이 관심 있는 부분만을 단순한 카테고리로 나누어 지각하려는 경향

㉡ 일관화의 경향 : 인식세계에서 포함된 여러 판단이나 개념을 서로 모순 없는 형태로 유지하려는 경향

㉢ 자기중심적 경향 : 자기 자신의 상태를 기준으로 삼게 되는 경향

④ 대인지각의 왜곡유형 중요 기출 14, 15, 16, 17, 19, 20, 22, 23, 24

㉠ 최근효과, 초두효과, 대조효과 및 빈발효과

구분	내용
최근효과(최신 효과)	시간적으로 나중에 제시된 정보에 의해서 영향을 받는 효과
초두효과	최초의 인상이 중심이 되어 전체 인상이 형성되는 효과
대조효과	최근에 주어진 정보와 비교하여 판단하는 효과
빈발효과	첫인상이 좋지 않아도, 그 후 반복해서 하는 행동이나 태도가 첫인상과는 달리 진지하고 솔직하면 점차 좋은 인상으로 바뀌지는 효과

㉡ 후광효과와 악마효과

구분	내용
후광효과	외모나 지명도 또는 학력과 같이 어떤 사람이 갖고 있는 장점이나 매력 때문에 관찰하기 어려운 성격적인 특성도 좋게 평가되는 효과
악마효과	싫은 사람이라는 인상이 형성되면 그 사람의 다른 측면까지 부정적으로 평가되는 효과

㉢ 방사효과와 대비효과

구분	내용
방사효과	매력 있는 사람과 함께 있을 때 사회적 지위나 자존심이 고양되는 효과
대비효과	너무 매력적인 상대와 함께 있으면 그 사람과 비교되어 평가절하되는 효과

㉣ **관대화 경향** : 인간의 행복추구본능 때문에 타인을 다소 긍정적으로 평가하는 경향이 있다.

㉤ **중심화 경향** : 타인을 평가할 때 어느 극단에 치우쳐 오류를 발생시키는 대신, 적당히 평가하여 오류를 줄이려는 경향이 있다.

㉥ **투영효과** : 판단을 할 때 자신과 비교하여 남을 평가하는 효과이다.

㉦ **범주화와 고정관념** : 사람을 파악할 때 그 사람의 어투, 생김새, 종교, 인종, 국적, 성별 등에 의해서 사람들을 분류하고(범주화), 같은 범주에 속해 있는 사람들은 비슷한 특성들을 공유하고 있는 것으로 여긴다. 이런 식으로 범주의 특성을 그 성원들의 특성으로 일반화시키는 경향성을 고정관념이라고 한다.

㉧ **스테레오 타입** : 스테레오 타입은 고정관념을 형성하는 여러 가지 선입관 중에서 특별한 경우를 일컬을 때 사용하는 용어로서, 한두 가지 사례를 보고 대상집단 전체를 평가해버리는 경우를 말한다. 예를 들어, 금발에 눈이 파란 미국인 한 사람을 보고 모든 미국인은 금발에 눈이 파랗다고 단정하는 경우를 말한다.

㉨ **최소량의 법칙** : 그 사람에 대한 평가는 그 사람이 가진 장점보다는 그 사람이 가진 단점에 의해 제어된다는 법칙이다. 예컨대, 많은 장점이 있음에도 성실하지 못하다면 바로 그 '성실성'이 그 사람을 평가하는 척도로 사용된다.

㉶ 현저한 정보의 과다한 영향력

- 사람들은 상대방이 제시하는 모든 정보들에 공평하게 주의를 기울이기보다는 현저하게 부각되는 면에 의지해서 인상을 형성하는 것을 말한다.
- 전경-배경의 원리 : 시야에는 수많은 대상이 널려 있는데, 인간은 동시에 그 모든 대상에 주의를 기울일 수 없도록 만들어져 있다. 때문에 순간순간의 조건에 따라 많은 대상 중 특정 대상만을 선택하여 그 선택된 대상만을 관찰할 수밖에 없다. 다행히도 인간은 특정대상과 그 배후의 대상을 분리할 수 있는 경향성이 있다. 선택된 대상은 전경으로 하고, 배후의 대상은 배경으로 구분하는 이러한 경향성을 형태주의 심리학자들은 전경-배경 분리라고 한다.

(6) 인간관계의 개선을 위한 대인기술 중요

인간관계에서는 상대방에게 자신의 마음을 효과적으로 잘 드러내는 대인기술이 필요하다. 대인기술의 증진을 위해 인간관계에서 중요한 몇 가지 대인기술을 중심으로 그 개선방법을 살펴본다.

① 대화의 기회 포착하기

아는 사이에서 친밀한 사이로 발전되기 위해서는 서로 자연스럽게 만나서 대화를 나눌 수 있는 기회를 포착하거나 그러한 기회를 조성하는 하는 것이 필요하며, 그러기 위해서는 다음과 같은 자세가 필요하다.

㉠ 우연한 만남이라도 상대방에 대한 관심을 표현하는 것이 중요하다.

㉡ 상대방과의 우연한 만남에서 대화를 나눌 적절한 시기를 포착하는 것이 중요하다.

㉢ 대화를 나눌 적절한 장소를 알아 두는 것이 중요하다.

㉣ 편안한 대화를 위해서 자연스럽고 부담 없는 화제를 준비하는 것이 필요하다.

㉤ 친밀한 관계로 발전할 수 있는 대화의 기회를 차단하는 여러 가지 요인에 대한 자각이 필요하다.

② 자기를 공개하기

서로에 대한 이해가 깊어짐에 따라 인간관계는 심화되고, 인간관계가 심화되면 서로를 좀 더 깊게 열어보이게 되는데, 이처럼 상대방에게 자신을 열어 보이는 것을 자기공개라고 한다. 첫 만남에서 자기를 공개할 때 유의해야 할 점을 살펴보면 다음과 같다.

㉠ 자기소개는 만남의 목적과 대상을 생각해 보고 그에 알맞게 행해져야 한다. 만나는 대상과 목적에 따라 자기를 소개할 내용, 길이, 방법 등을 조절해야 한다.

㉡ 자신의 특성을 잘 알릴 수 있는 자기소개를 한다.

㉢ 첫 만남에서의 자기소개는 상호작용적이어야 한다. 즉, 자기공개의 수준은 상대방과의 균형을 이루며 점진적으로 심화되어야 한다.

㉣ 자기소개는 언어적인 표현을 통해서 이루어질 뿐만 아니라, 외모, 옷차림새, 자세, 몸짓 등의 비언어적 수단을 통해서 이루어진다는 점에 유의해야 한다.

㉤ 자신의 특성을 잘 알릴 수 있는 자기소개 방법을 깊이 생각하고 준비하는 것이 필요하다.

③ 경청하기

인간관계는 서로의 생각과 감정을 교환하는 의사소통의 과정으로 이루어진다. 상대방의 말을 잘 경청하여 그의 생각과 감정을 잘 이해하는 것은 인간관계에서 매우 중요하며, 경청 시 유의할 점은 다음과 같다.

㉠ 상대방에 대한 존중적 관심이 있어야 한다.

㉡ 고개를 끄덕이는 등의 행동으로 상대방에게 진지하게 경청하고 있다는 점을 전달함으로써 상대방의 이야기를 촉진시킨다.

㉢ 상대방의 이야기를 일방적으로 듣기만 하는 소극적 경청과 달리, 중간중간 질문을 하거나 격려를 하는 등의 적극적인 경청 자세가 필요하다.

④ 공감하기

㉠ 상대방의 말 속에 깔려있는 감정, 사고, 신념을 포착하는 일이다.

㉡ 상대방의 말을 상대방의 관점과 입장에서 이해하려는 태도이다.

㉢ 상대방에게 그가 표현한 외형적 의미를 넘어서 내면적 의미까지 알고 이해하고 있다는 것을 전달해 주는 것이다.

⑤ 효과적인 의사소통하기

㉠ 서로의 의도나 생각을 원활하게 주고받으며, 긍정적 감정이 교환되는 효과적인 의사소통은 원만한 인간관계의 필수적인 요소이다. 인간관계에서 발생하는 대부분의 문제는 의사소통이 효과적으로 이루어지지 못하기 때문이다.

㉡ 자신의 의도나 생각, 감정을 분명한 메시지로 상대방에게 전달하고 타인의 메시지를 정확하게 전달받는 의사소통의 기술은 원활한 대인관계를 위해 매우 주요한 대인기술이다.

㉢ 효과적인 의사소통을 위해서는 자신의 의도, 생각, 감정을 분명히 인식하여 적절한 메시지로 전환하고 메시지 전달매체와 경로를 신중히 선택해야 하며, 아울러 자신의 메시지가 수신자에게 어떻게 받아들여졌는지에 관해서 확실히 인식하는 것이 중요하다.

㉣ 의도나 감정을 효과적으로 전달하기 위해서는 비언어적인 메시지를 활용하는 것이 좋다.

㉤ 수신자에게 자신의 의도나 감정을 확고하게 전달하기 위해서는 반복적인 전달이 필요하다.

⑥ 자기표현하기–긍정감정 표현하기

㉠ 인간관계는 서로에 대한 긍정적인 감정을 주고받으면서 발전하고 심화된다. 하지만 상대방에 대한 긍정적 감정을 표현하는 일은 다음과 같은 이유로 쉽지 않다.

- 상대방의 긍정적인 면이 보이지 않기 때문에
- 상대방에 대한 긍정적인 면이 보인다 해도 상대방을 겉치레로 칭찬하는 것 같아 쑥스럽고 아첨하는 것 같이 느껴지기 때문에
- 상대방에게 긍정적인 표현을 하는 것이 자신을 상대적으로 열등하고 비굴하게 보이게 한다는 생각때문에
- 상대방에 대한 호감과 애정을 상대방이 받아주지 않을 경우에 느끼게 될 무안함 때문에

㉡ 상대방에 대한 긍정적 감정을 잘 표현하기 위해서는 몇 가지 노력이 필요하다.

- 상대방의 긍정적인 면을 보도록 노력하는 일이 중요하다.
- 긍정적 감정을 상대방에게 표현하는 것은 자연스럽고 성숙한 행동이라는 생각을 갖는 것이 중요하다.
- 상대방에 대한 판단적 표현보다는 나의 느낌을 중심으로 표현하는 것이 효과적이다.
- 긍정감정을 느낀 이유나 근거를 이야기해 주는 것도 표현의 신뢰도를 높인다.

⑦ 자기표현하기–부정감정 표현하기

㉠ 부정감정은 다음과 같은 문제를 가져온다.

- 표현되지 않고 억제된 부정감정은 마음에 남아 기분을 저조하게 한다.
- 불쾌감을 표현하지 않기 때문에 상대방은 자신이 다른 사람을 불쾌하게 만드는지 자각하지 못한다.
- 불쾌감을 유발한 사람에 대한 분노감정이 우회적으로 다른 영역에서 표출되어 비효율적인 인간관계로 발전될 수 있다.
- 사소한 불쾌감정이 그때그때 해소되지 못하고 누적되어 참을 수 없는 상태가 되면, 과격한 방법으로 표출되어 인간관계를 악화시키거나 와해시킬 수 있다.

㉡ 부정감정이 상대방의 마음을 상하게 하는 이유는 다음과 같다.

- 상대방을 질책하거나 공격하는 방식으로 표현되기 때문이다.
- 상대방의 행동을 금하거나 통제하는 방식으로 표현되기 때문이다.

㉢ 효율적으로 부정감정을 표현하기 위해서는 다음과 같이 표현하는 것이 좋다.

- 상대방의 잘못을 비난하는 방식보다는 상대방의 행동으로 인한 나의 불편함과 불쾌감을 전달하는 표현이 좋다.
- 상대방의 행동을 규제하는 방식보다는 나의 바람을 전달하는 표현이 바람직하다.

⑧ 부탁하기와 거절하기

㉠ 인간관계에서는 다른 사람에게 도움을 요청할 줄 알고, 다른 사람이 무리한 부탁을 해올 때에는 거절할 줄 아는 기술이 필요하다. 다른 사람의 도움이 필요할 때 도움을 요청하지 못하는 이유는 다음과 같다.

- 거절당하는 것에 대한 두려움
- 다른 사람에게 부탁을 하면 자신이 나약하고 열등해 보이는 것에 대한 두려움
- 자신의 부탁이 상대방에게 과중한 부담이 되는 것에 대한 두려움
- 도움에 대한 보답의 부담

㉡ 도움을 효과적으로 요청하는 방법은 다음과 같다.

- 부탁의 내용을 분명하게 하는 것이 좋다.
- 도움을 요청하기 전에 상대방이 처한 상황을 파악하는 것이 중요하다.
- 정중하고 설득력 있게 부탁한다.

㉢ 도움의 요청에 대해서는 거절할 수 있고 거절당할 수 있는 인간관계가 서로 편안하고 성숙한 관계이다. 거절할 때의 방법은 다음과 같다.

- 도움이 필요한 상대방의 상황을 충분히 이해했음을 표명한다.
- 도움을 주지 못하는 자신의 상황이나 이유를 분명하게 설명한다.
- 도움을 주지 못하는 아쉬움을 전달한다.

⑨ 신뢰를 형성하기

㉠ 상대방에 대한 깊은 이해에서 출발하여 서로의 생각과 경험을 많이 공유하며 상대방에 대한 협력적인 행동과 의도를 나타내는 것이 중요하다.

㉡ 일관성 있는 행동과 상호적인 관계유지를 위해 노력해야 한다.

㉢ 상대방의 자기 공개적 행동에 대해 비웃거나 조롱하거나 무시하는 행동을 하여서는 안 된다.

㉣ 상대방의 요청에도 불구하고 자신을 감추거나 숨기려고 은폐하는 행동은 신뢰유지에 큰 걸림돌이 된다.

제1과목

⑩ 부정감정 조절하기

부정적인 감정을 조절하는 방법은 크게 '정서 회피적 방법'과 '정서 직면적 방법'으로 구분된다.

구분	내용
정서 회피적 방법	• 불쾌한 부정적 정서를 회피하기 위해서 다른 활동에 주의를 돌려 기분을 변화시키는 방법이다. • 부정적 감정과 생각을 곱씹으며 불쾌한 기분을 계속 느끼기보다는 이러한 방법이 더 효과적인 정서조절 방법이다. • 다른 활동에 한동안 몰두하다 보면 부정적 감정이 완화되거나 해소되는 경우도 있지만, 불쾌감을 유발한 사람이나 상황을 접하게 되면 부정적 감정이 다시 경험되는 경우도 흔하다. • 방법 : 술 마시기, 잠자기, 명상하기, TV보기, 음악듣기, 목욕하기, 쇼핑하기, 여행하기, 취미활동하기, 일에 몰두하기, 영화보기, 운동하기 등
정서 직면적 방법	• 부정적 정서에 주의를 기울이며, 이를 해소하기 위해 노력하는 다양한 방법을 의미한다. • 이런 여러 가지 정서조절 방법은 부정적 정서의 내용과 강도, 그리고 유발상황 등에 따라서 그 효과가 각기 다르다. • 방법 : 불쾌감정을 유발한 사람에게 직접 표현하기, 부정적 방법을 글로 쓰기, 부정적 감정과 관련된 사건에 대해서 다른 사람과 이야기하기, 다른 사람에게 조언 구하기, 인지적으로 재구성하기 등

더 알아보기

수직 화살표 기법

부정적 사고가 스스로에게 의미하는 바를 자문함으로써 역기능적 신념을 찾아내는 방법이다.

⑪ 대인갈등 해결하기

㉠ 좋은 인간관계를 유지하면서 서로의 이익을 최대화하는 대표적인 문제중심적 갈등해결방식은 협상이다.

㉡ 협상은 서로 상반된 이해관계가 얽혀 있는 당사자들이 서로의 이익을 최대화할 수 있는 해결방법을 합의하기 위해 노력하는 과정을 말한다.

㉢ 효과적인 협상을 위해서는 무엇보다도 먼저 협상의 목표가 승부를 가리는 것이 아니라, 서로의 이익을 최대화하는 동시에 인간관계를 훼손하지 않는 것이라는 점을 상기해야 한다.

㉣ 그 후 갈등상황에서 서로가 원하는 것이 무엇인지를 토의하는 단계, 각자가 느끼는 감정을 이야기하는 단계, 서로가 합의할 수 있는 여러 가지 해결책을 발견하기 위해 노력하는 단계, 그리고 마지막 단계로서 현명한 합의점에 도달하기 위해 노력하는 것이다.

⑫ 대인환경 개선하기

인간의 적응과정을 개인과 환경의 상호작용으로 본다면, 개인의 특성에 맞지 않는 환경적 요인도 인간관계의 문제를 초래하는 원인이 될 수 있다. 여러 가지 노력에도 불구하고 인간관계에서 문제가 지속된다면 자신의 대인환경을 개선하거나 변화시키는 것도 도움이 될 수 있다.

㉠ 사회적 대인환경 : 개인이 소속되어 있는 집단의 사회적 · 정치적 · 문화적 여건을 의미하며, 사회적 대인환경과의 괴리 때문에 인간관계 문제가 지속된다면 새로운 환경으로 옮겨 가는 것도 하나의 방법이 될 수 있다. 그러나 대인 환경의 변화는 새로운 환경에의 적응을 위해 새로운 노력이 필요하고, 또 다른 어려움을 초래할 수 있기 때문에 신중하게 이루어져야 한다.

㉡ 물리적 대인환경 : 주거지의 위치나 환경, 주거시설의 구조, 직장의 사무실 구조, 대화를 할 수 있는 공간이나 시설 등을 의미하며, 이러한 원인이라고 판단되면 환경을 개선함으로써 새로운 분위기를 창출해 낼 수도 있다.

㉢ 개인적 대인환경 : 개인이 속한 집단에서 필연적으로 관계를 맺게 되는 사람들을 의미한다.

⑬ 전문가의 도움받기

인간관계를 개선하려는 시도가 혼자만의 노력으로 성과를 거두지 못하는 경우에는 전문가의 도움을 받는 것이 바람직하다. 특히, 대인관계 문제로 인하여 겪게 되는 심리적 고통이 참기 어렵거나 오래도록 지속되는 경우에는 하루 속히 전문가의 도움을 받는 것이 필요하다.

07 | 교류분석(TA ; Transactional Analysis) 기출 20, 21, 22

(1) 개 요

① 교류분석은 미국의 정신의학자 에릭 번(Eric Berne)이 1957년 11월 미국 집단 정신치료협회에 처음으로 발표하면서 본격화되었다.

② 임상심리학에 기초를 둔 인간행동에 관한 분석체계 또는 이론체계로서 '정신분석학의 안티테제(Antithese)' 혹은 '정신분석학의 구어판(口語版)'이라고 불린다.

③ 교류분석은 개인의 성장과 변화를 위한 체계적 심리치료법으로서, 성격이론, 의사소통이론, 아동발달이론, 병리학이론을 포함하고 있다.

④ 교류분석에서는 '지금', '여기'의 인간관계를 바꾸는 것을 생각하는데, 인간이 자신의 의지대로 바꿀 수 없는 것에는 '과거'와 '타인' 두 가지가 있다고 한다. 역으로 바꾸는 것이 가능한 것은 오직 자신뿐이다.

⑤ 교류분석에서는 인간이 상대에게 요구하는 것이 많을수록 미숙하다고 본다. 바꾸어 말하면, 성숙한 인간일수록 상대에게 요구가 적은 사람이라고 말할 수 있다.

⑥ 교류분석은 상대를 바꾸는 것을 배우는 것이 아니라, 자신을 바꾸는 것을 배우는 학문, 즉 자신과 환경을 바꾸는 것에 의해 상대가 바뀌는 것을 아는 학문이다.

⑦ 다른 사람과의 대응관계를 잘 알게 되면, 자신의 이해와 남에 대한 이해도 잘 된다. 자신에 관한 이해도 없는데 남을 잘 인식한다는 것은 말이 되지 않는다는 것이 교류분석의 핵심이다.

(2) 교류분석의 3대 개념 및 3대 목적

① 3대 개념

㉠ 사람은 누구나 3개의 '나'(자아상태)를 가지고 있다.

㉡ 남과 과거는 변하지 않으며, 남을 변화시키기보다는 자신을 변화시키는 것이 훨씬 생산적이다.

㉢ 우리는 자신의 감정, 생각, 행동의 총책임자이다.

② 3대 목적

㉠ 자각성 : 자기 자신에 대해 깊이 자각함으로써 자기 통제능력을 극대화시킴에 있다.

㉡ 자율성 : 자기의 느낌, 생각, 행동에 대한 책임이 자기 자신에게 있다는 자각을 통하여 자신의 삶을 자율적으로 운영하도록 함으로써, 진정으로 자신의 삶의 책임자가 되도록 하는 것이다.

㉢ 친밀성 : 인간관계에 있어서 비현실적인 상상의 관계가 아니라, 현실성에 입각한 투명하고 친밀한 인간관계를 맺도록 하는 데 궁극적인 목적이 있다.

※ 에고그램 : 자기 현실의 자아 상태를 파악하여 바람직한 상태가 되도록 하기 위한 자가진단용 프로그램

③ 인간관 기출 22

㉠ 자율성 : 인간은 자율적인 존재로 태어났으며, 이러한 자율성은 생리적 · 생득적이다.

㉡ 긍정성 : '인간은 모두 왕자 또는 공주로 태어난다.'는 표현을 통해 긍정적인 인간성을 드러내었으며, 인간은 현실지향적이며 정신 · 신체 건강을 위한 욕구가 내재되어 있음을 인정하였다.

㉢ 변화 가능성 : 인간은 잘못 형성된 초기 생활자세 및 조건을 검토하여 새롭게 형성하는 재결단을 내릴 수 있는 선택권이 있다.

(3) 분석이론

① 구조분석 중요 기출 20

교류분석에서는 인간의 마음이 서로 다른 성질의 3가지 상태로 구성되어 있다고 하며, 이것을 자아상태라고 말한다. 즉, 자아상태란 감정 및 사고, 이에 관련된 일련의 행동양식을 종합한 하나의 시스템이라고 정의하고 있다.

㉠ 부모의 마음(P) : 부모의 마음은 자신을 길러준 부모로부터 받아들인 부분으로 타인에 대해 비판적, 보호적 행동으로 표현된다. 예를 들면, 상대를 내려다보는 자세로 "밤새워 노름이라니 안 되겠군."이라고 말하거나, 상대방에게 손을 내밀면서 "매우 곤란한 것 같은데 뭘 도와줄까?"라고 말하는 것처럼 흔히 부모가 자식에게 하는 것처럼 생각하고 있다고 느끼면, P의 상태에 있다고 한다.

㉡ 어른의 마음(A) : 어른의 마음은 객관적인 정보수집으로 현실을 분석하고, 가능성을 측정하며 감정에 좌우됨이 없이 기능하는 모습이다. 즉, 컴퓨터와 같이 냉정히 사물을 판단하고 처리해 갈 때 A가 작용하고 있다고 한다. 예를 들면, "그 문제의 원인은 무엇일까" 등 사실에 입각하여 판단하고 합리적으로 일을 해결하고자 하는 모습이다.

㉢ 아이의 마음(C) : 아이의 마음은 유아에 자연적으로 발생하는 모든 충동에 유아기의 변형된 모습으로 구성된다. 어렸을 때 한 것과 똑같이 당신이 느끼거나 행동하고 있을 때 C의 상태에 있다고 한다. 예를 들면 "야아, 멋있다!", "에이, 뭐 되는 게 없어."와 같이 자기가 느낀 그대로 표현하거나, "그래, 이번에는 내가 참자."와 같이 자기가 본대로 감정은 누르고 있는 모습일 때를 말한다.

더 알아보기

1. 오염(Contamination) : 하나의 자아 상태와 다른 자아 상태와 혼합
   - 성인 자아(A)를 오염시키고 있는 부모 자아(P)
     - 부모의 지시가 자녀의 논리적 판단 기능을 저해
     - 전형적인 선입견 생각과 태도
     - 강한 편견
     - 예 ○○를 믿지 말라, ○○는 너를 속일 것이다 등의 편견
   - 성인 자아(A)를 오염시키고 있는 어린이 자아(C)
     - 어린이 자아가 성인 자아의 논리적 기능을 저해
     - 지나치게 감정적이고 환상에 사로잡히게 됨
     - 현실을 왜곡
     - 예 아무도 나를 친구로 생각하지 않겠지? 모두 나를 괴롭히고 있어.
   - 성인 자아(A)를 오염시키고 있는 부모 자아(P)와 어린이 자아(C)
     - 경계선 효과라고도 함
     - 각 자아의 경계선이 명확함
     - 정신병리적인 성격을 보이게 됨

2. 배타(Exclusion) : 자아 상태의 경계가 두꺼운 벽처럼 경직되어 자아 상태 간의 교류가 차단된 것
   - 부모 불변 자아(P)
     - 성인 자아와 어린이 자아의 영향을 배제하고 부모 자아 상태가 변하지 않음
     - 지시적이고 비판적
     - 권위주의적 태도
   - 성인 불변 자아(A)
     - 부모 자아와 어린이 자아의 영향을 배제하고 성인 자아 상태가 변하지 않음
     - 지나치게 객관적이고 논리적
     - 감정표현이 없음. 컴퓨터와 같은 성격 특성을 보임
   - 어린이 불변 자아(C)
     - 성인 자아와 부모 자아의 영향을 배제하고 어린이 자아 상태가 변하지 않음
     - 자기가 하고 싶은 대로 행동하며 놀기를 좋아함
     - 성장을 거부하는 영원한 어린이 경향. 의식하지 않고 반사회적 행동을 함

② 교류패턴분석(대화분석) 기출 14, 15, 16, 17, 20

두 사람 또는 그 이상의 사람들의 관계상황에서 일어나는 단위이며, 두 사람의 특정 자아상태가 자극과 반응이 되어 주고받는 상호교환의 과정을 말한다. 이러한 교류는 상보교류, 교차교류, 이면교류 등의 패턴을 가지고 있다.

구 분	의 의	사 례
상보교류 (의사소통의 제1패턴)	• 자극이 지향하는 그 자아상태로부터 반응이 나오며, 자극을 보냈던 그 자아상태로 반응이 다시 보내어지는 교류이다. • 평행적 교류이며 무갈등교류라고도 하며, 대화가 중단되지 않고 계속될 수 있는 교류이다.	아내 : “날씨 참 좋네요. 산책이나 할까요?” 남편 : “그렇군요. 산책하기 참 좋은 날씨예요.”
교차교류 (의사소통의 제2패턴)	• 의사소통의 방향이 서로 어긋날 때, 즉 교차될 때 이루어지는 교류로서, ‘갈등교류’라고도 한다. • 타인의 어떤 반응을 기대하기 시작한 교류에 대하여 예상 외의 반응이 되돌아오는 것으로서, 의사소통이 단절되거나 화제가 바뀌게 되는 교류이다.	대리 : “과장님, 이번에 새로온 상무님은 너무 권위적이죠?” 과장 : “상사에 대해서 그런 말하면 못써.”
이면교류 (의사소통의 제3패턴)	• 의사소통에 관계된 자아 중 겉으로 직접 나타나는 사회적 자아와 실제로 기능하는 심리적 자아가 서로 다른 교류이다. • 두 가지 수준의 교류가 동시에 일어난다.	교사 : “등교시간이 몇 시까지지?”(너 또 지각이구나) 학생 : “예, 8시입니다.”(죄송합니다)

③ 게임분석(Game Analysis)

㉠ 일반적으로 게임이라 하면 대부분이 즐겁고 유쾌한 시간을 보내는 방식을 생각한다. 그러나 교류분석에서 말하는 게임은 심리적 게임으로 적어도 한 사람 이상에게 불쾌한 감정을 안겨주며, 때로는 그 종말이 죽음으로 끝나는 경우도 존재한다. 번(Berne)은 게임을 명료하고 예측가능한 결과를 향해 진행하는 일련의 상보적, 이면적 교류라고 정의하며, 게임은 혼자서는 이루어지지 않으며(상보성), 숨겨진 동기가 있고(이면성), 일정한 코스를 거쳐 종착점에 도착하게 되며(클라이맥스), 반드시 불쾌감을 가져오는 특징이 있다. 번(Berne)은 이런 게임을 약 30가지로 분류하고 있으며, 이런 게임에 대한 분석은 개인을 게임에서 벗어나게 하는 데 그 목적이 있다.

㉡ 카프만의 드라마 삼각형은 게임을 이해하는 데 대단히 중요한 단서를 제공하는데, 게임의 연기자는 상황에 따라 박해자, 희생자, 구원자 중 어느 역할을 담당하며, 이 역할은 게임을 진행하면서 자주 바뀐다고 한다.

④ 각본분석(Scripts Analysis)

㉠ 인생각본은 어려서 배운 부모의 가르침과 아동이었을 때 만든 초기 결정들로서 성인이 될 때까지 계속해서 남아 있는 것을 가리킨다. 그래서 번(Berne)은 각본을 “무의식의 인생계획”이라고 정의했다. 이런 각본을 형성하는 데 근간이 되는 것은 부모의 금지령이다.

㉡ 각본은 파괴적 각본(패자 각본), 평범한 각본, 성공자 각본(승자 각본)으로 구분된다.

파괴적 각본 (패자 각본)	목표달성을 할 수 없거나 마음먹은 대로 되지 않으면 그 책임을 타인에게 전가하거나 과거의 실패에 연연하는 자세를 말한다.

평범한 각본	특별히 눈에 띌 만한 일이 없이 삶을 영위하는 각본을 말한다. 이 각본을 연출하는 사람은 근면 성실한 태도로 살아가기는 하나, 자신의 우수한 잠재력을 충분히 발휘하지 못하는 경우가 많다.
성공자 각본 (승자 각본)	인생의 목표를 스스로 결정하고 목표를 향해 전력을 다해 나가는 자기실현의 각본이다.

(4) 3대 욕구이론

① 스트로크(Stroke) 중요 기출 23

㉠ 타인의 존재를 인정하기 위한 작용이나 행위를 가리킨다. 따라서 사람으로 하여금 존재를 확인하게 하는 것이다.

㉡ 스트로크는 인간에게 기쁨과 희망을 주는 '긍정적 스트로크'와 상처와 좌절감을 주는 '부정적 스트로크'로 구분할 수 있다. 교류분석에서는 긍정적 스트로크가 없으면 부정적 스트로크라도 받는 것이 낫다고 본다. 예컨대, 죄수가 교도소의 독방에 수감되는 것을 가장 두려워하는 이유는 인간의 스트로크가 단절되는 공포 때문이다.

㉢ 타인이 내게 준 만큼 돌려주는 것을 "조건적 스트로크"라 하고, 타인이 준 스트로크와 상관없이 넉넉하고 풍요롭게 돌려주는 것을 "무조건적 스트로크"라 한다.

㉣ 에릭 번(Eric Berne)은 "사람들은 모두 공주와 왕자로 태어나지만 그들의 부모가 입을 맞추어 개구리로 변하게 한다"라고 했다. 여기서 '입맞춤'은 인간의 기본적인 상호작용을 의미한다.

② 시간의 구조화 기출 14, 15, 16, 19, 20, 22, 24

누구에게나 주어진 시간은 동일하다고 볼 때, 각자 어떻게 시간을 구조화시키는가에 따라 삶의 질이 결정된다고 할 수 있다. 어떤 사람은 다른 사람들과의 접촉을 거부하고 사는가 하면, 어떤 사람은 가까이 지내야 할 사람과도 인사를 나누는 정도의 겉치레에 그친다. 또 어떤 사람은 남을 비난하고 헐뜯고 상처를 입히며 세월을 보낸다. 그러므로 '진정한 삶'은 어떻게 시간을 구조화시키는가에 달려 있다. 이에 에릭 번(Eric Berne)은 사회적 시간의 구조화(Time Structuring)를 통해 건강한 삶을 살 수 있는 방향을 제시하였다. 시간의 구조화에는 폐쇄, 의례, 소일, 활동, 게임, 친밀이라는 여섯 가지 방법이 있다.

㉠ 폐쇄(Withdrawal) : 자기를 타인으로부터 멀리하고 대부분의 시간을 공상이나 상상으로 보내며 자기에게 스트로크를 주려고 하는 자기애적인 것이다. 폐쇄의 대표적인 것은 백일몽이나 공상에 젖는 것이다. 몸은 다른 사람과 함께 있어도 마음은 딴 곳에 가있는 상태가 되어 스트레스를 받는 타인과의 커뮤니케이션을 피할 수 있다. 사람들은 혼자 있거나, 휴식하거나, 자신만의 생각을 정리하거나, 자신을 반성할 시간과 개인의 인간성을 회복할 시간을 필요로 하므로 공상의 나래를 펴는 폐쇄조차도 종종 적당한 시간의 구조화가 될 수 있다.

㉡ 의식 또는 의례(Rituals) : 일상적인 인사에서부터 복잡한 결혼식이나 종교적 의식에 이르기까지 전통이나 습관에 따름으로써 간신히 스트로크를 유지하는 것이다. 상호간의 존재를 인정하면서도 누구와도 특별히 친하게 지냄이 없이 일정한 시간을 보내게 되므로, '의식'적인 시간의 구조화라고 말한다. 의례는 폐쇄에 이어 안전한 시간의 구조화의 방법으로서, 그것을 지켜 가면 스트로크의 현상 유지가 가능한 최저한의 대인교류의 장이다.

㉢ 잡담 또는 소일(Pastime) : 직업, 취미, 스포츠, 육아 등의 무난한 화제를 대상으로 특별히 깊이 들어가지 않고 즐거운 스트로크의 교환을 하는 것으로 사교라고도 말할 수 있다. 이것은 비교적 단순한 상보교류로 의례보다는 교류가 한층 진척된 셈이다. 그러나 '지금 여기에서'의 현안을 다루는 것이 아니라 지나간 시간, 다른 곳에서 일어났던 일들에 대해 떠벌리는 정도로, 아직은 피상적 대화에 지나지 않는다. 사람들은 사실을 문제시하지 않은 채, 단지 서로의 의견을 교환함으로써 순간순간을 즐기고 있는 것이다.

㉣ 활동(Activity) : 어떤 '목적'을 달성하기 위해 스트로크를 주고받는 것으로 어떤 결과를 얻기 위해 에너지를 투자하는 것이기 때문에 소일이나 잡담과는 차이가 있다. 직장에서 일에 몰두하거나 공부에 전념하거나 피아니스트가 연주에 열중하는 것도 활동에 속한다.

㉤ 게임(Game) : 저의가 깔린 이면적 교류이다. 다시 말해서 사회적 수준, 즉 겉으로 보기에는 정보의 교환을 하는 것 같지만 심리적 수준으로는 또 다른 의도가 깔려있는 교류이다. 게임을 하는 사람은 어릴 때 부모와 자식 간의 교류에서 어딘가 원활하지 못한 데가 있기 때문에 순순히 스트로크를 얻을 수 없었던 사람이 많다. 이러한 사람들은 응석이나 애교를 부리고 싶어도 할 수 없으므로, 부정적 스트로크를 교환하고 있는 것이다.

㉥ 친밀(Intimacy) : "두 사람이 서로 신뢰하며 상대방에 대하여 순수한 배려를 하는 진실한 교류"라고 말할 수 있으며 '감추어진 저의' 없이, 서로 진정한 감정(Authentic Feeling)을 표현한다. 사회적 수준과 심리적 수준이 일치를 이루는 것이다. 이런 점에서 게임과 근본적으로 다르다. TA에서 말하는 '친밀'은 일상생활에서 말하는 친밀과 다른 전문적 용어로서, 게임이나 상호 이용하려는 의도가 없는 솔직한 관계를 말한다. 이러한 관계는 스트로크의 천국이라 해도 과언이 아니다.

③ 기본적 인생태도 중요 기출 23, 24

어릴 때 부모와 주고받은 스트로크를 기초로 형성된 자기나 다른 사람 또는 세상에 대한 기본적인 태도를 말한다. 여기에는 다음과 같은 4가지 생활자세가 규정되는데, 기본적 인생태도는 어린 시절 성장과정에서 형성된 것이나, 우리가 긍정적으로 바꾸고자 한다면 자기 성찰과 노력에 의해 충분히 바꿀 수 있다. 이를 위해 여러 가지 방법으로 자기를 훈련시키면서 정신적으로 성장하는 것이 필요하다.

자기부정-타인부정 (I'm not OK-You're not OK)	• 성장하면서 스트로크가 심각하게 결핍되었거나 극도로 부정적일 때 나타난다. • 긍정적인 스트로크를 주는 사람이 없기 때문에 포기하고 희망을 잃게 되는 등 심각한 정신적 문제를 야기한다.
자기부정-타인긍정 (I'm not OK-You're OK)	• 자신은 무능하여 타인의 도움 없이는 살아갈 수 없다는 좌절감을 경험한다. • 우울증적 자세라고 할 수 있으며 죄의식, 부적절감, 공포를 경험한다. • 이런 자세가 계속되면 다른 사람과 친밀한 관계를 맺기 어렵고 퇴행, 의기소침, 자살충동에 빠질 수 있다.
자기긍정-타인부정 (I'm OK-You're not OK)	• 다른 사람을 부족하고 가치 없다고 생각하는 입장이다. • 다른 사람에 대해 불안해하며 불신하지만 기본태도는 다른 사람 위에 서고자 하는 것이다. • 부모에게 가졌던 긍정적 생각이 부정적 생각으로 바뀌었을 때 생기며, 부모에게 반항하고 세상에 대해 비난하고 불신하며 좌절과 분노로 반응한다.
자기긍정-타인긍정 (I'm OK-You're OK)	• 대체로 자신이나 타인에게 만족하며 모든 느낌을 인식하고 표현하는 데 문제가 없다. • 이 입장에서는 세상에 대한 합리적이고 객관적인 태도를 가진다.

05 서비스 정의

01 | 서비스의 어원과 변천

(1) 어 원

영어의 'Service'라는 단어는 '노예의 상태'라는 뜻의 라틴어 '세르브스(Servus)'에서 유래하였다. 즉, 'Service'란 '노예가 주인에게 충성을 바친다'는 의미에서 출발하였음을 알 수 있으며, 이후 일상적인 봉사 · 무료라는 의미로 확대되었다.

(2) 변 천

① 중세~근대사회

노동생산성을 중요시하였으며, 서비스를 단순히 비생산적인 활동의 개념으로 보았고, 비물질적인 재화로 간주하여 경시하였다.

② 산업사회

제품을 팔기 위한 부수적인 역할로 간주하였지만 경제적 가치를 인정하게 되었고, 서비스업종의 양적 팽창에 의하여 하나의 산업으로 성장하게 되었다.

③ 현대사회

점차 발전되어 상대를 위한 봉사를 의미하게 되었고, 현대에 이르러서는 무형의 가치로 전체 산업영역에서 중심축 역할을 수행하는 서비스산업을 지칭하는 뜻으로 변화되었으며, 경제적 비중에서도 서비스산업이 제조산업을 추월하여 서비스 없이는 하루도 생활할 수 없는 '서비스사회'에 진입하였다. 따라서 오늘날 비즈니스를 하는 사람들은 모두가 항상 겸손하고, 신중하며 주인(고객)의 니즈를 예측할 수 있어야 한다.

02 | 서비스의 정의

(1) 개 요

① 오늘날에 와서는 서비스의 의미도 크게 달라져서 자기의 정성과 노력을 남을 위하여 사용한다는 의미로 변하였으며, 박애주의자로 널리 알려진 슈바이처 박사는 "인간이 할 수 있는 최고의 것은 봉사하는 것이다"라고 말하였다.

② 서비스의 기본적인 이해와 정신은 서로 존중하고 배려하는 예절과 감사하는 마음을 행동으로 표현하여 상대방에게 준 기쁨이 내게로 되돌아와 나의 기쁨으로 승화(昇華)한다는 차원에서 출발하여야 할 것이다.

③ 결국 "서비스는 무형으로서 사람들의 욕구를 충족시켜 주기 위하여 인간 또는 설비와의 상호작용을 통해 제공되는 것"으로 정의할 수 있다.

④ '서비스의 정의'에 관한 학자들의 정의 기출 14, 15, 16, 17, 20, 22, 23, 24

학자	정의
레티넨 (Lehtinen)	고객만족을 제공하려는 고객접촉 인력이나 장비의 상호작용 결과 일어나는 활동 또는 일련의 활동으로 소비자에게 만족을 제공하는 것이다.
코틀러 (Kotler)	서비스는 어떤 사람이 상대방에게 제공할 수 있는 활동이나 혜택으로 무형적이며 소유될 수 없는 것으로 물리적 생산물과 결부될 수도 있고, 그렇지 않을 수도 있다.
베솜 (Bessom)	자신이 수행할 수 없거나 하지 않는 활동, 만족 그리고 혜택으로서 판매될 수 있는 것을 말한다.
베리 (Berry)	제품은 형체가 있고 객관적인 실체인 반면, 서비스는 형체가 없는 활동이나 노력이므로, 구매하는 것의 본질 유무의 여부로 판단해야 한다.
라스멜 (Rathmell)	서비스의 특성과 관련하여 서비스란 시장에서 판매되는 무형의 제품으로 정의를 내리며, 손으로 만질 수 있는지 없는지에 따라 유형의 상품, 무형의 상품으로 구분하였다.

⑤ SERVICE의 Key Word

S	Sincerity	성의, 스피드, 스마일이 넘치는 서비스
E	Energy	생생한 힘이 넘치는 서비스
R	Revolutionary	언제나 새로운 것을 신선하고 혁신적으로 제공하는 서비스
V	Valuable	고객에게 매우 가치 있는 서비스
I	Impressive	감명 깊은 서비스
C	Communication	의사소통이 가능한 서비스
E	Entertainment	사려 깊은 배려가 있는 서비스

(2) 서비스의 경제학적 · 경영학적 정의

① 경제학적 정의

경제학에서는 서비스를 '용역'으로 이해해 유형재인 '재화'와 구분하고 있다. 고전경제학자인 아담 스미스는 '비생산적인 노동'이라고 하였고, 세이는 '비물질적인 부'라고 정의하였다. 결국 경제학적 관점에서 서비스는 '비생산적인 노동, 비물질적인 재화'라고 할 수 있다. 그러나 현대사회에서 전통적인 경제학적 관점은 서비스의 진정한 가치를 대변하지 못하고 있다.

② 경영학적 정의

경영학 및 마케팅 분야에서는 1960년대부터 제품과 서비스의 비교가 이루어지기 시작하여 1990년대에 학문의 대상으로서 서비스가 연구되었다.

㉠ 활동론적 정의 : '판매를 목적으로 제공되거나 또는 상품판매와 연계해 제공되는 모든 활동, 편익 및 만족'이라고 정의하며, 대표적인 예로 오락, 호텔, 전력, 수송, 미용, 신용 서비스 등이 있다.

㉡ 속성론적 정의 : 무형과 유형의 기준을 손으로 만질 수 있느냐 여부에 따라 구분한 후, 서비스를 '시장에서 판매되는 무형의 상품'으로 정의한다. 중요

㉢ 봉사론적 정의 : 서비스 제공자가 서비스 수혜자에게 제공하는 봉사적 혜택을 강조하는 견해이다.

㉣ 인간상호관계론적 정의 : '서비스는 무형적 성격을 띤 일련의 활동으로서 고객과 서비스 종업원의 상호관계에서 발생해 고객의 문제를 해결해 주는 것'이라고 보는 입장이다.

03 | 서비스의 3단계 기출 19, 20, 22, 23, 24

(1) 거래 전 서비스(Before Service) 중요

① 개 요

고객에게 제공하고자 하는 서비스의 내용을 소개하고 소비를 촉진시키기 위해 사전에 잠재고객들과 상담 등을 통해 예약을 받는 등 의견조절을 하고, 방문고객을 위해 사전에 상품을 진열하는 등의 준비하는 단계의 서비스이다.

구분	내용
사전준비업무	고객의 인지를 촉진하고 객장에 방문을 촉진하기 위한 판매계획 활동을 의미한다.
상담업무	고객과 만나 원하는 것이 무엇인지를 청취하고 고객의 상황을 관찰하는 활동을 의미한다.
제안업무	서비스에 대한 설명(Presentation)과 적절한 제안으로 고객의 의사결정을 촉진하는 활동을 의미한다.

② 특 징

㉠ 사전에 잠재고객과의 접촉을 통해 새로운 수요 창조가 가능하다.

㉡ 사전에 고객과의 대면을 통해 수요를 예측하고, 각 고객에 맞는 맞춤서비스의 제공이 가능하다.

㉢ 지나친 사전 서비스의 제공은 강매의 느낌을 줄 수 있고, 고객이 심리적 부담을 느낄 수 있다.

㉣ 분명하게 기록된 회사정책, 기술적 서비스, 주차 유도원 서비스, 예약 서비스, 상품 게시판 등이 있다.

(2) 현장 서비스, 거래 시 서비스(On Service) 중요

① 의 의

서비스가 고객과 제공자의 상호거래에 의해 진행되는 단계로 서비스의 본질부분이라 할 수 있다.

② 유 형

㉠ 고객과 제공자가 일대일인 경우(세무상담 등), 고객은 한 명이고 제공자는 여럿인 경우(호텔 등), 제공자는 한 명이나 고객이 다수인 경우(강사 등) 등 여러 유형의 서비스가 있다.

㉡ 고객이 매장에 들어서는 순간부터 시작된다.

(3) 거래 후 서비스(After Service) 중요 기출 18, 22, 23, 24

① 의 의

서비스의 특성상 생산과 소비가 동시에 발생하므로 현장 서비스가 종료되면 그 후에는 아무 일도 없던 것처럼 보이지만, 실제로는 고객유지를 위해 사후 서비스도 매우 중요하다.

② 특 징

㉠ 사후 서비스의 질에 따라 기업 이미지에 대한 평가가 달라질 수 있다.

㉡ 사후 서비스를 통해 클레임을 미연에 방지할 수 있다.

㉢ 사용후기 등을 통해 부족한 서비스를 보충하고 좀 더 발전된 서비스를 제공할 수 있다.

㉣ 사후 서비스를 유지하는 데 비용이 드는 반면, 추후에 다시 이용할지 여부는 불확실하다.

㉤ 신규개척에 소홀할 수 있다.

㉥ 고객 불평처리부서가 대표적이다.

04 | 서비스의 특징

(1) 서비스의 제공 중요

① 유형성 스펙트럼

코틀러(P. Kotler)는 기업이 시장에 제공하는 것은 순수한 유형재인 재화에서부터 순수한 무형재인 서비스까지로 나누어질 수 있으며, 제공되는 것의 범주는 유형성과 무형성의 혼합정도를 마치 스펙트럼의 빛처럼 구분하여 순수 유형재화, 서비스가 수반된 유형재화, 유형재와 추가적인 서비스가 약간씩 수반되었으나 주된 서비스상품, 순수 서비스상품의 네 가지로 구분하였다.

② 5개의 범주

본서에서는 코틀러의 범주에서 서비스와 유형재가 반반씩 섞인 제공물을 추가하여 다음과 같이 5개의 범주로 구분하였다.

㉠ 순수 유형재 : 비누, 설탕, 라면 등과 같이 제품에 서비스가 부가되지 않는 제공물

㉡ 유형재가 주이고, 서비스가 약간 부가되는 제공물 : 컴퓨터와 같이 유형적인 부분이 주가 되고 서비스는 단지 소비자의 관심을 끌기 위해서 혹은 부수적인 효과를 거두기 위해서 사용되는 제공물

㉢ 재화와 동등한 수준의 서비스로 구성된 제공물 : 레스토랑 등에서 제공되는 음식과 서비스
㉣ 서비스가 주이고, 유형재가 약간 부가되는 제공물 : 항공기 서비스처럼 서비스가 주이고 제공되는 식사, 음료와 같은 유형재는 부가되는 제공물
㉤ 순수 서비스 : 어린이 돌보기, 심리치료와 같이 서비스만이 제공되는 제공물

③ 쇼스택(G. L. Shostack)의 서비스 분류 기출 14, 15, 16, 20

쇼스택은 현실적으로 시장실체가 여러 유 · 무형의 재화로 결합되어 있다는 점에 착안하여 분자모형을 개발하고, 모든 시장 실체를 구성하는 유 · 무형의 양 요소 중에서 어느 요소가 핵을 형성하여 지배성을 발휘하느냐에 따라 재화와 서비스로 구분된다고 하였다.

유형성 스펙트럼에서 볼 수 있듯이, 제품이나 서비스가 완전히 유형적이거나 무형적인 경우는 찾아보기 쉽지 않다. 결국 서비스와 제품을 구분할 때에 유형 혹은 무형에 따라 브랜드를 구분하는 것이 이제는 별다른 의미가 없어졌으며, 모두 동일한 연속선상에 존재한다고 보는 것이 적절한 것으로 판단된다.

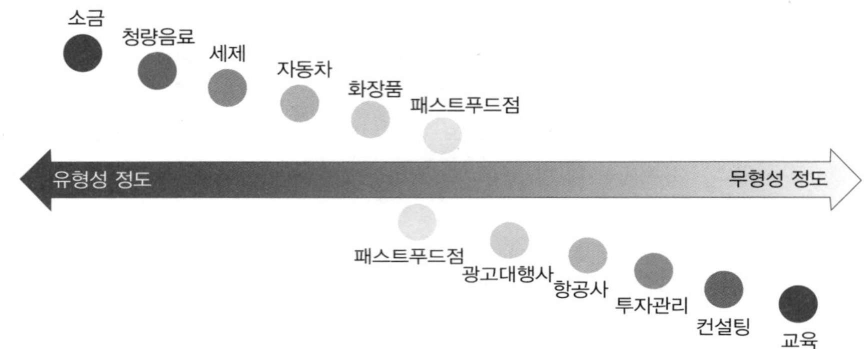

※ 자료원 : 이유재(2001). 「서비스 마케팅」. 2판. 학현사. p.24

④ 서비스 운영차원에 기초한 분류

실베스트로(Silvestro) 등은 서비스를 분류하는 데 다음과 같이 6개 차원의 분류기준을 제시하고, 이러한 6개 차원과 고객의 수를 상호비교하여 전문가 서비스, 서비스 상점, 그리고 대중 서비스라는 3가지 대범주로 서비스를 분류하였다.

㉠ 서비스가 사람중심인가 아니면 장비중심인가?
㉡ 서비스 접점에 있어서 고객접촉시간의 길이는 어떠한가?
㉢ 서비스의 개별화는 어느 정도인가?
㉣ 고객접촉직원은 고객 욕구 충족을 위한 판단을 하기에 앞서 어느 정도의 권한을 위임받았는가?
㉤ 부가가치의 원천이 전면부인가 아니면 후면부인가?

ⓑ 서비스가 제품중심인가 아니면 과정중심인가?

서비스 분류	고객의 수	특 징
전문가 서비스 (변호사, 세무사 등)	적 음	• 사람에 초점 • 긴 접촉 시간 • 높은 개별화 • 높은 수준의 권한위임 • 전면부 부가가치 • 과정에 초점
서비스 상점(호텔, 은행 등)	중 간	• 사람과 설비에 초점 • 중간 정도의 접촉 시간 • 중간 정도의 개별화 • 중간 수준의 권한위임 • 전 · 후면부 부가가치 • 과정 · 제품에 초점
대중 서비스(대중교통)	많 음	• 설비에 초점 • 짧은 접촉 시간 • 낮은 개별화 • 낮은 수준의 권한위임 • 후면부 부가가치 • 제품에 초점

⑤ **미국 통계청의 분류** 기출 18

미국 통계청이 산업분류에 이용하는 기능별 서비스 분류 5가지는 세계에서 가장 많이 쓰이는 분류로 다음과 같다.

㉠ 유통 서비스 : 사람의 이동을 도와주는 수송 서비스와 정보통신, 정보처리산업이 제공하는 서비스이다.

㉡ 도 · 소매업 서비스 : 생산자와 소비자를 연결시켜 편리성을 제공하는 서비스로 인터넷 전자상거래, 슈퍼마켓, 백화점이 해당한다.

㉢ 비영리 서비스 : 공공이익을 위한 비영리기관 또는 공익단체의 서비스로 자원봉사, 공익근무 요원이 해당한다.

㉣ 생산자 서비스 : 전문 서비스로서 제조업이나 서비스업에 제공되는 중간재적 성격의 서비스로 재무, 보험, 부동산, 법률 서비스 등이 해당한다.

㉤ 소비자 서비스 : 사회적, 개인적 서비스로서 생활의 질을 높이기 위해 제공되는 서비스가 해당한다.

⑥ **러브록(Lovelock)의 분류** 기출 14, 15, 16, 17, 20, 22, 23, 24

Lovelock은 산업사회에서 이루어진 서비스의 분류체계에 대한 기초연구를 발표하면서 기존의 분류체계는 서비스 마케팅에 대한 전략적 시사점을 제시해 주지 못한다고 비판하였다. 그는 좀 더 포괄적이고 정교한 분류체계가 필요하다고 주장하며 다음과 같이 5가지의 분류기준을 제시하였다.

㉠ 서비스 행위의 특성이 무엇인가? : 서비스 행위의 객체(사람, 사물)와 서비스 행위의 형태(유형, 무형)에 따라 다음과 같이 4가지 유형으로 나눈다.

구 분		서비스의 직접 수혜자	
		사 람	사 물
서비스 행위의 성격	유형적 성격	[신체지향적 서비스] • 의료 · 미장원 • 음식점 · 이용원 • 여객운송 · 호텔	[재물 및 물적 소유지향적 서비스] • 화물운송 • 청 소 • 장비수리 및 보수
	무형적 성격	[정신지향적 서비스] • 교육 · 방송 • 광고 · 극장 • 박물관	[무형자산지향적 서비스] • 은행 · 법률 서비스 • 회계 · 증권 • 보 험

㉡ 서비스 조직과 고객 간의 관계가 어떠한 형태를 취하고 있는가?

구 분		서비스의 조직과 고객 간의 관계	
		회원별 관계	불특정 관계
서비스 전달의 성격	계속적 거래	• 보험 · 은행 • 전화가입 · 대학등록	• 방송국 · 경찰보호 • 등대 · 고속도로
	간헐적 거래	• 장거리 전화 • 지하철회수권	• 렌터카 • 우편 서비스 · 유료도로

㉢ 서비스에 대한 수요와 공급의 성격은 어떠한가? : 완성품의 재고 유지가 불가능한 서비스를 수요 변동의 폭(대, 소)과 공급 제약요인(최대수용의 즉각 충족 가능 여부)에 따라 다음과 같이 나눈다.

구 분		수요변동의 폭	
		높 음	낮 음
공급의 정도	최대 피크 수요 충족가능	• 전 기 • 전 화 • 경찰 및 소방	• 보 험 • 법률 서비스 • 세탁소
	최대 피크 수요 충족불가	• 회계 및 세무 • 호 텔 • 극 장	위와 유사하면서 동업종의 기본수준에 미달하는 수용능력을 갖는 서비스

㉣ 서비스가 어떻게 전달되는가? : 서비스 제공 창구가 여러 곳에 분산 가능한지(단일 · 복수창구)와 서비스 제공 조직과 고객 간의 접촉성격(예 고객의 내방, 서비스 제공인의 방문, 각각의 위치에서의 거래)에 따라 다음과 같이 6가지 유형으로 나눈다.

구 분	단일창구	복수창구
고객이 서비스 조직에 가는 경우	• 극 장 • 이발소	• 버 스 • 법률 서비스
서비스 조직이 고객에게 오는 경우	• 잔디깎기 • 살충 서비스	• 우편배달 • 자동차 긴급수리
고객과 서비스 조직이 떨어져서 거래하는 경우	• 신용카드회사 • 지역케이블TV	• 방송네트워크 • 전화회사

ⓜ 서비스 상품의 특징에 따른 분류 : 서비스에 따라 사람의 노동집중도 및 고객과의 상호작용 정도 그리고 서비스 시설이나 설비에 근거한 개별화, 표준화 전략이다.

구 분		서비스 설비 또는 시설에 근거한 정도	
		높 음	낮 음
서비스가 사람에 근거한 정도	높 음	병원, 호텔	회계, 경영컨설팅
	낮 음	지하철, 렌터카	전 화

(2) 주관 서비스의 유형

① 서비스기업 주관 서비스

㉠ 기업이 효율성을 극단적으로 강조할 경우 고객에게 기업위주의 서비스를 제공할 수 있다.

㉡ 신속성 · 경제성이 보장된다는 인식을 심어 주어야 한다.

㉢ 창고형 할인매장에서 물건 봉투를 제공하지 않거나 신용카드를 받지 않는 것이 이러한 서비스의 예이다.

㉣ 이 경우 접점직원은 자율성이 없으며, 기계적으로 회사에서 설정한 표준이나 매뉴얼에 의해 서비스가 제공된다.

② 접점직원 주관 서비스

㉠ 접점직원이 서비스의 주된 부분을 통제하는 서비스 사업은 그리 흔치 않다.

㉡ 접점직원도 일정 수준의 재량권과 자율권은 행사하지만, 너무 많은 자율권은 고객에게 혼돈을 야기한다.

③ 고객 주관 서비스

서비스의 주된 부분을 고객이 통제하는 서비스로 두 가지 차원이 있다.

㉠ 서비스 프로세스가 극도로 표준화되어 접점직원이 필요 없는 경우로 고객이 모든 서비스를 자체 수행한다.

㉡ 법률 서비스같이 변호사는 고객의 의도를 최대한 반영해서 서비스를 수행한다.

(3) 서비스의 특징

① 기본 특징 중요 기출 14, 15, 16, 17, 19, 20, 23

㉠ **무형성** : 형태가 없으므로 특허로서 보호를 받을 수 없고, 가격설정기준이 모호하다. 따라서 물질적 증거와 심상을 제시해 주고, 구전을 촉진한다.

㉡ **소멸성** : 저장하거나 재고를 남길 수 없으므로, 소멸성을 극복하기 위해서는 수요와 공급을 조절하는 것이 필요하다.

㉢ **비분리성**(생산과 소비의 동시성) : 서비스를 제공하는 사람은 고객과 직접 접촉하게 되므로 생산 과정에서 고객이 참여하게 된다. 즉, 서비스는 사람이든 기계든 그 제공자로부터 분리되지 않으며 포장되었다가 고객이 그것을 필요로 할 때 구매될 수 없다. 비분리성의 문제를 해결하기 위해서는 서비스 제공자의 선발 및 교육에 힘쓰는 것이 필요하다.

㉣ 이질성 : 서비스 주체인 사람의 의존도가 높아 균질성이 낮고, 표준화도 어렵다. 따라서 다양한 각도에서 각 고객층에 맞는 개별화 전략을 구축하는 것이 필요하다.

㉤ 즉흥성 및 불가역성 : 연습이나 취소, 반환이 불가능하여 원래로 되돌릴 수 없다. 납득시킬 수 있는 것은 보상, 사죄뿐이므로 서비스제공자의 교육훈련과 자질을 개발하는 것이 필요하다.

㉥ 변화성 : 서비스의 품질은 서비스를 제공하는 사람뿐 아니라 언제, 어디서, 그리고 어떻게 제공하는가에 따라 달라진다는 것을 의미한다.

② 기타 특징

㉠ 서비스는 물건이 아니라 일련의 행위 또는 과정이다.

㉡ 서비스는 인력에 의존하는 경우가 많다.

㉢ 서비스의 평가는 주로 고객에 의해 주관적으로 이루어진다.

㉣ 서비스는 생산계획이 불가능하다.

㉤ 제품의 품질을 평가하는 데에는 시간이 소요되는 데 반해, 서비스 품질의 평가는 그 자리에서 즉시 이루어지는 것이 보통이다.

㉥ 제품의 혁신은 소재 및 기술과정에 민감하고 서비스 혁신은 정보 및 커뮤니케이션 기술에 민감하다.

05 | 고품위 서비스

(1) 의 의

① 일반서비스가 고객이 표현한 욕구를 완벽하게 제공하는 서비스라면, 고품위 서비스는 고객이 아직 표현하지 못하는 잠재적 욕구까지 헤아려 충족시키는 서비스로서, 고객만족을 넘어 고객감동을 가져다 주는 서비스라고 할 수 있다.

② 기업의 서비스가 고품위 서비스가 되기 위해서는 고객중심의 서비스철학이 선행되어야 한다.

③ 고품위 서비스를 위한 30가지 지혜

1. 친절은 몸 전체에서 나타난다.
2. 친절은 사랑이다.
3. 불친절한 사람은 뭔가 부족하기 때문이다.
4. 친절은 성공의 지름길이다.
5. 현대 사회에서 살아남는 길은 친절뿐이다.
6. 불친절은 자신에게 피해를 준다.
7. 친절한 마음은 부처의 마음이다.
8. 첫인상이 중요하다.
9. 밝고 명랑한 표정은 모두가 좋아한다.
10. 웃는 얼굴을 연습한다.
11. 모든 것을 상대의 입장에서 생각한다.
12. 고객을 친척이나 친구처럼 대한다.

13. 작은 친절이 큰 친절된다.
14. 고객의 요구사항을 신속하게 처리한다.
15. 불만을 만족으로 바꾸는 지혜가 필요하다.
16. 좋은 제품이란 좋은 서비스가 있기 때문이다.
17. 고객의 마음을 편안하게 하는 것이 친절이다.
18. 모든 일을 긍정적으로 생각한다.
19. 친절한 사람은 자신의 일에 자부심이 있다.
20. 친절에의 부단한 노력은 일류를 낳는다.
21. 자신의 일에 친절한 프로의 정신을 가진다.
22. 서비스직 경력이 오래된 프로일수록 겸손하다.
23. 친절은 센스있는 감각과 다정한 인간미에서 나온다.
24. 친절한 마음은 끊임없는 자기 수련이다.
25. 친절한 마음은 오랜 시간 동안 연마하는 것이다.
26. 친절은 부지런히 열심히 사는 자세에서 나온다.
27. 때로는 모른 척해야 더 친절한 경우도 있다.
28. 친절 서비스의 기초는 상대를 적당한 시선으로 바라보는 데 있다.
29. 친절은 상대의 마음을 미리 헤아리는 것이다.
30. 친절은 상대가 미처 기대하지 못한 순간에 이루어져야 감동이 된다.

(2) 원스톱 서비스(토털 서비스) 중요

① 개 념

고객이 기업이나 병원 등을 방문할 경우, 여러 곳을 찾아 돌아다니며 서비스를 받는 대신, 단일의 곳에서 한 번에 원하는 모든 일을 처리할 수 있도록 하는 서비스를 말한다.

② 필요성

㉠ 고객에게는 한 번에 모든 일을 해결할 수 있는 서비스를 제공함으로써 시간절약과 편리함을 함께 제공해준다.

㉡ 기업의 입장에서는 효율적인 자원배분, 운영효율성 향상, 고객만족이라는 세 가지 측면에서 상당한 이익을 얻을 수 있도록 해준다.

③ 방 법 중요

㉠ 고객이 통합된 단일의 전화번호 혹은 단 한 번의 전화를 통해 원하는 모든 서비스를 받을 수 있도록 한다.

㉡ 고객이 서비스를 요구할 때 필요한 요건들을 일관성 있게 설정하고, 관련기관의 서비스와 정보, 자료 등을 단일의 장소에서 제공한다.

㉢ 고객에게 단일의 담당자 혹은 담당부서를 할당해 준다.

④ 성공요건

㉠ 리더십 : 현재의 기업의 목표, 비전 등을 분명히 하고, 이를 달성하기 위한 원스톱 서비스의 중요성을 직원들에게 철저히 교육시킴으로써 동기유발을 할 수 있는 강력한 리더십이 필요하다.

㉡ 정보관리와 분석 : 직원들이 내부의 정보 시스템을 통하여 고객의 어떠한 요구에도 바로 그 자리에서 해결할 수 있도록 효율적인 정보 시스템을 구축하고, 끊임없는 분석을 통해 업그레이드된 정보들을 제공하여야 한다.

㉢ 전략계획 : 고객만족을 넘어서 고객감동을 위한 효율적인 원스톱 서비스 전략을 개발하고 도입하여 실천하여야 한다.

㉣ 인적자원의 개발과 관리 : 유능한 인재를 선발한 후 고객 서비스 표준매뉴얼을 작성하여 철저한 교육 및 훈련을 시키고 책임문화를 도입하되, 책임문화의 도입이 직원에게 책임을 묻는 것이 목적이 아니라 직원들에게 적절한 보상과 서비스개선을 위한 피드백이 되어야 함을 명심해야 한다.

㉤ 프로세스 관리 : 종전의 분업에 의한 효율성 차원의 기업운영에서 고객에 대한 원스톱 서비스의 도입은 새로운 혁신이라 할 수 있다. 각 조직들은 공동의 목표를 위해 조직 간의 장벽을 허물고, 정보기술을 이용한 프로세스 관리로 완벽한 서비스를 제공하기 위해 변신하고 있다.

㉥ 고객지향적 접근과 고객만족 : 끊임없이 고객의 요구를 듣고 이를 피드백하여 기업운영에 반영하는 고객지향적 접근을 통하여 고객만족을 이끌어 내는 것이 필요하다.

⑤ 특 징

고객의 관점에서 본 토털 서비스 시스템은 크게 '서비스 운영 시스템, 서비스 전달 시스템, 서비스 마케팅 시스템'으로 나눌 수 있다. 토털 서비스의 대표적인 예는 항공사를 들 수 있다.

구분	내용
서비스 운영 시스템	접점 종업원, 내 · 외부 시설, 장비 등과 같은 가시적 부분과 후방 종업원, 지원시스템, 핵심 기술 등과 같은 비가시적 부분이 여기에 속한다.
서비스 전달 시스템	• 고객에게 서비스가 전달되는 시간, 장소, 방법 등이 있다. 최근에는 서비스 전달방법이 가시적 부분을 줄이고, 셀프 서비스가 늘어나는 추세이다. • 고객의 편리성을 위해 자동판매기, ATM기, 셀프 주유소 등을 통해 요일이나 시간에 구애 없이 서비스를 제공하고 있다. • 이 외에도 인터넷 뱅킹, 자동 호텔 체크아웃과 같은 인터넷 기반의 셀프 서비스가 발전하고 있으며, 고객의 편리성을 크게 증가시킨 것으로 평가되고 있다.
서비스 마케팅 시스템	• 서비스 마케팅 시스템은 기업마다 큰 차이를 보이고 있다. 서비스의 창조와 전달을 개념화하기 위한 것으로서 광고, 세일즈 콜, 청구서, 전단지, 대금청구, 대중매체 보도 등이 있다. • 결국 토털 서비스의 목표는 차별력이 있는 더 나은 서비스와 그 특징이 고객 전체로부터 훌륭한 평가를 받는 기업이 되기 위한 것으로 볼 수 있다.

더 알아보기

고객화 위주의 전달 시스템 기출 22, 23

- 서비스의 다양성이 필요하거나 고객의 규모가 작아 서비스 전달 시스템의 인적자원들을 충분히 갖출 수 없을 때 주로 이용된다.
- 기능 위주의 전달 시스템과 비교해 폭넓은 업무들을 수행해야 한다.
- 장점 : 다양한 고객의 욕구에 맞추어 서비스를 제공할 수 있다.
- 단점 : 일관된 서비스를 제공하기 어려우며, 서비스의 질이 달라질 수 있다.

(3) 수평적 인간관계 서비스

① 개 요

고객만족을 위해서는 고객의 오감을 만족시킬 수 있어야 한다. 즉, 고객과 마음을 진정으로 나눌 수 있어야 하며, 이는 수직적 인간관계를 벗어난 수평적 인간관계를 가졌을 때 가능하다. 즉, 진정한 서비스란 고객의 마음을 얻기 위해 굴욕적으로 순종하는 수직적 인간관계가 아니라 동등하게 의견을 주고받는 수평적 인간관계이다. 따라서 올바른 서비스를 위해서는 복종하지 말고 상생하는 정신이 필요하다.

② 고객을 사로잡는 서비스 방법

㉠ 고객을 만나기 전부터 준비하라. 고객의 보이지 않는 마음까지 읽어라. 현재의 고객뿐만 아니라 미래의 고객에게도 최선을 다하라.

㉡ 고객을 머리로 이해하려 들지 말고 가슴으로 이해하라. 잘잘못을 따지기에 앞서 고객의 감정을 상하게 했다면 당신의 서비스는 잘못된 것이다.

㉢ 고객은 누구나 스스로를 특별하다고 느낀다. 고객의 감정을 따라가라. 고객이 설레면 당신도 설레야 한다. 고객이 행복하면 당신도 행복해야 한다.

㉣ 서비스라는 쇼에서 주인공은 당연히 고객이다. 고객보다 화려하게 꾸미지 말라. 고객보다 돋보이려고 하지 말라. 고객보다 잘난 척하지 마라. 가장 빛나야 할 사람은 고객이다.

(4) 고품위 서비스 사례 중요

① 월도프 아스토리아 호텔

> 비바람이 몰아치는 늦은 밤에 미국 필라델피아의 작은 호텔에 노부부가 들어와 호텔종업원에게 "예약은 안 했지만 혹시 방이 있느냐"고 물었다. 종업원은 자기 호텔에는 방이 없다며 노부부를 위해 다른 호텔에 방이 있는지 알아보았다. 하지만 그 근처 어느 호텔에도 방이 없었다. 종업원은 노부부에게 "객실이 없습니다만, 비도 오고 새벽 1시나 되는 늦은 시간이니 차마 나가시라고 할 수가 없군요. 누추하지만 제 방에서 주무시면 어떨까요?"라고 말했다. 노부부는 처음엔 사양했지만, 그 종업원의 호의를 거절할 수 없어서 종업원의 방에서 하룻밤을 보냈다. 다음날 아침, 체크아웃하면서 노신사는 종업원에게 "당신은 미국에서 제일 좋은 호텔 사장이 돼야 할 분 같군요"라는 칭찬의 말로 고마움을 표했다. 그리고 2년이 지난 후, 그 종업원은 뉴욕행 왕복비행기표와 함께 자신을 방문해 달라는 노신사의 편지를 받았다. 노신사는 뉴욕에 도착한 종업원을 데리고 중심가로 간 다음 대리석으로 만든 궁전같은 호텔을 가리키며 말했다. "이 호텔은 당신이 경영하도록 내가 지은 것입니다."
> 그 호텔이 바로 월도프 아스토리아 호텔이다. 그리고 그 노신사는 바로 호텔주인인 윌리엄 월도프 아스토였고, 종업원의 이름은 조지 볼트였다.

② 스튜 레오나드 슈퍼마켓

스튜 레오나드 슈퍼마켓은 일반 슈퍼마켓과는 달리 우유 · 오렌지주스 · 커피 등의 제품만을 취급하는 평범하지 않은 점포로서, 요즘에도 조미료 · 주류 · 스낵과자 등은 판매하지 않는다. 진열상품의 종류는 600여 종으로 일반 슈퍼마켓의 15% 수준밖에 되지 않지만 연간 350만 명의 고객이, 최고 30km 떨어진 곳에서까지 이곳을 찾아온다. 스튜 레오나드를 유명하게 한 것은 슈퍼마켓 앞에 놓여 있는, 다음의 규칙이 새겨진 폴리시(원칙) 스톤이라고 불리는 4t이나 되는 큰 돌이다.

- 규칙 1. 우리의 고객은 항상 옳다.
- 규칙 2. 만일 뭔가 잘못되었다면, '규칙 1'을 다시 읽어 보라.

이 규칙에는 창업자 스튜의 아픈 기억이 담겨 있다. 점포를 연 지 얼마 안 됐을 때였다. 한 노부인이 어제 산 달걀이 상했다며 반품하러 온 것이다. 상품관리를 첫 번째 원칙으로 삼았던 스튜는 "우리 가게에서 그런 상품을 팔았을 리가 없습니다. 당신이 잘못 취급한 것이 틀림없습니다."라고 잘라 말했다. 기가 막힌 노부인은 불같이 화를 내며 돌아갔고, 그때 부인이 했던 말이 그 후 스튜의 사업방향을 결정지었다.
"나는 이 사실을 알려주기 위해 12마일이나 되는 곳에서 온 거야. 좋아! 내 눈에 흙이 들어가기 전에는 이 가게에 절대로 다시 안 와!"
스튜는 곧 자신이 잘못했음을 깨달았다. 그리고 '고객을 일순간이라도 의심한 것은 장사하는 사람으로서 자격이 없다'고 결론지었다. 또 '어떠한 의견이든 고객의 말은 모두 옳다. 예외는 없다. 고객의 목소리대로 경영하자'라고 결심하여 폴리시 스톤을 세우기에 이르렀던 것이다.

06 | 관광 서비스의 개념

(1) 관광 서비스의 개념

① 정 의 기출 22, 23, 24

㉠ 기능적 정의 : 종업원의 헌신성, 봉사하는 자세와 업무에 대해 최선을 다하는 태도를 말한다.

㉡ 비즈니스적 정의 : 관광기업이 기업활동을 통하여 관광객에게 호감과 만족감을 느끼게 함으로써 가치를 낳는 지식과 행위의 총체이다.

㉢ 구조적 정의 : 관광기업이 기업활동을 하면서 관광객의 요구에 맞추어 소유권의 이전 없이 제공하는 상품적 의미인 무형의 행위 또는 편익의 일체를 말한다.

② 중요성 중요 기출 20

㉠ 고객들은 물리적인 서비스도 중요시하지만, 그보다는 완벽한 만족과 감동을 주는 서비스를 선호한다.

㉡ 관광 서비스는 고급 서비스의 이미지가 있기 때문에 항상 최고급의 숙련되고 전문화된 서비스를 요구한다.

㉢ 항상 다른 기업과 특화되고 차별화된 고품위 서비스가 요구된다.

㉣ 고객은 관광을 통하여 자아실현욕구를 충족하고자 하므로, 욕구를 충족시킬 수 있는 철저한 준비가 요구된다.

㉤ 유형의 제품은 모방이 쉽지만, 무형의 관광 서비스는 모방이 쉽지 않다.

(2) 관광 서비스의 특성 중요 기출 14, 15, 16, 17, 19, 20, 24

① 무형성

관광 서비스는 분명히 존재하지만 형태가 없으므로 보이지 않는다.

② 동시성

서비스가 제공된다는 것은 곧 서비스가 생산된다는 것이며, 동시에 관광객에게 제공된다.

③ 이질성

관광 서비스에서는 직원의 유형과 관광객의 유형 등 인적 요소가 서비스 결과의 이질성을 야기시킨다.

④ 소멸성

제품은 판매가 되지 않으면 재고로 보관하여 반복 판매가 가능하지만, 관광 서비스는 시간과 함께 자동 소멸되어 버린다.

예 가을 단풍구경 관광 서비스의 경우, 시간이 지나면 재판매가 불가능하며 영원히 소멸해 버린다.
외국 여행을 가기 위해 항공티켓을 일찍 예약할수록 요금이 저렴하다(항공 서비스의 소멸성).

⑤ 연계성

관광 서비스가 주변환경 등과 얼마나 연결성을 가지고 있느냐를 의미한다.

⑥ 인적 서비스에 대한 의존성

고객은 정성 어린 인적 서비스에 가장 관심을 갖는다.

⑦ 인적 의존성

관광은 서비스이므로 전적으로 사람들에 대한 의존도가 높고, 사람들이 구매하지 않으면 서비스 제공 자체가 불가능해진다. 인적자원 서비스에 의존하고, 기술개발 성격은 다소 약하다.

⑧ 계절성

관광 서비스의 공급은 비탄력적이고, 수요는 탄력적인 반면에 대부분의 관광상품은 계절의 지배를 받는다. 이에 따라 관광수요가 방학 및 휴가 등에 집중되면서 성수기와 비수기에 대한 가격 차이가 많고, 비수기의 유휴시설 이용을 위한 마케팅 전략이 많이 이용된다.

⑨ 고급성

관광 상품을 구성하고 있는 물리적 환경은 고급을 지향한다.

⑩ 상호보완성

관광 서비스는 타 관광 서비스 상품과 상호보완적인 성격을 지니고 있다(예 항공기, 호텔, 레스토랑, 놀이시설 등).

06 서비스 리더십

01 | 서비스 리더십의 의의 및 목표

(1) 서비스 리더십의 의의

① 공동의 목표를 설정하고 이를 달성하기 위해 구성원들의 협력을 가져오는 영향력을 리더십이라고 한다.

② 내부고객(직원)이 리더에게 고객으로 대접받고 서비스를 받을 때 만족을 느끼며, 그 만족을 토대로 외부고객에게 만족과 감동을 느낄 수 있는 서비스를 제공한다는 현실을 구조화한 이론이다.

(2) 리더십의 분류

① 리더십은 크게 두 부분으로 구분할 수 있다.

㉠ 첫째는 리더십의 조직 내부적 측면으로서, 조직의 리더십 시스템을 잘 갖추어 조직의 가치와 방향, 성과와 기대수준, 고객 및 이해관계자 중심의 경영, 조직학습 및 경영혁신 등을 조직에 전파하는 것에 초점을 두는 것이다.

㉡ 둘째는 리더십의 조직 외부적 측면으로서, 조직이 어떻게 사회적 책임을 인식하고 표현하는가, 주요한 지역사회를 지원하는가 등을 의미한다.

② 효과적인 리더십을 위하여 필수적인 일은 리더십의 발휘와 어떤 관계가 있는지를 체계적으로 분석하고 측정하여 피드백하는 시스템을 구축해야 하는 것이다. 만약 이런 시스템이 없다면 그저 주먹구구식인 경험과 직관 아니면 오만과 편견에 의존하여 의사결정을 하게 되기 때문이다.

더 알아보기

리더십의 이론 기출 16

- 특성론 : 리더에게는 공통된 특성이 있다는 이론으로서, 리더십은 천부적으로 타고 태어난다는 이론이다. 즉, 리더는 외적 모습, 건강, 지능, 우월한 능력 등의 다른 특성을 지닌다.
- 변혁론 : 리더는 자신의 특성과 스타일에 맞게 상황 자체를 변혁하고 개선해야 한다.
- 카리스마적 리더십(비전론) : 리더는 영웅적인 면모, 특출한 능력으로 조직의 높은 성과와 비전을 제시하고 달성하기 위해 노력한다는 이론이다.
- 상황론 : 리더의 행동방식과 스타일은 상황에 따라 달라질 수 있다는 이론이다.
- 행위론 : 리더의 행동유형을 후천적으로 학습할 수 있고, 배움으로써 좋은 리더가 될 수 있다는 이론이다.

(3) 서비스 리더십의 목표

서비스 리더십의 목표는 고객만족이다. 고객만족이라는 목표는 서비스업에 종사하는 리더라면 누구나 변할 수 없는 목표라고 할 수 있다. 물론 여기서 고객만족은 내부고객(고객 서비스 제공자) 만족과 외부고객(서비스 구매자) 만족을 동시에 의미한다. 서비스 행위를 통하여 리더는 파트너라는 내부고객을 만족시키고, 그 파트너는 또 다른 파트너인 외부고객을 만족시키는 선순환의 사이클 관계가 성립됨을 의미한다. 서비스 리더십은 파트너의 만족을 만들어내는 리더의 만족 유도 행위를 많이 하도록 하고, 만족 훼손 행위를 줄이는 것을 목표로 한다. 이를 위해서 서비스 리더는 다양한 접근과 노력이 필요하다.

02 | 서비스 리더십의 핵심요소

(1) C · M · S의 의의

서비스 리더로서 갖추어야 할 서비스 신념(Concept), 태도(Mind), 능력(Skill)을 이야기하는 것으로서, 이 세 가지 요소가 상호 조화를 이룰 때 고객만족이 이루어질 수 있게 된다. 이것을 공식으로는 'C × M × S = 고객만족'으로 표현할 수 있다. 서비스 리더가 곱하기의 관계를 갖는 C · M · S를 고루 갖출 때만이 진정으로 바람직한 리더의 행동을 하게 되고, 그 리더의 행동은 직원의 만족으로 이어져 고객만족으로 연결된다.

(2) C · M · S의 9가지 세부구성 요소 중요 기출 19, 20, 23

C · M · S에 대한 연구는 현장 조사 및 리더십에 대한 다양한 연구를 통해 이루어졌다. C · M · S는 각각 3개의 하위 요소를 가지고 있기 때문에 총 9개의 하위 요소로 구성된다. 서비스 리더는 이들 9개의 요소를 개발하고 육성해 나가야 한다.

① 신념(Service Concept)

㉠ 서비스 리더십의 기초를 세워주는 철학과 전체가 공유해 나가고자 하는 비전, 그리고 이를 위해 현재를 어떻게 고쳐 나갈 것인가 하는 혁신으로 설명할 수 있다. 머릿속에 서비스에 대한 개념이 정리되고 그것이 신념으로 자리 잡지 않는다면, 고객만족을 이끌어 내는 서비스 행동은 가능하지 않게 된다.

㉡ 신념은 **철학, 비전, 혁신**이라는 세 가지 하위 요소로 구성되며, 사람의 인체에 비유를 한다면 **머리에 해당되는 영역**이라고 할 수 있다.

② 태도(Service Mind)

㉠ 파트너십을 형성하고 만족을 주고 싶은 마음 상태나 자세를 말한다. 이러한 마음이 갖추어질 때 리더의 행동은 자연스럽게 고객의 만족을 유도하는 쪽으로 이루어지게 된다.

㉡ 서비스 리더가 가지고 있어야 할 마음, 태도, 심적 자세를 말하며 머릿속에 자리 잡은 개념이 가슴으로 내려 온 상태를 말한다. '말을 물가에 끌고 갈 수는 있어도 물을 먹일 수는 없다'는 말처럼, 하고자 하는 마음이 스스로 우러나지 않으면 고객만족형 서비스는 발생하지 않는다.

㉢ 태도의 영역은 열정, 애정, 신뢰라는 세 가지 요소로 구성되어 있다. '어떻게 파트너에게 보다 더 다가갈까?, 파트너십을 형성할까?, 고충을 해결해 줄까?'하는 마음 혹은 자세를 말한다. 파트너에게 더 다가가 사랑과 기쁨, 만족을 주고 보람을 창조해 주고 싶은 마음 상태나 자세를 말한다. 이러한 마음이 갖추어질 때 리더의 행동은 자연스럽게 고객의 만족을 유도하는 쪽으로 이루어지게 되며, 태도의 영역은 사람의 인체에 비유하면 가슴에 해당된다고 할 수 있다.

③ 능력(Service Skill)

㉠ 고객의 욕구를 파악하는 능력과 충족시키는 능력으로 나뉘는데, 파악된 고객의 욕구를 충족시키기 위하여 서비스 창조 능력, 관리 운영 능력, 인간관계 형성 및 개선 능력을 기를 필요가 있다. 파트너의 욕구 충족을 위해서는 계속적으로 새로운 방법 서비스를 창조해내는 능력과 현재의 서비스 상태를 계속 유지시켜 나갈 수 있는 능력이 필요하다. 현재의 상태가 유지되지 않고서는 그 다음 단계로의 발전이 있을 수 없으며 이러한 서비스를 조직적이고 체계적으로 만들어 내는 인간관계 능력이 필요하다.

㉡ 서비스는 기계와 기계의 문제가 아니라 인간과 인간 사이에서 발생하는 문제이기 때문에 인간관계 능력을 확보하지 않으면 서비스가 제대로 이루어질 수 없다. 서비스 능력은 사람의 인체에 비유하면 손발에 해당된다고 할 수 있으며, 서비스 능력의 영역은 창조 능력, 운영 능력, 관계 능력의 3가지 요소로 정리된다.

03 | 서비스 리더의 역할

(1) 리더십의 중요성

서비스 리더는 곱하기의 관계를 갖는 C · M · S를 고루 갖출 때만이 바람직한 리더의 행동을 하게 되고, 그 리더의 행동은 파트너 만족으로, 외부고객의 만족으로 연결된다. 여기서 곱하기의 관계라 함은 더하기의 관계와는 근본적으로 그 내용을 달리한다. 더하기의 관계는 다른 것에 상관없이 어느 하나 혹은 다른 두 요소가 높으면 전체의 합은 높아질 수가 있다. 그러나 곱의 관계는 그렇지 않다. 어느 하나가 마이너스 혹은 제로이면 전체는 제로가 되거나 마이너스가 되는 특성을 지니고 있으며, 서비스 리더는 이들 3요소를 고르고 높게 가지고 있어야만 한다.

(2) 커트 라이만(Curt Reimann)의 우수한 리더십 특성 기출 14, 15, 16, 17, 22

① 고객에 대한 접근성

리더가 고객을 염두에 두고 리더십을 발휘한다.

② 솔선수범과 정확한 지식의 결합

리더가 무엇을 어떻게 해야 하는지 잘 알며, 동시에 그것을 솔선수범한다.

③ 일에 대한 열정

리더는 업무에 누구보다도 열정을 가지고 있다.

④ 도전적 목표

리더는 다소 달성하기 어려운 도전적 목표를 세운다.

⑤ 강력한 추진력

리더는 강력하게 일을 추진하는 능력을 가지고 있다.

⑥ 기업문화의 변화

리더는 조직원들에게 기업에서 추구할 가치가 무엇인지 알려주어 궁극적으로 원하는 방향대로 기업문화를 바꾸어 간다.

⑦ 조직화

리더는 이상의 모든 요소를 잘 조직화하여 조직적으로 실천한다.

(3) 미래사회의 바람직한 리더십 행동덕목

① 리더는 그 단체에서 가장 겸허하고 감사할 줄 아는 사람이어야 한다.

② 리더는 최신 지식에 뒤지지 말아야 한다.

③ 리더는 진실을 직관적으로 간파하는 감각을 길러야 한다.

④ 리더는 복잡하고 애매한 상황을 견딜 수 있는 능력을 길러야 한다.

⑤ 리더는 활동적인 인간형이어야 한다.

⑥ 리더는 무엇보다 통합자의 기능을 수행해야 한다.

⑦ 리더는 상위리더에게의 접촉과 상위리더에 대한 설득을 할 수 있어야 한다.

⑧ 리더는 타의 모범이 되고 희생을 치뤄야 한다.

⑨ 리더는 자신에 대한 비판을 참고하고 다원적 정보통로를 가져야 한다.

⑩ 리더는 자기의 모든 하급자들이 개개의 독특한 잠재능력을 갖고 있음을 인식하여야 한다.

⑪ 리더는 하급자들이 자발적으로 복종할 수 있게 하는 권위가 있어야 한다.

⑫ 리더는 항상 나아감(進)과 물러섬(退)을 분명히 해야 한다.

(4) 서비스 리더의 역할수행 중요

① 리더 자신에 대한 파악

리더는 무엇보다도 먼저 자기 자신에 대한 파악을 통하여 강점 및 약점을 파악하여야 한다. 이를 통하여 강점은 살리고 약점은 제거하기 위하여 변화를 시도하고, 이를 통하여 한층 발전된 리더십을 발휘할 수 있게 된다.

② 리더와 구성원

㉠ 리더는 구성원에게 조직의 성공은 구성원 전체의 일치된 호흡에 의한 상부상조의 결과이지, 어느 한 개인의 뛰어난 재능에 의한 결과는 아님을 인식시켜야 한다.

㉡ 리더는 구성원에게 권한이양을 통하여 조직과 고객 모두에게 만족을 줄 수 있는 의사결정을 스스로 할 수 있도록 훈련시킴으로써, 리더로서의 역량을 발휘할 수 있도록 하여야 한다.

㉢ 고객은 리더십을 갖춘 구성원을 통해 수준 높은 서비스를 제공받길 원하므로, 내부고객은 리더십을 개발하는 데 최선을 다해야 한다.

③ 공식적 리더와 비공식적 리더

㉠ 공식적 리더는 어느 조직에서 공식적으로 책임과 권한이 부여된 리더이다.

㉡ 비공식적 리더는 책임과 권한이 공식적으로 존재하지 않는 비공식적인 리더로 간주되는 자이다.

㉢ 공식적 리더와 비공식적 리더가 대립하는 경우에는 공식적 리더십이 쇠퇴하는 것이 일반적이다.

㉣ 공식적 리더와 비공식적 리더가 화합하는 경우에는 공식적 리더십은 훨씬 강화된다. 이 경우 비공식적 리더도 고객 서비스 향상에 도움이 되는 역할을 할 수 있고 공식적 리더들의 업무수행을 돕는 역할도 한다.

④ 구성원에 대한 상담자(Counselor) 또는 조언자(Coach)로서의 리더

㉠ 리더는 구성원들을 끊임없이 훈련시키고 칭찬하고 격려함으로써 고객에게 감동할 만한 서비스를 제공할 수 있도록 하여야 한다.

㉡ 리더는 구성원들의 업무상 고충 등에 항상 관심을 갖고 대처해야 한다.

㉢ 코치로서의 리더는 자신의 임무에 대하여 확실하게 터득한 구성원에게는 권한이양을 통하여 권한과 책임을 부여함으로써 좀 더 책임감 있게 서비스를 제공하도록 한다.

㉣ 상담자로서 리더가 개방적인 태도로 여러 사람들의 의견을 수렴함으로써 참신하고 창의적인 업무수행을 가능하게 하면, 구성원들이 고객들에게 만족할 만한 지원을 하는 데 큰 도움이 될 것이다.

(5) 서번트 리더십(Servant Leadership) 중요 기출 22

① 의 의

1970년대 후반에 그린리프(Robert K. Greenleaf)에 의해 처음으로 제기된 이론이다. 부하와의 관계관리(Relation Management)를 중시하는 것으로, 부하를 가장 중요한 재원으로 보고 부하에게 리더의 모든 경험과 전문 지식을 제공하면서 극진하게 섬기는 리더십을 말한다. 따라서 리더는 통제와 상벌보다는 경청, 감정이입, 칭찬과 격려, 설득에 의하여 그의 리더십을 발휘한다.

② 섬기는 리더들(Servant Leaders)이 보여주는 10가지 특징

㉠ 경청하는 자세 : 섬기는 리더는 말로 표현된 것이나 그렇지 못한 것 모두 수용적으로 귀를 기울인다. 즉, 경청은 외적으로 표현되지 않은 개인의 내면 깊은 곳에서 나오는 음성을 듣는 것을 포함한다. 묵상의 시간과 짝을 이루는 경청은 섬기는 리더를 올바르게 성장시키는 데 필수적이다.

㉡ 공감하는 자세 : 섬기는 리더는 직원들을 이해하고 그들과 공감하기 위해 노력한다. 사람들이 갖고 있는 각자의 독특하고 특별한 모습은 누구나 인정받아야만 한다. 섬기는 리더는 바로 이런 각자의 독특성을 인정하고 공감하는 자세를 가지고 사람들을 대한다.

㉢ 치유에 대한 관심 : 많은 직원들은 낙담한 영혼을 가지고 있으며, 다양한 감정적 상처로 인해 고통받고 있다. 섬기는 리더가 보여 주는 가장 강력한 영향력 가운데 하나는 바로 사람들이 갖고 있는 상처와 고통의 치유에 관심을 갖고 있다는 것이다.

㉣ 분명한 인식 : 섬기는 리더는 무조건 섬기지 않는다는 점에서 '종(Servant)'과 다르다. 섬기는 리더는 상황에 대한 분명한 인식을 기반으로 타당한 대안을 제시한다. 섬기는 리더가 보여 주는 결정과 태도는 그의 분명한 인식을 통해 나타나는 것들이다.

ⓜ 설득 : 섬기는 리더가 갖는 또 다른 특징은 지위의 권위에 의존하기보다는 설득에 의존한다는 점이다. 섬기는 리더는 순종을 강요하기보다는 타인을 납득시킨다. 이것은 전통적인 권위주의적 모델과 섬기는 리더를 구분 짓는 확실한 차이점이다.

ⓑ 폭넓은 사고 : 전통적인 리더는 단기적인 목표를 성취하기 위하여 에너지를 소진한다. 그러나 섬기는 리더는 좀 더 폭넓은 사고를 통해 미래에 대한 비전을 가지고 현실에 적합한 조치를 취하기 위해 노력한다.

ⓢ 통찰력 : 섬기는 리더들은 그들이 갖고 있는 통찰력을 통하여 직원들이 과거로부터의 교훈을 이해할 수 있도록 돕는다. 그 결과 그들로 하여금 현실을 제대로 인식하게 하며, 어떤 결정으로 인해 수반될 수 있는 미래의 결과에 대한 예측을 가능하게 한다.

ⓞ 청지기 의식 : 섬기는 리더들은 자신이 다른 사람들을 섬기기 위해 현재의 직분을 맡고 있다고 생각한다. 따라서 그들에게 최우선적인 일은 다른 사람들을 위한 헌신이다.

ⓙ 사람들의 성장에 대한 헌신 : 섬기는 리더는 사람들이 일하는 부분만큼의 실제적인 기여를 넘어서서 본질적인 가치를 갖는다고 믿기 때문에 다른 사람의 발전이나 그를 돕기 위한 기금을 마련하기, 모든 구성원들이 제시한 아이디어와 제안들에 대해 관심을 표현하기, 의사결정 과정에 직원의 개입을 적극 권장하기, 정리 해고된 직원이 다른 일을 찾도록 활발히 돕기 등의 구체적인 행동들을 실시하기도 한다.

ⓒ 공동체 형성 : 섬기는 리더는 조직 안에서 일하는 사람들 사이에 공동체 의식을 형성할 수 있는 수단을 찾기 위해 노력하며, 참다운 공동체란 직장에서 일하는 사람들 사이에서도 형성될 수 있다고 생각한다.

(6) 참여 서비스 리더십 중요

① 의 의

효과적인 조직 구조와 운영을 위해서 조직구성원들을 조직의 과정 속에 보다 적극적으로 활용하여 그들의 의견을 의사결정에 많이 반영시키는 형태의 리더십이다. 그럼으로써 일에 대한 적극적인 동기를 부여할 수 있게 하고, 이러한 과정을 통해 개별 업무자들은 조직의 목표를 스스로에게 내재화하는 경향이 나타나 업무수행력도 높아지게 된다고 본다.

② 참여 서비스 리더십의 특성

㉠ 주요 행정적 결정에 하급자들의 생각, 정보, 선호도를 이끌어내어 반영한다.

㉡ 하급자들이 책임질 수 있는 분야에는 의사결정 권한을 위임한다.

㉢ 상부의 결정사항에 대한 집행 방법의 선택 권한을 일선 업무자들에게 부여한다.

㉣ 상급 관리자가 자신의 권한과 책임을 포기하는 것은 아니다. 경우에 따라서는 하급자들의 결정을 무효화하거나 수정할 수 있는 궁극적인 권한을 갖고 있다.

③ 참여 서비스 리더십의 장 · 단점

장 점	• 조직목표에 대한 참여 동기의 증대 • 집단의 지식과 기술 활용이 용이 • 조직 활동에 더욱 헌신하게 만듦 • 개인적 가치, 신념 등을 고취 • 참여를 통해 경영에 대한 사고와 기술들을 익힘 • 자유로운 의사소통을 장려할 수 있음
단 점	• 참여에 따르는 시간 소모 • 타협에 의한 어중간한 결정에 도달 • 책임 분산으로 인해 무기력하게 됨 • 헌신적이고 선견지명을 가진 지도자를 갖기가 힘듦 • 참여적 스타일을 배우기가 쉽지 않음 • 구성원들의 자격이 서로 비슷한 상황에서만 제한적으로 효과 발휘

(7) 감성 서비스 리더십 중요

① 의 의

㉠ 감성지능(EQ) : 자신의 한계와 가능성을 객관적으로 판단해 자신의 감정을 잘 다스리며, 상대방의 입장에서 그 사람을 진정으로 이해하고 타인과 좋은 관계를 유지할 수 있는 능력을 말한다.

㉡ 감성 리더십 : 조직원들의 감성에 집중하고 이를 기반으로 감정적인 공감대를 형성하여 시스템으로 체계화함으로써, 조직원들이 온전히 자신의 능력을 발휘하여 조직의 목표를 달성할 수 있도록 하는 리더십을 말한다. 감성지수를 처음 창안한 다니엘 골먼은 그의 저서 '감성의 리더십'에서 위대한 리더를 '자신과 다른 사람들의 감정의 주파수를 맞출 수 있는 사람'이라고 설명하였다. 즉, 진정한 리더를 만드는 것은 '감성'이며, 구성원들로부터 반응이 아닌 '공감'을 이끌어낼 때 자신이 목적한 바를 달성할 수 있고, 함께하는 이들은 변화를 경험할 수 있다는 것이다.

㉢ 성공한 리더와 실패한 리더 : 다니엘 골먼은 성공한 리더와 실패한 리더 간의 차이가 기술적 능력이나 지능지수(IQ)보다는 감성지능에 의해 크게 좌우된다는 연구결과를 발표하였다. 약 80% 정도의 감성지능과 20% 정도의 지적능력이 적절히 조화를 이룰 때, 리더는 효과적으로 리더십을 발휘할 수 있다는 것이다.

② 감성역량 4대 요소

감성역량이란 '자신과 구성원의 감성 코드를 맞추고, 관리해 나가는 역량'이라고 할 수 있으며, 다음과 같이 4가지 요소로 구성되어 있다.

자기인식 능력 (Self-Awareness)	자신의 가치관, 감정 상태, 장 · 단점, 목표 등을 냉철하고 객관적으로 명확히 이해하고 긍정적인 확신을 갖는 정도를 뜻한다. 즉, 자기 자신에 대해 잘 파악하는 정도를 의미한다.
자기관리 능력 (Self-Management)	자신의 감정을 적절히 통제하고 다스리는 능력으로, 감성적인 리더가 되기 위해서는 자신에 대한 이해에서 그치지 않고 스스로를 관리할 수 있어야 한다는 것을 의미한다. 특히, 조직원에게 불안감을 줄 수 있는 부정적인 감정(분노, 불만 등)을 자제하고, 낙관적이고 즐거운 태도를 유지할 수 있어야 한다.

사회적 인식 능력 (Social-Awareness)	조직원의 감정이나 상태를 깊이 이해하는 능력으로, 타인에 대한 애정과 배려의 능력이라고도 한다. 이 능력은 먼저 조직들의 상황부터 경청하고 이해하려는 노력을 보인 후에, 리더의 입장을 조직원들에게 설득력 있게 전달하는 커뮤니케이션 능력이 필요하다.
도전과 열정 (Challenge Spirit and Passion)	감성적 리더십 발휘의 원천은 높은 도전정신과 열정에 있다. 리더가 샘솟는 열정과 끈기로 도전적인 목표를 향해 매진하는 모습을 보여 줄 때 비로소 조직원들은 충성심을 가지고 믿고 따르게 된다.

③ 감성지능 5대 요소 기출 14, 15, 16, 17, 18, 20, 23

㉠ 자아인식력(자아의식) : 자신의 감정, 기분, 취향 등이 타인에게 미치는 영향을 인식하고 이해하는 능력으로 자신의 감정인식, 자기 평가력, 자신감 등이다.

㉡ 자기조절력(자기통제) : 부정적 기분이나 행동을 통제 혹은 전환할 수 있는 능력을 말한다. 즉, 자기 통제, 신뢰성, 성실성, 적응성, 혁신성 등이다.

㉢ 동기부여 능력 : 돈, 명예와 같은 외적 보상이 아닌, 스스로의 흥미와 즐거움에 의해 과제를 수행하는 능력, 즉 추진력, 헌신, 주도성, 낙천성 등이다.

㉣ 감정이입 능력 : 다른 사람의 감정을 이해하고 헤아리는 능력으로 타인이해, 부하에 대한 공감력, 전략적 인식력 등을 말한다.

㉤ 사교성(대인관계기술) : 인간관계를 형성하고 관리하는 능력, 즉 인식한 타인의 감성에 적절히 대처할 수 있는 능력을 말한다. 타인에 대한 영향력 행사, 커뮤니케이션, 이해조정력, 리더십, 변혁추진력, 관계구축력, 협조력, 팀 구축능력 등이다.

04 | 서비스 기업의 특징

(1) 전통적 제조업체에서 서비스 기업으로 새롭게 탈바꿈한 GE

'생산' 위주의 경영패러다임이 '서비스' 중심으로 변화하면서 전통 제조업체들은 유통 · 호텔 등 서비스 기업의 마케팅기법을 적극 벤치마킹할 필요성이 대두되었다. 현대경제연구원은 '서비스 기업이 주는 10가지 교훈'이라는 보고서를 통해 세계 굴지의 기업인 제너럴일렉트릭(GE)도 월트디즈니 · 리츠칼튼호텔 등 서비스기업의 신종 마케팅을 벤치마킹하는 데 주력하고 있다면서 서비스 기업의 '고객만족경영'에 대한 중요성을 지적했다.

(2) 서비스 기업이 주는 10가지 교훈(잭 웰치)

① 독자적이면서도 강력한 서비스 문화를 창출하고 유지하라.

독자적이고 강력한 문화창출은 기업이 요구하는 업무와 직원이 생각하는 업무의 차이를 제거하여 통일적이고 바람직한 업무의 수행을 가능함으로써 이윤극대화를 이룰 수 있다.

② 고객의 총체적 경험을 존중하여 소비자 위주의 서비스를 펼쳐라.

소비자가 경험하고 가장 선호하는 방식의 서비스를 발굴하여 시행하는 것이 필요하다.

③ 고객의 총체적 경험을 수용하고 밀착관리를 통하여 개선을 도모하라.

서비스를 경험한 고객이 부족하다고 느끼는 점이나 불만사항 등을 체크하고 개선점을 모색하여야 한다.

④ 관리자를 최일선에 파견하라.

관리자를 최일선에 파견하여 소비자의 불만요소를 현장에서 곧바로 불식시키는 것이 필요하다. 아울러 관리자를 최일선에서 종업원과 같이 동고동락함으로써 종업원들로 자신의 업무에 긍지를 갖게 하는 효과도 거둘 수 있다.

⑤ 모든 고객을 귀빈으로 대접하라.

귀빈처럼 대접받고 만족한 고객은 나중에 다시 서비스를 재구입하는 충성고객으로 전환될 가능성이 높다.

⑥ 고객과 우호적인 관계를 가질 수 있는 종업원을 채용하라.

고객의 만족은 현장의 종업원과의 접촉에 크게 좌우되므로, 고객과 우호적인 관계를 가질 수 있는 종업원을 채용하여야 하며, 고객관리에서 창의적인 종업원과 새로운 방법을 제시한 종업원에게 칭찬과 보상을 통하여 격려해야 한다.

⑦ 종업원의 감정적 태도를 없애는 데 노력하라.

종업원이 업무과정에서 느끼는 불만이나 불평을 겉으로 나타나지 않도록 교육시켜야 하고, 항상 즐겁고 상냥한 모습으로 고객을 접대하도록 한다.

⑧ 고객이 기대하는 욕구를 바탕으로 근본을 결정하라.

고객이 기대하는 욕구를 충실히 수행할 때만이 고객은 만족을 느끼고 다시 그 서비스를 이용한다.

⑨ 고객의 참여를 적극적으로 유도하라.

고객의 경험을 효과적으로 반영시키기 위해서 고객의 참여를 적극적으로 유도하고 고객을 기업의 가족으로 인식시켜 충성도를 높여야 한다.

⑩ 같은 실수를 되풀이하지 마라.

같은 실수의 반복은 기업의 이미지를 떨어뜨리는 등 부정적인 영향을 끼치므로 같은 실수는 반복하지 않도록 해야 한다.

05 | 서비스 기업의 변화

(1) 의 의

20세기 산업화 시대를 거쳐 21세기 정보화 시대에 들어서면서 인터넷, IT산업 등을 중심으로 한 급격한 사회변동은 서비스 기업에도 많은 변화를 가져왔다.

(2) 21세기에 요구되는 서비스경영

① 고객중심의 경영

무한경쟁시대에서 고객의 욕구를 미리 파악하여 원하는 서비스를 제공하고, 서비스 제공과정에서의 불만사항 등을 즉시 처리하는 등의 고객중심경영에 맞는 서비스가 요구된다.

② 가치중심의 경영

고객중심의 경영도 궁극적으로는 기업과 주주의 이익을 창출하는 것이므로 가치의 창출을 위한 서비스가 요구된다.

③ 인터넷 중심의 경영

과거에는 오프라인을 통하여 하나의 기업과 다수의 고객이 대면하는 형태의 경영이었지만, 최근에는 온라인상에서 하나의 기업과 하나의 고객이 일대일로 대면하는 경영환경으로 바뀜에 따라 변경된 온라인 경영환경에 맞는 서비스가 요구된다.

④ 혁신적 경영

안정적인 경영보다 사고의 혁신을 통한 신경향의 경영방식 도입은 기업을 한 단계 새롭게 도약시킬 수 있는 전기가 될 수도 있으므로, 필요할 때에는 과감하게 경영혁신을 가져올 수 있는 서비스가 필요하다.

⑤ 전문지식의 습득

매일 쏟아지는 새로운 지식의 홍수 속에서 리더는 관련부서의 새로운 지식에 관심을 갖고 남보다 먼저 습득하고 활용할 줄 알아야 한다.

⑥ 글로벌 경제시대에의 적응

인터넷 및 각종 교통 · 통신의 발전은 세계를 일일생활권화하면서 글로벌 경영이 가능하게 되었으며 이에 알맞은 서비스가 요구된다.

⑦ 이해집단 등과의 관계성

조직경영과정에서 관계되는 여러 단체 등과 유리한 관계설정을 통하여 조직의 궁극적인 목표를 달성할 수 있는 서비스가 요구된다.

06 | 서비스 기업의 경쟁력

서비스의 경쟁은 크게 '서비스 경쟁 전략, 서비스의 지속적 경쟁우위, 시장방어 전략'으로 나누어 설명할 수 있다.

(1) 서비스 경쟁 전략

① 원가우위 전략 중요

간단히 말하면 경쟁자들보다 더 낮은 가격에 생산하고 공급할 수 있는 경쟁력을 바탕으로 하는 전략을 말하며, 원가우위 전략을 택한 기업은 종업원의 직무를 설계할 때 생산성 지향적이어야 한다. 이는 고객접촉지점의 최소화, 절차의 표준화, 분업과 직무전문화, 종업원의 직무순환교육, 전산화, 자동화, 직무일괄처리, 요소구매, 그리고 고객에 의한 셀프 서비스를 통해서 가능하다.

㉠ 고객접촉지점의 최소화 및 지원지점의 최대화 : 원가효율성을 위해서 기업들은 고객접촉기능을 최소화하고 지원기능을 최대화하여야 한다. 고객접촉기능보다 지원기능의 생산성과 원가효율성을 증가시키기가 더 쉽기 때문이다. 서비스 기업들이 고객접촉부분을 줄일 수 있는 세 가지 방법으로는 셀프 서비스의 이용과 자동화와 전산화, 업무 위양이 있다.

㉡ 서비스 절차의 표준화 : 원가효율성을 증가시키기 위해서 기업은 서비스 제공 절차를 표준화시켜야 한다. 대부분의 표준화는 지원지점에서 일어나지만 고객접촉지점 또한 표준화될 수 있다.

㉢ 분업과 직무전문화 : 분업과 직무전문화의 두 정책을 이용함으로써 종업원들의 효율성과 생산성이 향상될 수 있다.

㉣ 직무순환교육 : 직무순환교육을 통해 기업은 긴급상황을 통제할 수 있고 수요가 정점에 달했을 때에도 효과적으로 운영할 수 있다.

㉤ 직무일괄처리 : 원가효율성을 추구하는 기업들이 원가우위를 획득하기 위해서는 지원기능을 일괄처리하는 것이 좋다.

㉥ 요소별 아웃소싱 전략 병행 : 다른 서비스 제공자로부터 서비스에 필요한 요소를 구매하는 것이다(예컨대 건물의 청소에 외부업자를 고용하는 경우).

② 개별화 전략

㉠ 고객접촉지점은 생산성지향이 아니라 고객지향이어야 하며, 고객과의 커뮤니케이션이 중요함을 인식하여야 한다.

㉡ 고객별 DB를 구축하고 전문화 서비스를 제공하여야 하며, 분업보다는 전문지식의 통합이 요구된다.

㉢ 고객접촉지점에서는 원가우위를 획득할 수 없기 때문에 생산성 증가 및 원가절감을 위해서는 지원지점에 중점을 두어야 한다.

③ 서비스 품질 전략

㉠ 서비스의 결과나 서비스가 수행되는 과정을 강조한다.

㉡ 서비스 품질의 기술적 측면을 중시하는 서비스는 지원지점에 초점을 두어 품질개선 및 업무효율의 극대화를 추구한다.

㉢ 서비스 품질의 기능적 측면을 강조하는 기업들은 고객접촉점에 중점을 두고 서비스 전문화를 추구한다.

④ 기본 경쟁 전략의 선택(복잡성과 다양성)

기본 경쟁 전략은 서비스 프로세스의 성격에 따라 선택할 수 있다. 이 프로세스는 복잡성(Complexity)과 다양성(Diversity)으로 정의된다. 복잡성이란 서비스를 수행하는 데 필요한 단계들의 수(또는 프로세스를 구성하는 단계와 절차)를 의미하고, 다양성이란 서비스 프로세스의 각 단계에서 허용되는 자유도(또는 프로세스상 각 단계의 절차의 범위 및 가변성)를 말한다.

⑤ 쇼스택(Shostack)이 제안한 구조변화의 전략 4가지 중요

Shostack은 서비스 프로세스를 구성하는 두 가지 차원을 변화시킴으로써, 서비스 시스템의 구조변화가 가능하다는 점을 강조한다.

㉠ 다양성 감소 전략 : 표준화로 고객지향성이 약화된다.

㉡ 다양성 증가 전략 : 표준화의 정도를 낮추어 개별적 서비스를 제공한다.

㉢ 복잡성 감소를 통한 전문화 전략 : 유통과 통제의 감소로 인해 전문적인 능력이 요구된다.

㉣ 복잡성 증가를 통한 시장침투율 증가 전략 : 더 많은 서비스로 거래물량을 단기에 상승시킬 수 있으나 고객의 혼란이 야기된다.

ⓜ 패스트푸드점, 레스토랑처럼 복잡성이 낮고 다양성이 낮은 서비스에서는 원가효율성 전략을 컨설팅처럼 복잡성과 다양성이 모두 높은 서비스의 경우에는 개별화 전략을 선택하는 것이 최적이다. 호텔 등과 같이 복잡성이 높고 다양성이 낮은 경우에는 기술적 서비스 품질전략을 택하며, 복잡성이 낮고 다양성이 높은 서비스의 경우에는 서비스 품질의 기능적 측면을 강조하는 것이 바람직하다.

다양성 높음	복잡성 높음	개별화 전략	병원, 법률, 회계, 컨설팅 등
	복잡성 낮음	기능적 서비스 품질 전략	택시, 화물, 이 · 미용 등
다양성 낮음	복잡성 높음	기술적 서비스 품질 전략	항공사, 호텔, 방송 등
	복잡성 낮음	원가우위 전략	음식점, 관광, 레저 등

(2) 서비스의 지속적 경쟁우위(SCA ; Sustainable Competitive Advantage) 중요

① 의 의

서비스 기업이 제공하는, 경쟁자들과는 다른 독특하고 우수한 서비스를 의미한다.

② 지속적 경쟁우위 자격요건 기출 15, 16, 19, 20

㉠ 고객에 의한 가치 있다는 평가 : 고객이 어떤 기업의 서비스를 경쟁사의 서비스에 비해 더 가치 있다고 평가하고 원가 이상의 가격으로 그 서비스를 구매하려 할 때 그 기업은 경쟁우위를 갖고 있는 것이다.

㉡ 대체불가능성 : 경쟁자가 이와 유사한 이점을 활용할 수 없을 때에 발생한다.

㉢ 탁월한 자원과 능력(희소성) : 서비스 기업이 우선적으로 갖추어야 할 능력이 부족하다면 SCA로 개발될 수 없다.

㉣ 지속가능성 : 경쟁자들에 의해 쉽게 모방될 수 없다는 것을 뜻한다. 이러한 모방에는 몇 가지 장벽이 존재하는데 규모의 경제, 자본비용, 서비스 차별화, 전환비용, 유통채널 또는 경험효과 등이 이에 속한다. 중요

③ 원 천

㉠ 서비스를 다른 경쟁 전략으로 바꾸어 보는 것으로 특화된 분야의 개척 등이 그 예이다.

㉡ 다양성이나 복잡성을 변화시키는 것이다.

㉢ 경쟁 전략을 경쟁자보다 높은 수준으로 실행하는 것으로 규모의 경제실행, 원가절감, 교차판매, 기업 간의 제휴 등이 그 예이다.

㉣ 브랜드 자산 : 고객이 어떤 브랜드에 대해 호감을 갖게 됨으로써 그 브랜드를 사용하고 있는 상품의 가치가 증가된 부분을 의미한다.

ⓜ 고객관계 : 기능적 서비스 품질이나 개별화 전략을 선택한 서비스는 고객관계라는 경쟁우위를 구축할 기회를 가진다. 고객관계의 경쟁우위를 개발하는 열쇠는 단순한 계약을 획득하는 것이 아니라 상호신뢰를 발달시키는 것이다.

ⓑ 공간적 선점 : 공간적 선점에서의 경쟁우위를 개발하는 것은 고객과의 접근성 향상이다. 공간적 선점은 고객에게 가장 편리한 최적 입지를 확보하는 것이다.

ⓢ 정보기술 : 전자수단을 통한 고객의 DB 구축, 결합, 저장, 전달, 처리, 검색을 의미한다. 정보기술의 이점으로는 업무의 프로세스 단축, 비용의 절감, 높은 전환비용, 시장변화에 대한 즉각적 대응, 그리고 향상된 서비스 품질 등이 있다.

(3) 시장방어전략 중요

기존의 경쟁자나 신규 진입자로부터 현재 시장점유율을 방어하는 전략을 말한다.

① **저지전략(Blocking)** 기출 16, 22, 23

경쟁자에 대한 최대의 방어전략인 저지전략은 새로운 진입자의 시장진출을 막는 것이다. 경쟁자들이 시장에 진입하기 위해 들어가는 비용을 증가시키거나 진입 시의 예상 수익을 감소시킴으로써 저지될 수 있다. 서비스 기업에게 이용가능한 저지전략에는 서비스 보증, 집중적 광고, 입지나 유통통제, 높은 전환비용, 그리고 고객만족 등이 포함된다.

㉠ 서비스 보증 : 서비스 보증은 두 가지 역할을 한다. 첫째는 기업이 고객과의 약속에 대해 책임을 진다는 것을 알려주며, 둘째는 시장으로 진입하는 기업에게 동일한 서비스 기준을 만족시키게 함으로써 진입하려는 기업에 압박을 준다.

㉡ 집중광고 : 집중적인 광고를 통하여 브랜드의 이미지 및 신뢰도를 향상시킨다.

㉢ 입지나 유통통제 : 좋은 입지적 공간 및 유통망을 선점함으로써 경쟁사의 입지나 유통을 무력화시킨다.

㉣ 전환비용 : 고객이 자신이 이용하고 있는 상품이나 서비스를 다른 회사로 바꾸는 데 드는 비용으로, 마일리지 혜택이나 고객 DB 구축 등을 통한 개별화전략으로 경험적 만족요인을 향상시킴으로써 경쟁사의 진입을 저지할 수 있다.

② **보복전략(Retaliation)** 중요 기출 23

보복전략의 목표는 새로운 진입자가 그들이 예상하거나 원하는 수준의 수익을 확보할 기회를 막는 것이다.

㉠ 장기간의 계약기간 : 고객들과의 장기계약 체결 등을 통해 고객들이 새로운 서비스를 시도하는 것을 막는 것이 보복전략의 하나이다(예 학습지의 1년 구독).

㉡ 장기고객에 대한 다양한 혜택제공 : 요금할인 등

③ **적응전략(Adaptation)** 기출 22

새로운 진입자가 이미 시장에 있다는 사실을 인정한 상태에서 실시하며, 새로운 진입자가 시장을 잠식하는 것을 막기 위해서는 다음 세 가지 전략이 이용될 수 있다.

㉠ 기업은 새로운 진입자의 서비스와 맞서 그를 능가하도록 하는 것으로 서비스의 추가나 수정을 통해서 이루어진다.

㉡ 고객이 신규 진입자에게로 전환하지 못하도록 서비스 패키지를 확장시키는 것이다. 고객이 원하는 모든 것을 제공함으로써 전환욕구는 줄어들 수 있다.

㉢ 지속가능한 경쟁우위를 개발하는 것으로 적응전략에서 최대의 방어는 쉽게 경쟁업체들이 모방할 수 없는 지속적인 경쟁우위를 확보하는 것이다.

(4) 세종대왕의 참여 서비스 리더십

① 의 의

우리 역사상 가장 커다란 업적을 남긴 세종대왕은 직접참여와 권한의 위임을 통한 참여적 리더십을 가장 잘 발휘했던 군주로 평가받고 있다. 특히, 신하들에게 힘을 실어주고 자신은 진행상황을 점검함으로써 자신의 높은 이상을 실현하였다.

② 세종대왕의 리더십의 주요 핵심

㉠ 비전을 개발하라.
㉡ 문화를 바꿔라.
㉢ 분명한 조직체계를 만들어라.
㉣ 탁월한 인재등용으로 올바른 팀을 구성하라.
㉤ 인재의 샘을 넓혀라.
㉥ 내부의 긍정적 문화로 조직에 대한 헌신과 기여도를 넓혀라.
㉦ 팀을 코치하라.
㉧ 문제점을 치유하라.
㉨ 진행상황을 점검하라.

07 | 새로운 서비스 창출기법

(1) 체험 마케팅의 의의 중요

고객이 상품을 직접 체험하도록 하면서 홍보하는 마케팅 기법이다. 기존 마케팅과는 달리 소비되는 분위기와 이미지나 브랜드를 통해 고객의 감각을 자극하는 체험을 창출하는 데 초점을 맞춘 21세기형 마케팅 전략이다. 고객은 상품의 특징이나 그것이 주는 이익을 소개하는 단순한 홍보보다 잊지 못할 체험이나 감각을 자극하고 마음을 움직이는 서비스에 더욱 끌린다.

(2) 체험 마케팅의 유형 5가지 기출 14, 15, 16, 17

① 감각 마케팅 중요

㉠ 감각적 체험의 제공, 즉 시각 · 청각 · 후각 · 촉각 · 미각의 오감을 자극하여 고객들에게 감각적 체험을 창조할 목적으로 하는 마케팅으로서, 감각기관에 영향을 미치는 방법에 대한 이해가 필요하다.

㉡ 디자인을 이용한 미학적 마케팅이나 색상을 이용한 컬러 마케팅, 향기 마케팅, 음향 마케팅 등이 모두 여기에 해당된다.

② 감성 마케팅 중요

㉠ 브랜드와 관련된 다소 긍정적인 감정에서부터 즐거움과 자부심 같은 강한 감정에 이르기까지 감정적 체험을 창출하기 위해 사람들의 느낌과 감정에 소구한다. 그러나 대부분의 감정은 소비하는 동안 발생함에도 불구하고, 감성광고들이 소비 과정에서의 느낌을 목표로 하지 않는 경우가 많기 때문에 부적절한 경우가 많다.

㉡ 감성 마케팅을 수행하기 위해서는 어떤 자극이 어떻게 특정 감정을 유발할 수 있는지 이해해야 할 뿐만 아니라 감정의 수용과 이입에 참여하려는 소비자의 자발성을 유도해야 한다.

③ 인지 마케팅(지성 마케팅) 중요

㉠ 고객들에게 창조적인 인지력과 문제 해결적 체험을 제공하는 것을 목적으로 지성에 호소하는 '인지적 체험'이 목적이다. 이를 위해 놀라움, 호기심, 흥미를 통해서 고객이 수렴적 또는 확산적 사고를 갖도록 한다.

㉡ 인지 캠페인은 신기술 제품에 보편적으로 사용된다. 그러나 인지 마케팅이 하이테크 제품에만 국한되는 것은 아니며, 여러 산업의 제품 디자인, 소매업, 그리고 커뮤니케이션 분야에서 사용되고 있다.

④ 행동 마케팅

㉠ 고객의 육체적 체험과 라이프스타일, 상호 작용에 영향을 미치는 것을 목표로 한다.

㉡ 고객의 육체적 체험을 강화하고 그렇게 할 수 있는 다양한 방법, 다양한 라이프스타일과 상호작용들을 보여 줌으로써 고객의 삶을 풍요롭게 할 수 있다.

㉢ 영화배우나 유명한 운동선수 같은 역할모델에 의해 유도될 수 있다.

⑤ 관계 마케팅 중요

㉠ 다른 사람과의 관계 형성을 체험하게 하는 '관계적 체험'을 통해 개인적 체험을 증가시키고, 개인으로 하여금 이상적인 자아나 타인, 문화 등과 연결해 줌으로써 고객의 자기 향상 욕구를 자극한다.

㉡ 자기 발전을 위한 개인적 욕망에 소구하며, 다른 사람들에게 긍정적으로 인식되고 싶은 욕구에 소구한다. 또한 사람들을 더 넓은 사회적 시스템과 연관시켜 강력한 브랜드 관계와 브랜드 공동체를 형성하기도 한다.

제1과목 | 문제해결력 기르기

제1장 | CS 관리개론

01
다음 중 빈칸에 들어갈 가장 적절한 답은?

> 기업경영환경의 변화는 (가)의 새로운 패러다임이 되었다. 많은 기업들이 성공적인 기업요건으로 "고객은 왕이다" 또는 "고객이 없으면 기업은 없다(No customer, No business)"라는 슬로건을 흔히 사용하고 있다. 이것은 (나)이(가) 기업 생존 및 성장 경쟁력을 좌우하는 최우선 요인으로 부각되고 있음을 반영하는 것으로써 (가)은(는) 바로 이러한 것을 가능하게 하는 경영기법이라 할 수 있다.

① (가) 고객만족 (나) 고객만족관리
② (가) 고객만족경영 (나) 고객만족관리
③ (가) 고객만족경영 (나) 고 객
④ (가) 고 객 (나) 고객만족경영
⑤ (가) 고객만족관리 (나) 고 객

해설 많은 기업들이 성공적인 기업요건으로 "고객은 왕이다" 또는 "고객이 없으면 기업은 없다(No customer, No business)"라는 슬로건을 흔히 사용하고 있다. 이것은 구매자들의 가격민감도를 낮출 수 있는 방안을 확보하는 것이 기업 생존 및 성장 경쟁력을 좌우하는 최우선 요인으로 부각되고 있음을 반영하는 것으로써, 고객만족경영은 바로 이러한 것을 가능하게 하는 경영기법이라 할 수 있다.

02
서비스 프로세스 설계의 기본원칙으로 옳지 않은 것은?

① 고객이 평가한다.
② 고객은 기대 대비 성과를 평가한다.
③ 고객 개별 니즈에 적응해야 한다.
④ 고객의 기대를 관리하는 것이 중요하다.
⑤ 평가는 상대적이 아니라 절대적이다.

해설 서비스 프로세스 설계의 평가는 절대적이 아니며, 상대적이다.

03
'고객만족관리'의 필요성에 대한 설명으로 옳지 않은 것은?

① 고객만족은 기업의 단골고객 증대로 이어지며 공생의 개념과 관계가 있다.
② 경제성장으로 인해 고객의 욕구는 더욱 진화하였으며, 기대수준 또한 높아졌다.
③ 기업의 제품이나 서비스에 대해 만족한 고객의 구전이 신규고객의 창출로 이어진다.
④ 불만이나 고충에 대해 신속하게 응답을 받은 고객의 90% 이상은 고정고객이 되는 것으로 나타난다.
⑤ 기업의 제품이나 서비스의 불만족은 고객이탈로 이어지지 않으나, 기업 이미지에 커다란 영향을 미친다.

해설 기업의 제품이나 서비스의 불만족은 고객이탈로 이어질 수 있다.

정답 01 ③ 02 ⑤ 03 ⑤

04

다음은 고객만족관리(Customer Satisfaction Management)의 개념이 시초가 되어 고객만족경영의 발전의 토대가 되었다. 빈칸에 적절한 것은?

> 고객만족의 역사는 1972년 미국 농산부에서 농산품에 대한 (   )를 측정 발표한 때로 거슬러 올라간다. 1975년부터 5년간에 걸쳐 미국 소비자문제국이 실시한 '소비자 불만처리' 조사결과를 기초로 만들어진 '굿맨(Goodman) 이론에서 고객들의 정서적인 불만요소를 정량적'으로 지수화하여 발표하면서 미국과 유럽, 일본을 중심으로 고객만족경영이 발전하였다.

① 소비자만족지수(CSI ; Customer Satisfaction Index)
② 미국 고객만족도지수(ACSI ; American Customer Satisfaction Index)
③ 고객 충성도(Customer Loyalty)
④ 브랜드 옹호자(Brand Advocates)
⑤ 국가고객만족지수(NSCI ; National Customer Satisfaction Index)

해설 고객만족이란 개념은 1972년 미국 농산부에서 농산품에 대한 소비자만족지수(CSI ; Customer Satisfaction Index)를 측정하여 발표한 이후 마케팅 학계에서 독립된 연구영역으로 등장하였다.

05

진실의 순간(MOT ; Moment of Truth) 개념을 맨 처음 도입한 기업은?

① 노드스트롬 백화점
② 스칸디나비아 항공
③ 포드 자동차
④ 도요타 자동차
⑤ 월도프 아스토리아 호텔

해설 1980년 세계적인 스칸디나비아 항공의 젊은 사장 얀 칼슨이 진실의 순간(MOT ; Moment of Truth) 개념을 도입하면서 전 세계로 널리 확산되었다.

06

고객을 위한 결과물 또는 고객을 위해 가치를 창출하는 모든 관련 활동들의 집합을 무엇이라고 하는가?

① 비즈니스 프로세스　② 핵심 프로세스
③ 지원 프로세스　④ 경쟁 프로세스
⑤ 기반 프로세스

해설 마이클 해머 교수는 비즈니스 프로세스를 "고객을 위한 결과물 또는 고객을 위해 가치를 창출하는 모든 관련 활동들의 집합"이라고 하였다.

07

Edwards & Peppard 교수가 분류한 비즈니스 프로세스에 해당하지 않는 것은?

① 경쟁 프로세스　② 변혁 프로세스
③ 핵심 프로세스　④ 기반 프로세스
⑤ 지원 프로세스

해설 Edwards & Peppard 교수는 비즈니스 프로세스를 경쟁 프로세스, 변혁 프로세스, 기반 프로세스, 지원 프로세스의 4개로 분류하였다.

08

비즈니스 프로세스의 분류 중 '프로세스의 결과물이 고객에게 가치 있다'고 파악되는 프로세스로 고객에게 필요한 최소한의 가치만 제공하면 되는 프로세스는?

① 경쟁 프로세스　② 변혁 프로세스
③ 핵심 프로세스　④ 기반 프로세스
⑤ 지원 프로세스

해설 핵심 프로세스는 아니지만 프로세스의 결과물이 고객에게 가치가 있다고 파악되는 프로세스이다.

04 ① 05 ② 06 ① 07 ③ 08 ④ 정답

09

비즈니스 프로세스의 분류 중 '변혁 프로세스'에 대한 설명으로 가장 올바른 것은?

① 경쟁자보다 우수한 고객 가치를 제공하는 프로세스이다.
② 고객의 니즈를 만족시키는 데 초점을 맞춘다.
③ 고객에게 직접적으로 가치를 전달하는 프로세스는 아니며, 프로세스라기보다는 오히려 과거의 기능적 활동으로 파악되는 경우가 많다.
④ 경쟁자와 경쟁 여부를 떠나 고객에게 필요한 최소한의 가치만 제공하면 되는 프로세스이다.
⑤ 사람, 기술, 프로세스를 결합해 조직의 미래 경쟁력을 구축해 나가는 과정이다.

해설 ①·② 경쟁 프로세스
③ 지원 프로세스
④ 기반 프로세스

10

CS 관리 프로세스에 대한 다음 설명 중 옳지 않은 것은?

① 기업 내의 원재료, 정보, 사람을 투입(In-put)하여 행하는 기업의 활동과 이로 인한 서비스 등의 산출물(Out-put)로의 변환과정을 표시한 것이다.
② 고객을 위한 결과물 또는 고객을 위해 가치를 창출하는 모든 관련 활동들의 집합을 말한다.
③ 프로세스는 궁극적으로 과업성과를 제고할 수 있어야 한다.
④ 프로세스에서의 규율은 통제하기 위한 규율이어야 한다.
⑤ 프로세스는 목적론적, 전체론적 입장에서 모든 기업 활동이 고객만족을 위하여 진행될 때 기업이 추구하는 목적을 성취할 수 있다.

해설 프로세스에서의 규율은 통제하기 위한 규율이 아니라 창의성과 효율성 제고를 위한 규율이어야 한다.

11

고객만족(CS) 관리의 역사에 대한 내용 중 1980년대에 해당하는 것은?

① LG 및 삼성의 신경영 도입
② KT, 철도청 등 CS 도입 본격화
③ 스칸디나비아 항공사의 MOT 개념 도입
④ 미국 리서치 회사 최초로 'J. D. Power사(社)'의 기업 순위 발표
⑤ 미국 농산부에서 농산품에 대한 소비자만족지수(CSI)를 측정하여 발표

해설 1981년 스칸디나비아 항공(SAS)은 얀칼슨 사장의 MOT 도입으로 CS 경영에 성공했다.

12

미국 사우스웨스트 항공사의 표준화 전략에 해당하지 않는 것은?

① 타 항공사와의 연계운영
② 직원에게 권한부여
③ 음료 · 식사제공 프로세스 생략
④ 저렴한 요금으로 단거리운행
⑤ 지정좌석제 폐지

해설 고객의 취향에 맞는 서비스, 직원에게 권한부여, 다소 높은 가격으로 고품위 서비스제공 등은 싱가포르 항공사의 개별화 전략에 해당한다.

정답 09 ⑤ 10 ④ 11 ③ 12 ②

13

서비스 프로세스 매트릭스를 분류할 때 기준이 되는 3가지는?

> 가. 자본집약도
> 나. 노동집약도
> 다. 고객과의 상호작용
> 라. 개별화
> 마. 단순화

① 가, 나, 다 ② 가, 나, 라
③ 가, 다, 라 ④ 나, 다, 마
⑤ 나, 다, 라

해설 서비스 프로세스는 고객과의 상호작용, 개별화, 노동집약도를 기준으로 4가지로 구분할 수 있는데, 이를 서비스 프로세스 매트릭스라고 한다.

14

다음 중 서비스 프로세스를 설계할 때 고려할 내용이 아닌 것은?

① 전체론(Holistic) ② 고객의 입장에서 설계
③ 객관성 ④ 정확성
⑤ 관료적인 방법

해설 서비스 프로세스를 설계할 때는 ①·②·③·④를 고려해야 한다.

15

다음 중 서비스 팩토리에 속하는 것은?

① 리조트 ② 병 원
③ 정비회사 ④ 금융업
⑤ 변호사

해설 병원, 정비회사는 서비스 샵, 금융업은 대중 서비스, 변호사는 전문 서비스에 각각 해당한다.

16

다음 중 노동집약도, 고객과의 상호작용, 개별화가 모두 높은 것은?

① 항공사 ② 병 원
③ 호 텔 ④ 컨설턴트
⑤ 운송업

해설 **서비스 프로세스 매트릭스 분류**

구 분	노동 집약도	고객과의 상호작용	개별화	예
서비스 팩토리	낮 음	낮 음	낮 음	항공사, 운송업, 호텔, 리조트 등
서비스 샵	낮 음	높 음	높 음	병원, 수리센터, 기타 정비회사 등
대중 서비스	높 음	낮 음	낮 음	금융업, 학교, 도·소매업 등
전문 서비스	높 음	높 음	높 음	변호사, 의사, 컨설턴트, 건축가 등

17

프로세스의 흐름에서 Out-put에 해당하는 것은?

① 사 람 ② 설 비
③ 서비스 ④ 방 법
⑤ 부가가치 있는 행동

해설 **프로세스의 흐름**

- In-put : 사람, 설비, 재료, 방법, 환경 등
- Process : 부가가치가 있는 행동
- Out-put : 고객에 가치 있는 출력(제품 또는 서비스)

13 ⑤ 14 ⑤ 15 ① 16 ④ 17 ③ 정답

18

서비스 프로세스 설계의 구매 전(全) 과정에서 대기관리의 중요성이 아닌 것은?

① 서비스의 근본적인 특성으로 대기는 필연적으로 존재한다.
② 서비스의 수요는 예측이 가능하고 가변적이다.
③ 서비스를 제공하는 시설은 제공받는 고객이 많으면 공간부족이 발생한다.
④ 기다리는 시간이 늘어나면 고객 불만족의 상황을 초래할 수 있다.
⑤ 적절한 대기관리는 고객만족을 제공한다.

해설 서비스는 수요예측이 불가능하고 가변적이다. 고객들이 단지 그들의 기대 대기시간만큼 기다리고자 한다 할지라도, 예측 불가능한 서비스의 수요 및 서비스 제공과 관련된 불확실성을 고려하면 그것이 항상 가능한 것은 아니라고 인식하고 있다. 평가의 주체는 고객이다.

19

'MOT' 사례에서 고객이 종업원과 직접 접촉하는 순간에 해당하는 것은?

① 고객이 광고를 볼 때
② 고객이 주차장에 차를 세울 때
③ 고객이 로비에 들어섰을 때
④ 계산대에서 요금을 지불할 때
⑤ 우편으로 받은 대금 청구서나 문서를 접할 때

해설 결정적 순간(MOT ; Moments Of Truth)은 고객이 기업의 종업원 또는 특정 자원과 접촉하는 순간으로서, 그 서비스의 품질에 대한 인식에 영향을 미치는 상황이다.

20

'대기관리의 8원칙'에 대한 설명으로 옳지 않은 것은?

① 근심은 대기를 더 길게 느껴지게 한다.
② 언제 서비스를 받을지 모른 채 무턱대고 기다리면 더 길게 느껴진다.
③ 원인을 모르는 대기는 더 길게 느껴진다.
④ 불공정한 대기는 더 길게 느껴진다.
⑤ 가치가 클수록 더 길게 느껴진다.

해설 가치가 작을수록 더 길게 느껴진다.

21

데이비드 마이스터(David Maister)의 대기시간에 영향을 미치는 통제요인 중에서 기업의 부분 통제요인은?

① 불 만
② 설 명
③ 공정성
④ 대기목적가치
⑤ 고객의 태도

해설 **대기시간에 영향을 미치는 통제요인(데이비드 마이스터)**

- 기업의 완전 통제요인 : 공정한가, 편안한가, 설명을 했는가, 확실한가, 대기단계 등
- 기업의 부분 통제요인 : 점유와 불만의 상태
- 고객 통제요인 : 대기단위의 형태, 고객의 태도는 어떠한가, 대기목적이 가치 있는가

정답 18 ② 19 ④ 20 ⑤ 21 ①

22

대기관리를 위한 서비스 생산관리 기법 중 다소 한가한 시간에 고객에게 인센티브를 제공하는 기법으로 손님이 많지 않은 시간에 할인가격을 설정한 패밀리 레스토랑이나, 극장에서 심야영화 할인혜택을 주는 방법으로 가장 적절한 것은?

① 예약을 활용하라.
② 대안을 제시하라.
③ 공정한 대기 시스템을 구축하라.
④ 커뮤니케이션을 활용하라.
⑤ 고객을 유형별로 응대하라.

해설 비수기에 고객을 유도하기 위해 커뮤니케이션을 이용하면 좋다. 예를 들어, 식당에 고객이 몰리는 시간대를 커뮤니케이션을 통해 사전에 고객에게 인지시키고, 한가한 시간에 방문하는 고객에게는 인센티브를 제공하는 방식을 활용한다.

23

고객의 참 요구사항을 알아내어 이를 만족시키는 서비스 프로세스 개선기법으로 고객의 요구사항을 기업의 연구개발, 생산, 제조, 상품기획, 판매 등 모든 단계에서 적절히 반영하기 위한 시스템은?

① 품질기능전개 기법　② 서비스 청사진
③ 파레토 차트 기법　④ 특성요인분석 기법
⑤ 인과관계도표

해설 기업의 생산과 판매가 고객만족 방향으로 가고 있는 현시점에서 품질기능전개(QFD) 기법은 고객의 참 요구사항을 알아내어 이를 만족시키는 기법이며, 바로 고객을 만족시킬 수 있는 최적의 기법이 되고 있다. 고객의 요구사항을 기업의 연구개발, 생산, 제조, 상품기획, 판매 등 모든 단계에서 적절히 반영하기 위한 시스템이다.

24

고객의 구매과정에서 'MOT'는 무엇을 의미하는가?

① 진실의 순간　② 품질기능전개
③ 품질의 집　④ 감성경영
⑤ 총체적 고객만족

해설 **MOT(Moments of Truth)**
진실의 순간은 고객이 기업의 종업원 또는 특정 자원과 접촉하는 순간으로서, 그 서비스의 품질에 대한 인식에 영향을 미치는 상황으로 정의할 수 있다.

25

진실의 순간(MOT)에 고객을 만족시키는지의 여부가 기업의 성패를 좌우한다고 말한 사람은?

① 데이비드 마이스터　② 얀 칼슨
③ 마이클 해머　④ 하워드 슐츠
⑤ 리처드 노먼

해설 스칸디나비아 항공(SAS)의 얀 칼슨(Jan Carlson) 사장은 진실의 순간에 고객을 만족시키는지의 여부가 SAS 항공의 성패를 좌우한다고 하였다.

26

다음은 MOT의 중요성에 대한 설명이다. 빈칸에 가장 적절한 것은?

> 진실의 순간은 서비스 전체에서 어느 한 순간만은 아니며, 고객과 만나는 직간접의 순간순간들이 진실의 순간이 될 수 있으며, 어느 한 순간만 나빠도 고객을 잃게 되는 (　　)이 적용된다.

① 덧셈의 법칙　② 뺄셈의 법칙
③ 곱셈의 법칙　④ 나눗셈의 법칙
⑤ 제로섬의 원칙

해설 **곱셈의 법칙**
각 서비스 항목에 있어서 처음부터 점수를 우수하게 받았어도, 마지막 단계의 마무리에서 0이면 결과는 0으로서 형편없는 서비스가 된다. 처음부터 끝까지 각 단계마다 잘해야 한다는 뜻이다.

22 ④　23 ①　24 ①　25 ②　26 ③ 정답

27

일본의 이시카와 카오루에 의해서 개발된 것으로, 어떤 결과가 나오기 위하여 원인이 어떻게 작용하고 어떤 영향을 미치고 있는가를 볼 수 있도록 생선뼈와 같은 그림을 이용하여 이러한 원인이나 결과들을 체계적으로 종합한 것은?

① 리엔지니어링 기법
② 브레인라이팅 기법
③ 마인드맵핑 기법
④ 특성요인분석 기법
⑤ 전사적 품질 기법

해설 특성요인분석 기법(피시본 다이어그램)은 어떤 일의 결과(특성)와 그것을 유발시키는 원인(요인)이 서로 어떻게 관계되고 영향을 미치고 있는지 한눈에 알 수 있게 생선뼈 모양의 화살표로 나타내어 문제에 대한 현상파악을 용이하게 한 도표이다. 여기에서 요인이란 원인 중에서 영향이 큰 것을 말한다.

28

피시본 다이어그램(Fishbone Diagram) 5단계 중 4단계에 해당하는 것은?

① 근본 원인 확인
② 문제의 명확한 정의
③ 잠재 원인 브레인스토밍 실시
④ 주요 원인 범주의 세부 사항 검토
⑤ 문제의 주요 원인 범주화

해설 문제의 명확한 정의 → 문제의 주요 원인 범주화 → 잠재 원인 브레인스토밍 실시 → 주요 원인 범주의 세부 사항 검토 → 근본 원인 확인

29

피시본 다이어그램에서 생각을 방사형으로 정리하는 방법은 어떤 기법을 이용한 것인가?

① 리엔지니어링 기법
② 브레인라이팅 기법
③ 마인드맵핑 기법
④ 특성요인분석 기법
⑤ 전사적 품질 기법

해설 피시본 다이어그램은 생각을 방사형으로 정리하는 마인드맵핑과 자유로운 아이디어를 핵심만 기록하는 브레인라이팅의 장점을 혼합한 것으로도 볼 수 있다.

30

QFD를 분석할 때의 핵심도구로, 시장조사에서 밝혀진 고객의 요구를 기술의 세계에 있는 생산기술자들에게 효율적으로 전달하기 위하여 매트릭스 형태로 배치한 것은?

① 6시그마
② 품질의 집
③ 피시본 다이어그램
④ 서비스 청사진
⑤ 파레토 차트 기법

해설 품질의 집(HOQ)은 고객으로부터 시작되고, 고객의 목소리는 고객의 기대들이 반영된 '고객의 속성'이라는 용어로 표현되며, 이 상관성 매트릭스의 목적은 여러 가지의 품질특성 간의 상관관계를 평가하기 위한 것이다.

정답 27 ④ 28 ④ 29 ③ 30 ②

01

기업이 제공하는 제품 또는 서비스가 고객이 기대한 것 이상일 때 고객의 감정상태는?

① 고객불만　② 고객테러
③ 고객충성　④ 고객만족
⑤ 고객감동

해설 **고객의 기대와 고객의 감정상태**
- 고객의 기대 > 제품 또는 서비스 → 고객불만
- 고객의 기대 = 제품 또는 서비스 → 고객만족
- 고객의 기대 < 제품 또는 서비스 → 고객감동

02

고객만족 효과에 대한 내용으로 보기의 빈칸에 들어갈 용어를 모두 옳은 것은?

> 종업원들의 (가)가 올라가면, 기업의 생산성이 향상되고 따라서 (나)이 증대된다. 또한 이익이 많은 기업은 우수한 장기투자가를 유치할 수 있어서 이익에서 상당부분의 (다)가 가능해진다. 또한, 이런 기업은 우월한 고객가치와 (라) 창출을 통해 고객충성도 로 이어지는 선순환 과정을 거치게 된다.

① (가) 충성도　(나) 기업 이익
　(다) 재투자　(라) 고객만족
② (가) 직무만족도　(나) 종업원 이익
　(다) 선투자　(라) 고객만족
③ (가) 충성도　(나) 종업원 이익
　(다) 고객만족　(라) 재산증식
④ (가) 기업 이익　(나) 충성도
　(다) 선투자　(라) 고객만족
⑤ (가) 고객만족　(나) 기업 이익
　(다) 선물투자　(라) 직무만족도

해설 고객 충성도가 높아지면 재구매고객을 확보할 수 있고, 반복적인 구매로 브랜드 애호도가 증가하여 기업에 더 많은 이익을 가져다준다.

03

다음 보기에서 고객만족의 3대 핵심요소를 고른 것은?

> 가. 제품 요소　나. 서비스 요소
> 다. 경쟁 요소　라. 기업 이미지 요소
> 마. 인간관계 요소

① 가, 나, 다　② 가, 나, 라
③ 가, 다, 라　④ 나, 다, 마
⑤ 나, 다, 라

해설 고객만족의 3대 핵심요소는 제품 요소, 서비스 요소, 기업 이미지 요소로 구분할 수 있다.

04

고객만족의 3대 핵심요소에 대한 설명으로 적절하지 않은 것은?

① 제품은 직접요소에 해당한다.
② 풍요의 시대에는 상품의 하드웨어적인 가치로서의 품질, 기능, 가격 등의 비중이 커진다.
③ 감성의 시대로 전진됨에 따라 상품 그것만이 아니고 구매시점의 점포의 분위기, 판매원의 접객이 영향을 미치게 되었고, 점차로 서비스가 차지하는 비중이 높아지게 되었다.
④ 현대에는 고객만족의 비중이 상품에서 서비스로 이행하고 있다.
⑤ 현대에는 아무리 상품 및 서비스가 우수하다 하더라도 사회 및 환경문제에 진심으로 관계하지 않는 기업은 평가가 하락하고, 고객의 만족도는 낮아지게 된다.

해설 풍요의 시대는 상품의 하드웨어적인 가치만으로 만족하지 않게 되고, 상품의 소프트웨어적 가치로서의 디자인, 사용용도, 사용의 용이성, 배려 등을 중시한다.

01 ⑤ 02 ① 03 ② 04 ② 정답

05

고객이 소망하는 궁극적 목적을 달성하기 위해 제품이나 서비스의 사용, 소유경험상황에서 발생한 결과에 대하여 지각하는 것을 무엇이라고 하는가?

① 고객가치
② 고객감동
③ 고객만족
④ 감성경영
⑤ 고객니즈

해설 고객이 소망하는 궁극적 목적을 달성하기 위해 제품이나 서비스의 사용, 소유경험상황에서 발생한 결과에 대하여 지각하는 가치를 고객가치라고 한다.

06

과거에 마케팅의 핵심요소인 4P에 해당하지 않는 것은?

① Product
② Price
③ Population
④ Place
⑤ Promotion

해설 마케팅의 4P(Product, Price, Place, Promotion)는 생산자 혹은 기업의 입장에서 마케팅의 접근방법을 일컫는다. 그리고 정보사회가 되기 이전에 수요가 공급을 초과하는 '만들기만 하면 팔리는' 상황이었기 때문에, 기업은 주로 기술개발이나 제품생산 효율성에 치중하였다.

07

다음 중 4P 믹스의 유통을 대신하는 것으로 로터번의 4C 믹스 중에서 교환의 편리성, 무이자 할부 서비스의 편익, 동영상으로 된 설명서의 편리성에 대해 제시한 것은?

① Community
② Customer Wants and needs
③ Cost
④ Convenience
⑤ Communication

해설 4C는 '소비자의 욕구를 충족(Customer Needs)시키기 위해 소비자의 비용(Cost)을 줄여 주면서 소비자가 원하는 편리한 곳에서(Convenience) 구매할 수 있도록 함과 아울러 고객과 지속적인 관계를 유지하기 위해 소통(Communication)하는 활동'을 의미한다.

08

고객만족을 이루기 위해 최고위 관리층에서부터 하위계층에 걸치는 조직의 모든 계층에서, 특히 모든 종업원들이 계속적으로 조직의 작업과정을 개선시키는 데 관여하게 하면서 관리하는 기법은?

① 의사결정 매트릭스 기법
② 파레토 차트 기법
③ 6시그마 기법
④ 총체적 품질관리 기법
⑤ 흐름도 기법

해설 전통적 관리기법이 단순 재고 파악, 품질개선, 유통구조에 관련한 기법이라면, TQM(Total Quality Management)은 고객만족을 이루기 위해 최고위 관리층에서부터 하위계층에 걸치는 조직의 모든 계층에서, 특히 모든 종업원들이 계속적으로 조직의 작업과정을 개선시키는 데 관여하게 하면서 관리하는 방법으로 고객만족을 달성하기 위한 전략적 · 통합적 관리체제라고 할 수 있다.

정답 05 ① 06 ③ 07 ④ 08 ④

09

총체적 품질관리 기법에 해당하지 않는 것은?

① 최고경영자의 적극적인 리더십 발휘
② 모든 조직 구성원의 참여와 교육훈련
③ 생산지향적 경영
④ 고객지향적인 조직체계로 변화
⑤ 과학적 기법을 통한 전사적 품질향상

해설 생산지향적 경영은 과거 물자가 부족했던 시대의 경영기법이며, 현재는 고객만족경영을 위해 최고경영자의 적극적인 리더십 발휘, 모든 조직 구성원의 참여와 교육훈련, 고객지향적인 조직체계로 변화, 과학적 기법을 통한 전사적 품질향상 등을 통한 총체적 품질관리 기법이 필요하게 되었다.

10

고객만족경영을 함에 있어서 옳지 못한 것은?

① 고객은 자기가 받은 중간정도의 품질, 서비스 등을 기준으로 서비스를 판단한다.
② 한번 높아진 고객의 기준은 낮아지지 않는다.
③ 고객의 기준에 미치지 못한 서비스의 제공은 고객을 불만고객으로 만든다.
④ 고객의 기준과 경쟁기업의 서비스 수준은 항상 빠르게 변화하고 있다.
⑤ 기업은 시설투자, 인건비 등의 문제로 요구수준을 맞추기는 어렵다.

해설 고객은 자기가 받은 최고의 품질, 서비스 등을 기준으로 서비스를 판단하며, 한번 높아진 고객의 기준은 낮아지지 않는다.

11

'구전'에서 소비자의 정보 원천과 사례가 바르게 연결된 것은?

① 개인적 원천 – 진열
② 공공적 원천 – 이웃
③ 경험적 원천 – 광고
④ 상업적 원천 – 시험구매
⑤ 공공적 원천 – 신문기사

해설 **소비자의 정보 원천**
- 공공적 원천 : 신문기사
- 개인적 원천 : 가족, 친구, 이웃 등
- 상업적 원천 : 광고, 진열

12

다음 중 고객만족경영의 패러다임 변화의 실제 상황으로 보기 어려운 것은?

① 고객의 다양한 요구변화
② 소비자 감성 중심의 제품
③ 예측 가능한 기술의 발달
④ 글로벌 기업의 경쟁
⑤ 일대일 마케팅

해설 고객만족경영의 패러다임의 변화는 다양성으로 인해 예측이 불가능하다.

09 ③ 10 ① 11 ⑤ 12 ③ 정답

13

다음 중 변화하고 있는 서비스 경영의 패러다임을 올바르게 묶은 것은?

> 가. 규모의 경제화
> 나. 가치중심경영
> 다. 성과중심경영
> 라. 고객중심경영
> 마. 혁신경영
> 바. 인터넷 중심경영

① 가, 나, 다, 라
② 나, 다, 마, 바
③ 나, 다, 라, 마
④ 나, 라, 마, 바
⑤ 가, 라, 마, 바

해설 규모의 경제 및 성과중심경영에서 탈피하고 있다.

14

다음 중 '구전'에 대한 설명으로 옳지 않은 것은?

① 개인의 생생한 경험적인 요소에 기초한다.
② 1 : 1 대면에 의한 커뮤니케이션이다.
③ 언어적 커뮤니케이션만으로 제한된 것은 아니다.
④ 많은 사람들에 의해서 빠른 속도로 전파되는 특징을 가진다.
⑤ 기업에 의해 만들어진 정보가 아니기 때문에 신뢰할 수 없다.

해설 구전은 기업에 의해 창출되는 것이 아니라, 경험에 의한 고객이 정보의 원천이라는 점에서 신뢰도가 높다.

15

구전과 구매행동의 관계에 대한 설명이 아닌 것은?

① 소비자 간의 구전은 일반적으로 매우 신뢰성이 높은 정보의 원천이다.
② 소비자는 실제 제품 구매를 결정할 경우 비상업적 정보보다 자신의 주변 사람들로부터 듣는 상업적 정보를 절대적으로 신뢰하는 경향이 있다.
③ 일방적인 것이 아니라 쌍방적 의사소통이 이루어지는 특징이 있다.
④ 소비자는 기업이 자사 제품에 대해 제공하는 긍정적 정보를 제품 판매를 위한 것으로 간주하고 신뢰하지 않는 경향도 있다.
⑤ 소비자는 구매와 관련된 위험을 줄이고 제품 구매, 가격 등에 대한 정보를 얻기 위해 구전을 활용한다.

해설 소비자는 자신의 주변 사람들로부터 듣는 비상업적 정보를 신뢰하는 경향이 있다.

16

다음 중 노드스트롬의 정책에 해당하지 않는 것은?

① 내부승진을 원칙으로 한다.
② 외부고객보다 내부고객을 먼저 섬긴다.
③ 다양한 규칙과 규정을 통하여 근무의 표준화를 이룬다.
④ 충분한 보상을 통한 동기부여 및 인센티브를 제공한다.
⑤ 팀플레이를 장려한다.

해설 노드스트롬에는 사규가 오직 하나뿐이다. "모든 상황에서 결정은 오직 스스로의 판단에 따라 내리시오. 그 외에 다른 규칙은 없다!" 이것이 뜻하는 바는 고객 서비스를 일선직원 및 창구직원에게 일임하고 업무에 필요한 모든 것들을 제공하라는 의미이다. 이 규정에는 고객 서비스에 대한 리더의 탁월한 식견과 종업원들의 능력에 대한 깊은 신뢰가 들어 있다. 이것이 바로 노드스트롬 기업문화의 핵심이다.

제1과목

정답 13 ④ 14 ⑤ 15 ② 16 ③

17

다음은 노드스트롬(Nordstrom)의 기업 구조이다. 빈칸에 들어갈 가장 적절한 것은?

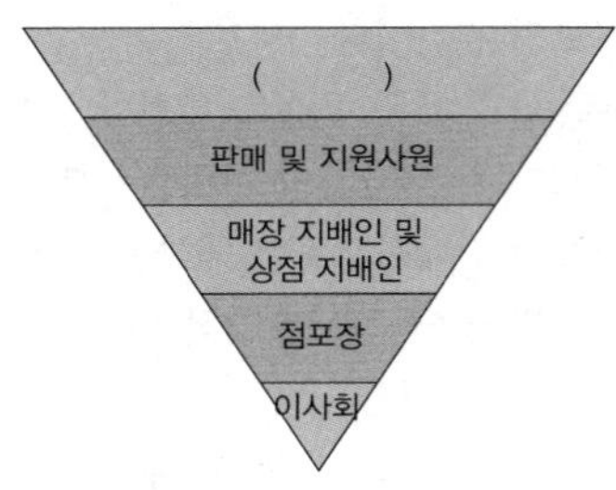

① CEO ② 고 객
③ 경쟁사 ④ 기 업
⑤ 협력사

해설 노드스트롬은 역피라미드 형태의 조직을 갖고 있다. 고객이 맨 위에 위치하고 있으며, 그 다음에는 판매 및 지원사원이 있다. 그 다음 차례로 내려가 보면 매장 지배인 및 상점 지배인이 있다. 그리고 구매 담당자, 머천다이징 매니저, 지역 지배인, 총지배인, 그리고 이사회가 있다. 이는 현장에서 고객 서비스 제일주의를 달성할 수 있는 모든 조치를 강구하는 것이다.

18

3현(現)주의에 해당하는 것을 모두 고른 것은?

가. 현장에 간다.
나. 현실을 직시한다.
다. 현상을 분석한다.
라. 현대적 트렌드에 관심을 가진다.
마. 현물을 관찰한다.

① 가, 나, 다 ② 가, 다, 라
③ 가, 다, 마 ④ 가, 나, 마
⑤ 나, 라, 마

해설 **3현(現)주의**
- 현장(現場) : 현장에 간다.
- 현물(現物) : 현물을 관찰한다.
- 현실(現實) : 현실을 직시한다.

19

노드스트롬(Nordstrom)의 경영진들이 종업원이나 고객들과 긴밀한 관계를 유지하기 위해 부지런히 현장을 돌아다니는 경영 방식과 관련된 용어는?

① 권한위임 ② 현장배회경영
③ 가족경영 ④ 역피라미드 조직
⑤ 팀플레이

해설 **현장배회경영(MBWA ; Management By Wandering Around)**
경영자가 돌아다니며 종업원들이나 고객, 그리고 기타 조직과 관련된 사람들과 얘기를 나눔으로써 필요한 정보나 의사를 주고받는 것을 말한다. 노드스트롬은 종업원에게 대폭 권한을 주면서도 현장에서 그 권한에 따른 역할 등이 제대로 사용되고 있는지 확인하기 위하여 비공식적으로 현장배회경영을 실시하였다.

20

노드스트롬이 자사 매장의 제품에 대해 연간 33%가 할인되는 신용카드를 발급해 주는 대상은?

① CS Leader
② Pace Setter
③ Sales Master
④ Royal Crown
⑤ Grand Marketer

해설 노드스트롬은 각 매장별로 1년간 순매출액 목표를 달성하거나 초과하는 판매 사원을 'Pace Setter'로 선정하고 자사 매장의 제품에 대해 연간 33%가 할인되는 신용카드를 발급해 주고 있다.

17 ② 18 ④ 19 ② 20 ② 정답

21

노드스트롬(Nordstrom)의 4대 기본경영 원칙(경영이념)으로 옳은 것은?

① 서비스, 구색, 품질, 친환경
② 서비스, 구색, 품질, 가치
③ 구색, 품질, 가치, 자원봉사
④ 품질, 가치, 제품, 서비스
⑤ 가치, 친환경, 서비스, 구색

해설 노드스트롬의 경영철학은 최고의 서비스(Exceptional Service), 구색(Selection), 품질(Quality) 및 가치(Value)이다. 이는 철저한 고객봉사주의를 기초로 한 것이다.

22

고객 서비스에 대한 설명으로 옳지 않은 것은?

① 실패한 서비스를 기업발전의 기회로 삼는다.
② 기업의 성공은 고객의 평가에 달려 있다.
③ 고객 서비스는 당장의 효과를 기대할 수 있다.
④ 한 사람의 불만으로 99명의 고객을 잃을 수 있다.
⑤ 고객 서비스로 미래를 준비한다.

해설 고객 서비스는 당장의 효과를 기대하기 어렵기 때문에 현재보다 미래를 바라보는 고객 서비스를 하여야 한다.

23

월마트의 경영방침에 해당하지 않는 것은?

① 철저한 고객만족주의
② 더 저렴한 가격
③ 수직적 리더십
④ 효율적인 물류관리시스템
⑤ 무제한 반품제도

해설 월마트는 내부고객인 종업원을 위해서 수평적 리더십을 구현하여 직원들의 만족을 이끌어 냈고, 회사의 이익을 골고루 분배하여 회사를 가족처럼 생각하는 월마트 문화를 만들었다.

24

다음 빈칸에 들어갈 용어를 모두 고른 것은?

> (가)는(은) 미국의 경영이론가 (나)에 의해 제시되었다. 기업의 경영자가 직접 현장을 방문하여 업무수행의 진척도, Neck과제해결을 위한 의사결정을 현장에서 직접보고, 현상을 파악하여 신속하게 처리하는 경영기법이다.

① (가) – MOT (나) – 얀 칼슨
② (가) – CSM (나) – 피터 드러커
③ (가) – BPR (나) – 마이클 해머
④ (가) – MBWA (나) – 톰 피터스
⑤ (가) – TQM (나) – 마이클 해머

해설 ② CSM(고객만족경영 ; Customer Satisfacion Management) : 고객에게 최대의 만족을 주는 것에서 기업의 존재 의의를 찾으려는 경영방식이다.
③ BPR(업무프로세스 재설계 ; Business Process Reengineering) : 경쟁우위 확보를 위해 기업의 핵심부문에서 비용, 품질, 서비스, 스피드와 같은 요인의 획기적인 향상을 이룰 수 있도록 고객중심으로 업무처리 방식을 개혁하는 활동이다.
⑤ TQM(전사적 품질경영 ; Total Quality Management) : 품질을 개선하고 직원에 의한 혁신을 권장하며 정보의 자유로운 흐름을 지원하는 경영방식이다.

25

21세기의 경영혁명에 속하지 않는 것은?

① 산업경영
② 품질경영
③ 지식경영
④ 창조경영
⑤ 고객가치경영

해설 경영혁명은 품질경영, 지식경영, 창조경영, 고객가치경영을 말한다.

정답 21 ② 22 ③ 23 ③ 24 ④ 25 ①

26

미래학자 마이클 해머는 21세기를 3C의 시대로 표현했는데, 보기에서 3C를 모두 고른 것은?

가. Challenge(도전)
나. Customer(고객)
다. Change(변화)
라. Chance(기회)
마. Competition(경쟁)

① 가, 나, 다
② 가, 나, 라
③ 가, 다, 라
④ 나, 다, 마
⑤ 나, 다, 라

해설 유명한 미래학자 마이클 해머는 21세기를 3C의 시대로 표현했는데, 여기서 3C란 Customer(고객) · Change(변화) · Competition(경쟁)을 말한다. 변화를 읽고 대처하는 능력에 따라, 선점과 핵심역량을 길러 경쟁력을 어떻게 강화하는가에 따라, 고객을 얼마나 존중하는가에 따라 조직이나 개인의 성공여부가 결정된다는 말이다.

27

인터넷의 중요성을 강조하여 "기존사업을 폐기하라(Destroy your business)"라고 말한 사람은?

① 피터 드러커
② 마이클 포터
③ 존 노드스트롬
④ 잭 웰치
⑤ 얀 칼슨

해설 잭 웰치 회장은 인터넷의 중요성을 강조하여 "기존사업을 폐기하라(Destroy your business)"라고 주장하였다.

28

다음 중 경제학자 마이클 포터(Michael Porter)가 제시한 5가지의 경쟁세력이 아닌 것은?

① 신규 진입자 ② 대체재
③ 공급자 ④ 관리자
⑤ 경쟁자

해설 마이클 포터 교수의 5가지 경쟁요인으로 기존기업 간의 경쟁, 신규 진입자, 대체재, 공급자의 교섭력, 구매자의 교섭력을 제시하였다.

29

기술 흐름과 시장 흐름, 세계의 경기 변화를 실시간으로 파악한다는 마케팅 용어는?

① 품질의 집 ② 피시본 다이어그램
③ 서비스 청사진 ④ 마켓 센싱
⑤ 웨버노믹스

해설 **마켓 센싱**
마켓 센싱은 기술 흐름과 시장 흐름, 세계의 경기 변화를 실시간으로 파악한다는 마케팅 용어이다. 마켓 리서치나 고객서베이를 통한 마케팅 분석 등이 모두 마켓 센싱에 포함된다.

30

경제특징을 Web + Economics인 웨버노믹스로 보고, 21세기 경제의 기본틀로 12가지 테마를 제시한 사람은?

① 피커 드러커 ② 돈 탭스콧
③ 존 노드스트롬 ④ 잭 웰치
⑤ 얀 칼슨

해설 돈 탭스콧은 경제특징을 Web + Economics인 웨버노믹스로 보고, 21세기 경제의 기본틀로 12가지 테마를 제시하고 있다. 웨버노믹스 체제하에서는 자원인 지적재산을 무한대로 공급할 수 있기 때문에 희소성의 원칙이 배제되고 공급초과 현상이 나타나 적자생존의 원칙과 수확체증의 법칙이 적용된다고 주장하기도 한다.

26 ④ 27 ④ 28 ④ 29 ④ 30 ② 정답

31

돈 탭스콧의 12가지 테마에 대한 내용으로 옳지 않은 것은?

① 방대한 양의 정보가 광속으로 배달되고 전자우편, 재택근무가 된다.
② 개인이라는 분자에 의해 경제가 움직인다.
③ 오로지 고객만이 자산이다.
④ 기업, 고객 사이의 벽이 허물어진다.
⑤ 디지털경제의 핵심은 혁신이다.

해설 돈 탭스콧의 웨버노믹스에서는 오로지 지식만이 자산이 된다.

32

국내에 고객만족경영이 본격 도입된 1990년대 초만 하더라도 고객접점 중심의 친절 서비스가 고객만족의 주를 이루었다. 일반화된 시점에서 한 차원 높은 고객만족경영 추진을 통한 경영효율성 제고와 차별화된 경쟁우위를 창출하고자 제시된 혁신을 무엇이라 하는가?

① 수직적 고객만족
② 차별화된 고객만족
③ 고품위 고객만족
④ 수평적 고객만족
⑤ 총체적 고객만족

해설 고객만족경영이 일반화된 시점에서 한 차원 높은 고객만족경영 추진을 통한 경영효율성 제고와 차별화된 경쟁우위를 창출하자는 총체적 혁신방법이 제시됐는데, 이것이 바로 KMAC(한국능률협회)가 최근 선보인 '총체적 고객만족'이다.

33

고객만족경영 혁신의 성공요인 중 '지식경영, 아웃소싱, 벤치마킹' 등에 해당하는 것은?

① 리더십
② 조직문화
③ 프로세스 기법
④ 고객과 시장
⑤ 자원지원

해설 고객만족경영 혁신의 성공요인 중 프로세스 기법에는 지식경영, 아웃소싱, 벤치마킹 등이 포함된다.

34

총체적 고객만족경영혁신 추진단계 중 3단계에서 해야 할 일은?

① 내부핵심역량을 객관적으로 진단한다.
② 시장경쟁요인을 객관적으로 진단한다.
③ 내부역량 강화 방안을 마련한다.
④ 시장역량 강화 방안을 마련한다.
⑤ 전사공유 혁신교육을 실시한다.

해설 **총체적 고객만족경영혁신 추진단계**

- 1단계 : 내부핵심역량과 시장경쟁 요인을 객관적으로 진단하는 것이 필요하다.
- 2단계 : 혁신의 전략방향을 설계한다. 즉, 내부역량 강화 방안과 시장역량 강화 방안을 마련하는 단계이다.
- 3단계 : 전사공유 혁신교육을 실시한다. 과제풀을 개발하고 CS 클리닉 · 워크아웃 퀵윈 · 액션러닝 · 6시그마 등을 적절하게 활용하면 된다.

제1과목

정답 31 ③ 32 ⑤ 33 ③ 34 ⑤

35

"21세기엔 지식 못지않게 감성도 중시될 것이다." 라고 말한 학자는?

① 앨빈 토플러
② 돈 탭스콧
③ 롤프 옌센
④ 잭 웰치
⑤ 얀 칼슨

해설 "21세기엔 지식 못지않게 감성도 중시될 것이다"는 미래학자 앨빈 토플러의 말이다.

36

타인의 기대나 관심으로 인하여 능률이 오르거나 결과가 좋아지는 현상을 무엇이라고 하는가?

① 낙인 효과
② 피그말리온 효과
③ 스티그마 효과
④ 플라시보 효과
⑤ 로젠탈 효과

해설 "어떻게 행동하라는 주위의 예언이 행위자에게 영향을 주어 그렇게 만든다"라는 이론을 자기충족예언이라 하고, 이를 다른 말로 "피그말리온 효과"라고 한다.

37

'21세기를 3D 체험경제의 시대'라 하는데, 다음 중 3D를 바르게 선택한 것은?

가. Digital
나. Direct
다. DNA
라. Design
마. Discuss

① 가, 나, 다 ② 가, 나, 라
③ 가, 다, 라 ④ 나, 다, 마
⑤ 나, 다, 라

해설 21세기는 디지털(Digital), 디자인(Design), 유전자(DNA)의 '3D 체험경제의 시대'라고 한다. 다시 말해, 고객의 오감을 자극하고 만족시켜야 가치가 창조되는 시대이다. 이런 3D를 바탕으로 디지털적인 사고와 행동, DNA처럼 유전자로 생명력을 자유자재로 변화시키며, 거의 모든 분야에서 디자인으로 승부하는 첨단 승부시대이다.

38

실제 상품 구매나 서비스 이용 실적은 좋지 않으면서 기업의 서비스 체계, 유통 구조 등에 있는 허점을 찾아내어 자신의 실속을 챙기는 소비자를 무엇이라고 하는가?

① 프로슈머 ② 트윈슈머
③ 블랙 컨슈머 ④ 체리 피커
⑤ 그린 컨슈머

해설 체리 피커(Cherry Picker)는 신포도 대신 체리만 골라 먹는다 해서 붙여진 명칭으로, 특별 이벤트 기간에 가입하여 혜택은 다 누리고, 그 이후부터는 다시는 카드를 쓰지 않는 고객을 말한다. 즉, 기업의 실제 상품 구매나 서비스 이용 실적은 좋지 않으면서 기업의 서비스 체계, 유통 구조 등에 있는 허점을 찾아내어 자신의 실속을 챙기는 소비자를 말한다.

35 ① 36 ② 37 ③ 38 ④ 정답

39

'패런(Caela Farren)과 케이(Beverly Kaye)'가 제시한 현대 조직에서 필요한 서비스 리더의 역할에 해당하지 않는 것은?

① 선구자
② 조언자
③ 격려자
④ 평가자
⑤ 예측자

해설 캐일라 패런(Caela Farren)과 베벌리 케이(Beverly Kaye)는 조언자(Advisor), 격려자(Encourager), 지원자(Facilitator), 평가자(Evaluator), 예측자(Predictor)의 5가지로 현대 조직에서의 필요한 리더 역할을 제시하였다.

40

고객만족 관련 이론 중 '기대-불일치 이론'에 대한 설명으로 옳지 않은 것은?

① 올리버(Oliver)에 의해 제시된 이론이다.
② 성과가 기대보다 높아 긍정적 불일치가 형성되면 만족이 발생된다.
③ 성과가 기대보다 낮아 부정적 불일치가 형성되면 불만족이 발생된다.
④ 기대-불일치 이론에 근거한 연구로는 인지적 불협화 이론, 대조이론 등이 있다.
⑤ 사람들이 왜 특정한 행동을 했는가에 대해 이해하고 설명하는 데 적절한 이론이다.

해설 귀인 이론에 대한 설명이다.

41

다음 중 '품질의 집(HOQ ; House Of Quality)'의 구성요소로 옳지 않은 것은?

① 고객의 요구
② 상호작용
③ 품질의 특성
④ 경쟁사 비교
⑤ 자사 제품 분석

해설 품질의 집의 구성요소에는 고객의 요구, 상호작용, 품질의 특성, 상관관계, 설계의 품질, 경쟁사 비교 등이 있다.

정답 39 ① 40 ⑤ 41 ⑤

제3장 | 서비스 고객

01
다음 중 고객에 대한 다양한 정의에 대한 설명으로 옳지 않은 것은?

① 자사의 상품을 구매하거나 서비스를 이용하는 사람이다.
② 넓은 의미의 고객은 상품을 생산하고 이용하며 서비스를 제공하는 일련의 과정에 관계된 자기 이외의 모든 사람이다.
③ 잠재고객, 가망고객 등은 중요하지 않지만, 단골고객과 로열티 고객은 높은 친밀감과 애용가치를 가지고 있기에 고객관리가 중요하다.
④ 기업이나 조직에 고객생애가치의 실현으로 수익을 창출해 줄 수 있는 사람을 일컫는다.
⑤ 여러 번의 구매와 상호 작용을 통해 형성된다.

해설 단골고객, 로열티 고객뿐만 아니라 잠재고객, 가망고객 등 모든 고객관리가 중요하다.

02
아래의 보기에서 설명하는 고객의 역할은?

> 고객 참여를 극대화시켜 서비스 프로세스를 설계하면 고객에게 가장 효율적인 서비스를 제공할 수 있다. 셀프 서비스의 활용은 고객 참여의 좋은 사례이다.

① 행위자
② 수행자
③ 생산자원
④ 경쟁자
⑤ 품질 공헌자

해설 **고객의 역할**
- 생산자원 : 고객은 일시적 직원으로 평가하여 노력, 시간 및 기타 자원으로 서비스 생산 프로세스에 공헌한다고 본다. 그러므로 고객의 투입이 조직의 생산성에 영향을 미친다.
- 품질 · 만족 공헌자 : 자기 스스로의 서비스 만족을 위한 역할을 효과적으로 수행하고, 자신에게 제공되는 서비스 품질 향상에도 공헌하므로, 불만족 서비스 시 불평을 늘어놓기도 한다.
- 경쟁자 : 서비스를 제공하는 사람의 잠재적인 경쟁자의 역할을 하기도 한다.

03
다음 중 고객의 특성에 대한 설명으로 적절하지 않은 것은?

① 고객은 요구사항이 적고 권리주장이 약하다.
② 고객은 집단이 아니라 개인이다.
③ 고객은 언제든지 구입처를 바꿀 수 있다.
④ 1,000명 중의 1명의 실수일지라도 고객의 입장에서는 100%의 실수를 받는 것이다.
⑤ 고객은 천태만상, 각양각색이다.

해설 고객은 요구사항이 많고 권리주장이 강하다.

04
다음 중 고객의 특성에 대한 설명으로 옳지 않은 것은?

① 고객은 철새일 수도 있고, 언제든지 구입처를 바꿀 수도 있다.
② 고객의 말을 전적으로 신뢰하라.
③ 고객은 불평을 들어주면 단골이 된다.
④ 고객은 매사에 즉흥적이다.
⑤ 관리된 고객만이 구매를 한다.

해설 고객의 말을 전적으로 믿지 마라. 고객이 앞에서는 당신을 칭찬하지만 돌아가서는 당신을 비판할 수도 있다.

01 ③ 02 ③ 03 ① 04 ② 정답

05

다음 중 가치구매고객에 해당하는 자는?

① 내부고객　② 중간고객
③ 외부고객　④ 종업원
⑤ 대리점고객

해설 **고객의 개념**

내부고객	가치생산에 직접 참여하는 고객(종업원)
중간고객	기업과 최종고객이 되는 소비자 사이에서 그 가치를 전달하는 고객(도매상, 중간상, 대리점 등)
외부고객	기업이 생산한 가치를 사용(소비)하는 고객(가장 중요한 고객인 소비자)

06

다음 중 고객의 구매행동에 영향을 미치는 사회적 요인 중 1차 준거집단이 아닌 것은?

① 이 웃　② 친 구
③ 동 료　④ 가 족
⑤ 종교집단

해설 준거집단은 개인의 행동에 직 · 간접적으로 영향을 미치는 집단으로서, 가족 · 친구 · 이웃 · 동료 등이 준거집단에 속한다.

07

다음 중 고객행동에 영향을 주는 문화적 요인에 해당하는 것은?

① 가치관　② 준거집단
③ 가 족　④ 라이프스타일
⑤ 전문가

해설 고객행동의 영향요인은 문화적 요인(가치관, 선호성, 지각행동), 사회적 요인(준거집단, 가족, 사회적 역할과 지위), 개인적 요인(라이프스타일) 등으로 나뉜다.

08

고객을 참여관점에서 분류할 때 디마케팅의 대상이 되는 고객은?

① 간접고객
② 직접고객
③ 옹호고객
④ 법률규제자
⑤ 한계고객

해설 한계고객은 기업의 이익실현에 해가 되므로 디마케팅의 대상이 되는 고객으로서, 고객명단에서 제외하거나 해약유도 등을 통해 고객의 활동이나 가치를 중지시킨다.

09

참여 관점에 따른 고객의 분류 중 '의견선도고객'에 대한 설명으로 옳은 것은?

① 제품이나 서비스를 직접 구매하기보단 평판, 심사, 모니터링 등에 영향을 미치는 집단으로 소비자 보호단체, 기자, 평론가, 전문가 등이 있다.
② 고객(1차고객)의 선택에 커다란 영향을 미치는 개인 또는 집단으로, 직접적으로 구입을 하거나 돈을 지불하지 않는 고객이다.
③ 소비자 보호나 관련 조직의 운영에 적용되는 법률을 만드는 의회나 정부를 말한다.
④ 기업의 제품이나 서비스를 반복적 · 지속적으로 애용하는 고객으로 사람을 추천하는 로열티는 가지고 있지 않다.
⑤ 단골고객이면서 고객을 추천할 정도의 로열티가 있는 고객이다.

해설 ② 의사결정고객, ③ 법률규제자, ④ 단골고객, ⑤ 옹호고객에 대한 설명이다.

정답 05 ③ 06 ⑤ 07 ① 08 ⑤ 09 ①

10

그레고리 스톤의 고객유형 중에서 기대와 태도를 관점으로 분류한 편의적 고객에 해당하는 것은?

① 투자한 시간, 비용, 노력에 대해 최대의 효과를 얻으려는 고객
② 형식적인 서비스보다 자기를 인정하는 서비스를 원하는 고객
③ 추가로 드는 비용에 상관없이 맞춤 서비스를 중시하는 고객
④ 기업의 사회적 이미지에 큰 비중을 두는 고객
⑤ 개인 간의 교류를 선호하는 고객

해설 그레고리 스톤은 고객을 경제적, 윤리적, 개인적, 편의적 고객의 네 가지로 분류하였으며, ① 경제적 고객, ②·⑤ 개인적 고객, ④ 윤리적 고객에 해당한다.

11

그레고리 스톤의 고객분류 중 상실할 경우 경고신호로 받아들여야 하는 고객은?

① 개인적 고객
② 실용적 고객
③ 경제적 고객
④ 윤리적 고객
⑤ 편의적 고객

해설 **고객의 분류**

구분	내용
경제적 고객 (절약형 고객)	• 고객가치를 극대화하려는 고객을 말한다. • 투자한 시간, 돈, 노력에 대하여 최대한의 효용을 얻으려는 고객이다. • 여러 서비스기업의 경제적 강점을 검증하고 가치를 면밀히 조사하는 요구가 많고 때로는 변덕스러운 고객이다. • 이러한 고객의 상실은 잠재적 경쟁위험에 대한 초기경보신호라 할 수 있다.
윤리적 고객 (도덕적 고객)	• 윤리적인 기업의 고객이 되는 것을 고객의 책무라고 생각한다. • 기업의 사회적 이미지가 깨끗하고 윤리적이어야 고객을 유지할 수 있다.
개인적 고객 (개별화 추구 고객)	• 개인 간의 교류를 선호하는 고객을 말한다. • 형식적인 서비스보다 자기를 인정하는 서비스를 원하는 고객이다. • 최근 개인화되어가는 경향으로 고객정보를 잘 활용할 경우 가능한 마케팅이다.
편의적 고객	• 자신이 서비스를 받는 데 있어서 편의성을 중요시하는 고객이다. • 편의를 위해서라면 추가비용을 지불할 수 있는 고객이다.

12

매슬로우의 인간욕구 5단계 중 3번째 단계의 욕구는?

① 소속감과 사랑의 욕구
② 안전의 욕구
③ 생리적 욕구
④ 존경의 욕구
⑤ 자아실현의 욕구

해설 **매슬로우의 인간욕구 5단계**

단계	내용
생리적 욕구	의식주 등 생존하기 위한 기본욕구
안전의 욕구	근본적으로 신체적 및 감정적인 위험으로부터 보호되고 안전해지기를 바라는 욕구
소속감과 사랑의 욕구	인간은 사회적인 존재이므로 조직에 소속되거나 동료와 친교를 나누고 싶어 하고 또 이성 간의 교제나 결혼을 갈구하게 되는 욕구
존경의 욕구	내적으로 자존·자율을 성취하려는 욕구(내적 존경 욕구) 및 외적으로 타인으로부터 인정을 받으며, 집단 내에서 어떤 지위를 확보하려는 욕구(외적 존경 욕구)
자아실현의 욕구	계속적인 자기발전을 통하여 성장하고, 자신의 잠재력을 극대화하여 자아를 완성시키려는 욕구

10 ③ 11 ③ 12 ① 정답

13

알더퍼의 ERG 이론 중 창조적 개인의 성장을 위한 개인의 노력과 관련된 욕구로 매슬로우의 욕구단계 이론에서 존경욕구 일부와 자아실현의 욕구에 해당하는 것은?

① 존재 욕구
② 관계 욕구
③ 실현 욕구
④ 성장 욕구
⑤ 발전 욕구

해설 ① 생리적 · 물질적 욕구로, 매슬로우의 욕구단계이론에서 생리적 욕구, 안전의 욕구에 해당한다.
② 인간의 사회생활과 관련된 욕구로, 매슬로우의 욕구단계이론에서 소속감과 사랑의 욕구, 존경의 욕구에 해당한다.

14

고객 DNA를 인구통계적 DNA, 고객가치 DNA, 고객니즈성향 DNA로 구분할 경우, 고객 니즈성향 DNA에 해당하는 것은?

① 전화번호
② 가입커뮤니티
③ 가족관계
④ 고객평생가치
⑤ 취 미

해설 전화번호, 가입커뮤니티, 가족관계는 인구통계적 DNA에 해당하고, 고객평생가치는 고객가치 DNA에 해당한다.

15

다음 중 성격유형지표(MBTI)에 대한 설명으로 옳지 않은 것은?

① MBTI의 바탕이 되는 이론은 '칼 융(C. G. Jung)'의 심리유형론이다.
② '마이어브릭스(Myers – Briggs)' 모녀에 의해 개발된 이론이다.
③ 성격이 좋고 나쁨을 판단하여 고객관리를 위한 정책 자료로 활용한다.
④ 성격유형은 모두 16가지로 구분되며, 외향형과 내향형, 감각형과 직관형, 사고형과 감정형, 판단형과 인식형 등이 있다.
⑤ 자신이 선호하는 특성을 통해 인간관계와 일 처리 방식에 대한 이해를 돕고자 하는 것이다.

해설 MBTI는 자기보고식 성격유형 선호지표로, 선호경향들이 하나하나 또는 여러 개가 합해져서 인간의 행동에 어떠한 영향을 미치는가를 파악하여 실생활에 응용할 수 있도록 제작된 심리검사이며, 성격의 좋고 나쁨을 판단하는 용도는 아니다.

16

MBTI 테스트 목적을 바르게 설명한 것은?

① 성격의 좋고 나쁨을 인정한다.
② 변명이나 합리화를 위한 것이다.
③ 창조의 공평성을 인정한다.
④ 비판과 편가름을 위한 것이다.
⑤ 자신이 어떤 사람임을 단정짓는 것이다.

해설 ① 성격이 좋고 나쁜 것이 아니라, 우리가 서로 다르다는 것을 인정한다.
② 변명이나 합리화를 위한 것이 아니라, 성장하기 위함이다.
④ 비판과 편가름이 아니라, 이해하고 받아들이기 위함이다.
⑤ MBTI 성격테스트 결과는 자신이 어떤 사람임을 단정짓는 것이 아니라, 자신의 성격 특성을 이해하고, 자신의 선호하는 성격특성을 알아봄으로써 인간관계, 일 처리 방식에 대한 이해를 더해서 도움을 주고자 하는 것이다.

정답 13 ④ 14 ⑤ 15 ③ 16 ③

17

MBTI의 4가지 선호경향에 해당하지 않는 것은?

① 에너지 방향 ② 인식기능
③ 학습기능 ④ 생활양식
⑤ 판단기능

해설 MBTI의 4가지 선호경향은 에너지방향, 인식기능, 판단기능, 생활양식이다.

18

MBTI 지표에서 내향형의 특징이 아닌 것은?

① 자기내부에 주의집중
② 내부활동에 집중력
③ 조용하고 신중
④ 글로 표현
⑤ 경험한 다음에 이해

해설 내향형은 이해한 다음에 경험하는 특징이 있다.

19

MBTI 지표에서 직관형의 특징이 아닌 것은?

① 미래 가능성에 초점
② 아이디어
③ 정확, 철저한 일처리
④ 비유적, 암시적 묘사
⑤ 씨뿌림

해설 감각형이 정확하고 철저한 일처리를 특징으로 한 반면에 직관형은 신속하고 비약적인 일처리를 특징으로 한다.

20

MBTI 지표에서 사고형의 특징이 아닌 것은?

① 사람, 관계에 큰 관심
② 원리와 원칙
③ 논리적, 분석적
④ 맞다, 틀리다
⑤ 규범, 기준 중시

해설 감정형이 사람과 관계에 큰 관심을 갖는 반면에, 사고형은 진실과 사실에 큰 관심을 갖는다.

21

MBTI 지표에서 판단형의 특징에 해당하는 것은?

① 상황에 맞추는 개방성
② 의지적 추진
③ 유유자적한 과정
④ 융통과 적응
⑤ 재량에 따라 처리될 수 있는 포용성

해설 ①·③·④·⑤ 인식형의 특징에 해당한다.

22

MBTI의 16가지 성격유형 도표에서 도표의 위쪽 두 줄에 배치되는 것은?

① 내향형
② 외향형
③ 감각형
④ 판단형
⑤ 사고형

해설 MBTI의 16가지 성격유형 도표는 생각이 많은 내향성은 도표의 위쪽 두 줄에 배치한다.

17 ③ 18 ⑤ 19 ③ 20 ① 21 ② 22 ① 정답

23

MBTI의 16가지 성격유형 도표에서 세상의 소금형에 해당하는 것은?

① ISFJ
② INFP
③ ISTP
④ ISTJ
⑤ ENFJ

해설 ① 임금뒷편의 권력형, ② 잔다르크형, ③ 백과사전형, ⑤ 언변능숙형

24

MBTI 도표에서 SJ기질의 특징으로 옳지 않은 설명은?

① 유용해지기를 바라고, 다른 사람에게 봉사하며, 소속하기를 원한다.
② 의무를 잘 이행하고, 충실하며, 양심적이다. 그들은 가족과 전통에 가치를 둔다.
③ 구조적인 것과 분명히 규정된 절차를 좋아하지 않는다.
④ 가끔 미래에 대해 걱정한다.
⑤ 의무감과 과도한 부담을 느끼며, 당연시한다.

해설 감각(S)적으로 판단(J)하는 사람은 현실적이고 실질적이며, 구조적인 것과 분명히 규정된 절차를 좋아한다.

25

MBTI 도표에서 직관(N)적으로 느끼는(F) 사람의 직업으로 옳지 않은 것은?

① 판매원　② 건축가
③ 예술가　④ 배 우
⑤ 상담자

해설 **MBTI 도표상의 직업과의 관계**

분 류	직 업
직관(N)적으로 느끼는(F) 사람	연설이나 글쓰기 등을 통해 다른 사람에게 영감을 주고 설득하는 일이나 소설가로서의 창작, 판매원, 예술가, 배우, 상담자 등의 일

26

MBTI 도표에서 지식(N)적으로 사고(T)하는 사람의 특성으로 옳지 않은 것은?

① 지적이며 사고중심
② 창의적이며 상상적
③ 상대방의 개인적 욕구에 대한 무관심
④ 사회적이고 겸손함
⑤ 세부적인 것, 사실, 숫자, 이름에 대한 소홀

해설 때때로 반사회적이고 무례하게 보인다.

정답 23 ④ 24 ③ 25 ② 26 ④

27

다음 보기에 해당하는 고객 역할의 유형은 무엇인가?

> 환자가 의사의 처방과 식습관 변경의 권고를 받아들이지 않는다면 건강이 회복되는 것을 기대하기 힘든 것과 같이, 고객이 그 역할을 효과적으로 수행하지 않을 경우 서비스 성과가 좋지 않게 나타나는 것을 말하며, 주로 교육, 의료, 피트니스 서비스의 사례에서 발견할 수 있다.

① 생산자원
② 잠재적 경쟁자
③ 품질향상 공헌자
④ 가치 부과 행위자
⑤ 제품구매 행위자

해설 품질향상 공헌자는 자기 스스로의 서비스 만족을 위한 역할을 효과적으로 수행하고, 자신에게 제공되는 서비스 품질 향상에도 공헌하므로, 불만족 서비스 시 불평을 늘어놓기도 한다.

28

고객만족(CS)의 효과에 대한 설명으로 옳지 않은 것은?

① 고객의 충성도를 높여 재구매고객을 확보할 수 있다.
② 기존고객의 재구매보다 신규고객의 구매가 매출에 더 큰 영향을 미친다.
③ 최대의 광고효과를 가져온다.
④ 가격우위 효과를 지니고 다른 경쟁사의 진입을 어렵게 한다.
⑤ 불평불만을 가지고 아무 말 없이 다른 기업제품을 소비하는 경우에는 기업은 점차 몰락할 수밖에 없게 된다.

해설 신규고객보다 기존고객의 재구매가 매출에 더 큰 영향을 미치는 반면에, 신규고객을 갖는 것보다 기존고객을 관리하는 비용이 훨씬 적게 들어 비용을 절감할 수 있다.

29

차별화된 서비스가 필요한 이유로 옳지 않은 것은?

① 다양한 고객의 기호
② 고객 간의 이질성
③ 기업 간의 기술격차의 확대
④ 다양해진 고객의 니즈
⑤ 접점별 다양한 고객의 니즈만족

해설 기업 간의 기술수준이 평준화되고 모방이 용이해지면서 제품간 차별성은 떨어지고 유사성은 증가하는 제품의 범용화 현상이 나타나면서, 차별화된 서비스의 필요성이 커지게 되었다.

30

다음은 세계적인 유명 호텔 체인인 메리어트 호텔의 서비스 전략의 사례들이다. 다음 중 이 호텔의 서비스 전략으로 가장 적절한 것은?

> • 최상의 서비스를 제공하는 메리어트 스위트
> • 비즈니스맨을 위한 리츠칼튼, 르네상스
> • 장기투숙 고객을 위한 페어필드 인, 레지던스 등
> • 이용 목적(비즈니스 또는 여행), 이용 빈도(수시 방문 또는 연 1~2회, 최초방문), 체류기간 등에 따라 고객군을 분류

① 고품위 서비스 전략
② 차별화된 서비스 전략
③ 감성서비스 전략
④ 고객만족 서비스 전략
⑤ 표준화된 서비스 전략

해설 세계적인 유명 호텔 체인인 메리어트 호텔은 전 세계 60여 개국에 2,000여 개의 호텔을 10여 개의 상이한 브랜드로 구분해 서비스를 제공하고 있다.

27 ③ 28 ② 29 ③ 30 ② 정답

01

고객지원시스템을 기반으로 신규고객을 획득하고 기존고객을 유지하기 위해 고객요구와 행동을 분석하여 개별고객의 특성에 맞춘 마케팅을 기획하고 실행하는 경영관리기법은?

① BSC기법
② CRM기법
③ ABM기법
④ BTO기법
⑤ ERM기법

해설 고객관계관리로 해석되는 CRM(Customer Relationship Management)은 고객상담 애플리케이션, 고객 데이터베이스, 콘택트관리시스템 등의 고객지원시스템을 기반으로 신규고객을 획득하고 기존고객을 유지하기 위해 고객요구와 행동을 분석하여 개별고객의 특성에 맞춘 마케팅을 기획하고 실행하는 경영관리기법으로 정의된다.

02

CRM의 특징에 해당하지 않는 것은?

① 고객점유율보다는 시장점유율을 더 중요시한다.
② 고객획득보다는 고객유지에 비중을 더 둔다.
③ 고객과 친밀해질 수 있는 관계 향상을 강조한다.
④ 고객의 생활패턴을 관리한다.
⑤ 고객가치를 최적화한다.

해설 CRM은 시장점유율보다 고객점유율을 더 중요시한다.

03

CRM의 중요성을 강조하는 연구결과와 맞지 않는 것은?

① 회사수익의 65%는 만족을 얻는 고객을 통해서 이루어진다.
② 기존고객에게 베푸는 서비스 비용은 신규고객 획득 소요비용보다 약 5배가 든다.
③ 상위 20%에 해당되는 고객 1인의 매출이 나머지 80%에 해당되는 고객의 매출과 비슷하다.
④ 대개의 회사들은 매년 약 15~20%의 고객을 잃는다.
⑤ 고객유지율이 몇 %만 증가해도 25~100%까지의 이윤을 증가시킬 수 있다.

해설 신규고객획득 소요비용은 기존고객에게 베푸는 서비스 비용의 약 5배가 든다.

04

다음 보기의 내용과 가장 관련 있는 것은?

> 감정, 준거틀, 가치판단, 개인 특성, 청취 태도, 조직 내의 위신, 지나친 정보량 등

① 조하리의 창
② 의사소통의 장애요인
③ 대인지각의 오류
④ 효과적인 의사소통 기법
⑤ 이상적인 의사소통의 준거

해설 **의사소통의 장애요인**
- 신뢰도
- 성급하거나 지나친 개인적인 가치판단
- 흥분, 분노 등의 감정상태
- 조직 내에서 가지는 계층상의 직급과 위신, 체면
- 지나치게 과다한 정보량
- 상대방의 의견을 듣는 태도의 상태

정답 01 ② 02 ① 03 ② 04 ②

05

CRM의 기대효과로 알맞지 않은 것은?

① 고객유지비용의 증가
② 수익 및 고객생애가치(LTV) 증대
③ 표적 마케팅 가능
④ 새로운 시장기회를 포착하는 데 유용
⑤ 고객 충성도 및 고객유지율 향상

해설 고객니즈에 맞는 최적의 채널을 제공하고, 비용을 최소화할 수 있는 채널로 고객을 유도하게 되므로 고객유지비용이 감소한다.

06

CRM 전략수립 6단계 중 고객에게 어떻게 제공할 것인지 하는 전달방법을 설계하는 단계는 무엇인가?

① 커뮤니케이션 설계단계
② 고객 분석단계
③ CRM 전략방향 설정단계
④ 고객에 대한 오퍼(Offer) 결정단계
⑤ 개인화 설계단계

해설 **커뮤니케이션 설계**
고객에게 제공될 것이 결정된 경우, 어떻게 제공할 것인지 하는 전달방법을 설계하는 것으로 설계 방법에 따라 인터넷을 이용하는 방법(e-mail, 문자메시지, 웹 콘텐츠)과 전통적인 방법(우편이나 전화, 인적 접촉, 매스미디어) 등이 있다.

07

CRM을 구축하기 전에 CRM을 통해 얻고자 하는 정확한 목표설계와 시장의 환경에 따른 적절한 고객대응을 위한 시장분석과 기업이 목표로 하는 대상고객의 파악 및 고객확보를 통한 고객수익전환을 유도할 수 있는 다양한 전략구현을 위한 분석작업을 무엇이라 하는가?

① 환경분석
② 고객 분석
③ 개인화 설계
④ CRM 전략방향 설정
⑤ 커뮤니케이션 설계

해설 CRM의 환경분석은 CRM을 구축하기 전에 CRM을 통해 얻고자 하는 정확한 목표설계와 시장의 환경에 따른 적절한 고객대응을 위한 시장분석과 기업이 목표로 하는 대상고객의 파악 및 고객확보를 통한 고객수익전환을 유도할 수 있는 다양한 전략구현을 위한 분석작업이다.

08

CRM 구축 및 실행에 관한 다음 설명 중 옳지 않은 것은?

① CRM환경분석은 기업중심의 환경분석이 되어야 한다.
② 고객 분석단계에서는 고객평가와 고객세분화가 핵심이 된다.
③ 고객 분석은 자사의 현재 고객을 대상으로 한다.
④ 활동의 주체를 결정하는 것도 CRM 전략방향 설정에 포함된다.
⑤ 커뮤니케이션 설계에서는 표현과 포장의 측면을 고려하여야 한다.

해설 CRM의 궁극적인 목적이 고객과의 장기적인 관계를 통한 충성고객 확보와 수익성 전환이기 때문에 기업중심이 아닌 고객중심으로 현재 자사의 내부조직의 업무프로세스, 외부시장환경의 변화추이에 따른 고객반응, 자사 상품의 고객만족도 및 경쟁사의 고객전략 등을 다각적으로 분석해야 한다.

05 ① 06 ① 07 ① 08 ① 정답

09

다음 중 고객관계관리(CRM) 시스템 순서가 올바르게 나열된 것은?

① 고객전략 수립 – 인프라 구축 – 고객 분석과 마케팅 – 고객 유지를 위한 서비스 – 판매과정에 활용
② 고객전략 수립 – 고객 분석과 마케팅 – 인프라 구축 – 판매과정에 활용 – 고객 유지를 위한 서비스
③ 고객전략 수립 – 인프라 구축 – 판매과정에 활용 – 고객 분석과 마케팅 – 고객 유지를 위한 서비스
④ 고객전략 수립 – 인프라 구축 – 고객 분석과 마케팅 – 판매과정에 활용 – 고객 유지를 위한 서비스
⑤ 고객전략 수립 – 인프라 구축 – 판매과정에 활용 – 고객 유지를 위한 서비스 – 고객 분석과 마케팅

해설 **고객관계관리(CRM) 시스템 구축 5단계**
기업의 특성에 맞는 고객전략 수립, 인프라 구축, 데이터마이닝을 통한 고객 분석과 마케팅, 고객 분석 결과를 실질적으로 판매과정에 활용, 고객 유지를 위한 서비스와 피드백 관리

10

하버마스(Harbermas)가 제시한 이상적인 의사소통 상태를 특정(特定)하는 4가지 표준과 거리가 먼 것은?

① 정직성 ② 진리성
③ 공정성 ④ 이해가능성
⑤ 보편타당성

해설 하버마스(Harbermas)는 이상적인 의사소통 상태를 특정하는 표준으로 정직성(Sincerity), 공정성(Rightness or Legitimacy), 이해가능성(Comprehensibility), 진리성(Truth) 등을 제시하였다.

11

휴스톤과 레빙거(Huston & Levinger)의 상호의존의 단계에 대한 설명으로 옳지 않은 것은?

① 두 사람 사이에 크고 작은 상호의존이 나타나는 단계이다.
② 두 사람 사이의 교류가 증진되고 심화되어 공유된 경험의 영역이 확대된다.
③ 상호교류가 개인적인 측면의 수준까지 발전하는 사적인 관계로 진전된다.
④ 서로의 깊은 내면의 세계(상대방의 성격, 가치관, 고민 등)를 공유함으로써 상호의존의 깊이가 깊어지고 영역이 넓어진다.
⑤ 두 사람 사이에서 나타나는 상호작용에서 호혜성의 원칙이 주요한 요인이 된다.

해설 두 사람 사이에서 나타나는 상호작용에서 호혜성의 원칙이 초월된다.

12

Altman & Talyor의 사회적 침투과정 5단계에서 2단계는?

① 첫인상의 단계
② 애정교환단계
③ 탐색적 애정교환단계
④ 지향단계
⑤ 안정적 교환단계

해설 **사회적 침투 5단계**
- 1단계 : 첫인상의 단계
- 2단계 : 지향단계(피상적인 정보를 교환하고 상대방을 탐색하는 단계)
- 3단계 : 탐색적 애정교환단계(가장 예민하고 불안정한 단계)
- 4단계 : 애정교환단계(마음 놓고 상대방을 칭찬하고 비판하는 단계)
- 5단계 : 안정적 교환단계(속마음을 터놓고 이야기하고 서로의 소유물에도 마음 놓고 접근하는 단계)

정답 09 ④ 10 ⑤ 11 ⑤ 12 ④

13

다음 보기에서 인간관계를 심화시키는 세 가지 필수요소인 3R을 알맞게 고른 것은?

> 가. 책임성(Responsibility)
> 나. 보상성(Rewardingness)
> 다. 상호성(Reciprocity)
> 라. 규칙(Rules)
> 마. 자격요건(Reqirement)

① 가, 나, 다
② 가, 나, 라
③ 가, 다, 라
④ 나, 다, 마
⑤ 나, 다, 라

해설 인간관계를 심화시키는 세 가지 필수요소인 3R은 보상성(Rewardingness), 상호성(Reciprocity), 규칙(Rules)이다.

14

인간관계의 유형에 관한 다음 설명으로 옳지 않은 것은?

① 일차적 인간관계는 혈연, 지연, 학연 등에 의해 형성되는 인간관계이다.
② 수직적 인간관계는 형식적 · 수단적 성격이 강하다.
③ 수평적 인간관계는 자발적인 속성을 지닌다.
④ 업무중심적 인간관계는 상호작용을 통해 얻게 되는 이득과 성과가 주요 목적이다.
⑤ 공유적 인간관계는 호혜성의 원칙이 요구되는 관계이다.

해설 공유적 인간관계는 타인의 행복이 나의 행복이고, 타인에게 주는 것이 나에게 주는 것이 되는 관계로서 호혜성이 무시되는 관계이다.

15

다음 보기에서 설명하는 효과적인 부탁의 기술은?

> 1972년 미국의 워터게이트 사건 당시 상상을 초월한 예산을 요구하고 거절되었을 때, 나중에 그보다 삭감된 예산을 청구하여 결국 관철시켰다. 그러나 결과적으로 관철된 예산액도 상식을 뛰어넘는 커다란 금액이었다.

① 협상법
② 한발 들여놓기 법
③ Plan기법
④ 얼굴 부딪히기 법
⑤ 거절법

해설 **부탁의 기술**

- 거절법 : 도움을 요구하는 상대방을 충분히 이해했다고 의사 표명한 후에, 도움을 줄 수 없는 자기의 상황이나 이유를 설명하며 거절하는 방법이다.
- 한발 들여놓기 법 : 상대방이 충분히 들어줄 수 있는 작은 도움을 요청한 후, 조금씩 요청을 늘려가면서 자신이 원하는 것을 늘려가는 방법이다.
- 얼굴 부딪히기 법 : 상대방에게 들어줄 수 없는 큰 도움을 요청한 후, 상대방이 거절하면 조금씩 요구를 줄이면서 결국 원했던 것을 받아내는 방법이다.

16

조하리의 마음의 창에서 인간관계가 발달되면서 점차 확대되는 영역은?

① 알려지지 않은 영역
② 숨겨진 영역
③ 미지의 영역
④ 지각하지 못하는 영역
⑤ 개방된 영역

해설 인간관계가 발달되면 발달될수록 공개된 영역이 점차 확대된다.

13 ⑤ 14 ⑤ 15 ④ 16 ⑤ 정답

17

다음 CRM 활동 중에서 데이터에 존재하는 이상치나 중복성을 제거하는 과정을 무엇이라 하는가?

① 데이터 정제
② 데이터 수집
③ 데이터 웨어하우스
④ 고객 분석 및 데이터마이닝
⑤ Feedback 정보활동

해설 ② 기업의 내부와 외부자료를 수집하는 과정이다.
③ 사용자의 의사 결정에 도움을 주기 위하여, 기간시스템의 데이터베이스에 축적된 데이터를 공통의 형식으로 변환해서 관리하는 데이터베이스를 말한다.
④ 많은 데이터 가운데 숨겨져 있는 유용한 상관관계를 발견하여, 미래에 실행 가능한 정보를 추출해 내고 의사 결정에 이용하는 과정을 말한다.
⑤ 마케팅 활동의 결과를 판단하여 의미 있는 정보를 마케팅 자료로 활용하기 위해 Feedback된다.

18

조하리의 마음의 창에 대한 설명으로 옳지 않은 것은?

① 개방형은 자기표현을 잘하는 사람으로 공개적 영역이 가장 넓다.
② 인간관계에서 나 자신을 내보이는 것을 자기공개라고 한다.
③ 현대사회에서 친밀한 인간관계를 형성하기 위해서는 먼저 자신을 이해할 필요가 있다.
④ 나는 알고 있지만 다른 사람에게 알려지지 않은 부분이 가장 넓은 것은 고립형의 특징으로 인간관계가 배타적인 것이 특징이다.
⑤ 자기주장형은 맹목의 영역이 가장 넓은 사람이다.

해설 나는 알고 있지만 다른 사람에게 알려지지 않은 부분이 가장 넓은 것은 신중형의 특징으로 인간관계가 실리적인 것이 특징이다.

19

조하리의 마음의 창에서 현대인에게 가장 많은 유형은?

① 개방형
② 자기주장형
③ 신중형
④ 고립형
⑤ 맹목형

해설 신중형은 숨겨진 영역이 가장 넓은 사람이다. 이들은 다른 사람에 대해서 수용적이며 속이 깊고 신중한 사람들이다. 다른 사람의 이야기는 잘 경청하지만 자신의 이야기는 잘 하지 않는 사람들이다. 이들 중에는 자신의 속마음을 잘 드러내지 않는 크렘린형의 사람이 많으며 계산적이고 실리적인 경향이 있다. 또한 신중형은 잘 적응하지만 내면적으로 고독감을 느끼는 경우가 많으며 현대인에게 가장 많은 유형으로 알려져 있다. 신중형은 자기개방을 통해 다른 사람과 좀 더 넓고 깊이 있는 교류가 필요하다.

20

다음 인간관계에 있어서 갈등의 본질적 요소가 아닌 것은?

① 상호의존성
② 한정된 자원
③ 동일한 목표
④ 행동화된 충돌
⑤ 개입에 의한 좌절

해설 갈등은 상호 당사자 간의 서로 다른 행동을 전제로 발생한다. 갈등의 본질적인 요소 중 동일한 목표는 갈등을 유발하지 않는다. ①, ②, ④, ⑤ 이외에 서로 다른 목표 등이 있다.

정답 17 ① 18 ④ 19 ③ 20 ③

21

부적응적 인간관계의 유형 중 인간관계의 폭이 극히 제한되는 유형은?

① 실리형
② 불안형
③ 소외형
④ 반목형
⑤ 지배형

해설 **인간관계 폭이 극히 제한되는 인간관계 회피형(고립형)**

경시형	인간관계를 무시하고 고독을 즐기는 유형
불안형	인간관계를 무시하지는 않으나, 낮은 자존감으로 사람들과 관계맺기를 두려워하는 유형

22

머튼의 아노미 이론 중 사회의 부적응에서 제외되는 자는?

① 혁신형
② 패배형
③ 동조형
④ 반역형
⑤ 의례형

해설 동조형은 문화적 목표와 제도적 수단을 모두 수용하는 유형으로 부적응자에서 제외된다.

23

문화적 목표는 수용하지만 제도적 수단은 거부하여 횡령, 탈세, 사기범 등의 형태로 나타는 유형은?

① 동조형
② 의례형
③ 패배형
④ 반역형
⑤ 혁신형

해설 ① 문화적 목표와 제도적 수단을 모두 수용하는 유형으로 부적응자에서 제외된다.
② 문화적 목표는 거부하지만 제도적 수단은 수용하여, 공무원의 복지부동의 형태로 나타나는 유형이다.
③ 문화적 목표와 제도적 수단을 모두 거부하여 약물중독, 은둔자, 부랑자 등의 형태로 나타나는 유형이다.
④ 문화적 목표와 제도적 수단을 모두 거부하고 기존의 것을 변혁시키려 하며 혁명가, 히피, 해방운동가 등의 형태로 나타나는 유형이다.

24

갈등의 진행에 대한 설명으로 옳지 않은 것은?

① 갈등은 '잠정적인 갈등'이 '행동적인 갈등'으로 진행되어 분출되다가 다시 '소강상태'로 접어든 후 다시 '새로운 갈등의 발생'이라는 사이클을 거치게 된다.
② 갈등은 인간 내적 요인이나 환경적 요인에 의해 저지되기도 한다.
③ 갈등은 특정요인에 의해 표면화되거나 악화되기도 한다.
④ 갈등이 진행되면 다른 문제들은 배제되고 단순해진다.
⑤ 갈등의 진행과정에 대한 정확한 분석과 이해가 필요하다.

해설 갈등은 다른 문제와 얽혀서 복잡해지기도 한다.

21 ② 22 ③ 23 ⑤ 24 ④ 정답

25

개별목표의 차이가 있기는 하지만, 어느 수준(상위 수준)에서는 공동목표에 대한 합의가 이루어져 있는 경우에 사용되는 갈등해결 방법은?

① 문제해결
② 설 득
③ 협 상
④ 정치적 타결
⑤ 소 송

해설 당면하고 있는 문제에 대하여는 갈등 당사자(집단) 간에 합의가 이루어지고 있지 않지만 기본적인 상위목표에 대해서는 어느 정도의 합의가 이루어져 있는 경우에 사용하는 방법이 설득이다.

26

본인이 다른 사람에 관한 정보로부터 그 사람의 성격, 감정, 의도, 욕구, 능력 등 내면에 있는 특성과 심리과정을 추론하는 것을 무엇이라고 하는가?

① 대인지각
② 대인감정
③ 지각심리
④ 대인정보
⑤ 대인사고

해설 대인지각은 본인이 다른 사람에 관한 정보로부터 그 사람의 성격, 감정, 의도, 욕구, 능력 등 내면에 있는 특성과 심리과정을 추론하는 것이다. 타인에 관한 정보는 첫인상이나 타인이 자신에게 행동과 외모나 복장과 같은 외형적인 것과 연령, 직업, 취미, 출신지 등 다양한 정보들이 대인지각에 영향을 준다.

27

다음 중 대인지각의 과정을 순서대로 바르게 표현한 것은?

① 선택 – 조직화 – 단순화 – 의미해석
② 단순화 – 조직화 – 의미해석 – 선택
③ 선택 – 단순화 – 조직화 – 의미해석
④ 단순화 – 선택 – 조직화 – 의미해석
⑤ 조직화 – 선택 – 단순화 – 의미해석

해설 **대인지각의 형성단계 순서**

1. 자극의 선택단계 : 감각기관은 다 보고 들을 수 없고, 다 듣더라도 다 처리할 수 없으므로 관심이나 욕구에 맞게 선택하는 단계이다.
2. 자극의 단순화단계 : 선택된 자극을 조직화하기 쉽게 단순화시키는 단계이다.
3. 자극의 조직화단계 : 자극을 단순화한 후에 그것을 알아가는 과정으로서, 참조의 틀을 이용하여 정보를 분류하는 단계이다.
4. 자극의 의미해석단계 : 자신의 기존성향, 지식체계 등에 의거하여 해석하고 이해한다.

28

대인지각의 기본경향 중 인식세계에서 포함된 여러 판단이나 개념을 서로 모순 없는 형태로 유지하려는 경향은?

① 단순화의 경향
② 일관화의 경향
③ 자기중심적 경향
④ 조직화의 경향
⑤ 합리화의 경향

해설 **대인지각의 기본경향**

- 단순화의 경향 : 자신이 관심 있는 부분만을 단순한 카테고리로 나누어 지각하려는 경향
- 일관화의 경향 : 인식세계에서 포함된 여러 판단이나 개념을 서로 모순 없는 형태로 유지하려는 경향
- 자기중심적 경향 : 자기 자신의 상태를 기준으로 삼게 되는 경향

정답 25 ② 26 ① 27 ③ 28 ②

29
대인지각의 주요 형태가 잘못 설명된 것은?

① 최근효과 – 시간적으로 나중에 제시된 정보에 의해서 영향을 받는 효과
② 초두효과 – 최초의 인상이 중심이 되어 전체 인상이 형성되는 효과
③ 대조효과 – 최근에 주어진 정보와 비교하여 판단하는 효과
④ 후광효과 – 좋은 사람이라는 인상이 형성되면 그가 행한 모든 것을 호의적으로 보는 효과
⑤ 방사효과 – 너무 매력적인 상대와 함께 있으면 그 사람과 비교되어 평가절하되는 효과

해설 **방사효과와 대비효과**

방사효과	매력 있는 사람과 함께 있을 때 사회적 지위나 자존심이 고양되는 효과
대비효과	너무 매력적인 상대와 함께 있으면 그 사람과 비교되어 평가절하되는 효과

30
대인지각에 있어서 중요한 원리의 하나는 첫인상이다. 이때 먼저 제시된 정보가 나중에 제시된 정보보다 더 큰 영향력을 행사하는 것을 무엇이라 하는가?

① 최신효과
② 후광효과
③ 초두효과
④ 고정관념
⑤ 가면효과

해설 최초의 인상이 중심이 되어 전체 인상이 형성되는 효과를 초두효과라 한다.

31
다음 중 한 사람이 모든 능력을 갖추었으나 인간관계가 원만하지 못하면, 그 사람의 능력 활용의 정도는 가장 문제가 되는 인간관계 능력이라는 요소에 의해 결정되는 법칙은?

① 과노출효과
② 후광효과
③ 최소량의 법칙
④ 호혜성의 원칙
⑤ 상호성의 원칙

해설 최소량의 법칙은 그 사람에 대한 평가는 그 사람이 가진 장점보다는 그 사람이 가진 단점에 의해 제어된다는 법칙이다. 예컨대 많은 장점이 있음에도 성실하지 못하다면 바로 그 '성실성'이 그 사람을 평가하는 척도로 사용된다.

32
독일인을 처음 만나면 그 사람은 매우 근검절약할 것이며 맥주를 좋아할 것이라고 판단하는 것은 지각의 왜곡오류 중 어디에 속하는가?

① 스테레오 타입
② 관대화 경향
③ 중심화 경향
④ 투영화 경향
⑤ 후광효과

해설 스테레오 타입은 고정관념을 형성하는 여러 가지 선입관 중에서 특별한 경우를 일컬을 때 사용하는 용어이다. 그것은 한두 가지 사례를 보고 대상집단 전체를 평가해 버리는 경우를 말한다. 예를 들어, 금발에 눈이 파란 미국인 한 사람을 보고 모든 미국인은 금발에 눈이 파랗다고 단정하는 경우를 말한다.

29 ⑤ 30 ③ 31 ③ 32 ① 정답

33

대인지각 시 전경 – 배경의 원리와 관계가 깊은 것은?

① 후광효과
② 현저성 효과
③ 대조효과
④ 투영효과
⑤ 초기효과

해설 현저성 효과란 사람들이 상대방이 제시하는 모든 정보들에 공평하게 주의를 기울이기보다는 현저하게 부각되는 면에 의지해서 인상을 형성하는 것을 말한다. 전경–배경의 원리가 대표적인 사례이다.

34

다음 중 교류분석(TA)의 설명으로 적절한 것은?

① 개인과 조직의 변화, 의사소통 활성화, 조직 활성화, 개개인의 능력을 구사할 수 있는 방법을 제시했다.
② 1928년 미국의 콜롬비아 대학 심리 교수인 William Mouston Marston 박사에 의해 만들어졌다.
③ 외향, 내향, 감각, 직관, 사고, 감정, 판단, 인식 중 4개의 조합으로 이루어진다.
④ 기본적으로 인간 성격의 근간을 장(배, 본능), 가슴(감성) 중심, 머리(사고) 중심으로 대별하고 있다.
⑤ 인간행동유형을 4요소로 분류하고 있다.

해설 ② 교류분석은 미국의 정신의학자 에릭 번(Eric Berne)이 1957년 11월 미국 집단 정신치료 협회에 처음으로 발표하면서 본격화되었다.
③ MBTI에 대한 설명이다.
④ 에니어그램(Enneagram)에 대한 설명으로, 에니어그램은 사람을 9가지 성격으로 분류하는 성격유형 지표이자 인간이해의 틀이다.
⑤ DISC 행동유형에 대한 설명으로, DISC는 인간의 행동유형(성격)을 구성하는 핵심 4개 요소인 Dominance(주도형), Influence(사교형), Steadiness(안정형), Conscientiousness(신중형)의 약자이다.

35

다음 보기에서 교류분석의 3대 목적을 알맞게 고른 것은?

가. 책임성 나. 자율성 다. 친밀성 라. 상호성 마. 자각성

① 가, 나, 다
② 가, 나, 라
③ 가, 다, 라
④ 나, 다, 마
⑤ 나, 다, 라

해설 **교류분석의 3대 목적**
- 자각성 : 자기 자신에 대해 깊이 자각함으로써 자기 통제능력을 극대화시킴에 있다.
- 자율성 : 자기의 느낌, 생각, 행동에 대한 책임이 자기 자신에게 있다는 자각을 통하여 자신의 삶을 자율적으로 운영토록 함으로써, 진정으로 자신의 삶의 책임자가 되도록 한다.
- 친밀성 : 인간관계에 있어서 비현실적인 상상의 관계가 아니라, 현실성에 입각한 투명하고 친밀한 관계를 맺도록 하는 데 궁극적인 목적이 있다.

36

타인의 존재를 인정하기 위한 작용이나 행위를 무엇이라고 하는가?

① 프로세스
② 데이터 웨어하우스
③ 데이터마이닝
④ 대인지각
⑤ 스트로크

해설 스트로크란 타인의 존재를 인정하기 위한 작용이나 행위를 가리킨다. 따라서 사람으로 하여금 존재를 확인하게 하는 것이다.

정답 33 ② 34 ① 35 ④ 36 ⑤

37

교류분석의 시간의 구조화 6가지 방법 중, 자기를 타인으로부터 멀리하고 대부분의 시간을 공상이나 상상으로 지내며 자기에게 스트로크를 주려고 하는 자기애적인 것은?

① 폐 쇄
② 의 례
③ 활 동
④ 게 임
⑤ 친 밀

해설 폐쇄에 대한 설명이며, 폐쇄의 대표적인 것은 백일몽이나 공상에 젖는 것이다. 몸은 다른 사람과 함께 있어도 마음은 딴 곳에 가 있는 상태가 되어, 스트레스를 받는 타인과의 커뮤니케이션을 피할 수 있다. 사람들은 혼자 있거나, 휴식하거나, 자신만의 생각을 정리하거나, 자신을 반성할 시간을 필요로 하며 그들 개인의 인간성을 회복할 시간을 필요로 하므로 공상의 나래를 펴는 폐쇄조차도 종종 적당한 시간의 구조화가 될 수 있다.

38

자기부정 – 타인긍정(I'm not OK – You're OK)에 해당하는 것은?

① 성장하면서 스트로크가 심각하게 결핍되었거나 극도로 부정적일 때 나타난다.
② 긍정적인 스트로크를 주는 사람이 없기 때문에 포기하고 희망을 잃는다.
③ 우울증적 자세라고 할 수 있으며 죄의식, 부적절감, 공포를 경험한다.
④ 다른 사람을 부족하고 가치 없다고 생각하는 입장이다.
⑤ 세상에 대한 합리적이고 객관적인 태도를 가진다.

해설 ①·② 자기부정 – 타인부정, ④ 자기긍정 – 타인부정, ⑤ 자기긍정 – 타인긍정

39

구조분석에서 어른의 마음에 해당하는 것은?

① "밤새워 노름이라니 안 되겠군."
② "매우 곤란한 것 같은데 뭘 도와줄까?"
③ "그 문제의 원인은 무엇일까?"
④ "그래, 이번에는 내가 참자."
⑤ "에이, 뭐 되는 게 없어."

해설 ①·② 부모의 마음, ④·⑤ 아이의 마음

40

교류패턴분석에서 의사소통의 방향이 서로 어긋날 때 이루어지는 교류는?

① 상보교류
② 평행적 교류
③ 무갈등 교류
④ 교차교류
⑤ 이면교류

해설 의사소통의 방향이 서로 어긋날 때, 즉 교차될 때 이루어지는 교류는 교차교류이며, 갈등교류라고도 한다. 의사소통이 즉각 중단될 수 있는 교류이기도 하다.

41

교류형태 중 겉으로 직접 나타나는 사회적 자아와 실제로 기능하는 심리적 자아가 서로 다른 교류형태는?

① 상보교류　　② 교차교류
③ 갈등교류　　④ 이면교류
⑤ 반응교류

해설 **이면교류(의사소통의 제3패턴)**
의사소통에 관계된 자아 중 겉으로 직접 나타나는 사회적 자아와 실제로 기능하는 심리적 자아가 서로 다른 교류이며, 두 가지 수준의 교류가 동시에 일어난다.

37 ① 38 ③ 39 ③ 40 ④ 41 ④ 정답

제5장 | 서비스 정의

01
서비스의 정의에 대한 설명으로 적절하지 않은 것은?

① 판매를 위해 제공되거나 제품판매를 수반하여 제공되는 행위, 편익
② 본질적으로 무형성을 지니고 어느 한 쪽에서 다른 쪽에게 제공하지만 어느 쪽의 소유로도 귀결되지 않는 행위
③ 소비자나 산업구매자의 욕구를 충족시키는 무형의 활동
④ 제품이나 다른 서비스의 판매와 반드시 연계될 필요 없이 개별적으로 가능한 것
⑤ 소비자가 스스로 수행하기로 한 행위

해설 서비스는 판매자가 소비자에게 제공하는 행위이다.

02
다음 보기처럼 서비스를 정의한 학자는 누구인가?

> 제품은 형태가 있는 물질, 새로 만들어 낸 물건, 그리고 객관적 실체인 반면, 서비스는 형체가 없는 활동이나 노력이다. 그러므로 구매하는 본질적인 대상이 유형적 혹은 무형적인가의 여부로 판단해야 한다.

① 베 솜　② 베 리
③ 코틀러　④ 레티넨
⑤ 라스멜

해설 ① 자신이 스스로 수행하지 않거나 수행할 수 없는 행동으로 소비자에게는 가치 있고, 도움이 되며, 만족을 주는 모든 활동을 말한다.
③ 서비스를 본질적으로 무형적이고, 제공과 관련된 어떤 소유권도 발생시키지 않는 사람이 다른 사람에게 판매하기 위해 제공하는 활동이나 혜택을 말한다.
④ 소비자와 제공자 또는 장비(시스템 포함)의 상호작용 결과 일어나는 일련의 활동이다.
⑤ 서비스란 시장에서 구매 · 판매되는 모든 무형의 제품이다.

03
다음 중 "인간이 할 수 있는 최고의 것은 봉사하는 것이다."라고 말한 사람은?

① 피터 드러커
② 아담 스미스
③ 얀 칼슨
④ 칼 알브레히트
⑤ 알베르트 슈바이처

해설 박애주의자로 널리 알려진 슈바이처 박사는 "인간이 할 수 있는 최고의 것은 봉사하는 것이다." 라고 말하였다.

04
SERVICE의 Key Word 중 'I'가 의미하는 것은?

① 성의, 스마일 넘치는 서비스
② 생생한 힘이 넘치는 서비스
③ 감명 깊은 서비스
④ 고객에게 매우 가치 있는 서비스
⑤ 언제나 새로운 것을 신선하게 제공하는 서비스

해설 SERVICE의 Key Word

S	Sincerity	성의, 스피드, 스마일이 넘치는 서비스
E	Energy	생생한 힘이 넘치는 서비스
R	Revolutionary	언제나 새로운 것을 신선하게 제공하는 서비스
V	Valuable	고객에게 매우 가치 있는 서비스
I	Impressive	감명 깊은 서비스
C	Communication	커뮤니케이션이 있는 서비스
E	Entertainment	사려 깊은 배려가 있는 서비스

정답 01 ⑤ 02 ② 03 ⑤ 04 ③

05
관광 서비스 종사자의 태도와 행동에 영향을 미치는 요인이 아닌 것은?

① 학 력　　② 능 력
③ 기 술　　④ 인 성
⑤ 신체적인 특질

해설 관광종사자의 태도와 행동에 영향을 미치는 요인으로는 인성, 지식, 기술, 능력, 신체적인 특질 등이 있다.

06
서비스 정의 중에서 '서비스는 무형적 성격을 띠는 일련의 활동으로 서비스 종업원과 상호관계에서부터 발생하여 고객의 문제를 해결해 주는 것이다'에 해당하는 것은?

① 봉사론적 정의
② 경제론적 정의
③ 속성론적 정의
④ 인간상호관계론적 정의
⑤ 활동론적 정의

해설 경영학적 의미의 서비스 정의로 ① 서비스 제공자가 서비스 수혜자에게 제공하는 봉사적 혜택을 강조하는 것, ③ 서비스를 정의하는 것은 서비스를 유형의 재화와 다른 서비스만의 독특한 속성, 즉 무형성 등을 중심으로 이해하는 것, ⑤ 서비스를 인식하는 것은 서비스를 서비스 제공자가 고객에게 제공하는 하나의 행위로 보는 것 등으로 구분된다.

07
다음 중 서비스 환경의 변화가 과거에서 현재로 바르게 연결되지 않은 것은?

① 생산자 중심 → 소비자 중심
② 대량생산 → 고객 요구에 따른 생산
③ 대량소비 → 맞춤 상품 서비스 정보
④ 생산성 → 생산성과 고객만족
⑤ 과잉공급 → 독점공급

해설 과거에는 만들면 팔리는 독점공급시대였지만, 현재는 과잉공급에 의하여 공급자 간에 치열한 경쟁이 벌어지고 있다.

08
다음 중 사전 서비스(Before Service)에 대한 설명으로 옳지 않은 것은?

① 대표적인 사전 서비스 전략으로 판매가능성 타진을 촉진하는 예약 서비스가 있음
② 서비스의 설명과 적절한 제안으로 고객의 의사결정을 촉진하는 활동
③ 우수한 서비스를 제공하기 위한 환경을 구축하는 활동
④ 고객과 서비스 제공자가 직접적으로 상호거래가 이루어지는 서비스 본질
⑤ 사전에 고객을 맞이하기 위한 준비활동

해설 현장 서비스에 대한 설명이다.

05 ① 06 ④ 07 ⑤ 08 ④ 정답

09

사전 서비스 중 서비스의 예약을 확보하기 위한 방안으로 적절하지 않은 것은?

① 예약을 권장하는 메일, 광고나 선전을 한다.
② 회원제를 활용한다.
③ 한번 예약을 이용한 고객이 구두로 전하는 선전을 이용할 수도 있다.
④ 서비스의 제공단위를 일률화시킨다.
⑤ 사전 예약 가격을 우대한다.

해설 사전 서비스 중 서비스의 예약을 확보하기 위한 방안으로 ①·②·③·⑤ 이외에 예약전화, 팩스, 문자메시지, e-mail을 이용하는 방법 등이 있다. 서비스 제공단위를 일률화시키는 것은 대기시간 단축을 위한 제공자 측의 방법에 해당한다.

10

사후 서비스의 특징에 관한 다음 설명 중 옳지 않은 것은?

① 사후 서비스의 질에 따라 기업 이미지에 대한 평가가 달라질 수 있다.
② 사후 서비스를 통해 클레임을 미연에 방지할 수 있다.
③ 사용후기 등을 통해 부족한 서비스를 보충하고 좀 더 발전된 서비스를 제공할 수 있다.
④ 사후 서비스를 유지하는 데 비용이 들지는 않는다.
⑤ 신규개척에 소홀할 수 있다.

해설 사후 서비스를 유지하는 데 비용이 드는 반면, 추후에 다시 이용할지 여부는 불확실하다.

11

서비스의 3단계 중 사후 서비스(After Service)는 기업이 단순히 물건이나 서비스를 고객에게 제공하는 것 외에 A/S를 제공하는 것이 매우 중요하다. 현장 서비스가 종료된 시점 이후의 유지서비스로 충성고객 확보를 위한 방법으로 가장 적절한 것은?

① 주차 유도원
② 상품게시판
③ 예약 서비스
④ 고객 불평 처리부서
⑤ 고객이 매장에 들어서는 순간

해설 **서비스 3단계**
- 사전 서비스 : 주차 유도원, 상품게시판, 예약서비스
- 현장 서비스 : 고객이 매장에 들어서는 순간
- 사후 서비스 : 고객 불평 처리부서

12

코틀러(P. Kotler)의 서비스 분류에서 재화와 서비스의 결합수준에 따른 서비스 분류의 유형재와 요소가 바르게 연결된 것은?

① 순수 서비스 – 설탕
② 서비스가 주어지는 유형재화 – 항공 서비스
③ 서비스와 유형재가 혼합 – 레스토랑, 음식점
④ 순수 유형재화 – 심리치료
⑤ 서비스가 주이고 유형재와 서비스가 추가로 수반 – 컴퓨터 업종

해설 ① 순수 유형재화
② 서비스가 주이고, 약간의 유형재가 부가됨
④ 순수 서비스
⑤ 서비스가 주어지는 유형재화

제1과목

정답 09 ④ 10 ④ 11 ④ 12 ③

13

실베스트로(Silvestro) 등의 분류에서 전문가(변호사, 세무사)의 특징에 해당하는 것은?

① 사람에 초점
② 짧은 접촉 시간
③ 낮은 개별화
④ 낮은 수준의 권한위임
⑤ 후면부 부가가치

해설 **전문가(변호사, 세무사)의 특징**
• 사람에 초점
• 긴 접촉 시간
• 높은 개별화
• 높은 수준의 권한위임
• 전면부 부가가치
• 과정에 초점

14

실베스트로(Silvestro) 등의 분류에서 고객의 수가 많은 서비스부터 차례대로 나열한 것은?

① 전문가(변호사, 세무사) – 서비스 상점(호텔, 은행) – 대중 서비스(대중교통)
② 서비스 상점(호텔, 은행) – 대중 서비스(대중교통) – 전문가(변호사, 세무사)
③ 전문가(변호사, 세무사) – 서비스 상점(호텔, 은행) – 대중 서비스(대중교통)
④ 서비스 상점(호텔, 은행) – 전문가(변호사, 세무사) – 대중 서비스(대중교통)
⑤ 대중 서비스(대중교통) – 서비스 상점(호텔, 은행) – 전문가(변호사, 세무사)

해설 **고객의 수(많은 순서부터 차례대로)**
대중 서비스(대중교통) – 서비스 상점(호텔, 은행) – 전문가(변호사, 세무사)

15

미국 통계청에서 분류한 서비스 분류에 해당하지 않는 것은?

① 유통 서비스
② 영리 서비스
③ 도 · 소매업
④ 생산자 서비스
⑤ 소비자 서비스

해설 미국 통계청이 분류한 5대 서비스는 유통 서비스, 비영리 서비스, 도 · 소매업, 생산자 서비스, 소비자 서비스 등이 있다.

16

미국 통계청에서 분류한 서비스 분류에서 중간재적 서비스에 해당하는 것은?

① 유통 서비스
② 비영리 서비스
③ 도 · 소매업
④ 생산자 서비스
⑤ 소비자 서비스

해설 생산자 서비스는 전문 서비스로서 제조업이나 서비스업에 제공되는 중간재적 성격의 서비스로 재무, 보험, 부동산, 법률 서비스 등이 해당된다.

13 ① 14 ⑤ 15 ② 16 ④ 정답

17

러브록(Lovelock)의 분류 중 특성에 의한 분류에 의할 경우, 무형적 성격을 가지고 있으면서 사람이 직접 수혜자인 서비스는?

① 의 료 ② 호 텔
③ 광 고 ④ 화물운송
⑤ 법률 서비스

해설 **서비스 행위의 특성**
서비스 행위의 객체(사람, 사물)와 서비스 행위의 형태(유형, 무형)에 따라 다음과 같이 4가지 유형으로 나눈다.

구 분		서비스의 직접 수혜자	
		사 람	사 물
서비스 행위의 성격	유형적 성격	[신체지향적 서비스] • 의료 · 미장원 • 음식점 · 이용원 • 여객운송 · 호텔	[재물 및 물적 소유지향적 서비스] • 화물운송 • 청 소 • 장비수리 및 보수
	무형적 성격	[정신지향적 서비스] • 교육 · 방송 • 광고 · 극장 • 박물관	[무형자산지향적 서비스] • 은행 · 법률 서비스 • 회계 · 증권 • 보 험

18

다음 중 서비스의 특성 중 연습이나 취소, 반환이 불가능하다는 성질과 관련이 있는 것은?

① 즉흥성 ② 소멸성
③ 비분리성 ④ 이질성
⑤ 무형성

해설 연습이나 취소, 반환이 불가능하여 원래로 되돌릴 수 없다는 성질은 즉흥성과 관련이 있다. 이 경우 납득시킬 수 있는 것은 보상, 사죄뿐이므로 서비스제공자의 교육훈련과 자질을 개발하는 것이 필요하다.

19

다음 중 서비스의 특징으로 적절하지 않은 것은?

① 무형성
② 항상성
③ 소멸성
④ 이질성
⑤ 동시성

해설 서비스는 항상성이 아닌 변화성을 특징으로 한다. 변화성이란 서비스의 품질은 서비스를 제공하는 사람뿐 아니라 언제, 어디서, 그리고 어떻게 제공하는가에 따라 달라진다는 것을 의미한다.

20

다음 중 서비스의 소멸성과 소비의 동시성으로 발생되는 재고관리의 어려움을 해소하기 위한 전략으로 수요를 공급능력에 맞추는 전략에 해당하지 않는 것은?

① 인력, 시간, 시설, 장비 등의 확충
② 가격의 차별성
③ 서비스 제공물의 변경
④ 고객과의 커뮤니케이션
⑤ 서비스 제공시간과 위치 전환

해설 공급능력을 수요에 맞추는 서비스 전략이다.

정답 17 ③ 18 ① 19 ② 20 ①

21

서비스의 특성에 대한 다음 설명 중 옳은 것은?

① 서비스는 물건이다.
② 서비스는 인력에 의존하는 경우가 많다.
③ 서비스의 평가는 주로 고객에 의해 객관적으로 이루어진다.
④ 서비스는 생산계획이 가능하다.
⑤ 서비스의 품질을 평가하는 데에는 시간이 소요된다.

해설 ① 서비스는 물건이 아니라 일련의 행위 또는 과정이다.
③ 서비스의 평가는 주로 고객에 의해 주관적으로 이루어진다.
④ 서비스는 생산계획이 불가능하다.
⑤ 제품의 품질을 평가하는 데에는 시간이 소요되는 데 반해, 서비스 품질의 평가는 그 자리에서 즉시 이루어지는 것이 보통이다.

22

다음 고객 서비스의 유형 중 서비스기업 주관의 서비스에 대한 설명으로 적절하지 않은 것은?

① 서비스기업 주관 서비스에서는 접점직원은 자율성이 거의 없다.
② 서비스가 극도로 표준화되어 있어서 접점직원이 필요 없는 경우이다.
③ 신속성, 경제성이 보장된다는 인식을 심어주어야 한다.
④ 창고형 할인매장에서 물건 봉투를 제공하지 않거나 신용카드를 받지 않는 것이 이러한 서비스의 예이다.
⑤ 표준이나 매뉴얼에 의해 서비스가 제공된다.

해설 서비스가 극도로 표준화되어 있어서 접점직원이 필요 없는 경우는 고객 주관 서비스의 경우이다.

23

고품위 서비스를 위한 30가지 지혜 중 옳지 않은 설명은?

① 친절한 마음은 단시간 동안 연마하는 것이다.
② 때로 모른 척해야 더 친절한 경우도 있다.
③ 친절 서비스의 기초는 상대를 적당한 시선으로 바라보는 데 있다.
④ 친절은 상대의 마음을 미리 헤아리는 것이다.
⑤ 친절은 상대가 미처 기대하지 못한 순간에 이루어져야 감동이 된다.

해설 친절한 마음은 오랜 시간 연마하는 것이다.

24

다음 보기에서 설명하는 관광 서비스의 정의는?

> 관광활동 기간 중 관광객에게 제공되는 욕구충족의 주체적이고 핵심적인 것으로서, 소득에 의해서 소비자의 효용이 생기지 않고, 행위나 성과에 의해 효력이 발생하는 것으로 소유권 이전이 되지 않은 형체가 없는 행위, 또는 편익의 전체이다.

① 구조적 정의
② 분류적 정의
③ 기능적 정의
④ 확장적 정의
⑤ 비즈니스적 정의

해설 **관광 서비스의 정의**
- 기능적 정의 : 종업원의 헌신성, 봉사하는 자세와 업무에 대해 최선을 다하는 태도를 말한다.
- 비즈니스적 정의 : 관광업 활동을 통하여 관광객이 호감과 만족감을 느끼게 함으로써 가치를 가지게 되는 지식과 행동의 모든 것을 말한다.

21 ② 22 ② 23 ① 24 ① 정답

25

원스톱 서비스의 성공요건에 대한 설명으로 적절하지 않은 것은?

① 원스톱 서비스의 중요성을 직원들에게 철저히 교육시킴으로써 동기유발을 할 수 있는 강력한 리더십이 필요하다.
② 직원들이 내부의 정보 시스템을 통하여 고객의 어떠한 요구에도 바로 그 자리에서 해결할 수 있도록 한다.
③ 효율적인 정보 시스템을 구축하고 끊임없는 분석을 통해 업그레이드된 정보들을 직원들에게 제공하여야 한다.
④ 책임문화를 도입하여 직원들에게 철저하게 책임을 물음으로써 긴장을 늦추지 않도록 하여야 한다.
⑤ 고객만족을 넘어서 고객감동을 위한 효율적인 원스톱 서비스 전략을 개발하고 도입하여 실천하여야 한다.

해설 책임문화를 도입하되, 책임문화의 도입이 직원에게 책임을 묻는 것이 목적이 아니고 직원들에게 적절한 보상과 아울러 서비스개선을 위한 피드백이 되어야 함을 명심해야 한다.

26

고객의 오감을 만족시키기 위한 방법으로 옳지 않은 것은?

① 고객과 마음을 진정으로 나누어야 한다.
② 고객의 마음을 얻기 위한 수직적 인간관계가 필요하다.
③ 상생하는 정신이 필요하다.
④ 고객을 머리로 이해하려 들지 말고 가슴으로 이해하여야 한다.
⑤ 고객의 감정을 따라가야 한다.

해설 진정한 서비스란 고객의 마음을 얻기 위해 굴욕적으로 순종하는 수직적 인간관계가 아니라 동등하게 의견을 주고받는 수평적 인간관계이다. 따라서 올바른 서비스를 위해서는 복종하지 말고 상생하는 정신이 필요하다.

27

관광 서비스의 중요성에 대한 설명으로 적절하지 않은 것은?

① 최고급의 숙련 전문화된 서비스를 요구한다.
② 차별화된 고품위 서비스를 요구한다.
③ 철저한 준비를 요하는 서비스이다.
④ 관광 서비스는 모방이 쉽지 않다.
⑤ 고객들은 빈틈없이 만족과 감동을 주는 서비스보다 물리적인 서비스를 선호한다.

해설 고객들은 물리적인 서비스도 중요시하지만, 그보다는 완벽한 만족과 감동을 주는 서비스를 더 선호한다.

제1과목

28

'쇼스택(Shostack)'이 제시한 유형성 스펙트럼에서 무형성의 지배가 가장 강한 업종은?

① 교 육
② 항공사
③ 투자관리
④ 광고대행사
⑤ 패스트푸드점

해설 쇼스택은 시장실체를 구성하는 유 · 무형의 양 요소 중에서 어느 요소가 핵을 형성하여 지배성을 발휘하느냐에 따라 (무형성 정도를) 분류하는 유형성 스펙트럼 모델을 제시하였다. 무형성 정도에 따라 분류를 하면 소금 < 청량음료 < 세제 < 자동차 < 화장품 < 패스트푸드점 < 광고대행사 <항공사 < 투자관리 < 컨설팅 < 교육 순이다.

정답 25 ④ 26 ② 27 ⑤ 28 ①

01

기업의 공동의 목표를 설정하고 이를 달성하기 위해 구성원들의 협력을 가져오는 영향력을 무엇이라 하는가?

① 목적의식
② 허영심
③ 일 탈
④ 리더십
⑤ 미 션

해설 공동의 목표를 설정하고 이를 달성하기 위해 구성원들의 협력을 가져오는 영향력을 리더십이라고 한다.

02

내부고객(직원)이 리더에게 고객으로 대접받고 서비스를 받을 때 만족을 느끼며, 그 만족을 토대로 외부고객에게 만족과 감동을 느낄 수 있는 서비스를 제공한다는 현실을 구조화한 이론은?

① 서비스 리더십 이론
② 고객감동 이론
③ 고객만족 이론
④ 고객관계관리 이론
⑤ 고객접점 이론

해설 내부고객이 리더에게 고객으로 대접받고 서비스를 받을 때 만족을 느끼며, 그 만족을 토대로 외부고객에게 만족과 감동을 느낄 수 있는 서비스를 제공한다는 현실을 구조화한 이론은 서비스 리더십 이론이다.

03

서비스 리더십의 목표는 무엇인가?

① 서비스 향상
② 직원의 사기앙양
③ 고객만족
④ 가치경영
⑤ 수익의 극대화

해설 서비스 리더십의 목표는 고객만족이다.

04

다음 보기에 해당하는 리더십 이론은?

50~60년대 인적자원 중시 사상과 함께 제시된 이론으로서, '리더십은 후천적인 훈련과 개발을 통해 얼마든지 양성될 수 있다'는 견해이다.

① 비전론
② 상황론
③ 특성론
④ 행위론
⑤ 변혁론

해설 **리더십 이론**
- 특성론 : 리더십은 후천적으로는 길러질 가능성이 적다는 생각으로서, 조선시대 인재선발 요건인 '신언서판'이 그 예에 해당한다.
- 상황론 : 어떤 상황이 다른 하나에 의존한다는 것으로서, 리더의 행동과 스타일은 상황에 따라 바뀌게 된다는 이론이다.

01 ④ 02 ① 03 ③ 04 ④ 정답

05

서비스 리더십을 구성하는 요소의 설명이다. 다음 중 가장 적절한 것은?

> 서비스 리더십의 핵심요소 중에 하나로 (　　)는(은) 파트너십을 형성하고 만족을 주고 싶은 마음 상태나 자세를 말한다. 이러한 마음이 형성될 때 리더의 행동은 자연스럽게 고객의 만족을 유도한다.

① 서비스 태도
② 서비스 능력
③ 서비스 만족
④ 서비스 창조
⑤ 서비스 신념

해설 서비스 태도(Service Mind)는 파트너십을 형성하고 만족을 주고 싶은 마음 상태나 자세를 말한다. 이러한 마음이 갖추어질 때 리더의 행동은 자연스럽게 고객의 만족을 유도하는 쪽으로 이루어지게 된다.

06

리더십의 행동 덕목에 대한 설명으로 적절하지 않은 것은?

① 리더는 겸허하고 감사할 줄 아는 사람이어야 한다.
② 리더는 자신에 대한 비판을 참고하고 획일적인 정보통로를 가져야 한다.
③ 리더는 복잡한 상황을 견딜 수 있는 능력을 길러야 한다.
④ 리더는 최신 지식에 뒤지지 말아야 한다.
⑤ 리더는 타의 모범이 되고 희생을 치러야 한다.

해설 리더는 자신에 대한 비판을 참고하고 다원적 정보통로를 가져야 한다.

07

C · M · S가 의미하는 것을 올바르게 선택한 것은?

> 가. 신 념
> 나. 진 리
> 다. 태 도
> 라. 능 력
> 마. 공 평

① 가, 나, 다
② 가, 나, 라
③ 가, 다, 라
④ 나, 다, 마
⑤ 나, 다, 라

해설 C · M · S는 서비스 리더로서 갖추어야 할 서비스 신념(Concept), 태도(Mind), 능력(Skill)을 이야기한다.

08

C · M · S의 9가지 세부 구성요소 중 신념의 3요소가 맞게 나열된 것은?

① 철학, 신뢰, 혁신
② 열정, 애정, 신뢰
③ 창조능력, 운영능력, 관계능력
④ 창조능력, 열정, 비전
⑤ 철학, 비전, 혁신

해설 **C · M · S의 9가지 세부 구성요소**
- 신념 : 철학, 비전, 혁신
- 태도 : 열정, 애정, 신뢰
- 능력 : 창조능력, 운영능력, 관계능력

정답 05 ① 06 ② 07 ③ 08 ⑤

09

다음 중 커트 라이만(Curt Reimann)이 제시한 '우수한 리더십의 7가지 특성'이 아닌 것은?

① 안정적 목표
② 맡은 일에 대한 열정
③ 강력한 추진력
④ 가치 있는 의사소통
⑤ 고객에 대한 접근성

해설 공격적인 목표를 세운다.

10

커트 라이만(Curt Reimann)의 우수한 리더십의 특징에 대한 설명으로 옳지 않은 것은?

① 리더가 고객을 염두에 두고 리더십을 발휘한다.
② 리더가 무엇을 어떻게 해야 하는지 잘 알며 동시에 그것을 솔선수범한다.
③ 리더는 달성하기 어려운 도전적 목표는 세우지 않는다.
④ 리더는 업무에 누구보다도 열정을 가지고 있다.
⑤ 리더는 조직원들에게 기업에서 추구할 가치가 무엇인지 알려주어 궁극적으로 원하는 방향대로 기업문화를 바꾸어 간다.

해설 리더는 다소 달성하기 어려운 도전적 목표를 세운다.

11

미국의 경영학자 맥그리거가 주장한 'X · Y 이론'에서 'X이론'의 내용에 해당하지 않는 것은?

① 인간은 본질적으로 약한 존재다.
② 인간은 본능적으로 행동하려 한다.
③ 인간은 강제적으로 동기화될 수 있다.
④ 인간은 집단을 가장 중요하게 여긴다.
⑤ 인간은 본질적으로 일을 싫어하는 경향이 있다.

해설 맥그리거는 인간을 낮은 단계 수준의 욕구와 관련된 인간관과 그 전략(X이론), 높은 수준의 욕구와 관련된 인간관과 그 전략(Y이론)으로 이분화하여 설명하였다.

12

서번트 리더십에 맞지 않는 것은?

① 상 벌
② 경 청
③ 감정이입
④ 칭찬과 격려
⑤ 설 득

해설 서번트 리더십은 부하를 가장 중요한 재원으로 보고 부하에게 리더의 모든 경험과 전문 지식을 제공하면서 극진하게 섬기는 리더십을 말한다. 따라서 리더는 통제와 상벌보다는 경청, 감정이입, 칭찬과 격려, 설득에 의하여 그의 리더십을 발휘한다.

13

다음 중 변혁적 리더에 관한 설명으로 적절하지 않은 것은?

① 위기나 불확실한 상태에서 돋보이며 비범한 성과를 이끌어 낸다.
② 개개인이 자아를 개발하도록 필요한 것을 지원하고 개인별로 관심을 기울이고 격려해 준다.
③ 분명하고 구체적인 목표를 개발하고 부하들이 그 목표를 달성할 때 보상이 주어진다는 점을 분명히 한다.
④ 부하들에게 높은 기대를 가지고 의사소통하여 폭넓게 동기 부여하는 고취능력을 가진다.
⑤ 조직에 대한 자부심과 신념을 갖도록 하는 카리스마를 가진다.

해설 리더는 변혁적 리더와 거래적 리더로 구분할 수 있는데, ③은 거래적 리더에 해당한다.

09 ① 10 ③ 11 ④ 12 ① 13 ③ 정답

14

'Lead for Loyalty'라는 글을 통해 프레드릭 라이켈트가 제시한 6가지 원칙에 해당하지 않는 것은?

① 성과에 대한 적절한 보상은 필수이다.
② 'Win-Win'전략을 사용한다.
③ 고객과 종업원을 신중히 선정한다.
④ 방대한 기업 조직을 유지한다.
⑤ 실천을 통해 설득한다.

해설 **충성스런 리더가 되기 위한 원칙(Frederick F. Reichheld)**
- '윈-윈(Win-Win)'작전을 해야 한다.
- 올바른 결과에 대한 보상을 해야 한다.
- 양방향 통신과 학습이 필요하다.
- 겸손한 회사는 고객을 만족시킬 수 있고, 직원도 신중하게 선택 중요한 역할을 한다.
- 조직은 간단하게 유지해야 한다.
- 경영진은 명확하고 강력하게 충성도의 중요성을 전파한다.

15

다음 중 GE의 서비스 기업이 주는 10가지 교훈에 속하지 않는 것은?

① 고객의 욕구와 기대를 바탕으로 근본을 결정하라.
② 고객의 총체적인 경험을 생각하고 행동하라.
③ 종업원의 감정을 통제할 수 있도록 교육시켜라.
④ 관리자는 서비스 접점(MOT)을 경험하지 않도록 한다.
⑤ 모든 고객을 귀빈으로 대접하라.

해설 관리자를 최일선에 파견하여 소비자의 불만요소를 현장에서 곧바로 불식시키는 것이 필요하다. 아울러 관리자를 최일선에서 종업원과 같이 동고동락함으로써 종업원들로 자신의 업무에 긍지를 갖게 하는 효과도 거둘 수 있다.

16

서비스 기업이 경쟁사에 대해 지속적 경쟁우위(SCA)의 자격을 갖추기 위한 조건은?

① 대체 가능한 것
② 쉽게 모방될 수 있는 것
③ 잠재적 경쟁자의 진입이 쉬운 것
④ 경쟁사에 가치 있다고 평가되는 것
⑤ 지속적 경쟁우위(SCA)를 제공할 자산과 역량을 갖추는 것

해설 **서비스의 지속적 경쟁우위를 위한 조건**
- 지속 가능
- 대체 불가능
- 고객에게 가치가 있다고 평가될 수 있는 것
- 서비스의 지속적 경쟁우위를 제공할 자원과 능력을 갖춤

17

다음 중 21세기 서비스의 변화가 아닌 것은?

① 고객중심경영
② 인터넷 중심경영
③ 기업중심경영
④ 경제의 세계화
⑤ 혁신경영

해설 기업이 아닌 고객중심경영이다.

18

서비스 경쟁에서 원가우위 전략으로 잘못된 것은?

① 고객접촉지점의 최대화
② 지원지점의 최대화
③ 서비스절차의 표준화
④ 직무순환교육
⑤ 요소별 아웃소싱 전략 병행

해설 원가효율성을 위해서 기업들은 고객접촉기능을 최소화하고 지원기능을 최대화하여야 한다. 고객접촉기능보다 지원기능의 생산성과 원가효율성을 증가시키기가 더 쉽기 때문이다.

정답 14 ④ 15 ④ 16 ⑤ 17 ③ 18 ①

19

소비자에게 차별화를 통하여 가치를 제공할 수 있는 경우로 적절치 않은 것은?

① 제품을 구매하는 소비자에게 지출원가를 낮출 수 있는 제품을 제공할 때
② 중간상에게 들어가는 활동과 비용을 소비자에게 직접 제공할 때
③ 경쟁회사가 모방할 수 없는 역량과 능력에 기초한 가치를 소비자에게 제공할 때
④ 높은 신뢰성, 편의성 등을 제공하는 제품과 서비스
⑤ 소비자를 만족시킬 수 있는 특성을 무형적인 방법으로 제공할 때

해설 기업이 차별화를 통한 가치를 제공할 수 있는 경우는 ①·③·④·⑤ 외에 기업의 제품을 구매하는 소비자에게 서비스의 특성이나 사용자 특성을 제공할 때 등이다.

20

다음 중 개별화 전략과 관련이 없는 것은?

① 다양성이 높고, 복잡성이 높은 서비스에 적용된다.
② 병원, 컨설팅 등에서 채택한다.
③ 생산성 지향이어야 한다.
④ 분업보다는 전문지식의 통합이 요구된다.
⑤ 고객과의 커뮤니케이션이 중요함을 인식하여야 한다.

해설 고객접촉지점은 생산성 지향이 아니라 고객지향이어야 하며, 고객과의 커뮤니케이션이 중요함을 인식하여야 한다.

21

서비스 프로세스의 각 단계에서 허용되는 자유도를 무엇이라고 하는가?

① 복잡성
② 단순성
③ 진행성
④ 다양성
⑤ 형평성

해설 기본 경쟁 전략은 서비스 프로세스의 성격에 따라 선택할 수 있다. 이 프로세스는 복잡성(Complexity)과 다양성(Diversity)으로 정의된다. 복잡성이란 서비스를 수행하는 데 필요한 단계들의 수(또는 프로세스를 구성하는 단계와 절차)를 의미하고, 다양성이란 서비스 프로세스의 각 단계에서 허용되는 자유도(또는 프로세스상 각 단계의 절차의 범위 및 가변성)를 말한다.

22

다음 중 다양성이 낮고, 복잡성이 높은 기업에서 채택하여야 할 전략은 무엇인가?

① 개별화 전략
② 시장방어 전략
③ 원가우위 전략
④ 기능적 서비스 품질 전략
⑤ 기술적 서비스 품질 전략

해설 **Shostack이 제안한 구조변화의 전략**

다양성 높음	복잡성 높음	개별화 전략	병원, 법률, 회계, 컨설팅 등
	복잡성 낮음	기능적 서비스 품질 전략	택시, 화물, 이·미용 등
다양성 낮음	복잡성 높음	기술적 서비스 품질 전략	항공사, 호텔, 방송 등
	복잡성 낮음	원가우위 전략	음식점, 관광, 레저 등

19 ② 20 ③ 21 ④ 22 ⑤ 정답

23

다음 중 시장방어전략의 하나로 경쟁사의 진입비용 증가와 예상수익을 감소시킬 목적으로 고객이 만족할 수 있도록 서비스를 제공하는 전략은?

① 저지전략
② 보복전략
③ 적응전략
④ 대응전략
⑤ 공격전략

해설 ② 경쟁기업의 수익확보를 저지할 목적으로 신규서비스 시도를 줄이고 시장점유를 유지하기 위한 공격적 경쟁
③ 경쟁사가 시장에 진입한 것을 인정하고 시장잠식 및 시장점유율을 확대하는 것을 방지

24

효과적인 조직 구조와 운영을 위해서 조직구성원들을 조직의 과정 속에 보다 적극적으로 활용하여 그들의 의견을 의사결정에 많이 반영시키는 형태의 리더십은?

① 참여적 리더십
② 개혁적 리더십
③ 분권적 리더십
④ 위임적 리더십
⑤ 혁신적 리더십

해설 참여 서비스 리더십은 효과적인 조직 구조와 운영을 위해서 조직구성원들을 조직의 과정 속에 보다 적극적으로 활용하여 그들의 의견을 의사결정에 많이 반영시키는 형태의 리더십이다.

25

서비스 기업의 경쟁 환경이 일반적인 제조기업과 다른 점이 아닌 것은?

① 수요의 변동이 거의 없다.
② 규모의 경제를 실현하기 어렵다.
③ 진입장벽이 상대적으로 낮다.
④ 내부고객의 만족이다.
⑤ 고객충성도의 확보가 핵심이다.

해설 '수요의 변동이 심한 것'이 서비스 기업이 일반적인 제조기업과 다른 경쟁 환경이다.

26

기존 마케팅과는 달리 소비되는 분위기와 이미지나 브랜드를 꾸준히 심어 줌으로써 소비자를 충성고객으로 만드는 21세기형 마케팅 전략은?

① 편익 마케팅
② 기획 마케팅
③ 브랜드 마케팅
④ 체험 마케팅
⑤ 공생 마케팅

해설 체험 마케팅이란 고객이 상품을 직접 체험하도록 하면서 홍보하는 마케팅 기법이다. 기존 마케팅과는 달리 소비되는 분위기와 이미지나 브랜드를 통해 고객의 감각을 자극하는 체험을 창출하는 데 초점을 맞춘 21세기형 마케팅 전략이다.

정답 23 ① 24 ① 25 ① 26 ④

27

다음 보기의 빈칸에 들어갈 용어로 알맞은 것은?

> 인지 마케팅은 고객들에게 창조적인 인지력과 문제해결 등 이성적 생각을 통한 (   ) 경험을 만들어 주려는 목적으로 지성에 호소하는 것이다. 또한, 놀라움, 호기심, 흥미를 통해서 고객이 수렴적 또는 확산적 사고를 갖도록 한다.

① 감정적
② 감성적
③ 사고적
④ 행동적
⑤ 관계적

해설 인지캠페인이 신기술 제품에 보편적으로 사용되기는 하지만, 인지 마케팅은 하이테크 제품에만 국한되지는 않는다. 인지 마케팅은 다양한 산업의 제품 디자인, 소매업, 커뮤니케이션 분야 등에서 많이 사용되고 있다.

28

개인으로 하여금 이상적인 자아나 타인, 문화 등과 연결시켜 줌으로써 고객의 자기향상 욕구를 자극하는 마케팅은?

① 감성 마케팅
② 인지 마케팅
③ 관계 마케팅
④ 행동 마케팅
⑤ 감각 마케팅

해설 관계 마케팅은 다른 사람과의 관계 형성을 체험하게 하는 '관계적 체험'을 통해 개인적 체험을 증가시키고, 개인으로 하여금 이상적인 자아나 타인, 문화 등과 연결시켜 줌으로써 고객의 자기향상 욕구를 자극한다.

29

감성 경영에 대한 설명 중 빈칸에 들어갈 용어로 알맞은 것은?

> 감성 경영은 대외적으로 '감성 마케팅'을 통한 고객감동으로, 기업의 매출액과 브랜드 가치의 상승이라는 효과를 도출한다. 대내적으로는 '감성 리더십'을 통해 (   ) 효과를 가져 오며, 이를 통하여 업무능률을 향상시킨다.

① 감 동
② 충 성
③ 인재양성
④ 감 성
⑤ 피그말리온

해설 감성 리더십이란 직원들에 대하여 끊임없는 관심과 격려로 피그말리온 효과(타인의 기대나 관심으로 인하여 능률이 오르거나 결과가 좋아지는 현상)를 가져오고 이를 통하여 업무능률을 향상시키는 것을 말한다.

30

다음 중 업무상 요구되는 감성지능의 5가지 요소 중 돈, 명예와 같은 외적 보상이 아닌 스스로의 흥미와 즐거움에 의해 과제를 수행하는 능력은?

① 자아인식력
② 자기조절력
③ 동기부여능력
④ 감정이입능력
⑤ 사교성

해설 동기부여능력은 돈, 명예와 같은 외적 보상이 아닌 스스로의 흥미와 즐거움에 의해 과제를 수행하는 능력이다. 즉, 추진력, 헌신, 주도성, 낙천성 등이다.

27 ③ 28 ③ 29 ⑤ 30 ③ 정답

제2과목
CS 전략론

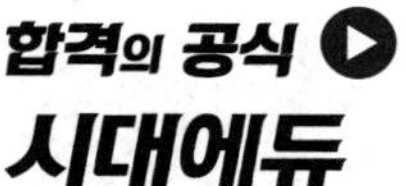
합격의 공식
시대에듀

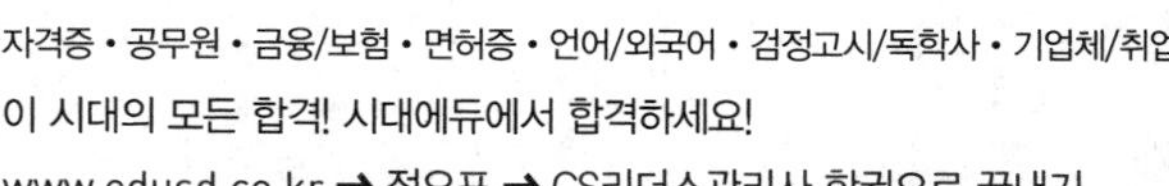
자격증 • 공무원 • 금융/보험 • 면허증 • 언어/외국어 • 검정고시/독학사 • 기업체/취업
이 시대의 모든 합격! 시대에듀에서 합격하세요!
www.edusd.co.kr → 정오표 → CS리더스관리사 한권으로 끝내기

01 서비스 기법

01 | 서비스 청사진(Service Blueprinting)

(1) 개 요

① 의 의

㉠ 산업공학이나 생산관리 분야에서 어떤 제품을 생산하려고 할 때, 필요한 업무들을 식별하고 그들 사이의 연관성을 파악하기 위해서 흐름도, 프로세스 도표, 인간-기계 도표 등을 이용하여 생산 공정을 세밀하게 분석하고 각 단계별로 매우 엄격한 업무 수행 지침을 개발함으로써 품질의 일관성을 유지하려고 노력해 왔다.

㉡ 서비스업에서도 이와 같은 시각적인 기법을 사용하여 서비스 설계를 좀 더 철저하게 수행하려는 목표로 고안된 것이 쇼스택(Shostack)의 서비스 청사진이다.

㉢ 서비스 청사진의 작성 목적 : 효율성과 생산성 평가, 이해관계 재인식, 직원의 책임과 역할 규명, 공유된 서비스 비전 개발, 프로세스에서 청사진의 개념을 명확히 하기 위함이다. 기출 22

㉣ 서비스 청사진의 특징 중요

- 핵심 서비스 프로세스를 그 특성이 나타나도록 알아보기 쉬운 방식의 그림으로 나타낸 것이다.
- 종업원, 고객, 기업 측에 서비스 전달과정에서 해야 하는 각자의 역할과 서비스 프로세스와 관련된 단계와 흐름 등 서비스 전반을 이해하도록 묘사해 놓은 것으로서, 특히 서비스 상품 개발의 설계와 재설계의 단계에서 유용하다.
- 논리적인 구성요소 등을 동시에 보여 줌으로써 서비스를 시각적으로 제시한다.
- 서비스 청사진은 고객이 경험하게 되는 서비스 과정이고 업무수행의 지침이며, 서비스 제공 프로세스의 단계를 나누는 방법이다.
- 서비스 청사진은 고객과 서비스 시스템과의 상호작용을 구체적으로 표현하며, 실패 가능점을 알아내어 미연에 방지책이나 복구 대안을 강구하도록 하는 데 있다.
- 청사진을 통해서 전체 운영 시스템 중 고객의 서비스 동선 등을 파악하여, 서비스 향상을 통해 업무의 효용성을 증대시킬 수 있다.

② 서비스 청사진의 구성요소 기출 14, 15, 16, 17, 19, 20, 22, 23

㉠ 고객의 행동 : 서비스구매, 소비, 평가단계에서 고객이 직접 수행하는 활동으로서, 병원선택, 예약전화하기, 주차 등의 활동을 의미한다.

㉡ 일선 종업원의 행동 : 고객의 눈에 가시적으로 보이는 종업원의 활동을 의미하며, 주차관리인의 주차안내, 안내원의 상담 등을 말한다.

㉢ 후방종업원의 행동 : 고객에게 직접 보이지는 않지만 무대 위 종업원의 행동을 지원하는 행동으로 상품배송, 주문 등을 말한다.

㉣ 지원 프로세스 : 서비스를 전달하는 종업원을 지원하기 위한 내부적 서비스로 서비스 직원의 교육담당자 등이다.

㉤ 위의 ㉠, ㉡, ㉢, ㉣의 행동들은 다음과 같이 3개의 수평선으로 나누어진다. 중요

- 상호작용선 : 외부고객과 일선종업원 사이의 상호작용선을 통해 고객이 경험하는 서비스 품질을 알게 하여 서비스설계에 공헌할 수 있다.
- 가시선 : 고객이 볼 수 있는 영역과 어떤 종업원이 고객과 접촉하는지를 알려주어 합리적인 서비스 설계를 하도록 도와준다.
- 내부작용선 : 부서 고유의 상호의존성 및 부서 간 경계 영역을 명확히 해 주어 점진적인 품질 개선 작업을 강화할 수 있다.

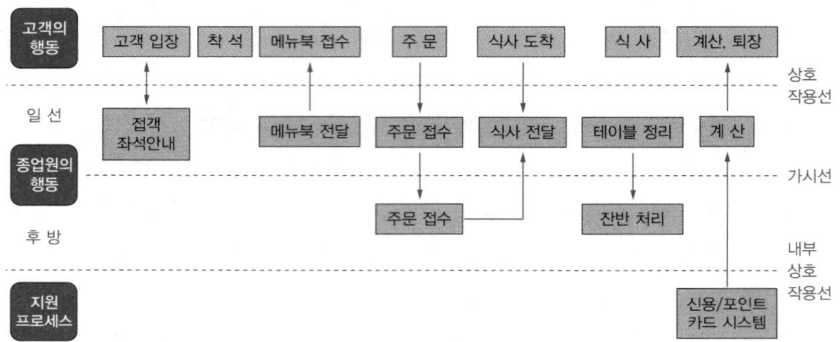

③ 서비스 청사진의 작성 5단계 기출 15, 16, 18, 20, 24

단계	내용
1단계 (과정의 도식화)	서비스가 고객에게 전달되는 과정을 염두에 두고 이를 도식화하여 나타낸다.
2단계 (실패 가능점의 확인)	전체 단계 중에서 서비스 실패가 일어날 확률이 큰 지점을 짚어내어 표시해 둔다.
3단계 (경과 시간의 명확화)	각 단계별 표준 작업시간과 허용 작업시간을 명확히 적는다.
4단계 (수익성 분석)	실수가 발생하거나 작업이 지연될 경우를 상정한 시뮬레이션을 통해 수익성을 분석하고, 그 결과를 토대로 표준 서비스 청사진을 확정한다.
5단계 (청사진 수정)	사용 목적별로 서비스 청사진을 해석하고 대안을 도출한 후, 청사진을 새로 수정하여 서비스 실패의 가능성을 줄일 수 있다.

④ 서비스 청사진의 이점 중요

㉠ 종업원들로 하여금 자신이 하는 일과 전체 서비스와의 관계를 파악할 수 있도록 하여 종업원들의 고객지향적 사고를 체질화시킬 수 있다.

㉡ 서비스활동의 흐름에서 취약한 실패점을 확인하여 점진적 품질개선의 주요 목표로 삼을 수 있다.

㉢ 외부고객과 종업원 사이의 상호작용선을 통해 고객이 자신의 역할을 깨닫게 되며, 고객이 경험하는 서비스 품질을 알게 하여 서비스 설계에 공헌할 수 있도록 한다.

㉣ 서비스 각 요소의 원가, 이익 등 투입 및 산출물을 확인하고 평가할 수 있는 기반을 제공한다.
㉤ 서비스 구성요소와 연결을 명확하게 함으로써 전략적 토의를 쉽게 할 수 있다.
㉥ 품질개선을 위한 상의하달과 하의상달을 촉진한다.
㉦ 서비스가 유형화된다.
㉧ 직접 고객을 상대하는 직원에게 적절한 서비스 교육을 해 줄 수 있다.

02 | 서비스 모니터링

(1) 개 요

서비스 모니터링이란 고객접점에서 서비스가 기업의 표준안대로 잘 행해지고 있는지 전문가를 거쳐 평가하는 활동이다.

(2) 목 적

① 종업원의 서비스 품질을 객관적으로 평가한다.
② 고객의 필요나 기대를 찾아낸다.
③ 종업원의 잠재능력을 개발하여 전문적인 서비스 응대 및 상담 기술을 향상시키고, 고객만족을 극대화시킨다.
④ 고객만족과 로열티 향상을 위한 관리 수단이 된다.

더 알아보기

바람직한 서비스 모니터링을 위한 운영 프로세스의 구축
- 행동 지침인 서비스 표준 매뉴얼을 작성해야 한다.
- 객관적인 평가를 위하여 사전 교육과 지속적인 관리가 필요하다.
- 서비스 모니터링 결과에 따른 교육 이행 기관을 마련해야 한다.
- 서비스 모니터링을 장기적 측면에서 지속적인 개선의 도구로 활용해야 한다.

(3) 모니터링 요소 기출 14, 15, 16, 17, 19, 23

대표성	• 모니터링 대상접점을 통하여 전체 접점 서비스의 특성과 수준을 측정할 수 있어야 한다. • 모니터링 대상접점은 하루의 모든 시간대별, 요일별 및 그 달의 모든 주를 대표할 수 있도록 수행되어야 한다.
객관성	• 종업원을 평가 또는 통제하는 도구가 아니라, 종업원의 장 · 단점을 발견하고 능력을 향상시킬 수 있는 수단으로 활용해야 한다. • 편견 없는 객관적인 기준으로 평가하여 누구든지 인정할 수 있게 해야 한다.
차별성	• 모니터링 평가는 서로 다른 스킬 분야의 차이를 반드시 인정하고 반영해야 한다. • 기대를 넘는 뛰어난 스킬과 고객 서비스 행동은 어떤 것인지, 또 거기에 대한 격려와 보상은 어떻게 해야 하는지 등을 판단하는 데 도움을 줄 수 있다.

신뢰성	• 평가는 지속적으로 이루어져야 하고, 누구든지 결과를 신뢰할 수 있어야 하므로, 평가자는 성실하고 정직해야 한다. • 모든 평가자는 동일한 방법으로 모니터링을 해야 하며, 누가 모니터링하더라도 그 결과가 큰 차이 없이 나와야만 신뢰를 획득할 수 있다. • 모니터링 평가표는 자세한 부분까지 평가할 수 있도록 세부적으로 되어 있어야 한다.
타당성	• 고객들이 실제적으로 어떻게 대우를 받았는지에 대한 고객의 평가와 모니터링 점수가 일치해야 하고 이를 반영해야 한다는 것을 의미한다. • 모니터링 평가표는 고객 응대 시의 모든 중요한 요소가 포함될 수 있도록 포괄적이어야 한다. • 고객을 만족시킬 수 있는 행동들은 높게 평가해야 하며, 고객 불만족 행동들은 낮게 평가될 수 있도록 설정되어야 한다.
유용성	• 위에서 제시한 다섯 가지 요소들은 대표적이고 객관적이며 신뢰할 수 있는 유용한 데이터를 만들기 위한 것이다. • 정보는 조직과 고객에게 영향을 줄 수 있어야만 가치를 발휘하게 된다.

(4) 미스터리 쇼퍼(Mystery Shopper) 기출 14, 15, 16, 17, 22, 23, 24

① 일반 고객으로 가장하여 매장을 방문하여 물건을 사면서 점원의 친절도, 외모, 판매기술, 사업장의 분위기 등을 평가하여 개선점을 제안하는 일을 하는 사람을 말한다.

② 이들은 상품의 질과 더불어 서비스의 질에 대한 소비자의 평가에 따라 기업의 매출이 큰 영향을 받게 되면서 생겨난 새로운 직업 가운데 하나로서, 직접적으로 소비자의 평가를 파악하기가 어려운 기업을 대신하여 소비자의 반응을 평가한다.

③ 미스터리 쇼핑의 목적은 단순히 불량 종업원의 감시가 아니라 고객응대 서비스의 개선을 통해 고객만족도를 높이는 데 있다. 고객 서비스 현황 및 환경에 대한 평가진단을 목적으로 하며, 조사 리스트를 바탕으로 마케팅 전략을 수립한다.

④ 아무리 좋은 서비스를 받은 적이 있는 사람이라 할지라도 서비스 수준에 한 번이라도 불만을 느끼게 될 경우 기업의 이미지가 부정적으로 변화될 가능성이 높기 때문에 서비스 제공 실패를 파악하고 개선과 보완점을 발견하여 서비스 표준을 마련한다.

⑤ 이들은 매장을 방문하기 전에 해당 매장의 위치, 환경, 직원 수, 판매제품 등에 대한 정보를 파악한 후 직접 매장을 방문하여 상품 문의, 구매 및 환불 등 실제 고객이 하는 행동을 한다. 그러면서 매장 직원들의 반응과 서비스, 상품에 대한 지식, 청결상태, 발생한 상황의 전말이나 개인적으로 느낀 점들에 대해 평가표를 토대로 보고서를 작성한다.

더 알아보기

1. 미스터리 쇼핑 조사의 개념

미스터리 쇼핑은 미국에서 은행지점이나 가게 등에서 직원들의 횡령을 방지하기 위해 몰래 관찰한 것이 시초이며, 1940년대 들어서 Wilmark라는 사람이 Mystery Shopping이라는 용어를 처음 사용하면서 매장과 같은 고객접점의 서비스 평가에 활용한 것이 미스터리 쇼핑의 첫 시도다. 1970년대와 1980년대에 들어서면서 미스터리 쇼핑은 널리 활용되기 시작하였으며, 1990년대와 2000년대에는 인터넷의 등장과 함께 관찰한 내용을 실시간으로 관리할 수 있게 되면서 미스터리 쇼핑 산업이 크게 성장하였다. 실제 미국에서는 미스터리 쇼핑만을 전문적으로 수행하는 업체들의 협회인 미스터리쇼핑협회(MSPA)라는 단체가 있으며, 흔히 모니터 요원이라 불리는 미스터리 쇼퍼 자격증 제도도 운영하고 있다.

2. 미스터리 쇼핑 조사 시 고려사항

소비자나 고객대상 조사에서는 전체 모집단으로부터 일부를 표본추출하므로 표본오차라는 것이 존재하게 된다. 하지만 미스터리 쇼핑에서는 평가자가 임의로 관찰 횟수를 정하게 되므로 엄밀하게 따져서 모집단이라는 것이 존재하지 않게 되므로 최소 표본크기, 표본오차와 같은 개념들을 적용할 수 없다. 일부에서는 미스터리 쇼핑 조사 시 소비자나 고객대상 조사에서처럼 일정 수 이상 관찰 횟수를 가지고 통계적인 대표성을 논하는 경우가 있는데, 이에 대한 이론적 근거는 전혀 없으며, 앞서 언급한 미스터리 쇼핑의 특성을 바탕으로 할 때 논리적으로도 전혀 설득력이 없다. 미스터리 쇼핑 조사 시 가장 중요한 요소는 첫째, 서로 다른 훈련된 미스터리 쇼퍼가 해당 접점을 동일한 잣대로 제대로 관찰했는지 여부 둘째, 시간대별 · 요일별 서비스 품질 변화를 감안해 관찰 시기는 잘 배분했는지 여부 등이다. 일정한 오차가 있는 한 명의 미스터리 쇼퍼가 수백 번, 수천 번 관찰을 하는 것보다 서로 눈높이를 조정한 복수의 미스터리 쇼퍼가 한 번씩 관찰하는 것이 더 정확하다고 할 수 있으며, 미스터리 쇼핑의 본래 취지와 목적에도 부합한다.

3. 미스터리 쇼핑 조사와 서비스 응대 매뉴얼

미스터리 쇼핑 조사는 사전에 눈높이를 맞춘 훈련된 모니터 요원을 통해 접점의 서비스 수준을 점검하는 것이다. 여기서 모니터 요원들의 눈높이를 맞추기 위해서는 일정한 기준이 필요한데, 이러한 기준은 해당 접점의 서비스 매뉴얼이어야 한다. 즉, 미스터리 쇼핑 조사를 위해서는 접점에서 지켜야 할 서비스 표준이라고 할 수 있는 매뉴얼이 반드시 있어야 하며, 접점에서 종사하는 직원들은 서비스 매뉴얼의 내용을 최소한의 인지는 하고 있어야 한다. 간혹 접점에서 제공해야 할 기본적인 서비스 매뉴얼도 없는 상태에서 무조건 미스터리 쇼핑조사만 해 달라고 의뢰하는 경우를 보게 되는데, 접점 직원들이 지켜야 할 서비스 기준이 없는 상태에서의 평가는 아무런 의미가 없다. 따라서 미스터리 쇼핑 조사를 위해서는 반드시 접점에서 준수해야 할 기준이 있어야 하며, 접점 직원들이 이러한 기준들을 최소한 알고는 있어야 한다.

4. 미스터리 쇼핑 조사의 오 · 남용

일부 기업에서는 경쟁사의 접점 서비스 수준평가 이외의 정보를 파악하기 위해 미스터리 쇼핑 조사를 활용하기도 한다. 또한, 많은 기업이나 기관에서 미스터리 쇼핑을 위한 매장 방문 시 직원의 응대과정을 몰래카메라 형태로 촬영하거나 녹취하여 향후 해당 직원과 콜센터 상담직원 평가를 위해 활용하는 것이 이제는 자연스러운 일이 되어 버렸다. 미스터리 쇼핑 조사는 해당 접점에서의 서비스 수준을 기준에 맞게 평가하는 데 본래 목적이 있으므로, 미스터리 쇼핑 조사의 진행이 해당 접점의 업무에 방해가 되어서는 안 되며, 대상 직원이 누구인지 밝혀질 수 있는 개인 신상에 대한 어떠한 정보도 조사결과 피드백 시 공개되어서는 안 된다는 점을 세계적인 마케팅여론 조사협회인 ESOMAR(European Society for Opinion and Market Research)에서 규정하고 있다. 미스터리 쇼핑 조사를 통해 기업이나 기관이 궁극적으로 추구해야 할 것은 접점에서의 서비스 수준이며, 이를 위해서는 무엇보다 접점 직원들의 협조가 필요하다. 미스터리 쇼핑 조사를 본래 취지와는 다르게 오 · 남용하게 되면 접점 직원들의 반발 및 불신을 초래해 결국 접점 서비스의 약화를 가져올 수밖에 없을 것이므로, 미스터리 쇼핑 조사를 활용하거나 향후 도입하고자 하는 기업이나 기관에서는 이러한 점을 분명히 인식해야 한다.

(5) 고객패널

고객패널이란 일정 기간 동안 서비스 및 상품에 대한 고객의 태도와 지각을 기업에게 알려주기 위하여 모집된 지속적 고객집단이다. 기업과 계약을 맺어 지속적으로 모니터링 자료를 제공한다. 고객 패널의 활동에는 설문조사, 시장조사, 현장 비교 체험, 모니터링 등이 있다.

03 | MOT(Moment of Truth) 사이클의 차트

(1) 개 요

① 의 의

MOT 사이클 차트는 서비스 프로세스상에 나타나는 일련의 MOT를 보여 주는 시계모양의 도표로, 서비스 사이클 차트라고도 한다. 이 차트는 서비스 전달 시스템을 고객의 입장에서 이해하기 위한 방법으로 고객이 경험하는 MOT를 원형차트의 1시 방향에서 시작하여 순서대로 기입한다.

일반적으로 종업원들은 자신이 맡고 있는 업무에만 관심을 두고 일하는 경향이 있으나, 고객은 서비스과정에서 경험하는 일련의 순간 전체를 가지고 품질을 평가한다.

② 적용사례

건강센터의 서비스 전달 시스템 내에 근무하는 주차관리요원, 접수 담당자, 검사기사, 의사, 수납 담당자와 같은 서비스 제공자들은 각자 자기 위주의 부분적 업무만 생각하고 있으나, 고객은 전체 서비스 프로세스를 경험하고 있다. 즉, 고객은 새처럼 높은 데서 숲 전체를 바라보지만 서비스 담당자는 근처의 나무만 보는 격이다.

(2) MOT의 법칙 중요 기출 22

① 곱셈의 법칙

㉠ 수많은 진실의 순간들을 거치면서 고객이 경험하는 서비스 품질이나 만족도는 곱셈의 법칙에 지배받게 된다. 전체 만족도는 MOT 각각의 만족도의 합이 아니라, 곱에 의해 결정된다는 것이다.

㉡ 고객의 경우, 열 가지 가운데 아홉 가지에서 100점의 서비스를 받았다고 해도, 한 가지 서비스에서 마이너스 점수를 받게 되면, 전체 만족도는 마이너스가 된다는 의미이다.

② 통나무 물통의 법칙

㉠ 통나무 조각으로 만든 물통이 있다고 가정해보자. 이 물통은 여러 조각의 나무조각을 묶어서 만들었기 때문에 어느 한 조각이 깨지거나 높이가 낮으면 그 낮은 높이만큼 밖에 물이 담기지 않게 된다.

㉡ 고객 서비스도 마찬가지다. 고객은 접점에서 경험한 여러 가지 서비스 가운데 가장 나빴던 서비스를 유난히 잘 기억하고, 그 기업을 평가하는 데 중요한 잣대로 삼는 경향이 있다.

③ 100－1 = 0의 법칙

100가지 서비스 접점 중 어느 한 접점에서 불만족을 느끼면 그 서비스의 전체에 대하여 불만족을 느낀다는 법칙이다.

④ TEN – TEN – TEN 원칙

㉠ 고객을 유지하는 데 10$ 소요

㉡ 고객을 잃어버리는 데 10분 소요

㉢ 고객을 다시 찾는 데 10년 소요

(3) MOT 사이클 차트의 분석 5단계 기출 14, 16, 19, 20, 22, 23, 24

① **고객의 입장에서 걸어보기(서비스 접점 진단)**

㉠ 고객의 입장에서 걸어보기는, 고객이 처음 점포(매장)에 들어오는 순간부터 점포(매장)을 나가는 순간까지의 모든 과정을 고객의 입장에서 생각해 보는 것이다.

㉡ 고객의 입장에서 걸어보기를 통해 고객이 경험하는 서비스 접점(MOT)이 무엇인지, 각각의 서비스 접점(MOT)마다 고객이 무엇을 원하는지를 파악할 수 있다.

더 알아보기

서비스 접점 진단의 3가지 측면 기출 21

구분	내용
하드웨어	기업의 이미지, 브랜드 파워, 매장의 분위기 및 편의시설, 고객지원센터, 매장 인테리어, 제품의 품질 및 성능, 설비의 사용 편리성 등
소프트웨어	서비스의 운영 시스템과 프로그램, A/S와 고객 관리시스템, 부가서비스 체계, 종업원의 업무 처리 프로세서, 처리속도 등
휴먼웨어	종업원들의 서비스 태도 · 표정 · 억양 · 자세, 접객서비스 활동, 매너, 조직문화 등

② **고객접점 유니트 설계(서비스 접점 설계)**

기업 내 각 부서의 고객접점 특징을 파악하여 고객접점의 단위를 구분하고, 고객접점 유니트를 정의한다.

③ **고객접점 사이클 세분화**

㉠ 고객접점 사이클이란 고객이 처음으로 접촉해서 서비스가 마무리될 때까지의 서비스 행동의 전체과정을 고객의 입장에서 그려보는 방법이다.

㉡ 백화점의 경우 한 건물 내에서 여러 가지 상품이 판매되고 있으므로, 각 층별로 고객접점 요소가 다르게 된다.

㉢ 마찬가지로 일반 점포 내에도 여러 단위의 업무가 모여서 점포서비스를 이루게 되므로 각각의 판매와 서비스단위를 세분화하여 고객접점 사이클을 세부적으로 분석한다.

④ **고객접점 시나리오 만들기**

고객접점 사이클이 구성되면 각 고객접점마다 문제점과 개선점을 찾아 시나리오 차트를 구성한다. 이때 접점은 한가운데에 놓고, 접점을 중심으로 왼쪽에 문제점, 오른쪽에 문제점에 대한 개선안을 놓게 된다. 이 시나리오 챠트 모양이 T자를 닮았다고 해서 T차트라고 불린다.

⑤ **새로운 표준안 대로 행동하기**

각 접점 단위별로 새로운 고객접점 표준안을 만들고, 접점별 표준안 대로 훈련하고 행동한다.

(4) 서비스 표준안 작성 시 고려할 기준 기출 16, 22, 24

① 관찰할 수 있고, 객관적으로 계측할 수 있어야 한다.

② 서비스 제공자에게 필요한 정확한 준칙을 제공한다.

③ 표준안은 최상위 경영층을 포함해 모든 조직구성원들이 받아들여야만 한다.

④ 전 조직원이 고객의 니즈(Needs)를 받아들여 상호이해와 협조하에 구성한다.

⑤ 업무안은 구체적이며 분명하게, 수행안은 간단 · 명료하게 명문화한다.

(5) MOT 평가 기출 14, 15

① MOT 차트는 세 개의 칸으로 이루어진 간단한 차트이다.

② 중앙에 MOT에 대한 고객의 표준적인 기대를 기록한다.

③ 오른쪽 칸에는 MOT를 불만족스럽게 만드는 마이너스 요인, 왼쪽 칸에는 고객의 마음에 가치를 부가할 수 있는 플러스 요인을 적는다.

④ 다음은 호텔에서 서비스할 때의 사례이다.

플러스 요인	고객의 표준적인 기대	마이너스 요인
• 담당자가 벨이 3회 이상 울리기 전에 받고 즉석에서 모든 문제를 교환 없이 바로 안내해 준다. • 프런트 담당자가 상냥한 미소로 꼼꼼하게 체크인과 호텔 이용방법 등을 친절하게 설명해 준다. • 벨보이가 룸까지 짐을 조심해서 다뤄 주고, 팁에 대하여 진심으로 감사의 표시를 한다.	• 예약전화를 할 때 교환연결하지 않고 바로 예약이 가능하다. • 프런트에서 담당자가 신속하게 체크인을 도와준다. • 벨보이가 방까지 짐을 나르고 안내해 준다. • 방안이 깨끗하고 쾌적하게 청소가 잘 되어 있다.	• 기계음 또는 여러 번의 교환을 거쳐야 예약을 할 수 있다. • 프런트 담당자가 사무적인 표정으로 묻는 말에만 대답한다. • 벨보이가 짐을 대충 대충 다루고, 먼저 팁을 요구한다. • 방안에서 쾨쾨한 냄새가 난다.

(6) MOT 관리 매뉴얼의 필요성

① 고객이 기업을 인식하는 첫 접점에서부터 기업 문을 나선 이후까지의 과정에서 각 접점마다 단지 '친절' 하나로 해결되는 것은 아니며, 기업의 각 과정이 하나의 시스템으로 만들어져야 한다.

② MOT를 효과적으로 활용하려면 고객접점 매뉴얼을 만들고 표준 응대법을 직원들과 함께 마련하는 노력이 있어야 하며, 매뉴얼을 만드는 과정을 통해 고객의 눈높이를 읽을 수 있는 기회가 된다.

③ 만들어진 매뉴얼은 각 접점별로 서비스 품질의 상향 평준화를 가져오고, 예기치 않은 상황에서도 당황하지 않고 적정한 대응을 가능하게 해 준다.

04 | 서비스 보증

(1) 의 의

서비스 보증이란 만족하지 못한 고객에게 제품을 교환해 주거나 수리해 주는 것을 말한다.

(2) 특 징

① 무형의 서비스이다.
② 일정시간이 지나면 소멸한다.
③ 제품보증보다 창의적인 발상을 실현한다.

(3) 서비스 보증이 필요한 상황 중요

① 상품 자체의 가격이 높은 경우
② 고객의 자아 이미지가 관계된 경우
③ 문제 발생 시 그 피해가 심각한 경우
④ 해당 산업에 전반적으로 품질에 대한 나쁜 이미지가 형성되어 있는 경우
⑤ 상품구매에 대해 고객의 전문지식이나 자신감이 적을 경우
⑥ 고객의 반복구매가 기업에 중요한 경우
⑦ 사업이 구전에 의해 영향을 많이 받는 경우
⑧ 구매자의 저항이 큰 경우

(4) 성공적인 보증의 조건

① 무조건적이어야 한다.
② 이해하기 쉽고, 설명하기 쉬워야 한다.
③ 고객에게 중요하고 적정해야 한다.
④ 이용하기 편해야 한다.
⑤ 신뢰성이 있어야 한다.

02 서비스 차별화

01 | 시대변화와 마케팅 전략

(1) 시대변화

① 생산자중심 경제에서 소비자중심 경제로의 변화

급격한 경제발전과 아울러 세계경제는 만들면 팔리는 생산자중심 경제에서 공급과잉에 의한 소비자중심 경제로 변하였으며, 우리 경제도 1990년대를 기점으로 소비자중심 경제로 접어들었다. 아울러 과학기술의 눈부신 발달이 시간, 거리, 장소의 개념을 무의미하게 만들고, 세계경제를 글로벌화시킴으로써 이제는 총칼 없는 전쟁 속에서 전 세계적으로 사활을 건 기업 간의 생존 전쟁이 벌어지고 있다. 이 전쟁에서 남보다 앞선 서비스와 기업구조개선으로 무장한 기업은 생존하고 그렇지 못한 기업은 도태되는 현상이 전개되고 있다.

② 피터 드러커의 마케팅 활동방법

㉠ 마케팅 활동은 타깃 시장을 선정하고 우월한 고객가치를 창조, 커뮤니케이션을 제공함으로써 고객을 얻고 유지하며 성장시키는 것이다.

㉡ 마케팅은 고객의 충족되지 않은 니즈와 욕구를 확인해서 그 규모와 잠재적 수익성을 측정한 뒤, 타깃 시장과 적정 제품 · 서비스 · 제공할 프로그램을 결정하고 조직 구성원 모두가 항상 고객에 대해 생각하고 봉사하도록 하는 것이다.

㉢ 고객의 눈에 보이는 혹은 잠재적인 수요의 만족이나 충족에 머물지 말고, 그 이상의 고객만족을 지향한다.

㉣ 고객이 구입하는 제품과 서비스 그 자체보다는 그것을 어떻게 사용할 것인가, 그것으로 무엇을 할 것인가에 초점을 맞추어 마케팅을 전개해야 한다.

(2) 틈새시장 중요 기출 18, 19, 20

① 의 의

틈새시장은 경쟁이 심한 산업분야나 남이 미처 알지 못하는 시장 또는 남이 알고 있더라도 아직 공략이 제대로 되지 않는 시장에서 시장 세분화를 거쳐 틈새를 공략하는 것을 말한다.

② 시장의 변화

초창기 시장이 매스 마케팅시장이었다면 1980년대는 세분화 마케팅을 거쳐 틈새 마케팅으로의 변환이 이루어진 시기이다. 이후 틈새마케팅은 다시 데이터베이스 마케팅으로 변화하게 된다.

③ 세분화 마케팅

㉠ 세분화 마케팅이란 집단을 세분화해서 그에 따른 각자의 전략을 수립하는 것이다.

㉡ 연령, 성별, 라이프스타일, 개인취향 등의 일정한 기준으로 시장을 구분해 놓고, 고객의 니즈에 따른 서비스를 공급할 수 있는 마케팅 전략을 수립하는 것을 말한다.

㉢ 은행에서 큰 금액을 맡기는 고객과 일반고객과의 마케팅 방법이 다른 것은 은행이 세분화 마케팅을 펼치기 때문이다.

더 알아보기

시장 세분화의 조건 기출 16, 19, 20

- 측정가능성 : 세분 시장의 규모와 고객 구매력 등이 측정 가능해야 한다.
- 접근가능성 : 기업의 입장에서 유통경로나 매체를 통해 접근이 쉬워야 한다.
- 차별가능성 : 세분 시장 마다 마케팅믹스에 대해 서로 다른 반응을 보인다.
- 규모실질성 : 세분 시장의 규모가 충분해서 기업이 이익을 내기 위해 시장진입 시 특정한 마케팅 실행을 할 수 있어야 한다.
- 실행가능성 : 세분 시장을 적극적으로 공략하기 위해서는 실질적이고 효과적인 프로그램을 개발해야 한다.

④ 틈새 마케팅(Niche Marketing)

㉠ 신상품이 출시된 후 일정 기간이 지나면 상품에 대한 수요가 포화상태에 이르게 마련이다. 이런 상황과 직면하게 되면, 기업은 신상품을 개발하거나 다른 시장에 뛰어들거나 하는 전략적 의사결정을 내려야 한다.

㉡ 그러나 남이 개척한 시장에 뒤늦게 뛰어드는 것은 위험하다. 이제는 남이 발을 들여놓지 않았거나 과거에 마케팅 비용 대비 성과가 높을 것 같아 우선순위에서 밀려났던 시장을 찾아야 한다.

- 아동복을 더욱 세분화하여 '토들러' 카테고리를 개발한 것은 시장개발의 좋은 사례이다.
- 토들러는 유아와 아동의 중간단계로서, 이제 막 걸음마를 배워 한창 걷기 위한 노력을 기울이고 있는 아동들을 대상으로 하는 의류시장이다. 즉, 예전에는 없던 새로운 고객으로 틈새시장을 개발한 사례이다.

㉢ 남들이 미처 발견하지 못했거나 건드리지 않는 시장을 공략해서 수익을 창출하는 마케팅이 '틈새 마케팅'이며, '니치 마케팅'이라고도 한다.

- 틈새 마케팅은 매스 마케팅에 대립되는 말로서, 오늘날 사회가 탈 대중화 사회로 접어들어 싱글족, 딩크족, 맞벌이부부 등 다양한 라이프스타일로 고객집단이 더욱 세분화되어 감에 따라 나온 것이다.
- 기업들도 기존의 마케팅 전략을 변경하지 않을 수 없게 되었음은 물론이다. 즉, 대중시장이 붕괴된 후의 세분화된 시장에 응하여 특정한 성격의 소규모 소비자를 대상으로 마치 틈새를 비집고 들어가는 것과 같다 하여 붙여진 이름이다.

㉣ 틈새 마케팅의 의미를 작은 시장(Small Market)에만 주목하라고 해석해서는 안 된다. 틈새 시장은 작을 수도 있고 클 수도 있다. 시장이 크건 작건 관계없이 틈새 마케팅은 경쟁자가 진입하지 않은 좋은 틈새시장을 찾는 것에서 시작된다.

㉤ 좋은 틈새시장은 미래에 성장할 것으로 예측되는 시장이다. 이 경우 틈새 마케팅의 목표는 시장선점 혹은 교두보 확보이다.

- 녹차성분 음료는 원래 모든 여성이 아니라 건강에 관심이 있는 여성들을 대상으로 기획되었으나, 웰빙 열풍과 더불어 나중에 대규모 시장을 형성하였다.
- '타이맥스'라는 시계 회사는 1980년대 초반까지의 싸고 수명이 긴 시계를 생산해 온 매스 마케팅에서 탈피, 10대를 겨냥한 제품, 여성과 남성 각각을 타깃으로 한 차별화된 제품, 또 스키어, 자전거동호인 등만을 타깃으로 한 다양한 제품 라인을 출시하여 엄청난 수익을 올렸다.

㉥ 좋은 틈새시장이란 크게 성장할 것으로 예상되지는 않지만, 경쟁자들이 진입하지 않는 시장이다.

- 여성 의류에서 7부와 9부 바지가 유행하면서 발목의 노출이 자연스러워지자, 발찌와 발가락찌 상품이 시장에서 인기를 끌었던 것을 예로 들 수 있다.
- 피부관리에서 파생되어 손끝까지 관리해 주는 네일숍의 등장이나 휴대전화 고리, 액정보호 필름과 케이스 등의 상품을 떠올리면 된다.

㉦ 좋은 틈새시장을 찾는 작업은 필수적으로 기업의 변화를 요구한다. 기업은 기존의 매스 마케팅적인 사고 · 습관 · 행동에서 탈피하여, 작지만 빠르게 행동해야 한다. 작고 빠르게 행동한다는 말은 기업의 활동을 시장 및 고객 중심으로 변화시켜 급변하는 시장상황과 난무하는 정보들의 예리한 분석을 통해 시장의 욕구를 충족시키라는 것이다.

㉧ 여러 가지 작은 정보를 지속적으로 수집해야만 유용한 아이디어를 얻을 수 있다. 틈새 마케터는 고객과 접촉하고, 고객으로부터 정보를 얻는 것을 생활의 일부로 만들어야 한다. '작게 행동함으로써 더 크게 될 수 있다'는 역설적 논리를 떠올려 보자. 기업의 이런 노력들은 향후 엄청난 시장의 확대로 이어질 것이다.

⑤ 데이터베이스 마케팅 중요

데이터베이스 마케팅이란 고객과 관련된 다양한 데이터를 수집 · 분석하여 마케팅의 효율성을 대화하는 것을 말한다. 데이터베이스 마케팅은 고객과의 독특하고 개별적이며, 지속적인 관계를 유지하는 개별 마케팅(Individual Marketing), 일대일 마케팅(One-to-One Marketing), 관계 마케팅(Relationship Marketing) 등으로 진화한다.

⑥ 틈새시장과 롱테일 법칙 중요 기출 20

롱테일 법칙이란 상품 종류가 다양한 온라인 매장의 경우 매출의 대부분이 오프라인에서는 판매량이 저조해 구비해 놓기 힘든 틈새상품에서 나온다는 법칙으로 전체 상품의 20%에 해당하는 히트상품이 전체 매출의 80%를 불러일으킨다는 오프라인 매장의 파레토 법칙과 대비되는 개념이다. 온라인 매장의 상품별 매출곡선을 그리면 틈새상품의 매출을 나타내는 부분이 동물의 꼬리처럼 가늘고 길게 보이기 때문에 이름 붙여졌다.

더 알아보기

1. 파레토 법칙(Pareto's Law)

일명 80:20 법칙이라고 불리는 파레토 법칙은 이탈리아 경제학자인 빌프레도 파레토가 1906년 소득분포의 불평등도에 관한 법칙을 알아내며 등장하였다. 경영학에서는 조셉 주란에 의해 처음 이 용어가 사용되었으며 VIP 마케팅 방식 등에 관련되었다. 사람들은 모든 원인에는 각각 똑같은 중요성이 있다고 보기 때문에 결과에 대해 동등한 가치를 기대하지만 다양한 통계자료를 분석한 결과 인간의 직관에 반하는 80:20 법칙이 여러 분야에 걸쳐서 나타나고 있었다. 기업 측면에서도 20%의 소비자가 전체 매출액의 80%를 차지하고, 전체 제품 가운데 20%의 품목에서 전체 매출액의 80%가 나왔다. 따라서 파레토 법칙을 잘 활용하기 위해서는 개인적으로나 조직적으로나 80%의 작은 일에 집중하는 것보다는, 20%의 핵심적인 일에 자원을 집중하는 것이 최고의 효율이 발생한다는 교훈을 얻을 수 있다.

2. 롱테일(Long Tail) 법칙

1년에 단 몇 권밖에 팔리지 않는 '흥행성 없는 책'의 판매량을 모두 합하면, 놀랍게도 '잘 팔리는 책'의 매상을 추월한다는 온라인 판매의 특성을 이르는 개념이다. 20%의 핵심 고객으로부터 80%의 매출이 나온다는 유명한 파레토 법칙과 반대되는 개념으로 '역 파레토 법칙'이라고도 한다.
미국의 IT 전문잡지 〈와이어드〉의 편집장 크리스 앤더슨은 2004년 10월 '롱테일 법칙'관련 기사를 발표했다. 앤더슨이 롱테일 법칙을 통해 도출해낸 결론은 세 가지다.

- 첫째, 한 제품의 꼬리는 우리가 생각하는 것보다 훨씬 길다.
- 둘째, 긴 꼬리를 효과적으로 개발해 낼 수 있다.
- 셋째, 제품들을 모아놓으면 큰 규모의 시장을 창조할 수 있다.

현재 기업계에서는 이 긴 꼬리가 거대한 괴물로 진화하고 있다. 가장 대표적인 사례가 바로 구글이다. 파레토 법칙에 배제의 법칙이 적용되는 것에 반해, 롱테일 법칙에는 상생의 법칙이 적용된다고 할 수 있다.

⑦ 틈새시장과 고객중심적인 조직문화의 형성

틈새시장은 고객을 통해서도 창조될 수 있으므로, 고객과 지속적이고 원활한 소통을 통해 파악해야 한다. 이를 위해서는 고객이 먼저 부담 없이 기업에 접근하고 사소한 것까지 이야기할 수 있는 기업 조직문화를 형성하는 것이 중요하다.

⑧ 틈새시장의 사례 – 사우스웨스트 항공을 중심으로

대부분의 항공사들이 업계 선두를 달리는 대형 항공사들(예를 들면, 아메리칸, 유나이티드, 델타항공사 등)을 상대로 경쟁을 벌였지만, 사우스웨스트 항공은 기존의 항공사가 아닌 경쟁의 기준을 한 등급 아래인 고속버스와 철도회사로 바꾸어 그들이 장악하고 있던 시장을 공략하였다. 즉, 비행기 요금이 부담스러워 시간이 걸리더라도 자동차나 기차를 이용하는 승객들에게 기존 항공요금보다 저렴한 가격의 국내 단거리를 운항하는 틈새시장을 집중적으로 공략한 것이다. 사우스웨스트 항공이 만들어 낸 단거리 여행 시장은 전체 항공기 시장보다 더 큰 성장률을 보였다. 항공요금이 비싸다고 생각했던 사람들과 전에 자동차를 이용했던 사람들을 고객으로 만들어 새로운 시장을 개척한 것이다.

(3) SWOT 전략

① **SWOT 분석** 기출 14, 15, 16, 17, 18, 19, 20

SWOT 분석은 미래의 외부환경 변화에 따른 기회(Opportunities), 위협(Threats) 요인과 기업의 내부 능력에 있어서 강점(Strengths), 약점(Weaknesses) 요인 분석을 통하여, 회사의 강점을 활용하거나 약점을 보완하여 기회요인을 극대화하고, 위협요인을 극소화하는 등의 미래 전략대안을 개발하기 위한 경영도구이다. SWOT는 강점(Strengths), 약점(Weaknesses), 기회(Opportunities), 위협(Threats)를 의미하며, 강점(S)과 약점(W)은 내부 환경분석에 해당하며, 기회(O)와 위협(T)은 외부 환경분석에 해당한다.

② **SWOT 분석 틀** 기출 20, 22

㉠ 외부 기회 요인 : 경쟁력이 약해진 경쟁사, 새로운 기술의 출현, 경제 호황

㉡ 외부 위협 요인 : 뛰어난 대체제의 등장, 정부의 규제, 소비자 기호의 변화, 막강한 경쟁자 출현

㉢ 내부 강점 요인 : 자사의 우월한 제조기술, 원활한 자금 조달, 높은 시장 점유율, 탄탄한 마케팅 조직

㉣ 내부 약점 요인 : 높은 이직률, 낮은 연구개발비, 낙후된 시설

③ **마케팅 전략**

SO 전략(강점-기회 전략)	시장의 기회를 활용하기 위해 강점을 사용하는 전략을 선택한다.
ST 전략(강점-위협 전략)	시장의 위협을 회피하기 위해 강점을 사용하는 전략을 선택한다.
WO 전략(약점-기회 전략)	사장의 약점을 극복함으로써 시장의 기회를 활용하는 전략을 선택한다.
WT 전략(약점-위협 전략)	시장의 위협을 회피하고 약점을 최소화하는 전략을 선택한다.

더 알아보기

헤스켓(Heskett)의 전략적 서비스 비전 기출 22

- 표적 시장 : 시장 세분화의 인구 · 심리통계학적 요소, 세분 시장의 욕구, 욕구의 처리방법 등
- 서비스 개념 : 고객을 위해 산출된 결과물 제공 시 중요한 서비스 요소 및 서비스 요소에 대한 표적 시장 및 직원의 인지방식 등
- 운영 전략 : 전략의 주요요소, 투자분야, 품질과 비용의 통제요소 등
- 서비스 전달 시스템 : 서비스 전달 시스템의 특징, 서비스 능력, 서비스 제공수준 등

02 | 서비스 패러독스(Service Paradox)

(1) 서비스 패러독스의 개요

① 의 의 기출 14, 15, 16
과거에 비해 경제적으로 윤택해지고 다양한 서비스들을 누릴 수 있게 되었지만, 서비스에 대한 만족도는 오히려 낮아지는 현상을 '서비스 패러독스'라 한다.

② 서비스 패러독스의 원인은 서비스 만족도를 결정하는 두 가지 요인인 서비스 성과에 대한 '높은 기대수준'과 '실제 서비스 성과'로 나눠볼 수 있다.

고객의 높은 기대수준	이동통신 서비스의 경우, 우수한 통화품질은 더 이상 기업의 차별적인 역량이 될 수 없다. 고객들의 마음속에 통화품질은 통신서비스라면 당연히 갖춰야 할 속성으로 자리 잡았기 때문이다.
실제 서비스 성과	기업들이 혁신적인 서비스 출시를 통해 높아지는 고객의 눈높이를 따라가지 못한다면, 고객의 만족수준은 점차 떨어질 수밖에 없을 것이다.

(2) 서비스 패러독스의 원인과 탈피

서비스 성과 측면에서 서비스 질을 악화시키는 주요인은 기업 중심의 서비스 공업화(Service Industrialization)이다. 많은 기업들이 서비스를 표준화, 공업화함으로써 규모의 경제와 신속성, 품질의 일관성 등의 효과를 꾀하고 있다. 하지만 서비스 공업화를 모든 서비스 영역에 획일적으로 적용한다면 고객 불만족을 야기할 수 있다. 특히, 고객의 니즈가 이질적인 서비스, 종업원과의 감정적 교류가 필요한 서비스 영역의 경우 서비스 공업화는 고객 이탈로 이어질 수 있다.

① 원 인 기출 14, 15, 16, 17, 19, 20, 22, 23, 24

㉠ 서비스의 표준화 : 서비스가 획일적으로 표준화되면 종업원의 자유재량이나 서비스의 기본인 인간적 서비스가 결여되며, 풍요로운 서비스경제 가운데 서비스의 빈곤이라는 인식을 낳게 된다.

㉡ 서비스의 동질화 : 무리하게 서비스의 균형을 추구하다 보니 서비스의 핵심인 개별성을 상실하게 되고, 결국 획일적이고 유연하지 못한 경직된 서비스를 제공하게 되는 것이다.

㉢ 서비스의 인간성 상실 : 기업이 효율성만을 강조하다 보면 인간을 기계의 부속품처럼 취급하게 됨으로써 제조업의 발전과정에서 나타났던 인간성 무시 현상이 나타나게 된다. 또한, 인건비 상승으로 인해 제한된 종업원의 수와 폭등하는 서비스 수요에 의해 종업원들은 정신적 · 육체적으로 피곤해지며 무수히 많은 고객을 상대하다 보면 기계적으로 되는 것이 불가피해지기도 한다. 서비스에서는 이러한 종업원의 사기 저하나 정신적 피로가 즉각 서비스 품질에 반영되기 때문에 서비스 종업원의 인간성 상실은 제조업의 경우보다 더 심각한 문제가 된다고 할 수 있다.

㉣ 기술의 복잡화 : 제품이 너무나 복잡해져서 소비자나 종업원이 기술의 진보를 따라가지 못하는 경우가 있다. 손쉽게 인근 업소에서 수리받던 시대는 지나가고, 이제 고객이 멀리까지 가야 되고 또 기다려야 하는 시대가 되었다.

㉤ 종업원 확보의 악순환 : 경쟁이 치열해지면서 경비절감을 위해 저임금 위주로 종업원을 구하다 보니 종업원의 확보도 힘들어져 충분한 교육훈련 없이 종업원을 채용하게 되어, 문제가 발생했을 때 대처할 수 있는 능력을 갖추지 못하게 된다. 또한, 이직률이 높아 고객은 계속해서 초임 종업원으로부터 서비스를 받게 되어 서비스 품질은 낮아질 수밖에 없다.

② 탈 피

㉠ S(Sincerity, Speed & Smile) : 서비스는 성의, 속도, 미소로 결정된다.

㉡ E(Energy) : 서비스는 활기가 있어야 한다.

㉢ R(Revolutionary) : 서비스는 혁신적이어야 한다.

㉣ V(Valuable) : 서비스는 가치 있는 것이어야 한다.

㉤ I(Impressive) : 서비스는 감명을 줄 수 있어야 한다.

㉥ C(Communication) : 서비스는 상호간에 커뮤니케이션이 있어야 한다.

㉦ E(Entertainment) : 서비스는 고객을 환대하는 것이어야 한다.

03 | 서비스 실패

(1) 서비스 실패의 정의 기출 14, 15, 16, 18, 21, 22, 24

① 여러 학자들의 정의를 보면 '고객과 접하는 과정에서 고객의 불만족을 초래하는 경우'라고 정의할 수 있으며, 기업과 고객 간에 또는 서비스 제공자와 고객 간의 상호 작용 안에서 발생할 수 있다.

② 수잔 키비니는 서비스 상황에서 고객이 이탈하거나 타사로의 전환 행동에 서비스 실패가 가장 중요한 요소임을 제시하였다.

③ 수잔 키비니의 고객이탈 유형 기출 19, 20

핵심가치 제공 실패(44.3%) > 불친절한 고객 응대(34.1%) > 가격(29.9%) > 이용불편(20.7%) > 불만처리 미흡(17.3%) > 경쟁사의 유인(10.2%) > 기업의 비윤리적 행위(7.5%) > 불가피한 상황(6.2%)

더 알아보기

서비스 실패에 대한 학자들의 정의 기출 21, 22

학자	정의
헤스켓, 새서, 하트	서비스 실패란 서비스 과정이나 결과에 대하여 서비스를 경험한 고객이 좋지 못한 감정을 갖는 것을 말한다.
윈	서비스 접점에서 고객 불만족을 일으키는 열악한 서비스를 경험하는 것을 말한다.
벨, 젬케	수준이 심각하게 떨어지는 서비스 결과를 경험하는 것을 말한다.
자이다믈, 베리	고객이 느끼는 허용영역 이하로 떨어지는 서비스 성과를 말한다.
베리, 레너드, 파라수라만	책임이 분명한 과실로 인해 초래된 서비스 과정이나 결과를 말한다.

(2) 서비스 실패의 중요성

① 서비스 실패의 중요성은 향후 고객과 기업의 재거래 여부와 구전을 통한 신규 고객 창출에 영향을 미친다.

② 서비스 실패는 하나의 부정적인 이미지가 기업 전체 이미지에 영향을 미치는 후광 효과(Hallo Effect)를 가져온다.

③ 하나의 분야에서의 서비스 실패는 다른 분야의 실패까지 유도하는 도미노 효과(Domino Effect)를 가져올 수 있기 때문에 매우 중요한 의미를 갖는다.

(3) 서비스 회복의 정의 기출 23

① 그렌루스(1988)의 정의

㉠ 부정적 불일치로 인하여 발생되는 서비스 실패는 고객 불만족으로 이어지게 되므로, 서비스 회복을 통해 고객을 만족 상태로 회복시킬 수 있다고 제시하였다.

㉡ 서비스 회복에 실패할 경우, 이미 불만족을 느낀 고객에게 또 다시 실망시키는 부정적 결과를 가져올 수 있다.

㉢ 반대로 서비스 회복을 통해 불만족한 고객을 만족한 상태로 만든다면, 그 고객은 충성고객이 되어 기업과 재거래를 하기도 한다.

㉣ 서비스 회복을 하는 과정에서 지나치게 서두르게 되면, 이중일탈효과(Double-Deviation Effect)를 가져올 수 있으므로 주의해야 한다.

② 실제 연구결과에 따르면, 대다수의 고객 불만은 서비스의 실패 때문만이 아니라, 그것에 대응하는 종업원의 태도 때문이라고 한다.

③ 서비스 회복은 크게 두 가지 유형으로 나눌 수 있다. 사과와 공감으로 이루어진 '심리적 회복'과 금전적 손실과 불편함에 대해 보상하는 '물질적 회복'으로 나누어진다.

(4) 서비스 회복 패러독스(Service Recovery Paradox)의 정의 중요

① 서비스 회복 패러독스란 서비스 실패가 일어나게 되더라도 효과적으로 그것이 회복만 된다면 서비스 실패 발생 전보다 고객에게 더 큰 만족을 줄 수 있는 기회가 될 수 있다는 주장에 근거한 이론이다. 즉, **서비스 실패 후의 고객만족도가 실패 이전의 만족도보다 높은 경우**를 말한다.

② 에이브람스와 파에제는 서비스 실패 이후에 적극적으로 해결하려는 노력에서 비롯된 강한 유대감은 고객의 참여도와 재구매 의도를 가져온다고 하였다.

(5) 서비스 회복 패러독스의 영향요인 중요

① 공정성 이론(Equity Theory) 기출 18, 19

㉠ 애덤스

- 공정성 이론에 따르면, 자신의 결과물이 타인과 비교하여 낮다고 생각될 경우 개인은 공정하지 않다고 느낀다는 것이다.
- 개인이 들인 시간 · 노력 · 비용 등에 비해 얻은 결과물의 투입과 산출 사이의 관계로 파악할 수 있다.

㉡ 스티브 브라운 & 스티브 택스 : 서비스 실패 처리에서 고객이 기대하는 공정성을 결과 공정성, 절차 공정성, 상호작용 공정성의 세 가지로 구분하였다. 기출 19, 20, 22, 24

구분	내용
결과 공정성	말 그대로 불만 수준에 맞는 결과물, 즉 보상을 기대하는 것으로 차후 무료서비스나 금전적 보상, 수리 및 교환, 가격 할인 등의 형태가 있다.
절차 공정성	서비스 실패를 처리하는 절차에 관한 것으로 회사의 규정, 정책, 적시성 등이 있다.
상호작용 공정성	서비스를 제공하는 직원의 태도로서 고객은 공손한 응대, 배려, 친절 등을 기대한다.

② 귀인 이론(Attribution Theory)

귀인 이론이란 어떠한 사건이 발생하였을 때 그 원인과 의미를 이해하려는 것을 의미하며, 고객은 그들이 관찰하고 경험한 것에 대해 원인을 지각한 것을 뜻한다. 따라서 현재 일어난 상황에 대한 원인을 찾아서 그 원인에 대해 추리하고, 그에 따라 주어진 대상에 대한 최종적인 태도나 행동을 결정한다고 한다.

(6) 서비스 회복 기대

① 고객이 기대했던 것과 실제 제공 받은 서비스가 일치하게 되면 고객만족이 이루어진다.

② 사람들은 자신의 믿음이나 경험에 의해 서비스를 평가하는 경향이 있다.

③ 서비스 실패 상황이 발생하면, 문제가 일어난 원인을 이해하고 기업이 책임을 다 하기를 기대한다.

④ 서비스 실패가 이루어지더라도 기업에서 아무런 대처를 하고 있지 않았을 때는 고객 불만족이 86%에 달하지만, 제대로 사과하고 대처하면 고객 불만족 비율은 20%로 감소한다는 연구결과가 있다.

04 | 서비스 포인트

(1) 개 요

서비스 마스터는 서비스 포인트를 명확히 파악하고 서비스를 제공하여야 고객감동을 가져올 수 있다.

(2) 7대 서비스 포인트

① **상 품**

㉠ 서비스가 최고의 상품이다.

㉡ 서비스가 곧 제품의 질을 결정한다.

㉢ 기능, 성능, 제품의 수명보다 서비스를 디자인한다.

② **고 객**

㉠ 고객은 판매대상이 아니라 감동시켜야 할 대상이다.

㉡ 고객은 단지 상품을 구매하고 소비하는 존재가 아니라, 만족시키고 삶의 질을 향상시켜야 할 대상이다.

㉢ 소비자는 많지만 고객은 적다.

㉣ 시장에 걸어 다니는 모든 소비자가 나의 고객은 아니다.

㉤ 나의 고객은 적지만 값진 진주와 같다.

③ **운 명**

㉠ 눈에 보이지 않는 서비스가 기업의 운명을 좌우한다.

㉡ 서비스는 무형의 상품으로 눈에 보이지 않지만 무서운 잠재력을 갖는다.

④ **구 매**

㉠ 고객은 제품에 돈을 지불하는 것이 아니라, 만족에 투자하는 것이다.

㉡ 만족하지 않는 고객은 구매하지 않는다.

㉢ 고객만족은 곧 고객의 투자요인이 된다.

⑤ **고객감동**

㉠ 서비스의 비결은 당연하다고 생각되는 일을 제때에 실천하는 것이다.

㉡ 고차원적인 것을 만든다거나 전혀 새로운 방법을 고안하는 일이 아니다. 제때에 필요하고 당연한 응대를 잘하는 일이다.

⑥ **표 정**

㉠ 미소를 짓지 않는 사람은 출근하지 않는다.

㉡ 미소는 서비스와 동일하다.

㉢ 따뜻한 서비스는 머리가 아니라 따뜻한 미소에서부터 싹튼다.

㉣ 미소가 최고의 완벽한 유니폼이다.

㉤ 화려한 인테리어, 넓은 매장, 맛있는 음식도 종업원이 미소를 잃을 때는 거추장스러울 뿐이다.

⑦ 직업의식

㉠ 고객을 만족시키는 힘은 종업원이 만족스러운 상태에서만 가능하다.

㉡ 종업원은 1차적으로 만족시켜야 할 대상이다.

㉢ 종업원 만족이 서비스의 질을 향상시키는 비결이다.

05 | A/S의 중요성

(1) 의 의

① A/S란 상품을 판매한 후에도 판매자가 그 상품에 대하여 수리나 설치 · 점검 등의 봉사를 하는 일을 말한다.

② '무료 내지는 특별 가격으로 수선 서비스하는 일', '부속품이나 파트를 항상 준비하는 일', '몇 년간이든지 품질을 보증하는 일' 등이다. 이러한 서비스가 가게나 상품에 대한 신뢰가 되어 충성고객으로 이어진다.

(2) 중요성 중요

① 고객이 상품을 구매할 때는 단지 상품 자체만 보고 결정하는 것이 아니라, 사후 서비스까지 염두에 두고 결정한다.

② A/S활동을 통해 고객관리를 하는 세일즈맨과 그렇지 않은 세일즈맨의 차이는 엄청나다.

㉠ A/S활동을 철저히 하여 상품구매에 만족한 고객이 두 사람을 소개해 주고, 같은 식으로 계속해서 5단계를 이어가면, 순식간에 30여 명의 고객을 확보할 수 있게 된다. 자연스럽게 피라미드나 다단계 방식의 판매망이 형성되는 셈이다.

㉡ 마찬가지로 반대의 경우라면, 30여 명 이상의 잠재고객을 잃는 결과를 초래하게 된다. 결과적으로 A/S활동은 판매 못지않은 매우 중요한 활동이다.

(3) A/S의 주요 요령 중요

① 1단계 – 고객의 요구에 맞는 제공

㉠ 고객에 요구하는 조건에 확실하게 맞춘 제품이나 서비스를 제공함으로써 고객을 안심시킨다.

㉡ 예컨대, 에어컨을 설치해 주었다면 그 자리에서 시범적으로 가동시켜 성능을 확인시켜 주는 것이 여기에 해당한다.

② 2단계 – 만족도의 확인

㉠ 상품이나 서비스의 만족도를 확인하기 위해 전화 또는 방문을 한다.

㉡ 예컨대, 2~3일 뒤에라도 방문하거나 전화로 "에어컨 잘 돌아가지요?", "만족하시는지요?", "사용하시는 데 불편한 점은 없으신지요?" 등의 메시지를 전함으로써 에어컨을 구매한 고객의 마음이 기쁘고 만족하도록 확인 내지 보장을 하는 것이다.

③ 3단계 – 불만의 처리

고객이 사용과정에서 발생한 고장이나 불만사항을 신속하고 완벽하게 처리해 준다.

④ 4단계 – 친밀감 유지 및 정보탐색

㉠ 그 후에는 특별한 용건이 없더라도 사용 현황을 조사한다는 구실로 방문하여 고객과 친밀하게 지낸다.

㉡ 자연스럽게 고객의 주변 사람들에 대한 정보를 수집하고 가능하면 구매할 만한 사람을 직접 소개받는다.

⑤ 5단계 – 정보의 제공 및 신뢰의 구축

자사에서 나오는 다른 상품이나 서비스에 대한 정보를 수시로 제공함으로써 신뢰를 구축한다.

더 알아보기

브래디(Brady)와 크로닌(Cronin)이 제시한 애프터 서비스 품질 차원 모형 기출 21, 22, 23, 24

상호작용 품질	• 직원의 태도와 행동 – 고객 도움 의지 – 수리 · 접수직원의 친절도 – 직원의 믿음(말, 행동) • 처리시간
물리적 환경 품질	• 정 책 • 편의성
결과 품질	전문성과 기술

03 서비스 차별화 사례 연구

01 | 서비스 차별화 요소

서비스 차별화 전략은 독특한 인식을 가지게 하는 서비스상품을 창조하는 것인데 물리적, 인적, 시스템적 서비스의 차별화로 나눌 수 있다.

(1) 물리적 서비스 차별화

① 건물, 시설, 인테리어, 음식과 같은 일부 유형재 같은 물리적 요소는 서비스의 무형성을 유형화하는 수단이다.

② 대부분의 고객이 고가를 지불하거나 고가를 지불할 의사가 있을 때는 이 물리적 서비스의 차별화를 기대한다.

③ 숙박을 하고자 할 때 여관보다도 호텔을 택했을 때는 고가를 지불하더라도 물리적 서비스의 차별화를 기대한다.

(2) 인적 서비스 차별화

① 인적 서비스 차별화 역시 고객이 고가를 지불할 때 기대되는 요소이다.

② 식사를 하기 위해 패스트푸드 레스토랑보다 호텔의 고급 레스토랑을 선택했다면, 이는 인적 서비스의 차별화를 기대한 것이다.

(3) 시스템적 서비스 차별화

① 커뮤니케이션 수단과 경로 등의 시스템적 서비스 차별화는 고객에게 서비스 등급 수준의 이미지를 형성하는 데 중요한 역할을 한다.

② 기업 이미지 통합 작업(CI), 광고, 인터넷 정보 서비스의 유무와 내용, 디자인 등으로 서비스 수준을 측정할 수 있는 것이다.

③ 똑같은 수준의 물리적 서비스와 인적 서비스 프로세스를 가지고 있는 두 서비스기업이 있다고 가정할 때, CI작업이 잘 되어 있고 광고활동을 하고 있으며 인터넷 정보서비스 등의 시스템적 서비스를 갖추고 있는 기업과 그렇지 않는 기업과 서비스 수준은 차별화된다.

02 | 고객인지 프로그램

(1) 고객인지 가치

① 일반적으로 가치란 추상적인 신념이며, 이상적인 최종 상태나 개인의 이상적인 행동양식에 대한 개인의 신념을 나타내는 것이다.

② 가치의 개념은 고객의 우선상황과 배경에 따라 달라진다고 느끼는 것으로 지각적이고 개인에 따라서 가치의 지각은 달라진다.

③ 가치는 인간의 행동에 영향을 미친다는 측면에서 근본적이고 광범위한 개념으로 평가되며, 개인의 행동을 정당화시켜 주기도 한다.

④ 자신의 생애에서 달성하고자 하는 중요한 최종상태에 대한 정신적 표현이며, 주관적 · 무형적 · 상징적 의미를 포함하는 경향이 있다.

⑤ **세스(Sheth), 뉴먼(Newman), 그로스(Gross)가 제시한 가치 유형** 기출 22, 23, 24

㉠ 인식적 가치(Epithetic Value) : 제품 소비를 자극하는 새로움 또는 호기심 등과 관련된 가치

㉡ 사회적 가치(Social Value) : 제품을 소비하는 사회계층집단과 관련된 가치

㉢ 기능적 가치(Functional Value) : 제품의 품질, 기능, 가격 등과 같은 실용적 · 물리적 기능과 관련된 가치

㉣ 정서적 가치(Emotional Value) : 제품 소비로 인한 긍정적 또는 부정적 감정 등의 유발과 관련된 가치

㉤ 상황적 가치(Conditional Value) : 제품 소비의 특정 상황과 관련된 가치

(2) 인지적 요인

① 인지는 사람이 자신의 신념, 태도, 행동, 환경 등에 가지고 있는 지식을 총칭하는 개념이다.

② 개인의 인지구조 안에 있는 요소 사이에는 다음의 관계 중에서 한 가지 관계를 갖게 된다.

㉠ 무관계 : 하나의 인지가 다른 인지에 대해 아무 의무를 갖지 못하는 관계

㉡ 조화관계 : 하나의 인지가 다른 인지에 순응하거나 일치하는 관계

㉢ 부조화 관계 : 하나의 인지가 다른 인지와 갈등을 일으켜 불일치하는 관계

③ 인지 요소 사이에 부조화가 발생하면 행동이나 태도의 일관성이 없어지고 갈등이 일어나므로, 대부분의 사람들은 신념, 태도, 언어, 행동이 일치하기를 희망한다.

④ 소비자는 자신의 믿음에 맞추어 행동을 바꾸기보다는, 자신이 행동한 것에 따라 믿음을 조정하는 동인을 형성한다.

(3) 인지부조화 기출 15, 16

① 페스팅거의 인지부조화 이론은 소비자가 각각 옳다고 생각하는 두 개의 지각이 서로 조화되지 않을 때의 심리 상태를 말한다.

② 이러한 부조화 상태에서는 균형이 결여된 요소들 간의 조화를 이루어 심리적 불안감이나 긴장상태를 감소시키는 동기를 부여해야 한다.

③ 예를 들면, 고가의 자동차를 구입한 사람은 그 자동차를 구입하지 않은 사람에 비해 상품 광고를 더 열심히 봄으로써 비싼 자동차를 구입한 행동이 옳았다고 생각하고 싶은 것이다. 좋은 차를 구입한 것을 음미해서 기분이 좋아지려는 일종의 '인지적 협화'이다.

(4) 리츠칼튼 호텔의 고객인지 프로그램 중요 기출 22

① 개 요

㉠ 리츠칼튼 호텔은 모든 고객에게 규격화된 획일적 서비스를 제공하는 것이 아니라, **차별화된 개별적 서비스를 제공하는 것으로 유명하다.**

㉡ 리츠칼튼 호텔이 제공하는 고도의 개별적 서비스를 가능하게 하는 것이 바로 **'고객인지 프로그램(Customer Recognition Program)'**이라고 불리는 고객정보관리시스템이다.

㉢ 리츠칼튼 호텔에 단 한 번이라도 방문한 고객이 전 세계의 어느 곳에 있는 지점에 묵게 되더라도 이미 데이터베이스에 저장된 정보에 의해 고객이 좋아하는 것, 즐기는 것, 관심 있는 것을 호텔이 파악하고 있어 고객의 취향에 맞게 제공하는 것이다.

② 고객 코디네이터

㉠ 리츠칼튼 호텔의 모든 체인점에는 한두 명의 고객 코디네이터가 근무하고 있는데, 이들의 주요업무는 자기 호텔에 머무르는 고객의 개인적 취향에 대해 조사하고, 고객별로 차별화된 서비스의 제공을 위해 이를 활용하는 일이다.

㉡ 예약고객 명단이 입수되면 고객 코디네이터는 고객과 리츠칼튼 호텔 체인 지점 사이에서 일어났던 일을 저장해 놓은 고객이력 데이터베이스에 접속한다.

③ 고객만족의 극대화

㉠ 리츠칼튼 호텔은 **고객인지 프로그램**을 활용하여 고객이 말하지 않아도 원하는 것을 미리 실천해 주는 서비스를 제공하고 있는데, 이러한 서비스는 전통적인 서비스에서 진일보한 개념이라 볼 수 있다.

㉡ 고객의 정보를 이용하여 고객에게 진심과 정성을 바탕으로 서비스해 줌으로써 리츠칼튼 호텔은 고객만족도를 극대화하고 있다.

(5) 리츠칼튼 호텔의 황금표준

① 신조(The Credo)

㉠ 우리의 가장 중요한 임무는 고객에게 진정으로 편하고 안락한 공간을 제공하는 것이다.

㉡ 우리는 고객이 언제나 따뜻하고 편안한 고품격의 분위기를 즐길 수 있도록, 고객 한분 한분에게 최고의 서비스와 시설을 제공할 것을 다짐한다.

㉢ 리츠칼튼 호텔에서의 경험은 고객의 삶에 활기를 불어넣고, 웰빙을 깨닫게 하며, 고객의 숨은 욕구와 희망까지 충족시켜 줄 것이다.

② 사훈(The Motto)

우리는 신사숙녀를 모시는 신사숙녀이다.

③ 3단계 서비스(3 Steps of Service)

㉠ 따뜻하고 진실되게 맞이하고, 가능한 한 고객의 이름을 부른다.

㉡ 고객이 원하는 바를 예측하고 이에 부응한다.

㉢ 따뜻한 작별인사로 감사드리고, 되도록 고객의 이름을 부르며 따뜻하게 배웅한다.

더 알아보기

버지니아 아주엘라의 사례

샌프란시스코에 위치한 리츠칼튼 호텔이 1992년 미국의 권위있는 생산성 품질대상인 맬콤 볼드리지 대상을 수상하였다. 이 상을 받게 한 결정적인 인물은 호텔의 총지배인이 아니라 청소부 아줌마로, 그녀의 이름은 '버지니아 아주엘라(Vrginia Azuela)'이다. 필리핀에서 고등학교까지만 졸업한 그녀는 1974년 27세의 나이에 아메리칸 드림을 꿈꾸며 기회의 땅 미국으로 왔고, 20년 가까이 호텔 청소부 일을 하다가 1991년 리츠칼튼 호텔의 청소부로 입사하게 된다. 그녀는 입사 후 리츠칼튼 호텔에서 총괄품질경영(TQM)에 관한 교육을 받았다. 그녀의 동료들은 '청소에 웬 품질경영이냐'며 가볍게 넘겨버렸지만, 그녀는 개의치 않고 일에 의미를 부여하며 스스로 성공을 만들어 갔다. 우선 그녀는 일하는 방법이 달랐다. 예를 들면, 자신이 서비스한 객실의 고객들에 대한 특성과 습관 등을 수첩에 일목요연하게 정리해 두었으며, 이를 바탕으로 그 고객이 다시 왔을 때 원하는 객실 서비스를 미리 챙겨서 제공하였다. 또한 웬만한 고객들의 이름까지 외웠는데, 복도에서 만나는 투숙객에게 그의 이름을 부르면서 인사하면 흠칫 놀라면서도 몹시 기분 좋아하였다. 그녀는 이렇게 고객만족을 위한 '총괄품질경영'이라는 호텔의 경영철학을 현장에 적용하고 여기서 생긴 문제점에 대해 끊임없이 개선방안을 찾았으며, 자기가 찾아낸 문제 해결 방법을 동료들과 공유하였다. 그녀는 수많은 고객들로부터 감사편지를 받았으며, 이로 인하여 호텔 종사원에게 주어지는 가장 영예로운 상인 파이브 스타(Five Star) 상을 수상하였고, 세계적인 경영평론가인 톰 피터슨에 의하여 '지식인'으로 뽑히는 영광을 얻었다.

03 | 서비스 수익체인(Service Profit Chain)

(1) 개 요

최근에 대두되는 서비스 경영의 주요 개념 중에 '서비스 수익체인'이 있다. 이는 하버드 대학의 헤스켓(Heskett)과 새서(Sasser) 그리고 슐레징거(Schlesinger)가 제창한 것으로서, 그들은 수익성이 시장점유율에 의해 좌우된다고 하는 것은 오류이며, **매출 성장 및 수익성은 고객의 충성도에 의해 좌우된**다고 이야기한다. 또한 만족도가 높은 종업원은 충성도가 높고 생산적이며, 충성도가 높은 고객을 이끌어낸다고 본다.

(2) 의 의 중요

① 서비스의 수익체인은 고객 서비스가 수익의 원천이 되는 논리적 구조를 말한다.

② 서비스 수익체인은 수익성, 고객충성도, 직원만족도, 직원유지, 생산성을 연결시키는 일련의 관계를 말한다.

③ 기업의 수익성의 증가는 고객의 충성도로부터 파생되고, 고객의 충성도는 고객들이 인지한 서비스의 가치에 영향을 받은 만족도의 결과라고 할 수 있다.

④ 서비스의 가치는 직무에 만족하고 매진하는, 생산성을 지닌 직원들에 의해 창출된다. 내부고객인 직원들이 만족하지 못하면 가치가 높은 서비스가 나올 수 없다.

(3) 서비스 수익체인의 구조 기출 15, 16, 17, 19

① 내 부

㉠ 내부 서비스 품질은 종업원의 만족을 가져온다.

㉡ 종업원 만족도는 종업원의 충성도를 가져온다.

㉢ 종업원 충성도는 종업원의 생산성을 가져온다.

② 서비스 가치

종업원의 생산성은 서비스 가치의 창출을 가져온다.

③ 외 부

㉠ 서비스 가치는 고객만족을 가져온다.

㉡ 고객만족은 고객충성도를 높인다.

㉢ 수익과 성장은 고객충성도와 연결되어 있다. 고객의 충성도가 5% 상승하면 수익은 25~85% 증가한다.

(4) 기업의 핵심역량 향상 및 운영단위 관리를 위한 고려사항 기출 22, 23, 24

서비스 수익체인을 이용하여 기업의 핵심역량을 향상시키고 운영단위를 지속해서 관리하기 위해 고려해야 할 7가지 단계는 다음과 같다.

① 모든 의사결정 단위를 포괄하여 서비스 수익체인의 연관성에 대한 측정

② 자체 평가한 결과에 대한 상호의견 교환

③ 성과 측정을 위한 균형점수카드 개발

④ 성과 향상을 위한 행동 지침의 설계

⑤ 측정한 결과에 대한 보상 개발

⑥ 개별 영업 단위에서 결과에 대한 커뮤니케이션

⑦ 내부적 성공 사례에 대한 정보 공유

(5) 만족거울 중요

① 만족거울이라는 용어는 벤자민 쉬나이더(Benjamin Schneider)와 데이빗 보웬(David Bowen)의 논문에서 사용되었다.

② 이들은 은행 · 보험회사, 병원 등에서의 조사를 통하여 고객과 종업원 만족 수준 사이에 밀접한 관계가 있다는 보고서를 1985년 발표하였다.

③ 일선창구에서 고객을 접촉하는 직원들의 봉사수준이 형편없으면, 그 회사의 만족도도 같이 하락하여 매상도 자연적으로 감소한다고 하였다.

④ 반대로, 종업원들이 자기가 하는 일에 의미를 느끼고 열심히 하여 만족을 갖게 되면, 그 결과 고객들도 만족을 느끼게끔 서비스를 제공함으로써 자연히 매상도 증가하게 된다.

04 | 토털 서비스

(1) 개 요

토털 서비스는 기업이 다른 경쟁기업과 차별되게 제공하는 서비스로서, 이를 통하여 고객과 사회로부터 긍정적인 평가를 받아 이익을 극대화하려는 전략이다. 이러한 개념은 이미지 마케팅 또는 CI(Corporate Identity)의 확립을 말하는데, 더 나아가서는 고객의 구매심리를 개발, 창조하는 것까지 포함한다.

(2) 사 례 기출 16

① 대한항공의 토털 서비스

㉠ "고객은 단순히 비행기를 타고 내리는데 만족하지 않는다"라며, 각각 고객에게 개별 서비스를 제공해주는 One-to-One 서비스 마케팅으로 고객의 감동을 이끌어 내었다.

㉡ 주요 토털 서비스로는 임산부, 노약자, 장애우를 위한 전동차 서비스, 항공권 예약 구매 채팅 · 문자 서비스, 국제선 웹 체크인 서비스, 코트룸 서비스, 기내 AVOD 서비스, 고객들에게 각종 이벤트 및 사은행사를 제공하는 서비스 등이 있다.

② 아시아나 항공의 토털 서비스

㉠ "고객의 가려운 곳을 긁어 주는 토털 서비스"를 목표로 한다.

㉡ 주요 토털 서비스로 에쿠스 유료 의전 서비스, 입국고객에게 대중교통 대신 고급세단을 이용하게 해주는 서비스, 유명인사 경호 서비스, 외국승객 전문통역인 서비스 등을 제공하고 있다.

05 고객위주의 제품 차별화

(1) 제품 차별화 전략의 의의

① 경쟁제품과 구별되는 특성을 강조함으로써 경쟁상의 우위를 확보하는 전략으로 차별화에 성공하는 경우, 시장의 특정한 부분에서 국지적인 독점을 창출할 수 있고, 이로 인하여 소비자들에게 가격을 높이 받을 수 있는 힘도 생길 수 있다.

② 제품의 기술적인 품질수준은 거의 차이가 없는 상황에서, 현대 소비자의 니즈는 매우 다양화되어 제품 간의 작은 차이에 가치를 두는 사람들이 점점 증가함에 따라 고객위주의 제품 차별화 전략의 중요성도 점점 커지고 있다.

(2) 제품 차별화 전략의 유형 중요

① 고객 세분화 전략

㉠ 고객을 비슷한 욕구를 가진 집단으로 구분하여 집단별로 마케팅 전략을 수립하는 것이다.

㉡ 예전 : 단순하게 성별, 연령, 지역, 소득 등과 같은 인구통계학적 요소에 의하여 세분화

㉢ 최근 : 개개인의 고객에게 상품과 서비스가 맞춰지려면 고객의 기호나 성격, 생활 방식 등을 섬세하게 세분화

② 모델고객의 다원화

㉠ 복잡한 형태로 전개되는 소비자 세분화에서 기업의 가장 효과적인 대응책은 모델 고객의 다원화이다.

㉡ 앞으로 소비자는 단순한 인구통계학적 기준을 초월해 다양한 변수를 중심으로 여기저기에 흩어진 점처럼 존재하게 될 것이다.

㉢ 기업은 여러 점의 중심적 역할을 하는 소비자를 가려내어, 이들의 심리와 행태에 주의를 기울여야 한다.

㉣ 기업은 보다 개성화되고 다양화되는 소비자들의 변화를 효율적으로 파악하고, 세분화된 고객별 니즈에 적절한 대응방안을 마련해야 한다.

③ 극단화하는 시장의 변화에 적응

㉠ 새로운 사회풍조인 개인화 성향은 소비에서도 양극화를 가져왔다.

- 앞으로 소비자들은 감정적 관여도가 낮은 기본적 생필품 등에 대해서는 최저가 위주의 소비행태를 보일 것이다.
- 자신이 중요하다고 생각하는 제품, 예를 들어 자신의 가치관이나 사회적 지위를 드러내 준다고 생각하는 제품에 대해서는 아낌없이 높은 가격을 지불할 것이다.

㉡ 소비행태의 차별화 추세에 적응하지 못하고 일반적인 대중을 타깃으로 하는 회사는 살아남지 못할 것이다.

㉢ 저가 시장은 글로벌 소싱 능력을 갖춘 유통기업의 세상이 될 것이고, 고가 시장은 확실한 포지셔닝과 브랜드 파워를 가진 기업의 지배를 받을 것이다.

㉣ 따라서 자사의 공략 시장을 확실히 정하고, 이에 맞게 차별화하는 전략이 시장에서 살아남기 위한 필수요건이 될 것이다.

㉤ 최근의 시장조사 결과에 따르면, 미국 보드카 시장의 경우 고가인 Ketel One과 저가인 McCormick의 시장 점유율은 점점 상승하는 반면, 중저가인 Smirnoff의 점유율은 1%대를 벗어나지 못하고 있다.

④ **대량 맞춤(Mass Customization)의 적용 확대**

㉠ 앨빈 토플러가 이미 1970년에 그의 저서 미래의 충격(Future Shock)에서 예견했던 것처럼, 생산 효율화로 원가를 낮추고 규모의 경제로 이윤을 다져가던 시대는 지나갔다.

㉡ 이러한 시장에 대한 인식의 변화는 스탠 데이비스(Stan Davis)가 저서 완벽한 미래(Future Perfect)에서 대량 맞춤(Mass Customization)이라는 용어로 체계화시켰다.

㉢ 대량 맞춤이란, 대량 생산(Mass Production)과 고객화(Customization)의 합성어로서, 개별 고객의 다양한 요구와 기대를 충족시키면서도 대량 생산을 통해 낮은 원가를 유지할 수 있는데, 이는 정보기술과 생산기술이 비약적으로 발전함으로써 가능해진 것이다.

㉣ 표준화된 대량 생산 시대에는 최고의 부유층이 아닌 일반고객은 자신의 기호를 기꺼이 포기하고, 대신에 표준화된 적정 수준의 제품을 받아들였다. 하지만, 그렇다고 개별 고객의 독특함이 완전히 사라진 것은 아니었다. 고객들은 여전히 자신의 필요에 맞는 제품을 원했고, 또한 각각의 고객 안에는 다양한 필요가 형성될 수밖에 없었다.

㉤ 기업은 개별 고객 내부에 다양한 요구사항이 존재하며, 그것들이 기업의 시장이 될 수 있다는 점을 인식하여 개개의 고객들에게 접근할 가장 적합한 방법을 찾아내야만 한다.

㉥ 이것이 대량 맞춤(Mass Customization)이 중요하게 대두된 이유이며, 이 개념 없이는 세계 시장에서 도태될 수밖에 없다.

⑤ **제품의 분류** 중요

㉠ **내구성**과 **유형성** 및 **용도**에 따른 소비재 분류 기출 22

- 내구재 : 여러 번 사용할 수 있는 유형의 제품
- 비(非)내구재 : 한두 번 사용하면 소모되는 유형의 제품
- 서비스 : 시장에서 판매되는 무형의 제품

㉡ **쇼핑 습관**에 따른 소비재 분류 기출 20, 21, 23, 24

- **편의품** : 가격이 저렴하고 빈번하게 구매되는 필수품(비누, 치약 등)과 우산 등과 같이 갑작스런 필요에 의해 구매되는 긴급품으로 나누어진다.
- **선매품** : 품질, 가격 등을 기준으로 비교한 후에 구매하는 가구, 의류, 가전제품 등과 같은 제품으로, 동질적 선매품과 이질적 선매품으로 구분된다.
- **비탐색품** : 알지 못하거나 알고 있다 하더라도 일반적으로는 구매하지 않는 생명보험, 묘지, 백과사전 등을 말한다.
- **전문품** : 제품의 가격이나 점포의 거리에 관계없이 소비자가 특별히 구매 노력을 기울이는 제품으로 미술품, 고급 자동차 등이 해당된다.

(3) 제품 차별화 방법과 원리 중요

제품 차별화 원리	차별화 수단	비 고
동일한 제품이라도 선택의 폭을 넓혀줌	• 소포장 • 분할 판매 • 묶음 판매	똑같은 제품이라도 소용량 컵라면, 대용량 컵라면, 낱개판매, 묶음판매 등 다양한 유형의 판매 방법을 도입하여 소비자의 선택의 폭을 확대
대량 판매 이용	• 원플러스원행사 • 이중가격제도 • 덕용포장	생산할수록 원가가 줄어드는 내부경제가 존재하거나 원가증가가 거의 없는 경우 이용
친환경제품 개발	• 유기농 제품 • 무공해 제품 • 웰빙 제품	웰빙에 관심이 높은 고소득층에게 차별화된 제품을 제공
개별 고객욕구를 충족시켜줌	• 니치마켓 • 경쟁제품 분석 • 제품 개량	특정계층의 욕구를 충족시킬 수 있는(거인들이나 소인들만의 옷이나 신발 등) 시장을 개척
기본적인 요소의 차별화가 곤란한 경우 하이터치 요소나 서비스를 강화	• 디자인 개선 • 서비스의 보강	디자인을 개선한다거나 무상 서비스기간을 대폭 연장하는 등의 정책 사용
중류층이나 저소득층도 소비할 수 있는 제품의 개발	• 소형 제품화 • 염가 제품화	제품 크기를 줄이거나 가격을 대폭 낮춰 수요를 늘림
시장이 포화상태에 이른 경우 새로운 기능이 추가된 제품을 개발	기능성 제품의 추가	소화가 잘되는 우유 등과 같은 제품을 개발
고객문제에 대한 새로운 해결방법 제시	기능 요소 차별화	보다 효율적으로, 보다 편리하고 신속하게, 보다 적은 노력을 들여 경제적으로 해결할 수 있는 제품을 제공
다른 사람과 차별화되는 높은 의미와 가치 제시	상징 요소 차별화	• 제품 기능 자체보다는 자아 이미지와 준거집단의 가치 표출에 의해 차별화를 꾀하는 경우, 고급 골프웨어 브랜드나 고급 승용차 등은 그 기능상에는 큰 차이가 없지만 사회적 계층의식과 권위의식을 부각하는 경우 • 고가의 공공적 사치품(겉으로 드러나는 고가 제품)에 적용할 때 효과적
따뜻한 감성이나 이미지 브랜드를 이용하여 차별화	감성 요소 차별화	오리온 초코파이의 '정'이나 경동보일러의 '부모님께 보일러 놔 드리기' 등이 감성 마케팅으로 성공한 대표적 케이스

06 | 미래지향적 서비스

(1) 개 요

① 항공운송 산업은 세계화 추세에 발맞추어 세계 경제 분야 중에서 급속하게 성장을 보이고 있는 분야 중 하나이다.

② 오늘날의 세계정세는 전쟁과 항공기 테러, 전염병과 같은 정치적 · 사회적 불안정과 환율과 유가 폭등 등의 경제적 불안정으로 항공운송업계는 유례없는 불황을 맞고 있다. 어려운 현실에 많은 항공사들이 도산의 위기에 처해있으며, 이미 전 세계적으로 많은 항공사가 도산한 상태이다.

③ 어려운 시기일수록 항공사들은 자사만의 경쟁우위 상품의 개발과 노력으로 고객을 유치해 나가야 한다. 저가 항공사로 인한 국내선 이용객들의 급격한 감소와 국외에 많은 항공사들의 경쟁으로 인한 국내 항공사의 타격과 여파는 굉장하다.

④ 이런 시기적 어려움에 처해있는 항공산업에서 선도적으로 미래지향적 서비스를 개척한 '싱가포르 항공'을 사례로 미래지향적 서비스에 대하여 살펴보면 다음과 같다.

(2) 싱가포르 항공의 사례

① 싱가포르 항공이 미화 3억 6천만 달러가 투자된 4년간의 연구개발 끝에 차세대 항공 서비스를 주도할 최신 기내 서비스를 선보였다.

② 최고급 품질과 스타일로 완성된 퍼스트 클래스와 비즈니스 클래스, 그리고 이코노미 클래스는 싱가포르 항공만의 탁월한 서비스를 경험할 수 있도록 세심하게 디자인됐다. 완전 평면형 침대로 전환되는 퍼스트 및 비즈니스 클래스 기내 좌석은 항공업계 최대 규모일 뿐만 아니라, 이코노미 클래스 역시 이전보다 훨씬 넓어진 개인 공간을 제공한다.

③ 싱가포르 항공의 기내 엔터테인먼트 시스템인 크리스월드는 1천여 가지가 넘는 엔터테인먼트 프로그램과 함께 사무용 소프트웨어 기능을 갖추어 기내 서비스의 새로운 개념을 정립할 전망이다.

④ 이번 항공 서비스 개발의 주역은 싱가포르 항공을 이용하는 고객들로 구성됐다. 기내 서비스 프로젝트를 처음 개념하는 단계부터 디자인 리뷰 및 테스트 단계에 이르기까지, 고객들의 피드백과 조언이 반영되어 진정한 의미의 기내 서비스 실현을 이뤄낼 것으로 기대가 되고 있다.

⑤ 싱가포르 항공 관계자는 "고객들의 의견과 조언을 통해 고객이 항공 서비스에서 원하는 것이 무엇인지 파악할 수 있었다"며, "고객들의 의견으로 싱가포르 항공이 제공해야 하는 미래 기내 경험이란 어떤 것이 되어야 하는지 정확하게 진단하는 계기가 됐다"고 밝혔다.

07 | 병원의 환자 맞춤 서비스

(1) 의료 서비스의 특성 중요 기출 18, 23

① 대부분의 서비스가 고객이 보는 앞에서 이루어진다.

㉠ 서비스 센터 : 가전제품이나 핸드폰을 수리하기 위해서 서비스 센터에 가면, 우리는 고장난 물건을 접수하고 대기실에서 기다린다. 그때 우리의 눈에 보이는 곳이 프런트 오피스다. 칸막이 너머에서 실제로 제품의 수리가 이루어지고 있는데, 그 칸막이 너머 안 보이는 공간은 백오피스라고 부른다.

㉡ 백화점이나 식당 : 백화점 같은 경우 매장은 프런트 오피스고 창고는 백오피스다. 식당에서 손님들이 음식을 먹는 테이블이 위치한 곳은 프런트 오피스고, 주방은 백오피스다. 프런트 오피스는 주로 고객을 응대하고, 백오피스에서 음식을 만들거나 판매할 물건들을 정리한다.

㉢ 병원 : 병원은 환자가 보는 앞에서 시술을 행해야 한다. 프런트와 백의 구분이 거의 없다. 전신마취를 하지 않고 부분마취를 한다면 수술방조차 백오피스라고 하기가 힘들다. 병원의 고객인 환자의 눈을 피할 곳이 거의 없다. 의사, 간호사와 같은 의료 서비스 종사자들이 끝없이 고객을 접해야 한다. 따라서 직원이 고객을 어떻게 대하는지가 고객만족도에 결정적인 영향을 준다.

② 치료과정 자체가 환자가 느끼는 결과에 영향을 준다.

㉠ 어떤 환자가 내시경을 받으러 갔다. 그런데 간호사가 들어오라고 하면서 실수로 다른 사람의 이름을 호명한다. 내시경을 하기에 앞서 의사와 면담을 했는데 담당의사가 면담 도중 한참 동안 핸드폰으로 전화를 통화하면서 누군가에게 화를 낸다.

㉡ 내시경을 검사한 후에 왠지 속이 쓰리다. 내시경을 하다가 의사가 잘못 위를 찌른 것이 아닌가 하는 의심이 든다.

㉢ 사실 내시경 후에 속이 쓰린 것은 간호사가 이름을 잘못 부른 것이나, 의사가 면담 중 전화를 한 것과 하등의 상관없는 증상일 수도 있다. 하지만, 환자는 그렇게 생각하지 않는다. 고통이라는 것은 주관적이기 때문에 환자가 치료과정 중에 받은 느낌이 결과에 영향을 준다.

㉣ 따라서, 치료를 받으러 온 환자를 어떻게 응대하느냐, 어떤 태도로 대하느냐 자체가 환자의 치료효과에 영향을 준다.

③ 똑같은 환자는 한 명도 없다.

㉠ 환자들의 질병상태가 매 환자마다 매번 다르다. 환자마다 영양상태가 다르고, 감염된 세균이 다르다. 맹장도 위치가 다르다. 제조업으로 비유하면, 투입되는 재료의 성분이 매번 다르다. 다른 재료를 가지고도 같은 결과를 내야 하기 때문에 치료진의 경험과 숙련도가 요구된다.

㉡ 환자의 신체적 상태가 다를 뿐만 아니라 환자의 성격, 고통을 느끼는 정도도 모두 다르다. 누구는 주사바늘로 찌르는데도 죽을 것처럼 소리를 지르는 반면, 누구는 뼈를 깎는 고통도 참아낸다.

㉢ 환자의 성격도 제각각이다. 사소한 부작용쯤은 저절로 없어지겠지 하고 시술한 의사에게 전화도 안하는 이가 있는 반면, 아무리 봐도 이상은 없는데 잘못되었다고 우기면서 보상을 요구하는 환자도 있다.

㉣ 그러므로 의사로서의 치료기술도 매우 중요하고, 고객 상담원으로서의 스킬도 그에 못지않게 중요하다.

더 알아보기

1. 의료기관의 특징 중요 기출 20, 22
   - 자본집약적
   - 노동집약적
   - 비영리 동기
   - 이중적인 지휘체계
   - 복합적인 사업목적
2. 의료기관의 경제적 특징 중요 기출 22
   - 보건 정보가 의료진에게 비대칭적으로 쏠려 있다.
   - 의료기관의 활동이 외부에 많은 효과를 미친다.
   - 공공재적 성격을 지닌다.
   - 질병예측이 가능하지 않다.
   - 치료가 불확실하다.

(2) 의료 서비스 환경의 변화

① 경영 환경의 변화

㉠ 최근의 의료환경의 변화를 살펴보면, 중소병원의 도산 문제는 이미 심각한 수준에 이르러 의약분업 이후 병원 도산율이 일반기업 도산율에 비하여 15배 이상 높게 나타나고 있다.

㉡ 의사인력의 꾸준한 증가와 임금상승, 포괄수가제 도입, 수가계약제 도입, 의료심사평가원 설립, 선택진료제도 도입에 따른 의료정책 변화로 의료 경영 환경이 급속한 변화를 맞고 있다.

② 의료 환경의 변화

㉠ 생활수준의 향상과 생활환경의 변화로 인해 질병의 구도도 변화되어 만성퇴행성질환, 사고, 공해병 등이 증가하고, 건강에 대한 개념의 변화로 건강증진 서비스에 대한 수요도 증가하고 있다.

㉡ 노령화가 빠르게 진행되고 있기 때문에 노인성 질환 및 만성질환에 대한 수요도 증가하고 있다.

㉢ 반면, 소득증가에 따른 건강수준의 향상과 여성의 사회진출로 인한 출산율 감소로 인해 산부인과나 소아과를 찾는 수요는 계속 감소하고 있는 추세이다.

㉣ 여성들의 사회진출 증가에 따라 상대방에게 호감을 주고 자신의 아름다움을 표현하기 위해 미용에 관련된 병원을 찾는 사람들이 증가하고 있다.

③ 올바른 변화의 방향

㉠ 급변하고 있는 21세기 의료 환경에 대응하기 위해서는 병원이 단순한 치료의 기능만을 제공하는 것이 아니라 인간을 중시하고, 자연환경을 고려하는 진료가 이루어져야 한다.

㉡ 안전하고 쾌적하며, 미래의 성장과 변화에 대응할 수 있어야 한다. 또한, 첨단 개념의 의료시스템을 갖춘 미래지향적인 병원이 되어야 하며, 환자 개인의 만족도와 삶의 질을 높이는 병원이 되어야 한다.

- 병원도 서비스 기관임을 명심해야 한다.
- 권위주의적인 관례를 벗고 고객에게 감동을 주어 다시 찾는 병원을 만들어야 한다.
- 환자 입장에서 병원인테리어를 구성한다.
- 고객관리전문가를 배치한다.

(3) 병원경영 패러다임의 변화

기존의 패러다임	새로운 패러다임
• 공급자 위주의 의료정책 – 진료만 잘하면 병원은 성공한다. – 기술만 있으면 고객은 단골이 된다. • 양적 업무 위주 – 환자가 많으면 많을수록 병원은 번창한다. • 고객만족서비스 – 환자들은 치료비가 저렴하기만 하면 좋아한다. • 경직된 노사문화 – 의사만 병원경영에 책임이 있다. – 직원들은 진료에만 필요하다. – 급여만 많이 주면 직원을 만족시킬 수 있다. • 전통적 거래 마케팅 – 나의 경쟁상대는 동료의사와 주변 병원이다. – 병원 마케팅의 핵심은 외부홍보에 있다.	• 수요자 위주의 의료정책 – 고객이 원하는 것을 확실히 알아야 한다. – 고객의 참여를 유도한다. – 고객중심의 문화를 발전시킨다. • 효율적 업무 위주 – 대기시간을 관리한다. • 고객감동서비스 – 매력적인 서비스 환경을 만든다. – 서비스에 해당되는 모든 면을 평가한다. • 유연한 노사문화 – 고객중심의 직원을 채용하고 훈련시킨다. – 고객중심이 되기 위해 직원들에게 동기를 부여한다. • 관계 마케팅 – 연속적인 고객 서비스 체제를 만든다.

(4) 예치과의 사례 연구

① 개 요

㉠ 예치과는 국내 최초의 공동개원치과 병원으로서 '환자중심의 진료'라는 경영이념을 가지고 우리나라 의료계에 새로운 바람을 불러일으켰다.

㉡ 1992년 5명의 치과의사의 공동개원으로 시작하여 매년 성장을 거듭해 2002년에는 강남 본원에만 20명의 의사를 포함하여 총 70여 명의 직원들이 근무하는 치과병원으로 성장하였다.

㉢ 또한 공동개원을 성공적으로 실현하면서 겪은 경험과 환자중심 병원시스템의 노하우를 공유하고, 현재의 의료수준을 향상시키기 위하여 예 아카데미(현, 메디소프트)를 설립하여 관련사업과 교육사업을 시행하고 있다.

② 예치과의 개원철학

㉠ 인간중심의 진료를 근본으로 한다.

㉡ 전문화 및 종합화에 의한 합리적인 진료를 추구한다.

㉢ 임상연구와 교육을 통하여 치의학 발전에 이바지한다.

㉣ 미래지향적인 관리 및 운영을 추구한다.

㉤ 국민의 치과인식 향상을 위해 노력하며 사회에 봉사한다.

③ 예치과의 고객만족서비스

㉠ 고객접점의 도입

- 예치과에서는 고객과의 접점을 크게 진찰대기, 진료상황, 시설환경, 병원 이미지의 4부분으로 나누고, 총 100여 개의 세부적이고 구체적인 고객접점을 정리하였다.
- 정리된 고객접점은 이전보다 구체적으로 문제를 인식하게 함으로써 효과적인 개선점을 찾을 수 있게 하였다. 또한 고객접점의 도입은 예치과의 병원시스템이 환자중심 시스템으로 전환하는 계기가 되었다.

㉡ 병원 같지 않은 병원 만들기

- 예치과는 통상의 병원과는 달리, 마치 특급호텔 같은 분위기를 연출하고 가능한 한 환자에게 병원냄새를 풍기지 않으려고 노력했다.
- 병원도 좋은 추억의 장소가 될 수 있다는 신념으로, 모든 부분에 환자를 배려하여 편안함을 주고자 하였다.

㉢ 휴일 및 야간진료 서비스

- 대부분의 치과는 응급진료를 하지 않는 데 반해, 예치과는 휴일에도 오후 2시부터~6시까지 진료를 하여 1년 365일 진료를 받을 수 있도록 배려하였다.
- 당직의사에게 긴급호출기를 가지고 다니게 하여 24시간 어느 때라도 연락이 가능하게 하였으며, 주 2회 화요일과 목요일에는 저녁 10시까지 야간진료를 함으로써 고객 서비스에 부응하고 있다.

㉣ 대기시간 서비스

- 혼자 있는 환자에게 수시로 관심을 가진다.
- 대기시간 제로를 위해 노력하고 있다는 것을 환자에게 알려주고, 때에 따라 대기 소요시간과 사유를 말해준다.
- 커피를 직접 타 주며, 상황에 맞게 쿠키나 과일, 다과를 권하면서 대화를 나누기도 한다.
- Payback : 고객의 귀중한 시간을 병원에서 초과하는 경우 택시비를 정중히 부담한다(시간 초과로 고객의 다른 스케줄에 지장을 줄 경우).
- 대기시간 동안 고급잡지를 볼 수 있도록 항상 비치해 둔다.
- Web-TV를 설치하여 대기시간 동안 TV를 시청할 수 있도록 한다.

㉤ 치료 및 심리안정 서비스

- 환자에게 미리 오늘의 치료에 대하여 설명한다.
- 아이를 동반하였을 때는 놀이방에서 놀 수 있게 한다.
- 담당 선생님이 환자분을 위해 최선을 다하고 있다는 것을 알 수 있도록 하며, 더불어 스타 마케팅을 통해 환자의 마음을 안심시킬 수 있도록 노력한다.
- 환자의 두려움 해소를 위해 손을 잡아주고 가벼운 대화나누기, 담요 덮어 주기, 진동마취기 사용하기, 아로마 눈가리개 사용하기 등 적절한 서비스를 제공한다.
- 진료실 내의 장비 및 기구를 덮개로 가려 시각적인 공포감을 없앤다.
- 진료실 내에서 Web-TV 시청, 음악청취 등의 서비스를 제공한다.

더 알아보기

마이어스(Myers)의 양질의 의료 서비스 조건 기출 18, 20, 23, 24
접근성, 조정성, 적절성, 지속성, 효율성

08 | 극장 차별화 서비스

(1) 복합영화상영관 CGV의 발전과 서비스

① 서 설

㉠ 오랫동안 저부가가치사업으로 인식되던 영화산업이 21세기 황금알을 낳는 고부가가치산업으로 새롭게 변모하고 있다. 연간 영화관람 인원수도 2억명 시대를 바라보고 있으며, 첨단 복합영화상영관도 잇따라 등장하고 있다.

㉡ 영화관객이 증가하였지만, 영화산업의 빈익빈 부익부 현상도 심화되고 있다.

㉢ 첨단 서비스와 시설로 무장한 복합상영관 등이 대폭 증가함에 따라, 무한경쟁시대에 돌입하면서 비약적으로 성장하는 영화관이 있는가 하면, 폐업으로 사라지는 영화관도 늘어나고 있다.

㉣ 짧은 기간 동안 비약적으로 성장한 CGV의 사례를 토대로 극장의 차별화된 서비스를 살펴보면 다음과 같다.

② 개 요

㉠ CGV는 최적의 극장 입지선점을 통한 전국 체인화와 서비스를 위한 시스템을 구축하고, Networking 강화 및 CRM을 도입하여 차별화된 Cinema Marketing을 구사하는 등의 전략을 강화하고 실천 중이다.

㉡ Only One 전략을 통한 가치 및 수익을 극대화할 뿐 아니라 순번발권기, 유아놀이방, 골드클래스, CGV라운지, 천연향 공조시스템, 파우더룸 설치 등 끊임없이 Only One Item을 개발하고 있다.

(2) STP분석을 통한 CGV 성장배경 중요

① 상영관의 세분화 전략(Segmentation)

㉠ 마니아 : 영화관을 찾는 가장 기본적인 목적인 영화 관람에 대한 욕구를 충족하고자 하는 소비자로서, 이들에게는 좋은 시설에서 영화를 관람하는 것이 가장 중요한 요소이다. 단순히 영화를 관람하는 것이 아니라 가치를 인식하는 소비자로 문화적 경험을 중요시하여 주로 20~30대 젊은층에 많이 분포되어 있다.

㉡ 데이트를 위한 관람객 : 영화관은 빠질 수 없는 데이트 코스 중 하나인 만큼 영화와 함께 식당, 카페와 이벤트 등의 볼거리 등을 중요시하는 소비자층이다. 10대 후반부터 20대로 구성되어 있다.

㉢ 가족단위 관람객 : 가족단위 계층은 단순히 영화의 관람만을 목적으로 하지 않고, 쇼핑이나 기타 다른 가족구성원의 욕구를 채워 줄 수 있는 부대시설의 필요를 느끼고 있다. 또한, 자녀를 동반한 가족단위의 수요층을 위해 유아 놀이방 등의 필요성도 증가하고 있다.

② **표적 시장 선택(Targeting)** 중요

㉠ 연령 : 복합상영관의 목표 대상은 10대 후반부터 30대이다. 이 세대는 전 세대와 상당히 다른 특성을 가지고 있으며, 각 세대가 독특한 특성과 소비 패턴을 보이고 있다. 영화뿐 아니라 영화관 자체를 즐기고, 만족감을 느끼는 것과 더 나아가 어느 장소에서 어떤 영화를 보느냐에 따라서 Image가 반영된다고 생각한다. 또한, 이들은 Cross Shopping을 하는 합리적인 소비자인 동시에 좋은 곳에서 영화를 보기 위해서라면 지역적인 측면은 고려하지 않는 소비적 특성을 가진 세대이다.

㉡ 지리적 위치 : 복합상영관을 운영하기 위한 매장 선정 시에는 충분한 구매력이 있는가에 주목해야 했다. 우선적으로 지방도시에 비해 서울과 수도권이 구매력이 있는 인구를 많이 가지고 있기 때문에 90% 이상의 영화관을 서울과 신도시 지역에 두었다.

③ **포지셔닝(Positioning)**

㉠ 가치부여 : 복합상영관을 도입한 CGV는 국내 영화관에서 처음으로 명확한 문화적 가치를 부여함으로써 기존 영화관과 차별화되었다. One-Stop Entertainment, 고급화된 시설, 높은 서비스 등을 본격적으로 내세워 영화관을 브랜드화함으로써 복합상영관 – CGV라는 차별화된 시장을 개척하였다.

㉡ 쾌적한 시설과 고급스런 분위기 : "영화관은 영화 이상의 감동을 주어야 한다"라는 철학으로, 기존 영화관과는 차별화된 고급스러운 분위기와 편리한 시설배치를 통해 소비자들에게 영화를 보는 즐거움뿐 아니라, 주변 서비스에 대한 만족도를 증대시키고자 하였다.

(3) CGV의 차별화된 서비스

① One-Stop Entertainment

영화관을 단순히 영화 관람만을 하는 곳으로 생각하지 않고, 고객의 편익을 최우선으로 고려한 조조 및 심야에 이르는 영화 상영 시간, 인터넷 · 전화 · 휴대폰 등 다양한 영화 티켓 예매 방법 등을 도입했다. 또한, 장애인의 영화 관람을 위해 별도의 시설 및 서비스를 마련하고, 주차 서비스 등을 강화했다.

② All-New-One

매표소의 유리 차단막을 없애서 관객들의 거부감을 완화시켰고, 모든 매표사원들을 일으켜 세워 호텔 프런트처럼 단장하여 고객과 직원이 편안하게 대화를 나눌 수 있게 데스크를 꾸몄다. 또한, 인터넷 예매 제도를 대폭 보강해 대기시간을 최소화했다.

③ 서비스 리콜제도

영화를 보러 극장을 찾았다가 불만족스러운 서비스를 받은 고객이 합리적인 항의를 할 경우, 그 고객을 미개봉 영화 시사회에 무료 초대하는 서비스이다. 이 제도는 불만족고객을 관리해 서비스를 개선하고 브랜드 이미지를 높이며, 영화관 직원들이 잘못을 바로잡고 서비스 정신으로 재무장할 수 있는 계기를 마련하였다.

(4) Only One 전략

① **골든클래스**

일부 CGV관의 경우에는 편안히 영화를 보고 싶어하는 사람들을 위해, 항공기 1등석을 그대로 옮겨 놓은 듯한 고급 극장인 골드클래스를 운영하고 있다. 일반 극장이면 200석이 들어설 공간에 30석의 넓고 푹신한 고급소파가 설치되어 있다. 이 좌석은 120도까지 뒤로 젖힐 수 있는 침대형 소파라 누워서 영화를 볼 수 있을 뿐만 아니라, 좌석에 부속 테이블이 설치되어 와인, 주스, 맥주 같은 음료와 식사를 즐기며 귀족처럼 영화를 볼 수 있다.

② **파우더 룸**

명동 CGV관의 경우 패션도시 명동의 지역적 특성을 살리고 이곳을 주로 찾는 여성들의 편의를 위해 '여성들을 위한 프리미엄 서비스'를 펼치고 있다. 여성들의 깔끔하고 청결한 성향을 고려하여 문화공간처럼 아름답게 꾸민 화장실에는 여성들이 메이크업할 수 있도록 비품을 설치했다.

업계 최초로 미용실을 연상하게 하는 여성전용 파우더 룸 설치 및 그동안 쇼핑 후에 여성들의 영화관람을 불편하게 했던 쇼핑백 무료 보관 서비스 등을 통해 쇼핑과 영화의 만남을 용이하게 하고 있다.

③ **유아놀이방**

야탑 CGV는 일반 상영관에 입장이 불가능한 만 2~4세 유아들만을 위한 유아 놀이방을 무료로 운영해서 '아이가 생기면 영화관람은 끝'이라는 통념을 깼다. 운영시간은 1회 영화 시작 때부터 10시까지이다. 놀이방에는 대형화면에 실내극장 시스템이 구축되어 있어 교육적인 가치가 있거나 아이들의 상상력을 키울 수 있는 유아 전용 비디오를 골라 틀어준다.

④ **VIP고객용 'CGV라운지' 서비스**

우수 고객들이 영화 시간이 남아서 기다릴 때 공항 VIP룸 같은 휴식공간을 마련했다. 이런 서비스를 통해 '내가 차별화된 대우를 받는구나'라는 인식을 고객들에게 심어 줌으로써 우수 고객 관리를 하는 것이다.

⑤ **휴대전화 티켓팅 서비스**

휴대폰으로 영화표 예매뿐만 아니라 직접 표를 끊을 수 있는 서비스가 등장했다. CGV는 '휴대전화 티켓팅 서비스'라는 독특한 시스템을 자랑한다. 휴대전화 단말기 창에 뜬 디지털 바코드로 별도의 티켓 없이 인증을 끝내는 방식이다. 요금은 신용카드나 휴대전화 소액 결제 시스템으로 낼 수 있다. 여러 티켓을 저장해 뒀다가 꺼내 쓸 수도 있고, 다른 사람의 휴대전화로 전송, 티켓을 선물할 수도 있다.

⑥ 티켓발권을 위한 순번 번호표 발행

기존 은행 등에서만 볼 수 있었던 서비스였던 순번 번호표 발행서비스를 도입함으로써 예매를 위한 순서를 기다리는 동안 다른 일을 잠시 할 수도 있게 해 자투리 시간도 효율적으로 사용하도록 배려했다. 무작정 기다리는 무료함을 줄일 수 있어 고객들로부터 좋은 반응을 얻고 있다.

⑦ 공기 청향 시스템

편백나무에서 추출한 원액이 상영관에서 자동 분사됨에 따라 산림욕의 효과를 얻을 수 있는 서비스를 도입했다. 보통 상영관에는 수없이 많은 사람들이 오고 가기 때문에 좋지 않은 냄새가 날 수도 있는데, 이러한 문제점을 없애기 위해 공기 청향 서비스를 제공하고 있다.

⑧ 온라인 서비스

먼저 영화산업이 원래 오프라인에서 수익을 창출하기 때문인지 온라인상에서 고객과의 커뮤니티를 찾아보기 힘든 것이 아쉬웠다. 하지만 예매서비스로 인해 온라인을 제외하고는 영화산업에서 살아남을 수 없게 됨에 따라 각 극장에서도 인터넷을 통해 많은 영화 정보나 예매 서비스를 제공하게 되었다. CGV나 다른 경쟁사에서도 다양한 서비스나 고객혜택 등을 온라인을 통해 제공하고 이에 따른 많은 수익을 얻게 되었다.

Chapter 제2과목 CS 전략론

04 서비스 품질

01 | 서비스 품질의 개념 중요

(1) 서비스 품질의 정의

① 서비스의 품질은 사용자의 인식에 의해 결정된다. 서비스 속성의 집합이 사용자를 만족시키는 정도가 서비스의 품질이라고 말할 수 있으며, 이것을 흔히 기대에 대한 인식의 일치라고 한다.

② 서비스 품질은 다음과 같은 두 가지로 구성된다.

㉠ 사용자가 요구하는 서비스의 속성이 특정 서비스에 정의되어 있고, 또 그것에 부합되는 정도

㉡ 이러한 속성에 대한 요구수준이 성취되어 사용자에게 인식되어지는 정도

더 알아보기

서비스 품질의 관점

서비스 품질을 정의하는 데는 크게 고객필요관점과 고객의 품질지각관점으로 나누어 볼 수 있다. 고객필요관점은 서비스 품질을 고객이 필요로 하고 요구하는 데 초점을 맞추어, 제공된 서비스가 고객의 기대나 요구에 부응하는 정도로 보고 있다. 이에 비해, 고객품질지각관점은 서비스 품질을 기대불일치 패러다임에 근거하여 고객의 기대와 성과 사이의 지각차이로 본다. 그러나 서비스 품질은 다항속성들로 구성되어 있다. 그러므로 고객이 요구하는 바에 적합하게 한다는 것은 관련된 많은 품질속성 중의 어느 하나만에 적합하게 하는 데 불과하기 때문에 고객필요관점은 잘못된 개념으로 지적되고 있다(Chatterjee and Yilmaz, 1993). 때문에 최근 학계에서는 기대불일치 패러다임에 근거한 고객지각관점이 많은 호응을 얻고 있다.

(2) 서비스 품질 측정 이유

① 개선, 향상, 재설계의 출발점

② 경쟁우위 확보와 관련한 서비스 품질의 중요성 증대

(3) 서비스 품질을 측정하기 어려운 이유 중요 기출 18, 19, 20, 22, 23, 24

① **서비스 품질의 개념이 주관적**이기 때문에 객관화하여 측정하기 어려우며, 모든 경우에 적용되는 서비스 품질을 정의하기는 어렵다.

② 서비스 품질은 서비스의 전달이 완료되기 이전에는 검증되기가 어렵다. 서비스의 특성상 생산과 소비가 동시에 이루어지기 때문이다.

③ 서비스 품질을 측정하려면 고객에게 물어봐야 하는데, 고객으로부터 데이터를 수집하는 일은 시간과 비용이 많이 들며, 회수율도 낮다.

④ 자원이 서비스 전달과정 중에 고객과 함께 이동하는 경우에는 고객이 자원의 흐름을 관찰할 수 있다. 이런 점은 서비스 품질 측정의 객관성을 저해한다.

⑤ 고객은 서비스 프로세스의 일부이며, 변화를 일으킬 수 있는 중요한 요인이기도 하다. 따라서 고객을 대상으로 하는 서비스 품질의 연구 및 측정에 본질적인 어려움이 있다.

(4) 서비스 품질이 낮은 이유 중요 기출 24

[낮은 서비스 산업 품질의 요인]

구 분	내 용
비용절감	• 인건비 절감을 위해 종업원을 적게 쓰는 음식점에서 양질의 서비스 품질을 기대하기 어려움 • 인건비 상승으로 서비스에 셀프 및 자동화가 확대(사용 고객의 인식 부족과 종업원의 훈련부족으로 잘못된 서비스 발생) • 기계에 의한 노동력 대체로 고객 응대 종업원이 줄어 서비스 수준이 낮아지는 결과 초래
서비스업에 대한 인식	• 잠시 머물다 그만둘 직장으로 생각하는 사람이 많음 • 서비스 종사자들이 하는 일은 비숙련, 비훈련 직종이라는 인식 • 동기유발이 힘듦
생산성 및 효율성과의 괴리	• 서비스의 생산성과 효율성 강조로 서비스 품질은 뒤로 밀림 예 1. 전화상담 시간을 정해 놓고 특정 고객과 상담시간을 정해진 시간보다 길게 가지면 버저로 시간 초과를 알리는 경우 2. 전화벨이 세 번 울리기 전에 전화를 받아야 한다는 원칙을 고수하기 위해 전화벨이 울리면 즉시 받자마자 끊어버리는 사례
고객의 만족도에 대한 무지	• 고객들은 대개 서비스 수준이 높지 않을 것으로 생각하여 더 많은 요구를 하지 않음 • 서비스 제공자는 자신의 서비스가 고객에게 만족을 주고 있다는 착각(100명의 불만족한 고객 중에서 4명만이 불평을 이야기함)
표준화의 어려움	• 다수의 고객에게 다양한 서비스를 제공하는 서비스의 경우에 그 서비스의 성격상 실수를 저지를 가능성이 높음 • 제품의 생산에 비해 서비스의 생산에서는 표준화가 어려우며, 고객에게 서비스가 전달되기 이전에 품질을 검사할 방법도 많지 않음 • 고객 수가 많은 은행이나 백화점에서 의외로 불만족스런 서비스를 받은 경험을 갖고 있는 고객이 많음
서비스의 무형의 특성	• 서비스는 생산과 동시에 일어난다는 특성이 있어서 품질관리를 할 수 있는 방법이 별로 없음 • 서비스 업체는 무형의 서비스를 생산하기 때문에 무형의 서비스에 대한 품질은 의견, 인식 또는 기대로 측정할 수밖에 없음 • 무형성은 말 그대로 수량화할 수 없고, 수량화할 수 없으면 측정할 수 없으며, 측정할 수 없는 것은 통제될 수 없다고 생각하는 사람들이 많음

(5) 서비스 품질의 분류

① 고객들은 제공된 서비스의 기술적 결과에 대한 인식과 그 결과가 어떤 과정을 거쳐 제공되었는지를 기반으로 해서 서비스 품질을 판단하게 된다.

② 병원에서 제공되는 의료 서비스에 대한 기술적 결과 품질은 환자들의 병을 완쾌시켜 주는 일이다. 의료 서비스의 과정 품질은 의사의 시기적절한 치료, 의사 및 간호사의 고객에 대한 이해, 정중한 응대, 그리고 환자의 이야기를 듣는 태도 등을 생각해볼 수 있다.

③ 고객들이 레스토랑에 갔을 때 기술적 결과 품질이 제공된 음식이라면 과정 품질은 음식제공절차 및 방법, 그리고 종업원들의 응대 태도라 할 수 있다.

02 | 서비스 품질의 결정요인

(1) 서비스 품질의 연구

서비스 품질을 구성하는 차원에 대한 연구는 서비스 품질의 측정 및 향상의 기초적인 것이다. 이에 대한 기존 문헌의 연구는 크게 세 가지 접근방법으로 구분된다.

① **2차원 접근법** : 그렌루스(Grönroos), 베리(Berry) 등의 연구

② **서비스 품질 차원의 3차원 모형** : 레티넨(Lehtinen)의 연구와 카마커(Karmarker)의 연구

③ **다항목 서비스 품질 결정요인 규명에 대한 연구** : 파라수라만(Parasuraman) 등의 연구와 존스톤(Johnston) 등의 연구

[서비스 품질 차원 연구의 비교] 중요

구 분	연구자	내 용
2차원	Grönroos(1983)	기술 품질, 기능 품질
	Berry et al.(1985)	결과 품질, 과정 품질
3차원	Lehtinen(1991)	물리적 품질, 상호작용 품질, 기업(이미지) 품질
	Karmarker(1993)	성과 품질, 적합 품질, 의사소통 품질
다항목	Parasuraman et al.(1985)	신뢰성, 유형성, 대응성, 확신성, 공감성
	Johnston et al.(1990)	접근, 심미, 관심 · 도움, 가용, 배려, 청결 · 단정, 편안, 몰입, 의사 소통, 역량, 친절, 기능성, 친근, 유연성, 고결, 신뢰, 대응, 안전

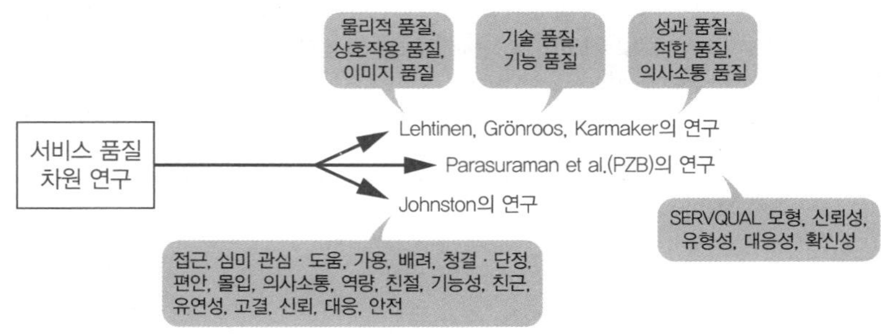

[서비스 품질 연구 흐름]

(2) 서비스 품질의 측정모형 기출 14, 15, 16, 22, 23

① SERVQUAL(서비스 품질 측정도구)

SERVQUAL은 미국의 파라수라만(A. Parasuraman), 자이다믈(V. A. Zeithaml), 베리(Leonard L. Berry) 등 세 학자(PZB)에 의해 개발된 서비스 품질 측정도구로서, 서비스 기업이 고객의 기대와 평가를 이해하는 데 사용할 수 있는 다문항 척도(Multiple-item Scale)이다. 처음에는 서비스 품질을 주제로 하는 탐색적 연구를 시작하였다. 이들은 광범위한 문헌연구와 다양한 고객집단에 대한 표적집단면접을 통해 고객이 서비스 품질을 어떻게 평가하고 정의하는가에 관해 다음과 같은 결론들을 도출하였다.

㉠ 서비스 품질의 정의 : 표적집단면접 결과 서비스 품질이 훌륭하다는 것은 고객이 기대하는 바를 충족시켜 주거나, 기대 이상의 서비스를 제공하는 것임을 분명히 드러낸다. 즉, 고객이 지각하는 서비스 품질이란 고객의 기대나 욕구 수준과 그들이 지각한 것 사이의 차이의 정도로 정의된다.

㉡ 기대에 영향을 미치는 요인들 : 고객의 기대를 형성하는 데 기여하는 핵심요인은 구전, 고객들의 개인적 욕구, 서비스를 이용해 본 과거의 경험, 서비스 제공자의 외적 커뮤니케이션, 전통과 사상, 기업 측의 약속 등으로 나타났다.

㉢ 서비스 품질의 차원 : 서비스 품질 평가를 위해 고객이 사용하는 공통적이고 일반적인 10개의 준거들은 다음과 같다.

- 유형성
  - 서비스 평가를 위한 외형적 단서
  - 예 물리적 시설, 장비, 직원, 자료의 외양
- 신용성
  - 약속한 서비스를 믿을 수 있고 정확하게 수행하는 능력
  - 예 서비스 수행의 철저함, 청구서 정확도, 정확한 기록, 약속시간 엄수
- 반응성
  - 고객을 기꺼이 돕고 신속한 서비스를 제공하려 하는 것
  - 예 서비스의 적시성, 고객의 문의나 요구에 즉시 응답, 신속한 서비스 제공
- 능 력
  - 필요한 기술 소유 여부와 서비스를 수행할 지식 소유 여부
  - 예 조직의 연구개발능력, 담당직원과 지원인력의 지식과 기술
- 예 의
  - 일선 근무자의 정중함, 존경, 배려, 친근함
  - 예 고객의 재산과 시간에 대한 배려, 담당 종업원의 정중한 태도
- 신뢰성
  - 서비스 제공자의 신뢰성, 정직성
  - 예 기업평판, 기업명, 종업원의 정직성, 강매의 정도

• 안전성
  – 위험, 의심의 가능성이 없는 것
  – 예 물리적 안전, 금전적 안전, 비밀보장
• 접근성
  – 접촉 가능성과 접촉 용이성
  – 예 전화예약, 대기시간, 서비스 제공시간 및 장소의 편리성
• 의사소통
  – 고객들이 이해하기 쉬운 고객언어로 이야기하는 것, 고객의 말에 귀 기울이는 것
  – 예 서비스에 대한 설명, 서비스 비용의 설명, 문제해결 보증
• 고객이해
  – 고객의 욕구를 알기 위해 노력하는 것
  – 예 고객의 구체적 요구사항 학습, 개별적 관심제공, 사용/우량 고객 인정

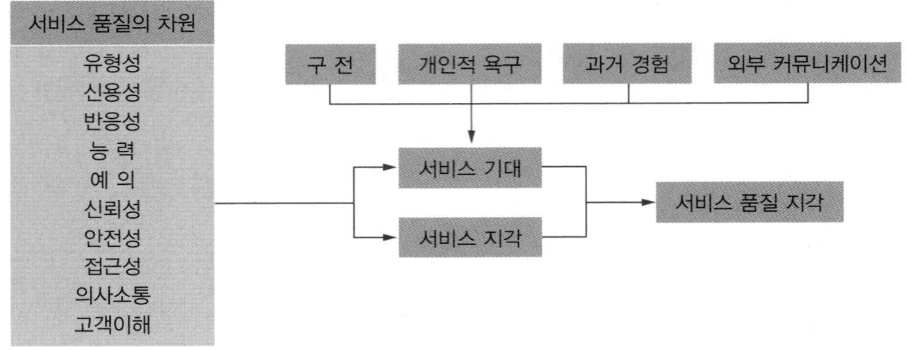

[서비스 품질에 대한 고객의 평가]

㉣ SERVQUAL 개발 : 일련의 반복적인 자료수집과 자료분석 단계를 통해 97개 문항으로 구성된 측정도구 시안을 점차 개선시키고 축약하여 신뢰성(R ; Reliability), 확신성(A ; Assurance), 유형성(T ; Tangibles), 공감성(E ; Empathy), 대응성(R ; Responsiveness)을 대표하는 22개 문항을 확정하였다. PZB의 SERVQUAL 모형의 다섯 가지 차원은 RATER로 요약할 수 있다. 이와 같이 하여 5개의 품질차원에 대한 고객의 지각과 기대를 측정하는 22개 문항으로 구성된 서비스 품질 측정도구인 SERVQUAL을 개발하였다.

[서비스 품질 평가 10개 차원과 SERVQUAL의 5개 차원] 기출 20, 22, 23

서비스 품질 평가 10개 차원	SERVQUAL 차원	SERVQUAL 차원의 정의
유형성	유형성	물리적 시설, 장비, 직원, 커뮤니케이션 자료의 외양
신용성	신뢰성	약속한 서비스를 믿을 수 있고 정확하게 수행할 수 있는 능력
반응성	대응성	고객을 돕고 신속한 서비스를 제공하려는 태세

능 력	확신성	직원의 지식과 예절, 신뢰와 자신감을 전달하는 능력
예 의		
신뢰성		
안전성		
접근성	공감성	회사가 고객에게 제공하는 개별적 배려와 관심
의사소통		
고객이해		

② 서비스 품질 결정요인의 상대적 중요성 기출 14, 16

신뢰성 > 대응성 > 확신성 > 공감성 > 유형성(결과 측면을 중요시함)

③ 서비스 품질 격차모형

㉠ 표적집단면접에 의한 탐색적 고객연구와 이에 대한 실증적 · 정량적 연구를 통해 고객의 서비스 품질 지각을 측정할 수 있는 도구인 SERVQUAL을 개발하였다.

㉡ SERVQUAL을 개발한 다음 제3단계 작업으로 서비스 품질에 영향을 미치는 기업 내부의 요인들에 대한 연구를 시작하여, 고객이 지각한 품질상의 문제점을 기업 내의 결점이나 격차(Gap)와 연결시키는 개념적 모형을 개발하였다.

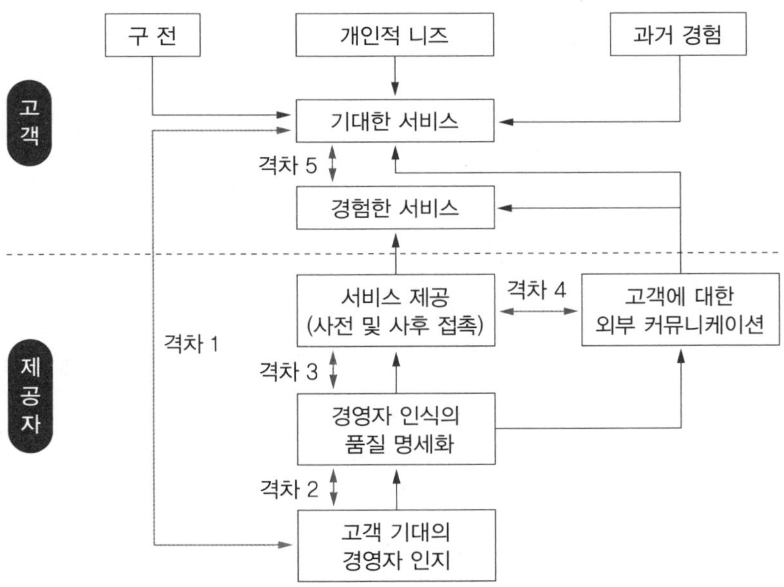

[서비스 품질의 격차 모형]

더 알아보기

SERVQUAL의 5가지 GAP 모델 기출 20, 21, 22, 23

서비스 품질은 격차 5에 의해 결정되며, 격차 5는 격차 1에서 4에 의해 결정된다.

- 격차 1 : [기대된 서비스 – 경영진의 고객 기대에 대한 인식] – 경영자 인지 격차
- 격차 2 : [경영자 인식의 품질명세화 – 경영진의 고객 기대에 대한 인식] – 경영자의 인지 격차
- 격차 3 : [서비스 전달 – 경영자 인식의 품질명세화] – 서비스 전달 격차
- 격차 4 : [서비스 전달 – 고객에 대한 외적 커뮤니케이션] – 시장커뮤니케이션 격차
- 격차 5 : [기대한 서비스 – 경험(인지)한 서비스] – 경험한 서비스 격차서비스 품질 격차모형

[격차 요인의 정의] 기출 14, 15, 16, 24

격 차	요 인	정 의
격차 1	마케팅 리서치 지향성	• 공식적 · 비공식적 정보수집을 통해 관리자가 고객의 욕구와 기대를 이해하기 위해서 노력하는 정도 • 불충분하고 부족한 마케팅 리서치 결과의 이용 혹은 경영층과 고객 간 상호작용의 결여로 발생 • 해결방안 : 고객의 기대 조사
	상향 커뮤니케이션	• 최고경영자가 근로자들로부터의 정보의 흐름을 촉진하고 자극하며 알아보려고 하는 노력의 정도 • 고객의 요구가 최고경영자에 이르지 못하는 경우에 발생 • 해결방안 : 상향적 커뮤니케이션 활성화
	관리의 단계	• 최고위와 최하위 간의 관리 단계의 수에 따라 차이가 있음 • 관리계층은 실제 표준을 정하는 경영자와 이를 실행하는 직원 사이의 커뮤니케이션과 상호이해를 방해 • 정보가 누락되거나 변질되며 고객 기대가 제대로 전달되지 않음 • 해결방안 : 조직의 관리단계 축소
격차 2	서비스 품질에 대한 관리자의 몰입	• 경영층 관리자가 서비스 품질을 핵심적인 전략목표로 얼마만큼 중시하는가를 보는 것 • 많은 기업이 품질에 대해 내부 기준에 맞추고 고객이 원하는 것을 충족시키지 못하는 경우가 많음 • 해결방안 : 체계적 서비스 설계
	가능성의 지각	• 관리자가 고객의 기대를 충족시킬 수 있다고 믿는 정도 • 불가능은 서비스 혁신으로 극복이 가능 • 불가능하다는 인식 대신 가능성 창조가 중요 • 해결방안 : 적절한 물리적 증거와 서비스 스케이프
	업무 표준화	• 서비스업무의 표준화에 활용할 수 있는 기술 정도 • 표준화는 효율성을 극대화하기 위한 최선의 방법 • 반복서비스에서는 구체적 절차나 법규로 표준화를 할 수 있으며, 고객화가 필요한 전문 서비스도 일부 업무는 적용이 가능함 • 해결방안 : 서비스 업무 표준화
	목표설정	• 서비스 품질 목표가 고객의 기준에 근거해 설정되어 있는 정도 • 해결방안 : 서비스 품질 목표 개발

격차 3	역할 모호성	• 관리자나 상급자가 무엇을 원하며 그 기대를 어떻게 하면 충족시킬 수 있는가를 모르는 정도 • 정보나 훈련부족으로 업무수행이 어려우면 발생하는 것 • 직원이 자신에 대한 기대는 물론, 성과가 어떻게 측정 · 평가되는지도 알지 못함 • 해결방안 : 역할 모호성 해소
	역할 갈등	• 직원들이 접하는 모든 사람들(내 · 외부 고객)의 모든 욕구를 충족시킬 수 없다고 느끼는 정도 • 직원이 내부와 외부 고객의 요구를 만족시킬 수 없을 때나 빠른 업무처리와 고객과의 양면을 동시에 요구받을 때 발생하기 쉬움 • 해결방안 : 역할 갈등 해소
	직원-직무조화	• 직원들의 기술과 그들의 직무 간의 조화 • 직원 기술과 업무의 불일치로 발생 • 대부분 저임의 하위직원이 고객접촉 직원의 역할을 하므로 경영자가 업무 적합성에 무신경한 경우가 많은데, 이런 문제를 극복하기 위해 팀별로 토의를 하거나 동아리 활동을 통하여 유대관계를 강화해야 함 • 해결방안 : 직원-직무 적합성 보장
	기술-직무조화	• 직원이 직무수행 중 사용하는 장비와 기술의 조화 • 직무수행에 필요한 도구나 기술이 적절하지 못할 때 도움을 제공 • 해결방안 : 기술-직무 적합성 보장
	감독통제체계	• 평가 및 보상 체계의 적절성 • 기업 내 평가와 보상의 적절성이 문제가 됨 • 서비스의 양적 결과로 성과를 측정하는 경우도 많지만, 서비스 직원은 대개 행동통제 시스템으로 성과를 통제하는 것 • 해결방안 : 경영통제 시스템 개발
	재량권 지각	• 직원들이 서비스 제공 중 직면한 문제에 대해 융통성을 발휘할 수 있다고 지각하는 정도 • 조직 규정, 절차, 문화가 자원의 유연성을 제한하거나 의사결정의 권한이 범위 밖에 있을 때 정도가 낮아짐 • 직원의 권한 부여는 기계적이고 표준화된 방법 대신에 직원을 신뢰하고 조직을 대표할 권한을 부여 • 해결방안 : 직원에 인식된 통제 권한 제공
	팀워크	• 직원과 경영자의 공동목표를 위한 노력의 정도 • 조직에 대한 강한 헌신은 경영자가 관심을 보여야 지속되는 경향이 있으므로 직원의 노력에 대한 지원과 인지가 필요함 • 해결방안 : 팀워크 형성
격차 4	수평 커뮤니케이션	• 한 기업의 서로 다른 부서 간, 각 부서 내의 커뮤니케이션 정도 • 인사 · 마케팅 · 운영 부서 간 커뮤니케이션 및 부서 간 절차와 규정의 차이가 원인 • 우선 커뮤니케이션 창구를 만들고 운영부문의 광고 약속이 실현 가능성이 있는가를 미리 확인하는 것이 바람직함 • 해결방안 : 수평적 쌍방향 커뮤니케이션 증대
	과잉약속의 경향	• 기업의 외적 커뮤니케이션이 실제 고객이 받는 서비스를 정확히 반영하지 않는 정도 • 일반적으로 고객은 기업이 광고나 판촉을 통해 고객에게 약속한 만큼 기대하는데, 기업으로서는 항상 고객에게 실천할 수 있는 것만을 약속하고 실천을 기대 이상이 되도록 노력하는 것이 필요함 • 해결방안 : 광고 및 인적판매에서의 약속, 고객 기대의 효과적인 관리

④ 가빈의 품질 모형 기출 14, 15, 16, 17, 18, 19, 20, 23

가빈은 생산자뿐만 아니라 사용자의 관점을 동시에 고려하여 품질을 구성하는 8가지 차원을 제시하였다.

[가빈 품질의 8가지 범주]

범 주	개 념
성 과	제품이 가지는 운영적 특징
특 징	제품이 가지고 있는 경쟁적 차별성
신뢰성	실패하거나 잘못될 가능성의 정도
적합성	고객의 세분화된 요구를 충족시킬 수 있는 능력
지속성	고객에게 지속적으로 가치를 제공할 수 있는 기간
서비스 제공 능력	속도, 친절, 문제해결 등의 제공 능력
심미성	외관의 미적 기능
인지된 품질	기업 혹은 브랜드 명성

더 알아보기

가빈(Garvin)의 5가지 관점의 품질 차원 기출 22

- 선험적 접근 : 품질을 고유한 탁월성과 동일한 개념으로 정의하고, 경험을 통해 알 수는 있지만 분석은 어려운 성질이다.
- 제조 중심적 접근 : 공급 측면에 초점을 맞춘 것으로 기업이 제품의 속성을 명세서와 일치되도록 제조하면 고객의 신뢰성은 높아져 고객에게 만족을 주게 된다.
- 제품 중심적 접근 : 경제학적 측면에서 품질을 제품의 고유 속성으로 보고 객관적인 측정이 가능한 변수로 보는 접근이다.
- 가치 중심적 접근 : 생산관리 측면에 초점을 맞춘 것으로 원가와 가격에 의해 품질을 판단하는 관점이다.
- 사용자 중심적 접근 : 생산관리, 경제학 및 마케팅적 관점으로 고객들의 다양한 필요, 욕구, 선호 등을 가장 잘 충족시키는 제품의 품질이 가장 뛰어나다는 접근법이다.

⑤ 그렌루스의 품질 모형 기출 14, 15, 16, 17, 20, 22, 24

그렌루스의 서비스 품질은 기대 서비스와 지각 서비스 간의 비교를 통해 고객에게 지각되는 것을 전체적인 서비스의 질이라고 규정하고 있다.

[그렌루스의 6가지 품질 구성 요소]

구성요소	내 용
전문성과 기술	전문적인 방안을 이용하여 서비스 공급자, 종업원, 운영체계, 물리적 자원들이 자신들의 문제를 해결하는 데 필요한 지식과 기술을 가지고 있다고 고객들이 인식하는 것
태도와 행동	고객과 접촉하는 종업원들이 친절하고 자발적으로 고객에게 관심을 기울이고 문제를 해결한다고 고객이 느끼는 것

접근성과 융통성	서비스 공급자, 서비스기관의 위치, 종업원, 운영체계 등이 서비스 받기 쉬운 위치에 있고, 설계 · 운영되며 고객의 기대와 수요에 따라 융통성 있게 조절될 수 있다고 고객이 느끼는 것
신뢰성과 믿음	무슨 일이 있어도 서비스 공급자와 운영체계 등이 약속을 잘 지키고, 고객을 최우선으로 고려하여 서비스를 이행할 것이라고 고객이 알고 있는 것
서비스 회복	서비스 실패나 예상치 못한 일이 발생하였더라도 능동적으로 즉각 바로 잡으려고 노력하고 해결 대안을 찾아내려 한다고 고객이 느끼는 것
평판과 신용	서비스 공급자의 운영이 신뢰받고 서비스 이용요금에 대해 가치를 부여할 수 있으며, 고객과 서비스 공급자에 의해 그 서비스 운영이 성과와 가치를 나타낸다고 공감하는 것을 고객이 믿는 것

⑥ 카노의 품질 모형 기출 14, 15, 16, 17, 18, 19, 20

㉠ **매력적 품질요소** : 고객이 미처 기대하지 못한 것을 충족시켜 주거나, 고객이 기대했던 것 이상으로 만족을 초과하여 주는 품질요소이다. 따라서 이 품질요소는 경쟁사를 제치고 고객을 확보할 수 있는 주문 획득인자로서 작용한다. 이러한 매력적 품질요소는 고객의 기대 수준이 높아짐에 따라 일원적 요소 또는 당연적 요소로 옮겨갈 수 있다. 이러한 현상을 '진부화 현상'이라고 한다.

㉡ **일원적 품질요소** : 고객의 명시적 요구사항이며, 이 요소가 충족될수록 만족은 증대되고 충족되지 않을수록 불만이 증대되는 것으로 만족요인이라고도 한다. 매력적 품질요소와 마찬가지로 고객의 요구 수준이 높아짐에 따라 당연적 품질요소로 변하기도 한다.

㉢ **당연적 품질요소** : 최소한 마땅히 있을 것이라고 생각되는 기본적인 품질요소이다. 충족이 되면 당연한 것이기 때문에 별다른 만족감을 주지 못하나, 충족되지 않을 경우 불만을 일으키는 불만족 요인이라고도 한다.

㉣ **무관심 품질요소** : 충족 여부에 상관없이 만족도 불만도 일으키지 않는 품질요소를 말한다.

㉤ **역 품질요소** : 충족이 되지 않으면 만족을 일으키고, 오히려 충족이 되면 불만을 일으키는 품질요소이다.

더 알아보기

1. 4가지 차원의 품질모형(알브레히트 & 젬케) 중요

80년대 영국 British항공을 대상으로 서비스 품질의 구성차원을 '돌봄과 관심', '자발성', '문제해결', '회복' 등으로 제시하였다.

2. 서비스 품질의 속성 기출 22, 23

탐색 품질	서비스나 제품을 구매하기 전에 결정할 수 있는 품질
경험 품질	해당 서비스나 제품을 직접 경험한 이후 결정할 수 있는 품질
신용 품질	서비스나 제품을 경험하고 일정시간이 지난 후 결정할 수 있는 품질

03 | 서비스 품질 향상방안

(1) 서비스 품질 문제의 원천 중요 기출 22, 23

① 생산과 소비의 비분리성 및 노동집약성

㉠ 제품은 제조된 후 판매되고 소비되는 데 반해, 서비스는 판매된 후에 고객 앞에서 생산된다. → 생산과 소비의 비분리성

㉡ 서비스의 노동집약성으로 인하여 서비스는 표준화되기 어렵고, 제공된 서비스의 편차로 고객의 서비스 경험이 불만족스럽게 된다.

㉢ 고객의 서비스에 대한 경험은 서비스 제공자와 그의 서비스 제공과정에 의해 직접적인 영향을 받으므로, 많은 서비스 품질 문제가 생산과 소비의 비분리성으로 인하여 발생하게 된다.

② 서비스 직원에 대한 부적절한 서비스

㉠ 고객이 받는 서비스 품질은 서비스 직원이 수행하는 서비스의 품질이므로, 서비스 직원에 대한 부적절한 서비스는 서비스 품질 문제에 주요 원천이 된다.

㉡ 서비스 직원에게도 만족할 만한 서비스 품질을 제공하는 것이 필수적이다.

③ 고객을 수치로 보는 견해

개별고객의 중요성을 간과하게 되면 고객의 불만이 증대되고 결국에는 서비스 품질 문제가 초래된다.

④ 커뮤니케이션의 차이

기업의 과대광고뿐만 아니라 기업이 제공하는 서비스를 고객에게 정확히 인식시키지 못한 경우와 고객의 요구를 정확히 들으려 하지 않는 경우를 포함한다.

⑤ 기업의 단기적 견해

단기적 이익의 강조는 비용절감에 치중한 나머지 고객이익을 최우선으로 하지 않음으로써 결국에는 서비스 품질을 저하시킨다.

(2) 서비스 품질의 개선방법 중요

① 서비스 품질의 중요한 결정요소 파악

서비스 품질 개선은 고객에게 서비스 품질의 중요한 결정 요소를 파악하는 것부터 시작된다.

② 고객기대관리

고객의 기대는 고객의 품질인식에 중요한 역할을 하므로 과대약속에 대한 유혹에서 벗어나서 적절한 서비스 정보를 제공하는 것이 기업의 좋은 품질이미지 달성에 도움을 준다.

③ 유형요소관리

유형요소의 관리는 서비스 제공 중 또는 그 이후의 평가와 관계가 있다. 고객은 유형요소에 쉽게 접근할 수 있으며 평가하기도 쉬우므로 이러한 요소의 관리는 제공된 서비스 품질 평가를 좌우한다.

④ 고객에게 서비스 내용 제공

서비스의 일부를 고객 스스로 수행할 수 있게 한다든지 서비스 사용의 적합한 시기, 방법 또는 서비스가 수행되는 과정을 설명해 줌으로써 고객의 지식을 증대시킬 수 있다. 서비스에 대한 지식이 있는 고객은 더 좋은 의사결정을 할 수 있으며, 이는 고객만족 증대를 가져온다.

⑤ **기업 내 품질 문화 정착**

지속적으로 높은 서비스 품질을 유지시키기 위해서는 기업 문화 내에 품질 개념이 구현되도록 하여야 한다. 이것은 특정한 품질기준을 확립하고 이 기준을 충족시킬만한 능력이 있는 직원을 채용하여 이들 기준이 달성될 수 있도록 훈련시키고 만족 정도를 측정하여 공정한 보상이 이루어질 때 가능하다.

⑥ **자동화 실천**

서비스 제공은 인적 활동과 물적 활동으로 이루어지는데, 인적 활동 측면에서 기술적으로 자동화가 가능한 영역은 자동화 시스템으로 대체하는 것이 인적활동의 한계적 서비스 제공의 잘못을 줄일 수 있다.

⑦ **변화하는 고객기대에 대응**

고객의 기대는 두 가지 차원에서 변화하는데, 하나는 기대의 '수준'이 높아지는 것이고, 다른 하나는 '관점'이 변화하는 것이다. 서비스 기업은 이러한 고객기대의 변화를 예측 · 파악하여 그에 대응해야 한다.

⑧ **기업 이미지 향상**

고품질의 서비스를 제공하는 기업이 되기 위해서는 신용과 이미지가 중요하다.

⑨ **가시적 평가기준 제공**

고객에게 가시적인 평가기준을 기업 스스로 제공해 주는 것이 무엇보다 중요하다.

(3) 전략적 시사점

① 서비스 품질은 고객이 지각하는 것이다.
② 서비스 품질은 서비스 프로세스로부터 분리될 수 없다.
③ 서비스 품질은 일련의 서비스 접점, 즉 서비스 제공자와 고객 간의 상호작용에서 생산된다.
④ 누구나 고객의 지각된 서비스 품질에 기여한다.
⑤ 고객은 서비스 품질 생산의 자원으로서 관리되어야 한다.
⑥ 외부 마케팅 역시 서비스 품질관리에 통합되어야 한다.

04 | 서비스 품질과 종사원

(1) 마케팅 관리의 개념변화 기출 14, 15, 16, 20, 23

마케팅 활동은 능률적이고 효율적이며 사회적으로 책임 있는 마케팅 철학을 실행하는 방향으로 수행되어야 한다. 조직이 마케팅 활동을 수행하는 다섯 가지 경쟁 개념이 있는데, 생산 개념, 제품 개념, 판매 개념, 마케팅 개념, 그리고 전체론적 마케팅 개념이 그것이다.

① **생산 개념**

㉠ 시중에서 쉽게 얻을 수 있는 값싼 제품을 소비자가 선호할 것이라고 믿는 개념이다.
㉡ Ford 자동차가 대량생산을 통해 규모의 경제를 이루고 가격인하를 성공시켜 소비자 복지를 실현하고자 했던 개념이다.

② 제품 개념

㉠ 소비자가 최고의 품질, 성능, 혁신적인 특성을 제공하는 제품을 선호할 것이라고 믿는 개념이다.

㉡ 소비자가 잘 만든 제품의 품질과 성능을 높이 평가할 것이라고 보지만, 실제 시장의 요구는 그에 따르지 못하는 경우가 많다.

㉢ 이러한 제품개념은 테오도르 레비트가 제시한 것처럼, 마케팅 근시안에 빠져 경쟁의 범위를 좁게 해석하여 어려움에 직면하게 된다.

③ 판매 개념

㉠ 조직이 기본적으로 고객을 그냥 두면 그들이 자발적으로 제품을 충분히 구매하지 않을 것이므로 공격적인 판매와 촉진 노력을 수행해야 한다고 보는 개념이다.

㉡ 제품공급이 과잉상태에 있을 때, 이러한 개념이 지배되는 경우가 많다.

④ 마케팅 개념

㉠ 조직의 목표를 달성하기 위해서 선정된 목표 시장에 우수한 고객가치를 창출 · 전달 · 의사소통하는 데 있어 경쟁기업보다 더 제품 중심적으로 만들어서 파는 철학이 아니라 고객 중심적으로 느끼고 반응하는 철학이다. 사냥을 나가는 것이 아니라 정원을 가꾸듯이 고객을 정성스럽게 대하는 철학이다.

㉡ 이 철학 하에서는 고객에 대한 인식이 기업의 부 증대에 가장 중요한 요소가 되고, 조직의 최정상에 고객을 두어야 한다.

㉢ 고객지향성은 기업은 물론 대학, 병원, 박물관, 심포니 등 비영리조직에서도 필수적인 것으로 받아들여지고 있을 뿐만 아니라 중국과 같이 자유시장 경제원리를 빠르게 받아들이면서 국가경쟁력을 키우고 있는 나라들에서도 급속도로 확산되고 있다.

⑤ 전체론적 마케팅 개념

㉠ 21세기에 접어들어 고객중심적으로 접근하는 마케팅 개념은 고객만족을 달성하기 위하여 보다 넓고 통합된 접근이 필요하게 되었다.

㉡ 이러한 마케팅은 관계 마케팅, 통합 마케팅, 내부 마케팅, 사회지향 마케팅을 전체적으로 펼쳐가는 것이다.

㉢ 복합적 마케팅의 4가지 구성요소 기출 14, 15, 16, 17

- 관계 마케팅 : 기업을 유지하고 이익을 창출하기 위해 고객, 기업, 기타 마케팅 당사자들을 만족시키는 장기적인 관계를 구축하는 것이 목표인 마케팅이다.
- 통합적 마케팅 : 기업이 고객을 위한 가치 창조와 의사소통을 하면서 마케팅 활동을 전달하기 위한 통합된 마케팅 프로그램을 조합하는 마케팅이다.
- 사회적 마케팅 : 기업이 사회복지의 관점에서 마케팅 및 프로그램을 수행하는 마케팅이다.
- 내적 마케팅 : 고객에게 기업의 제품이나 서비스를 잘 제공할 능력 있는 구성원을 고용하고 훈련 및 동기 부여를 하는 마케팅이다.

더 알아보기

1. 전통적 마케팅 믹스 4P요인
   제품(Product), 가격(Price), 유통(Place), 촉진(Promotion)
2. 포 터
   전략이란 경쟁 속에서 교환을 창출할 때 유일하고 가치가 있는 지위를 창조하는 것이다.

(2) 서비스 마케팅 삼각형 중요 기출 19, 20

서비스 마케팅은 제조업 마케팅을 의미하는 '외부 마케팅' 이외에도 고객과 직접 접촉하여 서비스를 제공하는 직원과 고객 간의 '상호작용 마케팅'과 직원이 고객에게 최상의 서비스를 제공할 수 있도록 지원하고 교육하는 '내부 마케팅'을 필요로 한다.

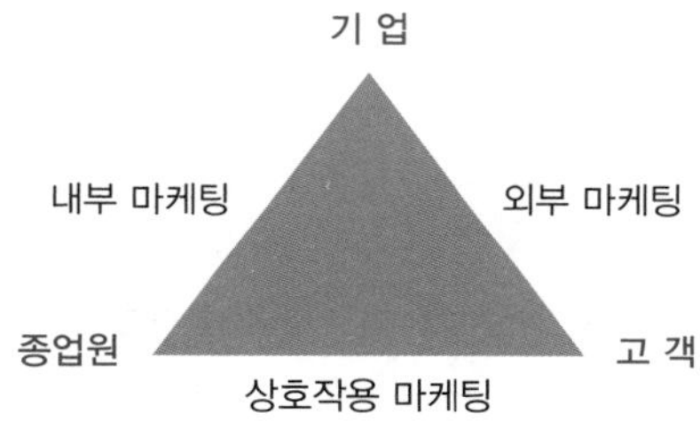

① 내부 마케팅 기출 14, 15, 16, 17, 24

고객에게 잘 봉사하기를 원하는 종업원을 고용하여 훈련시키고 동기유발시키는 과제인 내부 마케팅이 중요해져가고 있다. 내부 마케팅에서는 여러 가지 마케팅 기능들, 즉 판매원, 광고, 고객 서비스, 제품관리, 마케팅 조사 등이 결합되어야 한다. 또한, 마케팅은 다른 부서들에 의해서 포용되어야 한다. 마케팅은 어느 한 부서의 업무가 아니라 모든 부서의 업무로서 그 업무가 고객에게 어떻게 영향을 미칠 수 있는가를 고려하는 접근을 택한다.

㉠ 기업-종업원 간에 이루어지는 마케팅

㉡ 서비스의 품질관리를 위해 직원을 교육 · 훈련하고, 이들에게 동기를 부여하는 내부 직원을 대상으로 하는 마케팅 활동이다.

㉢ 내부 마케팅은 외부 마케팅보다 우선적으로 수행된다.

㉣ 기업의 CEO는 직원에게 적절한 수준의 재량권을 부여함으로써 직원이 고객의 욕구를 확인하고 고객이 불만족할 때 신속하게 대응할 수 있게 하고, 직원이 주인의식과 책임감을 가지고 고객과 상호작용할 수 있게 해야 한다.

더 알아보기

1. 권한위임

직접적인 서비스를 제공하는 종업원들에게 가능한 최대의 의사결정권을 부여함으로써 종업원들이 특정 문제에 맞닥뜨렸을 때 자신감을 가지고 본인의 소임을 다할 수 있도록 하는 것이다.

2. 내부 마케팅과 관련한 권한위임의 비용 기출 22

- 교육훈련과 채용에 비용이 많이 든다.
- 책임감 있는 정규직 채용으로 인건비 상승이 초래된다.
- 서비스의 일관성이 낮아질 수 있다.
- 고객이 공평한 대우를 받지 못했다고 생각할 수 있다.
- 회사가 감당하기 힘든 무리한 의사 결정을 할 수 있다.

② 외부 마케팅

㉠ 기업－고객 간에 이루어지는 마케팅

㉡ 서비스 산업에서도 CEO는 고객을 조사하고, 고객에게 제공할 서비스를 설계 디자인하여 제공하는 서비스 품질을 약속한다.

③ 상호작용 마케팅

㉠ 종업원－고객 간에 이루어지는 마케팅(고객접점 마케팅)

㉡ 서비스 기업의 직원들이 직접적으로 고객과 접촉하면서 실제 서비스를 제공(고객과의 약속 전달, 제공)한다.

(3) 서비스 종업원의 역할갈등과 역할 모호성

① 종업원의 역할갈등

㉠ 역할갈등은 양립될 수 없는 두 가지 이상의 기대가 개인에게 동시에 주어졌을 때 발생한다.

㉡ 고객과 접촉하는 종업원은 기업과 고객을 연결하여 양자의 요구를 동시에 만족시켜야 하므로, 담당하는 직무에서 역할갈등을 느낀다. 이와 같은 역할갈등을 제거해야 종업원을 만족시킬 수 있다.

② 종업원의 역할 모호성 기출 15, 16

㉠ 역할 모호성은 개인이 역할과 관련된 충분한 정보를 가지고 있지 못할 때 발생한다.

- 성과에 대한 기대를 분명히 모를 때
- 기대를 충족시킬 방안을 모를 때
- 직무행위의 결과를 모를 때

㉡ 발생원인

- 서비스 표준이 없을 때
- 우선순위가 너무 많은 서비스 표준이 존재할 때
- 서비스 표준이 제대로 의사소통되지 않을 때
- 서비스 표준이 성과측정, 평가, 보상 시스템과 연결되어 있지 않을 때

더 알아보기

칸(Kahn)의 역할 모호성 발생원인 기출 23, 24

- 조직의 투입정보에 제한을 가하는 관리 관행
- 사회구조적 요구에 의한 빈번한 기술의 변화
- 개인의 이해영역을 초과하는 조직의 규모 및 복잡성
- 구성원들에게 새로운 요구를 하는 조직 환경의 변화
- 조직의 급격한 성장으로 인한 재조직 구성
- 재(再)조직화를 수반하는 조직의 빠른 성장
- 잦은 인사이동으로 인한 친숙한 상호관계의 저하
- 사회에서 요구하는 기술 변화

제2과목

(4) 종업원만족과 고객만족 기출 14, 15, 16, 17

① 내부 마케팅의 성공을 위해서는 먼저 종업원의 역할과 중요성을 인식해야 한다.

② 종업원만족(ES ; Empolyee Satisfaction)은 고품질의 서비스로 이어지며, 이러한 고품질의 서비스는 바로 고객만족(CS ; Customer Satisfaction)과 직결된다.

③ 고객만족은 고객유지와 이익증가로 이어지기 때문에 서비스기업의 이익증가는 종업원만족으로 인한 고객만족으로 이루어낼 수 있다.

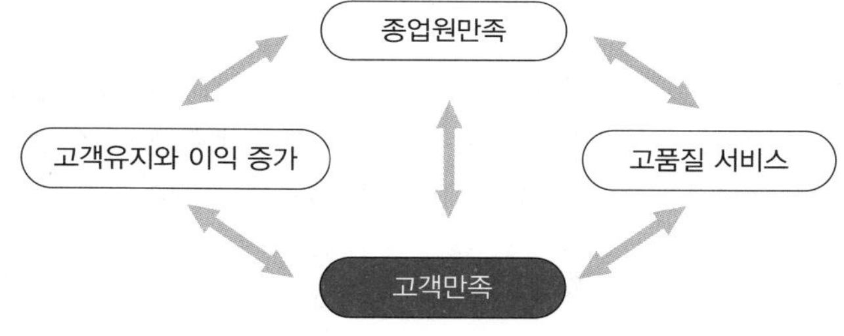

[고객만족(CS)의 선순환]

(5) 종업원만족도 제고방안

① 종업원만족도 측정

㉠ 종업원만족을 위해서는 우선적으로 종업원만족도 수준을 측정해야 한다. 종업원만족도는 품질지향적인 기업 전략에서 핵심적인 요소이다.

㉡ 내부고객만족은 보상과 같은 경제적 요인과 내부경영환경과 제도와 같은 내부 서비스 품질요인, 즉 내부 마케팅요인에 의해 영향을 받는다.

㉢ 종업원의 동기부여, 인적자원관리 및 마케팅관련 원칙 및 기술을 응용하는 내부 마케팅을 활성화해야 한다.

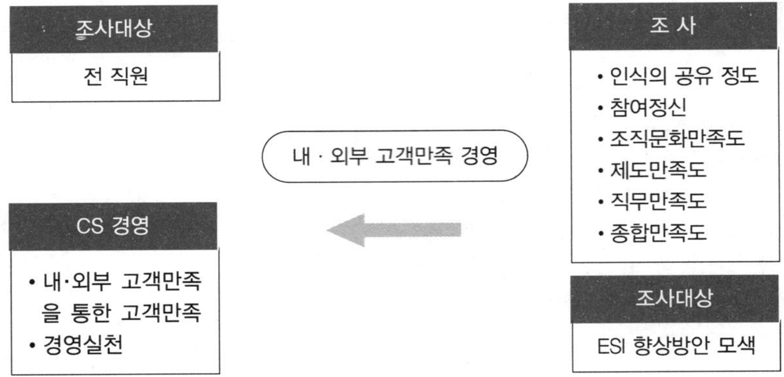

[종업원만족도 측정]

② 종업원만족도지수(ESI) 조사항목 중요

㉠ 인식공유정도

㉡ 참여정신

㉢ 직무만족도

㉣ 제도만족도

㉤ 조직문화만족도

㉥ 종합만족도

(6) 통합적인 인적자원관리

외부고객에게 만족을 줄 수 있는 경영과 서비스 품질을 제공하기 위해서는 종업원의 능력과 자발적인 동기에 기초한 서비스 품질 향상 노력이 이루어져야 한다. 또한 이를 지원하기 위한 인력의 선발에서부터 평가와 보상에 이르는 전 과정을 통합적으로 계획하고 관리해야 한다.

① 선 발

서비스 특성에 적합한 고객만족형 인적자원을 선발한다.

② 업무설계

고객, 조직특성, 인력 및 이해관계자의 특성을 고려한다.

③ 교육 및 개발 프로그램 강화

보다 높은 성과 효율을 달성한다.

④ 인정과 동기부여

금전적, 비금전적 보상프로그램을 운영한다.

⑤ 업무환경과 복지

높은 수준의 종업원 동기부여와 만족을 제공한다.

⑥ 피드백

조직 단위 및 개인별 성과의 평가와 개선을 제공한다.

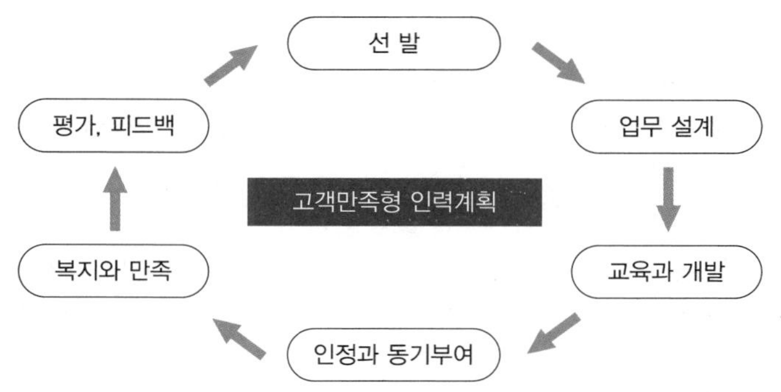

[고객만족형 통합적 인적자원관리]

(7) 서비스 인적자원관리의 과제 중요

① 권한부여

㉠ 종업원 권한 : 업무수행에 자주성을 종업원들에게 부여함으로써 그들의 개인적 잠재능력을 충분히 발휘할 수 있도록 해야 한다. 권한부여는 잠재력과 기회라는 두 가지 변수의 함수로 설명할 수 있다.

㉡ 조직통제시스템

- 신뢰시스템 : 잘 구현된 조직문화
- 한계시스템 : 종업원의 재량권에 대한 한계 규정
- 진단시스템 : 측정가능한 달성 목표를 정의
- 상호작용시스템 : 지식산업에 가장 적합

[종업원 권한부여를 위한 조직통제시스템]

통제시스템	목 표	종업원의 과제	관리자의 과제	주요 이슈
신 뢰	공 헌	목표에 대한 불확실성	핵심가치 및 사명의 전달	핵심가치 규명
한 계	준 수	압력 혹은 유혹	기준의 규정 및 집행	위험회피
진 단	달 성	초점의 결여	명확한 표적의 구축 및 지원	주요 성과변수
상호작용	창 출	기회의 결여 혹은 위험부담의 두려움	학습의 촉진을 위한 조직대화를 개방함	전략적 불확실성

② 팀(Team) 활동

팀이란 공통의 목적을 지니고 자체적으로 성과목표와 접근방법을 정하고 성공에 대해 책임을 지는 작은 집단을 의미한다.

㉠ 문제해결팀 : 관리자와 작업자들로 구성되는 소규모 집단으로 이들은 함께 생산과 품질에 관련된 문제를 찾아내어 분석하고 해결책을 구한다.

㉡ 특수목적팀 : 경영진, 노동자 또는 양자 모두의 주요 관심사(고객 서비스 문제 등)를 다룬다. 특수목적팀은 대개 다수의 과나 기능부서 대표들로 구성된다.

㉢ 자율관리팀 : 작업자 참여를 최고수준으로 끌어올린 것으로, 작업자들로 이루어진 소집단이 공동작업을 통해 한 제품이나 서비스의 주요 부분 혹은 전체를 생산하게 하는 것이다. 구성원은 이에 필요한 모든 과업을 배우고 직무를 순환하며 작업과 휴가일정, 소모품 조달, 고용 등의 관리적 임무까지 모두 맡는다.

③ 조직구조

㉠ 수직구조 : 마케팅, 생산, 재무, 인력자원, 공무 등의 부서가 있으며, 조직원들은 부서장의 지휘와 승인을 기다린다. 이들은 자기 부서의 역할에 충실하며, 부서 간의 벽을 넘는 의사소통을 거의 하지 않는다.

㉡ 수평구조 : 위계와 기능부서의 벽이 제거되고, 조직운영은 다기능팀에 의해 이루어진다.

- 프로세스 중심의 구조
- 평평한 조직 위계
- 팀에 의한 조직의 관리
- 고객지향적 성과
- 팀 성과에 대한 경영진의 보상
- 팀이 고객과의 접점
- 모든 종업원에 대한 훈련 프로그램 제공

④ 제안제도

㉠ 서비스 조직의 전반적인 활동과정에서 회사에 유익하다고 생각되는 의견을 제시함으로써, 개선효과를 극대화시키고자 하는 제도이다.

㉡ 조직구성들이 서비스 개선과 관련된 제안을 하면 보상을 함으로써 참여의식을 높이고, 그들의 제안에 의하여 궁극적으로 개선을 실현하는 것이다.

05 CS 평가조사

01 | 고객만족도 측정방법

(1) 고객만족의 정의 기출 14, 15, 16, 17

① **인지적 상태의 관점**

고객만족을 구매자가 치른 대가의 보상에 대한 소비자의 판단으로 보는 관점으로 구매자가 치른 대가에 대해 적절하게 또는 부적절하게 보상되었다고 느끼는 소비자의 인지적 상태이다.

② **고객의 평가로 보는 관점**

고객만족은 고객의 욕구 및 요구를 충족시키는 정도에 대한 평가, 고객의 사전기대와 제품의 실제성과 또는 소비경험에서 판단되는 일치 · 불일치 정도 등 일련의 소비자의 인지적 과정에 대한 평가로 정의된다. 즉, 제공된 제품 또는 서비스를 획득하거나 소비함으로써 유발되는 욕구 및 요구(Needs and Wants)를 충족시키는 정도에 대한 소비자의 주관적인 평가인 것이다.

③ **정서적 반응으로 보는 관점**

고객의 기대 · 불일치와 같은 고객의 다양한 인지적 처리과정 후 형성되는 정서적 반응으로 보는 관점이다. 고객만족은 특정 제품 또는 서비스를 사용, 소비 및 소유함으로써 얻는 경험의 평가에 대한 소비자의 정서적 반응으로 볼 수 있다.

④ **만족에 대한 고객의 판단으로 보는 관점**

고객의 인지적 판단과 정서적 반응이 결합되어 나타나는 것으로 여기서 고객만족이란 소비자의 충족상태에 대한 반응으로서 제품 · 서비스의 특성 또는 제품 · 서비스 자체가 소비에 대한 충족상태(미충족 또는 과충족수준을 포함)를 유쾌한 수준에서 제공하거나 제공하였는가에 대한 판단이다.

(2) 고객만족 측정 3원칙 기출 14, 15, 16

구분	내용
계속성의 원칙	고객의 만족도를 과거, 현재, 미래와 비교할 수 있어야 한다.
정량성의 원칙	항목별로 정량적 비교가 가능하도록 조사하는 것이 중요하다.
정확성의 원칙	정확한 조사와 정확한 해석을 실시한다.

(3) 고객만족도의 측정방법 중요 기출 20, 22, 24

고객의 만족도를 측정하여 시간경과에 따라 비교할 수 있도록 한 것으로 고객의 다양한 욕구에 대하여 고객이 기대한 만큼 기업이 어느 정도 충족시키고 있는가를 객관적인 평가를 통해 지표화한 것이다. 고객만족에 대한 측정을 위해서는 '고객의 기대수준, 자기 제품에 대해 고객이 인식하는 평가수준, 고객이 느끼는 만족수준'을 조사하여 측정하는 것이 중요하다.

① 직접 측정

㉠ 일반적으로 단일 설문항목 또는 복수 설문항목을 통해 만족도를 측정하는 방식을 말한다.

㉡ 조사모델이 간명하며 하위 차원에 대한 만족도 결과를 합산할 때 발생되는 중복 측정의 문제를 방지할 수 있다.

㉢ 단일문항 측정방법에서 측정 오차 문제를 해소하기 어렵기 때문에 복수 설문항목을 통한 측정으로 한정하여 정의하기도 한다.

㉣ 민간부문을 대상으로 하는 만족도 조사에서 가장 많이 사용되는 방식이라 할 수 있다.

㉤ 직접 측정에 의거하여 종합만족도를 구하고 있는 대표적인 조사로 ACSI, NCSI 등을 꼽을 수 있다.

더 알아보기

1. NCSI(National Customer Satisfaction Index)

- 국내외에서 생산되어 국내 최종소비자에게 판매되고 있는 제품과 서비스를 직접 사용한 경험이 있는 소비자가 평가한 만족 정도를 모델링에 근거하여 측정 및 계량화한 지표로서, 기업의 성과도 측정할 수 있다. 한국생산성 본부와 미국 미시간대학교의 국가품질연구소(National Quality Research Center)가 공동 개발하였다.
- NCSI 설문 구성 내용 기출 19, 20
  - 고객기대 수준 : 전반적 품질 기대 수준, 개인의 니즈 충족, 신뢰도(구입 전 평가)
  - 인지된 서비스 품질 수준 : 전반적 품질 수준, 개인의 니즈 충족, 신뢰도(구입 후 평가)
  - 고객충성도 : 재구매 시 가격인상 허용률, 재구매 가능성 평가, 재구매 유도를 위한 가격인하 허용률
  - 고객만족지수 : 기대불일치, 전반적 만족도, 이상적 제품 및 서비스 대비 만족 수준
  - 고객 불만 : 고객의 공식 · 비공식적 제품과 서비스에 대한 불만
  - 인지가치 수준 : 가격대비 품질 수준, 품질대비 가격 수준

2. ACSI(미국 고객만족지수) 기출 16

ACSI(American Customer Satisfaction Index)는 미국 소비자들의 만족지수를 의미하는 용어이다. 미국 고객만족지수는 상품별, 산업별, 국가별로 비교 가능하도록 설계되어 있다. ACSI의 특징은 다른 측정 모델과 달리 전반적인 고객만족도를 잠재 변수로 측정하여 점수로 나타냄으로써 기업, 산업, 국가 간의 비교 가능한 경제 지표로 활용할 수 있고 이미 구매한 고객뿐만 아니라 차후 고객의 충성도를 확인하고 설명할 수 있는 지표이다.

② 간접 측정

㉠ 하위 차원 또는 요소에 대한 평가를 합산하여 부문별 만족도의 복합점수를 측정하는 방식이다.

㉡ 단일문항으로 측정된 체감만족도를 차원만족도의 가중치를 구하기 위한 회귀분석의 종속변수로만 사용할 뿐 종합만족도 합산 시 포함되지 않는다.

㉢ 다양한 서비스 품질차원을 고려하기 때문에 만족도 개선을 위한 다양한 정보를 제공해 준다.

㉣ 공공부문을 대상으로 하는 만족도 조사에서 가장 많이 사용되는 방식이라 할 수 있다.

㉤ 만족도 차원의 구성할 때 모든 요소를 포함시키지 못하며 측정 오차 문제가 존재한다.

③ 고객 불평 및 제안 시스템 이용

㉠ 고객의 제품 · 서비스 이용 불평과 제안의 용이성 정도와 고객응대 처리의 신속성 및 이의 활용 정도에 대해 측정하여 고객만족도를 평가해 볼 수 있는 방법이다.

㉡ 고객이 기업에게 불평이나 제안 사항이 있을 때 그 접근성이 얼마나 용이하고, 이를 전담하는 조직이 기업 내부에 체계화되어 있는지에 따라 평가된다고 볼 수 있다.

④ 설문조사 방법

㉠ 고객에게 직접 물어보는 방법으로 만족 정도에 대해 보통 5~7점 척도를 많이 사용한다.

㉡ 이러한 설문조사 등의 방법을 통해 일종의 고객만족도지수를 평가하기도 하는데, 가장 대표적인 모델이 NCSI(National Customer Satisfaction Index) 모델이다.

⑤ 유령고객 이용

㉠ 자사의 판매원이나 고객응대에 대해 아르바이트나 가짜 고객을 가장하여 테스트하는 방법으로서, 소위 미스터리 쇼퍼(Mystery Shopper)라고 하기도 한다.

㉡ 이들은 자신의 신분을 감추고 일반 고객인 것처럼 매장을 방문해서 매장 직원들의 서비스를 평가하는 사람들로서, 매장 직원들이 눈치채지 못하도록 물건을 구입하기 위해 온 손님인 것처럼 행동하면서도 온갖 까다로운 질문을 던진다.

㉢ 이러한 행위를 통해 고객에게 응대하는 직원들의 서비스 마인드와 고객만족을 위한 행동 등을 평가하게 된다.

⑥ 이탈고객 조사

㉠ 고객 이탈률 및 그 이유를 찾아내어 고객 불만족을 해소해 주는 방법으로 활용하는 것으로, 주로 고객 구매 정보 데이터를 활용하게 된다.

㉡ 주로 데이터베이스 마케팅과 CRM 기법이 활용될 수 있다.

(4) 고객만족지수(CSI ; Customer Satisfaction Index) 중요

① 정 의

고객만족지수는 현재 생산, 판매되고 있는 제품 및 서비스 품질에 대해 해당제품을 직접 사용해 보고 이 제품과 관련된 서비스를 받아 본 고객이 직접 평가한 만족수준의 정도를 모델링에 근거하여 측정, 계량화한 지표이다.

② 고객만족지수(CSI)의 측정 목적

㉠ 일반적으로 CSI를 측정하는 목적은 고객만족도의 수준을 파악하고 시계열 변동의 원인을 관리함으로써 수익성과 밀접한 관계가 있는 고객 유지율을 유지, 제고시키는 데 있다.

㉡ 제품 및 서비스 품질을 개선하기 위한 기업내부의 프로세스 개선을 도모하려는 목적이 있다.

③ 필요성 기출 14, 15, 16, 17, 19, 20

㉠ 자사의 경쟁 관련 품질성과(Quality Performance) 연구

㉡ 자사 및 경쟁사의 고객충성도 분석

㉢ 고객기대가 충족되지 않은 영역평가

㉣ 고객의 제품 및 서비스 가격 인상의 허용 폭 결정

㉤ 경쟁사의 CS 강 · 약점 분석

㉥ 잠재적인 시장진입장벽 규명

㉦ 효율성 평가 및 불만 해소의 영향 분석

㉧ 고객유지율의 형태로서 예측된 ROI(투자수익률) 예측

④ 추진절차

㉠ 1단계 : 사전준비 단계
- CS를 추진하기 위한 기반 마련
- 조직, 문화 이해, CS 인식의 진단

㉡ 2단계 : CS 추진기구의 편성
- CS 이념, 비전 설정
- 사내 CS 추진풍토의 조성
- CS 추진 Leader 양성

㉢ 3단계 : 고객조사
- 내 · 외부고객의 Needs 분석 및 현상파악
- 고객 Needs의 흐름 전개
- 내 · 외부 고객의 만족도 측정 → 현상파악

㉣ 4단계 : CS 실천 전략 수립
- 고객 Needs와 기업활동 간 Gap 발견
- 고객만족향상을 위한 실천 전략 및 과제 신청

㉤ 5단계 : 목표설정 및 CS 추진과제 실천안 설계
- 공감대 형성, 내부수용력 진단 및 목표달성
- 내 · 외부 고객의 만족도 측정 → 현상파악

㉥ 6단계 : CS 향상활동
- 현장실천 활동
- 업무개선, 프로세서 개선활동

㉦ 7단계 : 성과분석 및 차기 전략 수립
- 실천내용 성과 및 효과 분석
- 차기 전략 수립

(5) NPS(Net Promoter Score ; 순수 추천고객지수) 중요 기출 21, 22

① 정 의

NPS를 원어 그대로 번역하면, 순 촉진자(후원자)지수 또는 순수 추천고객지수라 할 수 있다. 즉, 충성도(Loyalty)가 높은 고객을 얼마나 많이 보유하고 있는지를 나타내는 지표로서, 베인이 2004년 하버드 비즈니스 리뷰에 처음 소개하였다.

$$\text{NPS(Net Promoter Score)} = \frac{(\text{적극적 추천고객수} - \text{비추천고객수})}{\text{응답자비율}}$$

② NPS의 필요성

㉠ 기존고객만족도 조사의 질문은 모호하다.

㉡ 기업과 거래를 중단한 고객의 60~80%가 고객만족도 조사에서는 '만족한다'라고 답했다.

㉢ 고객만족도 조사의 결과가 아무리 좋아도 기업 성장률에는 기여하지 못한다.

③ 적극적 추천고객(순촉진고객)

㉠ 추천고객

- 비추천고객에 비해 더 많이, 더 자주 구매하는 고객
- 자신의 만족을 주변에 적극적으로 퍼트림(구전)
- 높은 지갑점유율을 보임(자신의 총 가용금액 중 특정기업에 소비하는 비중)
- 적극적 고객추천은 기업 '이익실현'의 차이를 만듦

㉡ 비추천고객 + 중립적 고객

- 언제라도 선택을 바꿀 수 있는 고객
- 겉으로는 '만족해요'라면서 불만은 감추려는 고객

④ NPS 측정방법

㉠ 질문은 1~2개 이내로 한다.

㉡ 자율적인 의사 표시가 가능하도록 한다.

[질문] 당신은 A 회사를 친구나 동료에게 추천할 의지가 있습니까?

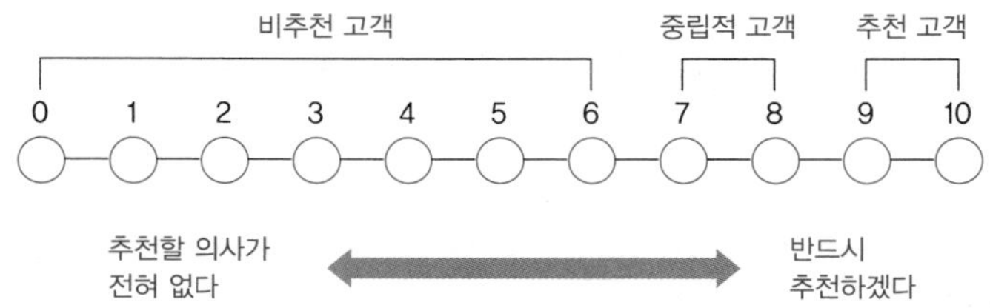

[NPS(순수 추천고객지수) 설문으로 고객성향을 분류하는 방법]

㉢ 일반적 질문

- 제품이나 브랜드를 주변 사람들에게 얼마나 추천할 것인가?
- A 회사를 다른 사람에게 추천할 의향이 얼마나 있습니까?
- X사의 상품이나 서비스를 앞으로도 계속 구매할 의향이 있습니까?

㉣ 조사방식

- 설문조사(출구조사) 형식
- 전화 리서치(콜센터)를 활용한 조사 / e-mail 조사
- 거래자를 중심으로 한 조사(신규고객 및 기존 거래자)

⑤ 한국기업의 NPS 특성

㉠ 한국기업의 평균 NPS는 아시아권보다 낮다.

㉡ 한국 내 기업의 NPS 순위(2004~2005년)는 유동적으로 전통적인 NPS 강자가 부재한 상태이다.

㉢ 한국 소비자의 특성은 인간관계와 감성을 중시한다.

㉣ 세분화된 서비스보다는 직원의 친절한 태도에 영향받는 고객이 많다.

⑥ NPS로 인한 기업의 성과

㉠ 미국기업들의 평균 NPS는 5~10%이다.

㉡ Amex, e-bay, Dell, Southwest 등 급성장 기업들의 NPS는 50~80%이다.

㉢ Harley Davison의 NPS는 80%에 달한다.

(6) 자료수집 방법 기출 18, 20, 21, 22, 23

① 표적집단면접법(FGI ; Focus Group Interview)

㉠ 정의 : 1명 또는 2명의 사회자의 진행하에 6~12명의 참가자가 주어진 주제에 대하여 토론하는 방법이다.

㉡ 표적집단면접법을 사용하는 경우 기출 22

- 마케팅 문제 정의를 위한 정보를 제공한다.
- 조사에서 어떤 정보를 취득해야 하는지 알 수 있다.
- 신제품 아이디어와 기존 제품의 다른 용도를 알 수 있다.
- 계량적 조사로부터 얻은 결과에 대해 구체적인 이해를 도모할 수 있다.
- 소비자들의 내면적 욕구나 감정의 파악, 겉으로 드러나는 태도와 행동을 손쉽게 파악할 수 있다.

② 관찰법(Observation Method)

㉠ 정의 : 조사대상의 행동 패턴을 관찰하고 기록함으로써 자료를 수집하는 방법을 말한다.

㉡ 장점 : 조사대상자와 면담 또는 대화가 불가능할 경우에도 자료수집의 진행이 가능하며, 정확하고 세밀한 자료수집이 가능하다.

㉢ 단점 : 행동에 대한 내면적 요인의 측정이 불가능하고, 주로 소수를 대상으로 하기 때문에 분석 결과를 일반화하기 어렵다.

③ 실험법(Experimental Method)

㉠ 정의 : 실험집단에 일정한 조건을 부여한 결과를 토대로 통제집단과 비교하는 방법이다.

㉡ 장점 : 정확한 인과관계의 분석 및 효과적인 가설의 검증이 가능하며, 과학적인 연구를 통항 비교분석이 용이하다.

㉢ 단점 : 대상이 인간이므로 윤리적 문제가 제기될 수 있으며, 실험결과의 현실 적용이 어렵다.

02 | 고객만족도 평가시스템 구축

(1) CS 평가시스템(Customer Satisfaction Evaluation System)

① CS 평가시스템은 고객만족에 기여한 내부 경영활동의 과정(Process)과 결과(Result)를 고객관점에서 평가하는 기법이다.

② CS 평가시스템은 고객이 만족한 정도를 측정함은 물론, 평소의 업무 속에서 고객만족을 위해 노력한 내부 활동에 대해서도 평가할 수 있는 균형 잡힌 평가방식이다.

(2) CS 평가시스템이 필요한 기업

① 평가시스템을 통해 CS를 조직 문화로 정착시키고 조직원의 실천을 유도하고자 하는 기업

② 매출 성과와 효율성 위주의 기존 평가시스템에 고객관점의 평가요소를 반영하고자 하는 기업

③ CS에 대한 원인, 과정, 결과지표 등을 체계적으로 Tracking하여 서비스 개선에 활용하고자 하는 기업

(3) CS 평가시스템 컨설팅 프로세스(Tools & Methodology)

① 1단계 – 고객요구 정의(Define)

기존의 VOC(Voice of the Customer) 자료에 대한 수집 및 분석과 고객접점 및 서비스 현상에 대한 진단을 통해 원시데이터를 수집하고, 고객요구품질을 추출한다.

② 2단계 – 고객조사

고객요구를 반영하여 설문지를 개발하고 각 고객별 조사를 통해 고객의 기대와 만족의 정도를 파악한다. 일반적으로 외부고객만족도(CSI) 조사와 내부부서만족도(ICSI) 조사를 시행한다.

③ 3단계 – CS 평가지표 개발

주요 고객요구와 핵심관리요소(CSF)를 도출하고, 대표성 및 전략적 중요성 등을 고려하여 평가 지표를 도출한다. 또한 평가지표별 측정기준이 되는 KPI를 개발한다.

④ 4단계 – CS 평가시스템 실행체계 구축

각 지표별 DATA Gathering 방안을 마련하고 평가설계(대상, 주기, 도구 및 방법 등)를 구체적으로 마련하며, 시험테스트(Pilot Test)를 통해 문제점을 보완하여 완성한다. 또한, 사내 공유를 위한 프레젠테이션(Presentation)을 실시한다.

⑤ 5단계 – CS 평가시스템 실행

전사, 부문, 팀, 개인 단위의 지표별 목표를 설정하고, 구체적인 실행계획(Action Plan)을 수립하여 활동을 전개한다. 이후 실행에 대한 성과를 분석하고 새로운 평가시스템에 따라 평가와 보상을 시행한다.

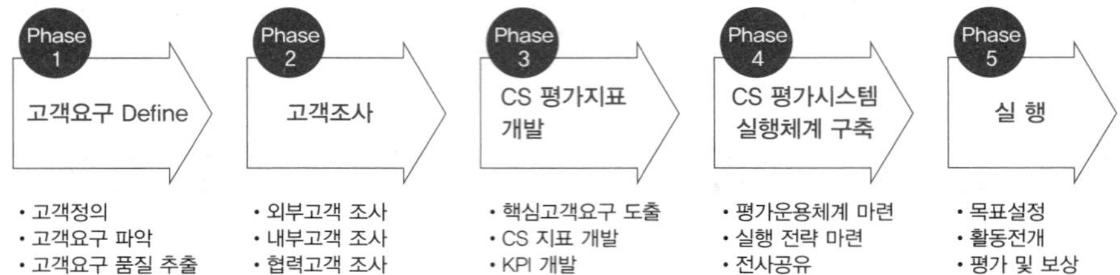

〈자료 : 한국능률협회컨설팅〉

(4) CS 평가시스템의 구조

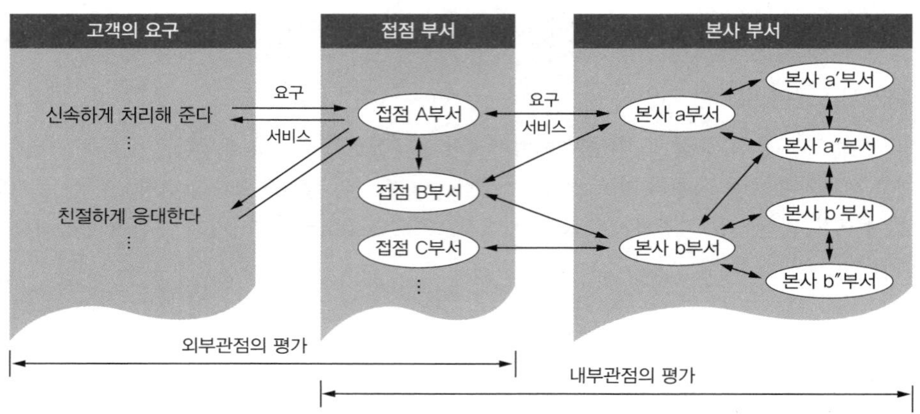

(5) CS 평가시스템의 구축 효과

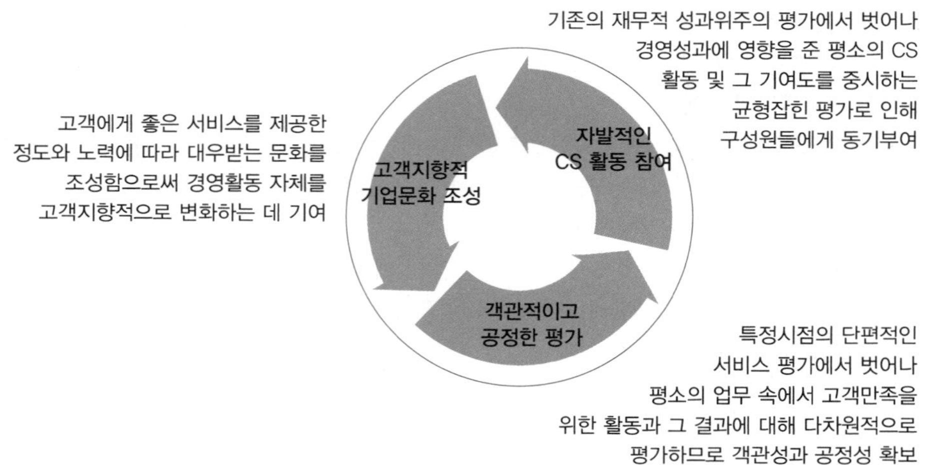

(6) 정량조사 기출 14, 15, 16, 20, 23, 24

① 마케팅조사도 조사의 방법에 따라 크게 정량(Quantitative)조사, 정성(Qualitative)조사, 관찰(Observation)조사로 구분할 수 있다.

② 정량조사에서 정량은 조사의 결과를 양적으로 표현하는 것을 말한다.

③ 전화조사, 1:1 개별면접조사, 우편조사, 온라인 조사 등 비교적 많은 수의 응답자를 대상으로 조사한 내용을 집계하여 특정질문에 대한 응답이 몇 % 혹은 평균 몇 점 등과 같은 형식으로 분석하게 된다.

④ 정량조사에서 가장 중요한 점은 바로 표본의 대표성이다. 즉, 조사대상의 전체가 아닌, 일부만을 표본으로 추출하여 조사를 진행하게 되므로, 일부의 표본이 전체를 대표할 수 있어야 한다.

⑤ 표본의 대표성을 나타내는 정도를 '표본오차'라고 하며, 모든 형태의 정량조사는 표본오차가 존재하게 된다.

⑥ 흔히 언론에서 접하게 되는 각종 여론조사나 선거조사 등은 모두 정량조사라고 할 수 있으며, 일부만으로 구성된 표본으로 전체 대상의 의견을 파악할 수 있다는 점이 가장 큰 장점이라고 할 수 있다.

(7) 정성조사 기출 14, 15, 16, 18, 20, 22, 23

① 정량조사를 통해 어떤 현상이나 사실에 대해 객관화하거나 검증을 할 수는 있으나, 그러한 현상이나 문제점에 대한 구체적인 원인이나 심층적인 정보를 얻는 데는 한계가 있다.

② 정성조사는 정량조사에서 파악할 수 없는, 보다 구체적인 내용을 얻고자 할 때 활용된다.

③ 정성은 물질의 성분이나 성질을 밝히어 정함의 의미가 있으며, 정량조사에서 도출될 수 없는 현상의 질을 파악할 수 있다는 점이 정성조사의 가장 큰 장점이라고 할 수 있다.

④ 대표적인 정성조사로는 FGD(Focus Group Discussion)와 In-depth Interview가 있으며, 소수의 응답자를 대상으로 비교적 장시간에 걸쳐 인터뷰를 하여 특정 이슈나 대상에 대한 응답자의 생각을 깊이 있게 파악하게 된다.

더 알아보기

탐험조사 기출 22

- 조사자가 주어진 문제 영역에 대해 잘 모를 때 실시한다.
- 주로 비계량적인 방법과 비정형적인 절차를 통해 자료수집 및 분석이 이루어진다.
- 비계량적인 자료수집 방법에는 심층면접, 표적집단면접법, 전문가의견조사, 문헌조사 등이 있다.

제2과목

03 | 고객만족도 평가결과의 활용

(1) CS 개선방안

고객만족도 평가결과의 미진한 내용 중에서 개선이 요구되는 핵심요소를 선정하여 각 핵심 요소별 주요 요구내용에 대한 개선과제를 도출한다.

① 1단계 – 개선요소 선정

㉠ 고객만족도 내용별로 개선과제의 우선순위를 분류하여 개선방향을 설정한다.

㉡ 고객만족도 평가요소 중에서 만족도가 상대적으로 낮고 중요도가 상대적으로 높은 만족도 내용을 개선요소로 선정한다.

② 2단계 – 주요 요구 선정

㉠ 고객만족도에 대한 제언내용, 개선요구사항을 항목별로 분류하여 개선요소와 연관성을 평가한다.

㉡ 개선요소와 제언내용 중에서 상관도가 큰 만족도 내용을 업무별, 부서별로 구분한다.

③ 3단계 – CS 개선과제 도출

㉠ 고객만족도 향상과 문제점 개선방안의 요소를 분류하여 전략과제를 도출한다.

㉡ 핵심업무별 또는 부서별 요구사항 및 만족도 수준의 상호 비교분석을 도출한다.

㉢ 주요 요구에 대한 현상, 문제점, 원인을 도출하고 이를 해결하기 위한 CS 개선과제를 도출한다.

㉣ 다양한 분석(분산분석, 파레토분석, 교차분석 등) 활용을 통한 개선방향을 제시한다.

(2) CS 평가의 활용

CS 평가시스템은 CS 경영 성공을 위한 방향설정과 의사결정 기준을 제시한다.

① 고객의 인지 가치 및 요구를 파악할 수 있다.

② 고객의 만족 정도를 측정할 수 있다.

③ 고객의 만족 정도 측정 결과에 대한 활용과 조직 내 피드백을 얻을 수 있다.

④ 고객만족평가시스템 업그레이드 및 관리를 지속적으로 활용할 수 있다.

04 | 고객만족도 향상 전략

(1) 고객만족경영

① 고객만족의 개념

'제공한 상품과 용역 서비스에 대한 고객의 기대에 부응함으로써 그것이 고객의 사회적 · 심리적 · 물질적 만족감을 주고, 고객의 지속적인 재구매활동과 수평적 인간관계를 형성하는 커뮤니케이션 사이클(Cycle)'이라고 정의할 수 있다.

② 고객만족의 3요소 기출 14, 15, 16, 17, 18, 19, 20

㉠ 하드웨어적 요소(Hardware) : 기업의 이미지, 브랜드 파워, 매장의 편의시설, 고객지원센터, 인테리어, 분위기 연출 등

㉡ 소프트웨어적 요소(Software) : 기업의 상품, 서비스프로그램, A/S와 고객관리시스템, 부가 서비스 체계 등

㉢ 휴먼웨어 요소(Humanware) : 기업에서 근무하고 있는 사람들이 가지는 서비스 마인드와 접객서비스 활동, 매너, 조직문화 등

③ 고객만족경영의 3요소

㉠ 상 품

㉡ 서비스

㉢ 기업 이미지

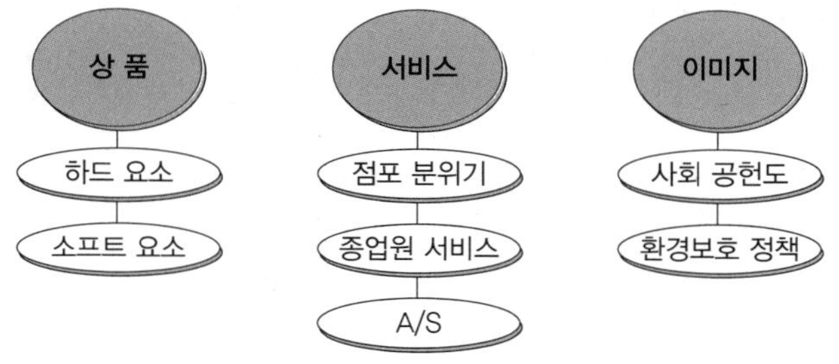

[고객만족경영의 3요소]

④ 고객만족경영의 실천

㉠ 기업경영이념과 가치관(문화)에 고객우선주의 표명 : 업무 규정보다 고객 우선 문화 정착

㉡ 고객 Needs에 맞는 제품 개발 : 물건을 파는 것이 아니라, 고객이 가진 문제에 대한 해결책을 파는 것

㉢ 고객만족지수(CSI)관리(설정 및 평가) : 계획 · 평가

㉣ 불평불만(고객의 소리) 접수 · 처리 · 개선

㉤ 1대 1 고객관계관리(CRM)

㉥ 고객의 기대수준 관리 : 작은 약속, 큰 실천

㉦ 고객만족(지향)경영 : 기업의 모든 활동이 진정으로 고객만족을 위하여 전사적으로 조정되고 통합될 때 가능

더 알아보기

고객만족경영의 실천 10단계

- 1단계 : 고객만족의 이념 확립
- 2단계 : 고객만족 책임자 선정
- 3단계 : 고객만족도 조사
- 4단계 : 목표 설정 및 중점사항
- 5단계 : 고객만족이념을 전 사원이 공유
- 6단계 : 실천프로그램 구성
- 7단계 : 상품 및 서비스 개선
- 8단계 : 결과에 대한 점검
- 9단계 : 성과에 대한 인식과 보상
- 10단계 : 고객지향적 문화 형성

(2) 고객만족 전략

① 목 적

고객의 Needs 파악을 통하여 이에 반하는 대내외적인 불만요인을 근본적으로 개선함으로써 고객을 만족시키는 데 그 목적이 있다. 즉, 고객의 니즈를 조직의 내부로 끌여들여 경영방식(Process, People, Strategy, System)을 고객지향적으로 바꾸며, 이것이 현장에서 실천됨으로써 고객에게 최고의 가치를 제공하고 궁극적으로는 조직의 가치를 극대화하여 미래비전을 달성하도록 만드는 기회를 제공하기 위함이다.

② 주요 과제

㉠ 특성에 따른 고객 분류 및 정의를 통한 CRM 체계 개선
㉡ 고객 니즈 및 고객만족도 조사분석을 통한 발전방향 수립
㉢ 고객 서비스 전달체계(프로세스) 분석 및 개선을 통한 CS 체계 구축
㉣ 내부 구성원의 지속적인 서비스 마인드 제고를 위한 교육 및 워크숍 수행

③ 기대 효과

㉠ 전략적 서비스 제공으로 이미지 및 인지도 제고
㉡ 서비스 제공방식의 표준화 및 체계화로 서비스 전달의 효율성 제고
㉢ 고객 중심 마인드 확산으로 조직의 서비스 문화 활성화

④ 구축 Framework

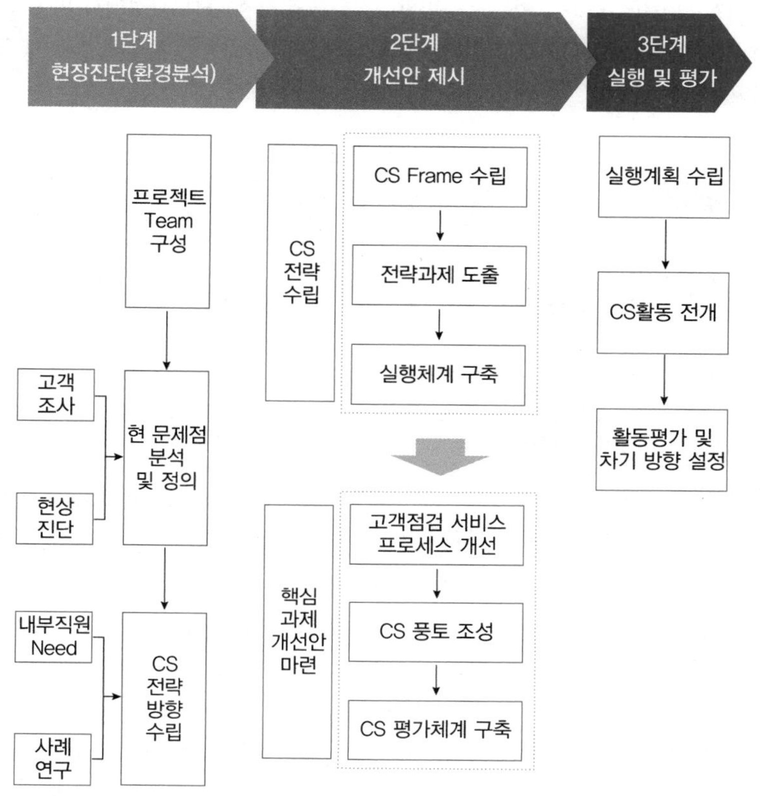

(3) 고객불만 관리 중요

모든 고객에게 100% 만족을 주는 제품과 서비스란 있을 수 없고, 고객의 불만은 필연적으로 발생하기 마련이다. 기업이 고객의 불만을 어떻게 관리하느냐에 따라 고객을 붙잡을 수도, 또 다른 불만고객을 양산할 수도 있다.

① 고객불만 관리의 중요성

㉠ 고객들의 불만이 잠재고객 상실로 이어지는 것은 불만 사례가 전해지는 과정에서 '입소문'이 눈덩이처럼 불어나기 때문이다. 대개 나쁜 입소문은 실제보다 과장되게 전해지기 마련이다.

㉡ 보다 중요한 사실은 불만을 기업에 통보하지 않는 고객들이 훨씬 많다는 것이다. 이는 기업들이 자칫 잘못하면 고객불만을 인식하지도 못한 채 기존고객뿐만 아니라 잠재고객들까지 잃게 될 수도 있다는 것을 의미한다.

② 고객불만의 원인 기출 18, 24

㉠ 고객불만의 원인은 크게 제품 자체의 문제, 서비스의 문제, 고객 자신의 문제로 분류할 수 있다. 고객 자신의 문제야 어쩔 수 없겠지만, 제품과 서비스 차원의 문제는 개선의 여지가 있는 부분이다.

㉡ 미국 품질관리학회의 조사에 따르면, 고객 이탈 사유 1위가 '고객접점에서의 서비스 문제'로 나타났다. 고객불만을 초래하는 가장 큰 원인이 직원들의 고객 응대 과정에서 비롯되는 것으로 조사된 것이다. 즉, 서비스 직원의 불친절한 응대, 규정만 내세우는 안내, 업무 처리 미숙, 타 부서로 책임 회피 등으로 인한 고객불만이 가장 많은 것으로 나타났다.

[고객의 불평 원인 분석]

원인별 / 소 재	기 업	고 객
업무적	• 직원의 업무지식 부족 • 설명이 불충분하거나 의사소통 미숙 • 업무처리 미숙 또는 지연 • 고객감정에 대한 배려 부족 • 서비스정신 결여	• 업무에 대한 지식 부족 • 착오, 과실 • 감 정 • 고의, 악의
심리적	• 바쁨 또는 귀찮음 • 회사의 규정을 어길 수 없음 • 특별한 대우를 해 줄 수 없음 • 자신이 서비스전문가라는 우월감	• 업무처리 지연에 대한 초조감 • 고객이 왕이라는 우월감 • 회사가 여기뿐이냐는 비교심리 • 하자에 의한 항의, 자존심 손상

㉢ 고객불만 관리에 대한 연구 결과들을 살펴보면, 고객의 불만을 잘 해결하는 경우 고객과의 관계를 더욱 강화하고 고객의 충성도를 높이는 기회가 될 수도 있다. 다시 말해, 고객불만 발생 시 만족스러운 문제 해결이 고객만족도의 향상을 가져올 수도 있다는 것이다. 결국은 기업이 고객의 불만에 어떻게 대응하느냐에 따라 고객을 붙잡을 수도, 또 다른 불만고객을 양산할 수도 있다.

③ 고객불만 관리의 성공 포인트〈출처 : LG경제연구원, 주간경제 918호(2007. 1. 5)〉

㉠ 고객 서비스에 대한 오만 버리기 : 고객불만 관리의 최대 적은 고객 서비스에 대한 '오만'이다. 기업은 자신들이 생각하는 자사제품과 서비스의 수준과 실제로 고객이 인지하는 수준 간에 큰 차이가 존재한다는 사실에 주목할 필요가 있다.

㉡ 고객불만 관리시스템 도입하기 : 고객불만 관리의 핵심은 사전에 불만요인을 인지해서 조기에 제거하는 것이다. 그러기 위해서는 시스템적으로 고객불만을 식별하여 원인을 분석하고 대응방안을 수립할 수 있도록 해야 한다. 또한 개선사항을 정기적으로 모니터링할 수 있는 고객불만 관리 체계의 구축이 필수적이다.

㉢ 고객만족도와 직원 보상 연계하기 : 기업이 고객불만을 관리하기 위해서는 현장에서 직접 서비스를 제공하는 직원들을 어떻게 교육시키고, 동기부여할 것인가가 매우 중요하다. 따라서 고객 서비스 수준을 높이기 위해서는 고객만족도와 직원들의 보상을 연계시킬 필요가 있다.

㉣ MOT(Moment Of Truth) 관리하기 : 흔히 '진실의 순간'이라고 번역되는 MOT란 현장에서 고객과 접하는 최초의 15초를 의미한다. 스칸디나비아항공의 CEO였던 얀 칼슨은 현장에 있는 직원과 고객이 처음 만나는 '15초' 동안의 고객응대 태도에 따라 기업 이미지가 결정된다고 주장하였다. 결국 '15초'는 기업의 운명을 결정짓는 가장 소중한 순간이며, 고객의 불만을 초래해서는 안 되는 순간인 것이다.

㉤ 고객의 기대수준 뛰어넘기 : 고객의 기대를 뛰어넘는 서비스로 고객을 감동시킴으로써 고객의 불만을 줄이는 적극적인 방법도 있다. 통상 고객의 기대수준을 뛰어넘는 일은 매우 어려워 보인다. 대부분의 기업들은 고객의 기대수준을 맞추는 것도 쉽지 않다고 말한다. 하지만 실제로는 아주 사소한 아이디어 하나로, 또는 경쟁사가 제공하지 않는 서비스를 제공함으로써 고객에게 감동을 주는 사례도 적지 않다.

④ **불만고객을 충성고객으로 탈바꿈**

평소에 아무런 문제를 느끼지 못하는 고객은 일반적으로 10% 정도의 재구매율을 보이지만, 불만을 말하러 온 고객에게 진지하게 응대할 경우 불만고객의 65%가 다시 해당 기업의 제품과 서비스를 이용한다고 한다. 기업들은 차별화된 고객불만 관리를 통해 소비자들의 부정적인 인식을 긍정적으로 바꿈으로써, 해당 기업과 제품에 대한 불만고객을 충성고객으로 바꿀 수 있도록 노력해야 할 것이다.

더 알아보기

인적(人的) 상황에 대한 고객불만 사례 기출 22

종업원의 접객 및 상담 태도, 종업원의 용모나 복장, 불충분한 커뮤니케이션, 고객 자신의 문제 등

05 | 고객불만처리 원칙

(1) 고객불만의 중요성

① 고객불만은 상품의 결함이나 문제점을 조기에 파악하여 그 문제가 확산되기 전에 신속히 해결할 수 있게 해 준다.

② 고객불만은 부정적인 구전(口傳) 효과를 최소화한다. 불만족 고객은 흔히 친구, 이웃, 친지 등 제3자에게 자신의 불만족스러운 경험에 대해 이야기하곤 하므로, 부정적인 구전을 최소화하기 위해서는 불만족 고객이 직접 기업, 판매업자나 종업원에게 불평하도록 유도해야 한다.

③ 불평하는 고객이 침묵하는 불만족 고객보다 낫다는 것이다. 불평이 없다고 해서 아무런 문제가 없다고 생각하는 것이 흔히 많은 기업들이 갖고 있는 착각이다.

④ 불만을 제기한 고객은 유용한 정보를 제공한다. 고객 불평을 통해 기업은 고객의 미충족 욕구를 파악할 수 있으며, 제품이나 서비스를 어떻게 개선할 수 있는가에 대한 중요한 자료로 수집할 수 있다.

(2) 불만고객 응대의 기본원칙 기출 14, 15, 16, 17, 20, 22

① 피뢰침의 원칙

㉠ 고객은 나에게 개인적인 감정이 있어서 화를 내는 것이 아니라, 일처리에 대한 불만때문에 복잡한 규정과 제도에 대해 항의하는 것이라는 관점을 가져야 한다.

㉡ 불만고객의 상담자도 피뢰침과 같이 직접 불만 섞인 다양한 고객들을 맞이하여 몸으로 흡수하고 회사나 제도에 반영한 후 다시 땅속으로 흘려보내야 한다. 이런 피뢰침과 같은 역할을 성실히 수행함으로써 회사와 조직은 상처를 입지 않고 내용을 충만히 할 수 있을 것이다.

② 책임공감의 원칙

㉠ 고객의 비난과 불만이 나를 향한 것이 아니라고 하여 고객의 불만족에 대해서 책임이 전혀 없다는 말은 아니다. 우리는 조직구성원의 일원으로서 내가 한 행동의 결과이든 다른 사람의 일 처리 결과이든 고객의 불만족에 대한 책임을 같이 져야만 한다.

㉡ 고객에게는 누가 담당자인지가 중요한 것이 아니라, 나의 문제를 해결해 줄 것인지 아닌지가 중요한 것이다.

③ 감정통제의 원칙

㉠ 전화를 받거나 거친 고객을 만나다 보면 자신도 모르게 감정을 드러내는 경우가 발생하게 된다.

㉡ 사람을 만나고 의사소통하고 결정하고 집행하는 것이 직업이라면, 사람과의 만남에서 오는 부담감을 극복하고 자신의 감정까지도 통제할 수도 있어야 한다.

④ 언어절제의 원칙

㉠ 고객상담 시 말을 많이 하는 것은 금기시되어 있다. 왜냐하면 고객보다 말을 많이 하는 경우, 고객의 입장보다는 자신의 입장을 먼저 고려하게 되기 때문이다. 말을 많이 한다고 해서 나의 마음이 고객에게 올바로 전달되는 것은 아니다.

㉡ 고객의 말을 많이 들어주는 것만으로도 우리의 고객들은 돌아가면서 좋은 느낌을 가지게 된다.

⑤ 역지사지의 원칙

㉠ 고객을 이해하기 위해서는 반드시 그의 입장에서 문제를 바라봐야 한다. 고객은 우리의 규정을 알지도 못하고, 그 규정의 합리적인 이유도 알지 못하며, 업무가 처리되는 절차는 더더욱 알지 못한다. 우리는 고객이 마치 우리의 업무프로세스나 규정을 모두 알고 있다는 것을 전제로 상담하고 있는 오류를 범하고 있다.

㉡ 고객은 자신에게 관심을 가져 주는 사람에게 관심을 갖는다. 고객에게 관심을 보여야만 우리의 말과 설명들이 고객의 귀에 들어가며 마음으로 이해해 줄 수 있다. 그렇지 않으면 아무리 합리적인 이유를 말하고 훌륭한 미사여구를 사용한다 할지라도, 고객은 결코 자신의 의견을 굽히지 않을 것이다.

(3) 불만고객 처리 단계 기출 23

단 계	유의할 점
① 불평을 듣는다.	• 불평의 모든 면을 듣는다. • 진지한 관심을 가지고 귀를 기울인다. • 편견(선입관념)에 사로잡히지 않는다. • 문제점을 메모한다.
② 불만의 원인을 분석한다.	• 중심 문제를 파악한다. • 중심적으로 배열한다. • 전례와 비교한다. • 회사 방침을 조사한다. • 빨리 답변할 수 있는가 없는가, 권한 내에서 처리할 수 있는가 등을 검토한다.
③ 해결책을 찾아낸다.	• 회사 방침에 부합하는가를 재검토한다. • 권한 외의 경우는 이관한다. 그러나 충분한 설명 · 연락을 취해 자기가 진행역이 된다.
④ 해결책을 전달 및 처리한다.	• 친절하게 설명하여 납득시킨다. • 권한 외의 경우는 특히 그 과정 및 수속을 충분히 설명한다.
⑤ 결과를 검토한다.	• 자기 혼자서 처리했을 때는 그 결과를 검토한다. • 권한 외의 경우에는 해결책의 내용과 상대방의 반응을 대조해서 검토한다. • 다른 판매점의 영향을 검토한다.

(4) 불만고객 처리 시 유의사항 기출 23

① 고객의 말에 동조해 가면서 끝까지 충분히 듣는다.

② 논쟁이나 변명은 피한다.

③ 고객의 입장에서 성의 있는 자세로 임한다.

④ 감정적 표현이나 노출을 피하고 냉정하게 검토한다.

⑤ 솔직하게 사과한다.

⑥ 설명은 사실을 바탕으로 명확하게 한다.

⑦ 신속하게 처리한다.

(5) 불만고객 처리방법(MTP법)

① 고객의 컴플레인에 대한 처리방법은 더 높은 고객만족 향상이라는 차원에서 고려되어야 한다.

② 고객 불평이나 불만의 처리방법으로 MTP법이 자주 사용되고 있는데, 이는 사람(Man), 시간(Time), 장소(Place)를 바꾸어 컴플레인을 처리하는 방법이다.

㉠ 사람을 바꾼다 : 판매사원 → 판매담당

㉡ 장소를 바꾼다 : 매장 → 사무실, 소비자상담실

㉢ 시간을 바꾼다 : 즉각적인 해결 방안 제시보다는 냉각 시간 필요

(6) 고객 특성에 따른 불만처리 방법

유 형	특 성	응대 요령
A그룹 (권위형, 과시형, 추진형)	• 결단력이 있고 요구적이며 완고하고 엄격하며 능률적이다. • 남의 얘기를 경청하는 것에 소홀하다. • 자신의 행동과 결정에 도움을 주는 사람에게 호감을 갖는다.	다혈질적으로 빨리 화를 내고 빨리 식으므로 요점만을 제시하고 결정은 본인 스스로 내리게 한다.
B그룹 (표현형, 신경질형, 짜증형)	• 충동적이며 열성적이고 비규율적이며 사교적이다. • 수다스럽고, 세밀하게 숙고해야 할 내용에는 싫증을 낸다. • 자기주장을 받아들여지게 하기 위해 감정에 호소하는 수도 있다. • 자신의 직관에 도움을 주는 사람에게 호의적이다.	• 화를 내기 시작하면 자제를 하지 못하고 인신공격을 많이 하므로 무조건 들어 주는 것이 좋다. • 관심을 갖는 시간이 짧기 때문에 흥미를 잃지 않도록 유의하여야 한다.
C그룹 (친화형, 매너형, 우유부단형)	• 수동적이고 우유부단하며 내향적이고 우호적이다. • 남의 얘기를 주로 듣고 질문을 받아야 의견을 말한다. • 경쟁보다 양보를 택하고 단결력이 강해 집단에서 분쟁을 완화시키는 역할을 한다. • 호의적인 사람에게 긍정적이다.	• 평소에는 온화하며 화가 나거나 불만이 있어도 말을 잘 하지 않는 편이나 화가 나거나 불만을 제기하기 시작하면 끝까지 해결을 보는 유형이다. • 반박을 하지 않도록 주의하고 편안하게 친근감 있게 대한다.
D그룹 (이성형, 분석형, 전문가형)	• 신중하고 비판적이며 고집이 세다. • 경청하는 형이며, 상황을 철저히 분석하려 한다. • 발언이 너무 깊고 자세한 경우가 있다. • 정확성을 중요시하므로 충실한 자료와 근거를 제시하는 사람에게 호의적이다.	• 일단 화가 나면 그 이유에서부터 무엇이 불만인지 또 그 내용까지 조목조목 따지므로 시간적 여유를 두고 응대하는 것이 좋다. • 자료를 제시하고 애매한 일반화는 피한다.

06 | 클레임과 컴플레인 분석

(1) 클레임과 컴플레인의 개념 기출 15, 16, 24

① 클레임(Claim)

어느 고객이든 제기할 수 있는 객관적인 문제점에 대한 고객의 지적이라 할 수 있다. 즉, 클레임은 상대방의 잘못에 대한 시정요구로 컴플레인에서 비롯된다. 클레임이 처리되지 않을 경우, 고객에게 물질적 · 정신적 보상으로 해결해야 한다.

② 컴플레인(Complain)

고객이 상품을 구매하는 과정에서 또는 구매한 상품에 관하여 품질, 서비스, 불량 등을 이유로 불만을 제기하는 것으로서 매장 내에서 종종 발생하는 사항이다. 고객의 불만, 오해, 편견 등을 풀어 주는 일을 '컴플레인 처리'라고 한다.

제2과목

(2) 클레임과 컴플레인의 처리방법

① 고객의 클레임과 컴플레인을 성의껏 처리해 주었을 때 고객은 크게 만족하게 되어 자사의 계속 구매고객이 될 가능성이 크다.

② 성의를 다하는 클레임과 컴플레인의 처리는 매장(회사)의 신뢰도를 높이고 고객과의 관계를 효과적으로 유지시켜 주는 지름길이 된다.

③ 소비자의 클레임과 컴플레인은 기업에 막대한 손실을 입힐 수 있으며, 경영자에게도 중요한 영향을 미친다.

(3) 클레임과 컴플레인의 발생원인 중요

① 판매자 측 원인

㉠ 판매담당자의 고객에 대한 인식부족 : 불량품이나 불만족스러운 제품을 구매한 고객은 불만과 더불어 교환을 요구한다. 이 당연한 요구를 무시하거나 교환을 회피하려 할 때 발생한다.

㉡ 무성의한 고객대응 태도 : 고객의 질문에 답변을 하지 않거나, 고객의 요구에 대한 일방적인 무시행위, 무성의한 답변, 불친절 등은 컴플레인을 발생시킨다.

㉢ 제품지식의 결여 : 판매담당자의 부족한 제품지식으로 인한 잘못된 제품설명은 제품 사용상의 문제점을 야기함은 물론 컴플레인을 발생시킨다. 정확한 상품지식, 올바른 상품 설명으로 불평을 예방할 수 있다.

㉣ 제품관리의 소홀 : 제품의 이동 및 진열 중에 불량품이 발생할 수 있는데, 이러한 불량품을 최종 점검 없이 판매할 경우 컴플레인이 발생한다.

㉤ 무리한 판매권유 : 무리한 강매나 강권은 고객의 쇼핑 즐거움의 감소는 물론 매장에 대한 신뢰감을 떨어뜨리고 컴플레인을 발생시킨다.

㉥ 단기간의 이해집착 : 단기간의 이해에만 집착하여 교환이나 환불을 회피할 경우 컴플레인을 발생시키고 고정고객을 잃게 된다.

ⓢ 약속 불이행 : 판매사원과 고객과의 약속은 회사의 대고객에 대한 약속이며, 개인 간의 약속이 아니다. 회사가 약속하였다는 입장, 회사의 신뢰성을 지킨다는 입장, 고객과의 약속을 지키기 위해 최선을 다해야 한다. 약속을 지키지 않으면 회사를 믿고 행동한 고객은 자신의 시간 및 금전적인 손실에 대한 보상을 요구한다.

ⓞ 보관물품의 소홀한 관리 : 고객으로부터 받은 보관물품을 소홀히 취급하여 파손 · 분실하게 된다면 그 고객은 당연히 보상을 요구한다. 보관물품의 소홀한 관리는 고객의 클레임을 발생시킨다.

ⓩ 일처리의 미숙 : 서투른 포장이나 계산의 착오 등 일처리의 미숙은 컴플레인을 발생시킨다.

② 고객 측 원인

㉠ 고객 측의 잘못에 의한 발생원인은 제품, 상표, 매장, 회사 등에 대한 잘못된 인식, 기억의 착오, 성급한 결론, 독단적인 해석, 고압적인 자세, 할인의 구실을 찾기 위한 고의성 등이다.

㉡ 고객의 잘못이나 고객의 착오 등에 의한 컴플레인의 발생은 고객이 잘 납득할 수 있도록 설명하여 이해시킨다.

㉢ 비록 판매담당자의 잘못이 없다고 하더라도 잘못된 대응은 고객을 적으로 만들 수 있으므로, 인내심을 가지고 겸손하며 정감 어린 설명으로 설득해야 한다.

(4) 클레임과 컴플레인의 원칙

① 우선 사과의 원칙

클레임과 컴플레인을 건 고객은 일반적으로 화가 나 있다는 점에 유의하여 사과부터 정중히 하여야 한다.

② 우선 파악의 원칙

고객이 클레임과 컴플레인을 한 원인을 먼저 파악하여야 한다.

③ 신속해결의 원칙

가능한 빠른 시간 내에 해결하는 것이 회사 입장에서도 좋다.

④ 비논쟁의 원칙

클레임과 컴플레인을 건 고객과 논쟁을 하지 말아야 한다. 자칫하면 오히려 문제를 키울 수 있는 소지가 많다.

(5) 존 굿맨(John Goodman)의 법칙 기출 15, 16, 17

① 제1법칙

자신의 불만을 해결하여 만족하게 된 고객은 불만을 갖고 있지만, 토로하지 않는 고객에 비해 동일 브랜드를 재구입할 가능성이 매우 높다.

② 제2법칙

고충 처리에 불만을 품은 고객의 비우호적인 소문의 영향은 만족한 고객의 호의적인 소문의 영향에 비해 두 배나 강하게 판매를 방해한다.

③ 제3법칙

소비자 교육을 받은 고객은 기업에 대한 신뢰도가 높아 호의적인 소문의 파급효과가 기대될 뿐 아니라 상품의 구입의도가 높아져 시장확대를 공헌한다.

07 | 고객의 소리(VOC ; Voice of Customer)를 통한 고객관리

(1) VOC의 의의 중요

① 고객의 소리 청취제도란 고객의 소리에 귀를 기울여 그들의 욕구를 파악하고 이를 수용하여 경영 활동을 함으로써 고객만족을 추구하는 제도이다.

② 고객불만을 최소화하여 궁극적으로 고객불평을 제로(Zero)화 하자는 것이다. → ZC(Zero Complain)

(2) VOC 시스템의 효과 기출 14, 15, 16, 19, 20

① 여러 고객의 집합체인 시장의 욕구와 기대의 변화를 알 수 있다.

② 고객의 결정적인 순간을 이해하고 고객의 입장에서 바라봄으로써 서비스 프로세스의 문제점을 알 수 있다.

③ 예상 밖의 아이디어를 얻을 수 있다.

④ 고객과의 관계유지를 더욱 돈독하게 할 수 있다.

⑤ 고객접점에서 고객의 욕구에 근거하여 표준화된 대응서비스가 가능하다.

⑥ 고객과의 커뮤니케이션을 통해 CRM의 한계를 극복하여 데이터를 통한 분석이 아닌, 고객의 실제 성향 파악을 가능하게 한다.

(3) VOC 시스템의 구축(4단계)

① 1단계

고객이 쉽게 의견을 제시할 수 있는 창구를 개설한다.

② 2단계

체계적인 고객의 소리를 분석한다.

③ 3단계

각 부서에 신속한 피드백을 통해 문제를 해결한다.

④ 4단계

처리결과를 고객에게 통보 또는 경영활동에 반영한다.

더 알아보기

고객의 소리(VOC)의 성공조건 중요 기출 18, 20, 22

- VOC와 보상을 연계시킨다.
- VOC로 인해 발생한 조직의 변화를 평가한다.
- 자료의 신뢰성을 높이기 위해 고객의 소리를 코딩으로 분류한다.
- 자료에 대한 통계보고서를 작성해 추세를 파악하고 변화를 점검한다.

08 | 고객충성도

(1) 정 의

고객충성도란 기업이 지속적으로 고객에게 탁월한 가치를 제공해 줌으로써 그 고객으로 하여금 해당 기업이나 브랜드에 호감이나 충성심을 갖게 하여 지속적인 구매활동이 유지되도록 하는 것이다.

(2) 고객충성도 구축방안

① 고객신뢰

㉠ 상대방이 미래에 어떻게 행동할 것인가에 대한 일반화된 기대[Anderson & Narus(1990)]

㉡ 브랜드신뢰는 '브랜드가 일정한 기능을 수행할 능력이 있다고 믿는 고객의 상태'[Chaudhuri & Holbrook(2001)]

㉢ 고객의 신뢰를 높이는 전략 : 역량, 일관성, 배려

- 브랜드가 고객으로부터 신뢰를 얻기 위해서는 경쟁자에 비해 우월한 서비스를 제공할 수 있는 역량을 확보해야 한다.
- 신뢰를 얻기 위해서 어떤 상황에서도 고객들에게 일관된 서비스를 제공하는 일관성 확보가 중요하다. 이러한 일관성은 고객들이 브랜드에 기대하는 예측가능성과 정직성이 관련되어 있다.
- 충성고객들에게는 차별적인 배려를 제공해야 한다. 고객들은 항상 브랜드로부터 특별한 대우를 받길 기대한다.

② 애 착

㉠ 신뢰가 인지적 차원에서 브랜드와 고객 간의 관계를 강화시켜 준다면 애착은 감성적인 요소라고 할 수 있다.

㉡ 애착을 높이기 위해서는 고객들에게 독특한 문화와 개성을 제공하는 노력을 해야 한다.

(3) 고객충성도 증대 방안 중요

① 거래에 대한 감사의 인사를 전한다.

② 쉽게 고객이 될 수 있도록 한다.

③ 장기 고객들을 구분하여 보답한다.

④ 개별화된 고객맞춤 서비스를 제공한다.

⑤ 무엇을 원하는지 물어 본다.

⑥ 고객들을 분류하여 공략한다.

⑦ 고객의 라이프사이클 단계에 따른 마케팅을 한다.

⑧ 친구나 가족 또는 동료들로 하여금 홍보하도록 만든다.

⑨ 고객들을 직접적인 이해관계자로 전환시킨다.

⑩ 기업 전반에 걸쳐 통일되게 고객과의 관계를 관리한다.

(4) 고객충성도 분류 기출 15, 16, 17, 18, 20, 22, 24

① 라파엘(Raphael)과 레이피(Raphe)의 분류 중요

㉠ 예비고객 : 구매에 관심을 보일 수 있는 계층

㉡ 단순고객 : 관심을 가지고 적어도 한 번 정도 가게를 방문하는 계층

㉢ 고객 : 빈번하게 구매가 이뤄지는 계층

㉣ 단골고객 : 정기적으로 구매하는 계층

㉤ 충성고객 : 주변 누구에게나 긍정적 구전을 해 주는 계층

② 올리버(Oliver)의 고객충성도 발전 4단계 기출 19, 20

㉠ 인지적 충성 : 브랜드 신념에만 근거한 충성 단계

㉡ 감정적 충성 : 브랜드에 대한 선호나 태도가 만족스러운 경험이 누적됨에 따라 증가하는 단계

㉢ 행동 의욕적 충성 : 브랜드에 대한 긍정적 감정을 가지고 반복적인 경험에 의해 영향을 받으며 행위 의도를 갖는 단계

㉣ 행동적 충성 : 의도가 행동으로 전환되는 단계

06 CS 컨설팅

01 | 서비스 기대관리

(1) 서비스 기대의 이해 중요 기출 20

① 서비스 기대모델

고객의 서비스 기대는 크게 3가지 수준, 희망 서비스, 적정 서비스, 그리고 허용 영역으로 구성된다.

㉠ 희망 서비스(Desired Service) : 희망 서비스는 제공받을 서비스에 대한 희망 수준, 즉 '바람(Want)과 소망(Hopes)'을 뜻한다. 희망 서비스와 관련된 개념으로 이상적 서비스(Ideal Service)가 있다. 이는 소비자가 '기원하는(Wished-for)' 서비스 수준, 즉 바람직한 서비스 수준을 말한다.

㉡ 적정 서비스(Adequate Service) : 적정 서비스란 고객이 불만 없이 받아들일 만한 서비스 수준, 즉 최소한의 허용 가능한 기대수준 또는 수용할 수 있는 성과의 최하수준을 의미한다. 적정 서비스 수준은 경험을 바탕으로 한 예측 서비스 수준에 의해 형성된다. 예측된 서비스(Predicted Service) 수준이란 고객이 해당 서비스 회사로부터 실제로 받을 것이라고 기대하는 서비스 수준이다.

㉢ 허용 영역(Zone of Tolerance) : 허용 영역이란 희망 서비스 수준과 적정 서비스 수준 사이의 영역이다. 희망 서비스와 적정 서비스 기대 수준 사이의 간격으로서 서비스 실패가 잘 드러나지 않는 "미발각 지대(No Notice Zone)"이다.

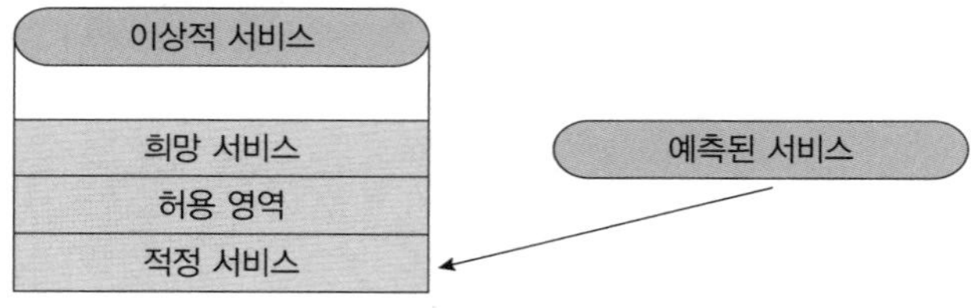

[고객의 서비스 기대 모델]

② 서비스 적정도와 우위도 중요

㉠ 서비스 적정도(MSA ; Measure of Service Adequacy) : 고객이 기대하는 적정 서비스와 지각된 서비스 간의 차이 = 지각된 서비스 − 적정 서비스

㉡ 서비스 우위도(MSS ; Measure of Service Superiority) : 고객이 기대하는 희망 서비스와 지각된 서비스 간의 차이 = 지각된 서비스 − 희망 서비스

더 알아보기

MSA와 MSS에 따른 경쟁적 위치관계

- SA+, MSS+ : 지각된 서비스 > 희망 서비스 : 고객충성도상황
- SA+, MSS− : 지각된 서비스 > 적정 서비스 : 경쟁우위상황
- SA−, MSS− : 지각된 서비스 < 적정 서비스 : 경쟁열위상황

(2) 서비스 기대의 영향요인

① 내적 요인 중요 기출 23

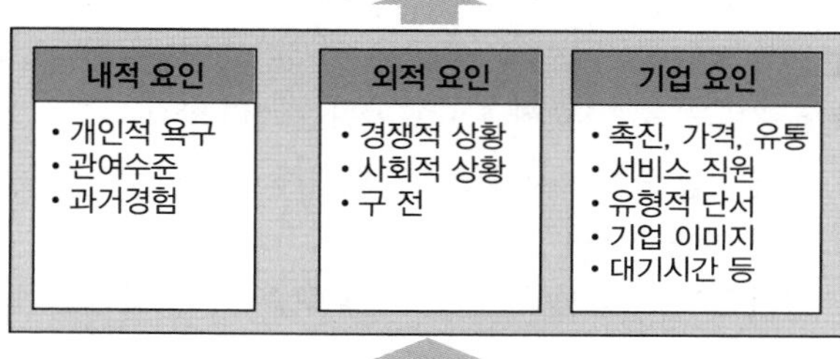

상황적 요인
- 구매동기
- 소비자 기분
- 날 씨
- 시간적 제약

㉠ 개인적 욕구

- 소비자 개인의 욕구에 따라 서비스 기대 수준 차이
- 매슬로우(Maslow)의 욕구 5단계 모델 : 생리적 욕구 − 안전의 욕구 − 소속감과 사랑의 욕구 − 존경의 욕구 − 자아실현의 욕구

㉡ 관여도

- 관여도가 증가할수록 이상적 서비스 수준과 희망 서비스 수준 사이의 간격이 좁아지게 된다.
- 관여도가 높을수록 허용영역이 좁아진다.

㉢ 과거의 경험

- 과거의 경험은 예측된 기대와 희망 기대 수준을 형성하는 데 영향을 미친다.
- 경험이 많을수록 기대 수준이 높아진다.
- 보조 서비스의 핵심 서비스화

② 외적 요인

㉠ 경쟁적 상황

- 경쟁사가 제공하는 서비스에 의한 서비스 기대의 영향
- 어떤 특정한 서비스 기업으로부터 기대하는 수준은 그 소비자가 이용할 수 있는 다른 대안에 의해 영향을 받는다.

㉡ 사회적 상황

- 소비자가 맞이하는 사회적 상황
- 일반적으로 사람들은 다른 사람과 함께 있을 때 기대수준이 더 상승한다.

㉢ 구전 커뮤니케이션 중요

- 고객 서비스 기대 형성의 강력한 정보원천
- 사람들은 보통 어떤 서비스를 구매하기 전에 다른 사람에게 물어보거나 조언을 구한다.
- 3원칙 : 개인적 원천, 전문가 원천, 파생적 정보원천

③ 상황적 요인 기출 22

㉠ 구매동기 : 가족여행 및 비즈니스여행에 따라 서비스 기대 차이

㉡ 소비자의 기분 : 기분이 좋을 때는 서비스 직원에 관대하고, 허용영역이 넓어진다.

㉢ 날씨 : 날씨가 나쁠 때 허용영역이 넓어진다.

㉣ 시간적 제약 : 시간적 압박, 긴급상황 시 예상기대 수준은 낮아지지만 허용영역은 좁아진다.

④ 기업 요인

㉠ 촉 진

- 기업이 제시하는 대고객 약속에 따라 서비스 기대수준에 영향을 미친다.
- 과대약속은 오히려 금물이다.

㉡ 가 격

- 가격이 높을수록 서비스 기대수준은 높아지고, 허용영역은 좁아진다.
- 적정한 가격설정으로 고객들의 예측된 기대수준을 높여 서비스구매를 증가시키되, 그에 준하는 서비스 품질을 달성해야 한다.

㉢ 유 통

- 가맹점이 많을수록 예상 서비스 기대수준 강화 경향이 있다.
- 서비스의 이용가능성과 접근성도 서비스 기대에 영향을 미친다.

㉣ 서비스 직원 : 서비스 직원의 용모, 말씨, 태도 등이 서비스 기대수준에 영향을 미친다.

㉤ 유형적 단서 : 외관, 시설, 내부구조, 실내장식, 종업원 용모 등이 서비스 기대수준에 영향을 미친다.

㉥ 기업 이미지 : 기업 이미지가 좋을수록 서비스 기대수준 강화 경향이 있다.

㉦ 고객의 대기시간 : 대기시간에 대한 고객의 인식은 서비스 기대에 영향을 미친다.

㉧ 다른고객 : 고객들은 다른고객들이 받은 서비스와 비교해서 자신의 서비스 기대수준을 변경하기도 한다.

(3) 서비스 기대관리

① 고객기대의 이해

고객기대를 이해하기 위해서는 마케팅조사를 통해 구매 전 고객의 기대를 확인하는 것이 중요하며, 구매 당시나 구매 후에도 계속적인 마케팅조사가 필요하다.

㉠ 외부 마케팅 조사 : 조사기관이나 조사부서에 의뢰하여 고객들로부터 정보를 구하는 방법

- 1단계 : 문제와 조사목적의 정의
- 2단계 : 서비스측정 방법 개발
- 3단계 : 조사프로그램 실행
- 4단계 : 데이터의 수집과 정리
- 5단계 : 분석과 발견점 해석
- 6단계 : 발견사항 보고

㉡ 내부 마케팅 조사 : VOC(Voice of Customer) 시스템을 구축하여 경영자가 직접 고객의 소리를 듣거나 중간고객인 딜러나 유통업자 또는 내부고객인 직원들을 통해 정보를 구하는 방법

- 경영진의 고객방문
- 고객의 소리
- 중간고객에 대한 조사
- 직원에 대한 조사
- 직원의 소리
- 직원의 제안

② 구매단계별 고객기대관리

㉠ 서비스 구매 전 단계

- 고객의 기대파악 : 영업사원이나 서비스 요원 활용, 콜센터 운영
- 제공할 서비스에 대한 홍보 : 광고, 판촉, 인적판매, POP 등
- 일관성 있는 서비스 제공 : 고객의 기대형성 → 기업애호도 형성 → 긍정적 구전효과

㉡ 소비단계(서비스 접점단계)

- 고객과의 지속적 커뮤니케이션
- 고객의 기대충족을 위한 서비스 수정 : 고객중심 서비스 제공 노력
- 서비스 수정이 필요한 경우 그 이유 설명

㉢ 서비스 구매 후 단계(구매 후 고객 기대관리 전략)

- 고객의 기대충족 여부 확인 : 피드백 과정을 통한 고객반응 확인
- 후속 사후관리프로그램(Follow-up Program) 개발
- 고객불만처리프로그램 개발 : 고객의 재구매 유도 / 미래의 기대관리에 도움

02 | CS 트렌드(Trend)와 CS 플래닝(Planning)

(1) 트렌드 중요 기출 22

① **트렌드의 정의**

㉠ 트렌드의 사전적 의미는 동향, 경향, 추세, 유행 등으로 번역된다. 흔히, 트렌드와 같은 의미로 쓰이는 유행은 트렌드와 다른 개념으로 단기적인 유행을 뜻하는 패드(Fad)와 비슷한 의미이다. 그러므로 기업에서는 패드와 트렌드를 구분해야 할 것이다.

㉡ 트렌드는 적어도 5년 혹은 10년 정도 지속되며, 사회 전반에 영향을 미치는 변화의 흐름으로 정의 할 수 있다.

㉢ 트렌드는 특정시점에서 하나의 징후로 출발하여 사회, 경제, 문화의 다양한 영역에서 동시적이고 포괄적으로 나타나는 현상이라 할 수 있으며, 사회 전반적인 부분에 광범위한 변화를 가져올 수 있다.

㉣ 트렌드가 보다 강해지면 궁극적으로 전 사회를 관통하는 주류 트렌드로 발전하게 된다.

② **트렌드의 유형** 기출 18, 23, 24

㉠ 메타 트렌드 : 자연의 법칙이나 영원성을 지닌 진화의 법칙. 사회적으로 일어나는 현상들로서 문화 전반을 아우르는 광범위하고 보편적인 트렌드

㉡ 메가 트렌드 : 사회 문화적 환경의 변화와 함께 트렌드가 모여 사회의 거대한 조류를 형성하는 현상, 세계화

㉢ 사회적 트렌드 : 삶에 대한 사람들의 감정, 동경, 문화적 갈증

㉣ 소비자 트렌드 : 5~10년 동안 지속되어 소비세계의 새로운 변화를 이끌어 내는 소비문화로부터 소비의 표층 영역까지를 광범위하게 나타나는 현상

(2) CS 트렌드

① **소비자 태도 변화의 7가지 추세〈자료 ; IBM CX Forum 2005〉** 기출 23

㉠ 소비자의 가치 변화 : 소비자의 가치는 생활 패턴의 변화에 따라 높아지고 있다.

㉡ 도시와 농촌 환경의 변화 : 도시는 인프라가 집중되면서 중산층이 많아지고 도시 간 연결이 긴밀해지고 있다. 반면 농촌은 마을 간의 격리가 심화된다. 그에 따른 유통 방식 및 영업의 차이를 주목해야 한다.

㉢ 정보에 대한 거부감 증가 : 정보가 넘쳐나면서 소비자들은 광고나 팝업에 대한 스트레스가 심해졌다. 이는 마케팅 전문가가 소비 대상에게 접근하기 힘들어진다는 것을 의미한다. 또한 고객의 정보 소유욕도 높아져서 기업 측면에서는 고객이 될 소비자를 이해하고 다가가기가 힘들어졌다.

㉣ 정보 활용도의 변화 : 구매자의 80%가 인터넷 검색이나 매거진을 통해 사전 정보를 파악, 구매를 결정한다. 고객의 요구가 까다로워지고 있는 것이다.

㉤ 대형 유통업체의 진출 및 생성 : 월마트, 까르푸, 코스트코 등 대형 유통업체의 진출은 유통업을 변화시키고 있다. 이들은 편의점, 슈퍼마켓, 약국 등으로 영역을 확대하고 있고 금융 서비스 사업에까지 진출하고 있다.

ⓑ 산업의 변화에 따른 기업의 포커싱 변화

- 산업의 변화는 기업의 변화를 요구하고 있다.
- P & G의 경우 소비자에 대한 통찰력, 파트너와의 관계, 훌륭한 제품과 혁신, 이 세 가지를 핵심 역량으로 삼고, 이 외의 사업은 모두 파트너에 위임했다.
- 비누 제조마저 중국에 아웃소싱하는 형태로 선택과 집중 전략을 펼친 결과 현금유동성 확보에 성공, 결국 P & G는 질레트를 인수할 수 있었다.

ⓢ 시장의 구조조정

- 중국의 영향, 법규 완화, WTO의 영향 등 시장의 변수가 많아지고 있다. 이로 인해 타깃 소비자를 지정하는 것이 중요해지고 있다. 시장 다수를 대상으로 하는 시장 구조에서 특수 영역만을 집중 공략하는 형태로 타깃 곡선이 바뀌어야 한다.
- 은행의 경우도 대중을 위해선 ATM, 셀프 서비스를 이용함으로써 지점은 폐쇄하는 반면 특정 계층에 대해서는 개인 맞춤형 상품을 개발하는 등의 고급 서비스를 제공한다.
- 이에 반해 백화점은 아직 다수의 중산층을 타깃으로 한다. 이와 같은 미드티어 시장 공략이 오히려 매출과 비용 면에서는 불리하며 탑엔드와 로우엔드에 대한 선택과 집중이 필요하다.

② 혁신 관점에서 본 미래 비즈니스 트렌드〈자료 ; LG경제연구원〉

㉠ 시간 · 비용의 맞춤화

- 미래에는 고객가치 실현 시 전통적인 소비자 제약조건인 시간 · 비용을 맞춤화하려는 비즈니스 등장
  - 초스피드화 사업 : 미국 결혼정보회사들의 스피드 데이트 사업(7분 만남 후 재데이트 여부에 대한 서류 작성), 넥스트 카드가 제공하는 35초만의 신용불량이력 조사 및 신용카드 승인 서비스 등
  - 중단 없는 서비스 사업 모델 : 24시간 레스토랑, 야간 Child Care 서비스, 24시간 주식장외 거래 서비스 등
- 시간에 대한 고객 니즈가 계속 변화하는 가운데 최근에는 개인별로 시간에 대한 선호도가 다양화 · 차별화되면서 자신에게 최적화된 시간 약속이나 사용 등 시간을 맞춤화하려는 경향
  - 영국의 타임뱅크 : 시간과 노동의 교환을 통해 다양한 고객들의 시간을 저장한 후, 시간 저축을 많이 한 고객이 자신의 시간 절약이 필요할 때 타인의 노동력을 제공받게 하는 사회공익사업
  - 미국 DVR(디지털비디오리코더) 제조회사인 TiVo : 고객이 보고 싶어 하지 않는 광고물을 선택적으로 배제함으로써 시간의 맞춤화 니즈를 충족시키는 초보적인 사업 형태
- 가치소비 경향과 맞물려 비용에 대한 고객 니즈도 자신이 추구하는 가치와 소요되는 비용 간의 적절한 조합을 통해 맞춤화하는 경향
  - 미국의 보험회사 프로그래시브 : 차량 내 센서를 설치하여 인공위성을 통해 개별 고객의 차량 주행량을 측정하고 이에 따라 보험료를 차등 부과하는 서비스를 제공
  - 일본의 경우 : 실버 계층을 대상으로 회원제를 통해 가전기기를 임대하고 있는데, 선호하는 기능이나 디자인, 리스 기간 등에 따라 요금을 차별적으로 부과

ⓛ 고객을 찾아가는 제품 · 서비스

- 고객효용가치 실현 시 또 하나의 제약 조건인 지리적 · 물리적 공간의 제약을 극복하는 측면에서 '고객을 찾아가는 비즈니스'가 특정고객집단을 대상으로 부상
  - 찾아가는 비즈니스 : 고령화가 상당히 진행된 일본 등 선진국에서는 나이가 들고, 거동이 불편한 노인들과 실버타운 거주자를 위해 이발, 목욕 등을 해 주는 이동형 서비스
  - 오시펫모빌 등 이동 애견센터(일본) : 차량 내에 애견 관리를 위한 첨단 시설을 구비하고, 고객의 집을 방문하여 천연 소재의 샴푸 목욕, 정밀 건강 검진 등 여러 가지 프리미엄 서비스를 제공
  - 저펜 펫 세러모니(일본) : 이동식 장례차를 고객에게 보내주어 애견 장례 대행 서비스를 제공
  - 텀블버스(미국) : 이동식 놀이터
  - COMSN, 니치각칸(일본) : 이동식 욕실 서비스를 제공
- 고객을 찾아가는 제품 · 서비스 사업은 매스 마켓을 대상으로 하던 전통적인 사업 방식에서 벗어나, 사전에 철저하게 파악된 목표 고객의 니즈를 바탕으로 고객이 꼭 필요로 하는 제품 · 서비스를 정확하게 제공하는 일종의 '스마트 미사일'과 같은 전략을 사용해야 한다.

ⓒ 실시간 고객 참여

- 최근에는 고객들이 구매만을 전담하던 역할에서 벗어나 기업 비즈니스 프로세스 전반의 활동에 참여하여 가치를 창출하는 동반자, 즉 프로슈머로 전환되고 있다.
  - 미국의 Threadless T – shirt사 : 웹사이트와 자동화된 IT 시스템을 바탕으로 고객이 직접 디자인한 제품을 실시간으로 제품 개발과 생산에 반영
  - 유튜브 : 최근에는 미국, 유럽, 일본 등 선진지역을 중심으로 고객들이 자신이 직접 제작한 동영상 UCC(User Created Content)를 기반으로 한 미디어 비즈니스
  - 미국의 '브루시티' 주점 : 고객이 자신이 마시고 싶은 술을 직접 만드는 주점
  - '위키피디아' : 고객이 만드는 온라인 백과사전
- 실시간 고객 참여 비즈니스를 성공적으로 수행하고자 한다면, 먼저 강력한 IT 인프라 구축이 필요하며, 제품 · 서비스의 특성에 따라 참여의 직접성 정도를 미리 결정해야 할 것이다.

ⓔ 틈새찾기를 통한 차별화

- 고객가치 실현 대상의 변화로서 미래 비즈니스 환경에서는 기업의 목표 고객을 차별화하는 사업이 부상
  - 일본 세븐일레븐이 발매한 'O2써플리'라는 휴대용 산소캔 제품 히트
  - 일본 편의점 AM / PM : 편의점 입장에서는 틈새라고 할 수 있는 야채, 과일, 고기, 생선 등의 신선식품 및 1인용 식재료 패키지 등을 취급
- 인구통계적 변화에 대응하여 새로운 틈새를 개척하는 기업들도 증가
  - 영국 PB인 'Coutts & Co.' : 다수 시장이 아닌 고소득 여성 계층을 대상으로 프리미엄 금융 상품을 제공
  - 일본 K's Office International : 애완견용 부티크를 표방하면서 소수 마니아들의 전유물로 여겨졌던 애완견용 고급 의류 시장에서 높은 수익을 올림

㉤ 적극적인 경험 창출 VS 일상생활의 아웃소싱 : 고객 가치의 유형과 범위 측면에서의 변화로 적극적인 경험 창출과 더불어 일상생활의 아웃소싱 비즈니스가 부각되고 있다.

- 적극적인 경험 가치의 창출 측면 사례
  - 와인에 Fun이라는 경험 요소를 가미한 보졸레누보의 전 세계 와인 동시 출시 이벤트
  - '반항적 문화'라는 체험요소를 가미한 할리 데이비슨의 오토바이 사업
  - 독특한 매장 분위기를 연출한 스타벅스
  - 미국의 '슈 카니발'사가 운영하는 '서커스형 신발매장'
- 일상 생활의 아웃소싱 비즈니스 사례
  - 고객들을 대신해 검침원, 배관공 등을 기다리기, 파티 준비하기, 집 보기 등을 대행해 주는 프랑스의 '르 콩시에르주리'
  - 고객이 이사 갈 집을 미리 점검하여 집 상태나 계약의 문제점을 확인하는 서비스를 제공하는 미국의 '홈 인스펙션' 사업

제2과목

③ 글로벌 CS 트렌드 사례

㉠ 척척(Smart) 서비스 – 롤스로이스항공기 엔진사업부

- 롤스로이스는 항공기 엔진을 파는 것이 아니라 항공사들에게 엔진을 제공하고, 엔진에 센서를 달아 엔진의 변화를 롤스로이스 본사에서 직접 체크해 고장이나 수리가 필요한지 항공사에 알려주는 업으로의 변화를 가져왔다.
- 이로 인해 수리에 대한 니즈가 늘었고 항공기 수리 회사까지 인수하면서 사업을 확장했다.
- 롤스로이스는 고객이 원하는 방향으로 비즈니스를 바꾼 것이다. 엔진을 파는 회사에서 엔진을 서비스하는 회사가 됐다.

㉡ 친절(Kind) 서비스 트렌드 – 웅진코웨이 : 웅진코웨이는 정수기 제조업체에서 렌탈서비스를 통해 전문 서비스기업으로 탈바꿈했다. 이를 위해 고객친화형 코디제도를 두었고, 최근에는 페이프리 카드제도를 운영하고 있다.

㉢ 알뜰(Thrifty) 서비스 – PPG인더스트리 : 자동차코팅 업체인 이 회사는 코팅 페인트를 팔던 기존 사업방식에서 벗어나 페인트한 대수를 판매하고 다양한 서비스 솔루션을 제공했다.

(3) CS 플래닝(Planning) 중요

① 마케팅 플래닝의 정의

마케팅 플래닝이란 고객의 변화와 니즈를 포착해 상품을 만들고, 효과적인 커뮤니케이션으로 고객의 구매를 이끌어 내기 위해 준비하고 계획하는 일련의 과정 전체를 뜻한다.

② CS 마케팅 플래닝의 절차 기출 23

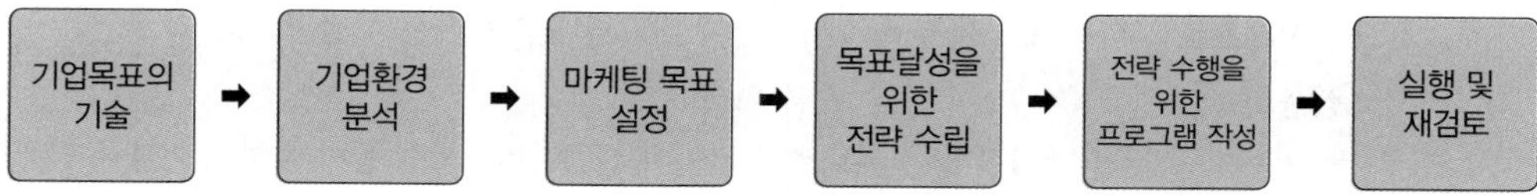

③ 마케팅 플래닝 프로세스(휴렛팩커드)

㉠ 1단계 : 고객의 요구를 읽어라.

㉡ 2단계 : 표적 시장을 분명히 하라.

㉢ 3단계 : 핵심성공 요소를 찾아라.

㉣ 4단계 : 비전과 목표를 세워라.

㉤ 5단계 : 솔루션을 개발하라.

㉥ 6단계 : 고객을 사로잡는 전략을 세워라.

㉦ 7단계 : 세일즈와 서비스를 계획하라.

㉧ 8단계 : 내부자원을 준비하라.

㉨ 9단계 : 실행계획을 세워라.

㉩ 10단계 : 내부고객을 참여시켜라.

④ 서비스 신상품의 기획

㉠ 서비스 신상품 기획 시 고려사항

- 고객이 추구하는 편익을 제공하라.
- 서비스 프로세스를 리엔지니어링하라.
- 제품을 서비스로 전환하라.
- 시장조사를 활용하라.
- 보조서비스로 새로운 상품을 만들어라.
- 기업이 가지고 있는 기존 이미지와 잘맞는 신상품을 통해 시너지를 추구하라.
- 직원들이 새로운 상품이 얼마나 중요한지를 충분히 이해하고 협업할 수 있도록 하라.

㉡ 서비스 신상품의 개발과정 중요

- 사업 전략 개발 : 기업의 전반적인 전략적 비전과 미션 검토
- 신규서비스 전략 개발 : 신규서비스 전략을 수립함으로써 새로운 서비스의 아이디어 생산
- 아이디어 도출 : 브레인스토밍이나 서비스 직원과 고객으로부터의 아이디어 유도, 선도이용자 조사나 경쟁사 서비스 연구 등
- 서비스 콘셉트 개발과 평가 : 신규서비스의 정확한 콘셉트에 대해 완벽한 합의에 도달한 후 서비스의 특징과 특성에 대한 정확한 서술, 목표고객과 서비스직원이 누구인지에 대한 확인
- 사업성 분석 : 잠재이익과 신규서비스의 실현가능성
- 서비스 개발과 시험 : 마케팅, 운영, 인사부의 실무자뿐만 아니라 고객과의 접점직원 모두가 참여하여 신규서비스를 위한 시행계획과 상세화된 서비스 청사진에 맞도록 서비스 콘셉트를 수정
- 시장테스트 : 서비스의 세부 프로세스들이 매끄럽게 기능하는지 점검
- 상품화
  - 서비스 품질을 책임질 많은 서비스 직원들이 신규서비스를 수용하게 하고 이를 유지시키는 것
  - 서비스의 전체 사이클에 걸쳐 신규서비스의 모든 부분을 모니터링하는 것

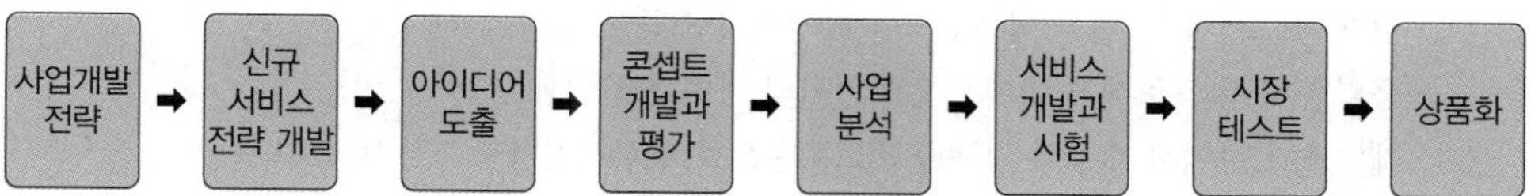

[서비스 신상품 개발과정]

더 알아보기

적용범위에 따른 계획 수립 유형 기출 22

- 전략적 계획(Strategic Plans) : 조직전반에 걸쳐 적용되며 전반적인 조직목표를 설정하고 조직 환경적 관점에서 조직의 위치와 방향을 정하고 이것이 실천될 수 있도록 필요한 전략과 자원을 결정하는 계획 수립 유형이다.
- 전술적 계획(Tactical Plans) : 구체적이고 단기적인 의사결정과정으로 초급 또는 중간관리자가 관여한다. 부서별 연간 예산 책정, 기업 전략의 집행수단의 설정, 운영 개선을 위한 일련의 과정을 계획하는 수립 유형이다.
- 운영 계획(Operational Plans) : 전략적 계획을 효율적으로 실천하기 위한 구체적 세부계획으로 전략적 계획을 수행하는 데 필요한 활동과 자원에 비중을 두는 계획 수립 유형이다.

03 | 벤치마킹

(1) 벤치마킹의 개요 기출 20

① 벤치마킹(Benchmarking)이란 동종업계나 다른 업종에서 최고라고 인정되는 선두기업의 제품이나 서비스, 작업과정, 조직운영, 프로세서 등을 비교 검토하여 우수한 측면을 체계적으로 모방하여 자기회사의 경영과 생산에 합법적으로 응용하는 것을 말한다.

② 최고 기업의 장점을 배운 후 새로운 방식으로 재창조하는 것이기 때문에 단순모방과는 다른 개념이다.

③ 벤치마킹은 기업의 경쟁력을 높이고 핵심능력을 유지할 목적으로 최선의 방법을 도입하여, 이를 실행하고 확산시키는 통합된 수단을 의미한다.

(2) 벤치마킹의 종류 중요 기출 18, 20, 23

① 내부 벤치마킹

㉠ 내부 벤치마킹은 기업 내부의 부문 간 또는 관련회사 사이의 벤치마킹을 말한다.

㉡ 현재의 업무를 개선하기 위한 것이며, 외부 벤치마킹을 하기 위한 사전단계이다.

㉢ 일반적 환경에서 최고라고 할 수 있는 수준을 확인하고 동일한 업무나 기능을 분석하는 것이며, 다음과 같은 활동을 수행한다.

- 현재 프로세서 및 활동 네트워크를 확인하여 기준을 설정한다.
- 동일한 내부 프로세서 내에서 업무성과의 차이를 확인한다.
- 제약조건 하에서 내부의 업무를 최고수준으로 향상시킨다.
- 일차적인 개선대상을 확인한다.
- 공통업무와 프로세서를 설정한다.
- 조직 내의 대화통로를 개설한다.
- 벤치마킹에 조직적으로 참여시킨다.
- 전반적인 벤치마킹을 실시한다.
- 성과를 평가한다.

② 외부 벤치마킹

㉠ 경쟁기업 벤치마킹

- 경쟁회사의 강점과 약점을 파악하여 성공적인 대응전략을 수립하는 방법이다.
- 특정고객의 요구를 확인하고 상대적인 업무수준이 평가되기 때문에 업무개선의 우선순위를 정하는 데 도움을 준다.
- 생산방식과 배달방식 등에 초점을 맞추며, 이를 통하여 경쟁회사에 대한 경쟁력을 확보할 수 있다.

㉡ 산업 벤치마킹

- 경쟁기업과의 비교가 아니라 산업에 속해 있는 전체 기업을 대상으로 하기 때문에 그 범위가 매우 넓다.
- 이해관계자, 시장, 고객 그리고 기술이 비슷한 기업과 비교하는 것으로서, 반도체 회사가 전자산업의 전반적인 제품 및 서비스의 흐름을 분석하는 것이 그 예이다.

③ 선두그룹 벤치마킹

㉠ 새롭고 혁신적인 업무방식을 추구하는 기업을 비교대상으로 한다. 이것은 단순히 경쟁에 대처하는 것이 아니라 혁신적인 방법을 모색하는 것을 목표로 한다.

㉡ 자신의 기업이 속해 있는 산업이나 취급하는 제품이나 생산방식에 관계없이 가치창조과정은 공통적인 특성이 있다는 것을 전제로 한다. 즉, 특정 분야에서는 다른 기업이 자신보다 훨씬 우수하다는 사실을 인식하는 것이다.

㉢ 이러한 인식은 자신의 기업이 뒤떨어지는 분야에서 개선의 목표를 정하고 그것의 달성방법을 결정하는 데 도움을 준다.

더 알아보기

기능 벤치마킹

- 최신의 제품, 서비스, 프로세스를 가지고 있는 조직을 대상으로 한 벤치마킹 유형이다.
- 새롭고 혁신적인 기법을 발견할 수 있다.
- 서로 업종이 다를 경우에는 방법 이전에 한계가 있다.

07 CS 혁신전략

01 | 고객 분석 및 기획 - STP 분석

(1) 시장 세분화 기출 14, 15, 16, 17, 18, 20

① 시장 세분화의 정의

시장 세분화란 모든 소비자의 욕구가 다르기 때문에 한 가지 제품만으로는 전체 소비자의 욕구를 동시에 충족시켜 줄 수 없다는 전제 아래 전체 시장을 일정한 기준을 활용하여 욕구가 유사한 몇 개의 시장으로 나누는 과정을 말한다. 즉, 보다 효과적인 마케팅 믹스의 개발을 위해 전체 시장을 상품에 대한 욕구가 비슷하거나 영업 활동에 의미 있는 동질적 부분으로 나누는 작업을 말한다.

② 시장 세분화 기준 중요

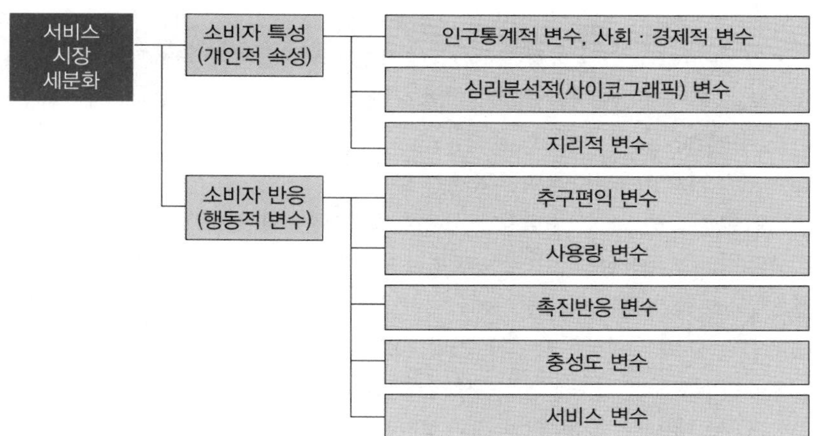

[주요 세분화 가능 변수들]

더 알아보기

STP(Segmentation Targeting Positioning) 전략

욕구가 유사한 소비자 집단별로 전체 시장을 나누고(Segmentation), 각 세분 시장의 매력도를 평가하여 우리 기업에 가장 적합한 세분 시장을 선택 혹은 표적화하여(Targeting), 선정된 표적 시장 내에 가장 바람직한 경쟁적 위치를 정립(Positioning)하는 마케팅 전략을 말한다.

㉠ 인구통계적 변수와 사회 · 경제적 변수

- 인구통계적 변수 : 성별, 연령, 가족의 규모, 가족수명주기 등
- 사회통계적 변수 : 수입, 교육수준, 사회계층 등

㉡ 심리분석적(심리생태적, 사이코그래픽) 변수 : 소비자의 여러 개인적 특성 가운데 사람의 행동이나 개성, 삶의 방식에 따라 시장 세분화를 달리 하는 것이다. 중요

예 라이프스타일, 사회적 계층, 개성 등

㉢ 지리적 변수 : 비용이 적게 들고 비교적 쉬운 방법이기 때문에 서비스 기업에 의해 빈번히 고려되는 세분화 기준 중의 하나이다.

예 거주 지역, 도시의 규모(인구수), 기후, 인구 밀도 등

㉣ 행동적 변수 중요

- 추구편익 변수 : 한 가지 서비스에 대해서도 소비자들이 근본적으로 추구하는 편익은 서로 다를 수 있다는 가정하에서 시장을 세분화하는 방법이다.
  예 의류시장은 소비자가 의류제품을 구매할 때 추구하는 편익에 따라 신분 상징성 · 유행성 · 실용성 · 경제성을 추구하는 소비자 집단으로 세분화
- 사용량 변수 : 대부분의 서비스 시장은 다량 사용자, 중량 사용자, 소량 사용자 혹은 비사용자 집단으로 구분될 수 있으며, 서비스 사용정도나 유형에 따라 시장을 세분화할 수 있다.
- 촉진반응 변수 : 기업의 특정 촉진활동에 대한 소비자들의 반응을 기초로 시장을 세분화하는 것으로, 여기에서 반응이란 서비스 기업의 광고, 판매촉진, 진열이나 전시에 대한 소비자의 반응을 의미한다.
  예 서비스 선호 이용방법에 따른 소비자 분석 등
- 충성도 변수 : 충성도란 소비자가 꾸준히 특정제품이나 서비스를 구입하는 일관성의 정도로 특정의 상표를 애용하고 선호하는 소비자의 심리, 즉 고객이 사용 목적에 따라 특정의 상표를 선호하고 이를 반복하여 구매하는 소비자 선호를 말한다.
  예 완고한 충성자, 점잖은 충성자, 가변적 충성자, 전환자로 구분
- 서비스 변수 : 시장 세분화 과정에서 상대적으로 덜 주목을 받아 온 영역 중 하나가 갖가지 서비스 제공물에 대한 고객들의 반응 유형이라고 할 수 있다. 고객 서비스를 구성하는 갖가지 요소와 서비스 수준 차원에서의 차별화는 개별 세분 시장에 적합한 서비스 패키지를 설계하는 데 유용한 기회를 제공해 줄 수 있다.

더 알아보기

시장의 정의 및 분류

시장이란 구매자와 판매자 사이의 교환이 이루어지는 곳을 말하며, '특정 욕구를 지니고 있으며, 그 욕구를 만족시키기 위해 기꺼이 교환에 관여하려는 현재의 고객과 잠재적인 고객의 집합'이라고 정의한다.

- 소비재 시장 : 이 시장의 고객들은 그들의 최종 소비를 위해 제품이나 서비스를 구매한다.
- 산업재 시장 : 이 시장의 고객들은 다른 제품이나 서비스를 생산하기 위해 특정의 제품이나 서비스를 구매한다.
- 정부 시장 : 중앙정부와 지방자치단체들로 구성되며, 주로 국민에 대한 봉사와 국방 등을 위해 제품과 서비스를 구매한다.
- 재판매업자 시장 : 도매상이나 소매상과 같이 어떤 제품이나 서비스를 구매하여, 이를 다른 시장에 판매하는 유통업자들로 구성된다.
- 기관 시장 : 교회, 사립학교, 병원, 자선단체 등으로 이루어진 시장으로 자신들의 이익 창출을 위해서가 아니라 단지 최종 사용만을 위해 제품이나 서비스를 구매한다.
- 국제 시장 : 다른 국가에 있는 고객들로 구성되며, 여기에는 위에 기술한 다섯 개의 시장 모두가 포함될 수 있다.

(2) 표적 시장 선정 기출 14, 15, 16, 17, 18, 19, 20

표적 시장이란 세분 시장 중 서비스 제공자가 자신의 구체적인 마케팅 믹스를 개발하여 상대하려는 고객 집단을 말한다.

① 표적 시장의 구비요건

㉠ 측정 가능성 : 마케팅 관리자가 각 세분 시장의 규모나 구매력 등을 측정할 수 있어야 한다는 것

㉡ 유지 가능성 : 규모나 수익 면에서 세분 시장이 충분히 커야 한다는 것

㉢ 접근 가능성 : 효과적인 마케팅 노력으로 세분 시장에 도달하여 이들에게 적절한 수단을 통해 서비스를 제공할 수 있어야 한다는 것

㉣ 실행 가능성 : 각 세분 시장의 고객욕구에 충분히 부응할 수 있는 효과적인 마케팅 프로그램을 계획, 실행할 수 있는 능력을 서비스 기업이 소유하고 있는지의 여부

② 표적 시장 선정 방법 중요

㉠ 비차별화 전략(Mass Marketing, 대량 마케팅)

- 시장을 이질적인 욕구의 집합체가 아니라 동질적인 하나의 집단으로 보고, 가장 규모가 큰 세분 시장을 표적으로 하여 하나의 마케팅 믹스 프로그램을 제공하는 전략이다.
- 마케팅과 생산에서 규모의 경제를 달성할 수 있다는 것이다. 즉, 시장조사 및 세분화 작업에 따른 비용이 절감되고, 서비스도 한 가지만 제공되기 때문에 연구개발 및 관리비가 절약되며(단일 서비스), 대량 유통과 대량 광고를 통해 재고비, 수송비 및 광고비를 인하할 수 있으므로 판촉 비용도 절감된다.
- 여러 기업들이 같은 세분 시장에서 동일한 전략을 구사한다면 격심한 경쟁이 일어나게 되고, 그 결과 큰 세분 시장은 심한 경쟁의 양상을 보이기 때문에 오히려 수익을 얻기가 더 어려워질 수도 있으며, 성공을 거둘 가능성이 갈수록 낮아진다는 것이 단점이다.

[비차별화 전략]

㉡ 차별화 전략

- 둘 이상의 세분 시장들을 표적 시장으로 선정하여, 각각의 세분 시장에 적합한 독특한 서비스를 제공하는 접근법을 말한다.
- 서로 다른 소비자의 욕구에 맞추어 여러 가지 서비스를 다양한 가격, 다양한 형태로 제공하고 복수의 유통경로를 사용하며, 다양한 판매촉진을 실시하기 때문에 보다 많은 소비자들을 고객으로 확보할 수 있게 되어 총매출이 증가하게 된다.
- 각 세분 시장별로 서로 다른 서비스를 제공해야 하므로 관리비, 촉진비 등 제반 비용도 함께 증가하게 되므로 여러 세분 시장들에 동시에 투자를 할 수 있을 만큼 풍부한 자원을 가진 대기업에 적절한 포지셔닝 선정 방법이다.

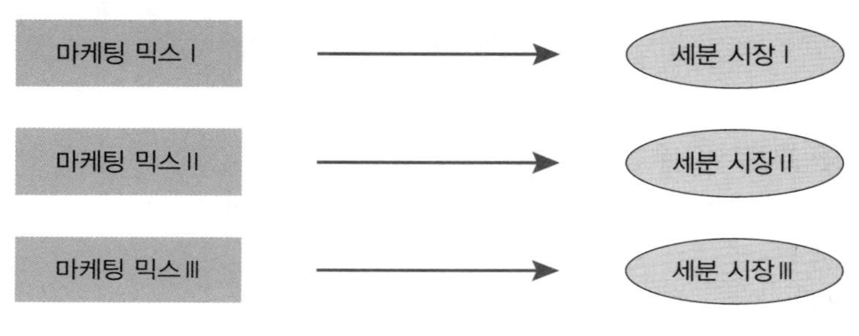

[차별화 전략]

㉢ 집중화 전략 기출 24

- 사용 가능한 자원이 제한되어 있는 다수의 중소기업들이 큰 시장에서 낮은 점유율을 유지하는 대신에 여러 세분 시장들 중에서 자사에게 가장 큰 경쟁 우위를 제공하는 하나 혹은 몇 개의 세분 시장(틈새시장)을 선택한 후, 이 시장 내에서 높은 시장 점유율을 확보하는 방법이다.
- 표적 시장 내 소비자의 욕구, 성격을 정밀하게 분석할 수 있으므로 최적의 마케팅 믹스를 개발, 표적 시장을 깊이 파고 들어감으로써 매출액 증대를 도모할 수 있고, 전문화를 통해 고객들의 욕구를 더 잘 충족시킬 수 있으므로 세분 시장 내에서 강력한 시장 지위를 구축할 수 있다는 이점을 가진다. 또한, 비용이 적게 들기 때문에 자원이 부족한 중소기업에 적합하다.
- 시장의 불확실성에서 오는 위험이 크기 때문에 기업이 보다 높은 위험을 감수하지 않으면 안 된다.

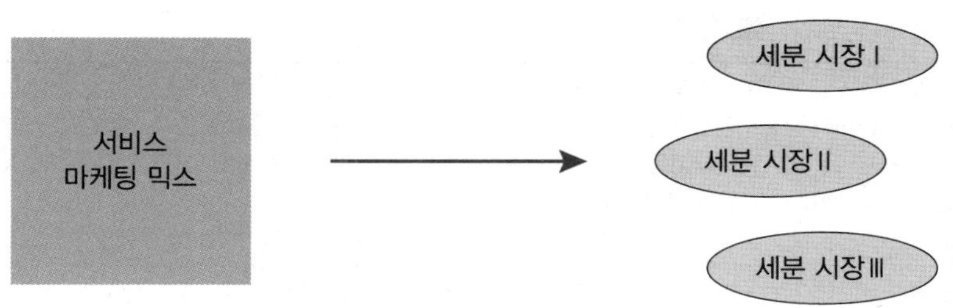

[집중화 전략]

③ 표적 시장 선정 방법에 따른 마케팅 전략

구 분	비차별적 마케팅 전략	차별적 마케팅 전략	집중적 마케팅 전략
시장정의	광범위한 고객	둘 혹은 그 이상의 제한된 고객 집단	잘 정의된 단일 고객집단
비 용	비용 절감	비용 증가	비용 최다 증가
제품전략	다양한 고객을 겨냥하여 단일 상표로 한정된 수의 제품 및 서비스 판매	각 고객 집단별로 적합한 별개의 제품이나 서비스 제공	단일 소비자 집단을 대상으로 단일 상표의 제품이나 서비스 제공
가격전략	전체적인 단일가격	차별적 가격	단일가격
유통전략	가능한 모든 판매경로 동원	세분 시장별 차별적 유통경로	단일의 판매경로 선정
촉진전략	대중 매체	세분 시장별 차별적 매체 선정	전문잡지 등 특화된 매체
목 적	경쟁우위 장악	동질적인 욕구와 선호 충족	시장입지 획득
전략의 강조점	동일한 마케팅 프로그램을 통해 다양한 유형의 소비자들에게 접근 가능	각 세분 시장별 차별적 마케팅 전략으로 둘 또는 그 이상의 시장에 접근	고도로 전문화된 동일 마케팅 프로그램을 통해 구체적인 소비자 집단에 접근
위험부담	소	중	대
사고방식	기업체 중심 사고	고객 중심 사고	고객 밀착 사고

④ 시장 세분화(Market Segmentation) 기출 18

㉠ 고객의 욕구가 막연하면, 구매로 전환될 가능성이 불투명해진다. 따라서 전체 구매시장을 세분화하는 기준을 정하고, 세분 시장을 파악해야 한다. 시장 세분화는 광범위한 전체 시장을 각각 세분 시장의 고객 욕구에 대응하여 마케팅이나 제품을 조절하는 것이다.

㉡ 최근 마케팅은 점차 대량 마케팅 보다는 세분 시장, 틈새시장, 지역시장 등의 마케팅으로 변화하고 있다.

㉢ 이러한 시장 세분화는 이익이 높은 세분 시장에 대해서만 판매촉진비를 정할 수 있고, 세분화된 시장의 니즈에 적합하게 제품을 정할 수 있으며, 미래시장에 대비해 계획수립과 대책 마련이 가능하다는 장점들을 제시할 수 있다.

㉣ 코틀러(Kotler, 2007)는 효과적인 시장 세분화를 위해 측정 가능성, 접근 가능성, 실질성, 행동 가능성, 차별화 가능성의 다섯 가지의 기준으로 고객 세분화 요건을 제시하였다. 기출 19, 20, 22, 24

㉤ 고객 세분화 방법 기출 18, 19, 20

소비재 시장에서 가능한 시장 세분화 방법	• 지리적 기준 : 국가, 도시 · 농촌, 기후 등 • 인구통계학적 기준 : 나이, 성별, 직업, 종교, 교육수준, 소득, 가족규모, 국적, 사회 계층 등 • 구매행동 기준 : 브랜드 애호도, 사용량, 사용 빈도, 가격 민감도, 구매 시 중요변수(서비스, 품질, 경제성, 속도 등) • 심리학적 기준 : 태도, 역할모형, 라이프스타일, 개성, 성격 등
산업재 시장에서 가능한 시장 세분화 방법	• 인구통계적 기준 : 산업 규모, 산업 종류, 기업 규모, 기술, 입지 등 • 운영적 기준 : 고객능력, 채용기술, 사용자와 비사용자의 지위 등 • 구매 습관적 기준 : 구매기준, 권한구조, 구매기능 조직 등 • 상황적 기준 : 구매규모, 구매의 긴급도, 특수 용도성 등 • 개인적 특성 : 충성도, 위험에 대한 태도, 구매자와 판매자의 유사성 등

(3) 서비스 포지셔닝 기출 14, 15, 16, 17, 19

① 포지셔닝의 개념

㉠ 상품이나 서비스에 대해 어떤 행동을 취하는 것이 아니라 잠재고객의 마음속에 어떤 행동을 취하는 것을 말한다. 즉, 잠재고객의 머릿속에 상품이나 서비스의 위치-고객들이 그 상품이나 서비스를 어떻게 인식하고 있느냐-를 잡아 주는 것이 포지셔닝이다.

㉡ 제품이나 서비스의 포지션이란 소비자들이 일정한 속성을 기준으로 해서 경쟁 제품들을 어떻게 인지하고 있느냐를 의미하게 된다.

㉢ 특정 조직체의 제품이나 서비스를 고객이 우수한 것으로 인식하도록 만들고, 동시에 표적 고객의 마음속에 경쟁자의 상품이나 서비스와 구별되게 해 주는 경쟁적 우위를 찾아내어 개발하고 이를 커뮤니케이션하는 것이라고도 정의할 수 있다.

② 포지셔닝의 중요성 중요

㉠ 궁극적으로 포지셔닝이란 차별화 전략으로 조직과 서비스 그리고 표적 시장에 적합하도록 이것을 적절히 이용하는 것을 말한다. 이러한 차별화는 이미지나 커뮤니케이션과 같은 주관적인 기준에 바탕을 둘 수도 있고 혹은 제품, 과정, 인적 자원, 고객 서비스 등의 서비스 마케팅 믹스 구성 요소와 같은 객관적 기준에 그 근거를 둘 수도 있다.

㉡ 신규 브랜드를 시장에 출시할 때, 기존 브랜드를 재포지셔닝할 때 모두에 걸쳐 사용할 수 있으며, 이것은 특정 브랜드가 그저 그런 진부한 상표로 전락되지 않도록 제품과 서비스를 차별화시키는 것과 밀접한 관련이 있다.

㉢ 1990년대 이후 고객들이 서비스 경쟁의 격화로 인해 수적으로 혹은 양적으로 엄청난 서비스 제공물의 공세에 시달리고 있으며, 동시에 이러한 서비스가 제공하는 광고 메시지에 혼란스러워하고 있는 현재 시장 상황을 고려할 때 포지셔닝은 더욱 중요하다.

㉣ 특정 기업의 현재 위치가 어디쯤인지, 향후 어떤 위치로 옮겨가야 하는지, 그리고 이러한 위치 이동을 성공시키기 위해서는 어떻게 해야 하는지 등에 대한 질문의 해답을 찾을 때 사용할 수 있는 전략적 도구이다.

ⓜ 경쟁자가 선점하지 못한 시장(Niche Market, 틈새시장) 기회를 발견하는 데 유용하다. 따라서 포지셔닝은 신규 서비스 개발과 현재 제공되고 있는 서비스의 재설계 양자에 걸쳐 중요한 공헌을 할 수 있다.

③ 서비스 포지셔닝의 원칙

㉠ 기업은 목표로 하는 고객의 마음속에 하나의 포지션을 가져야 한다.

㉡ 그 위치는 단순하면서도 일관된 메시지를 제공하는 독특한 것이어야 한다.

㉢ 그 위치는 다른 경쟁사들과 자사를 구별시켜 줄 수 있어야 한다.

㉣ 하나의 회사가 모든 사람에게 모든 것이 되어 줄 수는 없다. 자사의 노력을 집중시켜라.

④ 서비스 포지셔닝 과정 중요

㉠ 포지셔닝 수준 결정

- 산업 일반 포지셔닝 : 특정 서비스 산업 전체 차원의 포지셔닝
- 조직체 포지셔닝 : 특정 조직체 전체 차원의 포지셔닝
- 서비스 계열 포지셔닝 : 일련의 서비스 군에 대한 포지셔닝
- 개별 서비스 포지셔닝 : 특정 서비스에 대한 포지셔닝

㉡ 표적 세분 시장의 주요 속성 규명

- 일단 포지셔닝을 실행할 수준을 결정하고 나면, 중요 속성(여러 속성 중 특정 세분 시장 구성원들이 특히 중요시하는 일부 속성)을 규명해야 한다.
- 이러한 속성들의 중요도는 여러 상황적 요소에 의해 영향을 받는다.
- 예를 들어, 레스토랑을 이용하는 각각의 소비자들은 서비스 구매의사 결정 시 자기 나름의 기준을 달리 한다.
  - 서비스 사용목적 : 당장의 허기를 채우기 위한 목적인가 아니면, 중요한 손님을 접대하고자 하는 목적인가
  - 서비스 사용의 시기 : 주중의 점심 식사 때인가 아니면, 주말의 회식 때인가
  - 서비스 구매 의사결정 단위 : 의사결정 단위가 개인인가 아니면, 가족과 같은 집단인가

㉢ 포지셔닝 맵 작성

- 중요 속성을 규명하고 난 후에는 포지셔닝 맵 위에 서비스 제공 기업 각각의 위치를 잡아야 한다. 제품이나 서비스는 일반적으로 고객에게 가장 중요하다고 생각되는 두 가지 속성을 이용한 이차원 포지셔닝 맵이 전형적으로 이용된다.
- 포지셔닝 맵을 통해 자사 서비스의 위치뿐만 아니라 경쟁기업의 서비스 위치까지 파악할 수 있고, 전체 시장뿐만 아니라 각 하위 세분 시장별로 좀 더 상세한 포지셔닝 맵을 작성함으로써 자사 서비스의 세분 시장별 위치까지도 규명할 수 있다.
- 경쟁 기업이 아직 공략하지 못한 틈새시장을 찾아내거나 자사의 제품 및 서비스를 재포지셔닝할 수 있는 공략점을 찾아낼 수도 있다.

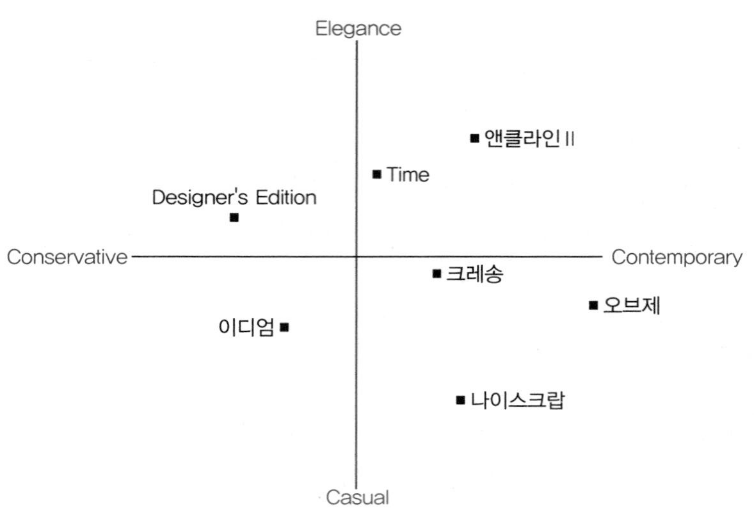

[캐릭터 및 영캐주얼 여성 의류 브랜드에 대한 포지셔닝 맵]

㉣ 포지셔닝 대안의 선택 및 실행

- 현 위치의 강화 : 현재의 위치를 고수하는 포지셔닝 전략대안이다.

  예 렌터카 회사인 Avis는 현실적으로 Hertz가 가장 큰 렌터카 회사임을 솔직히 인정하는 대신 자신들은 서열 2위의 기업이기 때문에 1위가 되기 위해 Hertz보다 훨씬 더 열심히 일한다는 콘셉트를 개발하여 광고함으로써 포지셔닝에 성공했다.

- 미충족 시장 위치의 선점(틈새시장 공략) : 어떤 경쟁자에 의해서도 선점되지 않은 시장의 틈을 찾아내어 이 부분을 점유하는 것이다.

  예 말보로 담배의 경우 애초에는 여성용 담배로 포지셔닝되었다가, 나중에 터프한 남성용 담배로 재포지셔닝함으로써 오늘날 세계 최고의 담배 브랜드로 성장했다.

더 알아보기

서비스 포지셔닝 방법 기출 20, 22

- 서비스 속성 : "서비스를 가장 잘하는 것"의 관점에서 포지셔닝하는 방법
- 서비스 용도 : 서비스를 하는 궁극적인 용도가 무엇인가를 알고 포지셔닝하는 방법
- 가격 대 품질 : 최고의 품질로 서비스를 하거나 가장 저렴한 가격으로 포지셔닝하는 방법
- 서비스 등급 : 호텔의 별 등급 표시 등과 같이 서비스 등급이 높아 높은 가격을 매길 수 있다는 측면을 강조하는 방법
- 서비스 이용자 : 기업 서비스 제품이 특정 소비자에 적합하다는 것을 소비자에게 인식시켜 포지셔닝하는 방법
- 경쟁자 : 경쟁자와 비교해 자사의 서비스가 더 나은 점이나 특출난 점을 부각시켜 포지셔닝하는 방법

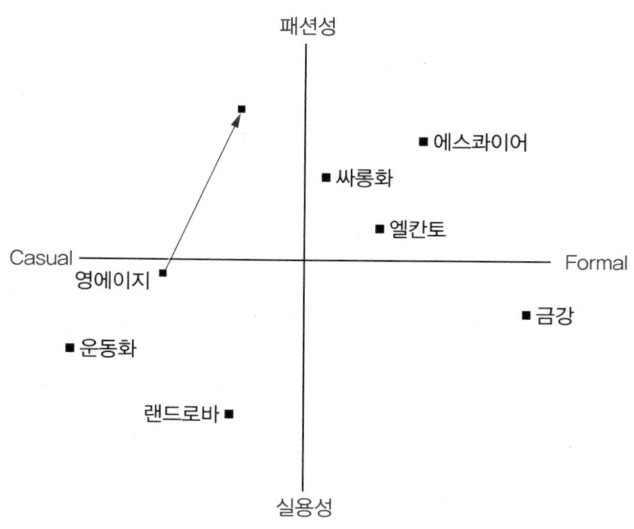

[신발 시장의 재포지셔닝 맵]

⑤ 아커(Aaker)와 샨비(Shanby)의 포지셔닝 전략 수행절차 6단계 중요 기출 20, 21, 22

㉠ 1단계 : 경쟁자의 실체 파악 및 확인

㉡ 2단계 : 경쟁자 인식 및 평가 분석, 경쟁업체의 인지 및 평가 분석

㉢ 3단계 : 경쟁기업과 제품시장에서의 포지셔닝 결정, 경쟁기업의 포지셔닝 파악

㉣ 4단계 : 소비자 분석 수행, 고객에 대한 분석 수행

㉤ 5단계 : 포지셔닝 의사결정

㉥ 6단계 : 모니터링으로 감시 단계 설정

02 | 고객 분석

(1) 고객심리의 응용

① 유인효과(Attraction Effect)

기업에서 키우고자 하는 주력 브랜드가 있을 경우, 상대적으로 열등한 자사의 신규 브랜드를 출시하여 소비자에게 주력 브랜드의 선택 확률을 높이는 효과이다.

② 부분적 리스트 제시 효과(Part-list Cunning Effect)

사람들은 1위만 기억하고 2, 3위는 기억하지 못하기 때문에 1, 2위의 맞대결을 벌이겠다는 메시지를 전달한다.

③ 타협효과(Compromise Effect)

여러 가격대의 제품을 출시할 경우 주력 브랜드를 중간 정도에 내놓는 것이 안전하다.

④ **희소성의 원리**

원하는 모든 것을 가질 수 없기 때문에 더 큰 만족을 얻을 수 있는 재화나 서비스를 선택하는 것이다.

⑤ **베블런 효과**

상류층 소비자들의 소비 형태의 일종으로서, 제품의 가격이 상승함에도 수요가 오히려 증가하는 현상이다.

(2) 관여도 기출 18

① 관여도란 어떤 대상에 대한 관련성이나 중요성을 지각하는 정도를 말하는 것으로서, 대상에 대한 관심의 강도, 흥미의 정도, 개인적 중요도 등에 따라 고관여와 저관여로 구분한다.

② 소비자의 관여 수준은 제품의 특성, 소비자의 특성, 사용상황, 마케팅 커뮤니케이션 등에 따라 달라진다. 예를 들어, 자동차나 컴퓨터 등과 같은 고가의 제품일 경우 소비자의 관여도는 커지고 세제, 볼펜 등과 같은 저가의 제품일 경우 관여도는 작아진다.

③ 관여도가 높을 경우 소비자들은 제품정보를 습득하는 데 능동적이며, 적극적인 노력을 보이게 되고 구매의사 결정에 심사숙고하게 된다.

④ 관여도가 낮을 경우에는 제품정보에 대해 소극적이거나 수동적이 되고 광고나 홍보 등에 의해 기억된 반복정보를 바탕으로 구매를 결정하게 된다.

⑤ 관여도는 관여되는 상황에 따라 상황적 관여와 지속적 관여로 나눌 수 있는데, 지속적 관여란 늘 관심 있는 제품에 대한 상대적으로 장기적인 관여를 말하고, 상황적 관여란 특별한 상황에 발생하는 것이다.

더 알아보기

고관여도 관점 기출 24

- 소비자는 정보탐색자이다.
- 소비자는 목표지향적인 정보처리자이다.
- 소비자는 구매 전에 상표를 먼저 평가한다.
- 소비자는 능동적 수신자이기 때문에 태도 변경을 위한 광고의 효과는 약하다.
- 소비자는 기대 만족을 극대화하려고 노력하며 최선의 선택을 위해 다수의 속성을 검토한다.
- 제품이 소비자의 자아 이미지에 중요하며 라이프스타일이 소비자 행동에 많은 영향을 미친다.
- 집단의 규범과 가치는 제품 구매 시 중요하다.

(3) 고객 분석기법

① RFM 분석법 기출 20, 22

언제(Recency ; 구매시점), 얼마나 자주(Frequency ; 구매빈도), 제품 구입에 얼마나 (Mometary ; 구매금액)의 세 가지 요소를 가지고 고객의 등급을 분석하는 방법이다. 각 요소별로 점수를 매기고 이를 토대로 고객의 가치를 평가한다. 따라서 고객의 가치에 따라 다른 마케팅 계획을 세우고 구매를 촉진시키는 전략을 세운다.

② AIO 분석법 기출 18

학자들마다 주장은 다르지만, 일반적으로 활동(Activities), 관심(Interests), 의견(Opinions) 등으로 파악하는 라이프스타일 측정 방법 중의 하나이다. AIO 항목을 이용하여 라이프스타일을 조사할 때 소득, 가족생활패턴, 교육수준과 같은 인구 통계적 변수들을 포함시키면 더욱 유리한 정보를 얻을 수 있다.

03 | 고객경험 이해 및 관리

(1) 고객경험(CE ; Customer Experience) 중요

고객이 제품 및 서비스를 구매하기 전 정보탐색 단계부터 구매 중, 구매 후 사용 단계까지의 제품, 서비스, 기업과 직간접적으로 접촉하면서 후에 느끼게 되는 인상, 즉 감각적 정보가 추가되어 인지되는 결과를 의미한다.

(2) 고객경험관리(CEM ; Customer Experience Management) 중요 기출 20, 22, 23, 24

① 정 의

CEM은 기업과 소비자의 모든 접점에서 실시간으로 일어나는 현재 소비자의 경험을 측정하고 이를 분석해 제품과 서비스 개발에 반영함으로써 소비자가 더 나은 경험을 할 수 있도록 방법을 마련하고 전략을 수립할 수 있게 하는 프로세스이다.

② 고객경험관리의 중요성〈출처 : LG주간경제〉

㉠ 고객들의 경험 소비에 대한 욕구가 더욱 커지고 있다. 고객은 더 이상 제품의 특징이나 편익만으로 돈을 지불하려고 하지 않는다. 그들은 브랜드가 제공하는 독특한 생활양식과 제품을 사용하면서 얻는 총체적인 경험을 더 중요하게 생각한다.

㉡ 경험의 질(Quality of Experience)이 기업의 성과를 좌우하고 있다. 최근 많은 기업들은 제품과 서비스 차원이 아닌 경험을 판매하고자 노력한다.

예 인터넷 검색 업체인 구글의 CEO인 에릭 슈미츠는 "우리의 뛰어난 실적은 사용자 경험의 질을 획기적으로 개선한 결과"라고 강조한 바 있다.

㉢ 고객관계관리(CRM ; Customer Relationship Management)의 보완적 수단으로서 고객경험관리의 활용도가 매우 높다.

③ 고객경험관리의 성공 프로세스

㉠ 제1단계 – 고객의 경험 과정을 해부하라 : 기업이 고객경험관리를 수행하기 위해서는 무엇보다도 고객의 경험 세계를 철저하게 이해해야 한다.

- 고객의 경험 세계는 제품과 서비스 자체, 커뮤니케이션, 사람의 3차원으로 구분
- 기업은 경험의 3차원을 바탕으로 구매 전 과정에서 고객접점을 파악하여 타깃고객의 경험 요소들을 명확히 정의해야 함

㉡ 제2단계 – 차별적 경험을 디자인하라 : 기업이 고객의 경험 세계를 정확히 분석하였다면 경쟁사 대비 차별화된 경험을 창조해야 한다.

- 경험의 3가지 차원에서 고객접점별로 고객의 기대와 실제 경험과의 차이를 파악하여 만족, 불만족 요인들을 간파한 후 경험의 우선 순위를 매김
- 우선 순위를 바탕으로 USE(Unique Selling Experience), 즉 독특한 판매 경험의 조합을 구성

㉢ 제3단계 – 고객의 피드백을 반영하라 : 기업은 고객의 의견과 경험에 대한 평가를 적극적으로 반영해야 한다.

- 고객을 참여시킴으로써 독특한 판매 경험에 대한 실효성과 매력도를 증대
- 기업은 고객 피드백을 적극적으로 반영하여 그들의 공감대를 이끌어 냄

㉣ 제4단계 – 일관되고 통합된 경험을 제공하라 : 기업은 고객에게 일관되고 통합된 경험을 제공함으로써 고객가치를 높이는 데 활용하여야 한다.

- 다양한 접점을 통해서 고객경험이 일관성 있게 제공되도록 기업 내부에서 경험의 질을 종합적으로 관리
- 일관된 경험이 제공되지 않으면 다양한 접점에서의 경험이 오히려 잡음이 되어, 기업이 의도했던 브랜드 메시지 전달이 실패할 수 있음

[고객경험관리(CEM) 실행 프로세스]

(3) 고객경험에 대한 Best 사례

고객경험 분석은 고객경험관리(CEM)의 출발이자 가장 핵심적인 요소이다. 고객경험 분석을 위해서는 고객조사를 통해서 실제 고객들이 어떤 경험을 하고 있는가를 깊이 있게 이해하는 과정과 더불어 우수한 고객경험을 제공하고 있는 사례에 대한 관찰과 조사도 동시에 필요로 한다.

① Brand Promise

CEM은 고객들에게 어떤 경험을 전달하겠다는 기업의 의지의 표현이기도 하는데 이를 Brand Promise라고 부른다. 즉, 고객경험 관리는 고객들이 긍정적인 경험을 할 수 있도록 모든 접점에서 활동을 관리하고 모니터링하는 일련의 활동을 의미하지만, 그 중에서도 고객이 특정 기업의 고유한 특징처럼 기억되는 핵심적인 경험요소들이 있다. 기업은 이런 핵심요소들을 관리하여 차별화해야 하고 나아가 고객들에게 차별적인 특징을 정확히 인지할 수 있도록 커뮤니케이션을 하는 것이 필요하다. 이것이 바로 Brand Promise가 된다.

[사례] 영국의 이동통신업체인 O_2의 7가지 Customer Promise

- 최고의 단말 라인업 제공
- 커다란 가치 제공
- 최상의 쇼핑환경 제공
- 값어치 있는 서비스
- 신뢰할 수 있는 네트워크 품질 제공
- 고객을 배려하는 직원
- 사용하기 쉬운 상품/서비스 제공

② Branded CEM

고객경험 분석을 토대로 특정한 고객경험을 브랜드화한다는 의미이다.

[사례] 스타벅스

고객들이 스타벅스하면 떠올리는 브랜드 이미지나 매장에서의 경험은 스타벅스의 고유한 특징이 되었다.

04 | 고객가치 대인(Personalization) 전략

(1) 고객가치 중요

① 고객가치의 개념 정의

㉠ Customer Value의 의미로서 사용되는 경우 : 고객이 본 기업가치(고객가치 = 기업가치)

㉡ Customer Equity의 의미로서 사용되는 경우 : 고객이 기업에 가져오는 가치(고객가치 = 기업가치)

㉢ 고객이 기업에 기대하는 편익(가치)으로서 사용되는 경우 : 고객가치 > 기업가치

② 고객가치의 종류

㉠ 제품사용 전 고객가치와 제품사용 후 고객가치

- 제품사용 전 고객가치는 고객이 제품을 구매하기 전에 기대하는 예측적 성격의 가치를 말한다.
- 제품사용 후 고객가치는 사용 후에 느끼는 과정지향적 가치로 경험, 통합, 분류, 사회화가 여기에 해당한다.

㉡ 명시적 고객가치와 묵시적 고객가치

- 명시적 고객가치는 소비자는 제품이나 서비스의 유형적 품질에 대하여 공유하고 있는 가치를 말한다.
- 묵시적 고객가치는 독특한 무형적 개인가치를 말한다.

㉢ 고객관점의 고객가치와 기업관점의 고객가치

- 기업이 제시하는 가치제언으로부터 얻은 편익에서 그것을 얻는 데 소요된 비용을 차감한 결과에 대해 고객이 지각하는 바를 말하는데, 고객지각가치 또는 고객전달가치라고도 한다. 고객지각가치는 개별고객에 따라 다르고, 경쟁기업의 가치제언과 비교한 것이므로 상대적인 개념으로 보아야 한다.

• 기업관점에서 본 고객가치는 장기적 관점에서 특정고객이 제품이나 서비스에 대하여 얼마만큼 지불할 수 있느냐를 측정하는 것으로 평생고객가치라고도 한다.

더 알아보기

1. 고객가치의 4가지 구성(파라수라만 & 그루얼) 기출 19, 20, 23
   - 상환가치 : 거래 이후 오랫동안 지속되는 가치
   - 거래가치 : 거래를 통한 즐거움 등의 감정적 가치
   - 획득가치 : 금전적 비용 투자를 통해 얻는 가치
   - 사용가치 : 제품이나 서비스의 유용성에 대한 가치
2. 고객가치의 특성 요소 기출 22, 23, 24

   주관성, 상황성, 다차원, 동적성

③ 고객의 가치창출

㉠ 가치의 순환관계 형성

- 고객을 위한 가치 : 기업은 일방적으로 제공하는 서비스에서 벗어나 고객이 원하는 서비스를 제공한다.
- 고객의 가치 : 회사에 가치 있는 고객으로 만든다.
- 고객에 의한 가치 : 고객이 자연스럽게 기업의 가치를 높이도록 만든다.

㉡ 고객의 가치창출을 위한 기업의 인식전환

- 고객은 기업이 해주겠다고 약속한 서비스를 요청할 뿐이다. 따라서 고객을 만족시키지 못하는 것에 대한 1차적 책임은 기업에 있다.
- 고객은 왕으로서 대접받고 싶어하는 것이 아니라 기업에 대한 동반자로 대접받고 싶어한다. 자기가 지적한 문제점이 해결되고, 자기가 제안한 의견이 반영된 제품에 기뻐하고 기꺼이 구입하고자 하는 것이 고객이다.
- 모든 고객을 다 만족시킬 수는 없다. 기업이 해 준 만큼 돌려주지 않는 고객 때문에 다른 소중한 고객을 놓칠 수는 없으며, 고객이 많다고 반드시 좋은 것은 아니다.
- 무엇보다도 고객이 기업과 직접 또는 간접으로 만나는 접점마다 진정으로 고객이 편안하고 안락함을 느낄 수 있어야 한다. 그러기 위해서는 판매상황이 아닌 고객 자체에 대한 지속적인 관심이 필요하다.

④ 고객이 추구하는 가치 유형(칼 알브레히트) 중요

㉠ 제1단계(기본가치)

- 고객이 기업을 찾는 1차적인 가치이다.
- 상품이나 서비스가 제공될 때 기본적으로 갖추고 있어야 할 절대적 가치이며, 이것이 제공되지 못하면 고객은 선택을 거부하게 될 것이다.
- 예컨대, 병원에서는 유능한 의료진과 시설, 자동차의 경우는 완벽한 품질을 말한다.

㉡ 제2단계(기대가치)
- 기업의 모든 절차와 시스템이 편리하기를 원하는 것이다.
- 고객이 당연히 기대하고 있고 제공될 것이라고 믿고 있는 가치이다. 중요한 것은 이것이 제공되지 않으면 기분이 상하는(불만족해 하는) 요인이 된다는 점이다.
- 비행기라면 정해진 시간에 출발하고, 제시간에 도착하는 것이다.

㉢ 제3단계(소망가치)
- 반드시 제공되리라는 것을 기대하지는 않지만 마음속에서는 원하고 있었던 가치를 말한다.
- 겨울에 병원에서 대기환자에게 따뜻한 차를 대접하거나, 은행에서 적금을 들었더니 선물을 주는 것 등이다.

㉣ 4단계(미지가치, 예상 외 가치)
- 기대나 소망의 수준을 넘어서 뜻밖에 고객에게 제공되어 감동과 기쁨을 안겨 주는 가치를 말한다.
- '고객에게 감동을 준다'는 점이므로 고객만족을 넘어서 고객감동을 실현하는 가치이다.
- 예컨대, 오전에 치료를 받고 온 환자에게 오후에 병원에서 전화를 걸어 불편한 점이 없는지 묻는 경우 또는 카센터에서 고객에게 무료로 겨울철 월동장비를 나눠 주는 경우 등이다.

㉤ 결 론
- 기본가치와 기대가치는 업계 진입티켓으로서, 사업을 시작하기 위해서는 완벽하게 갖추고 있어야 한다.
- 소망가치와 예상 외 가치는 경쟁대열에서 이기기 위한 가치로서 고객이 추구하는 소망가치와 예상 외 가치를 어떻게 파악하고 차별성 있게 제공하느냐가 사업성패, 경쟁우위의 지름길이며 생존 전략이라 할 수 있다.
- 고객은 때로는 말로써, 때로는 무의식적으로 자신이 요구하는 가치가 창조되고 제공되기를 바라고 있다. 결국 기업은 고객의 다양한 추구가치에 능동적으로 대처해 가는 것이 그들의 위상을 인정하는 길이 된다.

(2) 대인(Personalization) 전략

① 개 념

㉠ Personalization은 고객의 니즈를 바탕으로 고객 개인의 특성, 기호에 맞는 정보를 제공하여 기업의 비즈니스적인 가치를 증대시키는 활동이다.

㉡ 고객과의 커뮤니케이션을 통해 획득한 다양한 정보를 이용하여 고객의 니즈를 파악하고, 개별 고객의 관심영역, 특성에 따라 기업 내부의 프로세스 및 정보를 효율적으로 처리하여 커뮤니티 수단을 통해 고객의 만족도를 증대시키기 위한 시스템이다.

② 목 적

Personalization은 고객과의 끊임없는 커뮤니케이션을 통한 관계구축으로 대고객 서비스의 만족을 극대화하는 데 중요 목적을 두고 있다.

③ '고객점유'와 '고객과의 대화'

㉠ '고객점유(Share of Customer)'는 '시장점유(Share of Market)'에 대비되는 말로 시장점유가 일정한 규모로 세분화된 동질시장에서 특정 상품의 대량판매를 목표로 삼는다면, 고객 점유는 각 고객들의 독특한 욕구와 필요를 파악하여 이를 만족시키면서 고객의 지속적인 구매를 유도하는 것을 중요시한다. → '고객의 가치' 부각

㉡ '고객과의 대화'를 통해 고객의 욕구와 필요가 정확하게 어떤 것인지 알게 되고 이것이 어떻게 변화할 것인지에 대해서도 예측할 수 있게 된다. 이를 통해 기업은 고객에게 더 잘 맞는 상품과 서비스를 제공할 수 있게 되며, 고객 니즈 파악을 통한 신상품과 서비스 개발이 가능하게 된다.

④ 기대효과

㉠ Personalization 전략은 차별화된 서비스를 제공함으로써 고객의 충성도를 높이고 고객관리 측면에서 기존의 고객 중 현재와 미래의 수익성을 고려하여 가치있는 우량고객을 추출할 수 있게 해준다.

㉡ 고객들에게 마케팅 역량을 집중하여 비용감소 효과와 매출증대를 올릴 수 있다.

㉢ 우량고객들에 대한 구전효과는 신규고객 확보에 영향을 준다.

㉣ 상품과 서비스에 대한 지속적인 개선과 고객들의 로열티 증가, 고객 구분, 마케팅 비용의 절감, 서비스 및 제품의 개선 등 경쟁력 강화에 영향을 준다.

⑤ Personalization 전략 사례

㉠ Ford와 GM사의 웹과 이메일을 사용한 개인화 서비스 : 고객정보를 오프라인의 자동차 전시장, 테스트 드라이빙 프로그램에 연계하여 효과적으로 사용하고 있다.

㉡ 아웃도어 제품을 판매하는 온라인 쇼핑몰 Cabela's : 회원 서비스와 뉴스레터 서비스를 통해 고객에 대한 다양한 정보를 얻을 수 있었다.

더 알아보기

e-비즈니스에서의 Personalization 기대효과

- 차별화된 고객관리를 통한 고객 로열티(Royalty) 증대
- 마케팅 프로세스 자동화를 통한 업무효율의 증대화 비용 절감
- 전략적인 고객가치(Customer Value)의 증대
- 다양한 기업의 전략 수립 및 고객관리 노하우의 축적

제2과목 | 문제해결력 기르기

제1장 | 서비스 기법

01

다음의 설명에 해당하는 용어로 알맞은 것은?

- 고객과 서비스 시스템과의 상호작용을 구체적으로 표현하며 실패 가능점을 미리 식별하여 미연에 방지책이나 복구 대안을 마련하도록 서비스 제공자가 제공하는 무형의 서비스 프로세스를 설계하여 묘사한 것
- 고객이 경험하게 되는 서비스 과정이고, 업무수행의 지침이며, 서비스 제공 프로세스의 단계를 나누는 방법

① Service Blueprinting
② MOT Cycle Chart
③ Voice of Customer
④ Service Flow Chart
⑤ Custome Lifetime Value

해설 서비스 청사진(Service Blueprinting)은 종업원, 고객, 기업 측에 서비스 전달과정에서 해야 하는 각자의 역할과 서비스 프로세스와 관련된 단계와 흐름 등 서비스 전반을 이해하도록 묘사해 놓은 것으로, 특히 서비스 상품 개발의 설계와 재설계의 단계에서 유용하다.

02

다음 중 서비스 청사진에 대한 설명으로 적당하지 않은 것은?

① 서비스 청사진은 고객이 경험하게 되는 서비스 과정이고 업무수행의 지침이 된다.
② 서비스 청사진은 서비스 전달자의 경험과 서비스 전달자의 관점으로 이루어진다.
③ 고객의 행동은 서비스 구매, 소비, 평가단계에서 고객이 직접 수행하는 활동이다.
④ 서비스 청사진은 고객의 행동, 종업원의 행동, 지원 프로세스로 분류된다.
⑤ 후방종업원의 행동은 서비스를 전달하는 종업원을 지원하는 내부적 서비스이다.

해설 지원 프로세스는 서비스를 전달하는 종업원을 지원하는 내부적 서비스이다.

정답 01 ① 02 ⑤

03

서비스 청사진에서 외부고객과 일선종업원 사이에 그어진 수평선은?

① 외부작용선
② 상호작용선
③ 비가시선
④ 가시선
⑤ 내부작용선

해설 외부고객과 일선종업원 사이의 상호작용선을 통해 고객이 경험하는 서비스 품질을 알게 하여 서비스 설계에 공헌할 수 있다.

04

다음 중 서비스 청사진의 작성 과정을 순서대로 나열한 것은?

① 과정의 도식화 – 수익성 분석 – 실패 가능점 확인 – 청사진 수정 – 경과 시간의 명확화
② 과정의 도식화 – 청사진 수정 – 경과 시간의 명확화 – 수익성 분석 – 실패 가능점 확인
③ 과정의 도식화 – 실패 가능점 확인 – 경과 시간의 명확화 – 수익성 분석 – 청사진 수정
④ 실패 가능점 확인 – 과정의 도식화 – 청사진 수정 – 수익성 분석 – 경과 시간의 명확화
⑤ 청사진 수정 – 수익성 분석 – 과정의 도식화 – 실패 가능점 확인 – 경과 시간의 명확화

해설 **서비스 청사진의 작성과정**

- 1단계 : 과정의 도식화
- 2단계 : 실패 가능점 확인
- 3단계 : 경과 시간의 명확화
- 4단계 : 수익성 분석
- 5단계 : 청사진 수정

05

서비스 청사진의 가치는 고객과 서로 접촉할 때 발생할 수 있는 문제점을 미리 알아낼 수 있다는 것이다. 다음 중 서비스 청사진을 통해서 얻을 수 있는 이점으로 적절하지 않은 것은?

① 서비스가 유형화된다.
② 직접 고객을 상대하는 직원에게 적절한 서비스 교육을 해줄 수 있다.
③ 각 서비스 기능 간의 상호연계로 기업지향성을 강화할 수 있다.
④ 서비스 제공 시 부족한 점을 포착할 수 있게 해준다.
⑤ 서비스 실패점을 파악하여 품질개선을 위해 노력하게 한다.

해설 종업원들로 하여금 자신이 하는 일과 전체 서비스와의 관계를 파악할 수 있도록 하여 기업지향성이 아닌 종업원들의 고객지향적 사고를 체질화시킬 수 있다.

06

서비스 청사진의 위험 요소 중 '어떤 사람이 말로 서비스를 표현하는 것은 그 서비스에 대한 노출 정도와 개인적인 체험에 의해 왜곡될 수도 있다'는 것은?

① 편향된 해석
② 정보 수용성
③ 지나친 단순화
④ 주관성
⑤ 불완전성

해설 주관성을 나타내는 설명으로, 개인적인 주관적 경험에 의해 서비스가 왜곡되어 표현될 수 있다는 것이다.

03 ② 04 ③ 05 ③ 06 ④ 정답

07

서비스 모니터링의 한 방법으로 서비스 접점 현장의 서비스 품질을 측정하기 위해 고객으로 가장하여 암행감사 방식으로 서비스 현장의 품질을 측정하는 방법은?

① 고객의 소리(VOC)
② 고객만족도 조사
③ 미스터리 쇼퍼(Mystery Shopper)
④ SERVQUAL 모형
⑤ 서비스 플로우 차트(Service Flow Chart)

해설 일반 고객으로 가장하여 매장을 방문하여 물건을 사면서 점원의 친절도, 외모, 판매기술, 사업장의 분위기 등을 평가하여 개선점을 제안하는 일을 하는 사람을 '미스터리 쇼퍼' 또는 '미스터리 커스터머'라고 한다.

08

서비스 모니터링의 목적으로 옳지 않은 것은?

① 새로운 서비스는 고객의 기대를 형성한다.
② 종업원의 서비스 품질을 주관적으로 평가한다.
③ 종업원의 잠재능력을 개발하여 전문적인 서비스 응대 및 상담 기술을 향상시키고, 고객만족을 극대화시킨다.
④ 고객만족과 로열티 향상을 위한 관리 수단이 된다.
⑤ 고객의 필요나 기대를 찾아낸다.

해설 종업원의 서비스 품질을 객관적으로 평가한다.

09

다음 보기에서 설명하는 서비스 모니터링 제도의 속성은?

> • 모니터링 대상 접점을 통하여 전체 접점 서비스의 특성과 수준을 측정할 수 있어야 한다.
> • 모니터링 대상 접점은 하루의 모든 시간대별, 요일별 및 그 달의 모든 주를 대표할 수 있도록 수행되어야 한다.

① 객관성
② 차별성
③ 신뢰성
④ 대표성
⑤ 유용성

해설 **대표성**
서비스 품질 모니터링 제도의 활용이 제대로 효과를 내기 위해서는 모니터링 제도가 올바르게 정립되어야 한다. 특히, 서비스 모니터링은 표본추출 테크닉이므로, 모니터링 대상 접점을 통하여 전체 접점 서비스의 특성과 수준을 측정할 수 있다.

10

서비스 모니터링의 요소 중 고객들이 실제적으로 어떻게 대우를 받았는지에 대한 고객의 평가와 모니터링 점수가 일치해야 하고 이를 반영해야 한다는 것을 의미하는 것으로 모니터링 계획 수립 시 고려해야 할 요소는?

① 대표성
② 객관성
③ 타당성
④ 신뢰성
⑤ 차별성

해설 서비스 모니터링 6대 요소 중 타당성에 대한 설명이다.

정답 07 ③ 08 ② 09 ④ 10 ③

11

바람직한 서비스 모니터링을 위한 운영 프로세스를 구축하여야 하는 대상은?

① 소비자
② 정 부
③ 종업원
④ 동 료
⑤ 기 업

해설 기업은 바람직한 서비스 모니터링을 위해 운영 프로세스를 구축하여야 한다.

12

미스터리 쇼퍼의 명칭이 아닌 것은?

① Cold Watcher
② Performance Audits
③ Mystery Customer
④ Spotter Service
⑤ Anonymous Audit

해설 **미스터리 쇼퍼의 다양한 명칭**

- Secret Shopper
- Anonymous Audits
- Virtual Customers
- Employ Evaluation
- Spotter Service
- Performance Audits
- Visit Checks
- Shadow Shopper
- Monitoring
- Mystery Customer

13

미스터리 쇼퍼(Mystery Shopper)가 갖출 소양 중 '보고서를 왜곡하지 않고 보고, 듣고, 정확하게 확인된 사항만 기록해야 하는 것'은 무엇인가?

① 계획성
② 작문능력
③ 관찰력
④ 신뢰성
⑤ 정직성

해설 일반고객으로 가장하여 매장을 방문하여 물건을 사면서 점원의 친절도, 외모, 판매기술, 사업장의 분위기 등을 평가하여 개선점을 제안하는 일을 하는 사람을 '미스터리 쇼퍼(Mystery Shopper)'라고 한다. 미스터리 쇼퍼가 갖추어야 할 소양 중 '정직성'은 가장 중요한 자격요건이다.

14

다음 중 보기에 해당하는 서비스 모니터링 기법은?

일정 기간 동안 서비스 및 상품에 대한 고객의 태도와 지각을 기업에게 알려주기 위하여 모집된 지속적 고객집단이다.

① VOC
② 미스터리 쇼퍼
③ 동료 모니터링
④ 합동 모니터링
⑤ 고객패널

해설 고객패널은 기업과 계약을 맺어 지속적으로 모니터링 자료를 제공한다. 고객패널의 활동에는 설문조사, 시장조사, 현장 비교 체험, 모니터링 등이 있다.

11 ⑤ 12 ① 13 ⑤ 14 ⑤ 정답

15

서비스 모니터링 구성 요소와 그에 대한 설명이 바르게 짝지어진 것은?

① 신뢰성 – 모니터링 대상에 따라 방법이나 결과에 차이가 있을 수 있다.
② 객관성 – 종업원을 평가 또는 통제하는 도구로 활용해야 한다.
③ 차별성 – 모니터링 평가는 서로 다른 스킬 분야의 차이를 인정하되 반영하지 않는다.
④ 대표성 – 모니터링 대상접점을 통하여 전체 접점 서비스의 특성과 수준을 측정할 수 있어야 한다.
⑤ 타당성 – 고객을 만족시킬 수 있는 행동들은 낮게 평가해야 하며, 고객 불만족 행동들은 높게 평가될 수 있도록 설정해야 한다.

해설 ① 누가 모니터링하더라도 그 결과가 큰 차이 없이 나와야 한다.
② 종업원을 평가 또는 통제하는 도구가 아니라, 종업원의 장·단점을 발견하고 능력을 향상시킬 수 있는 수단으로 활용해야 한다.
③ 모니터링 평가는 서로 다른 스킬 분야의 차이를 반드시 인정하고 반영해야 한다.
⑤ 고객을 만족시킬 수 있는 행동들은 높게 평가해야 하며, 고객 불만족 행동들은 낮게 평가될 수 있도록 설정되어야 한다.

16

서비스 모니터링을 위하여 기업에서 구축하여야 할 사항이 아닌 것은?

① 행동 지침인 서비스 표준 매뉴얼을 작성해야 한다.
② 객관적인 평가를 위하여 사전 교육과 지속적인 관리가 필요하다.
③ 서비스 모니터링은 수익성 향상이 가장 궁극적인 목표이다.
④ 서비스 모니터링 결과에 따른 교육 이행 기관을 마련해야 한다.
⑤ 서비스 모니터링을 장기적 측면에서 지속적인 개선의 도구로 활용해야 한다.

해설 서비스 모니터링의 가장 궁극적인 목표는 고객만족의 극대화이다.

17

미스터리 쇼퍼의 자격요건 중 옳지 않은 것은?

① 매장을 방문하여 사실 그대로를 적는 객관성이 필요하다.
② 미스터리 쇼핑은 한 번에 한 매장만을 방문하는 계획성을 갖추어야 한다.
③ 상대적으로 짧은 시간 내에 조사함으로써 융통성이 필요하다.
④ 보고서를 쓸 때 내용을 왜곡하지 말아야 하는 정직성을 갖추어야 한다.
⑤ 미스터리 쇼퍼의 활동과 보고를 사업장이 의존하기 때문에 신뢰성을 갖추어야 한다.

해설 미스터리 쇼핑은 한 매장만 도는 것이 아니라 계획성을 갖추어 여러 매장을 돌면서 다른 성격의 매장에서도 매장의 상태, 직원의 서비스, 제품 상태에 대한 다양한 보고내용을 파악한다.

18

다음 보기의 빈칸에 들어갈 서비스 모니터링 기법은?

> 소매점이나 은행에서 정직하지 못한 직원을 적발하기 위한 것에서 시작된 것으로, 1940년대 미국의 월마크가 (　　)이라는 용어를 처음 사용했다.

① VOC
② Mystery Shopping
③ 고객패널
④ Peer 모니터링
⑤ 합동 모니터링

해설 소매점이나 은행에서 정직하지 못한 직원을 적발하기 위한 것에서 시작된 것으로, 1940년대 미국의 월마크가 Mystery Shopping이라는 용어를 처음 사용했다.

정답 15 ④ 16 ③ 17 ② 18 ②

19

다음 보기의 빈칸에 들어갈 말이 바르게 짝지어진 것은?

모니터링의 목적은 종업원의 (　　)을 객관적으로 평가하고, 종업원의 (　　)을 개발하여 전문적인 서비스 응대 및 상담 기술을 향상시키고, 고객만족을 극대화시키는 것이다.

① 서비스 품질, 잠재능력
② 서비스 품질, 고객 대응력
③ 서비스 품질, 순발력
④ 능력, 고객 대응력
⑤ 태도, 고객 대응력

해설 모니터링의 목적은 종업원의 서비스 품질을 객관적으로 평가하고, 종업원의 잠재능력을 개발하여 전문적인 서비스 응대 및 상담 기술을 향상시키고, 고객만족을 극대화시키는 것이다.

20

다음 중 미스터리 쇼퍼의 자격 요건이 아닌 것은?

① 신뢰성
② 주관성
③ 꼼꼼함
④ 융통성
⑤ 계획성

해설 이 외에도 관찰력, 작문 능력, 정직성 등이 있다.

21

미스터리 쇼핑 시 조사의 유효성을 위해 고려되어야 할 사항이 아닌 것은?

① 윤리성
② 심미성
③ 신뢰성
④ 실용성
⑤ 안정성

해설 이 외에도 객관성, 적절성이 있다.

22

고객패널의 활동에 해당하지 않는 것은?

① 설문조사
② 현장 비교 체험
③ 시장조사
④ 피드백
⑤ 모니터링

해설 고객패널의 활동에는 설문조사, 시장조사, 현장 비교 체험, 모니터링이 있다.

23

다음 중 MOT 차트 분석과 관련하여 서비스 표준안 작성 시 고려하여야 할 사항이 아닌 것은?

① 관찰할 수 있고, 객관적으로 계측할 수 있어야 한다.
② 표준안은 최상위 경영층의 동의가 가장 중요하다.
③ 전 조직원이 고객의 니즈(Needs)를 받아들여 상호 이해와 협조 하에 구성한다.
④ 업무안은 구체적이며 분명하게, 수행안은 간단 · 명료하게 명문화한다.
⑤ 고객의 요구를 바탕으로 작성한다.

해설 표준안은 최상위 경영층을 포함하여 모든 직원이 받아들여야 한다.

19 ① 20 ② 21 ② 22 ④ 23 ② 정답

24

다음 중 MOT와 관련이 깊은 인물은?

① 리차드 노먼
② 칼 알브레히트
③ 마이클 해머
④ 데이비드 마이스터
⑤ 마이클 포터

해설 고객과 접촉하는 순간이 가장 진실하기 때문에 이를 잘 관리해야 한다는 이론으로, 스페인의 투우에서 투우사와 소가 일대일로 대결하는 최후의 순간, 즉 실패가 용납되지 않는 순간을 뜻한다. 리처드 노먼은 최초로 고객만족 연구를 시작하며 '고객과의 접촉 순간'을 MOT에 비유하여 사용하였다.

25

MOT 사이클 차트 분석 5단계 중 2번째 단계에 해당하는 것은?

① 서비스 접점 설계
② 서비스 접점 진단
③ 고객접점 사이클 세분화
④ 고객접점 시나리오 만들기
⑤ 서비스 표준안으로 행동하기

해설 **MOT 사이클 차트 분석 5단계**
서비스 접점 진단 → 서비스 접점 설계 → 고객접점 사이클 세분화 → 고객접점 시나리오 만들기 → 서비스 표준안으로 행동하기

26

다음 중 MOT 사이클의 개념에 대한 설명으로 가장 올바르지 않은 것은?

① 고객이 처음으로 접속해서 서비스가 끝날 때까지 서비스 행동의 전체 과정을 고객의 입장에서 그려보는 방법이다.
② 서비스 프로세스상에 나타나는 일련의 MOT 과정을 시계 모양의 도표로 표현하는 방법이다.
③ 다른 이름으로 서비스 사이클 차트라고 명칭하기도 한다.
④ 고객이 경험하는 접점들을 원형 차트의 12시 방향에서 결과부터 시작해 역순으로 기입하는 방식이다.
⑤ 고객 서비스의 어떤 부분이 잘못될 수 있는지를 파악하고 사전에 대비하는 것이 가능하다.

해설 고객이 경험하는 접점들을 원형 차트의 1시 방향에서 결과부터 시작해 순서대로 기입하는 방식이다.

27

다음은 무엇을 설명한 내용인가?

> 서비스 프로세스상에 나타나는 시계모양의 도표로서 '서비스 사이클 차트'라고도 하며, 서비스 전달 시스템을 고객의 입장에서 이해하기 위한 방법으로 사용된다.

① MOT 사이클 차트
② 인과관계 도표
③ 특성요인분석
④ 서비스 모니터링
⑤ 마인드맵핑 기법

해설 MOT 사이클 차트는 서비스 프로세스상에 나타나는 일련의 MOT들을 보여주는 시계모양의 도표로 서비스 사이클 차트라고도 하며, 서비스 전달 시스템을 고객의 입장에서 이해하기 위한 도구이다.

정답 24 ① 25 ① 26 ④ 27 ①

28

다음 MOT 사이클 활용 전략에 관한 설명으로 옳지 않은 것은?

① 서비스 사이클 차트를 이용하여 프로세스상에 나타나는 일련의 MOT들을 시계모양의 도표 형태로 작성한다.
② 서비스 접점에서 비용을 절감할 수 있는 방법이 있는지 여부를 알기 위해 서비스 제공자의 입장에서 접점활동을 분석하는 방법이다.
③ 고객이 원하는 다양한 서비스 속성이 최대한 충족되었는지 여부는 계량적으로 평가하기 어렵다.
④ 서비스 제공자 개인의 입장보다는 고객 관점에서 서비스 제공 전체 과정의 만족도가 중시된다.
⑤ 고객과의 접점을 리스트화하여 고객이 서비스를 받는 시점부터 완료 시점까지의 과정을 고객의 입장에서 정리해보는 방법이다.

해설 MOT 사이클 차트는 서비스 프로세스상에서 나타나는 일련의 MOT를 보여 주는 시계모양의 도표로서, 이 차트는 서비스 전달 시스템을 고객의 입장에서 이해하기 위한 방법이다.

29

다음 중 고객접점과 관련된 원칙으로 가장 거리가 먼 것은?

① 곱셈의 법칙
② 100 − 1 = 0의 법칙
③ 통나무 물통법칙
④ TEN − TEN − TEN 원칙
⑤ 덧셈의 법칙

해설 고객접점과 관련된 원칙으로는 곱셈의 법칙, 100 − 1 = 0의 법칙, 통나무 물통법칙, TEN − TEN − TEN 원칙 등이 있다.

30

서비스 보증제도는 마케팅 도구일 뿐만 아니라 서비스의 질을 향상시키고 조직에 자극을 줄 수 있다. 다음 중 서비스 보증이 필요한 상황으로 보기 어려운 것은?

① 상품 자체의 가격이 높은 경우
② 문제 발생 시 그 피해가 심각한 경우
③ 고객에게서 즉각적이고 적절한 반응을 얻어야 할 경우
④ 고객의 자아 이미지가 관계된 경우
⑤ 사업이 구전에 의해 영향을 많이 받는 경우

해설 **서비스 보증이 필요한 상황**

- 상품 자체의 가격이 높은 경우
- 고객의 자아 이미지가 관계된 경우
- 문제 발생 시 그 피해가 심각한 경우
- 해당 산업에 전반적으로 품질에 대한 나쁜 이미지가 형성되어 있는 경우
- 상품구매에 대해 고객의 전문지식이나 자신감이 적을 경우
- 고객의 반복구매가 기업에 중요한 경우
- 사업이 구전에 의해 영향을 많이 받는 경우
- 구매자의 저항이 큰 경우

28 ② 29 ⑤ 30 ③ 정답

01

다음은 고객을 위한 서비스 차별화의 설명이다. 적절하지 않은 것은?

① 제품의 품질보다 고객이 무엇을 요구하는지를 알아본다.
② 고객들에게 통일된 서비스를 제공한다.
③ 고객에게 알맞은 제품을 선택하도록 요구한다.
④ 고객 중심적 조직문화를 만든다.
⑤ 다른고객과 차별화된 서비스를 제공한다.

해설 고객들에게 통일되고 획일화된 서비스가 아닌, 다른고객과 차별화된 서비스를 제공하는 것이 서비스 차별화이다.

02

기업에서 가장 가치가 있는 제품이나 시장을 세분화하여 가장 적합한 특정의 하나 또는 소수의 표적시장을 선정하여 마케팅 활동을 집중하는 전략은?

① 세분화 전략
② 원가우위 전략
③ 집중화 전략
④ 차별화 전략
⑤ 분업화 전략

해설 집중화 전략은 특정 구매자 그룹, 제품라인의 세분, 지역적 시장에 집중하는 것으로 폭넓게 경쟁하는 기업보다 더욱 효과적·효율적으로 좁은 전략적 목표대상에 집중하면 성공할 수 있다는 전제가 이 전략의 기본개념이다. 집중 전략은 원가 또는 차별화 우위 전략과 결합될 수 있는데, 차별 집중화가 독창적인 제품을 좁은 목표 시장에 제공하는 것을 의미하는 반면에, 원가우위 집중화는 낮은 가격으로 기업의 제품이나 서비스를 좁은 목표 시장에 제공함을 의미한다.

03

피터 드러커 교수가 말한 마케팅 활동에 대한 견해와 일치하지 않는 것은?

① 스스로 대상을 명확히 선택하고 시장을 잘 파악하여야 한다.
② 경쟁의 무대에서 얼마나 훌륭한 가치를 고객에게 제공할 수 있는지 판단한다.
③ 고객중심, 고객지향적인 방식으로 모든 일을 진행한다.
④ 조직의 모든 역량이 CSM(고객만족경영)으로 가야 한다.
⑤ 고객이 구입하는 제품과 서비스 그 자체에 초점을 맞추어야 한다.

해설 고객이 구입하는 제품과 서비스 그 자체보다는 그것을 어떻게 사용할 것인가, 그것으로 무엇을 할 것인가에 초점을 맞추어 전개해야 한다.

04

사우스웨스트 항공이 만들어 낸 단거리 여행시장은 전체 항공기시장보다 더 큰 성장률을 보였다. 항공요금이 비싸다고 생각했던 사람들, 전에 자동차를 이용했던 사람들을 고객으로 만들어 새로운 시장을 개척한 것이다. 다음 중 사우스웨스트 항공의 새로운 시장 개척기법으로 가장 적절한 것은?

① 일대일 마케팅(One-to-One Marketing)
② 데이터베이스 마케팅(Database Marketing)
③ 세분화 마케팅(Segmentation Marketing)
④ 포지셔닝(Positioning)
⑤ 틈새시장(Niche Marketing)

해설 사우스웨스트 항공은 비행기 요금이 부담스러워 시간이 걸리더라도 자동차나 기차를 이용하는 승객들에게 기존 항공요금보다 저렴한 가격의 국내 단거리를 운항하는 틈새시장을 집중적으로 공략하였다.

제2과목

정답 01 ② 02 ③ 03 ⑤ 04 ⑤

05

시장의 비어있는 공간을 의미하는 용어로서, '남이 모르는 좋은 낚시터'라는 은유적인 뜻도 가지고 있는 소규모의 시장에 대한 특화된 상품을 가지고 시장 영역을 만드는 전략으로 가장 적절한 용어는 무엇인가?

① 포지셔닝
② 틈새시장
③ 제품 차별화
④ 타깃 마케팅
⑤ 시장 세분화

해설 틈새시장 또는 니치시장(Niche Marketing)이라고 한다.

06

다음 중 목표고객의 니즈에 따른 서비스를 공급할 수 있는 마케팅 능력을 무엇이라 하는가?

① 매스 마케팅
② 틈새 마케팅
③ 세분화 마케팅
④ 데이터베이스 마케팅
⑤ 관계 마케팅

해설 세분화 마케팅이란 집단을 세분화해서 그에 따른 각자의 전략을 수립하는 것을 말한다. 연령, 성별, 라이프스타일, 개인취향 등의 일정한 기준으로 시장을 구분해 놓고 고객의 니즈에 따른 서비스를 공급할 수 있는 마케팅 전략을 수립하는 것을 말한다. 예를 들어, 은행에서 큰 금액을 맡기는 고객과 일반고객과의 마케팅 방법이 다른 것은 은행이 세분화 마케팅을 펼치기 때문이다.

07

다음 보기에 해당하는 용어로 옳은 것은?

> 서비스 회복을 통해 우수한 서비스를 제공하여 불만족한 고객을 만족시킬 경우, 해당 기업과의 재거래를 통해 충성스러운 고객으로 바뀌는 것이 가능하다.

① 일탈 효과
② 서비스 회복 패러독스
③ 서비스 패러다임
④ 서비스 불평관리
⑤ 서비스 도미노 효과

해설 '서비스 패러독스'는 서비스가 과거에 비해 다양해진 반면, 서비스 만족도는 오히려 낮아진 현상을 말하는데, '서비스 회복 패러독스'는 서비스 실패가 일어나게 되더라도 효과적으로 그것이 회복만 된다면 서비스의 실패 발생 전보다 고객에게 더 큰 만족을 줄 수 있다는 주장에 근거한 것이다.

08

롱테일 법칙에 대한 설명으로 옳은 것은?

① 파레토 법칙이라고도 한다.
② 목표고객의 니즈에 따른 서비스를 공급해야 수익을 올릴 수 있다는 법칙이다.
③ 20%의 핵심고객으로부터 80%의 매출이 나온다는 법칙이다.
④ 80%의 '사소한 다수'가 20%의 '핵심 소수'보다 뛰어난 가치를 창출한다는 법칙이다.
⑤ 사소한 다수의 상품이나 핵심 소수의 상품이나 창출하는 가치는 동일하다는 법칙이다.

해설 롱테일 법칙 또는 역파레토 법칙은 전통적인 마케팅에선 20%의 주력 제품이 매출의 80%를 이끌고 간다는 80 : 20의 파레토의 법칙이 성립했지만, 인터넷의 활성화로 이제 상대적으로 판매량이 적은 상품의 총합이 전체의 매출에서 더 큰 비중을 차지하게 된다는 이론이다.

05 ② 06 ③ 07 ② 08 ④ 정답

09

SWOT 분석에 의한 마케팅 전략 중 조직 외부의 위협을 회피하면서 조직 내부의 약점을 최소화하는 전략 유형은?

① S-T 전략　② W-T 전략
③ S-W 전략　④ S-O 전략
⑤ W-O 전략

해설 SWOT 분석

SO 전략 (강점-기회 전략)	시장의 기회를 활용하기 위해 강점을 사용하는 전략을 선택한다.
ST 전략 (강점-위협 전략)	시장의 위협을 회피하기 위해 강점을 사용하는 전략을 선택한다.
WO 전략 (약점-기회 전략)	시장의 약점을 극복함으로써 시장의 기회를 활용하는 전략을 선택한다.
WT 전략 (약점-위협 전략)	시장의 위협을 회피하고 약점을 최소화하는 전략을 선택한다.

10

다음 중 빈칸에 들어갈 말로 가장 적절한 것은?

> 현대 사회는 과거에 비해 풍요롭고 경제적인 호황을 누리고 더 많은 자유 시간을 가지며, 과거에 비해서 서비스가 다양해지고 좋아졌는데도 오히려 소비자의 불만의 소리가 높아지는 현상을 말한다. 소비자들은 서비스와 관련된 불평과 불만을 매스컴이나 현장에서 이를 대변하게 되는데 이러한 현상을(　　)(이)라고 한다.

① Service Paradox
② Service Industrialization
③ Service Valuable
④ Service Marketing
⑤ Service Terror

해설 과거에 비해 경제적으로 윤택해지고 다양한 서비스들을 누릴 수 있게 되었지만, 서비스에 대한 만족도는 오히려 낮아지는 현상을 '서비스 패러독스'라 한다.

11

다음 중 서비스 패러독스의 원인으로 적절하지 않은 것은?

① 서비스의 표준화
② 서비스의 차별화
③ 서비스의 인간성 상실
④ 기술의 복잡화
⑤ 종업원 확보의 악순환

해설 서비스의 차별화가 아닌 서비스의 동질화가 서비스 패러독스의 원인이 된다.

12

시장 세분화 조건 중 '세분 시장은 개념적으로 구분될 수 있으며, 마케팅 믹스 요소와 프로그램에 대해 서로 다르게 반응해야 한다'는 것을 설명하는 것은?

① 행동 가능성
② 실질성
③ 접근 가능성
④ 차별화 가능성
⑤ 측정 가능성

해설 차별 가능성 : 세분 시장마다 마케팅믹스에 대해 서로 다른 반응을 보인다.

정답 09 ② 10 ① 11 ② 12 ④

13

서비스 패러독스를 탈피하기 위한 방법 중 SERVICE에서 R이 뜻하는 것은?

① 서비스는 혁신적이어야 한다.
② 서비스는 활기가 있어야 한다.
③ 서비스는 성의, 스피드, 스마일로 결정된다.
④ 서비스는 가치가 있는 것이어야 한다.
⑤ 서비스는 감명을 줄 수 있어야 한다.

해설 **서비스 패러독스를 탈피하기 위한 방법 중 SERVICE**

- S(Sincerity, Speed & Smile) : 서비스는 성의, 스피드, 스마일로 결정된다.
- E(Energy) : 서비스는 활기가 있어야 한다.
- R(Revolutionary) : 서비스는 혁신적이어야 한다.
- V(Valuable) : 서비스는 가치 있는 것이어야 한다.
- I(Impressive) : 서비스는 감명을 줄 수 있어야 한다.
- C(Communication) : 서비스는 상호 간에 커뮤니케이션이 있어야 한다.
- E(Entertainment) : 서비스는 고객을 환대하는 것이어야 한다.

14

서비스 포인트에 대한 다음 설명 중 옳지 않은 것은?

① 고객은 판매대상이 아니라 만족시켜야 할 대상이다.
② 고객은 많지만 소비자는 적다.
③ 눈에 보이지 않는 서비스가 기업의 운명을 좌우한다.
④ 고객은 제품에 돈을 지불하는 것이 아니라, 만족에 투자하는 것이다.
⑤ 종업원의 만족 없이 고객만족은 없다.

해설 시장에 걸어 다니는 모든 소비자가 나의 고객은 아니며, 소비자는 많지만 고객은 적다.

15

다음 보기에서 설명하는 법칙은 무엇인가?

> 조셉 쥬란에 의해 경영학에서 최초로 사용된 이론으로서, 전체 결과의 80%가 20%의 원인에서 일어나는 현상을 뜻하며, 대부분의 현상이 '중요한 소수'에 의해 결정된다는 것을 의미하는 법칙이다.

① 파레토 법칙　② 베블런 효과
③ 밴드웨건 효과　④ 롱테일 법칙
⑤ 지니의 법칙

해설 **파레토 법칙(Pareto's Law)**
일명 80 : 20 법칙이라고 불리는 파레토 법칙은 원래 소득분포의 불평등도에 관한 법칙이었다. 경영학에서는 조셉 주란에 의해 처음 이 용어가 사용되었으며, VIP 마케팅 방식 등에 관련되었다. 이 법칙은 기업의 측면에서 볼 때, 20%의 소비자가 전체 매출액의 80%를 차지하고, 전체 제품 가운데 20%의 품목에서 전체 매출액의 80%가 나온다는 것이다.

16

브래디(Brady)와 크로닌(Cronin)의 애프터 서비스 품질 차원 모형 중 결과 품질에 해당하는 것은?

① 직원의 태도와 행동
② 처리시간
③ 정 책
④ 편의성
⑤ 전문성

해설 **애프터 서비스 품질 차원 모형**

- 상호작용 품질
  - 직원의 태도와 행동
  - 처리시간
- 물리적 환경 품질
  - 정 책
  - 편의성
- 결과 품질
  - 전문성과 기술

13 ① 14 ② 15 ① 16 ⑤ 정답

17

다음 예시는 서비스의 무엇에 대한 중요성을 나타낸 말인가?

> 연애할 때에는 죽자 살자 따라 다니면서 그 여자에게 뭐든지 다 해 줄 것처럼, 좋아하는 음식이나 취향을 전폭적으로 지지하지만 결혼 후에는 180도로 바뀌는 태도

① 사전 서비스　② 구매 중 서비스
③ 사후 서비스　④ 고객만족 서비스
⑤ 접점 서비스

해설 사후 서비스(A/S)란 상품을 판매한 후에도 판매자가 그 상품에 대하여 수리나 설치 · 점검 등의 봉사를 하는 일을 말한다. 예시는 사후 서비스가 불량한 경우를 나타낸 것이다.

18

다음 중 사후 서비스의 강화를 통해 얻을 수 있는 기업 이미지에 미치는 영향으로 적절하지 않은 것은?

① 안정적인 수익 창출
② 고성장 가능성
③ 마케팅 비용 증가로 기업의 수익 감소 가능성
④ 최적화된 비즈니스 프로세스의 달성
⑤ 고객의 니즈를 보다 효율적으로 파악

해설 사후 서비스 강화를 통해 마케팅 비용의 감소로 기업의 수익이 증가할 가능성이 있다.

19

다음 중 A/S의 장점이 아닌 것은?

① 사후 서비스 관리를 통해서 얻는 고객의 정보는 제품 품질 향상에 도움을 준다.
② 애프터 서비스의 제공은 고객의 재주문과 재이용으로 이어진다.
③ A/S로 고객의 불편사항이나 불만에 대해 고객의 니즈와 경향을 파악할 수 있다.
④ 신제품 개발에 필요한 경제적 효과와 시간비용 절감을 준다.
⑤ 기업의 입장에서 추가적인 수익창출비용과 시간적인 노력을 증가시킨다.

해설 기업의 입장에서 추가적인 수익창출비용과 시간적인 노력을 감소시킨다.

20

다음 기업 가치활동 중 본원적 활동에 속하는 것은?

① 인적자원관리
② 애프터 서비스
③ 기술개발
④ 자재확보
⑤ 홍보활동

해설 **기업의 가치활동**

- 본원적 활동 : 제품의 물리적 제조과정과 판매 그리고 구매자에게 전달되는 물적 유통과정과 애프터 서비스를 포함한다.
- 지원활동 : 본원적 활동을 지원해 주는 활동으로는 인적자원관리, 기술개발, 자재확보, 홍보활동 등이 대표적이다.

정답 17 ③ 18 ③ 19 ⑤ 20 ②

01
리츠칼튼 호텔은 모든 고객에게 규격화되고 획일화된 서비스를 제공하는 것이 아니라 고도로 차별화된 개별적 서비스(Personalized Service)를 제공하여, 이 호텔을 찾는 고객의 95% 정도가 "추억의 남을 만한 방문"이었다는 강한 인상의 서비스로 기억한다. 리츠칼튼 호텔에서 고도의 개별적 서비스를 가능하게 해주는 독특한 고객정보관리시스템으로 불리는 이 방식을 무엇이라 하는가?

① 고객 코디네이터
② 고객인지 프로그램
③ 개인별 고객 수첩
④ 고객경험 관리
⑤ 토털 서비스

해설 리츠칼튼 호텔은 모든 고객에게 규격화된 획일적 서비스를 제공하는 것이 아니라, 차별화된 개별적 서비스를 제공하는 것으로 유명하다. 리츠칼튼 호텔이 제공하는 고도의 개별적 서비스를 가능하게 해주는 것이 바로 '고객인지 프로그램'이라고 불리는 고객정보관리시스템이다. 이는 단 한 번이라도 방문한 고객이 전 세계의 어느 곳에 있는 리츠칼튼 호텔에 묵게 되더라도, 이미 데이터베이스에 저장된 정보에 의해 자신이 좋아하는 것, 즐기는 것, 관심있는 것을 호텔이 파악하고 있어 고객의 취향에 맞게 제공하는 것이다.

02
고객 정보의 수집, 집적을 통해 하나의 고객정보시스템을 구축하여 각각의 고객의 Wants, Needs에 맞게 서비스를 이루어 고객 충성도를 높이고 기업을 성공으로 이끌어주는 고객 정보관리시스템을 일컫는 용어는?

① Database Marketing System
② Customer Relationship Management
③ Hanatour Contact System
④ Customer Recognition Program
⑤ Customer Service Representative

해설 리츠칼튼 호텔에서 처음 시작한 고객인지 프로그램(Customer Recognition Program)에 대한 설명이다.

03
다음 중 리츠칼튼 호텔의 고객인지 프로그램에 대한 내용이 아닌 것은?

① 최고의 고객을 식별하는 전략으로 신규고객을 창출시키는 것이 기본이다.
② 고객에게 알맞은 제품과 서비스를 적시에 제공한다.
③ 고객의 입장에서는 개인정보의 노출에 대한 불안감이 생길 수 있다.
④ 고객 데이터베이스를 통해 맞춤형 서비스를 제공할 수 있다.
⑤ 고객의 재방문에 따른 고객행동을 예측할 수 있다.

해설 고객인지 프로그램(Customer Recognition Program)은 기존고객을 유지하는 목적으로 활용된다.

01 ② 02 ④ 03 ① 정답

04

리츠칼튼 호텔의 황금표준의 내용으로 가장 적절하지 않은 것은?

① 사훈은 '우리는 신사숙녀에게 최상의 서비스를 제공하는 최고의 종업원이다'라고 규정되어 있다.
② 고객의 불편을 접수한 직원은 자신의 업무영역이 아니더라도 직접 책임지고 조치한다.
③ 손님이 찾고자 하는 장소를 문의하면 방향만 가리키지 말고 직접 안내한다.
④ 전화는 벨이 3번 울리기 전에 받아야 한다.
⑤ 고객의 전화는 가능한 한 다른 사람이나 다른 부서로 넘기지 말고 처음 받은 사람이 고객의 용무가 끝날 때까지 직접 응대한다.

해설 리츠칼튼 호텔의 사훈은 '우리는 신사숙녀를 모시는 신사숙녀이다'이다.

05

다음 제품 차별화 수단 중 고가의 공공적 사치품에 적용할 경우 효과적인 방법은?

① 이성요소 차별화
② 감성요소 차별화
③ 상징요소 차별화
④ 가치요소 차별화
⑤ 기능요소 차별화

해설 **상징요소 차별화**
다른 사람과 차별화되는 높은 의미와 가치를 제시하여 차별화시키는 것으로서, 제품 기능 자체보다는 자아 이미지와 준거집단의 가치표출에 의해 차별화를 꾀하는 경우이다.

06

수익의 원천이 되는 논리적 구조로서, 하버드 대학의 헤스켓(Heskett)과 새서(Sasser) 등이 제창한 것은?

① 피시본 다이어그램
② 고객인지 프로그램
③ 서비스 수익체인
④ 품질의 집
⑤ 토털 서비스

해설 최근에 대두되는 서비스 경영의 주요 개념 중에 '서비스 수익체인'이 있다. 하버드 대학의 헤스켓(Heskett)과 새서(Sasser) 그리고 슐레징거(Schlesinger)가 제창한 것으로서, 고객 서비스가 수익의 원천이 되는 논리적 구조를 말한다.

07

다음 중 서비스 수익체인과 직접적인 관계가 있는 요소에 포함되지 않는 것은?

① 직원의 역량
② 고객의 가치
③ 고객만족도
④ 생산성
⑤ 고객충성도

해설 서비스 수익체인(Service Profit Chain)은 수익, 성장, 고객충성도, 고객만족도, 고객에게 제공된 재화와 서비스의 가치, 직원의 역량, 만족도, 충성도, 생산성 사이에 직접적이고 강력한 관계를 유지하는 것이다.

정답 04 ① 05 ③ 06 ③ 07 ②

08

다음 보기의 빈칸에 들어갈 알맞은 용어는?

> 서비스 수익체인에서 (　　)는(은) 종업원의 생산성을 유발하고 종업원의 만족은 (　　)을(를) 유발한다.

① 내부고객만족
② 고객만족
③ 종업원 충성도
④ 고객충성도
⑤ 서비스 품질

해설 종업원 충성도는 종업원의 생산성을 유발하고 종업원의 만족은 종업원 충성도를 유발한다.

09

서비스 수익체인에 관한 설명으로 옳지 않은 것은?

① 종업원의 만족은 내적서비스 품질에 연결되어 있다.
② 종업원 충성도는 종업원 만족에 연결되어 있다.
③ 종업원 생산성은 종업원 충성도에 연결되어 있다.
④ 고객만족은 고객충성도를 높인다.
⑤ 수익성은 시장점유율에 의해 좌우된다.

해설 서비스 수익체인에 의하면, 수익성은 시장점유율이 아니라 고객충성도에 의하여 좌우된다.

10

성공한 서비스 회사들은 모두 일정한 형태의 순환 연결고리(체인)를 가지고 있는데, 이들 서비스 기업의 공통점을 서비스 수익모델(체인)이라 한다. 다음 중 공통점으로 보기 어려운 것은?

① 기업의 이윤과 성장은 고객의 충성도에 연결된다.
② 고객의 만족은 고객이 느끼는 제품가치에 연결된다.
③ 서비스가치는 종업원의 생산성에 연결된다.
④ 종업원 충성도는 종업원의 만족에 연결된다.
⑤ 종업원의 만족은 업무생활의 내부 서비스 품질에 연결된다.

해설 고객만족은 서비스가치에 연결되어 있다.

11

벤자민 쉬나이더(Benjamin Schneider)와 데이빗 보웬(David Bowen) 등이 은행, 보험회사, 병원 등에서의 조사를 통하여 고객과 종업원 만족수준 사이에 밀접한 관계가 있음을 표현한 용어는?

① 피시본 다이어그램
② 고객인지 프로그램
③ 서비스 수익체인
④ 품질의 집
⑤ 만족거울

해설 만족거울이라는 용어는 벤자민 쉬나이더(Benjamin Schneider)와 데이빗 보웬(David Bowen)의 논문에서 사용한 용어로, 이에 따르면 일선창구에서 고객을 접촉하는 직원들의 봉사수준에 따라 그 회사의 만족도도 같이 좌우되어 매상에 직접 연결된다.

08 ③ 09 ⑤ 10 ② 11 ⑤ 정답

12

서비스 수익체인(Service Profit Chain) 구조에서 '종업원의 만족'을 가져오는 요소는 무엇인가?

① 종업원의 충성도
② 종업원의 생산성
③ 고객의 충성도
④ 내부 서비스 품질
⑤ 서비스의 가치

해설 내부 서비스 품질은 종업원 만족을 가져온다.

13

대한항공의 토털 서비스는 "고객은 단순히 비행기를 타고 내리는 데 만족하지 않는다"라며 각각 고객에게 개별 서비스를 제공해 주는 마케팅으로 고객의 감동을 이끌어 내었다. 다음 중 대한항공에서 실시한 서비스는?

① 중대형차량 유료의전 서비스
② One-to-One 서비스
③ 유명인사 경호 서비스
④ 대중교통 대신 고급세단이용
⑤ 외국승객 전문통역인 서비스

해설 대한항공의 토털 서비스는 "고객은 단순히 비행기를 타고 내리는 데 만족하지 않는다"라며 각각 고객에게 개별 서비스를 제공해 주는 One-to-One 서비스 마케팅으로 고객의 감동을 이끌어 내었다.

14

자사제품이 경쟁제품과 다른 차별적 경쟁우위요인을 확보하여 고객의 니즈를 보다 잘 충족시켜 줄 수 있다는 인식을 주는 과정을 무엇이라 하는가?

① 시장 세분화
② 마케팅 조사
③ 시장 표적화
④ 제품 포지셔닝
⑤ 시장 분석

해설 제품 포지셔닝에 대한 설명이다. 예를 들어, 고객이 A라는 제품을 구입했다면 그 제품을 선택한 이유는 두 가지 밖에 없다. 여러 가지가 있는 유사 제품 중에서 A가 종합적으로 가장 바람직하다고 판단했든지, 또는 시장에서 고객이 필요로 하는 것과 일치하는 제품이 A밖에 없다고 판단한 경우이다. 전자의 경우는 마케팅 믹스의 승리이고, 후자는 제품의 포지셔닝의 승리라고 할 수 있다.

15

기업에서는 효과적인 포지션을 개발하기 위해 5가지 서비스 품질 차원에 따른 포지셔닝을 한다. 다음 중 유형성에 관한 포지셔닝에 속하는 것은?

① "절대로, 확실히, 하루 내에"
② "우리는 신속하게 고객을 도울 준비가 되어있습니다."
③ "여러분이 알고 있는 이름에 건강을 맡기십시오."
④ "오랫동안 세계 곳곳에서 온 여행자들을 대하며 쌓은 경험이 우리가 손님을 이해하는 데 도움을 줍니다."
⑤ "다양함을 즐길 수 있는 문화공간"

해설 ① 신뢰성, ② 응답성, ③ 확신성, ④ 공감성

정답 12 ④ 13 ② 14 ④ 15 ⑤

16

다음 중 제품 차별화의 중요한 요소 중 고객이 눈으로 관찰할 수 있는 제품이나 서비스의 특성 등 유형적인 요소에 포함되지 않는 것은?

① 성 능
② 크 기
③ 색 상
④ 디자인
⑤ 중 량

해설 성능은 무형적인 요소에 해당한다.

17

다음 중 토털 서비스 시스템(Total Service System)에 대한 설명으로 가장 거리가 먼 것은?

① 서비스의 창조와 전달을 개념화하기 위한 것이다.
② 총체적 관점에서 고객에게 차별화된 서비스를 제공하기 위한 마케팅 전략이다.
③ 서비스 전달 시스템은 서비스 생산품이 고객에게 전달되는 장소, 시간, 방법을 의미한다.
④ 크게 서비스 운영 시스템, 서비스 전달 시스템, 서비스 마케팅 시스템으로 나눌 수 있다.
⑤ 토털 서비스는 고객의 구매심리를 개발 및 창조하는 것보다는 기업의 이미지 마케팅이나 CI(Corporate Identity)를 확립하는 데 그 목적이 있다.

해설 토털 서비스는 고객의 구매심리를 개발 및 창조하는 것까지 포함한다.

18

제품의 차별화 방법 중 독특한 취향, 개성, 이미지 브랜드를 이용하여 차별화하는 수단에 해당하는 것은?

① 기능요소 차별화
② 감성요소 차별화
③ 상징요소 차별화
④ 지성요소 차별화
⑤ 가격요소 차별화

해설 감성요소 차별화는 따뜻한 감성이나 이미지 브랜드를 이용하여 차별화하는 것이다. 오리온 초코파이의 '정'이나 경동 보일러의 '부모님께 보일러 놔드리기' 등은 이러한 감성 마케팅으로 성공한 대표적인 케이스이다.

19

보다 정확하게 개별 고객욕구를 충족시켜 줄 수 있는 차별화 수단은?

① 덕용포장
② 소포장
③ 이중가격제도
④ 니치마켓
⑤ 무공해제품

해설 보다 정확하게 개별 고객욕구를 충족시켜 줄 수 있는 차별화 수단으로는 니치마켓, 경쟁제품분석, 제품개량 등이 있다.

16 ① 17 ⑤ 18 ② 19 ④ 정답

20

'미래지향적 서비스'에 대한 내용으로 옳지 않은 것은?

① 싱가포르 항공의 기내 서비스 사례
② 대등한 관계에서의 서비스 요원 신뢰
③ 매사에 적극적 · 진취적 · 선도적 자세 유지
④ 고객이 새로운 서비스 문화에 동참을 희망
⑤ 서비스 요원의 의례적이고 평범한 서비스 제공

해설 서비스 요원의 의례적이고 평범한 서비스가 아닌, 진정성 있고 탁월한 서비스를 제공해야 한다.

21

서비스 수익체인(Service Profit Chain)의 각 연결 관계와 기능에 대한 설명으로 옳지 않은 것은?

① 고객의 생산성은 서비스의 가치를 유발한다.
② 서비스의 가치는 고객만족을 유도한다.
③ 고객만족은 고객충성도를 높인다.
④ 고객 충성도는 수익성과 성장을 유발한다.
⑤ 내부 품질은 종업원 만족을 가져온다.

해설 서비스의 가치는 직무에 만족하고 매진하는 생산성을 가진 직원들에 의해 창출된다. 내부고객인 직원들이 만족하지 못하면 가치가 높은 서비스가 나올 수 없다.

22

의료 서비스의 특징에 대한 설명으로 옳지 않은 것은?

① 고객이 보는 앞에서 이루어진다.
② 똑같은 환자는 한 명도 없다.
③ 기대와 실제 성과와의 불일치가 크다.
④ 의료 서비스에 있어서 의사결정자는 다양하다.
⑤ 의료 서비스 비용은 직접 지불 형태를 갖는다.

해설 의료 서비스 비용은 간접 지불 형태를 갖는다.

정답 20 ⑤ 21 ① 22 ⑤

01

서비스 품질에 대한 설명으로 적절하지 않은 것은?

① 서비스의 품질은 인도된 서비스 수준이 고객의 기대와 얼마나 일치하는가의 척도이다.
② 소비자의 지각된 서비스와 기대 서비스의 비교 평가 결과이다.
③ 소비자들이 인식한 서비스 품질은 서비스 기업이 제공해야만 한다고 느끼는 소비자의 기대와 제공한 서비스 기업의 성과에 대한 소비자들의 인식을 비교하는 것이다.
④ 소비자들이 서비스 품질을 기대와 성과의 비교를 통해서 지각한다.
⑤ 서비스 품질은 서비스를 제공하는 사람에 의해 결정된다.

해설 서비스 품질은 제공된 서비스의 품질을 경험한 고객에 의해 결정된다.

02

서비스 품질을 측정하기 어려운 이유로서 부적절한 것은?

① 모든 경우에 적용되는 서비스 품질을 정의하기는 어렵다.
② 서비스의 특성상 생산과 소비가 동시에 이루어지기 때문이다.
③ 고객으로부터 데이터를 수집하는 일이 시간과 비용이 많이 들며 회수율도 낮다.
④ 고객이 자원의 흐름을 관찰할 수 없다.
⑤ 고객은 서비스 프로세스의 일부이며, 변화를 일으킬 수 있는 중요한 요인이기도 하다.

해설 고객이 자원의 흐름을 관찰할 수 있으므로 서비스 품질 측정의 객관성을 저해한다.

03

서비스 품질의 측정이 쉽지 않은 이유에 대한 설명이 아닌 것은?

① 서비스 품질 제고를 위해 투입한 자원이 고객과 함께 이동하게 되어 추적이 쉽지 않기 때문이다.
② 고객 자체가 프로세스의 일부이며 변화 가능성이 높기 때문이다.
③ 소비자에 따라 서비스 품질에 대한 생각이나 해석이 달라질 수 있기 때문이다.
④ 시간 경과에 따라 측정된 서비스 품질관련 자료의 신뢰성이 급속도로 저하되기 때문이다.
⑤ 서비스를 전달하기 전에는 품질에 대한 객관적 평가가 어렵기 때문이다.

해설 **서비스 품질을 측정하기 어려운 이유**

- 서비스 품질의 개념이 주관적이기 때문에 객관화하여 측정하기 어려우며, 모든 경우에 적용되는 서비스 품질을 정의하기는 어렵다.
- 서비스 품질은 서비스의 전달이 완료되기 이전에는 검증되기가 어렵다. 서비스의 특성상 생산과 소비가 동시에 이루어지기 때문이다.
- 서비스 품질을 측정하려면 고객에게 물어봐야 하는데, 고객으로부터 데이터를 수집하는 일은 시간과 비용이 많이 들며 회수율도 낮다.
- 자원이 서비스 전달과정 중에 고객과 함께 이동하는 경우에는 고객이 자원의 흐름을 관찰할 수 있다. 이런 점은 서비스 품질 측정의 객관성을 저해한다.
- 고객은 서비스 프로세스의 일부이며, 변화를 일으킬 수 있는 중요한 요인이기도 하다. 따라서 고객을 대상으로 하는 서비스 품질의 연구 및 측정에 본질적인 어려움이 있다.

정답 01 ⑤ 02 ④ 03 ④

04

서비스 품질이 낮은 이유로 타당하지 않은 설명은?

① 비용절감 때문에
② 서비스업에 대한 동기 유발이 없기 때문에
③ 서비스의 생산성과 효율성 강조 때문에
④ 고객의 만족도에 대한 무지 때문에
⑤ 표준화 때문에

해설 제품의 생산에 비해 서비스의 생산에서는 표준화가 어려우며 고객에게 서비스가 전달되기 이전에 품질을 검사할 방법도 많지 않다.

05

MOT 사이클 차트에 대한 설명으로 옳지 않은 것은?

① 서비스 프로세스상에 나타나는 일련의 MOT들을 보여주는 시계모양의 도표로서 서비스 사이클 차트라고도 한다.
② 서비스 담당자는 새처럼 높은 데서 숲 전체를 바라보지만, 고객은 근처의 나무만 보는 격이다.
③ 수많은 진실의 순간들을 거치면서 고객이 경험하는 서비스 품질이나 만족도는 '곱셈의 법칙'에 지배받게 된다.
④ 고객은 접점에서 경험한 여러 가지 서비스 가운데 가장 나빴던 서비스를 유난히 잘 기억하고 그 기업을 평가하는 데 중요한 잣대로 삼는 경향이 있다.
⑤ 100 − 1 = 0의 법칙은 100가지 서비스 접점 중 어느 한 접점에서 불만족을 느끼면, 그 서비스의 전체에 대하여 불만족을 느낀다는 법칙이다.

해설 건강센터의 서비스 전달 시스템 내에 근무하는 주차관리요원, 접수담당자, 검사기사, 의사, 수납담당자와 같은 서비스 제공자들은 각자 자기 위주의 부분적 업무만 생각하고 있으나, 고객은 전체 서비스 프로세스를 경험하고 있다. 즉, 고객은 새처럼 높은 데서 숲 전체를 바라보지만, 서비스 담당자는 근처의 나무만 보는 격이다.

06

서비스 품질평가 모델 중 SERVQUAL 모형에 대한 설명으로 옳지 않은 것은?

① 서비스 품질의 10개 차원을 대표하는 97개 문항을 만들어 표본조사를 실시하였다.
② 서비스 기업의 접근 용이성, 원활한 의사소통, 고객에 대한 충분한 이해 등은 '공감성 차원'으로 분류한다.
③ SERVQUAL은 똑같은 서비스를 제공받는다 하더라도 고객의 주관에 따라 달라질 수 있다.
④ SERVQUAL의 설문지는 체계적으로 구조화되어 있기 때문에 업종의 구분 없이 그대로 적용할 수 있다.
⑤ 서비스 품질 평가의 요소를 10개 혹은 5개를 조사함으로써 서비스 품질평가를 한다.

해설 SERVQUAL의 설문지는 범용성에 문제가 있다. SERVQUAL이 특정 산업에 적용되는 것이 아니기 때문에 어떤 서비스 산업 고유의 변수를 측정할 수 없다.

07

다음 중 서비스 품질의 결정요인과 가장 거리가 먼 것은?

① 대응성
② 관련성
③ 신뢰성
④ 유형성
⑤ 감정이입

해설 서비스 품질 평가요인은 유형성, 신뢰성, 대응성(응답성), 보장성, 공감성(감정이입) 등이다.

제2과목

정답 04 ⑤ 05 ② 06 ④ 07 ②

08

서비스의 품질을 측정하는 방법으로 SERVQUAL 모형이 있다. 다음 중 SERVQUAL 모형에서 사용하고 서비스 품질결정 변수가 아닌 것은?

① 무형성(서비스 재화의 무형적 특성)
② 신뢰성(믿을 수 있고 정확한 임무수행)
③ 대응성(즉각적인 대응으로 도움이 됨)
④ 공감성(쉽게 접근할 수 있고 의사소통이 잘 되며 또한 고객을 잘 이해함)
⑤ 확신성(믿음과 확신을 주는 직원의 능력 및 그들의 지식과 호의)

해설 무형성이 아니라 유형성(물리적 시설, 장비, 종업원, 고객 커뮤니케이션 자료 등의 외형적 요소)이다.

09

다음 중 서비스 품질을 평가하는 SERVQUAL 모형에서 말하는 반응성(Responsiveness)에 대한 설명으로 옳은 것은?

① 물리적 시설이나 직원의 외양
② 고객을 돕고 좋은 서비스를 제공하려는 자세
③ 직원의 예절과 능력
④ 고객에 대한 회사의 개별적 관심
⑤ 약속한 서비스를 믿을 수 있고 정확하게 수행할 수 있는 능력

해설 ① 유형성, ③ 확신성, ④ 공감성, ⑤ 신뢰성

10

서비스의 품질을 평가하기 위한 다양한 기준 중 "고객의 개인적인 요구에 대한 배려와 보살핌을 보이는 판매원 또는 종업원의 의지와 능력"을 가장 잘 표현해 주고 있는 기준은 어느 것인가?

① 보장성
② 공감성
③ 신뢰성
④ 반응성
⑤ 유형성

해설 회사가 고객에게 제공하는 개별적 배려와 관심

11

다음 카노(Kano)의 품질모형 중 '일원적 품질요소'에 대한 설명으로 옳은 것은?

① 고객이 기대하지 않았던 것을 충족시켜 주거나, 고객의 기대 이상을 초과하여 만족시켜 주는 품질요소
② 충족되건 충족되지 않건 만족도, 불만족도 일으키지 않는 품질요소
③ 충족되면 불만을 일으키고, 충족되지 않으면 만족을 일으키는 품질요소
④ 최소한 마땅히 있을 것으로 생각되는 기본적인 품질요소로서, 충족되면 당연한 것으로 생각되기 때문에 만족하지만, 충족되지 않으면 불만을 일으키는 품질요소
⑤ 성과요소와 같은 개념으로 고객의 명시적 요구사항이며, 이들이 충족될수록 만족은 증대되고, 충족되지 않을수록 불만이 증대되는 품질요소

08 ① 09 ② 10 ② 11 ⑤ 정답

해설 **카노(Kano)의 품질모형 중 일원적 품질요소**
- 고객의 명시적 요구사항이다.
- 이 요소가 충족되면 만족이 증대되고, 충족되지 않으면 불만이 증대되는 것으로 만족요인이라 한다.
- 매력적 품질요소와 마찬가지로 고객의 요구수준이 높아짐에 따라 당연적 품질요소로 변하기도 한다.

12

다음 중 서비스의 품질을 결정하는 요인에 해당하지 않는 것은?

① 서비스는 형태가 없고 사라져 버리기 때문에 확실하게 해 주어야 되는 보증성
② 서비스의 물적 증거를 의미하는 유형성
③ 서비스 실행의 믿음성과 일관성을 의미하는 신뢰성
④ 서비스 제공에 대한 자발성과 준비성을 의미하는 대응성
⑤ 서비스 신뢰와 자신감을 전달하는 확신성

해설 서비스는 무형적이고 비표준화되어 있으며, 품질 보증 없이 판매된다.

13

다음 중 Parasuraman, Zeithmal과 Berry가 제시한 SERVQUAL의 평가방법의 5개 차원에 속하는 것으로 바르게 묶인 것은?

① 신뢰성 – 대응성 – 확신성 – 공감성 – 안전성
② 신뢰성 – 대응성 – 확신성 – 공감성 – 유형성
③ 신뢰성 – 대응성 – 확신성 – 공감성 – 심미성
④ 신뢰성 – 대응성 – 확신성 – 공감성 – 유연성
⑤ 신뢰성 – 대응성 – 안전성 – 공감성 – 유형성

해설 **SERVQUAL의 5개 차원**
유형성, 신뢰성, 대응성, 확신성, 공감성

14

다음 중 1980년대 PZB에 의해 제시된 서비스 품질의 10가지 차원의 요소에 해당하지 않는 것은?

① 대응성
② 신뢰성
③ 고객이해
④ 소멸성
⑤ 의사소통

해설 10개 차원의 서비스 품질평가 기준은 신용도, 안전성, 접근성, 커뮤니케이션, 고객이해, 유형성, 신뢰성, 대응성, 능력, 예절성이다.

정답 12 ① 13 ② 14 ④

15

서비스의 품질관리는 제조의 품질관리와 현격한 차이가 있다. 다음 중 서비스 품질 고유의 특징으로 적절하지 않은 것은?

① 서비스 생산자가 서비스 전달자 역할을 겸하고 있는 경우가 많다.
② 서비스 전달자의 태도는 그날의 서비스 품질에 영향을 미친다.
③ 서비스의 품질을 측정하기 어렵다.
④ 제품의 경우보다 서비스 구입 후 평가에 더 신경 쓴다.
⑤ 고객의 서비스와 제품에 대한 견해의 차이가 없다.

해설 **서비스 품질 고유의 특징**

고객의 서비스에 대한 견해는 제품과 큰 차이가 있다. 제품과 서비스에 대하여 고객이 갖고 있는 차이점은 다음과 같다.

- 상품보다 서비스 구입 시 고객은 더 위험하게 느낀다.
- 서비스의 구입 전에 서비스를 평가하는 데 개인적인 의견에 더 치우친다.
- 가격과 시설이 품질에 직결된다고 간주한다.
- 서비스에 대한 대안들을 얻기 어려우므로 고객에 대하여 서비스의 대안들이 적은 편이다.
- 제품의 경우보다 서비스 구입 후 평가에 더 많은 신경을 쓴다.

16

다음 중 생산자뿐만 아니라 사용자의 관점을 동시에 고려하여 8가지 범주로 서비스 품질을 측정하는 모델은?

① SERVQUAL
② GARVIN
③ PSQ
④ SERVPERF
⑤ CSI

해설 하버드 경영대학원의 가빈(D. A. Garvin) 교수는 고객의 요구를 충족시키는 구체적 속성을 알아야만 실질적인 품질의 관리가 가능하다고 보고, 품질의 8가지 구성요소(기본성능, 부가적 특징, 신뢰성, 적합성, 내구성, 서비스성, 심미성, 품질인지도)를 제안하였다.

17

서비스 품질이 기업성과에 미치는 방어적 영향으로 가장 적절한 것은?

① 시장점유율 증가
② 기업 이미지 상승
③ 고객충성도 상승
④ 서비스 프리미엄
⑤ 가입고객 증가

해설 **서비스 품질의 기업성과**

- 방어적 영향은 기존고객을 유지하는 소극적인 형태로 비용절감과 고객충성도 상승, 구전효과를 통해서 기존 수익을 유지하는 것을 말한다.
- 공격적 영향은 신규고객을 창출하는 것으로 시장점유율의 증가, 기업 이미지의 상승, 서비스 프리미엄의 증대, 가입고객의 증가를 통해 추가 수익의 증가를 가져오게 하는 것을 말한다.

15 ⑤ 16 ② 17 ③ 정답

18

내부 마케팅의 영향 요인에서 기업의 공식적인 관리 통제 중 결과통제에 해당하는 것은?

① 교육훈련
② 고객만족
③ 전략계획
④ 관리절차
⑤ 보 상

해설 ①·③ 투입통제, ④·⑤ 과정통제

19

서비스 품질에 대한 다음의 기술들 가운데 가장 옳지 않은 것은?

① 고객은 기대한 품질과 인지된 품질을 비교하여 서비스 품질을 평가한다.
② 고객은 특별한 사건이나 순간을 중심으로 서비스 품질을 평가한다.
③ 고객의 서비스 품질평가는 유형성, 신뢰성, 응답성, 확신성, 공감성 등 다섯 가지 차원을 중심으로 측정할 수 있다.
④ 서비스 품질은 서비스의 전달이 완료되기 전에는 검증될 수 있다.
⑤ 서비스 품질의 개념이 주관적이기 때문에 객관화하여 측정하기 어렵다.

해설 서비스 품질은 서비스의 특성상 생산과 소비가 동시에 이루어지기 때문에 서비스의 전달이 완료되기 이전에는 검증되기가 어렵다.

20

다음 중 서비스 품질 문제의 원천으로 볼 수 없는 내용은?

① 생산과 소비의 비분리성 및 노동집약성
② 서비스 직원에 대한 부적절한 서비스
③ 고객을 수치로 보는 견해
④ 커뮤니케이션의 차이
⑤ 기업의 장기적 견해

해설 기업의 단기적 이익의 강조는 비용절감에 치중한 나머지 고객이익을 최우선으로 하지 않음으로써 결국에는 서비스 품질을 저하시킨다.

21

다음 중 서비스 품질 개선방안에 해당하지 않는 것은?

① 유형요소 관리
② 비가시적 평가기준 제공
③ 기업 내 품질 문화 정착
④ 고객에게 서비스 내용 제공
⑤ 서비스 품질 중요 결정 요소 파악

해설 서비스 품질 개선방안에는 서비스 품질 중요 결정 요소 파악, 고객기대 관리, 유형요소 관리, 고객에게 서비스 내용 제공, 기업 내 품질 문화 정착, 자동화 실천, 변화하는 고객기대에 대응, 기업 이미지 향상, 가시적 평가기준 제공 등이 있다.

정답 18 ② 19 ④ 20 ⑤ 21 ②

22

서비스 품질에 대한 전략적 시사점으로 올바르지 않은 내용은?

① 서비스 품질은 고객이 지각하는 것이다.
② 서비스 품질은 서비스 프로세스로부터 분리될 수 없다.
③ 누구나 고객의 지각된 서비스 품질에 기여하는 것은 아니다.
④ 고객은 서비스 품질 생산의 자원으로서 관리되어야 한다.
⑤ 서비스 품질은 일련의 서비스 접점, 즉 서비스 제공자와 고객 간의 상호작용에서 생산된다.

해설 서비스 품질은 직원과 고객 간의 상호작용 중에 생산되기 때문에 대다수 직원들이 서비스 품질 생산에 참여한다고 할 수 있다.

23

서비스 마케팅에서 내부 마케팅의 특징으로 옳지 않은 것은?

① 기업–종업원 간에 이루어지는 마케팅
② 직원이 고객에게 최상의 서비스를 제공할 수 있도록 지원하고 교육하는 활동
③ 기업의 CEO는 직원에게 적절한 수준의 재량권을 부여
④ 외부 마케팅 이후에 순차적으로 수행
⑤ 서비스의 품질관리를 위해 직원을 교육 · 훈련하고 이들에게 동기를 부여하는 내부 직원을 대상으로 하는 마케팅 활동

해설 내부 마케팅은 외부 마케팅보다 우선적으로 수행한다.

24

다음 보기에서 설명하는 용어로 알맞은 것은?

- 자동화 실천
- 유형적 요소 관리
- 고객의 기대 관리
- 기업 내 품질문화 정착
- 고객에게 서비스 내용 제공
- 서비스 품질의 결정요소 파악

① 서비스 품질의 결정요소
② 서비스 품질 개선방안
③ 접점 서비스 역량
④ 자동화 실천방안
⑤ 고객의 기대 관리 방안

해설 이외에도 변화하는 고객기대에 대응, 기업이미지 향상, 가시적 평가기준 제공 등이 있다.

25

서비스 제공 과정에서의 역할 모호성에 대한 설명으로 옳지 않은 것은?

① 개인이 역할과 관련된 충분한 정보를 가지고 있지 못할 때 발생한다.
② 성과에 대한 기대를 분명히 모를 때 발생한다.
③ 서비스 표준이 없을 때 발생할 수 있다.
④ 우선순위가 낮은 서비스 표준이 존재할 때 발생한다.
⑤ 서비스 표준이 성과측정, 평가, 보상 시스템과 연결되어 있지 않을 때 발생한다.

해설 **역할 모호성**
- 관리자나 상급자가 무엇을 원하며, 그 기대를 어떻게 하면 충족시킬 수 있는가를 모르는 정도
- 정보나 훈련부족으로 업무수행이 어려우면 발생하는 것
- 직원이 자신에 대한 기대는 물론, 성과가 어떻게 측정 · 평가되는지도 알지 못할 때

22 ③ 23 ④ 24 ② 25 ④ 정답

26

종업원만족과 고객만족의 관계를 설명한 것으로 옳지 않은 것은?

① 내부 마케팅의 성공을 위해서는 먼저 종업원의 역할이 중요하다.
② 먼저 종업원만족이 이루어지면 고품질의 서비스로 이어진다.
③ 고품질의 서비스는 바로 고객만족(CS)과 연결된다.
④ 고객만족은 어느 정도 이익감소가 예견된다.
⑤ 서비스기업의 이익증가는 종업원만족으로 인한 고객만족으로 순환된다.

해설 고객만족은 결국 고객유지와 이익증가로 이어진다.

27

다음 중 종업원만족도지수(ESI)의 조사항목에 해당하지 않는 것은?

① 참여정신 ② 직무만족도
③ 연봉만족도 ④ 조직문화만족도
⑤ 종합만족도

해설 **종업원만족도지수(ESI) 조사항목**
- 인식공유정도
- 참여정신
- 직무만족도
- 제도만족도
- 조직문화만족도
- 종합만족도

28

고객만족형 통합적 인적자원관리 과정으로 옳지 않은 것은?

① 고객평가
② 업무설계
③ 교육 및 개발 프로그램 강화
④ 인정과 동기부여
⑤ 업무환경과 복지

해설 **고객만족형 통합적 인적자원관리 과정**
선발 → 업무설계 → 교육 및 개발 프로그램 강화 → 인정과 동기부여 → 업무환경과 복지 → 피드백

29

서비스 품질 측정도구(SERVQUAL)의 축약된 RATER의 요소 중 '종업원의 지식, 공손함, 신뢰성과 안정성을 유발시키는 능력' 등에 해당하는 것은?

① 유형성
② 신뢰성
③ 확신성
④ 대응성
⑤ 공감성

해설 확신성(Assurance) : 직원의 지식과 예절, 신뢰와 자신감을 전달하는 능력

30

'이유재 · 이준엽'의 KS – SQI 모델에서 제시한 품질의 속성 중 그 특징이 서로 다른 것은?

① 고객응대
② 신뢰감
③ 접근 용이성
④ 창의적 서비스
⑤ 물리적 환경

해설 **이유재 · 이준엽의 KS–SQI 모델에서 제시한 품질의 속성**
- 성과 측면 : 본원적 욕구 충족, 예상 외 혜택, 약속이행, 창의적 서비스
- 과정 측면 : 고객응대, 신뢰감, 접근용이성, 물리적 환경

(자료출처 : http://ks-sqi.ksa.or.kr)

정답 26 ④ 27 ③ 28 ① 29 ③ 30 ④

31

소비재의 분류 중 여러 제품의 품질, 가격 등을 기준으로 비교 후 구매하는 것으로 가구, 의류, 가전제품 등이 해당하는 유형은?

① 선매품
② 전문품
③ 편의품
④ 내구재
⑤ 비탐색품

해설 ② 독특한 특징을 가지거나 브랜드 차별성을 가지는 소비재로 고가의 스포츠카, 유명디자이너의 의류 미술품 등
③ 필요를 느낄 때 수시로 구매하는 소비재로 비누, 과자, 신문 등
④ 여러 번 사용할 수 있는 유형의 제품
⑤ 소비자가 잘 알지 못하거나 능동적으로 구입하지 않는 소비재로 생명보험, 장례서비스 등 인적판매

32

그렌루스의 6가지 품질 구성 요소 중 고객이 접촉하는 종업원들이 자발적으로 고객에게 관심을 기울이고 문제를 해결한다고 고객이 느끼는 것은 무엇인가?

① 태도와 행동
② 서비스 회복
③ 신뢰성과 믿음
④ 전문성과 기술
⑤ 접근성과 융통성

해설 그렌루스의 6가지 품질 구성 요소에는 전문성과 기술, 태도와 행동, 접근성과 융통성, 신뢰성과 믿음, 서비스 회복, 평판과 신용이 있다.

33

레빗(Levitt)의 제품 차원 중 '사용으로 욕구 충족을 얻을 수 있는 제품으로 제품이 주는 근본적 혜택, 즉 기본적 욕구를 충족시킬 수 있는 특성으로서 제품 개념'이 뜻하는 유형은?

① 실체 제품
② 핵심 제품
③ 확장 제품
④ 잠재 제품
⑤ 기대 제품

해설 테어도르 레빗은 핵심 제품, 실체 제품, 확장 제품의 3가지로 차원으로 분류하였다.
① 소비자들이 실제로 구입하고자 하는 핵심적인 혜택이나 이익(Benefit), 문제를 해결해 주는 서비스
③ 핵심 제품과 실체 제품에 추가적으로 있는 서비스와 혜택이나 이익을 주는 제품(예 A/S, 품질보증, 설치서비스 등)

34

다음 중 내부 마케팅에서 선행되어야 할 대표적인 영향 요인을 찾아 모두 선택한 것은?

가. 권한위임
나. 내부 커뮤니케이션
다. 보상 시스템
라. 독립채산제

① 가, 나, 다
② 가, 나, 라
③ 가, 다, 라
④ 나, 다, 라
⑤ 가, 나, 다, 라

해설 내부 마케팅이란 내부고객인 종업원을 대상으로 기본적으로 사기를 진작시키고 근무 만족도를 향상시키며 종업원이 서비스 상품의 생산과정에서 중요한 인적자원으로 인식하도록 자격을 갖춘 종업원을 선발, 개발, 교육훈련 등을 통해 동기부여하는 과정을 말한다.

31 ① 32 ① 33 ② 34 ① 정답

01

고객 개념의 시대적 변화에 따른 내용으로 적합하지 않은 것은?

① 수요>공급 : 생산품 부족 → 생산자는 봉
② 수요=공급 : 경쟁 개념 도입
③ 수요<공급 : 고객 개념의 도입
④ 수요<공급 : 질 위주의 경영
⑤ 수요<공급 : 고객은 항상 옳다.

해설 수요 = 공급 : 고객 개념의 도입

02

다음 중 고객만족지수(CSI) 측정의 필요성과 관련 없는 것은?

① 경쟁사의 CS 강 · 약점 분석
② 고객이 제품 및 서비스 가격 인상 허용 폭 결정
③ 고객유지율의 형태로서 예측된 투자수익률(ROI) 예측
④ 자사의 경쟁 관련 품질성과(Quality Performance) 연구
⑤ 자사와 경쟁사의 수익성 비교 · 분석

해설 **고객만족지수(CSI) 측정 필요성**
- 자사의 경쟁 관련 품질성과 연구
- 자사 및 경쟁사의 고객충성도 분석
- 고객기대가 충족되지 않은 영역평가
- 고객의 제품 및 서비스 가격 인상의 허용 폭 결정
- 경쟁사의 CS 강 · 약점 분석
- 잠재적인 시장진입장벽 규명
- 효율성 평가 및 불만 해소의 영향 분석
- 고객유지율의 형태로서 예측된 ROI(투자수익률) 예측

03

고객만족(Customer Satisfaction)에 대한 내용으로 옳지 않은 것은?

① 1972년 미국 농산부에서 농산품에 대한 소비자 만족지수(CSI ; Customer Satisfaction Index)를 측정하여 발표하였다.
② ‘Satis(충분) + Facere(만들다 혹은 하다)’라는 라틴어에서 유래하였다.
③ 산업현장에서는 생산성에 대한 경제적 척도와 소비자들의 삶의 질에 대한 국가적 척도의 보완적인 지표로서 사용되고 있다.
④ 고객의 만족도를 과거, 현재, 미래와 비교할 수 있어야 한다.
⑤ 항목별로 정성적 비교가 가능하도록 조사하는 것이 중요하다.

해설 항목별로 정량적 비교가 가능하도록 조사하는 것이 중요하다(정량성의 원칙).

04

다음 중 혈액형별 성격에 따라 마케팅 전략으로 활용하는 ‘보편적인 특성을 자신만이 가지고 있는 특성으로 받아들이는 심리적 성향’에 해당하는 현상은?

① 대조 효과
② 바넘 효과
③ 피그말리온 효과
④ 노시보 효과
⑤ 플라시보 효과

해설 ③ 칭찬하면 칭찬할수록 더욱 더 잘하는 동기를 제공하는 효과이다.
④ 플라시보 효과의 반대효과로 본인이 믿지 않으면 약을 먹어도 잘 낫지 않는 현상이다.
⑤ 치료에 생리적으로 도움이 되는 약이 아닌데도, 환자가 호전될 것이라 믿고 복용하여 병이 호전되는 현상을 말한다.

제2과목

정답 01 ③ 02 ⑤ 03 ⑤ 04 ②

05

다음 중 고객만족에 대한 설명으로 옳지 않은 것은?

① 고객의 기대가 충족되었을 때 일어나는 심리적 상태이다.
② 고객의 기대란 고객이 주관적으로 설정한 기준을 말한다.
③ 고객은 특정회사의 다양한 제품에 대해서 동일한 기대를 형성하게 된다.
④ 기대의 파괴란 기대가 충족되지 못한 데서 생기는 불만족을 말한다.
⑤ 고객만족은 특정제품 또는 서비스를 사용, 소비 및 소유함으로써 얻는 경험의 평가에 대한 소비자의 정서적 반응으로 볼 수 있다.

해설 고객들은 특정기업의 제품, 서비스, 소매점, 회사 등에 대해서 각각 다른 기대를 가질 수도 있고, 두세 개의 기대를 가질 수도 있으며, 동일한 기대를 가질 수도 있다. 즉, 고객들이 설정하는 기대는 단수의 개념이 아니라 복수의 개념으로 해석해야 한다. 이 각각에 대해서 동일 고객이라고 하더라도 각각 만족과 불만족을 느낄 수도 있는 것이다.

06

다음 중 고객만족에 대한 설명으로 옳지 않은 것은?

① 고객만족은 기대가치(E)와 인식가치(P)의 차이 분석을 통해 측정이 가능하다.
② 기대가치(E)보다 인식가치(P)가 더 높을 경우 '매우 만족'이라 한다.
③ 기대가치(E)보다 인식가치(P)가 더 낮을 경우 '매우 만족'이라 한다.
④ 기대가치(E)와 인식가치(P)가 같을 경우 '대체로 만족'이라 한다.
⑤ 고객만족은 고객이 기대하는 바와 고객이 지각한 것의 차이를 반영한다.

해설 기대가치(E)보다 인식가치(P)가 더 낮을 경우 '불만족'이라 한다.

07

다음 중 빈칸에 가장 적절한 것은?

( )는(은) 현재 생산 · 판매되고 있는 제품 및 서비스 품질에 대해 해당 제품을 직접 사용해보고 이 제품과 관련된 서비스를 받아 본 고객이 직접 평가한 수준을 모델링에 근거하여 측정, 계량화한 지표를 의미한다.

① 고객의 기대
② 고객의 니즈
③ 고객만족도
④ 브랜드 충성도
⑤ 고객충성도

해설 고객만족도(CSI ; Customer Satisfaction Index)는 현재 생산, 판매되고 있는 제품 및 서비스 품질에 대해 해당제품을 직접 사용해 보고 이 제품과 관련된 서비스를 받아 본 고객이 직접 평가한 만족수준의 정도를 모델링에 근거하여 측정, 계량화한 지표를 의미한다.

08

어떤 기업의 충성도 높은 고객을 얼마나 보유하고 있는지를 측정하는 지표로 소비자에게 "우리 기업 또는 브랜드를 친구나 동료에게 추천하겠습니까?" 라는 질문에서 출발하는 이 측정지표를 무엇이라 하는가?

① CSI
② NPS
③ HOG
④ MOT
⑤ CRM

해설 NPS(Net Promoter Score, 입소문 고객지수)란 어떤 기업이 충성도(로열티) 높은 고객을 얼마나 많이 보유하고 있는지를 측정하는 지표로서, 베인이 2004년 하버드 비즈니스리뷰에 처음 소개한 이후, 글로벌 기업들에 빠른 속도로 확산되고 있다.

05 ③ 06 ③ 07 ③ 08 ② 정답

09

회사입장에서 고객만족도를 향상시키는 방법으로 문화를 서비스하는 우수고객 사은 초청행사, 거래처 문화접대, 저소득층과 불우 청소년을 위한 공연 등 문화를 서비스하는 마케팅을 무엇이라 하는가?

① 고객 창조 마케팅
② 고객 가치 마케팅
③ 컬비스 마케팅
④ 고객 커뮤니티
⑤ 지역 마케팅

해설 '고객에게 문화(Culture)를 서비스(Service)한다'는 목표로 기업과 문화를 자연스럽게 하나로 만들어 고객에게 서비스하는 마케팅을 '컬비스 마케팅'이라 한다.

10

다음 중 고객만족도 향상을 위한 요소의 소프트웨어적인 요소에 해당하는 것은 어느 것인가?

① 기업의 상품, 서비스 프로그램
② 기업의 이미지, 브랜드 파워
③ 서비스 마인드, 접객 서비스 행동
④ 매너, 조직문화
⑤ 매장의 편의시설, 고객지원센터, 인테리어, 분위기 연출

해설 **고객만족을 실현하기 위한 기본적 3요소**

구분	내용
하드웨어적 요소	기업의 이미지, 브랜드 파워, 매장의 편의시설, 고객지원센터, 인테리어, 분위기 연출
소프트웨어적 요소	기업의 상품, 서비스 프로그램, A/S와 고객관리시스템, 부가서비스 체계
휴먼웨어적 요소	서비스 마인드, 접객 서비스 행동, 매너, 조직문화

11

다음 중 충성고객에 관한 설명으로 적절하지 않은 것은?

① 1명의 고객을 유치하는 데 100이라는 비용이 발생하지만, 고객의 충성도를 강화하면 큰 비용 없이 고객이 이탈하지 않고 지속적으로 거래할 수 있다.
② 충성고객은 특정 회사의 상품과 서비스에 대하여 추가 구매를 하거나 다른 상품을 반드시 구매한다.
③ 기업의 고객 유치 비용을 절감할 수 있다.
④ 충성고객의 추천은 신규 고객의 확보로 이어져 수익이 발생한다.
⑤ 충성고객은 가격에 대하여 민감하게 반응한다.

해설 충성고객들은 일반 고객에 비해 비교적 신제품이나 고급제품에 대한 구매율이 높고 경쟁자에 낮은 관심을 보이며, 가격에 덜 민감하고 제품과 서비스 아이디어를 제공하기도 한다.

12

고객의 소리(VOC)의 장점으로 적절하지 않은 것은?

① 고객의 요구와 기대의 변화를 파악할 수 있다.
② 고객과의 커뮤니케이션을 통해 CRM의 한계를 극복하여 데이터를 통한 분석이 아닌, 고객의 실제 성향 파악을 가능하게 한다.
③ 고객과의 관계유지를 더욱 돈독히 할 수 있다.
④ 개별화된 서비스 응대로 고객의 기대를 충족시킬 수 있다.
⑤ 경영혁신의 기초 자료로서 예상 밖의 아이디어를 얻을 수 있다.

해설 표준화된 서비스 응대로 고객의 기대를 충족시킬 수 있다.

제2과목

정답 09 ③ 10 ① 11 ⑤ 12 ④

13

다음은 할리 데이비슨의 고객만족 전략 사례에 관한 설명이다. 이때 회사에서 취했던 고객만족 전략은 무엇인가?

> 한때 파산 직전까지 갔던 할리 데이비슨이 1980년대 재기에 성공할 수 있었던 것은 잘 알려진 대로 H.O.G.라는 커뮤니티를 통해 자부심과 소속감을 느끼던 충성고객의 역할이 컸다. 그런데 1990년대 말에 이르자 회사는 H.O.G.의 거칠고 배타적인 이미지로 인해 오토바이 초보자들에게 불만이 생겨나고, 커뮤니티의 부정적인 이미지가 초보자들을 쫓아버린다는 불만이 제기되었다. 회사는 이것이 떨어지는 시장점유율 하락의 원인일 수도 있다는 사실을 간파하여 초보용 강습 코스를 개발하였다. 초보자들에게 이방인이 아닌 핵심 멤버의 기분을 느낄 수 있도록 함으로써 고객의 마음을 다시 잡을 수 있었다.

① Rider's Edge
② CSAA
③ TiVo Community Forum
④ You cafe
⑤ SLRCLUB

해설 비록 작은 불만이었지만 회사는 예민하게 반응하였고, 라이더즈 에지(Rider's Edge)란 이름의 초보용 강습 코스를 개발하였다. 초보자들에게 이방인이 아닌 핵심 멤버의 기분을 느낄 수 있도록 함으로써 고객의 마음을 다시 잡을 수 있었던 것이다.

14

다음은 어떤 고객만족도 측정의 원칙을 설명한 것인가?

> 보통 만족도 조사는 설문을 통해 이루어지는 경우에 설문조사 시 설문지의 설계와 설문내용의 해석은 설문조사에서뿐만 아니라 인터뷰 조사 또는 데이터 조사 등 모든 분석 프로세스에서 매우 중요한 요소이다. 설문조사의 경우 조사 목적에 맞게 답변이 나올 수 있도록 설계해야 하며, 해석 시에도 주관적인 생각은 배제하여야 한다.

① 계속성의 원칙
② 정확성의 원칙
③ 공감성의 원칙
④ 독립성의 원칙
⑤ 정량성의 원칙

해설 **고객만족 측정의 3원칙**

고객만족도 측정의 3대원칙에는 계속성의 원칙, 정량성의 원칙, 정확성의 원칙이 있다. 예문은 이 중에서 '정확성의 원칙'에 해당하며, 정확한 조사와 정확한 해석이 필요하다는 의미이다.

- 계속성의 원칙 : 고객의 만족도는 과거, 현재, 미래와 비교할 수 있어야 한다는 원칙
- 정량성의 원칙 : 항목 간 비교가 가능하도록 정량적으로 조사하여야 한다는 원칙

13 ① 14 ② 정답

15

다음 중 고객 커뮤니티가 기업에 미치는 영향으로 적절하지 않은 것은?

① 다수 고객의 차별화된 니즈를 파악할 수 있다.
② 차별화된 제품 개발이나 제품 · 기술 혁신을 이끌어낼 수 있다.
③ 해당 제품 · 서비스 또는 기업을 프로모션하는 수단으로 활용할 수도 있다.
④ 커뮤니티를 통해 연결된 기업과 고객 간에 신뢰 및 감성적인 유대관계를 형성할 수 있다.
⑤ 리스크의 원천을 미리 감지하여 이를 회피 또는 완화할 수 있다.

해설 고객 커뮤니티를 적극 활용할 경우 고객의 요구사항이나 문제점을 명확히 규명함으로써 다수 고객의 보편적 니즈인 소위 '대세'를 파악할 수 있다. 즉, 리스크의 원천을 미리 감지해 이를 회피 또는 완화할 수 있다.

16

동네 주유소와 같이 낮은 수준의 애착과 높은 반복구매의 특성을 가진 습관적 구매를 하는 고객의 충성도의 유형은?

① 비충성(No Loyalty)
② 타성적 충성(Inertia Loyalty)
③ 잠재적 충성(Latent Loyalty)
④ 최우량 충성(Premium Loyalty)
⑤ 충성(Loyalty)

해설 **고객충성도의 4가지 유형**

- 비충성(No Loyalty) : 회사수익에 약간의 도움이 되지만 결코 충성고객이 될 수 없는 유형
  예 가격과 시간만 맞는다면 어느 곳이든 상관없는 구매
- 타성적 충성(Inertia Loyalty) : 낮은 수준의 애착과 높은 반복구매의 특성을 가진 습관적 구매 예 동네 주유소 이용
- 잠재적 충성(Latent Loyalty) : 높은 수준의 선호도가 있으나 상황적 요소에 따라 여부를 결정
  예 부인은 중국음식을 좋아하나 남편이 좋아하는 양식을 함께 주문할 수 있다면 구매결정
- 최우량(초우량) 충성(Premium Loyalty) : 높은 수준의 애착과 반복구매가 동시에 존재
  예 끊임없이 주변인에 대해 제품의 우수성, 편리성 등을 자랑하고 권유

17

국가고객만족도(NCSI) 설문의 구성 내용을 모두 고른 것은?

가. 고객기대 수준
나. 인지서비스 품질 수준
다. 인지가치 수준
라. 고객만족지수
마. 고객 불만
바. 고객충성도

① 가, 나, 다
② 가, 나, 라
③ 가, 나, 다, 라
④ 나, 다, 라, 마
⑤ 가, 나, 다, 라, 마, 바

해설 NCSI 설문은 고객기대 수준, 인지된 서비스 품질 수준, 고객충성도, 고객만족지수, 고객 불만, 인지가치 수준으로 구성되어 있다.

정답 15 ① 16 ② 17 ⑤

18

다음 중 클레임(Claim)과 컴플레인(Complain)에 대한 설명으로 옳은 것은?

① 컴플레인은 자체 내부의 조치에 의해 즉시 해결될 수 있다.
② 컴플레인은 상대방의 잘못된 행위에 대한 시정요구로 보아야 한다.
③ 클레임은 상대방의 잘못된 행위에 대한 불만사항 통보이며, 주의 정도의 불만족이다.
④ 컴플레인은 '당연한 것으로서 권리, 유산 등을 요구 혹은 청구하다'라는 뜻을 포함한다.
⑤ 컴플레인은 고객의 불만이 처리되지 않을 경우, 고객에게 물질적 · 정신적 보상, 크게는 법적 보상을 통해 해결해야 한다.

해설 **클레임과 컴플레인의 개념 비교**

구분	내용
클레임 (Claim)	• 어느 고객이든 제기할 수 있는 객관적인 문제점에 대한 고객의 지적이다. • 클레임은 상대방의 잘못에 대한 시정요구로 컴플레인에서 비롯된다. • 클레임이 처리되지 않을 경우, 고객에게 물질적 · 정신적 보상으로 해결해야 한다.
컴플레인 (Complain)	• 고객이 상품 구매과정 또는 구매한 상품에 대한 품질, 서비스, 불량 등을 이유로 불만을 제기하는 것이다. • 고객의 불만, 오해, 편견 등을 풀어 주는 일을 '컴플레인 처리'라고 한다.

19

CS 평가시스템의 구축 효과로 볼 수 없는 것은?

① 고객지향적 기업문화 조성
② 자발적인 고객만족 활동 참여
③ 재무적 성과 위주 평가
④ 객관적이고 공정한 평가
⑤ 다차원적 평가

해설 기존의 재무적 성과 위주 평가에서 벗어나 경영성과에 영향을 준 평소의 CS활동 및 그 기여도를 중시하는 균형 잡힌 평가로 인해 구성원들에게 동기를 부여한다.

20

기업과 고객은 계속적인 만남을 통해 크게 5가지 국면으로 발전한다. 기업이 수행하는 관계 마케팅 측면에서 기업과 고객의 관계가 발전하는 모형을 단계적으로 옳게 나열한 것은?

a. 고 객
b. 옹호자
c. 동반자
d. 예상고객
e. 단골고객

① d → a → e → b → c
② b → d → a → c → e
③ d → b → a → e → c
④ d → a → c → b → e
⑤ d → a → c → b → e

해설 **기업과 고객관계의 발전단계(충성도에 따른 고객의 분류)**

- 예상고객(Prospector) : 아직 기업과 거래하지 않은 상태이며, 상품구입 가능성이 높거나 스스로 정보를 요구하는 유망 고객을 말한다.
- 고객(Customer) : 예상고객이 첫 거래를 한 직후를 말한다.
- 단골고객(Client) : 고객에서 단골고객으로 발전하는 단계를 말한다.
- 옹호자(Advocate) : 고객은 상품의 지속적인 구입은 물론 다른 사람에게도 적극 사용을 권유하며 기업이나 브랜드의 옹호자 역할을 한다.
- 동반자(Partner) : 기업과 고객이 함께 융합된 상태, 즉 고객이 기업의 의사결정에 참여하고 이익을 나누는 고도화 단계를 말한다.

18 ① 19 ③ 20 ① 정답

21

다음 중 고객불만 관리의 성공 포인트로 볼 수 없는 내용은?

① 고객 서비스에 대한 오만을 버려라.
② 고객 불만 관리시스템을 도입하라.
③ 고객만족도와 직원 보상을 연계하라.
④ 'MOT(Moment Of Truth)'를 관리하라.
⑤ 고객의 눈높이에 기대 수준을 맞춰라.

해설 고객의 기대를 뛰어넘는 서비스로 고객을 감동시킴으로써 고객의 불만을 줄이는 적극적인 방법이 필요하다.

22

고객관리에 대한 설명으로 옳지 않은 것은?

① 고객만족의 향상을 위하여 고객에 대한 정보를 수집 · 분류 · 가공하여 이를 활용하는 일을 말한다.
② 고객관리는 고객정보를 바탕으로 만족도가 높은 새로운 가치를 창출하고 고객과의 관계를 지속적으로 유지할 수 있는 체계적인 시스템을 만드는 것이다.
③ 고객관리는 고객과의 관계를 강화하고 신규고객을 유치하고자 하는 노력도 포함된다.
④ 고객관리는 기업의 입장을 고수하기 위해서 고객의 정보를 관리하는 것이다.
⑤ 고객은 대중이 아니라 개별적인 욕구와 선호를 가진 개인으로 인식되기를 원하므로 고객관리가 더욱 중요하다.

해설 고객관리는 고객의 정보 수집이나 활용에 그치는 것이 아니라, 고객에게 도움을 주는 고객관리를 하여 기업의 이미지를 높이고, 더불어 판매 신장을 도모하는 데 그 목적이 있다.

23

데이터베이스 마케팅의 기본 전략은 크게 기존고객을 대상으로 하는 전략과 잠재고객, 이탈 고객을 대상으로 하는 전략이 있다. 다음 중 데이터베이스 마케팅에서 활용하는 고객전략과 대상의 관계가 잘못된 것은?

① 고객재활성화전략 – 이탈고객
② 고객활성화전략 – 신규고객
③ 고객확보전략 – 신규(잠재)고객
④ 고객유지전략 – 기존고객
⑤ 고객우량화전략 – 보통고객

해설 고객활성화전략은 대체적으로 고객의 경제성 추구성향에 맞추어 우수고객에게 경제적인 이득, 즉 가격할인, 보너스상품 및 추가 서비스 제공 등의 프로그램을 통해 고객의 자사 상품에 대한 이용 증대를 유도하는 전략이다. → 기존고객을 대상으로 하는 전략

정답 21 ⑤ 22 ④ 23 ②

24

고객 서비스 관련 전략에 대한 설명으로 옳지 않은 것은?

① 교차판매(Cross-selling) – 기존고객에게 기업이 제공하는 다른 상품도 구매하도록 유도하는 전략을 의미한다.
② 추가판매(Up-selling) – 특정 카테고리 내에서 상품의 구매액을 늘리도록 유도하는 활동이다.
③ 고객관계관리(CRM)의 근간은 데이터베이스를 이용하여 기존의 모든 고객을 동일하게 대우함으로써 장기적인 충성도를 향상시키고자 하는 마케팅기법을 의미한다.
④ 고객충성도 향상 전략(Loyalty Enhancement) – 고객과의 관계형성을 경제성에만 국한시키지 않고 고객이 원하는 제품서비스의 품질, 고객의 기호, 고객의 일정 등을 파악해 고객이 최대의 만족을 느낄 수 있도록 배려함으로써, 한 번의 고객을 평생 고객화하려는 전략을 의미한다.
⑤ 고객활성화(Customer Activation) – 기존고객에게 경제적인 이익을 줄 수 있는 다양한 인센티브, 즉 가격할인, 보너스상품 및 추가서비스 제공 등을 통해 고객의 구매빈도를 향상시켜 충성도가 높은 고객으로 발전시키는 전략을 의미한다.

해설 CRM은 고객데이터와 정보를 분석, 통합하여 개별고객의 특성에 기초한 마케팅활동을 계획, 지원, 평가하는 과정이다.

25

다음 중 관계 마케팅에 대한 설명과 가장 거리가 먼 것은?

① 상거래 관계를 통한 고객과의 신뢰형성을 강조한다.
② 기존고객에 대한 만족도 향상 및 지속적인 관계형성에 대한 관리도 중요하지만, 성장을 위한 신규고객의 확보에 더욱 중요성을 둔다.
③ 단기적인 영업성과 향상보다 중 · 장기적인 마케팅 성과향상에 중점을 둔다.
④ 규모의 경제에서 범위의 경제(Economy of Scope)로 전환된다.
⑤ 시장점유율 향상을 목표로 하기보다 오히려 소위 '고객점유율' 향상을 위해 총력을 기울이고자 한다.

해설 관계 마케팅은 신규고객의 확보도 중요하게 생각하지만, 무엇보다도 기존고객과의 관계 관리를 더 중요시한다.

26

다음 중 관계 마케팅의 특성으로 옳지 않은 것은?

① 범위의 경제(Economy of Scope)로 전환한 것이다.
② 장기적인 고객생애가치(LTV ; Life Time Value)에 중점을 둔다.
③ 마케팅의 초점을 교환 주체인 고객에게 둔다.
④ 마케팅의 목표는 거래의 성과이다.
⑤ 마케팅 전략의 초점이 제품 차별화의 방향으로 전환된다.

해설 마케팅의 목표는 거래의 성과보다는 고객과의 관계형성 및 유지 · 강화에 둔다.

24 ③ 25 ② 26 ④ 정답

27

다음 중 매스 마케팅과 관계 마케팅을 비교한 내용으로 옳은 것은?

	〈매스 마케팅〉	〈관계 마케팅〉
①	고 객	상 품
②	미사일식	융단폭격식
③	고객점유율 중심	시장점유율 중심
④	단기적 성과중심	장기적 관계중심
⑤	고객 응대력이 기업의 사활 결정	우수한 상품을 개발·판매

해설 **매스마케팅과 관계마케팅의 비교**

구 분	매스 마케팅	관계 마케팅
수익의 원천	• 상 품 • 우수한 상품을 개발하여 판매하면 기업 성장	• 고 객 • 고객에 대한 응대력이 기업의 사활을 결정
고객접근방법	융단폭격식	미사일식
매출증대의 관점	시장점유율 중심	고객점유율 중심
성과평가의 관점	단기적 성과중심	장기적 관계중심

28

관계 마케팅에서 교차판매(Cross-selling)를 설명한 내용으로 옳은 것은?

① 기존고객을 통해 신규고객을 확보하는 방식으로 자사의 파트너 입장에서 신규 고객을 유치하는 것이다.
② 기업 간의 공식적인 제휴를 통해 정보를 공유하는 방법이다.
③ 특정 카테고리 내에서 상품의 구매액을 늘리도록 유도하는 활동이다.
④ 기존 구매 품목 외의 새로운 상품을 구매하도록 유도하는 활동이다.
⑤ 고객의 충성도 면에서는 불리한 전략이다.

해설 ① MGM(Members Get Members)에 대한 설명이다.
② 제휴를 통한 방법에 대한 설명이다.
③ 추가판매(Up-selling)에 대한 설명이다.
⑤ 교차판매는 고객의 이탈을 방지하여 고객충성도 향상에 도움을 준다.

29

다음 중 Cross-selling과 Up-selling에 대한 설명으로 거리가 먼 것은?

① Cross-selling은 고객이 기존에 구매한 품목 이외의 새로운 상품을 구매하도록 유도하는 활동이다.
② Up-selling은 특정한 상품범주 내에서 상품구매액을 늘리도록 유도하는 활동이다.
③ Cross-selling은 여러 가지 상품라인을 가지고 고객에게 다양한 상품을 판매하는 경우에 유리하다.
④ Up-selling은 고객의 생애가치에 기반을 두고 있는 마케팅활동에는 적합하지 않다.
⑤ Cross-selling과 Up-selling 고객개발단계에서 이루어지는 활동이다.

해설 Up-selling은 기존에 상품을 구입한 고객에게 기능이 향상된 버전이나 더 나은 상품의 재구매를 유도하는 판매방식으로 고객에게 최적의 가치를 제공하는 고객지향적인 마케팅활동이라 할 수 있다.

30

다음 중 정성 조사(Qualitative Study)의 장점에 해당하지 않는 것은?

① 저비용
② 신속성
③ 다목적성
④ 현장성
⑤ 유효성

정답 27 ④ 28 ④ 29 ④ 30 ③

해설 **정량조사와 정성조사의 비교**

정량조사 (Quanitative)	• 형식화된 질문지를 통한 다수를 대상으로 한 표본조사이다. • 자료의 객관성과 신뢰도가 높고 다목적성을 띤다.
정성조사 (Qualitative)	• 소수인원을 대상으로 심층적 자료의 수집이 가능하고, 비용이 적게 든다. • 조사가 빠르고, 특정 상황에 유연하게 대처할 수 있다.

31

다음은 마케팅에서 빈번하게 회자되는 '고객'의 개발과정을 순차적으로 표현한 것이다. 올바르지 않은 설명은?

① 고객개발과정을 단계적으로 보면 우선 시발점에 '가정할 수 있는 고객(Suspects)'으로 이는 제품이나 서비스를 구입할 가능성이 있는 사람을 의미한다.
② '가정할 수 있는 고객'들로부터 기업은 가장 가능성이 있는 예상잠재고객(Prospects)을 결정한다.
③ 기업은 예상잠재고객이 첫번째 구매고객으로 전환되기를 희망하며 그 후 반복고객으로 전환되기를 희망한다.
④ 반복고객은 기업이 매우 특별하게 그리고 인식하고 다루어야 하는 단골고객으로 전환되기를 희망한다.
⑤ 다음으로 단골고객을 동반자로, 동반자고객을 옹호자로 변환하고 마지막으로 회원에 가입한 고객들에게 이점을 제공하는 회원프로그램을 활용함으로써 이루어지는 회원고객으로 변환시켜 나가는 것이다.

해설 고객과 기업과의 관계는 예상잠재고객 → 고객 → 단골고객 → 옹호자 → 동반자로 발전시켜 나가야 한다.

32

다음 중 관계 마케팅(Relationship Marketing)의 내용과 직접적인 관련이 없는 것은?

① 일대일 마케팅(One-to-One Marketing)
② 거래 마케팅(Transaction Marketing)
③ 데이터베이스 마케팅(Database Marketing)
④ RFM(Recency Frequency Money) 분석
⑤ 고객생애가치(Life Time Value)

해설 관계 마케팅(Relationship Marketing)은 고객과의 관계를 형성 · 유지 · 발전시키는 것을 강조하는 마케팅인 반면, 기존의 거래 마케팅(Transaction Marketing)은 고객과의 지속적인 관계를 형성하려는 노력 없이 그저 한 거래를 이루는 것을 강조하는 마케팅이다.

33

경쟁상황에서 지속적인 성장을 유지하기 위해 수익성이 높은 고객을 파악하고, 이들과의 관계를 구축하고 유지하는 일련의 활동을 무엇이라 하는가?

① 고객관계관리(CRM)
② 벤처 마케팅
③ 데이터 마케팅
④ 애프터 마케팅
⑤ 외부 마케팅

해설 CRM은 우리 회사의 고객이 누구인지, 고객이 무엇을 원하는지를 파악하여 고객이 원하는 제품과 서비스를 지속적으로 제공함으로써 고객을 유지시키고 이를 통해 고객의 평생가치를 극대화하여 수익성을 높이는 통합된 고객관계관리 프로세스이다.

31 ⑤ 32 ② 33 ① 정답

34

다음 중 올리버(Oliver)의 소비자의 충성도 발전 4단계에 속하지 않는 것은?

① 인지적 충성
② 사회적 충성
③ 행동 의욕적 충성
④ 행동적 충성
⑤ 감정적 충성

해설 **올리버(Oliver)의 고객충성도 발전 4단계**
- 인지적 충성 : 브랜드 신념에만 근거한 충성 단계이다.
- 감정적 충성 : 만족스러운 경험이 누적됨에 따라 브랜드에 대한 선호나 태도가 증가하는 단계이다.
- 행동 의욕적 충성 : 브랜드에 대한 긍정적 감정을 가지고, 반복적인 경험에 의해 영향을 받으며, 행위 의도를 갖는 단계이다.
- 행동적 충성 : 의도가 행동으로 전환되는 단계이다.

35

다음 중 고객관계관리에 관한 설명으로 거리가 먼 것은?

① 고객관계관리는 고객중심적인 사고방식에서 출발한다.
② 고객생애에 걸쳐 관계를 구축하여 장기적인 이윤을 추구한다.
③ 기업과 고객 간에 다양한 접촉채널을 형성하고, 접촉채널을 독립적이고 차별적으로 운영할 필요가 있다.
④ 고객과 기업 간에 상호작용적 관계를 형성하여 양자에게 가치를 높이는 경영활동의 일부이다.
⑤ 고객관계관리는 고객유지, 고객확보, 고객개발 영역으로 구분된다.

해설 고객관계관리(CRM)을 구현하기 위해서는 고객통합 데이터베이스(DB)가 구축되어야 하고, 구축된 데이터베이스로 고객 특성(구매패턴 · 취향 등)을 분석하며 고객 개개인의 행동을 예측하여 다양한 마케팅 채널과 연계되어야 한다.

36

다음은 CRM에 대한 설명이다. 옳지 않은 내용은?

① 다양해지는 고객의 욕구에 유연하게 대처함으로써 수익의 극대화를 추구하는 것이다.
② 지속적인 피드백을 통한 고객니즈 및 개별특성의 파악과 이에 맞는 상품 및 서비스의 개발 및 판매촉진 활동을 의미한다.
③ 신규고객의 확보를 위한 전략은 CRM의 대상이 아니다.
④ 기존고객을 유지하기 위한 대표적인 전략으로 고객활성화전략, 애호도제고전략, 그리고 교차판매전략을 들 수 있다.
⑤ 고객의 평생가치를 극대화하여 수익성을 높이는 고객관계관리 프로세스이다.

해설 **CRM(Customer Relationship Management)**
회사의 고객이 누구인지, 고객이 무엇을 원하는지를 파악하여 고객이 원하는 제품과 서비스를 지속적으로 제공함으로써 고객을 오래 유지시키고 이를 통해 고객의 평생가치를 극대화하여 수익성을 높이는 통합된 고객관계관리 프로세스이다. 주로 기존고객 및 잠재고객을 대상으로 하는 고객유지 및 이탈방지전략이 비중이 높지만 신규고객의 확보 또한 CRM의 대상이 된다.

정답 34 ② 35 ③ 36 ③

37

다음 중 CRM에서 말하는 20 : 80 법칙은 무엇을 의미하는가?

① 20%의 고객이 80%의 수익을 발생시킨다.
② 20%의 고객이 80%의 비용을 발생시킨다.
③ 20%의 기업이 80%의 우량고객을 지니고 있다.
④ 20%의 고객이 80%의 불량고객을 지니고 있다.
⑤ 20%의 고객이 80%의 잠재고객을 지니고 있다.

해설 상위 20%를 차지하는 고객이 전체 이익의 80%를 차지하는 것을 '20 : 80 법칙'이라 한다. 이 공식은 최근 '20 : 80 : 30 법칙'으로 수정 · 보완되었다. 즉, 하위 30% 고객이 기업 잠재이익의 절반가량을 감소시킨다는 것이다.

38

다음 중 고객충성도 증대 방안으로 부적절한 것은?

① 거래에 대한 감사의 인사를 전한다.
② 장기 고객들을 구분하여 보답한다.
③ 개별화된 고객맞춤서비스를 제공한다.
④ 고객들을 통합하여 공략한다.
⑤ 고객의 라이프사이클 단계에 따른 마케팅을 한다.

해설 고객충성도를 증대시키기 위해서는 고객들을 분류하여 공략한다.

39

라파엘(Raphael)과 레이피(Raphe)가 제시한 고객 충성도의 유형 중 특정 제품이나 서비스를 정기적으로 구매하는 고객은?

① 경쟁고객
② 완전고객
③ 단골고객
④ 충성고객
⑤ 예비고객

해설 **라파엘과 레이피의 고객 충성도 분류**

- 예비고객 : 구매에 관심을 보일 수 있는 계층
- 단순고객 : 관심을 가지고 적어도 한 번 정도 가게를 방문하는 계층
- 고객 : 빈번하게 구매가 이루어지는 계층
- 단골고객 : 정기적으로 구매하는 계층
- 충성고객 : 주변 누구에게나 긍정적 구전을 해주는 계층

37 ① 38 ④ 39 ③ 정답

01

서비스 기대의 영향요인에 대한 설명으로 옳지 않은 것은?

① 관여도가 높을수록 허용영역이 좁아진다.
② 기분이 좋을 때는 서비스 직원에 관대하고, 허용영역이 넓어진다.
③ 경험이 많을수록 기대 수준이 높아진다.
④ 시간적 압박 시 예상 기대수준은 높아지고, 허용영역은 넓어진다.
⑤ 사람들은 다른 사람과 함께 있을 때 기대수준이 더 상승한다.

해설 시간적 압박이나 긴급상황 시 예상 기대수준은 낮아지지만 허용영역은 좁아진다.

02

다음 중에서 서비스 품질의 갭(Gap)이 발생하게 되는 원인이 아닌 것은?

① 고객의 기대와 경영자의 인식의 차이
② 실제서비스와 서비스 약속과의 차이
③ 서비스 품질명세서와 실제 제공서비스의 차이
④ 경영자의 인식과 제품의 품질명세서의 차이
⑤ 외부 커뮤니케이션과 서비스 제공의 차이

해설 경영자 인식의 품질명세서와 경영진의 고객에 대한 인식의 차이

03

새로운 고객을 확보하기 위한 목적으로 서비스 측면에서 고객에게 과대약속을 하는 경향이 있다. 이러한 과대약속은 서비스 품질차이 중 무엇에 직접적인 영향을 미치게 되는가?

① 커뮤니케이션 차이　② 인식 차이
③ 인도 차이　④ 표준 차이
⑤ 행동 차이

해설 커뮤니케이션 차이는 제공되는 서비스가 약속한 수준에 미치지 못하는 것으로서, 과잉약속이나 과대광고 또는 영업부서와 지원부서, 서비스현장 간의 협력이 원활하지 못한 경우에 발생한다.

04

네티즌들이 이메일이나 블로그, 카페 등 전파 가능한 매체를 통해 자발적으로 어떤 기업이나 기업의 제품을 홍보할 수 있도록 제작한 마케팅 기법은?

① 플래그십 마케팅　② 바이럴 마케팅
③ 코즈 마케팅　④ 티저 마케팅
⑤ 레트로 마케팅

해설 **마케팅 기법**

- 플래그십 마케팅 : 시장에서 히트를 친 대표 상품에 초첨을 맞춰, 그 긍정적 이미지를 다른 상품으로 확대하여 브랜드 가치를 제고하는 판촉 마케팅이다.
- 코즈 마케팅 : 기업이 소비자를 통해 제품 판매와 기부를 동시에 추구하기 위해 시행하는 마케팅이다.
- 티저 마케팅 : 제품이나 서비스의 정체를 밝히지 않고 호기심을 자극하여 소비자가 자신과 주변 사람들에게 질문을 던지도록 유도하는 마케팅이다.
- 레트로 마케팅 : 사람들이 가지고 있는 옛 추억, 향수 등의 복고적인 감성을 자극하여 기억에 각인시키는 마케팅이다.

정답 01 ④ 02 ④ 03 ① 04 ②

05

다음 중 고객 서비스 품질평가 모형 중의 하나인 GAP 분석 모형에서 말하는 'GAP 1'에 맞는 내용은?

① 고객기대를 반영하지 못하는 서비스 품질기준을 명기할 때
② 기업에서 고객이 기대하는 바를 알지 못할 때
③ 약속한 서비스 수준을 서비스 성과가 따르지 못할 때
④ 고객이 기대한 서비스와 인식된 서비스가 일치하지 않을 때
⑤ 경영층이 무관심할 때

해설 고객의 기대를 정확히 파악하지 못하면 이후 활동을 아무리 잘해도 잘못된 정보에 의해 움직이기 때문에 고객 갭이 발생하게 된다.

06

갭 모델(Gaps Model)에서 서비스 품질에 대한 고객의 만족은 기대한 품질수준과 실제로 전달된 품질수준의 차이(갭)에서 비롯된다고 보았다. 이 갭들 중 판매원의 교육 · 훈련을 통해 제거될 가능성이 가장 높은 것은?

① 고객의 서비스 품질 기대치와 이에 대한 소매점의 인식 차이
② 고객의 품질 기대치에 대한 소매점의 인식과 소매점이 설정한 고객 서비스 품질 표준의 차이
③ 소매점이 설정한 고객 서비스 품질 표준과 실제로 이행된 품질의 차이
④ 실제로 이행된 품질과 고객에게 전달한 품질의 차이
⑤ 고객의 기대와 경영자의 인식 차이

해설 판매원의 직무수행능력이 부족하면 발생될 수 있는 실행 갭(Gap)으로 이를 감소시키기 위해서는 직무수행에 필요한 자질과 능력 및 기술을 갖추고 있는 사람을 채용하고, 내부적인 교육훈련 과정을 통해 직무수행능력을 제고해야 한다.

07

다음 중 실패한 고객 서비스에 대응하여 고객의 불만을 해소시키기 위한 체계적인 활동을 무엇이라 하는가?

① 고객만족평가 ② 고객만족도
③ MOT ④ 서비스 회복
⑤ 서비스 다이어트

해설 실패한 고객 서비스에 대응하여 고객의 불만을 해소시키기 위한 체계적인 활동을 '서비스 회복(Service Recovery)'이라 한다.

08

서비스의 회복은 불만을 처리하는 과정 및 처리결과 그리고 인적 상호작용의 세 가지 차원이 모두 공정하고 적절하다는 고객의 평가를 받는 것이다. 서비스 불만을 기회로 바꾸기 위한 노력으로 적절하지 않은 것은?

① 반응성과 고객접근성을 높이기 위해 서비스 회복기준을 수립한다.
② 불만이나 문제를 가진 고객이 회사에 쉽게 접근해서 즉각적인 응답을 받을 수 있는 통로를 마련한다.
③ 콜센터나 인터넷 웹사이트와 연계된 고객 데이터베이스를 구축하고 활용한다.
④ 고객접점 종업원들이 고객 불만을 효과적으로 처리할 수 있도록 권한을 부여한다.
⑤ 고객 서비스 직원들에게 강도 높은 교육으로 업무에 지장을 받지 않도록 한다.

해설 가장 중요한 것은 서비스 회복과정에서 고객들이 서비스 요원들에게 또 다른 불만을 갖지 않도록 하는 것이다. 이를 위해서 강도 높은 교육을 실시하여야 한다.

05 ② 06 ③ 07 ④ 08 ⑤ 정답

09

불량서비스 회복은 기업에서 전사적, 조직적으로 수행해야 할 과제이다. 다음 중 서비스 회복을 위한 서비스 담당자에게 필요한 전략으로 적절하지 않은 것은?

① 고객에게 불만을 토로할 수 있게 장려한다.
② 고객과의 논쟁을 피한다.
③ 빠른 행동을 취하면서 고객에게 향후의 정보를 제공한다.
④ 고객의 호의를 유지할 수 있는 추후 행동을 시도한다.
⑤ 수신자 부담 전화와 같은 창구를 통하여 고객의 불만표현을 유도한다.

해설 수신자 부담 전화 서비스는 '서비스 담당자'보다는 '회사'가 고객에게 제공하는 서비스이다.

10

다음 중 서비스 기대 영향 요인 중 내적 요인에 속하는 것은?

① 사회적 상황
② 경쟁적 대안
③ 과거경험
④ 구 전
⑤ 가 격

해설 **서비스 기대 영향 요인**

- 내적 요인 : 개인적 니즈, 관여도, 과거의 경험, 보조서비스의 핵심 서비스화
- 외적 요인 : 경쟁적 대안, 사회적 상황, 구전
- 상황적 요인 : 구매동기, 소비자의 기분, 날씨, 시간적 제약
- 기업 요인 : 기업 측의 약속, 실내 장식

11

서비스 품질관리를 위한 전략으로 볼 수 없는 것은?

① 기대 서비스에 영향을 미치는 요인 파악
② 고객의 정확한 기대 수준 파악
③ 마케팅 조사
④ 하향 커뮤니케이션의 활성화
⑤ 서비스의 정확한 전달

해설 고객과 가장 많은 접촉을 가지는 일선 종사자들의 소리가 위로 전달되어야 진실로 고객이 원하는 바를 정책으로 입안할 수가 있다(상향 커뮤니케이션의 활성화).

12

서비스에 대한 고객의 기대모델에서 허용구간(Zone of Tolerance)은 고객이 서비스에 대한 가변성을 인정하고 수용하고자 하는 정도를 의미한다. 다음 중 서비스의 허용구간을 가장 정확하게 표현한 것은?

① 최고 서비스 수준과 희망 서비스 수준 사이
② 최고 서비스 수준과 최저 서비스 수준 사이
③ 희망 서비스 수준과 최저 서비스 수준 사이
④ 기대 서비스 수준과 실제 서비스 수준 사이
⑤ 희망 서비스 수준과 최고 서비스 수준 사이

해설 고객의 서비스 기대는 크게 희망 서비스, 적정 서비스, 그리고 허용 영역의 3가지 수준으로 구성된다. 희망 서비스(Desired Service)는 제공받을 서비스에 대한 희망 수준, 즉 '바람(Want)과 소망(Hopes)'을 뜻한다. 적정 서비스(Adequate Service)는 고객이 불만 없이 받아들일 만한 서비스 수준, 즉 최소한의 허용 가능한 기대 수준 또는 수용할 수 있는 성과의 최하 수준을 의미한다. 허용 영역(Zone of Tolerance)이란 희망 서비스 수준과 적정 서비스 수준 사이의 영역이다.

정답 09 ⑤ 10 ③ 11 ④ 12 ③

13
벤치마킹 전문가인 마이클 스팬들리니가 제시한 기업 경쟁력에서 벤치마킹을 하는 이유가 아닌 것은?

① 시장 변화를 예측할 수 있게 한다.
② 새로운 아이디어를 만들어 낼 수 있다.
③ 경쟁사의 전략을 모방할 수 있는 기회를 제공한다.
④ 경쟁업체 또는 초우량 기업과의 제품 및 경영 프로세스를 비교함으로써, 자사의 경쟁력 또는 서비스 향상 방법 등을 파악할 수 있게 된다.
⑤ 전략 계획수립 과정에서 벤치마킹은 다방면의 정보를 수집하는데 아주 유용하게 사용할 수 있다.

해설 최고 기업의 장점을 배운 후 새로운 방식으로 재창조하는 것이기 때문에 단순모방과는 다른 개념이다. 따라서 벤치마킹은 기업의 경쟁력을 높이고 핵심능력을 유지할 목적으로, 최선의 방법을 도입하여 이를 실행하고 확산시키는 통합된 수단을 의미한다.

14
서비스 기대의 영향요인 중 외적 요인으로만 구성된 것은?

가. 관여도
나. 경쟁적 대안
다. 사회적 상황
라. 구 전
마. 시간적 제약

① 가, 나
② 가, 나, 다
③ 나, 다, 라
④ 다, 라, 마
⑤ 가, 나, 다, 라, 마

해설 가. 내적 요인, 마. 상황적 요인

15
종업원 만족도 제고방안에 대한 설명으로 옳지 않은 것은?

① 종업원 만족을 위해서는 우선적으로 종업원 만족도 수준을 측정해야 한다.
② 종업원 만족도는 품질지향적인 기업 전략에 있어서 핵심적인 요소이다.
③ 내부고객만족은 보상과 같은 경제적 요인에 의해 영향을 받는다.
④ 내부고객만족은 내부경영환경과 제도와 같은 내부 서비스 품질요인, 즉 내부 마케팅 요인에 의해 영향을 받는다.
⑤ 서비스 마케팅 또는 관계 마케팅과 같은 외부 마케팅을 활성화해야 한다.

해설 종업원의 동기부여, 인적자원관리 및 마케팅관련 원칙 및 기술을 응용하는 내부 마케팅을 활성화해야 한다.

16
다음 중 서비스 구매 전 단계에서 이루어지는 고객 기대관리 활동이 아닌 것은?

① Call Center 운영
② 광고 판촉
③ 인적판매
④ POP
⑤ 고객불만처리프로그램 개발

해설 고객불만처리프로그램 개발은 구매 후 고객 기대관리 전략에 속한다.

13 ③ 14 ③ 15 ⑤ 16 ⑤ 정답

17

다음 중 보기에서 설명하는 용어는 무엇인가?

> • 전략적인 목적으로 사용된다.
> • 새로운 아이디어 창출에 도움이 된다.
> • 조직이 추구하는 적절한 목표를 선정하는 데 도움을 준다.
> • 경쟁업체나 초유량 기업의 제품과 프로세스 등을 비교함으로써, 자사의 경쟁력 또는 서비스 향상 방법을 파악할 수 있다.

① 벤치마킹
② 마케팅 트렌드
③ 서비스 트렌드
④ 비즈니스 트렌드
⑤ 기업문화혁신 트렌드

해설 **벤치마킹(Benchmarking)**
동종업계나 다른 업종에서 최고라고 인정되는 선두기업의 제품이나 서비스, 작업과정, 조직운영, 프로세서 등을 비교 검토하여, 우수한 측면을 체계적으로 모방하여 자기회사의 경영과 생산에 합법적으로 응용하는 것을 말한다.

18

최근 소비자 태도 변화의 추세를 설명한 것으로 옳지 않은 것은?

① 소비자의 가치는 생활 패턴의 변화에 따라 높아지고 있다.
② 도시는 인프라가 집중되면서 중산층이 많아지고 도시 간 연결이 긴밀해지고 있는 반면, 농촌은 마을 간의 격리가 심화되고 있다.
③ 정보에 대한 거부감이 감소하고 있다.
④ 대형 유통업체의 진출은 유통업을 변화시키고 있다.
⑤ 산업의 변화는 기업의 변화를 요구하고 있다.

해설 정보가 넘쳐나면서 소비자들은 광고나 팝업에 대한 스트레스가 심해지고 있다.

19

혁신 관점에서 본 미래 비즈니스 트렌드와 관련 없는 것은?

① 최근에는 개인별로 시간에 대한 선호도가 다양화 · 차별화되면서 자신에게 최적화된 시간 약속이나 사용 등 시간을 맞춤화하려는 경향이 있다.
② 가치 소비 경향과 맞물려 비용에 대한 고객 니즈도 자신이 추구하는 가치와 소요되는 비용 간의 적절한 조합을 통해 맞춤화하는 경향이 있다.
③ '고객을 찾아가는 비즈니스'가 일반 대중집단을 대상으로 부상하고 있다.
④ 고객들이 구매만을 전담하던 역할에서 벗어나 기업 비즈니스 프로세스 전반의 활동에 참여하고 있다.
⑤ 고객가치 실현 대상의 변화로서 미래 비즈니스 환경에서는 기업의 목표 고객을 차별화하는 사업이 부상하고 있다.

해설 고객 효용 가치 실현 시 또 하나의 제약 조건인 지리적 · 물리적 공간의 제약을 극복하는 측면에서 '고객을 찾아가는 비즈니스'가 특정 고객 집단을 대상으로 부상하고 있다.

20

다음 중 휴렛팩커드의 10단계 고객 마케팅 플래닝 프로세스에 해당하지 않는 것은?

① 고객의 니즈를 읽어라.
② 외부고객을 참여시켜라.
③ 비전과 목표를 세워라.
④ 세일즈와 서비스를 계획하라.
⑤ 표적 시장을 분명히 하라.

정답 17 ① 18 ③ 19 ③ 20 ②

해설 **휴렛팩커드의 10단계 고객 마케팅 플래닝 프로세스**

1. 고객 니즈를 읽어라.
2. 표적 시장을 분명히 하라.
3. 핵심 성공 요소를 찾아라.
4. 비전과 목표를 세워라.
5. 솔루션을 만들어라.
6. 고객을 사로잡는 마케팅 전략을 세워라.
7. 세일즈와 서비스 계획을 세워라.
8. 내부 자원을 준비하라.
9. 실행 계획을 준비하라.
10. 내부고객을 참여시켜라.

21

신규서비스 개발과정 중 신규서비스가 개발되어 판매될 때의 수익 · 비용 차원에서의 가능성 여부를 종합적으로 검토하는 단계는?

① 아이디어 선정
② 사업성 분석
③ 개발 및 시험
④ 상품화
⑤ 아이디어 창출

해설 **신규서비스 개발과정**

- 제1단계 : 아이디어의 창출 → 새로운 서비스에 대한 아이디어를 내고 모으는 단계
- 제2단계 : 아이디어 선정 → 제안된 아이디어 중에서 쓸만한 것을 가려내는 단계
- 제3단계 : 사업성 분석 → 사업성 분석으로 신규서비스가 개발되어 판매될 때로 과연 수익 · 비용의 차원에서 가능성이 있는지 여부를 종합적으로 검토하는 단계
- 제4단계 : 개발 및 시험 → 서비스 도입 여부에 관한 최종 결정에 앞서 시장의 반응을 실제 시험을 통해 분석하는 단계
- 제5단계 : 상품화 → 실제 상품화 단계

22

다음 중 서비스 신상품 기획 시 고려사항으로 부적절한 것은?

① 서비스 프로세스를 리엔지니어링한다.
② 제품을 서비스로 전환한다.
③ 재활용제품을 활용한다.
④ 보조서비스로 새로운 상품을 만든다.
⑤ 기업이 가지고 있는 기존 이미지와 잘 맞는 신상품을 통해 시너지를 추구한다.

해설 재활용제품의 활용과는 관련이 없다.

23

품질경영 모델은 지금까지 전 세계적으로 개발된 혁신을 추구하는 경영방식으로 제도 · 기법 중에서 가장 종합적이고 탁월한 경영혁신 모델이다. 다음 중 품질경영 모델의 핵심가치에 포함되지 않는 것은?

① 설계 품질의 향상과 예방
② 전 종업원의 리더십
③ 고객주도형 품질
④ 사실에 입각한 경영
⑤ 장기적 관점 중시

해설 **품질경영 모델의 핵심가치**

- 고객주도형 품질
- 최고경영자의 리더십
- 전원참여와 능력개발
- 설계 품질의 향상과 예방
- 장기적인 관점 중시
- 사실에 입각한 경영
- 지속적인 개선
- 사업경영성과 중시

21 ② 22 ③ 23 ② 정답

24

다음 중 리츠칼튼 호텔의 고객 절대 만족의 개선 방안으로 적절하지 않은 것은?

① 고객의 기대를 관리하라.
② 기업 내 품질 문화를 정착시켜라.
③ 서비스 품질의 결정요소를 파악하라.
④ 고객에게 서비스 내용을 알려주어라.
⑤ 서비스 제공을 인적 활동 측면에서 수동화를 실천하라.

해설 **리츠칼튼 호텔의 고객 절대 만족의 개선 방안**

- 중요한 서비스 품질의 결정요소를 파악하라.
- 고객의 기대를 관리하라.
- 유형적 요소를 관리하라.
- 고객에게 서비스 내용을 알려주어라.
- 기업 내 품질 문화를 정착시켜라.
- 자동화를 실천하라.
- 변화하는 고객의 기대에 대응하라.

25

Y호텔이 고객만족경영을 위해 사용한 방법으로 적절하지 않은 것은?

① 고객을 식별한다.
② 데이터베이스를 구축한다.
③ 고객의 소비 동향을 주시한다.
④ 고객에 대한 보상보다는 커뮤니케이션이 있어야 한다.
⑤ 고객에 대한 보상이 있어야 한다.

해설 커뮤니케이션 외에도 고객에 대한 어떠한 형태의 보상이든지 간에 이루어져야 고객과 지속적인 관계를 가질 수 있게 된다.

정답 24 ⑤ 25 ④

01

다음 중 고객의 개념에 대한 설명으로 옳지 않은 것은?

① 고객이란 좁은 의미로 특정 점포나 기업의 제품이나 서비스를 구매하거나 이용하는 소비자를 말한다.
② 고객이라는 특수적인 표현을 소비자라는 일반적 표현으로 바꾸어 객관적이고 총괄적인 관점에서 보통 소비자라는 표현으로 총칭하여 많이 쓰이고 있다.
③ 기업의 마케팅 활동은 고객에게 맞는 마케팅 활동과 일반 소비자에게 맞는 마케팅 활동으로 그 대상을 고객과 소비자로 분리하여 전개해야 한다는 것이다.
④ 기업의 관점에서 고객은 자사의 물건을 구매하거나 구매해줄 것을 기대할 수 있는 사람으로 넓은 의미로 해석되어야 할 것이다.
⑤ 고객의 개념 속에는 잠재고객 및 기대고객도 포함된다.

해설 **고객의 개념 변화[Consumer(소비자) → Customer(고객) → User(사용자)]**
고객이란 상품 및 서비스를 제공받는 사람이다. 대가를 지불하는가의 여부에 관계없이 그 상품을 사용하거나 서비스를 이용하는 사람을 말한다. 고객의 개념 속에는 이미 그 상품이나 서비스를 구입하거나 사용하는 사람 외에도 앞으로 상품 및 서비스를 구입 · 사용할 가능성이 있는 잠재고객 및 기대고객도 포함된다. 또한 거래처, 하청업자, 주주는 물론이고 사내고객으로서 종업원 또한 고객이 된다.

02

다음 중 고객 분석의 분석대상으로 적절하지 않은 것은?

① 고객의 구매행위에 대한 시장 특성
② 구매의사 결정 형태
③ 구매의사 결정에의 참여자
④ 구매의사 결정에 영향을 주는 요인
⑤ 구매 후 과정

해설 고객 분석이란 고객의 구매행위에 대하여 시장 특성, 구매의사 결정 형태, 구매의사 결정에의 참여자, 구매의사 결정에 영향을 주는 요인, 구매과정 등을 분석하는 것이다.

03

고객 분석의 방법으로 전체시장을 고객 및 시장의 변수에 따라 비슷한 부분시장으로 나누는 방법을 무엇이라 하는가?

① 고객 표적화
② 고객 세분화
③ 고객 포지셔닝
④ 고객경험 분석
⑤ 고객가치 분석

해설 고객(시장) 세분화란 보다 효과적인 마케팅 믹스의 개발을 위해 전체 시장을 상품에 대한 욕구가 비슷하거나 영업 활동에 의미 있는 동질적 부분으로 나누는 작업을 말한다.

01 ③ 02 ⑤ 03 ② 정답

04

시장 세분화를 위한 주요 변수 중 라이프스타일 분석과 같이 소비자의 여러 개인적 특성 가운데 사람의 행동이나 개성, 삶의 방식 등이 속하는 기준은?

① 인구통계적 변수
② 사회 · 경제적 변수
③ 추구편익 변수
④ 심리생태적 변수
⑤ 충성도 변수

해설 **시장 세분화를 위한 주요 변수**
- 인구통계적 변수 : 성별, 연령, 가족생활주기 등
- 사회 · 경제적 변수 : 수입, 교육정도, 사회계층 등
- 심리생태적(사이코그래픽) 변수 : 라이프스타일, 개성, 삶의 방식
- 지리적 변수 : 거주지역, 도시 크기, 기후, 인구 밀도 등
- 추구편익 변수 : 동일 서비스에 대해 가지는 소비자들의 근본적인 추구편익의 차이
- 사용량 변수 : 고객의 서비스 사용정도나 유형
- 촉진반응 변수 : 기업의 특정 광고, 판매촉진, 진열이나 전시에 대한 소비자들의 반응
- 충성도 변수 : 고객이 사용 목적에 따라 특정의 상표를 선호하고 이를 반복하여 구매하는 소비자 선호
- 서비스 변수 : 서비스 제공물에 대한 고객들의 반응 유형

05

기업에서 가장 가치가 있는 제품이나 시장을 세분화하여 가장 적합한 특정의 하나 또는 소수의 표적 시장을 선정하여 마케팅 활동을 집중하는 전략은?

① 세분화 전략
② 원가우위 전략
③ 집중화 전략
④ 차별화 전략
⑤ 분업화 전략

해설 집중화 전략은 특징 구매자 그룹, 제품라인의 세분, 지역적 시장에 집중하는 것으로 폭넓게 경쟁하는 기업보다 더욱 효과적, 효율적으로 좁은 전략적 목표대상에 집중하면 성공할 수 있다는 전제가 이 전략의 기본 개념이다. 집중 전략은 원가 또는 차별화 우위 전략과 결합될 수 있는데, 차별집중화가 독창적인 제품을 좁은 목표 시장에 제공하는 것을 의미하는 반면에, 원가우위집중화는 낮은 가격으로 기업의 제품이나 서비스를 좁은 목표 시장에 제공함을 의미한다.

제2과목

06

다음 중 표적 시장 선정 전에 확인하여야 할 구비조건으로 볼 수 없는 것은?

① 측정 가능성
② 접근 가능성
③ 경쟁 가능성
④ 실행 가능성
⑤ 유지 가능성

해설 **표적 시장 선정 전 확인하여야 할 구비조건**
측정 가능성, 유지 가능성, 접근 가능성, 실행 가능성

07

고객의 행동 및 심리적 세분화 방법이 많이 사용되는 소비재 시장에서 가능한 시장 세분화 방법으로 가장 적절한 것은?

① 산업의 종류
② 제품 구매빈도
③ 구매기준
④ 구매긴급도
⑤ 채용한 기술

해설 고객의 행동 및 심리적 세분화 방법이 많이 사용되는 소비재 시장에서 가능한 시장 세분화 방법으로 가장 적절한 것은 제품의 구매빈도이다.

정답 04 ④ 05 ③ 06 ③ 07 ②

08

다음 보기의 빈칸에 들어갈 내용으로 알맞은 것은?

> 기업에서 키우고자 하는 주력 브랜드가 있을 경우, 상대적으로 열등한 자사의 신규 브랜드를 출시하여 소비자에게 주력 브랜드의 선택 확률을 높이는 효과를 (   )라고 한다.

① 타협 효과
② 유인 효과
③ 희소성의 원리
④ 피그말리온 효과
⑤ 부분적 리스트 제시 효과

해설 ① 여러 가격대의 제품을 출시할 경우 주력 브랜드를 중간 정도에 내놓는 것이 안전하다는 것이다.
③ 원하는 모든 것을 가질 수 없기 때문에 더 큰 만족을 얻을 수 있는 재화나 서비스를 선택하는 것이다.
④ 어떤 것에 대한 사람들의 믿음이나 기대에 의해 능률이 오르거나 결과가 좋아지는 효과를 말한다.
⑤ 사람들은 1위만 기억하고 2, 3위는 기억하지 못하기 때문에 1, 2위의 맞대결을 벌이겠다는 메시지 전달을 말한다.

09

표적 시장 선정 방법 중 차별화 전략에 대한 특징으로 옳지 않은 것은?

① 비용 증가
② 차별적인 가격
③ 개별적인 욕구와 선호 충족
④ 기업체 중심 사고
⑤ 둘 혹은 그 이상의 제한된 고객집단이 대상

해설 차별화 전략은 고객중심 사고 전략이다.

10

표적 시장 선정 방법 중 집중화 전략에 대한 특징으로 옳지 않은 것은?

① 잘 정의된 단일 고객집단
② 비용 최대 증가
③ 위험부담 최대
④ 고객밀착 사고
⑤ 경쟁우위 장악

해설 경쟁우위 장악은 비차별화 전략의 목적이고, 집중화 전략의 목적은 시장 입지 획득에 있다.

11

서비스 포지셔닝의 원칙과 가장 거리가 먼 것은?

① 기업은 목표로 하는 고객의 마음속에 하나의 포지션을 가져야 한다.
② 그 위치는 단순하면서도 일관된 메시지를 제공하는 독특한 것이어야 한다.
③ 그 위치는 다른 경쟁사들과 자사를 구별시켜줄 수 있어야 한다.
④ 하나의 회사가 모든 사람에게 모든 것이 되어 주어야 한다.
⑤ 자사의 노력을 집중시켜야 한다.

해설 하나의 회사가 모든 사람에게 모든 것이 되어 줄 수는 없다.

08 ② 09 ④ 10 ⑤ 11 ④ 정답

12

다음 중 포지셔닝 맵의 유용성에 대한 설명으로 옳지 않은 것은?

① 틈새시장(Niche Market)보다 전체시장의 파악이 가능하다.
② 자사 제품이 현재 차지하고 있는 경쟁적 포지션을 파악할 수 있다.
③ 경쟁자의 포지션에 대한 파악이 가능하다.
④ 경쟁 강도의 파악이 가능하다.
⑤ 마케팅 믹스의 효과 측정이 가능하다.

해설 포지셔닝 맵을 통해 자사 서비스의 위치뿐만 아니라 경쟁기업의 서비스 위치까지 파악할 수 있고, 전체 시장뿐만 아니라 각 하위 세분 시장별로 좀 더 상세한 포지셔닝 맵을 작성함으로써 자사 서비스의 세분 시장별 위치까지도 규명할 수 있다.

13

고객경험관리(CEM)에 대한 설명으로 옳지 않은 것은?

① 기업과 소비자의 모든 접점에서 실시간으로 일어나는 현재 소비자의 경험을 측정한다.
② 소비자가 더 나은 경험을 할 수 있도록 방법을 마련하고 전략을 수립할 수 있게 하는 프로세스이다.
③ 고객들의 경험 소비에 대한 욕구가 더욱 커지고 있다.
④ 고객관계관리(CRM)와는 차원이 다른 서비스이다.
⑤ 최근 많은 기업들은 제품과 서비스 차원이 아닌 경험을 판매하고자 노력한다.

해설 고객관계관리(CRM)의 보완적 수단으로서 고객경험관리의 활용도가 매우 높다.

14

다음 중 고객경험관리의 실행 프로세스와 관련이 없는 내용은?

① 고객의 경험 과정을 해부하라.
② 차별적 경험을 디자인하라.
③ 고객의 피드백을 반영하라.
④ 일관되고 통합된 경험보다는 다양한 경험을 제공하라.
⑤ 고객의 의견과 경험에 대한 평가를 적극적으로 반영하라.

해설 일관된 경험이 제공되지 않으면 다양한 접점에서의 경험이 오히려 잡음이 되어 기업이 의도했던 브랜드 메시지 전달이 실패할 수 있다.

15

고객경험에 대한 Best 사례로서 영국의 이동통신업체인 O_2의 Customer Promise에 해당하지 않는 내용은?

① 커다란 가치 제공
② 최상의 쇼핑환경 제공
③ 신뢰할 수 있는 네트워크 품질 제공
④ 고객을 배려하는 직원
⑤ 전문가적인 상품 제공

해설 **영국의 이동통신업체인 O_2의 7가지 Customer Promise**

- 최고의 단말 라인업 제공
- 커다란 가치 제공
- 최상의 쇼핑환경 제공
- 값어치 있는 서비스
- 신뢰할 수 있는 네트워크 품질 제공
- 고객을 배려하는 직원
- 사용하기 쉬운 상품 · 서비스 제공

제2과목

정답 12 ① 13 ④ 14 ④ 15 ⑤

16

소비자의 무의식 세계를 탐사할 수 있는 조사방법론으로 인간의 95%의 인지과정이 지각되지 않는 심층의식 차원에서 이루어지고, 5% 정도만 고차원적인 인식 차원에서 발생한다는 원리에 근거한 소비자 내면심리 파악기법은?

① Peer Shadowing
② Shadow Tracking
③ Zaltman Metaphor Elicitation Technique
④ Focus Group Interview
⑤ Town Watching

해설 하버드 대학교 제럴드 잘트만 교수가 개발한 Zaltman Metaphor Elicitation Technique(잘트만식 은유기법)에 대한 설명이다.

17

다음 중 고객가치의 특성이 아닌 것은?

① 상황성 ② 주관성
③ 연속성 ④ 동적성
⑤ 다차원성

해설 고객가치의 특성은 동적성, 주관성, 상황성, 다차원성 등이 있다.

18

다음 중 가치 이론에서 가치 동인에 해당하지 않는 것은?

① 문화 가치 ② 고객 가치
③ 종업원 가치 ④ 조직 가치
⑤ 경쟁자 가치

해설 **가치 이론**

- 사람들이 가치 있게 보는 것이 그들의 행동을 유도한다는 전제에서 시작
- 8개의 가치 동인들 : 외적·내적 문화 가치, 종업원 가치, 공급자 가치, 고객 가치, 제2자의 가치, 경쟁자의 가치, 소유자 가치

19

다음은 고객가치 모델에 대한 설명이다. 연결이 적절하지 못한 것은?

① 감각적 요인 – 고객이 오감으로 느낄 수 있는 감각적인 요인, 색조, 소리, 소음, 이웃의 소음, 청결, 분위기 등
② 절차적 요인 – 유통업의 경우 상품의 구색의 풍부함과 품질의 신뢰성 등
③ 인간적 요인 – 종업원의 접객태도, 다른고객의 언동이나 복장, 고객 서비스 등
④ 정보 요인 – 고객이 서비스를 받는 데 필요한 정보
⑤ 금전적 요인 – 지불하는 금액에 맞는 대우를 받는다는 느낌

해설 **고객가치 모델의 7가지 구성요인**

- 환경적 요인 : 고객이 경험하는 물리적인 치장으로 호텔의 경우 입지조건, 주변환경, 접근의 문제설비, 엘리베이터 등
- 감각적 요인 : 고객이 오감으로 느낄 수 있는 감각적 요인으로 색조, 소리, 소음, 그림, 화분, 분재, BGM, 이웃의 소음, 청결함 등
- 인간적 요인 : 종업원의 접객 태도, 다른고객의 언동이나 복장, 고객 서비스 등
- 절차적 요인 : 고객이 서비스를 받는 데 필요한 절차로 프론트의 숙박카드 기입, 티켓 구입 신청서, 계좌개설을 위한 절차, 지급절차 등
- 정보 요인 : 고객이 서비스를 받는 데 필요한 정보로 열차지연을 알리는 기능, 컴퓨터의 고장 해결 등
- 제공물 요인 : 판매업자라면 상품 구성의 풍부함과 품질의 확실성, 레스토랑이면 맛좋은 식사, 정확한 시간, 대가의 대상이 되는 서비스 등
- 금전적 요인 : 지불하는 금액에 걸맞는 대우를 받는다는 느낌 등

16 ③ 17 ③ 18 ④ 19 ② 정답

20

한 고객이 한 기업의 고객으로 존재하는 전체기간 동안 기업에게 제공할 것으로 추정되는 재무적인 공헌도의 합계는?

① 고객평생가치(LTV)
② 고객 공헌도
③ 고객 기여도
④ 고객 충성도
⑤ 고객 니즈

해설 고객평생가치(LTV ; Life Time Value)는 한 고객이 한 기업의 고객으로 존재하는 전체기간 동안 기업에게 제공할 것으로 추정되는 재무적인 공헌도의 합계라고 할 수 있다. 기업들은 초기에 캠페인활동과 여러 가지 프로모션을 통해 신규고객을 획득하게 된다. 이러한 신규고객을 획득하는 과정은 여러 마케팅 활동으로 인해 매우 높은 비용이 들지만 투자비용을 회수하는 데 있어 상당한 시간이 요구된다. 더욱이 고객이 일찍 이탈할 경우에는 고객획득 비용조차 회수하지 못하는 경우가 발생하게 된다. 이처럼 고객획득 비용을 넘어 고객과의 장기적인 관계를 유지하는 것이 바로 CRM이 되는 것이며, 이러한 장기적인 관계를 유지함에 있어 고객으로부터 거둘 수 있는 가치를 고객평생가치(LTV)라고 한다.

21

다음 중 고객생애가치와 관련된 내용으로 옳지 않은 것은?

① 한 고객이 평균적으로 기업에 기여하는 미래수익의 현재가치를 말한다.
② 관계 마케팅의 여러 가지 효익을 계량적으로 정리하는 개념이다.
③ 한 고객이 특정 기업과 거래에서 얻고자 하는 삶의 질을 의미한다.
④ 고객이탈률을 낮출수록 고객생애가치는 증가한다.
⑤ 고객생애가치는 매출액이 아니라 이익을 나타낸다.

해설 **고객생애가치(LTV ; Life Time Value)**
한 고객이 고객으로 존재하는 전체 기간 동안 기업에게 제공하는 이익의 합계로서, 한 시점에서의 단기적인 가치가 아니라 고객과 기업 간에 존재하는 관계의 전체가 가지는 가치이다. LTV를 산출함으로써 기업은 어떤 고객이 기업에게 이로운 고객인가를 판단할 수 있으며, 그 고객과 앞으로 어떤 관계를 가지도록 하는 것이 합리적인가를 파악할 수 있다.

22

파라수라만 & 그루얼이 제시한 고객가치의 4가지 구성요소에 대한 설명으로 옳지 않은 것은?

① 사용가치는 제품이나 서비스의 효용성에 대한 가치이다.
② 획득가치는 금전적 비용의 희생을 통해 얻는 가치이다.
③ 상환가치는 거래 이후 장기간 제공되는 잉여가치를 말한다.
④ 거래가치는 거래를 통해 얻는 즐거움 등의 감정을 설명하는 가치이다.
⑤ 기능적 가치는 제품의 사용에 따른 시간 절약을 통해 비용이 절감되는 것을 의미한다.

해설 **고객가치의 4가지 구성(파라수라만 & 그루얼)**
- 상환가치 : 거래 이후 오랫동안 지속되는 가치
- 거래가치 : 거래를 통한 즐거움 등의 감정적 가치
- 획득가치 : 금전적 비용 투자를 통해 얻는 가치
- 사용가치 : 제품이나 서비스의 유용성에 대한 가치

정답 20 ① 21 ③ 22 ⑤

23

다음 중 고객에 의한 가치 증대 전략이 아닌 것은?

① 고객의 마음을 사로잡아라.
② 커뮤니티를 통해 가치를 창조하고 확산시켜라.
③ 내부고객을 만족시켜 가치창조에 참여시켜라.
④ 구전보다는 네트워크를 활용하라.
⑤ 고객시민행동을 유도해 가치창출 과정에 참여시켜라.

해설 구전 + 네트워크를 활용하여 가치를 확산하라.

24

다음 중 고객을 위한 가치 증대 전략이 아닌 것은?

① 색다른 체험을 제공하여 고객을 총체적으로 만족시켜라.
② 고객불평을 가치 창출의 기회로 만들어라.
③ 맞춤 마케팅으로 개인화된 가치를 제공하라.
④ 가치 혁신을 위해 서비스 패러독스를 활용하라.
⑤ 소비자의 코드에 맞는 브랜드 Personality를 통해 차별적 가치를 창출하라.

해설 가치 혁신을 위해 서비스 패러독스를 타파해야 한다. 여기서 서비스 패러독스란 서비스 품질의 향상으로 인해 기대가 높아질수록 오히려 서비스에 관련된 불평불만이 높아지는 현상을 말한다.

25

Personalization 전략의 기대 효과로서 가장 부적절한 것은?

① 차별화된 서비스를 제공
② 고객의 충성도를 높임
③ 비용감소 효과
④ 매출증대
⑤ 시장점유(Share of Market)의 확대

해설 Personalization 전략은 '시장점유(Share of Market)'보다는 '고객점유(Share of Customer)'에 목적을 둔다고 볼 수 있다.

26

고객관리활동 중 Cross-selling, Up-selling 전개활동과 관련 있는 것은?

① 가망고객 발굴활동
② 신규고객 창출활동
③ 신규고객 관리활동
④ 고객가치 증대활동
⑤ 우수고객 관리활동

해설 고객가치 증대를 위해 Cross-selling, Up-selling, Re-selling 캠페인을 전개하며, 성장가능 고객군을 집중으로 마케팅 자원을 재설계해야 한다.

27

다음 STP 전략 절차를 차례대로 나열한 것은?

① 시장 세분화 - 포지셔닝 - 표적 시장의 선정
② 표적 시장의 선정 - 포지셔닝 - 시장 세분화
③ 시장 세분화 - 표적 시장의 선정 - 포지셔닝
④ 포지셔닝 - 표적 시장의 선정 - 시장 세분화
⑤ 표적 시장의 선정 - 시장 세분화 - 포지셔닝

해설 **STP(Segmentation Targeting Positioning) 전략**
욕구가 유사한 소비자 집단별로 전체 시장을 나누고(Segmentation), 각 세분 시장의 매력도를 평가하여 우리 기업에 가장 적합한 세분 시장을 선택 혹은 표적화하여(Targeting), 선정된 표적 시장 내에 가장 바람직한 경쟁적 위치를 정립(Positioning)하는 마케팅 전략을 말한다.

23 ④ 24 ④ 25 ⑤ 26 ④ 27 ③ 정답

28

다음 중 고객만족의 주요소에 대한 설명으로 옳지 않은 것은?

① 하드적 가치, 소프트적 가치 등의 상품이 고객만족의 주요소이다.

② 점포 내의 분위기, 판매원의 접객 서비스, 애프터 정보 서비스 등의 서비스가 고객만족의 주요소이다.

③ 사회기여활동, 환경보호활동 등의 기업 이미지가 고객만족의 주요소이다.

④ 고객이 잘 이해하고 정보를 수집할 수 있도록 세일행사, 홍보활동, 판촉활동 등에 대한 정보제공이 고객만족의 주요소이다.

⑤ 고객만족의 3요소에는 제품, 서비스, 기업 이미지가 있다.

해설 고객만족의 주요소에는 제품(직접 요소), 서비스(직접 요소), 기업 이미지(간접 요소)가 있다. 세분해서 살펴보면, 제품 요소에는 상품의 하드적 가치, 상품의 소프트적 가치가 해당되고, 서비스 요소에는 점포 · 점내 분위기, 판매 · 접객원 서비스, 애프터 서비스가 해당된다.

29

다음 경영마인드 중에서 경쟁조직과 비교하여 고객에게 상대적으로 더 큰 만족을 제공하고자 하는 것으로 주로 핵심역량이 그 원천이 되는 것은?

① 경영윤리 마인드

② 고객중심 마인드

③ 경쟁우위 마인드

④ 고객가치극대화 마인드

⑤ 고객신뢰 마인드

해설 **경영마인드의 핵심요소**

- 고객중심 마인드 : 경영자가 기업경영을 하는데 있어서 가장 먼저 생각하는 것이 고객이라는 것이다. 즉, 고객에게 제공되는 일체의 물질적 · 심리적 행동이 최상의 고객만족을 가져다주는 활동으로 이루어지도록 하는 것을 의미한다.
- 경쟁우위 마인드 : 경쟁조직과 비교하여 고객에게 상대적으로 더 큰 만족을 제공하고자 하는 것이다. 이러한 경쟁우위의 원천으로는 가치활동과 핵심역량을 들 수 있다. 이때 가치활동은 창조적인 경영활동을 의미하고, 핵심역량은 기업의 경쟁력 확보에 결정적인 역할을 하는 중요한 경영자원이라고 할 수 있다.
- 가치극대화 마인드 : 경쟁기업에 비해 더 많은 투자를 했는데 이익이 적게 돌아오면 오히려 상대적으로 손해를 보게 될 것이다. 따라서 경영마인드를 가진 의사결정은 수익성이라는 하나의 조건을 반드시 따라야 한다. 수익성은 효과적이며 효율적인 아이디어에 의해서 얻어질 수 있다. 그러므로 효과적이면서 효율적인 아이디어에 의해 수익성이 커질수록 경영활동의 최종목표인 기업가치의 극대화에 도달할 수 있게 된다.

정답 28 ④ 29 ③

30

다음 중 고객만족에 대한 설명으로 옳지 않은 것은?

① 고객만족이란 고객이 상품 또는 서비스에 대한 기대수준과 실제의 성과 차이에서 발생한다.
② 고객만족은 공급자 또는 판매자에 대한 고객의 기대수준이 충족되거나 초과하는 경우에 나타나는 호의적인 태도를 말한다.
③ 고객만족을 위해서 상품기획, 가격결정, 광고, 판매촉진, 유통경로관리 등의 모든 마케팅활동이 고객의 관점에 초점을 맞추어 일관성 있게 통합되고 조정되어야 한다.
④ 고객만족을 우선으로 하는 기업조직에서는 고객을 접촉하는 현장 종업원 위에 관리층이 있어 고객만족이 잘 되도록 관리 감독을 철저히 해야 한다.
⑤ 고객만족경영이란 기업이 제공하는 상품, 기업 이미지 등에 대하여 고객의 만족을 얻기 위해 정기적이고 지속적으로 만족도를 조사하고 그 결과에 기초해서 불만족스러운 점을 신속히 개선하여 고객만족을 제공하는 활동이다.

해설 고객은 자기가 만나는 고객의 접점에서 만족하길 원하므로 기업은 MOT를 최우선으로 중시해야 한다. 고객만족을 우선으로 하는 기업조직에서는 고객을 접촉하는 현장 종업원의 고객접점에 대한 교육이 더 중요하다.

31

다음 중 고객만족경영의 장애요인과 관계가 적은 것은?

① 최고경영자의 몰이해
② 가장 중요하고 일반적인 경영기법으로의 인식
③ 장기적인 인식보다 당장의 비용인식이 앞섬
④ 구성원의 인식과 태도가 바뀌지 않음
⑤ 업무규정에 대한 철저한 관리감독이 요구됨

해설 가장 중요하고 일반적인 경영기법으로 인식하는 것은 고객만족경영을 위한 가장 기본적인 전략이다.

32

둘 이상의 세분 시장들을 표적 시장으로 선정하여, 각각의 세분 시장에 적합한 독특한 서비스를 제공하는 접근법은?

① 집중화 전략
② 다표적 전략
③ 차별화 전략
④ 집중화 전략
⑤ 무집중화 전략

해설 **서비스 제공 접근법**

- 집중화 전략 : 사용 가능한 자원이 제한되어 있는 다수의 중소기업들이 큰 시장에서 낮은 점유율을 유지하는 대신, 여러 세분 시장들 중에서 자사에게 가장 큰 경쟁 우위를 제공하는 하나 혹은 몇 개의 세분 시장(틈새시장)을 선택한 후, 이 시장 내에서 높은 시장 점유율을 확보하는 방법이다.
- 비차별화 전략(Mass Marketing, 대량 마케팅) : 시장을 이질적인 욕구의 집합체가 아니라 동질적인 하나의 집단으로 보고, 가장 규모가 큰 세분 시장을 표적으로 하여 하나의 마케팅 믹스 프로그램을 제공하는 전략이다.

33

다음 중 고객관리를 위한 데이터베이스의 전개 방법으로 적절하지 못한 것은?

① 고객의 확실한 식별
② 회사의 통일된 메시지 전달
③ 고객에 대한 구체적인 정보획득
④ 고객의 신뢰도 구축
⑤ 일대일 마케팅 구현

해설 회사의 통일된 메시지를 일방적으로 전달하는 것이 아니라 고객 개개인의 욕구를 파악하여 고객과의 일대일 관계 마케팅을 구현하는 것이다.

30 ④ 31 ② 32 ③ 33 ② 정답

34

다음 중 고객만족경영을 실천하기 위한 투자(노력)의 유형으로서 그 적절성이 상대적으로 가장 낮은 것은?

① 고객만족을 실천하고 정착하기 위하여 우선적으로 고객만족에 대한 최고경영자의 인식변화(전환)를 위한 투자
② 고객만족을 실천하고 보다 높은 효과를 달성하기 위하여 고객만족에 대한 고객들의 기대 및 문화의식을 변화시키기 위한 고객에 대한 투자
③ 고객만족도를 평가할 수 있는 시스템 개선을 위한 설비 및 운영 시스템에 대한 투자
④ 고객만족경영의 조기정착을 위한 방법의 하나로 고객만족지향적 기업문화로 변화시킬 수 있는 종업원 교육에 대한 투자
⑤ 고객 서비스 전달체계(프로세스) 분석 및 개선을 통한 CS체계 구축

해설 고객만족경영은 최고경영층에서부터 현장 종업원에 이르기까지 기업 전체가 참여해야 하는 총체적인 경영혁신 운동이며, 고객들의 기대 및 문화의식을 변화시키기 위한 고객에 대한 투자와는 관련이 적다.

35

고객만족경영에서 마케팅 이념 경영차원에 대한 확장 순서로 옳은 것은?

① 고객중심적 사고를 출발점 → 전사적 마케팅 체제로 조직을 혁신 → 고객만족목표 → 최종목표로서의 기업만족목표를 달성
② 생산지향적 사고를 출발점 → 마케팅 지향적 이념으로 발전 → 고객만족 이념으로 발전 → 최종 목표로서의 기업만족목표를 달성
③ 생산지향적 사고를 출발점 → 제품지향적 이념으로 발전 → 고객만족 이념으로 발전 → 최종목표로서의 기업만족목표를 달성
④ 고객중심적 사고를 출발점 → 마케팅지향적 이념으로 발전 → 고객만족이념으로 발전 → 최종목표로서의 기업만족목표를 달성
⑤ 고객중심적 사고를 출발점 → 생산지향적 체제로 조직을 혁신 → 기업만족목표 → 최종목표로서의 고객만족목표를 달성

해설 고객만족경영은 고객의 니즈를 명확히 파악하여 기획, 개발, 판매, 서비스 등 제반 경영활동상에 고객의 요구와 기대를 반영하는 고객지향의 경영 및 혁신으로 궁극적으로는 고객의 가치와 사업의 가치를 높이는 경영활동이다.

36

삼성 에버랜드가 추진한 고객만족경영 사례로 옳지 않은 것은?

① 경영자의 고객만족 철학 및 신념
② 종업원들의 자발적 고객감동 서비스
③ 미스터리 쇼퍼 제도
④ 고객불만 예보제
⑤ 서비스품질지수 제도

해설 서비스품질지수 제도는 페덱스(Fedex)의 고객만족경영 사례이다.

제2과목

정답 34 ② 35 ① 36 ⑤

37

다음은 스타벅스의 성공 전략 사례를 설명한 것이다. 관련 없는 내용은?

① 저급품질의 커피 대량 공급
② 스타벅스의 특별한 가치와 브랜드 제공
③ 직영매장을 통한 판매직영매장을 통한 판매
④ 종업원에 대한 지속적인 교육과 복리후생
⑤ 고객과의 친밀도 유지

해설 고급품질의 원료 및 기술확보를 통해 고급커피를 제공하였다.

38

다음 중 유인 효과(Attraction Effect)에 대한 설명으로 옳은 것은?

① 소비자 의사결정 과정에 가장 큰 영향을 주는 요인이다.
② 여러 가격대의 제품을 출시할 경우 주력 브랜드를 중간 정도에 내놓는 것이 안전하다는 효과이다.
③ 업계 1위와 2위의 맞대결을 부각시킴으로써 구매 고려군을 줄일 수 있는 메시지를 전달한다.
④ 자신이 원하는 모든 것을 가질 수 없기 때문에 사람들은 더 큰 만족을 얻을 수 있는 재화나 서비스를 선택하게 되는 현상이다.
⑤ 기존 브랜드보다 상대적으로 열등한 신규 브랜드가 추가될 경우, 기존 브랜드의 선택 확률을 높이는 현상이다.

해설 ① 심리를 응용하는 것이지, 가장 큰 영향을 주는 요인은 아니다.
② 타협 효과(Compromise Effect)에 대한 설명이다.
③ 부분적 리스트 제시 효과(Part-list Cunning Effect)에 대한 설명이다.
④ 희소성의 원리에 대한 설명이다.

39

다음에서 'STP 전략' 단계를 순서대로 선택한 것은?

> 가. 시장분석
> 나. 시장 세분화
> 다. 포지셔닝
> 라. 표적 선정
> 마. 고객 선정

① 가 – 마 – 다
② 가 – 나 – 마
③ 나 – 라 – 다
④ 다 – 나 – 라
⑤ 가 – 나 – 다

해설 **STP(Segmentation Targeting Positioning) 전략**
욕구가 유사한 소비자 집단별로 전체 시장을 나누고(Segmentation), 각 세분 시장의 매력도를 평가하여 우리 기업에 가장 적합한 세분 시장을 선택 혹은 표적화하여(Targeting), 선정된 표적 시장 내에 가장 바람직한 경쟁적 위치를 정립(Positioning)하는 마케팅 전략을 말한다.

40

'미완성 과제에 대한 기억이 완성 과제에 대한 기억보다 더 강하게 남는다'는 것을 의미하며, 대표적 사례로 티저광고처럼 고객을 유인하는 마케팅 기법은?

① 호손 효과
② 피그말리온 효과
③ 바넘 효과
④ 자이가르닉 법칙
⑤ 낙인 법칙

해설 자이가르닉 법칙은 '미완성 효과'라고도 한다.

37 ① 38 ⑤ 39 ③ 40 ④ 정답

제3과목
고객관리 실무론

01 콜센터 운영

01 | 전화 서비스

(1) 전화응대의 중요성

기업에서 전화는 고객 또는 거래처와 회사를 연결하는 중요한 커뮤니케이션 수단으로서, 전화응대를 하다 보면 다양한 직종, 직급, 성격의 사람들과 통화를 하게 된다. 상대방이 회사의 고객일 수도 있고, 상사나 직원의 친척이나 친구, 또는 저명인사일 수도 있으며, 심지어는 외판원이나 전화를 잘못 걸어온 사람일 수도 있다.

[전화의 특징과 유의사항] 중요

특 징	유의사항
목소리만의 커뮤니케이션	언어는 정확히, 천천히, 정중히, 밝게, 적당한 음량으로 인사하는 것을 잊지 말아야 한다.
상대방의 표정, 태도, 주변 환경을 알기 어렵다.	• 통화가 길어질 때는 상대방의 형편을 반드시 물어보아야 한다. • "약간 더 시간을 주실 수 있겠습니까?" 등
비용이 든다.	• 통화는 간결하게 한다. • 필요한 자료와 메모는 곁에 갖추어 둔다. • 조사하는 데 시간이 걸릴 듯한 경우, 상대방을 기다리게 할 경우 등에는 일단 끊은 다음에 다시 건다.
증거를 남기기 어렵다.	• 용건의 확인이나 복창은 반드시 한다. • 상대방의 성명, 소속부서를 확인한다. • 메모는 반드시 한다. • 본인의 이름을 알린다(특히, 전달을 의뢰받았을 때).
아무런 예약도 없이 불시에 걸려온다.	• 형편이 나쁠 때는 정중히 그 뜻을 전달하고 다음에 이쪽에서 다시 건다. • 초조하더라도 목소리로는 나타내지 않는다.

(2) 전화응대의 기본자세 기출 14, 15, 16, 17, 18, 19, 20, 24

① 전화응대는 보이지 않는 회사의 첫인상이며, 서비스 창구이고 고객만족의 첫걸음임을 인식하고, 고객과 자리를 하고 있다는 생각을 가지고 예의바르게 하여 친절한 이미지를 향상시킬 수 있도록 전화응대 예절을 몸에 익혀 실천해야 한다.

㉠ 회사를 대표하고 있다는 책임의식과 주인의식을 가지고 전화주신 분께 감사하는 마음을 갖는다.

㉡ 한 사람의 전화응대가 회사전체의 이미지와 서비스의 좋고 나쁨을 좌우한다는 의식을 갖고 응대한다.

㉢ '바로 앞에 고객이 계신다'라는 마음으로 응대한다.

② 전화는 업무에서 가장 빈번하게 이용하는 의사소통 수단이며, 상대방을 보지 않고 의사를 전달하기 때문에 의사소통에 주의해야 한다. 기출 22

㉠ 음성의 높낮이 중요

- 음성이 너무 낮거나 단조로우면 듣는 사람이 지루해지거나 주의를 집중해서 경청하기 어렵게 만든다. 활발하고 생기 있는 목소리로 대화한다.
- 높낮이가 없는 목소리는 사무적인 느낌을 주기 때문에 듣기에 편안하고 안정감 있는 억양을 선택해 연습해야 한다.
- 전화로 응대하면서도 미소를 짓거나, 강조하고자 하는 낱말에 강세를 주는 연습을 한다면 억양을 개선하는 데 도움이 된다.

㉡ 크 기

- 너무 크거나 작게 말하면 상대방의 기분을 상하게 하거나 통화 내용을 제대로 이해하기 어렵게 만든다.
- 목소리가 너무 크면 고객의 입장에서 화난 모습이 연상될 수 있으며, 반대로 너무 작으면 답답하게 느낄 수 있다.

㉢ 말하는 속도

- 전문 용어나 중요한 정보의 전달이 필요할 때 너무 빠르게 말하면 듣는 사람이 메시지를 알아듣기 어렵다. 반면에, 간단한 메시지를 너무 천천히 말하면 듣는 사람이 지루해하므로 적당한 속도로 말한다.
- 고객의 말하는 속도가 느리면 약간 느리게 응대하고, 빠를 경우에는 빠른 속도로 응대하는 등 말하기 속도를 조절해서 고객이 배려받고 있다는 느낌을 받도록 해야 한다.

㉣ 올바른 어법, 어휘, 발음

- 목소리와 속도 못지않게 올바른 어법, 어휘, 발음법을 사용하는 것이 중요하다.
- 평소 말하는 습관이 입 안에서 웅얼거리거나 발음이 명확하지 않은 사람은 단어를 또박또박 분명하게 발음하는 훈련을 해야 하며, 심한 사투리, 비속어, 유행어 사용은 자제해야 한다.

ⓜ 어 조 중요

- 심리학자 메라비언의 연구결과에 따르면, 첫인상을 결정하는 요소 중에서 '말의 내용'이 7%, '목소리'가 38%, '신체언어'가 55%의 비율을 차지한다고 한다. 특히, 전화를 통한 커뮤니케이션에서는 내용의 18%만이 언어에 의해 전달되고 82%는 어조를 통해 전달된다.
- 어조는 기쁨, 상냥함, 반가움, 친근감, 공손함 등 다양한 감정을 표현한다. 따라서 상대방에게 호감을 줄 수 있는 긍정적인 어조로 말해야 한다.

ⓑ 경 청

- 언어적 의사소통을 잘하기 위해서는 먼저 상대방의 말을 잘 듣고 이해해야 한다. 의사소통 능력을 향상시키기 위해서는 정확히 들어야 한다. 또한 고객의 말을 잘 듣는 기술은 상담을 잘하기 위한 첫째 조건이다.
- 효과적인 경청을 위해서는 걸러 듣기, 고객의 말 가로막기, 미리 판단하기, 언쟁하기 등의 행동은 금물이다.

더 알아보기

메라비언의 법칙(Law of Mehrabian) 기출 22

- 시각적 요소 : 표정, 용모, 복장, 자세, 동작, 걸음걸이, 태도
- 청각적 요소 : 음성, 언어, 호흡, 말씨, 억양, 속도
- 언어적 요소 : 말의 내용, 전문지식, 숙련된 기술

③ 기본적인 전화응대 태도

㉠ 되도록 출근 직후나 퇴근 직전, 점심시간 전후 등 바쁜 시간은 피한다.
㉡ 자신의 불쾌한 감정을 목소리에 나타내지 않는다.
㉢ 고객과의 언쟁은 피하고 말대꾸를 하지 않는다.
㉣ "여보세요."를 연발하지 않는다.
㉤ 상대방의 말이 끝나지도 않았는데 전화를 끊지 않는다.
㉥ 수화기를 '꽝'하고 소리 나게 끊지 않는다.
㉦ 불필요한 긴 통화로 회사 경비를 낭비하지 않는다.
㉧ 사적인 전화는 하지 않는다.

(3) 전화응대의 3요소 기출 14, 15, 16, 18, 20, 22

① 신 속

㉠ 신속히 받고 원가의식을 갖고 간결하게 통화한다.
㉡ 인사나 필요한 농담이라도 길어지지 않도록 한다.
㉢ 전화를 걸기 전에 용건을 5W1H로 써서 말하는 순서와 요점을 결정한다.
㉣ 불필요한 말은 반복하지 않는다.

② 정 확

㉠ 발음을 명확히 또박또박 한다.

㉡ 천천히, 정확히 하여 상대가 되묻는 일이 없어야 한다.

㉢ 상대가 이해하지 못할 전문용어나 틀리기 쉬운 단어는 사용하지 않는다.

㉣ 중요한 부분은 강조한다.

㉤ 상대의 말을 지레짐작하여 응답하지 않는다.

③ 친 절

㉠ 친절을 느끼도록 하려면 정성을 다해야 한다.

㉡ 상대가 누구이건 차별하지 말고 경어를 쓰도록 한다.

㉢ 상대의 말을 끊거나 가로채지 않는다.

㉣ 필요 이상으로 소리를 크게 낸다든지 웃지 않는다.

㉤ 상대의 기분을 이해하도록 하여 상대의 심리를 긍정적으로 만들어야 한다.

㉥ 상대의 언성이 높아지거나 불쾌해하면, 한발 물러서서 언쟁을 피한다.

(4) 전화응대 예절 기출 14, 15, 16, 17

① 시작 인사

㉠ 인사하기

- 전화 대화의 첫 부분에서는 어느 쪽이든 먼저 인사와 함께 자신을 밝힌다.
  - "안녕하십니까? 한국주식회사, 김영철입니다."
  - "감사합니다. 시대주식회사 총무부입니다."
- 상대의 이름을 알 수 없거나, 상대방이 신원을 밝히지 않는 경우에는 상대가 누구인지 정중하게 물어보아야 한다.
  - "실례지만, 어느 분 전화라고 여쭐까요?"
  - "죄송하지만, 성함을 말씀해 주시겠습니까?"

㉡ 통화 사정

- 상대가 전화를 받을 수 없거나 중요한 일을 하고 있는 상황일 수 있으므로 상대방의 통화 사정을 물어 본다. 특히, 휴대전화일 경우 회의 중이거나 운전 중일 수 있으므로, 반드시 통화 가능 여부를 물어 본다.
  - "지금 통화해도 괜찮으시겠습니까?"
  - "지금 전화 받기 어려우십니까?"
- 전화를 받을 수 없을 때에는 전화받은 사람이 통화가 불가능하다는 것을 밝히고 다시 걸어 줄 것을 요청해야 하며, 거는 사람은 언제 다시 전화를 걸어도 되는지를 물어보아야 한다.
  - "죄송합니다. 지금 운전 중이라 통화하기가 어려우니 30분 후에 다시 걸어 주시겠습니까?"
  - "제가 언제 다시 전화를 드리면 되겠습니까?"

② 용건 주고받기

인사를 교환한 후에는 곧바로 통화 목적으로 들어가야 한다.

㉠ 용건 표현

- 전화를 거는 사람은 예의 바르고 조리 있게 자신의 용건을 이야기하고, 상대방이 응답할 기회를 주어야 한다.
- 용건을 표현할 때에는 전화를 건 목적, 이유, 설명의 순으로 이야기한다.
  - "2시 회의가 3시로 변경되었습니다. 지방에서 오시는 분들이 3시면 다 도착하실 수 있기 때문입니다."
  - "제품 종류를 알고 싶습니다. 계약하기 전에 살펴보고 싶습니다."

㉡ 메모 및 용건 확인

- 전화받는 사람이 메모를 하는 이유는 상대방의 전화 건 목적을 정확하게 기억하기 위함이다.
- 숫자나 글자 중에서 통화 발음상 혼동되기 쉬운 것은 확인하며 적는다.
- 전화 통화 중 많은 용건이 교환되었다면 용건을 요약하는 것이 좋다.
- 상대방의 요점을 재빨리 파악하고 전화 메모 시 적어야 할 것들을 미리 살펴야 한다.

③ 마무리 인사

용건에 대한 대화가 끝나면 마지막으로 전화 건 사람의 요구를 어떻게 처리할 것인지에 대해 언급하고 끝인사로 전화를 마친다.

㉠ 용건에 대한 수행 사항 알리기 : 전화를 받는 사람이 상대방의 용건을 듣고 자신이 수행할 행동에 대해 언급하는 이유는 상대방이 말한 내용을 어떻게 처리할 것인지를 미리 알려 줌으로써 잘못될 수 있는 의사소통의 오류를 막기 위함이다.

- "말씀하신 대로 27일 목요일 오후 3시로 일정표에 기입해 놓겠습니다."
- "요청하신 대로 오늘 즉시 변경해 드리겠습니다."

㉡ 끝인사

- 모든 대화가 끝나면 작별 인사를 하고 전화를 끊는다.
- 용건이 끝났는데도 전화 건 사람이 계속 이야기를 할 때에는 상대방이 기분 상하지 않도록 주의해서 받는 사람이 전화를 끊도록 해야 한다.
  - "전화 주셔서 감사합니다. 안녕히 계십시오."
  - "다시 전화 드리겠습니다. 감사합니다."

※ 전화를 끊을 때는 전화를 건 사람이 먼저 끊는 것이 원칙이나, 상대방이 상사 또는 연장자인 경우에는 상대방이 먼저 끊고 난 후 끊는다.

(5) 상황별 전화응대 요령

① 전화받기

전화는 이쪽의 상황과 관계없이 동시에 여러 사람에게서 걸려 올 수도 있으므로, 때로는 전화를 받을 수 없는 상황에서 전화를 받아야 할 때도 있다. 그러한 경우라도 초조하거나 짜증나는 목소리로 상대방을 대해서는 안 된다. 전화받을 형편이 좋지 않을 때에는 오히려 상황을 정중하게 설명하고, 나중에 통화를 하는 것이 낫다.

㉠ 전화받는 요령

○ 왼손으로 수화기를 즉시 든다. • 적어도 벨이 세 번 울리기 전에
○ 인사 및 소속과 이름을 밝힌다. • "안녕하십니까?" • "○○부의 ○○○입니다."
○ 상대방을 확인한 후 인사한다. • "실례지만, 어디십니까?" • "그동안 안녕하셨습니까?"
○ 용건을 들으면서 메모한다. • "전하실 말씀이 있으십니까?"
○ 통화 내용을 요약, 복창한다. • "전하실 용건은 ~에 관한 것 맞습니까?"
○ 끝맺음 인사를 한 후 수화기를 내려놓는다. • "감사합니다. 안녕히 계십시오." • 상대방이 놓은 뒤에 조용히 놓는다.

㉡ 상황별 전화받기 중요

전화를 연결할 때	• 다른 사람에게 전화를 연결할 때에는 보류 버튼을 누르거나 송화구를 손으로 막고, 상대방의 성명과 용건을 간단히 전하고 연결한다. • 다른 부서로 연결할 때에는 끊어질 경우를 대비하여 내선 번호나 전화번호를 안내해 주고 연결한다. • 즉시 바꿔주지 못하고 지연될 때에는 수시로 중간 상황을 알린다.
오래 기다리게 할 때	• 상사가 금방 전화를 받지 못할 경우에는 상황을 알리고 계속 기다릴지의 여부를 물어본다. • 계속 기다린다고 하더라도 상사의 다른 전화 통화가 금방 끝나지 않을 것으로 예상되거나 상대방의 직위가 상사보다 높거나 고객인 경우 통화가 끝나는 대로 비서가 연결할 것을 제의한다.
전화가 잘못 걸려 왔을 때	잘못 걸려온 전화라도 친절하게 응대해야 한다.
회사의 위치를 물을 때	• 정확한 약도를 전화기 옆에 비치해 두고 회사 근처의 대형 건물이나 대표적인 정류장 이름, 교통편 등을 익혀 놓는다. • 현재 손님의 위치, 이용 차편을 묻고 그것에 따라 위치를 설명한다. • 필요한 경우 약도를 팩스로 송신한다. • 회사의 홈페이지에 약도와 찾아오는 길을 올려 둔다.
항의 전화가 왔을 때	• 상대방이 화가 나 있어도 같이 흥분하거나 맞서는 것은 금물이다. • 일단은 상대방이 화를 내는 이유를 충분히 들어주고, 상대방의 감정을 가라앉히도록 노력한다. • 먼저 해결할 수 있는 방안을 찾아보되, 상사를 바꾸어야 한다면 상황을 알아본 후 다시 전화를 걸겠다고 유도한다.

전화가 잘 들리지 않을 때	• 전화가 잘 들리지 않는다고 소리를 크게 내지 않도록 주의한다. • "뭐라구요", "잘 안 들리는데요."라는 표현을 쓰지 않도록 주의한다. • "죄송하지만 한 번 더 말씀해 주시겠습니까?", "연결상태가 좋지 않은 것 같은데 다시 걸어 주시겠습니까?"라는 표현을 쓴다.
통화 중 끊겼을 때	전화를 건 사람이 다시 걸어 "죄송합니다만 전화가 도중에 끊어졌습니다."라고 말한다.

② 전화 걸기

전화를 걸 때에는 상대방의 사정을 고려하여 더 효과적으로 통화할 수 있도록 상대방의 전화번호, 용건, 필요한 자료 등 전화를 걸기 전에 준비해 두는 것이 중요하다.

㉠ 전화 걸기 전의 준비

- 상대의 전화번호, 소속과 성명을 확인하며 상대의 상황을 예측해 본다.
- 통화하고자 하는 용건을 정리하고 통화 중 필요한 서류와 자료를 준비한다.

㉡ 전화 거는 요령

○ 용건, 순서를 메모한다. • 용건을 5W1H로 정리한다. • 서류, 자료를 갖춰둔다. • 상대방 번호를 확인한다.
○ T. P. O를 고려한 후 버튼을 누른다. • 시간(Time), 장소(Place), 상황(Occasion)
○ 상대방이 나오면 자신을 밝히고 상대방을 확인한다. • "안녕하십니까? 한국회사 총무실의 김○○입니다. 김 부장님이시죠?"
○ 간단한 인사말을 한 후 용건을 말한다. • "사장님께서 김 이사님과 통화를 원하십니다." • "다름이 아니오라, 휴대전화 수출 건에 관한 것입니다."
○ 통화하고 싶은 사람과 통화를 못 하면 조치를 취한다. • "메모를 부탁드려도 되겠습니까"
○ 끝맺음 인사를 한 후 수화기를 내려놓는다. • "감사합니다. 안녕히 계십시오."

더 알아보기

5W1H(육하원칙)

When(언제), Who(누가), Where(어디서), What(무엇을), Why(왜), How(어떻게)

㉢ 상황별 전화 걸기 중요

통화 희망자가 부재 중일 때	• 언제 돌아올 예정인지 묻는다. • 다시 전화할 것을 약속하거나 돌아오면 전화해 줄 것을 요청한다. • 메모를 남기고, 전화를 받는 사람의 이름을 묻는다.
상사 대신 거는 전화일 때	• 번호 버튼을 누르고 상대방이 나오면 인사를 하고, 상사의 부탁으로 전화를 하였음을 밝힌다. • 상사가 원하는 상대방이 나오기 바로 직전에 상사가 수화기를 들 수 있도록 중재한다.
직급이 다른 상사들의 전화를 중재할 때	• 상사보다 지위가 높은 사람에게 전화를 할 때에는 우선 상대방 비서와 통화하는 것이 원칙이며, 일단 상대방 비서에게 용건을 전하고 적당한 조치를 기다리는 것이 바람직하다. • 직급이 낮은 상사가 직급이 높은 상사보다 먼저 수화기를 들고 기다리도록 중재하는 것이 좋다. 직급이 비슷할 때에는 동시에 수화기를 들 수 있도록 상대방 비서와 협의한다.
전화가 잘 들리지 않을 때	• 전화가 잘 들리지 않는다고 소리를 크게 내지 않도록 주의한다. • "뭐라구요?", "잘 안 들리는데요."라는 표현을 쓰지 않도록 주의한다.
자동 응답기에 녹음을 해야 할 때	• 자동 응답기에 녹음을 해야 할 경우에는 소속, 성명, 용건뿐만 아니라 전화번호, 메시지를 남긴 날짜와 시각도 녹음한다. • 상대방이 부재 중이어서 자동 응답기에서 메시지가 나오면 끊어버리지 말고 반드시 메시지를 정확하게 남기는 습관을 기르는 것이 필요하다.
상대방을 배려하거나 양해를 구할 때	• 밤이 늦거나 휴일에 상사나 회사 사람들의 자택에 전화를 해야 할 때에는 폐를 끼친 데 대한 사과의 말을 한다. • 상대가 바쁠 때에는 상대방을 배려하는 예의가 필요하다.

③ 휴대전화 에티켓

㉠ 공공장소에서는 휴대전화를 사용하지 않는다. 버스나 전철, 기차 등 대중교통 수단을 이용할 때는 휴대전화를 사용하지 않는 것이 원칙이다.

㉡ 불가피한 경우는 벨소리를 진동으로 하고, 통화 시에는 주위에 방해가 되지 않도록 조용한 소리로 짧게 통화한다.

㉢ 걸려오는 전화는 바로 받는다.

㉣ 전화를 먼저 건 사람이 먼저 전화를 끊도록 한다.

㉤ 항공기와 주유소, 병원에서는 각종 첨단기기의 오류를 발생시킬 수 있으므로 휴대전화 사용을 삼간다.

㉥ 운전 중 휴대전화 사용은 법으로 금지되어 있어 블루투스나 핸즈프리를 사용해야 하지만, 사고위험이 있으므로 가급적 사용을 삼간다.

㉦ 장례식장이나 조문 시에는 고인과 상주에 대한 결례가 되므로 휴대전화 사용을 삼간다.

㉧ 카메라 폰을 이용하여 인물, 대상 등을 무단 촬영하는 것은 법에 저촉되는 행위이다. 영화나 공연 내용을 촬영하는 것도 위법이다.

02 | 바람직한 경어 사용법

(1) 효과적인 대화

① 호감을 주는 말씨

다른 사람으로부터 호감을 받을 수 있게 말하는 방법은 언제나 상대방의 입장에 서서 그를 존중한다는 자세에서 비롯된다.

㉠ 교양있게 이야기한다.
㉡ 요령있게 이야기한다.
㉢ 재치있게 이야기한다.
㉣ 상황에 맞게 이야기한다.
㉤ 성실하게 관심을 표명한다.
㉥ 듣는 태도의 성실성을 갖는다.
㉦ 진실하게 칭찬을 해준다.

② 상대를 설득하는 말씨

㉠ 논쟁을 피한다.
㉡ 결점을 들추지 않는다.
㉢ 온화하게 대화를 한다.
㉣ 상대의 입장에서 생각한다.

③ 인간관계를 돈독하게 하는 말씨

인간관계를 돈독하게 하는 방법은 상대가 받기 쉽고 받기 좋아하는 말씨를 사용하는 것이다. 그러기 위해서는 화제가 풍부해야 하며 공통된 화제를 이끌어 내야 한다.

㉠ 풍부한 화제 : 주고받을 만한 화제를 풍부하게 하기 위해선 예리한 관찰력, 많은 사물을 접하고 예리하게 생각하는 습관, 문제의식 등을 길러야 한다.
㉡ 공통된 화제 : 대화가 즐겁게 되려면 화제가 공통적이면서 상대방에게 흥미를 주어야 한다.

- 할 일(의무)
- 여 행
- 출신지
- 계절, 날씨
- 동료, 아는 사람
- 가족, 가정
- 뉴 스
- 건강(병)
- 취미, 잡기
- 성(Sex), 연애, 결혼

(2) 적절한 경어의 사용법 기출 14, 15, 16, 19, 20

적절한 경어의 사용법은 익혀두면 품위 있는 말씨를 구사하는 데 필요하다.

① 존경어

존경어는 말하는 상대, 즉 듣는 사람이나 또는 화제 중에 등장하는 인물에 대한 경의를 나타내는 말이며 그 사람의 소지품이나 행동에 대해서 사용한다.

㉠ ○○ 씨
㉡ ○○ 여사
㉢ 귀 하
㉣ 어느 분
㉤ 사장님께서 가십니다.
㉥ 훌륭하신 말씀입니다.

② 겸양어

겸양어는 말하는 사람의 입장을 낮추고 상대방이나 화제에 등장하는 사람에게 경의를 나타내는 말이다.

㉠ 우리들
㉡ 여쭙다
㉢ 저희들
㉣ 뵙 다
㉤ 저 희
㉥ 드리다

③ 공손어

공손어는 상대방에게 공손한 마음을 표현할 때 또는 말하는 사람의 자기품위를 위하여 쓰는 경우를 의미한다.

㉠ 보고 드립니다.
㉡ 말씀해 주십시오.
㉢ 안녕하십니까?

(3) 호 칭 기출 14, 15, 16, 18, 19, 20, 22, 23

호칭은 특정의 사람을 가리켜 말하는 명칭으로 상대의 주의력을 한 곳으로 유도하거나 자기를 상대에게 인식시키거나 대화 중에 특정의 대상에 대한 인식을 높이기 위해 쓰인다. 따라서 호칭은 상대의 유형에 따라 다르고 같은 사람이라도 누구에게 그 사람을 말하느냐에 따라 달라진다.

① 직장에서의 호칭

㉠ 상급자에 대한 호칭

- 부장님, 과장님 : 직속 상급자는 직급의 명칭에다 '님'을 붙여 부르고 말한다.
- ○○ 부장님, ○○ 과장님 : 다른 부서의 상급자는 직책과 직급의 명칭에다 '님'을 붙여 부르고 말한다(경리과장님, 총무과장님).
- ○ 부장님, ○ 과장님 : 직속이 아니고 직책이 없이 직급만 있는 상급자는 직급 위에 성을 붙이고 직급 아래에 '님'을 붙여 부르고 말한다(김 부장님, 박 과장님).

㉡ 하급자에 대한 호칭

- 과장, 계장 : 같은 직급의 사람이 여럿이 아닐 때의 직속 하급자와 직급명만 부르고 말한다.
- ○○ 과장, ○○ 계장 : 직속 하급자나 타부서 하급자와 같은 직급명의 경우에는 직책명과 직급명을 부르고 말한다(경리과장, 서무계장).
- ○ 과장, ○ 계장 : 직책이 없이 직급만 있는 하급자는 '성'을 붙여 직급명을 부르고 말한다(김 과장, 이 계장).
- ○○ 씨, ○ 여사 : 직책과 직급명이 없는 하급자는 성과 이름에 '씨'를 붙여 부르고 말한다. 기혼여성은 '여사'를 붙인다.
- ○ 군, ○ 양, ○○○ 군, ○○○ 양 : 나이가 10년 이상 아래이며 미혼인 남녀 하급자의 경우 남자는 성이나 이름에 '군'을 붙이고, 여자는 '양'을 붙여 부르고 말한다.

㉢ 동료 · 동급자의 호칭

- ○○ 과장님 : 동급자라도 연령이 위이면 직급에 '님'을 붙인다.
- 선생님 : 나이가 10년 이상 위이면 '선생님'이라 부른다.
- 선배님 : 나이가 10년 이내의 위이면 '선배님'이라 부른다.
- ○ 군, ○ 양 : 나이가 10년 이상 아래인 미혼자 또는 미성년자는 남자는 '군', 여자는 '양'이라 부른다.

② 사회생활에서의 호칭

㉠ 아는 사람에 대한 호칭

- 어르신네 : 부모의 친구 또는 부모같이 나이가 많은 어른
- 선생님 : 학교의 선생님이나 존경하는 어른
- 노형(老兄) : 11년 이상 15년까지의 연상자
- 형 : 6년 이상 10년까지의 연상자, 또는 아직 친구 사이가 되지 못한 아래위로 10년 이내에 드는 상대
- 이름, 자네 : 아래위로 10년 이내의 나이 차로 친구같이 지내는 사이
- ○○○ 씨 : 친숙한 관계가 아닌 10년 이내의 연상자와 기혼 · 성년의 연하자
- ○○ 님 : 상대가 위치한 직책 · 직급명에 '님'을 붙인다(사장님, 박사님, 교수님).
- ○○ 아버님, ○○어머님 : 친구의 부모는 친구의 이름에 아버님, 어머님을 붙인다.
- ○○ 형님, ○○ 누님 : 친구의 형이나 누이도 친구의 이름을 붙여 말한다.

㉡ 모르는 사람의 호칭

- 노인어른, 노인장 : 할아버지, 할머니같이 나이가 많은 어른
- 어르신네 : 부모같이 나이가 많은 어른
- 선생님 : 존경할 만큼 점잖거나 나이가 많은 어른
- 노형, 선생 : 자기보다 10년 이상 연상자인 상대(남자끼리)
- 형씨 : 자기보다 아래위로 10년 이내에 드는 상대(남자끼리)
- 부인 : 자기의 부모보다는 젊은 기혼의 여자

• 댁 : 같은 또래(10년 이내)의 남자와 여자
• 젊은이, 청년 : 자기보다 15년 이하인 청년
• 총각 : 미성년자
• 아가씨 : 미성년인 여자 또는 미혼인 젊은 여자
• 학생 : 학생신분의 남녀
• 소년, 애 : 초등학생 이하의 아이들

(4) 수명과 보고 기출 14, 15, 16, 18, 20, 24

① 수 명

㉠ 상사가 부를 때는 하던 일을 멈추고 밝고 명랑한 목소리로 "예"하고 대답한다(통화 중, 계산 중, 고객응대 중 등 즉시 응답할 수 없을 때는 주위 동료가 "OOO씨는 통화 중입니다."라고 알린다. 해당사원은 용무가 끝나는 대로 상사를 찾아야 한다).

㉡ 메모지 및 필기구를 준비한다.

㉢ 요점을 필기한다.

㉣ 지시사항은 머릿속으로 5W1H(육하원칙)로 정리하면서 듣는다.

㉤ 말을 끊지 않고 끝까지 잘 듣는다.

㉥ 필요한 경우 질문하여 지시사항을 확인한다.

㉦ 요점을 복창한다.

㉧ 직속상사 이외의 상사로부터 지시를 받은 경우 그 내용을 직속상사에게 보고하고 지시를 구한다.

② 보 고

㉠ 지시한 상사에게 한다.

㉡ 지시사항을 수행한 후 즉시 보고하며, 보고 내용은 정확히 간결하게 5W1H(육하원칙)에 의거 보고한다(구두).

㉢ 사실을 토대로 한다.

㉣ 간결하고 요령 있게 보고한다(우선 결론을 말하고 이른 경과를 데이터를 가지고 올바르게 보고한다).

㉤ 필요 시 대안을 마련하여 보고한다.

㉥ 의사결정에 도움이 되도록 모든 자료를 빠뜨리지 않고 준비한다.

㉦ 상사가 바쁜 듯 할 때는 양해를 구하고 타이밍을 잘 맞춰 보고한다. "ㅇㅇ건입니다만, 지금 보고해도 되겠습니까?"

㉧ 보고의 일반적인 원칙 기출 22

• 적시성의 원칙
• 정확성의 원칙
• 완전성의 원칙
• 필요성의 원칙
• 간결성의 원칙
• 유효성의 원칙

③ 중간보고가 필요한 경우 기출 19, 22

㉠ 상황이 바뀌어 방법을 변경해야 할 때

㉡ 업무완료까지 처리기간이 오래 소요될 때

㉢ 자신의 판단으로 처리하기 어려운 경우에 부딪혔을 때

㉣ 지시받은 방침이나 방법으로 불가능해보일 때

㉤ 업무를 진행하는 데 있어 곤란한 문제가 발생했을 때

㉥ 차상위 상사와 상사의 지시가 상충될 때

㉦ 실수를 저질렀을 때

더 알아보기

결재서류로 보고할 때

- 결재를 할 때에는 결재철에 넣어 깔끔하게 보이도록 한다.
- 문서나 보고서는 한번 작성한 다음 오타나 탈자 또는 오류를 확인한다.
- 상사가 부르면 "예"하고 즉시 대답한 후 일어나도록 한다.
- 여러 장의 보고서는 흩어지지 않게 스테이플러, 클립 등으로 고정시킨다.
- 기안 서류가 여러 장일 경우 상사가 여러 장이 있다는 것을 알아볼 수 있게 포개어 놓는다.
- 상사의 말을 중간에 자르지 않는다.
- 상사에게 잔소리를 들을 때 인상을 찌푸리거나 혹은 눈물을 보이지 않도록 하며 서운함, 불평 등을 표현하지 않도록 한다.

03 | 콜센터(Call Center) 운영사이클

(1) 콜센터(Call Center)의 등장배경

① 텔레커뮤니케이션 기술과 인터넷이 발전하면서 고객은 자신이 원할 때 전화, 이메일, SMS, 팩스, 영업사원 등의 다양한 채널을 통해 기업과 편리하게 콘택트하는 동시에 기업이 적시에 응대하기를 기대하게 되었다. 이에 따라, 고객이 손쉽게 이용가능한 콘택트채널로서 콜센터가 부각되었고, 기업의 고객관계관리를 위한 핵심 콘택트채널로 자리매김하였다.

② 오늘날 콜센터는 편리한 고객접근성을 기반으로 고객만족 서비스 제공과 업셀링 및 크로스셀링을 통한 고객수익성 확대라는 2가지 과제를 해결하기 위해 노력하고 있다.

(2) 콜센터의 개념

① 콜센터의 정의

㉠ 콜센터의 사전적 의미는 고객의 전화를 조직적으로 처리하는 컴퓨터 자동화가 되어 있는 중추적인 장소이다.

ⓛ 오늘날의 콜센터는 고객대상으로 전화를 받고 거는 동시에 이메일, SMS, 웹, 팩스, 우편, 메신저(채팅) 등의 비대면 콘택트채널을 총괄하여 고객의 인바운드 문의와 아웃바운드 응대를 수행하는 고객 콘택트센터이다.

ⓒ 다음과 같은 환경변화에 따라 콜센터는 고객관계 관리를 총괄하는 CRM 센터로 진화하고 있다.

- 통신 및 정보 시스템 기술의 발달
- 원투원 마케팅 기법의 발달
- 비용효율화에 따른 오프라인 영업조직의 축소
- 고객의 시간효율성 추구성향 증가

② **콜센터의 중요성**

㉠ 콜센터는 전략기지로서의 역할을 한다. 이는 고객과 가장 가깝게 위치하고 있으며, 상담요원의 역할에 따라 기업 전체의 매출 증대에 큰 영향을 주기 때문이다.

ⓛ 고객에 대한 최고의 서비스는 바로 이 콜센터에서 시작된다. 지속적인 고객과의 릴레이션십 확립, 고객의 마음에 드는 마케팅이 매출 증대라는 결과를 만들어 낸다.

ⓒ 콜센터는 기업의 마케팅 정보 창고이다.

㉣ 현대 기업에서의 마케팅 전략이 고객지향적이라면, 그 마케팅의 중심에 서 있는 것이 콜센터이다.

③ **콜센터의 역할** 중요

㉠ 신규고객의 확보(저코스트)

ⓛ 기존고객 활성화(고객이탈 방지)

ⓒ 고객정보 획득 및 시장조사 기능 수행(고객의 요구 파악, 신상품 광고효과)

㉣ 고객중심의 고객감동 실천의 장(이미지 제고 활동)

㉤ 전화, 우편, 이메일 등 다양한 매체중심의 마케팅을 전개

④ **콜센터 역할의 변화** 중요

㉠ 거래보조 수단에서 세일즈 수단으로 변화

ⓛ 고객 서비스 수단에서 고객의견조사 수단으로 변화

ⓒ 고객불만창구에서 텔레마케팅의 수단으로 변화

㉣ 결과적으로 비용센터라는 인식에서 이익센터라는 인식 변화

(3) 콜센터의 발전단계 기출 15, 16

① **전화센터**

㉠ 초기의 콜센터인 전화센터는 고객의 전화문의를 상담사가 직접 전화응대를 통해 처리하였다.

ⓛ 전화센터에서는 업무효율 향상을 위하여 단순한 문의에 대해서는 정형화된 질의응답을 미리 녹음한 후 ARS를 통하여 고객문의를 처리하는 방식이 일부 도입되기도 하였다.

② **CTI 콜센터**

㉠ 전화센터 상담사의 업무효율 향상을 위하여 컴퓨터와 전화 시스템을 통합한 CTI(Computer Telephony Integration) 기능이 도입되었다.

㉡ CTI 기능이 도입되면서 ARS를 통하여 고객문의에 대한 자동처리율이 높아졌으며, 콜센터 내 인바운드와 아웃바운드 업무를 상담사가 병행처리할 수 있게 되었고, 상담사의 상담능력에 따라 콜을 자동분배하는 콜라우팅이 가능하게 되었다. 이와 같은 CTI 기능이 도입되면서 콜센터는 비약적인 발전을 이룩하게 되었다.

③ 통합고객센터

㉠ 통합고객센터는 전화뿐만 아니라 다양한 멀티채널을 통한 고객응대 개념을 포함하고 있다. 기존의 콜센터에서는 전화만을 통해 상담사가 고객응대 업무를 처리하였다면, 통합고객센터에서는 음성과 데이터망을 이용하여 이메일, 메신저(채팅), 팩스, SMS 등의 다양한 콘택트채널을 통하여 고객응대가 가능하다.

㉡ 통합고객센터는 다양한 채널을 통해 고객응대가 분산되어 이루어지지만, 고객콘택트 데이터는 통합관리되게 함으로써 고객과 일관된 콘택트가 가능하도록 하였다.

제3과목

더 알아보기

VOIP(Voice Over Internet Protocol)

기존의 전화 교환망의 음성 서비스를 인터넷 IP기술을 사용하여 데이터로 전환, 인터넷 팩스, 웹콜, 통합 메시지 처리 등의 향상된 인터넷 전화 서비스를 제공한다.

④ CRM 센터

㉠ CRM 센터는 고객콘택트시스템을 기반으로 수동적인 고객응대업무에서 더 나아가 적극적인 고객캠페인을 통하여 고객수익성을 높이는 데 초점을 두고 있다.

㉡ 기존의 콜센터는 고객만족을 위해 비용이 투입되는 비용센터였던 반면, CRM 센터는 크로스 셀링 및 업셀링, 신규 세일즈 유도 등을 인바운드와 아웃바운드 센터에서 적극적으로 수행함으로써, 콜센터에서 직접적인 수익을 획득하는 데 초점을 둔 수익센터라고 할 수 있다.

(4) 고객 콜센터의 역할과 운영 중요

① 고객 콜센터

㉠ 고객 콜센터는 고객의 요구와 욕구, 불만을 처리하고 제품설명 및 판매의뢰까지 접수하는 기업의 종합상황실이다.

㉡ 고객 콜센터는 다양한 고객정보 및 서비스를 통하여 마케팅의 전초기지 역할을 한다.

㉢ 고객 콜센터는 상담위주가 아니라 실제거래가 이루어지는 영업점의 기능도 수행할 수 있다.

② 고객 콜센터 운영방법 기출 22

㉠ ARS(Automatic Response System) : 자동응답시스템으로서 24시간 연중 고객 서비스가 가능한 이점이 있다.

ⓛ ANI(Automatic Number Identification) : 전화를 건 고객의 번호를 수신자가 알 수 있게 신호를 함께 보내주는 전화국의 서비스를 통칭한다. 전산시스템을 설치하고 화면을 보면서 고객응대를 하는 경우 전화번호로 보관된 고객정보를 검색하여 통화를 시작하는 순간에 고객의 정보를 화면에 나타내주어 신속한 고객응대가 가능하다. ARS보다 진일보한 방식으로 고객의 이름이나 주소 등 별도의 인적사항에 대해 물어볼 필요가 없다.

③ 고객 콜센터의 효율적 운영방안 기출 23

㉠ 조직구성 및 인원 : 고객상담을 종합적으로 처리할 수 있는 전문인력을 배치하고 24시간 운영한다(고객 서비스센터 운영, 정규 · 비정규직 직원의 조화).

ⓛ 리얼타임 데이터베이스화 : 고객이 요구하는 사항은 무엇이든지 원스톱으로 처리하며, 부득이하게 전문성을 요하는 것만 해당 부서로 연결한다(텔레마케팅 및 고객관리 업무처리 지침서 작성 · 비치).

㉢ 텔레마케팅 지원시스템 운용 : 고객 위주의 상담화면을 개발하고 고객의 의견 등을 데이터베이스화하여 경영활동에 반영할 수 있도록 한다(고객 서비스센터 전용화면의 관리, 고객관리 데이터베이스화).

㉣ 각종 정보 관리 : 지속적인 정보관리를 할 수 있도록 화면과 각종 리포트를 개발하여 현업에 활용한다(고객정보수집활동 강화).

㉤ 자료 분석 및 통계적 모델 관리 : 고객의 구매행태를 자동분석할 수 있는 데이터베이스 마팅 분석 시스템을 구축하여 통계자료를 계량화하여 전 부서에 피드백한다.

㉥ 개인실적 및 보상 : 고객상담활동의 우수직원과 부서에 대해서 적절한 보상을 제공함으로써 조직원 전체의 관심도를 유발한다.

㉦ 통신환경에 맞는 장비 구축 : 전화상담을 위한 응답기기, 고객상담처리 시스템에 관련된 전화기, 통신장비, 작업공간 등을 효율성 있게 설치한다.

㉧ 서비스 기법 개발 : 다양한 고객활동 정보를 활용하여 보다 나은 고객 서비스 기법을 지속적으로 개발하여 고객에게도 서비스 범위와 혜택을 홍보한다.

㉨ 고객의 만족 및 불만사항을 데이터화 : 고객만족도 평가항목을 정하고 기간별로 데이터를 분석하여 집계 · 발표하는 기회를 갖는다.

㉩ 전 직원 서비스 반응 체크 : 최고경영자의 의지와 전 직원의 관심 아래 모니터제도, 서비스개선에 대한 직원 제안제들을 수렴하여 직원 참여도를 고취한다.

(5) 콜센터 모니터링

① 개 요

콜센터 모니터링의 목적은 상담사원이 고객과의 전화응대 과정에서 콜센터에서 정한 통화의 기본 서비스 기준사항을 정확히 준수하는지를 확인 및 평가하고, 향후 인적 서비스 개선을 위한 직원 교육의 방향 및 방법을 제시하고자 하는 것으로 모니터링 이후 작업과의 연계가 매우 중요하다.

② 모니터링의 목적 중요 기출 19

㉠ 조직 전반의 품질 향상과 혁신에 대한 근거를 제공한다.

㉡ 응대의 품질과 제공된 정보의 정확성을 측정한다.

㉢ 콜센터 프로세스의 일관성과 효과성에 기여한다.

㉣ 콜계약의 형태 · 팀 · 센터에 걸쳐 유효한 패턴을 찾기 위해 추세조사를 할 때 데이터를 제공한다.

㉤ 피드백에 대한 구체적인 예를 줌으로써 코칭을 지원해준다.

㉥ 상담사에게 추가적인 훈련의 필요성을 확인시켜 준다.

㉦ 훈련의 유효성을 평가한다.

㉧ 고객 필요나 기대를 찾아낸다.

㉨ 콜센터와 전사적 관점에서 전략을 실행하도록 지원한다.

㉩ 고객만족도를 평가한다.

㉪ 기능과 능력의 프로파일을 개발하는 데 도움을 준다.

㉫ 법적 사항을 준수하게 함으로써 책임을 완화시킨다.

㉬ 상담사로 하여금 조직의 정책을 따르도록 만든다.

③ 모니터링 활용방법 중요

㉠ 모니터링의 기본프로세스는 '목표설정 → 평가척도 구성 → 실행평가 및 분석 → 상담원 피드백'의 과정을 거친다.

㉡ 모니터링은 우선 모니터링 목표(정성적 목표 / 정량적 목표)를 설정하고, 이를 평가하기 위한 평가척도를 구성하며, 평가척도를 기준으로 모니터링을 실행하고 평가결과를 분석하며, 분석 결과를 상담원에게 피드백하는 과정을 가진다.

㉢ 모니터링 과정을 통해 나온 데이터는 통화 품질을 측정하고, 상담원의 개별적인 코칭과 향후 보상의 근거로 활용된다.

㉣ 보상은 확실한 동기부여가 될 뿐만 아니라 모니터링을 감시가 아닌 상담원 자신을 발전하게 하는 수단으로 인식할 수 있도록 해준다. 또한, 모니터링 결과를 통해 상담원 개개인과 콜센터 전체의 교육 Needs를 명확히 알 수 있게 해 준다.

㉤ 모니터링을 통해 드러난 개개인의 자질을 분석하여 상담원 선발 과정에서의 문제점을 파악하여 다음 선발 과정에서 선발 기준을 재조정할 수 있다.

④ 모니터링 대상

모니터링 대상은 기업 내의 모든 직원을 우수상담원 그룹과 부진상담원 그룹으로 구분한다.

㉠ 우수상담원 그룹

- 강화된 행동을 지속할 수 있도록 동기를 부여해주는 코칭을 실시한다.
- 긍정적인 코칭문화의 형성을 기대할 수 있다.
- 현 업무수행에 대한 재점검을 기대할 수 있다.
- 부진상담원에게도 우수상담원의 행동이 전파되는 효과를 기대할 수 있다.

㉡ 부진상담원 그룹

- 부진한 원인을 파악하여 해결책의 제시를 통하여 상담능력을 개선할 수 있도록 도와주는 코칭을 실시한다.
- 업무수행 능력의 편차를 최소화하도록 도와준다.
- 직원과 제대로 코칭자격을 갖춘 품질관리자(QAA ; Quality Assurance Analyst) 간의 유대감을 형성할 수 있다.

⑤ **모니터링 유형** 기출 14, 15, 16, 17, 20, 21, 22, 23

상담사의 성과를 모니터링하는 방법은 다양하다. 다음과 같은 각각의 방법은 고유한 장점과 단점을 가진다.

㉠ Silent 모니터링 : 모니터링을 수행하고 책임을 지는 사람 혹은 QAA는 다른 장소에서도 실시간으로 상담사 콜을 들어볼 수 있다. 또한, 몇몇 콜센터에서 QAA는 상담사가 콜을 처리하는 동안 상담품질과 시스템 상황을 확인하기 위해 상담사의 키보드 활동도 모니터할 수 있다.

장 점	단 점
• 콜은 무작위로 추출되므로, 연이어 우수콜이 청취될 수 있다. • 상담사는 모니터되고 있다는 것을 모르므로, 좀 더 자연스럽게 행동한다. • 상담사와 고객 사이에서 방해되지 않는 응대를 할 수 있다. • 다양한 장소에서 모니터링이 실행될 수 있다.	• 즉각적인 피드백을 하기 어렵다. • 모니터링을 하는 사람이 콜이 오기를 기다리는 비생산적인 시간을 경험할 수 있기 때문에 비효율적일 수 있다. • 녹음되지 않는 한 콜은 재생될 수 없기 때문에 중요한 정보를 놓치기 쉽다. • 누군가가 지켜보고 있다는 '빅브라더'의 두려움이 상담사 사이에 생길 수 있다. • 일부에서는 이러한 원격 모니터링을 금지할 수 있다. 예를 들면, 상담사와 고객에게 모니터링이 시행되고 있다는 것을 알려주는 '삐~소리'를 요구한다.

㉡ 콜 리코딩(Call Recording) 또는 콜 테이핑(Call Taping) : QAA 혹은 자동화된 시스템이 콜 샘플을 녹음한 후 상담사의 성과를 평가하기 위해 모니터링을 수행하는 사람이 무작위로 콜을 선택한다.

장 점	단 점
• 상담사들은 그들이 고객을 어떻게 다루었는지 알기 위해 그들 자신의 콜을 경청할 수 있다. • 자동화된 시스템은 사전에 준비된 프로그램에 따라 시행될 수 있으므로, 더 많은 유연성과 통제권을 제공한다. • Silent Monitoring에서 경험할 수 있었던 비생산적 시간을 제거할 수 있다. • 상담사와 QAA는 필요한 만큼 콜의 대화 내용을 반복해서 검토할 수 있다.	• 휴대용 테이프 레코더와 같은 일반적인 장비로 시행된다면 매우 귀찮은 일이 될 수 있다. • 완전히 자동화된 시스템은 비싸고, 효과적으로 사용되기 위해서는 적절한 훈련을 요구할 수 있다. • 즉각적인 피드백이 어렵고, QAA의 바쁜 일정으로 피드백이 늦어질 수도 있다.

㉢ Side-by-Side 모니터링 : 모니터링을 수행하는 사람은 상담사 옆에 앉아서 상담사가 콜을 다루는 동안에 경청한다.

장 점	단 점
• 상담사는 즉각적인 피드백과 코칭을 받을 수 있다. • 상담사는 QAA의 도움을 받아 즉각적으로 새로운 행동을 연습할 수 있다. • 모니터링을 수행하는 QAA는 상담사가 시스템과 참고자료, 그리고 다른 보조품 등을 사용하는 것을 지켜볼 수 있다. • 신입사원에게 상호적이고 지원을 해 주는 환경을 제공한다. • 상담사와 QAA 사이의 관계를 강화시킨다.	• 직접적인 관찰은 성과에 영향을 줄 수 있고, 상담사는 신경이 예민해져서 성과에 부정적 영향을 미친다. • 상담사는 모니터링되는 동안에 표준에 따라 행동하므로, 평상시 행동을 발견하기 어려울 수 있다. • 모니터링을 하는 사람이 많은 시간을 소비하게 한다.

㉣ 동료 모니터링(Peer Monitoring) : 콜센터 상담사가 동료의 콜을 모니터해서 그들의 성과에 피드백을 제공한다.

장 점	단 점
• 질적 프로세스에 상담사를 참가시킨다. • 모니터링을 수행할 때 거부감이나 두려움을 줄일 수 있고 코칭이 우정적 관점에서 행해진다. • 권한 부여(Empowerment)와 직무충실도가 좋은 환경을 지원한다. • 상담사가 모니터링의 책임을 수행하므로 관리자의 시간을 아낄 수 있다.	• 상담사가 뒤떨어진 기능과 행동을 전파할 수 있으므로, 관리자는 직접 동료 모니터링을 하기 위한 우수 수행자들을 신중하게 선별해야 한다. • 동료 모니터링을 수행하는 상담사는 피드백을 주는 방법에 대해 훈련받아야 한다. • 우수 수행자들이 고객과 응대할 수 있는 시간을 많이 감소시킬 수 있다. • 모니터링을 실시한 상담사에 대한 인정 및 보상 시스템이 함께 병행되어야 한다.

㉤ 미스터리 콜(Mystery Call) : 지정된 미스터리 쇼퍼가 콜센터에 콜을 해서 상담사의 기능을 모니터하는 것으로 드러나지 않는 관찰의 형태이다.

장 점	단 점
• 콜이 무작위로 선출되어 좋은 샘플이 될 수 있다. • 상담사는 모니터된다는 것을 모르기 때문에, 좀 더 자연스럽게 수행한다. • 구체적인 콜 형태나 기능을 테스트할 수 있다. • 모니터링과 관련된 소요시간을 줄일 수 있다.	• 상담사에게 즉각적인 피드백을 할 수 없다. • 피드백이 QAA에게 전달된 다음에 상담사에게 전해지므로 평가가 잘못 의사소통되거나 잘못 이해될 위험이 있다. • 미스터리 쇼퍼는 신중히 선출되어 훈련되어야만 하므로 시간과 비용을 증가시킨다.

㉥ 실시간 모니터링 및 랜덤콜 : 실시간 모니터링 진행은 평가만으로 담당 그룹의 경향을 파악하기는 어려움이 많기 때문에, 사원들의 전반적인 경향을 파악하기 위해 이루어진다. 실시간 모니터링 후 직접 코칭을 하는 경우도 있고, 전체적인 경향파악을 목적으로 한다면 그룹 관리자의 피드백을 받고 이를 공유한다.

⑥ 모니터링 평가

㉠ 모니터링 평가표 3대 점검요소 중요

- 계량성(신뢰성) : '누가 평가하더라도 동일한 결과가 나오는가?', '기준이 명확하고 객관적인가?'
- 공정성 : '평가 항목이 보편적인가?', '어떤 고객이나 상황에서도 공정한가?'
- 유용성 : '불필요한 항목은 없는가?', '중요성에 비해 배점은 적절한가?'

㉡ 평가자(QAA)의 자격요건

- 지식(Knowledge) : 우선 상담원들이 상품 지식을 알아야 하듯 QAA도 습득해야 할 지식이 있다. 기업 및 고객 센터의 비즈니스 전략에 대해 이해하고 통화 품질관리가 왜 중요한지와 상품 지식, 성과 분석 지표와 산출 및 통계에 의한 수치 관리법 및 관련 서류(보고서 등) 작성법에 대해 알고 있어야 한다.
- 기술(Skill) : 고객과 상담원의 통화를 경청하고(이메일 상담이라면 정독하고) 정확하게 평가하는 능력과 스크립트 작성법에 대해 알고 있는 것, 효과적인 비평법과 피드백 방법을 사용하여 상담원의 통화 수준을 업그레이드하는 부분을 말한다. 따라서 요즘은 QAA(Quality Assurance Analyst)를 QAD(Quality Assurance Developer)라고도 부른다.
- 태도(Attitude) : 무엇보다도 중시될 부분은 업무에 대한 태도이다. 지식과 스킬 부분은 노력 여하에 따라 발전할 수 있지만, 기본적인 마인드와 개개인이 가지고 있는 패러다임은 고치기 어렵기 때문이다. QAA는 공정한 인품과 감정에 치우치지 않고 객관성을 유지할 수 있는 자세가 있어야 하며, 풍부한 서비스 마인드를 지닌 사람이어야 한다.

㉢ 모니터링에 임하는 자세

- 달성가능한 목표를 제시한다.
- 구체적인 행동의 개선방안을 제시한다.
- 코칭 후 피드백을 실시한다.
- 지속적인 애정과 관심을 갖는다.

㉣ 녹취평가 진행실무 : 녹취평가의 샘플 콜 선별 → 샘플청취 → 평가시트 항목 배점에 따라 평가 진행

㉤ 합동 모니터링

- 합동 모니터링은 QAA 간의 공유 회의를 통해 평가 항목에 따른 차이를 파악하고 최소화하기 위한 과정이다.
- 합동 모니터링의 목적은 녹취평가의 기준안을 마련해 평가와 코칭에 적용하는 것이다.
- 가급적 평가자의 주관을 배제하기 위해 명확한 채점 기준안이 마련되는 것이 바람직하며, 또 여러 명의 QAA가 존재할 경우 모든 QAA의 '귀 높이'가 동일하도록 합동 모니터링이 꾸준히 실시되는 것이 바람직하다.

㉥ 모니터링 결과 분석방법 : 모니터링 결과를 분석하는 방법은 크게 **평균분석, 항목분석, 편차분석, 중요도 분석, 대상분석, 미래분석, 추인분석, 상관분석**으로 나누어 진행된다.

⑦ 모니터링 피드백

㉠ 개요 : 어떤 원인에 의해 나타난 결과가 다시 원인에 작용해 그 결과를 줄이거나 늘리는 '자동 조절 원리'를 말하며, 이러한 피드백 과정을 고객만족이라는 모니터링의 궁극적인 목적을 위해 이용하는 것이 모니터링 피드백이다. 아무리 평가가 정확하고 가치 있는 데이터가 만들어졌다 하더라도 신속하고 의미 있게 활용되지 않으면 종이만 남고 시간만 허비하는 쓸모없는 QA가 될 것이다. 신속한 피드백을 위해서는 월간의 종합 보고 이외에도 일간, 주간 보고가 있는 것이 좋다. 또한, 이렇게 나온 데이터의 활용 방안은 교육이나 콜 센터의 품질 확인에만 사용되기보다는 보상과 프로세스 개선의 기회 등으로 활용해야 진정한 고객 센터의 향상이 있을 수 있다.

㉡ 의 의

- 성찰, 분석, 반추하는 과정이다.
- 어떤 결과와 과정을 사실에 비추어 객관화하는 과정이다.
- 긍정적인 것으로 변화를 유도(지향)하는 과정이다.
- 결과와 사실을 논쟁적으로 평가하는 과정은 아니다.

㉢ 피드백을 주는 방법

- 피드백을 줄 때는 구체적이고 관찰 가능한 사실에 집중해야 한다. "당신은 매번 ㅇㅇ한 경향이 있어." 또는 "당신은 항상 불평이 많아."처럼 추측에 입각해서 사람의 부정적인 특성을 지적하는 것은 금기이다.
- 좋은 피드백은 신뢰와 협조를 가져오고 성취된 개선에 집중하며 잠재력에 대한 확신을 향상시킨다. 또한, 상대로부터 판단받았다는 느낌을 주기보다는 도움을 받았다는 느낌을 준다.
- 나쁜 피드백은 공격과 방어의 대결구도를 조성하고, 상대에 대한 비난에 집중하며, 자존심을 손상시킨다.

㉣ 피드백의 진행 : 피드백을 줄 때는 구체적인 행동(Actions)과 그 행동이 가져온 영향(Impact)에 대한 설명, 그리고 피코치자가 일을 보다 효과적으로 수행할 수 있었던 바람직한 결과(Desired Outcome)에 대한 논의의 순서로 진행되어야 한다. 이러한 3단계 피드백은 각각의 첫 문자를 따서 AID라는 약어로 기억될 수 있다.

⑧ 모니터링 데이터의 활용

㉠ 서비스 품질 측정 : 모니터링은 서비스 품질을 측정하는 가장 효과적인 방법으로, 모니터링을 통해 친절성과 정확성 등 모든 고객 서비스 행동을 포함하여 고객만족과 고객 로열티 요소들을 광범위하게 평가할 수 있다.

㉡ 개별적인 코칭과 후속조치(Follow-up) : 모니터링 데이터를 활용하여 스킬 향상을 효과적으로 지원할 수 있는데, 이때 유의할 점은 피드백이 제때 이루어져야 하며 종업원의 행동을 변화시키는 데 코칭의 초점이 맞추어져야 한다. 또한 피드백은 정확하고 지속적이어야 하며 종업원 개개인의 특성에 맞는 개발 계획이 뒤따라야만 한다.

㉢ 보상과 인정 : 모니터링이 효과적으로 수행된다면 그 결과 데이터는 성과 평가의 자료가 되며, 탁월한 성과를 보이는 종업원에 대한 보상의 근거로 활용할 수 있다. 이러한 보상과 인정은 종업원들에게 확실한 동기부여가 될 뿐 아니라 모니터링을 감시가 아닌 자신을 발전하게 하는 수단으로 인식할 수 있도록 해준다.

㉣ 교육 Needs 파악 : 모니터링을 통해 드러난 평가자료를 근거로 종업원 개개인과 조직 전체의 교육 Needs를 명확히 알 수 있다. 이를 통해 개별적인 자기개발 Needs에 맞춰 교육을 실시할 수 있다.

㉤ 인력 선발 과정 수정 : 모니터링을 통해 드러난 개개인의 자질을 분석함으로써 선발 과정에서의 문제점을 파악하고 다음 선발에서는 개선된 선발 과정을 적용한다.

㉥ 업무 프로세스 개선 : 모니터링 과정에서 고객의 다양한 소리(컴플레인, 클레임, 어려운 문제, 원하는 서비스 등)를 듣게 되며, 이들 정보는 업무 프로세스 개선의 기회를 발견하게 해준다.

(6) CTI를 기반으로 하는 통합 콜센터

① CTI(컴퓨터 통신 통합체계) 기출 19

㉠ CTI(Computer Telephony Integration)는 컴퓨터 기술과 전화 기술을 통합한 것으로 기존의 분리된 전화업무와 컴퓨터 업무를 하나로 처리할 수 있게 구성된 지능형 통합전산 기술이다.

㉡ 과거에는 콜과 데이터 관리가 다른 차원에서 수행되었으나, CTI 기술로 인해 동시에 조절할 수 있게 되어 인바운드와 아웃바운드의 기능통합이 가능하게 되었다.

㉢ PC를 통해 전화 시스템을 효율적으로 사용할 수 있도록 함으로써 자동 · 재다이얼 기능을 비롯하여 영상회의 기능, 자료전송 및 음성사서함 기능, 송신호에 대한 자동정보제공 기능 등을 구현할 수 있다.

㉣ CTI의 응용 분야는 음성 및 콜센터와 같은 전통적인 분야에서 통합 메시지 및 네트워크 팩스 분야에 이르기까지 전 분야에 걸쳐 다양하게 활용되고 있다.

② CTI 콜시스템

㉠ 보유하고 있는 DB를 활용하여 고객에게 각종 편의를 제공하고, 기업의 업무효율화를 증대시키기 위하여 은행 등 금융권을 중심으로 도입되고 있는 시스템이다.

㉡ CTI 콜시스템은 기존 콜센터 내 상담원이 부담했던 고객확인, 요구접수, 정보입수, 거래처 등 단위업무를 컴퓨터와 통신, DS, 지능형 정보처리장치가 분담 처리함으로써 획기적인 대고객 이미지 개선이 가능하다.

㉢ CTI 콜시스템은 고객에 대한 여러 가지 정보를 DB화하고 이를 바탕으로 고객과 1:1 마케팅이 가능한 DB 마케팅과 전화를 기본매체로 통신과 컴퓨터, DB를 하나로 통합, 고객과 밀착된 텔레마케팅 등 컴퓨터를 이용한 총체적 마케팅을 가능하게 하였다.

㉣ CTI 기술을 기반으로 한 콜센터의 가장 큰 장점은 기존 시스템의 데이터베이스와 연동이 가능하다는 점이다.

㉤ 평균 통화시간, 통화 포기율(Abandon Rate), 서비스 레벨 등을 측정할 수 있다.

(7) CRM과 콜센터

① CRM 측면에서 콜센터 운영목적

㉠ 고객만족도와 충성도 향상 : 콜센터는 고객이 요구하는 전문적인 서비스를 신속하고 편리하게 제공함으로써 고객만족도를 향상시키고 고객충성도를 높인다.

㉡ 영업 및 수익 창출채널 : 콜센터에서는 고객콘택트시스템을 활용하여 인바운드 문의고객에게 적시에 적합한 제품 · 서비스를 교차판매(Cross-selling) 및 추가판매(Up-selling) 할 수 있다. 또한 구매 트렌드, 인구 통계정보, 고객 피드백 등의 고객 프로파일 분석을 통하여 고객을 세분화하고, 타깃 고객에게 적시에 아웃바운드 세일즈 캠페인을 수행하여 기업의 수익성을 높인다.

㉢ 품질개선 이슈 제공 : 고객의 소리(Voice of Customer)와 같이 콜센터로 인입되는 제품 및 서비스 개선요청사항을 분석함으로써 콜센터는 제품 · 서비스에 대한 품질이슈를 쉽게 발견할 수 있다.

㉣ 고객 서비스 제공채널 : 콜센터는 고객이 편리하게 이용할 수 있는 대고객 서비스 채널로 제공됨으로써, 고객만족과 고객신뢰를 증대시킨다.

② CRM 측면에서 콜센터 역할

㉠ 콜센터는 고객 요구사항에 대하여 적합하게 응대해야 한다.

- 콜센터는 고객 요구사항을 원스톱(One-stop)으로 한 번에 처리할 수 있어야 한다(One Call Resolution).
- 고객이 동일한 사항으로 콜센터에 수차례 콘택트할수록 고객만족도와 충성도는 급격히 낮아지는 반면, 콜센터의 처리비용은 급격히 증가하게 된다.
- 상담사가 고객문의에 대해 신속하고 적절하게 응대할 수 있도록 콜센터의 상담 애플리케이션은 고객의 과거 콘택트이력 및 처리이력을 상담사에게 제공해야 한다. 뿐만 아니라 콜센터, 이메일, SMS, 메신저(채팅) 등의 콘택트채널에 상관없이 고객콘택트에 관한 통합된 콘택트이력 및 처리결과가 실시간으로 제공되어야 한다.

㉡ 콜센터는 적시에 교차판매(Cross-selling) · 추가판매(Up-selling)를 유도해야 한다.

- 만족한 고객은 동일한 제품 · 서비스를 계속 구매할 가능성이 높으며, 만족한 기업의 다른 제품 · 서비스를 구매할 가능성도 높아진다.
- 콜센터에서 만족한 상담을 마친 고객에 대하여 기업은 다른 제품 · 서비스에 대한 추가 구매를 권유할 수 있는 기회를 얻게 된다. 이와 같이 콜센터에서 만족한 고객을 대상으로 교차판매(Cross-selling)나 추가판매(Up-selling)를 유도하는 것을 제안판매(Suggestive Selling)라고 한다.

㉢ 콜센터는 개별콘택트 데이터를 통합하고 분석해야 한다.

- 콜센터는 모든 고객의 콘택트내용을 기록하고 관리해야 한다.
- 고객콘택트를 기록하는 고객콘택트 로깅시스템(Customer Contact Logging Systems)은 상담사가 이용하기 쉽고, 고객정보에 대한 조회 및 저장이 신속하게 이루어져 콜처리 시 상담사의 작업시간에 영향을 주지 않아야 한다.
- 고객콘택트 로깅시스템은 고객의 모든 콘택트내용을 기록할 수 있도록 분류항목이 광범위해야 하는 동시에, 고객 콘택트내용에 대한 세부적인 분석이 가능해야 한다.

③ 콜센터의 CRM 운영효과

콜센터에서 CRM을 운영함으로써 고객충성도와 재구매율 향상뿐만 아니라 다양한 부가효과를 얻을 수 있다.

㉠ 콜센터와 연계되는 사업부로부터 전략적 지원 획득

㉡ 고객만족 및 충성도 최대화

㉢ 제품 · 서비스에 대한 고객피드백을 통한 품질향상 및 혁신

㉣ 효과적인 고객 마케팅 전략 개발

㉤ 콜센터에서 획득한 고객지식을 바탕으로 제품 · 서비스 개선

㉥ 콜센터를 통한 고객 서비스의 신속하고 효율적인 제공

㉦ ARS와 같은 셀프 서비스 시스템의 이용촉진을 통한 비용절감

㉧ 콜센터에서 크로스셀링 및 업셀링의 수행을 통한 기업의 수익증가

(8) 콜센터의 상담기법 기출 14, 15, 16, 17, 22

① 콜센터 상담의 역할

㉠ 콜센터의 상담은 고객으로부터 전화가 와서 상담하는 인바운드 텔레마케팅과 기업의 텔레마케팅 센터에서 기존고객이나 가망고객에게 발신하는 아웃바운드 텔레마케팅이 있다.

㉡ 일반 기업이나 금융기관, 신용카드업체, 백화점, 서비스업체 등 많은 기업이 콜센터를 운영하고 있는데 그 범위 또한 점점 확대되어 가고 있다.

② 인바운드 상담기법 중요 기출 19

㉠ 의 의

- 전화통화로 하는 것으로 고객으로부터 전화가 와서 상담한다.
- 인바운드 텔레마케팅은 상품수주, 상품개발이나 서비스 개선을 위한 고객의 의견과 제안 등을 얻을 수 있으며, 고객 불만이나 문제해결을 도와주는 여러 가지 역할을 한다.
- 기업의 고객상담실에서의 전화상담이 바로 인바운드 텔레마케팅의 대표적인 기법이다.

㉡ 장 점

- 시간 및 노력을 절감시킨다.
- 비용을 절감시킨다.
- 소비자와 상담하는 편리한 수단이다.
- 판매, 정보, 교환, 자료수집, 고객만족도 조사, 불평처리 등 다양한 내용을 처리할 수 있다.
- 소비자와의 접촉이 언제, 어디서든 용이하다.
- 판촉매체로 경제적이다.
- 소비자상담의 효과적인 수단이다.

③ 아웃바운드 상담기법 중요 기출 19

㉠ 의 의

- 기업의 텔레마케팅 센터에서 기존고객이나 가망고객에게 발신하는 아웃바운드 텔레마케팅을 통하여 소비자에 대한 시장조사, 자사상품의 정보수집, 경쟁사의 정보수집, 소비자의 요구사항 등 의견을 듣는다.

- 제품이나 서비스를 구매한 후 어떤 불만은 없는지 등을 기업체 주관으로 조사하여 마케팅 전략에 활용하는 역할을 수행한다.
- 콜센터에서 소비자에게 전화를 걸어서 제품, 서비스 사용상의 애로사항이나 문제점을 서비스 차원에서 확인하는 것이 바로 아웃바운드 텔레마케팅의 대표적인 기법이다.

㉡ 판매확대를 위한 전화상담

- 기업이 소비자에게 전화를 걸어서 상품이나 서비스를 주문받거나 신제품에 대한 정보를 제공하여 구매를 유도하는 것이다.
- 소비자는 매장에 나오지 않고 제품을 구입하여 금전적 · 시간적 · 심리적 이익을 얻을 수 있다.
- 기업의 입장에서도 적은 비용으로 제품판매가 가능하다.
- 교통체증시대에 바람직한 판매방법으로 많이 활용하고 있다. 이것을 텔레마케팅이라고도 한다.

㉢ 시장조사활동을 위한 전화상담

- 기업이 필요한 시장정보를 수집하는 데에 효과적인 방법이다.
- 신제품의 시장수요 조사나 고객의 반응조사를 한다.
- 경쟁품과의 소비자선호도 등을 조사하는 데 활용한다.

㉣ 고객 서비스 차원의 전화상담

- 고객 서비스를 위한 전화상담은 대부분 상품과 서비스에 대한 불만처리에 많이 활용된다.
- 고객이 느끼는 불편한 점을 파악한다.

㉤ 서비스의 질적 개선사항

- 상품에 대한 애프터 서비스를 실시하여 고객에 대한 서비스의 질을 향상시킨다.
- 텔레마케팅요원을 철저하게 교육해 기업에 대한 소비자 인식 향상의 좋은 기회로 만든다.
- 판촉활동으로 추가 주문을 받는 것이다.

㉥ 향상된 고객관리를 위한 전화상담

- 고객에 관한 정보를 파악하며 고객의 상품구입 활성화, 대금 · 연체금 등을 회수 · 독촉하는 데 많이 활용된다.
- 고객의 생일, 결혼기념일 등을 컴퓨터에 입력시켜 자동적으로 축하엽서를 보내거나 축하전화를 한다.
- 고객의 취향이나 요구사항, 현재 상황 등을 연구 · 분석하여 고객이 필요로 하는 상품과 서비스를 고객의 욕구에 맞게 제공한다.
- 전화와 PC 통신, 우편 등을 활용하여 고객에 따라 효율적으로 관리한다.

㉦ 필요한 정보제공을 위한 전화상담

- 고객에 따라 새로운 정보를 제공한다.
- 새로운 상품이나 서비스 및 기업 이미지를 향상시킬 수 있는 정보를 제공한다.
- 정보제공 서비스는 각종 상품정보, 회원정보, 이벤트 및 행사안내 정보 등 다양하다.

㉧ 아웃바운드 기본 스크립트 구성체계 : 자기소개 및 첫인사 → 상대방 확인 → 전화를 건 목적 전달 → 정보수집 및 니즈탐색 → 상품 · 서비스 제안 → 종결

④ 인바운드와 아웃바운드의 비교 중요

구 분	인바운드	아웃바운드
판매활동	• 상품지식 문의 • 상품 수주 • 재고 문의	• 상품발주 권유 • 판매지원 • 직접판매 • 신상품 안내
고객 서비스	• 문의사항 • 독 촉 • 클레임 제기 • 각종 정보제공	• 확인전화 및 사후관리 • 감사전화 및 예고전화 • 서비스 전화 • 정보제공 • 상품도착 · 불만확인전화
시장조사	• 소비자 의견 수집 • 제품에 대한 의견조사 • 구매성향 조사	• 소비자 의견 수집 • 앙케트 콜 • 광고효과 측정 • 구매예측 조사
고객관리	• 고객 리스트 관리 • 고객정보 파악 • 구매통계 관리	• 주소 및 전화번호 확인 • 휴면고객 활성화 • 정기적인 갱신 • 각종 재테크 정보

(9) 콜센터 운영의 4요소 중요

① 전략 및 포지셔닝

㉠ 콜센터의 핵심 전략 및 전략과제는 비전을 이루기 위한 기본적인 목표를 구체적으로 설정하는 것이다.

㉡ 콜센터의 전략은 핵심 전략과 전략과제로 나누어지는데, 여기서 말하는 핵심 전략은 예를 들어 '고객감동 실현'이나 '콜센터 조직의 핵심역량 강화' 또는 '고객만족도 제고', '콜센터 시스템의 선진화', '효율적인 운영을 통한 생산성 향상', '콜 원가 경쟁력 확보' 등과 같이 수립된 비전을 달성하기 위한 구체적인 전략을 제시하는 것이다.

㉢ 콜센터 전략은 전략적인 실행부서인 콜센터에서 실제 업무를 담당하고 있는 상담원을 포함한 모든 구성원들이 전략의 중심에 있어야 한다.

㉣ 콜센터에서 나오는 모든 데이터와 정보는 지식이 되고 지혜가 되는데, 이러한 모든 정보와 지식을 만들어 내는 생산자는 바로 콜센터 구성원이므로, 이들을 중심으로 콜센터 전략이 맞춰져야 한다.

㉤ 핵심 전략이 대주제라고 한다면, 전략과제는 이들 핵심 전략을 달성하기 위한 소주제 또는 방법론이라고 할 수 있다. 예를 들어, '콜센터 조직의 핵심역량 강화'라는 핵심 전략이 있다면 전략과제는 이러한 핵심 전략을 달성할 수 있는 방법론이라고 생각하면 된다.

② 조직/문화 및 인력관리

㉠ 상담원의 이직은 단순한 수치상의 감소만이 아니다. 콜센터 조직의 특성을 규정짓는 현상 중에 하나인 콜센터 바이러스를 통해 여러 형태로 상담원들의 정서적인 동요에 직접적인 영향을 미치며 콜센터 생산성을 떨어뜨리는 요인으로 작용한다.

㉡ 콜센터 구성원에 대한 체계적이고 효율적인 운영과 보조적인(CTI, WFMS, PMS 등) 수단이 조화를 이루는 확정된 콜센터야말로 빠르게 변화하고 있는 환경 속에서 기업이 그토록 원하는 고객만족과 기업의 수익창출이라는 기본 목표에 도달할 수 있다.

㉢ 그 외에도 많은 유형, 무형의 이익을 가져다 줄 수 있는 훌륭한 조직으로 거듭날 수 있다.

③ 프로세스 및 작업환경

㉠ 내부 프로세스 관점은 콜센터 비전과 전략을 달성하기 위해서 어떠한 프로세스가 가장 효과적이고 효율적인지 정의하는 것이 목표이다.

㉡ 즉, 고객을 만족시키는 것이 목표라면 이를 달성하기 위하여 콜센터 운영 측면에서 어떻게 업무절차를 정의하고 고객의 불만이나 기타 업무를 어떠한 방식으로 처리해야 하며 기존의 업무처리 절차상에 문제가 있다면 이러한 업무처리 절차를 어떠한 방법으로 간소화하거나 효율적으로 개선시킬 수 있는지에 대해 고민해야 하는 것이 과제이다.

④ 정보 시스템 및 기술

㉠ 콜센터가 초기 단순 응대의 역할을 뛰어넘어 인터넷의 발달과 콜센터 관련 기술의 진보를 통해 기업에 수익을 가져다주는 이익 센터로 변화하기 시작하였다.

㉡ 특히, 2000년도를 기점으로 인터넷 기술의 발달과 국내 벤처기업의 활성화를 통해 기존에 볼 수 없었던 다양한 기능의 콜센터 솔루션 및 시스템이 등장하고, 이에 따라 효율적이고 체계적인 생산성 관리가 이루어지는 전기가 마련되었다.

㉢ 또한, 콜센터 기술의 진보뿐만 아니라 운영에서도 업무의 구분이 세분화되었고 과거에 비해 보다 전문적이고 체계적인 운영조직이 등장함으로써 콜센터가 보다 짜임새 있게 운영되기 시작했다.

04 | 매뉴얼 작성체계

(1) 스크립트(Script)의 정의 중요

① 텔레마케터가 고객 응대를 위하여 미리 잘 짜놓은 대화대본으로서, 텔레마케팅실무의 필수품이자 고객 응대의 기초이다.

② 텔레마케팅에서 대본 역할을 하며 도입에서 상담 진행, 마무리 감사 등의 절차와 구성을 통해 텔레마케팅 상담 및 고객 설득 능력에 숙달하고자 할 때 사용하는 것이다.

③ 텔레마케팅 대화의 대본이며, 텔레마케팅 대화의 기본 매뉴얼이다.

④ 상담원이 고객과 의사소통 시 대화를 부드럽게 이끌어 갈 수 있도록 미리 작성된 것이다.

※ 인바운드 텔레마케팅이 Q&A에 의존하는 경향이 높다고 한다면, 아웃바운드 텔레마케팅은 스크립트를 작성하여 활용하는 경향이 높다.

(2) 스크립트의 역할 중요 기출 20, 23

① 고객과 실제 상황대응에 효과적이다.

② 텔레마케터의 고객상담관리 지침 역할을 한다.

③ 상품, 서비스 특징에 알맞게 수시로 고객 응대용으로 수정 · 활용이 가능하다.

④ 고객과 상담원 간 대화의 윤활유 역할을 한다.

(3) 스크립트의 작성목적 중요 기출 19, 20

① 일관성

목적 및 방향을 제시해 주므로 상담 내용에 일관성을 가질 수 있다.

② 생산성 향상

제한된 시간 내에 고객 상담 또는 서비스 업무를 효과적으로 수행하므로 일관된 통화 수행이 가능하며, 생산성을 향상할 수 있다.

③ 텔레마케터들의 능력 향상

스크립트를 가지고 반복된 훈련을 함으로써, 체계적이고 계획적인 상담능력을 기를 수 있다.

④ 서비스 표준화

상담사의 상담능력 차이를 좁히고 일관성 있는 서비스를 수행함으로써, 상담 능력을 상향 평준화시킬 수 있다.

⑤ 효과 측정

정확한 효과 측정이 가능하다.

(4) 스크립트 작성 기출 15, 16, 18, 20, 22, 23, 24

① 스크립트 작성 원칙

㉠ 스크립트는 문어체가 아닌, 구어체로 쓰여야 한다.

㉡ 스크립트는 고객, 기업, 상담원 입장을 고려해서 쓰여야 한다.

㉢ 스크립트는 역할연기를 통해 텔레마케터가 실전에 활용할 수 있도록 충분히 숙지되어야 한다.

㉣ 스크립트 작성의 5C : 스크립트는 원활한 고객 응대를 위하여 미리 구성해 놓은 대본인 만큼 완성도 높은 스크립트를 만드는 것이 필요하다. 그러므로 다음의 작성 원칙에 따라 고객만족을 높일 수 있는 스크립트를 작성할 수 있어야 한다.

- Clear : 이해하기 쉽게 작성되어야 한다.
- Concise : 간단명료하게 작성되어야 한다.
- Convincing : 논리적으로 작성되어야 한다.
- Conversational : 회화체로 작성되어야 한다.
- Customer-oriented : 고객 중심으로 작성되어야 한다.

② 스크립트 작성 방법

㉠ 차트식 : '예', '아니오'에 따라 다음 질문이나 설명이 뒤따르도록 작성하는 방식이다.

㉡ 회화식 : 상대방과 대화하면서 진행하는 경우에 작성하며 이때는 말의 표현을 통일한다.

㉢ 혼합식 : 차트식과 회화식을 혼합하여 작성하는 방식이다.

③ 스크립트 작성 시 유의사항

㉠ 고객에게 이익이 될 수 있는 상품의 혜택과 신뢰성이 있어야 한다.

㉡ 요점을 집약하여 알기 쉬운 구어체로 표현한다.

㉢ 너무 많은 정보를 전달하거나, 과장하는 것은 위험하므로 사실에 입각하여 전달한다.

㉣ 일반적으로 2~3분 이내에 끝낼 수 있도록 구성한다.

㉤ 상황과 시기에 적절하게 수정, 보완할 수 있어야 한다.

㉥ 마지막에는 반드시 감사의 인사로 끝을 맺는다.

㉦ 일관된 내용으로 논리적인 줄거리를 만든다.

(5) 스크립트의 종류

① 인바운드 스크립트

주문처리, 자료 · 샘플청구, 소비자 대응창구, 사용자 서비스, 문의 · 상담, 접수 · 예약, 불만처리, 정보제공서비스, 상품지식 문의, 상품수주, 재고문의, 소비자 의견 수집, 제품에 대한 의견조사, 구매성향 조사, 고객정보 파악

② 아웃바운드 스크립트

영업지원(세일즈, 판매지원), 판매촉진(주문권유, 감사인사), 내점 · 행사 참가 촉진, 고객유지, 휴면고객 활성화, 대금 · 미수금 회수 · 독촉, 시장조사, 가망고객 획득, 해피콜, 정기적인 갱신, 각종 재테크 정보, 감사전화 및 예고전화, 상품도착 · 불만확인전화, 신상품 안내, 확인전화 및 사후관리, 소비자 의견 수집, 앙케이트 콜, 주소 및 전화번호 확인

(6) 스크립트의 구성원리

① 인바운드 스크립트의 구성원리

㉠ 도입부

- 인사 및 자기소개
- 상대방 확인 : 성명, 주소, 전화번호 등 고객정보 확인

㉡ 상담진행 : 문의내용 파악, 접수처리, 불만, 클레임, 예약접수

㉢ 문제해결 및 반론 극복 : 상황에 따른 상담내용 처리, 접수, 해결방안 제시, 반론에 대한 대안 제시

㉣ 동의와 재확인 : 상담내용 재확인, 처리내용 재확인

㉤ 종 결

- 추가문의 여부에 대한 탐색
- 감사표시와 마지막 인사

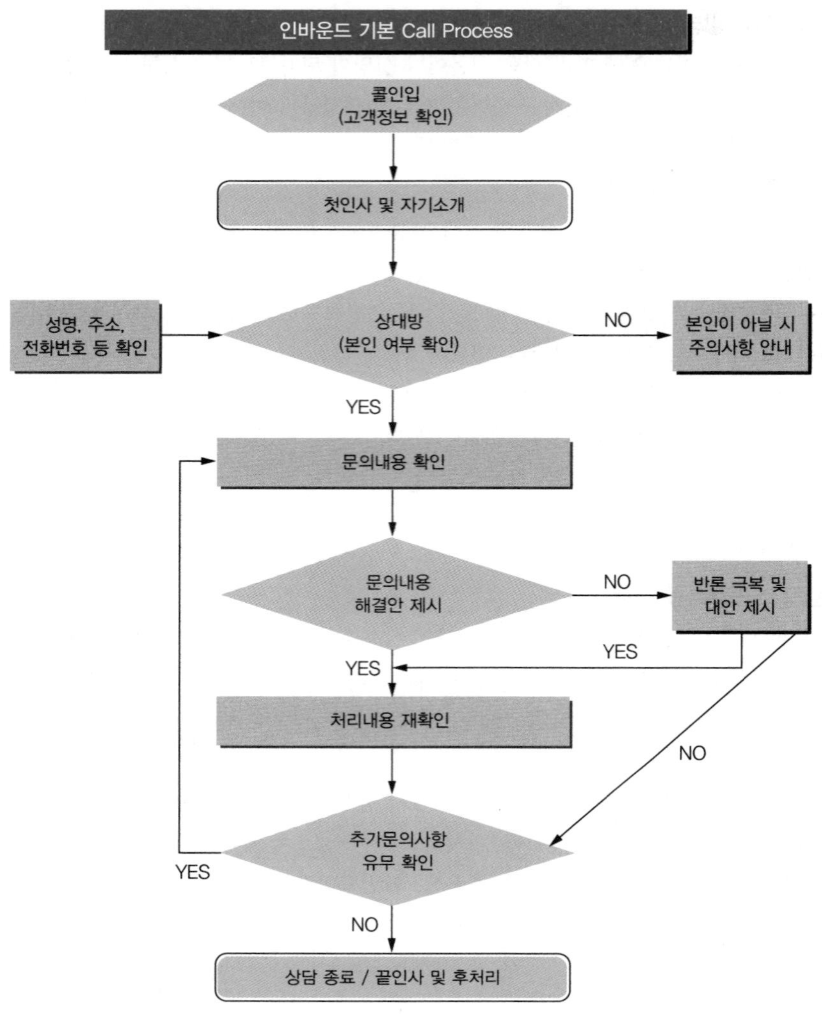

[인바운드 기본 콜 프로세스]

② 아웃바운드 스크립트 구성원리

㉠ 도입부

- 첫인사 및 자기소개
- 상대방 확인 및 의사결정권자 확인(본인 여부 확인)
- 전화를 건 목적의 전달 및 상대방 양해
- 부재 시 대응

㉡ 상담진행

- 고객정보 수집을 위한 탐색
- 고객 이점 위주의 제안 및 설명
- 고객 거절 시 응대 : 혜택강조, 재권유

㉢ 마무리 및 감사

- 고객의 의사결정 내용의 확인
- 지속적인 거래와 소개 등의 부탁
- 감사내용 전달 및 마지막 인사

㉣ 데이터베이스 정리

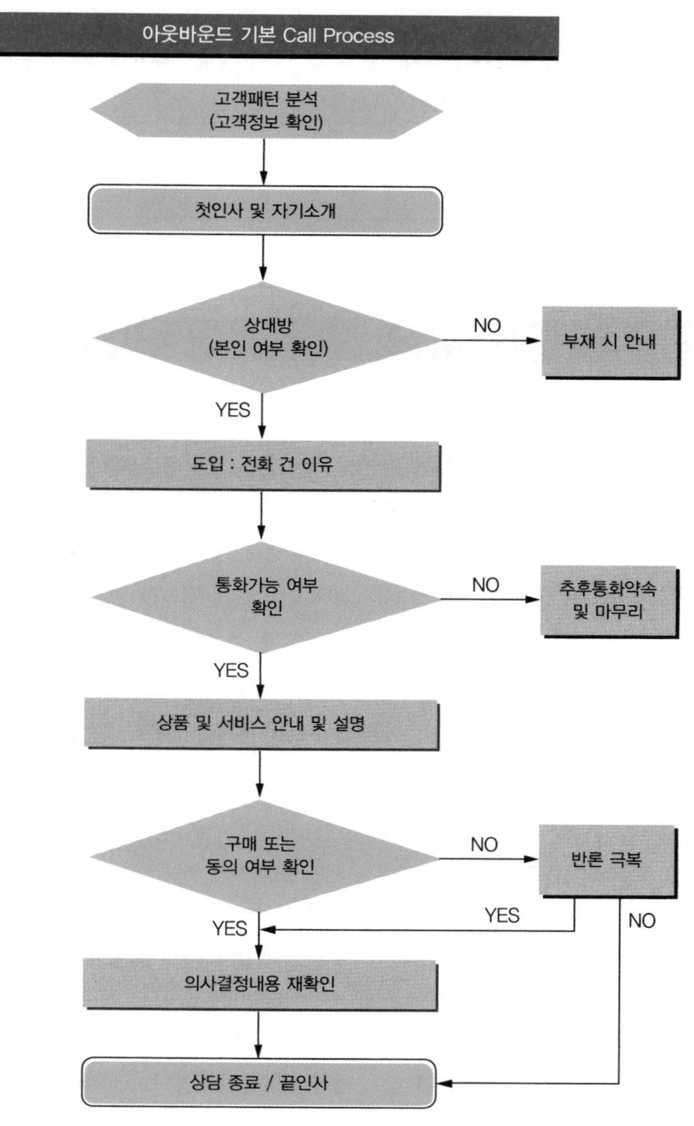

[아웃바운드 기본 콜 프로세스]

[스크립트의 구성 흐름]

구 분	인바운드	아웃바운드
도입부	1. 첫인사 및 자기소개 2. 고객 확인	1. 첫인사 및 자기소개 2. 고객(상대방) 확인 3. 전화목적 전달 4. 상대방 양해 5. 부재 시 대응
상담부	1. 고객니즈(문의내용) 파악 2. 정보 제공 및 문제 해결	1. 정보 수집 및 니즈 탐색 2. 상품, 서비스 제안 3. 반론 극복
종결부	1. 동의와 확인 2. 종 결	1. 동의와 확인 2. 종 결

05 성과관리 기출 22

(1) 성과관리의 정의

① 콜센터 성과관리(Performance Management)란 콜센터 운영 전략에 따라 콜센터 운영이 제대로 되었는지를 주요 관리지표를 통해 측정하여 그 결과를 이해관계자들에게 보고하거나 커뮤니케이션하며, 지속적인 개선활동을 통해 보다 나은 결과를 만들어 내도록 하는 일련의 과정을 의미한다.

② 이러한 성과관리는 기획하고(Plan), 실행하고(Do), 관찰하고(See), 재고하는(Revise) 일련의 사이클(Plan – Do – See – Revise)을 반복한다.

(2) 성과관리의 중요성 중요

① 콜센터 지표에 대한 이해 및 성과관리는 콜센터 운영의 가장 기본이 되는 주요한 업무이다.

② 콜센터는 기업의 중요한 전략적 조직이며, 많은 인력과 많은 비용이 투입되는 조직이다.

③ 콜센터만큼 동일한 업무를 수백 명, 수천 명의 대규모 인력이 수행하는 조직이 없기 때문에 성과관리를 통한 개선 시 효과가 다른 조직에 비해서 크다.

④ 콜센터에서 나오는 데이터들은 무수히 많기 때문에 이를 관리하지 않으면 통제가 불가능하다.

⑤ 콜센터 성과관리를 하는 이유는 콜센터 운영을 잘하고 있는지 알아보고 개선 포인트를 찾기 위함이다.

⑥ 성과관리를 통해 구성원을 평가 및 보상하여 동기부여를 할 수 있기도 하며, 성과 결과를 가지고 부서장 및 임원들과 객관적이고 근거 있는 커뮤니케이션을 할 수도 있다.

⑦ 성과관리는 측정이나 평가 자체가 목적이기보다는 지속적인 개선을 통해 발전을 이루는 것을 궁극적인 목적으로 삼는 것이 바람직하다.

⑧ 바람직한 성과관리를 위한 보고 프로세스는 다음과 같다.

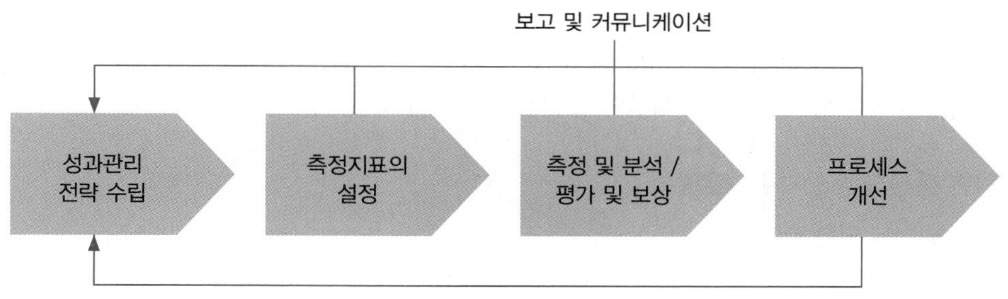

[성과관리 보고 프로세스]

(3) 성과관리 전략의 수립

① 콜센터 성과관리의 첫 단계는 성과관리를 위한 전략을 수립하는 것이다. 모든 콜센터가 같은 기업 경영상황 및 경영 전략을 가진 것이 아니기 때문에 자사에 맞는 운영 전략 및 성과관리 전략이 필요하다. 콜센터에서 성과관리를 위한 전략을 수립할 때는 콜센터를 운영하는 목적이 무엇이고, 어느 수준으로 목표를 잡을 것인지를 먼저 정의내려야 한다. 그리고 목표를 달성하기 위해서 무엇을 측정할 것인지 핵심성과지표(KPI)를 선정하고 성과지표를 측정, 분석하고 보고하는 프로세스를 설계한다.

② 전략을 수립할 때에는 콜센터 전략이 전사경영 전략 및 목표와 연계되는 범위 내에서 설정하는 것이 중요하다.

㉠ 전사경영목표가 제품의 원가절감을 통한 비용경쟁우위를 유지하는 것이라면, 콜센터는 운영 비용을 최소화하기 위해 서비스 자동화(IVR, KIOSK 도입 등)를 목표로 한다.

㉡ 전사경영목표가 각 고객별 요구사항에 맞는 특화된 서비스를 제공하는 것이라면, 콜센터는 고객별 CRM을 위한 데이터 수집활동 및 개인화된 상담활동을 최우선으로 하는 것이 바람직하다.

㉢ 전사목표가 서비스 수준의 향상을 통한 고객만족 극대화라면, 콜센터는 편리한 접촉을 위한 접근성 향상 및 교육과 모니터링을 강화한 상담품질의 극대화를 목표로 하는 것이 바람직하다.

[전사경영목표와 콜센터 목표와의 연계 예]

전사경영목표	콜센터 목표
제품의 원가절감을 통한 Cost 경쟁 우위를 유의	운영비용의 최소화를 위해 서비스 자동화(IVR 등)를 극대화함
각 고객별 요구사항에 맞는 특화된 서비스 제공	고객별 CRM을 위한 데이터 수집활동 및 개인화된 상담활동을 최우선으로 함
서비스 수준의 향상을 통한 고객만족 극대화	편리한 접촉을 위한 접근성 향상 및 상담품질의 극대화(교육 및 모니터링 강화)

③ 전사경영목표와 연계하여 콜센터 성과관리 전략을 수립한 후에는 이를 달성하기 위한 지표를 설정하며 지표는 콜센터 전체, 팀, 상담사 단위로 세분화하여 지표를 설정한다.

④ 콜센터는 다양하고 수많은 데이터가 나오는 조직이므로 이 데이터들을 각 단위에 맞게 선별하고, 활용에 대한 명확한 방침이 설정되어야 한다.

⑤ 각 성과지표에 대한 목표를 설정할 때는 벤치마킹을 하거나 고객설문조사를 통해 목표를 설정할 수 있다. 이때 고려할 점은 기업마다 운영전략이 다르고 고객의 기대수준이 모두 다르기 때문에 산업표준이나 Best Practice(최선의 실행)를 따를 필요가 없다는 것이다.

(4) 다양한 콜센터 성과지표 기출 22

① **측정방법에 의한 분류**

㉠ 외부 측정 지표(External Performance Metrics) : 콜센터 외부 고객에 의해 결정되는 성과 지표로 콜센터 서비스에 대한 고객만족도(CSI ; Customer Satisfaction Index)가 대표적인 지표

㉡ 내부 측정 지표(Internal Performance Metrics) : 콜센터 내부에서 측정되는 지표

② **지표의 특성에 의한 분류**

㉠ 서비스 지표(Service Metrics) : 콜센터 전체의 고객응대 수용능력(Capacity) 및 응대 속도에 관련된 지표

- 서비스 수준과 응답시간 : 서비스 수준 – 목표로 하는 시간에 최초 응대가 이루어진 콜의 비율
- 응대율과 포기율 : 응대된 콜 ÷ 총인입 콜
- 불통률 : 콜센터의 인입회선 부족으로, 고객이 전화를 했으나 콜센터 교환기까지 도달되지 못한 콜의 비율
- 평균 응답속도 : 콜센터에 들어오는 모든 콜들이 상담사에 의해 최초 응대되는 시간의 평균
- 평균 대기시간 : 상담신청부터 상담사 연결될 때까지 시간의 합 ÷ 상담사 신청 콜 수

㉡ 품질 지표(Quality Metrics) : 콜센터에서의 고객응대 품질 수준에 관련된 지표

- 고객만족도 : 콜센터 서비스에 대한 고객들의 만족도를 측정한 지표로 가장 대표적인 관리 지표
- 첫 번째 통화 해결률(First-call Resolution) : 전체 통화 중에서 고객이 동일한 문제 해결을 위해 더 이상 컨택할 필요가 없는 콜의 비율
- 에러율 · 재작업률(Errors and Rework) : 상담사가 상담과정에서 발생시킨 오류로 인해 재작업해야 하는 경우의 비율
- 모니터 요원에 의한 품질평가 : 각 통화의 품질을 품질관리요원이 평가하여 수치화한 값

㉢ 효율성 지표(Efficiency Metrics) : 상담사의 업무 비중 또는 콜당 투입시간 등으로 효율에 관련된 지표

- 예측 적중률 : 스케줄링에 의해 예측한 콜량과 실제 발생된 콜량의 비율
- 스케줄 준수(Adherence to Schedule) : 상담사가 근무시간 내에 미리 주어진 스케줄을 얼마나 잘 지켰는지를 측정하는 지표
- 업무 점유율(Occupancy Rate) : 상담사가 콜을 응대할 준비가 되어 있는 시간 중에서 실제로 고객과의 통화를 처리(후처리 포함)하는 데 투입된 시간의 비율

• 평균처리시간 : 평균통화시간(ATT ; Average Talk Time) + 평균후처리시간(Average Wrap Up Time)
  - 평균통화시간(ATT ; Average Talk Time) : 콜당 상담사와의 평균통화시간
  - 평균후처리시간(Average Wrap Up Time) : 상담을 마치고 콜 관련 상담 내용을 정리하는 데 걸리는 시간
• 평균통화 대기시간 : 고객과 상담하는 동안에 일시적으로 고객을 대기시키는 시간
• 시간당 콜 수 : 상담자 1인당 1시간에 처리하는 평균 콜 수

㉣ 기타 관리 지표 : 기타 관리 지표에는 콜센터 활동으로 인한 비즈니스 성과를 측정하기 위한 지표, 콜센터 운영관리를 위해 필요한 지표, 아웃바운드 환경에 맞는 지표들이 포함된다.
• 콜당 비용(콘택트당 비용) : 콜센터에서 한 콜을 처리하기 위해 투입되는 비용
• 콜당 가치 : 콜센터 생성가치 ÷ 총처리 콜 수
• 전환율 : 콜을 통해 목적한 결과를 달성하는 비율
• 상담사 만족도 : 상담사가 그들의 업무에 대해 얼마나 만족하고 있는지 측정
• 이직률 : 재직인원 대비 일정 기간 동안 콜센터를 이직한 직원의 비율

③ 측정 · 평가 대상에 따른 분류
㉠ 상담사 성과 지표
㉡ 팀 성과 지표
㉢ 센터 성과 지표

[콜센터의 다양한 지표의 분류]

분류방법	지 표	설 명
측정 방법	외부 측정 지표	콜센터 외부 고객으로부터 결정되는 지표
	내부 측정 지표	콜센터 내부에서 측정되는 지표
지표의 특성	서비스 지표	고객응대 수용능력(Capacity) 및 응대속도에 관련된 지표
	품질 지표	고객응대 품질수준에 관련된 지표
	효율성 지표	상담사의 업무비중 또는 콜당 투입시간 등으로 효율에 관련된 지표
	기타 관리 지표	콜센터 활동으로 인한 비즈니스 성과를 측정하기 위한 지표
측정 · 평가 대상	상담사 지표	상담사 성과측정 ÷ 평가 지표
	팀 지표	팀 성과측정 ÷ 평가 지표
	센터 지표	센터 성과측정 ÷ 평가 지표

(5) 콜센터 핵심성과지표(KPI)의 변화

① 콜센터는 몇 년 전까지만 해도 고객 서비스 수단으로서 비용만 잡아먹는 코스트 센터였다.

② 그러나 지금은 고객 중심 경영의 핵심 역할을 수행하는 실행부서이며, 신규 시장에서 고객 가입 및 업셀링을 통한 수익창출 조직으로서 포화시장에서는 고객유지를 위한 CRM 실행부서로서의 역할을 충실히 수행해내는 등 기업의 이익을 창출해내는 이익창출 센터로서의 역할을 수행하고 있다.

③ 오늘날 이러한 콜센터의 변화와 더불어 콜센터를 더 효율적으로 경영하고 회사의 이익창출을 보다 더 효과적으로 이룩하기 위해 다양한 관리지표가 있게 된다.

④ 초기 콜센터의 KPI(Key Performance Index)가 단순히 응대율 및 모니터링 중심이었다면, 요즘 콜센터의 KPI는 각 산업의 특성에 맞게 다양한 KPI가 설정되어 운영되고 있다.

02 고객상담

01 | 상황별 고객 응대 및 인사말

(1) 고객 응대 화법 중요

고객 응대 화법은 전달하려는 뜻을 고객에게 명확하게 이해시키고, 그 과정을 통해서 친절함과 정중함이 동시에 전달되어야 한다.

① 공손한 말씨를 사용한다

객과의 만남에서는 평소에 쓰는 말씨가 아닌, 존댓말과 상대에 따른 호칭과 경어를 사용해야 한다.

② 고객의 이익이나 입장을 중심으로 이야기한다

자기의 이익을 생각하기 전에 고객의 이익과 행복을 우선한다는 서비스 정신에 입각하여 대화를 전개한다.

③ 알기 쉬운 말로 한다

고객이 이해하기 쉬운 말을 사용한다.

④ 고객 응대에 예의를 갖춘다

예의는 정성스런 마음과 올바른 태도가 기본이다. 마음은 없고 형식만 갖춘 응대라면 결코 고객에게서 호감을 이끌어낼 수 없을 것이다.

⑤ 명확하게 말한다

명확한 요점을 정확한 발음과 적당한 속도와 크기로 느끼기 쉽게 이야기하는 것이 고객에게 호감을 주는 좋은 응대법이다.

⑥ 대화에 감정을 담는다

같은 내용의 말이라도 감정이 어떻게 담겨져 있느냐에 따라 전달효과가 달라진다. 감정이 담긴 대화는 표정이 담겨있으며, 표정에는 얼굴뿐만이 아니라 손짓, 몸짓에 의해서도 표현된다.

더 알아보기

고객 응대 접객 용어

1. 접객 3대 용어
   - 어서오십시오.
   - 고맙습니다.
   - 안녕히 가십시오(또 들려주십시오).

제3과목

2. 접객 5대 용어
   - 안녕하십니까?
   - 무엇을 도와 드릴까요?
   - 고맙습니다.
   - 죄송합니다.
   - 안녕히 가십시오.

3. 접객 8대 용어
   - 어서오십시오.
   - 네, 잘 알겠습니다.
   - 죄송합니다만,
   - 잠시만 기다려 주시겠습니까?
   - 기다려 주셔서 감사합니다.
   - 고맙습니다.
   - 안녕히 가십시오.
   - 네, 손님.

(2) 고객설득 화법 기출 14, 15, 16, 17, 20

① 기본 원칙

㉠ 고객 파악

- 접객상황에서 직업, 사회적 배경, 취미, 성격 등이나 고객의 의도를 잘 파악하는 것이 설득을 위한 접객화법의 우선이다.
- 고객의 특성이나 의도를 정확하고 신속하게 파악하는 것이 필요하다.

㉡ 고객의 이야기에 경청

- 고객의 말에 귀를 기울이고 고객의 반응을 보면서 이야기해야 한다. 자기의 입장에 집착해서 일방적으로 대화를 이끌어 가서는 결코 고객을 설득할 수 없을 것이다.
- 대화의 기본은 7 : 3 원리와 1 : 2 : 3 화법에 입각한다. 7 : 3 원리는 고객으로 하여금 일곱마디 말하게 하고 담당자는 세 마디 이야기한다는 것이다. 1 : 2 : 3 화법은 1분 동안 말하고, 2분 동안 말하게 하고 3분 동안 긍정하는 것이다.

㉢ 고객이 이해하기 쉬운 말

- 고객의 수준에 적합한 표현을 한다.
- 어려운 표현, 번거로운 표현은 오히려 오해를 불러일으켜 고객의 마음을 닫게 하기도 한다.

㉣ 사상과 종교에 대한 이야기 금지 : 정치적인 사상이나 신앙은 신념이 기본이 되어 있으므로 충돌이나 논란의 근거가 된다.

ⓜ 칭찬과 감사의 말

- 고객의 장점이나 아름다운 점을 인정하여 칭찬할 경우 대부분의 사람들은 호감을 산다.
- 담당자는 언제 어떠한 경우라도 마음에서 우러나오는 고객에게 봉사한다는 기본적인 정신에 입각해서 친절과 감사의 말을 아낌없이 사용하는 기본적인 자세가 반드시 요구된다.

ⓑ 올바른 시선접촉 : 고객응대 시 밝고 명랑한 모습으로서의 안정된 시선, 표정이 풍부한 시선, 바른 시선은 고객과의 계속관계를 유지시켜 주며, 보다 밀도 있는 대화를 이끌어 나갈 수 있게 한다.

ⓢ 다른 점포에 대한 악평 금지 : 다른 점포에 대해 악평을 하는 것은 자신의 인격을 의심받게 되어 오히려 나쁜 결과를 초래할 수 있다.

ⓞ 반복 연호의 원리 : 상품 설명 도중 자기점포에서 판매하는 제품의 브랜드명이나 회사명을 반복적으로 이야기하면, 고객은 잠재의식적으로 제품에 대해 친숙하게 인식하게 되는 효과가 있다.

ⓙ 명령문(지시형) 금지 : '~하세요' 문장보다는 '~하실까요'하는 청유형 형식으로 말하는 것이 고객중심 대화의 기본이다.

ⓒ 긍정적인 표현 : 부정형의 대답은 고객을 불쾌하게 하여 결국 판매에 부정적인 결과를 초래한다.

② 설득적 표현 방법

㉠ 음성이 명확하며 부드러운 목소리여야 한다.

- 판매에서 음성을 사용한 대화의 기본은 명확하고 뚜렷하게 그리고 강력하게 호소하는 것이다.
- 낮고 조용한 목소리로 말하는 것이 설득효과가 크다.

㉡ 상황에 적당한 음량과 템포를 유지한다.

- 고객의 인품이나 주위 분위기에 맞춰 알맞은 음율(Rhythm) · 음조(Tempo) · 화속(Speed)으로 음성에 연기를 가미하므로, 지루하지 않게 이야기의 뜻을 올바르게 전달하게 한다.
- 담당자의 이야기에 고객이 공감할 수 있도록 대화에 적당한 간격을 주어야 한다. 담당자의 말에 고객이 깊이 공감할 수 있는 시간적 여유가 필요하다.

㉢ 시각에 호소하는 언어를 활용한다.

- 시각에 호소한다는 것은 표정이나 미소 등의 몸짓 언어를 사용하여 고객의 눈에 호소하는 표현방법이다.
- 표정, 미소, 자세, 동작 등이 상대방에게 주는 느낌에 매우 크게 영향을 미치므로, 대화에서 어떤 어휘를 사용하는가보다 그 어휘를 어떻게 사용하는가가 더 중요하다.

㉣ 품위 있는 유머를 구사한다.

- 품위 있는 유머는 고객의 닫힌 마음과 긴장을 푸는 역할을 한다. 따라서 고객의 속마음을 털어놓게 하고 상담도 원만하게 진행시킨다.
- 센스 있는 담당자는 유머의 소재를 잘 포착하여 정황에 맞는 유머를 잘 조화시켜 대화를 함으로써 판매효율을 높인다.

더 알아보기

언어의 구사 원칙

- 진솔한 마음을 담은 정중한 경어를 사용한다.
- 명령형을 의뢰형 어투로 바꾸어 표현한다.
  예 '입을 벌리세요.' → '입을 조금 크게 벌려 주시면 치료가 빠르게 됩니다.'
- 쿠션언어 : '죄송합니다만', '미안하지만'을 적절히 활용한다.
- 플러스 화법
  예 '신발 벗고 들어오세요.' → '신발장이 입구에 준비되어 있습니다.'
- 'You message' → 'I message'
  예 '너는 왜 ~' → '내 생각에는~'
- 'Yes, but' 화법 : 상대의 말에 일단 긍정을 표하라.
- 비언어적 메시지의 중요성 : 대화의 메시지 중 60%는 비언어적 표현의 영향을 받는다.

(3) 질문의 종류 기출 20, 21, 22, 23

① 개방형 질문(확대형 질문)

㉠ 고객이 자유롭게 의견이나 정보를 말할 수 있도록 묻는 질문이다.

㉡ 고객들의 마음에 여유가 생기도록 한다.

㉢ 고객이 적극적으로 말함으로써 고객의 니즈를 파악할 수 있다.

② 선택형 질문(폐쇄형 질문)

㉠ 고객이 이미 어떤 대답을 할지 알고 있을 경우 시도할 수 있는 질문이다.

㉡ 고객에게 '네', '아니오'로 대답하게 하거나 단순사실 또는 선택지 중 하나를 선택하게 하여 고객의 욕구를 파악할 수 있다.

㉢ 고객의 니즈에 초점을 맞출 수 있다.

㉣ 화제를 정리하고 정돈된 대화가 가능하다.

③ 확인형 질문

㉠ 고객의 입을 통해 확인받는 질문으로 고객의 답변에 초점을 맞춘다.

㉡ 고객의 니즈를 정확히 파악할 수 있다.

㉢ 처리해야 할 사항을 확인받을 수 있다.

(4) 고객유형별 응대 기출 14, 15, 16, 17, 19, 20

① 소극적으로 불평하는 사람 – 수동적 불평자(Passives)

㉠ 어떤 조치를 취할 가능성이 가장 적은 고객의 유형이다.

㉡ 제품이나 서비스 제공자에게 어떤 것도 말하려 하지 않는다.

㉢ 타인에게 부정적 구전을 하려 하지 않는다.

㉣ 제3자에게 제품이나 서비스에 대한 불평을 하지 않는다.

ⓜ 제품이나 서비스에 대한 불평결과가 투입하게 될 시간과 노력에 대한 보상을 해주지 못할 것이라고 생각하며 불평의 효율성에 대해 의구심을 가진다.

ⓗ 개인적 가치 및 규범이 불평을 하지 않게 하는 경우도 있다.

ⓢ 화내는 불평자나 행동 불평자보다 불평을 체험한 해당기업에서 떠날 가능성이 낮다.

② **불평을 표현하는 사람 – 표현 불평자(Voicers)**

㉠ 제품이나 서비스 제공자에게 적극적으로 불평하고자 하는 고객의 유형이다.

㉡ 부정적 구전을 퍼뜨리거나 거래 기업을 전환하거나 제3자에게 불평을 하려 하지 않는다.

㉢ 제품이나 서비스 제공자에게 최고의 고객으로 전환될 수 있는 고객의 유형이다.

㉣ 적극적인 불평을 통해 기업에게 두 번째 기회를 준다.

㉤ 수동적 불평자와 마찬가지로 화내는 불평자나 행동 불평자보다 불평을 체험한 해당기업에서 떠날 가능성이 낮다.

㉥ 제품이나 서비스 제공자에게 불평한 결과가 긍정적일 것이라 믿는다.

㉦ 구전의 확산 및 제3자에게 불평하는 것이 덜 긍정적이라고 생각한다.

㉧ 이들의 개인적 규범은 자신들의 불평과 일치한다.

③ **화내면서 불평하는 사람 – 화내는 불평자(Irates)**

㉠ 친구나 친척들에게 부정적 구전을 하고 다른 업체로 전환할 의도가 높은 고객이다.

㉡ 제품이나 서비스 제공자에게 불평하는 성향은 평균 수준이다.

㉢ 제3자에게 불평을 하려 하지는 않지만 불평해 봤자 들어 주지도 않는다는 소외의식을 소유하고 있다.

㉣ 기업에게 두 번째 기회를 주지 않는 유형이다.

④ **행동으로 불평하는 사람 – 행동 불평자(Activists)**

㉠ 모든 상황에서 평균 이상의 불평 성향을 갖는 고객의 유형이다.

㉡ 제품이나 서비스 제공자에게 불평을 하는 고객이다.

㉢ 다른 사람들이나 제3자에게도 불평을 하는 고객이다.

㉣ 이들의 개인적 규범과 불평은 일치한다.

㉤ 다른 유형의 사람들보다 더 높은 소외의식을 가진다.

㉥ 행동으로 표현하는 불평의 결과가 긍정적인 의미를 가져온다고 믿는다.

㉦ 극단적인 경우, 이들은 테러리스트의 가능성이 있다.

더 알아보기

감정노동으로 인한 직무 스트레스 대처법 기출 20, 22, 24

- 적응하기 : 고객의 입장을 이해해 보려고 노력한다.
- 생각 멈추기 : 마음속으로 "그만!"을 외치고 생각을 멈추어 본다.
- 원인 규명 의지 : 자신에게 스트레스를 주는 원인을 찾아낸다.
- 분노조절훈련 : 감정노동으로 인한 스트레스로 분노를 억누를 수 없을 때 '이완 호흡'과 같이 적극적인 스트레스 해소법을 찾아야 한다.
- 일과 나와의 분리 : 일 때문에 다른 사람이 되어 연극을 하는 중이라고 생각하며 자신과 업무를 분리한다.

02 | Power Coaching

(1) Coaching의 정의 중요

Coaching은 개인과 조직의 잠재능력을 개발시켜 성공을 위한 자아실현과 나아가 조직의 성과를 더 높일 수 있도록 도와주는 지속적인 파트너십이다.

※ CCU(Corporate Coach University)의 정의

코칭은 코치와 발전하려고 하는 의지가 있는 개인이 잠재능력을 최대한 개발하고, 발견 프로세스를 통해 목표설정, 전략적인 행동, 그리고 매우 뛰어난 결과의 성취를 가능하게 해주는 강력하면서도 협력적인 관계이다.

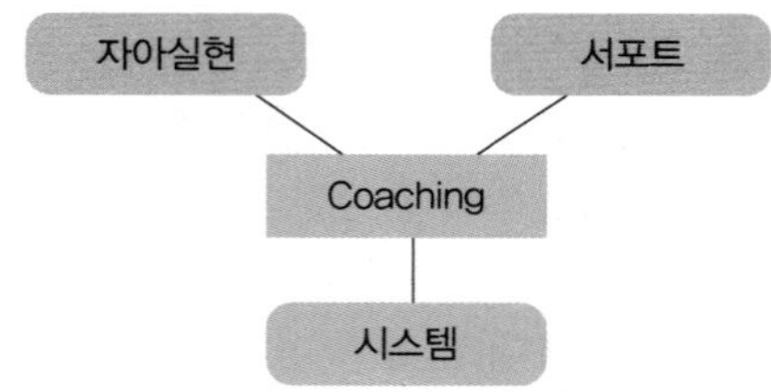

(2) 코칭의 다양한 이익 기출 18, 23

① 성과와 생산성 향상

코칭은 개인과 팀에게서 최대의 능력을 이끌어 낸다. 이것은 지시방식으로는 생각할 수도 없는 일이다.

② 직원개발

어떤 관리방식을 택하느냐에 따라 직원들이 발전할 수도 있고 발전이 억제될 수도 있다.

③ 학습개선

코칭은 현재의 자리를 떠나지 않고도 배울 수 있는 효과적인 학습법이다.

④ 관계증진

다른 사람에게 질문을 하는 행위 자체로도 그와 그의 대답을 소중하게 생각한다는 사실을 보여 줄 수 있다. 지시만 해서는 교류가 발생하지 않는다.

⑤ 직장생활의 질 향상

사람들을 소중히 여기게 되고 인간관계가 증진되어 많은 것들을 성취하게 됨으로써 직장 분위기가 좋아질 것이다.

(3) 코치의 역할 중요 기출 20, 22, 23

구분	내용
후원자 (Sponsor)	직원들이 개인적인 성장과 경력상 목표를 달성하는 데 도움이 되는 업무가 무엇인지 결정하는 것을 도와주는 사람이다.
멘토 (Mentor)	어떤 분야에서 존경받는 조언자이며 기업의 정치적 역학관계에 대처하는 방법 및 영향력을 행사해서 파워를 형성하는 방법을 알고 있는 사람이다.
평가자 (Appraiser)	특정한 상황 하에서 직원의 성과를 관찰하여 적절한 피드백이나 지원을 하기로 직원과 약속한 사람이다.
역할모델 (Role Model)	역할모델은 맡은 바를 행동으로 보여 주는 역할을 수행하면서 직원들의 기업문화에 적합한 리더십 유형을 보여준다.
교사 (Teacher)	직원들이 자신의 업무를 효과적으로 수행할 수 있도록 업무상 비전, 가치, 전략, 서비스 및 제품, 고객 등에 관한 정보를 제공한다.

(4) 코칭을 위한 스킬 기출 14, 15, 16

① **질문스킬** 중요

㉠ 부하의 가능성을 끌어내기 위한 세 종류의 질문이다.

- 특정 질문 → 확대 질문
- 과거 질문 → 미래 질문
- 부정 질문 → 긍정 질문

㉡ 부하는 자기도 모르는 사이에 자신의 무한한 잠재력을 스스로 찾아내고, 과거를 바탕으로 미래를 내다 볼 수 있게 된다.

② **경청스킬**

㉠ 1단계 : 귀로 듣는다.

㉡ 2단계 : 입으로 듣는다.

㉢ 3단계 : 마음으로 듣는다.

③ **직관스킬**

상사 자신의 직관을 활용하여 부하를 코칭하는 기술이다.

㉠ 상사는 생각하지 않는다 : 머리를 굴려 생각하면 의식이 상사 자신에게 쏠려 있어 부하가 말하려는 것을 알 수 없다.

㉡ 상사는 예측하지 않는다 : 상사는 어떤 의도나 생각을 가지고 질문하지 말아야 한다.

㉢ 상사는 리드하지 않는다 : 부하를 끌어가기보다는 부하가 가고자 하는 방향으로 뒤에서 따라간다.

④ 자기관리 스킬

상사가 자기 자신을 관리한다는 것이다.

㉠ 머리관리 : 머릿속에 떠오른 생각을 자각한 뒤, 그 생각에 얽매이지 않고 바로 포기해서 후배 사원과의 대화에 몰입한다.

㉡ 마음관리 : 부정적인 감정은 적절한 방법으로 처리해야 하며, 상사는 스스로의 감정을 무시하거나 억압해서는 안 된다.

㉢ 몸관리 : 부하의 이야기를 경청하는 자세에는 몸의 방향, 높이, 각도에 주의한다.

㉣ 시간관리 : 시간의 길이가 아니라 질을 관리하기 위하여 3단계의 경청방법을 이용한다.

⑤ 확인스킬

상사가 부하를 코칭할 때 부하에게 있어서 중요한 사항을 확인하기 위한 기술이다.

㉠ 부하의 미래를 확인한다.

㉡ 부하의 현재를 확인한다.

㉢ 부하의 과거를 확인한다.

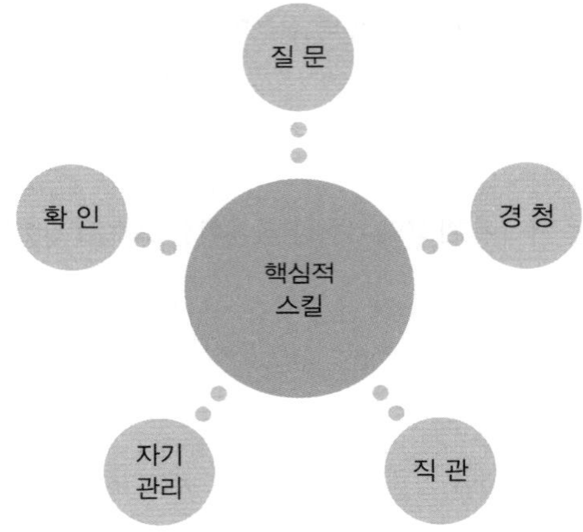

(5) 코칭의 실행과 피드백 중요

① 코칭의 실행 단계

㉠ 제1단계 : 그룹코칭 목적의 명확한 설명

㉡ 제2단계 : 사례청취 및 감상

㉢ 제3단계 : 상담원들 스스로 개선점 도출

㉣ 제4단계 : 동의하는 개선방안 마련

㉤ 제5단계 : 코칭 마무리

② 피드백(Feedback)

㉠ 피코치자의 행동에 대해 긍정적이고 미래지향적인 반응을 함으로써, 구체적인 동기를 부여하는 것으로 피코치자의 행동을 여는 스킬이다.

㉡ 피드백 스킬은 피코치자의 행동에 대해 구체적으로 표현해 줌으로써, 피코치자로 하여금 앞으로 어떻게 행동할 것인가에 대한 가이드라인을 제공해 주는 것이다.

[피드백(Feedback) 과정]

1차	코칭실시 후 3일 이내에 모니터 재실시 • 향상된 경우 : 쪽지 활용 및 구두 칭찬으로 격려한다. • 미진한 경우 : 의지는 있으나 특별한 변화가 없는 경우 2차 피드백을 진행한다.
2차	코칭실시 후 3일 이내에 모니터 재실시 • 향상된 경우 : 쪽지 활용 및 구두 칭찬으로 격려한다. • 미진한 경우 : 의지는 있으나 특별한 변화가 없는 경우 3차 피드백을 진행한다.
3차	• 전월 코칭 실시한 직원들 중 향상되지 않은 직원에 한해 익월 모니터링을 한다. • 집중 대상자 명단에 포함시켜 2회 추가 실시한다.

(6) 코칭과 카운슬링

① 코 칭

㉠ 부하의 성장가능성과 잠재력에 초점을 맞춘다.

㉡ 본인 주도적으로 앞서서 나아가게 하는 것이 목적이다.

㉢ 코치와 부하는 대등한 관계로 파트너십을 형성한다.

㉣ 목표를 달성하도록 끌어주는 미래 지향적 성격이다.

② 카운슬링

㉠ 부하가 자신의 과거를 돌아보게 하는 데 초점을 맞춘다.

㉡ 상담자와 상담을 받는 사람이 보통 상하관계를 형성한다.

㉢ 문제해결을 위해 문제 상황에서의 과거 행동을 면밀히 분석하는 과거 지향적 성격이다.

03 예절과 에티켓

01 | 이미지 컨설팅

(1) 에티켓의 개념 중요

① 정 의

법적 구속력을 갖고 있지는 않지만, 사회 활동을 부드럽게 하고 쾌적한 기분을 갖기 위해 지켜야 할 규범적 성격을 가진 것이다.

② 어 원

㉠ 고대 프랑스어 'Estiquer(붙이다)'라는 동사에서 파생된 명사형으로, 입간판 또는 안내 표지 정도로 해석된다.

㉡ 게시판, 설명서의 의미인 Stiquette에서 유래 → 설명서에 국왕주최 행사에서 지켜야 할 유의사항을 기재하였다.

㉢ 초청장 · 입장권 등의 의미인 Ticket에서 유래 → 국왕주최 행사를 위해 예의와 자격을 지닌 대상을 선정하여 입장권을 발부했다는 의미에서 비롯되었다.

③ 발전과정

㉠ 에티켓이 프랑스에 정착된 것은 15세기 루이 13세의 왕비로서 루이 14세 때까지 섭정한 안느 도트리슈(Anne d' Autriche)의 관심과 노력으로 궁정 에티켓이 발전되었고 루이 14세 때 정비되었다.

㉡ 이러한 내용이 영국, 스페인, 이탈리아 등의 왕실 귀족 사회로 전파되면서 유럽사회에 확산되기에 이르렀고, 이것은 슈발리에(Chevallie)나 기사(Knight)의 전통으로 이어지며 기사도 정신이 출현하였다.

㉢ 결국 사교계의 관례를 준수하기 위해서 지급되었던 유의사항을 적은 티켓, 또는 당부의 입간판 등이 오늘날 '옳다고 생각되는 행위'나 '바른 처신'의 뜻으로 변화하였다.

④ 기본요소

㉠ 에티켓의 기본은 상대를 먼저 생각하는 친절한 마음에서 비롯한다.

㉡ 에티켓은 '있다, 좋다' 대신 '지키다'라는 표현을 사용하는 데서 알 수 있듯이 의무적, 규범적, 공공의 성격, 외부 지향적 성격을 가지며, 에티켓을 지키지 않으면 매너 없는 사람으로 인식된다.

㉢ 에티켓은 변화하기도 하는 것이어서 중세의 에티켓 중에는 소멸된 것도 많다는 데서 가변성을 지니며, 타인을 존중하고 배려하는 가운데 타인에게 폐를 끼치지 않는 것으로서 해당 사회, 문화 등과 관련하여 보편적으로 해야 하는 일에 대한 예절이라는 데서 보편성을, 그것이 형식을 필요로 한다는 데서 형식성을 갖는다.

㉣ 상황에 따라 올바르게 처신하는 자세가 바른 에티켓이며, 타인에게 폐를 끼치지 않으려는 마음, 타인을 존중하는 마음 등이 에티켓의 기본정신이다.

에티켓의 속성	에티켓의 기본 요소
• 공공적 속성 • 의무적 속성 • 이질적 속성 • 가변적 속성 • 행동적 속성 • 보편적 속성	• 상대를 먼저 생각하는 친절한 마음 • 공명정대한 정신 • 타인에 대한 관대함 • 자제력 • 성실함 • 유 머 • 자존심 • 상 식

제3과목

(2) 매너의 개념 중요

① 어 원

㉠ 라틴어인 'Manusarius'에서 유래되었다.

㉡ 손(Hand)의 뜻을 지니며 사람의 행동, 습관의 의미를 내포한 'Manus'와 방법 · 방식(Way)을 의미하는 'Arius'의 합성어로서 행동방식, 습관의 표출을 의미한다. 매너는 '지키다'라는 표현보다 '좋다', '나쁘다'로 표현한다.

② 속 성

㉠ 매너는 사람마다 갖고 있는 독특한 행동 방식이다. 어떤 일을 할 때 더 바람직하고 쾌적하며 우아한 느낌을 받고자 소망하는 데서 비롯된 습관으로, 상대에 대한 경의를 표하는 것이고, 상대를 인식한 행동으로서 서비스의 기본을 이루는 것이라 할 수 있다.

㉡ 상대를 배려하는 마음이 담기지 않으면 매너가 좋은 사람으로 인식될 수 없다. 즉, 에티켓이 마음을 담은 행동으로 표출된 것이 매너이다. 매너의 속성에는 대인적 속성, 자의적 속성, 습관의 표출, 이미지와 연계 등의 면모 등이 있다.

㉢ 매너라는 용어는 테이블 매너, 음주 매너, 관람 매너, 운전 매너 등 현대 사회에서 일상화되어 있다.

㉣ 매너는 바란다고 해서 얻어지는 것이 아니다. 다른 사람의 행동을 주의 깊게 관찰하고, 모든 상황에 대해서 한 번 더 생각하는 습관, 생각과 행동을 일치시키려는 노력, 상대의 문화나 전통에 대한 정보의 습득 노력을 통해 몸에 익혀가는 것이다.

㉤ 매너의 1/3은 상식이고, 1/3은 친절이며 1/3은 논리이다. 예를 들어, 교통수단을 이용할 때 줄을 서는 것은 상식이다. 또한, 아파트나 사무실의 엘리베이터에서 달려오는 뒷사람을 위해 잠시 기다려 주는 것은 친절이며, 상대의 입장에서 보고 생각하려는 것은 논리로서 이 모든 것이 매너이다.

ⓑ 개인차가 있고 습관의 표출이라는 면에서, 또한 상대에 대한 관심과 배려가 행동으로 표현된 것이라는 면에서 매너야말로 인격을 표출하는 표지가 된다.

③ 매너와 에티켓

㉠ 에티켓도 지키지 않는 사람에게 매너를 기대할 수 없다.

㉡ 에티켓이 매너의 기본 단계로서 상대의 마음을 불편하지 않게 하는 예절의 행동화된 습관이라면, 매너는 '이렇게 해 줬으면'하는 상대의 마음을 헤아리고 생활 속의 습관이 행동으로 표출되는 에티켓의 세련된 표출 방식이다.

(3) 이미지(Image) 중요

① 어 원

'Imitari'가 '모방하다'라는 의미를 지닌 'Imitate', 명사형 'Imitation'으로 파생되었다.

② 정 의

이미지는 '어떤 대상에서 연상되는 느낌'을 의미한다. 여기서 '어떤 대상의 외적 형태를 인위적으로 모방하거나 재현하는 것'이라는 의미를 포함하기도 한다.

③ 속 성

㉠ 이미지는 그 대상이 지닌 다양한 속성의 부분적인 것이고 전체를 표현하기에는 한계가 있다.

㉡ 이미지라는 것은 다양성, 복합성을 지녔을 뿐만 아니라 주관적이어서 어떤 관점으로 어떤 면을 보느냐에 따라서 다르게 작용하고 경험 등이 작용하여 형성되는 것이다.

㉢ 이미지는 실체의 한 부분이지만 대표성을 갖는다는 점에서 중요한 의미를 갖는다.

㉣ 모든 대상에는 나름의 이미지가 있게 마련이다. 사람들 역시 저마다의 이미지를 갖고 있을 뿐만 아니라, 수많은 만남을 통해 상대의 이미지를 새기며 살아간다. 그야말로 다양함 속에서 가장 두드러진 느낌을 선택하여 별명으로 표현하기도 한다.

㉤ 이러한 주관성 탓에 이미지는 같은 대상에 대해 저마다 다르게 느껴질 수 있는 것이다. 즉, 다양한 속성이 통합된 것이지만 내면적인 요소인 성격이나 취향 또한 변수로 작용한다.

㉥ 자신이 원하는 이미지의 모든 요소를 조합해서 보여 준다 해도 상대의 관점에 따라 왜곡될 수도 있지만, 보이고 싶지 않은 모습과 관련된 요소의 통제를 통한 자기 연출이 가능하다. 외국인에게 경주, 경복궁 등의 유적을 보여 주면 오천년 역사의 이미지를 새길 수 있을 것이며, 산업 시설을 보여주면 단기간에 한강의 기적이라는 경제성장을 이룬 저력을 새길 수 있을 것이다. 그런가 하면 노동 현장의 분규를 보여 주면 우리나라에 대한 이미지는 과격함과 대립으로 새겨질 것이다. 문제는 이러한 요소들을 선택할 수 있다는 것이며, 좋은 이미지를 생성하기 위해서는 자신이 선택한 가장 적합한 배역을 훌륭하게 연기하는 배우가 되어야 한다.

㉦ 이미지의 가짜 관념(Pseudo Ideals) : 다니엘 부어스틴은 이미지는 어떤 것을 진실되게 보여 주는 것이 아니라, 가짜(Pseudo)로 조작되고 만들어진다고 하였다.

㉧ 이미지의 속성

- 다양한 요소의 조합
- 주관적 작용 변수

• 경험의 작용 개인차
• 선택적 속성 연출 가능
• 대표성

④ 이미지의 중요성

㉠ 현실에서 중요하게 작용하는 이미지를 타인의 주관적 사고에만 맡겨 둘 수만은 없는 일이다.

㉡ 호감을 생성하는 이미지의 연출, 즉 이미지 메이킹(Image Making)이 중요하고 필요하다.

㉢ 타인에게 비춰질 자신의 모습에 관심을 갖고 좋은 이미지를 새길 수 있도록 노력해야 한다.

⑤ 이미지의 분류 중요 기출 18, 22

㉠ 독자적 이미지 : 개인적인 이미지로서 어떤 사물에 대하여 사람마다 주관적 이미지를 갖고 있는 것

㉡ 공통적 이미지 : 특이한 몇 사람을 제외하고는 대부분의 사람이 공통적으로 갖고 있는 이미지

㉢ 사회적 이미지 : 특정한 사회 속에서만 성립되고 또한 그 사회의 내부에서는 사회구성원이 모두 의심 없이 수용하고 있는 이미지

제3과목

(4) 이미지 메이킹 중요 기출 22

① 외적 이미지와 내적 이미지

㉠ 외적 이미지 : 용모, 표정 등 외면적으로 드러나는 이미지를 어피어런스(Appearance)라 하는데, 이는 직접 경험을 통해 형상화되는 것이다.

㉡ 내적 이미지 : 눈으로 볼 수 없는 정신적 형상(Mental Representation)을 의미하는데, 이는 자신이 본 적이 없는 역사적 인물에 대한 이미지가 해당된다.

② 이미지 메이킹 방법

㉠ 있는 그대로의 모습으로 자신의 이미지를 만들어 가는 것이다.

㉡ 자신과 유사한 인물을 모델링한다.

더 알아보기

인상형성의 요인 기출 16

• 생활 혹은 삶의 가치 : 개인의 주관적 생각은 행동, 표정 등에 나타난다.
• 경험 : 개인의 직·간접적 경험은 개개인의 이미지 형성에 반영된다.
• 배경 : 개인·사회·문화적 환경도 태도나 이미지 형성의 요인이다.
• 욕구 : 개인적 욕구의 만족·불만족은 이미지 형성의 영향을 준다.

③ 이미지 메이킹 5단계(5 Steps of Image Making)

자신을 알라.	Know Yourself
자신의 모델을 선정하라.	Model Yourself
자신을 계발하라.	Develop Yourself
자신을 연출하라.	Direct Yourself
자신을 팔아라.	Market Yourself

(5) 이미지 형성과 관리 중요

① 이미지 형성과정 기출 19

㉠ 지각과정

- 인간이 환경에 대해 의미를 부여하는 과정
- 주관적이며 선택적으로 이루어져 동일한 대상에 대해 다른 이미지 부여

㉡ 사고과정

- 과거와 관련된 기억과 현재의 지각이라는 투입요소가 혼합되어 개인의 이미지 형성

㉢ 감정과정

- 지각과 사고 이전의 감정에 의해 반응하는 과정
- 감정적 반응은 확장 효과를 가져옴

② 이미지 관리과정(4단계)

㉠ 제1단계 : 이미지 점검하기

㉡ 제2단계 : 이미지 콘셉트 정하기

㉢ 제3단계 : 좋은 이미지 만들기

㉣ 제4단계 : 이미지 내면화하기

(6) 첫인상

① 첫인상의 개념

㉠ 인상은 이미지(Image)라고도 하며, 다른 사람에게 비추어지는 자신의 모습을 말한다.

㉡ 사람의 첫인상은 만난 지 3~7초 내에 결정된다고 한다.

㉢ 한번 결정된 좋지 않은 이미지를 바꾸는 데는 많은 노력과 시간이 소모된다.

② 첫인상의 특징 기출 14, 15, 16, 18, 19, 20, 22, 23, 24

㉠ 일회성 : 단 한 번뿐

㉡ 신속성 : 3~7초 내에 결정

㉢ 일방성 : 나의 의지와 상관없이 상대방이 판단함

㉣ 초두효과 : 처음에 강하게 들어온 정보가 전체적인 이미지 판단에 결정적임 → 맥락효과(Context Effect)

③ 표정과 미소

㉠ 이미지는 태도, 말의 어조와 억양, 제스처 등 다양한 요소에 의하여 결정된다. 그 중에서도 얼굴 표정과 미소는 좋은 인상을 주는 데에 가장 중요한 요소이다.

㉡ 항상 미소 띤 얼굴은 상대방을 편하게 하여 인간관계를 증진시키며, 다른 사람들에게 호감 가는 인상을 줄 수 있다.

02 | 표정연출법

(1) 표 정

① 표정의 개념

㉠ 표정이란 우리의 외형적 모습이 어떠한 의미를 나타낼 때를 말한다. 의사소통 시 말을 사용하여 자기의 의사표현을 하지만, 표정을 통해서도 말하는 이의 마음을 읽을 수 있다. 좋은 인간관계 형성을 위해서 본래의 자신의 표정과는 달리 좋은 느낌을 전달하도록 노력해야 한다.

㉡ 표정은 심리상태의 표출로써 상대에게 심리적 영향을 미친다. 역으로 생각하면 표정을 통해 상대의 마음을 읽을 수 있다는 말이다. '입으로는 거짓말을 할 수 있지만 표정은 거짓말을 하지 않는다'는 말처럼, '얼굴로 표현되는 의미'인 표정은 나의 마음과 심리 상태의 거울이 될 수 있다.

② 표정의 중요성

㉠ 표정은 상대방에게 호감을 주느냐, 못 주느냐의 중요한 요소가 된다.

㉡ 바람직한 표정이란 평소에 마음가짐을 바르게 하고 자신의 교양을 부단히 쌓아 품위 있는 인격을 함양시켜야 나타나는 것이다.

㉢ 표정은 마음의 거울이기 때문에 마음이 어두우면 표정이 흐리고, 심성이 악하면 표정이 표독해진다.

㉣ 표정을 보면 그 사람의 마음 속을 들여다 볼 수 있고 그 사람의 상태를 한눈에 알 수 있다.
→ "표정은 그 사람됨을 나타내는 전체"

③ 밝은 표정의 효과 중요

㉠ 마인드 컨트롤 : 밝은 표정을 지으면 내 기분이 좋아진다.

㉡ 감정 이입 효과 : 내 기분은 물론 상대의 기분까지 좋게 만든다.

㉢ 건강 증진 효과 : 긍정적인 마인드는 신체기관의 건강까지 가져온다.

㉣ 신바람 효과 : 상호간의 밝은 표정은 업무의 효율을 증진시킨다.

㉤ 호감 형성 : 표정은 내 것이지만 내가 보는 것이 아니라 상대에게 보이는 것이다.

④ 표정의 체크 포인트

㉠ 자신의 웃는 표정이 마음에 드는가?

㉡ 자신의 얼굴을 웃는 얼굴로 바꾸고 싶은 생각은 없는가?

㉢ 웃을 때 입을 가리는 버릇은 없는가?

㉣ 사진을 찍거나 사람을 대할 때 자연스러운 미소를 지을 수 있는가?

㉤ 자신의 표정이 다양하다고 생각하는가?

㉥ 자신의 표정 관리 수준은 어느 정도인가?

⑤ 표정훈련의 필요성

㉠ 운동 전후에 스트레칭이 필요하듯이, 좋은 표정을 만들기 위해서 얼굴 스트레칭이 필요하다. 풍부한 표정을 익히기 위해서는 평상시에도 연습하는 것이 무엇보다 중요하다.

㉡ 평소에 거울을 자주 보는 습관을 갖는다.

㉢ 밝고 명랑한 마음, 여유 있는 마음을 갖도록 한다.

㉣ 환한 표정을 짓기 위한 훈련을 지속적으로 시행한다.

⑥ **부드러운 표정의 연출**

㉠ 부드러운 표정 연습

- '아'를 발음하기 위하여 입을 벌릴 때 눈썹을 위로 올리는 듯한 표정을 지으면 놀랄 때와 비슷한 표정이 된다.
- '이'를 발음하면서 광대뼈를 올리면 웃음 짓는 표정이 된다.
- '우'를 발음하면서 눈썹을 약간 올리거나 목을 갸우뚱해 보이면 어린이의 표정, 거절을 나타내는 표정이 된다.
- '애'를 발음할 때 눈썹을 약간 올리면 무엇을 물어볼 때 또는 놀라는 표정이 된다.
- '오'를 발음할 때 눈썹을 올리면 익살맞은 또는 놀랄 때의 표정이 된다.

㉡ 바람직하지 못한 표정

- 무표정 : 무표정한 얼굴은 상대방이 인간미를 느끼지 못하게 한다.
- 미간(눈썹)에 주름을 세우는 표정 : 상대방에게 어둡게 비치며 상대방까지도 어둡게 한다.
- 입술을 옆으로 꽉 다문 표정 : '나에게 아무것도 묻지 말아주세요'하는 식으로 입을 끌어 당기고 있는 표정이다. 상대방이 두려움을 느끼고 접촉을 회피하게 된다.
- 코웃음 치는 것 같은 표정 : 눈매는 쌀쌀해 보이고 입 언저리는 웃고 있는 것 같은 표정이다. 상대방을 경시하는 표정으로 보이게 된다.

(2) 눈의 표정

① **시선처리**

눈은 '마음의 창'이라는 말이 있듯이, 눈과 눈빛으로 그 사람을 평가하기도 한다. 눈의 표정에 생기가 있는 사람은 자신감이 있어 보이고 밝아 보여서 호감을 준다.

㉠ 자연스럽고 부드러운 시선으로 상대를 본다. 이는 우호적인 태도로서 호감을 형성한다.

㉡ 상대의 눈을 보는 것이 중요하다. 눈만 빤히 쳐다보면 상대가 불편해 하므로 눈과 눈 사이인 미간과 코 사이를 번갈아 보는 것이 좋다.

㉢ 가급적이면 상대의 눈높이를 맞추어야 한다.

㉣ 눈을 위로 치켜뜨거나 아래위로 훑어보지 않는다.

㉤ 곁눈질을 하지 않는다.

㉥ 눈을 너무 자주 깜박거리는 것은 좋지 않다.

② **눈 매**

㉠ 치뜨는 눈매 : 눈동자가 위쪽으로 올라간 상태로 상대방의 얼굴을 쳐다보는 눈매이다. 안경 너머로 상대방을 보는 사람이 있는데, 이는 상대방에게 좋지 않은 인상을 주게 된다.

㉡ 내리뜨는 눈매 : 눈동자가 밑으로 내려온 상태에서 상대방을 쳐다보는 눈매이다. 턱을 올리고 있기 때문에 상대방을 얕보는 눈매로 오해받게 된다.

㉢ 곁눈질 : 얼굴을 움직이지 않은 상태에서 자신의 좌우에 있는 상대방을 쳐다보는 눈매이다. 엄숙하고 두려운 표정으로 비쳐지게 된다.

㉣ 아래위로 흘겨보는 듯한 눈매 : 상대방을 위로부터 아래로, 아래에서 위로 흘겨보는 듯한 눈매를 말한다. 상대방의 기분을 언짢게 한다.

(3) 미 소

① 미소의 중요성

㉠ 좋은 표정은 멋진 미소와 동반될 때 훨씬 효율적이다. 사람과 사람이 만날 때 발생하는 초두효과에서 말의 내용보다도 표정이나 바디랭귀지, 용모와 같은 시각적인 요소가 첫 인상 형성에 가장 큰 영향을 미치며, 다음으로 목소리 및 억양, 음색 등의 청각적 요소 등이 중요하다는 것이다.

㉡ 좋은 첫인상 형성에 가장 중요한 요소는 호감가는 표정, 그 중에서도 자연스러운 미소이다. 아무리 잘생긴 외모라도 어둡거나 무표정한 얼굴은 상대방에게 호감을 주기가 어렵다. 표정이 밝아지면 음성도 밝아지며 태도 또한 경쾌해진다.

㉢ 미소는 환영의 의미를 가지며, 궁극적으로 자신을 명랑하고 적극적인 사람으로 변화시켜 자신감을 갖게 하고, 고민이나 의기소침을 없애준다. 또한 타인과의 차이점이나 갈등에 대해 관용의 자세를 갖게 하고, 자연스러움, 안정감, 희망, 행복감을 느끼게 한다.

② 미소의 위력

㉠ 미소를 띠면서 대화하면 인상이 좋게 보인다.

㉡ 미소는 상대방을 즐겁고 유쾌하게 만드는 힘이 있다.

㉢ 미소 짓는 얼굴은 상대의 화난 감정을 누그러뜨릴 수 있다.

㉣ 미소는 부족한 표정을 극복할 수 있으며, 거부감을 덜 갖게 만든다.

㉤ 미소는 자신감 있는 사람으로 보이게 한다.

㉥ 미소는 사람의 가슴을 뚫고 들어가 마음을 움직이게 한다.

③ 자연스러운 미소 만들기

㉠ 눈을 크게 뜨고 검지를 수평으로 눈썹에 닿을까 말까한 정도로 댄 후, 눈썹을 상하로 올렸다 내리기를 반복한다.

㉡ 즐겁고 여유로운 마음으로 눈동자를 좌, 우, 아래, 위, 둥글게 한 바퀴 돌리기를 반복한다.

㉢ 입과 뺨 부분을 얼굴 긴장을 풀어 주듯이 입안에 공기 바람을 넣었다 뱉어 냈다를 반복하고 '아, 이, 우, 에, 오'를 천천히, 입 모양을 최대한 벌려서 소리를 내어 입 주위 근육을 푼다.

㉣ 얼굴 근육을 풀고 나면 '스마일', '위스키', '김치' 등 '이'로 끝나는 단어를 말하면서 눈 꼬리와 입꼬리를 살짝 올리면서 미소를 짓는다.

④ 미소 훈련 기법

워밍업	• 턱 내밀기 : 턱을 바깥쪽으로 내밀어 어깨가 울릴 때까지 한다. • 풍선 불기 : 풍선 부는 모양으로 볼을 부풀린 후 좌우로 이동한다. • 눈동자 굴리기 : 눈썹 위에 검지를 수평하게 한 후 눈동자로 큰 원을 그린다. • '하 – 히 – 후 – 헤 – 호' 체조 : 허리를 바로 세우고 호흡을 가다듬은 후 목의 긴장을 풀고 시행한다. – 하 : 턱이 움직일 수 있도록 입을 크게 벌려 소리 낸다. – 후 : 촛불을 불어 끄는 느낌으로 입술을 앞으로 내밀고 소리 낸다. – 호 : 입술을 뾰족하게 내밀며 소리를 낸다. – 연속하기 : 하하하, 히히히, 후후후, 헤헤헤, 호호호(3~5회 훈련)

웃음 만들기	• 참새 체조 : 입을 뾰족하게 내밀며 세로로 길게 벌린다. • 한우 체조 : 황소가 여물을 씹는 모양으로 턱을 가볍게 돌린다. • 복어 체조 : 볼이 부풀어 오른 복어를 연상하며 시행한다. • 개 체조 : 혀를 길게 뺀 채 숨 쉬는 개를 연상하며 시행한다.
표정 만들기	• 깜짝 놀란 표정 : 입술을 다문 후 눈은 깜짝 놀란 표정으로 크게 뜬다. 이때 양손과 볼, 목 뒤를 가볍게 두드린다. • 입 벌려 하늘 보기 : 크게 입을 벌리면서 목을 천천히 뒤로 젖히는 자세이다. 목덜미가 시원해지면서 전신에 활력을 준다. 목을 뒤로 젖힐 때는 천천히 시행하여 부상 방지에 주의한다. • 입술 당기기 : 입술을 한쪽으로 힘껏 끌어당기고 어금니를 꽉 문 다음 좌우를 반복한다. • 입술 당기기 : 위아래 입술을 동시에 양 옆으로 힘껏 당기고 이에 힘을 준다. • 입술 좌우 이동 : 입술을 오므려 앞으로 내밀고 좌우로 움직인다. 입 주위와 볼의 근육의 움직임이 느껴질 때까지 한다.
입 꼬리 올리기	• '위스키' 또는 '와이키키'한 상태에서 약 10초 정도 그대로 유지한다. 다시 제자리로 돌아와 긴장을 푼 후 되풀이한다. • 나무젓가락 물기 : 거울 앞에서 위 · 아랫입술의 힘을 빼고 나무젓가락을 한일자로 가볍게 문다. 젓가락보다 입 꼬리가 위로 좌우 균등하게 올라가도록 웃는 모양으로 입 꼬리를 올린 후 그대로 유지하는 연습을 한다.

더 알아보기

1. 체스(CHES) 법칙
   - C(Chin) : 턱은 약간만 들어도 차갑게 보일 뿐 아니라 권위적인 느낌을 준다. 반면, 너무 내리면 늘 눈치를 보는 소심한 이미지를 주기 쉽다.
   - H(Head) : 머리를 한 쪽으로 기울이면 의심하거나 무성의해 보일 뿐 아니라 시선이 곁눈질이 될 수 있으니 주의해야 한다.
   - E(Eye) : 눈은 눈동자만 돌리지 말고 고개 전체를 돌려서 상대방을 정면으로 쳐다보면 훨씬 부드러운 인상이 전달된다.
   - S(Smile) : 항상 웃음을 잃지 않는 사람 곁에는 늘 사람들이 많이 모인다.

2. 카네기의 미소 예찬

이것은 별로 소비되는 것은 없으나 건설하는 것은 많으며,
이것은 주는 사람에게는 해롭지 않으나 받는 사람에게는 넘치고,
이것은 짧은 인생으로부터 생겨나나 그 기억은 길이 남으며,
이것이 없이 참으로 부자가 된 사람도 없으며,
이것은 가정에 행복을 더하며 사업에 호의를 찾게 하며,
친구 사이를 더욱 가깝게 하며,
이것은 피곤한 자에게 휴식이 되고, 우는 자에게는 위로가 되고,
인간의 모든 독을 제거하는 해독제이다.
그러면서도 이것은 살 수도 없고, 꿀 수도 없고, 도둑질할 수도 없는 것이다.

– 데일 카네기 –

(4) 화 장

화장은 얼굴의 단점을 보완하여 장점을 더욱 돋보이게 하는 것이다. 올바른 화장요령은 다음과 같다.

① 자기 자신의 청순미 그대로를 살려 자연미를 잃지 않고, 자신의 분수와 직장 분위기에 알맞게 화장을 한다.

② 진한 아이섀도, 마스카라, 립스틱은 금물이며, 약간 화사하게 하는 것은 무리가 없다.

③ 향기가 강한 화장품은 될 수 있는 한 사용하지 않는다.

④ 손톱은 항상 청결을 유지하고 매니큐어를 사용할 때는 자연스럽게 옅은 색을 선택하는 것이 무난하다.

⑤ 파운데이션을 2가지 이상 준비한다. 자신의 피부색과 같은 것은 얼굴 전체에 바르고 보다 밝은 색의 파운데이션으로 칙칙한 부위에 발라 준다.

⑥ 수분의 공급을 충분히 해준다. 수시로 보습성분이 뛰어난 화장품으로 늘 촉촉한 피부를 유지한다.

⑦ 옅은 빛깔로 한 곳만 강조하는 화장을 한다.

03 | 인사 매너 기출 24

(1) 인사의 의미

① 인사는 만남의 첫 관문이며, 마음가짐의 외적인 표현이다. 마음에서 우러나오는 인사는 상대방을 감동시킨다.

② 인간관계의 시작이고 끝이다.

③ 서비스 맨의 척도이며 기본이다.

④ 마음의 문을 여는 열쇠이다.

⑤ 상대에 대한 존경심의 표현이며 친절하겠다는 약속의 표현이다.

⑥ 상대에게 줄 수 있는 첫 번째 감동이다.

⑦ 직장인에게는 애사심의 발로이고 상사에 대한 존경심의 표현이며, 동료 간의 우애의 상징이고 고객에 대한 서비스 정신의 표현이다.

⑧ 자신의 인격과 교양을 표현하는 것이다.

(2) 인사의 기본자세

① **표정** : 밝고 부드럽고 온화한 표정을 짓는다.

② **시선** : 상대의 눈이나 미간을 부드럽게 응시한다.

③ **턱** : 턱을 내밀지 말고 자연스럽게 당긴다.

④ **어깨** : 힘을 뺀다.

⑤ **가슴, 허리, 무릎, 등** : 자연스럽게 곧게 펴서 일직선이 되도록 한다.

⑥ **입** : 조용히 다문다.

⑦ **손** : 여성은 자연스럽게 오른손이 위가 되도록 두 손을 앞으로 모으고, 남성은 두 손을 계란을 쥔 모양으로 감싸 쥐며 바지 옆선에 가볍게 닿도록 한다. 남녀 모두 손에 힘을 주지 않는다.

⑧ **발** : 무릎과 발뒤꿈치는 서로 붙이고 양발은 가지런히 자연스럽게 모은다.

⑨ **기 타**

㉠ 머리만 숙이지 말고 허리와 일직선이 되도록 숙인다.

㉡ '안녕하십니까? 반갑습니다'라는 인사말과 함께 한다.

㉢ 인사 전후로 상대방의 시선에 자연스럽게 초점을 맞춘다.

㉣ 상대와 상황에 맞는 각도로 허리를 숙이며 인사말을 덧붙인다.

㉤ 가장 정중한 인사의 경우 3초(15도 인사)~4초(45도 인사)의 시간이 소요된다.

[잘못된 인사와 올바른 인사] 중요

잘못된 인사	올바른 인사
• 망설이다가 하는 인사 • 고개만 까딱하는 인사 • 무표정한 인사 • 눈을 마주치지 않는 인사 • 말로만 하는 인사 • 기본 인사말만 하는 인사	• 내가 먼저 하는 인사 • 허리를 굽혀 하는 인사 • 밝은 표정의 인사 • 상대와 눈을 맞춘 인사 • 마음을 담은 인사 • 인사를 잘 받는 것도 인사

(3) 인사의 시기와 상황 기출 18, 20, 23, 24

① 일반적으로 30보 이내(인사하려는 대상과 방향이 다를 때)일 때 인사한다.

② 이상적인 거리는 6보 전방(인사 대상과 방향이 마주칠 때)이다.

③ 측면에서 나타나거나 갑자기 만나게 됐을 때는 즉시 인사한다.

④ 외부인사와 함께 있는 상사를 복도에서 만났을 경우에는 가던 길을 멈추고 정중히 인사한다.

⑤ 상사 한사람을 복도에서 마주칠 경우 가던 길을 멈출 필요는 없으며 한쪽으로 비켜 인사한다.

(4) 인사의 순서

① 정중하게 허리를 굽힌다.

② 허리를 굽힐 때 등과 목이 일직선이 되도록 한다.

③ 턱은 앞으로 나오지 않게 하며, 엉덩이는 힘을 주어 뒤로 빠지지 않게 한다.

④ 금방 고개를 들지 말고 0.5~1초간 멈춘다.

⑤ 천천히 고개를 든다. 상체를 숙일 때보다 한 박자 천천히 든다.

⑥ 상대를 보면서 적당한 인사말을 한다.

⑦ 상대방 눈을 보면서 상대와 상황에 알맞은 인사말을 함께 한다(안녕하십니까? 처음 뵙겠습니다, 감사합니다 등).

더 알아보기

인사의 5단계(최경례)

- 바른 자세로 한다.
- 하나, 둘, 셋에 천천히 상체를 숙인다.
- 넷, 다섯에서 잠시 자세를 유지한다.
- 여섯, 일곱, 여덟에 상체를 일으킨다.
- 바른 자세로 선다.

(5) 인사의 종류 기출 14, 15, 16, 17, 19, 20, 22, 23

① 목 례

상대방이 보지 않아도 방을 들어오고 나갈 때 목례하는 것을 습관화한다.

방 법	상 황
미소를 띠며 가볍게 5도 정도 머리만 숙여서 예를 표한다.	• 실내나 복도에서 자주 마주치는 사람에게 • 손을 뗄 수 없는 작업을 하고 있을 때 • 모르는 사내 사람과 마주칠 때 • 통화 중에 손님이 오거나 상사가 들어올 때 • 양 손에 무거운 짐을 들고 있을 때 • 위험한 작업이나 복잡한 계산을 하고 있을 때

② 가벼운 인사

방 법	상 황
바로 선 자세에서 3m 정도 앞을 보고 상체를 15도 정도 앞으로 구부린다.	• 상사를 두 번 이상 복도에서 만날 때 • 상사나 손님과 스쳐 지나갈 때 • 동료나 아랫사람을 화장실, 복도나 엘리베이터에서 만났을 때

③ 보통 인사(보통례)

㉠ 인사할 때 상대방에게 너무 가까이 다가서지 않기

㉡ 보통 2~5m 가량의 거리에서 인사말과 함께 인사하기

㉢ 퇴근 때 윗사람에게 "수고하셨습니다."는 실례이며, "먼저 퇴근하겠습니다" 또는 "내일 뵙겠습니다"로 한다.

방 법	상 황
바로 선 자세에서 1~2m 정도 앞을 보고 상체를 30도 정도 앞으로 구부린다.	• 일상 생활에서 가장 많이 하는 인사 • 윗사람이나 내방객을 만나거나 헤어질 때 • 상사 외출 때나 귀가 때 • 지시 또는 보고 후

④ 정중한 인사(정중례)

방 법	상 황
바로 선 자세에서 1.5m 정도 앞을 보고 상체를 45도 정도 숙인 후 천천히 상체를 일으킨다.	• 공식 석상에서 처음 인사할 때 • 면접 시 인사할 때 • 사죄의 뜻을 전달하거나 예의를 갖추어 부탁할 때 • 고객에게 진정한 감사의 표현을 전할 때 • 단체 손님을 배웅할 경우

더 알아보기

인사할 때 유의사항

- 상대방이 인사할 때까지 기다리지는 않는가?
- 인사할 때 상대방 눈을 피하지는 않는가?
- 생략하거나 흐트러진 인사말을 하지 않는가?
- 윗사람에게 "수고했습니다."라는 표현을 사용하지 않는가?
- 고개만 까딱하는 인사를 하고 있지 않은가?
- 인사할 때 턱을 들고 인사하지 않는가?
- 너무 격식을 차리거나 공손이 지나친 인사로 상대방에게 거부감을 주지 않는가?
- 인사할 때 등이 굽지는 않는가?
- 머리카락 때문에 고개를 옆으로 숙이지는 않는가?

(6) 올바른 인사말

① 직장에서의 인사

㉠ 사내에서는 시간, 장소, 횟수에 관계없이 항상 적절한 인사말을 교환한다.

㉡ 근무 중 다시 보게 될 경우 가벼운 목례를 한다.

㉢ 상사에 대한 아침 첫 인사는 기립 인사가 원칙이다.

㉣ 근무 중 자기 사무실에 타 부서의 상사가 들어오거나 나갈 때는 일어서서 정중하게 인사한다.

㉤ 아랫사람이 잘 모르고 지나칠 때는 윗사람이 먼저 정답게 인사하는 것이 좋다.

② 방문객에 대한 인사

㉠ 먼저 발견한 사람이 인사한 후 용무를 묻고 안내한다.

㉡ '어서 오십시오. 어느 분을 찾으십니까?'라는 인사말을 건넨다.

㉢ '곧 오실 겁니다. 앉아서 잠시 기다리시지요'라는 말로 방문객이 편안한 마음으로 기다릴 수 있도록 한다.

㉣ 자신을 찾아온 방문객에 대해서는 반드시 일어나 '어서 오십시오. 기다리고 있었습니다'라고 반갑게 인사한다.

㉤ 방문객에게 소파나 의자에 앉도록 권한다.

③ 업무 관련 인사

㉠ 업무를 요청할 때는 정중한 어조로 '부탁드리겠습니다, 해주시면 고맙겠습니다'라는 인사말로 협조를 요청한다.

㉡ 업무 협조가 이루어졌을 경우 '감사합니다, 수고하셨습니다' 등의 감사의 인사를 한다.

㉢ 고의가 아니더라도 피해를 주었을 경우나 실수를 했을 경우에는 '죄송합니다, 미안합니다, 실례했습니다' 등의 사과의 말과 함께 인사한다.

04 | 패션 이미지 연출법

(1) 단정한 용모와 복장의 중요성 중요

① 단정한 용모와 복장은 비즈니스의 기본으로 상대에 대한 본인의 첫인상이며, 그에 따라 타인의 신뢰와 일의 성과도 좌우된다.

② 본인에게도 상쾌한 기분으로 업무에 임할 수 있는 자세를 갖추게 해 직장의 분위기를 명랑하게 만들어 준다.

③ 고객을 만날 때도 신뢰감을 주는 이미지를 형성하는 데 가장 기본이 되는 것이 복장 매너라고 할 수 있다.

④ 옷은 사람의 인격과 인상뿐 아니라 능력까지도 표현해 주는 것이라 할 수 있다. 단정한 복장 매너가 중요한 이유는 우선 자기 스스로가 일하는 자세를 확고히 할 수 있어서 업무의 성과를 높이며 타인에게 호감을 주는 첫인상과 신뢰감을 전달해 줄 수 있기 때문이다.

⑤ 바람직한 복장의 요건은 청결, 조화, 개성을 살리는 것이다.

⑥ 사회활동에 잘 어울리면서 자기의 개성도 살리는 몸차림을 하게 되면 주위 사람들에게 좋은 인상을 줄 수 있다.

⑦ 용모뿐만 아니라 복장도 T(Time : 시간), P(Place : 장소), O(Occasion : 상황)에 맞게 품위 있고 단정하며 세련되게 입어야 한다.

(2) 여성과 남성 복장의 기본 점검

① 여성 복장의 기본 점검 : "세련미를 살려라, 단 편안하게"

㉠ 직장 여성 옷차림의 핵심은 '세련미'이다. 가능한 한 편안하며 기능성을 살리는 옷을 입되, 정도가 지나쳐 세련된 멋을 잃지 않도록 주의해야 한다.

㉡ 정장바지의 경우 편안함과 멋을 동시에 추구할 수 있는 아이템이지만 반드시 주름이 잡힌 바지를 입도록 한다.

㉢ 치마와 바지 중 무엇을 입어야 할지 망설여지는 상황이라면 치마를 입는 것이 좋다.

㉣ 몸의 곡선이 지나치게 드러나거나 과도한 노출은 주변 동료들을 불편하게 할 수 있음을 명심하여야 한다.

② 남성 복장의 기본 점검 : "첫째도 기본, 둘째도 기본"

㉠ 직장 남성 옷차림의 핵심은 첫째도 기본, 둘째도 기본이다.

㉡ 개성이나 멋을 표현하는 것도 좋지만 상대방에게 신뢰를 주는 것이 가장 중요하므로, 기본에 충실한 옷차림을 선택한다.

㉢ 다년간 기본에 충실하며 정장을 입었다면, 이후 간단한 소품이나 변화를 통해 멋스러움을 살릴 수 있다.

더 알아보기

1. 남성 정장의 기본 중요
   - 정장차림은 직장 남성의 기본이다.
   - 항상 단추를 채워라(투 버튼 윗 단추, 쓰리버튼 가운데 단추).
   - 드레스 셔츠는 흰색이 기본이며 반팔은 삼간다(반팔 셔츠는 캐주얼로 연출해라).
   - 드레스 셔츠 안에는 속옷을 입지 않는다.
   - 깃과 소매가 슈트보다 1.5cm가량 드러나는 셔츠를 입어라.
   - 넥타이의 색은 슈트와 같은 계열로, 길이는 끝이 벨트 버클에 오도록 한다.
   - 끈이 달려 있고 코에 바늘땀 장식이 있는 갈색계통의 구두가 기본이다.
   - 바지 길이는 구두 등을 살짝 덮고 걸을 때 양말이 보이지 않는 정도가 좋다.
   - 구두, 벨트, 양말은 같은 계열의 색으로 통일하는 것이 좋다.
2. 직장 여성 옷차림의 주의점 중요
   - 앞보다는 뒤가 트인 구두를 선택하라.
   - 원피스보다는 투피스를 즐겨 입어라.
   - 치마는 적당한 폭의 'A'라인 또는 'H'라인이 좋다.
   - 속옷이 드러나거나 가슴 또는 등 부분이 지나치게 파인 옷은 피해라.
   - 어깨소매가 없는 상의는 삼가라.

[여성과 남성의 복장 체크포인트]

여 성	남 성
• 머리는 청결하고 사무실에 맞는 스타일인가? • 화장은 너무 짙지 않은가? • 소매와 칼라는 깨끗한가? • 손톱이 청결하고 매니큐어 색이 너무 진하거나 벗겨져 있지 않은가? • 스커트는 구겨지지 않았는가? • 액세서리가 너무 화려하지 않은가? • 스타킹 올이 풀려 있지 않은가? • 구두는 깨끗한가? • 구두와 핸드백이 옷과 잘 어울리는가? • 너무 진한 향수 냄새를 풍기지 않는가?	• 머리 스타일은 깔끔한가? • 면도는 깨끗하게 되었는가? • 양복 칼라와 소매는 깨끗한가? • 와이셔츠와 넥타이는 깨끗한가? • 떨어진 단추는 없는가? • 손톱이 길거나 더럽지 않은가? • 바지는 구겨지지 않았는가? • 몸에서 냄새는 안 나는가? • 구두 뒤축이 닳아 있지 않은가? • 구두는 깨끗하게 닦여 있는가?

05 | 전통 예절

(1) 조문 예절 기출 14, 15, 16, 17

① 조문 절차

㉠ 가까운 사이인 경우는 연락을 받는 즉시 상가로 가서 조문을 하고 도울 일을 찾는다.

㉡ 상제와 목례로 조의를 표한다.

㉢ 영정 앞에서 가벼운 목례로 조의를 표한다.

㉣ 영정 앞에 꿇어 앉아서 촛불을 이용해서 향에 불을 붙인다.

㉤ 향은 불어서 끄지 않고 손가락으로 끄거나 왼손을 가볍게 흔들어서 끈다.

㉥ 두 손으로 향로에 향을 꽂는다.

㉦ 고인의 영정에 절을 한다(남성은 2회, 여성은 4회).

㉧ 일어서서 영정에 다시 목례를 하고, 상주와 맞절을 한다.

㉨ 애도의 말을 전한다.

㉩ 일어서서 상주와 인사를 마치고 나오면서 조의금을 전한다.

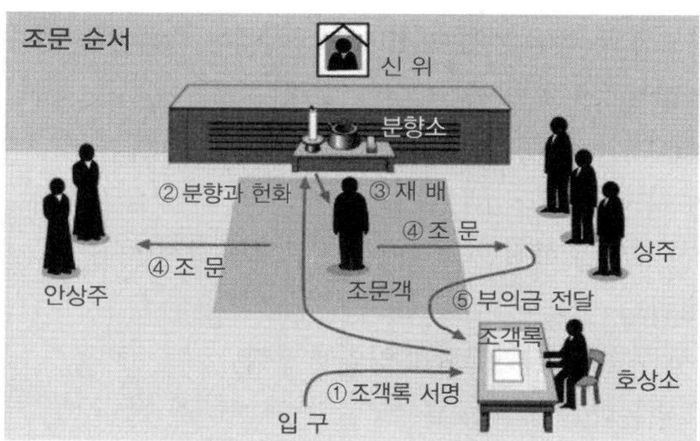

※ 조문 시의 주의사항

- 유족에게 계속해서 말을 시키는 것은 결례이다.
- 친구나 친지를 만나더라도 큰소리로 이름을 부르지 않는다.
- 고인의 사망 원인, 경위 등을 유족에게 상세하게 묻는 것은 실례가 된다.
- 장의 절차에 대해 참견하지 않는다.

② 조문 복장

㉠ 조문객의 경우

남 성	여 성
• 검정색 양복을 입는 것이 원칙, 짙은색이나 회색 양복도 무난하다. • 셔츠는 반드시 흰색을 입는다. • 넥타이, 양말, 구두는 검정색으로 한다. • 근래에는 복장이 단정하면 격식에 구애받지 않는다.	• 검정색 상의와 검정색 스커트가 무난하다. • 검정색 구두에 무늬가 없는 검정색 스타킹이 좋다. • 핸드백도 검정색으로 통일한다. • 지나친 색채화장을 하지 않는다. • 향수를 지나치게 사용하지 않는다.

㉡ 상주의 경우

남 성	여 성
• 검정색 양복에 흰 드레스 셔츠를 입고 검은 넥타이를 맨다. • 상주는 삼베로 만든 두건을 쓰고 완장을 두른다.	흰색이나 검은색 치마저고리를 입거나 검은색 양장을 한다.

③ 조문 인사 방법 중요

㉠ 남자의 선절

• 자세를 바로 하고 선다.

• 두 손을 양옆에 둔 채 몸을 30도 정도 굽힌다(큰 경례의 경우는 45도).

• 자세를 바로 하고 목례하면서 뒤로 물러난다.

㉡ 여자의 선절

• 왼손이 위로 향하도록 공수로 하고 선다(평상시에는 오른손이 위).

• 양손을 앞으로 모으며 허리를 30도 정도 숙여 절을 한다(큰 경례의 경우 45도).

• 허리를 펴고 자세를 바로 한 다음 목례하고 물러난다.

㉢ 여자의 앉은 절(큰절)

• 왼손이 위로 가도록 두 손을 맞잡고 선다(평상시에는 오른손을 위로 하여 잡는다).

• 맞잡은 손을 눈높이까지 올린다.

• 무릎을 꿇고 앉는다.

• 몸을 깊이 숙여 절한다.

• 평상시에는 다시 앉아야 하지만 영전에서는 그대로 물러난다.

㉣ 여자의 앉은 절(평절)

• 공손한 자세에서 두 손을 자연스럽게 양옆에 둔다.

• 두 무릎을 꿇고 앉는다.

• 허리를 20도 정도 굽히고 양손을 앞으로 향하여 바닥을 짚는다.

• 자세를 바로 하고 일어난 다음 목례하면서 뒤로 물러난다.

• 다시 앉은 상태에서 인사말을 나눈다.

④ 조의금(弔意金) 전달

㉠ 조의금 봉투에는 초상의 경우 '부의(賻儀)'라 쓰는 것이 일반적이며, '근조(謹弔)', '조의(弔儀)', '전의(奠儀)', '향촉대(香燭臺)'라고 쓰기도 한다.

㉡ 부조하는 사람의 이름 뒤에는 아무것도 쓰지 않아도 되지만 '근정(謹呈)', '근상(謹上)'이라고 쓰기도 한다.

㉢ 별도로 조의금을 접수하지 않고 함(函)을 비치하여 조의금을 받기도 한다.

㉣ 망인이 연만(年晩)하여 돌아가셨을 때 호상이라 하여 웃고 떠드는 일이 있으나, 일반적으로 웃고 떠드는 일은 삼가는 것이 예의이다.

더 알아보기

절하는 횟수 기출 22, 24
- 여자는 기본 횟수로 두 번을 한다.
- 남자는 기본 횟수로 한 번을 한다.
- 살아있는 사람에게는 기본 횟수만 한다.
- 의식행사에서나 고인(故人)에게는 기본 횟수의 배를 한다.

(2) 공수(拱手) 기출 15, 16, 19, 20, 22, 24

① 공수의 의의

㉠ 공손한 자세에서의 손의 모습은 두 손을 앞으로 모아 맞잡은 공수이다.

㉡ 의식행사에 참석했을 때와 전통배례를 할 때, 어른 앞에서 공손한 자세를 취하려면 공수한다.

㉢ 공수법은 남자와 여자가 다르고 평상시와 흉사시가 다르다.

② 공수의 기본동작

㉠ 두 손의 손가락을 가지런히 붙여서 편 다음 앞으로 모아 포갠다.

㉡ 엄지손가락은 엇갈려 깍지를 끼고 네 손가락을 포갠다.

㉢ 아래에 있는 네 손가락은 가지런히 펴고, 위에 있는 손의 네 손가락은 아래에 있는 새끼손가락 쪽을 지긋이 쥐어도 된다.

③ 공수한 손의 위치

㉠ 소매가 넓고 긴 예복을 입었을 때에는 팔뚝을 수평이 되게 해야 옷 소매가 활짝 펴서 아름답다.

㉡ 평상복을 입었을 때에는 앞으로 자연스럽게 내려 엄지가 배꼽 부위에 닿으면 편하다.

㉢ 공수하고 앉을 때 남자는 공수한 손을 아랫배 부위 중앙에 놓는다.

㉣ 여자는 오른쪽 다리 위에 놓으며 한쪽 다리를 세우고 앉을 때는 세운 무릎 위에 놓는다.

④ 공수법 중요

㉠ 평상시 : 남자는 왼손이 위이고, 여자는 오른손이 위이다.

㉡ 흉사시 : 남자는 오른손이 위이고, 여자는 왼손이 위이다.

※ 초상집, 영결식, 상중인 사람에게 인사할 때는 흉사의 공수를 한다.

04 비즈니스 응대

01 | 비즈니스 매너

(1) 소개(Introduction) 매너 중요

① 소개의 의미

사람들은 만남을 통해 사회생활을 영위하고 자신의 인맥을 형성해 간다. 이렇듯 소중한 의미를 지닌 만남에서 소개는 서로를 이어 주는 가교 역할을 한다. 소개자를 통해 자신이 소개를 받게 되는 경우도 있고, 자신이 소개자가 되어 사람들을 소개해야 하는 경우도 있다. 조금 전에 소개받은 사람의 이름을 잊거나 소개자의 입장에서 어떤 순서로 소개해야 할지 몰라서 당황스러운 경우도 있을 것이다. 자신을 알리거나 다른 사람을 소개하는 일은 중요한 일인 만큼 소개에 대한 기본 사항의 이해가 필요하다.

② 소개 순서 기출 20

㉠ 손윗사람에게 손아랫사람을 소개한다.
- 지위가 높은 사람에게 지위가 낮은 사람을
- 연장자에게 연소자를
- 선배에게 후배를

㉡ 이성 간에는 여성에게 남성을 소개한다.

㉢ 기혼자에게 미혼자를 소개한다.

㉣ 손님에게 집안사람을 소개한다.

㉤ 고객(외부인)에게 회사 동료를 소개한다.

㉥ 기혼 여성에게 남성을 소개하는 것이 원칙이나 왕, 대통령, 왕족, 성직자에게는 예외이다.

③ 소개 요령

㉠ 소개 시에는 모두 일어나는 것이 원칙이다.
- 성직자 연장자, 지위가 높은 사람을 소개 받을 때는 남녀 모두 일어서는 것이 원칙이나 환자나 노령자는 예외로 한다.
- 나이가 많은 여성이나 앉아 있던 여성은 앉은 채 남성을 소개 받아도 무방하나 파티의 호스티스인 경우는 일어나는 것이 예의이다.

㉡ 소개 후 남성 간에는 악수를 교환하고 이성 간일 경우 여성은 목례로 대신한다.
- 연장자가 악수를 청하기 전에 먼저 손을 내밀지 않는다.
- 연장자가 악수 대신 간단한 인사를 하면 연소자는 미소를 지으며 목례로 답한다.

㉢ 직업이 서로 다른 사람을 소개할 경우에는 출신학교, 지인, 친척에 대한 사항을 융통성 있게 덧붙이는 것도 효과적이다.

㉣ 결혼 리셉션, 댄스파티 등 대형파티에서는 주최자가 일일이 소개를 해 주지 않더라도 자연스러운 대화를 통해 자기소개를 해도 무방하다.

㉤ 소개할 때는 자신의 이름을 정확하게 전달하고 상대의 이름을 주의해서 듣도록 한다. 이름을 정확히 못 들었을 경우에는 본인에게 묻지 말고 제3자에게 확인하도록 한다.

㉥ 파티를 주최하는 사람은 초청자의 이름, 직업, 지위를 기억했다가 능숙하게 소개하도록 한다.

㉦ 초면인 경우 정치와 종교, 금전 관련 화제는 상식적인 금기사항이며 예술, 시사뉴스, 스포츠, 여행 등을 화제로 택한다. 이성 간의 자리에서 루머나 스캔들은 교양과 결부될 수 있다.

㉧ 인원이 적은 파티에서는 소개받은 모든 사람들에게 작별인사를 한다.

㉨ 대형파티에서는 소개받은 사람들에게 작은 소리로 작별인사를 한다.

㉩ 작별인사를 할 때도 소개받을 때와 마찬가지로 일어선다.

(2) 명함(Visiting Card) 매너 중요

① 명함의 유래

㉠ 명함은 고대 중국에서 지인의 집을 방문했을 때 상대가 부재중이면 자신의 이름을 적어 남기는 관습에서 기원한 것으로 보고 있다.

㉡ 사교상의 목적으로 명함이 사용된 것은 루이 14세 때부터라고 하며, 독일 역시 16세기경부터는 작은 종이에 이름을 적어 사용했다고 한다. 이러한 명함은 사교상의 목적으로 사용하는 사교용 명함(Visiting Card)을 얘기하며, 우리가 흔히 사용하는 명함은 업무용 명함(Name Card)의 성격을 띤 것으로 그 용도가 다소 다르다.

㉢ 서양인들은 사교용 명함과 업무용 명함을 구분해서 사용한다. 사교용 명함은 방문 카드로 사용하며 초대를 받고 감사의 표시와 참석 여부를 표시하기 위해 사용한다. 이외에도 선물, 꽃, 소개장을 보낼 때, 조문이나 병문안의 경우 등에 사용한다.

㉣ 사교용 명함에는 성명과 주소만을 기입하며 업무용 명함에는 성명과 회사 주소, 직위 등을 기입한다.

㉤ 서양에서는 명함을 주고받는 일은 서로 교제를 더 친밀히 하기 위한 예의로 인식하여 비즈니스의 경우 외에는 초면에 명함을 내밀지 않는다. 반면, 우리나라를 비롯한 동양권에서는 명함을 자신을 알리는 수단으로 활용하는 경우가 많다.

② 명함 예절의 중요성 기출 14, 15, 16

㉠ 명함은 초대면인 상대방에게 소속과 성명을 알리고 증명하는 역할을 하는 자신의 소개서이자 분신이다. 따라서 직장인은 항상 명함을 소지하고 있어야 하며, 올바르게 사용할 줄 알아야 한다.

㉡ 받은 명함은 언제라도 금방 찾아볼 수 있도록 명함 꽂이, 수첩 등에 잘 정리해둔다. 상대방의 명함을 소중히 다루는 것은 상대방과 상대방 회사에 대한 경의를 표한다는 마음을 나타내는 것이다.

㉢ 명함을 받았으면 날짜, 만난 장소, 간단한 용건 등을 뒷면에 메모해 훗날에 여러 가지로 참고가 되도록 한다.

③ **명함을 줄 때의 요령** 중요 기출 19, 20, 22, 23

㉠ 상의에서 꺼내며 아랫사람이 윗사람에게 먼저 건네는 것이 예의이다.

㉡ 소개의 경우에는 소개받은 사람부터 먼저 건넨다.

㉢ 방문한 곳에서는 상대방보다 먼저 명함을 건네도록 한다.

㉣ 명함은 선자세로 교환하는 것이 예의이고 테이블 위에 놓고서 손으로 밀거나 서류봉투 위에 놓아서 건네는 것은 좋지 않다.

㉤ 명함을 내밀 때는 정중하게 인사를 하고 나서 회사명과 이름을 밝히고 두 손으로 건네도록 한다.

㉥ 명함은 왼손을 받쳐서 오른손으로 건네되 자기의 성명이 상대방 쪽에서 바르게 보이게끔 한다. 상대가 두 사람일 경우 윗사람에게 먼저 건넨다.

㉦ 한쪽 손으로는 자기의 명함을 주면서 한쪽 손으로 상대의 명함을 받는 동시교환은 부득이한 경우가 아니면 실례이다.

④ **명함을 받을 때의 요령** 중요 기출 19, 20, 22

㉠ 상대의 명함을 받으면 반드시 자신의 명함을 주어야 한다. 만일 명함이 없으면 사과를 겸해 의견을 묻고 상대가 원하면 종이에 적어 준다. 단, 이쪽의 명함을 받은 상대가 명함이 없다고 하면 특별한 경우가 아니면 적어달라고 청하지 않는다.

㉡ 상대에게 받은 명함은 공손히 받쳐 들고 상세히 살핀 다음 그 자리에서 보고 읽기 어려운 글자가 있으면 바로 물어본다.

㉢ 대화 중 상대방의 이름을 잊었다고 해서 주머니에 집어넣은 명함을 꺼내어 보는 것은 결례이므로 명함을 받으면 그 자리에서 상대방의 부서, 직위, 성명 등을 반드시 확인하여 대화 중에 실수가 없도록 한다.

㉣ 상대가 보는 앞에서 즉시 명함꽂이에 꽂는다든가 아무 데나 방치해 두는 것은 실례이다.

㉤ 명함을 건넬 때와 마찬가지로 받을 때도 일어선 채로 두 손으로 받는다.

⑤ **명함관리 요령**

㉠ 초면에 인사를 나누었을 때는 만난 일시, 용건, 소개자, 만난 화제 중의 특징 인상착의 등을 뒷면에 메모하여 다음 만남 등에 활용하도록 한다.

㉡ 상대방 앞에서 바로 메모하는 것은 결례이다.

㉢ 자신의 명함이나 상대방의 명함은 별도의 명함첩을 만들어 깔끔하게 보관한다.

(3) 악수(Shaking Hand) 매너 중요

① **악수의 의미**

㉠ 악수는 상호간의 정을 표현하는 것으로서, 사교활동의 중요한 행위이다. 로마인들에게 악수는 신뢰의 표시였으며 중세까지도 악수는 적의가 없음을 확인하는 행위로 인식했다.

㉡ 서양에서 악수를 사양하는 것은 실례로 간주하며, 정중한 마음과 바른 자세, 밝은 표정으로 연출하는 인사법이다.

㉢ 악수는 서로 손을 잡음으로써 친근감을 표시하며, 마음의 문을 여는 의미가 담겨 있다.

② **악수하는 순서** 기출 19, 20

악수의 순서는 소개의 순서와 동일하게 웃어른이나 상사가 먼저 손을 내민다.

㉠ 윗사람이 아랫사람에게

㉡ 여성이 남성에게

㉢ 기혼자가 미혼자에게

㉣ 선배가 후배에게 먼저 청한다.

㉤ 왕, 대통령, 왕족, 성직자의 경우는 예외이다.

왕 · 왕족	• 남성 : 소개와 함께 머리를 숙여 인사하고 악수를 청하면 재차 머리를 숙여 인사하고 악수한다. • 여성 : 왕에게 경의(Courtesy : 왼발을 뒤로 빼고 무릎을 가볍게 굽혔다 편다)를 표하고 왕이 청한 손을 잡고 악수한다.
대통령	남성은 왕의 경우와 동일하며, 여성의 경우는 머리를 숙여 인사를 하고 악수를 받는다.

③ **악수하는 방법** 기출 19, 20, 24

㉠ 악수는 오른손으로 하는 것이 원칙이다.

㉡ 상대가 악수를 청할 때 남성은 반드시 일어서며, 여성은 앉아서 해도 무방하나 상대의 나이 등을 감안해서 행동한다.

㉢ 악수는 우정의 표시인 만큼 적당한 악력으로 손을 잡고 적당한 높이로 흔들되, 여성과 악수할 때는 세게 쥐거나 흔들지 않는다.

㉣ 악수를 할 때 남성은 장갑을 벗어야 하며, 여성의 경우는 장갑을 벗지 않아도 된다. 파티의 호스티스인 경우는 장갑을 낀 채 악수하며, 부인이 장갑을 벗어야 하는 경우는 청소용 장갑과 승마용 장갑을 꼈을 때이다.

㉤ 여성의 경우, 먼저 악수를 청하는 것이 에티켓이므로 이를 실행하도록 한다.

㉥ 악수는 서양식 인사이므로, 동양적 관습으로 악수를 하며 절을 하거나 두 손으로 감쌀 필요가 없다.

㉦ 왕이나 대통령 외에는 당당한 자세로 허리를 곧게 펴고 악수를 한다.

㉧ 상대의 눈을 보지 않고 하는 악수는 실례이다.

㉨ 오른손에 가방을 들고 있었다면 악수에 대비해서 왼손으로 바꿔 든다.

㉩ 손을 너무 세게 쥐거나 손끝만 내밀어 악수하지 않는다.

더 알아보기

악수의 5대 원칙 기출 18, 20

- 미소(Smile)
- 눈맞춤(Eye-contact)
- 적당한 거리(Distance)
- 리듬(Rhythm)
- 적당한 힘(Power)

02 | 손님맞이 방법과 안내법

(1) 손님 응대의 중요성 중요

손님의 응대 시에 마음에서 우러나오는 친절로 상대를 위한 배려를 한다면, 손님들은 그 조직에 대해 좋은 인상을 가지게 된다. 더 나아가서는 거래를 호전시키는 역할을 하여 회사의 성과에까지 영향을 끼칠 수 있다.

(2) 손님 응대의 기본

① 손님 응대 시의 자세

얼굴표정이나 복장, 말씨, 태도 등 손님을 대하는 행동은 고객에게 호감을 주거나 반대로 불쾌한 인상을 주므로, 기본자세를 갖추고 손님을 응대하는 것은 매우 중요한 일이다.

자 세	가슴은 똑바로 펴고, 머리와 목은 등과 일직선이 되도록 한다.
표 정	• 표정은 밝고 자연스럽게 하도록 하되, 반가움이 나타나야 한다. • 때와 장소에 알맞은 미소를 띤 표정을 짓는다.
시 선	• 밝고 명랑한 모습을 위하며, 손님의 시선과 맞추되 가끔 입 언저리를 바라본다. • 시선을 아래로 두면 상대방에게 집중하지 않는다는 느낌을 주기 쉽다.
말 씨	• 천박한 표현이나 불쾌감을 주는 말을 삼가고, 정확한 응대 용어로 부드러운 말씨를 사용한다. • 위압감을 주는 단어는 피하고 듣는 사람에게 알맞은 말을 한다.

② 손님 응대 시 예절

㉠ 아름다운 매너와 자세, 적극적인 마음가짐으로 상대방의 입장을 배려하는 것으로, 상대방에게 현재 무엇이 필요한지를 적극적으로 파악하여 응대하도록 한다.

㉡ 친절한 말씨로 상대방에게 공손히 말하고, 상대방의 이야기를 끝까지 들어 주며, 자신의 주관적인 감정을 표현하지 않는다.

㉢ 손님 응대 시 유의사항

- 손님이 기다리지 않도록 먼저 적극적인 태도를 보인다.
- 손님과의 논쟁은 금하고 친절함을 잃지 않는다.
- 무관심은 금물이며, 성의를 가지고 대한다.
- 손님의 이야기를 가로막지 않고 끝까지 들어 준다.

더 알아보기

화난 손님 응대하기

- 화가 난 손님을 바로 상사에게 연결하지 않는다.
- 상대방의 입장에서 화가 난 이유를 이해한다.
- 상대방의 이야기를 충분히 들어 준다.
- 문제 해결을 도와줄 수 있는 책임자에게 의뢰한다.

(3) 손님맞이 방법

① 방문객을 맞이하는 요령

㉠ 손님에게 인사를 한다.

- 즉시 자리에서 일어서서 인사를 한다.
- "어서 오십시오."

㉡ 상대를 확인하고 용건을 듣는다.

- "실례지만 어떤 일로 오셨습니까?"

더 알아보기

인사의 3S

- Stand up(일어선다)
- See(시선을 맞춘다)
- Smile(미소를 짓는다)

제3과목

② 방문객 접수

㉠ 먼저 연락을 하고 온 경우

- 상대가 누구인지 파악하고, 인사를 한 후 약속대로 안내한다.
- 중요한 고객은 해당 부서에 미리 알려 둔다.
- 손님이 명함을 주면서 본인을 소개할 때에는 두 손으로 가슴 높이에서 명함을 받는다.

㉡ 자신을 밝히지 않는 경우

- 손님의 기분이 상하지 않도록 손님의 성함을 물어 본다.
- 상사와 개인적인 친분이 있는 방문자인 경우도 있으므로, 직무상 의무로 묻는다는 양해를 구한다.

㉢ 약속이 되어 있지 않은 경우

- 찾는 사람이 사내에 있으나 만나지 못할 경우에는 이유를 설명하고 추후 방문을 권한다.
- 특별히 중요한 손님이거나 중요한 용건으로 온 경우 신속하게 상사에게 연락한 후 지시를 따른다.
- 면회를 거절해야 하는 손님이 계속 찾아오는 경우 당황한 태도를 보이지 말고 정중하게 거절한다.

㉣ 찾는 사람이 부재중인 경우

- 약속이 되어 있는데, 찾는 사람이 피치 못할 사정으로 부재중인 경우 정중하게 사과한다.
- "대단히 죄송합니다."

㉤ 손님을 기다리게 할 경우

- 손님에게 양해를 구하고, 시간이 걸릴 때에는 상사에게 기다리는 손님이 있다고 알림으로써 상사가 현재의 일을 빨리 마치도록 유도한다.
- "대단히 죄송합니다. 사장님께서는 아직 회의 중이십니다. 조금만 더 기다려 주시겠습니까?"

(4) 손님 안내 중요 기출 20

① **방문객 안내 요령**

㉠ 방문객보다 두서너 걸음 앞에서 안내한다.

㉡ 방문객의 대각선 방향(방문객에게는 130° 각도)에서 안내한다.

㉢ 눈, 입, 어깨, 손을 동시에 사용하여 안내하고, 팔은 45° 정도 위치로 들고 안내한다.

㉣ 손가락은 가지런히 펴고 엄지손가락을 벌리지 않고 손바닥을 위쪽으로 해서 방향을 안내한다.

㉤ 시선은 고개와 함께 움직인다.

㉥ 안내 시 어깨를 펴고 등을 굽히지 않는다.

더 알아보기

손님 안내 포인트

- 너무 급하거나 느리지 않도록 방문객과 보조를 맞춘다.
- 복잡한 곳이나 모퉁이에서는 손님이 당황하지 않도록 구두로 미리 안내를 한다.
- 가끔 뒤돌아보면서 손님을 확인한다.

② 복도와 계단에서의 안내

구분	내용
복 도	• 복도의 크기를 고려하여 손님보다 약간 앞서간다. • 모퉁이를 돌 때에는 가야 할 방향을 가리킨다.
계 단	• 계단에서 안내할 때에는 손님과 1~2계단 떨어져서 안내한다. • 계단에 난간이 있을 때에는 손님이 난간의 손잡이를 잡을 수 있도록 배려한다.

더 알아보기

계단 이용 시 매너

- 연장자나 상급자가 중앙에 서게 한다.
- 나란히 걸을 때에는 연장자가 오른쪽에 서도록 한다.
- 상급자를 수행할 때에는 수행하는 사람이 조금 앞서서 걸어간다.
- 계단을 올라갈 때에는 남성이 여성보다 먼저 올라가고, 계단을 내려올 때에는 여성이 앞서는 것이 에티켓이다.

③ 에스컬레이터에서의 안내

안내자가 먼저 탔는데, 손님이 미처 에스컬레이터를 타지 못할 수도 있으므로 올라갈 때나 내려갈 때 모두 손님을 먼저 타게 하고, 안내자가 뒤따른다.

④ 엘리베이터에서의 안내 기출 24

㉠ 엘리베이터를 탈 때에는 타기 전에 미리 가는 층을 알려준다.

㉡ 엘리베이터를 타고 내릴 때에는 문이 닫히지 않도록 문을 손으로 잡는다.

㉢ 안내자가 먼저 타거나 내릴 때에는 양해를 구한다.

㉣ 엘리베이터를 탈 때는 손님보다 나중에 타고, 내릴 때는 손님보다 먼저 내려 방향을 안내한다.

㉤ 목적지를 잘 알고 있는 상사나 여성과 동행 시에는 상사 또는 여성이 먼저 타고 내린다.

더 알아보기

일반적인 엘리베이터 매너 기출 24

- 이미 방향을 알고 있는 윗사람이나 여성이 함께 엘리베이터를 타면 윗사람이나 여성이 먼저 타고 내린다.
- 엘리베이터에서 휴대폰을 사용한다든지 큰소리로 떠들어서는 안 된다.
- 버튼 앞에 서게 되면 다른 사람을 위해 버튼을 눌러주고, 제일 나중에 내릴 수 있는 여유를 가져야 한다.
- 엘리베이터 안쪽에 타게 되면 사람들 사이로 비집고 들어가 버튼을 누르지 말고, "O층 부탁합니다"하고 정중하게 부탁한다.

⑤ 문에서의 안내

㉠ 여닫이문으로 문이 당겨서 열릴 경우에는 문을 열고 잡은 후, 방문객이 먼저 안으로 들어가도록 안내하며, 문이 밀어서 열릴 경우에는 안내자가 먼저 문을 열고 들어가서 방문객이 안으로 들어오도록 한다.

㉡ 미닫이문일 경우에는 들어가고 나올 때 모두 안내자가 문을 열고, 손님이 먼저 들어가고 나오게 한다.

㉢ 회전문의 경우에는 손님을 먼저 들어가게 하고, 안내자는 뒤에서 회전문을 밀어 주며 들어간다.

⑥ 응접실에서의 안내

㉠ 안내 방법

- 손님이 응접실에 도착하면 문 앞에서 "이곳입니다."라고 말하고 들어간다.
- 의자를 권할 때에는 손님에게 상석에 앉도록 권한다.
- 상석의 위치를 정확히 파악한 후 손님의 직위와 중요도를 고려하여 안내한다.

㉡ 상석의 구분

- 기본적으로 손님이 가장 편안하고 쾌적하게 여길 수 있는 곳이 상석으로, 접견실의 구조와 계절에 따라 달라질 수 있다.
- 일반적으로 상석이란 사람의 출입이 적은 곳, 소음이 적은 곳, 비좁지 않고 넉넉한 곳 등 심리적으로 안정을 줄 수 있는 좌석, 또는 미관상 보기 좋은 좌석을 말한다.
- 상사의 자리가 따로 마련되어 있는 경우에는 상사와 가까운 곳, 특히 오른편이 상석이다.
- 창문이나 액자가 있는 경우에는 전망이나 그림이 보이는 곳이 상석이다.
- 응접세트인 경우에는 긴 의자의 깊숙한 곳이 상석이다.

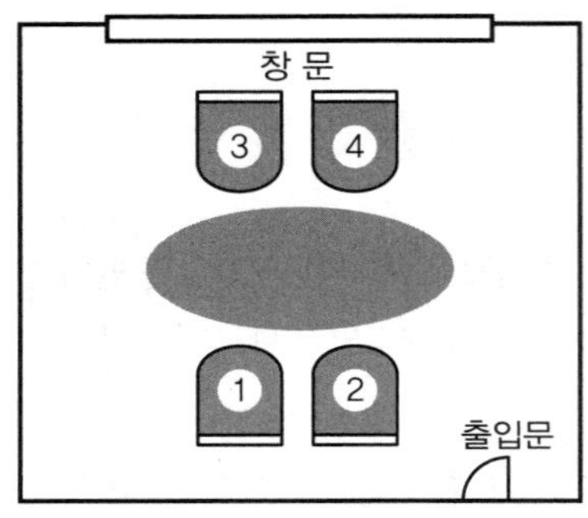

전망이 좋은 경우

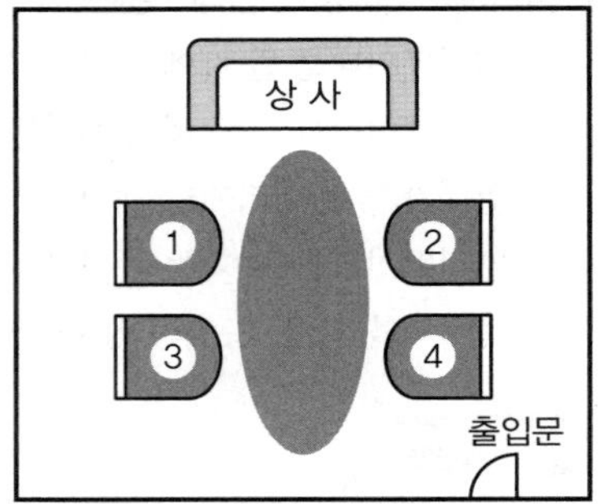

상사 자리가 따로 있는 경우

[상석의 구분]

⑦ 각종 교통수단 안내 중요 기출 18, 20, 23

㉠ 승용차의 경우 : 승용차에서는 운전기사가 있는 경우에는 뒷줄 운전기사와 대각선에 있는 좌석이 상석, 운전기사 옆 좌석이 말석이고, 자가운전인 경우에는 운전석 옆 좌석이 상석, 뒷줄의 가운데 좌석이 말석이다. 그러나 동승자가 운전자보다 직급이 위인 경우에는 다음 그림에서 ②가 상석이다.

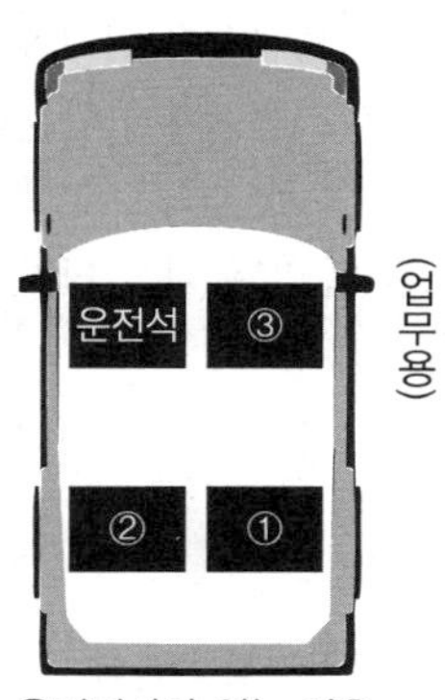

운전기사가 있는 경우

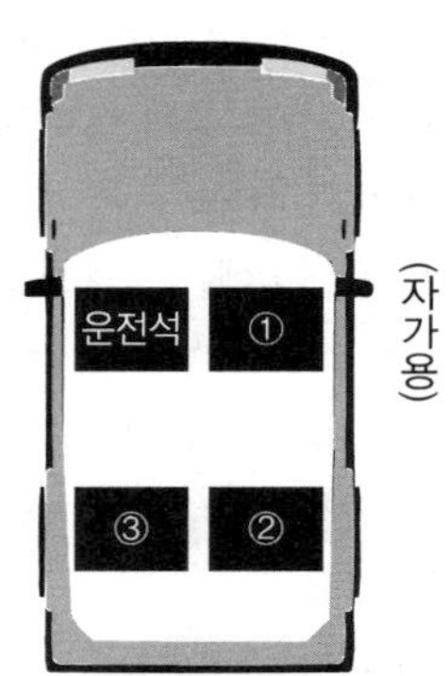

자가 운전한 경우

[승용차에서의 상석]

㉡ 열차의 경우 : 열차에서는 열차의 진행방향으로 밖을 볼 수 있는 창가가 상석이고, 마주 보이는 곳이 차석이다.

㉢ 비행기의 경우 : 비행기에서는 비행기 밖을 볼 수 있는 창가가 상석, 통로 쪽 좌석이 차석, 가운데 불편한 좌석이 말석이다.

(5) 면담 중 용건 전달

① 면담 중 상사에게 전화가 걸려 왔거나 급한 전언이 있을 때에는 내용을 구두로 전달하지 않도록 용무를 메모하여 상사에게 전한다.

② 이때, "말씀 중에 죄송합니다"라고 말하고, 상사에게 메모를 보이며, 면담 중인 손님에게 전화가 걸려왔을 때 상대방에게 손님과 직접 통화해야 하는지 또는 전화의 용건을 전달해도 좋은지를 물어 보고, 급한 경우에는 용건을 메모하여 알려준다.

③ 손님과의 면담이 너무 길어져서 다음 손님이 기다리거나 다음 일정이 있을 때에는, 적절한 시간에 상사가 면담을 마칠 수 있도록 다음 일정을 메모로 전한다.

(6) 방문객 배웅

① 손님을 배웅할 때에는 상황에 따라 자리에서 배웅을 할 것인지, 엘리베이터까지 배웅할 것인지, 또는 승용차까지 배웅할 것인지를 융통성 있게 결정한 후, 하던 일을 멈추고 손님을 전송한다.

※ 손님 배웅 매너 : 어디에서 배웅을 하든지 손님이 보이지 않을 때까지 다른 행동으로 옮겨서는 안 된다.

② 우산이나 코트 등 보관품이 있을 경우에는 미리 준비하였다가 손님이 돌아갈 때 전하도록 하며, 손님이 돌아갈 때 놓고 가는 물건이 없는지 점검한다.

③ 필요한 경우 주차장에 연락하여 손님의 승용차를 대기시킨다.

더 알아보기

의전(儀典)의 5R 기출 20, 22

- Respect
- Reflecting Culture
- Reciprocity
- Rank
- Right

03 | 접객자세와 지시동작

(1) 접객자세

① 서 있는 자세

㉠ 바른 자세

- 허리와 가슴을 펴서 일직선이 되게 한다.
- 표정을 밝게 하고 시선은 상대방의 인중을 바라본다.
- 여성은 오른손을 위로, 남성은 왼손을 위로 가게 한다.
- 발꿈치는 붙이고 앞발은 30° 정도 벌린다.
- 등의 중심선이 좌우 어느 쪽으로도 기울어지지 않도록 몸의 균형을 유지한다.
- 손에 물건을 들었을 때에는 자연스럽게 몸의 중심을 잡고 서도록 한다.

㉡ 올바르지 못한 자세

- 무릎을 벌리고 어깨를 올린 채 선다.
- 상반신을 앞으로 굽힌다.
- 뒷짐을 지고 엉덩이를 뒤로 뺀다.
- 서 있을 때 손가락을 벌린다.
- 습관적으로 주머니에 손을 넣는다.
- 상체가 한쪽으로 치우친다.
- 몸의 중심이 잡히지 않는 자세를 취한다.

② 걷는 자세

㉠ 바른 자세

- 등을 곧게 펴고 어깨의 힘을 뺀다.
- 턱을 당기고 시선은 전방 5~6m 앞을 주시한다.
- 무릎을 곧게 펴고 배에 힘을 준다.
- 손은 가볍게 주먹을 쥐고 팔은 적당히 흔들어 준다.
- 일직선으로 걷는다.
- 발뒤꿈치 → 발바닥 → 발끝의 순서로 지면에 닿게 걷는다.
- 밝은 표정으로 활기차게 걷는다.
- 머리와 윗몸을 곧게 하여 흔들지 않고 걷는다.
- 어깨는 수평으로 유지하되 몸을 흔들어서는 안 된다.
- 손에 물건을 들고 걸을 때에는 몸의 균형을 유지하고 걷는다.

㉡ 올바르지 못한 자세

- 팔자걸음 또는 안짱걸음을 걷는다.
- 턱을 빼거나 고개를 숙이고 걷는다.
- 주머니에 손을 넣고 걷는다.
- 배를 내밀고 걷는다.
- 어깨를 굽히고 상체를 흔들며 걷는다.

③ 앉는 자세

㉠ 바른 자세

- 의자의 왼편에 서 있다가 의자 등을 오른손으로 잡아당겨서 확인을 하고 앉는다.
- 왼발을 앞으로 내딛고 의자를 놓으면서 체중을 의자 쪽으로 옮긴 후, 오른발을 의자 앞으로 내어 딛고 왼발을 오른발 쪽으로 옮겨 붙여 앉는다.
- 앉을 때에는 되도록 깊숙이 앉으며 허리와 가슴은 펴야 한다.
- 여성은 두 손을 무릎 위에 놓고 다리는 무릎을 붙여서 한쪽 방향으로 모은다.
- 남성은 양손을 무릎 위에 나란히 놓고 다리는 약간 벌리면서 앉는다.
- 등과 등받이 사이는 주먹 하나가 들어갈 정도로 간격을 두고 앉는다.
- 어깨와 턱에 힘을 주지 말고 고개를 바로 하며, 입을 다물고 앞을 보는 편안한 자세를 취한다.

㉡ 올바르지 못한 자세

- 의자 등받이에 등을 기대고 끝에 걸터 앉는다.
- 등을 구부리고 앉는다.
- 무릎을 벌리고 앉는다.
- 팔짱을 끼고 비스듬히 앉는다.

(2) 지시동작 중요

동작의 좋고 나쁨에 따라 상대방에게 직접 호감을 줄 수도 있고 불쾌감을 줄 수도 있다.

① 바람직한 동작 요소

㉠ 성실 : 성실하고 진지한 태도나 몸가짐은 인품이 훌륭하다는 상징이 되며 마음을 움직일 수 있는 원천이 된다.

㉡ 침착 : "침착하게 서둘러라"하는 말처럼 기분은 느긋하고 침착하나 행동은 재빨리 취해야 한다. 침착성이 깃든 동작은 여유스러운 느낌을 줄 수 있으며, 어려운 일에 부딪혀도 시기적절한 조치를 취할 수 있어서 주위 사람들에게 신뢰감을 주면서 자신의 품위를 높이게 된다.

㉢ 명랑 : 밝고 생동감이 있는 동작은 주위를 밝고 즐겁게 해 준다. 성품이 수반된 명랑함은 마음이 들떠 있는 것과는 대조적이다.

㉣ 민첩 : 민첩한 동작은 자신의 젊음과 현명함의 표상으로 업무의 효율을 증대시킨다.

② 방향 안내 자세

㉠ 미소 띤 밝은 표정으로 안내의 말을 곁들인다.

㉡ 상대와 눈을 마주친 후 손가락을 붙인 채 방향을 가리킨다.

㉢ 손목이 꺾이지 않도록 한다.

㉣ 손바닥이나 손등이 정면으로 보이지 않도록 45도 각도로 눕혀서 가리킨다.

㉤ 오른쪽을 가리킬 때는 오른손을, 왼쪽을 가리킬 때는 왼손을 사용한다.

㉥ 상대가 바른 방향을 향하는지 지켜보는 여유를 갖는다.

㉦ 상대를 인도하여 목적지까지 안내하는 것이 최고의 서비스이다.

04 | 비즈니스 네티켓

(1) 네티켓(Netiquette)의 정의 중요

① 네티켓이란 네트워크(Network)와 에티켓(Etiquette)의 합성어로서, 네티즌(통신사용자)들이 네트워크를 사용하면서 지키고 갖추어야 할 예의범절을 의미한다.

② 익명성, 다양성, 자발성, 쌍방향성, 다중성 등의 다양한 특징을 가지는 가상 공간도 넓게 보면 사회의 일부분이므로, 실제의 사회 생활과 마찬가지로 바람직한 인간 공동체로 발전할 수 있도록 가상 공간에서의 에티켓, 즉 네티켓이 필요한 것이다.

(2) 네티켓의 기본 원칙

① 다른 사람의 시간을 존중한다.
② 전문적인 지식을 공유한다.
③ 토론을 할 때는 감정을 절제한다.
④ 다른 사람의 사생활을 존중한다.
⑤ 자신의 권력을 남용하지 않는다.
⑥ 다른 사람의 실수를 용서한다.
⑦ 실제 생활과 똑같은 기준과 행동을 준수한다.
⑧ 현재 접속한 곳의 성격을 파악하고, 그곳의 문화에 어울리게 행동한다.

(3) 커뮤니티 관련 네티켓

① 이메일(e-mail)의 네티켓 기출 16, 20, 22, 23, 24

㉠ 내용을 보낼 때는 용건을 간단히 하여 보낸다.
㉡ 용량이 큰 파일은 반드시 압축하여 첨부한다.
㉢ 주소가 정확한지 다시 확인하고 발송하도록 한다.
㉣ 첨부파일은 꼭 필요한 경우에만 보낸다.
㉤ 내용을 쉽게 알 수 있도록 적당한 제목을 붙인다.
㉥ 보내는 사람이 누구인지 정확히 밝힌다.
㉦ 자주 점검하고 꼭 저장해야 하는 것만 빼고 반드시 지운다.
㉧ 욕설이나 험담이 담긴 메일을 보내지 않는다.

② 게시판 네티켓

㉠ 게시판의 글은 짧고 명확하게 쓴다.
㉡ 게시물 내용을 잘 설명할 수 있는 알맞은 제목을 붙인다.
㉢ 문법에 맞는 표현과 올바른 맞춤법을 사용한다.
㉣ 사실과 다른 내용을 올리지 않는다.
㉤ 다른 사람을 욕하거나 비난하는 글을 올리지 않는다.
㉥ 같은 글을 여러 번 반복해서 올리지 않는다.
㉦ 태그 사용을 자제한다.

③ 자료실 네티켓

㉠ 불법 소프트웨어는 올리지 않는다.

㉡ 음란물은 올리지 않는다.

㉢ 자료를 올리기 전에 바이러스 체크를 한다.

㉣ 올릴 자료는 압축해서 용량을 줄인다.

㉤ 유익한 자료를 받았으면, 올린 사람에게 감사의 메일을 보낸다.

㉥ 자료를 올릴 때는 이름을 밝힌다.

④ 채팅 네티켓

㉠ 입장 혹은 퇴실할 때 서로에게 인사를 나눈다.

㉡ 상대방의 호칭은 대화명에 '님'자를 붙인다.

㉢ 진행되는 주제에 맞는 대화를 한다.

㉣ 상대방에게 불쾌감을 주는 대화를 하지 않는다.

㉤ 초보자를 위해 배려한다.

㉥ 불건전한 대화를 하지 않는다.

㉦ 바른 언어, 좋은 말을 사용한다.

㉧ 거짓말은 나쁜 습관, 사이버 공간에서도 진실만을 이야기한다.

㉨ 대화를 나누는 상대방을 존중한다.

㉩ 채팅방에서 만난 잘 모르는 사람을 함부로 만나지 않는다.

(4) 네티즌 윤리강령

① 네티즌의 기본 정신

㉠ 사이버 공간의 주체는 인간이다.

㉡ 사이버 공간은 공동체의 공간이다.

㉢ 사이버 공간은 누구에게나 평등하며 열린 공간이다.

㉣ 사이버 공간은 네티즌 스스로 건전하게 가꾸어 나간다.

② 네티즌의 행동 강령

㉠ 타인의 인권과 사생활을 존중하고 보호한다.

㉡ 건전한 정보를 제공하고 올바르게 사용한다.

㉢ 불건전한 정보를 배격하며 유포하지 않는다.

㉣ 타인의 정보를 보호하며, 자신의 정보도 철저히 관리한다.

㉤ 비속어나 욕설 사용을 자제하고, 바른 언어를 사용한다.

㉥ 실명으로 활동하며, 자신의 ID로 행한 행동에 책임을 진다.

㉦ 바이러스 유포나 해킹 등 불법적인 행동을 하지 않는다.

㉧ 타인의 지적 재산권을 보호하고 존중한다.

㉨ 사이버 공간에 대한 자율적 감시와 비판 활동에 적극 참여한다.

㉩ 네티즌 윤리 강령 실천을 통해 건전한 네티즌 문화를 조성한다.

05 | 국제 비즈니스 에티켓

(1) 비즈니스 인간관계 에티켓 기출 15, 16

① 인사법

㉠ 악수는 손을 마주잡음으로써 서로에 대한 친근한 정을 나누고 관계를 돈독히 하는 행위이나 제대로 하지 않을 때에는 상대방에게 불쾌감을 줄 수도 있다.

㉡ 악수를 할 때는 여성이 남성에게, 손윗사람이 아랫사람에게, 선배가 후배에게, 상급자가 하급자에게 먼저 악수를 청하는 것이 원칙이다.

㉢ 사교 모임에서 외국인을 만났을 경우에는 자신을 소개하면서 손을 내밀어 악수를 청하는 것이 좋다. 상대가 악수를 청할 때 남성은 반드시 일어서야 하는 것이 예의이나, 여성은 앉은 채로 악수를 받아도 된다.

② 소개법

㉠ 쌍방을 아는 소개자나 중개자가 있을 때 나이가 어린 사람이나 직위가 낮은 사람을 먼저 연장자나 높은 사람에게 소개한다. 만약 중개자 없이 자신을 직접 소개할 때는 자신의 이름을 밝히면서 상대방에게 말을 건넨다.

㉡ 일단 상대방의 이름을 알고 나면 대화 중 상대방의 이름을 자주 사용하는 것이 예의이다.

③ 명함 사용법

㉠ 악수를 하기 전에 명함을 먼저 제시하는 경우가 있는데 이는 서양 예의상 바람직하지 않다.

㉡ 서양인들에게 명함의 의미는 단지 서로 충분한 대화를 나눈 후 추후 연락할 필요가 있을 때 전화번호와 주소 등을 적는 메모 이상의 역할을 하지 않는다.

㉢ 일본인들과 인사를 할 때는 미리 명함을 찾아 들고 있다가 자신의 이름을 말하며 명함을 주는 동시에 허리를 굽혀 인사를 한다.

④ 호 칭

㉠ 외국 사람, 특히 북미나 유럽 사람들은 일단 인사를 하고 조금 친숙해지면 자신의 First Name, 즉 이름을 불러 달라고 한다. 예를 들면, "Call me Bob."과 같이 이름 중에서도 애칭을 부르며 일대일의 평등한 관계에서 친밀감을 나타낸다.

㉡ 외국인과의 인간관계가 많은 사람은 자신의 이름을 외국인이 알아듣기 쉽고 외우기 쉽게 약간 변형해서 불러 달라고 하면 좋을 것이다.

⑤ 복장 · 몸가짐

㉠ 항상 깨끗한 복장과 몸가짐은 인간관계의 기본이다.

㉡ 단정하고 깨끗하면서도 시간과 장소에 맞는 옷차림에 유의하여야 한다. 정장을 하고 갈 자리에 평상복 차림으로 가거나 주말 야외 모임과 같은 비공식적인 자리에 넥타이 차림으로 가는것은 격에 맞지 않다.

㉢ 일반적으로 서양 사람들은 구취, 체취와 같은 냄새에 대하여 매우 예민하므로, 지나치게 진하지 않은 향수나 방향제를 사용하여 냄새를 중화시켜 상대방에게 불쾌감을 주지 않도록 한다.

(2) 생활 에티켓 기출 14, 15, 16

공공 예절의 기본은 타인에 대한 배려에서부터 시작되며, 자기중심적인 사고로부터 타인중심적인 사고로 전환할 때에 비로소 바른 생활 예절을 지킬 수 있다.

① 공공장소

㉠ 많은 사람이 모이는 공공장소에서는 질서를 지키며, 자신의 행동으로 인하여 타인에게 피해가 돌아가는 일이 없도록 유의한다.

㉡ 목소리를 높여서 언쟁을 하거나 금연 공간에서 담배를 피우는 행위 등은 주위 사람에게 피해를 주므로 삼간다.

② 타인의 공간에 대한 배려

㉠ 외국인들은 타인의 근처를(앞이나 옆) 지나갈 때는 일단 그 사람의 공간을 침해한다는 의식이 있기 때문에 항상 "Excuse me(실례합니다)."라고 이야기하여 양해를 얻는다.

㉡ 발을 밟았거나 옷깃을 스치더라도 "I am sorry(죄송합니다)."라고 이야기하는 것이 습관처럼 되어 있다.

③ 기사도 정신

서양에서는 남성들 사이에서 여성을 존중하고 여성을 우선으로 하는 에티켓, 즉 기사도(Lady First) 정신이 일반화되어 있다.

④ 순서 기다리기

㉠ 은행, 여행사, 항공사 혹은 공공기관에서는 반드시 줄을 서서 자신의 차례를 기다린다.

㉡ 화장실 등에서 순서를 기다릴 때 유의할 점은 문 쪽에서 조금 떨어진 곳에서 한 줄로 기다리다가 차례가 되면 어느 화장실이든지 빈 곳으로 들어가는 것이다.

⑤ 교통수단 이용 매너

㉠ 금연실이나 금연석에서는 담배를 피우지 않고, 지정된 곳에서만 담배를 피운다.

㉡ 열차나 지하철 이용 시 장애자 및 노약자 표지가 있는 좌석에는 앉지 않도록 한다.

㉢ 주차 시 장애자 표지가 되어 있는 주차 공간에는 절대로 주차를 하지 않도록 한다.

㉣ 비행기 이용 시 상급자가 나중에 타고 먼저 내리도록 하고, 기내에서는 승무원의 지시를 따르는 것이 가장 기본적인 예의이다.

㉤ 기내의 화장실이나 세면장은 남녀 공용이므로 이용 시에는 반드시 '비어 있음(Vacant)'의 표지를 확인하도록 하며, 들어가서는 밖에서 '사용 중(Occupied)'이란 표지가 나타날 수 있도록 반드시 문을 잠그도록 한다.

(3) 초대 에티켓

① 가정에 초대를 받은 경우

㉠ 초대를 받았을 때는 감사하다는 표현을 충분히 하며 준비하거나 도와줄 것은 없는지 물어본다.

㉡ 만약 초대장을 받았는데 참석 여부를 알려달라는 요청이 있을 경우에는 빠른 시일 내에 참석 여부를 알린다.

㉢ 당일에는 정시에서 5분 전에 도착할 수 있도록 시간을 고려한다.

㉣ 초대 가정에 가서는 주인의 관심사를 살펴 공통 화제를 찾도록 한다.

② 초대를 한 경우

㉠ 초대를 할 때는 최소한 1주일 전에 받아볼 수 있도록 초대장을 보내거나 전화로 연락한다.

㉡ 가정에서 간단한 저녁 식사 정도의 모임에는 구태여 초대장을 띄울 것까지는 없으나 공적인 성격을 띨 때는 반드시 초대장을 보내도록 한다.

㉢ 초대받은 사람들끼리 서로 어울리는 자리가 될 수 있도록 참석자들을 선정하며 서로 아는 사람들이 2~3명 있으면 분위기가 한결 부드럽다.

㉣ 초대의 목적을 명확히 하여 공식 · 비공식을 밝혀야 한다.

③ 초대받았을 때의 복장

㉠ 의복은 입는 때와 장소 그리고 목적(T. P. O ; Time, Place, Occasion)에 맞추어서 적절하게 입는 것이 예의이다.

㉡ 초대를 받았을 때 초대장에 옷차림이 표시되어 있지 않고 어떤 차림으로 가야 할지 판단이 서지 않을 경우에는 초대자에게 물어보아도 무방하다.

④ 식사 중의 대화

㉠ 동양식의 식사 자리에서는 이야기를 많이 하는 것이 바람직하지 않지만 양식에서는 착석하여 식사를 마칠 때까지 대화를 계속하는 것이 예의이다.

㉡ 대화를 할 때는 일반적으로 조용히 그리고 빠르지 않게 이야기하며 입 안에 먹을 것을 넣은 상태에서는 말을 하지 않는다.

㉢ 화제는 심각하거나 전문적이기보다는 명랑하고 상호 관심이 있는 분야(스포츠, 날씨, 취미 등)의 공통 화제를 찾아 나눈다.

(4) 파티 매너

타인을 초대하거나 그 초대에 응해 방문하는 일은 무엇보다 세심한 배려가 필요한 일이다. 여러 사람이 어울릴 수 있는 자연스럽고 편안한 분위기를 이끌어 내며, 그러한 분위기를 함께 즐기면서도 정도껏 예의를 지켜야 하기 때문이다.

① 파티의 종류와 매너

㉠ 디너파티(Dinner Party)

- 풀코스의 만찬을 내용으로 하는 파티 중에서도 가장 정중한 형식이다. 복장은 정장으로 하며, 초청장에 의한 초청을 원칙으로 한다.
- 디너파티는 초청자와 주빈이 입구 쪽에 일렬로 서서 손님을 마중한다.

㉡ 리셉션(Reception)

- 리셉션은 대부분 특정한 사람이나 중요한 사건을 축하, 또는 기념하기 위해 베푸는 공식적인 모임을 가리킨다.
- 리셉션에는 늘 주빈이 있게 마련이며, 주최자와 주빈이 함께 입구에서 손님을 맞이하는데, 이를 리시빙 라인(Receiving Line)이라고 한다.

• 리시빙 라인의 위치는 문 밖에서 보아 왼쪽이며 순서는 호스트, 주빈, 호스티스, 주빈의 부인 순이다. 리시빙 라인 앞쪽에는 안내인이 있어 손님을 호스트에게 안내하여 소개하도록 되어 있으므로 손님은 안내인에게 자신의 직책과 성명을 분명히 알려 주면 안내인은 그 내용을 호스트에게 전하게 된다.

ⓒ 칵테일파티(Cocktail Party) : 칵테일파티는 국제 행사 중에 많이 열리는데, 도착은 개최 시작 시각에 정확히 하되 참석자의 사정에 따라 개최 시간 중 자유롭게 참석하고 또 자유롭게 파티장을 떠날 수도 있다.

ⓓ 가든파티(Garden Party)

• 파티를 정원과 같은 야외에서 하는 형식이다.

• 지나치게 더울 때나 추울 때를 피하여 일기가 좋은 때를 선택하도록 하되 비가 올 경우를 대비한 계획을 미리 세워 두어야 한다.

ⓔ 뷔페파티(Buffet Party) : 중앙에 음식을 한꺼번에 차려 놓고 서서 음식을 먹으면서 파티 참석자들과 담화한다.

ⓕ 포트 럭 디너(Pot Luck Dinner)

• 파티의 참석자들이 요리를 한 가지씩 준비해 와서 음식을 나누며 담소하는 형식으로 주로 친한 사이에서 이루어진다.

• 주관자는 음식이 겹치지 않게 종류별로 신청(Sign Up)을 받아 샐러드, 주요리, 디저트, 음료 등 다양하게 차려질 수 있도록 하며, 한국 사람의 경우 잡채, 불고기 등을 준비해 가면 아주 인기가 있다.

ⓖ 티파티(Tea Party)

• 다과회(茶菓會)라고도 하며, 홍차나 커피, 주스, 케이크, 샌드위치 등 가벼운 음식을 준비하여 보통 오후 3~5시경에 연다.

• 생일, 졸업, 입학 등을 축하하며 가까운 친지나 이웃들과 함께 담소를 나눈다.

ⓗ 샤워 파티(Shower Party) : 주로 가까운 친구들 사이나 친한 직장 동료들끼리 모이게 되며, 축하를 받을 사람을 중심으로 이야기와 음식을 나누며 간단한 파티를 가진다.

② **파티에서의 에티켓**

㉠ 초대된 사람들은 보통 회장 입구에서 호스트나 호스티스에게 먼저 인사를 하는 것이 에티켓이다.

㉡ 파티 석상에서 주인이 모든 손님을 일일이 배려하기 어려우므로, 모르는 사람과 함께라도 적극적으로 인사를 건네고 대화를 나눈다.

㉢ 파티 준비에 방해가 되므로 정해진 시간보다 먼저 들어가지 않는다. 그렇다고 늦는 것도 실례가 된다.

㉣ 부득이한 사정으로 리셉션이나 파티에 참석했다가 중도에 혼자 나오게 될 경우에는 접수를 보는 사람에게 먼저 그 뜻을 전달하고, 시간이 되면 부득이한 경우에 간다는 이유를 메모에 적어 웨이터로 하여금 주인에게 전달하게 한다.

㉤ 주인 본인에게만 알리고 주위 사람은 모르게 살짝 물러나오는 것이 요령이다.

더 알아보기

초대장의 복장에 대한 표시

- White Tie, 연미복(야간용 정장 예복) : 음악회, 무도회, 공식 만찬, 야간 리셉션 파티 실크모자, 백색 타이, 백색 장갑
- Black Tie, 턱시도(약식 야회복) : 야간 파티, 극장, 콘서트 홀 등에서 입는 편리한 복장, 검은색, 짙은 감색
- Morning Coat, 모닝코트(주간용 정장 예복)
- Sack Coat, 색코트(모닝코트와 평상복의 중간 형태의 약식 예복)

(5) 레스토랑 이용 매너

① 일반적인 레스토랑 매너

㉠ 레스토랑을 이용할 때는 반드시 사전에 충분한 시간을 두고 예약하여야 좋은 자리를 확보할 수 있으며 양질의 서비스를 받을 수 있다.

㉡ 레스토랑에서는 정장의 복장을 원칙으로 한다.

㉢ 레스토랑에 들어가기 전 화장실에 가서 손을 씻고 복장을 단정히 한 후 입장을 하여야 하며, 자리에 앉은 후 화장실에 다녀오겠다며 나가는 것은 실례이다.

㉣ 입장 시 여성을 앞세우며 입구에 일단 서서 좌석의 예약자명을 밝히고 종업원의 지시를 받도록 한다.

㉤ 종업원의 안내로 테이블에 앉을 때 종업원이 가장 먼저 의자를 권하는 곳이 상석이므로 일행 중 가장 직위가 높은 사람, 연장자 혹은 여성이 앉도록 한다.

② 음식 주문 매너

㉠ 식사에서의 모든 행동은 손님을 초대한 주빈을 중심으로 이루어진다.

㉡ 주빈은 손님들이 편안한 분위기에서 식사를 할 수 있도록 배려한다.

㉢ 식단(Menu)을 정할 때는 손님들이 먼저 정하도록 한 뒤 자신은 나중에 정하고, 와인과 같은 주류가 필요할 때는 종업원의 도움을 받아 정하도록 한다.

③ 메뉴의 이해

㉠ 요리 방법의 종류에 따른 메뉴의 이해

- Grilled : (석쇠로) 굽다(Grilled Cheese Sandwich)
- Cutlet : 넓고 얇게 저민 고기(Pork Cutlet, Veal Cutlet)
- Poach : 물에 찌다(Poached Egg)
- Sauteed : 살짝 튀기다(Sauteed Pork)
- Broil : (불에 직접) 굽다(Broiled Pine Mushroom)
- Stew : 약한 불에 오랫동안 조리다(Beef Stew)
- Steam : (김에) 찌다(Steamed Rice)
- Roast : 팬에서 구우면서 조리다(Roasted Beef)
- Fry : 튀기다(Fried Vegetable)

• Shredded : 채썰다(Shredded Beef)
• Flavored : 향을 가미하다(Garlic Flavored)
• Diced : 깍둑썰기하다(Diced Tofu)
• Sliced : 얇게 썰다(Sliced Ham)
• Smoked : 훈제하다(Smoked Salmon)

㉡ 전형적인 정찬 메뉴의 순서

• 전채[Appetizer(영어), Hors-doeuver(불어)] : 입맛을 돋우는 음식으로 주로 차가운 훈제 연어나 햄 혹은 상어알 등이 나온다.
• 수프(Soup, Potage) : 수프는 묽은 것과 진한 것으로 나뉘며, 묽은 것으로는 콩소메, 진한 것으로는 퓨레(야채), 크렘(크림), 벨루테(야채와 고기), 챠우더(조개) 등의 종류가 있으며, 빵이 함께 나오기도 한다.
• 샐러드(Salad, Salade) : 야채가 드레싱(Dressing)과 함께 나온다. 자신이 좋아하는 드레싱의 이름을 미리 알아 두도록 한다(Italian, Oil & Vinegar, French, Blue Cheese, Thousand Island 등).
• 생선(Fish, Poisson) : 새우와 같은 간단한 해산물이 나오기도 하며 생략되기도 한다.
• 고기(Meat, Entree) : 주요리(Main Dish)라고도 하며 쇠고기, 돼지고기, 양고기, 송아지 고기 등으로 만든 요리이다.
• 디저트(Sweet, Entrèments) : 식후 코스로서 단맛이 나는 케이크, 아이스크림, 셔벗, 과일 등이다.

④ **웨이터의 서비스를 받는 법** 기출 19

㉠ 서비스를 요청할 때는 웨이터의 시선을 기다렸다가 가볍게 손짓으로 신호를 하여야 하며 큰 소리로 부르거나 손뼉을 쳐서 부르는 것은 금물이다.

㉡ 메뉴를 봐도 어떤 요리인지 이해가 되지 않을 때는 웨이터에게 설명을 요청하며, 먹는 방법을 모르는 생소한 음식이 나왔을 때 먹는 방법을 웨이터에게 물어보아도 실례가 되지 않는다.

㉢ 본인이 직접 먹고 난 접시의 위치를 움직인다거나 포개어 놓는 등의 행동은 삼가도록 한다.

⑤ **식사 중 매너**

㉠ 식탁에 음식이 떨어졌을 때에는 당황하지 말고 태연하게 이를 집어 접시 한쪽 위에 둔다.

㉡ 다리를 포개는 것은 금기이다.

㉢ 식사 중 기침을 하는 경우에는 손으로 또는 손수건을 사용하여 입을 가리며 냅킨을 사용하지 않는다.

㉣ 식사 중 트림을 하거나 음식을 소리 내어 씹는 것은 실례이며 식사 후 이쑤시개를 버젓이 사용하는 것도 실례이다.

㉤ 식사 도중에 대화를 나누면서 상대의 식사 속도에 맞춰 먹는 것이 서양인들의 습관이므로, 상대의 식사 속도를 봐가면서 템포를 맞추도록 한다.

㉥ 원활한 대화를 위해서 음식은 조금씩 먹는 것이 좋다.

ⓢ 서양에서는 빵을 손으로 집어 먹는다. 따라서 식사 중에 손으로 귀, 코, 머리 등을 만지거나 긁는 것도 금기이다.

ⓞ 식탁에서 큰 소리를 내거나 크게 웃는 것은 피해야 한다.

ⓙ 나이프나 포크로 물건을 가리키지 않는다.

ⓒ 식사 중 타인과 악수를 하여야 하는 경우 입 안의 음식을 다 삼킨 후 냅킨으로 입을 닦고, 냅킨을 왼손으로 들고 천천히 일어나 악수를 한다.

ⓚ 식사 중 자리를 뜰 때에는 냅킨을 의자 뒤쪽에 걸고 의자 왼쪽으로 일어선다.

⑥ 식사 후의 매너

㉠ 식사 후 일어날 때 냅킨은 테이블 위의 한 쪽에 두면 된다.

㉡ 식사 후에 냅킨을 의자 위에 놓지 않는다.

㉢ 여성의 경우 화장을 할 때는 테이블이 아닌 화장실을 이용한다.

⑦ 계산 방법

㉠ 계산은 적당한 때에 앉아서 한다.

㉡ 팁은 계산을 마치고 영수증을 받을 때 자연스럽게 준다.

㉢ 팁은 통상 식사 요금의 10~25%를 지불한다.

㉣ 계산은 남성이 하는 것이 원칙이다.

㉤ 여성이 초대한 식사일지라도 돈을 미리 남성에게 건네어 대신하게 하는 것이 매너이다.

(6) 테이블 매너 기출 15, 16, 19, 20, 22, 23

① 테이블의 기본 매너 중요

㉠ 서비스를 요청할 때는 웨이터의 시선을 기다렸다가 가볍게 손짓으로 신호를 하여야 하며 큰 소리로 부르거나 손뼉을 쳐서 부르는 것은 금물이다.

㉡ 다리를 포개는 것은 금기이다.

㉢ 서양에서는 빵을 손으로 집어 먹는다. 따라서 식사 중에 손으로 귀, 코, 머리 등을 만지거나 긁는 것도 금기이다.

㉣ 여성의 경우 화장을 할 때는 테이블이 아닌 화장실을 이용한다.

㉤ 중요한 자리라면 어떤 경우라도 흡연을 삼가는 것이 좋다.

㉥ 식사 중의 대화 내용은 심각하거나 전문적이기보다는 명랑하고 상호 관심이 있는 분야(스포츠, 날씨, 취미 등) 등 공통 화제를 찾아 나눈다.

② 냅킨 사용법

㉠ 냅킨은 주빈이 참석하여 옆 사람과 이야기를 하면서 주빈이 먼저 들면 함께 들어 무릎 위에 둔다.

㉡ 음식을 먹는 도중 냅킨이나 포크가 바닥에 떨어진 경우에는 본인이 줍지 않고 웨이터를 불러 새 것을 가져다 주도록 요청한다.

㉢ 식사 중 악수를 하기 위하여 일어설 때는 냅킨을 테이블 위에 놓지 말고 왼손으로 든 채 선다.

㉣ 식사를 마친 후에는 냅킨을 적절히 접어 탁상 위에 올려 놓는다.

③ 포크, 나이프, 스푼 사용법

㉠ 중앙의 접시를 중심으로 나이프와 포크는 각각 오른쪽과 왼쪽에 놓이게 된다.

㉡ 식사 중 대화를 나누다가 포크와 나이프를 바로 세워 든 채 팔굽을 식탁에 놓고 말을 하는 것은 대단한 실례이다.

㉢ 나이프와 포크는 하나만 계속 사용하는 것이 아니라 코스에 따라 각각 다른 것을 사용하는데, 바깥쪽에 있는 것부터 순서대로 사용한다.

㉣ 나이프와 포크가 접시와 부딪쳐 소리를 내지 않도록 조심한다.

㉤ 나이프는 사용 후 반드시 칼날이 자기 쪽을 향하도록 놓으며 포크는 접시 위에 엎어 놓는다.

[포크와 나이프의 사용법]

사용할 때

식사 중일 때

식사가 끝났을 때

[올바른 기물 사용법]

종 류	내 용
냅킨 (Napkin)	• 일행이 모두 자리에 앉고 난 후 천천히 자연스럽게 펴도록 한다. • 냅킨의 방향은 두 겹으로 접힌 상태에서 접힌 쪽이 자기 앞으로 오게 편다. 비즈니스 석상에서는 목둘레에 꽂는 것을 금한다. • 입을 닦거나 핑거 볼을 사용한 후 물기를 닦을 때 이용한다. • 입을 닦을 때는 접힌 반대 부분의 한쪽 끝을 이용한다. • 물이나 술을 마실 때는 미리 입술을 냅킨으로 가볍게 눌러 닦아서 컵 가장자리에 더러움을 남기지 않는다. • 식사 중에 물이나 와인 잔을 마시기 전에는 입을 닦아 잔을 깨끗하게 사용하는 것이 예의이다.
나이프, 포크 (Knife, Fork)	• 접시를 중심으로 오른쪽에 나이프, 왼쪽에 포크가 세팅된다. • 나이프와 포크는 각 3개씩 놓이며 바깥쪽의 것부터 순서대로 사용한다. • 나이프는 오른손에, 포크는 왼손에 잡는다. • 식사 중에는 포크와 나이프를 접시 위에 八자 모양으로 놓는다. • 나이프 날은 자기 쪽으로 하며, 포크는 등을 위쪽으로 향하게 한다. • 식사를 마쳤을 때에는 접시 중앙의 오른쪽에 나이프와 포크를 나란히 하여 비스듬히 놓는다. • 나이프와 포크를 동시에 사용하여 고기를 자를 때는 끝이 서로 직각이 되게 하며, 팔꿈치를 옆으로 벌리지 말고 팔목 부위만을 움직여 자르는 것이 좋다. • 야채는 반드시 포크를 사용해서 먹는다. • 디저트용 나이프와 포크는 중앙의 접시 위쪽에 올려놓는다. 경우에 따라서는 디저트가 나올 때 별도로 제공하기도 한다.
양념통 (Caster)	• 통후추나 소금을 페퍼밀에 넣어 제공하는 경우에는 몸통을 손으로 돌려 사용한 다음 한두 번 몸통을 쳐 주어 여분이 테이블 위에 떨어지지 않도록 한다. • 요리가 나오면 먼저 맛을 보고 조미료를 사용한다. 요리는 주방장이 계속 맛을 보면서 장시간의 노력을 기울인 것으로 레스토랑과 주방장의 수준을 가늠하는 것이다. • 습관적으로 수프에 소금과 후추를 넣는 경우가 있는데, 이는 매너에 어긋나는 행동이다.

핑거볼 (Finger Bowl)	• 말 그대로 손가락 끝을 담갔다가 냅킨을 이용하여 닦아낸다. • 귤, 가재, 과일 등 손으로 먹는 음식이 나올 때 제공되며 대개 레몬을 띄워 제공된다.
스푼 (Spoon)	• 수프, 디저트, 차를 마실 때 사용한다. • 서양의 스푼은 크고 둥글다. 수저를 입에 넣지 않으며 입술 끝에 올려놓고 기울여 흘러내리는 것이 올바른 매너이다.
와인잔과 물잔 (Glasses)	• 와인 잔을 잡을 때는 엄지와 인지를 주축으로 중지가 보조하는 형태로 쥐며, 다른 손가락들은 중지 옆에 가지런히 붙이고 다리 부분을 잡는다. • 잔은 식전주로부터 와인잔, 그리고 물잔에 이르기까지 왼쪽에서 오른쪽으로 일자형으로 배열한다. • 나이프와 포크의 사용 순서처럼 바깥쪽에 놓인 잔부터 차례로 사용한다. • 와인잔이 먼저 놓이는 것은 물보다 와인이 식욕을 돋우는 데 우선하기 때문이므로 식사 중에는 물 마시는 것을 자제하는 것이 좋다.

④ 테이블에서의 흡연 매너

㉠ 중요한 자리라면 어떤 경우이건 흡연을 삼가는 것이 좋다.

㉡ 금연석과 흡연석을 구분해서 앉고 흡연석에서도 식사 후 흡연 시에는 다른 사람에게 양해를 구한다.

㉢ 코스 중간에 흡연을 하는 것은 음식을 즐기는 데 방해요인이 된다.

㉣ 미국에 비해 일본이나 유럽은 흡연에 대해 관대한 편이다.

(7) 비즈니스 상담 에티켓

① 방문 약속

㉠ 상담을 하기 위해 약속을 할 때에는 방문 목적을 자세하게 설명해 주어 충분한 시간을 가지고 상담할 수 있도록 부탁해 놓아야 한다.

- 언제(When) – 정확한 날짜와 시간
- 어디서(Where) – 장소
- 누가(Who) – 참가할 사람
- 왜(Why) – 이유
- 어떻게(How) – 방법
- 무엇을(What) – 내용

㉡ 상담장소는 가능하면 상대방의 사무실로 정하는 것이 좋다. 왜냐하면 회사의 분위기도 알 수 있으며, 인원구성과 취급하는 상품에 대한 정보도 입수할 수 있기 때문이다.

㉢ 상담일자 약속은 전화나 팩스로 하며, 약속장소가 현지라면 최소한 1주일 전에 해야 한다. 약속일자 하루 전에는 재확인을 해 놓는다.

㉣ 약속한 시간을 반드시 지켜야 하며 10분 전 쯤에 도착하여야 한다.

② 상담 전 준비

㉠ 국내 상담이 아닐 경우 현지에 도착해 방문할 회사의 위치와 만날 시간을 사전에 재확인해 둔다.

㉡ 방문할 회사의 위치는 시내지도를 구입해 미리 알아두고 숙소에서 걸리는 시간을 세심하게 확인해 두어야 실수가 없다.

㉢ 상담에 들어가기 전 필요한 준비물(명함, 소개자료 등)을 다시 확인하고 정확한 목적과 주제를 요약 정리해 두는 것이 좋다.

㉣ 상담을 할 때 나올 수 있는 질문에 대한 해답을 준비해 가면 실제 상담에서도 유연하게 대처할 수 있다.

③ 상담 시 에티켓

㉠ 인사가 끝나면 바로 딱딱한 본론에 들어가지 않는 것이 좋다.

㉡ 가벼운 화제로 분위기를 부드럽게 한 후 상담을 시작하는 것이 좋다.

㉢ 목표를 분명하게 정하고 상담을 진행한다.

㉣ 상대방의 말 도중에 끼어들어 다른 화제로 바꾸는 것은 실례이다.

㉤ 여러 사람과 함께 있을 때 두 사람 사이에서만 통하는 말이나 은어를 사용하는 것도 피해야 한다.

㉥ '만약에'라는 가정법을 자주 사용하는 것은 좋은 대화법이 아니다.

㉦ 자신의 의사를 정확히 표현해야 한다.

㉧ 외국인과 이야기를 할 때에는 약간 과장되게 하는 것이 좋다.

㉨ 상대방의 이야기에 관심을 기울이고 경청한다.

㉩ 상담이 마무리될 때는 요점을 요약한 후 합의 사항을 문서로 작성해 서로 나눠 갖는다.

제3과목

더 알아보기

방문 매너 기출 22, 23

- 상대를 방문할 때는 바쁜 시간을 피하고 사전에 시간약속을 한다.
- 시간의 여유를 두고 도착하여 화장실에서 용모와 복장을 점검한다.
- 사무실에 들어가기 전에 코트와 장갑은 미리 벗는다.
- 사무실에 들어서면 자신의 이름을 알리고 명함을 건넨다.
- 응접실에 안내를 받으면 출입구에서 가까운 자리에 앉아 기다린다.
- 가방은 바닥에, 코트는 무릎에 놓고 기다린다.
- 상대방이 들어오면 일어서고 상대가 착석을 권할 때 답례하며 앉는다.
- 차나 음료를 대접받을 때는 감사의 표시를 하고 상대가 권하면 마신다.
- 면담 중에 시계를 힐끔거리지 않는다.
- 사무실은 업무 공간인 만큼 너무 오래 머무르지 않는다.
- 대부분의 사무실은 금연 공간이므로 사무실에서는 흡연을 삼간다.

05 소비자기본법

★ 소비자기본법 [시행 2025. 1. 1.] [법률 제20301호, 2024. 2. 13., 일부개정]
★ 소비자기본법 시행령 [시행 2023. 12. 21.] [대통령령 제33960호, 2023. 12. 12., 일부개정]

01 | 소비자기본법

(1) 소비자기본법의 목적

소비자의 권익을 증진하기 위하여 소비자의 권리와 책무, 국가 · 지방자치단체 및 사업자의 책무, 소비자단체의 역할 및 자유시장경제에서 소비자와 사업자 사이의 관계를 규정함과 아울러 소비자 정책의 종합적 추진을 위한 기본적인 사항을 규정함으로써 소비생활의 향상과 국민경제의 발전에 이바지한다.

(2) 소비자기본법상의 용어의 정의 기출 18, 19, 22, 23, 24

① 소비자
- ㉠ 사업자가 제공하는 물품 또는 용역(시설물을 포함한다)을 소비생활을 위하여 사용(이용을 포함한다)하는 자
- ㉡ 생산 활동을 위하여 사용하는 자로서 대통령령이 정하는 자
- ㉢ 이마무라 세이와 : 소비자는 생활자, 일반 국민인 동시에 거래과정에서 마지막에 구매자로 나타난다.

② **사업자** : 물품을 제조(가공 또는 포장을 포함한다) · 수입 · 판매하거나 용역을 제공하는 자

③ **소비자단체** : 소비자의 권익을 증진하기 위하여 소비자가 조직한 단체

④ **사업자단체** : 2 이상의 사업자가 공동의 이익을 증진할 목적으로 조직한 단체

더 알아보기

소비자의 범위(소비자기본법 시행령 제2조)

소비자기본법 제2조 제1호의 소비자 중 물품 또는 용역을 생산 활동을 위하여 사용하는 자의 범위는 다음과 같다.

1. 제공된 물품 또는 용역을 최종적으로 사용하는 자. 다만, 제공된 물품 등을 원재료, 자본재 또는 이에 준하는 용도로 생산활동에 사용하는 자는 제외한다.
2. 제공된 물품 등을 농업(축산업을 포함한다) 및 어업활동을 위하여 사용하는 자. 다만, 「원양산업발전법」 제6조 제1항에 따라 해양수산부장관의 허가를 받아 원양어업을 하는 자는 제외한다.

(3) 소비자의 기본적 권리(소비자의 8대 권리) 기출 14, 15, 16, 18, 20

① 물품 또는 용역(이하 "물품 등"이라 한다)으로 인한 생명 · 신체 또는 재산에 대한 위해로부터 보호받을 권리

② 물품 등을 선택함에 있어서 필요한 지식 및 정보를 제공받을 권리

③ 물품 등을 사용함에 있어서 거래상대방 · 구입장소 · 가격 및 거래조건 등을 자유로이 선택할 권리

④ 소비생활에 영향을 주는 국가 및 지방자치단체의 정책과 사업자의 사업활동 등에 대하여 의견을 반영시킬 권리

⑤ 물품 등의 사용으로 인하여 입은 피해에 대하여 신속 · 공정한 절차에 따라 적절한 보상을 받을 권리

⑥ 합리적인 소비생활을 위하여 필요한 교육을 받을 권리

⑦ 소비자 스스로의 권익을 증진하기 위하여 단체를 조직하고 이를 통하여 활동할 수 있는 권리

⑧ 안전하고 쾌적한 소비생활 환경에서 소비할 권리

더 알아보기

소비자 4대 권리(미국 케네디대통령) 기출 20

- 선택의 권리
- 안전에 대한 권리
- 의견을 반영시킬 권리
- 정보를 제공받을 권리

(4) 소비자의 책무 중요

① 소비자는 사업자 등과 더불어 자유시장경제를 구성하는 주체임을 인식하여 물품 등을 올바르게 선택하고, 소비자의 기본적 권리를 정당하게 행사하여야 한다.

② 소비자는 스스로의 권익을 증진하기 위하여 필요한 지식과 정보를 습득하도록 노력하여야 한다.

③ 소비자는 자주적 · 합리적인 행동과 자원절약적 · 환경친화적인 소비생활을 함으로써 소비생활의 향상과 국민경제의 발전에 적극적인 역할을 다하여야 한다.

(5) 국가 · 지방자치단체 및 사업자의 책무 기출 14, 15, 16, 18, 20

① 국가 및 지방자치단체의 책무 중요

국가 및 지방자치단체는 소비자의 기본적 권리가 실현되도록 하기 위하여 다음의 책무를 진다.

㉠ 관계 법령 및 조례의 제정 및 개정 · 폐지

㉡ 필요한 행정조직의 정비 및 운영 개선

㉢ 필요한 시책의 수립 및 실시

㉣ 소비자의 건전하고 자주적인 조직활동의 지원 · 육성

② 지방행정조직에 대한 지원

국가는 지방자치단체의 소비자권익과 관련된 행정조직의 설치 · 운영 등에 관하여 대통령령이 정하는 바에 따라 필요한 지원을 할 수 있다.

③ 위해의 방지

㉠ 국가는 사업자가 소비자에게 제공하는 물품 등으로 인한 소비자의 생명 · 신체 또는 재산에 대한 위해를 방지하기 위해 사업자가 지켜야 할 다음의 기준을 정하여야 한다.

- 물품 등의 성분 · 함량 · 구조 등 안전에 관한 중요한 사항
- 물품 등을 사용할 때의 지시사항이나 경고 등 표시할 내용과 방법
- 그 밖에 위해방지를 위하여 필요하다고 인정되는 사항

㉡ 중앙행정기관의 장은 국가가 정한 기준을 사업자가 준수하는지 여부를 정기적으로 시험 · 검사 또는 조사하여야 한다.

④ 계량 및 규격의 적정화

㉠ 국가 및 지방자치단체는 소비자가 사업자와의 거래에 있어서 계량으로 인하여 손해를 입지 아니하도록 물품 등의 계량에 관하여 필요한 시책을 강구하여야 한다.

㉡ 국가 및 지방자치단체는 물품 등의 품질개선 및 소비생활의 향상을 위하여 물품 등의 규격을 정하고 이를 보급하기 위한 시책을 강구하여야 한다.

⑤ 표시의 기준 기출 19, 20, 23

㉠ 상품명 · 용도 · 성분 · 재질 · 성능 · 규격 · 가격 · 용량 · 허가번호 및 용역의 내용

㉡ 물품 등을 제조 · 수입 또는 판매하거나 제공한 사업자의 명칭(주소 및 전화번호를 포함한다) 및 물품의 원산지

㉢ 사용방법, 사용 · 보관할 때의 주의사항 및 경고사항

㉣ 제조연월일, 부품보유기간, 품질보증기간 또는 식품이나 의약품 등 유통과정에서 변질되기 쉬운 물품은 그 유효기간

㉤ 표시의 크기 · 위치 및 방법

㉥ 물품 등에 따른 불만이나 소비자피해가 있는 경우의 처리기구(주소 및 전화번호를 포함한다) 및 처리 방법

㉦ 시각장애인을 위한 표시방법

⑥ 광고의 기준 중요 기출 20, 24

㉠ 용도 · 성분 · 성능 · 규격 또는 원산지 등을 광고하는 때에 허가 또는 공인된 내용만으로 광고를 제한할 필요가 있거나 특정내용을 소비자에게 반드시 알릴 필요가 있는 경우

㉡ 소비자가 오해할 우려가 있는 특정용어 또는 특정표현의 사용을 제한할 필요가 있는 경우

㉢ 광고의 매체 또는 시간대에 대하여 제한이 필요한 경우

⑦ 거래의 적정화 기출 18

㉠ 국가는 사업자의 불공정한 거래조건이나 거래방법으로 인하여 소비자가 부당한 피해를 입지 아니하도록 필요한 시책을 수립 · 실시하여야 한다.

㉡ 국가는 소비자의 합리적인 선택을 방해하고 소비자에게 손해를 끼칠 우려가 있다고 인정되는 사업자의 부당한 행위를 지정 · 고시할 수 있다.

㉢ 국가 및 지방자치단체는 약관에 따른 거래 및 방문판매 · 다단계판매 · 할부판매 · 통신판매 · 전자거래 등 특수한 형태의 거래에 대하여는 소비자의 권익을 위하여 필요한 시책을 강구하여야 한다.

⑧ 소비자에의 정보제공 중요

㉠ 국가 및 지방자치단체는 소비자의 기본적인 권리가 실현될 수 있도록 소비자의 권익과 관련된 주요시책 및 주요결정사항을 소비자에게 알려야 한다.

㉡ 국가 및 지방자치단체는 소비자가 물품 등을 합리적으로 선택할 수 있도록 하기 위하여 물품 등의 거래조건 · 거래방법 · 품질 · 안전성 및 환경성 등에 관련되는 사업자의 정보가 소비자에게 제공될 수 있도록 필요한 시책을 강구하여야 한다.

⑨ 소비자의 능력 향상 중요 기출 22, 24

㉠ 국가 및 지방자치단체는 소비자의 올바른 권리행사를 이끌고, 물품 등과 관련된 판단능력을 높이며, 소비자가 자신의 선택에 책임을 지는 소비생활을 할 수 있도록 필요한 교육을 하여야 한다.

㉡ 국가 및 지방자치단체는 경제 및 사회의 발전에 따라 소비자의 능력 향상을 위한 프로그램을 개발하여야 한다.

㉢ 국가 및 지방자치단체는 소비자교육과 학교교육 · 평생교육을 연계하여 교육적 효과를 높이기 위한 시책을 수립 · 시행하여야 한다.

㉣ 국가 및 지방자치단체는 소비자의 능력을 효과적으로 향상시키기 위한 방법으로 「방송법」에 따른 방송사업을 할 수 있다.

⑩ 개인정보의 보호 중요

㉠ 국가 및 지방자치단체는 소비자가 사업자와의 거래에서 개인정보의 분실 · 도난 · 누출 · 변조 또는 훼손으로 인하여 부당한 피해를 입지 아니하도록 필요한 시책을 강구하여야 한다.

㉡ 국가는 소비자의 개인정보를 보호하기 위한 기준을 정하여야 한다.

⑪ 소비자분쟁의 해결 중요

㉠ 국가 및 지방자치단체는 소비자의 불만이나 피해가 신속 · 공정하게 처리될 수 있도록 관련기구의 설치 등 필요한 조치를 강구하여야 한다.

㉡ 국가는 소비자와 사업자 사이에 발생하는 분쟁을 원활하게 해결하기 위하여 대통령령이 정하는 바에 따라 소비자분쟁해결기준을 제정할 수 있다.

㉢ 소비자분쟁해결기준은 분쟁당사자 사이에 분쟁해결방법에 관한 별도의 의사표시가 없는 경우에 한하여 분쟁해결을 위한 합의 또는 권고의 기준이 된다.

⑫ 소비자종합지원시스템의 구축 · 운영

㉠ 공정거래위원회는 소비자에게 물품 등의 선택, 피해의 예방 또는 구제에 필요한 정보의 제공 및 이 법 또는 다른 법률에 따른 소비자 피해구제(분쟁조정을 포함한다. 이하 같다)를 신청하는 창구의 통합 제공 등을 위하여 소비자종합지원시스템(이하 "종합지원시스템"이라 한다)을 구축 · 운영한다.

㉡ 공정거래위원회는 종합지원시스템을 통하여 소비자에게 다음의 사항을 제공하여야 한다. 이 경우 공정거래위원회는 해당 사항을 관장하는 중앙행정기관의 장, 지방자치단체의 장 및 관련기관 · 단체의 장(이하 이 조에서 "중앙행정기관의 장 등"이라 한다)과 협의하여야 한다.

- 물품 등의 유통이력, 결함, 피해사례, 품질인증 등 소비자의 선택, 피해의 예방 또는 구제와 관련된 정보제공
- 소비자 피해구제기관 및 절차 안내, 피해구제를 신청하는 창구의 통합 제공, 피해구제신청에 대한 처리결과 안내 등 소비자 피해구제 지원
- 그 밖에 소비자의 물품 등의 선택, 피해의 예방 또는 구제를 위하여 필요한 업무로서 대통령령으로 정하는 업무

㉢ 공정거래위원회는 종합지원시스템의 구축 · 운영을 위하여 필요한 경우 중앙행정기관의 장 등에게 다음의 자료 또는 정보를 제공하여 줄 것을 요청하고, 제공받은 목적의 범위에서 그 자료 · 정보를 보유 · 이용할 수 있다.

- 「국세기본법」 제81조의13에 따른 과세정보로서 소비자 피해가 발생한 물품을 제조 · 수입 · 판매하거나 용역을 제공한 사업자의 개업일 · 휴업일 및 폐업일
- 그 밖에 종합지원시스템의 구축 · 운영을 위하여 필요한 정보로서 대통령령으로 정하는 자료 또는 정보

㉣ 자료 또는 정보의 제공을 요청받은 중앙행정기관의 장 등은 특별한 사유가 없으면 이에 협조하여야 한다.

㉤ 중앙행정기관의 장 등은 공정거래위원회와 협의하여 종합지원시스템을 이용할 수 있다.

㉥ 공정거래위원회는 사업자 또는 사업자단체가 물품 등에 관한 정보를 종합지원시스템에 등록한 경우, 그 등록 사실을 나타내는 표지(이하 "등록표지"라 한다)를 부여할 수 있다.

㉦ 공정거래위원회는 필요한 경우 종합지원시스템 운영의 전부 또는 일부를 대통령령으로 정하는 기준에 적합한 법인으로서 공정거래위원회가 지정하는 기관 또는 단체에 위탁할 수 있다.

㉧ 위에서 규정한 사항 외에 종합지원시스템의 구축 · 운영, 등록표지의 부여 등에 필요한 사항은 공정거래위원회가 정하여 고시한다.

⑬ 시험 · 검사시설의 설치 등

㉠ 국가 및 지방자치단체는 물품 등의 규격 · 품질 및 안전성 등에 관하여 시험 · 검사 또는 조사를 실시할 수 있는 기구와 시설을 갖추어야 한다.

㉡ 국가 및 지방자치단체 또는 소비자나 소비자단체는 필요하다고 인정되는 때 또는 소비자의 요청이 있는 때에는 설치된 시험 · 검사기관이나 한국소비자원에 시험 · 검사 또는 조사를 의뢰하여 시험 등을 실시할 수 있다.

㉢ 국가 및 지방자치단체는 시험 등을 실시한 경우에는 그 결과를 공표하고 소비자의 권익을 위하여 필요한 조치를 취하여야 한다.

㉣ 국가 및 지방자치단체는 소비자단체가 물품 등의 규격 · 품질 또는 안전성 등에 관하여 시험 · 검사를 실시할 수 있는 시설을 갖출 수 있도록 지원할 수 있다.

㉤ 국가 및 지방자치단체는 규정에 따라 기준을 정하거나 소비자의 권익과 관련된 시책을 수립하기 위하여 필요한 경우에는 한국소비자원, 국립 또는 공립의 시험 · 검사기관 등 대통령령이 정하는 기관에 조사 · 연구를 의뢰할 수 있다.

(6) 사업자의 책무 기출 18

① 소비자권익 증진시책에 대한 협력

㉠ 사업자는 국가 및 지방자치단체의 소비자권익 증진시책에 적극 협력하여야 한다.

㉡ 사업자는 소비자단체 및 한국소비자원의 소비자 권익증진과 관련된 업무의 추진에 필요한 자료 및 정보제공 요청에 적극 협력하여야 한다.

㉢ 사업자는 안전하고 쾌적한 소비생활 환경을 조성하기 위하여 물품 등을 제공함에 있어서 환경 친화적인 기술의 개발과 자원의 재활용을 위하여 노력하여야 한다.

㉣ 사업자는 소비자의 생명 · 신체 또는 재산 보호를 위한 국가 · 지방자치단체 및 한국소비자원의 조사 및 위해방지 조치에 적극 협력하여야 한다.

② 사업자의 책무

㉠ 사업자는 물품 등으로 인하여 소비자에게 생명 · 신체 또는 재산에 대한 위해가 발생하지 아니하도록 필요한 조치를 강구하여야 한다.

㉡ 사업자는 물품 등을 공급함에 있어서 소비자의 합리적인 선택이나 이익을 침해할 우려가 있는 거래조건이나 거래방법을 사용하여서는 아니 된다.

㉢ 사업자는 소비자에게 물품 등에 대한 정보를 성실하고 정확하게 제공하여야 한다.

㉣ 사업자는 소비자의 개인정보가 분실 · 도난 · 누출 · 변조 또는 훼손되지 아니하도록 그 개인정보를 성실하게 취급하여야 한다.

㉤ 사업자는 물품 등의 하자로 인한 소비자의 불만이나 피해를 해결하거나 보상하여야 하며, 채무불이행 등으로 인한 소비자의 손해를 배상하여야 한다.

더 알아보기

소비자중심경영의 인증(소비자기본법 제20조의2) 기출 22, 24

① 공정거래위원회는 물품의 제조 · 수입 · 판매 또는 용역의 제공의 모든 과정이 소비자 중심으로 이루어지는 경영(이하 "소비자중심경영"이라 한다)을 하는 사업자에 대하여 소비자중심경영에 대한 인증(이하 "소비자중심경영인증"이라 한다)을 할 수 있다.

② 소비자중심경영인증을 받으려는 사업자는 대통령령으로 정하는 바에 따라 공정거래위원회에 신청하여야 한다.

③ 소비자중심경영인증을 받은 사업자는 대통령령으로 정하는 바에 따라 그 인증의 표시를 할 수 있다.

④ 소비자중심경영인증의 유효기간은 그 인증을 받은 날부터 3년으로 한다.

⑤ 공정거래위원회는 소비자중심경영을 활성화하기 위하여 대통령령으로 정하는 바에 따라 소비자중심경영인증을 받은 기업에 대하여 포상 또는 지원 등을 할 수 있다.

⑥ 공정거래위원회는 소비자중심경영인증을 신청하는 사업자에 대하여 대통령령으로 정하는 바에 따라 그 인증의 심사에 소요되는 비용을 부담하게 할 수 있다.

⑦ 제1항부터 제6항까지의 규정 외에 소비자중심경영인증의 기준 및 절차 등에 필요한 사항은 대통령령으로 정한다.

(7) 소비자정책의 추진체계

① 소비자정책의 수립(기본계획의 수립) 기출 22

㉠ 공정거래위원회는 소비자정책위원회의 심의 · 의결을 거쳐 소비자정책에 관한 기본계획(이하 "기본계획"이라 한다)을 3년마다 수립하여야 한다.

㉡ 기본계획에는 다음의 사항이 포함되어야 한다.

- 소비자정책과 관련된 경제 · 사회 환경의 변화
- 소비자정책의 기본방향
- 다음의 사항이 포함된 소비자정책의 목표
  - 소비자안전의 강화
  - 소비자와 사업자 사이의 거래의 공정화 및 적정화
  - 소비자교육 및 정보제공의 촉진
  - 소비자피해의 원활한 구제
  - 국제소비자문제에 대한 대응
  - 그 밖에 소비자의 권익과 관련된 주요한 사항
- 소비자정책의 추진과 관련된 재원의 조달방법
- 어린이 위해방지를 위한 연령별 안전기준의 작성
- 그 밖에 소비자정책의 수립과 추진에 필요한 사항

㉢ 공정거래위원회는 소비자정책위원회의 심의 · 의결을 거쳐 기본계획을 변경할 수 있다.

㉣ 기본계획의 수립 · 변경 절차 등에 관하여 필요한 사항은 대통령령으로 정한다.

② 시행계획의 수립

㉠ 관계 중앙행정기관의 장은 기본계획에 따라 매년 10월 31일까지 소관 업무에 관하여 다음 연도의 소비자정책에 관한 시행계획(이하 "중앙행정기관별시행계획"이라 한다)을 수립하여야 한다.

㉡ 특별시장 · 광역시장 · 특별자치시장 · 도지사 또는 특별자치도지사(이하 "시 · 도지사"라 한다)는 기본계획과 중앙행정기관별시행계획에 따라 매년 11월 30일까지 소비자정책에 관한 다음 연도의 시 · 도별시행계획(이하 "시 · 도별시행계획"이라 한다)을 수립하여야 한다.

㉢ 공정거래위원회는 매년 12월 31일까지 중앙행정기관별시행계획 및 시 · 도별시행계획을 취합 · 조정하여 소비자정책위원회의 심의 · 의결을 거쳐 종합적인 시행계획(이하 "종합시행계획"이라 한다)을 수립하여야 한다.

㉣ 관계 중앙행정기관의 장 및 시 · 도지사는 종합시행계획이 실효성 있게 추진될 수 있도록 매년 소요비용에 대한 예산편성 등 필요한 재정조치를 강구하여야 한다.

㉤ 종합시행계획의 수립 및 그 집행실적의 평가 등에 관하여 필요한 사항은 대통령령으로 정한다.

(8) 소비자정책위원회

① 소비자정책위원회의 설치

소비자의 권익증진 및 소비생활의 향상에 관한 기본적인 정책을 종합 · 조정하고 심의 · 의결하기 위하여 국무총리 소속으로 소비자정책위원회(이하 "정책위원회"라 한다)를 둔다.

② 정책위원회의 구성

㉠ 정책위원회는 위원장 2명을 포함한 25명 이내의 위원으로 구성한다.

㉡ 위원장은 국무총리와 소비자문제에 관하여 학식과 경험이 풍부한 자 중에서 대통령이 위촉하는 자가 된다.

㉢ 위원은 관계 중앙행정기관의 장 및 한국소비자원의 원장(이하 "원장"이라 한다)과 다음의 어느 하나에 해당하는 자 중에서 국무총리가 위촉하는 자가 된다.

- 소비자문제에 관한 학식과 경험이 풍부한 자
- 법 제29조의 규정에 따라 등록한 소비자단체(이하 "등록소비자단체"라 한다) 및 대통령령이 정하는 경제단체에서 추천하는 소비자대표 및 경제계대표

㉣ 위촉위원장 및 위촉위원의 임기는 3년으로 한다.

㉤ 정책위원회의 효율적 운영 및 지원을 위하여 정책위원회에 간사위원 1명을 두며, 간사위원은 공정거래위원회위원장이 된다.

㉥ 국무총리는 위촉위원이 다음의 어느 하나에 해당하는 경우에는 해당 위원을 해촉(解囑)할 수 있다.

- 심신장애로 인하여 직무를 수행할 수 없게 된 경우
- 직무와 관련된 비위사실이 있는 경우
- 직무태만, 품위손상, 그 밖의 사유로 인하여 위원으로 적합하지 아니하다고 인정되는 경우
- 위원 스스로 직무를 수행하는 것이 곤란하다고 의사를 밝히는 경우

㉦ 정책위원회의 사무를 처리하기 위하여 공정거래위원회에 사무국을 두고, 그 조직 · 구성 및 운영 등에 필요한 사항은 대통령령으로 정한다.

③ 정책위원회의 기능 기출 20

㉠ 정책위원회는 다음의 사항을 종합 · 조정하고 심의 · 의결한다.

- 기본계획 및 종합시행계획의 수립 · 평가와 그 결과의 공표
- 소비자정책의 종합적 추진 및 조정에 관한 사항
- 소비자보호 및 안전 확보를 위하여 필요한 조치에 관한 사항
- 소비자정책의 평가 및 제도개선 · 권고 등에 관한 사항
- 그 밖에 위원장이 소비자의 권익증진 및 소비생활의 향상을 위하여 토의에 부치는 사항

㉡ 정책위원회는 소비자의 기본적인 권리를 제한하거나 제한할 우려가 있다고 평가한 법령 · 고시 · 예규 · 조례 등에 대하여 중앙행정기관의 장 및 지방자치단체의 장에게 법령의 개선 등 필요한 조치를 권고할 수 있다.

㉢ 정책위원회는 법령의 개선 등 필요한 조치를 권고하기 전에 중앙행정기관의 장 및 지방자치단체의 장에게 미리 의견을 제출할 기회를 주어야 한다.

㉣ 중앙행정기관의 장 및 지방자치단체의 장은 권고를 받은 날부터 3개월 내에 필요한 조치의 이행계획을 수립하여 정책위원회에 통보하여야 한다.

㉤ 정책위원회는 통보받은 이행계획을 검토하여 그 결과를 공표할 수 있다.

㉥ 정책위원회는 업무를 효율적으로 수행하기 위하여 정책위원회에 실무위원회와 분야별 전문위원회를 둘 수 있다.

ⓢ 이 법에 규정한 것 외에 정책위원회 · 실무위원회 및 전문위원회의 조직과 운영에 관하여 필요한 사항은 대통령령으로 정한다.

(9) 국제협력

① 국가는 소비자문제의 국제화에 대응하기 위하여 국가 사이의 상호협력방안을 마련하는 등 필요한 대책을 강구하여야 한다.

② 공정거래위원회는 관계 중앙행정기관의 장과 협의하여 국제적인 소비자문제에 대응하기 위한 정보의 공유, 국제협력창구 또는 협의체의 구성 · 운영 등 관련 시책을 수립 · 시행하여야 한다.

02 | 소비자단체

(1) 소비자단체의 업무 기출 19

① 소비자단체는 다음의 업무를 수행한다.

㉠ 국가 및 지방자치단체의 소비자의 권익과 관련된 시책에 대한 건의

㉡ 물품 등의 규격 · 품질 · 안전성 · 환경성에 관한 시험 · 검사 및 가격 등을 포함한 거래조건이나 거래방법에 관한 조사 · 분석

㉢ 소비자문제에 관한 조사 · 연구

㉣ 소비자의 교육

㉤ 소비자의 불만 및 피해를 처리하기 위한 상담 · 정보제공 및 당사자 사이의 합의의 권고

② 소비자단체는 물품 등의 규격 · 품질 · 안전성 · 환경성에 관한 시험 · 검사 및 가격 등을 포함한 거래조건이나 거래방법에 관한 조사 · 분석 등의 결과를 공표할 수 있다. 다만, 공표되는 사항 중 물품 등의 품질 · 성능 및 성분 등에 관한 시험 · 검사로서 전문적인 인력과 설비를 필요로 하는 시험 · 검사인 경우에는 대통령령이 정하는 시험 · 검사기관의 시험 · 검사를 거친 후 공표하여야 한다.

③ 소비자단체는 자료 및 정보의 제공을 요청하였음에도 사업자 또는 사업자단체가 정당한 사유 없이 이를 거부 · 방해 · 기피하거나 거짓으로 제출한 경우에는 그 사업자 또는 사업자단체의 이름(상호 그 밖의 명칭을 포함한다), 거부 등의 사실과 사유를 「신문 등의 진흥에 관한 법률」에 따른 일반 일간신문에 게재할 수 있다.

④ 소비자단체는 업무상 알게 된 정보를 소비자의 권익을 증진하기 위한 목적이 아닌 용도에 사용하여서는 아니 된다.

⑤ 소비자단체는 사업자 또는 사업자단체로부터 제공받은 자료 및 정보를 소비자의 권익을 증진하기 위한 목적이 아닌 용도로 사용함으로써 사업자 또는 사업자단체에 손해를 끼친 때에는 그 손해에 대하여 배상할 책임을 진다.

더 알아보기

시험 · 검사기관의 지정 등(소비자기본법 시행령 제22조 제3항)

소비자단체는 제2항에 따른 시험 · 검사기관의 시험 · 검사 결과를 법 제28조 제2항에 따라 공표하는 경우에는 공표 예정일 7일 전까지 해당 사업자의 의견을 들어야 한다.

(2) 소비자단체의 등록

① 다음 아래의 요건을 모두 갖춘 소비자단체는 대통령령이 정하는 바에 따라 공정거래위원회 또는 지방자치단체에 등록할 수 있다.

㉠ 물품 등의 규격 · 품질 · 안전성 · 환경성에 관한 시험 · 검사 및 가격 등을 포함한 거래조건이나 거래방법에 관한 조사 · 분석 및 소비자의 불만, 피해를 처리하기 위한 상담 · 정보제공 및 당사자 사이의 합의의 권고 업무를 수행할 것

㉡ 물품 및 용역에 대하여 전반적인 소비자문제를 취급할 것

㉢ 대통령령이 정하는 설비와 인력을 갖출 것

㉣ 「비영리민간단체 지원법」 제2조의 요건을 모두 갖출 것

② 공정거래위원회 또는 지방자치단체의 장은 등록을 신청한 소비자단체가 위의 요건을 갖추었는지 여부를 심사하여 등록 여부를 결정하여야 한다.

더 알아보기

소비자단체의 등록(소비자기본법 시행령 제23조)

① 법 제29조 제1항 제3호에서 "대통령령이 정하는 설비와 인력"이란 다음의 설비와 인력을 말한다.
1. 법 제28조 제1항 각 호의 업무를 처리할 수 있는 전산장비와 사무실
2. 법 제28조 제1항 각 호의 업무를 수행할 수 있는 상근인력 5명 이상

② 법 제29조 제1항에 따라 다음의 어느 하나에 해당하는 소비자단체는 공정거래위원회에 등록할 수 있고, 그 밖의 소비자단체는 주된 사무소가 위치한 시 · 도에 등록할 수 있다.
1. 전국적 규모의 소비자단체로 구성된 협의체
2. 3개 이상의 시 · 도에 지부를 설치하고 있는 소비자단체

③ 법 제29조 제1항에 따라 등록하려는 소비자단체는 별지 제1호 서식의 등록신청서에 다음의 서류를 첨부하여 공정거래위원회 또는 시 · 도지사에게 제출하여야 한다.
1. 정관(법인이 아닌 단체의 경우에는 회칙을 말한다)
2. 해당 연도 및 전년도의 총회회의록
3. 해당 연도 및 전년도의 사업계획 · 수지예산서, 전년도의 결산서
4. 제1항 각 호의 설비 및 인력 현황
5. 지부 현황(지부를 설치하는 경우만 해당한다)
6. 회원명부
7. 최근 1년 이상의 공익활동실적을 증명할 수 있는 서류

④ 공정거래위원회 또는 시 · 도지사는 제3항에 따라 등록신청서를 제출받은 경우에는 그 내용을 검토하여 그 등록신청서를 접수한 날부터 20일 이내에 소비자단체의 등록 여부를 결정하고, 그 결과와 이유를 지체 없이 등록을 신청한 소비자단체에 알려야 한다.
⑤ 공정거래위원회 또는 시 · 도지사는 제4항에 따라 소비자단체의 등록을 결정한 경우에는 등록을 신청한 소비자 단체에 별지 제2호 서식의 등록증을 교부하여야 하며, 별지 제3호 서식의 등록대장에 이를 기재하여야 한다.
⑥ 법 제29조 제1항에 따라 등록한 소비자단체는 다음의 사항이 변경된 경우에는 변경된 날부터 20일 이내에 공정거래위원회 또는 시 · 도지사에게 통보하여야 한다.
1. 명 칭
2. 주된 사무소의 소재지
3. 대표자 성명
4. 주된 사업내용

(3) 등록의 취소 기출 16, 20, 23, 24

① 공정거래위원회 또는 지방자치단체의 장은 소비자단체가 거짓 그 밖의 부정한 방법으로 등록을 한 경우에는 등록을 취소하여야 한다.
② 공정거래위원회 또는 지방자치단체의 장은 등록소비자단체가 등록요건을 갖추지 못하게 된 경우에는 3월 이내에 보완을 하도록 명할 수 있고, 그 기간이 경과하여도 요건을 갖추지 못하는 경우에는 등록을 취소할 수 있다.

(4) 자율적 분쟁조정

① 소비자단체의 협의체는 소비자의 불만 및 피해를 처리하기 위하여 자율적 분쟁조정을 할 수 있다. 다만, 다른 법률의 규정에 따라 설치된 전문성이 요구되는 분야의 분쟁조정기구로서 대통령령이 정하는 기구에서 관장하는 사항에 대하여는 그러하지 아니하다.
② 자율적 분쟁조정은 당사자가 이를 수락한 경우에는 당사자 사이에 자율적 분쟁조정의 내용과 동일한 합의가 성립된 것으로 본다.
③ 소비자단체의 협의체 구성 및 분쟁조정의 절차 등에 관하여 필요한 사항은 대통령령으로 정한다.

(5) 보조금의 지급

국가 또는 지방자치단체는 등록소비자단체의 건전한 육성 · 발전을 위하여 필요하다고 인정될 때에는 보조금을 지급할 수 있다.

03 | 한국소비자원

(1) 설 립

① 소비자권익 증진시책의 효과적인 추진을 위하여 한국소비자원을 설립한다.

② 한국소비자원은 법인으로 한다.

③ 공정거래위원회의 승인을 얻어 필요한 곳에 그 지부를 설치할 수 있다.

④ 한국소비자원은 그 주된 사무소의 소재지에서 설립등기를 함으로써 성립한다.

(2) 한국 소비자원의 업무 기출 20

① 한국 소비자원의 업무는 다음과 같다.

㉠ 소비자의 권익과 관련된 제도와 정책의 연구 및 건의

㉡ 소비자의 권익증진을 위하여 필요한 경우 물품 등의 규격 · 품질 · 안전성 · 환경성에 관한 시험 · 검사 및 가격 등을 포함한 거래조건이나 거래방법에 대한 조사 · 분석

㉢ 소비자의 권익증진 · 안전 및 소비생활의 향상을 위한 정보의 수집 · 제공 및 국제협력

㉣ 소비자의 권익증진 · 안전 및 능력개발과 관련된 교육 · 홍보 및 방송사업

㉤ 소비자의 불만처리 및 피해구제

㉥ 소비자의 권익증진 및 소비생활의 합리화를 위한 종합적인 조사 · 연구

㉦ 국가 또는 지방자치단체가 소비자의 권익증진과 관련하여 의뢰한 조사 등의 업무

㉧ 공정거래위원회로부터 위탁 받은 동의의결의 이행관리

㉨ 그 밖에 소비자의 권익증진 및 안전에 관한 업무

② 한국소비자원이 업무를 수행함에 있어서 다음의 사항은 그 처리대상에서 제외한다.

㉠ 국가 또는 지방자치단체가 제공한 물품 등으로 인하여 발생한 피해구제. 다만, 대통령령으로 정하는 물품 등에 관하여는 그러하지 아니하다.

㉡ 그 밖에 다른 법률의 규정에 따라 설치된 전문성이 요구되는 분야의 분쟁조정기구에 신청된 피해구제 등으로서 대통령령이 정하는 피해구제

③ 한국소비자원은 업무수행 과정에서 취득한 사실 중 소비자의 권익증진, 소비자피해의 확산 방지, 물품 등의 품질향상 그 밖에 소비생활의 향상을 위하여 필요하다고 인정되는 사실은 이를 공표하여야 한다. 다만, 사업자 또는 사업자단체의 영업 비밀을 보호할 필요가 있다고 인정되거나 공익상 필요하다고 인정되는 때에는 그러하지 아니하다.

④ 원장은 ①의 ㉡ 및 ㉤의 업무를 수행함에 있어서 다수의 피해가 우려되는 등 긴급하다고 인정되는 때에는 사업자로부터 필요한 최소한의 시료를 수거할 수 있다. 이 경우 그 사업자는 정당한 사유가 없는 한 이에 따라야 한다.

⑤ 원장은 ④의 전단에 따라 시료를 수거한 경우 특별한 사정이 없으면 시료 수거일로부터 30일 이내에 공정거래위원회 및 관계 중앙행정기관의 장에게 그 시료수거 사실과 결과를 보고하여야 한다.

(3) 유사명칭의 사용금지

이 법에 따른 한국소비자원이 아닌 자는 한국소비자원 또는 이와 유사한 한국소비자보호원 등의 명칭을 사용하여서는 아니 된다.

(4) 임원 및 이사회

① 임원 및 임기

㉠ 한국소비자원에 원장 · 부원장 및 소비자안전센터의 소장(이하 "소장"이라 한다) 각 1인을 포함한 10인 이내의 이사와 감사 1인을 둔다.

㉡ 원장 · 부원장 · 소장 및 대통령령이 정하는 이사는 상임으로 하고, 그 밖의 임원은 비상임으로 한다.

㉢ 원장은 「공공기관의 운영에 관한 법률」 제29조에 따른 임원추천위원회가 복수로 추천한 사람 중에서 공정거래위원회 위원장의 제청으로 대통령이 임명한다.

㉣ 부원장, 소장 및 상임이사는 원장이 임명한다.

㉤ 비상임이사는 임원추천위원회가 복수로 추천한 사람 중에서 공정거래위원회 위원장이 임명한다.

㉥ 감사는 임원추천위원회가 복수로 추천하여 「공공기관의 운영에 관한 법률」 제8조에 따른 공공기관운영위원회의 심의 · 의결을 거친 사람 중에서 기획재정부장관의 제청으로 대통령이 임명한다.

㉦ 원장의 임기는 3년으로 하고, 부원장, 소장, 이사 및 감사의 임기는 2년으로 한다.

② 임원의 직무

㉠ 원장은 한국소비자원을 대표하고 한국소비자원의 업무를 총괄한다.

㉡ 부원장은 원장을 보좌하며, 원장이 부득이한 사유로 직무를 수행할 수 없는 경우에 그 직무를 대행한다.

㉢ 소장은 원장의 지휘를 받아 소비자안전센터의 업무를 총괄하며, 원장 · 부원장 및 소장이 아닌 이사는 정관이 정하는 바에 따라 한국소비자원의 업무를 분장한다.

㉣ 원장 · 부원장이 모두 부득이한 사유로 직무를 수행할 수 없는 때에는 상임이사 · 비상임이사의 순으로 정관이 정하는 순서에 따라 그 직무를 대행한다.

㉤ 감사는 한국소비자원의 업무 및 회계를 감사한다.

③ 이사회

㉠ 한국소비자원의 업무와 운영에 관한 중요사항을 심의 · 의결하기 위하여 한국소비자원에 이사회를 둔다.

㉡ 이사회는 원장 · 부원장 · 소장 그 밖의 이사로 구성한다.

㉢ 원장은 이사회를 소집하고 이사회의 의장이 된다.

㉣ 감사는 이사회에 출석하여 의견을 진술할 수 있다.

(5) 회계 · 감독

① 재 원

한국소비자원의 설립 · 시설 · 운영 및 업무에 필요한 경비는 국가 및 지방자치단체의 출연금과 그 밖에 한국소비자원의 운영에 따른 수입금으로 충당한다.

② 감 독

㉠ 공정거래위원회는 한국소비자원(소비자안전센터를 포함한다)을 지도 · 감독하고, 필요하다고 인정되는 때에는 한국소비자원에 대하여 그 사업에 관한 지시 또는 명령을 할 수 있다.

㉡ 한국소비자원은 매년 업무계획서와 예산서를 작성하여 공정거래위원회의 승인을 얻어야 하며, 매년 결산보고서와 이에 대한 감사의 의견서를 작성하여 공정거래위원회에 보고하여야 한다. 이 경우 그 절차 등에 관하여는 대통령령으로 정한다.

㉢ 공정거래위원회는 필요하다고 인정되는 때에는 한국소비자원에 대하여 그 업무 · 회계 및 재산에 관한 사항을 보고하게 하거나 감사할 수 있다.

③ 벌칙 적용에서 공무원 의제

한국소비자원의 임원, 법 제35조 제1항 제2호 · 제5호의 업무에 종사하는 직원, 제52조 제1항 · 제2항의 업무에 종사하는 직원, 제60조에 따른 소비자분쟁조정위원회의 위원 중 어느 하나에 해당하는 사람은 「형법」 제129조부터 제132조까지의 규정에 따른 벌칙을 적용할 때에는 공무원으로 본다.

④ 준 용

한국소비자원에 관하여 이 법 및 「공공기관의 운영에 관한 법률」에 규정하지 아니한 사항에 관하여는 「민법」 중 재단법인에 관한 규정을 준용한다.

제3과목

04 | 소비자안전

(1) 취약계층의 보호

① 국가 및 지방자치단체는 어린이 · 노약자 · 장애인 및 결혼이민자 등 안전취약계층에 대하여 우선적으로 보호시책을 강구하여야 한다.

② 사업자는 어린이 · 노약자 · 장애인 및 결혼이민자 등 안전취약계층에 대하여 물품 등을 판매 · 광고 또는 제공하는 경우에는 그 취약계층에게 위해가 발생하지 아니하도록 규정에 따른 조치와 더불어 필요한 예방조치를 취하여야 한다.

(2) 시정요청

① 공정거래위원회 또는 시 · 도지사는 사업자가 제공한 물품 등으로 인하여 소비자에게 위해발생이 우려되는 경우에는 관계중앙행정기관의 장에게 다음의 조치를 요청할 수 있다.

㉠ 사업자가 다른 법령에서 정한 안전조치를 취하지 아니하는 경우에는 그 법령의 규정에 따른 조치

㉡ 다른 법령에서 안전기준이나 규격을 정하고 있지 아니하는 경우에는 다음의 조치

- 규정에 따른 수거 · 파기 등의 권고
- 규정에 따른 수거 · 파기 등의 명령
- 규정에 따른 과태료 처분

㉢ 그 밖에 물품 등에 대한 위해방지대책의 강구

② ①에 따라 공정거래위원회 또는 시 · 도지사의 요청을 받은 관계 중앙행정기관의 장은 조치 여부 및 그 내용을 신속히 공정거래위원회 또는 시 · 도지사에게 통보하여야 한다.

(3) 소비자 안전조치

① 결함정보의 보고의무

㉠ 사업자는 다음의 어느 하나에 해당하는 경우에는 제조 · 수입 · 판매 또는 제공한 물품 등의 결함을 소관 중앙행정기관의 장에게 보고(전자적 보고를 포함한다)하여야 한다. 다만, ㉡에 해당하는 경우로서 사업자가 제48조에 따라 해당 물품 등의 수거 · 파기 · 수리 · 교환 · 환급 또는 제조 · 수입 · 판매 · 제공의 금지 및 그 밖의 필요한 조치를 한 경우에는 그러하지 아니하다.

- 제조 · 수입 · 판매 또는 제공한 물품 등에 소비자의 생명 · 신체 또는 재산에 위해를 끼치거나 끼칠 우려가 있는 제조 · 설계 또는 표시 등의 중대한 결함이 있다는 사실을 알게 된 경우
- 제조 · 수입 · 판매 또는 제공한 물품 등과 동일한 물품 등에 대하여 외국에서 결함이 발견되어 사업자가 외국 정부로부터 수거 · 파기 등의 권고 또는 명령을 받고 한 수거 · 파기 등이나 자발적으로 한 수거 · 파기 등의 어느 하나에 해당하는 조치를 한 경우 또는 외국의 다른 사업자가 해당 조치를 한 사실을 알게 된 경우

㉡ 중앙행정기관의 장은 사업자가 보고한 결함의 내용에 관하여 시험 · 검사기관 또는 한국소비자원 등에 시험 · 검사를 의뢰하고, 시험 · 검사의 결과 그 물품 등이 수거 · 파기 등의 권고 및 명령 요건에 해당하는 경우에는 사업자에게 각각에 해당하는 규정에 따른 필요한 조치를 취하여야 한다.

㉢ 결함의 내용을 보고하여야 할 사업자는 다음과 같다.

- 물품 등을 제조 · 수입 또는 제공하는 자
- 물품에 성명 · 상호 그 밖에 식별 가능한 기호 등을 부착함으로써 자신을 제조자로 표시한 자
- 「유통산업발전법」 제2조 제3호의 규정에 따른 대규모점포 중 대통령령이 정하는 대규모점포를 설치하여 운영하는 자
- 그 밖에 소비자의 생명 · 신체 및 재산에 위해를 끼치거나 끼칠 우려가 있는 물품 등을 제조 · 수입 · 판매 또는 제공하는 자로서 대통령령이 정하는 자

㉣ 사업자가 보고하여야 할 중대한 결함의 범위, 보고기한 및 보고절차 등에 관하여 필요한 사항은 대통령령으로 정한다.

② 물품 등의 자진수거

사업자는 소비자에게 제공한 물품 등의 결함으로 인하여 소비자의 생명 · 신체 또는 재산에 위해를 끼치거나 끼칠 우려가 있는 경우에는 대통령령이 정하는 바에 따라 당해 물품 등의 수거 · 파기 · 수리 · 교환 · 환급 또는 제조 · 수입 · 판매 · 제공의 금지 그 밖의 필요한 조치를 취하여야 한다.

③ **수거 · 파기 등의 권고**

㉠ 중앙행정기관의 장은 사업자가 제공한 물품 등의 결함으로 인하여 소비자의 생명 · 신체 또는 재산에 위해를 끼치거나 끼칠 우려가 있다고 인정되는 경우에는 그 사업자에 대하여 당해 물품 등의 수거 · 파기 · 수리 · 교환 · 환급 또는 제조 · 수입 · 판매 · 제공의 금지 그 밖의 필요한 조치를 권고할 수 있다.

㉡ 권고를 받은 사업자는 그 권고의 수락 여부를 소관 중앙행정기관의 장에게 통지하여야 한다.

㉢ 중앙행정기관의 장은 권고를 받은 사업자가 정당한 사유 없이 그 권고를 따르지 아니하는 때에는 사업자가 권고를 받은 사실을 공표할 수 있다.

㉣ 권고, 권고의 수락 및 공표의 절차에 관하여 필요한 사항은 대통령령으로 정한다.

④ **수거 · 파기 등의 명령**

㉠ 중앙행정기관의 장은 사업자가 제공한 물품 등의 결함으로 인하여 소비자의 생명 · 신체 또는 재산에 위해를 끼치거나 끼칠 우려가 있다고 인정되는 경우에는 대통령령이 정하는 절차에 따라 그 물품 등의 수거 · 파기 · 수리 · 교환 · 환급을 명하거나 제조 · 수입 · 판매 또는 제공의 금지를 명할 수 있고, 그 물품 등과 관련된 시설의 개수(改修) 그 밖의 필요한 조치를 명할 수 있다. 다만, 소비자의 생명 · 신체 또는 재산에 긴급하고 현저한 위해를 끼치거나 끼칠 우려가 있다고 인정되는 경우로서 그 위해의 발생 또는 확산을 방지하기 위하여 불가피하다고 인정되는 경우에는 그 절차를 생략할 수 있다.

㉡ 중앙행정기관의 장은 사업자가 규정에 따른 명령에 따르지 아니하는 경우에는 대통령령이 정하는 바에 따라 직접 그 물품 등의 수거 · 파기 또는 제공금지 등 필요한 조치를 취할 수 있다.

(4) 위해정보의 수집

① **소비자안전센터의 설치**

㉠ 소비자안전시책을 지원하기 위하여 한국소비자원에 소비자안전센터를 둔다.

㉡ 소비자안전센터에 소장 1인을 두고, 그 조직에 관한 사항은 정관으로 정한다.

㉢ 소비자안전센터의 업무

- 위해정보의 수집 및 처리
- 소비자안전을 확보하기 위한 조사 및 연구
- 소비자안전과 관련된 교육 및 홍보
- 위해 물품 등에 대한 시정 건의
- 소비자안전에 관한 국제협력
- 그 밖에 소비자안전에 관한 업무

② **위해정보의 수집 및 처리** 기출 22

㉠ 소비자안전센터는 물품 등으로 인하여 소비자의 생명 · 신체 또는 재산에 위해가 발생하였거나 발생할 우려가 있는 사안에 대한 정보(이하 "위해정보"라 한다)를 수집할 수 있다.

㉡ 소장은 규정에 따라 수집한 위해정보를 분석하여 그 결과를 원장에게 보고하여야 하고, 원장은 위해정보의 분석결과에 따라 필요한 경우에는 다음의 조치를 할 수 있다.

• 위해방지 및 사고예방을 위한 소비자안전경보의 발령
• 물품 등의 안전성에 관한 사실의 공표
• 위해물품 등을 제공하는 사업자에 대한 시정 권고
• 국가 또는 지방자치단체에의 시정조치 · 제도개선 건의
• 그 밖에 소비자안전을 확보하기 위하여 필요한 조치로서 대통령령이 정하는 사항

ⓒ 원장은 시정 권고를 받은 사업자에게 수락여부 및 다음의 사항을 포함한 이행결과 등의 제출을 요청할 수 있다. 이 경우 사업자는 특별한 사유가 없으면 이에 따라야 한다.

• 시정 권고에 따른 이행 내용과 실적
• 시정 권고를 이행하지 못한 물품 등에 대한 조치계획
• 위해의 재발방지를 위한 대책

ⓔ 원장은 물품 등으로 인하여 소비자의 생명 · 신체 또는 재산에 위해가 발생하거나 발생할 우려가 높다고 판단되는 경우로서, 사업자가 시정 권고를 이행하지 않는 경우에는 공정거래위원회에 시정요청을 해줄 것을 건의할 수 있다.

ⓜ 규정에 따라 위해정보를 수집 · 처리하는 자는 물품 등의 위해성이 판명되어 공표되기 전까지 사업자명 · 상품명 · 피해정도 · 사건경위에 관한 사항을 누설하여서는 아니 된다.

ⓗ 공정거래위원회는 소비자안전센터가 위해정보를 효율적으로 수집할 수 있도록 하기 위하여 필요한 경우에는 행정기관 · 병원 · 학교 · 소비자단체 등을 위해정보 제출기관으로 지정 · 운영할 수 있다.

ⓢ 규정에 따른 위해정보의 수집 및 처리 등에 관하여 필요한 사항은 대통령령으로 정한다.

05 | 소비자분쟁의 해결

(1) 사업자의 불만처리 등

① 소비자상담기구의 설치 · 운영

㉠ 사업자 및 사업자단체는 소비자로부터 제기되는 의견이나 불만 등을 기업경영에 반영하고, 소비자의 피해를 신속하게 처리하기 위한 기구(이하 "소비자상담기구"라 한다)의 설치 · 운영에 적극 노력하여야 한다.

㉡ 사업자 및 사업자단체는 소비자의 불만 또는 피해의 상담을 위하여 「국가기술자격법」에 따른 관련 자격이 있는 자 등 전담직원을 고용 · 배치하도록 적극 노력하여야 한다.

② 소비자상담기구의 설치 권장

㉠ 중앙행정기관의 장 또는 시 · 도지사는 사업자 또는 사업자단체에게 소비자상담기구의 설치 · 운영을 권장하거나 그 설치 · 운영에 필요한 지원을 할 수 있다.

㉡ 공정거래위원회는 소비자상담기구의 설치 · 운영에 관한 권장기준을 정하여 고시할 수 있다.

(2) 한국소비자원의 피해구제 중요 기출 16

① 피해구제의 신청

㉠ 소비자는 물품 등의 사용으로 인한 피해의 구제를 한국소비자원에 신청할 수 있다.

㉡ 국가 · 지방자치단체 또는 소비자단체는 소비자로부터 피해구제의 신청을 받은 때에는 한국소비자원에 그 처리를 의뢰할 수 있다.

㉢ 사업자는 소비자로부터 피해구제의 신청을 받은 때에는 다음의 어느 하나에 해당하는 경우에 한하여 한국소비자원에 그 처리를 의뢰할 수 있다.

- 소비자로부터 피해구제의 신청을 받은 날부터 30일이 경과하여도 합의에 이르지 못하는 경우
- 한국소비자원에 피해구제의 처리를 의뢰하기로 소비자와 합의한 경우
- 그 밖에 한국소비자원의 피해구제의 처리가 필요한 경우로서 대통령령이 정하는 사유에 해당하는 경우

㉣ 원장은 피해구제의 신청을 받은 경우 그 내용이 한국소비자원에서 처리하는 것이 부적합하다고 판단되는 때에는 신청인에게 그 사유를 통보하고 그 사건의 처리를 중지할 수 있다.

② 위법사실의 통보

원장은 피해구제신청사건을 처리함에 있어서 당사자 또는 관계인이 법령을 위반한 것으로 판단되는 때에는 관계기관에 이를 통보하고 적절한 조치를 의뢰하여야 한다.

③ 합의권고

원장은 피해구제신청의 당사자에 대하여 피해보상에 관한 합의를 권고할 수 있다.

④ 처리기간 기출 23, 24

원장은 피해구제의 신청을 받은 날부터 30일 이내에 합의가 이루어지지 아니하는 때에는 지체 없이 소비자분쟁조정위원회에 분쟁조정을 신청하여야 한다. 다만, 피해의 원인규명 등에 상당한 시일이 요구되는 피해구제신청사건으로서 대통령령이 정하는 사건에 대하여는 60일 이내의 범위에서 처리기간을 연장할 수 있다.

⑤ 피해구제절차의 중지

㉠ 한국소비자원의 피해구제 처리절차 중에 법원에 소를 제기한 당사자는 그 사실을 한국소비자원에 통보하여야 한다.

㉡ 한국소비자원은 당사자의 소제기 사실을 알게 된 때에는 지체 없이 피해구제절차를 중지하고, 당사자에게 이를 통지하여야 한다.

(3) 소비자분쟁의 조정 중요 기출 16

① 소비자분쟁조정위원회의 설치

㉠ 소비자와 사업자 사이에 발생한 분쟁을 조정하기 위하여 한국소비자원에 소비자분쟁조정위원회(이하 "조정위원회"라 한다)를 둔다.

㉡ 조정위원회는 다음의 사항을 심의 · 의결한다.

- 소비자분쟁에 대한 조정결정
- 조정위원회의 의사(議事)에 관한 규칙의 제정 및 개정 · 폐지
- 그 밖에 조정위원회의 위원장이 토의에 부치는 사항

㉢ 조정위원회의 운영 및 조정절차 등에 관하여 필요한 사항은 대통령령으로 정한다.

② **조정위원회의 구성** 기출 18, 20

㉠ 조정위원회는 위원장 1명을 포함한 150명 이내의 위원으로 구성하며, 위원장을 포함한 5명은 상임으로 하고, 나머지는 비상임으로 한다.

㉡ 위원은 다음의 어느 하나에 해당하는 자 중에서 대통령령이 정하는 바에 따라 원장의 제청에 의하여 공정거래위원회위원장이 임명 또는 위촉한다.

- 대학이나 공인된 연구기관에서 부교수 이상 또는 이에 상당하는 직에 있거나 있었던 자로서 소비자권익 관련분야를 전공한 자
- 4급 이상의 공무원 또는 이에 상당하는 공공기관의 직에 있거나 있었던 자로서 소비자권익과 관련된 업무에 실무경험이 있는 자
- 판사 · 검사 또는 변호사의 자격이 있는 자
- 소비자단체의 임원의 직에 있거나 있었던 자
- 사업자 또는 사업자단체의 임원의 직에 있거나 있었던 자
- 그 밖에 소비자권익과 관련된 업무에 관한 학식과 경험이 풍부한 자

㉢ 위원장은 상임위원 중에서 공정거래위원회위원장이 임명한다.

㉣ 위원장이 부득이한 사유로 직무를 수행할 수 없는 때에는 위원장이 아닌 상임위원이 위원장의 직무를 대행하고, 위원장이 아닌 상임위원이 부득이한 사유로 위원장의 직무를 대행할 수 없는 때에는 공정거래위원회위원장이 지정하는 위원이 그 직무를 대행한다.

㉤ 위원의 임기는 3년으로 하며, 연임할 수 있다.

㉥ 조정위원회의 업무를 효율적으로 수행하기 위하여 조정위원회에 분야별 전문위원회를 둘 수 있다.

㉦ 전문위원회의 구성 및 운영에 관하여 필요한 사항은 대통령령으로 정한다.

③ **위원의 신분보장**

조정위원회의 위원은 다음의 어느 하나에 해당하는 경우를 제외하고는 그의 의사와 다르게 면직되지 아니한다.

㉠ 자격정지 이상의 형을 선고받은 경우

㉡ 신체상 · 정신상 또는 그 밖의 사유로 직무를 수행할 수 없는 경우

④ **조정위원회의 회의** 기출 23

㉠ 조정위원회의 회의는 다음에 따라 구분한다.

- 분쟁조정회의 : 위원장, 상임위원과 위원장이 회의마다 지명하는 5명 이상 9명 이하의 위원으로 구성하는 회의
- 조정부 : 위원장 또는 상임위원과 위원장이 회의마다 지명하는 2명 이상 4명 이하의 위원으로 구성하는 회의

㉡ 조정위원회의 회의는 다음의 구분에 따라 주재한다.

- 분쟁조정회의 : 위원장
- 조정부 : 위원장 또는 상임위원

㉢ 조정위원회의 회의는 위원 과반수 출석과 출석위원 과반수의 찬성으로 의결한다. 이 경우 조정위원회의 회의에는 소비자 및 사업자를 대표하는 위원이 각 1명 이상 균등하게 포함되어야 한다.

⑤ **위원의 제척 · 기피 · 회피**

㉠ 조정위원회의 위원은 다음의 어느 하나에 해당하는 경우에는 조정위원회에 신청된 그 분쟁조정 사건(이하 이 조에서 "사건"이라 한다)의 심의 · 의결에서 제척된다.

- 위원 또는 그 배우자나 배우자이었던 자가 그 사건의 당사자가 되거나 그 사건에 관하여 공동의 권리자 또는 의무자의 관계에 있는 경우
- 위원이 그 사건의 당사자와 친족관계에 있거나 있었던 경우
- 위원이 그 사건에 관하여 증언이나 감정을 한 경우
- 위원이 그 사건에 관하여 당사자의 대리인으로서 관여하거나 관여하였던 경우

㉡ 당사자는 위원에게 심의 · 의결의 공정을 기대하기 어려운 사정이 있는 경우에는 원장에게 기피신청을 할 수 있다. 이 경우 원장은 기피신청에 대하여 조정위원회의 의결을 거치지 아니하고 결정한다.

㉢ 위원이 위의 사유에 해당하는 경우에는 스스로 그 사건의 심의 · 의결에서 회피할 수 있다.

⑥ **분쟁조정**

㉠ 소비자와 사업자 사이에 발생한 분쟁에 관하여 규정에 따라 설치된 기구에서 소비자분쟁이 해결되지 아니하거나 합의권고에 따른 합의가 이루어지지 아니한 경우 당사자나 그 기구 또는 단체의 장은 조정위원회에 분쟁조정을 신청할 수 있다.

㉡ 조정위원회는 분쟁조정을 신청 받은 경우에는 대통령령이 정하는 바에 따라 지체 없이 분쟁조정 절차를 개시하여야 한다.

㉢ 조정위원회는 분쟁조정을 위하여 필요한 경우에는 전문위원회에 자문할 수 있다.

㉣ 조정위원회는 분쟁조정절차에 앞서 이해관계인 · 소비자단체 또는 관계기관의 의견을 들을 수 있다.

⑦ **분쟁조정의 기간** 기출 15, 16, 24

㉠ 조정위원회는 분쟁조정을 신청 받은 때에는 그 신청을 받은 날부터 30일 이내에 그 분쟁조정을 마쳐야 한다.

㉡ 조정위원회는 정당한 사유가 있는 경우로서 30일 이내에 그 분쟁조정을 마칠 수 없는 때에는 그 기간을 연장할 수 있다. 이 경우 그 사유와 기한을 명시하여 당사자 및 그 대리인에게 통지하여야 한다.

⑧ **분쟁조정의 효력**

㉠ 조정위원회의 위원장은 분쟁조정을 마친 때에는 지체 없이 당사자에게 그 분쟁조정의 내용을 통지하여야 한다.

㉡ 통지를 받은 당사자는 그 통지를 받은 날부터 15일 이내에 분쟁조정의 내용에 대한 수락 여부를 조정위원회에 통보하여야 한다. 이 경우 15일 이내에 의사표시가 없는 때에는 수락한 것으로 본다.

㉢ 당사자가 분쟁조정의 내용을 수락하거나 수락한 것으로 보는 경우 조정위원회는 조정조서를 작성하고, 조정위원회의 위원장 및 각 당사자가 기명날인하거나 서명하여야 한다. 다만, 수락한 것으로 보는 경우에는 각 당사자의 기명날인 또는 서명을 생략할 수 있다.

㉣ 당사자가 분쟁조정의 내용을 수락하거나 수락한 것으로 보는 때에는 그 분쟁조정의 내용은 재판상 화해와 동일한 효력을 갖는다.

⑨ **분쟁조정의 특례** 기출 23

㉠ 국가 · 지방자치단체 · 한국소비자원 · 소비자단체 · 소비자 또는 사업자는 소비자의 피해가 다수의 소비자에게 같거나 비슷한 유형으로 발생하는 경우로서 대통령령이 정하는 사건에 대하여는 조정위원회에 일괄적인 분쟁조정(이하 "집단분쟁조정"이라 한다)을 의뢰 또는 신청할 수 있다.

㉡ 집단분쟁조정을 의뢰받거나 신청받은 조정위원회는 다음의 어느 하나에 해당하는 사건을 제외하고는 조정위원회의 의결로써 의뢰받거나 신청받은 날부터 60일 이내에 ㉣부터 ㉦까지의 규정에 따른 집단분쟁조정의 절차를 개시하여야 한다. 이 경우 조정위원회는 대통령령이 정하는 기간 동안 그 절차의 개시를 공고하여야 한다.

- ㉠의 요건을 갖추지 못한 사건
- 기존의 집단분쟁조정 결정이 있는 사건으로서 개시의결을 반복할 필요가 없다고 인정되는 사건
- 신청인의 신청내용이 이유가 없다고 명백하게 인정되는 사건

㉢ ㉡에도 불구하고 조정위원회는 다음의 어느 하나에 해당하는 사건에 대하여는 ㉡에 따른 개시결정기간 내에 조정위원회의 의결로써 집단분쟁조정 절차개시의 결정을 보류할 수 있다. 이 경우 그 사유와 기한을 명시하여 의뢰 또는 신청한 자에게 통지하여야 하고, 그 보류기간은 ㉡에 따른 개시결정기간이 경과한 날부터 60일을 넘을 수 없다.

- 피해의 원인규명에 시험, 검사 또는 조사가 필요한 사건
- 피해의 원인규명을 위하여 법 제68조의2에 따른 대표당사자가 집단분쟁조정 절차개시 결정의 보류를 신청하는 사건

㉣ 조정위원회는 집단분쟁조정의 당사자가 아닌 소비자 또는 사업자로부터 그 분쟁조정의 당사자에 추가로 포함될 수 있도록 하는 신청을 받을 수 있다.

㉤ 조정위원회는 사업자가 조정위원회의 집단분쟁조정의 내용을 수락한 경우에는 집단분쟁조정의 당사자가 아닌 자로서 피해를 입은 소비자에 대한 보상계획서를 작성하여 조정위원회에 제출하도록 권고할 수 있다.

㉥ 조정위원회는 집단분쟁조정의 당사자인 다수의 소비자 중 일부의 소비자가 법원에 소를 제기한 경우에는 그 절차를 중지하지 아니하고, 소를 제기한 일부의 소비자를 그 절차에서 제외한다.

㉦ 법 제66조 제1항에도 불구하고 집단분쟁조정은 ㉡에 따른 공고가 종료된 날의 다음 날부터 30일 이내에 마쳐야 한다. 다만, 부득이한 사유로 해당 기간 내에 분쟁조정을 마칠 수 없는 경우에는 2회에 한하여 각각 30일의 범위에서 그 기간을 연장할 수 있으며, 이 경우 그 사유와 기한을 구체적으로 밝혀 당사자 및 그 대리인에게 통지하여야 한다.

㉧ 집단분쟁조정의 절차 등에 관하여 필요한 사항은 대통령령으로 정한다.

⑩ **시효의 중단**

㉠ 분쟁조정의 신청과 집단분쟁조정의 의뢰 또는 신청은 시효중단의 효력이 있다. 다만, 다음의 어느 하나에 해당하는 경우 외의 경우로 분쟁조정절차 또는 집단분쟁조정절차가 종료된 경우에는 그 조정절차가 종료된 날부터 1개월 이내에 소를 제기하지 아니하면 시효중단의 효력이 없다.

- 당사자가 분쟁조정 또는 집단분쟁조정의 내용을 수락하거나 수락한 것으로 보는 경우
- 당사자의 일방 또는 쌍방이 분쟁조정 또는 집단분쟁조정의 내용을 수락하지 아니한 경우

㉡ 위의 내용 외의 부분 본문에 따라 중단된 시효는 같은 항 각 호의 어느 하나에 해당하는 때부터 새로이 진행한다.

⑪ 소송과의 관계

㉠ 분쟁조정이 신청된 사건에 대하여 신청 전 또는 신청 후 소가 제기되어 소송이 진행 중일 때에는 수소법원(受訴法院)은 조정이 있을 때까지 소송절차를 중지할 수 있다.

㉡ 소송절차가 중지된 경우 조정위원회는 해당 사건의 조정절차를 재개한다.

㉢ 조정위원회는 조정이 신청된 사건과 동일한 원인으로 다수인이 관련되는 동종 · 유사 사건에 대한 소송이 진행 중인 경우에는 조정위원회의 결정으로 조정절차를 중지할 수 있다.

⑫ 「민사조정법」의 준용

조정위원회의 운영 및 조정절차에 관하여 이 법에서 규정하지 아니한 사항에 대하여는 「민사조정법」을 준용한다.

제3과목

(4) 소비자단체소송

① 단체소송의 대상 기출 20, 22, 23, 24

다음의 어느 하나에 해당하는 단체는 사업자가 소비자의 권익증진 관련기준의 준수 규정을 위반하여 소비자의 생명 · 신체 또는 재산에 대한 권익을 직접적으로 침해하고 그 침해가 계속되는 경우 법원에 소비자권익침해행위의 금지 · 중지를 구하는 소송(이하 "단체소송"이라 한다)을 제기할 수 있다.

㉠ 규정에 따라 공정거래위원회에 등록한 소비자 단체로서 다음의 요건을 모두 갖춘 단체

- 정관에 따라 상시적으로 소비자의 권익증진을 주된 목적으로 하는 단체일 것
- 단체의 정회원수가 1천명 이상일 것
- 등록 후 3년이 경과하였을 것

㉡ 규정에 따라 설립된 한국소비자원

㉢ 「상공회의소법」에 따른 대한상공회의소, 「중소기업협동조합법」에 따른 중소기업협동조합중앙회 및 전국 단위의 경제단체로서 대통령령이 정하는 단체

㉣ 「비영리민간단체 지원법」 제2조의 규정에 따른 비영리민간단체로서 다음의 요건을 모두 갖춘 단체

- 법률상 또는 사실상 동일한 침해를 입은 50인 이상의 소비자로부터 단체소송의 제기를 요청받을 것
- 정관에 소비자의 권익증진을 단체의 목적으로 명시한 후 최근 3년 이상 이를 위한 활동실적이 있을 것
- 단체의 상시 구성원 수가 5천명 이상일 것
- 중앙행정기관에 등록되어 있을 것

② 소송허가요건

㉠ 법원은 다음의 요건을 모두 갖춘 경우에 한하여 결정으로 단체소송을 허가한다.

- 물품 등의 사용으로 인하여 소비자의 생명 · 신체 또는 재산에 피해가 발생하거나 발생할 우려가 있는 등 다수 소비자의 권익보호 및 피해예방을 위한 공익상의 필요가 있을 것
- 소송허가신청서의 기재사항에 흠결이 없을 것

• 소제기단체가 사업자에게 소비자권익 침해행위를 금지 · 중지할 것을 서면으로 요청한 후 14일이 경과하였을 것

㉡ 단체소송을 허가하거나 불허가하는 결정에 대하여는 즉시 항고할 수 있다.

③ 「민사소송법」의 적용

㉠ 단체소송에 관하여 이 법에 특별한 규정이 없는 경우에는 「민사소송법」을 적용한다.

㉡ 단체소송의 허가결정이 있는 경우에는 「민사집행법」 제4편의 규정에 따른 보전처분을 할 수 있다.

㉢ 단체소송의 절차에 관하여 필요한 사항은 대법원규칙으로 정한다.

06 | 조사절차

(1) 검사 · 시료수거와 자료제출 등

① 중앙행정기관의 장은 다음의 어느 하나에 해당하는 경우에는 대통령령이 정하는 바에 따라 소속 공무원으로 하여금 사업자의 물품 · 시설 및 제조공정 그 밖의 물건의 검사 또는 필요한 최소한의 시료수거를 하게 하거나 그 사업자에게 그 업무에 관한 보고 또는 관계 물품 · 서류 등의 제출을 명할 수 있다.

㉠ 국가가 정한 기준을 사업자가 준수하는지 여부를 시험 · 검사 또는 조사하기 위하여 필요한 경우

㉡ 소비자에게 정보제공을 하기 위하여 필요한 경우

㉢ 소비자의 불만 및 피해를 처리하기 위하여 필요한 경우

㉣ 이 법의 위반 여부를 확인하기 위하여 필요한 경우

② ①의 규정에 따른 시료수거는 무상으로 할 수 있다.

③ 중앙행정기관의 장은 물품 등의 안전성을 의심할 만한 정당한 이유가 있는 경우로서 대통령령이 정하는 사유가 있는 때에는 소속 공무원으로 하여금 사업자의 영업장소, 제조장소, 창고 등 저장소, 사무소 그 밖의 이와 유사한 장소에 출입하여 검사 등을 할 수 있다.

④ 규정에 따라 검사 등을 하는 공무원은 그 권한을 나타내는 증표를 지니고 이를 관계인에게 내보여야 한다.

⑤ 이 법에 따른 직무에 종사하는 공무원은 검사나 제출된 물품 또는 서류 등으로 알게 된 내용을 이 법의 시행을 위한 목적 아닌 용도로 사용하여서는 아니 된다.

⑥ 중앙행정기관의 장은 소관 소비자권익 증진시책을 추진하기 위하여 필요한 경우에는 원장에게 소비자피해에 관한 정보 및 각종 실태조사 결과 등 소비자의 권익과 관련된 정보의 제공을 요청할 수 있다.

(2) 자료 및 정보제공요청 등

① 소비자단체 및 한국소비자원은 그 업무를 추진함에 있어서 필요한 자료 및 정보의 제공을 사업자 또는 사업자단체에 요청할 수 있다. 이 경우 그 사업자 또는 사업자단체는 정당한 사유가 없는 한 이에 응하여야 한다.

② 규정에 따라 자료 및 정보의 제공을 요청하는 소비자단체 및 한국소비자원은 그 자료 및 정보의 사용목적 · 사용절차 등을 미리 사업자 또는 사업자단체에게 알려야 한다.

③ 규정에 따라 소비자단체가 자료 및 정보를 요청하는 때에는 소비자정보요청협의회의 협의 · 조정을 미리 거쳐야 한다.

④ 자료 및 정보를 요청할 수 있는 소비자단체의 요건과 자료 및 정보의 범위 등에 관한 사항은 대통령령으로 정한다.

⑤ 사업자 또는 사업자단체로부터 소비자단체에 제공된 자료 및 정보는 미리 사업자 또는 사업자단체에 알린 사용목적이 아닌 용도 및 사용절차가 아닌 방법으로 사용하여서는 아니 된다.

(3) 소비자정보요청협의회

① 소비자단체의 자료 및 정보의 제공요청과 관련한 다음의 사항을 협의 · 조정하기 위하여 한국소비자원에 소비자정보요청협의회(이하 "협의회"라 한다)를 둔다.

㉠ 소비자단체가 요청하는 자료 및 정보의 범위 · 사용목적 · 사용절차에 관한 사항

㉡ 그 밖에 대통령령이 정하는 사항

② 협의회의 구성과 운영 그 밖에 필요한 사항은 대통령령으로 정한다.

제3과목

07 | 보 칙

(1) 시정조치

① 중앙행정기관의 장은 사업자가 규정을 위반하는 행위를 한 경우에는 그 사업자에게 그 행위의 중지 등 시정에 필요한 조치를 명할 수 있다.

② 중앙행정기관의 장은 사업자에게 시정명령을 받은 사실을 공표하도록 명할 수 있다.

(2) 시정조치의 요청

① 국가 및 지방자치단체는 사업자가 규정을 위반하는지 여부를 판단하기 위하여 필요한 경우에는 등록소비자단체 또는 한국소비자원에 조사를 의뢰할 수 있다.

② 공정거래위원회는 사업자가 규정을 위반하는 행위를 한 사실을 알게 된 때에는 그 물품 등을 주관하는 중앙행정기관의 장에게 위반행위의 시정에 필요한 적절한 조치를 요청할 수 있다.

(3) 실태조사

① 공정거래위원회는 소비자의 권익증진이나 소비자정책의 효율적 추진을 위하여 필요하다고 인정하는 경우 실태조사를 실시하고, 그 결과를 공표할 수 있다.

② 공정거래위원회는 ①에 따른 실태조사를 위하여 필요한 경우에는 관계 소비자단체 · 사업자 · 사업자단체와 관계 행정기관 · 공공기관에 필요한 자료 또는 의견의 제출을 요청할 수 있다. 이 경우 해당 요청을 받은 자는 정당한 사유가 없으면 그 요청에 따라야 한다.

③ 공정거래위원회는 ①에 따른 실태조사의 효율적 추진을 위하여 필요한 경우에는 해당 실태조사 업무를 한국소비자원이나 관계 법인 · 단체에 위탁할 수 있다.

④ ①에 따른 실태조사의 절차 및 방법, 그 밖에 필요한 사항은 대통령령으로 정한다.

(4) 청 문

중앙행정기관의 장은 규정에 따른 명령 등의 조치를 하고자 하는 경우에는 청문을 실시하여야 한다. 다만, 법 제50조 수거 · 파기 등의 명령 제1항 단서의 경우에는 그러하지 아니하다.

(5) 권한의 위임 · 위탁

① 중앙행정기관의 장은 이 법에 따른 권한의 일부를 대통령령이 정하는 바에 따라 시 · 도지사에게 위임할 수 있다.

② 중앙행정기관의 장은 다음의 경우에 검사 또는 필요한 최소한의 시료수거 · 보고 · 제출 등 권한을 한국소비자원에 위탁할 수 있다.

㉠ 한국소비자원에 시험 · 검사 또는 조사를 의뢰하는 경우

㉡ 한국소비자원에 신청 또는 의뢰된 피해구제사건을 처리함에 있어서 사실 확인을 위하여 필요하다고 인정되는 경우

㉢ 원장이 소비자의 권익증진을 위하여 필요한 경우 물품 등의 규격 · 품질 · 안전성 · 환경성에 관한 시험 · 검사 및 가격 등을 포함한 거래조건이나 거래방법에 대한 조사 · 분석 및 위해방지 및 사고예방을 위한 소비자안전경보의 발령, 물품 등의 안전성에 관한 사실의 공표, 위해 물품 등을 제공하는 사업자에 대한 시정 권고 조치를 하기 위하여 필요하다고 요청하는 경우

㉣ 규정에 따라 한국소비자원에 조사를 의뢰하는 경우

③ 중앙행정기관의 장으로부터 검사 등의 권한을 위탁받은 한국소비자원의 직원으로서 그 검사 등의 권한을 행하는 직원에 대하여 이를 준용한다.

(6) 민감정보 및 고유식별정보의 처리

① 공정거래위원회는 종합지원시스템을 통하여 소비자 피해의 예방 및 구제를 위한 사무를 수행하기 위하여 불가피한 경우 「개인정보보호법」 제23조에 따른 건강에 관한 정보(의료분쟁조정과 관련된 정보에 한정한다. 이하 같다)나 같은 법 제24조에 따른 고유식별정보가 포함된 자료를 처리할 수 있다.

② 종합지원시스템 운영의 전부 또는 일부를 위탁받은 자는 소비자 피해의 예방 및 구제를 위한 사무를 수행하기 위하여 불가피한 경우 당사자의 동의를 얻어 「개인정보보호법」 제23조에 따른 건강에 관한 정보나 같은 법 제24조에 따른 고유식별정보가 포함된 자료를 처리할 수 있다.

③ ① · ②에 따라 「개인정보보호법」 제23조에 따른 건강에 관한 정보나 같은 법 제24조에 따른 고유식별정보가 포함된 자료를 처리할 때에는 해당 정보를 「개인정보보호법」에 따라 보호하여야 한다.

08 | 벌 칙

(1) 벌 칙

① 다음의 어느 하나에 해당하는 자는 3년 이하의 징역 또는 5천만원 이하의 벌금에 처한다.

㉠ 수거 · 파기 등의 명령이나 시정조치 규정에 따른 명령을 위반한 자

㉡ 검사 등으로 알게 된 내용을 이 법의 시행을 위한 목적이 아닌 용도로 사용한 자

㉢ 제공된 자료 및 정보를 사용목적이 아닌 용도 또는 사용절차가 아닌 방법으로 사용한 자

② 위해정보에 관한 사항을 누설한 자는 1년 이하의 징역 또는 3천만원 이하의 벌금에 처한다.

③ 징역형과 벌금형은 이를 병과(倂科)할 수 있다.

(2) 과태료

① 다음의 어느 하나에 해당하는 자는 3천만원 이하의 과태료에 처한다.

㉠ 소비자의 권익증진 관련기준의 준수를 위반한 자

㉡ 규정을 위반하여 동일 또는 유사명칭을 사용한 자

㉢ 제조 · 수입 · 판매 또는 제공한 물품 등의 결함의 내용에 관하여 보고의무를 이행하지 아니하거나 거짓으로 이행한 자

㉣ 검사 · 시료수거 · 출입을 거부 · 방해 · 기피한 자, 업무에 관한 보고를 하지 아니하거나 거짓으로 보고한 자 또는 관계 물품 · 서류 등을 제출하지 아니하거나 거짓으로 제출한 자

② 과태료는 대통령령으로 정하는 바에 따라 중앙행정기관의 장 또는 시 · 도지사가 부과 · 징수한다.

06 개인정보보호법

★ [개인정보보호법] [시행 2024. 3. 15.] [법률 제19234호, 2023. 3. 14., 일부개정]
★ [개인정보보호법 시행령] [시행 2024. 9. 15] [대통령령 제34309호, 2024. 3. 12., 일부개정]

01 | 개인정보보호법

(1) 개인정보보호법의 목적

이 법은 개인정보의 처리 및 보호에 관한 사항을 정함으로써 개인의 자유와 권리를 보호하고, 나아가 개인의 존엄과 가치를 구현함을 목적으로 한다.

(2) 개인정보보호법상의 용어의 정리 기출 18, 19, 20, 23

① 개인정보

살아 있는 개인에 관한 정보로서 다음의 어느 하나에 해당하는 정보를 말한다.

㉠ 성명, 주민등록번호 및 영상 등을 통하여 개인을 알아볼 수 있는 정보

㉡ 해당 정보만으로는 특정 개인을 알아볼 수 없더라도 다른 정보와 쉽게 결합하여 알아볼 수 있는 정보. 이 경우 쉽게 결합할 수 있는지 여부는 다른 정보의 입수 가능성 등 개인을 알아보는 데 소요되는 시간, 비용, 기술 등을 합리적으로 고려하여야 한다.

㉢ ㉠ 또는 ㉡을 가명처리함으로써 원래의 상태로 복원하기 위한 추가 정보의 사용 · 결합 없이는 특정 개인을 알아볼 수 없는 정보(이하 "가명정보"라 함)

② 가명처리

개인정보의 일부를 삭제하거나 일부 또는 전부를 대체하는 등의 방법으로 추가 정보가 없이는 특정 개인을 알아볼 수 없도록 처리하는 것을 말한다.

③ 처 리

개인정보의 수집, 생성, 연계, 연동, 기록, 저장, 보유, 가공, 편집, 검색, 출력, 정정(訂正), 복구, 이용, 제공, 공개, 파기(破棄), 그 밖에 이와 유사한 행위를 말한다.

④ 정보주체

처리되는 정보에 의하여 알아볼 수 있는 사람으로서 그 정보의 주체가 되는 사람을 말한다.

⑤ 개인정보파일

개인정보를 쉽게 검색할 수 있도록 일정한 규칙에 따라 체계적으로 배열하거나 구성한 개인정보의 집합물(集合物)을 말한다.

⑥ 개인정보처리자

업무를 목적으로 개인정보파일을 운용하기 위하여 스스로 또는 다른 사람을 통하여 개인정보를 처리하는 공공기관, 법인, 단체 및 개인 등을 말한다.

⑦ **공공기관**

㉠ 국회, 법원, 헌법재판소, 중앙선거관리위원회의 행정사무를 처리하는 기관, 중앙행정기관(대통령 소속 기관과 국무총리 소속 기관을 포함한다) 및 그 소속 기관, 지방자치단체

㉡ 그 밖의 국가기관 및 공공단체 중 대통령령으로 정하는 기관

⑧ **고정형 영상정보처리기기**

일정한 공간에 설치되어 지속적 또는 주기적으로 사람 또는 사물의 영상 등을 촬영하거나 이를 유 · 무선망을 통하여 전송하는 장치로서 대통령령으로 정하는 장치를 말한다.

⑨ **이동형 영상정보처리기기**

사람이 신체에 착용 또는 휴대하거나 이동 가능한 물체에 부착 또는 거치(据置)하여 사람 또는 사물의 영상 등을 촬영하거나 이를 유 · 무선망을 통하여 전송하는 장치로서 대통령령으로 정하는 장치를 말한다.

⑩ **과학적 연구**

기술의 개발과 실증, 기초연구, 응용연구 및 민간 투자 연구 등 과학적 방법을 적용하는 연구를 말한다.

제3과목

(3) 개인정보 보호 원칙 기출 19, 20

① 개인정보처리자는 개인정보의 처리 목적을 명확하게 하여야 하고, 그 목적에 필요한 범위에서 최소한의 개인정보만을 적법하고 정당하게 수집하여야 한다.

② 개인정보처리자는 개인정보의 처리 목적에 필요한 범위에서 적합하게 개인정보를 처리하여야 하며, 그 목적 외의 용도로 활용하여서는 아니 된다.

③ 개인정보처리자는 개인정보의 처리 목적에 필요한 범위에서 개인정보의 정확성, 완전성 및 최신성이 보장되도록 하여야 한다.

④ 개인정보처리자는 개인정보의 처리 방법 및 종류 등에 따라 정보주체의 권리가 침해받을 가능성과 그 위험 정도를 고려하여 개인정보를 안전하게 관리하여야 한다.

⑤ 개인정보처리자는 개인정보 처리방침 등 개인정보의 처리에 관한 사항을 공개하여야 하며, 열람청구권 등 정보주체의 권리를 보장하여야 한다.

⑥ 개인정보처리자는 정보주체의 사생활 침해를 최소화하는 방법으로 개인정보를 처리하여야 한다.

⑦ 개인정보처리자는 개인정보를 익명 또는 가명으로 처리하여도 개인정보 수집목적을 달성할 수 있는 경우 익명처리가 가능한 경우에는 익명에 의하여, 익명처리로 목적을 달성할 수 없는 경우에는 가명에 의하여 처리될 수 있도록 하여야 한다.

⑧ 개인정보처리자는 이 법 및 관계 법령에서 규정하고 있는 책임과 의무를 준수하고 실천함으로써 정보주체의 신뢰를 얻기 위하여 노력하여야 한다.

(4) 정보주체의 권리 중요 기출 20, 22, 23, 24

① 개인정보의 처리에 관한 정보를 제공받을 권리
② 개인정보의 처리에 관한 동의 여부, 동의 범위 등을 선택하고 결정할 권리
③ 개인정보의 처리 여부를 확인하고 개인정보에 대한 열람(사본의 발급을 포함한다. 이하 같다) 및 전송을 요구할 권리
④ 개인정보의 처리 정지, 정정 · 삭제 및 파기를 요구할 권리
⑤ 개인정보의 처리로 인하여 발생한 피해를 신속하고 공정한 절차에 따라 구제받을 권리
⑥ 완전히 자동화된 개인정보 처리에 따른 결정을 거부하거나 그에 대한 설명 등을 요구할 권리

(5) 국가 등의 책무

① 국가와 지방자치단체는 개인정보의 목적 외 수집, 오용 · 남용 및 무분별한 감시 · 추적 등에 따른 폐해를 방지하여 인간의 존엄과 개인의 사생활 보호를 도모하기 위한 시책을 강구하여야 한다.
② 국가와 지방자치단체는 정보주체의 권리를 보호하기 위하여 법령의 개선 등 필요한 시책을 마련하여야 한다.
③ 국가와 지방자치단체는 만 14세 미만 아동이 개인정보 처리가 미치는 영향과 정보주체의 권리 등을 명확하게 알 수 있도록 만 14세 미만 아동의 개인정보 보호에 필요한 시책을 마련하여야 한다.
④ 국가와 지방자치단체는 개인정보의 처리에 관한 불합리한 사회적 관행을 개선하기 위하여 개인정보처리자의 자율적인 개인정보 보호활동을 존중하고 촉진 · 지원하여야 한다.
⑤ 국가와 지방자치단체는 개인정보의 처리에 관한 법령 또는 조례를 적용할 때에는 정보주체의 권리가 보장될 수 있도록 개인정보 보호 원칙에 맞게 적용하여야 한다.

(6) 다른 법률과의 관계

① 개인정보의 처리 및 보호에 관하여 다른 법률에 특별한 규정이 있는 경우를 제외하고는 이 법에서 정하는 바에 따른다.
② 개인정보의 처리 및 보호에 관한 다른 법률을 제정하거나 개정하는 경우에는 이 법의 목적과 원칙에 맞도록 하여야 한다.

02 | 개인정보 보호정책의 수립

(1) 개인정보 보호위원회

① 개인정보 보호에 관한 사무를 독립적으로 수행하기 위하여 국무총리 소속으로 개인정보 보호위원회(이하 "보호위원회"라 한다)를 둔다.
② 보호위원회는 「정부조직법」 제2조에 따른 중앙행정기관으로 본다. 다만, 다음의 사항에 대하여는 「정부조직법」 제18조를 적용하지 아니한다.

㉠ 법 제7조의8 제3호 및 제4호의 사무
㉡ 법 제7조의9 제1항의 심의 · 의결 사항 중 제1호에 해당하는 사항

(2) 보호위원회의 구성 등 기출 23

① 보호위원회는 상임위원 2명(위원장 1명, 부위원장 1명)을 포함한 9명의 위원으로 구성한다.
② 보호위원회의 위원은 개인정보 보호에 관한 경력과 전문지식이 풍부한 다음의 사람 중에서 위원장과 부위원장은 국무총리의 제청으로, 그 외 위원 중 2명은 위원장의 제청으로, 2명은 대통령이 소속되거나 소속되었던 정당의 교섭단체 추천으로, 3명은 그 외의 교섭단체 추천으로 대통령이 임명 또는 위촉한다.
㉠ 개인정보 보호 업무를 담당하는 3급 이상 공무원(고위공무원단에 속하는 공무원을 포함한다)의 직에 있거나 있었던 사람
㉡ 판사 · 검사 · 변호사의 직에 10년 이상 있거나 있었던 사람
㉢ 공공기관 또는 단체(개인정보처리자로 구성된 단체를 포함한다)에 3년 이상 임원으로 재직하였거나 이들 기관 또는 단체로부터 추천받은 사람으로서 개인정보 보호 업무를 3년 이상 담당하였던 사람
㉣ 개인정보 관련 분야에 전문지식이 있고 「고등교육법」 제2조 제1호에 따른 학교에서 부교수 이상으로 5년 이상 재직하고 있거나 재직하였던 사람
③ 위원장과 부위원장은 정무직 공무원으로 임명한다.
④ 위원장, 부위원장, 제7조의13에 따른 사무처의 장은 「정부조직법」 제10조에도 불구하고 정부위원이 된다.

(3) 위원장

① 위원장은 보호위원회를 대표하고, 보호위원회의 회의를 주재하며, 소관 사무를 총괄한다.
② 위원장이 부득이한 사유로 직무를 수행할 수 없을 때에는 부위원장이 그 직무를 대행하고, 위원장 · 부위원장이 모두 부득이한 사유로 직무를 수행할 수 없을 때에는 위원회가 미리 정하는 위원이 위원장의 직무를 대행한다.
③ 위원장은 국회에 출석하여 보호위원회의 소관 사무에 관하여 의견을 진술할 수 있으며, 국회에서 요구하면 출석하여 보고하거나 답변하여야 한다.
④ 위원장은 국무회의에 출석하여 발언할 수 있으며, 그 소관 사무에 관하여 국무총리에게 의안 제출을 건의할 수 있다.

(4) 위원의 임기

① 위원의 임기는 3년으로 하되, 한 차례만 연임할 수 있다.
② 위원이 궐위된 때에는 지체 없이 새로운 위원을 임명 또는 위촉하여야 한다. 이 경우 후임으로 임명 또는 위촉된 위원의 임기는 새로이 개시된다.

(5) 위원의 신분보장

① 위원은 다음의 어느 하나에 해당하는 경우를 제외하고는 그 의사에 반하여 면직 또는 해촉되지 아니한다.

㉠ 장기간 심신장애로 인하여 직무를 수행할 수 없게 된 경우

㉡ 법 제7조의7의 결격사유에 해당하는 경우

㉢ 이 법 또는 그 밖의 다른 법률에 따른 직무상의 의무를 위반한 경우

② 위원은 법률과 양심에 따라 독립적으로 직무를 수행한다.

(6) 겸직금지 등

① 위원은 재직 중 다음의 직(職)을 겸하거나 직무와 관련된 영리업무에 종사하여서는 아니 된다.

㉠ 국회의원 또는 지방의회의원

㉡ 국가공무원 또는 지방공무원

㉢ 그 밖에 대통령령으로 정하는 직

② ①에 따른 영리업무에 관한 사항은 대통령령으로 정한다.

③ 위원은 정치활동에 관여할 수 없다.

(7) 결격사유

① 다음의 어느 하나에 해당하는 사람은 위원이 될 수 없다.

㉠ 대한민국 국민이 아닌 사람

㉡ 「국가공무원법」 제33조 각 호의 어느 하나에 해당하는 사람

㉢ 「정당법」 제22조에 따른 당원

② 위원이 ①의 어느 하나에 해당하게 된 때에는 그 직에서 당연 퇴직한다. 다만, 「국가공무원법」 제33조 제2호는 파산선고를 받은 사람으로서 「채무자 회생 및 파산에 관한 법률」에 따라 신청기한 내에 면책신청을 하지 아니하였거나 면책불허가 결정 또는 면책 취소가 확정된 경우만 해당하고, 같은 법 제33조 제5호는 「형법」 제129조부터 제132조까지, 「성폭력범죄의 처벌 등에 관한 특례법」 제2조, 「아동 · 청소년의 성보호에 관한 법률」 제2조 제2호 및 직무와 관련하여 「형법」 제355조 또는 제356조에 규정된 죄를 범한 사람으로서 금고 이상의 형의 선고유예를 받은 경우만 해당한다.

(8) 보호위원회의 소관 사무

보호위원회는 다음의 소관 사무를 수행한다.

① 개인정보의 보호와 관련된 법령의 개선에 관한 사항

② 개인정보 보호와 관련된 정책 · 제도 · 계획 수립 · 집행에 관한 사항

③ 정보주체의 권리침해에 대한 조사 및 이에 따른 처분에 관한 사항

④ 개인정보의 처리와 관련한 고충처리 · 권리구제 및 개인정보에 관한 분쟁의 조정

⑤ 개인정보 보호를 위한 국제기구 및 외국의 개인정보 보호기구와의 교류 · 협력

⑥ 개인정보 보호에 관한 법령 · 정책 · 제도 · 실태 등의 조사 · 연구, 교육 및 홍보에 관한 사항
⑦ 개인정보 보호에 관한 기술개발의 지원 · 보급, 기술의 표준화 및 전문인력의 양성에 관한 사항
⑧ 이 법 및 다른 법령에 따라 보호위원회의 사무로 규정된 사항

(9) 보호위원회의 심의 · 의결 사항 등

① 보호위원회는 다음의 사항을 심의 · 의결한다.
㉠ 개인정보 침해요인 평가에 따른 개인정보 침해요인 평가에 관한 사항
㉡ 기본계획에 따른 기본계획 및 시행계획에 따른 시행계획에 관한 사항
㉢ 개인정보 보호와 관련된 정책, 제도 및 법령의 개선에 관한 사항
㉣ 개인정보의 처리에 관한 공공기관 간의 의견조정에 관한 사항
㉤ 개인정보 보호에 관한 법령의 해석 · 운용에 관한 사항
㉥ 개인정보의 목적 외 이용 · 제공 제한에 따른 개인정보의 이용 · 제공에 관한 사항
㉦ 개인정보의 국외 이전 중지 명령에 따른 개인정보의 국외 이전 중지 명령에 관한 사항
㉧ 개인정보 영향평가에 따른 영향평가 결과에 관한 사항
㉨ 과징금의 부과에 따른 과징금 부과에 관한 사항
㉩ 의견제시 및 개선권고에 따른 의견제시 및 개선권고에 관한 사항
㉪ 사전 실태점검에 따른 시정권고에 관한 사항
㉫ 시정조치 등에 따른 시정조치 등에 관한 사항
㉬ 고발 및 징계권고에 따른 고발 및 징계권고에 관한 사항
㉭ 결과의 공표에 따른 처리 결과의 공표 및 공표명령에 관한 사항
㉮ 과태료에 따른 과태료 부과에 관한 사항
㉯ 소관 법령 및 보호위원회 규칙의 제정 · 개정 및 폐지에 관한 사항
㉰ 개인정보 보호와 관련하여 보호위원회의 위원장 또는 위원 2명 이상이 회의에 부치는 사항
㉱ 그 밖에 이 법 또는 다른 법령에 따라 보호위원회가 심의 · 의결하는 사항

② 보호위원회는 ①의 사항을 심의 · 의결하기 위하여 필요한 경우 다음의 조치를 할 수 있다.
㉠ 관계 공무원, 개인정보 보호에 관한 전문 지식이 있는 사람이나 시민사회단체 및 관련 사업자로부터의 의견 청취
㉡ 관계 기관 등에 대한 자료제출이나 사실조회 요구

③ ②의 ㉡에 따른 요구를 받은 관계 기관 등은 특별한 사정이 없으면 이에 따라야 한다.
④ 보호위원회는 ①의 ㉢의 사항을 심의 · 의결한 경우에는 관계 기관에 그 개선을 권고할 수 있다.
⑤ 보호위원회는 ④에 따른 권고 내용의 이행 여부를 점검할 수 있다.

(10) 회 의

① 보호위원회의 회의는 위원장이 필요하다고 인정하거나 재적위원 4분의 1 이상의 요구가 있는 경우에 위원장이 소집한다.
② 위원장 또는 2명 이상의 위원은 보호위원회에 의안을 제의할 수 있다.
③ 보호위원회의 회의는 재적위원 과반수의 출석으로 개의하고, 출석위원 과반수의 찬성으로 의결한다.

(11) 위원의 제척 · 기피 · 회피

① 위원은 다음의 어느 하나에 해당하는 경우에는 심의 · 의결에서 제척된다.

㉠ 위원 또는 그 배우자나 배우자였던 자가 해당 사안의 당사자가 되거나 그 사건에 관하여 공동의 권리자 또는 의무자의 관계에 있는 경우

㉡ 위원이 해당 사안의 당사자와 친족이거나 친족이었던 경우

㉢ 위원이 해당 사안에 관하여 증언, 감정, 법률자문을 한 경우

㉣ 위원이 해당 사안에 관하여 당사자의 대리인으로서 관여하거나 관여하였던 경우

㉤ 위원이나 위원이 속한 공공기관 · 법인 또는 단체 등이 조언 등 지원을 하고 있는 자와 이해관계가 있는 경우

② 위원에게 심의 · 의결의 공정을 기대하기 어려운 사정이 있는 경우 당사자는 기피 신청을 할 수 있고, 보호위원회는 의결로 이를 결정한다.

③ 위원이 ① 또는 ②의 사유가 있는 경우에는 해당 사안에 대하여 회피할 수 있다.

(12) 소위원회

① 보호위원회는 효율적인 업무 수행을 위하여 개인정보 침해 정도가 경미하거나 유사 · 반복되는 사항 등을 심의 · 의결할 소위원회를 둘 수 있다.

② 소위원회는 3명의 위원으로 구성한다.

③ 소위원회가 ①에 따라 심의 · 의결한 것은 보호위원회가 심의 · 의결한 것으로 본다.

④ 소위원회의 회의는 구성위원 전원의 출석과 출석위원 전원의 찬성으로 의결한다.

(13) 사무처

보호위원회의 사무를 처리하기 위하여 보호위원회에 사무처를 두며, 이 법에 규정된 것 외에 보호위원회의 조직에 관한 사항은 대통령령으로 정한다.

(14) 운영 등

이 법과 다른 법령에 규정된 것 외에 보호위원회의 운영 등에 필요한 사항은 보호위원회의 규칙으로 정한다.

(15) 개인정보 침해요인 평가

① 중앙행정기관의 장은 소관 법령의 제정 또는 개정을 통하여 개인정보 처리를 수반하는 정책이나 제도를 도입 · 변경하는 경우에는 보호위원회에 개인정보 침해요인 평가를 요청하여야 한다.

② 보호위원회가 위와 같은 요청을 받은 때에는 해당 법령의 개인정보 침해요인을 분석 · 검토하여 그 법령의 소관기관의 장에게 그 개선을 위하여 필요한 사항을 권고할 수 있다.

③ 개인정보 침해요인 평가의 절차와 방법에 관하여 필요한 사항은 대통령령으로 정한다.

(16) 기본계획

① 보호위원회는 개인정보의 보호와 정보주체의 권익 보장을 위하여 3년마다 개인정보 보호 기본계획(이하 "기본계획"이라 한다)을 관계 중앙행정기관의 장과 협의하여 수립한다.

② 기본계획에는 다음 사항이 포함되어야 한다.

㉠ 개인정보 보호의 기본목표와 추진방향

㉡ 개인정보 보호와 관련된 제도 및 법령의 개선

㉢ 개인정보 침해 방지를 위한 대책

㉣ 개인정보 보호 자율규제의 활성화

㉤ 개인정보 보호 교육 · 홍보의 활성화

㉥ 개인정보 보호를 위한 전문인력의 양성

㉦ 그 밖에 개인정보 보호를 위하여 필요한 사항

③ 국회, 법원, 헌법재판소, 중앙선거관리위원회는 해당 기관(그 소속 기관을 포함한다)의 개인정보 보호를 위한 기본계획을 수립 · 시행할 수 있다.

제3과목

(17) 시행계획

① 중앙행정기관의 장은 기본계획에 따라 매년 개인정보 보호를 위한 시행계획을 작성하여 보호위원회에 제출하고, 보호위원회의 심의 · 의결을 거쳐 시행하여야 한다.

② 시행계획의 수립 · 시행에 필요한 사항은 대통령령으로 정한다.

(18) 개인정보 보호지침

① 보호위원회는 개인정보의 처리에 관한 기준, 개인정보 침해의 유형 및 예방조치 등에 관한 표준 개인정보 보호지침(이하 "표준지침"이라 한다)을 정하여 개인정보처리자에게 그 준수를 권장할 수 있다.

② 중앙행정기관의 장은 표준지침에 따라 소관 분야의 개인정보 처리와 관련한 개인정보 보호지침을 정하여 개인정보처리자에게 그 준수를 권장할 수 있다.

③ 국회, 법원, 헌법재판소 및 중앙선거관리위원회는 해당 기관(그 소속 기관을 포함한다)의 개인정보 보호지침을 정하여 시행할 수 있다.

(19) 자율규제의 촉진 및 지원

보호위원회는 개인정보처리자의 자율적인 개인정보 보호활동을 촉진하고 지원하기 위하여 다음과 같은 필요한 시책을 마련하여야 한다.

① 개인정보 보호에 관한 교육 · 홍보

② 개인정보 보호와 관련된 기관 · 단체의 육성 및 지원

③ 개인정보 보호 인증마크의 도입 · 시행 지원

④ 개인정보처리자의 자율적인 규약의 제정 · 시행 지원

⑤ 그 밖에 개인정보처리자의 자율적 개인정보 보호활동을 지원하기 위하여 필요한 사항

(20) 개인정보 보호의 날

① 개인정보의 보호 및 처리의 중요성을 국민에게 알리기 위하여 매년 9월 30일을 개인정보 보호의 날로 지정한다.

② 국가와 지방자치단체는 개인정보 보호의 날이 포함된 주간에 개인정보 보호 문화 확산을 위한 각종 행사를 실시할 수 있다.

(21) 국제협력

① 정부는 국제적 환경에서의 개인정보 보호 수준을 향상시키기 위하여 필요한 시책을 마련하여야 한다.

② 정부는 개인정보 국외 이전으로 인하여 정보주체의 권리가 침해되지 아니하도록 관련 시책을 마련하여야 한다.

03 | 개인정보의 처리

(1) 개인정보의 수집 · 이용 중요 기출 15, 16, 20

① 개인정보처리자는 다음의 어느 하나에 해당하는 경우에는 개인정보를 수집할 수 있으며, 그 수집 목적의 범위에서 이용할 수 있다.

㉠ 정보주체의 동의를 받은 경우

㉡ 법률에 특별한 규정이 있거나 법령상 의무를 준수하기 위하여 불가피한 경우

㉢ 공공기관이 법령 등에서 정하는 소관 업무의 수행을 위하여 불가피한 경우

㉣ 정보주체와 체결한 계약을 이행하거나 계약을 체결하는 과정에서 정보주체의 요청에 따른 조치를 이행하기 위하여 필요한 경우

㉤ 명백히 정보주체 또는 제3자의 급박한 생명, 신체, 재산의 이익을 위하여 필요하다고 인정되는 경우

㉥ 개인정보처리자의 정당한 이익을 달성하기 위하여 필요한 경우로서 명백하게 정보주체의 권리보다 우선하는 경우. 이 경우 개인정보처리자의 정당한 이익과 상당한 관련이 있고 합리적인 범위를 초과하지 아니하는 경우에 한한다.

㉦ 공중위생 등 공공의 안전과 안녕을 위하여 긴급히 필요한 경우

② 개인정보처리자는 정보주체의 동의를 받을 때에는 다음 사항을 정보주체에게 알려야 한다. 다음의 어느 하나의 사항을 변경하는 경우에도 이를 알리고 동의를 받아야 한다.

㉠ 개인정보의 수집 · 이용 목적

㉡ 수집하려는 개인정보의 항목

㉢ 개인정보의 보유 및 이용 기간

㉣ 동의를 거부할 권리가 있다는 사실 및 동의 거부에 따른 불이익이 있는 경우에는 그 불이익의 내용

③ 개인정보처리자는 당초 수집 목적과 합리적으로 관련된 범위에서 정보주체에게 불이익이 발생하는지 여부, 암호화 등 안전성 확보에 필요한 조치를 하였는지 여부 등을 고려하여 대통령령으로 정하는 바에 따라 정보주체의 동의 없이 개인정보를 이용할 수 있다.

(2) 개인정보의 수집 제한 중요 기출 16

① 개인정보처리자는 개인정보의 수집 목적 범위 내의 어느 하나에 해당하여 개인정보를 수집하는 경우에는 그 목적에 필요한 최소한의 개인정보를 수집하여야 한다. 이 경우 최소한의 개인정보 수집이라는 입증책임은 개인정보처리자가 부담한다.

② 개인정보처리자는 정보주체의 동의를 받아 개인정보를 수집하는 경우, 필요한 최소한의 정보 외의 개인정보 수집에는 동의하지 아니할 수 있다는 사실을 구체적으로 알리고 개인정보를 수집하여야 한다.

③ 개인정보처리자는 정보주체가 필요한 최소한의 정보 외의 개인정보 수집에 동의하지 아니한다는 이유로 정보주체에게 재화 또는 서비스의 제공을 거부하여서는 아니 된다.

(3) 개인정보의 제공

① 개인정보처리자는 다음의 어느 하나에 해당되는 경우에는 정보주체의 개인정보를 제3자에게 제공(공유를 포함한다. 이하 같다)할 수 있다.

㉠ 정보주체의 동의를 받은 경우

㉡ 개인정보를 수집한 목적 범위에서 개인정보를 제공하는 경우

② 개인정보처리자는 위에 따른 동의를 받을 때에는 다음 사항을 정보주체에게 알려야 한다. 또한 어느 하나의 사항을 변경하는 경우에도 이를 알리고 동의를 받아야 한다.

㉠ 개인정보를 제공받는 자

㉡ 개인정보를 제공받는 자의 개인정보 이용 목적

㉢ 제공하는 개인정보의 항목

㉣ 개인정보를 제공받는 자의 개인정보 보유 및 이용 기간

㉤ 동의를 거부할 권리가 있다는 사실 및 동의 거부에 따른 불이익이 있는 경우에는 그 불이익의 내용

③ 개인정보처리자는 당초 수집 목적과 합리적으로 관련된 범위에서 정보주체에게 불이익이 발생하는지 여부, 암호화 등 안전성 확보에 필요한 조치를 하였는지 여부 등을 고려하여 대통령령으로 정하는 바에 따라 정보주체의 동의 없이 개인정보를 제공할 수 있다.

(4) 개인정보의 목적 외 이용 · 제공 제한 중요 기출 20

① 개인정보처리자는 개인정보를 법 제15조 개인정보의 수집 · 이용에 따른 범위를 초과하여 이용하거나, 법 제17조 개인정보의 제공에 따른 범위 및 제28조 개인정보의 국외이전에 따른 범위를 초과하여 제3자에게 제공하여서는 아니 된다.

② 위의 사항에도 불구하고 개인정보처리자는 다음의 어느 하나에 해당하는 경우에는 정보주체 또는 제3자의 이익을 부당하게 침해할 우려가 있을 때를 제외하고는 개인정보를 목적 외의 용도로 이용하거나 이를 제3자에게 제공할 수 있다. 다만, ㉣부터 ㉧까지에 따른 경우는 공공기관의 경우로 한정한다.

㉠ 정보주체로부터 별도의 동의를 받은 경우

㉡ 다른 법률에 특별한 규정이 있는 경우

㉢ 명백히 정보주체 또는 제3자의 급박한 생명, 신체, 재산의 이익을 위하여 필요하다고 인정되는 경우
㉣ 개인정보를 목적 외의 용도로 이용하거나 이를 제3자에게 제공하지 아니하면 다른 법률에서 정하는 소관 업무를 수행할 수 없는 경우로서 보호위원회의 심의 · 의결을 거친 경우
㉤ 조약, 그 밖의 국제협정의 이행을 위하여 외국정부 또는 국제기구에 제공하기 위하여 필요한 경우
㉥ 범죄의 수사와 공소의 제기 및 유지를 위하여 필요한 경우
㉦ 법원의 재판업무 수행을 위하여 필요한 경우
㉧ 형(刑) 및 감호, 보호처분의 집행을 위하여 필요한 경우
㉨ 공중위생 등 공공의 안전과 안녕을 위하여 긴급히 필요한 경우

③ 개인정보처리자는 정보주체로부터 별도의 동의를 받을 때에는 다음의 사항을 정보주체에게 알려야 한다. 또한 어느 하나의 사항을 변경하는 경우에도 이를 알리고 동의를 받아야 한다.
㉠ 개인정보를 제공받는 자
㉡ 개인정보의 이용 목적(제공 시에는 제공받는 자의 이용 목적을 말한다)
㉢ 이용 또는 제공하는 개인정보의 항목
㉣ 개인정보의 보유 및 이용 기간(제공 시에는 제공받는 자의 보유 및 이용 기간을 말한다)
㉤ 동의를 거부할 권리가 있다는 사실 및 동의 거부에 따른 불이익이 있는 경우에는 그 불이익의 내용

④ 공공기관은 ②의 ㉡부터 ㉤까지, ㉦ 및 ㉨에 따라 개인정보를 목적 외의 용도로 이용하거나 이를 제3자에게 제공하는 경우에는 그 이용 또는 제공의 법적 근거, 목적 및 범위 등에 관하여 필요한 사항을 보호위원회가 고시로 정하는 바에 따라 관보 또는 인터넷 홈페이지 등에 게재하여야 한다.

⑤ 개인정보처리자는 ②의 각 호 중 어느 하나의 경우에 해당하여 개인정보를 목적 외의 용도로 제3자에게 제공하는 경우에는 개인정보를 제공받는 자에게 이용 목적, 이용 방법, 그 밖에 필요한 사항에 대하여 제한하거나, 개인정보의 안전성 확보를 위하여 필요한 조치를 마련하도록 요청하여야 한다. 이 경우 요청을 받은 자는 개인정보의 안전성 확보를 위하여 필요한 조치를 하여야 한다.

(5) 개인정보를 제공받은 자의 이용 · 제공 제한

개인정보처리자로부터 개인정보를 제공받은 자는 다음의 어느 하나에 해당하는 경우를 제외하고는 개인정보를 제공받은 목적 외의 용도로 이용하거나 이를 제3자에게 제공하여서는 아니 된다.

① 정보주체로부터 별도의 동의를 받은 경우
② 다른 법률에 특별한 규정이 있는 경우

(6) 정보주체 이외로부터 수집한 개인정보의 수집 출처 등 통지

① 개인정보처리자가 정보주체 이외로부터 수집한 개인정보를 처리하는 때에는 정보주체의 요구가 있으면 즉시 다음의 모든 사항을 정보주체에게 알려야 한다.
㉠ 개인정보의 수집 출처
㉡ 개인정보의 처리 목적
㉢ 개인정보 처리의 정지를 요구하거나 동의를 철회할 권리가 있다는 사실

② ①에도 불구하고 처리하는 개인정보의 종류 · 규모, 종업원 수 및 매출액 규모 등을 고려하여 대통령령으로 정하는 기준에 해당하는 개인정보처리자가 규정에 따라 정보주체 이외로부터 개인정보를 수집하여 처리하는 때에는 개인정보의 수집 출처, 처리목적, 처리의 정지를 요구할 권리가 있다는 사실을 정보주체에게 알려야 한다. 다만, 개인정보처리자가 수집한 정보에 연락처 등 정보주체에게 알릴 수 있는 개인정보가 포함되지 아니한 경우에는 그러하지 아니하다.

③ ②의 본문에 따라 알리는 경우 정보주체에게 알리는 시기 · 방법 및 절차 등 필요한 사항은 대통령령으로 정한다.

④ ①과 ② 본문은 다음의 어느 하나에 해당하는 경우에는 적용하지 아니한다. 다만, 이 법에 따른 정보주체의 권리보다 명백히 우선하는 경우에 한한다.

㉠ 통지를 요구하는 대상이 되는 개인정보가 법 제32조 개인정보파일의 등록 및 공개 제2항의 어느 하나에 해당하는 개인정보파일에 포함되어 있는 경우

㉡ 통지로 인하여 다른 사람의 생명 · 신체를 해할 우려가 있거나 다른 사람의 재산과 그 밖의 이익을 부당하게 침해할 우려가 있는 경우

(7) 개인정보 이용 · 제공 내역의 통지

① 대통령령으로 정하는 기준에 해당하는 개인정보처리자는 이 법에 따라 수집한 개인정보의 이용 · 제공 내역이나 이용 · 제공 내역을 확인할 수 있는 정보시스템에 접속하는 방법을 주기적으로 정보주체에게 통지하여야 한다. 다만, 연락처 등 정보주체에게 통지할 수 있는 개인정보를 수집 · 보유하지 아니한 경우에는 통지하지 아니할 수 있다.

② ①에 따른 통지의 대상이 되는 정보주체의 범위, 통지 대상 정보, 통지 주기 및 방법 등에 필요한 사항은 대통령령으로 정한다.

(8) 개인정보의 파기 중요

① 개인정보처리자는 보유기간의 경과, 개인정보의 처리 목적 달성, 가명정보의 처리 기간 경과 등 그 개인정보가 불필요하게 되었을 때에는 지체 없이 그 개인정보를 파기하여야 한다. 다만, 다른 법령에 따라 보존하여야 하는 경우에는 그러하지 아니하다.

② 개인정보처리자가 ①에 따라 개인정보를 파기할 때에는 복구 또는 재생되지 아니하도록 조치하여야 한다.

③ 개인정보처리자가 ①의 단서에 따라 개인정보를 파기하지 아니하고 보존하여야 하는 경우에는 해당 개인정보 또는 개인정보파일을 다른 개인정보와 분리하여 저장 · 관리하여야 한다.

④ 개인정보의 파기방법 및 절차 등에 필요한 사항은 대통령령으로 정한다.

(9) 동의를 받는 방법 중요

① 개인정보처리자는 이 법에 따른 개인정보의 처리에 대하여 정보주체(법정 대리인을 포함한다. 이하 이 조에서 같다)의 동의를 받을 때에는 각각의 동의 사항을 구분하여 정보주체가 이를 명확하게 인지할 수 있도록 알리고 각각 동의를 받아야 한다.

② 개인정보처리자는 ①의 동의를 서면(「전자문서 및 전자거래 기본법」 제2조 제1호에 따른 전자문서를 포함)으로 받을 때에는 개인정보의 수집 · 이용 목적, 수집 · 이용하려는 개인정보의 항목 등 대통령령으로 정하는 중요한 내용을 보호위원회가 고시로 정하는 방법에 따라 명확히 표시하여 알아보기 쉽게 하여야 한다.

③ 개인정보처리자는 정보주체의 동의 없이 처리할 수 있는 개인정보에 대해서는 그 항목과 처리의 법적 근거를 정보주체의 동의를 받아 처리하는 개인정보와 구분하여 제30조 제2항에 따라 공개하거나 전자우편 등 대통령령으로 정하는 방법에 따라 정보주체에게 알려야 한다. 이 경우 동의 없이 처리할 수 있는 개인정보라는 입증책임은 개인정보처리자가 부담한다.

④ 개인정보처리자는 정보주체가 선택적으로 동의할 수 있는 사항을 동의하지 아니하거나 개인정보의 이용 · 제공 제한에 따른 동의를 하지 아니한다는 이유로 정보주체에게 재화 또는 서비스의 제공을 거부하여서는 아니 된다.

⑤ ①부터 ④까지에서 규정한 사항 외에 정보주체의 동의를 받는 세부적인 방법에 관하여 필요한 사항은 개인정보의 수집매체 등을 고려하여 대통령령으로 정한다.

(10) 아동의 개인정보보호

① 개인정보처리자는 만 14세 미만 아동의 개인정보를 처리하기 위하여 이 법에 따른 동의를 받아야 할 때에는 그 법정대리인의 동의를 받아야 하며, 법정대리인이 동의하였는지를 확인하여야 한다.

② ①에도 불구하고 법정대리인의 동의를 받기 위하여 필요한 최소한의 정보로서 대통령령으로 정하는 정보는 법정대리인의 동의 없이 해당 아동으로부터 직접 수집할 수 있다.

③ 개인정보처리자는 만 14세 미만의 아동에게 개인정보 처리와 관련한 사항의 고지 등을 할 때에는 이해하기 쉬운 양식과 명확하고 알기 쉬운 언어를 사용하여야 한다.

④ ①부터 ③까지에서 규정한 사항 외에 동의 및 동의 확인 방법 등에 필요한 사항은 대통령령으로 정한다.

04 | 개인정보의 처리 제한

(1) 민감정보의 처리 제한

① 개인정보처리자는 사상 · 신념, 노동조합 · 정당의 가입 · 탈퇴, 정치적 견해, 건강, 성생활 등에 관한 정보, 그 밖에 정보주체의 사생활을 현저히 침해할 우려가 있는 개인정보로서 대통령령으로 정하는 정보(이하 "민감정보"라 한다)를 처리하여서는 아니 된다. 다만, 다음의 어느 하나에 해당하는 경우에는 그러하지 아니하다.

㉠ 정보주체에게 법 제15조 개인정보의 수집 · 이용 제2항 각 호 또는 제17조 개인정보의 제공 제2항 각 호의 사항을 알리고 다른 개인정보의 처리에 대한 동의와 별도로 동의를 받은 경우

㉡ 법령에서 민감정보의 처리를 요구하거나 허용하는 경우

② 개인정보처리자가 ①의 각 호에 따라 민감정보를 처리하는 경우에는 그 민감정보가 분실 · 도난 · 유출 · 위조 · 변조 또는 훼손되지 아니하도록 제29조에 따른 안전성 확보에 필요한 조치를 하여야 한다.

③ 개인정보처리자는 재화 또는 서비스를 제공하는 과정에서 공개되는 정보에 정보주체의 민감정보가 포함됨으로써 사생활 침해의 위험성이 있다고 판단하는 때에는 재화 또는 서비스의 제공 전에 민감정보의 공개 가능성 및 비공개를 선택하는 방법을 정보주체가 알아보기 쉽게 알려야 한다.

(2) 고정형 영상정보처리기기의 설치 · 운영 제한

① 누구든지 다음의 경우를 제외하고는 공개된 장소에 고정형 영상정보처리기기를 설치 · 운영하여서는 아니 된다.

㉠ 법령에서 구체적으로 허용하고 있는 경우

㉡ 범죄의 예방 및 수사를 위하여 필요한 경우

㉢ 시설의 안전 및 관리, 화재 예방을 위하여 정당한 권한을 가진 자가 설치 · 운영하는 경우

㉣ 교통단속을 위하여 정당한 권한을 가진 자가 설치 · 운영하는 경우

㉤ 교통정보의 수집 · 분석 및 제공을 위하여 정당한 권한을 가진 자가 설치 · 운영하는 경우

㉦ 촬영된 영상정보를 저장하지 아니하는 경우로서 대통령령으로 정하는 경우

② 누구든지 불특정 다수가 이용하는 목욕실, 화장실, 발한실(發汗室), 탈의실 등 개인의 사생활을 현저히 침해할 우려가 있는 장소의 내부를 볼 수 있도록 고정형 영상정보처리기기를 설치 · 운영하여서는 아니 된다. 다만, 교도소, 정신보건 시설 등 법령에 근거하여 사람을 구금하거나 보호하는 시설로서 대통령령으로 정하는 시설에 대하여는 그러하지 아니하다.

③ ①에 따라 고정형 영상정보처리기기를 설치 · 운영하려는 공공기관의 장과 ②의 단서에 따라 고정형 영상정보처리기기를 설치 · 운영하려는 자는 공청회 · 설명회의 개최 등 대통령령으로 정하는 절차를 거쳐 관계 전문가 및 이해관계인의 의견을 수렴하여야 한다.

④ ①에 따라 고정형 영상정보처리기기를 설치 · 운영하는 자는 정보주체가 쉽게 인식할 수 있도록 다음의 사항이 포함된 안내판을 설치하는 등 필요한 조치를 하여야 한다. 다만, 「군사기지 및 군사시설 보호법」 제2조 제2호에 따른 군사시설, 「통합방위법」 제2조 제13호에 따른 국가중요시설, 그 밖에 대통령령으로 정하는 시설의 경우에는 그러하지 아니하다.

㉠ 설치 목적 및 장소

㉡ 촬영 범위 및 시간

㉢ 관리책임자의 연락처

㉣ 그 밖에 대통령령으로 정하는 사항

⑤ 고정형 영상정보처리기기운영자는 고정형 영상정보처리기기의 설치 목적과 다른 목적으로 고정형 영상정보처리기기를 임의로 조작하거나 다른 곳을 비춰서는 아니 되며, 녹음기능은 사용할 수 없다.

⑥ 고정형 영상정보처리기기운영자는 개인정보가 분실 · 도난 · 유출 · 위조 · 변조 또는 훼손되지 아니하도록 법 제29조 안전조치의무에 따라 안전성 확보에 필요한 조치를 하여야 한다.

⑦ 고정형 영상정보처리기기운영자는 대통령령으로 정하는 바에 따라 고정형 영상정보처리기기 운영 · 관리 방침을 마련하여야 한다. 다만, 제30조에 따른 개인정보 처리방침을 정할 때 고정형 영상정보처리기기 운영 · 관리에 관한 사항을 포함시킨 경우에는 고정형 영상정보처리기기 운영 · 관리 방침을 마련하지 아니할 수 있다.

⑧ 고정형 영상정보처리기기운영자는 고정형 영상정보처리기기의 설치 · 운영에 관한 사무를 위탁할 수 있다. 다만, 공공기관이 고정형 영상정보처리기기 설치 · 운영에 관한 사무를 위탁하는 경우에는 대통령령으로 정하는 절차 및 요건에 따라야 한다.

(3) 이동형 영상정보처리기기의 운영 제한

① 업무를 목적으로 이동형 영상정보처리기기를 운영하려는 자는 다음의 경우를 제외하고는 공개된 장소에서 이동형 영상정보처리기기로 사람 또는 그 사람과 관련된 사물의 영상(개인정보에 해당하는 경우로 한정한다. 이하 같다)을 촬영하여서는 아니 된다.

㉠ 제15조 제1항 각 호의 어느 하나에 해당하는 경우

㉡ 촬영 사실을 명확히 표시하여 정보주체가 촬영 사실을 알 수 있도록 하였음에도 불구하고 촬영 거부 의사를 밝히지 아니한 경우. 이 경우 정보주체의 권리를 부당하게 침해할 우려가 없고 합리적인 범위를 초과하지 아니하는 경우로 한정한다.

㉢ 그 밖에 ㉠ 및 ㉡에 준하는 경우로서 대통령령으로 정하는 경우

② 누구든지 불특정 다수가 이용하는 목욕실, 화장실, 발한실, 탈의실 등 개인의 사생활을 현저히 침해할 우려가 있는 장소의 내부를 볼 수 있는 곳에서 이동형 영상정보처리기기로 사람 또는 그 사람과 관련된 사물의 영상을 촬영하여서는 아니 된다. 다만, 인명의 구조 · 구급 등을 위하여 필요한 경우로서 대통령령으로 정하는 경우에는 그러하지 아니하다.

③ ①의 각 호에 해당하여 이동형 영상정보처리기기로 사람 또는 그 사람과 관련된 사물의 영상을 촬영하는 경우에는 불빛, 소리, 안내판 등 대통령령으로 정하는 바에 따라 촬영 사실을 표시하고 알려야 한다.

④ ①부터 ③까지에서 규정한 사항 외에 이동형 영상정보처리기기의 운영에 관하여는 제25조 제6항부터 제8항까지의 규정을 준용한다.

(4) 업무위탁에 따른 개인정보의 처리 제한

① 개인정보처리자가 제3자에게 개인정보의 처리 업무를 위탁하는 경우에는 다음의 내용이 포함된 문서로 하여야 한다.

㉠ 위탁업무 수행 목적 외 개인정보의 처리 금지에 관한 사항

㉡ 개인정보의 기술적 · 관리적 보호조치에 관한 사항

㉢ 그 밖에 개인정보의 안전한 관리를 위하여 대통령령으로 정한 사항

② ①에 따라 개인정보의 처리 업무를 위탁하는 개인정보처리자(이하 "위탁자"라 한다)는 위탁하는 업무의 내용과 개인정보 처리 업무를 위탁받아 처리하는 자(개인정보 처리 업무를 위탁받아 처리하는 자로부터 위탁받은 업무를 다시 위탁받은 제3자를 포함하며, 이하 "수탁자"라 한다)를 정보주체가

언제든지 쉽게 확인할 수 있도록 대통령령으로 정하는 방법에 따라 공개하여야 한다.

③ 위탁자가 재화 또는 서비스를 홍보하거나 판매를 권유하는 업무를 위탁하는 경우에는 대통령령으로 정하는 방법에 따라 위탁하는 업무의 내용과 수탁자를 정보주체에게 알려야 한다. 위탁하는 업무의 내용이나 수탁자가 변경된 경우에도 또한 같다.

④ 위탁자는 업무 위탁으로 인하여 정보주체의 개인정보가 분실 · 도난 · 유출 · 위조 · 변조 또는 훼손되지 아니하도록 수탁자를 교육하고, 처리 현황 점검 등 대통령령으로 정하는 바에 따라 수탁자가 개인정보를 안전하게 처리하는지를 감독하여야 한다.

⑤ 수탁자는 개인정보처리자로부터 위탁받은 해당 업무 범위를 초과하여 개인정보를 이용하거나 제3자에게 제공하여서는 아니 된다.

⑥ 수탁자는 위탁받은 개인정보의 처리 업무를 제3자에게 다시 위탁하려는 경우에는 위탁자의 동의를 받아야 한다.

⑦ 수탁자가 위탁받은 업무와 관련하여 개인정보를 처리하는 과정에서 이 법을 위반하여 발생한 손해배상책임에 대하여는 수탁자를 개인정보처리자의 소속 직원으로 본다.

(5) 영업양도 등에 따른 개인정보의 이전 제한

① 개인정보처리자는 영업의 전부 또는 일부의 양도 · 합병 등으로 개인정보를 다른 사람에게 이전하는 경우에는 미리 다음 사항을 대통령령으로 정하는 방법에 따라 해당 정보주체에게 알려야 한다.

㉠ 개인정보를 이전하려는 사실

㉡ 개인정보를 이전받는 자(이하 "영업양수자 등"이라 한다)의 성명(법인의 경우에는 법인의 명칭을 말한다), 주소, 전화번호 및 그 밖의 연락처

㉢ 정보주체가 개인정보의 이전을 원하지 아니하는 경우 조치할 수 있는 방법 및 절차

② 영업양수자 등은 개인정보를 이전받았을 때에는 지체 없이 그 사실을 대통령령으로 정하는 방법에 따라 정보주체에게 알려야 한다. 다만, 개인정보처리자가 ①에 따라 그 이전 사실을 이미 알린 경우에는 그러하지 아니하다.

③ 영업양수자 등은 영업의 양도 · 합병 등으로 개인정보를 이전받은 경우에는 이전 당시의 본래 목적으로만 개인정보를 이용하거나 제3자에게 제공할 수 있다. 이 경우 영업양수자 등은 개인정보처리자로 본다.

(6) 개인정보취급자에 대한 감독

① 개인정보처리자는 개인정보를 처리함에 있어서 개인정보가 안전하게 관리될 수 있도록 임직원, 파견근로자, 시간제근로자 등 개인정보처리자의 지휘 · 감독을 받아 개인정보를 처리하는 자(이하 "개인정보취급자"라 한다)의 범위를 최소한으로 제한하고, 개인정보취급자에 대하여 적절한 관리 · 감독을 하여야 한다.

② 개인정보처리자는 개인정보의 적정한 취급을 보장하기 위하여 개인정보취급자에게 정기적으로 필요한 교육을 실시하여야 한다.

05 | 개인정보의 안전한 관리

(1) 안전조치의무 기출 16

개인정보처리자는 개인정보가 분실 · 도난 · 유출 · 위조 · 변조 또는 훼손되지 아니하도록 내부 관리계획 수립, 접속기록 보관 등 대통령령으로 정하는 바에 따라 안전성 확보에 필요한 기술적 · 관리적 및 물리적 조치를 하여야 한다.

(2) 개인정보 처리방침의 수립 및 공개

① 개인정보처리자는 다음의 사항이 포함된 개인정보의 처리 방침을 정하여야 한다. 이 경우 공공기관은 법 제32조 개인정보파일의 등록 및 공개에 따라 등록대상이 되는 개인정보파일에 대하여 개인정보 처리방침을 정한다.

㉠ 개인정보의 처리 목적

㉡ 개인정보의 처리 및 보유 기간

㉢ 개인정보의 제3자 제공에 관한 사항(해당되는 경우에만 정한다)

㉣ 개인정보의 파기절차 및 파기방법(제21조 제1항 단서에 따라 개인정보를 보존하여야 하는 경우에는 그 보존근거와 보존하는 개인정보 항목을 포함한다)

㉤ 민감정보의 공개 가능성 및 비공개를 선택하는 방법(해당되는 경우에만 정한다)

㉥ 개인정보처리의 위탁에 관한 사항(해당되는 경우에만 정한다)

㉦ 가명정보의 처리 등에 관한 사항(해당되는 경우에만 정한다)

㉧ 정보주체와 법정대리인의 권리 · 의무 및 그 행사방법에 관한 사항

㉨ 개인정보 보호책임자의 성명 또는 개인정보 보호업무 및 관련 고충사항을 처리하는 부서의 명칭과 전화번호 등 연락처

㉩ 인터넷 접속정보파일 등 개인정보를 자동으로 수집하는 장치의 설치 · 운영 및 그 거부에 관한 사항(해당하는 경우에만 정한다)

㉪ 그 밖에 개인정보의 처리에 관하여 대통령령으로 정한 사항

② 개인정보처리자가 개인정보 처리방침을 수립하거나 변경하는 경우에는 정보주체가 쉽게 확인할 수 있도록 대통령령으로 정하는 방법에 따라 공개하여야 한다.

③ 개인정보 처리방침의 내용과 개인정보처리자와 정보주체 간에 체결한 계약의 내용이 다른 경우에는 정보주체에게 유리한 것을 적용한다.

④ 보호위원회는 개인정보 처리방침의 작성지침을 정하여 개인정보처리자에게 그 준수를 권장할 수 있다.

(3) 개인정보 처리방침의 평가 및 개선권고

① 보호위원회는 개인정보 처리방침에 관하여 다음의 사항을 평가하고, 평가 결과 개선이 필요하다고 인정하는 경우에는 개인정보처리자에게 제61조 제2항에 따라 개선을 권고할 수 있다.

㉠ 이 법에 따라 개인정보 처리방침에 포함하여야 할 사항을 적정하게 정하고 있는지 여부

㉡ 개인정보 처리방침을 알기 쉽게 작성하였는지 여부

㉢ 개인정보 처리방침을 정보주체가 쉽게 확인할 수 있는 방법으로 공개하고 있는지 여부

② 개인정보 처리방침의 평가 대상, 기준 및 절차 등에 필요한 사항은 대통령령으로 정한다.

(4) 개인정보 보호책임자의 지정

① 개인정보처리자는 개인정보의 처리에 관한 업무를 총괄해서 책임질 개인정보 보호책임자를 지정하여야 한다. 다만, 종업원 수, 매출액 등이 대통령령으로 정하는 기준에 해당하는 개인정보처리자의 경우에는 지정하지 아니할 수 있다.

② ①에 따라 개인정보 보호책임자를 지정하지 아니하는 경우에는 개인정보처리자의 사업주 또는 대표자가 개인정보 보호책임자가 된다.

③ 개인정보 보호책임자는 다음의 업무를 수행한다.

㉠ 개인정보 보호 계획의 수립 및 시행

㉡ 개인정보 처리 실태 및 관행의 정기적인 조사 및 개선

㉢ 개인정보 처리와 관련한 불만의 처리 및 피해 구제

㉣ 개인정보 유출 및 오용 · 남용 방지를 위한 내부통제시스템의 구축

㉤ 개인정보 보호 교육 계획의 수립 및 시행

㉥ 개인정보파일의 보호 및 관리 · 감독

㉦ 그 밖에 개인정보의 적절한 처리를 위하여 대통령령으로 정한 업무

④ 개인정보 보호책임자는 ③의 각 호의 업무를 수행함에 있어서 필요한 경우 개인정보의 처리 현황, 처리 체계 등에 대하여 수시로 조사하거나 관계 당사자로부터 보고를 받을 수 있다.

⑤ 개인정보 보호책임자는 개인정보 보호와 관련하여 이 법 및 다른 관계 법령의 위반 사실을 알게 된 경우에는 즉시 개선조치를 하여야 하며, 필요하면 소속 기관 또는 단체의 장에게 개선조치를 보고하여야 한다.

⑥ 개인정보처리자는 개인정보 보호책임자가 ③의 각 호의 업무를 수행함에 있어서 정당한 이유 없이 불이익을 주거나 받게 하여서는 아니 되며, 개인정보 보호책임자가 업무를 독립적으로 수행할 수 있도록 보장하여야 한다.

⑦ 개인정보처리자는 개인정보의 안전한 처리 및 보호, 정보의 교류, 그 밖에 대통령령으로 정하는 공동의 사업을 수행하기 위하여 ①에 따른 개인정보 보호책임자를 구성원으로 하는 개인정보 보호책임자 협의회를 구성 · 운영할 수 있다.

⑧ 보호위원회는 ⑦에 따른 개인정보 보호책임자 협의회의 활동에 필요한 지원을 할 수 있다.

⑨ ①에 따른 개인정보 보호책임자의 자격요건, ③에 따른 업무 및 ⑥에 따른 독립성 보장 등에 필요한 사항은 매출액, 개인정보의 보유 규모 등을 고려하여 대통령령으로 정한다.

(5) 국내대리인의 지정

① 국내에 주소 또는 영업소가 없는 개인정보처리자로서 매출액, 개인정보의 보유 규모 등을 고려하여 대통령령으로 정하는 자는 다음의 사항을 대리하는 자(이하 "국내대리인"이라 한다)를 지정하여야 한다. 이 경우 국내대리인의 지정은 문서로 하여야 한다.

㉠ 제31조 제3항에 따른 개인정보 보호책임자의 업무

㉡ 제34조 제1항 및 제3항에 따른 개인정보 유출 등의 통지 및 신고

㉢ 제63조 제1항에 따른 물품 · 서류 등 자료의 제출

② 국내대리인은 국내에 주소 또는 영업소가 있어야 한다.

③ 개인정보처리자는 ①에 따라 국내대리인을 지정하는 경우에는 다음의 사항을 개인정보 처리방침에 포함하여야 한다.

㉠ 국내대리인의 성명(법인의 경우에는 그 명칭 및 대표자의 성명을 말한다)

㉡ 국내대리인의 주소(법인의 경우에는 영업소의 소재지를 말한다), 전화번호 및 전자우편 주소

④ 국내대리인이 ①의 각 호와 관련하여 이 법을 위반한 경우에는 개인정보처리자가 그 행위를 한 것으로 본다.

(6) 개인정보파일의 등록 및 공개

① 공공기관의 장이 개인정보파일을 운용하는 경우에는 다음의 사항을 보호위원회에 등록하여야 한다. 등록한 사항이 변경된 경우에도 또한 같다.

㉠ 개인정보파일의 명칭

㉡ 개인정보파일의 운영 근거 및 목적

㉢ 개인정보파일에 기록되는 개인정보의 항목

㉣ 개인정보의 처리방법

㉤ 개인정보의 보유기간

㉥ 개인정보를 통상적 또는 반복적으로 제공하는 경우에는 그 제공받는 자

㉦ 그 밖에 대통령령으로 정하는 사항

② 다음의 어느 하나에 해당하는 개인정보파일에 대하여는 ①을 적용하지 아니한다.

㉠ 국가 안전, 외교상 비밀, 그 밖에 국가의 중대한 이익에 관한 사항을 기록한 개인정보파일

㉡ 범죄의 수사, 공소의 제기 및 유지, 형 및 감호의 집행, 교정처분, 보호처분, 보안관찰처분과 출입국관리에 관한 사항을 기록한 개인정보파일

㉢ 「조세범처벌법」에 따른 범칙행위 조사 및 「관세법」에 따른 범칙행위 조사에 관한 사항을 기록한 개인정보파일

㉣ 일회적으로 운영되는 파일 등 지속적으로 관리할 필요성이 낮다고 인정되어 대통령령으로 정하는 개인정보파일

㉤ 다른 법령에 따라 비밀로 분류된 개인정보파일

③ 보호위원회는 필요하면 ①에 따른 개인정보파일의 등록여부와 그 내용을 검토하여 해당 공공기관의 장에게 개선을 권고할 수 있다.

④ 보호위원회는 정보주체의 권리 보장 등을 위하여 필요한 경우 ①에 따른 개인정보파일의 등록 현황을 누구든지 쉽게 열람할 수 있도록 공개할 수 있다.

⑤ ①에 따른 등록과 ④에 따른 공개의 방법, 범위 및 절차에 관하여 필요한 사항은 대통령령으로 정한다.

⑥ 국회, 법원, 헌법재판소, 중앙선거관리위원회(그 소속기관을 포함한다)의 개인정보파일 등록 및 공개에 관하여는 국회규칙, 대법원규칙, 헌법재판소규칙 및 중앙선거관리위원회규칙으로 정한다.

(7) 개인정보 영향평가

① 공공기관의 장은 대통령령으로 정하는 기준에 해당하는 개인정보파일의 운용으로 인하여 정보주체의 개인정보 침해가 우려되는 경우에는 그 위험요인의 분석과 개선 사항 도출을 위한 평가(이하 "영향평가"라 한다)를 하고, 그 결과를 보호위원회에 제출하여야 한다.

② 보호위원회는 대통령령으로 정하는 인력 · 설비 및 그 밖에 필요한 요건을 갖춘 자를 영향평가를 수행하는 기관(이하 "평가기관"이라 한다)으로 지정할 수 있으며, 공공기관의 장은 영향평가를 평가기관에 의뢰하여야 한다.

③ 영향평가를 하는 경우에는 다음의 사항을 고려하여야 한다.

㉠ 처리하는 개인정보의 수

㉡ 개인정보의 제3자 제공 여부

㉢ 정보주체의 권리를 해할 가능성 및 그 위험 정도

㉣ 그 밖에 대통령령으로 정한 사항

④ 보호위원회는 ①에 따라 제출받은 영향평가 결과에 대하여 의견을 제시할 수 있다.

⑤ 공공기관의 장은 ①에 따라 영향평가를 한 개인정보파일을 제32조제1항에 따라 등록할 때에는 영향평가 결과를 함께 첨부하여야 한다.

⑥ 보호위원회는 영향평가의 활성화를 위하여 관계 전문가의 육성, 영향평가 기준의 개발 · 보급 등 필요한 조치를 마련하여야 한다.

⑦ 보호위원회는 ②에 따라 지정된 평가기관이 다음의 어느 하나에 해당하는 경우에는 평가기관의 지정을 취소할 수 있다. 다만, ㉠ 또는 ㉡에 해당하는 경우에는 평가기관의 지정을 취소하여야 한다.

㉠ 거짓이나 그 밖의 부정한 방법으로 지정을 받은 경우

㉡ 지정된 평가기관 스스로 지정취소를 원하거나 폐업한 경우

㉢ ②에 따른 지정요건을 충족하지 못하게 된 경우

㉣ 고의 또는 중대한 과실로 영향평가업무를 부실하게 수행하여 그 업무를 적정하게 수행할 수 없다고 인정되는 경우

㉤ 그 밖에 대통령령으로 정하는 사유에 해당하는 경우

⑧ 보호위원회는 ⑦에 따라 지정을 취소하는 경우에는 「행정절차법」에 따른 청문을 실시하여야 한다.

⑨ ①에 따른 영향평가의 기준 · 방법 · 절차 등에 관하여 필요한 사항은 대통령령으로 정한다.

⑩ 국회, 법원, 헌법재판소, 중앙선거관리위원회(그 소속 기관을 포함한다)의 영향평가에 관한 사항은 국회규칙, 대법원규칙, 헌법재판소규칙 및 중앙선거관리위원회규칙으로 정하는 바에 따른다.

⑪ 공공기관 외의 개인정보처리자는 개인정보파일 운용으로 인하여 정보주체의 개인정보 침해가 우려되는 경우에는 영향평가를 하기 위하여 적극 노력하여야 한다.

(8) 개인정보 유출 등의 통지 · 신고

① 개인정보처리자는 개인정보가 분실 · 도난 · 유출(이하 이 조에서 "유출 등"이라 한다)되었음을 알게 되었을 때에는 지체 없이 해당 정보주체에게 다음의 사항을 알려야 한다. 다만, 정보주체의 연락처를 알 수 없는 경우 등 정당한 사유가 있는 경우에는 대통령령으로 정하는 바에 따라 통지를 갈음하는 조치를 취할 수 있다.

㉠ 유출 등이 된 개인정보의 항목

㉡ 유출 등이 된 시점과 그 경위

㉢ 유출 등으로 인하여 발생할 수 있는 피해를 최소화하기 위하여 정보주체가 할 수 있는 방법 등에 관한 정보

㉣ 개인정보처리자의 대응조치 및 피해 구제절차

㉤ 정보주체에게 피해가 발생한 경우 신고 등을 접수할 수 있는 담당부서 및 연락처

② 개인정보처리자는 개인정보가 유출 등이 된 경우 그 피해를 최소화하기 위한 대책을 마련하고 필요한 조치를 하여야 한다.

③ 개인정보처리자는 개인정보의 유출 등이 있음을 알게 되었을 때에는 개인정보의 유형, 유출등의 경로 및 규모 등을 고려하여 대통령령으로 정하는 바에 따라 ①의 각 호의 사항을 지체 없이 보호위원회 또는 대통령령으로 정하는 전문기관에 신고하여야 한다. 이 경우 보호위원회 또는 대통령령으로 정하는 전문기관은 피해 확산방지, 피해 복구 등을 위한 기술을 지원할 수 있다.

④ ①에 따른 유출 등의 통지 및 ③에 따른 유출 등의 신고의 시기, 방법, 절차 등에 필요한 사항은 대통령령으로 정한다.

(9) 노출된 개인정보의 삭제 · 차단

① 개인정보처리자는 고유식별정보, 계좌정보, 신용카드정보 등 개인정보가 정보통신망을 통하여 공중(公衆)에 노출되지 아니하도록 하여야 한다.

② 개인정보처리자는 공중에 노출된 개인정보에 대하여 보호위원회 또는 대통령령으로 지정한 전문기관의 요청이 있는 경우에는 해당 정보를 삭제하거나 차단하는 등 필요한 조치를 하여야 한다.

06 | 정보주체의 권리 보장

(1) 개인정보의 열람 중요 기출 24

① 정보주체는 개인정보처리자가 처리하는 자신의 개인정보에 대한 열람을 해당 개인정보처리자에게 요구할 수 있다.

② ①에도 불구하고 정보주체가 자신의 개인정보에 대한 열람을 공공기관에 요구하고자 할 때에는 공공기관에 직접 열람을 요구하거나 대통령령으로 정하는 바에 따라 보호위원회를 통하여 열람을 요구할 수 있다.

③ 개인정보처리자는 ① 및 ②에 따른 열람을 요구받았을 때에는 대통령령으로 정하는 기간 내에 정보주체가 해당 개인정보를 열람할 수 있도록 하여야 한다. 이 경우 해당 기간 내에 열람할 수 없는 정당한 사유가 있을 때에는 정보주체에게 그 사유를 알리고 열람을 연기할 수 있으며, 그 사유가 소멸하면 지체 없이 열람하게 하여야 한다.

④ 개인정보처리자는 다음의 어느 하나에 해당하는 경우에는 정보주체에게 그 사유를 알리고 열람을 제한하거나 거절할 수 있다.

㉠ 법률에 따라 열람이 금지되거나 제한되는 경우

㉡ 다른 사람의 생명 · 신체를 해할 우려가 있거나 다른 사람의 재산과 그 밖의 이익을 부당하게 침해할 우려가 있는 경우

㉢ 공공기관이 다음의 어느 하나에 해당하는 업무를 수행할 때 중대한 지장을 초래하는 경우

- 조세의 부과 · 징수 또는 환급에 관한 업무
- 「초 · 중등교육법」 및 「고등교육법」에 따른 각급 학교, 「평생교육법」에 따른 평생교육시설, 그 밖의 다른 법률에 따라 설치된 고등교육기관에서의 성적 평가 또는 입학자 선발에 관한 업무
- 학력 · 기능 및 채용에 관한 시험, 자격 심사에 관한 업무
- 보상금 · 급부금 산정 등에 대하여 진행 중인 평가 또는 판단에 관한 업무
- 다른 법률에 따라 진행 중인 감사 및 조사에 관한 업무

⑤ ①부터 ④까지의 규정에 따른 열람 요구, 열람 제한, 통지 등의 방법 및 절차에 관하여 필요한 사항은 대통령령으로 정한다.

(2) 개인정보의 정정 · 삭제

① 개인정보의 열람 규정에 따라 자신의 개인정보를 열람한 정보주체는 개인정보처리자에게 그 개인정보의 정정 또는 삭제를 요구할 수 있다. 다만, 다른 법령에서 그 개인정보가 수집 대상으로 명시되어 있는 경우에는 그 삭제를 요구할 수 없다.

② 개인정보처리자는 ①에 따른 정보주체의 요구를 받았을 때에는 개인정보의 정정 또는 삭제에 관하여 다른 법령에 특별한 절차가 규정되어 있는 경우를 제외하고는 지체 없이 그 개인정보를 조사하여 정보주체의 요구에 따라 정정 · 삭제 등 필요한 조치를 한 후 그 결과를 정보주체에게 알려야 한다.

③ 개인정보처리자가 ②에 따라 개인정보를 삭제할 때에는 복구 또는 재생되지 아니하도록 조치하여야 한다.

④ 개인정보처리자는 정보주체의 요구가 ①의 단서에 해당될 때에는 지체 없이 그 내용을 정보주체에게 알려야 한다.

⑤ 개인정보처리자는 ②에 따른 조사를 할 때 필요하면 해당 정보주체에게 정정 · 삭제 요구사항의 확인에 필요한 증거자료를 제출하게 할 수 있다.

⑥ ① · ② 및 ④에 따른 정정 또는 삭제 요구, 통지 방법 및 절차 등에 필요한 사항은 대통령령으로 정한다.

(3) 개인정보의 전송 요구

① 정보주체는 개인정보 처리 능력 등을 고려하여 대통령령으로 정하는 기준에 해당하는 개인정보처리자에 대하여 다음의 요건을 모두 충족하는 개인정보를 자신에게로 전송할 것을 요구할 수 있다.

㉠ 정보주체가 전송을 요구하는 개인정보가 정보주체 본인에 관한 개인정보로서 다음의 어느 하나에 해당하는 정보일 것

- 제15조 제1항 제1호, 제23조 제1항 제1호 또는 제24조 제1항 제1호에 따른 동의를 받아 처리되는 개인정보
- 제15조 제1항 제4호에 따라 체결한 계약을 이행하거나 계약을 체결하는 과정에서 정보주체의 요청에 따른 조치를 이행하기 위하여 처리되는 개인정보
- 제15조 제1항 제2호 · 제3호, 제23조 제1항 제2호 또는 제24조 제1항 제2호에 따라 처리되는 개인정보 중 정보주체의 이익이나 공익적 목적을 위하여 관계 중앙행정기관의 장의 요청에 따라 보호위원회가 심의 · 의결하여 전송 요구의 대상으로 지정한 개인정보

㉡ 전송을 요구하는 개인정보가 개인정보처리자가 수집한 개인정보를 기초로 분석 · 가공하여 별도로 생성한 정보가 아닐 것

㉢ 전송을 요구하는 개인정보가 컴퓨터 등 정보처리장치로 처리되는 개인정보일 것

② 정보주체는 매출액, 개인정보의 보유 규모, 개인정보 처리 능력, 산업별 특성 등을 고려하여 대통령령으로 정하는 기준에 해당하는 개인정보처리자에 대하여 제1항에 따른 전송 요구 대상인 개인정보를 기술적으로 허용되는 합리적인 범위에서 다음의 자에게 전송할 것을 요구할 수 있다.

㉠ 제35조의3 제1항에 따른 개인정보관리 전문기관

㉡ 제29조에 따른 안전조치의무를 이행하고 대통령령으로 정하는 시설 및 기술 기준을 충족하는 자

③ 개인정보처리자는 ① 및 ②에 따른 전송 요구를 받은 경우에는 시간, 비용, 기술적으로 허용되는 합리적인 범위에서 해당 정보를 컴퓨터 등 정보처리장치로 처리 가능한 형태로 전송하여야 한다.

④ ① 및 ②에 따른 전송 요구를 받은 개인정보처리자는 다음의 어느 하나에 해당하는 법률의 관련 규정에도 불구하고 정보주체에 관한 개인정보를 전송하여야 한다.

㉠ 「국세기본법」 제81조의13

㉡ 「지방세기본법」 제86조

㉢ 그 밖에 ㉠ 및 ㉡과 유사한 규정으로서 대통령령으로 정하는 법률의 규정

⑤ 정보주체는 ① 및 ②에 따른 전송 요구를 철회할 수 있다.

⑥ 개인정보처리자는 정보주체의 본인 여부가 확인되지 아니하는 경우 등 대통령령으로 정하는 경우에는 ① 및 ②에 따른 전송 요구를 거절하거나 전송을 중단할 수 있다.

⑦ 정보주체는 ① 및 ②에 따른 전송 요구로 인하여 타인의 권리나 정당한 이익을 침해하여서는 아니 된다.

⑧ ①부터 ⑦까지에서 규정한 사항 외에 전송 요구의 대상이 되는 정보의 범위, 전송 요구의 방법, 전송의 기한 및 방법, 전송 요구 철회의 방법, 전송 요구의 거절 및 전송 중단의 방법 등 필요한 사항은 대통령령으로 정한다.

(4) 개인정보관리 전문기관

① 다음의 업무를 수행하려는 자는 보호위원회 또는 관계 중앙행정기관의 장으로부터 개인정보관리 전문기관의 지정을 받아야 한다.

㉠ 제35조의2에 따른 개인정보의 전송 요구권 행사 지원

㉡ 정보주체의 권리행사를 지원하기 위한 개인정보 전송시스템의 구축 및 표준화

㉢ 정보주체의 권리행사를 지원하기 위한 개인정보의 관리 · 분석

㉣ 그 밖에 정보주체의 권리행사를 효과적으로 지원하기 위하여 대통령령으로 정하는 업무

② ①에 따른 개인정보관리 전문기관의 지정요건은 다음과 같다.

㉠ 개인정보를 전송 · 관리 · 분석할 수 있는 기술수준 및 전문성을 갖추었을 것

㉡ 개인정보를 안전하게 관리할 수 있는 안전성 확보조치 수준을 갖추었을 것

㉢ 개인정보관리 전문기관의 안정적인 운영에 필요한 재정능력을 갖추었을 것

③ 개인정보관리 전문기관은 다음의 어느 하나에 해당하는 행위를 하여서는 아니 된다.

㉠ 정보주체에게 개인정보의 전송 요구를 강요하거나 부당하게 유도하는 행위

㉡ 그 밖에 개인정보를 침해하거나 정보주체의 권리를 제한할 우려가 있는 행위로서 대통령령으로 정하는 행위

④ 보호위원회 및 관계 중앙행정기관의 장은 개인정보관리 전문기관이 다음의 어느 하나에 해당하는 경우에는 개인정보관리 전문기관의 지정을 취소할 수 있다. 다만, ㉠에 해당하는 경우에는 지정을 취소하여야 한다.

㉠ 거짓이나 부정한 방법으로 지정을 받은 경우

㉡ ②에 따른 지정요건을 갖추지 못하게 된 경우

⑤ 보호위원회 및 관계 중앙행정기관의 장은 ④에 따라 지정을 취소하는 경우에는 「행정절차법」에 따른 청문을 실시하여야 한다.

⑥ 보호위원회 및 관계 중앙행정기관의 장은 개인정보관리 전문기관에 대하여 업무 수행에 필요한 지원을 할 수 있다.

⑦ 개인정보관리 전문기관은 정보주체의 요구에 따라 ①의 각 호의 업무를 수행하는 경우 정보주체로부터 그 업무 수행에 필요한 비용을 받을 수 있다.

⑧ ①에 따른 개인정보관리 전문기관의 지정 절차, ②에 따른 지정요건의 세부기준, ④에 따른 지정 취소의 절차 등에 필요한 사항은 대통령령으로 정한다.

(5) 개인정보의 처리정지 등

① 정보주체는 개인정보처리자에 대하여 자신의 개인정보 처리의 정지를 요구하거나 개인정보 처리에 대한 동의를 철회할 수 있다. 이 경우 공공기관에 대해서는 제32조에 따라 등록 대상이 되는 개인정보파일 중 자신의 개인정보에 대한 처리의 정지를 요구하거나 개인정보 처리에 대한 동의를 철회할 수 있다.

② 개인정보처리자는 ①에 따른 처리정지 요구를 받았을 때에는 지체 없이 정보주체의 요구에 따라 개인정보처리의 전부를 정지하거나 일부를 정지하여야 한다. 다만, 다음의 어느 하나에 해당하는 경우에는 정보주체의 처리정지 요구를 거절할 수 있다.

㉠ 법률에 특별한 규정이 있거나 법령상 의무를 준수하기 위하여 불가피한 경우

㉡ 다른 사람의 생명 · 신체를 해할 우려가 있거나 다른 사람의 재산과 그 밖의 이익을 부당하게 침해할 우려가 있는 경우

㉢ 공공기관이 개인정보를 처리하지 아니하면 다른 법률에서 정하는 소관 업무를 수행할 수 없는 경우

㉣ 개인정보를 처리하지 아니하면 정보주체와 약정한 서비스를 제공하지 못하는 등 계약의 이행이 곤란한 경우로서 정보주체가 그 계약의 해지 의사를 명확하게 밝히지 아니한 경우

③ 개인정보처리자는 정보주체가 ①에 따라 동의를 철회한 때에는 지체 없이 수집된 개인정보를 복구 · 재생할 수 없도록 파기하는 등 필요한 조치를 하여야 한다. 다만, ②의 각 호의 어느 하나에 해당하는 경우에는 동의 철회에 따른 조치를 하지 아니할 수 있다.

④ 개인정보처리자는 ② 단서에 따라 처리정지 요구를 거절하거나 ③ 단서에 따라 동의 철회에 따른 조치를 하지 아니하였을 때에는 정보주체에게 지체 없이 그 사유를 알려야 한다.

⑤ 개인정보처리자는 정보주체의 요구에 따라 처리가 정지된 개인정보에 대하여 지체 없이 해당 개인정보의 파기 등 필요한 조치를 하여야 한다.

⑥ ①부터 ⑤까지의 규정에 따른 처리정지의 요구, 동의 철회, 처리정지의 거절, 통지 등의 방법 및 절차에 필요한 사항은 대통령령으로 정한다.

(6) 권리행사의 방법 및 절차

① 정보주체는 법 제35조 개인정보의 열람 규정에 따른 열람, 제36조 개인정보의 정정 · 삭제 규정에 따른 정정 · 삭제, 제37조 개인정보의 처리정지 규정에 따른 처리정지, 제39조의7에 따른 동의 철회 등의 요구(이하 "열람 등 요구"라 한다)를 문서 등 대통령령으로 정하는 방법 · 절차에 따라 대리인에게 하게 할 수 있다.

② 만 14세 미만 아동의 법정대리인은 개인정보처리자에게 그 아동의 개인정보 열람 등 요구를 할 수 있다.

③ 개인정보처리자는 열람 등 요구를 하는 자에게 대통령령으로 정하는 바에 따라 수수료와 우송료(사본의 우송을 청구하는 경우에 한한다)를 청구할 수 있다.

④ 개인정보처리자는 정보주체가 열람등요구를 할 수 있는 구체적인 방법과 절차를 마련하고, 이를 정보주체가 알 수 있도록 공개하여야 한다. 이 경우 열람등요구의 방법과 절차는 해당 개인정보의 수집 방법과 절차보다 어렵지 아니하도록 하여야 한다.

⑤ 개인정보처리자는 정보주체가 열람 등 요구에 대한 거절 등 조치에 대하여 불복이 있는 경우 이의를 제기할 수 있도록 필요한 절차를 마련하고 안내하여야 한다.

(7) 손해배상책임 기출 22

① 정보주체는 개인정보처리자가 이 법을 위반한 행위로 손해를 입으면 개인정보처리자에게 손해배상을 청구할 수 있다. 이 경우 그 개인정보처리자는 고의 또는 과실이 없음을 입증하지 아니하면 책임을 면할 수 없다.

② 개인정보처리자의 고의 또는 중대한 과실로 인하여 개인정보가 분실 · 도난 · 유출 · 위조 · 변조 또는 훼손된 경우로서 정보주체에게 손해가 발생한 때에는 법원은 그 손해액의 5배를 넘지 아니하는 범위에서 손해배상액을 정할 수 있다. 다만, 개인정보처리자가 고의 또는 중대한 과실이 없음을 증명한 경우에는 그러하지 아니하다.

③ 법원은 ②의 배상액을 정할 때에는 다음의 사항을 고려하여야 한다.

㉠ 고의 또는 손해 발생의 우려를 인식한 정도

㉡ 위반행위로 인하여 입은 피해 규모

㉢ 위법행위로 인하여 개인정보처리자가 취득한 경제적 이익

㉣ 위반행위에 따른 벌금 및 과징금

㉤ 위반행위의 기간 · 횟수 등

㉥ 개인정보처리자의 재산상태

㉦ 개인정보처리자가 정보주체의 개인정보 분실 · 도난 · 유출 후 해당 개인정보를 회수하기 위하여 노력한 정도

㉧ 개인정보처리자가 정보주체의 피해구제를 위하여 노력한 정도

07 | 개인정보 분쟁조정위원회

(1) 설치 및 구성 기출 19

① 개인정보에 관한 분쟁의 조정(調停)을 위하여 개인정보 분쟁조정위원회를 둔다.

② 분쟁조정위원회는 위원장 1명을 포함한 30명 이내의 위원으로 구성하며, 위원은 당연직위원과 위촉위원으로 구성한다.

③ 위촉위원은 다음의 어느 하나에 해당하는 사람 중에서 보호위원회 위원장이 위촉하고, 대통령령으로 정하는 국가기관 소속 공무원은 당연직위원이 된다.

㉠ 개인정보 보호업무를 관장하는 중앙행정기관의 고위공무원단에 속하는 공무원으로 재직하였던 사람 또는 이에 상당하는 공공부문 및 관련 단체의 직에 재직하고 있거나 재직하였던 사람으로서 개인정보 보호업무의 경험이 있는 사람

㉡ 대학이나 공인된 연구기관에서 부교수 이상 또는 이에 상당하는 직에 재직하고 있거나 재직하였던 사람

㉢ 판사 · 검사 또는 변호사로 재직하고 있거나 재직하였던 사람
㉣ 개인정보 보호와 관련된 시민사회단체 또는 소비자단체로부터 추천을 받은 사람
㉤ 개인정보처리자로 구성된 사업자단체의 임원으로 재직하고 있거나 재직하였던 사람

④ 위원장은 위원 중에서 공무원이 아닌 사람으로 보호위원회 위원장이 위촉한다.
⑤ 위원장과 위촉위원의 임기는 2년으로 하되, 1차에 한하여 연임할 수 있다.
⑥ 분쟁조정위원회는 분쟁조정 업무를 효율적으로 수행하기 위하여 필요하면 대통령령으로 정하는 바에 따라 조정사건의 분야별로 5명 이내의 위원으로 구성되는 조정부를 둘 수 있다. 이 경우 조정부가 분쟁조정위원회에서 위임받아 의결한 사항은 분쟁조정위원회에서 의결한 것으로 본다.
⑦ 분쟁조정위원회 또는 조정부는 재적위원 과반수의 출석으로 개의하며 출석위원 과반수의 찬성으로 의결한다.
⑧ 보호위원회는 분쟁조정 접수, 사실 확인 등 분쟁조정에 필요한 사무를 처리할 수 있다.
⑨ 이 법에서 정한 사항 외에 분쟁조정위원회 운영에 필요한 사항은 대통령령으로 정한다.

(2) 위원의 신분보장

위원은 자격정지 이상의 형을 선고받거나 심신상의 장애로 직무를 수행할 수 없는 경우를 제외하고는 그의 의사에 반하여 면직되거나 해촉되지 아니한다.

(3) 위원의 제척 · 기피 · 회피

① 분쟁조정위원회의 위원은 다음의 어느 하나에 해당하는 경우에는 분쟁조정위원회에 신청된 분쟁조정사건(이하 이 조에서 "사건"이라 한다)의 심의 · 의결에서 제척(除斥)된다.
㉠ 위원 또는 그 배우자나 배우자였던 자가 그 사건의 당사자가 되거나 그 사건에 관하여 공동의 권리자 또는 의무자의 관계에 있는 경우
㉡ 위원이 그 사건의 당사자와 친족이거나 친족이었던 경우
㉢ 위원이 그 사건에 관하여 증언, 감정, 법률자문을 한 경우
㉣ 위원이 그 사건에 관하여 당사자의 대리인으로서 관여하거나 관여하였던 경우

② 당사자는 위원에게 공정한 심의 · 의결을 기대하기 어려운 사정이 있으면 위원장에게 기피신청을 할 수 있다. 이 경우 위원장은 기피신청에 대하여 분쟁조정위원회의 의결을 거치지 아니하고 결정한다.
③ 위원이 ① 또는 ②의 사유에 해당하는 경우에는 스스로 그 사건의 심의 · 의결에서 회피할 수 있다.

(4) 조정의 신청 등

① 개인정보와 관련한 분쟁의 조정을 원하는 자는 분쟁조정위원회에 분쟁조정을 신청할 수 있다.
② 분쟁조정위원회는 당사자 일방으로부터 분쟁조정 신청을 받았을 때에는 그 신청내용을 상대방에게 알려야 한다.
③ 개인정보처리자가 ②에 따른 분쟁조정의 통지를 받은 경우에는 특별한 사유가 없으면 분쟁조정에 응하여야 한다.

(5) 처리기간

① 분쟁조정위원회는 분쟁조정 신청을 받은 날부터 60일 이내에 이를 심사하여 조정안을 작성하여야 한다. 다만, 부득이한 사정이 있는 경우에는 분쟁조정위원회의 의결로 처리기간을 연장할 수 있다.

② 분쟁조정위원회는 ①에 따라 처리기간을 연장한 경우에는 기간연장의 사유와 그 밖의 기간연장에 관한 사항을 신청인에게 알려야 한다.

(6) 자료의 요청 및 사실조사 등

① 분쟁조정위원회는 제43조제1항에 따라 분쟁조정 신청을 받았을 때에는 해당 분쟁의 조정을 위하여 필요한 자료를 분쟁당사자에게 요청할 수 있다. 이 경우 분쟁당사자는 정당한 사유가 없으면 요청에 따라야 한다.

② 분쟁조정위원회는 분쟁의 조정을 위하여 사실 확인이 필요한 경우에는 분쟁조정위원회의 위원 또는 대통령령으로 정하는 사무기구의 소속 공무원으로 하여금 사건과 관련된 장소에 출입하여 관련 자료를 조사하거나 열람하게 할 수 있다. 이 경우 분쟁당사자는 해당 조사 · 열람을 거부할 정당한 사유가 있을 때에는 그 사유를 소명하고 조사 · 열람에 따르지 아니할 수 있다.

③ ②에 따른 조사 · 열람을 하는 위원 또는 공무원은 그 권한을 표시하는 증표를 지니고 이를 관계인에게 내보여야 한다.

④ 분쟁조정위원회는 분쟁의 조정을 위하여 필요하다고 인정하면 관계 기관 등에 자료 또는 의견의 제출 등 필요한 협조를 요청할 수 있다.

⑤ 분쟁조정위원회는 필요하다고 인정하면 분쟁당사자나 참고인을 위원회에 출석하도록 하여 그 의견을 들을 수 있다.

(7) 진술의 원용 제한

조정절차에서의 의견과 진술은 소송(해당 조정에 대한 준재심은 제외한다)에서 원용(援用)하지 못한다.

(8) 조정 전 합의 권고

분쟁조정위원회는 분쟁조정 신청을 받았을 때에는 당사자에게 그 내용을 제시하고 조정 전 합의를 권고할 수 있다.

(9) 분쟁의 조정

① 분쟁조정위원회는 다음 어느 하나의 사항을 포함하여 조정안을 작성할 수 있다.

㉠ 조사 대상 침해행위의 중지

㉡ 원상회복, 손해배상, 그 밖에 필요한 구제조치

㉢ 같거나 비슷한 침해의 재발을 방지하기 위하여 필요한 조치

② 분쟁조정위원회는 ①에 따라 조정안을 작성하면 지체 없이 각 당사자에게 제시하여야 한다.

③ ②에 따라 조정안을 제시받은 당사자가 제시받은 날부터 15일 이내에 수락 여부를 알리지 아니하면 조정을 수락한 것으로 본다.

④ 당사자가 조정내용을 수락한 경우(③에 따라 수락한 것으로 보는 경우를 포함한다) 분쟁조정위원회는 조정서를 작성하고, 분쟁조정위원회의 위원장과 각 당사자가 기명날인 또는 서명을 한 후 조정서 정본을 지체 없이 각 당사자 또는 그 대리인에게 송달하여야 한다. 다만, ③에 따라 수락한 것으로 보는 경우에는 각 당사자의 기명날인 및 서명을 생략할 수 있다.

⑤ ④에 따른 조정의 내용은 재판상 화해와 동일한 효력을 갖는다.

(10) 조정의 거부 및 중지

① 분쟁조정위원회는 분쟁의 성질상 분쟁조정위원회에서 조정하는 것이 적합하지 아니하다고 인정하거나 부정한 목적으로 조정이 신청되었다고 인정하는 경우에는 그 조정을 거부할 수 있다. 이 경우 조정거부의 사유 등을 신청인에게 알려야 한다.

② 분쟁조정위원회는 신청된 조정사건에 대한 처리절차를 진행하던 중에 한 쪽 당사자가 소를 제기하면 그 조정의 처리를 중지하고 이를 당사자에게 알려야 한다.

(11) 집단분쟁조정

① 국가 및 지방자치단체, 개인정보 보호단체 및 기관, 정보주체, 개인정보처리자는 정보주체의 피해 또는 권리침해가 다수의 정보주체에게 같거나 비슷한 유형으로 발생하는 경우로서 대통령령으로 정하는 사건에 대하여는 분쟁조정위원회에 일괄적인 분쟁조정(이하 "집단분쟁조정"이라 한다)을 의뢰 또는 신청할 수 있다.

② ①에 따라 집단분쟁조정을 의뢰받거나 신청받은 분쟁조정위원회는 그 의결로써 ③부터 ⑦까지의 규정에 따른 집단분쟁조정의 절차를 개시할 수 있다. 이 경우 분쟁조정위원회는 대통령령으로 정하는 기간 동안 그 절차의 개시를 공고하여야 한다.

③ 분쟁조정위원회는 집단분쟁조정의 당사자가 아닌 정보주체 또는 개인정보처리자로부터 그 분쟁조정의 당사자에 추가로 포함될 수 있도록 하는 신청을 받을 수 있다.

④ 분쟁조정위원회는 그 의결로써 ① 및 ③에 따른 집단분쟁조정의 당사자 중에서 공동의 이익을 대표하기에 가장 적합한 1인 또는 수인을 대표당사자로 선임할 수 있다.

⑤ 분쟁조정위원회는 개인정보처리자가 분쟁조정위원회의 집단분쟁조정의 내용을 수락한 경우에는 집단분쟁조정의 당사자가 아닌 자로서 피해를 입은 정보주체에 대한 보상계획서를 작성하여 분쟁조정위원회에 제출하도록 권고할 수 있다.

⑥ 분쟁조정위원회는 집단분쟁조정의 당사자인 다수의 정보주체 중 일부의 정보주체가 법원에 소를 제기한 경우에는 그 절차를 중지하지 아니하고, 소를 제기한 일부의 정보주체를 그 절차에서 제외한다.

⑦ 집단분쟁조정의 기간은 ②에 따른 공고가 종료된 날의 다음 날부터 60일 이내로 한다. 다만, 부득이한 사정이 있는 경우에는 분쟁조정위원회의 의결로 처리기간을 연장할 수 있다.

⑧ 집단분쟁조정의 절차 등에 관하여 필요한 사항은 대통령령으로 정한다.

(12) 조정절차 등

① 분쟁의 조정방법, 조정절차 및 조정업무의 처리 등에 필요한 사항은 대통령령으로 정한다.

② 분쟁조정위원회의 운영 및 분쟁조정 절차에 관하여 이 법에서 규정하지 아니한 사항에 대하여는 「민사조정법」을 준용한다.

(13) 개선의견의 통보

분쟁조정위원회는 소관 업무 수행과 관련하여 개인정보 보호 및 정보주체의 권리 보호를 위한 개선의견을 보호위원회 및 관계 중앙행정기관의 장에게 통보할 수 있다.

08 | 개인정보 단체소송

(1) 단체소송의 대상 기출 22

다음의 어느 하나에 해당하는 단체는 개인정보처리자가 집단분쟁조정을 거부하거나 집단분쟁조정의 결과를 수락하지 아니한 경우에는 법원에 권리침해 행위의 금지·중지를 구하는 소송(이하 "단체소송"이라 한다)을 제기할 수 있다.

① 「소비자기본법」 제29조에 따라 공정거래위원회에 등록한 소비자단체로서 다음의 요건을 모두 갖춘 단체

㉠ 정관에 따라 상시적으로 정보주체의 권익증진을 주된 목적으로 하는 단체일 것

㉡ 단체의 정회원 수가 1천명 이상일 것

㉢ 「소비자기본법」 제29조에 따른 등록 후 3년이 경과하였을 것

② 「비영리민간단체 지원법」 제2조에 따른 비영리민간단체로서 다음의 요건을 모두 갖춘 단체

㉠ 법률상 또는 사실상 동일한 침해를 입은 100명 이상의 정보주체로부터 단체소송의 제기를 요청받을 것

㉡ 정관에 개인정보 보호를 단체의 목적으로 명시한 후 최근 3년 이상 이를 위한 활동실적이 있을 것

㉢ 단체의 상시 구성원 수가 5천명 이상일 것

㉣ 중앙행정기관에 등록되어 있을 것

(2) 전속관할

① 단체소송의 소는 피고의 주된 사무소 또는 영업소가 있는 곳, 주된 사무소나 영업소가 없는 경우에는 주된 업무담당자의 주소가 있는 곳의 지방법원 본원 합의부의 관할에 전속한다.

② ①을 외국사업자에 적용하는 경우 대한민국에 있는 이들의 주된 사무소·영업소 또는 업무담당자의 주소에 따라 정한다.

(3) 소송대리인의 선임

단체소송의 원고는 변호사를 소송대리인으로 선임하여야 한다.

(4) 소송허가신청

① 단체소송을 제기하는 단체는 소장과 함께 다음의 사항을 기재한 소송허가신청서를 법원에 제출하여야 한다.

㉠ 원고 및 그 소송대리인

㉡ 피 고

㉢ 정보주체의 침해된 권리의 내용

② ①에 따른 소송허가신청서에는 다음의 자료를 첨부하여야 한다.

㉠ 소제기단체가 단체소송의 대상 중 어느 하나에 해당하는 요건을 갖추고 있음을 소명하는 자료

㉡ 개인정보처리자가 조정을 거부하였거나 조정결과를 수락하지 아니하였음을 증명하는 서류

(5) 소송허가요건 등

① 법원은 다음의 요건을 모두 갖춘 경우에 한하여 결정으로 단체소송을 허가한다.

㉠ 개인정보처리자가 분쟁조정위원회의 조정을 거부하거나 조정결과를 수락하지 아니하였을 것

㉡ 소송허가신청서의 기재사항에 흠결이 없을 것

② 단체소송을 허가하거나 불허가하는 결정에 대하여는 즉시 항고할 수 있다.

(6) 확정판결의 효력

원고의 청구를 기각하는 판결이 확정된 경우 이와 동일한 사안에 관하여는 법 제51조 단체소송의 대상 등에 따른 다른 단체는 단체소송을 제기할 수 없다. 다만, 다음의 어느 하나에 해당하는 경우에는 그러하지 아니하다.

① 판결이 확정된 후 그 사안과 관련하여 국가 · 지방자치단체 또는 국가 · 지방자치단체가 설립한 기관에 의하여 새로운 증거가 나타난 경우

② 기각판결이 원고의 고의로 인한 것임이 밝혀진 경우

(7) 「민사소송법」의 적용 등

① 단체소송에 관하여 이 법에 특별한 규정이 없는 경우에는 「민사소송법」을 적용한다.

② 소송허가요건에 따른 단체소송의 허가결정이 있는 경우에는 「민사집행법」 제4편에 따른 보전처분을 할 수 있다.

③ 단체소송의 절차에 관하여 필요한 사항은 대법원규칙으로 정한다.

09 | 보칙

(1) 금지행위

개인정보를 처리하거나 처리하였던 자는 다음의 어느 하나에 해당하는 행위를 하여서는 아니 된다.

① 거짓이나 그 밖의 부정한 수단이나 방법으로 개인정보를 취득하거나 처리에 관한 동의를 받는 행위

② 업무상 알게 된 개인정보를 누설하거나 권한 없이 다른 사람이 이용하도록 제공하는 행위

③ 정당한 권한 없이 또는 허용된 권한을 초과하여 다른 사람의 개인정보를 이용, 훼손, 멸실, 변경, 위조 또는 유출하는 행위

(2) 비밀유지 등

다음의 업무에 종사하거나 종사하였던 자는 직무상 알게 된 비밀을 다른 사람에게 누설하거나 직무상 목적 외의 용도로 이용하여서는 아니 된다. 다만, 다른 법률에 특별한 규정이 있는 경우에는 그러하지 아니하다.

㉠ 제7조의8 및 제7조의9에 따른 보호위원회의 업무

㉡ 제28조의3에 따른 전문기관의 지정 업무 및 전문기관의 업무

㉢ 제32조의2에 따른 개인정보 보호 인증 업무

㉣ 제33조에 따른 영향평가 업무

㉤ 제35조의3에 따른 개인정보관리 전문기관의 지정 업무 및 개인정보관리 전문기관의 업무

㉥ 제40조에 따른 분쟁조정위원회의 분쟁조정 업무

제3과목

(3) 자료제출 요구 및 검사

① 보호위원회는 다음의 어느 하나에 해당하는 경우에는 개인정보처리자에게 관계 물품 · 서류 등 자료를 제출하게 할 수 있다.

㉠ 이 법을 위반하는 사항을 발견하거나 혐의가 있음을 알게 된 경우

㉡ 이 법 위반에 대한 신고를 받거나 민원이 접수된 경우

㉢ 그 밖에 정보주체의 개인정보 보호를 위하여 필요한 경우로서 대통령령으로 정하는 경우

② 보호위원회는 개인정보처리자가 ①에 따른 자료를 제출하지 아니하거나 이 법을 위반한 사실이 있다고 인정되면 소속 공무원으로 하여금 개인정보처리자 및 해당 법 위반사실과 관련한 관계인의 사무소나 사업장에 출입하여 업무 상황, 장부 또는 서류 등을 검사하게 할 수 있다. 이 경우 검사를 하는 공무원은 그 권한을 나타내는 증표를 지니고 이를 관계인에게 내보여야 한다.

③ 보호위원회는 이 법 등 개인정보 보호와 관련된 법규의 위반행위로 인하여 중대한 개인정보 침해사고가 발생한 경우 신속하고 효과적인 대응을 위하여 다음의 어느 하나에 해당하는 관계 기관의 장에게 협조를 요청할 수 있다.

㉠ 중앙행정기관

㉡ 지방자치단체

㉢ 그 밖에 법령 또는 자치법규에 따라 행정권한을 가지고 있거나 위임 또는 위탁받은 공공기관

④ ③에 따라 협조를 요청받은 관계 기관의 장은 특별한 사정이 없으면 이에 따라야 한다.

⑤ ① 및 ②에 따른 자료제출 요구, 검사 절차 및 방법 등에 관하여 필요한 사항은 보호위원회가 정하여 고시할 수 있다.

⑥ 보호위원회는 ① 및 ②에 따라 제출받거나 수집한 서류 · 자료 등을 이 법에 따른 경우를 제외하고는 제3자에게 제공하거나 일반에 공개해서는 아니 된다.

⑦ 보호위원회는 정보통신망을 통하여 자료의 제출 등을 받은 경우나 수집한 자료 등을 전자화한 경우에는 개인정보 · 영업비밀 등이 유출되지 아니하도록 제도적 · 기술적 보완조치를 하여야 한다.

(4) 사전 실태점검

① 보호위원회는 제63조 제1항 각 호에 해당하지 아니하는 경우로서 개인정보 침해사고 발생의 위험성이 높고 개인정보 보호의 취약점을 사전에 점검할 필요성이 인정되는 개인정보처리자에 대하여 개인정보 보호실태를 점검할 수 있다.

② 보호위원회는 ①에 따른 실태점검을 실시하여 이 법을 위반하는 사항을 발견한 경우 해당 개인정보처리자에 대하여 시정방안을 정하여 이에 따를 것을 권고할 수 있다.

③ ②에 따른 시정권고를 받은 개인정보처리자는 이를 통보받은 날부터 10일 이내에 해당 권고를 수락하는지 여부에 관하여 보호위원회에 통지하여야 하며, 그 이행 결과를 보호위원회가 고시로 정하는 바에 따라 보호위원회에 알려야 한다.

④ ②에 따른 시정권고를 받은 자가 해당 권고를 수락한 때에는 제64조 제1항에 따른 시정조치 명령(중앙행정기관, 지방자치단체, 국회, 법원, 헌법재판소, 중앙선거관리위원회의 경우에는 제64조 제3항에 따른 권고를 말한다)을 받은 것으로 본다.

⑤ 보호위원회는 ②에 따른 시정권고를 받은 자가 해당 권고를 수락하지 아니하거나 이행하지 아니한 경우 제63조 제2항에 따른 검사를 할 수 있다.

⑥ 보호위원회는 관계 중앙행정기관의 장과 합동으로 ①에 따른 개인정보 보호실태를 점검할 수 있다.

(5) 결과의 공표

① 보호위원회는 개선권고, 시정조치 명령, 과징금의 부과, 고발 또는 징계권고 및 과태료 부과의 내용 및 결과에 대하여 공표할 수 있다.

② 보호위원회는 개선권고, 시정조치 명령, 과징금의 부과, 고발 또는 징계권고 및 과태료 부과처분 등을 한 경우에는 처분 등을 받은 자에게 해당 처분 등을 받았다는 사실을 공표할 것을 명할 수 있다.

③ ① 및 ②에 따른 개선권고 사실 등의 공표 및 공표명령의 방법, 기준 및 절차 등은 대통령령으로 정한다.

(6) 권한의 위임 · 위탁

① 이 법에 따른 보호위원회 또는 관계 중앙행정기관의 장의 권한은 그 일부를 대통령령으로 정하는 바에 따라 특별시장, 광역시장, 도지사, 특별자치도지사 또는 대통령령으로 정하는 전문기관에 위임하거나 위탁할 수 있다.

② ①에 따라 보호위원회 또는 관계 중앙행정기관의 장의 권한을 위임 또는 위탁받은 기관은 위임 또는 위탁받은 업무의 처리 결과를 보호위원회 또는 관계 중앙행정기관의 장에게 통보하여야 한다.

③ 보호위원회는 ①에 따른 전문기관에 권한의 일부를 위임하거나 위탁하는 경우 해당 전문기관의 업무 수행을 위하여 필요한 경비를 출연할 수 있다.

10 | 벌 칙

(1) 벌 칙 기출 23

① 다음의 어느 하나에 해당하는 자는 10년 이하의 징역 또는 1억 원 이하의 벌금에 처한다.

㉠ 공공기관의 개인정보 처리업무를 방해할 목적으로 공공기관에서 처리하고 있는 개인정보를 변경하거나 말소하여 공공기관의 업무수행의 중단 · 마비 등 심각한 지장을 초래한 자

㉡ 거짓이나 그 밖의 부정한 수단이나 방법으로 다른 사람이 처리하고 있는 개인정보를 취득한 후, 이를 영리 또는 부정한 목적으로 제3자에게 제공한 자와 이를 교사 · 알선한 자

② 다음의 어느 하나에 해당하는 자는 5년 이하의 징역 또는 5천만원 이하의 벌금에 처한다.

㉠ 개인정보를 제공하는 경우에 해당하지 아니함에도 같은 항 제1호(제26조 제8항에 따라 준용되는 경우를 포함한다)를 위반하여 정보주체의 동의를 받지 아니하고 개인정보를 제3자에게 제공한 자 및 그 사정을 알면서도 개인정보를 제공받은 자

㉡ 개인정보의 목적 외 이용 · 제공 제한 · 영업양도 등에 따른 개인정보의 이전 제한 또는 가명정보의 처리 등(제26조 제8항에 따라 준용되는 경우를 포함한다), 개인정보를 제공받은 자의 이용 · 제공 제한 또는 업무위탁에 따른 개인정보의 처리 제한을 위반하여 개인정보를 이용하거나 제3자에게 제공한 자 및 그 사정을 알면서도 영리 또는 부정한 목적으로 개인정보를 제공받은 자

㉢ 아동의 개인정보 보호(제26조 제8항에 따라 준용되는 경우를 포함한다)을 위반하여 법정대리인의 동의를 받지 아니하고 만 14세 미만인 아동의 개인정보를 처리한 자

㉣ 민감정보의 처리 제한(제26조 제8항에 따라 준용되는 경우를 포함한다)을 위반하여 민감정보를 처리한 자

㉤ 고유식별정보의 처리 제한(제26조 제8항에 따라 준용되는 경우를 포함한다)을 위반하여 고유식별정보를 처리한 자

㉥ 가명정보의 결합 제한(제26조 제8항에 따라 준용되는 경우를 포함한다)을 위반하여 보호위원회 또는 관계 중앙행정기관의 장으로부터 전문기관으로 지정받지 아니하고 가명정보를 결합한 자

㉦ 가명정보의 결합 제한(제26조 제8항에 따라 준용되는 경우를 포함한다)을 위반하여 전문기관의 장의 승인을 받지 아니하고 결합을 수행한 기관 외부로 결합된 정보를 반출하거나 이를 제3자에게 제공한 자 및 그 사정을 알면서도 영리 또는 부정한 목적으로 결합된 정보를 제공받은 자

㉧ 가명정보 처리 시 금지의무 등(제26조 제8항에 따라 준용되는 경우를 포함한다)을 위반하여 특정 개인을 알아보기 위한 목적으로 가명정보를 처리한 자

ⓩ 금지행위를 위반하여 업무상 알게 된 개인정보를 누설하거나 권한 없이 다른 사람이 이용하도록 제공한 자 및 그 사정을 알면서도 영리 또는 부정한 목적으로 개인정보를 제공받은 자

ⓩ 금지행위를 위반하여 다른 사람의 개인정보를 이용, 훼손, 멸실, 변경, 위조 또는 유출한 자

③ 다음의 어느 하나에 해당하는 자는 3년 이하의 징역 또는 3천만원 이하의 벌금에 처한다.

㉠ 고정형 영상정보처리기기의 설치 · 운영 제한 규정을 위반하여 고정형 영상정보처리기기의 설치 목적과 다른 목적으로 고정형 영상정보처리기기를 임의로 조작하거나 다른 곳을 비추는 자 또는 녹음기능을 사용한 자

㉡ 금지행위를 위반하여 거짓이나 그 밖의 부정한 수단이나 방법으로 개인정보를 취득하거나 개인정보 처리에 관한 동의를 받는 행위를 한 자 및 그 사정을 알면서도 영리 또는 부정한 목적으로 개인정보를 제공받은 자

㉢ 비밀유지 등을 위반하여 직무상 알게 된 비밀을 누설하거나 직무상 목적 외에 이용한 자

④ 다음의 어느 하나에 해당하는 자는 2년 이하의 징역 또는 2천만원 이하의 벌금에 처한다.

㉠ 개인정보의 정정 · 삭제(제26조 제8항에 따라 준용되는 경우를 포함한다)를 위반하여 정정 · 삭제 등 필요한 조치를 하지 아니하고 개인정보를 계속 이용하거나 이를 제3자에게 제공한 자

㉡ 개인정보의 처리정지 등(제26조 제8항에 따라 준용되는 경우를 포함한다)을 위반하여 개인정보의 처리를 정지하지 아니하고 개인정보를 계속 이용하거나 제3자에게 제공한 자

㉢ 국내외에서 정당한 이유 없이 비밀유지명령에 따른 비밀유지명령을 위반한 자

㉣ 자료제출 요구 및 검사(제26조 제8항에 따라 준용되는 경우를 포함한다)에 따른 자료제출 요구에 대하여 법 위반사항을 은폐 또는 축소할 목적으로 자료제출을 거부하거나 거짓의 자료를 제출한 자

㉤ 자료제출 요구 및 검사(제26조 제8항에 따라 준용되는 경우를 포함한다)에 따른 출입 · 검사 시 자료의 은닉 · 폐기, 접근 거부 또는 위조 · 변조 등을 통하여 조사를 거부 · 방해 또는 기피한 자

⑤ ④의 ㉢의 죄는 비밀유지명령을 신청한 자의 고소가 없으면 공소를 제기할 수 없다.

⑥ **양벌규정**

㉠ 법인의 대표자나 법인 또는 개인의 대리인, 사용인, 그 밖의 종업원이 그 법인 또는 개인의 업무에 관하여 ①에 해당하는 위반행위를 하면 그 행위자를 벌하는 외에 그 법인 또는 개인을 7천만원 이하의 벌금에 처한다. 다만, 법인 또는 개인이 그 위반행위를 방지하기 위하여 해당 업무에 관하여 상당한 주의와 감독을 게을리하지 아니한 경우에는 그러하지 아니하다.

㉡ 법인의 대표자나 법인 또는 개인의 대리인, 사용인, 그 밖의 종업원이 그 법인 또는 개인의 업무에 관하여 ②부터 ④까지의 어느 하나에 해당하는 위반행위를 하면 그 행위자를 벌하는 외에 그 법인 또는 개인에게도 해당 조문의 벌금형을 과(科)한다. 다만, 법인 또는 개인이 그 위반행위를 방지하기 위하여 해당 업무에 관하여 상당한 주의와 감독을 게을리하지 아니한 경우에는 그러하지 아니하다.

(2) 과태료

① 다음의 어느 하나에 해당하는 자에게는 5천만원 이하의 과태료를 부과한다.

㉠ 고정형 영상정보처리기기의 설치 · 운영 제한(제26조 제8항에 따라 준용되는 경우를 포함한다)을 위반하여 고정형 영상정보처리기기를 설치 · 운영한 자

㉡ 이동형 영상정보처리기기의 운영 제한(제26조 제8항에 따라 준용되는 경우를 포함한다)을 위반하여 이동형 영상정보처리기기로 사람 또는 그 사람과 관련된 사물의 영상을 촬영한 자

② 다음의 어느 하나에 해당하는 자에게는 3천만원 이하의 과태료를 부과한다.

㉠ 개인정보의 수집 제한 · 동의를 받는 방법(제26조 제8항에 따라 준용되는 경우를 포함한다)을 위반하여 재화 또는 서비스의 제공을 거부한 자

㉡ 정보주체 이외로부터 수집한 개인정보의 수집 출처 등 통지를 위반하여 정보주체에게 같은 조 제1항 각 호의 사실을 알리지 아니한 자

㉢ 개인정보 이용 · 제공 내역의 통지를 위반하여 개인정보의 이용 · 제공 내역이나 이용 · 제공 내역을 확인할 수 있는 정보시스템에 접속하는 방법을 통지하지 아니한 자

㉣ 개인정보의 파기(제26조 제8항에 따라 준용되는 경우를 포함한다)를 위반하여 개인정보의 파기 등 필요한 조치를 하지 아니한 자

㉤ 민감정보의 처리 제한 · 고유식별정보의 처리 제한 · 고정형 영상정보처리기기의 설치 · 운영 제한(제25조의2 제4항에 따라 준용되는 경우를 포함한다) · 가명정보에 대한 안전조치의무 등 · 안전조치의무(제26조 제8항에 따라 준용되는 경우를 포함한다)를 위반하여 안전성 확보에 필요한 조치를 하지 아니한 자

㉥ 민감정보의 처리 제한(제26조 제8항에 따라 준용되는 경우를 포함한다)을 위반하여 민감정보의 공개 가능성 및 비공개를 선택하는 방법을 알리지 아니한 자

㉦ 주민등록번호 처리의 제한(제26조 제8항에 따라 준용되는 경우를 포함한다)을 위반하여 주민등록번호를 처리한 자

㉧ 주민등록번호 처리의 제한(제26조 제8항에 따라 준용되는 경우를 포함한다)을 위반하여 암호화 조치를 하지 아니한 자

㉨ 주민등록번호 처리의 제한(제26조 제8항에 따라 준용되는 경우를 포함한다)을 위반하여 정보주체가 주민등록번호를 사용하지 아니할 수 있는 방법을 제공하지 아니한 자

㉩ 고정형 영상정보처리기기의 설치 · 운영 제한(제26조 제8항에 따라 준용되는 경우를 포함한다)을 위반하여 고정형 영상정보처리기기를 설치 · 운영한 자

㉪ 이동형 영상정보처리기기의 운영 제한(제26조 제8항에 따라 준용되는 경우를 포함한다)을 위반하여 사람 또는 그 사람과 관련된 사물의 영상을 촬영한 자

㉫ 업무위탁에 따른 개인정보의 처리 제한을 위반하여 정보주체에게 알려야 할 사항을 알리지 아니한 자

㉬ 가명정보 처리 시 금지의무 등(제26조 제8항에 따라 준용되는 경우를 포함한다)을 위반하여 개인을 알아볼 수 있는 정보가 생성되었음에도 이용을 중지하지 아니하거나 이를 회수 · 파기하지 아니한 자

㉻ 개인정보의 국외 이전(제26조 제8항 및 제28조의11에 따라 준용되는 경우를 포함한다)을 위반하여 보호조치를 하지 아니한 자

㉮ 개인정보 보호 인증을 위반하여 인증을 받지 아니하였음에도 거짓으로 인증의 내용을 표시하거나 홍보한 자

㉯ 개인정보 영향평가를 위반하여 영향평가를 하지 아니하거나 그 결과를 보호위원회에 제출하지 아니한 자

㉰ 개인정보 유출 등의 통지 · 신고(제26조 제8항에 따라 준용되는 경우를 포함한다)를 위반하여 정보주체에게 같은 항 각 호의 사실을 알리지 아니한 자

㉱ 개인정보 유출 등의 통지 · 신고(제26조 제8항에 따라 준용되는 경우를 포함한다)를 위반하여 보호위원회 또는 대통령령으로 정하는 전문기관에 신고하지 아니한 자

㉲ 개인정보의 열람(제26조 제8항에 따라 준용되는 경우를 포함한다)을 위반하여 열람을 제한하거나 거절한 자

㉳ 개인정보관리 전문기관에 따른 지정을 받지 아니하고 같은 항 제2호의 업무를 수행한 자

㉴ 개인정보관리 전문기관에 따른 금지행위를 위반한 자

㉵ 개인정보의 정정 · 삭제(제26조 제8항에 따라 준용되는 경우를 포함한다)를 위반하여 정정 · 삭제 등 필요한 조치를 하지 아니한 자

㉶ 개인정보의 처리정지 등(제26조 제8항에 따라 준용되는 경우를 포함한다)을 위반하여 파기 등 필요한 조치를 하지 아니한 자

㉷ 자동화된 결정에 대한 정보주체의 권리 등(제26조 제8항에 따라 준용되는 경우를 포함한다)을 위반하여 정당한 사유 없이 정보주체의 요구에 따르지 아니한 자

㉸ 자료제출 요구 및 검사(제26조 제8항에 따라 준용되는 경우를 포함한다)에 따른 관계 물품 · 서류 등 자료를 제출하지 아니하거나 거짓으로 제출한 자

㉹ 자료제출 요구 및 검사(제26조 제8항에 따라 준용되는 경우를 포함한다)에 따른 출입 · 검사를 거부 · 방해 또는 기피한 자

㉺ 시정조치 등에 따른 시정조치 명령에 따르지 아니한 자

③ 다음의 어느 하나에 해당하는 자에게는 2천만원 이하의 과태료를 부과한다.

㉠ 업무위탁에 따른 개인정보의 처리 제한을 위반하여 위탁자의 동의를 받지 아니하고 제3자에게 다시 위탁한 자

㉡ 국내대리인의 지정을 위반하여 국내대리인을 지정하지 아니한 자

④ 다음의 어느 하나에 해당하는 자에게는 1천만원 이하의 과태료를 부과한다.

㉠ 개인정보 보호수준 평가에 의한 자료제출을 위반하여 정당한 사유 없이 자료를 제출하지 아니하거나 거짓으로 제출한 자

㉡ 개인정보의 파기(제26조 제8항에 따라 준용되는 경우를 포함한다)를 위반하여 개인정보를 분리하여 저장 · 관리하지 아니한 자

㉢ 동의를 받는 방법(제26조 제8항에 따라 준용되는 경우를 포함한다)을 위반하여 동의를 받은 자

㉣ 업무위탁에 따른 개인정보의 처리 제한을 위반하여 업무 위탁 시 같은 항 각 호의 내용이 포함된 문서로 하지 아니한 자

㉤ 업무위탁에 따른 개인정보의 처리 제한에 따른 공개를 위반하여 위탁하는 업무의 내용과 수탁자를 공개하지 아니한 자

㉥ 영업양도 등에 따른 개인정보의 이전 제한(제26조 제8항에 따라 준용되는 경우를 포함한다)을 위반하여 정보주체에게 개인정보의 이전 사실을 알리지 아니한 자

㉦ 가명정보에 대한 안전조치의무 등(제26조 제8항에 따라 준용되는 경우를 포함한다)을 위반하여 관련 기록을 작성하여 보관하지 아니한 자

㉧ 개인정보 처리방침의 수립 및 공개(제26조 제8항에 따라 준용되는 경우를 포함한다)를 위반하여 개인정보 처리방침을 정하지 아니하거나 이를 공개하지 아니한 자

㉨ 개인정보 보호책임자의 지정(제26조 제8항에 따라 준용되는 경우를 포함한다)을 위반하여 개인정보 보호책임자를 지정하지 아니한 자

㉩ 개인정보의 열람, 개인정보의 정정 · 삭제 또는 개인정보의 처리정지 등(제26조 제8항에 따라 준용되는 경우를 포함한다)을 위반하여 정보주체에게 알려야 할 사항을 알리지 아니한 자

㉪ 자료의 요청 및 사실조사 등에 따른 자료를 정당한 사유 없이 제출하지 아니하거나 거짓으로 제출한 자

㉫ 자료의 요청 및 사실조사 등에 따른 출입 · 조사 · 열람을 정당한 사유 없이 거부 · 방해 또는 기피한 자

⑤ ①부터 ④까지에 따른 과태료는 대통령령으로 정하는 바에 따라 보호위원회가 부과 · 징수한다. 이 경우 보호위원회는 위반행위의 정도 · 동기 · 결과, 개인정보처리자의 규모 등을 고려하여 과태료를 감경하거나 면제할 수 있다.

07 프레젠테이션

01 | 강의기법

(1) 프레젠테이션의 개념

① 정 의

프레젠테이션이란 짧은 시간 내에 이루어지는 송신자와 수신자 간의 효과적인 의사소통의 한 형태이다. → 한정된 시간 내에 정보를 정확하게 전달, 그 결과로서 판단과 의사 결정까지 초래하는 커뮤니케이션 방법

더 알아보기

프레젠테이션의 사전적 의미
소개, 표시, 발표, 연출 등으로 자신이 가지고 있는 생각이나 주장을 다른 사람들에게 효율적으로 발표하는 것을 뜻한다.

② 프레젠테이션의 구성 요소 중요

㉠ 프레젠터(Presenter) : 프레젠테이션을 실행하는 사람이다.

㉡ 청중(Audience) : 프레젠테이션을 청취하는 사람이다. 청중이 누구인지, 목적이 무엇인지, 어떤 장소에서 진행할 것인지 등 청중파악이 선행되어야 한다.

- 성별과 연령대
- 직 업
- 교육정도
- 관심영역
- 청중 사이의 관계
- 청중과 발표자의 관계
- 기타 주의할 사항

㉢ 메시지(Message) : 전달하고자 하는 목적을 말한다.

③ 프레젠테이션의 목적

사람(청중)들을 설득하고 동기를 자극하여 어떠한 행동이나 의사결정을 원하는 목적대로 이끌어 가는 것이다.

㉠ 정보전달
㉡ 동기유발
㉢ 의사결정 설득
㉣ 행동촉구
㉤ 엔터테인먼트

④ 프레젠테이션 소프트웨어

컴퓨터를 활용하여 발표 자료를 쉽게 만들고, 시청각 효과를 주어 정보를 효과적으로 전달할 수 있도록 도와주는 응용 소프트웨어이다.

(2) 프레젠테이션 4P 분석 중요 기출 16, 18, 20, 22

3P[사람(People), 목적(Purpose), 장소(Place)] + 사전 준비(Preparation)

① 사람(People) 전략

프레젠테이션에 참석하는 사람이 누구인지 확인하고 분석하는 일이 선행되어야 한다.

㉠ 청중의 수준 : 청중의 수준을 확인하는 것은 어려운 일이고, 모든 청중을 동시에 다 이해시킨다는 것은 불가능한 일이기 때문에 참석자들의 50~80% 이상만 이해시킬 수 있다면, 비교적 성공적인 프레젠테이션이라고 볼 수 있다.

㉡ 청중들의 반응 및 자세 : 프레젠테이션을 하는 동안 청중들이 설명을 어느 정도 이해하고 있는지 가늠하기 위한 가장 좋은 방법은 청중의 표정이나 몸동작을 보는 것이다.

㉢ 청중에게 질문을 던져 주제를 정함 : 예기치 않은 연설이나 프레젠테이션을 요청받은 경우 어떤 주제로 무엇을 전달해야 할지 당황하지 말고, 청중들에게 몇 가지 질문을 던져 청중의 요구가 무엇인지 확인하여 프레젠테이션의 방향을 잡는다.

② 목적(Purpose) 전략

프레젠테이션의 목적이 무엇인지 파악하는 것은 무엇보다도 중요하다.

㉠ 정보 전달 : 신제품, 새로운 정보, 신기술 등에 대한 내용을 회사 직원들에게 알리거나 고객들에게 소개하는 것이다.

㉡ 설득/제안 : 새로운 기획안이나 사업 계획 등을 준비하여 관계자들에게 발표함으로써 기존의 기준이나 가치관을 바꾸어 그들의 동의와 지원을 얻어내는 것이다.

③ 장소(Place) 전략

㉠ 프레젠테이션의 4P 중 가장 소홀하기 쉽고 프레젠테이션이 실패로 끝나는 원인 가운데 가장 빈번하고 치명적인 원인을 제공한다.

㉡ 정전, 소음, 전기 및 전자 기구의 불량, 좌석 배치, 통행로 등을 사전에 확인하고 이에 철저히 대비해야 한다.

㉢ 발표 장소만 확인하는 것으로 안심해서는 안 되고, 주변 장소가 발표장에 영향을 미치지는 않는지 확인하고, 만일 행사에 방해가 된다고 판단되면 다른 장소를 선택한다.

㉣ 주차장, 엘리베이터, 화장실, 흡연 장소, 자판기 등의 편의 시설 위치도 사전에 충분히 확인한 뒤 청중들에게 안내하도록 한다.

㉤ 프레젠테이션이 끝난 뒤 마무리나 질문 또는 보충 설명, 상담 등이 이어질 경우에 장소 이용시간을 연장할 수 있는지 확인하고, 만일 예약이 되어 있다면 발표 후 상담이나 설명을 할 수 있는 장소를 미리 확보해두는 것이 좋다.

㉥ 프레젠테이션을 진행하면서 가장 중요한 기기는 컴퓨터, LCD 프로젝터, 포인터, 마이크 등이므로 이들을 사전에 준비하고 점검해야 한다.

④ 사전 준비(Preparation) 전략

㉠ 정보와 자료 수집 : 다양하고 중요한 정보와 자료를 모은 뒤, 이것을 철저히 분석하고 잘 가공하여 프레젠테이션에서 사용할 발표 자료를 만든다.

㉡ 발표자료 제작 : 일반적으로 정보나 자료 분석과 가공에 많은 시간이 소요되며, 이것이 완벽하게 준비될수록 발표자료 제작 시간은 줄어들어 효율적으로 진행할 수 있다.

(3) 프레젠테이션 자료 준비 및 제작

① 자료 및 정보 분석과 요약

전문성과 능력이 가장 많이 요구되는 작업이 바로 자료 및 정보 분석과 요약이다. 성공적인 프레젠테이션을 위해서는 자료 분석에 최선을 다해야 한다.

더 알아보기

자료를 정리하는 방법

- 시간에 따른 정리 : 자료를 과거 – 현재 – 미래의 순서로 정리하는 방법
- 공간에 따른 정리 : 주제나 사건의 크기를 작게 나누어 정리하는 방법
- 인과관계에 따른 정리 : 대상을 상호간의 인과관계로 구분하여 정리하는 방법
- 문제 제기와 해결 방안에 따른 정리 : 문제 자체와 문제 해결 방안을 구분하여 정리하는 방법

② 시각화

㉠ 시각화 사용의 중요성 : 시각화는 청각과 시각을 동시에 자극함으로써 그 말과 이미지가 함께 전달되어 강력한 영상으로 오랫동안 기억되게 만드는 기능을 한다. 사람이 가진 오감 중 정보전달력과 기억력은 시각을 자극하고 활용하는 것이 가장 효과가 크다.

㉡ 시각화의 장점

- 강력한 전달 효과
- 확실한 설득 효과
- 명쾌한 비전 제시 효과
- 모두의 공감을 얻는 동기부여 효과

㉢ 시각화를 활용하는 요령

- 하나의 시각화 자료에는 하나의 콘셉트(주제)만 넣어라.
- 시각화 자료와 텍스트를 함께 사용하라.
- 시각화는 단순하게 하라.

- 목적이나 내용과 연관되는 시각화를 만들어라.
- 숫자는 그래프로, 문자는 차트로 만들거나 도형화하라.

ⓔ 시각화 체크리스트 : 시각화를 보여 줄 때 한꺼번에 다 보여 주지 말고, 단계별로 하나씩 보여 준다.

ⓜ 시각화를 위한 3단계 접근법

- 사물이나 정보를 새로운 관점에서 재구축한다.
- 각 부분은 분해하고, 재조립한다.
- 기존의 체계를 무너뜨리고, 새로운 각도로 분석하여 재정리한다.

더 알아보기

프레젠테이션 슬라이드 디자인의 원리 기출 19

- 통일성 : 구성요소들이 하나의 공통주제로 보이게 하는 것으로서, 색 · 형태 · 질감 · 구성 요소의 방향이나 각도를 반복 사용을 통해 표현한다.
- 이미지의 강조 : 중요한 텍스트나 이미지를 부각시키는 것으로서 질감, 크기, 색상을 통한 방법이 있다. 슬라이드에서 강조하고 싶은 부분은 색상과 크기를 조절하거나 도형이나 사진 등의 이미지 위에 텍스트를 입력한다.
- 제한된 효과 : '밀어내기', '플래시 효과' 등의 꼭 필요한 효과만을 제한적으로 사용해야 청중의 집중도를 높일 수 있다.
- 균형성 : 디자인 요소들을 균등하게 배치하는 것으로서, 대칭적 구성일 때 더 안정감 있게 보인다.
- 정렬된 배열 : 구성요소들을 어떤 방향으로 정렬하느냐에 따라 슬라이드를 보는 청중의 이해도가 달라진다.
- 그룹의 조화 : 슬라이드에서 연관 있는 구성요소, 즉 컬러, 질감, 크기 등에서 상호 보완적이어야 한다.
- 비례감 : 같은 구성 요소들이지만 어떤 비례인가에 따라 다르게 보인다.

③ 발표 노트의 작성

㉠ 발표 노트는 청중에게 보여주기 위한 것이 아니라, 발표자가 청중에게 말로만 전달할 내용을 잊어버리지 않고 상기할 수 있도록 별도로 만든 자료이다.

㉡ 프레젠테이션을 시작할 때 인사말이나 개괄적인 설명 또는 프레젠테이션을 마치고 마무리 정리나 인사말을 하는 경우를 위해 준비한다.

㉢ 프레젠테이션은 청중들에게 필요한 내용을 정확하게 빠짐 없이 전달하는 것이 목적이므로 부드러운 진행을 위해서나 중요한 내용을 건너뛰지 않기 위해서 미리 발표 노트를 준비하는 것이 필요하다.

④ 배포 자료 준비

㉠ 배포 자료는 발표 내용에 대한 이해를 높이기 위해 청중에게 미리 나눠 주는 자료를 말한다.

㉡ 배포 자료의 내용과 분량은 프레젠테이션의 목적과 종류에 따라 달라진다. 신제품이나 신기술의 경우에는 상세한 내용의 자료로, 설득이나 제안의 경우에는 중요하고 핵심적인 내용만 발췌한 것으로, 동기부여나 강연의 경우에는 요약된 자료 위주로 준비하는 것을 기준으로 한다.

(4) 효과적인 프레젠테이션 전달 기술

① 전달 기술이 중요한 이유

㉠ 실제로 프레젠테이션을 진행할 때는 발표자료의 내용과 구성, 그리고 발표자의 역량이 중요한 요소가 된다.

㉡ 발표자가 갖추어야 할 자질 가운데 '전달 기술 능력'이 바로 프레젠테이션의 성공 여부를 결정하는 핵심 능력이다.

② 전달 기술 습득을 위한 5단계

㉠ 한 번에 한 가지 기술만 연습하라.

㉡ 한 가지가 몸에 익어 자연스러워질 때까지 충분히 반복 연습하라.

㉢ 하나가 익숙해지면 다음 기술로 넘어가라.

㉣ 새로운 기술이 익숙해지면, 먼저 익힌 기술과 함께 연습하라.

㉤ 이와 같은 방식으로 모든 기술을 하나씩 확장하라.

③ 발표자의 태도 · 자세

㉠ 태도 · 자세

- 발표자는 양 발을 어깨 넓이로 벌린 자세로 서서 이야기하되 필요에 따라 자세에 변화를 주도록 한다.
- 어깨나 등이 굽은 자세로 이야기하거나 호주머니에 손을 넣는 등의 행위는 금한다.

㉡ 옷차림

- 옷차림은 지나치게 색상이 화려한 것은 피하고, 단순하면서도 감각이 돋보이는 비즈니스 정장 차림이 무난하다.
- 지나치게 요란한 목걸이나 귀걸이 같은 장신구도 피함으로써, 시선이 발표자의 옷차림에 가는 경우가 없도록 유의한다.

㉢ 제스처 : 발표 시에는 시각적 · 청각적인 의사 전달 수단뿐만 아니라 몸짓, 손짓 등의 표현(Body Language)이 의외로 상대에게 강렬하게 전달될 수 있기 때문에 적절한 제스처를 쓰되 과다하게 사용하지 않도록 유의한다.

㉣ 목소리

- 목소리는 힘 있는, 그러나 낮은 톤이 무난하다.
- 강조할 곳에서는 목소리의 크고 작음을 활용하고 명확하고도 또렷한 목소리를 유지하도록 노력한다.

㉤ 시선 맞추기 : 청중과의 시선 맞추기는 청중의 관심과 전달력을 높이고, 청중의 반응을 확인하는 측면에서 매우 중요한 요소이다.

- 몸은 시선을 주는 사람을 향하고, 그 사람 쪽으로 시선 맞추기를 하는 동시에 설명하면서 이동한다.
- 한 사람에게 시선을 주는 시간이 너무 짧거나 길지 않게 한다(한 줄 정도의 문장 길이를 말하는 시간이 적당하다).
- 반드시 청중에게 말을 하면서 시선 맞추기를 해야 한다.

④ 무대 활용 기술

청중의 시선에 변화를 주어 지루함을 없애고, 발표 내내 새로운 분위기를 연출할 수 있는 방법이다.

㉠ 무대를 골고루 이용한다.

㉡ 적당한 보폭으로 천천히 이동한다.

㉢ 방향을 바꾸어 움직일 때는 반드시 몸의 방향을 그쪽으로 돌리고 이동한다.

㉣ 청중 쪽으로 이동한 뒤 다시 무대 쪽으로 돌아오는 경우, 청중에게 등을 돌린 채 걷지 말고 자연스럽게 천천히 옆으로 걸으면서 이동한다.

⑤ 말하기 기술

㉠ 말하기보다는 손동작과 시선 맞추기 연습이 우선 : 말을 자연스럽게 하기 위해서는 제일 먼저 서 있는 자세, 손동작, 시선 맞추기 등에 익숙해지는 훈련을 해야 한다.

㉡ 잘못된 말 습관 : 발표자들이 평소 습관대로 불필요한 단어를 자주 사용하는 경우 청중의 귀에 거슬리는 것은 물론 발표자의 전달력과 품위에 좋지 않은 영향을 미친다.

⑥ 발표 시간 조절 기술

㉠ 정해진 발표 시간을 지키는 것은 매우 중요하다. 뒤이어 다음 프로그램이 예정되어 있을 경우에는 더욱 그렇다.

㉡ 프레젠테이션 진행 중에 예상치 못한 질문이나 상황으로 시간이 지연될 경우 대응기법

- 발표자료를 검토할 때 설명을 줄이거나 생략해도 큰 문제가 없는 부분을 미리 확인해 둔다.
- 일찍 끝날 경우에 대비해 유머나 재미있는 이야기를 몇 가지 준비해 두었다가 필요할 때 사용하여 시간을 조절한다.
- 중간에 예상치 못한 질문으로 시간이 지연되는 것을 막기 위해 시작할 때 질문 시간은 따로 갖겠다고 청중들에게 알린다.
- 늦게 끝나는 것보다 차라리 일찍 끝나는 것이 좋다.

⑦ 청중과의 대화 기술

프레젠테이션을 진행할 때 발표자의 일방적인 설명은 청중을 지루하게 만들고 집중력을 떨어뜨리므로, 발표 중간에 청중에게 질문을 던지고 대화를 유도하는 것은 매우 중요한 기술이다.

㉠ 결정권자나 주요 인물을 선택한다.

㉡ 긍정적이고 열성적으로 경청하는 사람을 선택한다.

㉢ 산만해 보이는 사람을 선택한다.

㉣ 너무 부정적인 의견을 가진 사람은 선택하지 않는다.

더 알아보기

최고의 프레젠터가 되기 위한 노하우

- 정보와 자료 수집 능력을 키워라.
- 정보와 자료 분석 및 가공 능력을 키워라.
- 파워포인트 프로그램의 사용법을 익혀라.
- 충분하고도 치밀한 준비를 하라.

- 전달 기술에 대한 능력을 향상시키고 계속적으로 훈련하라.
- 늘 청중의 입장과 욕구를 생각하고 그것에 초점을 맞추어라.
- 자신감과 열정을 가져라.

(5) 교육훈련의 방법 기출 14, 15, 16, 19, 20, 22 , 23, 24

① 효과적인 교육훈련 방법을 모르면 비효율적 교육훈련이 되고 만다. 업무 내용과 상황에 맞는 교육훈련 방법을 통해 단기간 내 직원을 육성하는 능력이 요구된다.

② 교육훈련의 주된 방법은 다음 세 가지이다.

㉠ OJT(On the Job Training) : 현장 업무를 통해 배우는 교육훈련이다.

㉡ OFFJT(Off the Job Training) : 현장 업무에서 벗어나 실시하는 교육훈련, 점포 회의나 집합 연수가 대표적 사례이다.

㉢ SD(Self Development) : 자발적으로 학습하거나 현장에서 배운 것을 스스로 응용하는 것으로, 현장 업무를 통해 연습하는 자기 훈련이다.

③ 교육훈련은 위 세 가지를 균형 있게 실시하는 것이 중요하다. 특히, 신입직원은 OJT를 중심으로 교육훈련을 진행하면 좋다. 수준이 높은 직원에게는 OFFJT 기회를 주고 SD를 할 수 있도록 한다.

④ 나들러(Nadler)가 제시한 교육훈련 강사의 역할 기출 22

교수 프로그램 개발자	조직의 문제를 확인하고 학습 요구를 분석하여 학습 내용을 확정한다.
학습 촉진자	학습자가 효율적으로 학습할 수 있도록 도와주는 역할을 한다.
교수전략 개발자	교육훈련 프로그램이 효과적으로 전달될 수 있도록 매체 선정과 방법을 찾는 일을 한다.

(6) 교육 대상의 특성

① 안드라고지의 원리

㉠ 1968년 노울즈(Knowles)는 아동교육으로서 페다고지(Pedagogy)와 구분되는 성인교육으로서 안드라고지(Andragogy) 개념을 도입하였다.

㉡ 페다고지가 '아동(Paidos)'과 '지도하다(Agogos)'의 합성어로서 아동을 가르치는 기예와 과학을 의미한다면, 안드라고지는 '성인(Andros)'과 '지도하다(Agogos)'의 합성어로서 성인의 학습을 도와주는 기예와 과학을 의미한다.

㉢ 안드라고지가 등장한 배경을 구체적으로 살펴보면 다음과 같다.

- 첫째, 성인들의 자기주도적 및 지속적 학습의 욕구가 점차 증가하였다.
- 둘째, 자아개념과 잠재성 실현을 중시하는 인본주의와 낭만주의 교육의 영향을 받았다.
- 셋째, 다른 교육 분야와 차별화되는 성인교육 활동의 전문성을 상징하는 교육 이론이 필요하였다.

㉣ 성인학습이론으로서의 안드라고지의 다섯 가지 기본 가정은 다음과 같다.

- 첫째, 인간은 성숙함에 따라 자아 개념이 의존적 성격에서 자기주도적 성격으로 변화한다.
- 둘째, 학습의 풍부한 원천이 되는 경험을 축적해간다.
- 셋째, 학습 준비도는 사회적 역할로 요구되는 발달 과업에 따라 갖추어진다.
- 넷째, 학습된 지식의 미래 적용보다는 즉각적 적용을 선호하여 교과중심 학습보다는 문제중심 학습을 지향한다.
- 다섯째, 외재적 요인보다는 자아실현과 같은 내재적 요인들에 의하여 학습이 동기화 된다고 한다.

② 페다고지와 안드라고지 비교 기출 23

기본가정	페다고지	안드라고지
알고자 하는 욕구	학습자는 교사가 가르치는 것을 학습해야만 한다고 인식한다.	성인들은 그들이 학습하기 전에 왜 그것을 학습할 필요가 있는지를 알고자 한다.
학습자의 자아 개념	교사의 학습자에 대한 개념은 의존적인성격의 개념이다. 따라서 학습자의 자아개념 역시 결과적으로 의존적 성격의 개념이 된다.	성인들은 자기 자신의 결정과 삶에 책임을 진다는 자아개념을 가지고 있다.
경험의 역할	학습자의 경험은 학습 자원으로서 거의 가치가 없다. 학습자원에 포함되는 경험은 교사, 교재집필자, 시청각 보조물 제작자의 경험이다.	성인들은 청소년들에 비하여 질적으로나 양적으로나 훨씬 풍부한 경험을 가지고 교육활동에 참여한다.
학습준비도	학습자는 교사가 그들에게 학습하도록 강요하는 것들을 학습할 준비가 되어 있다.	성인은 자신의 실제 생활 상황에 효율적으로 대처할 수 있고, 또 그들이 알고자 하는 욕구가 있는 것들에 대해 학습할 준비가 되어 있다.
학습성향	학습자는 학습에 대하여 교과 중심적 성향을 가지고 있다. 그들은 학습을 교재내용 습득으로 본다.	성인들을 학습성향이 생활 중심적, 과업 중심적, 문제 중심적이다.
동 기	학습자들은 외재적 동기에 의해 학습이 동기화 된다.	성인들은 외재적 동기에 반응하기도 하지만 보다 강력한 내재적 동기(직무만족, 자아존중감 증진, 삶의 질 향상 등)에 의한 것이다.

(7) 강의 기법 중요 기출 20

① 강의법

㉠ 강의법은 어떤 것을 설명하기 위하여 사용되는 방법으로서 교육에서 가장 오래 사용되어 오고 있는 교수법 중의 하나이다.

㉡ 강의법의 장점으로는 지식이나 정보를 체계적으로 제공, 한 명의 강사가 동시에 많은 사람들을 대상으로 할 수 있는 경제성, 효과적인 사실적 정보 전달, 전달되는 지식이나 정보의 동일성, 전체적인 전망을 주는 유효한 방법 등이 있다.

㉢ 그러나 학습자의 지속적인 주의집중 곤란, 학습자의 능동적인 참여유도 곤란, 학습자들의 개인적 욕구 충족에의 한계, 담당강사의 개인적 능력에 지나치게 의존하는 등의 단점도 가지고 있다.

② 토의법 기출 16, 22, 24

㉠ 토의법은 공동학습의 한 형태로서 일정한 조직으로 고정시키지 않고, 비형식적인 토의집단으로 구성하여 특정 주제와 관련된 학습자료를 가지고 토의하는 것이다.

㉡ 참가자가 비교적 소규모이며, 상호작용이 가능한 형태일 때에 유용한 방법이다.

㉢ 경험의 상호교류에 의하여 실제 생활에 도움이 되는 지식이나 기술을 습득할 수 있고, 참가자들 간의 인간관계의 향상 및 연대의식의 고양에 유리하며, 대화를 통하여 협력과 사고하는 방법 등 주관적인 태도가 양성된다는 장점이 있다.

㉣ 그러나 학습자의 수준에 한정될 수밖에 없고, 경험중심이기 때문에 본질적인 내용 파악이 어려우며, 참가자가 많을 경우에는 전개하기가 어렵다는 단점이 있다.

③ 실험, 실습법

㉠ 프로그램 참가자 자신들이 주로 실험이나 실습 등과 같이 스스로의 경험을 통하여 배워 나가는 방식이다.

㉡ 소규모의 학습활동에 유용하며 주로 지식보다는 태도변용이나 기능습득에 효과적인 방법이다.

㉢ 특히 이 방법은 일상생활의 지식과 기술을 경험으로부터 습득할 수 있고 이론학습을 보강할 수 있으며, 학습자의 자발성과 창조성을 존중한다는 장점이 있다.

㉣ 그러나 학습자 수준의 범위를 뛰어넘을 수가 없고, 내용의 계통화에 어려움이 있으며, 준비에 많은 시간을 필요로 한다는 단점이 있다.

㉤ 실험, 실습법은 다른 여러 가지 방법과 혼용하여 전개하는 것이 바람직하다.

④ 사례연구법

㉠ 사례연구는 성인학습 혹은 성인교육의 영역에서 많이 활용되어 왔던 방법 중의 하나이다.

㉡ 이 방법은 정보수집력과 문제해결력을 향상시키는 데에 적절한 교육기법으로서 특정 사례를 소재로 정보를 수집해서 문제상황을 명확히 하고 원인을 분석하여 해결책을 구하여 계획을 세우고 이행해 나가도록 하는 단계로 구성된다.

㉢ 교수자 자신이 이 분야의 전문가라고 해서 학습자들에게 해답이나 의견을 제시해 주는 것은 이 방법의 효과를 저하시키는 원인이 된다.

⑤ 시청각법

㉠ 시청각법은 시청각 보조기구를 사용해서 학습자에게 지식이나 기능을 능률적으로 전달하는 학습지도법이다.

㉡ 생활경험을 풍부하게 함으로써 인간정신의 발달을 도모하고 있다.

㉢ 또한 이해의 명확화를 돕고 학습의 능률을 높여 준다.

㉣ 관념적이고 추상적인 언어주의적인 교수방법을 지양하고, 시각과 청각의 추상적인 감각을 통한 지도방법을 적용한 것이다.

⑥ 역할연기법

㉠ 역할연기법은 가능한 실제상황과 매우 흡사한 가상적인 상황을 설정하여 신체적, 언어적인 표현을 통하여 대인관계의 능력 개발을 목적으로 시도되는 방법이다.

ⓛ 이 방법은 학습자들이 역할연기와 매우 유사한 상황에서 상대방의 입장과 생각을 이해하고 효과적인 리더십 개발을 위해 그리고 보다 나은 대인관계 기술을 체득하도록 하는 데 매우 효과적인 방법이다.

⑦ 브레인스토밍 기출 24

㉠ 브레인스토밍은 BBOD라는 광고회사의 부사장이던 알렉스 오즈번에 의해 널리 알려진 기법이다.

ⓛ 브레인스토밍은 다양한 창의적인 아이디어를 생성해 내려는 목적을 가진 집단이라면 어떤 집단에서도 사용될 수 있다.

㉢ 브레인스토밍을 실시하기 전에 먼저 참석자들에게 네 가지 규칙을 충분히 숙지시켜야 한다.

㉣ 다른 사람들의 아이디어에 대해 절대 평가하거나 비판하지 말아야 한다. 떠오르는 생각은 아무리 이상하거나 조잡하거나 엉뚱해도 표현하라는 것이다.

㉤ 다른 사람들이 제안한 것을 개선하고 확장하거나 그것을 결합된 새로운 아이디어를 내놓는 것을 장려한다는 것이다.

제3과목

02 | 스피치와 호흡기법

(1) 스피치(Speech)의 정의

스피치는 목적에 맞추어진 주어진 시간과 장소에서 다수의 사람들을 대상으로 기술적으로 말하는 것이다. → 커뮤니케이션 스킬

더 알아보기

커뮤니케이션 과정

- 말하는 사람 : 프레젠터(Presenter)
- 말하는 내용 : 메시지(Message)
- 전달하는 방법 : 커뮤니케이션 채널(언어, 음성, 시각적인 것)
- 듣는 사람 : 청중(Audience)

(2) 스피치의 종류

담 화	일정한 형식이나 특별한 준비 없이 자연스럽게 문답 형식으로 할 수 있는 스피치
연 설	청중 앞에서 주장이나 의견을 말하는 것으로 사전 준비와 더불어 표현상에도 상당한 기술을 요함
토 론	일정한 규칙이나 순서에 따라 참여자의 상호 의견을 발표해 어떤 문제의 답을 도출해 내거나 찬성과 반대로 나누어 여러 사람이 각각 의견을 말하며 논의하는 스피치
토 의	여러 사람이 모여 다수의 의견이 나온 가운데 이를 종합하여 보다 나은 결론에 도달하기 위한 스피치
회 의	규칙과 순서를 바탕으로 목적을 달성하기 위해 사람들이 모여 의장이 사회를 맡고 의사를 교환, 결정하는 것

(3) 스피치의 조건

① 심리적 안정감
관중 앞에서 긴장, 떨림, 불안을 극복하고 심리적 안정감을 갖는 것이 매우 중요하다.

② 내용을 효과적으로 전달할 수 있는 능력
음성의 고저 강약, 완급, 감정이입, 표정과 시선, 연단매너 등을 익혀야 한다.

③ 적절한 사례와 예화를 적용하여 상황을 묘사
일상생활에서 흔히 느끼고 볼 수 있는 사례를 발굴하여 관중의 동감을 불러 일으켜야 한다.

④ 주제에 몰입
자신의 언어구사에 몰입할 수 있을 때 관중을 감동시키고 변화를 유도할 수 있다.

⑤ 시작과 끝이 중요
자신감을 가지고 당당하게 시작해야 하며, 결론 부분도 그동안 말한 내용을 정확하게 요약 설명해 감동적으로 마무리해야 한다.

(4) 효과적인 스피치 방법

① 철저한 준비로 두려움을 극복하라.
② 단순한 언어를 사용하라.
③ 목소리를 힘 있고 부드럽게 하라.
④ 일상적인 대화처럼 사용하라.
⑤ 목소리에 변화를 주어라.

(5) 스피치의 원칙 기출 15, 16

① 목소리 및 속도 변화
표현을 잘하는 사람과 못하는 사람의 가장 중요한 차이는 말의 억양이나 속도에 변화를 주며 말하느냐, 아니냐이다.

② 음성의 강약 및 고저 변화
처음부터 끝까지 단조롭게 표현하면 듣는 사람을 지루하게 만들고, 의미전달을 효과적으로 할 수도 없다. 음성의 강약과 높고 낮음, 그리고 빠르고 느림이 잘 조화된 언어 표현을 익혀야 한다.

③ 띄어 말하기
글을 쓸 때는 단어 중심으로 띄어 쓰지만, 말에서는 그 의미나 흐름에 맞추어 어구를 한 단위로 묶어서 말하는 게 보통이다. 즉, 한 어구 안에서의 낱말은 붙여서 표현하는 것이 물 흐르듯 자연스럽다는 뜻이다.

④ 감정이입
말할 때 내용과 일치되는 감정을 목소리와 표정에 담아야 한다.

(6) 호흡기법

① 음 성

㉠ 음량 : 목소리가 얼마나 크냐, 작냐를 말한다. 풍부한 음량은 스피치의 절대적인 원동력이 된다.

㉡ 음폭 : 목소리가 굵냐, 가느냐를 말한다. 일반적으로 굵직한 음성은 남성의 특징이며 가는 음성은 여성의 특징이다.

㉢ 음질 : 목소리가 맑냐, 탁하냐를 말하는 것으로 보통 여자의 음질은 맑고 남자의 음질은 여자보다 탁하다.

㉣ 음색 : 음색이란 다른 사람과 구별되는 목소리이다. 여러 가지 색이 합해져 어떤 사물의 색깔을 결정하듯, 음성표현의 여러 가지 요소가 작용하여 음색이 결정된다.

② 복식 호흡법

스피치에서의 호흡법은 숨을 들이 마시면 배가 자연스럽게 나오고 말을 할 때에는 배에 힘이 들어가는 복식 호흡이 바람직하다.

③ 발 음

명료하고 세련된 발음을 위해서는 평소에 자기 발음에 관심을 갖고 꾸준한 연습으로 표준말 발음을 습관화해야 한다.

더 알아보기

10단계 발성

발성의 10단계는 아주 중요한 기본 발성으로서 자신의 음성을 정확히 알게 하고 고저, 강약, 장단의 연습을 통해 신뢰와 호감을 주는 음성을 개발할 수 있다.

03 | 자기주장법

(1) 자기주장의 개념

① 자기주장은 상대방이 반드시 내 의견을 받아들이도록 하는 가장 어려운 말하기이다.

② 설득처럼 상대방의 동의를 얻어내는 말하기나 토론처럼 반대의견을 가진 사람과 충분히 의견을 절충하는 말하기보다 자기주장을 관철하는 말하기가 더욱 어렵다.

③ 따라서 주장에는 힘이 실려야 하고, 자기주장을 뒷받침하는 뚜렷한 근거가 있어야 주장을 관철하기 쉽다.

(2) 자기주장적 행동

① 주장적 행동의 개념

㉠ 의사소통과정에서 상대방의 권리를 침해하거나 상대방을 불쾌하게 하지 않는 범위 내에서 자신의 권리, 욕구, 의견, 생각, 느낌 등 자신이 나타내고자 하는 바를 직접적이고 정직하며 적절한 방법으로 자신을 표현하는 행동으로서 공감적 주장행동을 의미한다.

㉡ 공감적 주장행동에는 자기의 요구를 표현하고 자신의 권리를 방어하는 자기자신에 대한 존경과 타인의 요구와 권리를 존경하는 것이 포함된다.

② 주장적 행동과 소극적/공격적 행동

㉠ 소극적 행동은 자신의 솔직한 감정, 사상, 신념을 표현하지 못함으로써 자기의 권리를 타인으로 하여금 침해하도록 허용하는 경우로서 자기자신에 대한 존경의 결핍을 나타낸다. 소극적 행동은 말하고 싶은 것이 있어도 잘 표현하지 못하기 때문에 참을성 있고 얌전하다는 평을 받으나, 자신은 힘들고 불쾌하며 상대방에게 좋지 못한 감정을 갖게 되는 경우가 많다.

㉡ 공격적 행동은 타인의 인격과 권리를 침해하면서 자신의 주장을 하는 행위를 의미한다. 상대방에게 피해를 주면서까지 자신이 말하고 싶은 것을 표현하기 때문에 주변 사람들이 싫어하게 된다.

㉢ 주장적 행동은 소극적 행동과 공격적 행동의 문제점들을 최소화하고 좋은 점을 살린 행동이다.

[주장적 행동과 공격적 행동 비교]

주장적 행동	공격적 행동
• 자신의 욕구, 권리의 표현	• 타인을 희생하여 욕구, 권리를 표현
• 정서적으로 정직하고 직접적인 표현	• 정서적으로 정직하나 누군가를 희생하도록 표현
• 인간적 권리를 유지하나 타인의 권리를 침해하지 않음	• 부적절한 과잉반응 및 타인을 멸시하거나 창피를 줌
• 자신에게 좋은 감정과 확신감을 줌	• 분노감정이나 나중에 죄의식을 불러일으킴
• 타인에게 존경심을 일으킴	• 분노, 원한, 복수심을 불러일으킴
• 자신이 바라는 목표를 소신있게 성취	• 타인을 희생하여 목표를 성취

③ 주장적 행동의 연습

㉠ 공감적인 자기주장법

- 상대방의 말을 잘 듣고 이해했다는 자세를 보여 준다.
- 자신의 생각과 느낌을 말한다.
- 자신이 원하는 바를 분명하게 말한다.

㉡ 부정적인 감정을 주장하는 방법

- 마음의 안 드는 상대방의 행동이나 일을 명확히 밝힌다.
- 그것이 어떤 영향을 미치는지 지적한다.
- 그것에 대한 당신의 느낌을 표현하고, 당신이 원하는 것이 무엇인지를 말한다.

㉢ 거절하는 방법

- 상대방의 분위기를 살피고 거절할 분위기를 조성한다.
- 변명하듯 둘러대지 말고 핵심을 명확하게 밝힌다.
- 미소를 띤 채 정중히 거절한다.

④ 주장적인 행동을 할 때 주의사항

㉠ 자기 입장과 주장 목적을 혼동해서는 안 된다.

㉡ 지나친 배려는 삼간다.

㉢ 당신의 문제로 상대방을 비난해서는 안 된다.

㉣ 자기주장을 방어하기 위해 무리수를 두어서는 안 된다.

㉤ 성급하게 해결책부터 내놓지 않는다.

㉥ 너무 긴 배경 설명과 불필요한 말을 해서는 안 된다.

㉦ 사람과 문제를 뒤섞어서는 안 된다.

(3) 자기주장 기술

① 회의에서의 자기주장 기술

㉠ 시작 전에 주장할 내용을 문장으로 작성해 숙지한다.

㉡ 최근 이슈에 대한 데이터 등을 사전에 모아서 검토해 둔다.

㉢ 복잡한 주장일수록 쉽고 간단하게 말한다.

② 프레젠테이션에서 자기주장 기술

㉠ 말하면서 떨지 말아야 한다.

㉡ 의상 · 구두 · 헤어스타일로 신경 쓰는 일이 없도록 한다.

㉢ 장소를 친숙하게 만들어 놓는다.

㉣ 지나치게 많은 데이터와 시각 자료 준비 등에 시간을 빼앗겨서는 안 된다.

③ 제안서에서 자기주장 기술

㉠ 한눈에 결론이 보이는 간결하고 핵심이 드러나는 보고서를 작성한다.

㉡ 육하원칙, 즉 "누가, 언제, 어디서, 무엇을, 어떻게, 왜"를 빠트리지 말고 적어야 한다.

㉢ 제안서를 작성할 때에는 한 가지 내용은 한 장 안에 요약한다.

㉣ 제안서 내용은 문제점이 아닌 해결책 위주로 써야 한다.

④ 구두 제안으로 자기주장을 관철하는 기술

㉠ "내가 상사라면 이 부분에 대해서는 어떻게 생각할까?"하고 스스로 물어본다.

㉡ 내용이 많으면 보고서 작성하듯 명료하고 알아듣기 쉽게 설명한다.

㉢ 주장을 관철하려면 당당한 목소리로 자신감 있게 말한다.

〈자료 : 대한민국 30대를 위한 자기주장기술, 이정숙 지음, 한국경제신문사〉

04 | 파워포인트와 포토샵

(1) 파워포인트

① 파워포인트 주요 기능

기획, 설계단계	기획 내용과 아이디어를 슬라이드에 거친 형태로나마 작성하는 단계로서, 개요 기능을 통해 전체적인 흐름을 설계하는 단계이다.
준비, 제작단계	• 화면상에서 텍스트나 도형, 차트 등을 배치시켜 품격 있는 슬라이드를 손쉽게 만들 수 있다. • MS엑셀 등에서 만든 차트를 불러와서 활용할 수 있다. • 급히 내용을 변경해야 할 때에는 간단하게 수정할 수 있다. • 동영상이나 음성을 모두 컴퓨터 데이터로 취급하므로 통합적인 프레젠테이션이 가능하다. • 비교적 간단하게 웹 페이지로 전환할 수 있다.
실시단계	• 프로젝터를 사용하여 컴퓨터에서 직접 스크린을 향해 쏘면 넓은 장소에서 사람들을 대상으로 하는 프레젠테이션을 할 수 있다. • 슬라이드 디자인을 사용하여 깔끔한 프레젠테이션이 가능하다. • 화면 전환 효과나 애니메이션 효과, 효과음 등 여러 가지 효과를 이용하여 듣는 사람들이 지루하지 않도록 프레젠테이션을 진행할 수 있다. • 링크 기능으로 다른 슬라이드나 웹 페이지 주소에 연결할 수 있어서 색다른 프레젠테이션을 할 수 있다. • 질문 시간에 필요한 슬라이드를 간단하게 찾아낼 수 있다. • 소수의 사람들을 대상으로 하는 프레젠테이션을 해야 할 경우 노트북 컴퓨터를 사용하면 장소에 구애 받지 않고 방문한 곳에서 손쉽게 프레젠테이션을 할 수 있다. • 유인물을 간단하게 만들 수 있다.

② 파워포인트 활용 유의사항 기출 19, 23

㉠ 제안서와 PT용 슬라이드는 용도에 맞게 디자인되어야 한다.

㉡ 템플릿은 내용에 맞는 것을 선택하거나 별도로 제작한다.

㉢ 배경 컬러는 발표 장소와 내용에 따라 통일감 있게 지정한다.

㉣ 애니메이션을 너무 과다하게 사용하지 않도록 주의한다.

㉤ 사운드(내레이션/배경음악/음향효과)는 효과를 고려해 활용한다.

㉥ 동영상은 화질과 음질이 좋은 상태에서 상영한다.

(2) 포토샵 주요 기능

① 이미지 선택작업과 자르기

② 이미지 합성/효과 적용

③ 사진 수정, 편집, 변형

④ 사진 보정 및 복원

⑤ 페인팅 및 그라디언트 기능

⑥ 다양한 레이어 기능 활용

⑦ 레이어 스타일 효과

⑧ 이미지용 필터 기능

⑨ PNG, JPG, GIF 저장

⑩ 세이프, 패스 기능

05 | 컴퓨터 바이러스

(1) 디도스(DDOS ; Distributed Denial Of Service)

① '분산 서비스 거부' 또는 '분산 서비스 거부 공격'이라고도 한다. 여러 대의 공격자를 분산 배치하여 동시에 동작하게 함으로써 특정 사이트를 공격하는 해킹 방식의 하나이다.

② 서비스 공격을 위한 도구들을 여러 대의 컴퓨터에 심어 놓고 공격 목표인 사이트의 컴퓨터시스템이 처리할 수 없을 정도로 엄청난 분량의 패킷을 동시에 범람시킴으로써, 네트워크의 성능을 저하시키거나 시스템을 마비시키는 방식이다.

(2) 트로이 목마(Trojan Horse)

① 자료삭제 · 정보탈취 등 사이버테러를 목적으로 사용되는 악성 프로그램이다.

② 해킹 기능을 가지고 있어 인터넷을 통해 감염된 컴퓨터의 정보를 외부로 유출하는 것이 특징이다.

③ 바이러스처럼 다른 파일을 전염시키지 않으므로 해당 파일만 삭제하면 치료가 가능하다. 이것은 인터넷에서 다운로드 파일을 통해 전파되는데, 사용자가 누른 자판정보를 외부에 알려주기 때문에 신용카드번호나 비밀번호 등이 유출될 수 있다.

(3) 잠입(Back Door)

① 허가받지 않은 사용자가 네트워크에 들어갈 수 있을 만큼 허술한 부분을 일컫는 말이다.

② 원래는 네트워크 관리자가 외부에서도 시스템을 점검할 수 있도록 빈틈을 만들어 둔 데서 시작되었지만, 최근에는 해킹에 취약한 부분을 일컫는 용어로도 사용된다.

(4) 눈속임(Spoof)

① 유명 업체의 명의로 스팸메일을 발송, 소비자들이 믿을 수 있는 e-mail로 생각하게끔 오도해 e-mail의 개봉 빈도를 높이려는 행위를 말한다.

② e-mail을 통해 '가짜 웹사이트'로 유도하여 사용자가 암호와 기타 정보를 입력하도록 속이는 것이다.

08 인터넷 활용

01 | 전자상거래 기획

(1) 전자상거래의 개념

① 전자상거래의 등장배경

㉠ 개인용 컴퓨터의 보급

㉡ 통신망의 발달

㉢ 인터넷 관련 기술의 발전

② 전자상거래의 정의

㉠ 전자상거래란 기업과 기업 간 또는 기업과 개인 간, 정부와 개인 간, 기업과 정부 간, 기업자체 내, 개인 상호간에 다양한 전자매체를 이용하여 상품이나 용역을 교환하는 방식을 말한다.

㉡ 전자상거래는 조직(국가, 공공기관, 기업)과 개인(소비자) 간 또는 조직과 조직 간에 상품의 유통 관련 정보에 대한 배포, 수집, 협상, 주문, 납품, 대금지불 및 자금이체 등 모든 상거래상의 절차를 전자화된 정보로 전달하는 온라인(On-line) 상거래를 의미한다.

③ 전자상거래의 절차

㉠ 상품의 광고 및 전시(정보교류)

㉡ 상품의 선택

㉢ 주문(Ordering)

㉣ 인 증

㉤ 대금결제(Payment)

㉥ 상품의 배달

㉦ 서비스 및 지원(Service and Support)

④ 전자상거래에서 거래되는 상품

㉠ 물리적 상품(=유형 상품) : 현실 세계에 실체가 존재하고 우리가 직접 만질 수 있는 상품, 즉 식료품, 의류, 서적, 포도주 등 일용품에서부터 보석과 같은 희소상품까지 현실 세계에서 거래되는 거의 모든 물건을 말한다.

㉡ 디지털 상품(=무형 상품) : 디지털로 생산, 유통, 소비, 저장될 수 있는 모든 상품을 말한다. 디지털상품의 실체는 만져 볼 수 없으며, 단지 컴퓨터를 통해 보거나 즐길 수 있다.

- 콘텐츠 상품 : 수요자의 다양한 정보수요를 만족시킬 수 있다(뉴스, 엔터테인먼트, 여행정보).
- 모듈 상품 : 다양한 모듈로 제품을 제공하여 고객이 스스로 자신의 선호에 따라 원하는 제품을 구성할 수 있다(컴퓨터 게임 등).
- 맞춤 상품 : 고객 개인의 특성과 요구에 맞춘 설계가 가능하다(보험설계, 투자자문 등).

(2) 전자상거래의 유형 중요

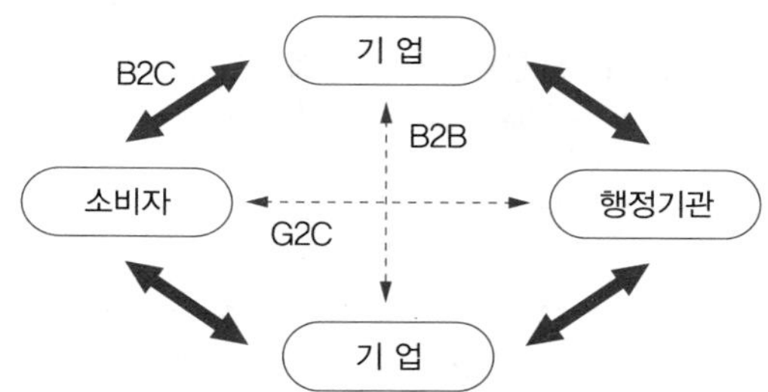

① 전자상거래의 특성에 따른 분류

㉠ EC(Electronic Commerce) : 일반 소비자를 대상으로 온라인쇼핑 등의 형태로 거래 → 전자상거래

㉡ EDI(Electronic Document Interchange) : 기업 간에 주문, 송장, 대금지불 등을 전자문서교환의 형태로 거래 → 전자문서교환

㉢ CALS(Commerce At Light Speed) : 제품의 설계도면 및 개발, 제조, 유통, 유지보수 등 모든 데이터를 공유하는 광속상거래

㉣ MC(Mobile Commerce) : 이동통신기술을 기반으로 하는 인터넷을 통한 거래

② 전자상거래의 주체에 따른 분류

㉠ 기업과 기업 간의 전자상거래(B to B, B2B ; Business to Business) : 기업 간 전자상거래는 EDI를 활용하면서부터 도입되기 시작하였다.

㉡ 기업과 개인 간의 전자상거래(B to C, B2C ; Business to Consumer)

- 기업(판매자)은 소비자가 상품에 대한 정보를 검색할 수 있는 전자상품카탈로그를 인터넷상의 쇼핑사이트에 구축하고 소비자는 쇼핑사이트에 접속하여 상품에 대한 정보를 보고 구매를 결정하면 판매자에게 자신의 선택품목 · 수량, 배달장소, 대금지불방법 등에 관한 정보를 판매자에게 제공한다.
- 대금지불방법은 신용카드를 사용하는 경우 반드시 지불 · 결제대행기관인 신용카드회사나 금융기관의 신용확인 및 승인절차를 따르게 된다. 지불단계가 완료되면 상품의 배달을 위해 판매자는 택배회사에 위탁배송하거나 또는 자사의 배달수단을 통하여 상품을 전달하게 된다.

㉢ 기업과 정부 간의 전자상거래(B to G, B2G ; Business to Government) : 기업과 정부조직 간의 모든 거래를 포함하는 것으로 가장 중요한 분야는 정부의 조달업무에 관한 분야이다.

㉣ 개인과 정부 간의 전자상거래(C to G, C2G ; Consumer to Government) : 개인과 정부(행정기관)와의 거래로 세금 및 공공요금 등을 인터넷상에서 납부할 수 있게 한다.

㉤ 개인과 개인 간의 전자상거래(C to C, C2C ; Consumer to Consumer) : C2C는 소비자 간에 1대1 거래가 이루어지는 것을 말하며, 이 경우 소비자가 상품의 구매 및 소비의 주체인 동시에 공급의 주체가 되기도 한다.

[전자상거래의 형태]

거래형태	내 용
기업 간 전자상거래 (Inter-Business Commerce)	• EDI를 통한 기업과 공급업자 간의 문서발주 • 대기업을 중심으로 부분적인 실현 • 보안 및 인터넷기술 발달로 소기업 확산 • 기업과 금융기관 간의 전자자금 이체 • 불특정 다수의 네트워크
기업 내 전자상거래 (Intra-Business Commerce)	• 고객주문의 조직 내 이동(워크플로우시스템) • 정보공유(전자메일, 전자출판), 화상회의 • 기업 간의 특정 네트워크 • 최근에는 인트라넷의 기술로 실현
기업 대 개인 전자상거래 (Business to Individual Commerce)	• 홈쇼핑, 홈뱅킹, 온라인광고 • 교육(온라인 데이터베이스, 뉴스그룹) • 오락(게임, On-demand 서비스) • 인터넷쇼핑몰(Internet Shopping Mall)

(3) 전자상거래의 특성 중요

① 전통적 상거래 대비 전자상거래의 특징

㉠ 유통채널이 짧다.

㉡ 시간과 공간의 제약을 초월한다.

㉢ 고객정보를 수집하기가 용이하다.

㉣ 마케팅활동이 효율적이다.

㉤ 고객의 욕구에 적극적이고 즉각적인 대응을 할 수 있다.

㉥ 판매거점이 필요 없다.

㉦ 소액자본으로도 사업을 전개할 수 있다.

[전자상거래와 전통적인 상거래의 비교]

구 분	전자상거래	전통적인 상거래
유통채널	기업 → 소비자	기업 → 도매상 → 소매상 → 소비자
거래대상지역	전 세계(Global Marketing)	일부 지역(Closed Clubs)
거래시간	24시간	제약된 영업시간
고객수요 파악	• 온라인으로 수시 획득 • 재입력이 필요 없는 Digital Data	• 영업사원이 획득 • 정보 재입력 불필요
고객대응	• 고객욕구를 신속히 파악 • 고객불만 즉시 대응	• 고객욕구 포착 곤란 • 고객불만 대응 지연
마케팅활동	• 쌍방향 통신을 통한 일대일 • 상호대화식(Interactive) 마케팅	구매자의 의사에 상관없는 일방적인 마케팅
판매거점	네트워크정보에 의한 판매	시장, 상점전시에 의한 판매
소요자본	홈페이지 구축 등에 상대적으로 적은 비용 소요	토지, 건물 등의 구입에 거액의 자금 필요

② 전자상거래의 기대효과

㉠ 소비자 측면

긍정적 측면	• 편리하고 경제적이다. • 비교쇼핑이 가능하다. • 충분한 정보에 의해 상품을 구입할 수 있다. • 심리적으로 편안한 상태에서 쇼핑이 가능하다. • 일시적인 충동구매를 감소시키고 계획구매가 가능하다.
부정적 측면	• 제품에 대한 실제감 부족과 결제 · 배송으로 인한 반품 · 환불의 어려움이 있다. • 개인정보 누출의 우려가 있다.

㉡ 판매자 측면

긍정적 측면	• 고정비용 및 간접비용을 절감할 수 있다. • 시간적 · 공간적 제약이 없다. • 마케팅성과를 높일 수 있다. • 가격경쟁력을 제고시킨다. • 새로운 시장에 대한 진입 및 시장확대가 용이하다. • 지불 및 결제가 간편하다. • 기존의 유통경로를 단축시키며, 새로운 형태의 사업기회를 창출한다.
부정적 측면	• 제품 간의 경쟁이 심화된다. • 새로운 관리시스템이 부가되어 비용으로 전가된다. • 유통채널의 변화에 따른 경영상 어려움이 발생할 수 있다.

③ 전자상거래의 문제점

㉠ 인프라의 접근과 사용에 대한 교육의 미비

㉡ 사용자와 소비자의 신뢰의 결여

㉢ 보안 및 인증기술의 미비

㉣ 사생활 및 개인신상에 관련된 소비자정보의 보호수준 미달

㉤ 법적인 불확실성의 존재

㉥ 세금부과의 문제

㉦ 지적재산권 및 상관습 규범의 변경 등

02 | 전자상거래 운영 및 관리

(1) 전자상거래의 구성요소

① 전자상거래의 기반요소

구 분	관련기술
기술기반(Technical Infrastructure)	통신기술, 보안기술, 데이터처리기술
기능기반(Functional Infrastructure)	표준(데이터포맷표준, 보안표준)
조직기반(Organizational Infrastructure)	법 · 제도, 교환 등 이용약관
사회기반(Social Infrastructure)	거래관행 · 규칙(상거래의 윤리, 신뢰 등)

② 전자상거래의 기반기술

구 분	개 요
암호화	DES, RSA, SEED 등 전송문서의 암호화
보안프로토콜	SSL, SET, PKCS 등의 보안프로토콜
보 안	방화벽, 침입탐지 등 해킹방지, 정보누출 방지기능
TCP/IP	인터넷 통신프로토콜
HTTP	웹문서 전송프로토콜
HTML/XML/SGML	인터넷문서의 표준언어
EDI/Web-EDI	전자문서교환
전자화폐	결제 지불처리
BPR/ERP/SCM	기업 간 공동자원관리 및 업무혁신

㉠ 전자상거래를 위해 항상 사용되는 필수적인 기술 : EDI, 전자우편, 통합메시징 등

㉡ 통상적으로 사용되는 기술 : 전자자금이체(EFT ; Electronic Fund Transfer), 디렉터리서비스, 전자양식(e-Form), 안전한 메시지교환(Secure Messaging), 전자카탈로그 등

㉢ 경우에 따라 사용되는 기술 : 파일전송, 전자게시판, 바코딩, 보안방화벽 시스템 등

③ 전자상거래 사업의 구성요소

㉠ 콘텐츠(Contents) : 컴퓨터화면에 표시되는 문장, 그림, 영상, 음성, 아이디어, 오락 등을 말한다.

㉡ 커뮤니티(Community) : 인터넷을 운용하는 기업들은 공동의 관심사를 갖고 있는 모임이나 구성원들에게 유용한 정보제공과 콘텐츠 보급을 통하여 지속적인 사이트 방문을 유도하거나 결국에는 상업적인 거래로 이르게 하는 기초적 유대관계를 유도한다.

㉢ 커머스(Commerce) : 기업은 인터넷에서 쉽게 자신의 제품이나 서비스를 구매할 소비자를 찾을 수 있다.

㉣ 커뮤니케이션(Communication) : 인터넷은 단방향 통신이 아니라 쌍방향 통신을 기반으로 문자뿐만 아니라 음성, 화상, 동영상 등의 멀티미디어를 주고받는다.

(2) 전자결제시스템 중요

① 전자결제시스템의 의의

㉠ 판매자와 구매자 간의 일대일 대면이 필요 없다.

㉡ 시간과 장소에 관계없이 거래가 가능하다.

㉢ 신용카드, 전자수표, 전자화폐와 같은 디지털금융수단이 활용된다.

㉣ 운용비용의 감소로 온라인상거래를 증가시킨다.

② 전자결제의 보안

㉠ 전자상거래 관련 보안기능

- 기밀성(Confidentiality) : 전달내용을 제3자가 획득하지 못하도록 하는 것
- 인증(Authentication) : 정보를 보내오는 사람의 신원을 확인하는 것
- 무결성(Integrity) : 전달과정에서 정보가 변조되지 않았는지 확인하는 것
- 부인방지(Non-repudiation) : 정보교환 및 거래사실의 부인을 방지하는 것

㉡ 전자상거래의 보안대책
- 암호화
- 전자서명
- 블라인드 전자서명
- 전자화폐 이중사용 방지

㉢ SSL과 SET 방식
- SSL(Secure Socket Layer) : 응용계층과 전송계층 사이에서 안전한 데이터전송채널을 위해 넷스케이프사가 개발한 프로토콜
- SET(Secure Electronic Transaction) : 신용카드 기반의 안전한 전자결제과정을 위해 비자카드, 마스터카드 등이 중심이 되어 만든 표준안

③ 인터넷 신용카드결제시스템

㉠ 신용카드시스템의 특징 : 신용카드결제시스템은 SET의 전송표준과 신용카드를 결제의 기반으로 하는 전자결제수단으로 가장 많이 사용되고 있다.

㉡ 사이버캐시(Cyber Cash)지불시스템 : 1994년에 설립된 사이버캐시(Cyber Cash)사에서 제작한 신용카드를 사용하는 인터넷 전자지불시스템으로 암호화 알고리즘(RSA암호화 알고리즘)과 SET를 통하여 보안성을 높이고 있다.

㉢ 퍼스트 버추얼(First Virtual) : 퍼스트 버추얼 홀딩스(First Virtual Holdings)사에서 개발한 퍼스트 버추얼(FV ; First Virtual)시스템은 신용카드번호와 같은 민감한 정보를 인터넷으로 전송하지 않고 전자우편을 통해 소비자의 구매의사를 확인하는 절차로 구성된 신용카드 모형에 기반을 둔 인터넷 전자지불시스템이다.

④ 전자자금이체

㉠ 전자자금이체의 특징
- 기존의 홈뱅킹이나 ATM보다 시간과 공간의 제약 없이 폭넓은 서비스를 제공한다.
- 인터넷을 이용할 경우 은행원이나 별도의 부가적인 장비를 필요로 하지 않기 때문에 처리비용이 저렴하다.

㉡ 전자자금이체의 종류
- CD/ATM에 의한 출금 · 계좌이체 · 서비스이체
- ATM에 의한 입금
- M/T에 의한 지로이체
- 계좌 간 자동이체, 납부자 자동계좌이체
- 직불카드에 의한 계좌이체

⑤ 전자수표결제시스템

㉠ 전자수표결제시스템의 특징
- 전자적인 형태의 수표를 자신의 컴퓨터에서 직접 발행하여 상대방에게 전달하여 줌으로써 전자상거래의 결제수단으로 사용하는 형태이다.
- 현금가치를 은행에 저장시킨 후 거래당사자 간에는 은행계좌 간 자금이동을 위한 전자수표만 유통됨으로써 자금보관에 대한 안정성을 확보할 수 있다.

㉡ 넷체크(Net Cheque) : DES(Data Encryption Standard) 암호알고리즘을 이용한 인증프로토콜인 케르베로스(Kerberos)에 기반을 둔 전자수표에 의한 지불시스템이다.

㉢ 넷빌(Net Bill) : 미국 카네기멜론 대학에서 개발한 전자수표 또는 전자직불카드(Electronic Debit Card)방식에 의한 인터넷 결제시스템이다. Net Bill시스템에서의 서버는 거래정보의 교환, 구매자와 판매자의 계정을 유지 · 관리하는 기능을 수행하고 있는데, 이 경우 각 계정은 거래은행계좌와 상호 연결되어 있어 거래대금의 이체를 가능하게 하고 있다.

⑥ **전자화폐**

㉠ 정의 : 전자화폐(Electronic Money 또는 Electronic Cash)란 은행 등 발행자가 IC칩이 내장된 카드나 공중정보통신망과 연결된 PC 등에 일정 화폐가치를 전자기호로 저장하고, 이의 지급을 보장함으로써 통신회선으로 자금결제가 이루어지도록 하는 화폐를 말한다.

㉡ 전자화폐의 특징

- 기존 화폐의 문제점을 보완하기 위해 원격지원 통신기능, 휴대 및 보관관리의 편리성, 위조방지기능을 추가한 것이다.
- 거래당사자 간에 자금전송이 가능하여 높은 유연성과 보안성, 익명성을 제공한다.
- 비교적 소액의 상품을 구매하는 데 용이하다.
- 거래와 결제가 동시에 완료된다.

㉢ 전자화폐의 발전배경

- 반도체 기술의 발전
- PC의 광범위한 보급
- 네트워크의 발전
- 암호기술의 발전

㉣ 전자화폐의 요건

- 위조가 불가능한 안전성을 지녀야 한다.
- 개인의 프라이버시가 보호되어야 한다.
- 사용자가 다른 사람에게 자신의 현금을 양도할 수 있어야 한다.
- 전자화폐를 복사해 사용하는 이중사용(Double Spending)이 방지되어야 한다.

㉤ 전자화폐의 유형

- 휴대가능 여부에 따른 분류
  - 하드웨어형 전자화폐 : IC카드형, CD카드형
  - 네트워크형 전자화폐 : 전자지갑형, 선불카드형, 모바일형
- 결제수단여부에 따른 분류
  - 가치저장형 : IC칩을 내장한 플라스틱카드에 화폐가치를 저장한 다음, 필요할 때 인출하여 사용 – 몬덱스(Mondex)
  - 지불지시형 : 사이버캐시사가 개발한 사이버캐시(Cyber Cash)와 퍼스트 버추얼 홀딩스사가 개발한 퍼스트 버추얼(First Virtual)이 대표적
  - 전송형(네트워크형) : 화폐가치를 인터넷 등의 네트워크를 통해 이전하는 방식으로 네덜란드의 디지캐시사가 개발한 e-Cash가 대표적

- 양도성 여부에 따른 분류
  - 개방형(Open Loop) 전자화폐 : 발급기관을 매개하지 않고 전자화폐 소지자 간의 화폐 가치 이전 가능
  - 폐쇄형(Closed Loop) 전자화폐 : 발급기관을 통해서만 이전이 가능하며, 소지자 ↔ 가맹점 ↔ 발급은행으로만 가치가 흐름

03 | 시스템 운영 및 관리

(1) 전자상거래와 물류

① 전자상거래와 물류와의 관계

㉠ 전자상거래가 확산됨으로써 기업과 소비자 간의 거래가 네트워크상에서 활발하게 이루어지게 됨에 따라 지역적인 한계를 벗어나 전 세계로 확대되고 있다.

㉡ 기업들은 전자상거래 체계를 활용함으로써 중간 유통업체를 거치지 않고 소비자에게 직접 상품을 판매할 수 있다.

㉢ 전자상거래가 성공적으로 정착하기 위해서는 생산자로부터 고객에게 물품이 바로 수송되고 대금을 회수하는 일련의 과정이 하나로 연결되어 물류의 효율성과 비용 절감을 추구해야 하기 때문에 경제시스템뿐만 아니라 물류관리시스템도 정비되어야 한다.

㉣ 전자상거래에서는 물류, 특히 택배시스템의 선택이나 구축이 마케팅의 핵심이며, 전자상거래 기업의 성패를 좌우하는 요소이다.

② 전자상거래와 물류기능

물류 관리가 이루어지기 위해서는 운송, 보관, 포장, 하역, 정보 등 물류의 5대 기능이 뒷받침되어야 한다.

(2) 물류정보 시스템

① 정 의

물류정보 시스템은 종합적인 물류활동의 전사적 최적화를 위하여 수주로부터 출하까지의 제반활동을 계획 · 관리하는 시스템이다.

② 목 적

기업의 원가 절감과 경쟁력 제고를 위하여 물류 활동과 관련한 제반 정보를 활용하여 물류 기능의 효율화를 도모하는 데 있다.

(3) 통합물류시스템

① 통합물류시스템의 의의

통합물류시스템은 비용을 최소화하고 고객 시스템 수준을 최대화한다는 목표 아래 구매 관리, 자재관리, 완제품 물적 유통의 개념을 단일 시스템으로 통합한 개념이다. 따라서 이러한 통합적 물적 유통시스템을 통해 기업의 모든 기능과 활동들이 기업 전체의 목표를 달성하고 전사적 전략에 부합하도록 실행되고 조정된다.

② 통합물류시스템의 효과

㉠ 물류시스템의 통합을 통해 수요 예측의 정확도를 제고시키고 동시에 재고 유지의 필요량도 감소시킬 수 있다.

㉡ 통합된 물류시스템은 물류 관리 활동의 오차와 불확실성을 감소시키고, 시스템의 유연성 제고를 통해 고객 서비스 수준을 높여준다.

㉢ 궁극적으로 물류 비용을 줄이는 동시에 고객 서비스의 수준을 높일 수 있다. 이를 위해서 시장 환경의 변화에 대한 민첩한 대응이 필요하며 정보기술 및 설비의 효율적 이용이 요구된다.

③ 통합물류시스템의 종류

구분	내용
신속대응 시스템 (QR ; Quick Respond)	제품의 제조에서 소비자에게 전달되기까지의 제조 과정을 단축시키고 소비자의 욕구 및 수요에 적합한 제품을 공급함으로써 제품 공급 사슬의 효율성을 극대화하는 기법이다.
효율적 소비자 반응 시스템 (ECR ; Efficient Consumer Response)	원자재 공급자에서 점포의 선반까지 유통의 전체 공급 사슬을 리엔지니어링함으로써 비효율성과 초과 비용을 제거하는 것이다.
전사적 자원관리 (ERP ; Enterprise Resource Planning)	기업의 중심적 활동에 속하는 원자재 · 생산 · 판매 · 인사 · 회계 등의 업무를 통합 · 관리해 주는 패키지로 기업의 전 부문에 걸쳐 있는 인력, 자금 등의 경영 자원을 체계적으로 관리함으로써 생산성을 향상시키는 것을 목표로 하고 있다.
공급사슬관리 (SCM ; Supply Chain Management)	최종 고객의 욕구를 충족시키기 위하여 공급업자로부터 최종고객에 이르기까지의 공급체인 내의 각 기업 간에 긴밀한 협조를 통해 공급체인 전체의 물류의 흐름을 최적화시키는 것이다.

(4) 배송관리

① 배송의 개념

배송은 판매자의 물류센터에서 영업점까지의 단순배달에서 벗어나 최종소비자에게 제품을 직접 인도, 설치, 사용법 교육 등을 수행하는 종합물류서비스의 일부이다.

㉠ 수송 : 일반적으로 대형 운송매체를 통하여 대량의 물품을 장거리에 걸쳐 이동시키는 것(공장에서 물류거점 또는 대형고객으로의 직송)

㉡ 배송 : 지역거점에서 소형운송매체를 통하여 소매점 또는 최종소비자에게 물품을 단거리 이동시키는 것

② 배송시스템

㉠ 배송시스템의 기능 : 4대 기능 수행(오더등록, 출고처리, 택배진행관리, 사후관리)

㉡ 배송시스템의 유형
- 생산자 집약형 배송
- 프랜차이즈에 의한 배송
- 택배 전문회사를 이용한 배송
- 기타 택배시스템

③ 인터넷 쇼핑몰의 배송체계

㉠ 주문과 배송 : 소비자의 인터넷 쇼핑절차는 다음과 같다.
- 원하는 상품의 임시 결정
- 상품검색
- 후보상품의 비교
- 주문요청
- 지 불
- 배달상품 수취, 검사, 사용
- 사후 서비스 및 반품 요청

㉡ 배송체계
- 창고를 가진 인터넷 쇼핑몰의 배송체계 : 구매자와 인터넷 쇼핑몰 사이에 계약이 이루어지면 인터넷 쇼핑몰은 물류회사에 배송요구를 하고, 물류회사는 창고로부터 고객에게 주문상품을 배송해 준다. 구매자가 인터넷 쇼핑몰에 주문번호를 입력하여 추적서비스를 요구하면 인터넷 쇼핑몰은 물류회사에게 추적정보를 요청하여 결과를 구매자에게 통보해 준다.
- 다수의 공급자가 창고를 가진 인터넷 쇼핑몰의 배송체계 : 주문처리과정은 상황에 따라 인터넷 쇼핑몰이 주문을 승인하는 방법과 직접 주문을 승인하는 방법이 있다.

(5) 재고관리

① 재고의 목적

재고는 기업이익의 최대화를 지향하여 적정 수준의 재고를 유지하고 품절로 발생되는 매출기회 상실에 대비하여 고객 서비스를 최대화하는 것을 목적으로 한다.

㉠ 재고 투자 비용의 최소화로 기업이윤의 극대화를 추구한다.

㉡ 고객의 서비스 수준을 최대화한다.

② 재고관리의 기능

㉠ 수요변화에 대한 수급기능 : 생산과 판매 사이의 완충적인 본래의 기능으로서, 불확실한 미래의 수요 변화에 대해서 재고를 보유함으로써 변동적인 수요 변화에 대해 적절히 대응한다.

㉡ 생산의 독립적 유지기능 : 생산공정에서의 재공품 재고는 다른 생산에 영향을 미치지 않고 공정별 독립생산을 유지하여 전체 시스템의 정체 및 지연을 방지하여 경제적 생산 및 관리가 가능하다.

㉢ 생산계획의 신축적인 기능 : 생산공정에서의 완제품에 대한 적절한 재고를 유지함으로써 평준화된 생산계획으로 생산부하를 저감시키며, 시스템운영을 원활하게 한다.

㉣ 수송 합리화 기능 : 효율적인 재고의 공간적 배치로서 소비자의 요구에 부응하는 최적인 형태별 분류 및 배송을 가져온다.

제3과목 | 문제해결력 기르기

제1장 | 콜센터 운영

01
다음 중 전화응대의 특성이 아닌 것은?

① 목소리만의 커뮤니케이션이다.
② 상대방의 표정, 태도, 주변 환경을 알기 어렵다.
③ 증거를 남기기 어렵다.
④ 아무런 예약도 없이 불시에 걸려온다.
⑤ 한정된 직종, 직급의 사람들과 통화를 하게 된다.

해설 다양한 직종, 직급, 성격의 사람들과 통화를 하게 된다.

02
다음 중 전화를 받는 응대자의 자세가 바람직하지 못한 것은?

① 고객이 문제를 제시한 부분을 고맙게 여긴다는 내용을 직시한다.
② 통화 중에는 메모를 하면서 경청을 하고, 종료 후에는 메모를 정리한다.
③ 앞으로 취할 행동단계를 되풀이하여 상대방에게 통화내용을 확인한다.
④ 일반적으로 업무전화는 용건을 듣는 측에서 먼저 끊는 것이 예의이다.
⑤ 통화 종료 전에 더 도와줄 일은 없는지 확인한다.

해설 용건을 듣는 측에서 상대방이 용건을 말하고 끝이 나고도 다시 이어지는 경우가 있으므로 상대가 끊고 난 후에 수화기를 내려놓는다.

03
전화응대의 3요소로 묶인 것은?

가. 신 속 나. 정 확 다. 친 절 라. 반 복 마. 만 족

① 가, 나, 다
② 나, 다, 라
③ 다, 라, 마
④ 가, 다, 마
⑤ 나, 다, 마

해설 **전화응대의 3요소**
신속, 정확, 친절

04
다음 중 고객의 이야기에 보조를 맞추어 통화하면서 서로의 간극을 줄이고 일치감을 갖도록 하는 것으로 전화응대 구성요소로서 최상의 도구에 해당하는 것은?

① 정확한 발음
② 음 성
③ 음 량
④ 속 도
⑤ 억 양

해설 고객이 말하는 속도와 강세에 응대자가 보조를 맞추는 것이 전화응대 구성요소의 최상의 도구로 인식되고 있다.

01 ⑤ 02 ④ 03 ① 04 ④ 정답

05

다음 중 전화응대 시 전화를 받을 때의 행동으로 적절하지 않은 것은?

① 메모를 위해 펜과 종이를 준비한다.
② 전화받는 사람의 음성이 그 회사에 대한 첫인상이라고 해도 과언이 아니다.
③ 용건은 간단하고 명료하게 메모한다.
④ 전화가 들리지 않더라도 다시 한 번 말해 달라는 것은 예의가 아니다.
⑤ 상대방이 전화를 끊은 뒤 수화기를 내려놓는 것이 예의이다.

해설 전화가 들리지 않으면 다시 한 번 말해 달라고 정중히 요청한다.

06

전화를 받는 방법으로 적절하지 않은 것은?

① 벨이 울리면 즉시 받는다.
② 실수가 없도록 중요한 내용을 복창한다.
③ 전화는 왼손잡이가 아닌 한 오른손으로 받는다.
④ 이쪽의 용건은 상대의 말이 끝난 후에 한다.
⑤ 불필요한 긴 통화는 자제한다.

해설 벨이 적어도 세 번 울리기 전에 왼손으로 수화기를 즉시 든다.

07

다음은 전화 사용 시의 주의점이다. 가장 바르지 못한 태도는?

① 어린이로 짐작될 경우는 반말을 써도 무방하다.
② 비즈니스 전화는 건 쪽에서 먼저 끊는 것이 원칙이나 상대방이 끊은 것을 확인한 후 수화기를 놓는다.
③ 상대편이 지위가 높은 어른일 경우에는 그쪽에서 끊은 다음 이쪽에서 끊도록 한다.
④ 전화를 걸거나 받을 때 전화기는 왼손으로 잡도록 한다.
⑤ 상대의 말을 지레짐작하여 응답하지 않는다.

해설 전화 대화는 기본적으로 경어를 쓰는 것이 좋다.

08

전화응대법에 관한 내용으로 가장 바람직한 태도는?

① 사내 전화가 왔을 때는 회사명, 부서명 및 성명을 말한다.
② 상대가 통화하고자 하는 사람이 부재중이어서 전언을 의뢰받았을 때에는 반드시 자신의 소속 부서명과 성명을 밝힌다.
③ 잘못 걸려온 전화인지를 확인하기 위하여 상대방이 신원을 밝힐 때까지 수화기를 든 채 기다린다.
④ 전화를 받는 중에 메모를 하게 되면 전화의 내용을 혼동하거나 흘려버릴 우려가 있으므로 메모는 통화가 끝난 후에 정리한다.
⑤ 중요한 일의 경우 상대방의 통화 가능 여부를 물어보지 않아도 된다.

해설 ① 사내 전화가 왔을 때는 부서명만 말한다.
③ 잘못 걸려온 전화일 때는 이쪽의 번호나 회사명을 알려준다.
④ 메모는 통화하면서 적는다.
⑤ 상대방의 통화 사정을 물어본다. 특히, 휴대폰일 경우 회의 중이거나 운전 중일 수 있으므로 반드시 통화 가능 여부를 물어봐야 한다.

정답 05 ④ 06 ③ 07 ① 08 ②

09
다음 중 전화응대의 기본예절로 부적당한 것은?

① 인사나 필요한 농담이라도 길어지지 않도록 한다.
② 신속히 받고 원가의식을 갖고 간결하게 통화한다.
③ 중요한 부분은 강조한다.
④ 상대의 말을 지레짐작하여 재빨리 응답한다.
⑤ 고객과의 언쟁은 피하고 말대꾸를 하지 않는다.

해설 상대의 말을 지레짐작하여 응답하지 않는다.

10
다음 중 친절한 전화응대로 적절하지 않은 것은?

① 상대의 직책에 따라 경어를 쓰도록 한다.
② 상대의 말을 끊거나 가로채지 않는다.
③ 필요 이상으로 소리를 크게 내거나 웃지 않는다.
④ 상대의 언성이 높아지거나 불쾌해하면, 한발 물러서서 언쟁을 피한다.
⑤ 상대의 기분을 이해하도록 하여 상대의 심리를 긍정적으로 만들어야 한다.

해설 상대가 누구이건 차별하지 말고 경어를 쓰도록 한다.

11
전화를 걸기 전의 준비사항으로 관련 없는 것은?

① 상대의 상황을 예측해 본다.
② 상대의 전화번호, 소속과 성명을 확인한다.
③ 통화하고자 하는 용건을 정리한다.
④ 통화 중 필요한 서류와 자료를 준비한다.
⑤ 전화 메모 내용을 적는다.

해설 전화 받을 때의 상황이다.

12
다음 중 스크립트(Script) 작성 원칙에 대한 설명으로 옳지 않은 것은?

① 장시간에 걸쳐 고객을 설득할 수 있어야 한다.
② 이해하기 쉽게 작성되어야 한다.
③ 활용 목적이 명확해야 한다.
④ 논리적으로 작성되어야 한다.
⑤ 회화체로 작성되어야 한다.

해설 스크립트는 원활한 고객응대를 위하여 미리 구성해 놓은 대본인 만큼 간단명료하면서도 완성도 높은 스크립트를 만드는 것이 필요하다.

09 ④ 10 ① 11 ⑤ 12 ① 정답

13

다음 보기의 역할에 해당하는 콜센터 구성원의 명칭은 무엇인가?

> • 텔레마케팅 스크립트 작성 및 개선작업 수행
> • 현장에서 텔레마케터에 대한 교육 및 코칭 실행
> • 텔레마케터 이직률 관리에 대한 업무중점 수행

① 모니터링 관리자
② 프로젝트 매니저
③ 인사 · 채용 담당자
④ 수퍼바이저
⑤ 통화품질 관리자

해설 **수퍼바이저의 역할**
• 상담원 모니터링 및 코칭
• 상담원 교육 및 카운슬링
• 고객의 불만, 소원처리
• 회사와 상담원의 원만한 중재
• 실적 집계, 업무보고, 생산성 향상
• 상담원의 근태 관리 및 작업장 분위기 조성

14

인간관계를 두텁게 하기 위해서는 풍부한 화제와 공통된 화제가 있어야 한다. 다음 중 공통된 화제로서 부적절한 것으로만 묶은 것은?

> 가. 할 일
> 나. 여 행
> 다. 계절, 날씨
> 라. 연 봉
> 마. 종 교

① 가, 나, 다　　② 나, 다
③ 다, 라　　④ 라, 마
⑤ 가, 나, 다, 라, 마

해설 대화가 즐겁게 되려면 화제가 공통적이면서 상대방에게 흥미를 주어야 한다.

15

다음 중 바람직한 호칭 사용법으로 가장 적절한 것은?

① 상사에 대한 존칭은 호칭에만 사용한다.
② 문서상이라도 상사의 지시를 전달할 때는 존칭을 사용한다.
③ 다른 사람에게 자신을 소개할 때는 정확한 전달을 위해 이름을 "성, ㅇ자, ㅇ자입니다"라고 한다.
④ 자신의 상사보다 더 윗사람 앞에서 자기 상사를 칭할 때에는 '님'자를 붙인다.
⑤ 사내에서는 직급과 직책 중에서 편한 호칭을 사용한다.

해설 ② 문서에는 상사의 존칭을 생략한다.
③ 다른 사람에게 자신을 소개할 때는 "ㅇ자, ㅇ자"라고 하지 않는다.
④ 자신의 상사보다 더 윗사람 앞에서 자기 상사를 칭할 때에는 직책이나 직위만을 붙인다.
⑤ 사내에서는 직급과 직책 중에서 더 상위 개념을 칭한다.

16

다음 중 바른 경어 사용법에 대한 설명으로 옳지 않은 것은?

① 고객님, 환불이 안 됩니다.
② 고객님, 주문한 상품이 나왔습니다.
③ 최OO 사장님은 지금 사장실에 계십니다.
④ 상급자가 하급자에게 : 박OO 과장, 이 문서를 좀 고쳐야겠어요.
⑤ 하급자가 상급자에게 : 김OO 부장님, 이 문서를 봐 주십시오.

해설 고객님, 주문하신 상품이 나왔습니다.

정답 13 ④ 14 ④ 15 ① 16 ②

17

다음 중 구성원의 성과관리를 위한 목표설정 원칙과 거리가 먼 것은?

① 목표는 명백해야 한다.
② 결과는 정량적이고, 주관성이 있어야 한다.
③ 목표는 측정 가능해야 한다.
④ 목표는 주기적으로 검토되어야 한다.
⑤ 목표에는 그의 달성을 위한 행동계획이 포함되어야 한다.

해설 성과관리를 통해 구성원을 평가 및 보상하여 동기부여를 할 수 있기도 하며, 성과결과를 가지고 부서장 및 임원들과 객관적이고 근거 있는 커뮤니케이션을 할 수 있다.

18

직장에서의 호칭으로 잘못된 것은?

① 직속 상급자는 직급의 명칭에다 '님'을 붙여 부르고 말한다.
② 같은 직급의 사람이 여럿이 아닐 때의 직속 하급자는 직급명만 부르고 말한다.
③ 직책과 직급명이 없는 하급자는 성과 이름에 '씨'를 붙여 부르고 말한다.
④ 나이가 10년 이상 위이면 '선배님'이라고 부른다.
⑤ 동급자라도 연령이 위이면 직급에 '님'을 붙인다.

해설 나이가 10년 이상 위이면 '선생님'이라고 부르고, 10년 이내 위이면 '선배님'이라고 부른다.

19

다음은 콜센터 운영에 대한 설명이다. 보기에서 빈칸에 알맞은 말은?

> (   ) 방식의 콜센터는 기존의 회선교환 텔레폰 개념에서 벗어나 음성을 데이터로 전환하여 전화나 팩스 전송에 소요되었던 회선 비용을 절감할 수 있다.

① ARS
② VOIP
③ WTP
④ PBX
⑤ ANI

해설 ② VOIP(Voice Over Internet Protocol) : 기존의 전화교환망의 음성 서비스를 인터넷 IP기술을 사용하여 데이터로 전환, 인터넷 팩스, 웹콜, 통합 메시지 처리 등의 향상된 인터넷 전화 서비스를 제공한다.
① ARS(Automatic Response System) : 자동응답시스템으로서 24시간 연중 고객 서비스가 가능하다.
③ WTP(Wireless transaction protocol) : 이동통신에서 사용되는 표준으로서, OSI모델의 무선통신 부분이다.
④ PBX(Private Branch eXchange) : 전화를 자동연결해 주는 구내 전화교환 시스템이다.
⑤ ANI(Automatic Number Identification) : 전화를 건 고객의 번호를 수신자가 알 수 있게 신호를 함께 보내주는 전화국의 서비스의 통칭이다.

17 ② 18 ④ 19 ② 정답

20
콜센터의 역할 중 서비스 전략적인 측면에 해당하지 않는 것은?

① 정확한 고객 니즈 파악 및 피드백 제공
② 다양한 커뮤니케이션 채널 확보
③ 기업 전체에 미칠 영향의 중시
④ 콜센터 운영지표의 확보
⑤ 고객가치 증대의 측면

해설 '고객가치 증대 측면'은 기업의 경영운영 측면에서의 콜센터 역할이다. 고객의 가치를 증대시키기 위해서는 서비스의 차별화를 강화하고, 고객지향적인 다양한 매체 중심의 마케팅 전략을 전개해야 한다.

21
다음 중 콜센터의 운영 핵심 요소로 가장 적절하지 않은 것은?

① 콜센터의 핵심 상담원
② 전략수립
③ 체계적인 운영
④ 서비스의 전략적인 측면
⑤ 효율적인 작업 인프라 구축

해설 서비스의 전략적인 측면은 콜센터의 역할에 해당한다.

22
다음 중 콜센터 업무 분류 중 인바운드 콜 서비스에 속하는 것은?

① 해피콜
② 텔레뱅킹
③ 연체고객관리
④ 클레임
⑤ 시장조사

해설 인바운드 콜 서비스는 고객의 요구, 불만사항(클레임 등)을 처리하거나 주문접수처리, 제품 설명 및 고객의 궁금증을 확인시켜 준다.

23
고객 콜센터의 효율적인 운영을 위한 방안으로 적절하지 않은 것은?

① 다양한 고객활동 정보를 활용하여 보다 나은 고객 서비스 기법을 지속적으로 개발하여 고객에게도 서비스 범위와 혜택을 홍보한다.
② 고객만족도 평가항목을 정하고 기간별로 데이터를 분석하여 집계 · 발표하는 기회를 갖는다.
③ 고객이 요구하는 사항은 무엇이든지 원스톱으로 처리하되 가능하면 해당 부서로 연결한다.
④ 지속적인 정보관리를 할 수 있도록 화면과 각종 리포트를 개발하여 현업에 활용한다.
⑤ 고객상담활동의 우수직원과 부서에 대해서 적절한 보상을 제공함으로써 조직원 전체의 관심도를 유발한다.

해설 부득이 전문성을 요하는 경우에만 해당 부서로 연결한다.

24
콜센터가 고객관계관리를 총괄하는 CRM 센터로 진화하게 된 원인으로 볼 수 없는 것은?

① 통신 및 정보 시스템 기술의 발달
② 원투원 마케팅 기법의 발달
③ 비용효율화에 따른 오프라인 영업조직의 축소
④ 기업중심적 마케팅전략
⑤ 고객의 시간효율성 추구성향 증가

해설 현대 기업에서의 마케팅 전략은 고객지향적이다.

정답 20 ⑤ 21 ④ 22 ④ 23 ③ 24 ④

25

다음 중 콜센터의 역할로서 가장 거리가 먼 것은?

① 신규고객의 확보
② 기존고객 활성화
③ 고객정보 획득 및 시장조사 기능 수행
④ 고객중심의 고객감동 실천의 장
⑤ 거래보조수단

해설 콜센터의 역할은 거래보조수단에서 세일즈수단으로 변화되고 있다.

26

콜센터의 모니터링 방법 중에서 정해진 동료의 상담내용을 듣고 장단점을 피드백하고 벤치마킹할 수 있도록 하는 모니터링 방법에 해당하는 것은?

① Recording Monitoring
② Peer Monitoring
③ Remote Monitoring
④ Side-by-Side Monitoring
⑤ Self Monitoring

해설 ① 상담원이 모르는 상태에서 무작위로 추출한 상담내용을 평가자가 녹취하여 결과를 상담원과 공유하도록 하는 방법
③ 상담원의 콜을 수시로 들어볼 수 있는 방식으로 신입사원을 대상으로 활용도가 높은 방법
④ 서로 도움을 주는 위치에서 모니터링하기 때문에 신입 상담원에게 아주 좋은 방법
⑤ 상담원이 고객과 통화한 콜을 청취하여 스스로 평가하게 하는 방법

27

CRM 측면에서 콜센터 역할로서 가장 부적절한 것은?

① 콜센터는 고객 요구사항에 대하여 적합하게 응대해야 한다.
② 콜센터는 고객 요구사항을 원스톱(One-stop)으로 한 번에 처리할 수 있어야 한다.
③ 콜센터는 크로스 셀링/업 셀링을 방지해야 한다.
④ 콜센터는 개별콘텍트 데이터를 통합하고 분석해야 한다.
⑤ 콜센터는 모든 고객의 콘택트내용을 기록하고 관리해야 한다.

해설 콜센터는 적시에 크로스 셀링/업 셀링을 유도해야 한다.

28

콜센터에서 CRM을 운영함으로써 기대할 수 있는 다양한 부가효과로 볼 수 없는 것은?

① 콜센터와 연계되는 사업부로부터 전략적 지원 획득
② 고객만족 및 충성도 최대화
③ 효과적인 고객 마케팅 전략개발
④ 콜센터를 통한 고객 서비스의 신속하고 효율적인 제공
⑤ 셀프 서비스 시스템의 이용촉진을 통한 비용증가

해설 ARS와 같은 셀프 서비스 시스템의 이용촉진을 통해 비용을 절감할 수 있다.

25 ⑤ 26 ② 27 ③ 28 ⑤ 정답

29

다음 중 인바운드형 콜센터의 특징에 해당하는 것은?

① 기업주도형이다.
② 많은 양의 고객데이터를 보유한다.
③ 목표달성과 성과 지향적이다.
④ 고객설득 능력이 우수하다.
⑤ 고객의 접근이 용이하다.

해설 ①·②·③·④ 아웃바운드형 콜센터의 특징이다.

30

다음 중 아웃바운드 콜센터 상담기법의 특징이 아닌 것은?

① 기업체 주관으로 조사하여 마케팅 전략에 활용하는 역할을 수행한다.
② 콜센터에서 소비자에게 전화를 걸어서 제품, 서비스 사용상의 애로사항이나 문제점을 서비스 차원에서 확인한다.
③ 기업의 입장에서도 적은 비용으로 제품판매가 가능하다.
④ 교통체증시대에 바람직한 판매방법으로 많이 활용하고 있다.
⑤ 고객에게 일률적인 정보를 제공한다.

해설 고객의 취향이나 요구사항, 현재 상황 등을 연구·분석하여 고객이 필요로 하는 상품과 서비스를 고객의 욕구에 맞게 제공한다.

31

아웃바운드의 기본 스크립트 구성체계를 올바르게 나타낸 것은?

① 자기소개 및 첫인사 → 상대방 확인 → 전화를 건 목적 전달 → 정보수집 및 니즈탐색 → 상품, 서비스 제안 → 종결
② 상대방 확인 → 자기소개 및 첫인사 → 전화를 건 목적 전달 → 정보수집 및 니즈탐색 → 상품, 서비스 제안 → 종결
③ 전화를 건 목적 전달 → 자기소개 및 첫인사 → 상대방 확인 → 정보수집 및 니즈탐색 → 상품, 서비스 제안 → 종결
④ 자기소개 및 첫인사 → 전화를 건 목적 전달 → 상대방 확인 → 정보수집 및 니즈탐색 → 상품, 서비스 제안 → 종결
⑤ 정보수집 및 니즈탐색 → 자기소개 및 첫인사 → 상대방 확인 → 전화를 건 목적 전달 → 상품, 서비스 제안 → 종결

해설 **아웃바운드의 기본 스크립트 구성**
자기소개 및 첫인사 → 고객(상대방) 확인 → 전화목적 전달 → 정보수집 및 니즈탐색 → 상품, 서비스 제안 → 종결

32

다음 중 스크립트(Script)의 필요성 및 목적으로 적절하지 않은 것은?

① 표준화된 언어표현과 상담방법으로 상담원 중심 응대가 용이해진다.
② 고객에게 전화목적에 대한 효율적인 전달이 용이해진다.
③ 콜 센터의 생산성 관리를 도와준다.
④ 상담원들의 평균 통화시간을 조절할 수 있다.
⑤ 상담원들의 생산성 관리 및 통화 관리가 용이해진다.

해설 표준화된 언어표현과 상담방법으로 고객 중심 응대가 용이해진다.

정답 29 ⑤ 30 ⑤ 31 ① 32 ①

33

다음 중 스크립트의 작성목적과 거리가 먼 것은?

① 일관성
② 생산성 향상
③ 고객정보제공
④ 서비스 표준화
⑤ 효과 측정

해설 텔레마케터의 고객상담관리 지침 역할을 한다.

34

다음 중 스크립트 작성 원칙으로 옳지 않은 것은?

① 스크립트는 구어체가 아닌 문어체로 작성되어야 한다.
② 스크립트는 고객, 기업, 상담원 입장을 고려해서 작성되어야 한다.
③ 스크립트는 역할연기를 통해 텔레마케터가 실전에 활용할 수 있도록 충분히 숙지되어야 한다.
④ 이해하기 쉽게 작성되어야 한다.
⑤ 논리적으로 작성되어야 한다.

해설 스크립트는 문어체가 아닌 구어체(회화체)로 쓰여야 한다.

35

스크립트에 대한 설명이 적절하지 않은 것은?

① 잠재고객 또는 고객과 통화를 할 때 사용하는 대본과 같은 것으로써 고객과의 원활한 대화를 돕는다.
② 스크립트는 통화목적과 방향설정이 명확해야 하고 효과적인 통화시간을 관리할 수 있고, 텔레마케터의 자신감을 고취시킨다.
③ 다양한 고객을 접하게 됨에 따라 스크립트는 지속적인 보완을 해야 한다.
④ 효과적인 통화를 위해 텔레마케터는 스크립트에 나와 있는 상황대로 고객응대를 해야 한다.
⑤ 스크립트를 가지고 반복된 훈련을 함으로써, 체계적이고 계획적인 상담능력을 기를 수 있다.

해설 효과적인 통화를 위해 텔레마케터는 고객의 요구를 파악하고, 스크립트를 탄력적으로 활용하여 일관된 흐름에 따라 대화를 진행하도록 해야 한다.

36

다음 중 상호교류가 개인적인 수준까지 발전하며, 호혜성의 원칙이 초월되는 인간관계 형성단계는?

① 첫인상 형성 단계
② 피상적 역할 단계
③ 논리적 오류 단계
④ 친밀한 사적 단계
⑤ 접근 단계

해설 **인간관계 형성단계**

- 첫인상 형성 단계 : 두 사람의 직접적인 접촉 없이 관찰을 통해 서로 아는 단계(면식 단계)
- 피상적 역할 단계 : 두 사람 사이에 직접적인 교류가 일어나는 단계(접촉 단계)
- 친밀한 사적 단계 : 두 사람 사이에 상호의존이 나타나는 단계(상호의존 단계)

33 ③ 34 ① 35 ④ 36 ④ 정답

37

다음 중 수신자와 관련된 의사소통과정의 장애요인을 모두 고르면?

> 가. 평가하려는 경향
> 나. 선택적인 경청
> 다. 선입견 및 편견
> 라. 상급자들의 자기보호 의식
> 마. 무반응 또는 부적절한 반응

① 이상 모두
② 나, 다, 라
③ 가, 나, 다, 라
④ 가, 나, 다, 마
⑤ 나, 다, 라, 마

해설 상급자들의 자기보호 의식은 송신자와 관련된 의사소통과정의 장애요인이다.

38

다음 중 성과관리의 필요성으로 개인의 Benefit에 해당하는 것은?

① 성과에 대한 명확한 보상
② 역량 개발의 책임
③ 코칭 의무
④ 커뮤니케이션 및 방향성
⑤ 업무목표 및 역량개발의 체계화

해설 ①·②·③·④ 회사의 Benefit에 해당한다.

39

동기부여와 활력을 주는 코칭 방법에 대한 설명으로 적절하지 않은 것은?

① 훌륭한 일을 처리했을 때는 잘한 행동에 대해 조목조목 칭찬해 주는 것이 좋다.
② 사람들 앞에서 칭찬하고 보이지 않는 곳에서 충고하도록 한다.
③ 칭찬은 타이밍이 적절할수록 좋다.
④ 스킬 향상과 행동변화를 위한 코칭은 말하기 보다는 질문스킬을 이용한다.
⑤ 코칭할 내용을 미리 준비하여 한꺼번에 여러 가지를 피드백한다.

해설 스킬 향상과 행동변화를 위해 코칭하고자 할 때에는 한 번에 한 가지나 두 가지 정도만 선정한다.

40

TMR 성과관리에 대한 설명으로 옳지 않은 것은?

① 콜센터 운영 전략에 따라 콜센터 운영이 제대로 되었는지를 주요 관리지표를 통해 측정한다.
② 성과관리는 기획하고(Plan), 실행하고(Do), 관찰하고(See), 재고하는(Revise) 일련의 사이클(Plan – Do – See – Revise)을 반복한다.
③ 콜센터 성과관리를 하는 이유는 콜센터 운영을 잘하고 있는지 알아보고 개선 포인트를 찾기 위함이다.
④ 성과관리는 측정이나 평가 자체가 목적이다.
⑤ 콜센터 성과관리의 첫 단계는 성과관리를 위한 전략을 수립하는 것이다.

해설 성과관리는 측정이나 평가 자체보다는 지속적인 개선을 통해 발전을 이루는 것을 궁극적 목적으로 삼는 것이 바람직하다.

정답 37 ④ 38 ⑤ 39 ⑤ 40 ④

41

바람직한 전화응대 자세에 대한 설명으로 옳지 않은 것은?

① 자신의 불쾌한 감정을 목소리에 나타내지 않는다.
② 전화기 옆에 필기도구를 준비하여 항상 메모할 수 있도록 한다.
③ 숫자, 장소, 금액, 일시 등과 같은 내용은 반복하여 확인하도록 한다.
④ 고객응대 전화일 경우 유머와 전문적인 내용 전달로 신뢰감을 형성하도록 한다.
⑤ 통화 중 상대방을 기다리게 할 경우 주위의 대화 내용이 들리지 않도록 한다.

해설 유머와 전문적인 내용보다 고객이 알아듣기 쉽게 내용을 전달해야 한다.

42

교육훈련 기법 중 역할연기법의 단점에 해당하는 것은?

① 진행자의 능력 및 기술에 거의 전적으로 의존한다.
② 이론의 체계적인 습득이 어렵다.
③ 교수자의 일방적인 내용 전달에 그칠 수 있다.
④ 다른 방법과 병용하지 않으면 의미가 없다.
⑤ 참석자가 전문적인 지식을 가지고 있어야 한다.

해설 **역할연기법**
가능한 실제상황과 매우 흡사한 가상적인 상황을 설정하여 신체적 · 언어적인 표현을 통하여 대인관계의 능력 개발을 목적으로 시도되는 방법이다.

43

기업교육 기법 중 'OJL(On the Job Learning)'에 해당하는 것은?

① 코 칭
② 멘토링
③ 실천학습
④ 직무순환
⑤ 직무교육훈련

해설 OJL(On the Job Learning)의 종류에는 자기학습(SML), 실천학습(Action Learning)이 있으며, ① · ② · ④ · ⑤ 예시는 OJT(On the Job Training)의 종류에 해당한다.

44

기업교육 방법 중 OJT의 종류에 해당하지 않는 것은?

① 직무교육훈련
② 멘토링
③ 직무순환
④ 자기학습
⑤ 코 칭

해설 **교육훈련의 주된 방법 3가지**

- OJT(On the Job Training) : 현장 업무를 통해 배우는 교육 훈련이다.
- OFFJT(Off the Job Training) : 현장 업무에서 벗어나 실시하는 교육훈련, 점포 회의나 집합 연수가 대표적 사례이다.
- SD(Self Development/자기계발) : 자발적으로 학습하거나 현장에서 배운 것을 스스로 응용하는 것으로, 현장 업무를 통해 연습하는 자기 훈련이다.

※ 교육훈련은 위 세 가지를 균형 있게 실시하는 것이 중요하다. 특히, 신입직원은 OJT를 중심으로 교육훈련을 진행하면 좋다. 수준이 높은 직원에게는 OFFJT 기회를 주고 SD를 할 수 있도록 한다.

41 ④ 42 ④ 43 ③ 44 ④ 정답

01
다음 중 고객응대 화법으로 가장 부적절한 것은?

① 공손한 말씨를 사용한다.
② 고객의 입장이나 이익을 중심으로 이야기한다.
③ 대화에 감정을 싣지 않는다.
④ 명확하게 말한다.
⑤ 알기 쉬운 말로 한다.

해설 고객을 응대할 때에는 대화에 감정을 싣는다.

02
고객에 대한 설득화법으로 기본원칙에서 벗어나는 것은?

① 칭찬과 감사의 말
② 고객이 이해하기 쉬운 말
③ 올바른 시선접촉
④ 사상과 종교에 대한 이야기
⑤ 고객의 이야기에 경청

해설 정치적인 사상이나 신앙은 신념을 기본으로 하므로 충돌이나 논란의 근거가 된다.

03
다음 전화응대의 기본자세에 대한 설명으로 옳지 않은 것은?

① 회사를 대표하고 있다는 책임의식과 주인의식을 가진다.
② 회사 전체의 이미지와 서비스의 좋고 나쁨을 좌우한다는 인식으로 응대한다.
③ 항상 비용이 소비된다는 인식을 가지고 응대한다.
④ 서비스 창구이고 고객만족의 첫걸음임을 인식한다.
⑤ 고객과 자리를 함께 하고 있다는 생각을 가져야 한다.

해설 전화응대는 보이지 않는 회사의 첫인상이며 서비스 창구이다. 고객만족의 첫걸음임을 인식하고, 고객과 자리를 함께 하고 있다는 생각을 가지고 예의바르게 하여, 친절한 이미지를 향상시킬 수 있도록 전화응대 예절을 몸에 익혀 실천해야 한다.

04
다음 보기의 상황에서 사용된 고객응대 화법은 무엇인가?

고객이 매장에 들어와 서성일 때 급한 전화업무 중이라면, 우선 인사를 건넨 다음, "죄송합니다만, 잠시 기다려 주시겠습니까?"라고 말한 후에 하던 일을 끝마치고 고객을 대한다.

① 쿠션화법
② 보상화법
③ 부메랑 화법
④ 플러스 화법
⑤ 'Yes, but' 화법

해설 ① '죄송합니다만', '미안하지만'의 말을 적절하게 활용한 화법이다.
② 약점과 강점을 같이 부각시켜 보는 시각의 차이를 강화시키는 화법이다.
③ 부메랑의 원리를 이용한 화법으로서, 약점을 강점으로 강화시키는 화법이다.
④ '신발 벗고 들어오세요.' → '신발장이 입구에 준비되어 있습니다.'처럼 좀 더 공손하게 표현하는 화법이다.
⑤ 상대의 말에 일단 긍정을 표하는 화법이다.

정답 01 ③ 02 ④ 03 ③ 04 ①

05
고객에 대한 설득적 표현 방법으로 옳지 않은 것은?

① 청각에 호소하는 언어를 활용한다.
② 음성이 명확하며 부드러운 목소리여야 한다.
③ 상황에 적당한 음량과 템포를 유지한다.
④ 품위 있는 유머를 한다.
⑤ 대화에 적당한 간격을 주어야 한다.

해설 시각에 호소하는 언어를 활용한다.

06
다음의 고객응대 중 고객이 원하는 응대에 대한 설명으로 적절하지 않은 것은?

① 고객들은 문제 해결을 원한다.
② 고객은 자기의 의견이 수용되기를 원한다.
③ 고객은 무조건 저렴한 것을 원한다.
④ 고객은 존중 받기를 원한다.
⑤ 고객은 도움 받기를 원한다.

해설 고객은 무조건 저렴한 것보다는 적정한 가치를 원한다.

07
다음 중 고객 유형이 우유부단한 고객일 경우 응대 기법으로 가장 적절한 것은?

① 대화 중에 반론을 제기하거나 자존심을 건드리는 행위는 금지사항이다.
② 시기 적절히 질문을 해 상대가 자신의 생각을 솔직히 드러낼 수 있도록 도와준다.
③ 정중함을 잃지 않고 냉정하고 의연하게 대처한다.
④ 우회화법을 사용하여 고객으로 하여금 사실을 말하도록 유도한다.
⑤ 합의를 지연하고자 하는 고객의 의도를 경계한다.

해설 ① 전문가형 고객
③ · ④ 빈정거리는 고객
⑤ 지나치게 호의적인 고객

08
고객 유형이 불만족한 고객일 경우의 응대 기법으로 가장 부적절한 것은?

① 고객이 만족할 수 있는 방법을 제시한다.
② 전문기관을 알선한다.
③ 폐쇄형 질문을 한다.
④ 충분히 배려한다.
⑤ 공감을 하면서 경청한다.

해설 불만족한 고객을 응대할 경우에는 개방형 질문을 한다.

05 ① 06 ③ 07 ② 08 ③ 정답

09

다음 중 고객 유형이 무리한 보상을 요구하는 고객일 경우 대응자세로 옳지 않은 것은?

① 소비자를 존중하면서 응대한다.
② 무리한 경우 형사고발 등 법적 대응을 한다.
③ 충분히 사과하고 이해시키고 협조를 구한다.
④ 쌍방 간에 일보씩 양보하는 선에서 합의를 도출한다.
⑤ 과거의 유사한 피해보상 사례를 수집해 검토한다.

해설 형사고발 등 법적 대응하겠다는 것은 고객의 심리상태를 나타낸다.

10

다음 중 고객 유형이 화난 고객일 경우 대응자세로 옳지 않은 것은?

① 같이 화를 내서는 안 된다.
② 'Yes, but' 화법으로 정중히 사과한다.
③ 화내는 이야기에 경청하지만 함부로 공감해서는 안 된다.
④ 원인에 대한 책임소재를 파악한다.
⑤ 긍정적 자세로 소비자를 안심시키도록 노력한다.

해설 화내는 이야기에 공감하면서 경청한다.

11

다음 중 고객에게 반갑지 않는 정보를 제공하는 기법으로 적절하지 않은 것은?

① 고객에게 명확하고 정확한 정보를 알려준다.
② 고객의 감정을 존중하고 있다는 것을 표현한다.
③ 대안제시 또는 제안을 한다.
④ 고객이 이해하고 있는지 확인한다.
⑤ 고객에게 전문적인 지식을 알려준다.

해설 고객에게 전문적인 지식보다는 명확하고 정확한 정보를 제공한다.

12

업무를 지시한 상급자에 대한 '중간보고'가 필요한 경우가 아닌 것은?

① 상황이 변했을 때
② 지시한 방침이나 방법으로는 불가능할 때
③ 업무가 완료되기까지 상당한 기간이 걸릴 때
④ 업무를 진행하는 데 곤란한 문제가 발생했을 때
⑤ 결과나 전망이 보이지 않을 때

해설 **상급자에 대한 업무 중간보고**
- 상황이 변경되었을 때
- 처리기간이 오래 소요될 때
- 차상위 상사와 상사의 지시가 상충될 때
- 실수를 저질렀을 때

13

고객응대서비스의 7C가 아닌 것은?

① 사고(Consideration)
② 정확(Correctness)
③ 일관성(Coherence)
④ 자신감(Confidence)
⑤ 예절(Courtesy)

해설 **고객응대서비스의 7C**
- 사고(Consideration)
- 일치(Coincidence)
- 일관성(Coherence)
- 예절(Courtesy)
- 정확(Correctness)
- 찬사(Compliment)
- 간결(Conciseness)

정답 09 ② 10 ③ 11 ⑤ 12 ⑤ 13 ④

14

다음 중 방문객을 소개하는 예절로서 옳지 않은 것은?

① 지위가 낮은 사람을 윗사람에게 먼저 소개한다.
② 여러 사람과 한 사람이 있을 경우 먼저 여러 사람을 소개한 후 한 사람을 소개한다.
③ 연령 차이가 있을 경우 보통 젊은 사람을 먼저 소개한다.
④ 소개 후 남성 간에는 악수를 교환하고 이성 간일 경우 여성은 목례로 대신한다.
⑤ 여러 사람을 그룹별로 소개할 때는 어느 한편의 사람들을 다른 편에다 소개하고 난 후 다른 그룹을 소개한다.

해설 여러 사람과 한 사람이 있을 경우 먼저 한 사람을 여러 사람에게 소개한다.

15

다음은 방향을 안내할 때의 설명이다. 적절하지 않은 것은?

① 손가락이 아니라 손바닥 전체로 안내한다.
② 안내할 때에는 왼손과 오른손을 모두 사용할 수 있다.
③ 가까운 거리를 안내할 때나 먼 거리를 안내할 때 팔꿈치를 구부린다.
④ 손목이 꺾이지 않도록 정중하고 바른 자세를 유지한다.
⑤ 상대방에게 손등이 아니라 손바닥이 보이도록 안내한다.

해설 가까운 거리를 안내할 때는 팔꿈치를 구부리고, 먼 거리는 팔을 좀 더 펴서 방향을 가리킨다.

16

불만고객과 관련된 내용으로 옳지 않은 것은?

① 불만처리 과정에서 고객이 회사의 업무 프로세서나 규정에 대해 잘 알고 있다고 생각해서는 안 된다.
② 불만고객에게서 나오는 좋지 않은 평판은 빠른 시간 안에 퍼질 수 있다.
③ 제기된 불만처리에 만족한 불만고객은 재구매할 확률이 높다.
④ 불만처리 과정에서 고객 불만과 관련된 내용뿐만 아니라 기업에 필요한 유용한 정보를 얻을 수 있다.
⑤ 보상으로 지출되는 전체 금액 중 불만고객 응대 비용은 상당한 비중을 차지하지만, 그 효과는 미비하다.

해설 불만을 제기한 고객은 유용한 정보를 제공한다. 고객 불평을 통해 기업은 고객의 미충족 욕구를 파악할 수 있으며, 제품이나 서비스를 어떻게 개선할 수 있는가에 대한 중요한 자료로 수집할 수 있다.

17

다음 중 방문객에 대한 응대 태도로 바람직하지 않은 것은?

① 손님이 기다리지 않도록 먼저 적극적인 태도를 보인다.
② 통화 중 방문객이 오면, 먼저 걸려온 전화를 마친 후에 인사한다.
③ 손님을 기다리게 할 때는 일단 이유를 설명하고 양해를 구한다.
④ 복장이나 외모로 방문객을 차별하지 않는다.
⑤ 특별한 일이 없을 경우, 손님이 방문하면 일단 자리에서 일어나도록 한다.

해설 통화 중 방문객이 오면 우선 인사말을 건넨 다음 손님에게 양해를 구하고, 현재의 통화를 빠르게 처리한다. 시간이 걸릴 때는 상사나 다른 팀원에게 알림으로써 손님을 접대하게 유도한다.

14 ② 15 ③ 16 ⑤ 17 ② 정답

18

응접실에서의 안내 요령으로 옳지 않은 것은?

① 의자를 권할 때에는 손님에게 상석에 앉도록 권한다.
② 상석의 위치는 달라지지 않는다.
③ 기본적으로 손님이 가장 평안하고 쾌적하게 여길 수 있는 곳이 상석이다.
④ 상사의 자리가 따로 마련되어 있는 경우에는 상사와 가까운 곳, 특히 오른편이 상석이다.
⑤ 창문이나 액자가 있는 경우에는 전망이나 그림이 보이는 곳이 상석이다.

해설 상석은 응접실의 구조와 계절에 따라 달라질 수 있다.

19

다음 중 코칭(Coaching)의 단점에 대한 설명으로 옳지 않은 것은?

① 매일 실시되는 코칭은 학습자에게 부담이 될 수 있다.
② 코치와 학습자 간의 계약관계는 학습에 지장을 줄 수 있다.
③ 기업 내 상호 존중의 문화 형성을 저해한다.
④ 1대1 방식이므로 지도에 들어가는 시간이나 비용이 많이 든다.
⑤ 교육의 성패가 코치의 능력에 지나치게 좌우된다.

해설 코칭(Coaching)은 직장생활의 질을 향상시켜 멘토(Mentor)와 직원 간의 상호 존중의 문화를 형성하고, 인간관계가 증진되어 직장 내 분위기는 좋아진다.

20

다음 중 수명(受命)과 보고(報告)에 대한 설명으로 옳지 않은 것은?

① 지시사항을 간단히 요약, 복창하여 확인받는다.
② 지시받은 업무 중 모호한 점은 즉시 질문하여 확인한다.
③ 불가능한 명령은 불가능한 이유를 말하고 재지시를 받는다.
④ 업무가 완료되기까지 상당한 기간이 걸릴 때는 중간보고를 해야 한다.
⑤ 직속상사 이외에 명령은 기존 업무와 우선순위를 고려하여 빠른 시일 내에 처리한다.

해설 직속상사 이외의 상사로부터 지시를 받은 경우, 그 내용을 직속상사에게 보고하고 지시를 구한다.

21

다음 중 멘토(Mentor)의 역할에 대한 설명으로 올바르지 않는 것은?

① 장기적인 관점에서 학습자의 지식과 기능의 발전을 도모하기 위해 조언과 상담을 실시한다.
② 팀원의 자기계발 프로세스에 관여하며, 어떤 분야에서 존경받는 조언자이다.
③ 같은 조직에 있는 사람 또는 외부 전문가가 수행하는 경우가 많다.
④ 업무 또는 사고 등에 의미 있는 변화를 일으키게 해주는 조언자이다.
⑤ 전문적이고 구체적인 지혜를 가지고 도움을 주는 내용 전문가이다.

해설 멘토(Mentor)는 어떤 분야에서 존경받는 조언자이며, 기업의 정치적 역학관계에 대처하는 방법 및 영향력을 행사하여 파워를 형성하는 방법을 알고 있는 사람으로서, 팀원의 자기계발 프로세스에는 관여하지 않는다.

제3과목

정답 18 ② 19 ③ 20 ⑤ 21 ②

22

다음 중 불만고객에 대한 대응 원칙이 아닌 것은?

① 고객의 개인정보 보호
② 체계적 관리유지
③ 공정성 유지
④ 불평에 대한 효과적인 대응
⑤ 엄격한 보상규정 적용

해설 불만고객을 대응할 때에는 관대한 보상규정을 적용하여 처리한다.

23

다음 중 불만고객이 기업에 중요한 이유로 적절하지 않은 것은?

① 문제점 조기 파악 및 해결
② 고객과의 유대를 강화하여 충성고객으로 전환할 수 있는 기회
③ 부정적인 구전효과 최소화
④ 재확신 유도
⑤ 유용한 정보 제공

해설 불만처리를 통하여 재구매율을 높일 수 있다.

24

다음의 기업에 대한 고객의 불만원인 중 기업의 업무적 불만 원인으로 가장 적절한 것은?

① 서비스 정신 결여
② 회사의 규정을 어길 수 없다.
③ 특별대우를 할 수 없다.
④ 자신이 전문가라는 우월감
⑤ 회사에 대한 업무지식 부족

해설 ②·③·④·⑤ 기업의 심리적 불만 원인에 해당한다.

25

다음 중 불만고객 응대의 다섯 가지 기본 원칙에 해당하지 않는 것은?

① 피뢰침의 원칙
② 책임 공감의 원칙
③ 행동통제의 원칙
④ 언어절제의 원칙
⑤ 역지사지의 원칙

해설 행동통제의 원칙 → 감정통제의 원칙

26

고객 불만해소 방법의 단계와 그에 대한 설명으로 가장 적절한 것은?

① 1단계 – 사과와 양해 구하기(반전효과)
② 2단계 – 고객관점에서 바라보기(회상효과)
③ 3단계 – 건설적인 협상(양해효과)
④ 4단계 – 불만 원인 찾기(탐색효과)
⑤ 5단계 – 경청(집중효과)

해설 **고객 불만해소 단계**

- 1단계 – 경청(집중효과)
- 2단계 – 고객관점에서 바라보기(회상효과)
- 3단계 – 불만 원인 찾기(탐색효과)
- 4단계 – 사과와 양해 구하기(반전효과)
- 5단계 – 건설적인 협상(양해효과)

22 ⑤ 23 ④ 24 ① 25 ③ 26 ② 정답

27

서비스는 이질성이 높고 인적 접촉이 많은 상품이므로 각 MOT마다 실패의 가능성이 얼마든지 내재되어 있다. 고객–기업 간 관계를 위기에서 기회로 만들 수 있는 효과적인 서비스 회복 방법으로 적절하지 않은 것은?

① 서비스 회복 기회 추적
② 문제는 발생 후 기업차원에서 처리
③ 권한 위임
④ 종업원 훈련과 보상
⑤ 경험으로부터 학습

해설 문제가 발생한 다음보다는 문제가 발생하기 전에 고객의 불만을 파악하는 것이 중요하다.

28

직원들이 자신의 업무를 효과적으로 수행할 수 있도록 업무상 비전, 가치, 전략, 서비스 및 제품, 고객 등에 관한 정보를 제공하는 코치의 역할로 가장 적절한 것은?

① 후원자
② 교 사
③ 멘 토
④ 역할 모델
⑤ 평가자

해설 ① 직원들이 개인적인 성장과 경력상 목표를 달성하는 데 도움이 되는 업무가 무엇인지 결정하는 것을 도와주는 사람
③ 어떤 분야에서 존경받는 조언자이며 기업의 정치적 역학관계에 대처하는 방법 및 영향력을 행사해서 파워를 형성하는 방법을 알고 있는 사람
④ 맡은 바를 행동으로 보여 주는 역할을 수행하면서 직원들의 기업문화에 적합한 리더십 유형을 보여 주는 사람
⑤ 특정한 상황하에서 직원의 성과를 관찰하여 적절한 피드백이나 지원을 하기로 직원과 약속한 사람

29

다음 중 코칭이 필요한 시기로 적절하지 않은 경우는?

① 조직 또는 부서의 목표나 비즈니스 상황이 변화되었을 때
② 최고의 실적을 내기를 원하는 팀원
③ 업무를 수행하는 기술 또는 능력에 대해 불안을 느끼는 팀원
④ 업무에 관한 자신감의 개발이 필요한 팀원
⑤ 문제의 팀원을 발견하였을 때

해설 업무를 수행하는 기술 또는 능력에 대해 불안을 느끼는 팀원에게는 카운슬링이 필요하다.

30

다음 중 코칭(Coaching)의 장점이 아닌 것은?

① 전문가의 조언과 답변을 제공받는다.
② One to One 지도로 교육효과가 높다.
③ 직무 수행성과에 직접적인 영향을 준다.
④ 임직원의 커뮤니케이션 능력을 향상 시킨다.
⑤ 코치와 학습자의 동시 성장이 가능하다.

해설 ① 컨설팅의 효과에 해당한다.

31

다음 중 고객만족의 구성 요소로 간접적인 요소에 해당하는 것은?

① 점포분위기
② 상품이용의 편리성
③ 직원의 서비스
④ 사회공헌도
⑤ A/S 및 정보

해설 ①·②·③·⑤ 모두 직접적인 요소에 해당한다.

제3과목

정답 27 ② 28 ② 29 ③ 30 ① 31 ④

32

다음 중 고객이 추구하는 4가지 가치 유형에 해당하지 않는 것은?

① 기대가치
② 예상 외 가치
③ 희망가치
④ 기본가치
⑤ 소망가치

해설 칼 알브레히트는 고객이 추구하는 가치를 기본가치, 기대가치, 소망가치, 예상 외 가치로 구분하여 설명하였다.

33

고객만족을 기초로 한 성공 점포 운영 전략에 해당하는 사항은?

① 고객을 제일로 삼는 고객만족경영이 필수적이다.
② 목표관리는 리더만이 전할 수 있는 필수요건이다.
③ 항상 새로운 변화를 즐길 줄 아는 리더가 최고의 경영자다.
④ 성공할 수 있는 비전만을 선별하여 설정하라.
⑤ 다른 점포보다 저렴한 것이 고객만족의 최고 우선이다.

해설 ② 목표관리는 반드시 종업원과 함께 한다.
③ 항상 새로운 변화를 즐길 수 있도록 창의성을 발휘하는 것이 중요하다.
④ 확실한 비전이 보다 중요하다.
⑤ 가격이 저렴한 것이 고객만족의 최고 우선은 아니다.

34

다음은 고객감동 단계에 대한 설명이다. 가장 적절한 것은?

① 단골고객은 제품에 불안감을 갖더라도 재구매를 하게 된다.
② 고객은 그다지 많은 정보를 갖고 있지 않다.
③ 마케팅에서 가장 빈번하게 사용하는 말 중의 하나가 '고객만족'이다.
④ 고객을 100% 활용하는 기업만이 성공할 수 있다.
⑤ 기업의 운명은 고객의 손에 달려있지 않다.

해설 ① 제품에 불안감을 갖게 되면 재구매를 하지 않게 된다.
② 고객은 제품에 대해 많은 정보를 갖고 있다.
④ 고객지향적인 기업만이 성공할 수 있다.
⑤ 기업의 운명은 고객의 손에 달려있다.

35

다음 중 고객감동의 필요성에 대한 설명으로 적절하지 않은 것은?

① 우리나라 기업들은 최근 고객만족에서 한 차원 더 높여 고객감동을 주장하고 있다.
② 소비자들의 구매 패턴이 단순한 비교 구매에서 더 나아가 제품의 이성적인 측면뿐 아니라 제품 서비스까지도 평가하는 경향이 강해졌다.
③ 이제는 제품의 품질 및 가격으로 소비자를 평생고객으로 만들기는 거의 불가능해지고 있다.
④ 젊은 소비자의 경우 제품의 감성적 측면보다는 이성적 측면에 더 반응이 강하게 나타나는 경향을 보인다.
⑤ 평생고객을 만들기 위해서는 고객만족에서 한 단계 더 나아가 마음속으로 감동시키는 고객감동이 필요하게 되었다.

해설 젊은 소비자의 경우 제품의 이성적 측면보다는 감성적 측면에 더 반응이 강하게 나타나는 경향을 보인다.

32 ③ 33 ① 34 ③ 35 ④ 정답

36

다음 중 고객의 가치 창출에 대한 설명으로 옳은 것은?

① 고객을 만족시키는 것이 어렵다면, 그것에 대한 1차적인 책임은 바로 기업과 리더에게 있다.
② 기업은 힘이 들더라도 모든 고객을 만족시켜야 하는 것이 맞다.
③ 진정으로 고객을 만족시키려면 그들이 상품과 만나는 접점을 항상 생각해야 한다.
④ 고객은 기업이 모셔야 할 왕이며, 동반자이다.
⑤ 기업은 이윤을 목적으로 두고 고객을 선별할 줄 알아야 한다.

해설 ① 1차적인 책임은 바로 기업에게 있다.
② 기업은 모든 고객을 만족시킬 수는 없다.
④ 고객은 기업이 모셔야 할 왕이 아니라, 서로 가치를 만들어 가는 동반자이다.
⑤ 기업은 이윤을 목적으로 하지만 고객선별을 그 이윤 목적에 둘 필요는 없다.

37

진정한 고객만족경영이 되려면 4가지의 고객이 만족되어야 한다. 다음 중 고객을 바르게 분류한 것은?

① 외부고객 – 사회 – 단골고객 – 주주
② 사회 – 리더 – 주주 – 단골고객
③ 단골고객 – 주주 – 사회 – 외부고객
④ 외부고객 – 주주 – 내부고객 – 리더
⑤ 내부고객 – 외부고객 – 사회 – 주주

해설 최근에는 고객의 범위가 확대되어 내부고객, 외부고객, 사회, 주주를 포함한다.

38

다음 중 원스톱 서비스의 성공요건에 해당하는 것은?

① 교류분석과 관리
② 서비스 계획
③ 프로세스 관리
④ 커뮤니케이션 분석
⑤ 풍부한 인적자원

해설 **원스톱 서비스의 성공요건**

- 리더십
- 정보관리와 분석
- 전략계획
- 인적자원의 개발과 관리
- 프로세스 관리
- 고객지향적 접근과 고객만족

39

다음 중 원스톱 서비스의 전략계획(Strategic Planning)의 실효성을 높이기 위한 요소로 보기 어려운 것은?

① 직 원
② 교육/훈련
③ 고 객
④ 기 술
⑤ 책 임

해설 전략계획의 실효성을 높이기 위해서는 직원, 교육, 훈련, 기술, 책임의 4가지를 고려해야 한다.

정답 36 ③ 37 ⑤ 38 ③ 39 ③

40
다음의 고객만족 사례 중 월마트의 경영이념에 해당하지 않는 것은?

① 무제한 반품제도
② 카드결제는 3초 이내에 처리 원칙
③ 미소를 짓지 않으면 1달러를 주는 종업원
④ 모든 경영 활동들은 최종 고객을 지향하는 하나의 프로세스라고 인식
⑤ 대량 제품의 도매가격 선정

해설 월마트의 경영이념은 '더 저렴한 가격, 효율적인 물류관리시스템, 철저한 고객만족주의'로 요약된다.

41
적극적 경청에 대한 설명으로 알맞지 않은 것은?

① 전체의 내용을 정리하여 말한다.
② 상대방의 이야기를 끝까지 듣는다.
③ 안 되는 일은 안 된다고 단호하게 이야기한다.
④ 상대방에게 공감을 표시하고 이해했다는 것을 표현한다.
⑤ 개인적 선입견을 버리고 주의를 집중해서 듣는다.

해설 안 되는 일은 최선을 다해 해결책이나 대안책을 찾아보는 노력을 한다.

42
다음 불만고객의 유형 중 '불평을 표현하는 사람'에 대한 설명으로 옳지 않은 것은?

① 거래 기업을 전환하거나 제3자에게 불평을 하려 하지 않는다.
② 제품이나 서비스 제공자에게 최고의 고객으로 전환될 수 있는 고객의 유형이다.
③ 부정적 구전의 확산을 덜 긍정적이라고 생각한다.
④ 이들의 개인적 규범은 자신들의 불평과 일치한다.
⑤ 기업에게 두 번째 기회를 주지 않는다.

해설 **불평을 표현하는 사람 : 표현 불평자(Voicers)**
- 제품이나 서비스 제공자에게 적극적으로 불평하고자 하는 고객의 유형
- 부정적 구전을 퍼뜨리거나 거래 기업을 전환하거나 제3자에게 불평을 하려 하지 않음
- 제품이나 서비스 제공자에게 최고의 고객으로 전환될 수 있는 고객의 유형
- 적극적인 불평을 통해 기업에게 두 번째 기회를 줌
- 수동적 불평자와 마찬가지로 화내는 불평자나 행동 불평자보다 불평을 체험한 해당기업에서 떠날 가능성이 낮음
- 제품이나 서비스 제공자에게 불평한 결과가 긍정적일 것이라 믿음
- 구전의 확산 및 제3자에게 불평하는 것이 덜 긍정적이라고 생각함
- 이들의 개인적 규범은 자신들의 불평과 일치함

43
다음 중 선택형 질문에 대한 설명으로 옳지 않은 것은?

① 고객이 이미 어떤 대답을 할지 알고 있을 경우 시도할 수 있다.
② 고객에게 '네', '아니오'로 대답하게 할 수 있다.
③ 고객들의 마음에 여유가 생기도록 한다.
④ 단순한 사실 또는 몇 가지 중 하나를 선택하게 하여 고객의 욕구를 파악할 수 있다.
⑤ 화제를 정리하고 정돈된 대화가 가능하다.

40 ⑤ 41 ③ 42 ⑤ 43 ③ 정답

해설 개방형 질문(Open Question)에 대한 설명이다.

선택형 질문(폐쇄형 질문)
- 고객이 이미 어떤 대답을 할지 알고 있을 경우 시도할 수 있는 질문이다.
- 고객에게 '네', '아니오'로 대답하게 하거나 단순한 사실 또는 몇 가지 중 하나를 선택하게 하여 고객의 욕구를 파악할 수 있다.
- 고객의 니즈에 초점을 맞출 수 있다.
- 화제를 정리하고 정돈된 대화가 가능하다.

44
다음 중 굿맨의 법칙에 관한 설명이 아닌 것은?

① 불만고객 중 문제를 제기하고, 그 문제해결에 만족한 고객은 문제를 제기하지 않은 고객에 비해 재거래율이 매우 높게 나타났다.
② 고객은 동일한 서비스와 제품이라 하더라도 상황에 따라 관심도에 차이가 있는 것으로 나타났다.
③ 소비자 교육을 받은 고객은 기업에 대한 신뢰도가 높아져 호의적인 소문의 파급 효과와 상품 구입 의도가 높아지고, 시장 확대에 공헌하는 것으로 나타났다.
④ 문제 처리에 불만을 품은 고객의 비호의적인 소문의 영향은 호의적인 고객의 소문에 비해 두 배나 강하게 판매를 방해한다.
⑤ 굿맨의 법칙은 고충의 사과나 고객만족도와의 관계를 의미 있게 설명하고 있다.

해설 **존 굿맨(John Goodman)의 법칙**
- 제1법칙 : 자신의 불만을 해결하여 만족하게 된 고객은 불만을 갖고 있지만, 토로하지 않는 고객에 비해 동일 브랜드를 재구입할 가능성이 매우 높다.
- 제2법칙 : 고충처리에 불만을 품은 고객의 비우호적인 소문의 영향은 만족한 고객의 호의적인 소문의 영향에 비해 두 배나 강하게 판매를 방해한다.
- 제3법칙 : 소비자 교육을 받은 고객은 기업에 대한 신뢰도가 높아 호의적인 소문의 파급 효과가 기대될 뿐 아니라 상품의 구입 의도가 높아져 시장 확대를 공헌한다.

45
다음 보기에서 설명하고 있는 화법은?

> 어떤 대화를 나눌 때 부정(−)과 긍정(+)의 내용을 혼합해야 하는 경우, 기왕이면 부정적 내용을 먼저 말하고 끝날 때는 긍정적 의미로 마감하는 화법이다.

① 쿠션 화법
② Yes, but 화법
③ 아론슨 화법
④ 플러스 화법
⑤ 맞장구 표현법

해설 **아론슨 화법**
어떤 대화(상담)를 나눌 때 부정(−)과 긍정(+)의 내용을 혼합해야 하는 경우, 부정적 내용을 먼저 말하고 끝날 때 긍정적 의미로 마감하는 것
- "날씨는 흐리지만(−), 기온은 적절(+)하다."
- "가격은 좀 비싸지만(−), 품질은 최고(+)이다."

제3과목

정답 44 ② 45 ③

제3장 | 예절과 에티켓

01
다음 이미지를 형성하는 첫인상의 특징에 해당하지 않는 것은?

① 일방성
② 일회성
③ 신속성
④ 최근성
⑤ 초두효과

해설 **첫인상의 특징**
- 일회성 : 단 한 번뿐
- 신속성 : 3~7초 내에 결정
- 일방성 : 나의 의지와 상관없이 상대방이 판단함
- 초두효과 : 처음에 강하게 들어온 정보가 전체적인 이미지 판단에 결정적임

02
에티켓의 속성으로 옳은 것을 모두 고른 것은?

가. 행동적 속성
나. 의무적 속성
다. 이질적 속성
라. 가변적 속성

① 가, 나, 다
② 가, 나, 라
③ 나, 다, 라
④ 가, 라
⑤ 가, 나, 다, 라

해설 **에티켓의 속성**
- 공공적 속성
- 의무적 속성
- 이질적 속성
- 가변적 속성
- 행동적 속성
- 보편적 속성

03
에티켓의 기본요소와 관련이 없는 것은?

① 상대를 먼저 생각하는 친절한 마음
② 내부 지향적 성격
③ 공명정대한 정신
④ 타인에 대한 관대함
⑤ 유 머

해설 내부 지향적 성격 → 외부 지향적 성격

04
매너의 속성에 대한 설명으로 옳지 않은 것은?

① 매너는 사람마다 갖고 있는 독특한 행동 방식이다.
② 에티켓이 마음을 담은 행동으로 표출된 것이 매너이다.
③ 인격을 표출하는 표지가 된다.
④ 에티켓을 지키지 않는 사람에게도 매너를 기대할 수는 있다.
⑤ 상대의 문화나 전통에 대한 정보의 습득 노력을 통해 몸에 익혀 가는 것이다.

해설 에티켓은 매너의 기본 단계로서 에티켓도 지키지 않는 사람에게 매너를 기대할 수 없다.

01 ④ 02 ⑤ 03 ② 04 ④ 정답

05

다음 보기의 이미지 '가관념(Peudol deals)'을 주장한 미국 역사학자는?

> 이미지란 특정 사건에 대해 진실된 측면을 보여 주기보다 조작되고 단편적인 측면을 강조한다.

① 밥 파이크
② 존 스타인벡
③ 알렌 로젠버그
④ 에머슨 하트
⑤ 다니엘 부어스틴

해설 **이미지의 가짜 관념(Pseudo Ideals)**
다니엘 부어스틴은 이미지는 어떤 것을 진실되게 보여 주는 것이 아니라 가짜(Pseudo)로 조작되고 만들어진다고 하였다.

06

이미지 메이킹 5단계에 속하지 않는 것은?

① 상대를 파악하라.
② 자신의 모델을 선정하라.
③ 자신을 계발하라.
④ 자신을 연출하라.
⑤ 자신을 팔아라.

해설 먼저 자신을 알라(Know Yourself).

07

다음 중 상대에 대한 호감도에 결정적인 영향을 미치는 '대인 매력'의 요인으로 적절하지 않은 것은?

① 근접성
② 친숙성
③ 호혜성
④ 상보성
⑤ 정신적 매력

해설 정신적 매력 → 신체적 매력

08

다음은 무엇을 설명한 것인가?

> • 다른 사람과 싸웠을 때보다 둘도 없이 절친했던 친구와 싸우면 불구대천의 원수가 된다.
> • 서로 열렬히 사랑했던 부부일수록 이혼할 때는 서로를 더욱 증오하게 된다.

① 호감득실 이론
② 기대 이론
③ 강화이론
④ 사회교환 이론
⑤ 인지부조화 이론

해설 **호감득실 이론(에론슨과 린더)**
자신을 처음부터 계속 좋아해 주던 사람보다 자신을 싫어하다가 좋아하는 사람을 더 좋아하게 되고, 반대로 자신을 처음부터 계속 싫어하던 사람보다 자신을 좋아하다가 싫어하는 사람을 더 싫어하게 된다고 주장하는 이론

09

다음 중 이미지 연출기법과 관련 있는 것을 모두 고르면?

> 가. 겸손한 태도
> 나. 품위 있는 말씨
> 다. 조리 있는 대화
> 라. 단정한 외모와 복장
> 마. 능숙한 표현력

① 가, 나, 다
② 나, 다, 라
③ 다, 라, 마
④ 가, 나, 다, 라
⑤ 가, 나, 다, 라, 마

해설 **이미지 연출기법**
겸손한 태도, 품위 있는 말씨, 조리 있는 대화, 단정한 외모와 복장, 능숙한 표현력

정답 05 ⑤ 06 ① 07 ⑤ 08 ① 09 ⑤

10
다음 중 이미지 관리 과정에 포함되지 않는 것은?

① 이미지 점검하기
② 이미지 콘셉트 정하기
③ 좋은 이미지 만들기
④ 이미지 내면화하기
⑤ 이미지 외면화하기

해설 **이미지 관리 과정(4단계)**
- 제1단계 : 이미지 점검하기
- 제2단계 : 이미지 콘셉트 정하기
- 제3단계 : 좋은 이미지 만들기
- 제4단계 : 이미지 내면화하기

11
이미지의 형성 과정과 관련해 다음 보기의 내용에 해당하는 것은?

> 인간이 환경에 대해 의미를 부여하는 과정으로 주관적이며 선택적으로 이루어지기 때문에 동일한 대상에 대하여 다른 이미지를 부여하게 된다.

① 지속 과정
② 사고 과정
③ 감정 과정
④ 지각 과정
⑤ 표현 과정

해설 ② 과거와 관련된 기억과 현재의 지각이라는 요소가 혼합되어 개인만의 이미지를 형성하는 단계이다.
③ 지각과 사고 이전의 감정에 의해 반응하는 과정으로 확장 효과를 가져온다.

12
표정의 개념 및 중요성에 대한 설명으로 옳지 않은 것은?

① 표정은 심리상태의 표출로써 상대에게 심리적 영향을 미친다.
② 표정을 통해 상대의 마음을 읽을 수는 없다.
③ 표정은 상대방에게 호감을 주느냐, 못 주느냐의 중요한 요소가 된다.
④ 표정은 마음의 거울이기 때문에 마음이 어두우면 표정이 흐리고, 심성이 악하면 표정이 표독해진다.
⑤ 바람직한 표정이란 평소에 마음가짐을 바르게 하고 자신의 교양을 부단히 쌓아 품위 있는 인격을 함양해야 나타나는 것이다.

해설 '표정은 거짓말을 하지 않는다'라는 말처럼 '얼굴로 표현되는 의미'인 표정은 나의 마음, 심리 상태의 거울이 될 수 있다.

13
다음 중 밝은 표정으로 얻을 수 있는 기대효과를 모두 고른 것은?

> 가. 마인드 컨트롤
> 나. 감정이입 효과
> 다. 건강증진 효과
> 라. 신바람 효과

① 가, 나
② 나, 다, 라
③ 다, 라
④ 가, 나, 다
⑤ 가, 나, 다, 라

해설 가, 나, 다, 라 외에도 호감형성의 효과를 얻을 수 있다.

10 ⑤ 11 ④ 12 ② 13 ⑤ 정답

14

비즈니스 e-mail 네티켓에 대한 설명으로 옳지 않은 것은?

① 내용은 간결하고 명확하게 작성토록 한다.
② 지나친 약어 및 속어의 사용은 자제한다.
③ 정확한 e-mail 전달을 위해 사전에 수신인 및 주소를 확인하는 습관을 가진다.
④ 업무상 발송된 e-mail에는 반드시 첨부파일을 추가하는 것이 예의이다.
⑤ 사업 제안이나 설문 조사 관련 메일은 수신자의 동의를 받은 후 발송한다.

해설 업무상 발송된 e-mail에도 첨부파일은 꼭 필요한 경우에만 보낸다.

15

다음 중 메라비언이 제시한 커뮤니케이션의 전달 정도에 대한 비대면 커뮤니케이션의 전화응대의 특징으로 올바른 설명은?

① 14%의 표정, 몸짓언어 등 시각적 요소에 의해 전달된다.
② 55%의 목소리, 음색, 억양 등 청각적 요소에 의해 전달된다.
③ 7%는 대화에서 선택하는 단어 등 언어적 요소에 의해 전달된다.
④ 38%는 발음, 음정, 속도 등 청각적 요소에 의해 전달된다.
⑤ 86%의 목소리, 음색, 억양 등 청각적 요소에 의해 전달된다.

해설 비대면 커뮤니케이션(주로 전화통화)은 14%의 언어적 요소와 86%의 청각적 요소에 의해서 영향을 받는다.

16

다음 중 바른 명함수수법의 설명으로 가장 옳은 것은?

① 명함은 만나자마자 바로 교환하는 것이 원칙이다.
② 앉아서 대화를 나눌 경우 명함을 교환할 때는 그대로 건네는 것이 원칙이다.
③ 아랫사람이나 용건이 있는 사람이 자기를 소개하는 차원에서 먼저 건네는 것은 실례가 된다.
④ 혹시 모르는 한자가 있을 경우라도 질문하는 것은 실례이다.
⑤ 받은 명함은 앉아서 대화를 나누는 동안 테이블 위에 올려놓고 이야기하여야 한다.

해설 상대에게 받은 명함은 공손히 받쳐 들고 상세히 살핀 다음, 그 자리에서 보고 읽기 어려운 글자가 있으면 바로 물어본다.

17

다음은 미소의 중요성을 설명한 것이다. 가장 관련이 없는 내용은?

① 미소는 자기 자신이 너그럽다는 것을 상대방에게 알리는 수단이다.
② 미소는 상대방을 즐겁고 유쾌하게 만드는 힘이 있다.
③ 미소는 자신감 있는 사람으로 보이게 한다.
④ 미소 짓는 얼굴은 상대의 화난 감정을 누그러뜨릴 수 있다.
⑤ 미소는 부족한 표정을 극복할 수 있으며 거부감을 덜 갖게 만든다.

해설 미소는 상대방을 환영한다는 환영의 의미를 가진다.

정답 14 ④ 15 ⑤ 16 ⑤ 17 ①

18

우리말 화법에서 경어 및 존경어 사용법에 대한 설명으로 옳지 않은 것은?

① 존경어와 경어는 상대방과 그 동작, 상태와 그 사람이 가진 사물 등을 높여서 표현하는 말이다.
② 경어는 상대에 대한 존경의 마음을 언어로 표현한 것이다.
③ 과잉 경어 사용은 오히려 존경의 의미가 반감되므로 주의한다.
④ 존경어는 자신과 자신의 동작, 태도를 낮춤으로써 상대적으로 상대방을 높일 수 있다.
⑤ 바람직한 경어 사용은 고객이 처한 상황에 적절히 대처하고, 고객에게 관심을 가지고 있음을 표현할 수 있다.

해설 존경어는 말하는 상대, 즉 듣는 사람이나 또는 화제 중에 등장하는 인물에 대한 경의를 나타내는 말이며, 그 사람의 소지품이나 행동에 대해서 사용한다.

19

다음 중 전통예절에서 절을 하는 방법으로 적당하지 않은 것은?

① 양손을 포개어 양 팔꿈치와 손이 배 근처에 수평이 되게 한다.
② 기본 절에서 여자는 한 번을 한다.
③ 남자가 절을 할 때는 왼발 바닥 위에 오른발을 포갠다.
④ 일반적 공수는 남자는 왼손이 위로 가고 오른손을 감싼다.
⑤ 의식행사에서는 기본 횟수의 배를 한다.

해설 평상시 어른에게는 남자는 1배, 여자는 재배를 한다. 제사 때에는 그 배를 한다.

20

목례는 말 그대로 눈인사(Eye Contact)를 의미한다. 다음 중 목례를 해야 할 상황으로 적절하지 않은 것은?

① 평교지간
② 양손에 짐을 들고 있을 때
③ 일상생활에서 직원과 인사할 때
④ 전화 통화 중
⑤ 한 번 만난 사람을 또 만났을 경우

해설 일상생활에서 직원과 인사할 때는 30° 정도 허리를 숙여 자연스럽게 인사한다.

21

다음 중 악수 예절과 매너에 대한 설명으로 옳지 않은 것은?

① 동급자의 여성일 경우 남성에게 먼저 악수를 청할 수도 있다.
② 악수를 할 때는 손을 2~3회 정도 흔들고, 약 2초 정도 상대의 손을 잡았다가 놓는다.
③ 존경의 의미로 과도하게 허리를 숙여 악수를 하지 않는다.
④ 상대방에게 신뢰감을 주기 위해 최대한 강한 힘을 주어 손을 잡는다.
⑤ 손을 팔꿈치 높이만큼 올려서 팔꿈치가 자연스럽게 굽혀지는 정도의 거리가 적당하다.

해설 악수는 우정의 표시인 만큼 적당한 악력으로 손을 잡고, 적당한 높이로 흔들되 여성과 악수할 때는 세게 쥐거나 흔들지 않는다.

18 ① 19 ② 20 ③ 21 ④ 정답

22

인사의 기본자세로 옳지 않은 것은?

① 표정 – 밝고 부드러우며 온화한 표정을 짓는다.
② 시선 – 상대의 눈이나 미간을 부드럽게 응시한다.
③ 어깨 – 힘을 준다.
④ 가슴, 허리, 무릎 등 – 자연스럽게 곧게 펴서 일직선이 되도록 한다.
⑤ 입 – 조용히 다문다.

해설 어깨는 힘을 뺀다.

23

정중한 인사요령에 대한 설명으로 옳지 않은 것은?

① 고객과 눈을 맞춘 후 인사하고 굽혔을 때의 시선은 전방 1.5m 정도를 주지한다.
② 상체를 45° 정도 숙인다.
③ 왼손으로 오른손을 감싸서 아랫배에 가볍게 댄다.
④ 허리에서 머리까지 일직선이 되도록 한다.
⑤ 인사 전후로 상대방의 시선에 자연스럽게 초점을 맞춘다.

해설 여자는 오른손으로 왼손을 감싸서 아랫배에 가볍게 대고, 남자는 두손을 계란 쥔 모양으로 감싸쥐며 바지 옆선에 가볍게 닿도록 한다.

24

다음은 인사의 순서를 설명한 것이다. 옳지 않은 것은?

① 정중하게 허리를 굽힐 때 등과 목이 일직선이 되도록 한다.
② 턱은 앞으로 나오지 않게 하며, 엉덩이는 힘을 주어 뒤로 빠지지 않게 한다.
③ 될 수 있는 한 빨리 고개를 든다.
④ 상체를 숙일 때 보다 천천히 고개를 든다.
⑤ 상대를 보면서 적당한 인사말을 한다.

해설 금방 고개를 들지 말고 0.5~1초간 멈춘다.

25

다음 내용 중 상황별 인사가 바르게 연결된 것은?

가. 회의장이나 승강기 등 사람이 많은 공공장소
나. 결혼식에서의 인사
다. 면접 시

① 가 – 보통례
② 나 – 목 례
③ 나 – 보통례
④ 다 – 정중례
⑤ 다 – 보통례

해설 가. 가벼운 인사, 나 · 다. 정중례

정답 22 ③ 23 ③ 24 ③ 25 ④

26

가벼운 인사의 방법으로 올바른 것은?

① 미소를 띠며 가볍게 5° 정도 머리만 숙여서 예를 표한다.
② 바로 선 자세에서 3m 정도 앞을 보고 상체를 15° 정도 앞으로 구부린다.
③ 바로 선 자세에서 1~2m 정도 앞을 보고 상체를 30° 정도 앞으로 구부린다.
④ 바로 선 자세에서 1.5m 정도 앞을 보고 상체를 45° 정도 숙인 후 천천히 상체를 일으킨다.
⑤ 바로 선 자세에서 3m 정도 앞을 보고 상체를 90° 정도 숙인 후 천천히 상체를 일으킨다.

해설 ① 목례, ③ 보통 인사, ④ 정중한 인사

27

다음 중 정중한 인사를 해야 할 상황으로 거리가 먼 것은?

① 공식 석상에서 처음 인사할 때
② 면접 시 인사할 때
③ 윗사람이나 내방객을 만나거나 헤어질 때
④ 고객에게 진정한 감사의 표현을 전할 때
⑤ 예의를 갖추어 부탁할 때

해설 보통 인사를 해야 할 상황이다.

28

다음 중 평상시 남자의 공수법으로 가장 적절한 것은?

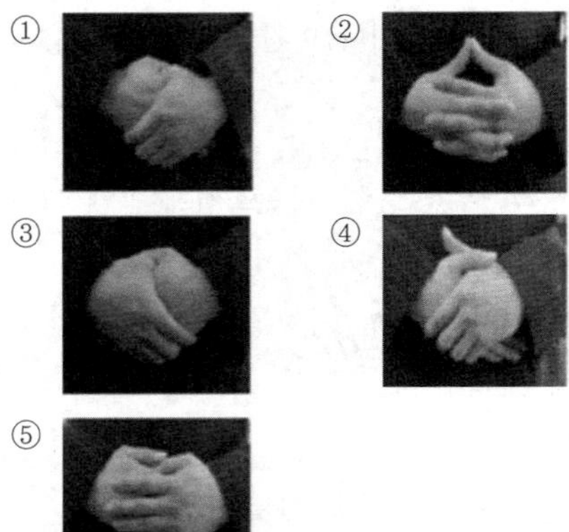

해설 남자는 왼손, 여자는 오른손이 위로 오도록 마주 잡는다.

29

다음 중 남성의 복장 체크 포인트로 가장 부적절한 것은?

① 머리 스타일은 깔끔한가?
② 면도는 깨끗하게 되었는가?
③ 양복 칼라와 소매는 깨끗한가?
④ 액세서리가 너무 화려하지 않은가?
⑤ 손톱이 길거나 더럽지 않은가?

해설 여성의 복장 체크 포인트에 해당한다.

26 ② 27 ③ 28 ① 29 ④ 정답

30

직장여성의 옷 연출에 대한 설명으로 적절하지 않은 것은?

① 구두는 그 사람의 이미지를 완성시키는 역할을 하므로 항상 정돈되고 청결하게 유지해야 한다.
② 화려한 프릴이나 레이스가 많은 스타일은 섹시함을 강조하여 효과적이다.
③ 재킷은 전통적인 테일러드 재킷이 무난하다.
④ 여성의 스커트는 무릎 위로 5cm부터 무릎 아래 10cm 정도가 가장 적당하다.
⑤ 정장에는 살색이나 커피색 스타킹이 점잖아 보이고, 구두와 스타킹 색을 맞춰 신으면 단정한 느낌을 줄 수 있다.

해설 화려한 프릴이나 레이스가 많은 스타일은 자칫 천박해 보일 수 있다.

31

직장남성의 옷 연출에 대한 설명으로 적절하지 않은 것은?

① 정장차림은 직장 남성의 기본이다.
② 드레스 셔츠는 흰색이 기본이며 반팔은 삼간다.
③ 드레스 셔츠 안에는 속옷을 입는다.
④ 넥타이 색은 수트와 같은 계열로 길이는 끝이 벨트 버클에 오도록 한다.
⑤ 구두, 벨트, 양말은 같은 계열의 색으로 통일하는 것이 좋다.

해설 드레스 셔츠 안에는 속옷을 입지 않는다.

32

인터넷 사용 시 지켜야 할 e-mail 예절로 적절하지 않은 것은?

① 메일 내용은 간결하게 작성한다.
② 영어 제목은 대문자를 사용하여 작성한다.
③ 발신자의 신분을 정확히 밝힌다.
④ 첨부파일은 가능한 한 최소화하고 압축하여 발송된다.
⑤ 단체 메일은 수신자의 효용 유무를 신중히 고려한 후 발송한다.

해설 **이메일(e-mail)의 네티켓**

- 내용을 보낼 때는 용건을 간단히 하여 보낸다.
- 용량이 큰 파일은 반드시 압축하여 첨부한다.
- 주소가 정확한지 다시 확인하고 발송하도록 한다.
- 첨부파일은 꼭 필요한 경우에만 보낸다.
- 내용을 쉽게 알 수 있도록 적당한 제목을 붙인다.
- 보내는 사람이 누구인지 정확히 밝힌다.
- 자주 점검하고 꼭 저장해야 하는 것만 빼고 반드시 지운다.
- 욕설이나 험담이 담긴 메일을 보내지 않는다.

33

다음은 조문 시의 주의사항이다. 적절하지 않은 것은?

① 유족에게 계속해서 말을 시키는 것은 결례이다.
② 친구나 친지를 만나더라도 큰소리로 이름을 부르지 않는다.
③ 고인의 사망 원인, 경위 등을 유족에게 상세하게 묻는다.
④ 장의 절차에 대해 참견하지 않는다.
⑤ 검정색 양복을 입는 것이 원칙이다.

해설 고인의 사망 원인, 경위 등을 유족에게 상세하게 묻는 것은 실례가 된다.

정답 30 ② 31 ③ 32 ② 33 ③

34

공수(拱手)의 기본동작에 대한 설명으로 옳지 않은 것은?

① 공수법은 남자와 여자가 다르고 평상시와 흉사시가 다르다.
② 두 손의 손가락을 가지런히 붙여서 편 다음, 앞으로 모아 포갠다.
③ 엄지손가락은 엇갈려 깍지를 끼고 네 손가락을 포갠다.
④ 아래에 있는 손의 네 손가락은 가지런히 펴고 위에 있는 손의 네 손가락은 아래에 있는 새끼손가락 쪽을 지긋이 쥐어도 된다.
⑤ 평상시 남자는 오른손이 위이고, 여자는 왼손이 위이다.

해설
• 평상시 : 남자는 왼손이 위이고, 여자는 오른손이 위이다.
• 흉사시 : 남자는 오른손이 위이고, 여자는 왼손이 위이다.

35

첫인상이 좋지 않게 형성되었다고 할지라도, 반복해서 제시되는 행동이나 태도가 첫인상과는 달리 진지하고 솔직하게 되면 점차 좋은 인상으로 바뀌는 현상은?

① 맥락효과
② 빈발효과
③ 후광효과
④ 최근효과
⑤ 초두효과

해설
① 처음에 강하게 들어온 정보가 전체적인 이미지 판단에 결정적임
③ 외모나 지명도 또는 학력과 같이 어떤 사람이 갖고 있는 장점이나 매력 때문에 관찰하기 어려운 성격적인 특성도 좋게 평가되는 효과
④ 시간적으로 나중에 제시된 정보에 의해서 영향을 받는 효과
⑤ 최초의 인상이 중심이 되어 전체인상이 형성되는 효과

36

인사를 나누어야 할 시기와 그 방법에 대한 설명으로 올바른 것은?

① 인사 대상과 방향이 다를 경우 5보 이내에서 인사할 준비를 한다.
② 인사 대상과 방향이 마주칠 때에는 3보 정도에서 인사를 한다.
③ 측방에서 갑자기 만났을 때에는 인사를 하지 않고 가던 방향으로 간다.
④ 상사를 사외 인사와 함께 마주칠 경우 멈추어 서서 정중하게 인사한다.
⑤ 복도에서 상사와 마주칠 경우 정중례를 한다.

해설
① 인사 대상과 방향이 다를 때 일반적으로 30보 이내에서 인사한다.
② 인사 대상과 방향이 마주칠 때 이상적인 거리는 6보 전방이다.
③ 측면에서 나타나거나 갑자기 만나게 됐을 때에는 즉시 인사한다.
⑤ 상사를 복도에서 마주칠 경우 가던 길을 멈출 필요는 없으며 한쪽으로 비켜 인사한다.

37

다음에 해당하는 '에드워드 홀(Edward T. Hall)'의 공간적 거리는?

> 연설이나 강의와 같은 특수한 경우, 강사의 입장에서는 청중 모두를 한눈에 파악하기 위해 이 정도의 거리가 필요하고, 청중의 입장에서도 강사에게 무례한 행동을 노출시키지 않으면서 편안히 강의를 들을 수 있는 거리이다.

① 공적인 거리
② 사적인 거리
③ 개인적인 거리
④ 사회적인 거리
⑤ 친밀함의 거리

해설 공적인 거리에 관한 설명이다. 개인적인 거리는 일상적인 대화가 이루어지므로 격식과 비격식의 경계를 보이는 것이 무난하며, 친밀함의 거리는 가족이나 연인처럼 친밀한 유대관계가 전제된다.

34 ⑤ 35 ② 36 ④ 37 ① 정답

01

다음 중 악수의 기본원칙으로 적절하지 않은 것은?

① 여성이 남성에게 악수를 먼저 청한다.
② 연장자가 연소자에게 악수를 먼저 청한다.
③ 기혼자가 미혼자에게 악수를 먼저 청한다.
④ 지위가 낮은 사람이 높은 사람에게 악수를 먼저 청한다.
⑤ 남성이 상사인 경우에는 여성 직원에게 악수를 먼저 청한다.

해설 악수는 지위가 높은 사람이 낮은 사람에게 먼저 청한다.

02

다음은 악수하는 순서에 대한 설명이다. 적절하지 않은 것은?

① 미혼자가 기혼자에게 청한다.
② 윗사람이 아랫사람에게 청한다.
③ 선배가 후배에게 청한다.
④ 여성이 남성에게 청한다.
⑤ 상급자가 하급자에게 청한다.

해설 기혼자가 미혼자에게 청한다.

03

일반적인 악수 에티켓으로 가장 부적절한 것은?

① 윗사람이 아랫사람에게, 여성이 남성에게, 선배가 후배에게 먼저 악수를 청한다.
② 상대방의 지위가 높거나 연령이 많은 경우에는 가볍게 목례하고 악수한다.
③ 연령은 어리지만 직위가 높다면 직위에 우선한다.
④ 예식 장갑은 반드시 벗고 악수해야 한다.
⑤ 일반적으로 오른손을 사용한다.

해설 장갑은 벗고 악수해야 하지만, 예식용 장갑은 끼고 악수를 해도 무방하다.

04

다음 중 소개 요령으로 적절하지 않은 것은?

① 소개 시에는 모두 일어나는 것이 원칙이다.
② 소개 후 남성 간에는 악수를 교환하고, 이성 간일 경우 여성은 목례로 대신한다.
③ 초면인 경우 정치와 종교, 금전 관련 화제는 상식적인 금기사항이다.
④ 대형파티에서는 소개받은 모든 사람들에게 작별 인사를 한다.
⑤ 소개할 때는 자신의 이름을 정확하게 전달하고 상대의 이름을 주의해서 듣도록 한다.

해설 인원이 적은 파티에서는 소개받은 모든 사람들에게 작별 인사를 하고, 대형파티에서는 소개받은 사람들에게 작은 소리로 작별 인사를 한다.

제3과목

정답 01 ④ 02 ① 03 ④ 04 ④

05
다음 중 명함을 교환할 때의 예절로 올바른 것은?

① 명함을 받은 후 바로 명합집에 넣는다.
② 어려운 한자가 있을 경우 회의가 끝난 후에 확인한다.
③ 명함을 주어야 하는 사람이 2인 이상일 때 윗사람에게 먼저 준다.
④ 비상시에 사용할 명함은 지갑이나 윗주머니에도 챙겨 넣는다.
⑤ 명함은 윗사람이 아랫사람에게 먼저 건넨다.

해설 ① 상대가 보는 앞에서 즉시 명함집에 넣거나 아무데나 방치하는 것은 실례이다.
② 읽기 어려운 글자가 있으면 바로 물어본다.
④ 명함은 명함집에서 꺼내는 것이 좋다.
⑤ 아랫사람이 윗사람에게 먼저 건네는 것이 예의이다.

06
다음의 명함을 건네는 방법에 대한 설명 중 가장 적절한 것은?

① 명함은 상황에 따라 한 손으로 건네도 예의에 어긋나지 않는다.
② 명함은 고객이 바로 볼 수 있도록 건넨다.
③ 한자 이름을 물어보는 것은 실례다.
④ 명함을 동시에 주고받을 때에는 왼손으로 주고 오른손으로 받는다.
⑤ 목례를 하고, 되도록 고객의 목과 가슴선에서 주고받는다.

해설 ① 명함은 두 손으로 건넨다.
③ 모르는 한자가 있을 경우 물어보는 것은 실례가 아니다.
④ 명함을 동시에 주고받을 때에는 오른손으로 주고 왼손으로 받는다.
⑤ 목례를 하고, 가슴선과 허리선 사이에서 주고받는다.

07
명함 교환에 관한 다음 내용 중 올바른 예절이라 할 수 없는 것은?

① 명함 교환은 윗사람이 먼저 하는 것으로 아랫사람이 먼저 내밀어서는 안 된다.
② 명함을 줄 때 자기의 이름이 상대방 쪽에서 보이게 오른손으로 내민다.
③ 맞교환할 때는 왼손으로 받고 오른손으로 건넨다.
④ 받은 명함은 그 자리에서 보고 읽기 어려운 글자가 있을 때는 바로 물어본다.
⑤ 상대가 두 사람일 경우 윗사람에게 먼저 건넨다.

해설 명함 교환은 아랫사람이 먼저 내밀며, 자기 이름을 상대방 쪽에서 볼 수 있도록 명함의 방향을 돌려서 오른손으로 내민다.

08
악수의 5대 원칙에 해당하지 않는 것은?

① 미 소
② 눈맞춤
③ 적당한 거리
④ 리 듬
⑤ 인사말

해설 ①·②·③·④ 외에 '적당한 힘(Power)'이 있다.

05 ③ 06 ② 07 ① 08 ⑤ 정답

09
엘리베이터 이용 시 에티켓으로 부적절한 것은?

① 엘리베이터를 탈 때에는 손님보다 나중에 타고, 내릴 때에는 손님보다 먼저 내린다.
② 윗사람이나 여성이 함께 엘리베이터를 타면 윗사람이나 여성이 먼저 타고 내린다.
③ 엘리베이터에서 휴대폰을 사용하거나 큰소리로 떠들어서는 안 된다.
④ 버튼 앞에 서게 되면 다른 사람을 위해 버튼을 눌러 주고 제일 먼저 내린다.
⑤ 엘리베이터 안쪽에 타게 되면 사람들 사이로 비집고 들어가 버튼을 누르지 말고 “ㅇ층 부탁합니다”라고 정중하게 부탁한다.

해설 버튼 앞에 서게 되면 다른 사람을 위해 버튼을 눌러 주고 제일 나중에 내릴 수 있는 여유를 가져야 한다.

10
계단 이용 시 에티켓에 대한 설명으로 옳지 않은 것은?

① 연장자나 상급자가 중앙에 서게 한다.
② 나란히 걸을 때에는 연장자가 오른쪽에 서도록 한다.
③ 상급자를 수행할 때에는 수행하는 사람이 조금 뒤에 서서 쫓아간다.
④ 계단을 올라갈 때에는 남성이 여성보다 먼저 올라간다.
⑤ 계단을 내려올 때에는 여성이 남성보다 앞선다.

해설 상급자를 수행할 때에는 수행하는 사람이 조금 앞서서 걸어간다.

11
다음 중 네티켓의 기본 원칙으로 볼 수 없는 것은?

① 자신의 권력을 남용하지 않는다.
② 전문적인 지식을 공유한다.
③ 토론을 할 때는 감정을 절제한다.
④ 가상 세계이므로 실제 생활과 다른 기준과 행동을 준수한다.
⑤ 다른 사람의 실수를 용서한다.

해설 실제 생활과 똑같은 기준과 행동을 준수해야 한다.

12
이메일(e-mail)에서의 에티켓에 대한 설명으로 옳지 않은 것은?

① 보내는 사람이 누구인지 정확히 밝힌다.
② 용량이 큰 파일은 압축하여 첨부한다.
③ 업무용으로 전자우편을 보낼 때는 용건을 간단히 하여 보낸다.
④ 홍보를 목적으로 하는 경우에는 스팸메일을 보내도 상관없다.
⑤ 용량은 가능한 한 최소화한다.

해설 불필요한 메일의 전송은 삼간다.

13
다음 중 채팅 시의 네티켓과 관련이 없는 내용은?

① 진행되는 주제에 맞는 대화를 한다.
② 초보자를 위해 배려한다.
③ 사이버 공간에서 진실만을 이야기하는 것은 자신에게 손해이다.
④ 거짓말은 나쁜 습관, 사이버 공간에서도 진실만을 이야기한다.
⑤ 채팅방에서 만난 잘 모르는 사람을 함부로 만나지 않는다.

해설 사이버 공간이라도 진실만을 이야기한다.

정답 09 ④ 10 ③ 11 ④ 12 ④ 13 ③

14

자료실 이용 시의 네티켓으로 적절하지 않은 것은?

① 불법 소프트웨어를 올리지 않는다.
② 음란물을 올리지 않는다.
③ 자료를 올리기 전에 바이러스 체크를 한다.
④ 올릴 자료는 압축해서 용량을 줄인다.
⑤ 자료를 올릴 때는 익명으로 올린다.

해설 자료를 올릴 때는 이름을 밝힌다.

15

네티즌의 행동 강령으로 올바르지 않은 것은?

① 타인의 정보를 보호하며, 자신의 정보는 공개를 원칙으로 한다.
② 비속어나 욕설 사용을 자제하고, 바른 언어를 사용한다.
③ 실명으로 활동하며, 자신의 ID로 행한 행동에 책임을 진다.
④ 타인의 지적 재산권을 보호하고 존중한다.
⑤ 사이버 공간에 대한 자율적 감시와 비판 활동에 적극 참여한다.

해설 타인의 정보를 보호할 뿐만 아니라, 자신의 정보도 철저히 관리해야 한다.

16

자동차나 열차를 이용할 경우 비즈니스 에티켓으로 적절치 않은 것은?

① 자동차의 경우 운전기사가 있을 때의 최상석은 운전석 대각선 뒷좌석이다.
② 열차의 경우 최상석은 진행방향으로 창가 좌석이다.
③ 자동차 자가 운전자는 동승자가 함께 탑승할 경우 동승자를 조수석으로 안내한다.
④ 열차의 경우 말석은 진행방향으로 통로 쪽 좌석이다.
⑤ 자동차의 경우 자가 운전자는 그 배우자가 함께 탑승 시 배우자를 조수석으로 안내한다.

해설 **교통수단별 안내**

구분	내용
자동차	• 운전기사가 있는 경우 : 뒷줄 운전기사와 대각선에 있는 뒷좌석이 상석, 운전기사 옆 좌석이 말석이다. • 자가운전인 경우 : 운전석 옆 좌석이 상석, 뒷줄의 가운데 좌석이 말석이다. 그러나 동승자가 운전자보다 직급이 위인 경우에는 운전석 대각선에 있는 뒷좌석이 상석이다.
열 차	열차에서는 열차의 진행방향으로 밖을 볼 수 있는 창가가 상석이고, 마주 보이는 곳이 차석이다.
비행기	비행기에서는 비행기 밖을 볼 수 있는 창가가 상석, 통로 쪽 좌석이 차석, 가운데 불편한 좌석이 말석이다.

14 ⑤ 15 ① 16 ④ 정답

17

중국인과 식사할 때 지켜야 할 식사 매너로 가장 부적절한 것은?

① 손님을 접대하는 경우에는 미리 음식, 좌석을 예약한다.
② 공용 스푼이나 젓가락을 이용해서 개인 접시에 음식을 덜어 먹는다.
③ 음식을 남기는 것은 결례이다.
④ 자기가 사용한 젓가락으로 음식을 집어 주는 것을 정(情)의 표시라고 생각한다.
⑤ 계산은 식탁에서 종업원에게 시키며 팁은 없다.

해설 음식을 약간 남기는 것이 예의이다.

18

다음 중 먼저 악수를 청할 수 있는 사람이 아닌 것은?

① 성직자
② 연장자
③ 기혼자
④ 여자 선배
⑤ 미혼 남성

해설 **악수하는 순서**

- 윗사람 → 아랫사람
- 여성 → 남성
- 기혼자 → 미혼자
- 선배 → 후배
- 왕, 대통령, 왕족, 성직자는 예외

19

일본의 비즈니스 매너로 유의해야 할 사항으로 옳지 않은 것은?

① 고개를 숙이며 인사할 때에는 상대방보다 낮은 높이로 한다.
② 자기를 소개할 때는 일반적으로 성만 이야기한다.
③ 우리나라처럼 악수를 하는 경우는 드물다.
④ 명함은 아랫사람, 방문자가 먼저 건네야 한다.
⑤ 개인의 신상에 대한 질문은 결례이다.

해설 고개를 숙이며 인사를 할 때에는 상대방과 비슷한 높이로 한다.

20

국제 비즈니스 에티켓에 대한 설명으로 옳은 것은?

① 식당에서 음식을 주문할 때, 초청받은 자는 초청자보다 비싼 메뉴를 선택해도 무방하다.
② 서양식 식당에서 빵은 나이프로 잘라 수프에 적셔 먹는다.
③ 성별에 상관없이 상대가 악수를 청할 때는 반드시 일어서서 악수에 응해야 한다.
④ 남성 연회복의 바지에 허리벨트와 서스펜더(멜빵)는 함께 착용하지 않도록 한다.
⑤ 부부 동반 파티일 경우, 부부끼리 나란히 옆에 앉는다.

해설 ① 식사에서의 모든 행동은 손님을 초대한 주빈을 중심으로 이루어진다. 음식의 식단(Menu)을 정할 때는 손님들이 먼저 정하도록 한 뒤 자신은 나중에 정한다.
② 서양에서는 빵을 손으로 집어 먹는다. 따라서 식사 중에 손으로 귀, 코, 머리 등을 만지거나 긁는 것도 금기이다.
③ 상대가 악수를 청할 때 남성은 반드시 일어서야 하는 것이 예의이나, 여성은 앉은 채로 악수를 받아도 된다.
⑤ 부부 동반 파티에서 원칙적으로 부부가 떨어져서 앉는다.

정답 17 ③ 18 ⑤ 19 ① 20 ④

21

비즈니스 e-mail 예절에 대한 설명으로 옳지 않은 것은?

① 첨부파일은 반드시 필요한 경우에만 보낸다.
② 정확한 e-mail 전달을 위해 사전에 수신인 및 주소를 확인하는 습관을 가진다.
③ 유머 메일이나 정보제공 관련 메일은 수신자의 동의를 요하지 않는다.
④ 지나친 약어 및 속어의 사용을 자제한다.
⑤ 내용은 간결하고 명확하게 작성하도록 한다.

해설 유머 메일이나 정보제공 관련 메일도 수신인의 동의를 구하고, 발신인이 누구인지 정확히 밝혀야 한다.

22

유럽 문화에 대해 주의해야 할 에티켓으로 옳지 않은 것은?

① 꽃을 선물할 때 국화는 죽음과 관련된 의미를 나타내고, 장미꽃은 로맨스나 프러포즈를 의미하므로 적합하지 않다.
② 대화 중 지나친 제스처나 가벼운 말장난을 점잖지 못한 것으로 간주한다.
③ 유럽에서는 포크를 반드시 왼손으로 잡고 음식을 먹는다.
④ 프랑스와 이탈리아에서는 샐러드를 주 요리 다음에 먹는다.
⑤ 핀란드에서는 소금 병을 건넬 때 직접 건네준다.

해설 핀란드에서는 소금 병을 건넬 때 손에서 손으로 직접 건네주지 않는다. 옆으로 소금 병을 밀어 놓으면 다음 사람이 가져간다.

23

미국 문화에 대한 설명으로 옳지 않은 것은?

① 레이디퍼스트가 생활화된 곳인 만큼 공공장소에서 여성을 배려한다.
② 실수로 인하여 남에게 피해를 주거나 몸이 부딪치거나 했을 때는 반드시 사과하는 것이 예의이다.
③ 초면 인사 후 곧바로 퍼스트 네임으로 불러주는 것은 결례이다.
④ 식사 도중 대화 없이 식사만 하는 것은 결례이다.
⑤ 팁 문화가 발달한 나라이다.

해설 초면 인사 직후라도 곧바로 퍼스트 네임으로 불러주는 것을 좋아한다.

24

캐나다 문화에 대한 에티켓으로 올바른 것은?

① 공원 등 공공 휴식 공간에서의 음주는 허용된다.
② 상대의 가정에 대한 질문은 삼간다.
③ 언어나 정치 이야기를 좋아한다.
④ 팁 문화가 금지되어 있다.
⑤ 차나 비행기, 열차 등에 개봉된 술병을 가지고 타는 것은 허용된다.

해설 ① 공원 등 공공 휴식 공간에서의 음주는 금기이다.
③ 동서 간의 대립 의식이 강하므로 언어나 정치 이야기는 피하는 것이 좋다.
④ 팁 문화가 일반화되어 있다.
⑤ 차나 비행기, 열차 등에 개봉된 술병을 가지고 타는 것은 금지되어 있다.

21 ③ 22 ⑤ 23 ③ 24 ② 정답

25

국제 비즈니스 에티켓으로 인사법 및 소개법으로 적절하지 않은 것은?

① 악수는 손을 마주잡음으로써 서로에 대한 친근한 정을 나누고 관계를 돈독히 하는 행위이다.
② 사교 모임에서 외국인을 만났을 경우에는 자신을 소개하면서 손을 내밀어 악수를 청하는 것이 좋다.
③ 상대가 악수를 청할 때 상대방은 반드시 일어서야 하는 것이 예의이다.
④ 쌍방을 아는 소개자나 중개자가 있을 때는 나이가 어린 사람이나 직위가 낮은 사람을 먼저 연장자나 높은 사람에게 소개한다.
⑤ 일단 상대방의 이름을 알고 나면 대화 중 상대방의 이름을 자주 사용하는 것이 예의이다.

해설 상대가 악수를 청할 때 남성은 반드시 일어서야 하는 것이 예의이나 여성은 앉은 채로 악수를 받아도 된다.

26

다음 중 일반적인 비즈니스 만남에서 상대방을 소개하는 예절로 올바른 것은?

① 외부사람을 사내직원에게 먼저 소개한다.
② 여성을 남성에게 먼저 소개한다.
③ 연장자를 연소자에게 먼저 소개한다.
④ 여럿이 모인 자리에는 여러 사람을 먼저 소개한다.
⑤ 하급자를 상급자에게 먼저 소개한다.

해설 ① 사내직원을 외부사람에게 먼저 소개한다.
② 남성을 여성에게 먼저 소개한다.
③ 연소자를 연장자에게 먼저 소개한다.
④ 여럿이 모인 자리에는 한 사람을 먼저 소개한다.

27

국제화 시대에 주의해야 할 생활 에티켓으로 가장 부적절한 것은?

① 비행기 이용 시 상급자보다 나중에 타고 먼저 내리도록 하는 것이 예의이다.
② 목소리를 높여서 언쟁을 하거나 금연 공간에서 담배를 피우는 행위 등은 주위 사람에게 피해를 주므로 삼간다.
③ 발을 밟았거나 옷깃을 스치더라도 "I am sorry(죄송합니다)"라고 이야기하는 것이 습관처럼되어 있다.
④ 화장실 등에서 순서를 기다릴 때 유의할 점은 문 쪽에서 조금 떨어진 곳에서 한 줄로 기다리다가 차례가 되면 어느 화장실이든지 빈 곳으로 들어간다.
⑤ 열차나 지하철 이용 시 장애자 및 노약자 표지가 있는 좌석은 앉지 않도록 한다.

해설 비행기 이용 시 상급자가 나중에 타고 먼저 내리도록 하고, 기내에서는 승무원의 지시를 따르는 것이 가장 기본적인 예의이다.

28

다음은 초대 에티켓에 대한 설명이다. 가장 올바르지 않은 것은?

① 가정에 초대를 받았을 때는 감사하다는 표현을 충분히 하고, 준비하거나 도와줄 것은 없는지 물어본다.
② 초대 가정에 가서는 주인의 관심사를 살펴 공통 화제를 찾도록 한다.
③ 초대를 한 경우 초대의 목적을 명확히 밝히지 않아도 된다.
④ 초대받았을 때의 복장은 입는 때와 장소 그리고 목적(T. P. O)에 맞추어서 적절하게 입는 것이 예의이다.
⑤ 양식에서는 착석하여 식사를 마칠 때까지 대화를 계속하는 것이 예의이다.

해설 초대를 한 경우 초대의 목적을 명확히 하여 공식 · 비공식을 밝혀야 한다.

정답 25 ③ 26 ⑤ 27 ① 28 ③

29

파티에서 지켜야 할 에티켓에 대한 설명으로 옳지 않은 것은?

① 초대된 사람들은 보통 회장 입구에서 호스트나 호스티스에게 먼저 인사를 하는 것이 에켓이다.
② 파티 준비에 방해가 되지 않도록 정해진 시간보다 일찍 들어간다.
③ 파티 석상에서 주인이 모든 손님을 일일이 배려하기 어려우므로 모르는 사람과 함께라도 적극적으로 인사를 건네고 대화를 나눈다.
④ 디너파티(Dinner Party)의 경우 복장은 정장으로 한다.
⑤ 부득이한 사정으로 리셉션이나 파티에 참석했다가 중도에 혼자 나오게 될 경우에는 접수를 보는 사람에게 먼저 그 뜻을 전달한다.

해설 파티 준비에 방해가 되므로 정해진 시간보다 먼저 들어가지 않는다. 그렇다고 늦는 것도 실례가 된다.

30

레스토랑에서 식사 중 매너로 올바르지 않은 것은?

① 다리를 포개는 것은 금기이다.
② 식사 중 기침을 하는 경우에는 냅킨을 사용한다.
③ 식사 후 이쑤시개를 사용하는 것은 실례이다.
④ 식사 중에 손으로 귀, 코, 머리 등을 만지거나 긁는 것도 금기이다.
⑤ 식사 도중에 대화를 나누면서 상대의 식사 속도에 맞춰 먹는 것이 좋다.

해설 식사 중 기침을 하는 경우에는 손 또는 손수건을 사용하여 입을 가리며 냅킨은 사용하지 않는다.

31

다음 중 테이블 매너의 유의사항으로 옳지 않은 설명은?

① 음식을 먹는 도중 냅킨이나 포크가 바닥에 떨어진 경우 본인이 줍는 것이 예의이다.
② 나이프와 포크가 접시와 부딪쳐 소리를 내지 않도록 조심한다.
③ 나이프는 사용 후 반드시 칼날이 자기 쪽을 향하도록 놓으며 포크는 접시 위에 엎어 놓는다.
④ 식사 중 대화를 나누다가 포크와 나이프를 바로 세워 든 채 팔꿈치를 식탁에 놓고 말을 하는 것은 대단한 실례이다.
⑤ 식사를 마친 후에는 냅킨을 적절히 접어 탁상 위에 올려놓는다.

해설 음식을 먹는 도중 냅킨이나 포크가 바닥에 떨어진 경우에는 본인이 줍지 않고 웨이터를 불러 새것을 가져다주도록 요청한다.

32

명함교환 에티켓에 대한 내용으로 옳지 않은 것은?

① 아랫사람에게 먼저 건넨 다음 윗사람에게 건넨다.
② 자신의 명함을 상대방보다 먼저 건네도록 한다.
③ 받은 명함과 자신의 명함을 반드시 구분하여 넣어둔다.
④ 명함에 모르는 한자가 있을 경우 질문하는 것은 예의의 어긋나지 않는다.
⑤ 앉아서 대화를 나누다가도 명함을 교환할 때는 일어서서 교환하도록 한다.

29 ② 30 ② 31 ① 32 ① 정답

해설 **명함을 줄 때의 에티켓**

- 상의에서 꺼내며 아랫사람이 윗사람에게 먼저 건네는 것이 예의이다.
- 소개의 경우에는 소개받은 사람부터 먼저 건넨다.
- 방문한 곳에서는 상대방보다 먼저 명함을 건네도록 한다.
- 명함은 선 자세로 교환하는 것이 예의이고, 테이블 위에 놓고서 손으로 밀거나 서류봉투 위에 놓아서 건네는 것은 좋지 않다.
- 명함을 내밀 때는 정중하게 인사를 하고 나서 회사명과 이름을 밝히고, 두 손으로 건네도록 한다.
- 명함은 왼손을 받쳐서 오른손으로 건네되 자기의 성명이 상대방 쪽에서 바르게 보이게끔 한다. 상대가 두 사람일 경우 윗사람에게 먼저 건넨다.
- 한쪽 손으로는 자기의 명함을 주면서 한쪽 손으로 상대의 명함을 받는 동시교환은 부득이 한 경우가 아니면 실례이다.

33

올바른 국제 비즈니스 에티켓이 아닌 것은?

① 자기 이름 앞에 'MR.'나 'Miss'같은 존칭은 삼가고, 이름 전체를 소개한다.
② 상대의 눈을 똑바로 쳐다보며 악수하는 것은 무례한 행동이다.
③ 악수를 하면서 절을 하면 더 공손해 보인다.
④ 빵은 수프를 먹은 뒤 먹도록 하고, 수프나 커피 등에 적셔 먹는 일은 삼간다.
⑤ 비즈니스 석상에서 자신을 소개할 때 지위를 밝히지 않고 이름과 성을 밝히는 것이 상례이다.

해설 악수는 서양식 인사이므로 동양적 관습으로 악수를 하며, 절을 하거나 두 손으로 감쌀 필요가 없다.

34

국제 비즈니스 상담 시의 에티켓으로 옳지 않은 것은?

① 인사가 끝나면 바로 본론에 들어가는 것이 좋다.
② 목표를 분명하게 정하고 상담을 진행한다.
③ 상대방의 말 도중에 끼어들어 다른 화제로 바꾸는 것은 실례이다.
④ 외국인과 이야기를 할 때에는 약간 과장되게 하는 것이 좋다.
⑤ 상담이 마무리될 때는 요점을 요약한 후 합의사항을 문서로 작성해 서로 나눠 갖는다.

해설 인사가 끝난 후 바로 딱딱한 본론에 들어가지 않는 것이 좋다.

35

비즈니스 관계로 방문할 때 지켜야 할 매너로 옳지 않은 것은?

① 상대를 방문할 때는 바쁜 시간을 피하고 사전에 시간약속을 한다.
② 시간의 여유를 두고 도착하여 화장실에서 용모와 복장을 점검한다.
③ 응접실에 안내를 받으면 출입구에서 가장 먼 자리에 앉아 기다린다.
④ 상대방이 들어오면 일어서고 상대가 착석을 권할 때 답례하며 앉는다.
⑤ 면담 중에 시계를 힐끔거리지 않는다.

해설 응접실에 안내를 받으면 출입구에서 가까운 자리에 앉아 기다린다.

정답 33 ③ 34 ① 35 ③

01

소비자의 기본적 권리실현을 위하여 지방자치단체가 조례로 제정할 수 있는 사항이 아닌 것은?

① 종합소비정책의 수립
② 사업자의 표시 및 거래 등의 적정화 유도를 위한 조사
③ 소비자피해구제기구의 설치 · 운영 등
④ 소비자 안전에 관한 시책의 강구
⑤ 소비자 능력향상을 위한 교육 및 프로그램

해설 **지방자치단체가 조례로 제정할 수 있는 사항(소비자기본법 시행령 제3조)**
- 소비자 안전에 관한 시책
- 소비자와 관련된 주요 시책이나 정책결정사항에 관한 정보의 제공
- 사업자의 표시 및 거래 등의 적정화 유도를 위한 조사 · 권고 · 공표 등
- 소비자단체 · 소비자생활협동조합 등 소비자의 조직활동 지원
- 소비자의 피해구제기구의 설치 · 운영 등
- 소비자의 능력 향상을 위한 교육 및 프로그램
- 그 밖에 지역소비자의 권익 증진에 필요한 사항 등

02

소비자기본법상 국가 · 지방자치단체의 책무에 해당하지 않는 것은?

① 소비자분쟁의 해결
② 개인정보의 보호
③ 지방행정조직에 대한 지원
④ 시험 · 검사시설의 설치
⑤ 소비자권익 증진시책에 대한 협력

해설 ⑤ 소비자기본법상 사업자의 책무이다.
소비자기본법상 국가 · 지방자치단체의 책무는 ①, ②, ③, ④ 외에 위해의 방지, 계량 및 규격의 적정화, 표시의 기준, 광고의 기준, 거래의 적정화, 소비자에의 정보제공, 소비자의 능력 향상 등이 있다.

03

물품 및 용역의 규격 · 품질 · 안전성 등에 대한 시험 · 검사 또는 조사 등을 의뢰 받은 검사기관 또는 한국소비자원이 그 결과를 의뢰인에게 통보해야 하는 기간은?

① 의뢰받은 날로부터 1월 이내
② 의뢰받은 날로부터 2월 이내
③ 검사를 시작한 날로부터 1월 이내
④ 검사를 시작한 날로부터 2월 이내
⑤ 검사를 시작한 날로부터 15일 이내

해설 시험 · 검사 또는 조사의 의뢰를 받은 국 · 공립 검사기관 또는 한국소비자원은 의뢰를 받은 날부터 1개월 이내에 시험 · 검사 또는 조사의 결과를 의뢰인에게 통보하여야 하며, 이 경우 1개월 이내에 그 결과를 통보할 수 없는 부득이한 사유가 있는 때에는 그 사유와 통보기한을 정하여 의뢰인에게 통지하여야 한다(소비자기본법 시행령 제10조 제2항).

04

소비자분쟁조정위원회가 분쟁조정신청을 받은 경우 분쟁조정을 완료해야 하는 기간은?

① 10일 이내
② 15일 이내
③ 30일 이내
④ 2개월 이내
⑤ 6개월 이내

해설 소비자분쟁조정위원회는 분쟁조정신청을 받은 때에는 그 신청을 받은 날부터 30일 이내에 분쟁조정을 마쳐야 한다.

01 ① 02 ⑤ 03 ① 04 ③ 정답

05

소비자기본법상 소비자단체의 업무에 관한 옳은 설명을 모두 고른 것은?

> 가. 국가 및 지방자치단체의 소비자의 권익과 관련된 시책에 대한 건의
> 나. 소비자의 교육
> 다. 소비자정책의 종합적 추진 및 조정에 관한 심의 · 의결
> 라. 물품 등의 규격 · 품질 · 안전성 · 환경성에 관한 시험 · 검사 및 가격 등을 포함한 거래조건에 관한 조사 및 분석

① 가, 나
② 가, 나, 다
③ 나, 다, 라
④ 가, 나, 라
⑤ 가, 나, 다, 라

해설 다. 소비자정책의 종합적 추진 및 조정에 관한 사항의 심의 · 의결은 소비자기본법상의 소비자정책위원회의 업무이다.

06

소비자정책위원회에 관한 설명으로 옳지 않은 것은?

① 소비자 보호 및 국민소비생활의 향상에 관한 기본정책을 심의한다.
② 위원장은 한국소비자원장으로 한다.
③ 국무총리는 위촉위원이 직무와 관련한 비위사실이 있는 경우 해당 위원을 해촉할 수 있다.
④ 위원회는 심의하기 위하여 필요한 경우 소비자문제에 관하여 전문지식이 있는 자, 소비자 또는 관계사업자의 의견을 들을 수 있다.
⑤ 위원장 2인을 포함한 25인 이내의 위원으로 구성한다.

해설 위원장은 국무총리와 소비자문제에 관하여 학식과 경험이 풍부한 자 중에서 대통령이 위촉하는 자가 된다(소비자기본법 제24조 제2항).

07

국 · 공립검사기관은 시험 · 검사를 의뢰받은 날로부터 며칠 이내에 결과를 소비자원에 통보해야 하는가?

① 10일 ② 15일
③ 30일 ④ 2개월
⑤ 6개월

해설 시험 · 검사를 의뢰받은 국 · 공립검사기관은 특별한 사유가 있는 경우가 아니면 의뢰받은 날부터 15일 이내에 시험 · 검사의 결과를 한국소비자원에 통보하여야 한다. 이 경우 15일 이내에 그 결과를 통보할 수 없는 부득이한 사유가 있으면 그 사유와 통보기한을 정하여 한국소비자원에 알려야 한다(소비자기본법 시행령 제29조 제1항).

제3과목

08

다음은 소비자기본법상 소비자분쟁조정위원회와 관련된 사항을 나열한 것이다. 가장 거리가 먼 것은?

① 소비자분쟁에 대한 조정결정을 한다.
② 조정위원회의 의사(議事)에 관한 규칙의 제정 및 개폐에 관한 사항을 심의한다.
③ 분쟁심의위원이 당해 사건에 관하여 증언이나 감정의뢰한 경우에는 심의에 관여할 수 없다.
④ 합리적인 소비생활의 조기정착을 위한 각종 정보를 수집하고 이를 소비자에게 제공하는 역할을 한다.
⑤ 한국소비자원에 소비자분쟁조정위원회를 둔다.

해설 소비자분쟁조정위원회는 소비자와 사업자 사이에 발생한 분쟁을 조정하며, 다음의 사항을 심의 · 의결한다(소비자기본법 제60조).
- 소비자분쟁에 대한 조정결정
- 조정위원회의 의사(議事)에 관한 규칙의 제정 및 개정 · 폐지
- 그 밖에 조정위원회의 위원장이 토의에 부치는 사항

정답 05 ④ 06 ② 07 ② 08 ④

09

다음 보기의 빈칸에 들어갈 내용으로 옳지 않은 것은?

> (가)의 원장은 제55조 제1항 내지 제3항의 규정에 따라 피해구제의 신청을 받은 날부터 (나)일 이내에 제57조의 규정에 따른 합의가 이루어지지 아니하는 때에는 지체 없이 (다)의 규정에 따른 (라)에 (마)를 신청해야 한다.
>
> – 소비자기본법 제58조 –

① (가) – 한국소비자원
② (나) – 30일
③ (다) – 제60조
④ (라) – 소비자정책심의위원회
⑤ (마) – 분쟁조정

해설 (라) : 소비자분쟁조정위원회

10

등록한 소비자단체의 등록사항에 대한 변경이 있는 경우 공정거래위원회 또는 시 · 도지사에게 통보해야 하는 기간은?

① 변경된 날부터 10일 이내
② 변경된 날부터 14일 이내
③ 변경된 날부터 15일 이내
④ 변경된 날부터 20일 이내
⑤ 변경된 날부터 30일 이내

해설 등록한 소비자단체는 사항의 변경이 있을 때에는 그 변경된 날부터 20일 이내에 공정거래위원회 또는 시 · 도지사에게 통보하여야 한다(소비자기본법 시행령 제23조 제6항).

11

소비자정책위원회 위촉위원장 및 한국소비자원장 외에 위촉위원의 임기는?

① 1년 ② 2년
③ 3년 ④ 4년
⑤ 5년

해설 **소비자정책위원회**
- 위원장 : 2명
- 인원 : 위원장 포함 25인 이내
- 위 촉
  - 위원장 : 대통령
  - 위원 : 국무총리
- 위촉위원장 · 위촉위원 임기 : 3년

12

다음 중 한국소비자원의 피해구제에 대한 내용이 옳지 않은 것은?

① 소비자는 물품 등의 사용으로 인한 피해의 구제를 소비자보호단체에 신청한다.
② 소비자단체는 소비자로부터 피해구제의 신청을 받은 때에는 한국소비자원에 그 처리를 의뢰할 수 있다.
③ 소비자로부터 피해구제의 신청을 받은 날부터 30일이 경과하여도 합의에 이르지 못하는 경우에는 한국소비자원에 처리를 의뢰할 수 있다.
④ 한국소비자원은 당사자의 소제기 사실을 알게 된 때에는 지체 없이 피해구제절차를 중지하고, 당사자에게 이를 통지하여야 한다.
⑤ 원장은 피해구제신청의 당사자에 대하여 피해보상에 관한 합의를 권고할 수 있다.

해설 소비자는 물품 등의 사용으로 인한 피해의 구제를 한국소비자원에 신청할 수 있다(소비자기본법 제55조 제1항).

09 ④ 10 ④ 11 ③ 12 ① 정답

13

물품의 품질보증기간 및 부품보유기간에 관하여 타당하지 않은 것은?

① 품질보증기간 및 부품보유기간은 해당 사업자가 품질보증서에 표시한 기간으로 한다.
② 사업자가 정한 품질보증기간 및 부품보유기간이 품목별 보상기준에서 정한 기간보다 짧은 경우에도 당해 사업자가 표시한 기간으로 한다.
③ 사업자가 품질보증기간 및 부품보유기간을 표시하지 아니한 경우에는 품목별 소비자분쟁해결기준에 의한다.
④ 중고물품 등에 대한 품질보증기간은 품목별 분쟁해결기준에 따른다.
⑤ 품질보증기간은 소비자가 물품 등을 구입하거나 제공받은 날부터 기산한다.

해설 사업자가 정한 품질보증기간 및 부품보유기간이 품목별 소비자분쟁해결기준에서 정한 기간보다 짧은 경우에는 품목별 소비자분쟁해결기준에서 정한 기간으로 한다(소비자기본법 시행령 별표 1).

14

우리나라 소비자기본법상 소비자의 8대 권리에 해당하지 않는 것은?

① 물품 등을 선택함에 있어서 필요한 지식 및 정보를 제공받을 권리
② 물품 또는 용역으로 인한 생명 · 신체 또는 재산에 대한 위해로부터 보호받을 권리
③ 물품 등을 사용함에 있어서 거래상대방 · 구입장소 · 가격 및 거래조건 등을 자유로이 선택할 권리
④ 어떤 경우에도 소비를 제한받지 않을 권리
⑤ 소비생활에 영향을 주는 국가 및 지방자치단체의 정책과 사업자의 사업활동 등에 대하여 의견을 반영할 권리

해설 소비자의 8대 기본적 권리는 ①, ②, ③, ⑤ 외에 다음과 같다.

- 안전하고 쾌적한 소비생활 환경에서 소비할 권리
- 합리적인 소비생활을 위하여 필요한 교육을 받을 권리
- 소비자 스스로의 권익을 증진하기 위하여 단체를 조직하고, 이를 통하여 활동할 수 있는 권리
- 물품 등의 사용으로 인하여 입은 피해에 대하여 신속 · 공정한 절차에 따라 적절한 보상을 받을 권리

15

다음 중 소비자기본법상 사업자 책무에 해당하지 않는 것은?

① 사업자는 소비자의 개인정보를 축척, 보관하여야 한다.
② 사업자는 소비자의 개인정보가 분실 · 도난 · 누출 · 변조 · 훼손되지 않도록 그 개인정보를 성실하게 취급해야 한다.
③ 사업자는 물품 등의 하자로 인한 소비자의 불만이나 피해를 해결하거나 보상하여야 하며, 채무불이행 등으로 인한 소비자의 손해를 배상하여야 한다.
④ 사업자는 물품 등을 공급함에 있어서 소비자의 합리적인 선택이나 이익을 침해할 우려가 있는 거래조건이나 거래방법을 사용해서는 안 된다.
⑤ 사업자는 물품 등으로 인하여 소비자에게 생명 · 신체 또는 재산에 대한 위해가 발생하지 않도록 필요한 조치를 강구해야 한다.

해설 사업자는 소비자에게 물품 등에 대한 정보를 성실하고 정확하게 제공하여야 한다(소비자기본법 제19조 제3항).

제3과목

정답 13 ② 14 ④ 15 ①

16

사업자가 소비자에게 제공한 물품에 소비자의 안전을 해칠 우려가 있는 중대한 결함이 있을 경우 그 내용을 보고해야 하는 기관은?

① 시 · 도지사
② 중앙행정기관장
③ 한국소비자원
④ 소비자정책심의위원회
⑤ 공정거래위원회

해설 사업자는 자신이 제공한 물품 등에 중대한 결함이 있다는 사실을 알게 되면 그 날부터 5일 이내에 서면으로 소관 중앙행정기관의 장에게 그 결함사실을 보고하여야 한다. 다만, 물품 등의 중대한 결함으로 인하여 소비자의 생명 · 신체 및 재산상의 안전에 긴급한 위해를 끼치거나 끼칠 우려가 있다고 판단되면 지체 없이 구술로 그 결함사실을 보고하여야 한다(소비자기본법 시행령 제35조 제1항).

17

다음의 소비자기본법상 소비자의 정의에 대한 설명에서 빈칸에 들어갈 용어로 알맞은 것은?

> 소비자기본법 제2조에서 "소비자라 함은 사업자가 제공하는 물품 또는 용역(시설물을 포함한다. 이하 같다)을 소비생활을 위하여 사용(이용을 포함한다. 이하 같다)하는 자 또는 생산 활동을 위하여 사용하는 자로서 (　　)이 정하는 자를 말한다."고 규정하고 있다.

① 총리령
② 대통령령
③ 행정안전부 장관
④ 지방자치단체장
⑤ 산업통상자원부 장관

해설 "소비자"라 함은 사업자가 제공하는 물품 또는 용역(시설물을 포함한다. 이하 같다)을 소비생활을 위하여 사용(이용을 포함한다. 이하 같다)하는 자 또는 생산활동을 위하여 사용하는 자로서 대통령령이 정하는 자를 말한다.

18

다음 소비자기본법상 소비자의 책무에 해당하는 사항을 모두 고른 것은?

> 가. 소비자는 사업자 등과 더불어 자유 시장경제를 구성하는 주체임을 인식하여 물품 등을 올바르게 선택하고, 소비자기본법상의 소비자의 기본적 권리를 정당하게 행사하여야 한다.
> 나. 소비자는 스스로의 권익을 증진하기 위하여 필요한 지식과 정보를 습득하도록 노력하여야 한다.
> 다. 소비자는 자주적이고 합리적인 행동과 자원 절약적이고 환경 친화적인 소비생활을 함으로써 소비생활의 향상과 국민경제의 발전에 적극적인 역할을 다하여야 한다.
> 라. 소비자는 상품에 대한 객관적이고 올바른 이해를 바탕으로 사업자와의 갈등을 최소화하도록 노력하여야 한다.

① 가, 나, 다
② 가, 나, 라
③ 가, 다, 라
④ 나, 다, 라
⑤ 가, 나, 다, 라

해설 가 : 소비자기본법 제5조 제1항
나 : 소비자기본법 제5조 제2항
다 : 소비자기본법 제5조 제3항

16 ② 17 ② 18 ① 정답

19

소비자기본법상 사업자는 소비자의 권익증진을 위해 다음 사항의 관련 기준을 준수하여야 한다. 이에 해당하지 않는 것은?

① 사업자는 국가가 정한 기준에 위반되는 물품 등을 제조 · 수입 · 판매하거나 제공하여서는 아니 된다.
② 사업자는 국가가 정한 표시기준을 위반하여서는 아니 된다.
③ 사업자는 국가가 정한 광고기준을 위반하여서는 아니 된다.
④ 사업자는 국가가 지정 · 고시한 행위를 하여서는 아니 된다.
⑤ 사업자는 국가가 정한 소비자 보호기준을 위반하여서는 아니 된다.

해설 ⑤ 사업자는 국가가 정한 개인정보의 보호기준을 위반하여서는 아니 된다(소비자기본법 제20조 제5항).
① 소비자기본법 제20조 제1항
② 소비자기본법 제20조 제2항
③ 소비자기본법 제20조 제3항
④ 소비자기본법 제20조 제4항

20

다음 중 소비자기본법상 기본계획의 수립에 포함되어야 할 내용에 해당하지 않는 것은?

① 소비자정책과 관련된 경제 · 사회 환경의 변화
② 불공정기업 회생 및 퇴출기업 구제
③ 소비자정책의 기본방향
④ 소비자안전의 강화가 포함된 소비자정책의 목표
⑤ 소비자정책의 추진과 관련된 재원의 조달방법

해설 **기본계획의 수립 시 포함사항**

- 소비자정책과 관련된 경제 · 사회 환경의 변화
- 소비자정책의 기본방향
- 다음의 사항이 포함된 소비자정책의 목표
  - 소비자안전의 강화
  - 소비자와 사업자 사이의 거래의 공정화 및 적정화
  - 소비자교육 및 정보제공의 촉진
  - 소비자피해의 원활한 구제
  - 국제소비자문제에 대한 대응
  - 그 밖에 소비자의 권익과 관련된 주요한 사항
- 소비자정책의 추진과 관련된 재원의 조달방법
- 어린이 위해방지를 위한 연령별 안전기준의 작성
- 그 밖에 소비자정책의 수립과 추진에 필요한 사항

정답 19 ⑤ 20 ②

제6장 | 개인정보보호법

01
다음 중 개인정보 보호 원칙으로 옳지 않은 것은?

① 개인정보처리자는 개인정보의 처리 목적에 필요한 범위에서 적합하게 개인정보를 처리하여야 하며, 그 목적 외의 용도로 활용하여서는 아니 된다.
② 개인정보처리자는 정보주체의 사생활 침해를 최소화하는 방법으로 개인정보를 처리하여야 한다.
③ 개인정보는 익명처리가 불가하며 실명에 의하여 처리될 수 있도록 하여야 한다.
④ 개인정보의 처리 목적에 필요한 범위에서 개인정보의 정확성, 완전성 및 최신성이 보장되도록 하여야 한다.
⑤ 개인정보 처리 목적에 필요한 범위에서 최소한의 개인정보만을 적법하고 정당하게 수집하여야 한다.

해설 개인정보처리자는 개인정보를 익명 또는 가명으로 처리하여도 개인정보 수집목적을 달성할 수 있는 경우 익명처리가 가능한 경우에는 익명에 의하여, 익명처리로 목적을 달성할 수 없는 경우에는 가명에 의하여 처리될 수 있도록 하여야 한다(개인정보보호법 제3조 제7항).

02
개인정보 처리와 관련하여 정보주체가 갖는 권리에 해당하지 않는 것은?

① 개인정보의 처리 정지, 정정 · 삭제 및 파기를 요구할 권리
② 개인정보의 처리에 관한 정보를 제공받을 권리
③ 개인정보의 처리에 관한 동의 여부, 동의 범위 등을 선택하고 결정할 권리
④ 개인정보의 처리 여부를 확인하고 개인정보에 대하여 원본을 요구할 권리
⑤ 개인정보의 처리로 인하여 발생한 피해를 신속하고 공정한 절차에 따라 구제받을 권리

해설 개인정보의 처리 여부를 확인하고 개인정보에 대하여 열람(사본의 발급을 포함한다)을 요구할 권리이다.

03
다음 중 개인정보 보호에 관한 OECD의 8원칙에 해당하지 않는 것은?

① 수집 제한의 원칙
② 정확성의 원칙
③ 비공개의 원칙
④ 목적 명확화의 원칙
⑤ 개인 참여의 원칙

해설 **OECD의 개인정보 보호 8원칙**
- 수집 제한의 원칙
- 정확성의 원칙
- 목적 명확화의 원칙
- 이용 제한의 원칙
- 안전 조치의 원칙
- 공개의 원칙
- 개인 참여의 원칙
- 책임의 원칙

01 ③ 02 ④ 03 ③ 정답

04
개인정보 보호위원회의 기본계획에 포함되지 않는 사항은?

① 개인정보 보호의 기본목표와 추진방향
② 개인정보 보호 자율규제의 활성화
③ 개인정보 보호와 관련된 제도 및 법령의 개선 요청
④ 개인정보 침해 방지를 위한 대책
⑤ 개인정보 보호를 위한 전문인력의 양성

해설 **기본계획(개인정보보호법 제9조)**
- 개인정보 보호의 기본목표와 추진방향
- 개인정보 보호와 관련된 제도 및 법령의 개선
- 개인정보 침해 방지를 위한 대책
- 개인정보 보호 자율규제의 활성화
- 개인정보 보호 교육 · 홍보의 활성화
- 개인정보 보호를 위한 전문인력의 양성
- 그 밖에 개인정보 보호를 위하여 필요한 사항

05
개인정보 수집이 허용되는 경우가 아닌 것은?

① 정보주체 대리인의 동의를 받은 경우
② 법률에 특별한 규정이 있거나 법령상 의무를 준수하기 위하여 불가피한 경우
③ 공공기관이 법령 등에서 정하는 소관 업무의 수행을 위하여 불가피한 경우
④ 정보주체와 체결한 계약을 이행하거나 계약을 체결하는 과정에서 정보주체의 요청에 따른 조치를 이행하기 위하여 필요한 경우
⑤ 개인정보처리자의 정당한 이익을 달성하기 위하여 필요한 경우로서 명백하게 정보주체의 권리보다 우선하는 경우

해설 정보주체의 동의를 받아야 한다. 이밖에 정보주체 또는 그 법정대리인이 의사표시를 할 수 없는 상태에 있거나 주소불명 등으로 사전 동의를 받을 수 없는 경우로서 명백히 정보주체 또는 제3자의 급박한 생명, 신체, 재산의 이익을 위하여 필요하다고 인정되는 경우가 있다.

06
개인정보를 제3자에게 제공할 때 공공기간에 한정되는 경우가 아닌 것은?

① 개인정보를 목적 외의 용도로 이용하거나 이를 제3자에게 제공하지 아니하면 다른 법률에서 정하는 소관 업무를 수행할 수 없는 경우로서 보호위원회의 심의 · 의결을 거친 경우
② 범죄의 수사와 공소의 제기 및 유지를 위하여 필요한 경우
③ 법원의 재판업무 수행을 위하여 필요한 경우
④ 조약, 그 밖의 국제협정의 이행을 위하여 외국정부 또는 국제기구에 제공하기 위하여 필요한 경우
⑤ 정보주체로부터 별도의 동의를 얻지 못한 경우

해설 정보주체로부터 별도의 동의를 받은 경우 외에 형(刑) 및 감호, 보호처분의 집행을 위하여 필요한 경우가 있다.

07
개인정보처리자가 개인정보보호법을 위반할 경우 정보주체가 손해 배상을 청구할 수 있는 경우에 해당하지 않는 것은?

① 법정대리인 동의만으로 아동의 개인정보를 수집할 경우
② 직무상 알게 된 개인정보를 침해, 누설하거나 제공받았을 경우
③ 영업 양수에 따른 개인정보 이전 미통보할 경우
④ 민감한 사항의 개인정보를 수집할 경우
⑤ 웹사이트 회원 등록 시 주민등록번호 대신 가입할 방법 미제공

해설 법정대리인 동의 시 아동의 개인정보 수집이 가능하다.

제3과목

정답 04 ③ 05 ① 06 ⑤ 07 ①

08

다음 중 개인정보의 보호와 관련된 법률로 거리가 먼 것은?

① 국가인권위원회법
② 전자정부법
③ 방송통신발전 기본법
④ 신용정보의 이용 및 보호에 관한 법률
⑤ 공공기관의 정보공개에 관한 법률

해설 **개인정보 보호에 관련된 법률**
개인정보보호법, 지방공기업법, 초 · 중등교육법, 고등교육법, 전자서명법, 신용정보의 이용 및 보호에 관한 법률, 공공기관의 정보공개에 관한 법률 등이 있다(www.privacy.go.kr).

09

개인정보를 수집할 때 동의획득 예외의 경우가 아닌 것은?

① 개인정보를 국외의 제3자에게 제공하는 경우
② 정보주체와 체결한 계약을 이행하거나 계약을 체결하는 과정에서 정보주체의 요청에 따른 조치를 이행하기 위하여 필요한 경우
③ 공공기관이 법령 등에서 정하는 소관 업무의 수행을 위하여 불가피한 경우
④ 법률에 특별한 규정이 있거나 법령상 의무를 준수하기 위하여 불가피한 경우
⑤ 명백히 정보주체 또는 제3자의 급박한 생명, 신체, 재산의 이익을 위하여 필요하다고 인정되는 경우

해설 개인정보처리자는 개인정보를 제15조 제1항에 따른 범위를 초과하여 이용하거나 제17조 제1항 및 제28조의8 제1항에 따른 범위를 초과하여 제3자에게 제공하여서는 아니 된다.

10

개인정보의 처리방침을 정할 때 포함시켜야 할 경우가 아닌 것은?

① 개인정보의 처리 목적
② 개인정보의 처리 및 보유 방법
③ 개인정보의 제3자 제공에 관한 사항(해당되는 경우에만 정한다)
④ 개인정보처리의 위탁에 관한 사항(해당되는 경우에만 정한다)
⑤ 정보주체의 권리 · 의무 및 그 행사방법에 관한 사항

해설 **개인정보 처리방침의 수집 및 공개(개인정보보호법 제30조 제1항)**
개인정보처리자는 다음의 사항이 포함된 개인정보의 처리방침(이하 "개인정보 처리방침"이라 한다)을 정하여야 한다.

- 개인정보의 처리 목적
- 개인정보의 처리 및 보유 기간
- 개인정보의 제3자 제공에 관한 사항(해당되는 경우에만 정한다)
  - 개인정보의 파기절차 및 파기방법(제21조 제1항 단서에 따라 개인정보를 보존하여야 하는 경우에는 그 보존근거와 보존하는 개인정보 항목을 포함한다)
  - 민감정보의 공개 가능성 및 비공개를 선택하는 방법(해당되는 경우에만 정한다)
- 개인정보처리의 위탁에 관한 사항(해당되는 경우에만 정한다)
- 가명정보의 처리 등에 관한 사항(해당되는 경우에만 정한다)
- 정보주체와 법정대리인 권리 · 의무 및 그 행사방법에 관한 사항
- 개인정보 보호책임자의 성명 또는 개인정보 보호업무 및 관련 고충사항을 처리하는 부서의 명칭과 전화번호 등 연락처
- 인터넷 접속정보파일 등 개인정보를 자동으로 수집하는 장치의 설치 · 운영 및 그 거부에 관한 사항(해당하는 경우에만 정한다)
- 그 밖에 개인정보의 처리에 관하여 대통령령으로 정한 사항

08 ③ 09 ① 10 ② 정답

11

개인정보 보호책임자의 업무가 아닌 것은?

① 개인정보 보호 계획의 수립 및 시행
② 개인정보 유출 및 오용 · 남용 방지를 위한 외부통제시스템의 구축
③ 개인정보 처리와 관련한 불만의 처리 및 피해구제
④ 개인정보 처리 실태 및 관행의 정기적인 조사 및 개선
⑤ 개인정보 보호 교육 계획의 수립 및 시행

해설 **개인정보 보호책임자의 업무(개인정보보호법 제31조 제3항)**

- 개인정보 보호 계획의 수립 및 시행
- 개인정보 처리 실태 및 관행의 정기적인 조사 및 개선
- 개인정보 처리와 관련한 불만의 처리 및 피해구제
- 개인정보 유출 및 오용 · 남용 방지를 위한 내부통제시스템의 구축
- 개인정보 보호 교육 계획의 수립 및 시행
- 개인정보파일의 보호 및 관리 · 감독
- 그 밖에 개인정보의 적절한 처리를 위하여 대통령령으로 정한 업무

12

개인정보 분쟁조정위원회는 몇 명으로 구성되는가?

① 15명 이내
② 20명 이내
③ 25명 이내
④ 30명 이내
⑤ 10명 이내

해설 분쟁조정위원회는 위원장 1명을 포함한 30명 이내의 위원으로 구성하며, 위원은 당연직위원과 위촉위원으로 구성한다(개인정보보호법 제40조 제2항).

13

다음 개인정보의 파기에 관한 설명으로 옳지 않은 것은?

① 개인정보는 이용자에게 고지하거나 동의받은 보유 및 이용기간이 종료된 경우 파기하여야 한다.
② 서면으로 된 개인정보의 파기는 분쇄 또는 소각한다.
③ 전자적 파일 형태로 저장된 개인정보 기록은 컴퓨터에서 삭제한다.
④ 사업을 폐업하는 경우는 개인정보를 파기해야 한다.
⑤ 개인정보의 파기방법 및 절차 등에 필요한 사항은 대통령령에 따른다.

해설 전자적 파일의 형태인 경우, 복원이 불가능한 방법으로 영구 삭제한다.

14

정보주체의 권리에 대한 설명으로 알맞지 않은 것은?

① 개인정보의 처리에 관한 정보를 제공받을 권리가 있다.
② 개인정보의 처리에 관한 동의 여부, 동의 범위 등을 선택하고 결정할 권리가 있다.
③ 개인정보의 처리 여부를 확인하고, 개인정보에 대한 사본의 발급은 예외로 하고 열람 및 전송을 요구할 권리가 있다.
④ 개인정보의 처리 정지, 정정 · 삭제 및 파기를 요구할 권리가 있다.
⑤ 개인정보의 처리로 인하여 발생한 피해를 신속하고 공정한 절차에 따라 구제받을 권리가 있다.

해설 개인정보의 처리 여부를 확인하고 개인정보에 대한 열람 및 전송을 요구할 권리가 있으며, 이는 사본의 발급을 포함한다(개인정보보호법 제4조).

정답 11 ② 12 ④ 13 ③ 14 ③

15

개인정보가 유출되었을 경우 개인정보처리자가 해당 정보주체에게 알려야 할 사항이 아닌 것은?

① 유출 등이 된 시점과 그 경위
② 유출 등이 된 개인정보의 항목
③ 조사 대상 침해 행위의 중지
④ 개인정보처리자의 대응조치 및 피해 구제절차
⑤ 정보주체에게 피해가 발생한 경우 신고 등을 접수할 수 있는 담당부서 및 연락처 안내

해설 ①·②·④·⑤ 외에 '유출로 인하여 발생할 수 있는 피해를 최소화하기 위하여 정보주체가 할 수 있는 방법 등에 관한 정보'가 있다(개인정보보호법 제34조 제1항).

16

개인정보처리자가 개인정보의 수집·이용의 동의를 받을 때 정보주체에게 알려야 할 사항으로 거리가 먼 것은?

① 개인정보의 수집·이용 목적
② 수집하려는 개인정보의 항목
③ 개인정보의 보유 기간
④ 개인정보의 이용 기간
⑤ 개인정보처리자의 성명

해설 ①·②·③·④ 외에 '동의를 거부할 권리가 있다는 사실 및 동의 거부에 따른 불이익이 있는 경우에는 그 불이익의 내용'이 있다(개인정보보호법 제15조 제2항).

17

개인정보보호법상 명시된 민감정보의 범위에 해당하지 않는 것은?

① 정치적 견해
② 건강, 성생활 등에 관한 정보
③ 노동조합·정당의 가입
④ 운전면허의 면허번호
⑤ 사상·신념

해설 개인정보처리자는 사상·신념, 노동조합·정당의 가입·탈퇴, 정치적 견해, 건강, 성생활 등에 관한 정보, 그 밖에 정보주체의 사생활을 현저히 침해할 우려가 있는 개인정보로서 대통령령으로 정하는 정보(이하 "민감정보"라 한다)를 처리하여서는 아니 된다(개인정보보호법 제23조 제1항).

18

다음 보기의 빈칸에 들어갈 내용으로 옳지 않은 것은?

> 제39조 제1항에도 불구하고 정보주체는 개인정보처리자의 고의 또는 과실로 인하여 개인정보가 분실·도난·유출·위조·변조 또는 훼손된 경우에는 (　　) 이하의 범위에서 상당한 금액을 손해액으로 하여 배상을 청구할 수 있다. 이 경우 해당 개인정보처리자는 고의 또는 과실이 없음을 입증하지 아니하면 책임을 면할 수 없다.

① 100만원　　② 300만원
③ 500만원　　④ 700만원
⑤ 1천만원

해설 제39조 제1항에도 불구하고 정보주체는 개인정보처리자의 고의 또는 과실로 인하여 개인정보가 분실·도난·유출·위조·변조 또는 훼손된 경우에는 300만원 이하의 범위에서 상당한 금액을 손해액으로 하여 배상을 청구할 수 있다. 이 경우 해당 개인정보처리자는 고의 또는 과실이 없음을 입증하지 아니하면 책임을 면할 수 없다(개인정보보호법 제39조의2 제1항).

15 ③ 16 ⑤ 17 ④ 18 ② 정답

01
다음 프레젠테이션의 4P 중 청중(People)의 분석 요소로 적절하지 않은 것은?

① 성 별
② 좌석배치
③ 연령대
④ 소득수준
⑤ 학 력

해설 좌석배치는 장소(Place)에 대한 분석 요소이다.

02
프레젠테이션의 구성 중 전개단계(본론)에 해당하지 않는 것은?

① 보조자료를 적절히 사용한다.
② 강사는 자기소개를 정확하고 자세하게 설명해 주어야 한다.
③ 전개의 마무리 단계에서 질문을 받는다.
④ 내용조직은 논리적으로 체계화되어 설명할 수 있어야 한다.
⑤ 중간 중간에 동기부여가 이루어져야 한다.

해설 자기소개와 강의 개요를 설명해 주는 단계는 도입단계이다.

03
프레젠테이션의 목적에 중에 청중의 의욕을 환기하고, 기대하는 행동을 받아들이게 하려는 것은?

① 행동촉구
② 의사결정 설득
③ 동기유발
④ 정보전달
⑤ 엔터테인먼트

해설 프레젠테이션의 목적에는 정보전달, 동기유발, 의사결정 설득, 행동촉구, 엔터테인먼트 등이 있다.

04
다음 중 프레젠테이션 4P에 해당하지 않는 것은?

① 사람(People)
② 목적(Purpose)
③ 장소(Place)
④ 공개성(Public)
⑤ 사전 준비(Preparation)

해설 **프레젠테이션 4P**
3P[사람(People), 목적(Purpose), 장소(Place)] + 사전 준비(Preparation)

05
효과적인 프레젠테이션 전달 기술로 적당하지 않은 것은?

① 한 번에 여러 가지 기술을 연습하라.
② 한 가지가 몸에 익어 자연스러워질 때까지 충분히 반복 연습하라.
③ 하나가 익숙해지면 다음 기술로 넘어가라.
④ 새로운 기술이 익숙해지면, 먼저 익힌 기술과 함께 연습하라.
⑤ 같은 방식으로 모든 기술을 하나씩 확장하라.

해설 한 번에 한 가지 기술만 연습하라.

정답 01 ② 02 ② 03 ③ 04 ④ 05 ①

06

프레젠테이션 전달 시 발표자의 태도 및 자세로 옳지 않은 것은?

① 발표자는 양발을 어깨 넓이로 벌린 자세로 서서 이야기하되 필요에 따라 자세에 변화를 주도록 한다.
② 어깨나 등이 굽은 자세로 이야기하거나 호주머니에 손을 넣는 등의 행위는 금한다.
③ 옷차림은 지나치게 색상이 화려한 것은 피하고 단순하면서도 감각이 돋보이는 비즈니스 정장 차림이 무난하다.
④ 적절한 제스처를 쓰되 과다하게 사용하지 않도록 유의한다.
⑤ 청중과의 시선을 맞추면 청중에게 주의를 빼앗길 우려가 있고, 집중도가 떨어지므로 가급적 시선을 피하는 것이 좋다.

해설 청중과의 시선 맞추기는 청중의 관심과 전달력을 높이고, 청중의 반응을 확인하는 측면에서 매우 중요한 요소이다.

07

프레젠테이션 발표 시 적절한 대응방법으로 부적절한 것은?

① 일찍 끝날 경우에 대비해 유머나 재미있는 이야기를 몇 가지 준비해 두었다가 필요할 때 사용하여 시간을 조절한다.
② 중간에 예상치 못한 질문으로 시간이 지연되는 것을 막기 위해 시작할 때 질문 시간은 따로 갖겠다고 청중들에게 알린다.
③ 늦게 끝나는 것보다 차라리 일찍 끝나는 것이 좋다.
④ 프레젠테이션을 진행할 때 발표 중간에 청중에게 질문을 던지고 대화를 유도하는 것은 산만하고 집중력을 떨어뜨리므로 가급적 금한다.
⑤ 발표자료를 검토할 때 설명을 줄이거나 생략해도 큰 문제가 없는 부분을 미리 확인해 둔다.

해설 프레젠테이션을 진행할 때 발표자의 일방적인 설명은 청중을 지루하게 만들고 집중력을 떨어뜨리므로 발표 중간에 청중에게 질문을 던지고 대화를 유도하는 것은 매우 중요한 기술이다.

08

다음 중 효과적인 프레젠테이션을 위해 프레젠터가 준비해야 할 스피치 내용에 대한 설명으로 옳지 않은 것은?

① 일상적인 대화처럼 자연스러운 스피치가 중요하다.
② 한자나 외래어 혹은 전문용어의 사용을 자제한다.
③ 목소리는 항상 맑고 깨끗하며 진실성이 보여야 한다.
④ 말의 속도, 크기, 높이, 길이 등이 항상 일정하게 유지되어야 한다.
⑤ 심리적 부담감을 극복하고 철저한 준비를 통해 말하고자 하는 내용을 숙지해야 한다.

해설 **스피치 음성의 강약 및 고저 변화**
처음부터 끝까지 단조롭게 표현하면 듣는 사람을 지루하게 만들고, 의미전달을 효과적으로 할 수도 없다. 음성의 강약과 높고 낮음, 그리고 빠르고 느림이 잘 조화된 언어 표현을 익혀야 한다.

09

다음 중 프레젠테이션의 성패에 가장 큰 영향을 주는 요소로 옳은 것은?

① Personality　　② 내 용
③ 전달방법　　④ 장 소
⑤ 청 중

해설 메라비언(Albert Mehrabian) 박사는 프레젠테이션의 성패에 가장 영향을 주는 요소를 Personality(55%) > 전달방법(38%) > 내용(7%)으로 보았다.

06 ⑤ 07 ④ 08 ④ 09 ① 정답

10

프레젠테이션 오프닝(Opening)에서 이루어지는 과정이 아닌 것은?

① 신뢰구축
② 분위기 조성
③ 동기유발
④ 내용요약
⑤ 재동기 부여

해설 재동기부여(Remotivation)는 프레젠테이션 클로징(Closing)에서 이루어진다.

11

다음 중 스피치와 호흡기법에 대한 설명으로 가장 적절한 것은?

① 화술에 중요한 것은 명료한 발음이 아니다.
② 음성은 타고난 것이므로 아무리 훈련을 한다고 해도 변하지 않는다.
③ 복식 호흡으로 발음하면 목에 부담이 적어지므로 오랜 시간 이야기를 해도 목이 쉽게 쉬거나 아프지 않다.
④ 복식 호흡은 숨을 들이쉬면 아랫배가 들어가고 숨을 내쉬면 아랫배가 나오는 특징이 있다.
⑤ 연사의 발음이 더듬거리거나 불분명하다고 해도 스피치의 효과와는 아무 상관이 없다.

해설 ① 화술에 중요한 것은 명료한 발음이다.
② 음성은 타고난 것이지만 어느 정도는 훈련으로 교정이 가능하다.
④ 복식 호흡은 숨을 들이쉬면 아랫배가 나오고 숨을 내쉬면 아랫배가 들어가는 특징이 있다.
⑤ 연사의 발음이 더듬거리거나, 불분명하면 스피치의 효과가 떨어진다.

12

다음 중 효과적인 프레젠테이션을 위한 '4P' 전략 중 좌석 배치, 소음, 정전, 통행로 등을 확인하고 분석하는 요소는?

① Place
② People
③ Presenter
④ Preparation
⑤ Purpose

해설 **프레젠테이션의 장소(Place) 전략**

- 프레젠테이션의 4P 중 가장 소홀하기 쉽고 프레젠테이션이 실패로 끝나는 원인 가운데 가장 빈번하고 치명적인 원인을 제공한다.
- 정전, 소음, 전기 및 전자 기구의 불량, 좌석 배치, 통행로 등을 사전에 확인하고, 이에 철저히 대비해야 한다.
- 발표 장소만 확인하는 것으로 안심해서는 안 되고, 주변 장소가 발표장에 영향을 미치지는 않는지 확인하고, 만일 행사에 방해가 된다고 판단되면 다른 장소를 선택한다.

13

다음 중 스피치의 조건으로 부적당한 것은?

① 심리적 안정감을 갖는 것이 매우 중요하다.
② 내용을 효과적으로 전달할 수 있는 능력을 익혀야 한다.
③ 적절한 사례와 예화를 적용하여 상황을 묘사한다.
④ 주제에 몰입해서는 안 된다.
⑤ 시작과 끝이 중요하다.

해설 자신의 언어구사에 몰입할 수 있을 때 관중을 감동시키고 변화를 유도할 수 있다.

정답 10 ⑤ 11 ③ 12 ① 13 ④

14

효과적인 스피치 방법으로 가장 올바르지 않은 내용은?

① 철저한 준비로 두려움을 극복하라.
② 단순한 언어보다는 전문용어를 사용하라.
③ 목소리를 힘 있고 부드럽게 하라.
④ 일상적인 대화처럼 사용하라.
⑤ 목소리에 변화를 주어라.

해설 어려운 전문용어 대신 명확하고 단순한 어휘를 사용하여 정확한 의미를 전달하는 것이 좋다.

15

다음 중 토의법의 장점이 아닌 것은?

① 대규모 집단에 적용하기 쉽다.
② 지식, 경험을 자유롭게 교환할 수 있다.
③ 학습자 중심의 자율수업이 가능하다.
④ 높은 수준의 인지적 학습목표를 달성하는데 효과적이다.
⑤ 참가자들 간의 인간관계의 향상 및 연대의식의 고양에 유리하다.

해설 참가자가 비교적 소규모이며, 상호작용이 가능한 형태일 때에 유용한 방법으로서, 참가자가 많을 경우에는 전개하기가 어렵다.

16

다음 중 스피치의 원칙으로 가장 관련이 적은 것은?

① 목소리 및 속도에 변화를 주어라.
② 음성의 강약을 주어라.
③ 음성의 고저도 필요하다.
④ 띄어 말하라.
⑤ 감정이입을 해서는 안 된다.

해설 말할 때 내용과 일치되는 감정을 목소리와 표정에 담아야 한다.

17

스피치 훈련기법에 대한 설명으로 옳지 않은 것은?

① 풍부한 음량은 스피치의 절대적인 원동력이 된다.
② 음질이란 다른 사람과 구별되는 목소리이다.
③ 스피치에서의 호흡법은 숨을 들이 마시면 배가 자연스럽게 나오고 말을 할 때에는 배에 힘이 들어가는 복식 호흡이 바람직하다.
④ 명료하고 세련된 발음을 위해서는 평소에 자기 발음에 관심을 갖고 꾸준한 연습으로 표준말 발음을 습관화시켜야 한다.
⑤ 발성의 10단계는 자신의 음성을 정확히 알게 하고 고저, 강약, 장단의 연습을 통해 신뢰와 호감을 주는 음성을 개발할 수 있다.

해설 음질이 아니라 음색에 대한 설명이다.

18

스피치의 준비방법으로 올바르게 연결된 것은?

① 사전분석 – 아웃라인(Outline) 개발 – 실행원고 작성 – 리허설
② 사전분석 – 실행원고 작성 – 리허설 – 아웃라인(Outline) 개발
③ 사전분석 – 리허설 – 아웃라인(Outline) 개발 – 실행원고 작성
④ 리허설 – 사전분석 – 아웃라인(Outline) 개발 – 실행원고 작성
⑤ 사전분석 – 리허설 – 실행원고 작성 – 아웃라인(Outline) 개발

해설 **스피치의 준비과정**
사전분석 → 아웃라인(Outline) 개발 → 실행원고 작성 → 리허설

14 ② 15 ① 16 ⑤ 17 ② 18 ① 정답

19

다음 중 I – Message의 대화표현을 사용할 때의 주의할 점으로 적절하지 않은 것은?

① I – Message를 사용한 다음에는 다시 적극적인 경청의 자세를 취하도록 한다.
② 상대방의 행동이 자신에게 미친 영향을 반복해서 구체적으로 이야기한다.
③ 상대방의 행동으로 인해 일어나는 표면적 감정을 표현하기보다 본원적인 마음을 표현하도록 한다.
④ 상대방의 습관적 행동이 문제가 되는 경우에는 구체적인 문제해결 방안을 함께 모색한다.
⑤ 상대방의 행동으로 인해 생긴 부정적인 감정만 강조하지 않는다.

해설 **I – Message('나' 전달법)의 구성**
- 문제행동 : 문제가 되는 상대방의 행동, 상황을 객관적인 사실만을 구체적으로 말한다.
- 행동의 영향 : 상대방의 행동이 자신에게 미친 영향을 구체적으로 말한다.
- 느낀 감정 : 그러한 영향으로 생겨난 감정을 솔직하게 말한다.

20

파워포인트를 활용하여 보고서를 제작할 때 유의사항이 아닌 것은?

① 여백을 잘 활용한다.
② 가급적 도해를 이용한다.
③ 배경의 색상에 주의한다.
④ 본문의 내용은 되도록 적게 넣는다.
⑤ 멀티미디어 자료를 주로 사용한다.

해설 멀티미디어 자료를 지나치게 사용하면 주의집중력을 떨어트리므로 주의한다.

21

다음 중 포토샵에서 카메라로 사진을 찍듯이 작업한 이미지를 스냅 사진으로 만들 때 사용하는 아이콘은?

① 
② 
③ 
④ 
⑤ 

해설 마스크 모드로 일반적으로 브러시 도구를 사용해 이미지의 특정 부위를 선택할 때 사용한다.

22

프레젠테이션의 슬라이드 디자인 제작 시 영상은 컬러, 질감, 크기 등에서 상호보완적이어야한다는 원리에 해당하는 것은?

① 균형성
② 단순성
③ 명료성
④ 조화성
⑤ 조직성

해설 슬라이드 디자인의 원리는 단순성, 명료성(이해하기 쉽도록 단순화), 균형성(심미적으로 좋은 배치), 조화성(영상은 컬러, 질감, 크기 등에서 상보적이며, 글자의 색깔과 배경색의 적절한 배합), 조직성(내용의 배열의 흐름), 강조성(중요한 부분을 색이나 선으로 강조), 통일성(구성요소들이 전체적으로 하나라고 생각함) 등이 있다.

정답 19 ② 20 ⑤ 21 ② 22 ④

23

다음 중 복제할 부분을 지정할 때 사용하는 키는 무엇인가?

① Shift
② Alt
③ Ctrl
④ Caps Lock
⑤ Ins

해설 Ctrl 키를 누른 상태에서 드래그하면 복제가 된다.

24

다음 중 자기주장적 행동에 대한 설명으로 가장 적절한 것은?

① 간접적으로 자기감정과 생각을 나타낼 수 있는 능력
② 무조건 승낙하고 따라주는 능력
③ 타인을 희생하여 자기 권리를 찾는 능력
④ 사람들로부터 휘둘리지 않고 자기 페이스를 지킬 수 있는 능력
⑤ "아니요"보다는 "예"를 더 솔직하게 표현할 수 있는 능력

해설 ① 직접적으로 자기감정과 생각을 나타낼 수 있는 능력
② 남에게 요청하거나 거절할 수 있는 능력
③ 타인을 희생하여 자기 권리를 찾는 능력은 공격적 행동
⑤ "아니요"와 "예"를 솔직하게 표현할 수 있는 능력

25

주장행동을 통해 얻을 수 있는 이점을 모두 고르면?

가. 인간관계의 개선
나. 업무능력의 향상
다. 자기능력의 신장
라. 정신건강의 예방과 증진
마. 타인의 행복 추구

① 이상 모두 ② 가, 나, 다, 라
③ 나, 다, 라 ④ 가, 다, 라
⑤ 가, 라, 마

해설 주장적 행동은 타인에게 존경심을 일으킨다.

26

다음 중 프레젠테이션 슬라이드 제작 원리 중 '영상은 컬러, 질감, 크기 등에서 상호보완적이어야 한다.'는 의미를 가진 것은?

① 균형성 ② 조직성
③ 통일성 ④ 조화성
⑤ 명료성

해설 **프레젠테이션 슬라이드 디자인의 원리**

- 통일성 : 구성요소들이 하나의 공통주제로 보이게 하는 것이다.
- 이미지의 강조 : 중요한 텍스트나 이미지를 부각시키는 것으로서 질감, 크기, 색상을 통한 방법이 있다.
- 제한된 효과 : '밀어내기', '플레시 효과' 등의 꼭 필요한 효과만을 제한적으로 사용해야 청중의 집중도를 높일 수 있다.
- 균형성 : 디자인 요소들을 균등하게 배치하는 것이다.
- 정렬된 배열 : 구성요소들을 어떤 방향으로 정렬하느냐에 따라 슬라이드를 보는 청중의 이해도가 달라진다.
- 그룹의 조화 : 슬라이드에서 연관 있는 구성요소 즉, 컬러, 질감, 크기 등에서 상호 보완적이어야 한다.
- 비례감 : 같은 구성요소들이지만, 어떤 비례인가에 따라 다르게 보인다.

23 ③ 24 ④ 25 ② 26 ④ 정답

27

다음 보기에서 브레인스토밍의 장점을 찾아 모두 선택한 것은?

> 가. 자기 아이디어의 제안 및 발표 능력이 향상된다.
> 나. 새로운 아이디어가 창출된다.
> 다. 다른 사람들의 아이디어에 대해 함께 평가할 수 있다.
> 라. 대규모 집단에 적용할 수 있다.

① 가, 나
② 가, 나, 다
③ 가, 나, 라
④ 나, 다, 라
⑤ 가, 나, 다, 라

해설 **브레인스토밍(Brainstorming)**
일정한 테마에 관하여 회의형식을 채택하고, 구성원의 자유발언을 통한 아이디어의 제시를 요구하여 발상을 찾아내려는 방법이다. 브레인스토밍에서는 어떠한 내용의 발언이라도 그에 대한 비판을 해서는 안 되며, 오히려 자유분방하고 엉뚱하기까지 한 의견을 출발점으로 해서 아이디어를 전개시켜 나가도록 하고 있다. 일종의 자유연상법이라고도 할 수 있으며, 회의에는 리더를 두고, 구성원 수는 10명 내외를 한도로 한다.

28

도날슨(Donaldson)과 스캐널(Scannel)이 제시한 성인학습의 원리에 대한 설명으로 가장 올바르지 않은 것은?

① 학습속도는 사람마다 다르다.
② 긍정적 강화는 학습을 강화시킨다.
③ 학습은 끊임없이 지속되는 과정이다.
④ 학습은 감각에서 시작해서 자극으로 끝난다.
⑤ 전체–부분–전체의 순서에 따를 때 학습의 효과가 나타난다.

해설 **도날슨(Donaldson)과 스캐널(Scannel)의 성인학습 기본원리**

- 학습속도는 사람마다 다르다.
- 학습은 끊임없이 지속되는 과정이다.
- 훈련시간이 적절해야 한다.
- 자극(Stimulation)에서 시작해서 감각(Sense)으로 끝난다.
- '전체–부분–전체'의 순서를 따를 때 학습 효과가 발생된다.
- 긍정적 강화는 학습을 강화시킨다.
- 지지적인 학습 환경일 때 효율성이 높아진다.
- 학습은 스스로의 활동이다.
- 최선의 학습은 '해 봄(Doing)'을 통해 획득된다.

29

교육훈련 프로그램이 효과적으로 전달될 수 있도록 매체 선정과 방법을 찾는 일을 하는 사람을 의미하는 것은?

① 교수 프로그램 개발자
② 학습 성취자
③ 학습 촉진자
④ 직무기술 지도자
⑤ 교수 전략 개발자

해설 **나들러(Nadler)가 제시한 교육훈련 강사의 역할**

- 교수 프로그램 개발자 : 조직의 문제를 확인하고 학습 요구를 분석하여 학습 내용을 확정한다.
- 학습 촉진자 : 학습자가 효율적으로 학습할 수 있도록 도와주는 역할을 한다.
- 교수 전략 개발자 : 교육훈련 프로그램이 효과적으로 전달될 수 있도록 매체 선정과 방법을 찾는 일을 한다.

제3과목

정답 27 ① 28 ④ 29 ⑤

제8장 | 인터넷 활용

01

다음 중 e-CRM의 도입으로 인한 효과가 아닌 것은?

① 처리 과정의 단순화로 인한 오류 감소
② 기업 내의 여러 부서 간 정보의 비밀 누설이 감소
③ 기업 운영비용의 감소
④ 정확한 업무처리 가능
⑤ 고객 입장의 저렴한 거래 비용

해설 **e-CRM의 기대효과**
- 시스템 자원의 활용도 및 예측의 적시화 및 자동화
- 무형 · 유형의 이익 창출
- 고객 서비스 향상
- 개별화를 통한 개인별 맞춤서비스(일대일 마케팅 수행)

02

소셜 미디어 등 소셜네트워크(SNS)를 활용한 전자상거래의 새로운 개념으로서, 일정 인원 이상의 구매자를 확보하면 특정상품을 저렴하게 판매하는 것을 일컫는 용어는?

① Tweeter
② Facebook
③ Social Club
④ Early Adopter
⑤ Social Commerce

해설 **소셜 커머스(Social Commerce)**
소셜 미디어를 활용하여 인터넷이나 SNS상에서 쉽게 자신의 제품이나 서비스를 구매할 소비자를 찾을 수 있다.

03

비즈니스 e-mail 네티켓에 대한 설명으로 옳지 않은 것은?

① 내용은 간결하게 작성한다.
② 반드시 자신의 신분을 밝히도록 한다.
③ 지나친 약어 및 속어의 사용은 자제한다.
④ 영어 제목을 작성할 경우, 반드시 대문자를 사용하여 작성해야 한다.
⑤ 정확한 e-mail 전달을 위해 사전에 수신인 및 주소를 확인하는 습관을 가진다.

해설 영어의 경우, 화면상의 글자가 모두 대문자로 되어 있으면 읽기가 매우 불편하므로 모든 문장을 대문자로 입력하지 않는다.

04

다음 중 디지털 기술을 바탕으로 전화, 전신, 텔렉스, 팩시밀리, 컴퓨터 통신 등의 각종 정보통신망을 하나로 통합한 것은?

① ISDN(Intergated Services Digital Network)
② VAN(Value Added Network)
③ GSM(Global System for Mobile Communication)
④ CDMA(Code Division Multiple Access)
⑤ SCM(Supply Chain Management)

해설 ISDN은 다음의 망들을 하나로 통합하여 디지털 방식으로 사용한 것이다.
- 음성의 전송을 위한 공중전화망(PSTN ; Public Switched Telephone Network)
- 데이터의 전송을 위한 공중 회선 교환 데이터망(CSDN ; Circuit Switched Data Network)
- 데이터전송을 위한 패킷 교환 데이터망(PSDN ; Packet Switched Data Network)
- 텔렉스망, 팩시밀리망

01 ② 02 ⑤ 03 ④ 04 ① 정답

05
최근 전자상거래와 관련한 마케팅 패러다임의 변화에 대한 설명 중 가장 거리가 먼 것은?

① 시장 점유의 지향에서 고객 점유 지향으로 변화
② 목표 마케팅에서 일대일(One-to-One) 마케팅으로 변화
③ 거래 마케팅에서 관계 마케팅으로 변화
④ 온라인 마케팅에서 오프라인 마케팅으로 변화
⑤ 일방향 의사소통에서 쌍방향 의사소통으로 변화

해설 TV나 신문, 잡지 등을 이용한 오프라인 마케팅에서 인터넷을 이용한 온라인 마케팅으로 그 패러다임이 변화하고 있다.

06
전통적인 상거래와 비교할 때 기업과 소비자 간(Business-to-Consumer) 전자상거래가 갖는 특성과 거리가 먼 것은?

① 유통 채널이 짧다.
② 시간과 공간의 벽이 사라진다.
③ 판매 거점이 불필요하여 소자본으로 사업이 가능하다.
④ 고객에 대한 정보 획득이 용이하다.
⑤ 사업 성공 가능성이 매우 높다.

해설 기업과 소비자 간(B2C) 전자상거래는 낮은 시장 진입 장벽과 업체간 치열한 경쟁으로 확실한 경쟁우위 요소가 없으면 사업의 성공 가능성이 높다고 볼 수 없다.

07
기존의 기업 간 상거래와 비교할 때 기업 간(Business-to-Business) 전자상거래의 장점과 거리가 먼 것은?

① 구매 비용 감소
② 재고 감소
③ 물류의 효율성 제고
④ 거래의 투명성 제고
⑤ 거래 관련 계약 불필요

해설 기업 간 거래에 대한 계약은 전자상거래에서도 중요한 요소이다.

08
다음 보기에서 설명하는 전자금융사기 수법은?

문자 메시지(SMS)와 피싱(Phising)의 합성어로서, 문자 메시지 내 인터넷 주소를 클릭하면 악성 코드가 설치되어, 피해자가 모르는 사이에 소액결제 피해가 발생되거나 개인 · 금융정보를 탈취당하는 수법

① 파 밍
② 스피어 피싱
③ 보이스 피싱
④ 스미싱
⑤ 메모리 피싱

해설 스미싱(Smishing)은 스마트폰 문자메시지를 통해 '무료쿠폰 제공', '초대장' 등의 내용으로 유인한 뒤, 사용자가 클릭하면 소액 결제가 발생하게 하는 사기 수법이다.

정답 05 ④ 06 ⑤ 07 ⑤ 08 ④

09
인터넷을 이용하여 각종 세금이나 공과금을 납부하고 연금이나 보상금을 지급 받는다면 이 것은 어떤 유형의 전자상거래라고 할 수 있는가?

① 기업 내(Intraorganization) 전자상거래
② 기업 간(Business-to-Business) 전자상거래
③ 정부와 소비자 간(Government-to-Consumer) 전자상거래
④ 기업과 소비자 간(Business-to-Consumer) 전자상거래
⑤ 소비자와 소비자 간(Consumer-to-Consumer) 전자상거래

해설 정부와 소비자 간 전자상거래로는 인터넷을 통한 민원 서류의 발급, 세금 등 각종 공과금 고지 및 납부 등이 대표적인 예이다.

10
다음 중 전자상거래의 성공 전략으로 가장 거리가 먼 것은?

① 고객 데이터베이스를 구축하고 적극적으로 관리한다.
② 인터넷의 장점을 이용할 방법에 대한 명확한 비즈니스 모델을 개발한다.
③ 배너광고를 관련 웹사이트에 게재한다.
④ 고객의 질의에 빠르게 대응해야 한다.
⑤ 가능한 한 웹페이지의 내용을 변경하지 말아야 한다.

해설 웹 사이트 방문자들은 항상 새로운 것을 찾고, 최신 정보를 원하기 때문에 웹페이지의 신속한 업데이트는 반드시 필요한 것이다.

11
인터넷 광고의 효과로 옳지 않은 것은?

① 전달되는 정보량에 대한 제한이 적어서 소비자에게 풍부한 정보를 제공할 수 있다.
② 특정 연령층이나 특정 직업군에 한정되는 제약이 없다.
③ 고객과 시장 세분화를 통한 광고가 쉽다.
④ 고객과의 상호 작용 능력이 뛰어나다.
⑤ 다른 매체에 비해 광고비용이 비교적 저렴하다.

해설 인터넷 광고는 특정 연령층이나 특정 직업군에 한정되는 단점이 있다.

12
전자상거래 배송에 관한 내용으로 옳지 않은 것은?

① 배송은 재화와 용역을 효용가치가 낮은 장소로부터 효용가치가 높은 장소로 이동시키는 행위이다.
② 인터넷 상점에서는 일부 무형상품을 제외하고 모두 배송되어져야 한다.
③ 배송은 상품의 물류정책과 직접적으로 연관되어 있다.
④ 인터넷 상점 사업자가 직접 상품을 생산하느냐, 단순판매만을 하느냐에 따라 배송형태가 달라질 수 있다.
⑤ 디지털 상품은 물리적 상품에 비해 상대적으로 배송관련 초기 구축비용과 운영비용이 많이 든다.

해설 디지털 상품은 네트워크상으로 전달되기 때문에 배송관련 초기 구축비용이 소요되지 않으며, 운영 비용도 매우 저렴하다.

09 ③ 10 ⑤ 11 ② 12 ⑤ 정답

13

이동통신 단말기와 통신 네트워크를 이용해 무선 인터넷으로 각종 정보와 서비스를 이용하고, 상품을 구입할 수 있도록 하는 전자상거래 방식은?

① B2B
② 전자화폐
③ 모바일 상거래
④ 넷 빌
⑤ 퍼스트 버추얼

해설 ① B2B(Business to Business) : 기업과 기업 간의 전자상거래 방식이다.
② 전자화폐(Electronic Money/Electronic Cash) : 카드나 PC 등에 일정 화폐가치를 전자기호로 저장하고, 통신회선에서 자금결제를 할 수 있는 화폐이다.
④ 넷빌(Net Bill) : 미국 카네기멜론 대학에서 개발한 전자수표 또는 전자 직불카드(Electronic Debit Card) 방식에 의한 인터넷 결제 시스템이다.
⑤ 퍼스트 버추얼(First Virtual) : 신용카드 번호와 같은 민감한 정보를 인터넷으로 전송하지 않고, 전자우편을 통해 소비자의 구매의사를 확인하는 절차로 구성된 신용카드 모형에 기반을 둔 인터넷 전자지불 시스템이다.

14

전자상거래의 지불수단 중 전자수표(Electronic Check)에 대한 설명으로 가장 옳은 것은?

① 재래식 수표와 달리 은행에 수표계좌 없이도 이용 가능하다.
② 기업간(B2B) 전자상거래에 유용한 지불방식이다.
③ 대표적인 전자수표로는 Netcash, e-Cash 등을 들 수 있다.
④ 전자서명을 사용해도 사용자의 부인방지의 문제를 해결할 수 없다.
⑤ 금액에 대한 제한이 없으므로 소액지불에 적합한 지불방식이다.

해설 ① 전자수표도 종이수표와 마찬가지로 은행에 수표계좌를 가지고 있는 사용자들에 한해 사용이 가능하다.
③ 전자수표에는 카네기 멜론 대학의 Netbill, FSTC의 e-Check 등이 대표적이다.
④ 전자서명을 사용하여 사용자의 부인방지의 문제를 해결할 수 있다.
⑤ 소액 상거래보다는 규모가 큰 거래, 기업 간의 상거래 지불수단으로 효과적이다.

15

다음 중 전통적인 구매와 전자상거래 구매 프로세스의 장 · 단점을 비교한 것으로 가장 거리가 먼 것은?

	〈전통적 구매〉	〈전자상거래 구매〉
①	적고 짧은 유통채널	많고 긴 유통 채널
②	시간과 공간의 제약	시간과 공간의 벽이 없음
③	판매 거점 필요	판매 거점 필요 감소
④	고객정보의 획득이 어려움	고객정보의 획득이 쉬움
⑤	고객반응의 즉각적인 대응이 어려움	고객반응의 즉각적인 대응이 쉬움

해설 전자상거래 구매에서는 상품이 기업에서 소비자에게로 직접 전달되기 때문에 전통적 구매방식에 비해 유통채널이 짧다.

16

다음 중 전자상거래 서버를 결정하기 위한 기준으로 가장 거리가 먼 것은?

① 구축하고자 하는 상점의 이용도
② 서비스 성장에 따른 시스템의 확장성
③ 상품 대금 지불 방식의 고려
④ 전자상거래 시스템에서 운영될 소프트웨어의 고려
⑤ 소요 비용에서의 경제성 고려

해설 상품 대금 지불 방식은 전자상거래 서버와 관계가 없다.

정답 13 ③ 14 ② 15 ① 16 ③

17

웹사이트를 구축할 때 자신의 서버에 접속하여 작업한 파일을 서버에 올리는 데 필요한 것은?

① FTP
② 프레젠테이션
③ 웹 브라우저(Web Browser)
④ 어도비 포토샵(Adobe Photoshop)
⑤ 파워포인트(Power Point)

해설 FTP(File Transfer Protocol)는 네트워크상 원격시스템에 있는 다른 컴퓨터로부터 프로그램이나 파일을 복사해 오거나 보낼 수 있는 프로그램이다.

18

기업 간(Business-to-Business) 전자상거래를 구성하는 요소로서 인터넷, 인트라넷, 엑스트라넷 등을 무엇이라고 하는가?

① 판매기업(Selling Company)
② 구매기업(Buying Company)
③ 전자 중개자(Electronic Intermediary)
④ 커뮤니케이션 프로토콜(Communication Protocol)
⑤ 네트워크 플랫폼(Network Platform)

해설 인터넷, 인트라넷, 엑스트라넷 등 기업간 전자상거래를 구성하는 요소들은 기업의 내부 및 외부간 정보교환을 위한 네트워크 플랫폼이다.

19

기업이 인터넷을 이용한 마케팅 활동을 함으로써 얻을 수 있는 효과와 가장 거리가 먼 것은?

① 기업 이미지 향상
② 고객 서비스 개선
③ 시장 확대
④ 비용 절감
⑤ 사업 다각화

해설 **인터넷 마케팅의 효과**
- 기업 이미지 향상
- 고객 서비스 개선
- 시장 확대
- 판매경비 절감
- 정보 공유

20

다음 중 인터넷 광고 전략과 가장 관계가 없는 것은?

① 배너광고 활용 전략
② 유즈넷 활용 전략
③ DM(Direct Mail) 활용 전략
④ 대화실 활용 전략
⑤ 전자우편(e-mail) 활용 전략

해설 DM(Direct Mail)은 오프라인에서 우편물을 발송하는 판매촉진 방법으로 인터넷 광고 전략과는 거리가 멀다.

17 ① 18 ⑤ 19 ⑤ 20 ③ 정답

21

인터넷 광고 수단으로서 애니메이션 · 멀티미디어 등을 포함하는 리치 미디어(Rich Media)에 대한 설명으로 가장 부적절한 것은?

① 배너 광고에 그래픽, 애니메이션, 사운드를 포함하므로 사람들의 관심 유발 효과가 크다.
② 메시지를 더 효과적으로 전달할 수 있다.
③ 파일이 커서 다운로드 시간이 길다.
④ 배너를 통해 거래처리, 설문, 카탈로그 프린트 등을 다양하게 수행할 수 있다.
⑤ 사용자 브라우저에 별도의 플러그 인(Plug-in)이 필요하지 않다.

해설 사용자 브라우저에 Rich Media를 동작시키기 위한 새로운 플러그인을 설치해야 하는 단점이 있다.

22

인터넷 이용자가 웹사이트를 방문할 때 클라이언트의 하드 디스크에 있는 텍스트 파일에 기록되는 텍스트로서, 특히 일대일(One-to-One) 마케팅을 원활히 수행하기 위한 분석에 필요한 것은?

① 쿠키(Cookies)
② 캐시(Cache)
③ 웹 로그(Web Log)
④ 캔디(Candy)
⑤ 로봇(Robots)

해설 쿠키(Cookies)는 고객이 특정 홈페이지를 접속할 때 생성되는 정보를 담은 임시 파일로 크기는 4KB 이하로 작다. 이용자가 인터넷에서 어떤 내용을 봤는지, 어떤 상품을 샀는지 등 모든 정보가 기록되기 때문에 온라인 광고업체들은 쿠키를 이용해서 인터넷 사용자의 기호 등을 수집 · 분석해 광고 전략을 짜는 데 유용하게 활용해왔다.

23

최근 인터넷 마케팅 기법으로서 '일대일(One-to-One) 마케팅'이 많이 사용되고 있다. 다음 중 성공적인 일대일 마케팅 전략수립 원칙과 가장 거리가 먼 것은?

① 고객확인
② 상호작용
③ 고객동질화
④ 트래킹(Tracking)
⑤ 맞춤화

해설 일대일 마케팅은 개인 데이터베이스를 통해 파악한 고객의 성향을 바탕으로 고객들에게 최대의 만족을 줄 수 있고, 사이트에 접속하는 고객들의 성향을 면밀히 파악, 이를 바탕으로 고객 각자가 원하는 서비스를 차별적으로 제공할 수 있게 된다.

24

인터넷의 도입으로 이론적으로는 일대일(One-to-One) 마케팅이 가능해졌다. 성공적인 인터넷 일대일 마케팅 전략 수립을 위해 지켜야 할 원칙이 될 수 없는 것은?

① 개별 고객의 구매 패턴을 이해하기 위해 고객 정보 수집
② 전자 메일 등을 통하여 모든 고객에게 동일한 정보를 제공
③ 각 고객에게 필요할 수 있는 제품이나 정보를 미리 선택해 제공
④ 각 고객마다 개별적으로 다른 가치와 욕구를 충족시키도록 노력
⑤ 개별 고객을 더 잘 이해하기 위해 고객의 거래를 상세히 분석

해설 인터넷 마케팅 시 성공적인 마케팅 전략 수립을 위해서는 개별화된 고객정보에 의해 각 고객에게 차별화된 정보 및 다양한 서비스를 제공하는 것이 중요하다.

정답 21 ⑤ 22 ① 23 ③ 24 ②

25

다음 중 CRM(Customer Relationship Management)에 관한 설명으로 가장 거리가 먼 것은?

① 시장점유율보다는 고객 점유율에 비중을 둔다.
② 고객 유지보다는 고객획득에 중점을 둔다.
③ 제품 판매보다는 고객관계에 중점을 둔다.
④ 지속적인 고객 서비스를 목적으로 한다.
⑤ 고객 니즈를 파악하는 수단으로 사용한다.

해설 CRM이란 Customer Relationship Management, 즉 고객관계관리를 말하는 것으로 선별된 고객으로부터 수익을 창출하고 장기적인 고객관계를 가능하게 하는 솔루션을 말한다. 즉, CRM은 고객과 관련된 기업의 내외부 자료를 분석, 통합하여 고객 특성에 기초한 마케팅활동을 계획하고 지원하며, 평가하는 과정이다. 따라서 고객획득보다는 기존의 고객유지에 중점을 둔다.

26

다음 중 CTR(Click Through Ratio)에 대한 설명으로 옳은 것은?

① 고객에게 발송한 전자우편이 고객에게 제대로 전송되었는지를 측정하는 비율
② 고객에게 전송된 전자우편을 고객이 확인하였는지 수신률을 측정하는 비율
③ 고객에게 전송된 전자우편에 대해 고객이 회신을 한 비율
④ 고객이 전송된 전자우편 내에 포함된 광고나 링크정보를 누름으로써 해당 정보에 대한 방문이 이루어졌는지의 비율
⑤ 고객이 전송된 전자우편을 다른 사람에게 재전송한 비율

해설 CTR(Click Through Ratio)
배너 하나가 노출될 때 클릭되는 횟수를 뜻하는 '클릭률' 또는 전자우편을 받은 사람의 '응답확인율'을 나타낸다.

27

텔레마케팅센터의 구축과 관련된 기술로 컴퓨터장비와 통신장비의 결합을 통하여 고객의 특성에 맞는 Call처리와 관련된 정보를 경영정보 시스템과 통합하여 지원하는 Solution은?

① CRM
② OLTP
③ CTI
④ VOIP
⑤ OLAP

해설 CTI(Computer Telephony Integration)
컴퓨터와 전화를 통합한 시스템을 지칭하는 것으로 PC를 통해 전화 시스템을 효율적으로 사용할 수 있도록 함으로써 자동 · 재다이얼 기능을 비롯해 영상회의 기능, 자료전송 및 음성사서함 기능, 송신호에 대한 자동정보제공기능 등을 구현할 수 있다.

28

다음 중 아웃바운드(Out-bound) 텔레마케팅의 활용 분야로 적절하지 않은 것은?

① 판매 사후관리
② 시장조사
③ 일선 판매지원
④ 잠재고객 개발
⑤ 소비자 상담

해설 인바운드(In-bound) 텔레마케팅의 활용분야에 해당된다.

25 ② 26 ④ 27 ③ 28 ⑤ 정답

29
다음 중 사이트 구축을 위해 가장 먼저 시행해야 하는 것은?

① 아이템(주제) 선정
② 콘텐츠 개발
③ 네트워크 구축
④ 관련 법규 점검
⑤ 시장조사

해설 **웹사이트 구축의 기획과정**
아이템 선정 → 시장조사 → 자료분류 및 분석 → 자료의 가공 → 편집 → 웹 세팅 → 프레젠테이션

30
인터넷 보안사고 유형으로 '어떤 프로그램이나 시스템을 통과하기 위해 미리 부정한 방법과 수단으로 접근할 수 있도록 조치를 취해 두는 방식'의 해킹유형은?

① 스푸핑(Spoofing)
② 피싱(Phishing)
③ 웜(Worm)
④ 백 도어(Back Door)
⑤ 트로이 목마(Trojan Horse)

해설 ① 외부의 악의적 네트워크 침입자가 임의로 웹사이트를 구성해 일반 사용자들의 방문을 유도, 인터넷 프로토콜인 TCP/IP의 구조적 결함을 이용해 사용자의 시스템 권한을 획득한 뒤 정보를 빼가는 해킹수법
② 불특정 다수에게 메일을 발송해 위장된 홈페이지로 접속하도록 한 뒤 인터넷 이용자들의 금융정보 등을 빼내는 신종사기 수법
③ 네트워크를 통해 자신을 복제하고 전파할 수 있는 악성 프로그램
⑤ 겉으로 보기에는 전혀 해를 끼치지 않을 것처럼 보이지만 실제로는 바이러스 등의 위험인자를 포함하고 있는 프로그램

31
공개키(Public Key) 암호화 방식이 가장 중요한 역할을 하는 서비스는 어느 것인가?

① 인증 서비스(Authentication)
② 접근제어 서비스(Access Control)
③ 비밀보장 서비스(Confidentiality)
④ 부인방지 서비스(Non-Repudiation)
⑤ 방화벽 서비스(Firewall)

해설 인증은 공개키 암호화 방식에 의하여 이룰 수 있으며, 전달될 내용을 보낼 사람과 받을 사람이 모두 미리 알고 있는 상황하에서 보내는 사람이 그 내용을 자신의 개인키를 이용하여 공개키 암호화 방식으로 보내고 받는 사람은 그것을 상대방의 공개키로 복호화한 후 그 내용을 확인해 보아 맞으면 받는 사람은 그 내용을 보낸 사람을 확인할 수 있다.

32
다음 중 공개키 암호 시스템이 아닌 것은?

① RSA(Rivest-Shamir-Adleman)
② EIGamal
③ ECC(Elliptic Curve Cryptosystems)
④ DES(Data Encryption Standard)
⑤ Rabin

해설 DES(Data Encryption Standard)는 비밀키 암호 시스템의 한 종류이다.

정답 **29** ① **30** ④ **31** ① **32** ④

33

여러 가지 암호화 방식(Cryptography)을 사용하여 메시지를 암호화함으로써 획득할 수 있는 보안요소가 아닌 것은?

① 기밀성(Confidentiality)
② 무결성(Integrity)
③ 상호인증(Authentication)
④ 부인방지(Non-repudiation)
⑤ 방화벽(Firewall)

해설 대칭형 암호화 방식, 공개키 암호화 방식, 메시지 다이제스트 등의 암호화 방식에 의하여 전자상거래에 필요한 4가지 보안기술, 즉 기밀성, 무결성, 인증, 부인방지를 구현할 수 있다.

34

인터넷에 접속된 특정 시스템에서 외부로부터 침입을 차단하고자 할 때 사용하는 방법 중 외부의 접근을 체계적으로 차단하면서 웹 서버와 같은 특정 서버나 호스트를 연결할 수 있어 내부 이용자가 인터넷을 자유롭게 사용할 수 있는 이점이 있는 방식을 무엇이라 하는가?

① 프록시 서버(Proxy Server)
② 계정 및 암호관리
③ RSA(Rivest-Shamir-Adleman)
④ DES(Data Encryption Standard)
⑤ 방화벽(Firewall)

해설 방화벽이란 네트워크의 구성요소 중 하나로서 네트워크와 네트워크 사이에 존재하며, 외부로부터의 접근을 통제하고 내부로부터 외부로의 접근시 보안성을 유지해 주는 시스템이다.

35

CRM와 비교했을 때 e-CRM의 특징으로 볼 수 없는 것은?

① e-Business 기업 대상
② 영업 자동화
③ 인터넷을 통한 단일 통합 채널
④ 하루 24시간, 전 세계 대상
⑤ 음성, 동영상, 멀티미디어, 고객의 관심분야

해설 영업 자동화 → 차별화, 개인별 맞춤 서비스

33 ⑤ 34 ⑤ 35 ② 정답

부 록

실제기출 복원문제

2024년 제1회 | 실제기출 복원문제

정답 및 해설 626p

01

'공정성 이론(Equity Theory)'의 공정성 분류 중 '도출결과의 공정성'에서 제시하고 있는 요소를 다음 보기에서 찾아 모두 선택한 것은?

가. Needs 나. Reward 다. Equality 라. Contact 마. Contribution

① 가, 나
② 가, 다, 마
③ 나, 다, 라
④ 다, 라, 마
⑤ 라, 마

02

다음 중 서비스의 정의에 대해 보기와 같이 주장한 서비스 이론가의 이름은?

서비스는 어떤 사람이 상대방에게 제공할 수 있는 활동이나 혜택으로 무형적이며, 소유될 수 없는 것으로 물리적 생산물과 결부될 수도 있고 그렇지 않을 수도 있다.

① 베리(Berry)
② 베솜(Bessom)
③ 코틀러(Kotler)
④ 레티넨(Lehtinen)
⑤ 라스멜(Rathmell)

03

다음 중 '피시본 다이어그램(Fishbone Diagram)'의 단계별 흐름으로 보기 어려운 것은?

① 1단계 – 문제의 명확한 정의
② 2단계 – 문제의 주요 원인 범주화
③ 3단계 – 경영 관리 향상 전략 수립
④ 4단계 – 주요 원인 범주의 세부 사항 검토
⑤ 5단계 – 근본 원인 확인

04

생산성 향상 운동의 하나인 '3S'의 내용 중 현재의 제품 계열에서 이익이 적거나 적자를 내고 있는 제품을 축소해 나가는 것을 의미하는 요소는?

① Standardization
② Simplification
③ Specialization
④ Satisfaction
⑤ Specification

05

다음 중 '품질기능전개(QFD)'의 발전 과정에 대한 설명으로 올바르지 않은 것은?

① 1960년대 후반 일본의 '미즈노(Mizuno), 아까오(Akao)' 교수 공저인 '품질기능전개'를 통해 처음으로 개념이 소개되었다.
② 1972년 미쓰비시 중공업의 고베 조선소에서 원양어선 제작에 처음으로 사용되었다.
③ 1983년 미국품질학회지에 소개된 후, 시카고 세미나를 통해 미국 내 널리 보급되었다.
④ 1994년 일본 QFD 연구회와 공동으로 LG전자의 신제품 개발에 처음으로 적용되었다.
⑤ 1995년 삼성전자, 삼성SDI, 현대엘리베이터, 현대자동차, 쌍방울 등에 보급 확산되었다.

06

우리나라 고객만족경영(CSM)의 시기별 흐름 중 1990년대의 내용과 가장 거리가 먼 것은?

① CS 경영팀 신설
② 데이터베이스 마케팅 도입
③ 전사적 고객만족경영 체제 도입
④ 사이버 고객만족에 대한 관심 고조
⑤ 고객관계관리(CRM) 경영기법의 보편화

07

노드스트롬(Nordstrom) 백화점의 경영 방식 중 외부 고객만족을 위한 정책과 가장 거리가 먼 것은?

① 다양한 제품 구색
② 동기부여와 인센티브
③ 개인별 고객수첩의 활용
④ 조건 없는 반품 수용 정책
⑤ 매력적인 쇼핑 환경의 제공

08

다음 중 구전(口傳)의 개념에 대한 설명으로 가장 올바르지 않은 것은?

① 구전은 개인들의 경험에 기초한 대면 커뮤니케이션이다.
② 영향력의 특성과 관련된 개인 혹은 집단 간의 영향력을 말한다.
③ 구전은 특히 언어적 커뮤니케이션에 한정되어 나타나는 특징이 있다.
④ 고객이 이해관계를 떠나서 자신의 직·간접 경험을 비공식적으로 교환하는 활동 혹은 행위를 의미한다.
⑤ 특정 주제에 관하여 고객들의 직·간접적인 개인적 경험에 대해 긍정적, 혹은 부정적인 내용의 정보를 비공식적으로 교환하는 의사소통이다.

09

고객충성도 사다리 모델 중 구매에 대한 확신이 부족하여 구매 여부를 결정짓지 못하는 고객 유형은?

① 가망고객
② 옹호고객
③ 핵심고객
④ 신규고객
⑤ 잠재고객

10

다음 보기의 기사에 해당하는 고객 트렌드 유형에 가장 부합하는 것은?

> KIE 쇼핑에 따르면 학습 완구와 교구 매출이 2019년 한 달 평균 2만 6000개로 2018년(한 달 평균 7000개)과 비교해 250% 증가한 것으로 확인되었다. 특히 2019년 1월에 비해 동년 11월의 학습교구 매출은 70%나 상승한 것으로 집계됐다. KIE 쇼핑은 "전반적인 소비침체 속에서도 36개월 미만 영유아 엄마들을 대상으로 유모차 · 카시트 등 안전용품, 교육 완구 부문에서 외국 브랜드 선호도가 계속될 것으로 보인다."며 "이들 엄마들을 겨냥한 리뷰 사이트나 커뮤니티 대상 마케팅도 더욱 활발해질 것"이라고 예상했다.

① 보보스족
② 웹시족
③ 딩크족
④ 슬로비족
⑤ 얼리 어답터

11

다음 보기의 빈칸에 들어갈 내용으로 가장 거리가 먼 것은?

> 준거집단이란 개인의 태도와 행동에 직접적 또는 간접적으로 영향을 미치고 개인에게 행동의 지침을 제공하는 집단을 의미하는 것으로 1차 준거집단의 대표적인 사례로는 (　　) 등을 들 수 있다.

① 친 지
② 친 구
③ 가 족
④ 회 사
⑤ 이 웃

12

고객 특성 파악을 위한 고객가치 정보 중 구매력 정보에 해당하는 것은?

① 소득 수준
② 고객평생가치
③ 고객 지갑 점유율
④ 구입 빈도 및 횟수
⑤ 구입 상품명 및 시기

13

'마이어스브릭스 유형 지표(MBTI)'의 해석에 관한 유의사항으로 가장 올바르지 않은 것은?

① MBTI는 다양한 성향과 기질을 가진 여러 사람을 범주화하거나 명명하는 데 도움을 준다.
② MBTI 검사의 대중성과 결과해석의 단순성 때문에 종종 MBTI를 과신하는 사람들이 있을 수 있다.
③ MBTI는 해석을 통해 내담자가 다양한 상황에서 융통성 있게 행동할 수 있도록 지도해야 한다.
④ 일반적으로 성격검사를 사용하는 검사자는 검사의 장점과 더불어 제한점을 확실히 알고 있어야 한다.
⑤ 심리검사에 대한 전문적 지식이 부족한 사람들에 의해 MBTI가 실시 · 해석되는 경우가 종종 있기 때문에 주의가 필요하다.

14
다음 중 고객관계관리(CRM)의 개념에 대한 설명으로 가장 올바르지 않은 것은?

① 고객점유율보다는 시장점유율을 우선시한다.
② 단발적인 마케팅보다는 고객의 평생 가치를 중요시한다.
③ 선별된 고객으로부터 수익을 창출하고 장기적인 고객관계를 가능하게 한다.
④ 원투원 마케팅(One-to-one Marketing)을 통해 고객과 기업 모두가 상호가치를 공유한다.
⑤ 고객에게 가장 적합한 제품을 알맞은 시기에 최적의 채널로 제공하여 보다 많은 가치를 창출한다.

15
고객관계관리(CRM) 전략 수립과 관련해 시장 매력도에 영향을 미치는 요인 중 '산업 요인'에 해당하는 내용을 다음 보기에서 찾아 모두 선택한 것은?

가. 기술적 환경 나. 시장의 규모 다. 경쟁자의 수준 라. 매출의 순환성 마. 공급업자의 협상력 바. 신규 진입자의 위협

① 가, 나, 다
② 가, 다, 라
③ 나, 다, 마
④ 나, 마, 바
⑤ 다, 마, 바

16
다음 의사소통 채널의 종류 중 의사소통의 충실성이 가장 높은 것은?

① 공 지
② 전 화
③ 음성메일
④ 면대면 회의
⑤ 화상(영상) 회의

17
다음 중 고객관계관리(CRM) 도입의 실패 요인으로 가장 거리가 먼 것은?

① 문제 있는 업무의 프로세스 자동화
② 고객 중심이 아닌 기업 중심의 CRM
③ 일부 부서가 아닌 전체 부서의 확장된 적용
④ 정보 시스템 조직과 업무부서 간의 협업 부족
⑤ 고객, 제품, 상품, 거래 등 방대한 양의 고객정보 데이터 무시

18
다음 중 e-CRM 도입 효과에 대한 설명으로 가장 올바르지 않은 것은?

① 고객 입장에서 거래비용이 감소된다.
② 자동화 판매 시스템으로 거래당 판매 비용이 증대된다.
③ 고객만족도 증가는 고객 유지율 상승으로 이어져 고객 이탈에 따른 손실을 막아 준다.
④ 고객 주문의 처리 속도가 빨라지고 주문 절차가 단순하고 명확하여 편리성이 증대된다.
⑤ 전자상거래 서비스를 고객 자신의 일정에 맞추어 시간과 공간의 제약 없이 이용이 가능하다.

19

다음 보기의 내용 중 '넬슨 존스(R. Nelson Jones)'이 제시한 인간관계 심화 요인을 찾아 모두 선택한 것은?

> 가. 신 뢰
> 나. 규 칙
> 다. 관 심
> 라. 집단성
> 마. 보상성
> 바. 상호성

① 가, 나, 다
② 가, 다, 마
③ 가, 라, 바
④ 나, 다, 마
⑤ 나, 마, 바

20

대인지각 유형 중 '최신효과(Recency Effect)'가 발생하는 원인으로 가장 거리가 먼 것은?

① 최근의 정보가 아주 현저하게 부각될 경우 발생한다.
② 정확한 정보를 파악하고자 동기화되어 있을 경우 발생한다.
③ 초기 정보가 너무 일찍 제시되어 이미 망각된 상태에서 발생한다.
④ 평소 좋은 이미지를 구축해 오던 연예인에게 갑자기 불미스러운 스캔들이 발생하는 경우에 해당된다.
⑤ 타인을 판단하는 데 있어 타인의 모든 정보를 고려할 수 있을 만한 시간이 충분하지 않을 경우 발생한다.

21

에릭 번(Eric Berne)'이 제시한 시간의 구조화 영역 중 다음 보기의 내용에 해당하는 것은?

> 전통이나 관습적인 행사에 참여함으로써 최소한의 스트로크를 유지하는 것으로 결과의 예측이 가능하고 안전한 시간 구조의 유형이다.

① 활 동
② 의 식
③ 게 임
④ 폐 쇄
⑤ 친 교

22

'크리스토퍼(Christopher)'가 제시한 고객 서비스의 3단계 중 '거래 시 서비스(On Service)'와 가장 거리가 먼 것은?

① 제품 포장
② 제품 대체성
③ 주문 편리성
④ 재고 품질 수준
⑤ 백 오더(Back Order) 이용 가능성

23

'러브록(Lovelock)'이 제시한 다차원적 서비스 분류에서 다음 도표의 (가)에 들어갈 업종으로 알맞은 것은?

		서비스 설비 또는 시설에 근거한 정도	
		높 다	낮 다
서비스가 사람에 근거한 정도	높 다	(가)	(나)
	낮 다	(다)	(라)

① 병 원
② 회 계
③ 전 화
④ 렌터카
⑤ 지하철

기출복원

24

다음 중 관광 서비스의 특징에 대한 설명으로 가장 올바르지 않은 것은?

① 관광 수요의 계절성으로 수요가 불규칙적이다.
② 인적 서비스에 대한 높은 의존성을 가지고 있다.
③ 인적, 물적 서비스가 혼합되어 존재하는 개념이다.
④ 고객이 직접 참여하지 않더라도 서비스를 창출할 수 있다.
⑤ 일반 서비스와 마찬가지로 비용 산출의 난이성, 서비스 선택 시 지각의 위험도 등의 특성을 갖는다.

25

'알더퍼(Alderfer)'가 제시한 ERG 이론 중 인간의 사회생활과 관련된 욕구로 '매슬로우(Maslow)' 욕구 5단계의 '존경의 욕구, 사회적 욕구, 안전의 욕구'를 포함하는 것은?

① 완성 욕구
② 태도 욕구
③ 관계 욕구
④ 존재 욕구
⑤ 성장 욕구

26

감성 리더십을 구성하는 요소 중 타인의 이해, 문화적 감수성, 고객의 욕구에 부응하는 서비스 등과 관련이 높은 요소는?

① 자아의식
② 감정이입
③ 동기부여
④ 자기통제
⑤ 대인관계기술

27

다음 중 서비스 기업과 일반 제조 기업의 차이에 대한 설명으로 가장 올바르지 않은 것은?

① 수요의 변동이 심하다.
② 고객충성도 확보가 핵심이다.
③ 진입장벽이 상대적으로 낮다.
④ 규모의 경제를 실현하기 매우 용이하다.
⑤ 내부고객을 우선적으로 만족시켜야 한다.

28

1980년대의 고객만족에 대한 개념 중 만족을 심리적 관점에서 파악하는 데 대한 서술로 가장 거리가 먼 것은?

① 만족은 흥미, 기쁨, 유쾌함 등의 긍정적인 정서 요인이다.
② 만족은 상품 그 자체가 아니라 소비된 상품의 만족에 기인하기 때문에 주관적이다.
③ 특정 제품 혹은 서비스 사용 또는 소비로 얻어지는 경험을 평가해 나타나는 소비자의 정서적 반응이다.
④ 만족은 구매한 특정 제품이나 서비스, 소매점, 쇼핑 · 구매 행동 및 시장에서 발생하는 전반적인 행동과 관련된 경험에 대한 정서적 반응이다.
⑤ 소비자 만족이란 기대에 대한 불일치를 경험한 경우의 감정과 소비 경험에 대해 사전에 소비자가 갖는 감정이 복합적으로 초래된 전체적인 심리적 상태이다.

29

고객만족 결정의 5가지 요소 중 가격 수준, 품질, 개인적 친분, 고객화 수준 간의 상관관계가 있는 것은?

① 다른고객, 가족구성원, 동료
② 고객감정
③ 공평성의 지각
④ 서비스의 성공 및 실패의 원인에 대한 귀인
⑤ 제품 또는 서비스의 특징

30

'슈메너(Schmenner)'가 제시한 서비스 프로세스 매트릭스의 내용 중 '대중 서비스'의 내용으로 가장 거리가 먼 것은?

① 높은 상호작용
② 높은 노동집중도
③ 낮은 개별화 서비스
④ 학교, 금융업 등의 업종
⑤ 소매점, 도매점 등의 업종

31

다음 보기의 서비스 청사진 작성 단계 중 빈칸에 들어갈 내용으로 올바르지 않은 것은?

> ○ 1단계 – 과정의 (가)
> ○ 2단계 – (나) 확인
> ○ 3단계 – (다) 명확화
> ○ 4단계 – (라) 분석
> ○ 5단계 – 청사진 (마)

① (가) – 도식화
② (나) – 실패 가능점
③ (다) – 설계 목적
④ (라) – 수익성
⑤ (마) – 수정

32

MOT 사이클 차트 분석 단계 중 다음 보기의 빈칸에 들어갈 내용으로 가장 알맞은 것은?

> ○ 1단계 – 서비스 접점 진단
> ○ 2단계 – (　　)
> ○ 3단계 – 고객접점 사이클 세분화
> ○ 4단계 – 고객접점 시나리오 만들기
> ○ 5단계 – 구체적인 서비스 표준안으로 행동

① 서비스 접점 설계
② 수익성 예측지표 작성
③ 구체적 포지셔닝 전개
④ 경쟁시장의 지속적 관여
⑤ 고객의 문제 해결 능력 배양

33

마케팅 개념의 변화와 관련해 '생산 개념(Production Concept)'에 대한 설명으로 가장 올바르지 않은 것은?

① 가장 오래된 마케팅 개념이다.
② 기업이 시장을 확대하고자 할 때 이용되며 개발도상국에 의미가 있다.
③ 소비자의 선택 기준이 가격과 제품의 활용성에 있다는 가정에서 출발한다.
④ 소비자는 이용 범위가 넓고 원가가 낮은 제품을 선호할 것이라는 주장이다.
⑤ 기업의 잠재적 능력보다 시장의 욕구에 초점을 맞추는 시장주의적 관점에 해당한다.

34
표적 시장 선정을 위한 표적 마케팅 활동 중 '집중화 전략'에 대한 설명으로 가장 거리가 먼 것은?

① 소수의 작은 시장에서 높은 시장점유율을 달성하기 위한 전략이다.
② 기업의 자원이 제한되어 있지 않을 경우 주로 사용되는 방법이다.
③ 자사보다 큰 경쟁자가 동일시장에 진입할 경우 시장성을 잃을 수도 있다.
④ 기업의 목표 달성에 가장 적합한 하나 또는 소수의 표적 시장을 선정하여 마케팅 활동을 집중하는 전략을 말한다.
⑤ 소비자의 기호나 구매 행동 변화에 따른 위험을 감수해야 할 수도 있다.

35
다음 중 '서비스 패러독스(Service Paradox)' 발생 원인과 관련하여 서비스 공업화의 한계점에 관한 내용으로 가장 적절하지 않은 것은?

① 기술의 복잡화
② 서비스의 동질화
③ 서비스의 표준화
④ 종업원 확보의 악순환
⑤ 서비스의 물리성 상실

36
서비스 실패 처리에서 고객이 기대하는 공정성 유형 중 다음 보기의 설명에 해당하는 것은?

> 고객의 서비스 실패에 대한 유형적 보상을 의미하는 것으로 교환 및 환불, 가격할인, 쿠폰 제공 등에 해당한다.

① 분배 공정성　② 참여 공정성
③ 가치 공정성　④ 절차 공정성
⑤ 상호작용 공정성

37
'브래디(Brady)'와 '크로닌(Cronin)'이 제시한 애프터서비스(A/S)의 품질 차원 중 물리적 환경 품질에 해당하는 내용을 보기에서 찾아 모두 선택한 것은?

가. 정 책	나. 기 술
다. 전문성	라. 편의성
마. 처리시간	바. 태도 및 행동

① 가, 나, 다
② 가, 나, 다, 라
③ 가, 다, 바
④ 가, 라
⑤ 다, 마, 바

38
고객인지 가치와 관련해 '세스(Sheth), 뉴먼(Newman), 그로스(Gross)'가 제시한 5가지 가치 유형 중 제품을 소비하는 사회계층 집단과 관련된 것은?

① 인식 가치
② 상황적 가치
③ 기능적 가치
④ 사회적 가치
⑤ 정서적 가치

39
서비스 수익체인을 이용하여 기업의 핵심 역량을 향상시키고 운영 단위를 지속해서 관리하기 위해 고려해야 할 사항으로 가장 거리가 먼 것은?

① 측정한 결과에 대한 보상 개발
② 내부적 성공 사례에 대한 정보 공유
③ 성과 향상을 위한 행동 지침의 설계
④ 자체 평가한 결과에 대한 상호 의견 교환
⑤ 의사 결정 단위와는 별개로 서비스 수익체인의 미래 예측 수준에 대한 전망

40

서비스 전달 시스템 유형 중 다음 보기의 설명에 해당하는 것은?

보편적으로 사업 규모가 크고, 기간이 길며, 사업 내용이 복잡하고, 일회성의 비(非)반복적인 사업에 많이 사용되는 서비스 전달 시스템이다.

① 기능 위주의 서비스 전달 시스템
② 전문화 위주의 서비스 전달 시스템
③ 고객화 위주의 서비스 전달 시스템
④ 차별화 위주의 서비스 전달 시스템
⑤ 프로젝트 위주의 서비스 전달 시스템

41

소비자의 쇼핑 습관을 기준으로 한 소비재의 분류에서 다음 보기의 설명에 해당하는 것은?

제품의 가격이나 점포의 거리와 관계없이 소비자가 특별히 구매 노력을 기울이는 제품으로 미술품, 고급 자동차 등에 해당한다.

① 전문품
② 필수품
③ 선매품
④ 편의품
⑤ 비탐색품

42

다음 중 '마이어(Myers)'가 제시한 양질의 의료 서비스 조건으로 가장 올바르지 않은 것은?

① 긴급성
② 적정성
③ 접근성
④ 효율성
⑤ 조정성

43

다음 중 서비스 품질 측정이 어려운 이유에 대한 설명으로 가장 올바르지 않은 것은?

① 고객으로부터 데이터를 수집하는 일에 시간과 비용이 많이 들고 회수율도 낮다.
② 서비스 품질은 서비스의 특성상 생산과 소비가 동시에 이루어지기 때문에 서비스의 전달이 완료되기 이전에는 검증하기가 어렵다.
③ 서비스 품질은 객관적이기 때문에 고객의 주관적인 품질 평가를 기반으로 다양한 요소를 측정하기 어렵다.
④ 자원이 서비스 전달 과정 중 고객과 함께 이동할 수 있기 때문에 고객이 자원의 흐름을 관찰할 수 있어 서비스 품질 측정의 객관성이 저해된다.
⑤ 고객이 서비스 프로세스의 일부이며 변화를 일으킬 수 있는 중요한 요인이기 때문에 고객을 대상으로 하는 서비스 품질의 연구 및 측정에 어려움이 있다.

44

다음 보기의 내용 중 '그렌루스(Grönroos)'가 제시한 6가지 품질 구성요소를 찾아 모두 선택한 것은?

가. 태도와 행동 나. 자발성 다. 돌봄과 관심 라. 신뢰성과 믿음 마. 전문성과 기술 바. 평판과 신용

① 가, 나, 다
② 가, 나, 다, 라
③ 가, 다, 라
④ 가, 라, 마, 바
⑤ 가, 마, 바

45

서비스 품질의 결정에 영향을 미치는 요인 중 '기대된 서비스'의 영향 요인과 가장 거리가 먼 것은?

① 구전(口傳)
② 과거의 경험
③ 전통과 사상
④ 기업 측의 약속
⑤ 기업의 물질적 · 기술적 지원

46

다음 중 '내부 마케팅(Internal Marketing)'에 대한 설명으로 가장 올바르지 않은 것은?

① 기업과 직원 간에 이루어지는 마케팅을 말한다.
② 외부 마케팅을 최우선으로 시행하고 이후 순차적으로 내부 마케팅을 시행하여야 한다.
③ 직원이 고객에게 최상의 서비스를 제공할 수 있도록 지원하고 교육하는 활동을 의미한다.
④ 기업의 CEO는 직원에게 적절한 수준의 재량권을 부여하여 고객에게 최상의 서비스가 제공될 수 있는 환경을 조성해야 한다.
⑤ 서비스 품질 관리를 위하여 직원에 대한 교육 및 훈련을 실시하고 동기부여를 높일 수 있도록 내부 직원을 대상으로 하는 마케팅 활동을 말한다.

47

고객만족 측정 방법 중 '직접 측정'에 대한 설명으로 가장 올바르지 않은 것은?

① 전반적 만족을 측정하는 방법으로써 상품이나 서비스에 대한 총체적인 자료를 제공하기 때문에 이론적 연구에서 주로 많이 이용된다.
② 일반적으로 단일한 설문항목 또는 복수의 설문항목을 통해 만족도를 측정하는 방식을 말한다.
③ 조사모델이 비교적 복잡하기 때문에 하위 차원에 대한 만족도 결과를 합산할 때 발생되는 중복 측정의 문제를 방지하는 데 어려움이 있다.
④ 단일문항 측정방법에서 측정 오차 문제를 해소하기 어렵기 때문에 복수의 설문항목을 통한 측정으로 한정하여 정의하기도 한다.
⑤ 직접 측정에 의거하여 종합만족도를 구하고 있는 대표적인 조사로 ACSI, NCSI 등을 꼽을 수 있다.

48

일반적으로 사용되는 조사 유형 중 '탐험조사'에 대한 내용으로 가장 거리가 먼 것은?

① 주로 비(非)계량적인 방법이 사용된다.
② 주어진 문제가 명확할 경우 실시하는 조사 유형이다.
③ 비정형적인 절차를 사용하여 자료수집과 분석이 이루어진다.
④ 대표적인 조사 방법으로 심층면접, 표적집단면접법, 전문가의견조사, 문헌조사 등이 있다.
⑤ 특정 그룹이나 제한된 숫자의 개인 인터뷰를 통한 예비조사를 실시하여 조사 목표를 수정하거나 재규정하는 데 사용한다.

49

마케팅 조사 시 '정량(Quantitative)조사' 기법을 적용해야 하는 경우로 가장 거리가 먼 것은?

① 예비적 정보의 수집
② 각 상표의 포지셔닝 파악
③ 시장 세분화 및 목표 시장 선정
④ 소비자 특성별 니즈 구조와 차이
⑤ 시장 경쟁상황 및 소비자 태도와 행동 파악

50

'레이나르츠(Reinartz)'와 '쿠머(Kumar)'가 제시한 충성도 전략과 관련해 'True Friends'에 관한 설명으로 가장 올바른 것은?

① 매번의 거래마다 이익을 창출해야 한다.
② 관계 유지를 위한 더 이상의 투자는 불필요하다.
③ 지갑 점유율이 낮으면 상향 또는 교체 구매를 유도해야 한다.
④ 태도적인 충성도가 아니라 거래적인 만족을 달성하도록 해야 한다.
⑤ 회사의 제공 서비스와 소비자 욕구 간 적합도가 높고 높은 잠재이익을 가지고 있다.

51

'SERVQUAL'의 5가지 GAP 모델 중 'GAP 4'가 발생하였을 경우, 그에 따른 해결방안으로 올바른 것은?

① 서비스 업무 표준화
② 조직의 관리 단계 축소
③ 종업원 업무 적합성 보장
④ 광고와 인적 판매의 정확한 약속 수행
⑤ 적절한 물리적 증거와 서비스 스케이프

52

고객만족(CS)을 위한 계획 수립(Planning)의 장점에 관한 내용으로 가장 올바르지 않은 것은?

① 조정을 도와주는 역할을 한다.
② 시간 관리를 할 수 있게 해준다.
③ 조직 구성원의 행동 지침이 된다.
④ 통제를 근본적으로 제거할 수 있도록 도와준다.
⑤ 집중도를 높이고 조직의 유연성을 향상시켜 준다.

53

다음 보기의 설명에 해당하는 용어는?

처음에는 단순히 은행이나 소매점 등에서 정직하지 않은 직원을 적발하기 위해 시작되었으나, 이후 서비스 품질의 정도를 평가하기 위해 고객으로 가장하여 서비스를 체험하여 조사하는 기법을 말한다.

① 블루슈머
② 블랙 컨슈머
③ 체리 피커
④ 미스터리 쇼핑
⑤ 바이러스 마케팅

54
소비자 심리와 관련해 다음 보기의 빈칸에 들어갈 용어로 가장 올바른 것은?

> 투우장의 소는 극심한 흥분과 공포에 빠져 있다. 붉은 천을 향해 소는 미친 듯이 돌진한다. 뒷덜미엔 투우사가 내리꽂은 창이 그대로 매달려 있다. 탈진 직전까지 내달리던 소는 피범벅이 된 채 어딘가로 달려간다. 소가 잠시 숨을 고를 수 있는 피난처, 바로 (　　)(이)다.
> 스페인어 (　　)(은)는 피난처, 안식처, 귀소본능을 뜻한다. 투우가 진행되는 동안 소는 위협을 피할 수 있는 경기장의 특정 장소를 머릿속에 표시해 두고 그곳을 (　　)(으)로 삼는다. 이곳에서 소는 숨을 고르며 죽을힘을 다해 마지막 에너지를 모은다.
> 투우장의 소에게 (　　)(이)가 마지막 일전을 앞두고 잠시 숨을 고르는 곳이라면, 일상에 지친 현대인에게는 자신만이 아는 휴식 공간, 다시 말해 몸과 마음이 지쳤을 때 휴식을 취할 수 있는 나만의 공간, 또는 그러한 공간을 찾는 경향을 의미한다.

① 카발로(Caballo)
② 마테르노(Materno)
③ 데스칸소(Descanso)
④ 케렌시아(Querencia)
⑤ 에스타블로(Establo)

55
제품에 관한 소비자의 관여 수준에 따른 유형 중 고(高)관여도 관점에 관한 내용으로 가장 거리가 먼 것은?

① 소비자는 정보수용자이다.
② 소비자는 목표지향적인 정보처리자이다.
③ 소비자는 구매에 앞서서 상표들을 평가한다.
④ 집단의 규범과 가치는 제품 구매에 중요하다.
⑤ 제품이 소비자의 자아 이미지에 중요하며 라이프스타일이 소비자 행동에 많은 영향을 미친다.

56
다음 중 '슈미트(Schmitt)'가 제시한 고객경험을 제공하는 수단으로 가장 거리가 먼 것은?

① 커뮤니케이션 경험
② 고객만족(CS) 평가지표 개발
③ 웹사이트(Web Site)의 상호작용
④ 시각적 · 언어적 아이덴티티(Identity)
⑤ 제품의 외형을 이용한 경험 수단 제공

57
서비스 가격 결정 전략 중 '상층흡수 가격정책(Skimming Price Policy)'을 사용해야 할 경우로 가장 적합하지 않은 것은?

① 대량생산이 어려운 경우
② 가격인상에 비(非)탄력적인 경우
③ 고(高)가격이 정당하게 받아들여지는 경우
④ 시장이 탄력적이고 규모의 경제효과가 존재할 경우
⑤ 서비스의 법적 보호, 또는 기타 이유로 경쟁사가 참여하기 어려운 경우

58
서비스 산업에서 품질이 낮은 이유에 대한 설명 중 올바르지 않은 것은?

① 서비스 생산성 및 효율성에 대한 지나친 강조
② 동시성으로 인한 품질관리의 어려움 존재
③ 서비스 수준이 높지 않을 것으로 예상하는 고객의 존재
④ 서비스에 대한 재작업, 소환, 실수의 개선 등의 요구의 민감
⑤ 다양한 서비스 제공의 경우에 실수 발생 가능성 존재

59

트렌드(Trend) 유형 별 개념 설명 중 올바르지 않은 것은?

① 메타 트렌드(Meta Trend) – 트렌드 중에서 변화의 확산 속도가 가장 빠르고 그 과정이 중~장기적이며 복잡한 변화를 의미한다.
② 메가 트렌드(Mega Trend) – 10년 혹은 그 이상의 기간동안 개인, 사회, 세계적 삶을 형성하는 중요한 방향성을 의미한다.
③ 마이크로 트렌드(Micro Trend) – 소수의 열정적 집단이 동조하는 작은 변화를 의미한다.
④ 솔로비 트렌드(Slobby Trend) – '역 트렌드'라고도 불리며, 어떤 트렌드의 반작용으로 나타난 트렌드를 의미한다.
⑤ 패드(Fad) – 유행이라고 불리며 1~2년 혹은 한 계절 이내로 비교적 짧은 기간 존속하고 변화하는 것을 의미한다.

60

파라수라만(Parasuramna)이 제시한 고객가치의 특성 중 보기의 내용에 해당하는 것으로 올바른 것은?

> 동일한 제품 혹은 서비스라도 고객의 가치 관념과 평가 기준은 다를 것이고 느끼는 가치도 천차만별이라는 결과를 초래하게 된다.

① 동적성
② 다차원
③ 상황성
④ 주관성
⑤ 차별성

61

다음 중 첫인상의 일반적인 특징에 대한 설명으로 가장 거리가 먼 것은?

① 첫인상은 처음 대면하여 대략 10초 이내에 결정되는 신속성의 특징을 보인다.
② 처음 전달된 첫 순간으로 결정되기 때문에 일회성의 특징을 지닌다.
③ 본인의 의지와는 상관없이 상대방에게 보이는 대로 판단되어진다.
④ 본인의 숨겨진 내면이나 성향을 전달하는 데 어려움이 있다.
⑤ 뒤에 들어온 정보가 처음 들어온 정보를 차단해 버리는 초두효과의 특성을 보인다.

62

일반적인 보행 시 인사를 나누어야 할 시기에 대한 설명으로 올바르지 않은 것은?

① 인사 대상과 방향이 다를 경우, 일반적으로 20보 이내에서 인사할 준비를 한다.
② 인사 대상과 방향이 마주칠 경우, 가장 좋은 시기는 6~8보 정도이다.
③ 측방이나 갑자기 만났을 때에는 즉시 인사한다.
④ 상사를 사외 인사와 함께 마주칠 경우, 멈추어 서서 정중하게 인사한다.
⑤ 복도에서 한사람의 상사를 만났을 경우, 멈출 필요가 없으며 한쪽 옆으로 비켜서서 가볍게 인사한다.

63
다음 중 바람직한 전화응대의 자세와 가장 거리가 먼 것은?

① 언어는 정확하고 간결한 표현을 사용한다.
② 상대를 마주 보고 대하는 것처럼 정중하며 친절한 태도로 응대한다.
③ 전화기 옆에는 필기도구를 준비하여 항상 메모할 수 있도록 대비한다.
④ 통화 도중 상대방을 기다리게 할 경우 주위 소음이 들어가지 않도록 대기 버튼을 사용하는 것은 실례가 되므로 주의토록 한다.
⑤ 통화가 끝났을 경우 상대방이 먼저 끊은 것을 확인한 다음 수화기를 내려놓는다.

64
코칭 대화 프로세스 모형 중 'iCAN 전략 모형'을 구성하는 절차적 단계와 가장 거리가 먼 것은?

① 정형화
② 양육 지원
③ 상황 파악
④ 실행계획 수립
⑤ 실행 의지 확인

65
다음 중 업무보고의 요령에 대한 설명으로 가장 올바르지 않은 것은?

① 지시한 사람에게 직접 보고한다.
② 필요한 경우 반드시 중간 보고를 한다.
③ 지시받은 사항에 대해 완료되는 즉시 보고한다.
④ 보고할 내용이 긴 경우, 결론부터 말하고 경과, 절차 등의 내용은 생략하여도 무방하다.
⑤ 보고할 내용이 몇 가지 겹쳐졌을 경우, 전체 사항을 먼저 보고하고, 하나씩 나누어서 보고한다.

66
다음 중 콜센터의 전략적 정의에 대한 설명으로 가장 올바르지 않은 것은?

① 콜센터는 우량고객 창출 센터이다.
② 콜센터는 불량고객의 분석 대응 센터이다.
③ 콜센터는 고객 접근이 용이한 개방형 고객상담 센터이다.
④ 콜센터는 고객감동을 실현할 수 있는 휴먼 릴레이션 센터이다.
⑤ 콜센터는 원스톱 고객 서비스를 제공하는 서비스 품질 제공 센터이다.

67
다음 보기에서 스크립트(Script) 작성 원칙으로 보기 어려운 내용을 찾아 모두 선택한 것은?

> 가. 상황 관리
> 나. 상황 대응
> 다. 기업 중심
> 라. 차별성
> 마. 문어체 활용
> 바. 활용목적 명확화

① 가, 나, 다
② 가, 나, 다, 라
③ 나, 다, 라
④ 다, 마
⑤ 라, 마, 바

68

감정노동으로 인한 직무 스트레스 대처법과 관련해 다음 보기의 사례에 가장 부합하는 것은?

> KIE 콜센터에서 근무하는 박○○ 상담사는 고객의 심한 욕설과 폭언을 듣고 침착하게 상담을 마친 후, 마음속으로 이렇게 생각했다. '나는 지금 연극을 하고 있어. 나는 일 때문에 다른 사람이 되어 있는 거야.'

① 적응하기
② 생각 멈추기
③ 원인 규명 의지
④ 분노조절훈련
⑤ 일과 나와의 분리

69

콜센터 모니터링을 위한 코칭의 종류 중 다음 보기의 설명에 해당하는 것은?

> ○ 미니 코칭보다 코칭 시간이 길고 코칭의 내용이 구체적으로 이루어진다.
> ○ 일반적으로 모니터링 평가표에 따라 업무 및 2~3개의 통화품질 기준에 관한 내용을 가지고 진행된다.

① 피드백
② 풀 코칭
③ 하프 코칭
④ 서포팅 코칭
⑤ 프로세스 코칭

70

다음 중 악수 예절에 대한 설명으로 가장 올바르지 않은 것은?

① 악수는 원칙적으로 오른손으로 하는 것이 좋다.
② 상대방의 손을 너무 세거나 약하지 않게 잡는 것이 중요하다.
③ 마주 잡은 손을 상하로 흔들 때, 과도하게 높이 올리지 않는 것이 좋다.
④ 우리나라의 경우 연장자가 연소자에게 먼저 권하는 것이 보편적이다.
⑤ 국가원수, 왕족, 성직자 등 특수한 위치에 있는 사람 역시 보편적 악수 예절에 예외가 허락되지 않는다.

71

다음 중 사회 문화에 따른 구성원의 가치관과 이에 대한 행동의 연관성을 설명하기 위해 '홉스테드(Hofstede)'가 제시한 '문화차원 이론'의 5가지 범주에 포함되지 않는 것은?

① 언론공정지수
② 남성성 대 여성성
③ 불확실성 회피지수
④ 개인주의 대 집단주의
⑤ 장기지향성 대 단기지향성

72

다음 중 비즈니스 상황에서 지켜야 할 전자우편(e-mail) 네티켓에 대한 설명으로 가장 올바른 것은?

① 약어 및 속어 사용을 통해 보다 명확한 의미가 전달될 수 있도록 한다.
② 상세한 정보를 전달하기 위해 첨부파일은 용량에 상관없이 모든 경우에 예외를 두지 않고 발송하여야 한다.
③ 수신자의 동의에 상관없이 유머 메일 또는 정보성 메일을 통해 상대방과의 유대감을 강화하는 것이 중요하다.
④ 첨부파일의 경우 바이러스 감염의 위험성이 있기 때문에 압축하지 않고 원본 상태로 발송하는 것이 원칙이다.
⑤ 대다수의 비즈니스 메일은 빠른 답변을 원하기 때문에 회신 일자가 정해지지 않았을 경우 가능하면 24시간 안에 답장을 보내는 것이 좋다.

73

다음 중 일반적 의전(儀典) 예우 기준과 관련해 공적(公的) 직위가 없는 인사의 서열 기준으로 보기 어려운 것은?

① 연 령
② 전직(前職)
③ 행사 관련성
④ 헌법 및 정부조직법상의 기관 순위
⑤ 정부산하단체 및 관련 민간단체장 등

74

MICE 산업의 분류 중 '기업 회의'를 의미하며 10인 이상의 참가자가 교육, 아이디어 및 정보 교환, 사회적 네트워크 형성, 토론 등 다양한 목적을 가지고 참여하여 4시간 이상 진행되는 회의 유형은?

① Tour
② Meeting
③ Incentive
④ Exhibition
⑤ Convention

75

다음 보기의 내용과 같이 소비자에 대하여 정의한 학자는?

> 소비자는 생활자이며 일반 국민임과 동시에 거래 과정의 말단에서 구매자로 나타나는 것을 의미한다.

① 폰 히펠(Von Hippel)
② 가토 이치로(Kato Ichiro)
③ 이마무라 세이와(Imamura Seiwa)
④ 우자와 히로후미(Ugawa Hirofumi)
⑤ 타케우치 쇼우미(Takeuchi Shoumi)

76

프레젠테이션 첫인상은 오프닝(Opening)의 30~40초가 전체에 영향을 미친다. 다음 중 효과적인 오프닝(Opening)을 위한 전략으로 적절하지 않은 것은?

① 일화 제시
② 경험담 제시
③ 외침이나 호소
④ 권위자의 말 인용
⑤ 충격적인 이야기 제기

77

다음 중 소비자기본법에 명시된 '소비자의 능력 향상(제14조)'에 관한 사항으로 올바르지 않은 것은?

① 국가 및 지방자치단체는 소비자의 올바른 권리 행사를 이끌고, 물품 등과 관련된 판단 능력을 높이며, 소비자가 자신의 선택에 책임을 지는 소비 생활을 할 수 있도록 필요한 교육을 하여야 한다.
② 국가 및 지방자치단체는 경제 및 사회의 발전에 따라 소비자의 능력 향상을 위한 프로그램을 개발하여야 한다.
③ 국가 및 지방자치단체는 소비자 교육과 학교 교육 · 평생 교육을 연계하여 교육적 효과를 높이기 위한 시책을 수립 · 시행하여야 한다.
④ 국가 및 지방자치단체는 소비자의 능력을 효과적으로 향상 시키기 위한 방법으로 「신문 등의 진흥에 관한 법」에 따른 간행 사업을 할 수 있다.
⑤ 소비자 교육의 방법 등에 관하여 필요한 사항은 대통령령으로 정한다.

78

다음 중 소비자기본법 상 명시된 '소비자중심경영의 인증(제20조의2)'에 대한 내용으로 올바른 것은?

① 한국소비자원은 물품의 제조 · 수입 · 판매 또는 용역 제공의 모든 과정이 소비자 중심으로 이루어지는 경영을 하는 사업자에 대하여 소비자 중심 경영에 대한 인증을 할 수 있다.
② 소비자중심경영인증을 받은 사업자는 국무총리령으로 정하는 바에 따라 그 인증의 표시를 할 수 있다.
③ 소비자중심경영인증의 유효기간은 그 인증을 받은 날부터 2년으로 한다.
④ 한국소비자원은 소비자중심경영을 활성화하기 위하여 대통령령으로 정하는 바에 따라 소비자중심경영인증을 받은 기업에 대하여 포상 또는 지원 등을 할 수 있다.
⑤ 한국소비자원은 소비자중심경영인증을 신청하는 사업자에 대하여 국무총리령으로 정하는 바에 따라 그 인증의 심사에 소요되는 비용을 부담하게 할 수 있다.

79

소비자 분정조쟁과 관련해 다음 보기의 빈칸에 들어갈 내용으로 알맞은 것은?

> 조정위원회는 제58조 또는 제65조 제1항의 규정에 따라 분쟁조정을 신청받은 때에는 그 신청을 받은 날부터 (　　)일 이내에 그 분쟁조정을 마쳐야 한다.
>
> – 소비자기본법 제66조(분쟁조정의 기간) –

① 30
② 50
③ 60
④ 90
⑤ 120

80

다음 중 소비자단체소송을 제기할 수 있는 비영리민간단체가 갖추어야 할 요건으로 보기 어려운 것은?

① 정관에 소비자 권익증진을 단체의 목적으로 명시할 것
② 소비자 권익증진을 위해 최근 3년 이상 이를 위한 활동 실적이 있을 것
③ 중앙행정기관에 등록되어 있을 것
④ 실제 동일 침해를 입은 30인 이상의 소비자로부터 단체소송의 제기를 요청받을 것
⑤ 단체의 상시 구성원 수가 5천명 이상일 것

81

와이블(Weible)이 분류한 개인정보의 14개 유형 중 성명, 주민등록번호, 운전면허정보, 주소, 전화번호 등에 해당하는 것은?

① 일반 정보
② 법적 정보
③ 소득 정보
④ 신용 정보
⑤ 조직 정보

82

개인정보 처리와 관련하여 개인정보보호법에 명시된 정보주체의 권리에 해당하지 않는 것은?

① 개인정보 처리로 인하여 발생한 피해에 대해 징벌 수위를 청구할 권리
② 개인정보의 처리 정지, 정정 · 삭제 및 파기를 요구할 권리
③ 개인정보의 처리에 관한 동의 여부, 동의 범위 등을 선택하고 결정할 권리
④ 개인정보의 처리에 관한 정보를 제공받을 권리
⑤ 개인정보의 처리 여부를 확인하고 개인정보에 대하여 열람을 요구할 권리

83

개인정보보호법 제35조 '개인정보의 열람'과 관련해 공공기관이 업무를 수행할 때 중대한 지장을 초래하는 경우로 보기 어려운 것은?

① 조세의 부과 · 징수 또는 환급에 관한 업무
② 다른 법률에 따라 진행 중인 감사 및 조사에 관한 업무
③ 학력 · 기능 및 채용에 관한 시험, 자격 심사에 관한 업무
④ 증여금 · 보조금 산정 등에 대하여 진행이 완료된 평가 또는 판단에 관한 업무
⑤ '초 · 중등교육법' 및 '고등교육법'에 따른 각급 학교, '평생교육법'에 따른 평생교육시설, 그 밖의 다른 법률에 따라 설치된 고등교육기관에서의 성적 평가 또는 입학자 선발에 관한 업무

84

교육훈련을 위한 강의 기법 중 '토의법(Discussion Method)'의 장점에 대한 설명으로 가장 올바르지 않은 것은?

① 다양하고 많은 양의 학습 내용을 다루는 데 용이한 방식이다.
② 지식과 경험을 자유롭게 교환할 수 있다.
③ 학습자 중심의 자율적인 학습이 가능하다.
④ 높은 수준의 인지적 학습 목표를 달성하는 데 효과적이다.
⑤ 현대 조직사회에 필요한 여러 가지 태도, 즉 타인의 의견을 존중하고 합의를 도출하여 실천해 가는 생활 태도를 육성할 수 있다.

85

다음 보기의 설명에 해당하는 교육훈련 기법은?

> 1941년 미국의 오스번(A. F. Osborn)이 그의 저서를 통해 제시한 기법으로 일정한 테마에 대하여 회의 형식을 채택하고, 참여자의 자유발언을 통한 아이디어의 제시를 요구하여 발상을 찾아내려는 방법을 말한다.

① 강의법
② 토의법
③ 델파이 기법
④ 브레인스토밍
⑤ 사례 연구법

86

다음 보기의 내용에 해당하는 화법의 명칭은?

> 고객님! 이 신상품 가방은 요즘 유행하는 빅백(Big Bag)보다는 훨씬 작지만, 그만큼 가볍고 휴대하기 편리합니다.

① 쿠션 화법
② 신뢰 화법
③ 후광 화법
④ 보상 화법
⑤ 맞장구 표현법

87

다음 보기의 빈칸에 들어갈 용어를 찾아 모두 선택한 것은?

> 미국의 심리학자인 앨버트 메라비언은 상대방과의 의사소통에서 전달되는 정보의 양이 (가)인 요소가 55%, (나)인 요소가 38%, (다)인 요소가 7%로 형성된다고 제시하였다.

① (가) – 시각적, (나) – 언어적, (다) – 청각적
② (가) – 시각적, (나) – 청각적, (다) – 언어적
③ (가) – 청각적, (나) – 언어적, (다) – 시각적
④ (가) – 청각적, (나) – 시각적, (다) – 언어적
⑤ (가) – 언어적, (나) – 시각적, (다) – 청각적

88

다음 중 고객의 불만 원인으로 가장 큰 영향을 미치는 요인은?

① 제도의 문제
② 상품의 문제
③ 고객 자신의 문제
④ 회사 문제
⑤ 고객접점에서의 서비스 문제

89

불만고객과 관련된 내용으로 옳지 않은 것은?

① 제기된 불만 처리에 만족한 불만고객은 재구매할 확률이 높다.

② 불만고객에게서 나오는 좋지 않은 평판은 빠른 시간 안에 퍼질 수 있다.

③ 불만 처리 과정에서 고객 불만과 관련된 내용뿐만 아니라 기업에 필요한 유용한 정보를 얻을 수 있다.

④ 보상으로 지출되는 전체 금액 중 불만고객 응대 비용은 상당한 비중을 차지하지만 그 효과는 미비하다.

⑤ 불만 처리 과정에서 고객이 회사의 업무 프로세서나 규정에 대해 잘 알고 있다고 생각해서는 안 된다.

90

전통적인 공수법(拱手法)에 대한 설명으로 가장 올바르지 않은 것은?

① 공수는 배례의 기본동작으로 두 손을 앞으로 모아서 잡는 것을 말한다.

② 공수는 의식행사에 참석하거나 어른을 뵐 때 반드시 한다.

③ 남자와 여자의 손 위치는 서로 다르다.

④ 남자는 왼손을 위로 하고 여자는 오른손을 위로 하여 두 손을 가지런히 모아 잡도록 한다.

⑤ 평상(平常)시와 흉사(凶事) 시의 손 위치는 동일하다.

2024년 제2회 | 실제기출 복원문제

정답 및 해설 640p

01

다음 중 서비스 프로세스의 중요성에 대한 설명으로 가장 거리가 먼 것은?

① 서비스 프로세스는 상품 자체임과 동시에 서비스 전달 시스템 유통의 성격을 가진다.
② 고객이 체험하는 서비스 전달 시스템은 고객이 서비스를 판단하는 중요한 증거가 된다.
③ 서비스 프로세스의 단계와 서비스 전달자의 처리 능력은 고객에게 가시적으로 보여지는 데 기인하고 있다.
④ 서비스 프로세스에 따라 서비스의 제공 절차가 복잡하여 고객에게 복잡하고 포괄적인 행동이 요구되기도 한다.
⑤ 고객의 태도에 영향을 주지 않는 범위 안에서 직원과의 상호작용을 통해 향후 거래 여부가 무리하게 결정되지 않도록 주의한다.

02

'슈메너(Schmenner)'의 서비스 프로세스 매트릭스와 관련해 다음 보기의 그림에서 (나)에 해당하는 업종으로 가장 올바른 것은?

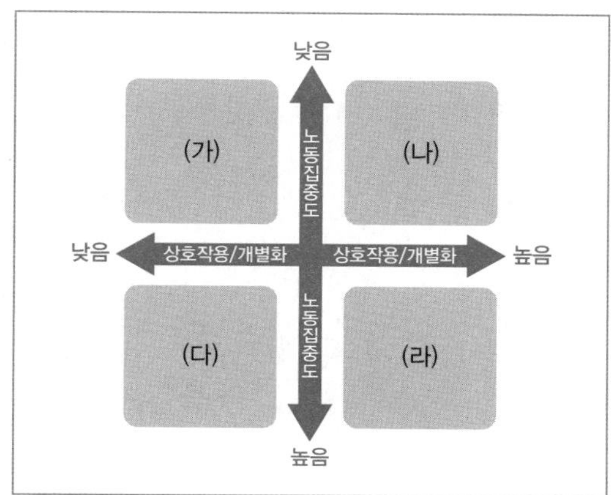

① 항 공
② 병 원
③ 학 교
④ 호 텔
⑤ 도소매

03

품질기능전개(QFD) 분석 도구 중 '품질의 집(HOQ)' 구성요소와 가장 거리가 먼 것은?

① 설계특성
② 설계품질
③ 고객 요구와 중요도
④ 설계특성의 상관관계
⑤ 조직 관리 시스템 재구축

04

'마이클 포터(Michael Porter)' 교수가 제시한 산업 경쟁을 촉진하는 '5대 세력(Five Force)' 중 다음 보기의 내용에 가장 부합하는 것은?

> 초기 투자, 대체비용, 정부의 규제, 기술 장벽 등에 대하여 검토한다.

① 경쟁자
② 공급자
③ 구매자
④ 대체자
⑤ 신규 진입자

05

다음 중 고객만족(CS)을 위한 실천 과제로 가장 올바르지 않은 것은?

① 고객만족 지향적 기업 문화를 구축해야 한다.
② 고객을 가장 중요시하는 역(逆)피라미드의 조직 구조가 필요하다.
③ 고객만족 성과를 명확하게 측정하고 이에 방해가 되지 않도록 보상을 위한 평가시스템은 지양하는 노력이 필요하다.
④ 고객만족도를 지수화하고 이를 통한 지속적인 개선 활동이 가능하도록 고객만족 실현을 위한 고객 정보관리 체계를 구축해야 한다.
⑤ 최고경영자는 고객만족을 경영 목표로 하는 패러다임을 받아들이고 이를 달성하기 위해 기업 내부 조직구성원과 함께 공유해야 한다.

06

고객충성도 사다리 모델과 관련해 다음 보기의 설명에 해당하는 고객 유형은?

> 상품의 지속적인 구매를 넘어 주변 사람들에게 자사 제품을 적극적으로 권유하는 고객 유형을 의미한다.

① 신규고객
② 잠재고객
③ 옹호고객
④ 핵심고객
⑤ 가망고객

07

다음 보기의 내용 중 가치체계를 기준으로 한 고객의 분류에서 '최종고객'을 찾아 모두 선택한 것은?

> 가. End User
> 나. 기업과 대리점
> 다. 구매자와 사용자
> 라. 도매상과 소매상
> 마. 기업과 최종고객

① 가, 나
② 가, 다, 마
③ 나, 다
④ 나, 다, 라, 마
⑤ 다, 라, 마

08

제품 구매나 사용 시 소비자가 지각하는 위험요인 중 상품의 사용 결과로 인해 소비자가 해를 입을 가능성에 대한 불안감으로 볼 수 있는 것은?

① 신체적 위험
② 재무적 위험
③ 행동적 위험
④ 시간 상실 위험
⑤ 사회적 위험

09
고객의 특성을 파악하기 위한 고객 가치 정보 중 계약 정보에 해당하는 것은?

① 소득 수준
② 소득 원천
③ 재산 상태
④ 고객평생가치
⑤ 소득 변화 추이

10
소비자의 MBTI 유형별 행동 단서 중 '사고형(Thinking)'의 특성으로 가장 거리가 먼 것은?

① 객관적인 증거를 중시하는 경향을 보인다.
② 의사결정에 있어 논리적 검증 패턴을 사용한다.
③ 다른 사람들의 구매 결정에 크게 영향을 받지 않는다.
④ 판매원의 지식을 시험하는 듯한 느낌을 받을 수 있다.
⑤ 판매원과의 상호 접촉에서 인간관계를 우선적으로 중시한다.

11
메타(Meta) 그룹에서 제시한 '고객관계관리(CRM)'의 분류 중 '협업 CRM'의 내용에 가장 부합하는 것은?

① 백오피스와 CRM 통합
② 자동화된 비즈니스 프로세스
③ 채널 다양화로 일관된 서비스 제공
④ 고객 분석 및 분류를 통한 가치고객의 발견
⑤ 고객 캠페인을 통한 '타깃(Target) 마케팅' 수행

12
'고객관계관리(CRM)' 전략 수립과 관련해 고객 분석에 있어 고객을 평가하는 방법 중 다음 보기의 설명에 해당하는 것은?

얼마나 최근에, 자주, 얼마의 금액으로 구매했는가를 파악하여 기업의 입장에서 가장 가치 있는 고객을 파악하는 방법을 말한다.

① RFM
② Scoring
③ Risk Score
④ Coverage Score
⑤ Profitability Score

13
다음 중 '스탠리 브라운(Stanley Brown)'이 제시한 성공적인 CRM(고객관계관리) 구현 단계에 관한 내용으로 보기 어려운 것은?

① 구현의 수익성을 고려한다.
② 관련된 모든 부서를 참여시킨다.
③ 기업의 다른 전략 과제들과 조율한다.
④ 가시적인 성과보다 과정에 초점을 맞춘다.
⑤ 인터페이스, 데이터 전환, 데이터 전송에 유의한다.

14
e-CRM 성공을 위한 고객만족 전략 중 시간이나 장소에 구애받지 않고 고객의 상황에 맞추어 상품을 제공해주는 서비스 유형은?

① 리마인드 서비스(Remind Service)
② 어드바이스 서비스(Advice Service)
③ 서스펜션 서비스(Suspension Service)
④ 저스트 인 타임 서비스(Just-In-Time Service)
⑤ 매스 커스터마이즈 서비스(Mass Customize Service)

15

다음 중 대인지각 왜곡유형에 대한 설명으로 가장 올바르지 않은 것은?

	종 류	내 용
①	후광효과	개인이 가진 지능, 사교성, 용모 등과 같은 특성들 중 하나에 기초하여 인상을 형상화하는 것
②	투영효과	판단을 함에 있어 자신과 비교하여 남을 평가하는 경향
③	초두효과	판단을 함에 있어 처음 주어진 정보에 보다 큰 비중을 두는 경향
④	최근효과	판단을 함에 있어 최근에 제공된 정보에 더 큰 비중을 두는 경향
⑤	중심화 경향	집단 특성에 근거하여 판단하는 경향

16

의사소통의 유형 중 하향적 의사소통에 관한 내용으로 가장 올바르지 않은 것은?

① 조직의 계층 또는 명령계통에 따라 상급자가 하급자에게 자신의 의사와 정보를 전달하는 것을 의미한다.
② 특정 업무를 지시하고 절차 및 실행에 대한 정보를 주며 주로 조직목표를 주입시키는 데 목적을 둔다.
③ 보고, 내부 결재, 개별 면접 등의 전달 방법을 주로 사용한다.
④ 일방적이고 획일적이기 때문에 피명령자의 의견이나 요구를 참작하기 어려운 경우가 많다.
⑤ 상사에 대한 거부감이 있을 경우 의사소통에 왜곡이나 오해가 발생될 가능성이 있다.

17

다음 의사소통 채널의 종류 중 의사소통의 충실성이 가장 낮은 것은?

① 편 지
② 게시판
③ 전 화
④ e-mail
⑤ 면대면 회의

18

'헤리스(Harris)'가 제시한 인간관계 유형 중 다음 보기의 내용에 해당하는 것은?

> 이 유형에 해당하는 사람은 대인관계에서 진정한 관계를 맺기 위하여 시간을 투자하며 문제를 건설적으로 해결할 수 있는 능력을 갖추고 있다. 따라서 건강하고 행복한 삶의 방식과 태도를 지니게 된다.

① I'm OK or not OK
② I'm OK-You're OK
③ I'm OK-You're not OK
④ I'm not OK-You're OK
⑤ I'm not OK-You're not OK

19

'크리스토퍼(Christopher)'가 제시한 고객 서비스의 3단계 중 '거래 시 서비스(On Service)'에 해당하는 것은?

① 제품 포장
② 재고 품질 수준
③ 기술적 서비스
④ 시스템의 유연성
⑤ 회사에 대한 고객의 평가

20
관광 서비스의 정의와 관련해 다음 보기의 설명에 해당하는 것은?

> 관광기업이 기업활동을 하면서 관광객의 요구에 맞추어 소유권의 이전 없이 제공하는 상품적 의미인 무형적 행위 또는 편익의 총체를 말한다.

① 구조적 정의
② 기능적 정의
③ 기술적 정의
④ 활동적 정의
⑤ 비즈니스적 정의

21
리더와 관리자의 차이에 대하여 '워렌 베니스(Warren Bennis)'가 제시한 내용 중 '리더(Leader)'의 특성으로 가장 거리가 먼 것은?

① 혁신주도
② 창조와 개발
③ 장기적 안목
④ 수평적 관점
⑤ 시스템과 구조에 초점

22
감성 리더십을 구성하는 요소 중 타인의 이해, 문화적 감수성, 고객의 욕구에 부응하는 서비스 등과 관련성이 높은 요소는?

① 자아의식
② 감정이입
③ 동기부여
④ 자기통제
⑤ 대인관계기술

23
서비스 경쟁을 위한 원가우위 전략 중 가치사슬 활동에 있어 비용 측면의 효율성 제고를 위한 실천 방안으로 가장 거리가 먼 것은?

① 비용우위
② 규모의 경제 실현
③ 서비스 개별화와 차별화
④ 공급망의 효율적인 운영
⑤ 비싼 원재료 또는 부품 등의 저가품 대체

24
고객만족(CS)과 관련해 다음 보기의 빈칸에 들어갈 내용으로 알맞은 것은?

> 올리버(Oliver)는 만족의 개념에 대하여 '만족이란 소비자의 (　　)으로 판단된다.'고 제시하였다.

① 확산반응
② 성취반응
③ 상호반응
④ 단일반응
⑤ 접근반응

25
고객만족 결정의 5가지 요소 중 가격 수준, 품질, 개인적 친분, 고객화 수준 간의 상관관계가 있는 것은?

① 고객감정
② 공평성의 지각
③ 제품 또는 서비스의 특징
④ 다른고객, 가족구성원, 동료
⑤ 서비스의 성공 및 실패의 원인에 대한 귀인

26

다음 중 거래 후 서비스(A/S)에 대한 설명으로 가장 거리가 먼 것은?

① 제품 판매를 지원할 필요가 있는 서비스 항목을 나타낸다.
② 결함이 있는 제품으로부터 소비자를 보호하는 서비스 유형이다.
③ 회수 또는 반품, 소비자 불만과 클레임 등을 해결할 수 있어야 한다.
④ 현장 서비스가 종료된 시점 이후의 유지 서비스로 충성 고객 확보를 위해 중요하다.
⑤ 소비자와 판매자 사이에 직접적으로 상호거래가 이루어지는 서비스의 본질에 해당되며 고객이 업장에 들어오는 순간 등을 사례로 들 수 있다.

27

관광 서비스의 정의와 관련해 다음 보기의 설명에 해당하는 것은?

> 관광기업 활동을 통하여 고객인 관광객이 호감과 만족감을 느끼게 함으로써 가치를 낳는 지식과 행위의 총체이다.

① 기능적 정의
② 기술적 정의
③ 구조적 정의
④ 활동적 정의
⑤ 비즈니스적 정의

28

다음 노드스트롬 백화점의 '내부고객만족 권한 위임'에 대한 내용으로 올바르지 않은 것은?

① 노드스트롬을 타 경쟁업체와 구분 짓는 또 하나의 특징은 바로 기업가적인 종업원이다.
② 직원은 고객 서비스에 관한 모든 일을 독립적으로 결정할 수 있다.
③ 고객 가운데 제일 믿을 수 있는 고객이 바로 내부고객이라고 생각하여 직원도 고객처럼 대우한다.
④ 복잡하고 관료적인 규칙과 고객의 이익만을 생각하는 원칙 두 가지의 원칙을 병행한다.
⑤ 직원이 최고의 서비스를 실행할 수 있는 마음상태를 유지하도록 노력한다.

29

서비스의 정의와 관련해 다음 보기의 설명에 해당하는 내용을 찾아 선택한 것은?

> ○ 라스멜 : '서비스는 무형재이다.'
> ○ 주드 : '서비스는 소유권의 이전이 없는 재산이다.'

① 속성론적 정의
② 유물론적 정의
③ 봉사론적 정의
④ 활동론적 정의
⑤ 인간 상호 관계론적 정의

30

러브록이 제시한 다차원적 서비스 분류에서 다음 도표의 (라)에 들어갈 업종으로 알맞은 것은?

		서비스의 직접적 대상	
		사 람	사 물
서비스 제공의 성격	유형적	(가)	(나)
	무형적	(다)	(라)

① 호 텔
② 은 행
③ 의 료
④ 여객 운송
⑤ 장비 수리

31

다음 중 서비스 표준안 작성 시 고려해야 할 사항으로 보기 어려운 것은?

① 업무 명세와 수행 개요를 명문화한다.
② 고객의 요구를 바탕으로 작성되어야 한다.
③ 경영진과 직원, 고객의 요구에 대한 상호이해가 바탕이 되어야 한다.
④ 전반적인 표준으로 경영진을 포함해 조직 내 모든 구성원이 받아들여야 한다.
⑤ 서비스 표준은 관찰이 불가능한 부분까지 최대한 고려해야 하고 주관적 견해에 따라 측정 가능해야 한다.

32

'코틀러(Kotler)'가 제시한 시장 세분화의 요건 중 다음 보기의 대화 내용과 가장 부합되는 것은?

> 김대리 : 팀장님! 최근 뉴스에 보니까 천재들 중에 상당수가 왼손을 사용한다는 기사를 본 적이 있는데, 이번에 저희 회사에서 새로 개발 중인 마우스 신제품을 전부 왼손잡이용으로 제조해서 전국에 있는 영재학교에 납품해 보면 어떨겠습니까?
> 박팀장 : 글쎄, 기대만큼 판매가 잘 될까?

① 중복성
② 발전성
③ 작동 가능성
④ 비교 가능성
⑤ 측정 가능성

33

다음 보기의 서비스 청사진 작성 단계 중 빈칸에 들어갈 내용으로 올바르지 않은 것은?

> ○ 1단계 – 과정의 (가)
> ○ 2단계 – (나) 확인
> ○ 3단계 – 경과 시간의 (다)
> ○ 4단계 – (라) 분석
> ○ 5단계 – 청사진 (마)

① (가) – 도식화
② (나) – 고객의 기대
③ (다) – 명확화
④ (라) – 수익성
⑤ (마) – 수정

34

마이클 포터(Michael Porter) 교수가 제안한 가치 체인(Value Chain)의 5가지 기본 활동에 해당하지 않는 것은?

① 내부지향적 로지스틱스
② 외부지향적 로지스틱스
③ 서비스 가치
④ 운 영
⑤ 마케팅과 판매

35

트렌드(Trend) 유형별 개념 설명 중 올바르지 않은 것은?

① 메타 트렌드(Meta Trend) – 트렌드 중에서 변화의 확산 속도가 가장 빠르고 그 과정이 중~장기적이며 복잡한 변화를 의미한다.
② 메가 트렌드(Mega Trend) – 10년 혹은 그 이상의 기간동안 개인, 사회, 세계적 삶을 형성하는 중요한 방향성을 의미한다.
③ 마이크로 트렌드(Micro Trend) – 소수의 열정적 집단이 동조하는 작은 변화를 의미한다.
④ 솔로비 트렌드(Slobby Trend) – '역 트렌드'라고도 불리며, 어떤 트렌드의 반작용으로 나타난 트렌드를 의미한다.
⑤ 패드(Fad) – 유행이라고 불리며 1~2년 혹은 한 계절 이내로 비교적 짧은 기간 존속하고 변화하는 것을 의미한다.

36

서비스 품질 개선 방안 중에서 보기에 해당하는 관점으로 올바른 것은?

> 서비스 종사원이 직무를 수행하는 목표나 지침이 되는 하드(Hard) 표준과 소프트(Soft) 표준으로 구분된다.

① 품질 기준을 설계하고 실행
② 서비스 품질 전달 시스템의 설계에 피드백
③ 각 프로세스 단계별 서비스 품질의 결정 요소 파악
④ 고객에게 서비스 내용 제공
⑤ 유형적 요소 관리

37

헤스켓(Heskett)이 분류한 탐색적 품질에 해당하지 않는 것은?

① 제품 디자인　② 서비스 제공자의 태도
③ 서비스 명세　④ 사용 방식의 탁월함
⑤ 매혹적인 전시

38

고객 관점에 따른 서비스 상품의 분류 중 '편의적 서비스 상품'에 대한 설명으로 가장 올바르지 않은 것은?

① 소비자가 최소한의 시간이나 노력만으로 구매하게 되는 서비스 상품을 말한다.
② 소비자가 정보탐색에 많은 노력을 기울이지 않기 때문에 편리한 위치의 점포를 선택하게 된다.
③ 서비스 상품 구매에 따른 위험의 정도가 매우 낮다.
④ 고객의 관여도가 매우 높은 편에 속한다.
⑤ 우편 서비스, 세탁 서비스 등이 대표적인 사례에 속한다.

39

다음 중 '고객경험관리(CEM)'의 특징에 대한 설명으로 가장 거리가 먼 것은?

① 고객 중심적 프로세스이다.
② 고객 상호작용의 순간, 즉 '접점'에서부터 시작된다.
③ 고객이 기업에 대하여 생각하고 느끼는 것을 파악한다.
④ 기업에 대한 고객경험을 향상시키기 위해 시스템과 기술 및 단순화된 프로세스를 활용한다.
⑤ 수요가 있는 제품들과 그렇지 않은 제품들을 묶어 교차판매를 유도하는 후행의 성격을 지닌다.

40

제품에 관한 소비자의 관여 수준에 따른 유형 중 고(高)관여도 관점에 관한 내용으로 가장 거리가 먼 것은?

① 소비자는 정보탐색자이다.
② 소비자는 목표지향적인 정보처리자이다.
③ 집단의 규범과 가치는 제품 구매에 중요하지 않다.
④ 소비자는 능동적 수신자이기 때문에 태도 변경을 위한 광고의 효과는 약하다.
⑤ 소비자는 기대 만족을 극대화하려고 노력하며 최선의 선택을 위해 다수의 속성을 검토한다.

41

고객만족(CS) 계획 수립과 관련해 마케팅 목표 설정 기준에 대한 설명으로 가장 올바르지 않은 것은?

① 일정이 명확해야 한다.
② 기업의 목적은 일관성이 있어야 한다.
③ 사업 단위는 현실적인 목표를 설정해야 한다.
④ 필요한 모든 조직 구성원과 커뮤니케이션해야 한다.
⑤ 모든 목표는 측정이 어려운 부분까지 고려하여 포괄적이고 정성적으로 표시해야 한다.

42

다음 보기의 빈칸에 들어갈 용어로 가장 올바른 것은?

> (　　)(이)란 1948년 미국 심리학자 '버트럼 포러(Bertram Forer)'가 성격 진단 실험을 통해 처음으로 증명한 이론이다.
> 자신이 가르치는 학생들을 대상으로 각각의 성격 테스트를 하고, 이후 결과와는 상관없이 신문 점성술 난의 내용 일부만을 고쳐서 다음과 같이 학생들 개개인에게 나누어주었다.
> "당신은 남들에게서 사랑과 존경을 받고 싶어 하는 강한 욕구가 있습니다. 당신은 때때로 외향적이고 상냥하고 사교적이지만 어떤 때는 내향적이고 신중하며 수줍어합니다. 당신 내면에는 아직 활용하지 않은 큰 에너지가 잠재해 있습니다."
> 테스트 결과, 학생들은 자신에게만 적용되는 것으로 착각하고 대부분 자신의 성격과 잘 맞는다고 대답했다. 하지만 포러가 학생들의 성격 진단 결과로 나누어준 이와 같은 내용은 대부분의 사람들이 갖고 있는 보편적인 특성을 기술한 것이었다.

① 헤일로 효과(Halo Effect)
② 바넘 효과(Barnum Effect)
③ 스티그마 효과(Stigma Effect)
④ 플라시보 효과(Placebo Effect)
⑤ 링겔만 효과(Ringelmann Effect)

43

'SERVQUAL'의 5가지 GAP 모델 중 'GAP 1'이 발생되었을 경우, 그 원인으로 가장 거리가 먼 것은?

① 지나치게 많은 관리 단계
② 상향 커뮤니케이션의 결여
③ 업무에 적합하지 않은 종업원
④ 경영자가 고객의 기대 파악 실패
⑤ 마케팅 조사의 중요성에 대한 이해 부족

44

'라파엘(Raphael)'과 '레이피(Raphe)'가 제시한 고객 충성도의 유형 중 다음 보기의 빈칸에 들어갈 내용으로 가장 올바른 것은?

> (　　)(이)란 주변 사람들 누구에게나 특정 제품이나 서비스에 대한 칭찬을 아끼지 않는 계층을 말한다.

① 단골고객
② 충성고객
③ 고 객
④ 예비고객
⑤ 단순고객

45

고객만족 조사를 위한 자료수집 방법 중 정성(Qualitative)조사에 대한 설명으로 가장 올바르지 않은 것은?

① 정성조사란 소비자의 마음 안으로 들어가 그들을 이해하고 탐색하며 진단하는 조사 방법이다.
② 적은 인원의 사람을 대상으로 심층적인 내용의 자료수집이 가능하다.
③ 기본적으로 정량조사와 보완 관계에 있기 때문에 양적조사의 사후 단계에 조사가 진행되는 것이 원칙이다.
④ 소비자를 하나의 행동 개체인 인간의 관점에서 있는 그대로 바라보는 조사 방식이다.
⑤ 조사 결과에 대한 해석이 주관적이기 때문에 같은 조사에 대해 다른 결론이 도출될 수 있다.

46

자료수집 방법 중 '문헌연구법(文獻硏究法)'에 대한 설명으로 가장 올바르지 않은 것은?

① 역사 기록, 기존 연구 기록, 통계 자료 등의 문헌을 통해 자료를 수집하는 방법이다.
② 기존의 연구 동향을 알 수 있다.
③ 시간과 비용을 절약할 수 있고 비교적 정보 수집이 용이하다.
④ 문헌 해석 시 연구자의 편견이 개입될 가능성이 없다.
⑤ 선행 연구의 신뢰도가 떨어질 경우 현행 연구의 신뢰도 역시 떨어질 가능성이 매우 높다.

47

고객만족 측정 방법 중 '직접 측정'에 대한 설명으로 가장 올바르지 않은 것은?

① 일반적으로 단일한 설문항목 또는 복수의 설문항목을 통해 만족도를 측정하는 방식을 말한다.
② 실용성을 강조하는 측면이 있기 때문에 일반적으로 민간부문에서는 선호하지 않는 조사 방식이다.
③ 조사모델이 간명하여 하위 차원에 대한 만족도 결과를 합산할 때 발생하는 중복 측정의 문제를 방지할 수 있다.
④ 단일문항 측정 방법에서 측정 오차 문제를 해소하기 어렵기 때문에 복수의 설문 항목을 통한 측정으로 한정하여 정의하기도 한다.
⑤ 직접 측정에 의거하여 종합만족도를 구하고 있는 대표적인 조사로 ACSI, NCSI 등을 꼽을 수 있다.

48
다음 중 '칸(Kahn)'이 제시한 역할 모호성 발생 원인으로 가장 거리가 먼 것은?

① 조직의 투입정보에 제한을 가하는 관리 관행
② 사회구조적 요구에 의한 빈번한 기술의 변화
③ 재(再)조직화를 수반하지 않는 조직의 느린 성장
④ 개인의 이해영역을 초과하는 조직의 규모 및 복잡성
⑤ 구성원들에게 새로운 요구를 하는 조직 환경의 변화

49
다음 중 '그렌루스(Grönroos)'가 제시한 품질 구성 요소에 해당하지 않는 것은?

① 신뢰성과 믿음
② 경쟁자와 기업 성과
③ 접근성과 융통성
④ 평판과 신용
⑤ 전문성과 기술

50
다음 보기의 내용 중 'SERVQUAL'의 5가지 품질 차원을 찾아 모두 선택한 것은?

가. 성장성(Growth)
나. 다양성(Diversity)
다. 공급성(Provision)
라. 유형성(Tangibles)
마. 확신성(Assurance)
바. 응답성(Responsiveness)

① 가, 나, 다
② 가, 나, 다, 라
③ 나, 다, 라, 바
④ 다, 라, 바
⑤ 라, 마, 바

51
다음 의료기관의 특징에 관한 내용 중 성격이 다른 것은?

① 경쟁 제한적이다.
② 비영리 동기이다.
③ 자본집약적, 노동집약적이다.
④ 이중적인 지휘체계를 갖는다.
⑤ 다양한 사업 목적을 갖는 조직체이다.

52
소비자의 쇼핑 습관을 기준으로 한 소비재의 분류 중 품질 면에서 유사하지만 가격 차이가 있기 때문에 비교 쇼핑을 하는 제품 유형에 해당하는 것은?

① 전환 선매품
② 기술적 선매품
③ 동질적 선매품
④ 이질적 선매품
⑤ 반복적 선매품

53
서비스 전달 시스템의 종류 중 '기능 위주의 서비스 전달 시스템'에 대한 설명으로 가장 올바르지 않은 것은?

① 서비스를 신속하게 제공할 수 있다.
② 표준화된 서비스를 생산하는 데 적합한 특징을 보인다.
③ 대표적으로 병원 또는 건강검진, 영화관 등의 사례에 해당한다.
④ 서비스 프로세스의 특정 부분에 의해 제약받는 상황이 발생되지 않는다.
⑤ 서비스 담당자의 업무를 전문화하여 고객이 직접 서비스 담당자를 찾아가는 형태로 전달 시스템이 설계되어야 한다.

54

서비스 수익체인의 구성과 관련해 외부의 표적사항을 의미하는 요소로 보기 어려운 것은?

① 애호가
② 매력도
③ 고객 유지
④ 재(再)구매
⑤ 업무 설계와 의사 결정권

55

다음 보기의 내용 중 고도로 차별화된 개별적 서비스를 제공하는 리츠칼튼 호텔의 서비스 활용 사례를 찾아 모두 선택한 것은?

> 가. 고객 기호 카드
> 나. 고객 코디네이터
> 다. 고객인지 프로그램
> 라. 고객 이력 데이터베이스

① 가, 나
② 가, 나, 다
③ 나, 다
④ 나, 다, 라
⑤ 가, 나, 다, 라

56

애프터 서비스 품질 차원의 영향 요인 중 '편의성'과 관련된 내용으로 보기 어려운 것은?

① 내부시설 배치
② 내부 편의시설
③ 접수 후 수리시간
④ 전화상담실 이용 편리성
⑤ 서비스센터 접근 용이성

57

'수잔 키비니(Susan Keaveney)' 교수가 제시한 서비스 전환 유형 중 '핵심 서비스 실패'에 관련된 내용으로 올바른 것은?

① 경쟁자의 우수한 서비스
② 무관심과 무례함, 냉담한 반응, 적극성 부족
③ 부정적 반응 혹은 무반응, 내키지 않는 반응
④ 서비스 제공자의 업무 실수, 서비스 파멸, 계산상의 오류
⑤ 높은 가격, 가격 인상, 불공정한 가격 산정 및 속임수 가격

58

'서비스 패러독스(Service Paradox)' 발생 원인과 관련하여 서비스 공업화의 한계점에 관한 내용 중 다음 보기의 설명에 해당하는 것은?

> 손쉽게 인근 업소에서 수리받던 시대는 지나가고 이제 고객이 멀리까지 가서 기다려야 하는 시대가 되었다.

① 기술의 복잡화
② 서비스의 동질화
③ 서비스의 표준화
④ 종업원 확보의 악순환
⑤ 서비스의 인간성 상실

59

'코틀러(Kotler)'가 제시한 시장 세분화 요건 중 다음 보기의 내용에 가장 부합하는 것은?

> 공략하려는 세분 시장의 구성원들이 TV를 많이 보고 광고에 노출이 많이 되어 있다면 공략하기가 쉽지만, 만약 TV도 전혀 안 보고 신문도 구독하지 않는다면 이런 세분 시장은 공략하기가 힘들다.

① 접근 가능성
② 측정 가능성
③ 행동 가능성
④ 차별화 가능성
⑤ 규모의 적절성

60

다음 중 '미스터리 쇼퍼(Mystery Shopper)'가 갖추어야 할 자격 요건에 대한 설명으로 가장 올바르지 않은 것은?

① 매장을 방문하여 사실 그대로를 기록하는 객관성이 필요하다.
② 미스터리 쇼퍼의 활동과 보고에 사업장이 의존하기 때문에 신뢰성이 필요하다.
③ 보고서를 왜곡하지 않기 위해 모든 요건의 기본 바탕이 되는 정직성이 요구된다.
④ 여러 매장을 점검하는 것이 아니라 하나의 매장에만 방문하기 때문에 계획적인 활동이 요구된다.
⑤ 비교적 짧은 시간 내에 조사가 이루어지기 때문에 사업장에 정해진 일시에 활동할 수 있도록 융통성이 필요하다.

61

다음 보기에서 설명하고 있는 효과의 명칭은?

> 처음 제시된 정보가 이후에 들어온 정보를 처리함에 있어 준거가 되어, 추후 제시되는 정보를 해석함에 영향을 미치는 현상이다. 즉, 처음에 부정적인 정보를 얻은 대상이라면 이후에도 부정적으로 생각하려는 현상을 가리킨다.

① 맥락효과
② 최신효과
③ 빈발효과
④ 유지효과
⑤ 부정성효과

62

클레임(Claim)에 대한 설명으로 옳지 않은 것은?

① 상대방의 잘못된 행위에 대한 불만사항 통보로 주의 정도의 불만족이다.
② 컴플레인과 클레임은 같은 것이다.
③ 행동 또는 자체 내부의 조치에 의해 즉시 해결될 수 있는 것이다.
④ 처리가 되지 않을 경우에는 고객에게 물질적 · 정신적 보상, 크게는 법적(공문)인 보상으로 해결해야 한다.
⑤ 클레임은 고객이 대단한 일로 상처를 받은 경우에 제기하는 것이고, 컴플레인은 사소한 것에 상처받은 경우 제기하는 것이다.

63

다음 보기의 상황에서 사용된 대화법은?

> 고객이 매장에 들어와 서성일 때 중단할 수 없는 업무를 처리 중이라면 먼저 인사를 건넨 후, "죄송합니다만, 잠시 기다려주시겠습니까?"라고 대답하여야 한다.

① 보상 화법
② 쿠션 화법
③ 후광 화법
④ 아론슨 화법
⑤ 부메랑 화법

64

다음 '엘리베이터 이용 예절'에 대한 설명 중 올바르지 않은 것은?

① 엘리베이터는 불특정 다수가 이용하는 밀폐된 공간으로 소란스러운 행동으로 다른 사람에게 불편함을 주지 않도록 주의해야 한다.
② 처음 방문한 손님을 안내하면서 엘리베이터를 탈 때는 손님보다 나중에 타고, 내릴 때는 손님보다 먼저 내린다.
③ 탑승자가 많은 엘리베이터에서 안쪽에 위치하였다면 층 버튼쪽으로 굳이 이동하지 말고 정중하게 'ㅇㅇ층 부탁드립니다'라고 요청하는 것이 예절에 맞다.
④ 층 버튼 앞에 위치하였다면 다른 사람을 위해 층 버튼을 눌러주고 제일 나중에 내릴 수 있는 여유와 매너가 필요하다.
⑤ 재방문으로 이미 이동 방향을 아는 윗사람이나 여성과 함께 엘리베이터를 이용한다면 윗사람이나 여성보다 안내자가 먼저 타고 내려야 한다.

65

다음 보기의 '인바운드 콜센터'의 특성에 해당하는 것은?

> 정교한 상담 및 업무처리가 중요하며, 정확한 상담 지침과 원칙, 콜 처리 및 분배시스템의 자동화, 콜 데이터 처리와 정밀도 분석, 사후관리 등이 빈틈없이 이루어져야 한다.

① 신속성(정확성)
② 정밀성
③ 사전 예측
④ 프로세스성
⑤ 서비스성

66

불만고객 관리와 관련해 '컴플레인(Complain)' 처리 시의 유의사항으로 가장 거리가 먼 것은?

① 잘못된 점은 솔직하게 사과한다.
② 고객에 대한 선입견을 갖지 않는다.
③ 설명은 사실을 바탕으로 명확하게 한다.
④ 고객의 입장에서 성의 있는 자세로 임한다.
⑤ 고객의 정서는 근본적으로 선의(善意)보다 악의(惡意)를 바탕으로 하고 있음을 견지한다.

67
프레젠테이션을 목적에 따라 분류할 경우 '정보적 프레젠테이션'의 유형에 가장 부합하는 것은?

① 의례적 프레젠테이션
② 서술적 프레젠테이션
③ 경향적 프레젠테이션
④ 적용적 프레젠테이션
⑤ 동기부여적 프레젠테이션

68
다음 중 '안드라고지(Andragogy)' 학습의 주요 내용으로 가장 올바르지 않은 것은?

① 학습자가 독립적 성향을 지닌다.
② 학습에 대하여 내재적 동기를 지닌다.
③ 표준화된 교육과정을 학습할 수 있다.
④ 실제 적용 위주의 학습 프로그램을 구성할 수 있다.
⑤ 학습자의 풍부한 경험을 자원으로 활용할 수 있다.

69
다음 중 'OJT(On the Job Training)'의 장점에 해당하는 것은?

① 평가가 용이하다.
② 경비가 많이 든다.
③ 계속적이고 반복적으로 수행할 수 없다.
④ 구체적이고 실제적인 교육훈련이 불가능하다.
⑤ 상사와 부하, 선 · 후배 간의 인간관계가 악화된다.

70
개인정보 보호법 제28조의 6(가명정보 처리에 대한 과징금 부과 등)의 내용에서 다음 보기의 빈칸에 들어갈 내용으로 올바른 것은?

> 개인정보보호위원회는 개인정보처리자가 제28조의5 제1항을 위반하여 특정 개인을 알아보기 위한 목적으로 정보를 처리한 경우 전체 매출액의 (　　) 이하에 해당하는 금액을 과징금으로 부과할 수 있다.
> 다만, 매출액이 없거나 매출액의 산정이 곤란한 경우로서 대통령령으로 정하는 경우에는 4억원 또는 자본금의 (　　) 중 큰 금액 이하로 과징금을 부과할 수 있다.

① 100분의 3
② 100분의 5
③ 100분의 10
④ 100분의 15
⑤ 100분의 30

71
개인정보 보호에 관한 OECD 8원칙 중 다음 보기의 설명에 해당하는 것은?

> 개인정보는 정보 주체의 동의가 있는 경우나 법률의 규정에 의한 경우를 제외하고는 명확화된 목적 이외의 용도로 공개되거나 이용되어서는 안 된다.

① 공개의 원칙
② 책임의 원칙
③ 이용 제한의 원칙
④ 수집 제한의 원칙
⑤ 목적 명확화의 원칙

72

다음 중 OECD의 정보통신망 안전을 위한 8개 원칙으로 가장 거리가 먼 것은?

① 윤리성(Ethics)
② 책임성(Responsibility)
③ 올바른 인식(Awareness)
④ 절차성(Procedural Rules)
⑤ 안전조치(Safeguards Management)

73

다음 중 소비자단체소송을 제기할 수 있는 비영리민간단체가 갖추어야 할 요건으로 보기 어려운 것은?

① 정관에 소비자 권익증진을 단체의 목적으로 명시할 것
② 소비자 권익증진을 위해 최근 3년 이상 이를 위한 활동 실적이 있을 것
③ 중앙행정기관에 등록되어 있을 것
④ 실제 동일 침해를 입은 30인 이상의 소비자로부터 단체소송의 제기를 요청받을 것
⑤ 단체의 상시 구성원 수가 5천 명 이상일 것

74

다음 보기의 소비자 단체의 취소에 관한 조항에서 빈칸에 들어갈 용어로 알맞은 것은?

> (　　) 또는 지방자치단체의 장은 등록소비자단체가 제29조 제1항 각 호의 요건을 갖추지 못하게 된 경우에는 3월 이내에 보완을 하도록 명할 수 있고, 그 기간이 경과하여도 요건을 갖추지 못하는 경우에는 등록을 취소할 수 있다.
>
> – 소비자기본법 제30조 –

① 한국소비자연맹
② 한국소비자고발센터
③ 공정거래위원회
④ 한국공정거래조정원
⑤ 한국소비자단체협의회

75

한국소비자원의 피해구제와 관련해 다음 보기의 빈칸에 들어갈 내용으로 가장 올바른 것은?

> 원장은 제55조 제1항 내지 제3항의 규정에 따라 피해구제의 신청을 받은 날부터 (가)일 이내에 제57조의 규정에 따른 합의가 이루어지지 아니하는 때에는 지체 없이 제60조의 규정에 따른 소비자분쟁조정위원회에 분쟁조정을 신청하여야 한다. 다만, 피해의 원인규명 등에 상당한 시일이 요구되는 피해구제신청사건으로서 대통령령이 정하는 사건에 대하여는 (나)일 이내의 범위에서 처리기간을 연장할 수 있다.
>
> – 소비자기본법 제58조(처리기간) –

① (가) – 30, (나) – 30
② (가) – 30, (나) – 60
③ (가) – 60, (나) – 30
④ (가) – 60, (나) – 60
⑤ (가) – 60, (나) – 90

76

소비자보호법의 내용 중 다음 보기의 빈칸에 들어갈 내용으로 가장 거리가 먼 것은?

> 국가는 물품등의 잘못된 소비 또는 과다한 소비로 인하여 발생할 수 있는 소비자의 생명 · 신체 또는 재산에 대한 위해를 방지하기 위하여 다음 각 호의 어느 하나에 해당하는 경우에는 광고의 내용 및 방법에 관한 기준을 정하여야 한다.
> 1. (　　) 등을 광고하는 때에 허가 또는 공인된 내용만으로 광고를 제한할 필요가 있거나 특정 내용을 소비자에게 반드시 알릴 필요가 있는 경우
>
> – 소비자기본법 제11조(광고의 기준) –

① 성 분　　② 용 도
③ 성 능　　④ 거래 방법
⑤ 규격 또는 원산지

77

중세 영국에서 '기사(Knight)' 다음 가는 봉건 신분의 칭호로 사용된 것이 유래이며, '미스터(Mr.)'보다 더 심오한 존경의 뜻을 담는 경칭으로 '님', '귀하' 등을 의미하는 용어는?

① Dr.
② Sir
③ Noble
④ Esquire
⑤ The Hon

78

다음 보기의 내용과 같이 소비자에 대하여 정의한 학자는?

> 소비자란 국민 일반을 소비생활이라고 하는 시민 생활의 측면에서 포착한 개념이다.

① 폰 히펠(Von Hippel)
② 가토 이치로(Kato Ichiro)
③ 이마무라 세이와(Imamura Seiwa)
④ 우자와 히로후미(Ugawa Hirofumi)
⑤ 타케우치 쇼우미(Takeuchi Shoumi)

79

다음 보기의 내용에 해당하는 회의의 명칭으로 가장 올바른 것은?

> 서로 상반된 견해를 가지고 있는 2명 이상의 연사가 사회자의 주도하에 청중 앞에서 벌이는 공개토론회로써 청중이 자유롭게 질의에 참여할 수 있으며 사회자는 쌍방의 견해를 요약해 주고 토론을 이끌어가는 역할을 한다.

① 포럼(Forum)
② 세미나(Seminar)
③ 컨벤션(Convention)
④ 컨퍼런스(Conference)
⑤ 심포지엄(Symposium)

80

다음 중 사회 문화에 따른 구성원의 가치관과 이에 대한 행동의 연관성을 설명하기 위해 '홉스테드(Hofstede)'가 제시한 '문화차원 이론'의 5가지 범주에 포함되지 않는 것은?

① 권위주의적 성향
② 경험 중심적 성향
③ 불확실성 회피 성향
④ 남성적 성향
⑤ 개인주의적 성향

81

다음 중 일반적인 텔레마케팅의 전개 과정을 순서대로 바르게 나열한 것은?

① 기획 → 실행 → 반응 → 측정 → 평가
② 기획 → 실행 → 평가 → 측정 → 반응
③ 기획 → 측정 → 실행 → 반응 → 평가
④ 기획 → 측정 → 실행 → 평가 → 반응
⑤ 기획 → 측정 → 반응 → 실행 → 평가

82

다음 중 비즈니스 상황에서 지켜야 할 전자우편(e-mail) 네티켓에 대한 설명으로 가장 올바른 것은?

① 상세한 정보를 전달하기 위해 첨부파일은 용량에 상관없이 모든 경우에 예외를 두지 않고 발송하여야 한다.
② 유머 메일 또는 정보성 메일의 경우 미리 수신자의 동의를 구한 후 발송해야 한다.
③ 약어 및 속어 사용을 통해 보다 명확한 의미가 전달될 수 있도록 한다.
④ 첨부파일의 경우 바이러스 감염의 위험성이 있기 때문에 압축하지 않고 원본 상태로 발송하는 것이 원칙이다.
⑤ 대다수의 비즈니스 메일은 빠른 답변을 원하기 때문에 가능하면 1시간 안에 답장을 보내는 것이 좋다.

83
콜센터 조직 구성과 관련해 다음 보기의 설명에 해당하는 것은?

텔레마케팅 업무가 효율적으로 운영되도록 지휘하고 감독하는 역할이며, 텔레마케팅 전략 수립, 텔레마케팅 판촉 전개, 스크립트 작성 및 개선 작업, 현장 교육 및 코칭, 이직률 관리 등의 업무를 수행하는 실질적 관리자이다.

① 텔레마케터(Telemarketer)
② 수퍼바이저(Supervisor)
③ 유니트 리더(Unit Leader)
④ TA(Technical Assistant)
⑤ QAA(Quality Assurance Analyst)

84
다음 중 스크립트(Script) 작성 원칙으로 보기 어려운 것은?

① 고객 중심
② 문어체 활용
③ 논리적 작성
④ 활용목적 명확화
⑤ 간단 · 명료한 작성

85
다음 중 상황별 수명(受命)과 보고(報告) 요령에 대한 설명으로 올바르지 않은 것은?

① 보고는 지시한 당사자에게 직접 해야 한다.
② 복잡한 것은 문서로 정리하여 보고한다.
③ 업무 수행에 있어 곤란한 문제가 발생했을 경우, 중간 보고를 실시한다.
④ 직속 상사 이외의 명령을 받을 경우 먼저 직속 상사에게 보고하고 그 지시에 따른다.
⑤ 보고의 내용이 긴 경우, 이유와 경과 등을 먼저 설명하고 나중에 결론에 대하여 보고한다.

86
인사에 대한 설명으로 올바르지 않은 것은?

① 정중례를 할 때는 입을 벌리고 치아를 내보이며 웃는 표정을 지으면 좋다.
② 낯선 환경에서 인사를 잘함으로써 상대방에게 호감과 신뢰감을 형성할 수 있게 한다.
③ 인사는 상대방을 위한 것이라기보다 궁극적으로 나 자신을 위한 것이다.
④ 반드시 인사말을 함께 해야 하며, 상체를 너무 빠르게 움직이면 정중하고 예의바른 느낌이 들지 않으므로 주의하여야 한다.
⑤ 윗사람에게 인사할 때에는 2~5m 가량 앞에서 해야 하며 너무 바싹 다가서는 것은 가는 길을 방해하는 경우도 있어 바람직하지 않다.

87
다음 중 코칭(Coaching)의 단점에 대한 설명으로 가장 올바르지 않은 것은?

① 업무 수행성과에 직접적인 관련성이 없다.
② 매일의 코칭은 학습자에게 부담이 될 수 있다.
③ 교육의 성패가 코치의 능력에 지나치게 좌우된다.
④ 코치와 학습자 간의 계약관계는 학습에 지장을 줄 수 있다.
⑤ 일대일 방식이므로 코치의 시간이 많이 소요되며 노동집약적이다.

88
고객을 화나게 하는 7가지 태도 중 고객을 무지하고 어리숙하게 보거나 투정을 부린다는 식으로 대하는 태도로서 의사 등 전문가들 사이에 많이 나타나는 유형은?

① 발 뺌
② 냉 담
③ 거 만
④ 경직화
⑤ 규정 제일

89
전통 예절에서 절하는 방법에 대한 설명으로 가장 올바른 것은?

① 의식행사에서는 기본 횟수만 한다.
② 여자는 기본 횟수로 한 번을 한다.
③ 남자는 기본 횟수로 두 번을 한다.
④ 고인(故人)에게는 기본 횟수만 한다.
⑤ 살아있는 사람에게는 기본 횟수만 한다.

90
다음 중 효과적인 경청을 위한 방안으로 보기 어려운 것은?

① 주의를 고객에게 집중한다.
② 고객의 말을 가로막지 않는다.
③ 중요한 내용이나 요점을 기록한다.
④ 냉정한 비판과 평가가 수반되어야 한다.
⑤ 고객에게 계속적인 반응을 보이는 것이 좋다.

2024년 제1회 | 정답 및 해설

01	02	03	04	05	06	07	08	09	10
②	③	③	②	①	⑤	②	③	⑤	②
11	12	13	14	15	16	17	18	19	20
④	①	①	①	⑤	④	③	②	⑤	⑤
21	22	23	24	25	26	27	28	29	30
②	①	①	④	③	②	④	②	⑤	①
31	32	33	34	35	36	37	38	39	40
③	①	⑤	②	⑤	①	④	④	⑤	⑤
41	42	43	44	45	46	47	48	49	50
①	①	③	④	⑤	②	③	②	①	⑤
51	52	53	54	55	56	57	58	59	60
④	④	④	④	①	②	④	④	①	④
61	62	63	64	65	66	67	68	69	70
⑤	①	④	⑤	④	②	④	⑤	②	⑤
71	72	73	74	75	76	77	78	79	80
①	⑤	④	②	③	③	④	③	①	④
81	82	83	84	85	86	87	88	89	90
①	①	④	①	④	④	②	⑤	④	⑤

01

공정성의 분류 중 도출결과의 공정성

- 투입과 도출 사이의 상호 관계 원칙과 같이 어떤 인식된 원칙에 따라 도출 결과를 할당하는 것
- 투입과 도출 사이의 관계의 평가가 가장 중요한 기준이 되어 평등성(Equality), 요구 (Needs), 기여(Contribution) 등 제시
- 최종적으로 지급되는 임금, 승진, 조직 내 인정 등

02

① 베리(Berry) : 제품은 유형물, 고안물, 객관적 실체인 반면 서비스는 무형 활동이나 노력이므로 구매하는 대상의 본질이 유형적 혹은 무형적인가의 여부로 판단해야 한다.

② 베솜(Bessom) : 자신이 수행할 수 없거나 하지 않는 활동, 만족, 혜택으로서 판매될 수 있는 것이다.

④ 레티넨(Lehtinen) : 고객만족을 제공하려는 고객접촉 인력이나 장비의 상호작용 결과 일어나는 활동 또는 일련의 활동으로 소비자에게 만족을 제공하는 것이다.

⑤ 라스멜(Rathmell) : 서비스 특성과 관련하여 서비스를 시장에서 판매하는 무형의 제품으로 정의하였고, 손으로 만질 수 있는지 없는지에 따라 유형의 상품, 무형의 상품으로 구분하였다.

03

피시본 다이어그램의 원인 분석 요인 및 단계별 흐름

- 원인 분석 요인 : 환경, 운영, 자원, 장비, 과정, 사람
- 단계별 흐름
  - 1단계 : 문제의 명확한 정의
  - 2단계 : 문제의 주요 원인 범주화
  - 3단계 : 잠재 원인 브레인스토밍 실시
  - 4단계 : 주요 원인 범주의 세부 사항 검토
  - 5단계 : 근본 원인 확인

04

생산성 향상 운동의 하나인 '3S'

- 단순화(Simplification) : 현재 제품 계열에서 이익이 적거나 적자 내는 제품 축소, 즉 생산성 향상을 목적으로 제품 라인을 줄이거나 유리 한 라인만 집약하는 것
- 표준화(Standardization)
  - 이후에 실행해야 할 행위, 구성요소의 규격 등 복잡함을 일으키는 요소들에 대한 기준을 잡는 것을 의미하는 요소
  - 선택된 상품 라인의 형식 · 품질 · 기능 · 부품 등에 일정한 규준을 설정하는 것
- 전문화(Specialization) : 직장이나 노동의 전문화를 말함

05

품질기능전개(QFD)의 발전 과정

- 1960년대 후반 일본의 '아카오 요지'가 연구 시작
- 1972년 미쓰비시 중공업의 고베 조선소에서 원양어선 제작에 처음으로 사용
- 1980년대 초반 자동차 회사인 GM과 Ford(社), IT제조회사인 3M과 휴렛팩커드(HP)가 미국 산업계에 소개
- 1983년 미국 품질학회지에 소개된 후 시카고 세미나를 통해 미국 내 널리 보급
- 1994년 일본 제품대학 QFD 연구회와 공동으로 LG전자의 냉장고, 전자레인지 신제품 개발에 처음 적용
- 1995년 삼성전자, 삼성SDI, 현대엘리베이터, 현대자동차, 쌍방울 등에 보급 확산

06

⑤ 고객관계관리(CRM) 경영기법의 보편화는 2000년대 내용이다.

고객만족경영(CSM)의 시기별 흐름

- 1980년대 : 판매 증진을 위한 보조 수단으로 '고객만족경영(CSM)' 활용, 제품 설명 및 성능 위주의 기초적 친절 서비스 중심으로 접근
- 1990년대 : A/S 제도 도입, 전사적 고객만족경영 체제 도입, 고객관계관리(CRM) 도입, CS 경영팀 신설, 데이터베이스 마케팅 도입, 사이버 고객 만족에 대한 관심 고조 등
- 2000년대 : 고객관계관리(CRM) 경영기법의 보편화, 고객생애가치(CLV) 창출을 통한 고객 기여도 극대화, 기업의 사회적 책임 중요 등

07

② 동기부여와 인센티브는 내부고객만족 정책이다.

외부고객만족 정책

- 어떠한 경우에도 고객에게 NO라고 하지 않음 : 판매 사원들은 "고객은 항상 옳다"라는 명제 아래 고객에게 최선의 서비스를 펼침
- 조건 없는 반품 수용 정책(100% 반품 100% 고객만족)
  - 고객 실수로 물건에 하자가 생겼어도 주저 없이 반품해준다.
  - 반품 정책은 하나의 광고가 되어 노드스트롬의 최고의 서비스 정책을 알리는 역할을 한다.
- 개인별 고객 수첩 활용 : 고객의 이름, 주소, 전화번호, 사이즈, 체형, 선호 브랜드, 선호 색상, 선호 스타일 등을 적어 두고 고객 관리에 활용
- 다양한 제품 구색 : 다른 백화점들에 비해 다양한 제품들을 갖추어 고객이 노드스트롬을 방문해 찾을 수 없는 제품은 다른 백화점에도 없다고 생각할 수 있도록 노력한다.
- 특별한 가격 정책 : 제품 가치에 따라 가장 합리적인 가격 제시
- 매력적인 쇼핑 환경 제공 : 매장 내 충분한 휴식 공간 제공

08

③ 구전은 언어적 커뮤니케이션에 제한된 것이 아니다.

구전(口傳)의 개념

- 구전은 입소문 마케팅, 바이럴 마케팅, Word of Mouth라고도 말할 수 있다.
- 사람들의 입에서 입으로 전해지는 형태의 비공식 전달 과정이다.
- 개인들의 경험에 기초한 대면 커뮤니케이션이다.
- 구전은 언어적 커뮤니케이션에 제한된 것이 아니다.
- 영향력의 특성과 관련된 개인 혹은 집단 간의 영향력을 가리킨다.
- 특정 주제에 관하여 고객이 스스로의 이해관계를 떠나서 개인적인 직 · 간접적 경험에 대해 긍정적 혹은 부정적인 내용의 정보를 비공식적으로 교환하는 의사소통이다.
- 구전으로 전파하는 구전 정보는 광고와 같은 상업 정보와 견주어 더욱 신뢰성이 높다.
- 일반 상업 정보와 달리 소집단 커뮤니케이션 형태여서 수신자에게 미치는 영향력이 크다.

09

① 가망고객 : 신규고객이 될 가능성이 있는 고객
② 옹호고객 : 단골고객 중 자사 상품에 대해 타인에게 긍정적 구전활동을 하는 고객
③ 핵심고객 : 기업에 큰 이익을 남겨 주는 핵심적인 고객
④ 신규고객 : 기업과 처음으로 거래를 시작한 단계의 고객

10

② 웹시족 : 웹(Web)과 미시(Missy)의 합성어로서 인터넷을 활용해 생활 정보를 얻거나 여가를 즐기는 주부고객
① 보보스족 : 사회적 · 경제적으로 성공한 부르주아 계층에 속하면서도 보헤미안과 같이 저항적이고 자유로운 삶을 추구하는 고객
③ 딩크족 : 의도적으로 자녀를 두지 않는 맞벌이 부부고객
④ 슬로비족 : 사회의 변화 속도를 따라가기보다 자신만의 속도로 느긋하게 살아가는 고객
⑤ 얼리 어답터 : 제품이 출시될 때 가장 먼저 구입을 하여 평가를 내린 뒤, 주위에 제품의 정보를 알려 주는 성향을 가진 고객

11

준거집단의 개념

- 개인의 태도와 행동에 직 · 간접적으로 영향을 미치는 집단
- 개인에게 행동의 지침을 제공하는 집단
- 1차 준거집단의 대표적인 사례 : 친구, 이웃, 가족, 친지 등

12

① 고객 가치 정보 중 구매력 정보에는 소득 수준, 소득 원천, 소득 변화 추이, 재산 상태, 기타 등
② · ③ · ④ · ⑤ 고객 가치 정보 중 계약 정보에 해당한다.

고객 가치 정보

구분	내용
고객 분류 등급	자신의 고객 분류 기준(5등급으로 분류 시 : S, A, B, C, D)
계약 정보	• 구(가)입 상품명/시기 • 구(가)입 빈도 및 횟수 • 금액, 고객평생가치(CLV : Customer Lifetime Value) • 고객 지갑 점유율 • 매출 채권 관련
구매력 정보	소득 수준, 소득 원천, 소득 변화 추이, 재산 상태, 기타

13

① MBTI는 사람을 협소하게 범주화하거나 명명하기 위해 사용해서는 안 된다.

14

① 고객관계관리(CRM)는 시장점유율보다는 고객점유율에 비중을 두고, 고객획득보다는 고객유지에 중점을 둔다. 또한, 제품판매보다는 고객관계의 향상에 집중한다.

15

⑤ 고객관계관리(CRM) 전략 수립과 관련해 시장 매력도에 영향을 미치는 요인 중 '산업 요인(구조적 요인)'에 해당하는 내용은 신규 진입자의 위협(잠재적 진입자로부터의 위협), 공급업자의 협상력(구매자의 교섭력으로부터의 위협), 대체품으로부터의 위협, 경쟁자의 수준(현재 시장 내에서의 경쟁)이 있다.

- 가. 환경적 요인
- 나 · 라. 외형적 요인

16

의사소통 채널의 종류와 충실성

종 류	의사소통의 충실성
면대면 회의	높음 ⇧ 낮음
전화, 화상 회의	
e-mail, 음성메일	
편지, 메모	
게시판, 공지	

17

④ 고객관계관리(CRM)가 도입되어 일부 부서에서만 적용되었을 때 실패 원인으로 작용한다.

고객관계관리(CRM) 도입의 실패 요인

- 명확한 전략 부재 및 무계획
- 방대한 양의 고객정보 데이터 무시
- 고객 중심이 아닌 기업 중심의 CRM
- 기술 숙련도에 대한 충분한 고려 미흡
- 비용이 많이 드는 프로세스 구현
- 문제 있는 업무의 프로세스 자동화
- 일부 부서에만 적용
- 정보 시스템 조직과 업무부서 간의 협업 부족

18

② 자동화 판매 시스템으로 거래당 판매 비용이 감소하는 등 기업의 운영 비용이 줄어드는 것이 e-CRM 도입 효과 중 하나이다.

19

넬슨 존스(R. Nelson Jones)의 인간관계 심화 요인(3R)

보상성 (Reward)	인간은 누구나 행복과 만족을 추구하기 때문에 만족감과 행복감을 제공하는 보상에 의해서 인간관계가 심화된다.
상호성 (Reciprocality)	인간관계에서 보상이 서로 균형 있게 교류되는 것으로 긍정적 보상의 영역이 넓어지고 인간관계는 더 심화된다.
규칙(Rule)	인간관계에서 서로의 역할과 행동에 대해 명료하게 설정된 기대 · 지침을 가리키며, 분명한 교류규칙을 설정하면 인간관계는 심화된다.

20

⑤ 인간은 정보 판단을 위한 시간이 충분하지 않을 경우, 각 개인이 과거의 경험에 의해서 형성된 개인의 인지구조인 스키마를 통해 자동적이거나 습관적인 판단을 하거나 휴리스틱을 통한 빠른 판단을 하기 때문에, 최신효과가 발생하지 않는다. 최신효과는 판단함에 있어 나중에 제시된 정보에 의해 영향을 받는 효과를 말한다.

21

시간의 구조화 영역

폐쇄 (Withdrawal)	• 자기를 타인으로부터 멀리하고 대부분의 시간을 공상이나 상상으로 보내며 자기에게 스트로크를 주려고 하는 자기애적인 것이다. • 몸은 다른 사람과 함께 있어도 마음은 딴 곳에 가 있는 상태가 되어, 스트레스를 받는 타인과의 커뮤니케이션을 피할 수 있다.
의식/의례 (Rituals)	• 전통이나 관습적인 행사에 참여함으로써 최소한의 스트로크를 유지하는 것으로 결과의 예측이 가능하고 안전한 시간 구조의 유형이다. • 상호 간의 존재를 인정하면서도 누구와도 특별히 친하게 지냄이 없이 일정한 시간을 보내게 되므로, '의식'적인 시간의 구조화라고 한다.
잡담/소일 (Pastime)	직업, 취미, 스포츠, 육아 등의 무난한 화제를 대상으로 깊이 들어가지 않고 즐거운 스트로크의 교환을 하는 것으로 '사교'라고도 말할 수 있다.
활동 (Activity)	'목적'을 달성하기 위해 스트로크를 주고받는 것으로 어떤 결과를 얻기 위해 에너지를 투자하는 것이기 때문에 소일이나 잡담과는 차이가 있다.
게임 (Game)	• 사회적 수준, 즉 겉으로 보기에는 정보를 교환하는 것 같지만 심리적 수준으로는 또 다른 의도가 깔려있는 교류이다. • 게임을 하는 사람은 어릴 때 부모와 자식 간의 교류에서 원활하지 못한 데가 있기 때문에 순순히 스트로크를 얻을 수 없었던 사람이 많다. • 신뢰와 애정이 뒷받침된 진실한 교류가 영위되지 않기 때문에(응석 · 애교를 할 수 없으므로) 부정적 스트로크(Stroke)를 교환하는 유형이다.
친밀/친교 (Intimacy)	두 사람이 서로 신뢰하며 상대방에 대하여 순수한 배려를 하는 진실한 교류, 저의 없이, 서로 진정한 감정을 표현하는 교류이다.

22

크리스토퍼(Christopher)가 제시한 서비스의 3단계

- 거래 전 서비스(Before Service) : 기술적 서비스, 명시된 회사의 정책, 회사에 대한 고객의 평가, 회사 조직, 시스템 유연성, 주차 유도원 서비스, 예약 서비스, 상품 게시판 등
- 거래 시 서비스(현장 서비스, On Service) : 재고 품질 수준, 백 오더(Back order) 이용 가능성, 시간, 주문의 편리성, 제품 대체성 등
- 거래 후 서비스(A/S : After Service) : 설치 · 보증, A/S, 불만 처리, 제품 추적, 제품 포장, (수리 중) 일시적인 대체 등

23

'러브록(Lovelock)'이 제시한 다차원적 서비스 분류

구 분		서비스 설비 또는 시설에 근거한 정도	
		높 음	낮 음
서비스가 사람에 근거한 정도	높 음	병원, 호텔	회계, 경영컨설팅
	낮 음	지하철, 렌터카	전 화

24

④ 고객의 직접 참여에 의해서만 서비스를 창출한다.

25

'알더퍼(Alderfer)'가 제시한 ERG 이론

ERG	내 용	매슬로우의 욕구단계 이론
존재 욕구 (E ; Existence)	• 의식주 같은 모든 형태의 생리적 · 물질적 욕구 • 조직에서는 임금이나 쾌적한 물리적 작업조건에 대한 요구 예 생리적 욕구, 물리적 욕구, 굶주림, 갈증, 임금	• 생리적 욕구 • 안전의 욕구
관계 욕구 (R ; Relatedness)	• 인간의 사회생활과 관련된 욕구 • 조직에서는 타인과의 인간관계(대인관계)와 관련된 것들을 포함 예 타인과 관련된 사회생활 욕구, 가족, 친구, 동료	• 소속감과 애정의 욕구 • 존경의 욕구 (사회적 욕구, 안전 욕구 포함)
성장 욕구 (G ; Growth)	• 창조적 성장을 위한 개인의 노력과 관련된 욕구 • 자아실현 관련 욕구, 잠재된 능력	자아실현의 욕구

26

② 감정이입 : 다른 사람의 감정을 이해할 수 있고 문화적 감수성, 고객의 욕구에 부응하는 서비스 등과 관련성이 높은 요소이며 타인 이해, 부하에 대한 공감력, 전략적 인식력 등이 해당한다.

① 자아의식 : 자신의 감정, 기분, 취향 등이 타인에게 미치는 영향을 인식 · 이해하는 능력이며 자신의 감정인식, 자기 평가력, 자신감 등이 해당한다.

③ 동기부여 : 돈, 명예와 같은 외적 보상이 아닌 스스로의 흥미와 즐거움에 의해 과제를 수행하는 능력이며 추진력, 헌신, 주도성, 낙천성 등이 해당

④ 자기통제 : 행동에 앞서 생각하고 판단을 유보하며 부정적 기분이나 행동을 통제 혹은 전환할 수 있는 능력이며 자기통제, 신뢰성, 성실성, 적응성, 혁신성 등이 해당한다.

⑤ 대인관계기술 : 인간관계를 형성 · 관리할 수 있고 인식한 타인의 감성에 적절히 대처할 수 있는 능력이며 타인에 대한 영향력 행사, 커뮤니케이션, 이해 조정력, 리더십, 변혁추진력, 관계 구축력, 협조력, 팀 구축능력 등이 해당한다.

27

④ 서비스는 생성과 동시에 소멸되므로 보관할 수 없고 대량생산을 통한 '규모의 경제' 실현이 어렵다.

28

② 1970년대 만족개념으로 만족을 제품의 소비과정과 소비경험 전체에 대한 평가로 보는 관점이다.

29

① 다른고객, 가족구성원, 동료 : 고객만족은 구전의 영향을 받는다.
② 고객감정 : 서비스 이전 감정과 서비스 이후 체험을 통한 긍정적 · 부정적 감정은 서비스의 지각에 영향을 미친다.
③ 공평성의 지각 : 다른고객과 비교하여 공평하게 서비스를 받았는가는 고객만족에 영향을 미친다.
④ 서비스의 성공 및 실패의 원인에 대한 귀인 : 고객만족 결정 요소 중 제공된 서비스에 만족 또는 불만족하였을 경우 그 이유를 분석한다.

30

슈메너(Schmenner)의 서비스 프로세스 매트릭스

구 분		고객과의 상호작용/개별화	
		높 음	낮 음
노동 집중도 (집약도)	높 음	전문 서비스(변호사, 의사, 컨설턴트, 건축가, 회계사 등)	대중 서비스[금융업, 학교, 소매점(업), 도매점(업) 등]
	낮 음	서비스 숍(병원, 수리 센터, 정비 회사 등)	서비스 팩토리(항공사, 운송업, 호텔, 리조트 등)

31

서비스 청사진의 작성단계

과정의 도식화 → 실패 가능점의 확인 → 경과 시간의 명확화 → 수익성 분석 → 청사진 수정

32

MOT 사이클 차트 분석 5단계

- 1단계 : 서비스 접점 진단
- 2단계 : 서비스 접점 설계
- 3단계 : 고객접점 사이클 세분화
- 4단계 : 고객접점 시나리오 만들기
- 5단계: 구체적인 서비스 표준안으로 행동

33

⑤ 생산 개념은 시장의 욕구에 초점을 맞추기보다는 기업의 내적인 능력에 초점을 맞추는 판매자 관점에 해당된다.

34

② 기업의 자원이 제한되어 있을 때 사용하는 것이 집중화 전략에 해당한다.

35

서비스 패러독스의 발생 원인

- 서비스의 표준화
- 서비스의 동질화
- 서비스의 인간성 상실
- 서비스의 복잡화
- 종업원 확보의 악순환

36

고객이 기대하는 공정성 유형

- 결과적 공정성(분배 공정성) : 불만 수준이나 서비스 실패에 맞는 결과물, 즉 보상을 의미(예 교환, 환불, 가격할인, 쿠폰 제공 등)
- 절차적 공정성 : 서비스 실패와 관련된 문제 해결 과정에서 적용될 수 있는 기준(예 회사 규정, 정책, 적시성 등)
- 상호작용 공정성 : 서비스를 제공하는 종업원의 태도에 대한 기대를 의미(예 종업원의 친절, 배려, 사과, 서비스 응대 태도 등)

37

브래디(Brady) & 크로닌(Cronin)의 애프터 서비스 품질 차원

- 상호작용 품질
  - 직원의 태도와 행동 : 고객 도움 의지, 수리 · 접수 직원의 친절도, 직원의 믿음(말, 행동)
  - 서비스 처리시간
- 물리적 환경 품질 : 정책, 편의성
- 결과 품질 : 제품의 수리정도를 나타내며 이때 전문성과 기술이 가장 중요

38

세스(Sheth), 뉴먼(Newman), 그로스(Gross)의 고객인지 가치 유형

- 기능 가치(Functional Value) : 상품의 품질, 서비스, 가격 등과 같은 물리적인 기능과 관련된 가치
- 사회 가치(Social Value) : 상품을 소비하는 사회계층집단과 연관된 가치
- 정서 가치(Emotional Value) : 상품을 소비하며 고객이 느끼는 감정과 관련된 가치
- 상황 가치(Conditional Value) : 상품을 소비할 때 특정 상황과 관련된 가치
- 인식 가치(Epithetic Value) : 상품의 소비를 자극하는 고객의 호기심 등과 관련된 가치

39

⑤ 모든 의사결정 단위를 거쳐 서비스 수익체인의 연관 관계를 측정한다.

서비스 수익체인의 운영관리 단계

- 1단계 : 모든 의사결정을 거쳐 서비스 수익체인의 연관 관계 측정
- 2단계 : 자체 평가한 결과에 대한 의견 교환
- 3단계 : 성과 측정을 위한 균형점수카드 개발
- 4단계 : 성과 향상을 위한 행동 지침 마련
- 5단계 : 측정한 결과에 대한 보상 개발
- 6단계 : 개별 영업 단위에서 결과에 대한 커뮤니케이션
- 7단계 : 내부적 성공 사례에 대한 정보 공유

40

서비스 전달 시스템 종류

기능 위주의 서비스 전달 시스템	• 표준화된 서비스 생산에 적합하며 신속한 서비스 제공이 가능함 • 서비스 담당자의 업무를 전문화하며 고객이 직접 서비스 담당자를 찾아가는 형태로 설계 • 서비스 프로세스의 특정 부문에 의해 쉽게 제약을 받을 수 있음 • 병원, 건강검진, 영화관 등의 사례에 해당함
고객화 위주의 서비스 전달 시스템	• 다양한 고객 욕구는 충족하나, 표준화되고 일관적인 서비스의 제공은 어려움 • 기능 위주의 전달 시스템보다 폭넓은 업무를 수행할 수 있음(예 미용실, 세탁업, 숙박 시설 등) • 고객의 욕구가 다양하고 서로 다르다는 점에 착안하여 서비스 전달 시스템을 설계함 • 일관되고 표준화된 서비스를 제공하기 어려움 • 서비스 제공자의 성격, 기분, 교육 수준에 따라 서비스 품질이 다름
프로젝트 위주의 서비스 전달 시스템	• 일반적으로 규모가 큰 서비스 형태 • 사업내용이 복잡하고 1회성 사업에 많이 쓰임

41

쇼핑 습관 기준에 의한 소비재 분류

편의품	• 필수품 : 단가가 싸고 빈번하게 구매하는 제품(예 비누, 신문, 치약 등) • 긴급품 : 갑작스런 필요에 의해 구매하는 제품(예 우산 등) • 충동제품 : 소비자의 심리적 욕구를 자극해서 구입하게 되는 제품
선매품	• 품질, 가격 등을 비교한 후에 구매하는 가구, 의류, 가전제품 등과 같은 제품 • 동질적 선매품 : 품질면에서 유사하나 가격 차이가 있어 비교 쇼핑을 하는 제품(예 전자제품) • 이질적 선매품 : 가격보다 더 중요한 제품의 특성과 서비스에서 차이가 나며 선택 시 시간과 노력이 많이 드는 소비재(예 여성 의류, 가구)
비탐색품	알지 못하거나 알고 있다 해도 일반적으로 구매하지 않는 제품(예 생명보험, 묘지, 백과사전 등)
전문품	제품의 가격이나 점포의 거리에 관계없이 소비자가 특별히 구매하려는 제품(예 미술품, 고급 자동차 등)

42

마이어(Mayers)가 제시한 양질의 의료 서비스 조건

- 적정성 : 질적인 측면에서 의학적 · 사회적 서비스가 적절하게 제공되어야 한다.
- 조정성 : 예방, 치료, 재활 및 보건증진 사업 등의 다양한 서비스가 잘 조정되어야 한다.
- 효율성 : 보건의료의 목적을 달성하는 데 투입되는 자원의 양을 최소화하거나, 일정한 자원의 투입으로 최대의 목적을 달성해야 한다.
- 접근성 : 모두가 편리하게 이용할 수 있도록 접근성이 우선되어야 한다.
- 지속성 : 각 개인에게 제공되는 의료가 시간적 · 공간적으로 적절히 연결되어야 한다.

43

③ 서비스 품질은 주관적이므로 객관화하여 측정하기 어렵다.

44

'그렌루스(Grönroos)'가 제시한 6가지 품질 구성요소

- 서비스 회복 : 서비스에 실수가 발생했을 때 공급자가 즉각적 · 능동적으로 실수의 해결방안을 위해 노력하는 것을 고객이 느끼는 것
- 태도와 행동 : 종업원들이 친절하고, 자발적으로 고객에게 관심을 기울이고 노력한다고 느끼는 것
- 신뢰성과 믿음 : 고객이 서비스 공급자와 종업원, 기업의 운영체계 등이 고객과의 약속을 이행하리라 믿는 것
- 전문성과 기술 : 제품 및 서비스 문제를 해결하는 전문적 지식과 기술을 갖췄다고 고객이 인식하는 것
- 접근성과 융통성 : 서비스 공급자, 기관의 위치, 종업원, 운영체계 등이 서비스를 받기 쉬운 위치에 있고 설계 · 운영되며, 고객 기대와 수요에 따라 조절될 수 있다고 느끼는 것
- 평판과 신용 : 서비스 공급자의 운영과 이용 요금 등에 대해 믿을 수 있고 가치 있다고 공감할 수 있는 것

45

서비스의 영향 요인

- 기대(期待)된 서비스의 영향 요인 : 구전, 과거의 경험, 전통과 사상, 기업 측의 약속, 고객들의 개인적 욕구
- 지각(知覺)된 서비스의 영향 요인 : 물질적 · 기술적 지원, 고객상담직원, 참여고객

46

② 기업의 CEO는 마케팅 전략을 소비자에게 판매(외부 마케팅)하기 전에 현장에서 일하는 일선 종업원에게 판매(내부 마케팅)해야 한다.

내부 마케팅

- 기업과 종업원 사이에 이루어지는 마케팅으로 기업이 고객과의 서비스 약속을 이행할 수 있도록 서비스 제공자를 지원하는 활동이다.
- 서비스의 품질 관리를 위해 직원을 교육 · 훈련하고, 이들에게 동기를 부여하는 내부 직원을 대상으로 하는 마케팅 활동이다.
- 기업은 직원에게 적절한 재량권을 부여하여 직원이 주인의식과 책임감을 가지고 고객과 상호작용할 수 있게 해야 한다.

47

③ 직접 측정은 단순한 조사모델로 하위 차원의 만족도 결과를 합산 시에 중복 측정을 방지할 수 있다.

48

② 탐험조사는 조사가 불명확하거나 잘 모를 때 기본적인 정보를 얻기 위해 사용하는 조사 유형이다.

49

정량조사기법(Quantitative Study)의 적용기법

- 가설 검증으로 확정적 결론 획득
- 시장 세분화 및 표적 시장 선정
- 시장 상황과 소비자의 행태 파악
- 고객의 특성별 요구 차이
- 상표별 강점 · 약점을 파악

50

레이나르츠(Reinartz)와 쿠머(Kumar)의 고객 충성도 전략

구 분	장기거래 고객	단기거래 고객
높은 수익	True Friends	Butterflies
	• 장기간 충성도를 유지하여 기업의 제공 서비스와 고객의 욕구 간 적합도도 높고, 큰 잠재이익 보유 • 태도적 · 행동적 충성도 구축과 지속적인 고객 관계 유지를 위한 투자가 필요	• 충성도 기간이 짧으나 기업의 제공 서비스 및 고객의 욕구 간 적합도가 높고, 큰 잠재이익 보유 • 충성도는 높지 않아도 단기 판촉 전략으로 구매를 촉진해야 함
낮은 수익	Barnacles	Strangers
	• 장기간 충성도를 유지하고 기업의 제공 서비스와 고객의 욕구 간 적합도는 있으나 잠재된 이익은 낮음 • 자사 제품의 잠재 구매율을 측정하여 상향구매, 교체구매를 유도함	• 충성도도 없고 기업의 제공 서비스, 고객 욕구 간의 적합도, 잠재된 이익 모두 낮음 • 관계유지를 위한 추가 투자 불필요 • 모든 거래에서 이익 창출 필요

51

④ SERVQUAL(서비스 품질 측정도구)의 GAP 모델 중 'GAP 4'가 발생하였을 경우 해결방안으로는 수평적이고 쌍방향적인 커뮤니케이션 증대, 고객 기대의 효과적인 관리, 광고와 인적 판매의 정확한 약속 수행이 있다.

① 서비스 업무 표준화는 'SERVQUAL'의 5가지 GAP 모델 중 'GAP 2'가 발생하였을 경우 해결방안이다.

② 조직의 관리 단계 축소는 'SERVQUAL'의 5가지 GAP 모델 중 'GAP 1'이 발생하였을 경우 해결방안이다.

③ 종업원 업무 적합성 보장은 'SERVQUAL'의 5가지 GAP 모델 중 'GAP 3'이 발생하였을 경우 해결방안이다.

⑤ 적절한 물리적 증거와 서비스 스케이프는 'SERVQUAL'의 5가지 GAP 모델 중 'GAP 1'이 발생하였을 경우 해결방안이다.

52

고객만족 계획 수립의 장점

- 시간 관리를 할 수 있다.
- 조직 구성원의 행동 지침이 된다.
- 조정을 도와주는 역할을 수행한다.
- 조직 통제의 근원 역할이다.
- 집중도를 높이고 조직의 유연성을 향상시킨다.

53

① 블루슈머 : 경쟁자가 없는 미개척의 새로운 시장인 블루오션에 존재하는 소비자

② 블랙 컨슈머 : 악성민원을 고의적, 상습적으로 제기하는 소비자

③ 체리 피커 : 실제 상품 구매, 서비스 이용 실적은 좋지 않으면서 기업의 서비스 체계, 유통 구조 등에 있는 허점을 찾아내어 자신의 실속을 챙기는 소비자

⑤ 바이러스 마케팅 : 바이러스가 전염되듯 소비자들 사이에 '입소문'을 타고 물건에 대한 홍보성 정보가 끊임없이 전달되도록 하는 마케팅 기법

54

④ 케렌시아(Querencia)는 피난처, 안식처라는 뜻을 가진 스페인어로, 투우장의 소가 마지막 일전을 앞두고 홀로 잠시 숨을 고르는 자기만의 공간을 의미한다.

55

① 저관여도 관점에 관한 내용이다.

소비자의 관여 수준 중 고(高)관여도 관점

- 소비자는 정보탐색자, 목표지향적 정보처리자이다.
- 소비자는 구매 전에 상표를 먼저 평가한다.
- 소비자는 능동적 수신자여서 광고 효과는 약하다.
- 소비자는 기대 만족을 위해 노력하며 최선의 선택을 위해 다수의 속성을 검토한다.
- 제품은 소비자의 자아 이미지에 중요하며 라이프스타일이 소비자 행동에 큰 영향을 준다.
- 집단의 규범과 가치는 제품 구매에 있어 중요하다.

56

'슈미트(Schmitt)'가 제시한 고객경험을 제공하는 수단

- 커뮤니케이션 경험
- 웹사이트(Web site)의 상호작용
- 시각적 · 언어적 아이덴티티(Identity)
- 제품의 외형을 이용한 경험 수단 제공
- 인적 요소
- 공간적 환경
- 공동 브랜딩 경험

57

상충흡수 가격정책은 신제품을 출시할 때, 고품질의 제품을 높은 가격대로 설정하는 가격정책으로 경쟁사도 적고 소량을 고가로 판매할 때 적합하다.

58

④ 서비스에 대한 재작업, 실수의 개선 요구에 관대하다.

서비스 산업의 품질이 낮은 이유

- 서비스에 대한 재작업, 실수의 개선 요구에 관대
- 셀프 서비스 및 자동화 시스템이 확대
- 비용절감으로 인해 서비스 수준이 저하
- 생산과 동시에 일어나는 특성으로 인해 어려워진 품질관리
- 서비스 종사원의 낮은 프로의식
- 고객의 수준이 낮을 때 서비스 품질 저하
- 지나치게 효율성과 생산성 강조
- 다양한 서비스를 제공함에 따라 실수 발생

59

메타 트렌드(Meta Trend)

- 자연의 법칙이나 영원성을 지닌 진화의 법칙 등 사회적으로 일어나는 현상
- 문화 전반을 아우르는 광범위하고 보편적인 트렌드
- 기본적으로 글로벌한 성격을 지님
- 삶의 모든 영역에서 징후를 찾을 수 있음

60

파라수라만(Parasuramna)이 제시한 고객가치의 특성

- 다차원 : 고객가치의 구성 요인은 다양하며 단계적으로 나타날 수 있다.
- 동적성 : 시간, 소유 과정에 의해 변한다.
- 상황성 : 특정 상황에 따라 영향을 쉽게 받는다.
- 주관성 : 자신이 주관적으로 인식하고 판단하는 기준을 말한다.

61

⑤ 처음에 강하게 들어온 정보가 뒤어 들어온 정보를 차단해 버리는 초두 효과의 특성을 보인다.

첫인상의 일반적인 특징

- 일회성 : 단 한 번뿐
- 신속성 : 3~7초 내에 결정
- 일방성 : 나의 의지와 상관없이 상대방이 판단
- 초두효과 : 처음에 강하게 들어온 정보가 뒤에 들어온 정보를 차단 → 맥락효과(Context Effect)로 이어진다.
- 본인의 숨겨진 내면이나 성향을 전달하는 데 어려움이 있다.

62

① 인사 대상과 방향이 다를 경우, 일반적으로 30보 이내에서 인사할 준비를 한다.

63

④ 통화 도중 상대방을 기다리게 할 경우 주위 소음이 들어가지 않도록 수화기를 손으로 가리거나 대기 버튼을 누른다.

64

iCAN 전략 모형

코칭 대화 프로세스는 연구자에 따라 다양한 모델이 있는데, 이 중 iCAN 전략 모형(조성진, 2009)은 GROW에 근거하여 만든 모형으로 '정형화하기(identify) – 상황 파악하기(Circumstance) – 실행계획 수립하기(Action plan) – 양육하기(Nurturing)'의 단계를 거친다.

65

④ 보고할 내용이 긴 경우, 결론부터 말하고 경과, 절차 등의 순으로 간결하게 보고한다.

66

콜센터의 전략적 정의

- 우량고객 창출 센터이다.
- 고정고객의 관계 개선 센터이다.
- 고객 접근이 용이한 개방형 고객상담 센터이다.
- 원스톱 고객 서비스를 제공하는 서비스 품질 제공 센터이다.
- 고객감동을 실현할 수 있는 휴먼 릴레이션 센터이다.

67

스크립트의 작성 원칙

- 활용목적 명확화
- 고객 중심
- 상황 대응
- 상황 관리
- 간단명료
- 논리적으로 쉽게 작성
- 차별성
- 유연
- 회화체 활용

68

감정노동으로 인한 직무 스트레스 대처법

- 적응하기 : 고객의 입장을 이해해 보려고 노력하는 것
- 분노조절훈련 : 심호흡, 자극 피하기, 관심 바꾸기, 용서, 소리지르기 등으로 분노를 조절하는 것
- 타인과 교류하기 : 어려움을 나눌 수 있는 상사나 동료를 만들거나 동호회 · 봉사활동 등을 통해 심리적으로 재충전할 수 있는 기회를 갖는 것
- 생각 멈추기 : 마음속으로 "그만!"을 외치고 생각을 멈추어 보는 것
- 일과 나와의 분리 : 일 때문에 다른 사람이 되어 연극을 하는 중이라고 생각하며 자신과 업무를 분리하는 것
- 혼잣말 등 인지적 기법 : 스스로 위로하고 격려하는 혼잣말이나 자기암시를 하는 것

69

콜센터 모니터링을 위한 코칭의 종류

- 프로세스 코칭 : 일정한 형식을 유지하며 진행되는 방식으로, 가장 흔히 사용하는 형태. QAA나 코칭을 하는 사람이 사전에 코칭 대상과 시기, 코칭 내용을 선정하여 상담원에게 코칭을 정해진 프로세스에 따라 실시
- 스팟 코칭 : 짧은 시간 동안 콜센터 상담원을 대상으로 수시로 주의를 집중시켜 적극적인 참여를 통해 성취를 이루는 형태로, 고도의 기술을 요함
- 풀 코칭 : 미니 코칭보다 코칭 시간이 길고 코칭의 내용이 구체적으로 이루어짐. 일반적으로 모니터링 평가표에 따라 업무 및 2~3개의 통화품질 기준에 관한 내용을 가지고 진행
- 피드백 코칭 : 상담원에게 표준 업무 수행과 관련한 피드백을 제공함으로써 상담원의 스킬과 업무 수행 능력을 향상시킬 수 있는 코칭

70

⑤ 국가원수, 왕족, 성직자 등의 특수한 위치에 있는 사람은 보편적 악수 예절 기준에서 예외된다.

71

홉스테드의 문화차원 이론 5가지 범주

- 권력 거리 지수 : 조직이나 단체에서 권력이 작은 구성원이 권력의 불평등한 분배를 수용하고 기대하는 정도
- 개인주의 대 집단주의 : 한 개인이 가족이나 집단에 대한 책임보다 개인적인 자유를 더 중시하는 정도를 나타내는 척도
- 불확실성 회피지수 : 사회구성원이 불확실성을 최소화함으로써 불안에 대처하려고 하는 정도
- 남성성 대 여성성 : 성별 간 감정적 역할의 분화를 나타내는 척도
- 장기지향성 대 단기지향성 : 사회의 시간 범위를 설명하는 척도로, 장기지향적인 사회는 미래에 더 많은 중요성을 부여하고, 단기지향적인 사회에서는 끈기, 전통에 대한 존중 등을 강조

72

① 지나친 약어 및 속어 사용은 명확한 의미 전달을 방해할 수 있다.

② 보다 상세한 정보를 주기 위한 첨부파일이라도 용량이 큰 경우 e-mail을 확인하는 데 오랜 시간을 매달려야 하는 불편을 줄 수 있으므로 첨부파일은 꼭 필요한 경우에만 보내도록 한다.

③ 유머 메일 또는 정보성 메일은 수신자의 동의를 받는 것이 네티켓이다.

④ 첨부파일의 용량이 큰 파일의 경우 다운로드 받을 때 시간이 많이 소요될 수 있기 때문에 가급적 압축하여 보내는 것이 좋다.

73

④ 헌법 및 정부조직법상의 기관 순위는 직위에 의한 서열 기준에 해당한다.

직위에 의한 서열 기준	공적 직위가 없는 인사의 서열 기준
• 직급(계급) 순위 • 헌법 및 정부조직법상의 기관 순위 • 기관장 선순위 • 상급기관 선순위 • 국가기관 선순위 등	• 전직(前職) • 연령 • 행사 관련성 • 정부산하단체 및 관련 민간단체장 등

74

Meeting(회의)

• Convention(컨벤션) 기준에는 부합하지 않지만, 전체 참가자가 10명 이상인 정부, 협회, 학회, 기업 회의로, 아이디어 교환, 토론, 정보 교환, 사회적 네트워크 형성 등을 목적으로 하여 4시간 이상 진행되는 모든 회의를 의미한다.

• 일반적으로 회의에는 컨퍼런스(컨그레스), 세미나, 워크숍, 포럼 등이 있다.

75

학자별 소비자의 정의

• 가토 이치로(Kato Ichiro) : 소비자란 국민 일반을 소비생활이라고 하는 시민생활의 측면에서 포착한 개념이다.

• 폰 히펠(Von Hippel) : 소비자란 개인적인 용도에 쓰기 위하여 상품이나 서비스를 제공받는 사람을 의미한다.

• 이마무라 세이와(Imamura Seiwa) : 소비자는 생활자이며 일반 국민임과 동시에 거래 과정의 말단에서 구매자로 나타나는 것을 의미한다.

• 타케우치 쇼우미(Takeuchi Shoumi) : 소비자란 타인이 공급하는 물자나 용역을 소비생활을 위하여 구입 또는 이용하는 자로서 공급자에 대립하는 개념이다.

76

효과적인 오프닝(Opening)을 위한 전략으로는 일화 제시, 경험담 제시, 권위자의 말 인용하기, 충격적인 이야기 제기하기가 있다.

77

④ 국가 및 지방자치단체는 소비자의 능력을 효과적으로 향상시키기 위한 방법으로 「방송법」에 따른 방송사업을 할 수 있다(소비자기본법 제14조 제4항).

78

③ 시험 당시에는 소비자중심경영인증의 유효기간은 그 인증을 받은 날부터 2년이었으나, 2024년 2월 13일 3년으로 개정되어 2025년 1월 1일부터 시행된다.

① 공정거래위원회는 물품의 제조 · 수입 · 판매 또는 용역의 제공의 모든 과정이 소비자 중심으로 이루어지는 경영을 하는 사업자에 대하여 소비자중심경영에 대한 인증을 할 수 있다(소비자기본법 제20조의2 제1항).

② 소비자중심경영인증을 받으려는 사업자는 대통령령으로 정하는 바에 따라 공정거래위원회에 신청하여야 한다(소비자기본법 제20조의2 제2항).

④ 공정거래위원회는 소비자중심경영을 활성화하기 위하여 대통령령으로 정하는 바에 따라 소비자중심경영인증을 받은 기업에 대하여 포상 또는 지원 등을 할 수 있다(소비자기본법 제20조의2 제5항).

⑤ 공정거래위원회는 소비자중심경영인증을 신청하는 사업자에 대하여 대통령령으로 정하는 바에 따라 그 인증의 심사에 소요되는 비용을 부담하게 할 수 있다(소비자기본법 제20조의2 제6항).

79

조정위원회는 제58조 또는 제65조제1항의 규정에 따라 분쟁조정을 신청받은 때에는 그 신청을 받은 날부터 30일 이내에 그 분쟁조정을 마쳐야 한다(소비자기본법 제66조 제1항).

80

소비자단체소송을 제기할 수 있는 비영리민간단체가 갖추어야 할 요건(소비자기본법 제70조 제4호)

- 법률상 또는 사실상 동일한 침해를 입은 50인 이상의 소비자로부터 단체소송의 제기를 요청받을 것
- 정관에 소비자의 권익증진을 단체의 목적으로 명시한 후 최근 3년 이상 이를 위한 활동실적이 있을 것
- 단체의 상시 구성원수가 5천명 이상일 것
- 중앙행정기관에 등록되어 있을 것

81

② 법적 정보 : 전과기록, 교통위반기록, 파산 및 담보기록, 구속기록, 이혼기록, 납세기록
③ 소득 정보 : 봉급, 봉급경력, 보너스 및 수수료, 이자소득, 사업소득
④ 신용 정보 : 대부, 저당, 신용카드, 지불 연기 및 미납 횟수, 임금 압류 통보에 대한 기록
⑤ 조직 정보 : 노조 가입, 종교단체 가입, 정당 가입

82

정보주체의 권리(개인정보 보호법 제4조)

- 개인정보의 처리에 관한 정보를 제공받을 권리
- 개인정보의 처리에 관한 동의 여부, 동의 범위 등을 선택하고 결정할 권리
- 개인정보의 처리 여부를 확인하고 개인정보에 대한 열람(사본의 발급을 포함한다. 이하 같다) 및 전송을 요구할 권리
- 개인정보의 처리 정지, 정정 · 삭제 및 파기를 요구할 권리
- 개인정보의 처리로 인하여 발생한 피해를 신속하고 공정한 절차에 따라 구제받을 권리
- 완전히 자동화된 개인정보 처리에 따른 결정을 거부하거나 그에 대한 설명 등을 요구할 권리

83

공공기관이 업무를 수행할 때 중대한 지장을 초래하는 경우

개인정보처리자는 다음의 어느 하나에 해당하는 경우에는 정보주체에게 그 사유를 알리고 열람을 제한하거나 거절할 수 있다(개인정보보호법 제35조 제4항).

- 법률에 따라 열람이 금지되거나 제한되는 경우
- 다른 사람의 생명 · 신체를 해할 우려가 있거나 다른 사람의 재산과 그 밖의 이익을 부당하게 침해할 우려가 있는 경우
- 공공기관이 다음의 어느 하나에 해당하는 업무를 수행할 때 중대한 지장을 초래하는 경우
  - 조세의 부과 · 징수 또는 환급에 관한 업무
  - 「초 · 중등교육법」 및 「고등교육법」에 따른 각급 학교, 「평생교육법」에 따른 평생교육시설, 그 밖의 다른 법률에 따라 설치된 고등교육기관에서의 성적 평가 또는 입학자 선발에 관한 업무
  - 학력 · 기능 및 채용에 관한 시험, 자격 심사에 관한 업무
  - 보상금 · 급부금 산정 등에 대하여 진행 중인 평가 또는 판단에 관한 업무
  - 다른 법률에 따라 진행 중인 감사 및 조사에 관한 업무

84

① 다양하고 많은 양을 학습하기에는 부적절하다.

토의법의 장점

- 토의 과정에서 자연스럽게 서로의 지식과 정보를 교환할 수 있다.
- 민주적이고 적극적인 사고를 유발시킬 수 있다.
- 높은 수준의 인지적 학습 목표를 달성할 수 있다.
- 학습자의 동기를 유발시켜 능동적으로 참여하게 할 수 있다.
- 문제에 대한 관심과 흥미를 높일 수 있고 깊은 생각을 할 수 있다.

• 학습자들 간에 서로를 존중하고, 의견을 공유하여 합의를 도출해내는 과정을 배울 수 있다.

85

④ 브레인스토밍 : 집단토의 기법 중 하나로 특정한 문제나 주제를 놓고 머릿속에서 폭풍이 몰아치듯 떠오르는 아이디어를 가능한 한 많이 산출하도록 하는 방법이다.

① 강의법 : 학습 자료나 설명 등을 이용하여 교육하는 교수 중심적 수업 형태이다.

② 토의법 : 학습자들간, 학습자와 교사 간 토의를 통해 문제를 해결하는 탐구 방식의 수업으로, 학습자들의 참여와 역할을 강조한다.

③ 델파이 기법 : 미래를 예측하는 질적 방법의 하나로, 여러 전문가의 의견을 반복해 수집 · 교환하고, 발전시켜 미래를 예측하는 방법이다.

⑤ 사례 연구법 : 성인교육의 영역에서 많이 활용되어 왔던 방법 중의 하나로, 특정 사례를 소재로 정보를 수집해서 문제 상황을 파악하고, 원인을 분석하여 구한 해결책에 따라 계획을 세우고, 그것을 이행해 나가도록 하는 단계로 진행한다.

86

④ 보상 화법 : 약점이 있으면 반대로 강점이 있기 마련이라는 점을 강조한 화법

① 쿠션 화법 : 단호한 표현보다는 미안한 마음을 먼저 전해서 사전에 쿠션 역할을 할 수 있는 말을 전하는 화법

② 신뢰 화법 : 상대방에게 신뢰감을 줄 수 있는 말을 전하는 화법

③ 후광 화법 : 유명 연예인의 사용 기록이나 매출 자료를 제시하여 고객의 반대 저항을 감소시켜나가는 화법

⑤ 맞장구 표현법 : 일단 고객의 말에 동의하며 긍정의 맞장구를 치고 반대의견을 제시하는 화법

87

미국의 심리학자 앨버트 메라비언(Albert Mehrabian)은 면대면 커뮤니케이션에서의 정보량은 시각적인 요소가 55%, 청각적인 요소가 38%, 기타 언어적인 요소가 7%로 형성된다고 보았다.

메라비언의 법칙

• 시각적인 요소 : 표정, 시선, 용모, 복장, 자세, 동작, 걸음걸이, 태도 등
• 청각적인 요소 : 음성, 호흡, 말씨, 억양, 속도 등
• 언어적인 요소 : 말의 내용, 전문지식, 숙련된 기술 등

88

고객의 불만 원인으로 가장 큰 영향을 미치는 요인은 불친절, 업무 미숙, 책임 회피 등 직원들의 고객 응대 과정, 즉 고객접점에서의 서비스 문제이다.

89

④ 보상으로 지출되는 전체 금액 중 불평 처리에 드는 비용은 적은 부분이지만, 고객에게 보여 주는 데는 굉장한 효과가 있다.

90

⑤ 평상(平常) 시와 흉사(凶事) 시의 손 위치는 다르다. 평상(平常)시 남자는 왼손이 위, 여자는 오른손이 위이며, 흉사(凶事) 시 남자는 오른손이 위, 여자는 왼손이 위로 한다.

2024년 제2회 | 정답 및 해설

01	02	03	04	05	06	07	08	09	10
⑤	②	⑤	⑤	③	③	②	①	④	⑤
11	12	13	14	15	16	17	18	19	20
③	①	④	④	⑤	③	②	②	②	①
21	22	23	24	25	26	27	28	29	30
⑤	②	③	②	③	⑤	⑤	④	①	②
31	32	33	34	35	36	37	38	39	40
⑤	⑤	②	③	①	①	②	④	⑤	③
41	42	43	44	45	46	47	48	49	50
⑤	②	③	②	③	④	②	③	②	⑤
51	52	53	54	55	56	57	58	59	60
①	③	④	⑤	⑤	③	④	①	①	④
61	62	63	64	65	66	67	68	69	70
①	A	②	⑤	④	⑤	②	③	①	①
71	72	73	74	75	76	77	78	79	80
③	④	④	③	②	④	④	②	①	②
81	82	83	84	85	86	87	88	89	90
①	②	②	②	⑤	①	①	③	⑤	④

01

⑤ 직원과의 상호작용 과정에서 발생하는 적절한 전달 프로세스가 고객의 태도에 영향을 미치고 향후 거래 여부를 결정하는 중요한 변수로 작용한다.

02

슈메너(Schmenner)의 서비스 프로세스 매트릭스

구 분		고객과의 상호작용/개별화	
		높 음	낮 음
노동 집중도 (집약도)	높 음	전문 서비스(변호사, 의사, 컨설턴트, 건축가, 회계사 등)	대중 서비스[금융업, 학교, 소매점(업), 도매점(업) 등]
	낮 음	서비스 숍(병원, 수리 센터, 정비회사 등)	서비스 팩토리(항공사, 운송업, 호텔, 리조트 등)

03

품질기능전개(QFD) 분석도구 중 품질의 집(HOQ; House of Quality)

- 시장조사로 밝혀진 고객 요구를 생산 기술자들에게 전달하기 위해 매트릭스 형태로 배치
- 구성요소 : 설계특성 간 상관관계(상호작용), 설계특성(품질 특성), 고객의 요구와 중요도, 상관관계, 계획품질(경쟁사 비교), 설계품질

04

⑤ 신규 진입자 : 산업이 매력적이고 성장 중임을 의미하며 진입장벽을 쳐야 한다. 초기 투자, 대체비용, 정부의 규제, 기술 장벽 등에 대해 검토해야 한다.

① 경쟁자 : 시장의 성장성, 제품의 차별성, 생산 능력, 브랜드력, 구매량, 구매 비중, 교체 비용 등 비교 · 분석한다.

② 공급자 : 공급선 변경에 의한 높은 전환 비용, 소수 기업의 독 · 과점식 공급 구조 파악, 원자재 공급자에게 끌려다녀서는 안 되며, 교섭력이 요구된다.

③ 구매자 : 가격 인하, 서비스 개선 요구 등을 파악해야 하며, 구매자의 세력에 끌려가서는 안 된다.

④ 대체자 : 가장 신경 써야 할 경쟁세력이며, 산업에 대한 장기적이고 폭넓은 분석과 예측을 해야 한다.

05

③ 고객만족 성과의 명확한 측정과 철저한 보상을 위한 평가시스템의 운영이 필요하다.

06

③ 옹호고객 : 단골고객 중 자사 상품에 대해 타인에게 긍정적 구전활동을 하는 고객

① 신규고객 : 기업과 처음으로 거래를 시작한 단계의 고객

② 잠재고객 : 구매에 대한 확신이 부족하여 구매 여부를 결정짓지 못하는 고객

④ 핵심고객 : 기업에 큰 이익을 남겨 주는 핵심적인 고객

⑤ 가망고객 : 신규고객이 될 가능성이 있는 고객

07

가치체계를 기준으로 한 고객의 분류

- 사내고객, 가치 생산 고객 : 상사와 부하 직원, 부서와 부서, 공정과 공정, 동료와 동료
- 중간고객, 가치 전달 고객 : 기업과 협력업체, 기업과 대리점, 기업과 유통업체
- 최종고객, 가치 구매 고객 : 기업과 최종 고객, End User, 구매자와 사용자

08

소비자의 지각된 위험 요인

- 심리적 위험(Psychological Risk) : 구매한 제품이 자아 이미지와 어울리지 않거나 자아 이미지에 부정적 영향을 미칠 수 있다고 소비자가 지각하는 위험
- 신체적 위험(Physical Risk) : 구매한 제품이 안전성을 결여하여 신체적 위해를 야기할 가능성에 따라 소비자가 지각하는 위험
- 재무적 위험(경제적 위험, Financial Risk) : 구매한 제품이 제 성능을 발휘하지 못하여 발생하는 경제적 손실에 따라 소비자가 지각하는 위험
- 사회적 위험(Social Risk)
  - 특정한 제품을 구매하여 다른 사람들이 자신에게 가질 평가에 따라 소비자가 지각하는 위험
  - 구매한 제품이 준거집단으로부터 부정적으로 평가받을 수 있는 위험
- 성능 위험(Performance Risk)
  - 구매한 제품이 기능이 발휘되지 않을 가능성에 따라 소비자가 지각하는 위험
  - 제품 구매나 사용 시 구매 제품이 기대한 만큼 성능을 발휘하지 못하는 경우에 따라 소비자가 지각하는 위험
- 시간 상실/시간 손실 위험(Loss Risk) : 제품의 구매 결정에 시간이 너무 많이 들 수 있는 위험

09

①·②·③·⑤ 고객 가치 정보 중 구매력 정보에 해당한다.

고객 가치 정보 중 계약 정보

- 구(가)입 상품명/시기
- 구(가)입 빈도 및 횟수
- 금액, 고객평생가치(CLV : Customer Lifetime Value)
- 고객 지갑 점유율
- 매출 채권 관련

10

MBTI 유형별 행동 단서 중 사고형과 감정형

형 태	특 징	대표적인 표현
사고형 (Thinking)	• 진실과 사실에 관심이 많음 • 규범 · 기준을 중시함 • 논리적, 분석적, 객관적으로 판단	• 원리와 원칙 • 맞다 · 틀리다 • 지적 논평
감정형 (Feeling)	• 사람과 관계에 관심이 많음 • 나에게 주는 의미를 중시함 • 개인적 · 사회적 가치를 바탕으로 한 감정을 근거로 판단 • 상황적 · 포괄적, 정상을 참작하여 설명	• 의미와 영향 • 좋다 · 나쁘다 • 우호적 협조

11

메타그룹의 고객관계 관리(CRM) 분류 중 협업 CRM

- 커뮤니케이션과 프로세스의 효율성 향상, 고객과의 관계 증진을 목적으로 기업 내부의 조직 공급망이 고객과 지속적으로 협력하고 커뮤니케이션을 통해 정보를 나누어 주는 모델을 말함
- 채널 다양화로 일관된 서비스 제공
- 콜센터, e-mail, 비디오, 팩스, FOD(Fax On Demand), 우편 등이 솔루션으로 적용

12

② Scoring: 고객가치 점수이다.
③ Risk Score : 특정 고객이 기업에 얼마나 나쁜 영향을 주는지 나타내는 점수이다.
④ Coverage Score : 자사의 상품 중에서 얼마나 많은 종류의 상품을 구매했는가를 평가하는 것이다.
⑤ Profitability Score : 특정 고객의 매출액, 순이익, 거래 기간 등을 고려하여 기업에 얼마나 수익을 주는지 점수를 매겨 보는 것을 의미한다.

13

'스탠리 브라운(Stanley Brown)'이 제시한 성공적인 CRM(고객관계 관리) 구현 단계

- 목표를 분명하게 설정하고 구현의 수익성을 고려한다.
- 지나치게 전문화된 솔루션을 피한다.
- 관련된 모든 부서를 참여시킨다.
- 기업의 다른 전략 과제들과 조율한다.
- 비판적인 자세로 방법론을 선택한다.
- 가시적인 성과에 초점을 맞춘다.
- 프로젝트의 진척 현황을 주의 깊게 살핀다.
- 이해관계가 상충되는 부서와 끊임없이 소통한다.
- 인터페이스, 데이터 전환, 데이터 전송에 유의한다.
- 위기의식을 조성하여 프로젝트 진행을 가속화한다.
- 교육훈련에 인색하지 않게 하여 직원들이 프로젝트에 참여하고 싶게 한다.

14

① 리마인드 서비스(Remind Service) : FAQ, 고객의 과거 구매이력 같은 정보를 분석하여 향후 고객 행동을 예측하거나 기념일 등을 사전에 등록하도록 하여 이를 이용하여 구매를 촉진하는 서비스
② 어드바이스 서비스(Advice Service) : 고객이 상품 구입을 망설이고 있을 때에 직접 안내하거나 질문에 답하여 상품을 판매하는 서비스
③ 서스펜션 서비스(Suspension Service) : 관심 품목 기능 및 찜 상품 기능 등을 추가하여 고객이 상품정보를 개인 홈페이지에 기록할 수 있게 하는 서비스
⑤ 매스 커스터마이즈 서비스(Mass Customize Service) : 개별고객이 원하는 사양을 가진 제품을 판매하는 서비스

15

⑤ 집단 특성에 근거하여 판단하려는 경향은 스테레오타입에 대한 설명이다. 중심화 경향은 판단할 때 매우 나쁘다거나 매우 좋다거나 하는 판단을 기피하고 중간 정도로 판단하려는 경향을 말한다.

16

③ 상향적 의사소통에 관한 내용이다.

수직적 의사소통 중 하향적 의사소통

- 조직의 계층/명령계통에 따라 상급자가 하급자에게 자신의 의사와 정보를 전달하는 것을 말한다.
- 특정 업무를 지시하고 절차 및 실행에 대한 정보를 주며 주로 조직목표를 주입시키는 데 목적이 있다.
- 일방적 · 획일적이어서 피명령자의 의견 · 요구 참작이 어려운 경우가 많다.
- 상사에 대한 거부감이 있을 시 의사소통에 왜곡 · 오해가 발생될 가능성이 있다.
- 예) 편람, 게시, 기관지, 구내방송, 강연, 뉴스레터 등

17

종 류	의사소통의 충실성
면대면 회의	높음 ⇧ 낮음
전화, 화상 회의	
e-mail, 음성메일	
편지, 메모	
게시판, 공지	

18

해리스(Harris)가 제시한 인간관계 유형

- I'm OK-You're OK : 자신과 타인을 모두 긍정하는 유형으로 인간관계가 원만하고 인생에 대한 태도가 긍정적이다.
- I'm OK-You're not OK : 타인과의 거리를 유지할 뿐만 아니라 타인에 대한 불신과 경계를 게을리하지 않으므로 좋은 관계로 지속시키거나 발전시키는 것이 아니라 관계를 단절하게 되는 쪽으로 발전시키게 된다.
- I'm not OK-You're OK : 자신은 부정하고 타인은 긍정하는 유형이며 열등감이 크고 매사 의기소침하며 타인에 대해 두려움을 느낀다.
- I'm not OK-You're not OK : 상황이나 문제 해결에 대한 대안이나 극복할 능력이 없다고 믿으며 이들은 자신뿐 아니라 타인에 대해서도 부정적으로 지각하고, 반항적 · 체념적 인생 태도를 취한다.

19

② '크리스토퍼(Christopher)'가 제시한 고객 서비스의 3단계 중 '거래 시 서비스(On Service)'에 해당하는 것은 재고 품질 수준, '백 오더(Back order)' 이용 가능성, 시간, 주문의 편리성, 제품 대체성 등이 있다.

① 거래 후 서비스(A/S : After Service)에 해당한다.

③ · ④ · ⑤ 거래 전 서비스(Before Service)에 해당한다.

20

관광 서비스의 정의

- 기능적 정의 : 관광기업의 수입 증대에 기여하기 위한 종사원의 헌신, 봉사하는 자세와 업무에 대해 최선을 다하는 태도, 즉 세심한 봉사 정신이다.
- 비즈니스적 정의 : 관광 기업 활동을 통하여 고객인 관광객이 호감과 만족감을 느끼게 함으로써 비로소 가치를 낳는 지식과 행위의 총체이다.
- 구조적 정의 : 관광기업이 기업 활동을 함에 있어서 관광객의 요구에 맞추어 소유권의 이전 없이 제공하는 상품적 의미의 무형의 행위 또는 편익의 일체를 말한다.

21

⑤ 관리자의 특성에 해당한다.

워렌 베니스(Warren Bennis)가 제시한 리더와 관리자의 차이점

관리자	관리, 모방, 현상 유지, 시스템과 구조에 초점, 통제에 의존, 단기적 시각, 언제 · 어떻게를 물음, 최종 결과에 관심, 전형적인 훌륭한 병사, 일을 제대로 돌아가게 하는 사람
리 더	혁신, 창조, 발전시킴, 사람에 초점, 신뢰를 고취, 장기적 전망, 무엇 · 왜를 물음, 과정에 관심, 도전, 스스로 일하는 사람, 제대로 된 일을 하는 사람

22

① 자아의식 : 자신의 감정, 기분, 취향 등이 타인에게 미치는 영향을 인식 · 이해하는 능력

③ 동기부여 : 돈, 명예 같은 외적 보상이 아닌, 스스로의 흥미와 즐거움에 의해 과제를 수행하는 능력

④ 자기통제 : 행동에 앞서 생각하고 판단을 유보하는 능력

⑤ 대인관계기술 : 인간관계를 형성하고 관리하는 능력

23

가치사슬 활동에 있어 비용 측면의 효율성 제고를 위한 실천 방안

• 비용우위
• 규모의 경제 실현
• 공급망의 효율적 운영
• 비싼 원재료 또는 부품 등의 저가품 대체
• 경험곡선 또는 학습곡선의 효과

24

올리버(Oliver)는 '만족'은 소비자의 성취반응으로 판단된다고 제시하면서 '고객만족'을 소비자의 성취반응 및 상품 · 서비스의 특성과 그 자체가 제공하는 소비자의 욕구 충족 이행수준에 관한 소비자의 판단이라고 해석하였다.

25

① 고객 감정 : 서비스 이전 감정과 서비스 이후 체험을 통한 긍정적 · 부정적 감정은 서비스의 지각에 영향을 미친다.
② 공평성의 지각 : 다른고객과 비교하여 공평하게 서비스를 받았는가는 고객만족에 영향을 미친다.
④ 다른고객, 가족구성원, 동료 : 고객만족은 구전의 영향을 받는다.
⑤ 서비스의 성공 및 실패의 원인에 대한 귀인 : 서비스에 대한 만족이나 불만족이 발생하였을 때 고객은 그 원인에 대해 분석하고 평가한다.

26

⑤ 거래 시 서비스(현장 서비스, On Service)에 해당한다.

27

관광 서비스의 정의

• 기능적 정의 : 관광기업의 수입 증대에 기여하기 위한 종사원의 헌신, 봉사하는 자세와 업무에 대해 최선을 다하는 태도, 즉 세심한 봉사 정신이다.
• 비즈니스적 정의 : 관광기업 활동을 통하여 고객인 관광객이 호감과 만족감을 느끼게 함으로써 비로소 가치를 낳는 지식과 행위의 총체이다.
• 구조적 정의 : 관광기업이 기업 활동을 함에 있어서 관광객의 요구에 맞추어 소유권의 이전 없이 제공하는 상품적 의미의 무형의 행위 또는 편익의 일체를 말한다.

28

노드스트롬(Nordstrom) 백화점의 내부고객 만족 정책

• 종업원 선발 : 인재 선발에 있어 학력과 경력 같은 피상적인 조건을 내세우지 않는다.
• 인사관리 : 관리자 선발의 경우 외부에서 영입하지 않고 내부 승진 원칙을 고수한다.
• 동기부여와 인센티브 : 미국 소매업계 최초로 판매 수수료 제도를 도입하였다.
• 권한 위임 : 현장에서 고객과 접점에 있는 직원들이 진심 어린 고객 서비스를 실천할 수 있도록 하기 위해 직원의 인격을 먼저 존중해 준다.

29

서비스의 정의 중 속성론적 정의는 서비스를 유형재와 마찬가지로 생산물의 범주에서 파악하고 유형재와 다른 점을 찾아내는 것에 의해 서비스를 구별하였다. 라스멜(Rathmell)은 서비스를 시장에서 판매되는 무형의 제품으로 정의하였으며, 주드(Judd)는 '서비스를 소유의 이전이 없는 재산'이라고 정의하였다.

30

		서비스의 직접적 대상	
		사 람	사 물
서비스 제공의 성격	유형적 성격	[신체지향적 서비스] • 의료 · 미용실 • 음식점 · 이용원 • 여객 운송 · 호텔	[재물 및 물적 소유 지향적 서비스] • 화물운송 • 청 소 • 장비 수리 및 보수
	무형적 성격	[정신지향적 서비스] • 교육 · 방송 • 광고 · 극장 • 박물관	[무형자산지향적 서비스] • 은행 · 법률 서비스 • 회계 · 증권 • 보 험

31

⑤ 서비스 표준은 관찰 가능하고 객관적인 측정이 가능해야 한다.

서비스 표준안 작성 시 고려사항

- 누가, 언제, 무엇을 해야 하는지 간단하고 · 정확하게 지시한다.
- 고객의 요구를 바탕으로 작성되어야 한다.
- 회사 경영진 및 직원들이 고객의 요구에 대한 상호이해를 바탕으로 함께 작성한다.
- 서비스 표준은 관찰 가능하고 객관적인 측정이 가능해야 한다.
- 업무안은 구체적이며 분명하게 하고, 수행안은 간단 · 명료하게 한다.
- 표준안은 최상위 경영층을 포함한 모든 조직 구성원들이 받아들여야 한다.
- 구성안은 최상위 경영층을 포함한 전 조직원이 고객의 요구를 받아들여 상호 이해와 협조 하에 구성한다.
- 서비스 제공자에게 필요한 명백하고 정확한 지침을 제공해야 하기 때문에 구체적으로 작성한다.

32

코틀러(Philip Kotler)의 시장 세분화 요건

- 측정 가능성 : 세분 시장의 규모나 구매력 등이 측정 가능해야 한다.
- 유지 가능성(실질성) : 규모나 수익 면에서 큰 세분 시장이 존재해야 한다.
- 접근 가능성 : 세분 시장에 효과적으로 도달하여 서비스를 제공할 수 있는 정도이다.
- 작동(행동) 가능성 : 기업이 효과적인 마케팅을 실행할 능력이 있는 정도이다.
- 차별화 가능성 : 마케팅 믹스 요소와 프로그램에 대해 각 세분 시장이 서로 다른 반응해야 한다.

33

서비스 청사진의 작성 단계

1단계 과정의 도식화 → 2단계 실패 가능점의 확인 → 3단계 경과 시간의 명확화 → 4단계 수익성 분석 → 5단계 청사진 수정

34

마이클 포터(Michael Porter) 교수가 제안한 가치체인(Value Chain)의 5가지 기본 활동에는 내부지향적 로지스틱스(원자재 투입), 제조 · 생산(운영), 외부지향적 로지스틱스(출고), 마케팅 및 판매, 서비스 활동(제품 설치, 수리, 제품 사용방법 교육, 부품 공급, 제품 조정과 같은 활동)이다.

35

메타 트렌드(Meta Trend)

- 자연의 법칙이나 영원성을 지닌 진화의 법칙 등 사회적으로 일어나는 현상
- 문화 전반을 아우르는 광범위하고 보편적인 트렌드
- 기본적으로 글로벌한 성격을 지님
- 삶의 모든 영역에서 징후를 찾을 수 있음

36

서비스 품질의 향상 방안의 단기적인 관점

- 고객의 서비스에 대한 기대 이해 · 확인 : 자료수집을 위한 도구(SERVQUAL, SERVPERF, SERVPEX 등) 설계 필요, 프로세스 흐름도(Process Flow Chart) 작성, 정보 · 고객 · 자재 등 투입요소 검토
- 각 프로세스 단계별 서비스 품질 결정 요소 파악 : 서비스 전달 시스템(Service Delivery System)을 설계, 운영기준(대기시간, 투입품질 규정, 산출품질 규정, 불만 고객 수, 절차 및 체크리스트)에 대한 설정 실시 등
- 품질 기준 설계 · 실행 : 서비스 표준화 전제, 서비스 표준은 서비스 종사원이 직무를 수행하는 목표나 지침이 되는 하드(Hard) 표준과 소프트(Soft) 표준으로 구분
- 서비스품질 전달 시스템의 설계에 피드백 : 서비스품질 전달 시스템 체계적 관리 등

37

탐색적 품질은 구매 전에 미리 평가

헤스켓(Heskett)이 분류한 탐색적 품질은 구매 전에 미리 평가하는 것으로 제품 디자인, 서비스 명세, 매혹적인 전시, 사용 방식의 탁월함 등이 해당한다.

38

④ 고객 관여도가 낮은 편으로 우편 서비스, 세탁 서비스 등이 있다.

39

⑤ 고객의 기대와 경험 간의 차이가 있는 곳에서 제품이나 서비스를 판매하는 선행적 성격이 강하다.

40

③ 저관여도에 대한 내용이다. 고관여도는 집단의 규범과 가치는 제품 구매에 매우 중요하다.

관여도 관점

구분	내용
고관여도	• 소비자는 정보탐색자, 목표지향적 정보처리자 • 소비자는 구매 전에 상표를 먼저 평가 • 소비자는 능동적 수신자이어서 광고 효과는 약하다. • 소비자는 기대 만족을 위해 노력하며 최선의 선택을 위해 다수의 속성을 검토 • 제품은 소비자의 자아 이미지에 중요하며 라이프스타일이 소비자 행동에 큰 영향을 준다. • 집단의 규범과 가치는 제품 구매에 있어 중요
저관여도	• 소비자는 주어지는 대로 정보를 수용 • 집단의 규범과 가치는 제품 구매에 중요하지 않다. • 소비자는 수동적 수신자이므로 친숙도 형성을 위한 광고의 효과는 강하다. • 제품이 소비자의 자아 이미지에 중요하지 않고 라이프스타일이 소비자 행동에 영향을 주지 않는다. • 소비자는 수용 가능한 만족 수준을 모색하며 상표 친숙도를 근거로 하여 소수의 속성만을 검토

41

⑤ 마케팅 목표는 구체적이고 측정 가능하게 설정해야 하며, 기간이 명시되어야 한다.

42

② 바넘 효과(Barnum Effect) : 보편적인 성격 특성을 자신의 성격과 일치한다고 믿으려는 현상

① 헤일로 효과(Halo Effect) : 외모 · 지명도 · 학력과 같이 어떤 사람의 장점 · 매력 때문에 관찰하기 어려운 성격적인 특성도 좋게 평가되는 효과(후광 효과)

③ 스티그마 효과(Stigma Effect) : 집단에서 부정적으로 낙인 찍히면 그 대상이 점점 더 부정적인 행태를 보이며, 대상에 대한 부정적인 인식이 지속되고 강화되는 현상

④ 플라시보 효과(Placebo Effect) : 의사가 제안한 효과 없는 가짜 약이나 가짜 치료법이 환자의 믿음과 긍정적인 소망으로 인해 병세가 호전되게 하는 현상

⑤ 링겔만 효과(Ringelmann Effect) : 한 집단의 구성원 증가에 맞춰 비례적으로 그 집단의 역량이 증가하지 않는 현상

43

③ 업무에 적합하지 않은 종업원의 경우는 GAP 3의 발생 원인이다.

SERVQUAL의 다섯 가지 GAP 모델

- GAP 1 : 고객이 무엇을 기대하는지 알지 못할 때 발생(예 상향 커뮤니케이션 결여, 많은 관리 단계)
- GAP 2 : 적당한 서비스 설계 표준을 찾지 못했을 때 발생(예 어수룩한 서비스 설계, 표준화 결여)
- GAP 3 : 서비스 표준을 제대로 제공하지 못할 때 발생(예 인사정책 실패, 부적합한 감독시스템, 부적합한 종업원)
- GAP 4 : 외부 커뮤니케이션과 서비스 전달의 차이가 있을 때 발생(예 과잉 약속, 커뮤니케이션 부족 등)
- GAP 5 : 고객이 기대한 서비스와 인식된 서비스가 일치하지 않을 때 발생(예 GAP 1~GAP 4의 발생원인 모두 포함)

44

라파엘(Raphael)과 레이피(Raphe)의 고객 충성도 유형

- 예비고객 : 구매에 관심을 보일 수 있는 계층
- 단순고객 : 특정 제품이나 서비스에 대하여 관심을 가지고 적어도 한 번 정도 가게를 방문하는 계층
- 고객 : 빈번하게 구매가 이뤄지는 계층
- 단골고객 : 특정 제품이나 서비스를 정기적으로 구매하는 계층
- 충성고객 : 주변 누구에게나 긍정적인 구전을 해 주는 계층

45

③ 정성(Qualitative)조사는 양적 조사 사전단계에 진행되며, 정량조사에서 도출될 수 없는 현상의 질을 파악할 수 있다.

정성조사 기법과 정량조사 기법

정성조사 기법	정량조사 기법
• 정량적 조사의 사전단계, 가설의 발견, 사전지식이 부족한 경우 • 가설의 검증 및 확인 • 고객 언어의 발견 및 확인 • 고객을 심층적으로 이해하려는 시도 • 다양한 샘플링 확보가 어려운 경우 • 신속한 정보를 획득하고 싶은 경우	• 가설 검증으로 확정적 결론 획득 • 시장 세분화 및 표적 시장 선정 • 시장상황과 소비자의 행태 파악 • 고객의 특성별 요구차이 • 상표별 강점 · 약점을 파악

46

④ 문헌 해석 시 연구자의 편견 개입 가능성이 있다.

문헌연구법

- 역사 기록, 기존 연구 기록, 통계 자료 등 문헌을 통해 자료를 수집하는 방법
- 시간과 공간의 제약을 받지 않는다.
- 문헌 해석 시 연구자의 편견 개입 가능성이 있다.
- 시간과 비용을 절약할 수 있으며 정보 수집이 비교적 용이하다.
- 1차 자료를 직접 수집하기 어려운 경우에 많이 활용된다.
- 양적 · 질적 자료수집에 모두 활용되고 신문, 인터넷 문서, 논문, 도서, 그림, 동영상 등의 다양한 형태가 존재한다.
- 선행 연구의 신뢰도가 현행 연구의 신뢰도에 영향을 줄 수 있다.

47

② 고객만족 측정 방법 중 직접 측정은 민간부문의 만족도 조사에서 가장 많이 사용되는 방식이다.

48

③ 재조직화가 요구되는 조직의 급격한 성장으로 발생

역할 모호성의 발생 원인

칸(Kahn)	베리(Berry)
• 사회구조적 요구에 의해 기술의 변화가 빈번하게 발생 • 조직의 투입정보에 제한을 가하는 관리관행이 존재 • 재조직화가 요구되는 조직의 급격한 성장으로 발생 • 구성원들에게 새로운 요구를 하는 조직 환경의 변화 • 개인의 이해영역을 초과하는 조직의 규모와 복잡성이 증가	• 서비스 표준이 없을 경우 • 서비스 표준이 제대로 커뮤니케이션 되지 않을 경우 • 우선순위가 없이 너무 많은 서비스 표준이 존재할 경우 • 서비스 표준이 성과측정, 평가, 보상 시스템과 연결되어 있지 않을 경우

49

그렌루스(Grönroos)의 서비스 품질 구성요소

- 서비스 회복
- 태도와 행동
- 신뢰성과 믿음
- 전문성과 기술
- 접근성과 융통성
- 평판과 신용

50

SERVQUAL(서비스 품질 측정도구)의 품질 차원

- 신뢰성(Reliability)
- 유형성(Tangibles)
- 응답성(Responsiveness)
- 확신성(Assurance)
- 공감성(Empathy)

51

의료기관의 특징

- 비영리 동기
- 자본집약적, 노동집약적
- 이중적인 지휘체계
- 어려운 서비스의 품질관리나 업적 평가
- 다양한 사업 목적을 갖는 조직체
- 다양한 사업과 프로그램 개발로 지역 주민과 국가가 원하는 요구 충족

52

쇼핑 습관 기준에 의한 소비재 분류

구분	내용
편의품	• 필수품 : 단가가 싸고 빈번하게 구매하는 제품(예 비누, 신문, 치약 등) • 긴급품 : 갑작스런 필요에 의해 구매하는 제품(예 우산 등) • 충동제품 : 소비자의 심리적 욕구를 자극해서 구입하게 되는 제품
선매품	• 품질, 가격 등을 비교한 후에 구매하는 가구, 의류, 가전제품 등과 같은 제품 • 동질적 선매품 : 품질면에서 유사하나 가격 차이가 있어 비교 쇼핑을 하는 제품(예 전자제품) • 이질적 선매품 : 가격보다 더 중요한 제품의 특성과 서비스에서 차이가 나며 선택 시 시간과 노력이 많이 드는 소비재(예 여성의류, 가구)
비탐색품	알지 못하거나 알고 있다 해도 일반적으로 구매하지 않는 제품(예 생명보험, 묘지, 백과사전 등)
전문품	제품의 가격이나 점포의 거리에 관계없이 소비자가 특별히 구매하려는 제품(예 미술품, 고급 자동차 등)

53

④ 기능 위주의 서비스 전달 시스템은 서비스 프로세스의 특정 부문에 의해 쉽게 제약을 받을 수 있다.

54

외부의 표적 시장을 의미하는 요소

- 매력도(매력적인 서비스 가치)
- 고객의 요구에 맞춘 서비스
- 고객 평생 가치
- 고객 유지
- 재구매(반복 구매)
- 애호가
- 주변의 권유(긍정적 구전)

55

〈보기〉 모두 리츠칼튼 호텔의 서비스 사례이다. 리츠칼튼 호텔은 모든 고객에게 규격화된 획일적 서비스를 제공하는 것이 아니라, 고객인지 프로그램, 고객 코디네이터, 고객기호카드, 고객이력 데이터베이스 등을 활용해 차별화된 개별적 서비스를 제공한다.

56

A/S 품질 차원의 영향 요인

- 정책 : 무상 서비스의 정도와 수리 비용, 무상 서비스 보증기간
- 직원의 태도와 행동 : 제품 제조나 유통과정상의 결함으로 인한 것으로 애프터 서비스 접수 시 직원들의 태도와 행동은 고객 불만 해소에 중요하게 작용한다.
- 편의성 : 서비스센터의 접근 용이성, 내부 편의시설, 내부시설 배치, 전화상담실 이용 편리성 등은 A/S에 영향을 미친다.
- 서비스 처리시간 : 다른 요인에 비해 영향도가 낮지만, 서비스가 잘 처리되었을 경우 매력적 품질 요소로 발전할 수 있다.
- 전문성과 기술 : 문제점 파악의 정확도, 서비스 후 문제해결 정도 및 제품 신뢰도, 서비스 항목 외 서비스 정도

57

서비스의 전환 유형(수잔 키비니)

- 가격 : 공정하지 않은 가격
- 불편함 : 서비스를 제공받는 위치나 시간 등에 대한 불편
- 핵심 서비스 실패 : 서비스 제공자의 업무 실수, 서비스 파멸, 계산상의 오류
- 서비스 접점 실패 : 서비스 제공자의 무례함, 고객에 대한 무관심, 전문성 부족
- 경쟁 : 경쟁업체의 서비스보다 뒤떨어짐
- 윤리적 문제 : 거짓 정보, 속임수, 사기 또는 강매, 안전상의 문제, 이해관계 대립
- 비자발적 전환 : 서비스 제공자의 업무중단, 점포 폐쇄 및 이전, 고객 이동
- 서비스 실패 반응 : 부정적 혹은 무반응, 내키지 않은 반응

58

① 기술의 복잡화 : 제품의 복잡한 기술 진보를 소비자나 종업원이 따라가지 못함
② 서비스의 동질화 : 무리한 서비스 균형 추구는 개별성을 상실, 획일적이고 경직된 서비스를 제공
③ 서비스의 표준화 : 종업원의 자유재량, 인간적 서비스 결여로 서비스 빈곤 인식을 양산
④ 종업원 확보의 악순환 : 충분한 종업원 교육훈련 없이 저임금 위주로 채용하다보니 문제 발생 시 대처 능력을 갖추지 못하고, 종업원 이직률이 높아 고객이 제대로 된 서비스를 받을 수 없음
⑤ 서비스의 인간성 상실 : 기업이 효율성만 추구, 종업원 정신적 · 육체적 피로 누적으로 사기 저하가 서비스 품질에 반영

59

코틀러(Philip Kotler)의 시장 세분화 요건

- 측정 가능성 : 세분 시장의 규모나 구매력 등이 측정 가능해야 함
- 유지 가능성(실질성) : 규모나 수익 면에서 큰 세분 시장이 존재해야 함
- 접근 가능성 : 세분 시장에 효과적으로 도달하여 서비스를 제공할 수 있는 정도
- 작동(행동) 가능성 : 기업이 효과적인 마케팅을 실행할 능력이 있는 정도
- 차별화 가능성 : 마케팅 믹스 요소와 프로그램에 대해 각 세분 시장이 서로 다른 반응해야 함

60

미스터리 쇼퍼의 자격 요건

- 신뢰성 : 의뢰 기업은 쇼퍼의 활동과 보고서에 의존하므로, 신뢰가 가장 기본 소양
- 관찰력 : 짧은 시간에 많은 매장을 둘러보는 쇼퍼는 많은 종업원, 고객 등의 요구와 응대를 꼼꼼히 살펴보고 기억해야 함
- 객관성 : 쇼퍼는 사실 그대로의 내용을 기록해야 함
- 융통성 : 정해진 시간에 많은 정보를 입수하려면 기본정보를 바탕으로 능동적으로 대처해야 함
- 계획성 : 많은 매장을 마감시간 전에 둘러봐야 하므로 정확한 계획에 맞춰 활동함
- 정직성 : 쇼퍼가 보고 듣고 확인된 사항만을 기록, 왜곡되고 인위적인 보고는 지양함
- 보고서 작성력 : 미스터리 쇼퍼의 보고서는 읽는 사람이 현장에 있는 것처럼 느낄 수 있게 작성해야 함

61

① 맥락효과는 처음 주어진 정보에 대하여 판단을 내릴 경우 이것이 나중에 수용되는 정보의 기본 지침이 되어 맥을 잇게 되는 현상을 의미한다.

62

컴플레인과 클레임의 개념

구분	내용
컴플레인	• 상대방의 잘못된 행위에 대한 불만 사항 통보 • 흔히 고객이 상품을 구매하는 과정 또는 구매한 상품에 관한 품질 및 서비스 등을 이유로 불만을 제기하는 것 • 자체 내에서 즉시 해결 가능
클레임	• 상대방의 잘못된 행위에 대한 시정 요구 • 클레임이 처리되지 않을 경우 물질적, 정신적, 법적 보상으로 해결해야 함 • '당연한 것으로의 권리, 유산 등을 요구 또는 청구하다'라는 의미 내포

※ 문제 자체의 논리적 오류로 전항 정답 처리된 문제입니다.

63

② 쿠션 화법 : 단호한 표현보다는 미안한 마음을 먼저 전해서 사전에 쿠션 역할을 할 수 있는 말을 전하는 화법
① 보상 화법 : 약점이 있으면 반대로 강점이 있기 마련이라는 점을 강조한 화법
③ 후광 화법 : 유명 연예인의 사용 기록이나 매출 자료를 제시하여 고객의 반대 저항을 감소시켜나 가는 화법
④ 아론슨 화법 : 부정과 긍정의 내용을 혼합해야 할 경우, 가능하면 부정(−)적 내용을 먼저 말한 후 긍정(+)적 내용으로 끝마치는 화법
⑤ 부메랑 화법 : 고객이 제품에 대해 부정적인 이야기를 할 때 사실 그 부정적인 부분이 제품의 장점 또는 특징이라고 설득하는 화법

64

⑤ 이미 방향을 잘 알고 있는 윗사람이나 여성과 함께 엘리베이터를 이용할 경우 윗사람 또는 여성이 먼저 타고 내리는 것이 좋다.

65

④ 인바운드형 콜센터는 정교한 상담 및 업무처리가 생명이므로, 명확한 상담 지침과 원칙, 콜처리 및 분배시스템의 자동화, 콜데이터 처리와 정밀도 분석, 사후관리 등 정밀한 프로세스가 빈틈없이 이루어져야 한다.

인바운드 콜서비스

- 고객으로부터 걸려온 전화를 상담하는 업무로, 상품개발이나 서비스 개선을 위한 고객의 의견과 제안 등을 얻을 수 있으며, 고객 불만이나 문제를 해결하는 역할을 한다.
- 주요 업무 : 요구 및 불만사항 처리, 제품 설명, 제품의 주문 및 신청, A/S 접수, 신규가입 문의 및 상담, 신규가입 접수 및 처리 등
- 특징 : 신속 · 정확성, 서비스성, 정밀성, 프로세스성

66

⑤ 컴플레인 처리 시 고객에 대한 선입견을 갖지 않고, 고객은 근본적으로 선의를 가지고 있다고 믿어야 한다.

67

정보적 프레젠테이션

- 지식 공유와 상호이해 형성을 목적으로 하여 청중과 지식을 공유한다.
- 종 류
  - 서술적 프레젠테이션 : '누가, 무엇을, 어디에서'와 같은 질문의 답을 제시해주는 형태
  - 설명적 프레젠테이션 : '왜'라는 질문이나 주제를 가지고 청중이 명확하게 해석할 수 있도록 해주는 방법
  - 논증적 프레젠테이션 : '어떻게'라는 질문에 답을 제시해주는 형태

68

③ 표준화된 교육과정을 학습할 수 있는 것은 '페다고지(Pedagogy)' 학습의 기본 전제와 주요 내용이다.

페다고지(Pedagogy)와 앤드라고지(Andragogy)의 비교

페다고지(Pedagogy)–교육학, 아동학습	앤드라고지(Andragogy)–성인학습
• 학습자는 의존적이다. • 학습자의 경험은 문제 제기 단계에서나 환기 단계에서 제한적으로 사용될 뿐이다. • 교육과정에 따라 학습준비도가 결정된다. • 교육과정은 학령에 따라 표준화된다. • 동일 학령층은 학습준비도가 같아진다. • 학습자가 성인이 되었을 때를 대비하여 학습이 이루어지므로, 교과목 지향적이다.	• 학습자는 자기주도적이다. • 학습자의 경험은 역할수행 동안 얻어진 것이므로, 학습의 전 과정에 유용한 자원이다. • 학습자들의 학습준비도에 따라 교육과정이 편성된다. • 학습의 진행단계는 교육과정보다 학습자들의 학습준비도에 맞게 정해져야 한다. • 학습자가 현재의 실생활에 활용하도록 학습하므로, 성과지향적이다.

69

OJT(On the Job Training) 교육의 장점

- 기업의 실정에 따라 구체적이고 실제적인 훈련이 가능하다.
- 계속적이고 반복적인 교육이 가능하다.
- 비용을 절감할 수 있다.
- 평가가 용이하다.
- 상 · 하 간 이해와 협력의 강화를 이룰 수 있다.
- 교육의 즉각 활용이 가능하다.

70

가명정보 처리에 대한 과징금 부과 등(개인정보 보호법 제28조의6 제1항)

보호위원회는 개인정보처리자가 제28조의5 제1항을 위반하여 특정 개인을 알아보기 위한 목적으로 정보를 처리한 경우 전체 매출액의 100분의 3 이하에 해당하는 금액을 과징금으로 부과할 수 있다. 다만, 매출액이 없거나 매출액의 산정이 곤란한 경우로서 대통령령으로 정하는 경우에는 4억원 또는 자본금의 100분의 3 중 큰 금액 이하로 과징금을 부과할 수 있다.

※ 개인정보 보호법 제28조의6은 2023년 3월 14일 개정으로 삭제되었습니다.

71

① 공개의 원칙 : 개인정보 처리와 관련된 정보처리 장치, 활용 정책 등은 일반에 공개되어야 한다.

② 책임의 원칙 : 정보 관리자는 상기 모든 원칙들이 지켜질 수 있도록 필요한 조치를 취할 책임이 있다.

④ 수집 제한의 원칙 : 개인정보 수집은 원칙적으로 제한되고, 수집될 경우에는 동의를 받고 합법적이고 정당한 절차에 의해 수집되어야 한다.

⑤ 목적 명확화의 원칙 : 개인정보 수집 목적은 미리 특정되어 있어야 하고, 정보의 사용 시 특정된 목적의 달성을 위해서만 사용되어야 하며, 수집 목적이 변경될 때마다 그 목적을 명확하게 하여야 한다.

72

OECD의 정보통신망의 안전을 위한 8개 원칙

- 윤리성(Ethics)
- 책임성(Responsibility)
- 올바른 인식(Awareness)
- 민주성(Democracy)
- 적절한 리스크 평가(Risk Assessment)
- 대응(Response)
- 안전조치(Safeguards management)
- 재평가(Reassessment)

73

소비자단체소송을 제기할 수 있는 비영리민간단체가 갖추어야 할 요건(소비자기본법 제70조 제1항 제4호)

- 법률상 또는 사실상 동일한 침해를 입은 50인 이상의 소비자로부터 단체소송의 제기를 요청받을 것
- 정관에 소비자의 권익증진을 단체의 목적으로 명시한 후 최근 3년 이상 이를 위한 활동실적이 있을 것
- 단체의 상시 구성원 수가 5천 명 이상일 것
- 중앙행정기관에 등록되어 있을 것

74

공정거래위원회 또는 지방자치단체의 장은 등록소비자단체가 제29조제1항 각 호의 요건을 갖추지 못하게 된 경우에는 3월 이내에 보완을 하도록 명할 수 있고, 그 기간이 경과하여도 요건을 갖추지 못하는 경우에는 등록을 취소할 수 있다(소비장기본법 제30조 제2항).

75

원장은 제55조 제1항 내지 제3항의 규정에 따라 피해구제의 신청을 받은 날부터 30일 이내에 제57조의 규정에 따른 합의가 이루어지지 아니하는 때에는 지체 없이 제60조의 규정에 따른 소비자분쟁조정위원회에 분쟁조정을 신청하여야 한다. 다만, 피해의 원인규명 등에 상당한 시일이 요구되는 피해구제신청사건으로서 대통령령이 정하는 사건에 대하여는 60일 이내의 범위에서 처리기간을 연장할 수 있다(소비자기본법 제58조).

76

국가는 물품등의 잘못된 소비 또는 과다한 소비로 인하여 발생할 수 있는 소비자의 생명 · 신체 또는 재산에 대한 위해를 방지하기 위하여 다음의 어느 하나에 해당하는 경우에는 광고의 내용 및 방법에 관한 기준을 정하여야 한다(소비자기본법 제11조).

- 용도 · 성분 · 성능 · 규격 또는 원산지 등을 광고하는 때에 허가 또는 공인된 내용만으로 광고를 제한할 필요가 있거나 특정 내용을 소비자에게 반드시 알릴 필요가 있는 경우
- 소비자가 오해할 우려가 있는 특정 용어 또는 특정표현의 사용을 제한할 필요가 있는 경우
- 광고의 매체 또는 시간대에 대하여 제한이 필요한 경우

77

④ 미스터(Mr)보다 더 심오한 존경의 뜻을 담는 경칭으로 님, 귀하 등을 의미하는 용어는 'Esquire'이다.

78

학자별 소비자의 정의

- 가토 이치로(Kato Ichiro) : 소비자란 국민 일반을 소비생활이라고 하는 시민생활의 측면에서 포착한 개념이다.
- 폰 히펠(Von Hippel) : 소비자란 개인적인 용도에 쓰기 위하여 상품이나 서비스를 제공받는 사람을 의미한다.
- 이마무라 세이와(Imamura Seiwa) : 소비자는 생활자이며 일반 국민임과 동시에 거래 과정의 말단에서 구매자로 나타나는 것을 의미한다.
- 타케우치 쇼우미(Takeuchi Shoumi) : 소비자란 타인이 공급하는 물자나 용역을 소비생활을 위하여 구입 또는 이용하는 자로서 공급자에 대립하는 개념이다.

79

① 포럼(Forum) : 공개토론회로 전문가와 청중이 함께 공공의 문제에 대해 토의하는 형식이다.
② 세미나(Seminar) : 전문인 등이 특정한 주제로 행하는 연수회나 강습회이다.
③ 컨벤션(Convention) : 정보형 전시회나 국제회의를 지칭한다.
④ 컨퍼런스(Conference) : 컨벤션과 유사한 의미로, 본회의와 사교행사, 관광행사 등을 동반하며 전문적 문제를 토론하기 위한 회의 모임이다.
⑤ 심포지엄(Symposium) : 특정한 문제에 대해 2명 이상의 전문가가 서로 다른 의견을 발표하고 청중의 질문에 답하는 형식의 공개토론회로, 포럼보다 더 형식을 갖춘 회의이다.

80

홉스테드의 문화차원 이론 5가지 범주

- 권력 거리 지수 : 조직이나 단체에서 권력이 작은 구성원이 권력의 불평등한 분배를 수용하고 기대하는 정도
- 개인주의 대 집단주의 : 한 개인이 가족이나 집단에 대한 책임보다 개인적인 자유를 더 중시하는 정도를 나타내는 척도
- 불확실성 회피지수 : 사회구성원이 불확실성을 최소화함으로써 불안에 대처하려고 하는 정도
- 남성성 대 여성성 : 성별 간 감정적 역할의 분화를 나타내는 척도
- 장기지향성 대 단기지향성
  - 사회의 시간 범위를 설명하는 척도
  - 장기지향적인 사회는 미래에 더 많은 중요성을 부여하고, 단기지향적인 사회에서는 끈기, 전통에 대한 존중 등을 강조

81

① 일반적인 텔레마케팅은 '기획 → 실행 → 반응 → 측정 → 평가' 순으로 전개된다.

82

② 유머 메일 또는 정보성 메일은 수신자의 동의를 받는 것이 네티켓이다.
① 첨부파일은 꼭 필요한 경우에만 보내도록 한다. 보다 상세한 정보를 주기 위한 첨부파일이라도 용량이 큰 경우 e-mail을 확인하는 데 오랜 시간을 매달려야 하는 불편을 줄 수 있다.
③ 지나친 약어 및 속어 사용은 명확한 의미전달을 방해할 수 있다.

④ 첨부파일의 용량이 큰 파일의 경우 다운로드 받을 때 시간이 많이 소요될 수 있기 때문에 압축하여 보내는 것이 좋다.
⑤ 대다수의 비즈니스 메일은 빠른 답변을 원하지만 수신하는 즉시 답장을 보내야만 하는 원칙이 있는 것은 아니며, 24시간 이내에 답장을 보내도록 한다.

83

콜센터 조직의 구성

- 텔레마케터(Telemarketer) : 텔레마케팅 실무자로서 고객관리 및 고객유치에 관련되는 일련의 고객 상담 업무를 수행
- 수퍼바이저(Supervisor) : 텔레마케팅 실무와 텔레마케팅의 업무를 지휘 · 감독하는 사람
- 유니트 리더(Unit Leader) : 텔레마케터 10여명 정도 소단위 리더로서 업무를 수행하며 일반 텔레마케터와 함께 고객 상담 업무를 담당
- 매니저(Manager) : 텔레마케터의 인터뷰 및 상담이나 인원조정 등의 조직관리와 실적관리 및 근무환경을 개선하는 실적관리를 담당
- QAA(Quality Assurance Analyst) : 상담원의 상담 내용을 모니터링하여 평가하고 관리, 감독을 통해 통화품질을 향상시키는 업무를 수행

84

스크립트(Script) 작성 원칙

- 활용목적 명확화
- 고객 중심
- 상황 대응과 상황 관리
- 간단 · 명료한 작성
- 논리적으로 쉽게 작성
- 차별성과 유연성
- 회화체 활용

85

⑤ 보고의 내용이 긴 경우에는 결론에 대해 먼저 보고한 후 이유와 경과는 그 이후에 보고한다.

86

① 정중례는 상견례 장소나 공식 업무상 아주 큰 어른을 만났을 때 엄숙한 장소에서 사용하는 인사이므로 입을 벌리고 치아를 내보이면 웃는 표정은 옳지 않다.

87

① 코칭(Coaching)은 업무 수행성과와 직접적으로 연관되어 있는 장점이 있다.

코칭의 장점과 단점

구분	내용
장 점	• 업무 수행성과와 직접적으로 연관되어 있다. • 코치와 학습자가 동시에 성장할 수 있다. • 상 · 하 간 커뮤니케이션 능력을 향상시킬 수 있다. • 일대일로 지도하기 때문에 교육 효과가 높다.
단 점	• 교육의 성패가 코치의 능력에 좌우된다. • 일대일 방식이므로 코치의 시간이 많이 소요되며 노동집약적이다. • 매일의 코칭은 학습자에게 부담이 될 수 있다. • 코치와 학습자 간의 계약관계가 학습에 지장을 줄 수 있다.

88

① 발뺌 : 자신의 업무영역과 책임 한계를 이야기하며 다른 부서에 떠넘기는 태도
② 냉담 : 고객을 귀찮은 존재로 취급하며 차갑고 퉁명스럽게 대하는 태도
④ 경직화 : 마음을 담지 않고 인사나 응대, 답변 등이 기계적이며 반복적으로 고객을 대하는 태도
⑤ 규정 제일 : 회사의 규정을 강조하며 고객에게 강요하는 완고한 태도

89

① · ④ 의식행사에서나 고인(故人)에게는 기본 횟수의 배를 한다.
② 여자는 기본 횟수로 두 번을 한다.
③ 남자는 기본 횟수로 한 번을 한다.

90

효과적인 경청을 위한 방안
- 비판하거나 평가하지 않는다.
- 편견을 갖지 않고 고객의 입장에서 들어야 한다.
- 고객에게 집중하고, 고객의 말에 계속 반응해야 한다.
- 정확한 이해를 위해 고객이 말한 것을 복창한다.
- 고객의 말을 가로막지 않아야 한다.
- 중요한 내용이나 요점은 기록한다.

좋은 책을 만드는 길, 독자님과 함께하겠습니다.

2025 시대에듀 CS리더스관리사 한권으로 끝내기

개정14판1쇄 발행	2024년 10월 15일 (인쇄 2024년 08월 16일)
초 판 발 행	2011년 04월 05일 (인쇄 2011년 02월 15일)
발 행 인	박영일
책 임 편 집	이해욱
편 저	CS리더스관리연구소
편 집 진 행	박종옥 · 오지민
표지디자인	하연주
편집디자인	박지은 · 장성복
발 행 처	(주)시대고시기획
출 판 등 록	제10-1521호
주 소	서울시 마포구 큰우물로 75 [도화동 538 성지 B/D] 9F
전 화	1600-3600
팩 스	02-701-8823
홈 페 이 지	www.sdedu.co.kr
I S B N	979-11-383-7476-7 (13320)
정 가	36,000원

나는 이렇게 합격했다

당신의 합격 스토리를 들려주세요
추첨을 통해 선물을 드립니다

베스트 리뷰
갤럭시탭 / 버즈 2

상/하반기 추천 리뷰
상품권 / 스벅커피

인터뷰 참여
백화점 상품권

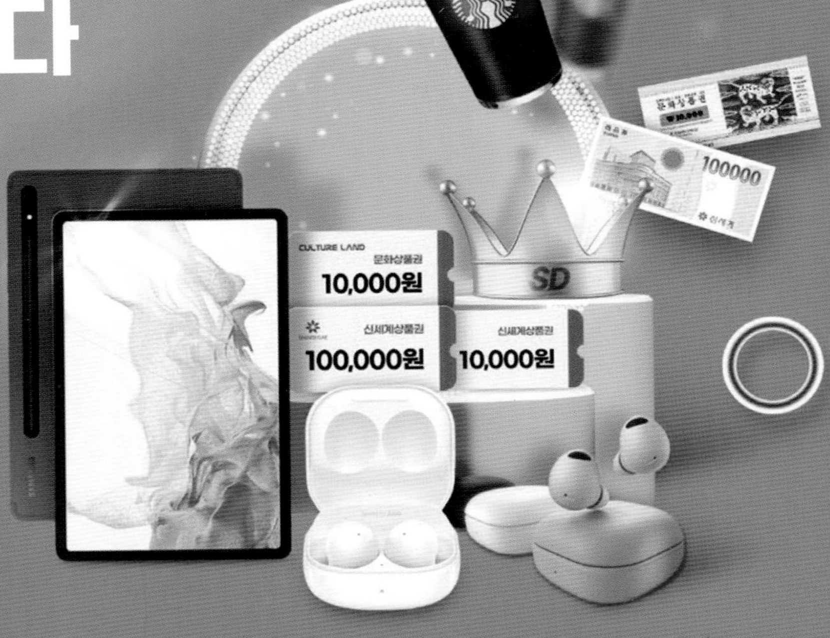

이벤트 참여방법

합격수기

시대에듀와 함께한 도서 or 강의 **선택** > 나만의 합격 노하우 정성껏 **작성** > 상반기/하반기 추첨을 통해 **선물 증정**

인터뷰

시대에듀와 함께한 강의 **선택** > 합격증명서 or 자격증 사본 **첨부**, 간단한 **소개 작성** > 인터뷰 완료 후 **백화점 상품권 증정**

이벤트 참여방법

다음 합격의 주인공은 바로 여러분입니다!

QR코드 스캔하고 ▷▷▶
이벤트 참여하여 푸짐한 경품받자!

합격의 공식
시대에듀